제 5 판

인간 이해

학과 이야기심리학

Dan P. McAdams 지음 | 정석환(대표역자), 김선영, 박경은, 현채승 옮김

Σ 시그마프레스

인간과 성격의 이해 : 성격심리학과 이야기심리학 제5판

발행일 | 2016년 3월 15일 1쇄 발행
2017년 2월 15일 2쇄 발행

저자 | Dan P. McAdams
역자 | 정석환, 김선영, 박경은, 현채승
발행인 | 강학경
발행처 | (주)시그마프레스
디자인 | (주)우일미디어
편집 | 정영주

등록번호 | 제10-2642호
주소 | 서울특별시 영등포구 양평로 22길 21 선유도코오롱디지털타워 A401~403호
전자우편 | sigma@spress.co.kr
홈페이지 | http://www.sigmapress.co.kr
전화 | (02)323-4845, (02)2062-5184~8
팩스 | (02)323-4197

ISBN | 978-89-6866-664-3

The Person: An Introduction to the Science of Personality Psychology, Fifth Edition

* 책값은 책 뒤표지에 있습니다.

* 이 도서의 국립중앙도서관 출판예정도서목록(CIP)은 서지정보유통지원시스템 홈페이지(http://seoji.nl.go.kr)와 국가자료공동목록시스템(http://www.nl.go.kr/kolisnet)에서 이용하실 수 있습니다. (CIP제어번호: 2016004698)

역자 서문

내가 박사과정을 막 시작하던 첫해, 1993년 노스웨스턴대학교 대학원의 수업에서 만났던 McAdams 교수에 대한 강한 인상은 나의 교수에 대한 이미지의 한 모델이 되었다. 그 당시 막 시카고의 로욜라대학에서 노스웨스턴대학으로 자리를 옮긴 지 얼마 안 된 중견학자 신임교원(?)이었던 McAdams는 성격심리학 세미나를 수강하는 박사과정 학생들의 수업시간 첫머리에 다음과 같은 질문으로 투표를 했다. "인간의 성격은 변할 수 있는가?" 아니면 "인간의 성격이란 변하지 않는가?" 모든 사람들이 손을 들어 투표를 한 결과, 내 기억으로는 정확히 반반으로 결과가 갈린 것 같다. 아마도 나는 "변할 수 있다"에 투표를 한 반쪽에 해당한다고 생각한다. 그때나 지금이나 나의 소신과 확신에는 변함이 없지만, 때때로 그 소신(혹은 믿음)이 흔들리고 있다는 생각을 좀 더 자주 하고 있다. 오랜 세월 동안의 인간관계 체험을 통해 보는 인간의 특성은 역시 변하지 않는 특질과 특성으로 가득 찬 "변하길 원하나 변하지 않는 존재"라는 경험적 데이터가 더 많이 쌓여간다는 것이 좀 더 솔직한 고백일 것 같다.

성격심리학을 공부하는 모든 학도들뿐 아니라 매일매일 인간관계의 상처와 희망 속에서 살아가는 모든 이들이 가진 질문은 과연 "인간의 성격은 변화가 가능한가?"일 것이다. 이 질문에 대한 성격심리학적 답변의 시도가 바로 McAdams의 성격심리학 교과서인 인간과 성격의 이해 : 성격심리학과 이야기심리학이다. 이 교과서는 25년간의 학술 리서치와 다양한 수업의 경험을 통한 경륜 깊은 성격심리학자인 McAdams의 성격심리에 대한 노하우와 학문의 결실이 녹아 있는 연구결과물이다. 이 책을 읽다 보면 McAdams뿐 아니라 인간의 성격에 대해 의구심을 가진 모든 이들의 수수께끼 같은 질문들이 하나하나 저절로 그 신비의 문이 열어 보이는 지적 희열을 느낄 수 있으리라 믿는다.

이 책에서 저자는 인간의 성격을 구성하는 3대 요인을 밝히고 있다. 첫째는 생물학적-유전적 요인, 둘째는 문화-환경적 발달요인, 셋째는 위의 두 가지 요인을 개인적 인지구조 속에서 해석학적으로 통합하고 엮어내는 이야기적 요인이다. 3대 요인이 서로 결합하여 한 인간의 성격을 구성한다는 점을 이 책은 여러 학문적 연구결과물들을 예로 들며 논리적으로 설득하고 있다. 이 책은 방대한 성격심리학의 연구를 위한 개론서로서 가장 적합한 교과서의 역할뿐 아니라 성격심리학을 보다 심도 깊게 연구하려는 연구자들을 위한 선행연구로서의 길잡이 역할을 충분히 소화할 수 있는 학문적 저술이라고 생각한다.

이 책을 밀도 깊고 성실하게 번역해준 연세대학교 대학원의 박사과정 논문 준비생들인 김선영, 박경은 선생과 졸업생인 현채승 박사에게 무한한 감사와 고마움을 표한다. 본래 모든 성격심리학의 개론서 원서들을 보면 학문적 결과물들에 대한 소개와 성격심리학의 학문적 지형도에 대한 개괄적 소개로 인해 다소 딱딱하다는 느낌을 지울 수 없지만 이야기 심리학자인 McAdams는 자신의 학문적 방법론의 특징처럼 이야기체를 적극 활용한 개론서를 집필함으로써 그동안의 개론서들이 가진 단점들을 극복하려는 시도와 그에 따른 많은 적극적 독자층의 호응을 얻은 바 있다. 그의 원서 서술 방식이 주는 다양한 지적 호기심과 재미를 놓치지 않고 적절하게 잘 번역해준 세 역자의 노고에 참으로 무한한 감사를 하고 싶다. 이 역서의 대표 역자로서 McAdams와 같은 훌륭한 학자의 깊이 있는 책이 번역되어 한국의 상담 및 성격심리학도들에게 소개될 수 있다는 것을 무한한 기쁨과 영광으로 느낀다.

2016년 2월 15일
연세대학교 신촌캠퍼스에서
대표 역자 **정석환**

저자 서문

최근 성격심리학의 연구경향은 종래의 흐름과는 판이하게 다르다. 옛날에는 Freud와 Jung 학파가, 행동주의학자와 인본주의학자가 싸웠고, 모두가 심리학 이론 하나를 골라서 죽을 때까지 그것만 믿었다. 과거에는 성격연구가 사소한 것으로 여겨졌다. 사람들의 행동을 미리 예상한다는 것이 이치에 맞지 않았고, 실제로 잘못 나타나는 경우도 있었기 때문이다. 하지만 추세는 급격히 변하고 있다. 지난 20년간 성격심리학은 오늘날 세상에서 '인간'이 무엇인지 정의하는 새로운 이론적 시각과 중요한 발견으로 채워진 생동감 있는 전문분야로 발전했다. 성격심리학은 사회심리학, 임상심리학, 인생발달이론, 인지적·정서적 신경과학과 깊은 연계가 있으며 오늘날 인간 전체를 알아보는 중요한 학문으로 자리 잡았다. 인간에게 있어서 인간보다 중요하고 흥미로운 건 없다.

이 책은 형식을 깨는 구성을 갖고 있다. 오늘날 성격심리학을 다룬 대부분의 교과서는 1960년대에 발전된 두 가지 형식 중에 하나를 따른다. 한 종류는 20세기 초반 50여 년간 발전된 중요한 성격이론을 한 장에 하나씩 다룬다. 보통 첫 장은 Freud, 다음은 Jung… 이런 식이다. 성격이론에 대한 교과서는 역사적으로 볼 때는 의미가 있지만, 오늘날 존재하는 성격심리학의 과학적 분야와는 거리가 멀다. 두 번째 종류는 연구주제와 이슈를 주로 다룬다. 성격심리학자들이 실제로 하는 과학적 연구를 반영하기는 하지만, 근본적으로 성격심리학이 무엇인지에 대한 고찰은 부족한 편이다. 나는 이제 새롭게 구성된 성격심리학 교과서가 필요하다고 생각한다. 지난 25년간의 발전상을 폭넓게 다루는 동시에, 성격심리학에 대한 포괄적 비전을 제시하는 책 말이다. 무엇보다 학생들이 이해할 수 있고, 본인의 인생과 깊은 걱정거리와 연결시킬 수 있는 내용이어야 한다.

인간과 성격의 이해 : 성격심리학과 이야기심리학 5판은 21세기 성격심리학의 과학이 어떤지, 또 어떠해야 하는지를 통합적으로 제시한다. 고전 이론과 현대 연구를 재통합해, 거의 모든 학생들이 궁금해하는 중심적 질문을 근본적으로 다룬다. "인간을 알 때 우리가 아는 것은 무엇인가?" 나는 성격심리학의 가장 중요하고 의미 있는 아이디어들은 모두 이 질문과 연결된다고 생각한다. 인간을 '알기'위해서는 (과학적으로, 일상적으로 모두) 일단 인간 본질이라는 미덕을 통해 모든 인간이 공통적으로 가진 것이 무엇인지를 알고, 사회적 맥락과 문화가 모든 개인 인생에 어떻게 적용되는지를 알아야 한다. 일단 인간 본질과 문화적 맥락을 이해한 다음에는, 추가적으로 세 단계에서 심리학적 개성을 고려해볼 수 있다. 1단계는 성격특성(dispositional trait)으로, 사람의 보편적인 성향을 다룬다—친절한가? 경쟁적인가? 위험을 감수하는 쪽인가? 2단계는 구체적인 특성과 궁금증, 혹은 한때 성격적응(characteristic adaptation)이라 불렀던 것들이다—무엇을 원하는가? 무엇을 믿는가? 어떻게 대처하는가? 3단계는 인생 이야기와 관련이 있다—그(그녀)의 인생이 의미하는 것은? 그(그녀) 인생은 무엇으로부터 통합성과 목적을 얻는가? 인생 의미는 무엇인가? 간단하게 말하면 성격특성은 개인의 윤곽을 그리고, 성격적응은 디테일을 채워주며, 통합적 인생 이야기는 전체적으로 인생의 의미가 무엇인지를 알려준다. 다르게 말하면 특성은 사람들이 보편적으로 '하는' 것을, 성격적응은 사람들이 원하는 것과 '원하는 것을 얻는 방법'을 알려주며(원하지 않는 것을 피하기도 하고), 인생 이야기는 사람들이 '만들고자' 하는 인생 종류를 보여준다.

성격은 문화 내에서 만들어지고 인간 본질을 통해 자리 잡는 성격특성, 성격적응, 통합적 인생 이야기의 패턴이다(Hooker & McAdams, 2003; McAdams, 1994, 1995; McAdams & Pals, 2006; Sheldon, 2004). 성격을 이렇게 생각하면 오늘날 성격심리학에서 이루어지는 최고의 연구들과, 과거의 전통 이론에서 보이는 이론적 아이디어를 통합하는 작업이 놀랍도록 쉬워진다. 또한 학생들은 심리학의 다른 분야와 비교했을 때 성격심리학이 왜 특이하고 강력한지 확인할 수 있고, 세 단계를 통해 성격적 개성을 잘 이해할 수 있다. 일단 인간 본성, 사회적 맥락에서부터 시작해 기본적 특성, 더 구체적인 적응, 나아가 넓은 문화적 인생 이야기에 이르기까지 과학적으로 인간을 이해할 수 있게 된다. 마지막으로, 이런 조직적 스키마는 저자인 나에게 다른 교과서 저자들에게는 없는 장점을 제공해준다. 성격심리학 교과서의 대다수는 용어와 아이디어를 장황하게 늘어놓은 리스트 형식이다. 조직적 틀을 기반으로 쓴 이 책을 통해 학생들이 성격심리학을 좀 더 잘 이해하길 바란다. 각 장에서 나는 일종의 주장을 펼치고, 다양한 성격심리학 이론을 유의미한 하나의 구조로 통합하는 더 큰 그림을 그리려고 노력했다.

따라서 나는 이 책을 그에 따른 시각으로 정리했다. 제1부(제1~3장)에서는 진화가 인간 본질에 미친 영향과 사회적 맥락이 개인 인생에 끼치는 영향에 대해 설명한다. 제2부(제4~6장)에서는 성격심리학의 측정, 생물학적 배경, 시간에 따른 일관성, 인간 행동의 폭넓은 트렌드를 설명하는 유용성 등에 주목해 성격심리학에서의 성격특성에 대해 알아본다. 제3부(제7~9장)에서는 동기에서부터 목적, 스키마와 자기가이드 등 사회인지적 변수, 발달단계와 과업에 이르기까지 다양한 성격적응 측면에 대해 연구한다. 마지막으로, 제4부(제10~12장)에서는 인간 인생에서의 이야기의 역할, 사람들이 인생을 이해하기 위해 이야기를 만드는 방법, 이야기가 정체성과 목적을 제공하는 과정, Freud 시대에서의 성격심리학자들의 고충, 사람들이 자기의 인생 이야기를 할 때의 해석에 대해 알아본다.

중요한 이론, Freud, 행동주의학자들에 대한 이야기도 물론 포함된다. 하지만 위에서 언급한 방법대로 구조를 수정해 설명했다. 사실 다양한 이론이 인간 본질, 문화적 맥락, 심리학적 개성의 서로 다른 부분을 설명하기 때문에 이는 꽤나 쉬운 작업이었다. 예를 들면 Bowlby의 애착이론은 인간 본질을 진화의 시각에서 다뤘기 때문에 당연히 제2장에 포함된다. 행동주의 전통과 사회학습이론은 사회적 맥락과 환경에 대한 내용이기에 제3장에 속한다. Allport, Eysenck, Gray, Cattell, 그리고 Big 5 성격이론은 모두 제4장과 5장에 포함되며, 제6장은 인생 전반에 걸친 성격특성을 알아보고 특성의 근원에 대한 질문을 던지며 삶을 겪으면서 어떻게 특성이 변화하는지를 설명한다. 제4~6장에서는 심리학적 특성의 신경생물학을 더 확장시켜서 알아보고, 최근의 연구를 포함해 연구분야에 대한 관심이 커진 상황을 반영해 유전자와 환경에 대한 내용도 다뤘다. 또한 이번 판에는 새롭게 성격특성과 성격장애 간 관계에 대한 내용이 포함되었다.

제7장은 동기를 다룬 다양한 이론에서부터 Freud, Maslow, Rogers, Murray 등 현대 자기결정이론에 대한 많은 부분을 알아본다(Deci & Ryan, 1991). David McClelland의 연구를 비롯해 동기와 목적, 그리고 원하는 것을 통해 인간 성격의 디테일을 알아보고자 하는 현대 학자들을 소개한다. 제8장에서는 사회인지적 적응을 다룬다. Erikson이나 Loevinger 등이 제안한 자기의 발달단계 이론을 통해 제9장에서는 발달적 적응을 깊게 알아본다. 마지막으로, 제10~12장에서는 성격을 다룬 고전·현대 접근법과 인간 의미의 중심에 인간 이야기를 두는 관점에 대해 알아본다. 제10장에서는 Jerome Bruner의 근본적 아이디어, Tomkins가 발전시킨 인생 대본이론, 그리고 내가 제안하는 정체성 이론을 언급한다. 서사적 정체성이라고도 불리는 인생 이야기의 과학적 연구는 지난 10년간 성격과학 분야에서 새로운 강력한 분야로 등장했지만 그 뿌리는 과거부터 존재했다. Freud, Jung, Adler 모두 인생 이야기를 중요하게 생각했는데 이는 제11장에서 인간 인생을 바라보는 포스트모더니즘과 페미니즘적 시각과 함께 알아본다. 제12장에서는 성격심리학자, 기타 과학자와 학자들이 어떻게 이야기 사례연구를 했는지 설명한다. 사람들은 자기의 인생 이야기를 만들며, 때로 성격심리학자들은 한 가지 사례를 집중적으로 살펴 심리전기와 인생 역사 등을 연구한다.

이번 5판은 단지 표지만 바꾼 것이 아니다. 앞서 출판된 네 가지 판을 모두 경험한 사람이라면 이번 판의 변화를 쉽게 알 수 있다. 앞의 네 가지 판을 최대한 참조하고 연구해, 오늘날 성격심리학 분야의 최신 트렌드를 한눈에 알 수 있도록 정리했다. 예전과 마찬가지로 이 책은 사람을 중심에 두고 있다.

이전 판들과 같이 나는 다양한 고전과 현대의 문헌, 신화, 자서전, 매체를 활용해 주장과 개념을 설명했다. 개인적 이야기도 포함했다. 또한 가장 최근의 연구결과를 반영해 인간을 다루는 성격심리학이 오늘날 어떠한지를 학생들이 알 수 있도록 했다. 또 프레젠테이션 기법과 유사하게 좀 더 대화체로 글을 썼다. 학생들을 직접 가르칠 때, 나는 실제로 그들과 대화할 수 있고 그들의 이야기를 들을 수 있다는 장점이 있다. 하지만 책으로 쓸 때는 실제로 대화할 수 없는 문제가 생긴다. 이 책을 쓸 때 나는 독자인 당신들이 내 말을 듣고 무엇을 생각하고 무슨 질문을 할지 미리 상상해 마치 쌍방향으로 성격심리학에 대해 대화를 나누는 형식을 만들도록 노력했다.

무려 25년 동안이나 성격심리학을 공부하고 매일같이 동료, 친구, 가족들과 심리학에 대한 대화를 나누다 보면, 이런 책을 쓸 때 감사인사를 전하고 싶은 사람들이 꽤나 많아진다. 이 책을 쓰는 데 많은 도움을 준 사람들의 이름을 일일이 나열할 수는 없다. 일단 내 강의를 듣고 함께 연구하고 토론했던 학부, 대학원 학생들에게 긍정적인 영향을 받았다(내 강의가 별로였다 하더라도). 학생들을 가르치고, 그들의 긍정적 변화를 이끌어낼 수 있는 기회를 준 그들과 그들의 부모님에게 감사드린다. 과거와 현재 노스웨스턴대학에서 함께 연구했던 동료들에게도 감사힌다. 특히 Emma Adam, Phil Bowman, Sonny Cytrynbaum, Renee Engeln-Maddox, Eli Finkel, Alexandra Freund, Gunhild Hagestad, Bart Hirsch, Dan Molden, Andrew Ortony, Bill Pinsof, Peter Zeldow, 그리고 정기적인 점심 모임 멤버들인 Mike Bailey, Jack Bauer, Emily Durbin, Win Hill, Jen Pals Lilgendahl, Bill Revelle, Tony Tang, Rick Zinbarg에게 감사드린다. 내가 가장 아끼는 동료들 중 대부분은 Society for Personology의 회원들이며, 그중에서도 특히 돌아가신 Irv

Alexander를 포함해 Jim Anderson, Bert Cohler, Ed de St. Aubin, Amy Demorest, Gary Gregg, Ravenna Helson, Bert Hermans, Oliver John, Ruthellen Josselson, Laura King, 고인이 된 Jane Loevinger, Mac Runyan, Jefferson Singer, Brewster Smith, Avril Thorne, PaulWink, Barabara Woike에게 감사한다.

마지막으로 내 아내 Rebecca Pallmeyer에게 감사한다. 내 인생에서 가장 중요할 뿐 아니라, 이 책을 쓰는 데 가장 긍정적인 힘으로 다가와주었다.

Dan P. McAdams
노스웨스턴대학

저자에 대하여

Dan P. McAdams는 1979년 하버드대학에서 성격과 발달심리학으로 박사학위를 취득했다. 그는 노스웨스턴대학에서 인간 발달과 사회심리를 가르치고 있다. 노스웨스턴대학 내에 포레이 센터를 운영하고 있는데, 이 센터에서는 '인간'의 삶에 대한 연구를 진행하고 있다. McAdams는 노스웨스턴대학에서 Charles Deering McCormick이 교수 우수성에 권위를 부여해주는 상을 비롯해서 공로를 인정받아 많은 상을 받았다. 선도적인 성격연구자로서 그는 150편이 넘는 논문을 썼으며, 13권의 저서를 출간했다. 이 책에서 그는 인간 삶의 친밀감의 본질과 정체성 등과 같은 주제를 다루고 있다. 또한 성인기의 성숙성 발달, 미국인의 인생 이야기에서 구원적 주제 및 오염 주제를 다뤘다. 그리고 다른 성격의 구조와 과정에 대한 측면, 인간의 동기, 인간이 인생 과정을 거치는 동안에 어떻게 심리적 발달을 이루는지 등을 소개했다. McAdams가 2006년에 출간한 *The Redemptive Self: Stories Americans Live By*는 심리학 분야를 비롯해 모든 분야를 망라해 가장 흥미로운 책으로 선정돼 미국 심리학회의 윌리엄 제임스 상을 수상했다. 또 2007년 출간한 저서는 심리와 인지과학 분야에서 미국 출판사 연합 상의 최고 영예를 안기도 했다. 그는 1989년에 성격연구와 인간 삶에 대한 연구분야에서 헨리 머레이 상으로 우수함을 인정받았고, 2006년에는 이론적·철학적 심리학을 발전시킨 공로로 Theodore Sarbin Award를 수여했다. 그의 연구실적물은 뉴욕타임스, 월스트리트저널, 사이콜로지투데이, 뉴스위크, 셀프 매거진, 굿모닝아메리카 등의 매체에 자주 소개되었다.

요약 차례

차례

제2부 개요 : 성격특성과 행동예측

제4장 성격특성 : 기본 개념과 이슈

제5장 Big 5 특성 − 뇌와 행동

제6장 특성의 지속성과 가변성 : 유전, 환경, 시간의 역할

제3부　세부적으로 확장해나가기 : 삶의 과제에 적응해나가기

제7장　동기와 목표 : 우리가 삶에서 원하는 것은?

제8장　자기와 타자 : 성격의 사회인지적 접근

제9장　발달단계와 과업

제4부 인생 이야기 만들기 : 우리가 살아가는 삶의 이야기

제10장 인생 대본, 인생 이야기

제11장 이야기 해석 : Freud에서 오늘날까지

제12장 인생 이야기 쓰기 : 전기와 인생 과정

성격을 둘러싼 환경 : 인간, 인간 본성과 문화

The Background: Person, Human Nature and Culture

출처 : CamilleTokerud/GettyImages

1

인간에 대한 연구

Studying the Person

이 책을 통해서 만나게 되는 인간이 바로 당신이다. 성격심리는 **인간 전체에 대한 과학적 연구**를 하는 학문이다. 따라서 성격심리학과 이 책은 당신에게 보다 근본적인 것에 대해 설명해줄 것이다.

당신이 심리학을 공부하기 시작했을 때, 아마도 심리학의 모든 분야가 당신 자신에 대한 것이고 아니면 적어도 당신과 같은 사람들에 대한 것이라고 기대했을 것이다. 그렇다면 인간이 아닌 것과 관련된 심리학은 무엇이 있을까? 심리학 수업의 입문과정을 이해했다면 인지, 주의력, 지각과 기억, 신경 그리고 뇌 회로, 비정상적 행동, 사회적 행동, 치료, 새나 침팬지 그리고 흰쥐 등의 행동과 같은 것에 대해서도 알게 된다는 것을 깨달았을 것이다. 심리학 실험의 여러 분야에서 관심 대상에 대해 초점을 맞춰 설명하고 있지만, 유일하게 한 분야에서만 전인격체로 인간에 대한 연구를 주장하고 있다. 성격심리학에서 우리는 그 모든 것을 함께 다루려 노력하고 있다. 개인으로서 인간 존재를 복잡한 전체로 이해하려고 시도하고 있다. 성격심리학에 입문한 것을 환영한다! 우리 서로가 서로를 발견할 수 있는 계기를 갖게 되어 다행이다.

성격심리학의 궁극적 연구목적은 심리적 인간에 대한 설명을 과학적으로 신뢰할 만한 것으로 구축하려는 데 있다. 그러한 설명은 인간을 생물학적·문화적 맥락에서 다른 사람들과 다르거나 비슷한 것을 구분할 수 있어야 한다. 성격심리학은 종종 사람들 간의 **개인적 차이**(individual differences)를 연구한다. 특정화시키고 범주화하고 개인의 심리구조를 조직화하기 위한 방법들을 발달시켜왔다. 또한 개인적 차이를 설명하기 위해 생물학적이라든지, 환경적 원인이나 요인들을 찾고자 노력해 왔다. 성격심리학자들이 이러한 일들을 어떻게 수행해 왔을까? 그들은 개인으로 인간의 삶을 과학적으로 설명하려고 어떻게 노력을 기울여 왔을까?

사실 우리 자신을 이해하거나 서로 이해하려고 무언가를 시도하는 과정에서 방법들은 발전해 왔다고 성격심리학자들은 설명하고 있다. 성격심리학은 보통의 사람들이 인간에 대해 이해하려는 노력을 구조화하고 체계화했다. 그러나 우린 이미 인간을 아는 것에 대한 경험을 수없이 많이 해 왔다. 우리가 인간을 알게 될 때 우리는 무엇을 알게 되는 것일까? 그리고 우리가 아는 것에 대해 어떻게 표현할 수 있을까?

우리가 인간을 안다는 것은 무엇을 알고 있다는 것일까?

당신이 대학에 새로 입학한 신입생이라고 가정해보자. 당신은 새로운 사람들을 만나고 친구들도 사귀고 싶다. 글쓰기와 언론 쪽에 관심이 있는 당신이라면 그런 분야에 대해서도 알아보고 싶을 것이다. 그래서 학생신문과 관련된 모임에 참가하기로 결정을 내린다. 기자로 일하고 싶기 때문이다. 그 모임에 가서 배운 것들은 신문과 그곳에서 사람들이 어떻게 일하는지, 신문사에서 일하면서 학교에서 수업을 듣는 등의 다른 일들과 어떻게 병행하는지에 관한 것들일 수 있다. 그 모임이 끝난 후 선배 기자 중 1명이 자신의 집에서 편집인 몇 명과 커피를 마시자고 제안을 하고 그곳에 가게 된다.

그 선배의 이름은 아만다이고 그 파티에서 당신은 새로운 사람들을 만나기도 하고 아만다와 이야기할 많은 기회를 얻게 된다. 나머지 사람들은 굉장히 친절한 데 비해서 아만다는 다른 사람들과 달라 보인다. 모든 사람들이 먹고 마시고 친해지면서 즐거운 시간을 보내는 데 비해 아만다는 초저녁부터 긴장된 모습을 보인다. 당신은 아만다가 초대한 것이기 때문에 편안한 환경에서 이야기를 할 것이라고 예상했지만 그렇지 않았던 것이다. 그녀는 자신의 이야기를 하지도 않고 그들 모두가 알고 있는 교수에 대한 질문을 편집장에게 받았을 때에도 이야기를 하지 않았다. 그녀는 심지어 미소도 짓지 않았다. 그런데도 그녀의 친구들은 그녀의 행동이 이상한 것이 아니라고 했다(그녀는 자주 그렇게 행동했다). 하지만 당신은 이상하다고 생각했다. 나중에 보니 아만다는 침실에서 노트북으로 이메일을 보내고 있다. 그녀가 거실로 돌아올 때 당신은 그녀에게 실제의 사람들보다 인터넷이 편하냐는 농담을 한다. 그러자 스포츠 편집담당자가 아니라고, 아만다는 원래 사람들을 좋아하지만 그녀의 성격이 기복이 심하고 예측할 수 없기 때문이라고 걱정하지 말라고 말한다.

남은 저녁시간에 아만다가 예측불가능한 성격이라는 스포츠 편집자의 말이 옳다는 것이 증명되었다. 다시 자리로 돌아왔을 때, 아만다는 좀 편안해 보였다. 시간이 지날수록 아만다가 친절한 모습을 보였고 나중에는 아만다가 당신에게 직접 당신의 과거와 음악 취향, 듣는 수업, 캘리포니아에서 여기로 이사 온 이유, 최근 다운받은 음악, 캠퍼스에서 불유쾌한 사람을 만났는지 등의 일반적으로 서로를 처음 막 알아갈 때 묻는 질문을 했다. 그 후 그녀 자신의 이야기를 꺼내기 시작했다. 30분간 진행된 아만다와의 대화에서 다음과 같은 것을 알 수 있었다.

1. 아만다는 2명의 룸메이트와 아파트를 같이 쓴 적이 있는데, 아만다의 남자친구가 너무 자주 와서 불편하다는 이유로 나갔다. 아만다는 그 남자친구와는 지난달에 헤어졌다.

2. 아만다는 신문사에서 편집자로 일하던 것을 그만두고 학교 수업에 더 신경 쓰기로 결정했다. 만약 그렇게 결정하지 않았더라면 올해 편집장이 될 수 있었지만 학교에서 낙제했을 가능성도 있다. 지금은 일반 기자라는 사실에 만족하고 있긴 하지만 예전 맡았던 직책에서 오는 권력을 그리워하는 점도 있다.

3. 그녀의 아파트에는 심리학, 철학, 종교에 관한 책들이 많다. 사실 아만다의 전공은 정치이다. 그녀의 성적이 조금 더 나아진다면 로스쿨에 가고 싶어 하지만 법이나 정치를 많이 아는 것 같진 않다.

4. 아만다는 요가를 했었는데 지금도 매일 운동한다. 그녀는 정크푸드를 좋아하고 밤늦은 시간에 자주 먹지만 키가 크고 날씬한 편이며 다이어트를 해 본 적이 없다고 했다.

5. 아만다는 종교에 관련된 책들이 많이 소장하고 있음에도 불구하고 그녀는 자신이 무신론자라고 한다. 2년 전에 돌아가신 그녀의 아버지는 목사였고, 아버지는 젊은 시절을 술과 마약으로 보내다가 나중에 종교에서 해답을 찾은 경우로, 살아 계실 때 항상 그가 구원받은 날이 가장 행복했다고 했던 것을 기억한다. 구원받은 경험 직후 어머니와 결혼했지만 아버지가 돌아가시기 3년 전에 이혼했고, 아만다는 그런 아버지를 사랑하면서도 동시에 증오하기도 했다고 말한다.

6. 아만다는 당신처럼 대중 가요를 좋아하지 않고, 재즈와 1970년대에 유행했던 밴드의 음악을 좋아한다.

11시가 되자 파티가 시들해지고 사람들이 떠나기 시작한다. 당신과 아만다는 내일 점심에 다시 만나 신문사와 캠퍼스 생활에 대해 이야기하기로 약속한다. 당신은 파티가 시작했을 때와 비교해서 아만다의 태도가 매우 달라진 것에 놀란다. 처음에는 긴장돼 보였지만 지금 그녀는 사람들에게 굿바이 키스를 하고 있다! 그녀는 당신의 예상보다 더 스포츠 편집상과의 작별시간을 끄는 듯했다. 그 전까지 당신은 그 둘 사이에서 아무런 특별한 점도 알아차리지 못했지만, 이를 보고 나서 둘 사이에 뭔가가 있다는 생각을 하게 된다.

개요

아만다에 대해 얼마나 잘 알고 있을까? 그녀의 친구들과 동료들과 같이 저녁을 보내고 난 후 그녀와 단둘이 이야기할 시간을 가졌을 때, 그녀는 당신에게 어떤 인상을 주기 시작했다. 그녀에 대해 어떻게 설명할까?

첫 번째로, 당신은 아마 아만다가 다소 기분파이고 예측불가능하다고 말할 것이다. 물론 그녀의 단면만 보고 그것을 자신 있게 일반화시키기는 어렵다. 그러나 처음 그녀와 파티 끝 무렵의 그녀의 감정기복에 놀랐을 것이다. 스포츠 편집장이 아만다는 원래 사람들을 좋아한다고 한 것처럼 당신이 느꼈고 마찬가지로 사람들도 아만다를 좋아한다. 그리고 마지막에 가서는 당신에게 열심히 개인적인 질문도 하고 당신의 대답을 열심히 들어주며 진심으로 당신이라는 사람에 대한 관심을 보여주었다. 게다가 내일 점심에 당신을 초대했다. 이것은 무엇을 의미하는 것일까? 이를 바탕으로 결론을 내보면 아만다가 기분변화가 심하기는 하지만 그래도 근본적으로 따뜻하고 친절한 사람이라고 생각할 수 있다. 아만다가 행동하고 말하는 것을 보면 눈에 띄는 친절함과 부드러움이 있다. 그녀는 수동적인 사람은 아니다. 그렇다고 두드러지게 적극적인 사람은 아니다.

이런 것들을 바탕으로 아만다의 성격을 이해하려고 하는 과정에서 아만다의 특성을 알게 된다. 행동과 생각 그리고 느낌으로 행동패턴을 보고 성격을 추론할 수 있는 단계가 온 것이다. 물론 한 번 본 것으로 완전히 확정할 수는 없지만 어느 정도 확실한 아만다의 성격을 이해할 수 있다. 바꾸어 말하면, 아만다에 대해서 아는 것은 아무것도 없을 수 있다. 모든 것을 잘못 생각했을 수도 있다. 결국 강조하는 것은 한 번밖에 보지 못했기 때문에 성격을 일반화시키기는 어렵다. 항상 감정기복이 심한 것이 아닐 수도 있고 다른 사회적 상황에서는 다른 행동을 보일 수도 있다. 어쩌면 그녀는 당신처럼 낯선 사람에게 따뜻하고 친절하거나, 점점 더 알아갈수록 오히려 더 멀어지는 성격일 수도 있다. 아니면 특히 그날 기분이 매우 좋거나 반대로 매우 좋지 않았을 수도 있다. 비록 지금은 아는 것이 많이 없지만 이 정도의 정보를 가지고 성격을 이해하기 위해서 성격특성을 살펴보아야 한다.

성격**특성**(trait)은 우리가 사람들을 만나고 그 사람들을 일정한 기준으로 구분하게 될 때 우리의 마음에 나름의 생각하는 기준이 있다는 것인데, 그 기준은 일반적이고 내부적인 것으로 비교가능한 특징이다. 이 부분은 시간이 지나면서 발견가능한 개인 성격의 일관적인 것을 설명할 수 있는 것으로 일반적인 특징이 된다. 이런 성격의 특성으로 아만다를 생각한다면 일반적으로 그녀는 다른 사람들에 비해서 감정의 기복이 심하고 따뜻하며 챙겨주는 면이 있지만 또한 지배하려는 성격은 없다고 볼 수 있다. 이런 것을 알고 아만다를 대하게 된다면 나중에 아만다가 어떤 상황에서 어떻게 반응할지를 예측할 수 있는 가이드라인이 될 수 있다.

성격심리학자들은 성격특성에 따라 개인을 구분하는 많은 방법들을 고안해냈다. 그중 가장 일반적으로 쓰이는 방법은 표 1.1에 나와 있는 설문지를 통해 대답하는 방법이다. 설문지는 모든 사람들이 자신의 기본적인 특성이 무엇인지 알고 있다는 것을 전제로 한다. 예를 들어 사람들이 일반적으로 자기가 다른 사람에 비해 얼마나 더 친절한지, 성실한지, 개방적인지, 감정변화가 심한지를 스스로 알고 있다는 것이다. 자신이 알고 있는 부분이 있기 때문에 기본적인 질문 20가지가 적힌 설문지를 주고 있는 그대로 대답하도록 하는 것이 좋다.

성격심리학자들은 특성의 개념을 살려 개인의 성격을 파악하는 데 도움을 준다. Eysenck(1952)

표 1.1	특성과 관련된 질문

다음의 20개 질문에 (당신에게 잘 맞는다는 생각이 든다면) '예'로, (당신에게 잘 맞지 않는다는 생각이 든다면) '아니요'로 답하라.

1. 당신은 종종 흥미로운 것을 찾는가?
2. 당신은 주로 걱정이 없는 편인가?
3. 무슨 일을 하기 전에 멈춰 서서 생각해보는가?
4. 당신은 대체로 모험 삼아 일을 하는가?
5. 당신은 무슨 일을 순식간에 해치워 버리는가?
6. 대체로 당신은 사람을 만나는 것보다 책 읽기를 좋아하는가?
7. 당신은 소수이지만 특별한 친구를 사귀기 원하는가?
8. 사람들이 당신에게 소리쳤을 때, 당신도 뒤돌아서서 소리치는가?
9. 사람들이 당신을 생기 있는 사람이라고 생각하는가?
10. 당신은 사람들과 함께 있을 때 대체로 조용한 편인가?
11. 당신이 뭔가 알고 싶은 것이 있을 때, 누군가에게 이야기하기보다는 책을 찾아보는가?
12. 당신은 세심한 주의를 기울여야만 하는 일들을 좋아하는가?
13. 당신은 서로서로에게 농담을 던지는 사람들 사이에 있는 것을 싫어하는가?
14. 당신은 빨리 끝내야만 하는 일을 하는 것을 좋아하는가?
15. 당신은 무슨 일을 할 때 서두르지 않고 느리게 하는 편인가?
16. 당신은 사람들과 말하는 것을 너무나 좋아해서 사람에게 말을 거는 것조차 기회를 놓치지 않는 편인가?
17. 당신은 많은 사람을 볼 수 없다면 행복하지 않을 것 같은가?
18. 생동감 넘치는 파티에서 온전히 즐기기가 어려운가?
19. 당신은 상당히 자기의존적인가?
20. 당신은 다른 사람에게 장난치는 것을 좋아하는가?

점수 계산을 위해 각각의 번호에 따라 점수를 분별해보라. '예'라고 대답한 항목을 계산해보라 : 1, 2, 4, 5, 8, 9, 14, 16, 17, 19, 20. 그런 후 다음의 번호에 대해서는 '아니요'라고 대답한 항목을 계산해보라 : 3, 6, 7, 10, 11, 12, 13, 15, 18. 그런 후 모든 점수를 합산해보라. 당신의 총 점수는 0~20점 사이여야 한다.

지금부터 당신이 추측해볼 수 있는 바와 같이, 이 점수는 당신의 외향성을 측정하는 것이다. 점수가 높으면 높을수록 외향성을 나타낸다(따라서 낮은 점수는 내향성을 나타낸다). 따라서 높은 점수는 외향성에 근접한 특성을, 낮은 점수는 내향성에 근접한 특성을 나타낸다고 볼 수 있다. 대다수의 사람들은 중간치를 나타낸다.

출처 : Wilson(1978, p. 219).

와 Cattell(1943)이 말했던 성격심리학의 특성 가설이 있다. 이 가설들은 모두 성격특성을 중심으로 한다. 성격심리학에서 가장 큰 공헌을 한 부분 중 하나는 성격특성이 개인적 차이를 측정하는 과학적 기준을 만들어줬다는 것이다(Ozer & Benet-Martínez, 2006; Wiggins, 1973). 시간과 공간에 개의치 않고 개인의 행동을 예측할 수 있는 기준이 만들어졌다(Epstein, 1979). 또한 인간 행동에 기본이 되는 생물학적 기초를 구분하고 이해하는 데에도 도움을 준다(Zuckerman, 1995, 2005).

성격특성에는 몇 가지의 종류가 있을까? 몇 년 전, 2명의 심리학자들이 영어사전을 보고 개인의 심리학적 특성이나 행동, 평가를 나타낼 수 있는 단어를 살펴보니 약 1만 8,000개 정도였다(Allport & Odbert, 1936). 이 중에서 약 4,500개 정도의 단어가 비교적 안정적이고 지속적인 성격특성을 나타내는 단어였다. 그 이후 심리학적 연구는 신중히 진행되었고, 오늘날 일반적으로 받아들이는 기준으로는 사람들의 성격특성을 크게 다섯 가지로 나눌 수 있다(Costa & McCrae,

표 1.2	Big 5 : 다섯 가지 기본 성격특성을 설명하는 형용사 문항

외향성(E)

사교적인 – 내성적인
즐거움을 사랑하는 – 진지한
다정다감한 – 내향적인
친밀한 – 냉담함
자발적인 – 수동적인
말이 많은 – 조용한

친화성(A)

성질이 좋은 – 짜증을 잘 내는
마음이 유연한 – 인정사정없는
정중한 – 무례한
용서심이 있는 – 복수심이 있는
동정적인 – 냉담한
친화적인 – 고약한

신경증(N)

걱정이 많은 – 침착한
긴장이 높은 – 평안한
몹시 긴장한 – 편안한
불안한 – 안정된
자기연민이 강한 – 자기만족이 강한
취약한 – 강인한

성실성(C)

성실한 – 나태한
조심스러운 – 부주의한
믿을 만한 – 신뢰할 수 없는
조직적인 – 비조직적인
자기규율적인 – 의지가 약한
인내심이 강한 – 인내심이 약한

개방성(O)

독창적인 – 보수적인
상상력이 풍부한 – 실제적인
창조적인 – 창조성이 적은
관심의 폭이 넓은 – 관심의 폭이 좁은
복잡한 – 간단한
흥미로운 – 흥미가 적은

출처 : McCrae & Costa(1987, p. 85) 재수정.

1985; Goldberg, 1990; John & Srivastava, 1999; Wiggins & Trapnell, 1997). 이 **BIG 5**는 경험에 대한 개방성(O), 성실성(C), 외향성(E), 친화성(A), 신경증(N)이다. 각 단어의 첫 단어를 합치면 OCEAN이 되기 때문에 기억하기 쉽다. BIG 5를 기준으로 인간 행동을 이해하면 다양성이 인정되고 사람 자체를 이해할 수 있다. 하지만 이를 떠나 더 자세히 알고 싶다면 단순한 성격특성을 넘어선 더 깊은 이해가 필요하다.

세부적으로 확장하기 : 성격적응

아만다와 하루를 보내면서 성격특성으로 단순히 포장될 수 없는 다양한 것들을 많이 느꼈다. 예를 들어서 당신은 그녀가 정크푸드를 좋아하고, 재즈를 좋아하고, 지속적으로 헬스장에 가서 운동을 하며, 변호사가 되고 싶어 하지만 법에 대해 잘 알지 못하는 것, 학생신문에서 편집장이 되고 싶어 했지만 학점 때문에 포기한 것, 인기 있는 심리학과 신비주의에 관심이 있는 것, 스포츠 편집장과 아마도 로맨틱한 관계가 있었을 것, 얼마 전 남자와 헤어진 것, 파티 도중 자신의 침실에서 이메일을 쓰고 있던 것(그녀가 그러는 것을 당신이 보았다) 등을 알게 되었다. 이러한 모든 세부사항들은 그녀의 심리적인 특징을 아는 것에 도움을 준다. 당신이 아만다와 시간을 더 보낼수록 더 많이 자세하게 알 수 있을 것이다.

아만다의 성격특성을 넘어선 무언가를 보게 되는 순간, 더 세세한 것을 구조화시킬 방법을 찾게 될 것이다. 이렇게 하기 위해서 성격심리학자들은 몇 가지를 제시한다. 성격심리학을 연구하는 분야 중에서 심리적 특성의 세부사항을 생각하고 그것에 대해서 이야기하는 개념들을 포함하는 리서치 분야가 있다. 아만다의 경우 그녀가 권력에 대해 일종의 **필요**를 느낀다는 것은 그녀가 학생신문의 편집장이 되고 싶어 했다는 욕망에서 알 수 있고, 아만다의 **관심사**와 **가치관**의 패턴을 보아도 알 수 있다. 종교에 관한 이야기를 했었는데 어렸을 때 침례교를 믿었지만 어떠한 계기로 인해 영성이 외부적 세계보다는 그녀 자신의 내부적 발달에 더 중점을 맞추고 있다. 독서와 운동을 좋아하는 성격특성을 보면 그녀가 자신의 발전을 중요하게 생각한다는 것을 알 수 있다. 그녀는 따뜻하고 근본적으로 남을 챙겨줄 줄 아는 성격을 가진 사람이지만, 외부적·사회적인 문제보다는 그녀의 내부적인 가치관을 더 중요하게 생각한다. 미국 사회에서 일반적인 미혼 여성처럼 아만다 역시 남자와의 관계에도 신경을 쓰는 편이다. 사랑에 있어서 실망을 겪기도 했다. 그녀는 사랑과 친밀성을 어떻게 볼까? 부모가 이혼했기 때문에 그녀가 자신이 길게 지속되는 관계를 갖는 것에 대해 걱정하지 않을까?

성격특성은 다양한 상황과 배경에서 개인의 행동경향을 아는 데 유용하다. 아만다의 예를 들어서 생각할 때 일반적으로 받아들이는 성격특성을 넘어서서 **시간과 공간, 역할에 국한된** 특성을 이해하는 경우였다. 시간적 측면에서 보면, **어렸을 때**는 침례교였지만 **지금은** 무신론자이다. **지금 당장**은 연애에 관심이 있고 **미래**에는 변호사가 되고 싶어 한다. 시간뿐만 아니라 공간에 따라서도 다른 성격특성을 보였다. 파티에서는 다른 사람과 친밀성을 쌓는 것에는 느리지만 **일대일**로 만났을 때에는 친밀성을 더 보인다. 또한 특정하게 구분 지어지는 사회적 역할에서만 보이는 성격특성도 있다. 예를 들어서 **학생으로서** 아만다는 시간이 많은 경우 항상 성공하는 특징을 보였고, 한 **사회 구성원으로서** 아만다는 사회적·정치적인 것을 잘 모르고 현재의 상황에 대해 아는 것이 적다는 특징이 있다.

앞에서 나온 아만다의 시간과 공간, 역할에 의해서 맥락이 지어지는 성격특성을 **성격적응**이라고 한다. **성격적응**(characteristic adaptations)이란 성격의 동기적, 인지적, 발달적 측면을 보여주는 심리적 특성의 단면이다. 제7장~9장에서 성격적응이 어떻게 성격심리학에 있어서 가장 중요한 질문—사람들이 원하는 것, 자기들이 원하는 것을 어떻게 추구하고 두려운 것을 어떻게 피하는지, 자기 인생에 있어서 계획과 목표를 세우고 이것들을 어떤 식으로 발전시키는지, 사회적 관계에 있어서 문제가 되는 부분을 어떻게 생각하고 어떻게 극복하고 대처하는지, 인생을 일종의 단계로 봤을 때 특정 단계에서 어떠한 심리적·사회적 일들이 사람들을 기다리는지 — 에 도움을 주는지 알아볼 것이다.

성격심리학의 역사상 나온 훌륭한 가설들은 성격적응의 개념을 많이 사용했다. 크게 세 가지로 나누면 첫 번째는 인간의 동기, 두 번째는 인지능력과 성격, 세 번째는 발달적인 측면이다. 첫 번째는 인간의 동기와 관련된 것으로 사람들이 근본적으로 자신의 인생에서 어떤 것을 원하고 갖고 싶어 하는지에 관한 것이다. 그 예로 Freud(1900/1953)는 인간은 기본적으로 성과 관련된 특성, 공격성에 의해서 동기를 가진다고 했다. 이와 대조적으로 Carl Rogers(1951)나 다른 사람들(예 : Deci & Ryan, 1991; Maslow, 1968)은 자아실현과 성장을 촉진시키도록 하는 인간의 기본적인 특성에 더 중점을 두었다. Murray(1938)는 기본적으로 20가지가 넘는 심리학적 욕구·동기를 적은 리스트를 만들었고, David McClelland(1985)는 20가지 중에서 세 가지(성취욕, 권력, 친밀감 욕구)를 연구했다. 두 번째는 인지능력과 성격으로 인간의 성격에 있어서 가치, 믿음, 기대치, 스키마, 계획, 인지유형들을 다 포함하는 인지적인 요인의 역할을 다루는 것이다. 역사적으로 봤을 때 이러한 가설 중 가장 유명한 것은 George Kelly(1955)의 성격구성이론이다. 최근의 연구법으로 접근하면 인지적, 사회인지적인 요소를 더 포함시키려는 경향이 있다고 한다(예 : Cantor & Kihlstrom, 1987; Mischel & Shoda, 1995). 세 번째로 발달을 강조하는 측면은 자기라는 개념의 발달, 사람이 태어나서 노년이 되기까지 자기라는 개념이 다른 사람과 어떻게 의사소통하는지이다. 발달적 측면에서 가장 중요한 두 가지 이론은 Erik Erikson(1963)의 심리사회적 발달이론과 Loevinger(1976)의 자아발달이론이다.

표 1.3은 성격적응과 관련된 다양한 가설과 설명들을 표로 정리해놓은 것이다. 예를 들면 위에서 처음 말한 인간 동기적 측면의 가설은 특히 성격적응 가설 중에서도 인간의 욕망, 동기, 목표에 초점을 맞춘다. 반대로 성격의 사회인지적 이론을 다루는 가설들은 성격적응 중에서도 개인적인 믿음, 가치, 스키마, 이데올로기들을 중요시하는 경향이 있다. 이 표에서 보이는 다양한 항목들은 전부 매우 다양한 심리적 측면들을 포함하는 것이다. 하지만 이것들이 공통적으로 가지고 있는 특징은 특정한 것을 알아보기 전에 일반적인 성격특성을 대략 알고 난 후에 측정할 수 있다는 것이다. 성격특성에서 성격적응으로 넘어가는 것은 성격의 구조에 초점을 맞추는 관점에서 역동, 과정, 변화를 포함하는 성격의 다른 측면으로 넘어가는 것이다(Cantor & Zirkel, 1990; Cervone, Shadel, & Jencius, 2001). 성격의 세세한 부분을 알게 되면, 일반적인 특징에서는 찾기 힘든 유동성이 있는 성격특성을 볼 수 있다.

표 1.3	**성격적응에 관한 전통 이론 설명**
동기이론과 개념 : 추동, 욕구, 동기, 목표, 노력, 개인적 과업, 현재 관심사	
Sigmund Freud(1900/1953)	무의식적 추동/성적, 공격적 욕구
Henry Murray(1938)	20가지 이상의 심리유전적 욕구, 예를 들어 성취욕구, 권력욕구, 친밀감 욕구
Carl Rogers(1951)	자아실현의 동기를 건강하고 성장지향적인 행동으로 이끄는 기본 욕구
Abraham Maslow(1968)	욕구의 위계. 생리적이고 안전에 대한 욕구에서부터 존중감과 자아실현의 욕구
Deci와 Ryan(1991)	세 가지 기초적인 성장의 욕구 : 자율성, 유능감, 관계욕구
사회인지이론과 개념 : 개인구성, 신념, 가치, 기대, 스키마, 인지유형	
George Kelly(1955)	개인구성의 심리학 : 대상 경험을 구성하기 위한 기초적 자료들
Cantor와 Kihlstrom(1987)	사회지능 : 스키마와 기술들
자아발달이론과 개념 : 단계, 진로, 발달과업	
Erik Erikson(1963)	심리사회적 발달의 8단계
Jane Loevinger(1976)	자아발달의 단계들

이야기 구성 : 통합적 인생 이야기

아만다의 성격을 규정하기 위해 성격특성과 세세한 부분을 알아보았는데 무엇을 더 해야 할까? 더 해야 할 것이 있긴 할까? 아만다의 인생 자체가 그녀 자신에게 주는 의미는 무엇일까? 어떻게 아만다는 자신의 인생을 특정한 목표가 있고 통합된 **전체로써 부분**을 이야기할 수 있을까? 사람에 대한 이러한 질문들은 **정체성**과 관련된 질문이 된다(Erikson, 1959; McAdams, 1985c). 정체성의 문제는 청소년에서 성인으로 넘어가는 현대인들이 겪는 문제이다. 아만다도 성인이기에 정체성에 대한 문제가 중요해지는 것이고, 어떤 요소가 그녀의 인생에 의미와 목적을 부여하는지 중요한 것이다.

정체성의 문제는 심리적인 특성을 생각할 수 있는 세 번째 방법을 보여준다. 앞서 봤던 두 가지 (성격특성과 성격적응)를 제외하고 사람들이 찾는 다른 것은 자신들의 인생을 통합적으로 이해할 수 있는 모델로 구성할 필요가 있다고 생각하는 것이다. 인간 개체로서 이해할 수 있는 다양한 부분들이 모여 전체가 되는 것이 중요하다. 하나의 예로, 인생을 **시간이 지나면서** 통합시키려고 하는 많은 사람들의 욕망과 관련된 질문으로는 "내가 누군지, 지금의 내가 과거의 나와 미래의 나와 어떻게 다른지", "내가 기억하는 과거와 지금의 나 그리고 지금의 나와 미래의 나를 연결시키는 것이 무엇일까"라는 것들이다. 현대인들의 정체성 문제에 대한 도전은 자기(self)라는 개념을 이해하고 이에 대해서 말할 수 있는 방법을 고안해내는 것인데, 이것에 기반이 되는 두 가지 생각은 (1) 나를 구성하는 다양한 조각들이 있음에도 불구하고 나 자체는 일정한 하나의 개체이다. (2) 현재, 미래, 과거가 연결돼서 시간이 흐를수록 다른 변화가 일어날 수 있음에도 불구하고 과거의 내가 있었기 때문에 지금의 내가 있는 것이고, 지금의 나로 인해 미래의 내가 생겨날 수 있다는 믿음이 있어야 한다. 특정 사람들에 의하면, 자신이 정체성으로 통합되는 과정은 인생 이야기라는 개념을 통해서 발전될 수 있다고 한다(Bruner, 1990; Hermans, Kempen, & van Loon, 1992; Josselson & Lieblich, 1993; McAdams, 1985c, 1996b, 2001b, 2008; Singer, 2005; Singer & Salovey, 1993; Thorne, 2000; Tomkins, 1979). 세 번째 성격의 특징은 인생 이야기로서의 정체성이다.

인생 이야기(life story)의 정의는 재구성된 과거, 자기가 받아들일 수 있는 현재, 기대하는 미래가 어우러져 사람들로 하여금 통합성과 목적을 가진 삶을 이룰 수 있게 하는 것이다. 청소년기 후반에 접어들면서 대부분의 현대사회 사람들은 통합적이고 목적이 있는 인생으로서의 이야기를 생각하게 된다. 시간이 흘러 성인기에 접어들면 인생 이야기의 다양한 측면을 알게 되고 수정하고 다시 쓰기도 하면서 시간과 환경에 따라 변화하는 인생관을 이해하게 된다(McAdams, 1993, 1996a). 인생 이야기 자체가 정체성이기 때문에 정체성이 변하면 인생 이야기 역시 변한다. 아만다의 정체성은 내면적인 이야기로 이해될 수 있는데 아만다 자신이 시간이 흐를수록 자신과 타인의 관계 속에서 다시 쓰고 수정하는 것이 자신의 목소리라고 할 수 있다. 그것은 이야기의 모음이라고 할 수 있는데, 이 이야기들은 성인기에 어떻게 적응하고 맞출 수 있는지를 찾아내는 과정이다. 처음과 중간 그리고 마지막을 생각했을 때 아만다의 이야기는 그녀가 어떻게 세상에 왔는지, 어떤 사람으로 지내왔는지, 미래에 어떻게 될 것인지 궁극적으로는 어떤 사람이 될 것인지를 말해준다. 아만다 그녀와 변화하는 사회적 세계의 틈새, 장소, 기회, 지위의 요소는 아만다로 하여금 더욱더 의미 있게 자신만의 이야기를 성인기를 통해 수정해 나가도록 만들 것이다.

아만다의 이야기를 자세히 보면, 아직 아만다를 잘 아는 것은 아니지만 첫인상을 통해 알 수 있는 것이 있다. 아만다는 자신의 아버지를 통해 일종의 자신의 인생 이야기를 해준 것이라고 할 수 있는데, 그녀의 아버지는 한때 술과 마약에 빠져 방황하다가 종교로 인해 그의 인생은 송두리째 바뀌게 된다. 그는 결혼 후에 목사가 되었지만, 결국 이혼을 했기에 성공적인 결혼생활을 한 것은 아니다. 아만다는 자신의 아버지를 사랑하는 동시에 미워했다고 고백했는데, 그녀는 자신이 무신론자라고 했다—이것은 아만다가 아버지의 인생 이야기의 일정 부분을 부정하는 것으로 보여진다. 그렇다면 그녀의 인생에서 어떤 점들이 좋았고 어떤 점들이 나빴으며, 전환점은 무엇이었을까? 지금까지 그녀의 인생에서 영웅의 역할을 한 사람은 누구였으며 악당의 역할을 한 사람은 누구였을까? 또한 자신의 인생의 다음 장에서 기대하는 것은 무엇이고, 자신의 역사에 대해서는 어떻게 생각할까? 아만다의 인생에 있어서 그녀의 과거가 어떻게 현재로 이어졌을까? 만약 미래에 아만다를 더 잘 알게 된다면 이러한 질문에 대한 답을 알 수 있을뿐더러 좋은 친구로서 아만다의 옆에서 정체성을 찾는 과정을 직접적으로 도와줄 수도 있다. 반대로 아만다가 당신의 인생을 어떻게 꾸밀지 도와줄 수 있는 부분도 있다. 자신만의 인생 이야기를 공유하는 과정에서 사람들은 친밀감을 느낀다. 이런 맥락으로 볼 때 성격심리학자는 어떤 사람 자체를 이해하기 위해 개인 깊숙이 있는 특징, 배경, 이미지, 개인적인 부분을 파고들어야 하는 의무가 있다. 이러한 것들은 대상이 자신이 어떤 사람이었고, 지금 어떤 사람이고, 미래에 어떻게 될 수 있는지를 나타낼 수 있는 이정표가 된다.

그렇다면 성격심리학자들은 사람들이 기준을 삼고 살아가는 자신의 인생 이야기를 어떻게 **해석**할 수 있을까? 사람들의 인생 이야기를 해석하는 특정한 방법들을 보면 직접적으로 자신들이 나서서 의식적으로 자신이 속한 문화권에서 통용되는 인생의 의미를 찾아가는 과정이라고 볼 수 있는데 (Bruner, 1990; McAdams, 1985c), 문화권 내에 있는 다양한 이야기들을 선택해서 자신의 인생이 통일성 있고 목적 있는 인생이 되도록 적용한다. 다른 인생 이야기를 이해할 수 있는 접근법을 보면 이러한 이야기들은 사람들 개인이 제어할 수 없는 부분에 의해 만들어지는 경우도 있기 때문에 그러하다. 100년도 전에 Freud는 어둡고 무의식적인 힘을 강조하여 사람들의 인생을 해석하는 방법과 그들에 대한 이야기를 소개했다. Freud와 그가 만든 심리분석적 전통의 관점에서 보면 해석은 항상 이야기의 내면을 깊게 탐구하는 것이 중요하다. 삶을 글로 비유한다면, 그 의미는 행간에 분명하게 의식적으로 그들이 무엇을 하는지 인지하지 않는 작가들에 의해 숨겨져 있다. 다양하고 충돌되는 의미, 이야기와 그에 반하는 이야기, 음모와 대항책이 당신이 누구인지를 찾는 과정을 잘못 인도할 수 있다. 비슷한 생각은 특정한 동시대의 인생 이야기를 이해하는 방법으로서 [**포스트모던**(Gergen, 1991), 담론(Harre & Gillett, 1994) 또는 대화(Oles & Hermans, 2005) 등] 퍼져나갔다. 하지만 Freud는 사람의 내면을 깊이 고찰했다. 포스트모던적 방법은 문화와 사회 속의 이야기의 혼란스러운 소용돌이를 주된 내용으로 한다. 포스트모던적 관점에 따르면 사람들은 자기들이 가지고 있는 새로운 대화법과 행동을 통해 자기 스스로 새로워진다. 하지만 최근 사회는 모든 것이 빠르게 진행되기 때문에 영구적으로 지속되는 인생 이야기는 없다.

표 1.4에서 볼 수 있듯이 인간의 개인적 인생을 이해하려면 최소한 세 가지의 관점을 이해해야 한다. 우리가 사람들을 안다고 말할 때 진정으로 아는 것이 무엇일까? 우리가 누군가를 잘 안다면, 첫 번째 요소는 그 사람이 상황과 시간에 상관없는 어떠한 보편적인 성격특성이 있는지 알아야 한다. 두 번째는 그 사람이 시간, 공간, 역할에 따라 어떻게 달라지는 동기적 · 인지적 · 발달적 모습을 보이는지 알아야 한다. 마지막으로는 자기의 이해, 인생 이야기를 만들어가는 과정에서 그 사람이 어떠한 정체성을 가지려고 하는지를 알아야 한다. 즉, 심리학적 성격이라는 것은 성격특성, 성격적응, 인생 이야기를 통해 이해될 수 있다.

표 1.4	성격의 세 단계	
단계	정의	예
성격특성	성격의 폭넓은 측면으로 행동, 사고, 느낌에 있어 내적이고 총체적이며 안정적인 것으로 각 개인의 차별성을 뚜렷이 나타내는 것. 특성은 각기 다른 상황과 시간의 흐름에서 개인적 기능에 지속성을 주는 원인이 됨	독점적인 우울한 기질이 있는 엄격히 잘 지키는
성격적응	한 개인의 동기적이고, 인지적이며, 발달적인 도전과 과업에 대한 적응을 설명해줄 수 있는 성격의 독특한 측면. 성격적응은 시간, 장소, 상황, 사회적 역할에서 주로 상황에 따라 다르게 나타남	목표, 동기, 삶의 계획 종교적 가치와 신념 인지적 스키마 심리사회적 단계 발달과업
인생 이야기	과거, 현재, 미래를 통합하여 자기에 대해 내면화된 진보적 이야기를 만들어내는 것으로 삶에 통합, 목적, 의미를 부여해줌. 인생 이야기는 성격의 정체성과 통합의 문제를 다룸. 이 문제는 주로 현대 성인기의 특징을 나타내는 것임	초기 기억 어린 시절의 재구성 미래의 자기에 대한 예측 "부자 앞의 넝마" 이야기들

과학과 인간

여기까지 살펴본 것은 성격심리학자들도 여느 사람들과 다를 것이 없다는 것이다. 우리들은 모두 사람이라는 특징을 공유하고 있기 때문에 타인을 아는 것과 자신을 아는 것에 큰 관심을 가지고 있다. 만약 당신이나 내가 아만다를 실제로 만났다면 우리는 그녀의 성격특성, 성격적응, 인생 이야기를 통해 일종의 결론을 내릴 수도 있었을 것이다. 성격심리학자들도 마찬가지로 다른 사람들을 표현하고 이해하려는 목적을 가지고 있다. 하지만 다른 사람들과 구분되는 성격심리학자들의 특징은 다른 사람을 연구할 때 과학적인 방법을 이용한다는 것이다. 따라서 과학적인 부분을 이해할 필요가 있다.

과학자들은 매일의 경험과 충돌, 혼란스러움을 더 이해하기 쉽게 만드는 역할을 한다. 과학을 통해서 현실에 관한 가설들을 세우고 그것이 실제로 맞는지 실험을 통해 검증하는 것을 거친다. 이것을 통해 궁극적으로 얻고자 하는 목표는 우주가 어떻게 작동하고 어떻게 예측할 수 있는지에 대한 이해이다. 과학자들의 동기는 여러 가지가 있는데 그중 하나는 자연적인 현상(질병, 자연재해)을 미리 예방하는 것, 우리가 좋아하지 않는 사람들이나 전쟁 시 적군 등 타인으로부터 도망치는 역할을 제공한다. 또한 과학을 통해 핸드폰, X-ray, 컴퓨터 등을 통해 사람들의 전반적인 인생의 질을 높이는 역할을 한다. 하지만 그중 가장 기본적인 것은 궁금증이란 원초적 욕구이다. 과학은 알고 싶어 하는 인간의 기본적인 심리를 충족시켜주는 학문이다. 이러한 관점에서 성격심리학자들이 인간을 이해하려는 다양한 이유도 있지만 가장 궁극적인 목표는 이해하기 위해서 그 사람을 이해하는 자신이라고 할 수 있다.

과학은 기본적으로 3단계로 진행되는데 (1) 직관적 관찰, (2) 가설 세우기, (3) 평가하기이다. 이러한 세 단계를 통해 개인적인 과학자들은 특정한 과학적 분야가 원시적 모습에서 더 발달되고 진화된 과학으로 어떻게 발전될 수 있는지를 알게 된다. 성격심리학은 발달된 지가 비교적 얼마 되지 않았기 때문에 원시적 단계에 속한다. 하지만 그럼에도 불구하고 오늘날 성격심리학자들이 하는 모든 과정은 과학의 3단계를 거친다. 앞으로 이 세 가지 과정을 더 자세하게 알아보겠다.

1단계 : 직관적 관찰

과학적인 이해를 위해서 우리가 먼저 해야 할 것은 오감을 사용해 대상을 느끼는 것이다. 이러한 목적을 위해 특정한 기구를 사용할 수도 있고 일반적으로 사용하는 오감 중 특히 보는 것과 듣는 것을 통해서 관찰할 수 있다. 하지만 방법과 상관없이 우리는 대상을 긴 시간에 걸쳐서 조심스럽게 **관찰**해야 한다. 초반에 관찰하는 것은 비교적 체계적이지 않을 수 있다. 그 대상을 관찰할 때 무엇을 보고 들을지 특별한 기대가 없기 때문이다. 그 대상에서 반복되는 패턴을 찾아 우리가 이해하고자 하는 대상의 초기적 느낌을 알아볼 수 있다. 그렇기 때문에 이 과정은 현실을 보는 다른 관점이 더해지지 않은 가장 기본적인 관찰법이다. 뉴턴(1642~1727)이 죽기 전 쓴 글을 보면 이해하기 쉽다.

> 내가 세상에 어떻게 보여지는지는 모르겠지만 내가 본 나의 모습은 바닷가에서 놀고 있는 어린아이의 모습과도 같았다. 어린아이로서의 나는 조약돌과 조금 더 예쁜 조개껍질을 찾는 데 정신이 팔려 있었지만 실제로 내가 그러는 동안 엄청난 사실은 바닷속에 숨겨져 있었다(Judson, 1980, p. 114).

하지만 그렇다고 해서 아무 생각 없이 세상을 바라보는 관점 하나로 첫 번째 단계가 성립되는 것은 아니다. 1단계에서 가장 중요한 과학자의 역할은 창조적이고 **창의적인 관찰자**가 되어 예전에는 발견되지 않은 특정한 패턴이나 질서를 발견하는 것이다. Hanson(1972)은 모든 과학에서 중요한 관찰자로서 정말 해야 할 일은 모든 사람들이 볼 수 있는 대상에서 모든 일을 찾는 것이 아니라 모든 사람들이 볼 수 있는 대상에서 아무도 보지 못한 새로운 것들을 찾아내는 것이 중요하다고 강조했다(p. 30). 이러한 관점에서 첫 단계는 수동적이고 일반적인 관찰의 단계에서 끝나는 것이 아니라 언뜻 보면 무질서하게 있는 듯한 대상에서 특정한 패턴, 구조, 디자인을 **찾고** 명확하게 그것을 **표현**할 수 있는 능동적인 과정이라고 할 수 있다. 첫 단계가 중요한 이유는 이를 통해서 과학자와 과학 커뮤니티 자체가 더 일반적이고 구체적인 발판을 마련할 수 있기 때문이다.

일반적으로 우리가 받아들이는 과학은 이성적이고 객관적인 학문이기 때문에 첫 단계인 체계적이지 않은 관찰이 **주관적**이라는 점은 놀라울 수 있다. 일정한 대상을 다른 사람과 다른 측면으로 바라보는 관찰자는 그 사람 입장에서는 객관적이지 않을 수 있다(Hanson, 1972; Zukav, 1979). **발견의 맥락**(context of discovery)에서 작용하는 1단계의 과학자는 현실을 보는 새로운 방법을 발견하고자 한다 (Reichenbach, 1938). 그 과학자 자신이 만든 관찰을 새롭게 평가하고 표현하기 위한 새로운 카테고리, 용어를 만들어내는 과정으로 이해될 수 있다. 과학자들이 자신들이 발견한 내용을 유목화하여 구체화하는 과정에서 **구체적이고 특정적인 일을 보편적이고 일반적인** 일송의 사실로 마꾸는 과정을 경험하게 된다. 이를 철학자들은 **귀납법**(induction)이라고 한다. 이러한 관점에서 귀납법의 궁극적 목표는 2단계의 보편적이고 일반적인 가설을 만들어내는 것인데 이는 1단계에서 발견했던 구체적이고 개인적인 관찰로부터 나오는 결과물이라고 할 수 있다(Glaser & Strauss, 1967).

심리학의 예에서 인간 행동을 주관적으로 관찰해서 새로운 통찰력 있는 결과나 가설을 만들어 낸 경우가 많이 있다. 발달심리학자인 Piaget(1970)는 자신의 아이 3명이 유아기에 어떻게 반응하는

심리학 연구의 한 부분으로서 젊은 여성과 연구자의 인터뷰. 심리학 자료는 많은 방법을 통해 수집될 수 있다. 인터뷰, 질문지, 실험, 자연관찰, 심리학적 또는 뇌 연구 및 다양한 다른 접근들이 활용될 수 있다(출처 : David Buffington/Photodisc/Getty Images).

지를 관찰한 것을 결과로 인지적 발달의 가설을 발달시킨 사람이다. Freud 역시 마찬가지로 자신의 성격이론의 가설을 만들어내기 위한 과정으로 신경증을 앓고 있던 환자들, 동료, 자신의 행동특성을 주관적으로 관찰했다. Piaget와 Freud 모두 초반의 관찰을 **사례연구**(case study)를 통해 정리한 경우다. 사례연구란 개인 1명을 때로는 긴 시간 동안 관찰해서 연구하는 방법이다. 한 가지 사례연구를 통해 한 대상에 대한 많은 정보를 얻을 수 있다. 사례연구는 다양한 방법으로 이용될 수 있지만 보통 성격심리학자들은 개인 한 사람의 복잡한 관찰결과를 정리하기 위한 방법으로 사용하고 이를 바탕으로 하여 보편적인 사람의 특징을 정리하는 방법으로 사용했다(Barenbaum & Winter, 2003; Elms, 2007; McAdams & West, 1997). 다른 장에서는 성격심리학자의 사례연구를 볼 텐데 이는 1단계와 2단계의 연결고리이다.

2단계 : 가설 세우기

직관적 관찰에 이어서 과학의 두 번째 단계는 가설 세우기다. 1단계의 관찰을 통해 모아진 데이터를 통해 하나의 가설을 만드는 것이다. 과학자들이 정확히 어떻게 2단계를 행하는지는 과학의 위대한 미스터리 중 하나라고 할 수 있다. 일반적으로 가설이 관찰을 통해 나타나고 생겨나지만 가설이 항상 100% 논리적이고 체계적인 방법으로 나타나지 않기 때문이다. 과학자들이 지나치게 창의적인 경우에는 언뜻 보기에 비논리적이고 무의식적인 방법으로 가설이 만들어지는 경우도 있다.

19세기의 화학자 Kekule는 유기적 화학분자구조와 관련된 중요한 발견을 했는데 눈을 뜬 상태에서 꾼 꿈을 통해 만들어진 가설이라고 한다. 그 당시 화학자들은 다양한 화학물질의 조합이 혼합물을 이룬다고 했지만 이러한 관찰을 체계적으로 모아 가설을 세우지는 못하고 있는 상황이었다. 그러던 중 Kekule는 꿈을 꾸었는데, 일종의 환각증세로 분자와 원자가 자신의 앞에 나타나는 경험을 하게 된다. 그는 "어떻게 두 가지가 하나의 묶음이 되고 그 묶음이 또 다른 묶음을 이루고 그 묶음을 포함하고 있는 체인이 보였는지…"라고 표현했다(Judson, 1980, p. 115). 그는 비슷한 경험을 한 번 더 했는데 분자들이 뱀처럼 움직이는 것을 보았다. 뱀의 머리가 꼬리를 무는 것처럼 반복되는 이미지가 보였다(Judson, 1980, p. 115). 이 사람의 환각증세로부터 만들어진 이 가설은 지금까지도 유기화학의 기본 성질로 받아들여지고 있다.

여기서 중요한 것은 과학적 가설이 항상 꿈이나 환각을 통해 이루어지는 것은 당연히 아니지만 이상한 방법을 통해 발전되는 경우도 분명히 있다는 것이다. 방금 예를 든 것처럼, 발전과정의 이상 유무는 가설이 얼마나 타당한지와는 상관이 없다. 이는 성격심리학을 이해하는 데 특히 더 중요한 사실로, 성격심리학을 다루는 가설들 중 대부분은 실제도 정말 다양한 방법들을 통해 만들어졌고 그중에서는 받아들이기 힘들 만큼 이상한 방법을 거친 것도 있기 때문이다. 2단계를 어떻게 하면 가장 잘 행하는 것인지에 대한 일정한 기준은 없다.

피카소와 같이 창조적 관찰자는 현실을 바라보는 새로운 방식을 발견했다. 과학적 과정의 첫 번째 단계에서 과학자는 현실을 관찰한다. 때때로 도구와 기술의 도움을 받아, 패턴이나 구조를 발견해내고자 한다(출처 : Gjon Mili/Time Life Pictures/Getty Images).

하지만 확실한 것은 가설이 정확히 무엇이고 그것이 어떤 역할을 해야 하는지는 딱 정해져 있다. **가설**(theory)이란 현실에 대해 특정한 관찰내용을 설명하기 위해 서로 연결된 표현이다. 가설은 항상 잠정적이고 추측의 요소가 강하다는 특징이 있다. 가설이 설명하고자 하는 특정한 현상이 있다면, 그것이 일반적인 과학계에서 받아들일 수 있는 내용이어야만 받아들여진다. 가설은 항상 변화가능성이 있다. 특히 더 새롭고 일반적이지 않은 관찰결과가 나왔을 때 가설은 변화할 수 있다.

가설은 이해를 돕기 위한 적어도 네 가지의 도구를 제공해준다(Millon, 1973). 첫 번째로 그 가설의 구조를 명확하게 표현해주는 추상적인 **모델**의 역할이다. 두 번째는 가설 안에서 등장하는 중요한 아이디어와 주된 생각을 포함하는 관념적 용어이다. 세 번째는 다양한 구성요소 간의 관계를 교정하는 **대응규칙**이다. 네 번째는 대응규칙으로부터 나오는 논리적인 실험에서 확인할 수 있는 **예측** 결과이다. 이것을 정리하면 가설은 현실의 단면을 보여주고, 이 현실을 보여주는 구성요소의 이름을 규정하는 역할을 하며, 구성요소 간의 관계가 어떻게 규정되는지를 알려주고, 실제적인 실험을 통해 이러한 관계를 어떻게 테스트할 수 있는지를 보여주는 것이다.

이러한 가설의 네 가지 측면은 관찰할 수 있는 내용을 어떻게 하면 명백하고 정확한 방법으로 설명할 수 있는지 그 목표를 달성하기 위해 과학자들이 사용하는 방법이다. 실제로 많은 심리학자들 중 성격심리학자들은 가설이 그들이 원하는 만큼 설명해주지 못한다고 생각하는 경향이 있다. 하지만 모든 과학자들은 기본적으로 과학의 중심에는 가설이 있다는 사실에 동의한다. 또한 나아가 과학자들은 어떤 특정한 가설들을 다른 것들보다 선호하기도 하는데, 선호하는 것들이 왜 좋은지에 대한 의견은 대립될 수 있다. 그렇다면 어떤 가설을 보고 좋다고 할 수 있을까? 밑에 나와 있는 일곱 가지 기준에 의해서 과학적 가설의 좋고 나쁨을 알 수 있다(Epstein, 1973; Gergen, 1982).

1. **포괄성** : 특정한 가설을 설명할 수 있는 영역이 넓을수록 좋다. 만약 다른 조건이 다 동일하다면 어떠한 가설이 더 많은 것을 포괄적으로 설명할 때 일반적으로 더 좋다고 평가할 수 있다.

2. **단순성** : 과학 자체는 단순하고 경제적인 것이 중요하다. 가설은 일반적으로 최대 개수의 관찰을 최소 개수의 설명으로 일반화시키려는 목적을 가지고 있다. 따라서 일반적으로 복잡한 것보다는 단순하고 객관적인 설명이 좋다고 본다.

3. **일관성** : 가설은 논리적이어야 하고 내부적인 일관성을 지녀야 한다. 가설을 구성하는 다양한 다른 말들은 서로 조화를 이뤄야 한다.

4. **실험가능성** : 가설에서부터 과학자들은 경험적인 연구를 통해 실제로 평가될 수 있는 가설을 만들어내야 한다.

5. **경험적 타당성** : 가설에서부터 나온 경험적인 테스트 결과는 가설의 주장을 뒷받침할 수 있어야 한다.

6. **유용성** : 만약 다른 조건들이 동일하다면 인간 생활과 관련되어 인간의 문제를 풀어줄 수 있는 가설이 이와 동떨어진 가설보다 더 유용하다고 평가된다.

7. **생산성** : 좋은 가설은 더 새로운 다른 가설을 낳을 수 있어야 한다. 일반적인 사람과 과학자 모두에게 다양한 기회를 제공하는 역할을 해야 한다. 사회과학에서 생산성이 있는 가설의 역할은 우리가 속해 있는 문화권의 일반적인 오류를 수정하고, 현대사회에 관련된 기본적인 문제를 제기하고, 일반적으로 당연하다고 생각되는 것들은 다시 재고할 수 있는 기회를 제공하고 그렇게 함으로써 사회적인 행동을 취할 수 있는 기본적인 기반을 제공한다(Gergen, 1982, p. 109).

3단계 : 평가하기

과학이 다른 학문들과 구별되는 것은 경험을 기준으로 세상을 평가한다는 것이다. 첫 번째 단계의 발견에서부터 나온 두 번째 단계의 가설을 마지막 단계에서 **정당화의 맥락**(context of justification; Reichenbach, 1938)에서 경험적으로 시험해봐야 한다는 것이 과학의 마지막 단계의 중요성이다. 3단계에서 과학자는 일반적으로 어떠한 가설에서 나온 내용을 평가하거나 정당화하려고 노력한다. 적극적이고 객관적인 실험을 통해 타당성을 정당화하려는 과정이다. 이런 부분에서 우리가 흔히 알고 있는 논리적이고 사실에 기초한 것만 받아들이고 감정에 흔들리지 않는 과학자의 모습을 확인할 수 있다. 정당화의 맥락이란 추측이나 가정하는 것, 체계적이지 않거나 주관적인 관점으로 평가하는 방법이 아니다. 앞에서 말한 것들이 아닌 마지막 단계에서 일반적으로 과학자들은 가설과 전제의 실용성과 타당성을 실험적으로 검증하려고 한다.

과학의 세 단계 중 1~2단계가 3단계보다 더 자유분방하고 한계가 없긴 하지만 우리가 생각하는 것만큼 자유롭지 않다. 사실상 과학자가 기대하는 3단계, 즉 자신이 생각했던 가설들이 실험적인 결과를 통해 평가되고 정당화될 수 있다는 믿음이 1~2단계의 내용을 좌지우지하게 된다. 3단계에서 과학자들이 예상한 내용이 전 단계에 영향을 줄 수밖에 없다. 이러한 이유 때문에 **실험가능한 가설**을 만들어내는 것을 목적으로 하고 있다. Karl Popper(1959)에 의하면 가설은 그 내용을 **반증**할 수 있는 내용을 포함해야 한다고 한다. 가설 자체는 어떠한 단계를 거쳐야 그 가설의 내용이 반증가능한지 포함하든가, 가설의 내용에서 반증가능한 내용이 부분적으로 추론가능해야 한다고 한다.

하지만 Popper가 말한 반증가능성에 대한 기준은 철학적인 사람들에게는 힘든 내용일 수 있다. 우리가 만들 수 있는 내용을 제한할 수밖에 없기 때문이다. 예를 들면, 모든 사람들은 기본적으로 선하다는 성격이론의 전제가 반증불가능하다고 한다. 왜냐하면 우리가 나쁜 행동을 관찰할 수 있다고 해도 표면적으로만 나쁜 것이지 사람들이 근본적으로 나쁜 것이라고 할 수 없기 때문이다. 이러한 맥락에서 사람이 근본적으로 선하지 않다는 주장을 뒷받침할 수 있는 근거를 찾을 수 없다. 그렇기 때문에 과학적 가설로서 모든 인간은 선하다는 전제는 반증가능성의 기본적인 테스트를 통과하지 못한다. 이러한 가설들은 실제로도 많고 오늘날 통용되는 성격이론들 중에도 많다. 반대로 반증가능한 가설을 갖춘 성격이론도 존재한다. 이에 대한 예로, 제6장과 제11장에서 나오는 맏이들이 나머지 아이들보다 더 보수적이라는 이론, Erik Erikson(1963)이 말한 아이들의 심리사회적 발달은 다른 타인과의 친밀한 관계를 형성하기 이전에 정체성의 형성을 통해서만 이루어질 수 있다는 이론이 반증가능하다. 이러한 가설들은 기본적으로 쓰이는 성격모델을 통해서 테스트할 수 있고 실제로 맞는지 확인가능하다. 이제부터 성격이론 연구를 통해서 어떻게 실험적인 가설을 평가하는지를 다양한 예를 통해 알아보도록 하겠다.

경험적 연구설계

앞에서 나온 Adler의 "맏이들이 나머지 아이들보다 더 보수적인 성향을 가진다"는 가설을 어떻게 평가할 수 있는지를 알아보기로 하자. 어쩌면 벌써 알아차리기 전에 시작됐을 수도 있다. 우리가 이미 Adler의 가설로부터 나온 전제를 말했기 때문에 어느 정도 Adler의 이론에 대해 동의하고 공통점을 가지고 있다는 것을 인정한 것이다. 과학적 전제가 가설의 근본을 이루어야 한다. 따라서 주어진 전제와 관련된 이론적이고 경험적인 연구에 몰두하는 것이 가설을 테스트하는 단계에서 가장 중요하다. 이러한 경험적 연구를 시작하기 전 Adler의 논문이나 책들을 통해 그가 말하는 가설이 정확히 어떤 내용인지를 이해하는 것이 필요하다. 이 과정을 통해 Adler가 주장하는 모든 아이디어를 한 가지 경험적인 테스트로 평가할 수 없다. 한 번에 한 가지의 가실을 테스트해야 한다. Adler가 위에서 말한 가설에서 중요한 것은, 장녀나 장남인 아이들은 나중에 태어난 아이들보다 이론적으로 더 장점을 가지고 태어난다는 것이다. 첫째는 둘째가 태어나기 전까지 부모의 사랑을 독차지하기 때문이다. 부모의 사랑을 독차지하면서 자람에 따라 자기 나름의 이상적 세계를 건설하게 되는데 두 번째 아이가 태어남으로 인해 이 세계가 파괴되는 것이다. 성장하고 난 이후에도 첫 번째로 태어난 아이들은 초기의 자신들이 느낀 실체를 유지하려는 습성을 가진다. 변화를 믿지 못하는 성향으로 바뀌는 것이다. 이를 이해하기 위해 태어난 순서에 대한 다양한 이론들과 경쟁하고 싶어 하는, 보수적인 가설들을 더 연구해야 할 필요가 있다. 예를 들어 정치적인 성향을 가진 심리학자들은 가족생활에 있어서 보수적인 정도의 근원에 대해 많이 연구한 사례가 있다. 그다음에 우리는 이 가설을 테스트하는 다음 단계로 과학 잡지나 문헌에서 이 내용과 관련된 것을 찾아서 이러한 아이디어들이 다른 과학자들에 의해서 어떻게 경험적으로 적용되었는지 알아보고, 실제로 어떠한 경험적 결과가 만들어졌는지를 알게 된다. 이를 통해 우리가 배경지식을 얻게 된다면 지금 우리가 평가하고자 하는 가설과 정확한 방법으로 가설을 테스트할 수 있는지를 구상하는 데 도움이 된다.

그다음 단계로 태어난 순서와 보수적인 정도에 관한 것을 다른 문헌을 보고 배경지식을 습득한 후 실제로 테스트할 수 있는 사람들을 정해야 한다. 성격심리학에 있어서 모든 가설 테스트 단계는 표본을 모집하는 것을 거쳐야 하는데 어떤 표본이라도 완벽할 수는 없다. 어떤 과학자는 2008년 여름 일리노이대학에 다니는 신입생 100명을 대상으로 조사하고 싶어 할 수도 있고, 다른 사람은 앨라배마 주에 있는 유치원에 다니는 60명의 여자아이를 대상으로 조사하고 싶어 할 수도 있다. 다른 경우로 중년 남성과 여성을 대상으로 전국적인 표본을 모집하려고 할 수도 있다.

다른 과학자들의 조사과정에서 그 사람이 선택한 표본이 정확하지 않거나, 또는 모든 사람을 비슷한 비율로 대변하지 않기 때문에 일종의 편견을 가진 샘플이라고 비하하기 쉽다. 그러나 **모든** 표본은 어느 쪽으로라도 치우칠 수밖에 없다. 정도의 차이일 뿐 모든 표본은 정확할 수 없다. 따라서 보편적으로 봤을 때 우리가 실험하고자 하는 가설에 적합한 표본을 찾는 것이 중요하다. 우리가 우울증을 겪고 있는 성인들을 대상으로 한 가설을 조사하려고 한다면 대학생을 표본으로 하는 것은 적합하지 않다. 반대로 우리가 40살이 됐을 때 일어날 수 있는 일반적인 성격발달의 변화를 조사하려고 한다면, 정신적으로 심각한 문제를 겪은 적이 없었던 중년의 여성과 남성을 대상으로 하는 것이 적절하다. 주어진 가설을 확인하거나 부정하려고 할 때 다양한 과학자들이 다양한 방법과 다양한 표본으로 실험을 한다고 해도 시간이 지날 때 일정한 공통점을 보여야 한다. 따라서 어떠한 과학적 연구라도 표본이 얼마나 대표적인지와는 상관없이 일정한 과학적인 가설을 절대적으로 대표하는 진실의 잣대가 될 수는 없다.

가설을 테스트할 수 있는 참가자들을 정한 다음에는 우리가 조사하려는 변수를 조작할 수 있게 바꾸는 단계를 거친다. 여기서 변수란 두 가지 이상의 **결과**를 가져올 수 있는 자질을 말한다. 예를 들어 Adler의 가설에서 태어난 순서와 보수적인 정도가 변수가 되는데 이 두 가지 기준이 두 가지 이상의 가치나 레벨로 세분화될 수 있기 때문이다. 출생순위에서 표본 중 한 사람은 첫 번째로 태어났거나, 둘째이거나, 셋째일 수 있다. 보수적인 정도에서도 매우 보수적이다, 보통 보수적이다, 보수적이지 않다 등 많은 단계로 세분화될 수 있다.

변수를 조작할 수 있게 한다는 것은 그것을 **어떻게 측정할지 결정**하는 과정이다. 평가할 수 있게 만드는 조작방법을 구체화시켜서 정하는 과정으로 이해할 수 있다. 우리가 택한 예에서 출생순위는 측정하기 쉬운 변수가 된다. 사람들에게 물어보기만 하면 되기 때문이다. 반대로 보수적인 정도가 더 문제가 많은 변수이다. 보수적인 정도를 측정하는 방법으로 개인의 정치적인 성향을 물어보는 시험을 볼 수도 있고, 사람들로 하여금 자신들의 보수적인 정도를 직접 측정하게 하는 설문지를 돌릴 수도 있다. 또는 실험실에서 행하는 과학적인 실험의 한 방법으로 참가자들의 보수적인 행동을 과학적으로 측정할 수도 있다. 우리가 맨 처음에서 봤던 성격특성에서 이를 생각해보면 보수적인 정도는 경험에 대한 개방성의 일부로 이해할 수 있다. Sulloway(1996)는 유명한 과학자와 정치인들을 대상으로 한 조사에서 첫 번째로 태어난 사람들이 나중에 태어난 사람들과 비교해서 경험에 대한 개방성이 더 낮다는 연구결과를 발표한 적이 있다. 이의 근거는 나중에 태어난 사람들은 첫째로 태어난 자신들의 형제자매, 부모로 대변되는 권위성에 대해 반항할 수밖에 없는 자연적 환경에서 자란다. 따라서 우리가 결정한 표본집단으로 하여금 경험에 대한 개방성을 측정하는 설문지에 응답하게 하는 것도 보수적인 정도를 측정하는 좋은 방법이 될 수 있다. 하지만 어떤 방법을 사용하든지 보수적인 정도나 개방성에 관한 관찰내용을 결과적으로 가설을 평가하는 단계 중 하나로 **수량화**하는 것이 필요하다. 요약하자면, 성격조사에서 사용하는 다양한 변수들을 조작할 수 있는 과정을 거치려면 데이터를 수량화시켜야만 한다. 이러한 목표를 위해서 성격심리학자들은 변수를 측정하고 수량화하는 다양한 단계를 개발한 바 있다. 이 내용은 다음 장부터 나올 것이다.

이 단계에서 일반적으로 성격심리학자들은 간단하고 기본적인 리서치 디자인을 사용하거나, **상관연구**(correlational)와 **실험연구**(experimental) 두 가지를 섞어서 사용하기도 한다.

상관관계연구

상관연구란 두 가지의 서로 다른 변수가 어떻게, 얼마나 상관이 있는지를 알아보는 것이다. 상관연구에서 과학자들은 "한 가지 요소의 가치가 변하게 되면 다른 한 가지는 어떻게 영향을 받을까"라는 기본적인 질문을 한다. 한 가지의 변수가 증가할 때 나머지 한 가지 변수도 증가하는 것을 **정적 상관관계**라고 한다. 이것의 예는, 200명의 미국 시민을 대상으로 한 조사에서 그들의 체중과 키와의 상관관계이다. 보편적으로 키가 클수록 몸무게가 더 많이 나가기 때문이다. 이러한 정적 상관관계는 일반적으로 키가 큰 사람들이 키가 작은 사람들보다 몸무게 더 많이 나간다는 결론을 내릴 수 있다. 따라서 이 연구의 조사대상 중 한 사람에 대한 기본적인 정보가 있다면 그 사람에 대한 다른 변수인 사람도 논리적으로 생각해서 예측할 수 있다. 예를 들어서, 표본 중 존이라는 사람이 키가 크다면 키가 작은 사람에 비해서 상대적으로 몸무게가 더 나갈 것이라고 예측할 수 있다. 이 예측은 실제로 맞는 경우가 많다.

앞서 말한 것과 대조적으로 한 가지 변수에서 증가하는 내용이 다른 한 가지 변수에서 **감소**로 이어진다면 이를 **부적 상관관계**라고 볼 수 있다. 그 예로, 태어난 지 12주에서 12년 된 500명의 미국 아이들을 대상으로 아이들의 나이와 손가락을 빠는 행동과의 관계를 조사했다. 보편적으로 나이가 더 들수록 손가락을 빠는 행동의 빈도는 낮아지므로 부적 상관관계의 예라고 할 수 있다.

두 가지 변수가 서로 연결되어 있지 않거나, 어떠한 방법으로도 상관관계가 없어 보일 때 상관관계가 존재하지 않는다고 한다. 상관관계가 존재하지 않는 것의 예로는 무작위로 1,000명의 미국인을 대상으로 그들의 몸무게와 지능을 조사한 것이다. 보편적으로 몸무게가 더 많이 나가는 성인들은 지능이 더 낮지도 높지도 않다는 결과가 나온다. 따라서 몸무게와 지능은 상관이 없다. 한 사람의 몸무게를 안다고 해서 그 사람의 지능을 측정할 수 없다는 것이다.

이러한 두 가지 변수의 상관관계를 측정하는 실험적인 방법 중 하나가 **상관계수**이다. 이는 우리가 흔히 쓰는 계산기와 컴퓨터로 쉽게 계산할 수 있다. 상관계수는 1.0에서 −1.0까지 범위가 있는

데, 1.0이 완벽하게 정적 상관관계이고 반대로 −1.0은 완벽하게 부적 상관관계를 의미한다. 그림 1.1에 다섯 가지 경우의 수가 나와 있다.

성격심리학자들이 사용하는 대부분의 통계 데이터와 비슷하게 상관계수 하나하나는 통계적 유의수준에 의해서 결정되고 평가된다. 통계적 유의수준이란 표본의 특성이 우연이 아니라 실재하는 특성이라고 정의 내릴 수 있는 정도를 말한다. 일반적으로 성격심리학자들은 주어진 데이터가 5% 미만의 확률을 보일 때 통계적으로 유의하다고 한다. 0.05레벨 정도로 유의하다고 하는 것은 우리가 찾아낸 결과가 우연으로 발생했을 경우가 5% 미만이라는 뜻이다. 상관계수의 통계적 유의수준은 연구에서 사용된 상관계수와 상관계수가 나오게 된 표본의 참가자들의 수로 측정된다. 따라서 −0.57의 통계적 유의도가 나온 경우에 표본이 100명이었다면 믿을 만한 결과이지만 표본이 10명이라면 그렇지 못하게 된다.

상관연구의 결과가 변수들이 서로 영향이 있음을 증명할 수 있지만 그렇다고 해서 항상 인과관계라고 할 수 없다. 통계적 유의도로 A와 B라는 변수가 연관이 있다고 해서 A 때문에 B가 일어났거나, B 때문에 A가 일어난 것이라고 할 수 없다. 예를 들어, 50명의 여성 임원을 대상으로 사무실의 크기와 가지고 있는 실크 블라우스의 수를 조사한 결과에서 +0.45라는 상관계수가 나왔다고 해서 실크 블라우스가 있어야지 더 큰 사무실을 가지고 있다든가, 사무실이 커서 실크 블라우스가 많다고는 이야기할 수 없는 것이다. 이런 경우에서 임원의 사회적 위치, 능력의 정도 등의 세 번째 변수가 앞서 말한 두 가지 변수와 상관관계가 있다고 말하는 경우가 더 적합하다. 사회적 지위가 높은 여자 임원이라면 지위로 인해 더 큰 사무실을 사용할 가능성이 많고, 버는 돈이 많기 때문에 더 많은 블라우스를 구입할 수 있다는 것이 더 논리적인 설명이다.

경험적 실험연구 설계

일반적으로 성격심리학자들은 **실험을 통해 다양한 변수들 간의 상관관계 또는 인과관계로 이어지는 결과를 확인할 수 있다.** 일반적으로 실험에서 과학자들은 **한 가지 변수를 조작함으로써 다른 한 가지 변수에 어떠한 영향을 미치는지를 알아본다.** 조작가능한 변수를 독립변수라고 하고 이에 영향받는 변수를 **종속변수라고 한다.** 종속변수는 독립변수의 변화나 조작에 따라서 개인의 행동이 어떻게 달라지는지에 대한 변화를 이해할 수 있다. 그렇기 때문에 종속변수는 독립변수에 의해 종속되어 변화가 결정되어지는 것이다.

만약 과학적 실험결과가 타당한 인과관계를 만들어내려면 실험자는 독립변수가 체계적으로 변형되는 유일한 변수로 확실하게 만들어놓을 필요가 있다. 따라서 실험에서 모든 변수들은 동일하게 제어해놓은 상태에서 한 가지 변수만을 변화시켜 그에 따른 변화를 정확하게 측정할 필요성이 있다. 이러한 변수 이외에 다른 변수들은 결과를 왜곡시킬 수 있기 때문에 가능한 최대한 통제해야 한다. 이것이 과학적 실험들이 매우 통제된 환경(컴퓨터 시뮬레이션, 과학실험실)에서만 잘 이루어지는 이유이다. 이러한 통제된 환경에서 실험하면 자극의 변화를 정확하게 측정할 수 있고 변수의 변화에 따른 사람들의 대응방식과 변화를 더 자세하게 관찰할 수 있다.

간단한 예를 들어 실험의 기본적 원리를 설명해보겠다. 사람들은 미소 짓고 있는 사람들을 봤을 때 미소 짓지 않는 사람들을 봤을 때보다 본인이 미소 지을 확률이 더 높다는 가설을 테스트하기 위한 실험을 예로 들겠다. 이를 위해 100명의 대학생을 표본으로 모집했고 한 사람씩 실험실로 불

| 그림 1.1 | 두 변수 사이의 상관관계가 어떻게 변화하는지를 보여주는 산포도 |

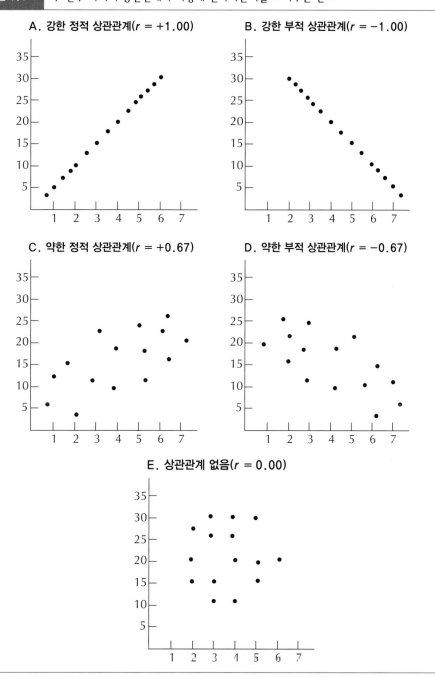

주 : 각각의 점들은 연구의 두 점수(변수 1, 변수 2)에서 참여자들의 반응을 대표하는 것이다.

러 일대일 인터뷰를 하고 테이프로 녹화하기로 한다. 참가자들은 무작위로 실험집단, 통제집단 중 하나로 배정받게 된다. 100명의 참가자들 중 반 정도가 동전 던지기나 이름을 무작위로 뽑는 방법을 통해 두 가지 집단으로 배정받았다. 실험집단에 속한 사람들에게는 인터뷰하는 과정에서 인터뷰하는 사람이 이야기하는 20분 동안 미리 정해놓은 시간에 맞춰 일부러 미소 짓는 행동을 보인다. 통제집단에 속한 사람들은 나머지 조건은 동일하지만 인터뷰하는 사람이 미소 짓지 않는다는 조건으로 인터뷰를 진행하게 된다. 따라서 실험집단과 통제집단의 사람들의 실험조건은 인터뷰하는 사람의 미소를 제외한 모든 요소가 동일해야 하는 것이 중요하다. 따라서 이 실험에서 독립변수는 인터뷰하는 사람의 미소이다. 이에 따른 종속변수는 녹화해서 확인할 수 있는 인터뷰 당하는 사람들이 얼마나 미소 짓는지이다. 결과적으로 실험집단의 사람들이 통제집단의 사람들보다 더 자주 미소를 지었다고 하고 이것이 통계적 유의성을 지녔다고 한다면 가설이 맞다고 증명할 수 있게 된다. 따라서 이 실험에서 실험집단과 통제집단 사이의 통계적 차이점을 봤을 때, 실험적으로 통제했던 독립변수가 종속변수의 변화를 가져왔기 때문에 두 변수 간 인과관계가 성립한다고 할 수 있다. 인터뷰하는 사람의 미소 지은 정도가 인터뷰 당하는 사람의 미소 짓는 정도를 인과적으로 결정했다는 결론이 된다.

일반적으로 실험하는 방법이 상관관계 디자인보다 일정한 조건 아래서 인과관계를 더 잘 증명해줄 수 있기 때문에 몇몇 심리학자들은 실험방법을 더 선호하기도 한다. Mischel(1986)은 실험법이 과학의 기본적인 방법이라고 했고(p. 15), 어떤 사람들은 실험적 방법을 더 선호하거나 (Byrne & Kelley, 1981) 가장 좋은 방법이라고 했다(Singer, 1984). 이와 반대로, 다른 성격심리학자들은 실험법이 부자연스럽고 인위적이며 중요하지 않다고 생각해서 다른 방법을 선호하기도 한다(Carlson, 1971, 1984; Gergen, 1982). 사실상 성격심리학에서 나오는 경험적인 질문들은 실험을 통해 체계적으로 측정될 수 없는 내용들이 많다. 과학적으로 정확하게 측정불가능한 요소로는 성별, 나이, 출생한 곳, 출생순위, 몸의 크기, 뇌와 관련된 것, 성격특성 자체 등이다. 설사 이러한 요소들이 정확하게 체계적, 과학적으로 측정이 가능하다고 하더라도 실험법을 사용한다면 사용이 불가하거나 비윤리적인 경우도 나올 수 있다. 비윤리적인 예로는, 성격발달에 있어서 학대받는 아동을 연구하려고 한다면 표준으로 정한 아이들을 나눠서 반은 고의적으로 학대받게 하고 나머지 아이들은 그대로 두는 것은 법적으로도 금지돼 있고 비윤리적이다. 따라서 이러한 학대와 정서발달의 관계를 연구하려고 한다면 실험법보다는 상관연구법이 더 적합하다.

사람을 연구하는 심리학이라는 학문은 실험법과 상관연구법을 모두 사용할 만큼 넓은 범위를 가지고 있다(Duke, 1986). 이 책에서 계속 소개하게 될 성격이론 연구는 실험법을 사용한 것, 상관연구법을 사용한 것, 그리고 두 가지를 섞어서 사용한 것 모두를 볼 수 있게 된다. 두 방법 모두 자주 이용할 것이며 사람을 이해하는 데 유용하게 쓰이게 될 것이다. 특히 성격심리학에서 두 가지 중 한 가지만을 과학의 기본적인 방법 중 하나라고 섣불리 판단하는 것은 위험할 수 있다.

앞에서 본 과학의 3단계를 보면 전체 그림을 볼 수 있다. 1단계의 간단한 관찰을 통해서 2단계에서 이를 바탕으로 가설로 발전시키고 3단계에서 다시 관찰로 돌아가서 1단계보다 더 구체적이고 체계적인 관찰을 하게 된다. 그러고 나서 앞에서 봤듯이 마지막 단계에서 경험적으로 가설을 테스트하는 과정을 거치게 된다. 마지막 3단계에서 실험법이나 상관연구법을 통해서 나타난 결과는 2단계에서 세운 가설이 맞는지 틀린지를 평가해준다. 마지막 단계와 첫 번째 단계는 가설을 만들고 그것을 평가하고 다시 만드는 과정이라는 점에서 유사점이 있다고 볼 수 있다. **과학은 관찰과 가설 사이의 끊임없는 대화를 통해서 발전하게 된다.** 관찰하는 것은 가설을 낳게 되고 그 가설을 다시 확인하는 과정에서 새로운 가설이 생기게 되는 것이다. 마지막 확인하는 과정에서 가설은 변화하기도 하고 완전히 다른 새로운 가설로 바뀌기도 한다. 과학의 3단계 관찰과 가설을 통해 그 가설을 확인하고 다시 만드는 과정을 반복하면서 이 세계에서 일어나는 일을 더 잘 이해하게 되고 진실에 더 가까워질 수 있게 되는 것이다.

성격심리학

인간을 연구한다는 점에서 성격심리학은 다른 심리학의 분야 혹은 다른 자연과학의 분야와는 근본적으로 다른 차이점을 가지게 된다. 성격심리학에서는 인간 자체가 가진 성격이나 본성이 충분한 연구대상이 된다고 생각하기 때문이다. 현대의 성격심리학은 역사학자인 Daniel Robinson이 말한 16세기 르네상스 휴머니즘 세계관을 이어받은 것이다. 이는 기본적으로 세상의 중심이 인간이며, 인간을 위해 만들어졌다는 것이다. Robinson은 현대 과학이 환원주의에 기초해 있고 너무나도 객관성을 중요시한 나머지 휴머니즘 아이디어가 부족하다는 비판을 했다(1981, p. 171). 하지만 성격심리학은 여기서 조금 다른 양상을 보였다. 성격심리학자들에게 있어서 과학적인 연구는 여자와 남자를 포함한 모든 사람이다. 개인에게 초점을 맞춘다는 점에서 전체 과학에서 중요한 부분을 차지하게 됐다.

과거와 현재

성격심리학은 1930년대 미국 대학의 심리학부에서부터 생겨나게 됐다. 그전에도 몇십 년 동안 Freud, Jung, Adler와 같은 사람들이 성격을 연구하긴 했지만 1930년대에 들어서야 다양한 분야들이 합쳐지면서 성격심리학이라는 새로운 학문적 코스가 만들어지게 된 것이다. *Character and Personality*(現 *Journal of Personality*) 저널이 1932년에 처음으로 출판되었고, 이것은 원래 존재하고 있던 독일의 학파와 영국과 미국에서 연구했던 사람들 간의 차이점을 다양한 상관관계 연구, 실험, 이론적인 토론을 통해서 통합하려는 의도로 출판되었다. 1937년 Gordon W. Allport는 처음으로 성격에 관한 교과서 같은 중요한 책인 *Personality: A Psychology Interpretation*을 출판했다. 이 책이 출판되기 전에도 정신적인 상태나 비정상적인 심리상태, 사람들의 성격을 연구한 책이 출판된 적이 있긴 했지만 Allport의 책은 모든 성격심리학의 분야를 광범위하게 통합하고 과거와 현재의 학문적인 요소도 통합시킨 최초의 책이었다. 그는 사람들의 성격을 사람들의 체계적인 내용 안에 있는 역동적인 조직이라고 하고, 성격은 사람으로 하여금 다양한 환경에 적응하게 하는 도구라고 생각했다(1937, p. 48).

　　초기 성격심리학은 미국 심리학 전체에서 **반체계적**이라고 불릴 만큼 동떨어진 학문이었다(Hall & Lindzey, 1957). 1930년대 미국의 심리학은 습관, 반사적 행동, 자극, 별개의 행동처럼 미시적인 행동에 초점을 맞췄지만 반대로 성격심리학은 **인간 전체**를 연구대상으로 보았기 때문에 통합성, 일관성, 전체성을 중요하게 생각했다. 1930년대에는 쥐와 비둘기로 대변되는 동물실험을 통해 외부 자극을 연구하는 사례가 많았다. 반면 성격심리학은 인간의 **동기**라는 측면에서 보이지 않는 충동,

내부로부터 나오는 충동적인 요소들을 이해하려고 했다. 이러한 성향은 Allport 전에 쓰인 책에서도 찾아볼 수 있다. Writes Garnett(1928)은 인간의 성격을 이해하려면 행동을 볼 수밖에 없다고 했고 (p. 14), 1930년대 미국 심리학계에서는 모든 살아 있는 생물체에 적용가능한 보편적인 법칙을 찾으려고 노력했다. 그 당시 미국 심리학은 **보편적**(nomothetic), 모든 생물에 적용가능한 보편적 법칙을 찾으려고 했다. 하지만 이와 반대로 성격심리학에서는 사람들이 어떻게 비슷한지를 떠나서 어떻게 **다른지도** 연구하려고 했다. Allport는 사람들의 개인적인 성격을 각기 다른 하나의 객체로 보고 연구해야 한다고 했다. 그가 생각한 것은 개인적인 방법으로, 위에서 말한 보편적인 것과 반대되는 것으로 특정한 사람들의 **개체기술적**(idiographic)인 패턴과 보편적이지 않은 특징들을 찾는 방법이다. Allport가 주장하는 개체기술적인 방법은 성격심리학계 내에서도 논란의 여지가 있었지만(예 : Holt, 1962) 성격심리학자들은 보편적으로 봤을 때 다른 심리학자들보다 각기 하나의 개체, 특정한 성격에 집중하는 경향을 보인다.

현대 성격심리학의 역사는 세 단위로 나눌 수 있다(McAdams, 1997b). 1930년대에서 1950년대에는 처음으로 성격심리학 이론이 발전되기 시작했고 몇 가지의 보편적인 시스템이 결정된 시기다. 1930년대와 1940년대 성격심리학자들은 사람 자체를 이해할 수 있는 포괄적인 관념적 시스템을 개발하기도 했다. 이 시기에 발전되었던 많은 가설들과 이론들은 지금도 잘 쓰이고 있으며 이 책에서도 설명할 것이다. 그 이론들로는 Allport(1937)의 개인심리학(그림 1.A 참조), Murray(1938)의 이상심리학(제7장과 12장 참조), Cattell(1947)과 Eysenck(1952)의 특성이론(제4장과 5장 참조), Rogers(1942)의 인본주의 이론(제7장 참조), Kelly(1955)의 개인구성의 인지이론(제8장 참조), Erikson(1950)의 발달이론(제9장 참조), 사회학습이론(제3장 참조) 등이 있다.

1930년대 Freud(제7장과 11장 참조), Jung(제11장 참조), Adler(제11장 참조)와 같은 사람들은 임상적인 실험을 통해서 나온 결과, 유럽의 심리학 전통을 따른 결과물로 다양한 성격이론을 만들었다. 이러한 전통에서 나온 가설들은 시간이 지나 성격심리학 이론과 합쳐지면서 사람을 개인적으로 어떻게 연구하는지에 대한 지금의 표본이 될 만큼 발전됐다. Hall과 Lindzey(1957)로부터 시작돼서 성격심리학의 교과서들은 다음과 같은 큰 시스템에 맞춰 발전했다. 이 시스템 또한 세분화돼서 심리사회적, 심리분석적인 가설들로 나누어지게 된다. 그 분야들은 기질과 특성, 욕구와 동기, 인본주의, 자기이론, 인지이론, 학습이론 등이다. 대학교에서 쓰이는 성격심리학 책을 보면 많게는 20명까지 중요한 이론가라고 소개하는 경우가 있는데, 다른 심리학 분야에서 이와 같이 다양한 가설을 가진 분야를 찾아볼 수 없다. 다음으로 1950년대부터 1970년대가 두 번째 기간으로 세계 2차 대전이 끝난 후 전체적으로 교육열이 높아지면서 심리학 분야 역시 세분화되고 구체화되는 경향을 보였다. 임상심리학과 상담 분야, 기업적 조직심리학 등 다양한 성격 관련 심리학이 발전했다. 미국의 경우에는 연방정부의 도움으로 실험환경이나 연구소에서 성격이론에 관해 연구할 수 있는 환경을 만들 수 있었다. 성격심리학자들은 외향성(Eysenck, 1952)이나 불안감(Taylor, 1953), 성취감(McClelland, 1961) 등을 비롯한 다양한 성격특성들을 연구했는데, 이러한 특성들은 모두 직접적으로 **관찰할 수 있고** 확실하게 **수량화할 수 있다는** 특징이 있다. 전체적으로 성격이론은 1930년대와 1940년대에 만들어진 가설에서 벗어나서 성격측정에 관한 논란과 문제점에 더 집중하는 것으로 바뀌게 된다. 1955년과 1957년에는 성격을 정확하게 측정하는 방법(Cronbach & Meehl, 1955;

Loevinger, 1957)과 성격을 객관적으로 측정하는 것이 임상적으로 본능보다 더 우세한지(Meehl, 1954; Sawyer, 1966), 성격측정 방식이 진짜 그 사람의 성격을 측정하는 것인지 혹은 그 사람이 설문지에 답하는 방식을 측정하는 것인지(Block, 1965; Edwards, 1957; Jackson & Messick, 1958)를 질문하기 시작했다.

1960년대 후반과 1970년대 초반에 심리학자들은 매우 중요하지만 치명적인 질문을 던져 학계 전체가 혼란에 빠진 적도 있었다. Carlson은 1971년 초기 성격이론의 가설들을 모두 잊어버리고 그 시기의 심리학자들이 인간 자체와 그들의 인생을 깊이 있게 연구하는 방식을 버리고 있다고 비판했다. 1974년 Fiske는 사람들이 말하는 것에 의존해야 한다는 점에서 성격심리학 자체가 한계를 맞은 것이 아닌가 하기도 했다. Shweder(1975)는 개인적인 차이에 기초한 심리학의 존재 필요성을 모르겠다고 말하기도 했다. 가장 중요한 것은 Mischel(1968, 1973)이 말했던 것처럼 내부적인 성격특성에 기초한 인간 행동의 설명을 부정했고 그 대신 인지적 사회적 잣대가 더 중요하다고 비판하기도 했다. 앞으로 제4장에서 볼 Mischel이 말한 본성이 먼저인가, 사회적 요소가 먼저인가 하는 문제를 다룬 성격심리학을 이해할 수 있게 된다. 사람−상황 논란은 1970년대와 1980년대 초까지 학계에서 화두였다.

현대 성격심리학의 세 번째 단계는 1970년대에 시작하여 지금까지 이어지고 있다. 처음에는 성격연구 자체에 대한 정당성과 가치에 대한 질문으로 시작했지만, 1980년대 중반에 들어서는 성격심리학의 재개발과 활성화에 관한 토론으로 이어졌다(Buss & Cantor, 1989; Hogan, Johnson, & Briggs, 1997; Maddi, 1984; McAdams, 1990, 1994; Pervin, 1990; West, 1983). 앞에서 말했던 사람−상황에 관한 논란이 잦아들고 나서 현대 성격심리학에서는 내부적 성격특성과 외부 상황적 특징 간의 관계를 이해하는 것에 초점을 맞추게 됐다(Kenrick & Funder, 1988). 앞서 말한 BIG 5 모델이 소개됨과 동시에 성격특성 모델이 다시 주목받게 됐고 이것이 심리학 자체를 움직이는 힘이 되었다(McCrae & Costa, 1990; Wiggins, 1996). 측정에 관한 논란은 접어두고 성격심리학자들은 인간을 과학적으로 연구하고 이해하는 데 필요한 새로운 연구방법을 소개하기 시작했다(Robins, Fraley, & Krueger, 2007). 최근에는 통합적인 성격이론에 관한 관심이 생겨나기 시작했고(McAdams & Pals, 2006; Mischel & Shoda, 1995), 사람의 인생 전반에 걸친 성격이론의 발달(Mroczek & Little, 2006), 사람의 출생에서부터 죽음까지의 긴 과정으로 그 사람 자체를 이해하려고 하는 심리학적인 노력(Franz & Stewart, 1994; Nasby & Read, 1997; Schultz, 2005)이 최근 성격심리학의 경향이라고 할 수 있다.

앞에서 말했던 르네상스와 결부되어 성격이론을 보면 내가 항상 중요하게 생각했던 부분인 성격심리학은 전체적인 심리학의 중심이라는 것으로 다시 재조명해볼 수 있다. 심리학의 연구를 통해 발견되는 중요한 가설이나 발견, 응용, 내용들은 개인에 적용시킬 수 있는 실용성을 지녀야 한다. 성격심리학은 이러한 맥락에서 심리학 중 가장 보편적이고 근본적인 질문을 한다. "인간 본성이란 무엇인가? 사람 자체는 무엇인가? 사람을 어떻게 이해해야 하는가?"에 대한 질문에 답할 수 있게 된다. 이것은 내가 개인적으로 봤을 때 심리학의 분야 중 가장 근본적이고 재미있는 분야이다. 개개인의 모습을 투영해주기 때문이다. 심리학의 다른 분야를 봐도 인간 행동과 경험에 대한 통찰을 제공하기도 하지만 성격심리학만이 개인적인 한 사람을 전체적으로 이해할 수 있는 방법을 알려준다.

한 사람을 가장 넓은 방법으로 이해할 수 있는 방법이 성격심리학을 통하는 것이라고 할 수 있겠다. 일반적으로 우리가 학문을 배울 때 가장 중요하게 생각하는 것은 세상에서 자기가 특정한 문화나 역사, 우주에서 어떤 역할을 하는지 자신의 모습을 바라보는 과정이다. 성격심리학 자체가 이를 통해 시작되기 때문에 심리학의 어느 분야보다 더 중요하다고 할 수 있다.

성격심리학은 뇌 생리학, 분자유전학, 진화생물학, 문화인류학, 사회학 등 다양한 분야들과 관련돼 있다. 결과적으로 다양한 학문의 중심에 놓여 있는 것이 성격심리학이다. 심리학 내부적으로만 봐도 성격심리학은 발달심리학, 사회심리학을 비롯한 다양한 심리학 분야와도 관련이 있다. 또한 성격연구와 조직심리학과의 관계도 찾아볼 수 있다(예 : Roberts & Hogan, 2001). 이러한 학문들과 성격심리학의 차이점 역시 존재한다.

성격심리학자들이 인간의 출생부터 죽음까지의 과정에서 일어나는 성격의 발달에 초점을 두는 것은 맞지만 주로 성인기에 초점을 맞춘다는 점에서 **발달심리학자**들과 차이가 있다. 나아가서 발달심리학자들은 시간의 흐름에 따라 의미가 있는 변화에 초점을 맞추는 반면 성격심리학자들은 시간이 지나도 그대로 지속되는 안정성과 지속성에 초점을 맞추는 경향이 더 크다. 하지만 이러한 것들은 정확하게 구분되는 것이 아니라 상대적인 차이다. 예를 들자면, 많은 성격심리학자들은 성격변화에 관심이 있기 때문에 발달심리학자들의 주장이나 그들의 가설과 상당 부분 일치하는 주장을 하기도 한다(예 : Mroczek & Little, 2006).

성격심리학은 사회심리학과도 관계가 깊다. 학회나 논문을 비슷하게 내기도 하고 비슷한 사회에 속해 있으며 학문적으로도 관심을 갖는 분야가 비슷하기 때문이다. 하지만 근본적으로 **사회심리학자**들은 인간의 사회성에 초점을 맞추는 반면 성격심리학자들은 인간 개인에 더 초점을 둔다. 하지만 여기서 말한 차이점이 절대적이지 않은 이유는 인간의 사회성은 개인의 특성을 논하지 않고서는 이해할 수 없고, 반대로 인간의 개인적인 특성도 사회적인 측면에서 바라보아야 하는 점이 있기 때문이다. 이러한 맥락에서 봤을 때 인간의 사회적 행동을 관찰하고 평가하는 과정에서 사회심리학자들은 개인의 역할을 더 주의 깊게 보려는 경향이 있다. 이는 실제로 사회심리학 교과서에도 나와 있는 내용이다. 반대로 성격심리학자들은 마찬가지로 개인의 특성을 이해하는 과정에서 사회적인 맥락도 이해하려고 노력한다. 하지만 보편적인 사실은 성격심리학자들과 사회심리학자들이 차이점이 있다는 것이다(Smith, 2005). 이것을 간단한 예로 표현하자면, 성격심리학자들은 다른 사람들이 같은 상황에서 어떻게 다르게 반응하는지를 보는 반면, 사회심리학자들은 사람들이 보편적으로 다른 상황에 어떻게 다르게 반응하는지에 더 초점을 맞춘다. 하지만 앞서 말했듯이 이러한 경향에도 예외가 있을 수 있다. 성격심리학자들도 상황의 중요성을 파악할 수 있고 사회심리학자들도 개인의 차이에 초점을 맞출 경우도 있기 때문이다.

성격심리학은 20세기 초반 Freud를 선두로 하여 인상적인 전통을 만들어가기 시작했다. **이상심리학, 임상 및 상담심리학** 같은 학문은 인간 생활에 있어서 정신병과 행동장애 등을 다룬다. 많은 사람들은 다양한 성격장애를 깊게 연구하기도 한다. 나아가서 성격이론에 있어서 어떠한 가설들은 이상행동을 치료하고 정신적인 건강을 높이기 위한 구체적인 성격개선 방안을 제공하기도 한다. 이렇듯 이상심리학에 초점을 두기도 하지만 성격심리학 자체는 비교적 정상적으로 작동하는 사람의 심리를 연구하기도 하고, 겉으로 보기에 멀쩡해 보이는 사람들을 연구하여 그 사람의 개인적인 심리

Gordon W. Allport와 성격심리학의 기원

Gordon W. Allport(1897~1967)로부터 성격심리학이 시작되지는 않았지만, 대학가 등에서 '성격'을 과학적으로 탐구하도록 도와주는 필수적인 역할을 했음은 분명하다. 그의 가장 큰 업적은 1937년 출간한 *Personality: A Psychological Interpretation*이라는 책일 것이다. 이는 성격을 처음으로 심도 있게 다룬 교과서로 여겨지는 책으로, Allport는 이를 통해 성격심리학의 이슈들을 통합할 수 있는 제안을 하고 이후에 실제로 생겨난 수많은 이슈와 논점들을 분석했다.

Allport는 1897년 인디애나의 작은 마을에서 의사의 아들로 태어났다. 오하이오 클리블랜드에서 자라고 학부와 박사는 하버드에서 한 뒤 유럽에서 공부하기 시작했다. 그는 William Stern이나 Edward Spranger 등 독일 심리학자들에 지대한 영향을 받은 걸로 알려져 있다(Nicholson, 2002). 1930년부터 1967년까지 Allport는 하버드에서 교수로 활동하면서 사회과학부(department of social relations)를 설립하는 데 기여했다. 교수 생활 초창기에 그는 행동주의의 인본주의적 대안으로서 성격심리학을 제안했고, 인간 조건을 비판적으로 본 Freud의 생각을 긍정적으로 판단했다. Allport(1968)는 그의 자서전에서 "우리로 하여금 인간의 모든 민주적이고 인간적인 가능성을 전부 실험할 수 있도록 하는"(p. 394) 인간의 모습을 담은 연구를 하고 싶었다고 밝혔다. 유럽과 미국은 대공황으로 힘들고 세계 2차 대전을 앞두고 있던 시기에, Allport는 사회적 변화와 더 나은 세상에의 희망을 가지고 *Personality*를 집필했다. Allport의 문체는 도시적이었고 학구적이었으며 고전적 유럽식 학풍에 빠져 있었다. 하지만 동시에 매우 낙관적이고 평등주의적인, 즉 미국적인 색채를 띠기도 했다.

*Personality*에서 Allport는 다양한 개념과 가설을 제안했는데 이 모든 것들은 하나의 큰 주제, 즉 "인간은 독특한 전체다"(the person is a unique whole)라는 생각에 느슨하게나마 연결되어 있었다. 인간의 전체성(wholeness)은 **고유 자아**(proprium)라는 개념에 잘 녹아들어 있다. Allport(1955)에 따르면 "고유 자아는 내면적 통합을 구성하는 성격의 모든 측면을 포함한다(p. 40)." 개인의 독특함은 성격특성을 통해 표현된다. Allport에게 있어서 특성은 성격의 주된 구조적 단위였다. 그는 특성을 "많은 자극을 기능적으로 동등하게 만들 수 있는 능력을 가지고 있는 생리심리학적인 구조"라고 정의했다(Allport, 1961, p. 347). Allport는 특성은 실재하는 인과관계적인 주체로 아직 알려지지 않은 신경생리학적 구조에 응답하는 것이라고 보았다. 그들은 단순히 기능적으로 같은 행동의 설명적 범주가 아니다. Allport는 동기와 특성의 구별에 반대하면서 특성은 행동에 힘을 더해주고, 방향성을 주고, 행동을 선택하는 역

Gordon Allport는 성격심리의 선두주자다. 1930년도에 그는 이 분야의 상당히 영향력 있는 저서를 출간했으며 현재까지도 심리학자들이 연구하며 논의하고 있는 수많은 이슈들을 다뤄왔다(출처 : The Granger Collection).

할을 하는 동기적 측면이 있다고 보았다. 성격은 시간과 공간을 넘어선 행동의 일치성을 설명할 수 있지만, Allport는 인간 행동은 때때로 앞뒤가 맞지 않고 상황에 크게 의존함을 알고 있었다(Zuroff, 1986). 나아가 한 개인 또한 서로 반대되는 특성들을 가지고 있을 수 있다. 따라서 "계속해서 변화하는 특성의 본성과 특성과 떼놓을 수 없는 환경 간의 관계는 지나치게 딱딱하거니 지니치게 단순히기만 한 관념으로 연결될 수 없다(Allport, 1937, p. 312)."

Allport가 보는 성격심리학은 내용과 형식에 있어서 문학작품과 가까웠다. 그는 일상적 특성들의 법칙 정립적인 연구를 장려했지만, 그룹 데이터의 통계적 분석은 믿지 않는 편이었다. 각 개인의 특별함을 담지 못한다는 이유에서였다. 대규모의 특성연구가 일반적인 행동법칙을 파악하는 데 도움이 될지는 몰라도, Allport는 이런 모

(계속)

더 읽을거리 1.1 *(계속)*

든 것들은 한 사례에서 나타나는 특별하고 평범한 특징들을 깊게 연구해야 유의미하다고 믿었다(Barenbaum, 1997). 이 접근법을 가장 잘 나타내는 예시는 Allport의 *Letters from Jenny*(1965)이다. 이 연구에서, Allport는 한 여성이 오랫동안 쓴 개인적인 편지들을 분석해 그녀의 성격특성을 연구했다. 나아가 이 연구에서 Allport는 한 사례를 깊게 분석하며 성격연구를 하는 것의 문제점과 가능성을 대면했다. Allport는 그의 인생에 있어서 계속해서 개체기술적(idiographic) 연구방법을 채택했으며 그 과정에서 편지, 일기, 자서전 등 개인적인 문서를 활용했다(Allport, 1942; Allport, Bruner, & Jandorf, 1941). 그는 오로지 한 사례를 집중 분석해

야만 심리학자가 개인의 성격 전체를 이해할 수 있다고 믿었다.

성격과 자기, 성격특성, 사례연구 등을 다룬 중요한 책들 말고도 Allport는 표현적 움직임의 심리학(Allport & Vernon, 1933), 소문의 심리학(Allport & Postman, 1947), 종교의 심리학(Allport, 1950), 태도와 가치의 연구(Allport & Vernon, 1933), 선입견의 본성(Allport, 1954) 등 수많은 분야에서 심리학에 공헌했다. 그의 광대한 연구분야와 성격이라는 과학을 바라보는 인간주의적 시선을 통해 Allport는 성격심리학의 가능성을 개인화했다. 그의 업적과 연구는 한 개인을 과학적으로 연구하려 하는 후대의 수많은 심리학자에게 영향을 미쳤다.

적 성격을 알아내는 학문이다. 인간 자체를 과학적으로 공부한다는 점에서 성격심리학은 성격치료나 임상적인 치료와 핵심적 관계는 없다. 하지만 효과적인 성격치료를 위해서는 개인의 심리를 잘 이해하는 것이 필요하다. 개인의 심리를 이해하게 된다면 개인 인생의 삶의 질을 높이는 결과를 가져올 수 있다.

이 책의 구성

이 책은 크게 네 부분으로 구성되어 있다. 제1장에서 3장까지의 제1부는 성격심리학의 기본적인 질문과 개인적인 특수성을 이해하는 맥락에 대한 내용이다. 이번 장에서 말했던 성격의 다양한 단계를 보기 전 인간의 인생이 보편적으로 시공간에 어떻게 위치하여 있는지를 이해할 필요가 있다. 여기서 가장 중요한 것은 인간의 진화이다. 제2장에서는 인간의 본성이 진화함에 따라 어떻게 변화했는지를 알아보게 된다. 최근 진화성격심리학이라는 분야에 큰 관심이 생기기 시작했다. 내가 여기서 주장하고자 하는 바는 인간을 그대로 이해하려는 과학적 노력을 하려는 시도가 있다면 인간의 특수성을 이해하는 큰 맥락에서 진화의 역할을 꼭 생각해야 한다. 찰스 다윈이 1859년에 이야기했던 인간발달이론은 모든 성격이론에서 빼놓을 수 없는 중요한 내용을 가지고 있다. 하지만 다윈의 진화이론은 그 자체가 성격이론이 되기에는 너무 보편적이라는 특성도 있다. 따라서 인간의 진화과정을 보는 것은 성격이론을 이해하는 가장 기본적이고 보편적인 방법이라고 할 수 있지만 첫 번째 단계로 국한되어야 한다.

두 번째 중요한 것은 문화적 요소이다. 제3장에서는 문화와 관련된 내용을 기본적으로 보게 되는데, 행동이나 사회화와 같은 다양한 이론들을 보면서 어떻게 인간의 본성과 삶이 문화적·사회적인 맥락을 갖게 되는지 알게 된다. 실제로 20세기 중반 미국 심리학을 지배하다시피 했던 행동주의의 가설들은 성격이론이 아니었다. Clark Hull(1943)과 Skinner(1938)는 성격에 관한 이론가들이 아니었지만, 인간 행동에 대한 과학적 이해를 학습과 환경과 관련해서 할 수 있게 해주었다. 행동주의란 생물들이 어떻게 그들이 있는 환경에서 서로 상호작용을 하는지를 보여준다. 인간에게 있어서 행동주의의 환경이란 자신이 처해 있는 육체적이고 사회적인 상황뿐만 아니라 더 큰 맥락의 가정, 이웃, 문화를 포함할 수 있다.

나머지 세 부분은 인간을 나누는 세 가지 방법을 차례대로 살펴볼 것이다. 제2부는 인간에 대한 연구의 1단계에 해당한다. 제4장에서는 특성 심리학의 기본적인 이슈를 다루는데 이는 인간의 성격특성을 어떻게 정의하고 측정하는지, 타당성의 기준이 어떻게 적용되는지, 인간 행동을 예측하는 데 특성과 상황 간의 관계 등을 알아보게 된다. 제5장에서는 성격심리학자들이 앞서 말한 BIG 5에 따라서 어떻게 연구하고 조작해 왔는지를 이해하게 된다. 이러한 특성들이 어떻게 정리되고, 의미하는 것이 무엇이며, 사회적 행동에 어떤 영향을 주는지, 뇌와 관련하여 인간의 생리학과 어떤 연관성이 있는지를 살펴보게 된다. 제6장에서는 인간의 인생 전반에서 이뤄지는 성격특성의 지속성과 변화에 대해 알아보면서 어떤 범위까지 유전적인 요소가 있는지, 유아기에서 명백하게 보이는 기질의 차이점에서 성격특성이 발생하는 것인지, 성인이 됐을 때 성격특성이 변할 수 있는지 등의 질문에 답하는 시간을 가지도록 한다.

제3부는 인간에 대한 연구의 2단계에 해당하는 부분으로, 성격적응에 관한 것이다. 제7장에서는 동기적인 적응과 관련하여 인간의 행동을 관찰하는 내용이다. Freud가 말한 무의식적인 성적 · 공격적인 욕구와 Murray와 McClelland가 말한 사회적인 동기, 동기의 인본주의적 가설, 비교적 최근에 나온 자기결정이론, 개인적인 목표, 프로젝트를 알아보게 된다. 제8장에서는 George Kelly가 말한 구성심리학이라는 것을 알아보고, 개인의 성격을 바라보는 사회인지적인 방법, 사회적 지능, 인지적인 스키마, 인지적 행동의 제어와 관련된 내용을 보게 된다. 제9장에서는 시간에 맥락화된 성격적응을 알아볼 것이다. 제9장에서는 Loevinger와 Erik Erikson이라는 가장 유명한 자기발달이론가들의 이론을 알아볼 것이다. Loevinger는 자기(self)의 구성에 더 초점을 맞추는 반면, Erik Erikson은 사회적 인생의 내용에 더 초점을 맞췄다.

제4부는 인간에 대한 연구의 3단계에 해당하는 내용을 다룬다. 제10장에서는 인생 이야기라는 개념에 대해 소개하고, 사람들이 자신의 인생을 의미 있게 하기 위해 어떻게 끊임없는 대화에 참여하는지를 설명한다. 제11장에서는 사람들의 인생 이야기를 해석하는 과정에서 꼭 필요한 기본적인 질문을 던진다. "심리학자들이 인생 이야기를 어떻게 해석해야 하는가?"가 그 질문이다. Freud와 Jung, 최근의 심리학자들을 비롯한 많은 사람들이 꿈과 판타지, 기억, 인생 이야기 등과 같은 다양한 것을 사람들이 어떻게 해석하는지에 대한 다양한 논란이 되기도 하는 아이디어를 제공한다. 이 사람들이 말한 인간 성격의 내부적인 미스터리나 무의식적인 의미 같은 것은 성격이론을 바라보는 현대적인 관점과는 매우 다르다. 현대적 관점에서는 인생의 사회적인 구조를 더 중요하게 생각하기 때문이다. 하지만 옛 사상가들과 최근의 사람들이 공통적으로 동의하는 것은 사람들이 자신의 인생에 대해 이야기하는 것들이 처음 본 것과는 다른 의미를 가질 수 있는 가능성이 존재한다는 점이다. 마지막으로 제12장에서는 성격심리학자 자신들이 어떻게 사람들이 이야기하고 살아가는 이야기들을 이해하기 위해서 자기 스스로 이야기를 만들어나가는지를 알아보게 된다. 제12장에서는 전체적인 관점에서 개인의 인생을 어떻게 이해하고 설명할 수 있는지를 다시 한번 되묻게 된다.

우리가 사람을 안다고 했을 때 진짜로 아는 것이 무엇일까? 우리가 개인의 인생을 과학적으로 이해하려는 시도는 기본적으로 인간 행동의 발달적 · 문화적 맥락을 고려했을 때 성격이론, 성격적응, 사회인지적 · 발달적인 적응 부분, 통합적인 인생 이야기로 어떻게 발전하게 됐는지를 이해하는 틀이 중요하다. 이런 식으로 성격이론을 이해하려는 것은 성격이론이 줄 수 있는 최대의 가장 기본적인 의미를 파악할 수 있는 방법이다. 또한 나아가서 이러한 맥락으로 **자신이 누구인지**를 생각한다면, 자신의 인생과 세상에서 자신의 위치를 더 잘 이해할 수 있게 된다.

요약

1. 성격심리학은 인간 자체를 과학적으로 연구하는 학문이다.

2. 사람을 안다고 말할 때 안다는 것은 어떤 것을 포함하는가? 사람들의 일상적인 사회적 행동을 봤을 때 기본적으로 다른 사람들을 알기 위해서 세 가지 정도의 노력을 한다고 볼 수 있다. 사람의 심리학적 특성은 (1) 성격특성 (2) 성격적응 (3) 통합적인 인생 이야기이다. 사람들을 보는 세 가지 특성은 성격의 세 단계와 상응하는 관계가 있다. 개인의 인생을 이해하려면 기본적으로 발달적·문화적 특징을 밑바탕으로 이해해야 하고 나아가서 성격특성, 성격적응, 인생 이야기를 체계적으로 고려할 수 있게 된다.

3. 첫 번째 단계에서 성격특성은 한 가지 상황에서 다른 상황으로 연결될 때 예측할 수 있는 상황을 설명할 수 있는 보편적, 내부적, 비교적인 특징이다. 보통 성격특성은 자신이 직접 작성하는 설문지로 알아볼 수 있는데, 이는 심리적인 성격의 개요를 제공하는 역할을 한다.

4. 두 번째 단계에서 성격적응은 인간의 성격특성의 동기적, 인지적, 발달적 부분을 제어하는 심리적인 특징이다. 이는 일반적으로 시간과 공간, 사회적 역할에 따라 결정되고 이를 통해 개인의 성격을 심리적으로 이해하는 데 도움을 줄 수 있다. 성격심리학의 역사를 살펴보았을 때 중요하게 여겨지는 이론들과 가설들을 보면 동기적, 사회인지적, 발달적 적응을 기본으로 하는 것이 많다.

5. 마지막 3단계에서 인생 이야기란 자신의 내부적인 것으로 재구성된 과거, 지금 받아들여지는 현재, 예상되는 미래를 통합해서 우리 인생의 통일성과 목적

을 제공하는 역할을 한다. 성격심리학의 발달과정을 보면 많은 과학자들은 사람들이 자신의 인생에 대해 이야기하는 것을 어떻게 해석해야 하는지 많은 논란이 있었다. 앞서 말한 성격특성과 적응이라는 부분이 심리적인 특징의 디테일을 채워주는 역할을 하는 반면 인생 이야기는 전체적으로 인간의 인생이 무엇을 의미하는지를 알려준다.

6. 인간을 과학적으로 이해하려는 성격심리학은 과학에서 일반적으로 통용되는 세 가지 단계를 갖춘다. (1) 직관적 관찰 (2) 가설 세우기 (3) 세운 가설을 확인하고 평가하기이다.

7. 세 번째 단계에서, 과학자들은 이론으로부터 가설을 이끌어내고 그들의 연구에서 타당성을 시험한다. 우선 상관연구는 심리학자들이 2개 이상의 변인들의 상관정도를 평가하기 위해 고안한 일반적인 연구설계의 하나이다. 두 번째로 고안된 방법은 실험이다. 심리학자들은 실험을 통해 종속변인의 접근을 조작하여 독립변인의 영향을 파악한다.

8. 성격심리학자들은 1930년대 대학의 심리학 부서에서부터 비롯되었다. 이 분야에서 처음으로 출판된 권위 있는 문헌은 Gordon Allport(1937)의 *Personality: A Psychological Interpretation*이다. Allport는 성격연구에서 법칙 정립적 접근과 개별 기술적 접근을 구분했다. 법칙 정립적 접근은 인간 행동의 일반적 원칙을 발견하고 평가하는 것을 목적으로 하고, 개별 기술적 접근은 개인의 삶의 특수하고 개성적인 패턴에 초점을 둔 것이다.

9. 현대 성격심리학의 역사는 세 기간으로 나눌 수 있다. 첫 번째는 1930년대에서 1950년대에 이르는 기

간으로 보편적 체계들과 성격에 대한 중요한 이론들이 발달하기 시작한 기간이다. 두 번째는 1950년대에서 1970년대에 이르는 기간으로 성격측정법과 성격구조이론이 세밀화되고 정교화되는 기간이다. 세 번째는 1970년대부터 현재에 이르는 기간으로 성격연구의 적법성에 대한 위기의식과 함께 시작되었고, 성격심리학 분야의 고무와 쇄신에 대한 현대적 감각으로 발달되었다.

10. 성격심리학은 심리학의 다양한 하위 분야들과 관련되어 있다. 그리고 인지과학과 사회과학의 다양한 원리들 사이의 교차점에 위치하고 있다. 성격심리학은 타 분야의 학문과는 다른 하나의 학문으로 구분되는데, 바로 심리학적 특성에 의해 구분된다. 그것은 순간적이지 않은 인간 특성의 영속성에 대한 탐색 경향성, 성인기에 드러나는 개인 차이에 대한 관심, 상대적으로 정상적이고 건강한 심리적 기능에 초점을 두는 것이다.

2

진화와 인간 본성

Evolution and Human Nature

모든 사람은 특별하다. 어떤 누구도 같은 인생이나 같은 경험, 같은 성격을 가진 사람을 찾긴 힘들다. 하지만 우리가 공통적으로 가지고 있는 것이 있다. 어디 사는지를 떠나서 우리 모두를 하나로 엮어주는 사실은 모두 인간이라는 점이다. 별로 중요하지 않거나 너무 뻔하게 들릴 수 있다. 하지만 우리가 같은 종이라는 사실 안에서 공통으로 가지고 있는 성질이 무엇인지를 파악하지 못하면 우리의 다양성과 개성을 충분히 이해하지 못할 가능성이 있다. 따라서 인간에 관한 연구는 인간의 본성에 관한 연구에서 시작되어야 한다. 인간은 근본적으로 어떤 특징을 가지고 있을까?

역사적으로 보면 철학자들과 시인들이 인간 본성을 많이 연구했다. 기독교에서는 우리가 원죄를 가지고 태어났고 그러한 죄가 사해질 수 있는 가능성이 있다고 가르치고 있다. 성경의 창세기를 보면 아담과 이브의 원죄의 개념이 나오고 그것이 어떻게 세대를 이어 전해져 내려왔는지 알 수 있다. 기독교뿐만 아니라 힌두교, 불교, 유대교, 이슬람교와 같은 대부분의 종교에서는 거의 모두 인간의 기본적인 상태는 근본적으로 문제가 있는 상태이고 그렇기 때문에 근본상태에서 변화해야 한다고 가르치고 있다(James, 1902/1958). 하지만 반대로 18C 프랑스 철학자 루소나 19C 낭만주의 시인 셸리나 키츠 같은 사람들은 인간의 본성에 근본적으로 죄는 없고 선하다는 설명을 하면서 긍정적인 생각을 피력했다. 루소는 우리가 태어날 때부터 신성하고 깨끗하다고 주장했지만 그 이후로 사회에서 부패된다고 주장하고 있다. 그리고 17C 영국의 철학자 로크는 인간 본성은 비어 있다고 주장했다. 이 말은 텅 빈 상태로 사람들은 태어나기 때문에 환경에 의해서 어떻게든 변화될 수 있다는 것으로 이해될 수 있다.

하지만 인간 본성을 이해하는 현대의 과학적 방법을 보면 인간의 **진화**에 초점을 맞추고 있다. 간단한 주장이지만 설득력이 있다. 모든 생명체처럼 인간 또한 생존하고 번식하기 위해 발전했다. 이렇게 말한 생존과 번식을 위해 발전한 인간의 적응문제가 바로 인간 본성이 근본적으로 무언지에 대한 내용의 중심이 된다. 그러므로 진화와 인간 본성은 인간의 특징을 이해하는 가장 기본적인 맥락이다. 우리가 차이점을 떠나 공통적으로 갖고 있는 사실은 우리는 인간 발전의 산물이라는 것이다. 이것이 사실이 아니라면 이 논의 자체가 의미가 없게 된다.

인간 본성 : 진화적 산물

진화의 원리

모든 생물체의 특징은 번식을 하고, 자기와 비슷한 버전을 계속해서 만들어내서 세대를 거쳐 발전하고 진화해서 생명을 유지시킨다. 처음에 이런 생명체가 어떻게 생겨났는지에 대한 연구는 물리화학적 현상이 생기고 그 현상 때문에 복제를 하게 되어 진화했다는 기본적인 생각이 통용되고 있다. 인지과학자 Steven Pinker(1997)는 *How the Mind Work*라는 책에서 지구에서 어떻게 생명이 생겨나게 되었는지 다음과 같이 설명하고 있다.

처음에는 자기를 반복하는 과정에서 생명이 생겨나기 시작했다. 여기서 반복하는 이 분자(또는 입자)는 자연선택에 의한 산물이 아니라 화학과 물리화학적 법칙에 의해 생겨난 것이다. 이것들은 계속 반복해서 자신의 개체수를 늘려갔고, 우주는 엄청나게 많은 복사본들로 채워질 것이다. 하지만 이 분자들은 복사본을 만들기 위해서 물질들을 사용해야 하고 복사하는 과정들을 위해서 에너지가 필요하기도 하다. 하지만 세계는 유한하기 때문에 이 분자들은 자기가 번식하는 과정에 필요한 것을 갖기 위해 경쟁하게 된다. 번식하는 과정이 100% 완벽한 것은 아니기 때문에 중간에 문제가 생길 수 있고 따라서 생긴 복사본들은 처음의 분자나 입자와 완벽히 동일하지 않을 수 있다. 번식하는 과정에서 나타나는 에러들은 대부분 좋지 않은 쪽으로 변화되는 경우가 많고 이것은 에너지를 덜 사용하게 되거나 아니면 복사과정의 효율성을 낮추는 안 좋은 영향을 끼치게 된다. 하지만 운이 좋게 에러들 중에 몇 가지는 좋은 쪽 변화를 가져올 수도 있고 그런 경우에 이러한 변화를 가져온 개체들은 세대를 넘나들어서 많은 수의 번식을 하게 된다. 여기서 생겨난 복사본들은 좋은 쪽 변화를 자신들이 번식하는 과정에서 이용하게 되고 이것은 보디(body)라고 부를 수 있는 구성하는 요소들을 계속 만들어낼 수 있는 역할들을 할 수 있다. 여기서 이런 과정으로 생겨나서 기능이 좋은 보디를 가진 것이 생겨나게 되면 우리가 그것을 생명체라고 부를 수 있다(pp. 157~158).

Pinker가 앞서 설명한 생명의 시작에 대한 시나리오는 다윈(1859)의 기본적인 이론에 현대 유전학이 더해진 생각이라고 볼 수 있다. 각각의 생명체는 유한한 자원을 두고 경쟁해서 서로 자신과 똑같이 생긴 것들을 만들어내는 발전의 산물이라고 볼 수 있는데 이 과정에서 어떤 시스템보다 오래 지속될 수 있는 가능성이 있다. 여기서 말하는 더 성공적인 체계라는 것은 다음 세대에서도 지속될 수 있는 홀로 생존가능한 복사본들을 많이 만들어내는 것을 말한다. 이렇게 성공적인 시스템이 되기 위해서는 생명체가 살고 있는 환경이 요구하는 요구사항을 들어주어야만 한다. 여기서 말하는 요구사항이란 한정된 자원, 다른 생명체로 인해 생길 수 있는 문제점들을 포함한다. 시간이 지날수록 생명체의 디자인 또한 바뀌게 되는데 이것은 특정한 생명체의 디자인이 어떤 생명체의 다른 디자인보다 적합하기 때문이다. 환경이 변화하면서 생명체의 구조도 변화하게 되는데 이것은 환경의 변화에 따른 직접적인 반응이 아니라 진화라는 과정은 바로 전 디자인을 수정한 버전이 이어지고 그것이 연쇄적으로 이어지는 디자인으로 이해될 수 있다. 시대와 시간이 지나면서, Tooby와 Cosmides(1992)에 따르면 진화는 오늘날 생존하는 모든 다양한 생명체들은 근본적으로 예전에 한 세포를 가진 조상으로 시작되어서 굉장히 긴 시간을 통해 연속적 수정을 한 결과라고 볼 수 있다(p. 52). 다윈이 주장했던 것처럼 모든 생명체들은 환경과 적응 과정을 통해 발전하게 되었다. 생존과 번식을 위한 필요한 환경적 자원이 한정되어 있기 때문에 자연적으로 생명체들은 다른 생명체들과 경쟁하게 되고 가장 강한 생명체만 남아 계속 번식과정을 지속하게 된다.

시간이 지나면서 진화과정에서 가장 중요한 것은 **자연선택**(natural selection)이다. 이것은 자연이 다양한 생명체의 종류들을 선택하는 과정인데 선택기준은 어떤 생명체가 가장 생존과 번식에 유용한가이다. 다윈은 한 가지 종 안에 있는 생명체들은 물리적인 기준에서 보았을 때 굉장한 다양성을 가지고 있다는 것을 발견했다. 이러한 특징들은 환경 내에서 그 생명체의 발전을 촉진할 수 있다. 이득이 되는 특징을 가진 생명체들은 그렇지 못한 생명체보다 오래 살고 개체수도 많은 것이 일반적인 사실이다. 이러한 이점을 가진 생명체 자손(후손)들 또한 같은 이점을 가질 확률이 높고 번식과정에서 좋은 특징을 다음 세대에 전수하게 된다. 이러한 방법으로 자연은 한 가지 종 안에서 가장 오래갈 수 있고 가장 적응력이 강한 특징을 골라내게 된다.

다윈은 후손들과 조상들 사이에 특정 생물학적 전달이 이루어진다는 것을 정확하게 이해하진 못했지만 그러한 전달이 일어난다는 사실은 알고 있었다. 오늘날 우리는 대개 **유전자**가 이런 특징들을 후손에게 전달한다는 것을 알고 있다. 유전자라는 것은 우리 몸 전체에 있는 염색체에서 찾을 수 있고, 이는 DNA를 포함하는데 DNA라는 것은 유전학적 정보를 갖고 있고 그 정보를 다음 세대에 넘겨주는 역할을 한다.

성적 번식활동이 부모 둘 모두의 유전자를 받는 행위이기 때문에 새롭게 태어난 생명체는 생물학적 아버지 어머니로부터 유전자를 받아서 섞인 채로 태어나게 된다. 따라서 번식활동을 통해 유전자가 한 세대에서 다음 세대로 전해지게 되는 것이다. 하지만 이렇게 유전자가 전해지는 과정에서 특이한 일이 벌어지기도 한다. 유전자가 변형될 수도 있는데 이것은 거의 사고에 의한 것이다. 여기서 일어나는 변화의 대부분은 생명체의 생명에 있어서 거의 차이점을 가져오지 않는 경우가 많지만 조금의 차이점이라도 있다면 그 생명체가 생활하는 데 악영향을 끼칠 수 있다. 하지만 반대로 어떤 경우에 유전적 돌연변이가 사고에 의한 것이긴 하지만 이득이 될 수도 있다. 예를 들자면 생물체 안의 유전자 변이로 인해서 그 생명체가 생존과 성공에 가까이 갈 수도 있다는 것이다. 인간 게놈을 연구한 최근 결과를 보면 인간이 적응하는 과정에서 진화의 영향력이 어느 정도인지를 알 수 있게 해준다. 예를 들자면 우유가 있는 환경에서 젖당은 이것을 소화할 수 있는 사람들이 가지고 있는 후천적인 장점을 알아볼 수 있었는데, 일반적으로 인간은 젖당을 분해할 수 있는 효소가 유아기 때 잠깐 필요하고 그 이후는 필요 없어 별로 중요하지 않다고 생각했다(Wade, 2006). 역사적으로 젖당의 소화력은 유전적으로 젖떼기 이후에는 사라진다. 젖당은 당을 분해하는데, 유아에게 더 이상 이 요소가 필요 없어지기 때문이다. 그러나 9,000년 전 소가 방목되기 시작하면서 사람들은 우유를 소비하기 시작했고 젖떼기 이후에도 젖당의 유전자를 지키기 위한 돌연변이가 남아 있게 된 것이다. 이러한 돌연변이는 유럽 중북부 지역에서 5,000년 전에 번성한 초기 목축업 때 퍼져나갔다. 번식을 통해 유전적 돌연변이인 젖당의 영속은 한 세대에서 다음 세대를 통해 이어졌으며, 종국에는 다른 유럽 전역에 번지기 시작했다. 오늘날 네덜란드 사람들과 99%의 스웨덴 사람들의 유전자에 젖당이 남아 있지만 돌연변이는 그것이 처음 출현한 지역에서 더 멀리 떨어져 살고 있는 유럽인들의 생체 내에서는 공통적으로 나타나지 않는다. 이와 유사하게 젖당과 관련된 돌연변이는 다른 지역, 예를 들어 수년 동안 목축업이 번창한 케냐와 탄자니아 등지에서도 발견되었다. 유전적 증거는 젖당의 돌연변이가 그들의 자손에게 상당한 유익을 안겨주며 건강과 생존을 향상시켜주며 이러한 돌연변이가 없는 수많은 종족들에 비해 10배 이상 생존력을 높인다는 것을 보여주었다.

당신이 젖당의 유지, 뼈의 구조 또는 행동적응에 관한 이야기를 할 때 진화의 동력은 바로 유전이며 이것은 결국 환경자원에 대항하는 유기체를 만들어내는 원천이 된다. 문서상으로 유전은 유기체 그 자체가 아닌 반복되는 생명체이다. 간단한 예를 들어, 나의 생물학적 아이들은 나를 본뜬 복제물(이 세계를 위해 다행히도)이 아니며, 나의 아이들은 나와 내 아내(더 다행히도)의 유전자의 복제물이다. 유기체들은 진화의 과정을 거치면서 각자 갖고 있는 유전자 속성들을 다음 세대에 발현될 수 있게 한다. 진화가 진행되면서 유전자의 개체는 증대되었던 것이다. 자, 만약 유전자가 사람이라면 (단순히 DNA 구조라는) 우리는 매우 '이기적인' 사람이라고 말할 수 있을 것이다. Richard Dawkins(1976)는 저서 *The Selfish Gene*에 유명한 생각을 남겼다. "유전자는 오직 하나의 목표만을 갖는다. 그것은 바로 자기배양능력이다. 유전자는 다른 누군가를 '돌보는' 능력이 없다. 무엇인가를 '원하지'도 않는다. 무언가를 돌보고 원하는 것은 바로 사람이다. 따라서 유전자가 이기적이라고 하는 것은 (모든 살아 있는 유기체를 포함하여) 유전자를 통해 형성된 인간이 스스로 이기적이거나 그들 스스로 자신의 유전자를 배양하기 원한다는 것을 뜻하지 않는다." 이기적인 유전자에 관한 사상은 좀 더 은유적이다. 다윈의 핵심은 좀 더 심오하고 복잡미묘하다. **인간은 결국 그들의 형상을 결정짓는 유전자의 복제물을 만들어내도록 행동화된다.** Pinker(1997)는 다음과 같이 이 핵심을 잘 드러내주었다.

> 많은 사람들은 이기적인 유전자를 '동물이 자신의 종족번식을 하는 것'이라고 생각한다. 이러한 진술은 사실을 왜곡하고 이론을 잘못 이해한 것에 불과하다. 동물, 즉 모든 인간을 포함한 동물들은 유전에 대해 전혀 알지 못한다. 사람들은 그들의 유전자를 (의식적이든 무의식적이든) 번식시키기 위해 자신의 자녀들을 사랑하는 것이 아니다. 대신 그들이 그것을 도와줄 수도 없다. 그 사람은 그들로 하여금 자신의 아이들을 따뜻하게 먹이고 안전하게 지켜내는 데 일조하도록 만들어준다. 이기적이라고 하는 것은 진짜 사람의 동기를 나타내는 것이 아니라 인간을 직조하는 유전자의 은유적 동기를 뜻한다. 유전자는 그들 자신을 동물의 뇌를 만들어냄으로써 종족번식을 '시도'하도록 만들며, 이를 통해 동물이 그들의 자손을 사랑하고 의식주를 지켜내도록 만들어주는 것이다(pp. 400~401).

유전자가 다음 세대까지 전달되는 데는 매우 다른 두 가지 경로가 있다. 첫 번째 확실한 방법은 자신의 생물학적 자손을 번성시키는 방법이다. 6명의 아이를 낳고 기르는 여성의 유전자는 3명을 낳아 기르는 여성보다 2배 더 많이 자신의 유전자를 번성시킬 수 있다. 두 번째 덜 확실한 방법은 **같은 유전자를 공유하는 사람들의 건강과 번식력을 높여주는 것이다.** 자신이 직접 아이를 낳고 기르는 것은 아니지만, 생물학적인 자매에서 6명의 아이를 낳고 기르게 하는 데 동참하도록 한다면 '그녀'의 유전자를 더 많이 다음 세대에 전수할 수 있게 될 것이다. 이것은 2명의 아이를 낳아 키우며 자매는 1명도 아이를 낳지 않은 경우와 비교했을 때 월등히 이익이 된다. 앞서 첫 번째 예시로 제시한 여성은 (모두 유전적 쌍둥이라면) 자신의 자매와 유전자가 같을 것이며, 자매의 6명의 아이들 역시 유전적으로 동일할 것이다. 이기적 유전자에 관한 진화적 관점에서 본다면 그녀는 스스로 자손을 낳을 수 없지만 두 번째 여성과 비교했을 때 훨씬 더 좋은 성과를 얻어낼 수 있다. 이 예시가 우리에게 보여주는 것은 유기체는 직접적이든(자손을 통해), 간접적이든(친족의 자손을 통해) 자신의 유전자를 배양시킬 수 있다는 것이다. 간접적인 방식에서 유기체는 '자신'의 유전자가 다음 세대에 지속되는 생물학적으로 연관된 촉진작용을 하며 '자신'의 유전자가 친족 '안'에 유지될 수 있도록 이끈다.

다윈 시대의 과학자들은 아직 유전자 번식의 역할을 발견하지 못했다. 다윈은 이 직접적이고 간접적인 두 가지 방식에 대해 명확하게 이해하고 있지는 못했다. 따라서 행동의 진화적 이해는 동물의 왕국에서 행해지는 이타주의와 자기 희생적인 행동의 공통된 양상들을 여실히 드러내주었다. 다윈은 왜 모든 유기체들이 자신의 생존을 보장하며 번식이 다른 유기체를 지켜내기 위해 지속되는지에 관한 충분한 해답을 얻지 못했던 것이다. 1964년 William Hamilton에 의해 앞에서 나온 문제의 답이 해결되기 시작했다. 그가 제시한 **포괄적응도**(inclusive fitness)라는 것은 어떠한 생명체가 자신의 유전자를 복제할 수 있는 최대한의 능력을 말하는 것이다. 포괄적응도에 포함되는 능력들은 생명체 자체의 번식능력뿐만 아니라 그 생명체가 유전자를 공유하는 다른 생명체의 능력까지 포함하는 개념이다. 그렇기 내문에 자신이 유전사를 공유하는 친족 개념의 다른 생병체를 보호하기 위해서 자신을 희생하기도 한다. 예를 들어 생각하면 인간을 기준으로 보았을 때 자신의 자식들을 보호하기 위해 자신을 희생하는 것은 쉽게 찾아볼 수 있으며 또한 친족들의 아이를 위해 자신을 희생하기도 한다. 인간들과 많은 사회적인 동물들에 있어 이타적인 경향이란 것은 자연에 의해 선택되어진다. 그 이유는 그런 희생 하나하나가 생명체의 포괄적응도를 높이기 위한 이유이기 때문이다.

진화적 적응환경

35억 년 전부터 생명체가 존재하기 시작했다고 생각되어지고 있고 그 이후 단세포 생명체가 발전을 시작해서 다세포 생명체가 생겨나기 시작했다. 2억만 년 전에 인간이 포함되는 포유류가 생겨났고, 6,000만 년 전에 공룡들이 멸종했다. 그리고 나서 우리가 포함된 영장류가 나타나기 시작했다. 인간은 그 이후에 특정 종류의 포유류, 영장류로 아프리카에서 시작된다. 그다음에 인간이 발전하면서 무리 지어 일정한 곳에서 살기 시작했고 우리가 살고 있는 지구의 대부분의 생태계에서 쉽게 찾아보게 된다. 따라서 인간이란 종류가 생겨나고 지금의 모습까지 발전하게 된 것은 200만 년이란 시간이 지나야 했고, 이것은 마지막 빙하기의 끝을 알리는 시간과 맞물려 떨어졌다. 진화과정은 끝나는 과정이 아니지만 인간을 특정한 **인간만이** 갖는 특징을 갖게 하는 것들은 신생대부터 시작되었다고 할 수 있다.

이 시기에서 인간이 살아가고 발전한 기간을 **진화적 적응환경**(environment of evolutionary adaptedness, EEA)이라고 할 수 있는데, 이때 인간의 모습은 어떠했을까? 일반적으로 문화인류학자들 사이에서 공통된 의견은 이 시기의 우리 조상들은 유목민으로 살아갔고 채소와 과일을 채집하는 생활을 했고, 그리고 동시에 사냥을 하고 생존에 필요한 영양분을 공급받았다고 본다. 이때 사람들은 이동을 하면서 살아야 했고, 그 과정에서 채집과 사냥의 최적지역을 찾게 된다. 즉 **집단생활의 시작**이다. 사실상 공동체 생활의 주된 생존전략을 엿볼 수 있다(Brewer & Caporael, 1990). 집단생활은 이 시기에 엄청난 이익을 가져다주었다. 인간은 모여서 같이 살았기 때문에 적에 대응하여 보호할 수 있었고, 자원을 같이 모으고 많은 곤경으로부터 같이 대처할 수 있었다(DeWaal, 1996). 또한 아이들은 부모에 의해서 한집에서만 양육된 것이 아니라 그 공동체 내 다른 집단이 같이 보호하고 교육하는 역할을 했다—도움을 받은 사람들이 도움을 줄 수 있다는 전제하에. 또한 사냥도 집단으로 해서 큰 먹잇감일 경우 고기를 나누어서 모든 사람들이 분배하기도 했다. 이러한 협동적인 경향은 집단 전체에 이익이 되었을 뿐 아니라 개개인의 포괄적응도를 높이는 데 도움이 되었다. 집단 내에서 한 행동이 자신의 생존과 번식에도 긍정적으로 도움을 주기 때문이다. Pinker(1997)는 이렇게 설명하고 있다.

> 죽은 동물을 가지고 있는데 그 크기가 큰 경우 그 동물을 사냥한 사람이 특별한 기회를 갖는 경우가 생긴다. 일반적으로 사냥을 하는 것은 운에 의존하게 된다. 냉동방식을 몰라 고기를 저장하는 다른 방법은 다른 사람에게 나누어주는 것이 도움이 되었다. 나중에 받은 사람늘이 고기를 사냥해서 나누어주기 때문이다. 이것은 남성들 사이에서 결집력을 높여주었고, 유목민 생활에서 나타나듯이 서로의 상호작용으로 나타나게 된다(p. 196).

생존과 번식에 필요한 인간 활동을 좌우하는 큰 기준 중에 하나는 개인이 태어난 특정 집단에 달려 있다. 이 시대에 생존과 번식에 있어 가장 큰 전략 중 하나는 사회생활이었기 때문에 인간은 기본적으로 태생적 사회적 동물이라고 할 수 있다. 인간은 태생적으로 특정한 집단에 속하길 **원하고**

더 읽을거리 2.1

종교의 진화

종교를 가진 사람은 많다. 갤럽 연구에 의하면, 95%에 달하는 미국인들이 신을 믿고, 3분의 2가 종교적 단체에 속해 있으며, 절반 조금 안 되는 숫자가 한 달에 적어도 한 번 이상 교회나 예배당에 나간다고 한다(Goodstein, 2001 ; Sherkat & Ellison, 1999). 교회 참석은 서부 유럽에서는 훨씬 덜 흔하지만, 그럼에도 불구하고 많은 유럽인들이 신을 믿는다. 종교의 믿음과 실체는 전 세계에서 굉장히 다양하게 나타나지만, 사실상 모든 문화가 한 가지 이상의 종교적 전통을 가지고 있다. 종(species)으로서 인간은 종교와 밀접한 관련을 맺고 있기에 종교가 인간 본성의 일부라는 주장도 있다. 그 이유는 무엇일까?

신실한 사람들에게 있어서 그 답은 명확하다. 신이 실재하기 때문에 혹은 신이 우리를 이렇게 만들었기 때문이다. 이런 생각을 가진 사람이 수백만 명이지만, 이는 *과학적*으로는 만족스러운 대답이 아니다. 최근 들어서 심리과학자와 진화생물학자들은 전 세계에 종교가 흔한 이유가 무엇인지 연구하기 시작했다. 많은 사람들이 인간 뇌의 구성은 신이나 신들, 후세의 삶, 불멸의 영혼, 기도의 힘, 우주를 초월하는 의미의 존재 등을 잘 받아들인다는 데 동의한다(Honig, 2007). 어떤 학자들과 과학자들은 종교 자체가 진화적 적응이며, 인간은 포괄적응도에 도움이 되기 때문에 종교를 믿는 쪽으로 발전했다고 생각한다. 다른 관점은 종교 자체가 진화적 적응은 아니지만 인간 역사에 걸쳐서 유용하다고 증명된 다른 적응의 부산물이라는 생각이다.

유명한 진화생물학자 E. O. Wilson은 종교는 적응이라는 첫 번째 관점을 믿었다. 그는 저서 *On Human Nature*(1978)를 통해 "종교적 믿음을 갖는 인간의 성향은 인간 마음의 가장 복잡하고 강력한 힘이며 인간 본성과 뗄 수 없는 관계"(p. 169)고 주장했다. Wilson은 오늘날 종교의 힘은 우리 진화적 조상들에게 종교가 주었던 엄청난 이점과 관련이 있다고 생각했다. 종교는 밀렵꾼과 사냥꾼들이 부족으로 모여 함께 살도록 하는 중요한 역할을 했을 수 있다. 종교로 인해 만들어지는 공유되는 믿음과 공동체 의식은 개인으로 하여금 개인적인 이득을 포기하고 집단의 이익을 더 중요시하도록 만들었다는 것이다(Irons, 2001). 이러한 양보는 자원의 획득과 위험에의 대비에 있어서 협동적인 행동을 양산해, 부족원의 포괄적응도를 높였을 것이다. 종교를 진화적 적응으로 보는 사람들은 종교가 사람들 간 유대감을 만들어내고 하나로 묶어주며 장기적 목적(아이 양육하기, 집단의 방어, 동맹 맺기, 문화 만들기 등)에 도움이 된다는 사실을 강조한다. David Sloan Wilson(2002)의 책 *Darwin's Cathedral*을 보면 자세히 확인할 수 있는 생각이다.

이에 반대되는 견해는 인정과 함께 시작한다. 물론 종교는 집단의 유대감을 강화시킬 수 있다. 하지만 집단에게 좋은 것이라고 해서 개인에게 좋은 것은 아닐 수 있다. 자연선택은 보통 개인적 생물의 측면에서 진행된다고 여겨진다. 또한 집단유대감을 촉진하는 것들은 많다. 자연이 왜 사실상 비이성적인 관념인 신, 악마, 기적, 선조 숭배 등으로 대변되는 '종교'라는 특정한 대상 하나를 선택하겠는가? 종교는 굉장히 방대한 범위의 믿음과 행동을 포함한다. 따라서 어떤 이론가들은 종교가 특정한 진화적 문제를 해결하기 위해 고안되고 발전했다는 것은 말이 안 된다고 생각한다. 대신 종교는 수도 없는 적응적 문제들(대부분 일상적인)을 해결하기 위해 자생적으로 만들어진 수많은 특정적인 심리학적 메커니즘의 우연한 *부산물*이라는 것이다.

성격심리학 내에서 이 '부산물' 관점의 대표적인 학자는 Lee Kirkpatrick이다. 그는 종교의 다양한 측면은 특정한 인간관계를 통제하기 위해 만들어진 인간 본성의 기본적인 측면과 일치한다고 생각했다(1999, 2005). 예를 들면, 많은 문화권에서 종교인들은 신을 그/그녀의 사람들을 보호하고 양육해주는 일종의 부모라고 이해한다. Kirkpatrick은 사람들이 이처럼 신을 통해 믿는 애착의 감정이 갓난아기들이 보호자들이 있을 때 느끼는 기본적인 애착유형에서부터 생겨난다고 느꼈다. 특징적으로 종교는 보이지 않는 절대자와 그 밑에 있는 사람들 간의 종속관계를 의미한다. 인간의 마음은 사회적 집단에 존재하는 계급에 특히 더 민감하도록 발전되었는데, 이는 곧 전지전능하지만 눈으로 볼 수 없는 존재가 맨 위에 앉아 있다는 생각으로 이어졌다. 인간 간 사회적 교류는 공정함과 호혜성에 대한 명확한 이해를 필요로 한다. 어떤 종교에서는 특히 구약성서에 나오는 이야기들을 보면, 신이 그들의 사람들과 사회적 교류의 협약을 한다는 것을 볼 수 있다. Kirkpatrick에 따르면, 인간의 단체생활에서 어쩔 수 없이 생겨나는 복잡한 사회적 관계는 종교의 지휘 아래에서 강화될 수 있다.

또한 종교는 사람들이 본성과 타인을 보는 관점이 자연스럽게 발전한 것일 수도 있다. 연구에 따르면, 어린아이들은 자연세계에서 생물과 미생물을 구별할 수 있다고 한다. 미생물이 눈에 보이는 힘이 없이 스스로 움직였다면, 아이들은 보통 보이지 않는 힘의 일종이 대상을 움직이게 했다고 생각한다. 그 힘이 그 사물 안에 있으면, 그 사물은 생물이 된다. 스스로 움직일 수 있는 자생적인 주체인 것이다. 만약 힘이 사물 밖에 있다면, 우리는 그것을 움직이게 하려는 *의도를 가진* 외부적 주체의 존재를 떠올리게 된다. 인간의 뇌는 자연 세계에서 *주체*(agent)를 찾도록 고안되었다. 그렇게 해야 생길 수 있는 위험에서 개인을 보호할 수 있기 때문이다. 주체를 찾을 수 있는 능력은 마음을 더 민첩하게 만들고, 민첩성은 예나 오늘이나 사회적 동물

(계속)

에게 무척 중요한 요소다.

비슷한 관점에서, 인간은 다른 인간들을 고의적인 주체(intentional agents)로 인식하는 방향으로 진화해 왔다. 아이들은 4살만 되면 심리학자들이 **마음이론**(theory of mind)이라 부르는 것을 발전시킨다. 이는 다른 사람들은 욕구와 믿음으로 가득 찬 마음을 가지고 있고, 이에 따라 행동한다는 생각이다. 마음이론이 없으면 사람들은 사회적 단체에서 서로와 소통하기 힘들어진다. 다른 사람들이 당신과 같은 욕구와 믿음으로 움직이는 주체라는 생

각이 없다면 타인과 사랑, 우정 등의 관계를 발전시키기 얼마나 어려울지 생각해보라. 많은 이론가들에 의하면, 고의적인 신을 향한 믿음은 이처럼 효과적인 사회적 관계에서부터 발전되었다고 한다(Bloom, 2005; Boyer, 2002). 종교에서 사람들은 그들의 본질적인 마음이론을 신, 영혼, 천사, 악마, 죽은 조상 등 보이지 않는 허상의 주체로 투영한다. 대부분의 사람들에 있어서 이렇게 하는 것이 직관적으로 맞다고 생각된다.

다른 사람과의 친밀감을 중요시하고 우정이나 파트너십, 동맹 같은 것을 중요하게 표현한다. 대부분의 영장류가 그렇고 사회적 다른 동물들이 그렇듯이 인간 또한 타인과 같이 있는 것으로 행복감을 느낀다. 이러한 사회적 감정을 느끼지 않는 사람들이 있는데 사회에서 격리되는 양상을 보이고 다른 사람들에게 무서움, 당혹감, 동정심을 느낀다는 것을 이유로 사회적 활동을 하지 않는다.

이 시기에 사회적 생활이 쉬운 것은 아니었다. 인간이 사회적 동물이긴 하지만 사회생활이라는 것은 공동체 의식과 서로의 보살핌 외에도 경쟁과 충돌이 필요했기 때문이다. DeWaal(1996)에 의하면, 집단생활 즉 사회생활을 하는 사람은 자기와 같은 사람을 찾으려고 하고 자기와 같은 짝을 찾으려고 하는 다른 사람들로 항상 둘러싸여 있다고 한다. 이런 맥락에서 보면 집단 자체가 갈등과 분열을 일으키는 근원이 될 수도 있고 이것은 집단의 존재를 위협하는 역할까지 한다(p. 170). 특정한 종류의 공격성은 어떤 입장에서 보면 크고 강해서 (명석함이나 속임수를 통해서) 우위에 오를 수도 있다는 강점이 될 수도 있다. 인간의 조직이라는 것은 일반적으로 계층구조(수직적)를 이루게 된다. 특정한 개인들이 다른 사람들을 넘어서 나갈 수도 있고, 계층구조에서 우위를 점한 사람들의 지위 같은 것은 그 사람이 가지고 있는 생존이나 번식본능의 자원과도 관련이 있을 수 있다(Buss, 1995). 또한 나아가서 집단은 잔인한 방법으로 겨루기도 한다. 한 부족 내에서 전쟁이 일어나는 것은 최근의 상황만은 아니다. 화석의 기록을 보면 사람들은 자주 싸웠는데 가끔은 잔혹하게 싸우기도 했다는 것을 알 수 있다. 우리가 알기론 고대시대 이후 평화롭기만 한 시절은 없다.

인간의 발전이 계속되면서 인간들은 이 시기에 있던 문제점들에 적응을 하기 시작했는데 그것은 다른 종에서는 찾아볼 수 없는 특별한 특성들을 종합해서 적용함으로 가능했다. 인간은 두 발로 서서 걸었고 손가락을 자유롭게 해서 운동효과를 높였고, 또한 많은 도구를 개발하기도 했다. 다른 영장류에 비해 오래 살았고, 성장을 하기 전까지 오랫동안 보호가 필요한 아이들을 낳고 살았다. 그리고 친족들이 결혼을 중재하는 데 끼어들었고, 성숙하게 자란 딸들은 결혼을 하게 했고, 근친상간을 금하기도 했다. 인간에게 있어 성교행위는 특정한 시기에만 가능한 것이 아니라 항상 가능했다. 일반적으로 남성이 성욕이 더 높았다. 남자들이 아이들에 투자를 했고 아이 엄마와 안정적인 짝을 이루어 아이들을 훈련시키고 보호하는 역할을 했다. 아이들을 데리고 다니며 동물들로부터 보호하고 음식을 제공했다. 여자들은 아이들을 돌보고 자신들이 속한 집단에 나누어줄 수 있는 채소와 과일을 모으는 역할을 했다. 남자들은 사냥을 통해 식단에서 중요한 역할을 하는 고기를 얻었다. 인간

진화적 적응환경에서, 인간은 유목 집단에 주로 살아왔고 사냥, 낚시, 채집을 통해 생명을 이어왔다는 것을 뜻한다(출처 : Peter Adams/Stone/Getty Images).

은 긴 거리에 걸쳐 음식을 전달하기도 했고 불로 요리를 했고 가공해서 저장하고 같이 나누어 먹기도 했다. 인간들은 오랜 시간에 걸쳐 서로 부탁하고 들어주면서 공동체 의식과 파트너십을 익히고 우정을 쌓아왔고 상호작용과 공정경쟁 개념에 대한 공동이해를 이룰 수 있었다. 언어를 통해서 대화를 했고 다른 상징 시스템과 아울러 언어를 통해 서로 간 정보공유와 전통을 지키고 지식을 쌓고 문화를 이루는 과정을 이루게 된다.

다양한 인간 집단들은 서로 다른 문화를 개발해 왔다. 하지만 이런 문화들은 여러 공통점을 갖기도 했다. 이런 집단들의 문화 간 공통점이 있기 때문에 오늘날에도 문화 간 공통점이 존재하는 것이다. 인류학을 조사해보면 이러한 보편적 공통점을 알 수 있다. 이러한 것들은 짝짓기, 춤추기, 교육시스템, 장례, 게임, 결혼, 상속 관련된 것, 근친상간금지, 이름을 갖고 있는 것, 종교적인 것들을 포함한다. E. O. Wilson은 1978년에 이런 보편적인 문화적 유형을 예전의 유목사회로부터 비롯된 것으로 설명하고 있고, 그때 그 사람들이 개인의 생존과 번식에 신경을 썼다고 봤다(p. 92).

적응적 사고

아마도 현대사회의 가장 중요한 특징 중 하나는 예전부터 전해져 오는 생물학적 전통이나 어떤 규칙 같은 것으로부터 수정되며 오늘에 이르게 됐다. 이러한 보편적인 문화적 유형들이 몇 천 년 아니 몇 백만 년에 걸쳐 인간에 중요한 것이었기 때문에 하나하나가 본성의 일부가 되었고 유전자에 포함되게 이른 것이다. 진화에 대해서 생각하면 일반적으로 우리는 환경에서부터 오는 어떤 문제들에 대한 반응으로 우리 몸이 변화되는 과정이라고 생각한다. 예를 들어 어떤 생명체가 목이 길어지는 것이 생존과 번식에 도움이 된다면(기린처럼) 그렇게 되고, 땅에서 멀리 떨어져 높이 있는 먹이를 구하는 데 도움이 된다면 생명체는 시간이 지나면서 목이 더 길어지게 된다는 주장이다. 이것의 이유는 처음부터 목이 더 길었던 개인들이 있었다면 번식에 유리해서 그러한 적응된 특징을 세대를 거쳐 이어지게 된다는 뜻이다. 결과적으로 이러한 특징은 이 생명체의 보편적 특징으로 자리매김하게 된다. 왜냐하면 이 동물의 포괄적응도를 높여주기 때문이다. 인간을 기준으로 생각을 해 보면 인간이 결과적으로 두 발로 걷고 운동능력을 향상시키는 행동을 하게 된 것은 도구를 발견하는 데 그러한 특징이 도움이 되었기 때문이다. 인간의 두개골이 정교한 모습이란 것은 그냥 간과할 하찮은 것이 아니다. 하지만 인간 진화에 있어 가장 괄목할 만한 것은 **두뇌**의 발달이라는 것이다. 인간은 뇌가 발달하면서 복잡한 행동패턴을 만들어냈고, 다른 동물에서는 찾아볼 수 없을 만큼 섬세한 생각(마음)을 만들어냈다. 인간의 **생각**이라는 것을 뇌가 하는 행동으로 이해하면 우리가 생각하고 계획하고 원하고 느끼는 것들이라고 할 수 있다(Pinker, 1997). 인간 생각의 발전이라는 것을 단순히 기린의 목이 길어진 것과 비교할 수 없지만 확실히 중요한 사실이다. 이것이 인간을 인간으로 만들어 주는 특징이기 때문이다.

이 시대에 다른 동물에 비해서 인간이 더 번식하고 생존했던 것은 인간이 힘이 크고 잔인하고 잘 챙겨서가 아니라 더 똑똑했기 때문이다. 모든 동물은 진화를 통해서 이루어진 조건으로만 다른 종들과 경쟁해야 하는데 인간에게 있어 가장 큰 장점은 인간의 생각이었다. 인간들은 경쟁을 만들어 내고 집단을 보호하기 위해서 팀을 만들고 분업을 하고 공격과 방어를 하기 위해서 이성적인 전략을 세우고 이러한 전략을 교육과 피드백을 통해 수정하고 또한 이런 것은 다른 사람들 혹은 다른 세대와 언어를 통해서 서로 전달하고 그리고 아직 일어나진 않았지만 일어날 시나리오를 세우고 그것을 현실로 받아들이기 위해서 노력하고 이러한 과정을 통해서 Pinker(1997)가 **인지적 틈새**(cognitive niche)라고 불렀던 것들을 만들어내게 되었다. 이 시대에 있었던 문제를 해결하고 그것에 대해 적응할 수 있었던 가장 큰 장점은 인간의 생각에서 찾을 수 있었던 엄청난 인지적인 힘이었다.

인간의 생각이란 많은 다양한 위협과 도전 그리고 기회에 적응할 수 있도록 만들어졌다. 적응 과정의 일반적인 목표가 번식이긴 했지만 인간들은 그러한 공격적인 목표가 이루어지기 위해 필요했던 더 다양한 것들을 해치워야 했다. 이것에 대한 결과로 적응할 수 있는 인간의 생각이란 많은 다양한 기능적 측면으로 나눌 수 있는데 그 각각의 측면은 세계와 소통할 수 있는 한 가지 측면에서 특정한 기능들을 담당했다고 볼 수 있다(Kenrick, Keefe, Bryan, Barr, & Brown, 1995; Pinker, 1997; Tooby & Cosmides, 1992). 따라서 인간의 생각이라는 것은 보편적인 목표를 가진 정보를 처리하는 기계적 측면에서만 본다기보다는 현대의 심리학자는 인간의 생각이란 그 시대에 인간이 마주해야 했던 적응과 관련된 문제를 해결할 수 있는 특화된 하위체계를 모두 모아놓은 것에 비유했다(Fodor, 1983; et al.). 서로 조화롭게 기능하는 많은 다양한 이런 모듈들은 생각에게 적응가능하고 유연한 힘을 주기도 한다. 이 생각을 전달하기 위해 Buss는 1997년에 인간 생각을 목공의 몸에 비유해서 말을 했다.

> 목공의 기능이란 것은 다목적인 하나의 도구를 가지고 오는 데 있는 것이 아니라 각각 특정한 기능을 하는 여러 기구를 가지고 있는 데서 온다고 볼 수 있다. 그렇기 때문에 모든 도구의 모음에서 특정한 도구의 숫자가 많을수록 그 목공의 유연성과 포괄적인 일의 능력을 설명할 수 있다(p. 325).

따라서 인간의 생각은 예전부터 인간들이 공통적으로 직면해야 했던 적응에 관한 문제를 해결하기 위해서 특별하게 만들어진 인지적, 정서적, 동기적 도구의 모음이라고 할 수 있다. 여기서 말하는 문제들이란 간단하게 설명하자면 생존과 적응의 문제였다. 다윈은 1859년에 '자연의 친화적이지 못한 힘'이란 제목으로 많은 문제를 나열했다. 이러한 문제들에서는 음식이 부족한 것, 날씨가 좋지 않을 때, 기생충, 동물의 위협, 자연재해 같은 것이 들어가 있는데 다윈은 이것을 생존을 위협하는 문제로 생각했다. 번식에 관한 문제들은 질적으로 보았을 때 더 사회적이고 개인의 성격 중심적으로 나타나게 된다. Buss(1991b)가 다음과 같이 8개의 번식과 관련된 문제들을 나열했다.

1. **성과 관련된 경쟁** : 개인들은 경쟁상대를 제치고 이성을 만나서 성적 교감을 이루어야 한다.

2. **짝을 찾는 과정** : 개인들은 가장 큰 번식적 가치가 있는 짝을 찾아야 한다. 그렇게 해야만 자신의 유전자를 다음 세대에 전달하게 된다.

종교적 의식은 모든 문화에서 발견된다. 이는 인간 유전자 안에 종교적 활동에 관여할 수 있는 요인이 각인되어 있다는 것을 뜻한다[출처 : De Agostini/Getty Images(위), Purestock/Getty Images(아래)].

3. **성공적인 수정** : 개인은 사회적 그리고 성적인 행동을 통해서 이성과 수정을 이루어야 한다.

4. **고유성** : 개인은 짝을 찾았으면 그 짝과의 관계를 유지해야 한다. 이렇게 해서 다른 경쟁자들을 제칠 수 있고 자신의 짝이 버림받지 않게 된다. 여기서 말하는 고유성이란 장기간 짝을 찾는 전략에 해당되는 것이고 Buss(1991b, p. 465)가 말했던 것처럼 일시적이고 기회적인 만남에는 해당되는 개념이 아니다.

5. **상호적인 공동체 동맹** : 개인은 특정한 정도의 협동심과 상호작용을 포함하는 관계를 만들어야 한다.

6. **동맹** : 동맹을 하고 유지해야 한다. 개인은 자신이 추구하는 목표나 이익 등 유사한 것을 갖고 있는 다른 사람들과 협동해야 한다. 그렇게 동맹을 만들고 다른 사회적 집단과 경쟁을 해야 한다.

7. **부모의 보호와 사회화** : 개인은 자신의 자식들의 생존과 번식의 성공을 보장할 수 있는 행동을 해야 한다.

8. **친족을 위한 노력** : 개인들은 자신의 이익을 포기하고 희생해 가면서 유전적인 다른 친족들의 생존과 번식을 위해 노력해야 한다. 이것은 특히 중요한데, 개인은 친족들과 유전자를 공유한다는 사실 때문이다.

인간은 이러한 문제에 어떻게 반응을 할까? 내부 메커니즘을 통해 우리는 목표지향적인 **방법**과 **수단** 같은 것을 택하게 되는데 그것을 선택하는 것으로 결국 생존과 번식의 성공을 최종 목표로 삼게 된다. 하지만 우리가 기억해야 할 것은 생존과 번식에 대한 이러한 목적이 항상 특정적으로 의식적이거나 무의식적인 것은 아니라는 것이다. 보편적으로 말하면 이 시대에 포괄적응도를 높일 수 있었던 목표지향적인 행동을 만들어낼 수 있는 전략들과 목적을 위해 진화라는 것이 인간의 생각을 조정했다고 생각된다. 예를 들면 성적 즉 성과 관련된 행동을 하는 것은 보편적으로 그러한 행동을 하지 않는 것에 비해서 더 많은 후손을 만들 수 있다. 하지만 모든 사람들이 항상 아이를 만드는 목적으로 성관계를 하지는 않는다. 일반적으로 성행위가 쾌락을 주기 때문에 그런 행동을 하는 경우가 흔하다. 이것은 사람들이 자주 성행위를 하도록 쾌감의 요소를 가미한 것이기 때문에 자식을 만들어내고 다음 세대에 유전자를 전달할 수 있는 가장 좋은 방법이라 할 수 있다. 사람들이 아이들을 원하는지 그렇지 않은지를 떠나서 이기적 유전자는 사람들로 하여금 현대 피임법이 나오기 전에 성행위가 쾌락의 중심이 된다는 요소를 적용해서 원하든 원치 않든 어떻게든 후손을 만들어낼 수밖에 없도록 한 것이다.

진화의 목적으로 보았을 때 인간의 성교행위는 유전자를 복제하려는 과정으로 이해될 수 있지만 개인적인 동기는 단순히 느낌이 좋기 때문이다. 이렇게 번식적·개인적 이유의 차이점을 이해하는 것은 성격심리학에 있어서 인간 발달의 중요성을 이해하는 데 매우 중요하다(Archer, 1988; Wright, 1994). 개인적 관점에서 어떤 특징이나 행동을 설명한다는 것은 그 사람이 처해 있는 환경적·생리학적·인지적 도구를 알아본다는 것이다. 반대로 진화적인 설명을 하게 되면 진화와 포괄적응도라는 것을 염두에 두고 행동패턴의 중요성을 알아보는 것이 된다. 특정한 개인적인 요소들은 어찌 보면 발달적인 요인에서 온 것이기도 하지만 영향이 있다고 해도 아주 미미하거나 간접적인 경우가 많아 포괄적으로 설명하는 것이 더 좋다. 따라서 1명의 개인적이고 특정한 행동이라기보다는 인간 본성인 전체적으로 적용가능한 관점으로 보는 것이 더 적합하다.

이렇게 두 가지 관점의 차이점을 이해하는 것은 남성과 여성이 성을 통해 번식하는 과정 자체에 있어 발달시키게 되는 일종의 전략의 차이점을 이해하는 데 중요한 역할을 한다. 많은 관점에서 보았을 때 남녀 모두 이 시대에 비슷한 정도의 압박을 받았다. 따라서 진화적 관점에서만 보았을 때는 인간 행동과 경험의 여러 분야에서 성 때문에 일어나는 차이점을 찾기는 힘들 것이다. 하지만 진화과정에서 진화이론을 중심으로 보았을 때 여성과 남성이 매우 다른 선택을 해야 하는 환경이 있다고 하면 성 때문에 일어나는 차이점 또한 존재할 수밖에 없다. 이 시대에 있어서 해당되는 말이다. 이것과 관련된 반박하기 힘든 생물학적 사실은 남자가 아니라 여자가 임신을 하게 되고 9개월의 기간 후 아이가 탄생하면 젖을 물려 영양분을 제공한다는 사실이다.

짝짓기

진화론적 관점에서 보면 이러한 사실들이 우리에게 알려주는 것은 평균적으로 조금은 다른 방법을 선택한다는 것인데 특히 성과 관련된 번식의 문제를 보면 남녀 차이가 나타난다. 여성과 남성은 다음 세대 자손을 이어나간다는 이유 때문에 짝을 이루게 된다. 이 과정에서 다음 세대로 자신들의 유전자가 전달된다. 하지만 이런 목적을 위해 여성과 남성이 선택하는 방법과 전략들은 성별에 의해 차이를 보인다. 남성에게 있어 최대한 많은 여성을 임신시키는 것이 유전적으로 보았을 때 가장 이상적이다. 그렇게 해야만 자신의 유전자를 많이 퍼트릴 수 있다. 이론적으로 남성이 몇 백 명의 자식을 낳는 것은 가능한 일이다. 이런 이유로 생물학적으로 여성보다 남성이 성적으로 더 문란한 경우가 많다. 하지만 반대로 여성의 경우 아이를 한 번 낳을 때마다 엄청난 시간과 에너지를 들여야 하기 때문에 낳을 수 있는 아이의 수가 한계가 있다. 여자에게 있어 이익이 될 수 있는 것은 성관계시 파트너를 잘 선택해서 자기 자손을 잘 키우고 보호할 수 있는 단 1명의 배우자만을 골라 여성 자신의 유전자를 다음 세대에 퍼트리는 것이 가장 이상적일 수 있다.

내가 방금 설명한 짝짓기 과정에서 남녀의 차이는 과장된 면이 없지 않다. 하지만 주장하고자 하는 것은 다음과 같은 방법으로 이해할 필요가 있다. 첫째, 인간의 짝짓기 전략에서 성별 간에 나타나는 차이에 대한 설명은 문화적·환경적 설명과 반대되거나 충돌하는 입장은 아니다. 일반적으로 이러한 것들은 개인적인 측면이 강하다. 예를 들면 여성의 성적 문란함을 저하시키는 요인들은 미국 사회에서 통용되는 '여성들은 조심해야 하고 남성들은 괜찮다'는 문화적인 이중잣대를 보면 알 수 있고, 여성은 남성과 다르게 결혼한 사람 외에 다른 사람을 만나면 안 된다는 목적으로 보완된 억압적인 법과 행동을 엿볼 수 있다. 사회적으로 통용되는 관습, 법 그리고 금지된 것들을 비롯한 문화적 요소들이 다양한 방법으로 성에 영향을 미친다.

둘째, 자연선택은 행동 자체라기보다는 행동 뒤에 숨겨진 감정적이고 동기적인 구성요소들로 인해 작동된다. 행동전략은 인간이 **원하는** 것이 그대로 표현된 것이 많다. 일반적으로 보면 진화론적 관점에서 남성은 여성에 비해 최대한 많은 성관계를 맺고 싶어 하는 **욕구**가 크다고 볼 수 있다. 님성들은 시간이 지나면서 최대한 많은 사람들과 성관계를 맺고 싶어 하고 **상상 속에서** 이렇게 흘러가는 경우가 많다. 그렇지만 행동이 반드시 따르는 것은 아니다.

셋째, 진화론적 설명들은 짝을 찾는 성적인 행동에 있어 성별 간 차이를 정당화하거나 이상화 시키려는 도덕적인 문제로 볼 수는 없다. 모든 행동패턴에 있어 그것을 과학적으로 설명해야만 타당 성을 부여하는 것은 옳지 않다. 만약에 남성이 여성에 비해 성적으로 문란하다는 이유가 이 시대에 포괄적응도를 더 높이게 하려는 활동이었다고 생각을 하게 된다면 오늘날 우리가 또 결정해야 할 것은 이런 행동패턴이 좋은지 나쁜지 없어져야 하는지 혹은 금지되어야 하는지 결정하는 것이다. 어떻게 보면 이 시대에 있었던 윤리적인 것을 오늘날에 적용하는 것은 옳지 않다.

네 번째로, 우리는 짝짓기에서 성별의 차이에 관한 진화론적 원리에 대해 좀 더 신중히 생각할 필요가 있다. 번식이 진행될 때, 인간을 포함한 모든 포유류는 속도에 있어 남녀가 차이를 보인다. 예를 들어, 남성은 빠르고 여성은 느리다(Bailey, Gaulin, Agyei, & Gladue, 1994). 남성의 단독적 인 번식력은 다소 생명력이 짧고 단순한 성교로만 이뤄진다. 이와 반대로 여성은 최소화, 성교, 태 교, 수유 등이 필요하다. 이 모든 것들은 시간이 꽤 필요하다. 이러한 과정으로 인해 여성은 다른 남 성과 만나 성교를 할 시간이 턱없이 부족하게 된다. 이미 임신한 상태에서는 세상에 자식을 내놓는 데까지는 긴 과정이 기다리고 있는 것이다(그리고 나서 돌봄을 요구하는 기간이 또 있다). 이론적 으로 여성의 빠른 남성 파트너는 그동안 수많은 번식력을 자랑할 수 있다. 이를 통해 그의 유전자를 마음껏 번식시킬 수 있다. 물론 일대일 성교로 이뤄지는 경우에 충분한 여성의 수가 마련되지 않을 수도 있다. 따라서 남성의 번식을 위한 노력은 수요가능한 여성의 수에 의해 제한되고, 이러한 여성 에 근접가능한 그의 동료 남성과의 경쟁력에 달려 있다. 또 다른 방식으로는 빠른 (남성의) 성교는 상대적으로 느린 (여성의) 성교에 의해 번식력이 확산될 가능성이 줄어든다. 따라서 빠른 성교는 느 린 성교에 비견할 수 있을 만큼의 경쟁력을 갖춰야 한다. 느린 성교는 갈망에 가득 찬 남성들 가운 데 누구를 파트너로 선택할지에 관한 호화스러움을 누리게 만들어주기도 한다. 이러한 원리에 의하 면, 빠른 성교는 자손의 양을 최대화하는 데 활용될 수 있다. 성적 활동은 이것을 이루기 위한 견인 차 역할을 하며, 빠른 성교는 좀 더 문란하며, **최소한 그것을 바라기도 해야 한다**.

사실상 남성은 반복적으로 좀 더 문란한 것으로 언급되었다. 대부분의 사회에서 일반적으로 남 성은 여성보다 더 많은 성적 관계를 맺고 있다. 하지만 게이와 레즈비언과 비교했을 때 이러한 차이 는 과히 놀랄 만한 사실이 아닐 수 없다(Bailey et al., 1994; Cunningham, 1981). 그러나 남성은 또한 여성들보다 더 많은 사람들과 성관계를 하게 되기를 바란다. 많은 연구자들이 남성과 여성에 게 평생 얼마나 많은 사람과 성관계를 맺게 되기를 바라는지 물었다. 52개국을 대표할 수 있는 1만 6,000명의 남성과 여성의 전수조사에서 남성은 평균적으로 평생 동안 13명의 각기 다른 성관계 파 트너를 갖고 싶다고 답했다. 이와 대조적으로 여성은 평균적으로 2.5명의 성관계 파트너를 갖고 싶 다고 말했다(Schmitt et al., 2003). 다른 말로 하면, 정신적으로 성관계를 위한 완벽한 파라다이스 를 만들기 위해 남성은 여성들보다 5배 이상 다른 상대를 생각하는 것으로 나타났다.

또한 남성은 성관계 파트너 선택에 있어 분별력을 덜 발휘하는 것으로 나타났다. Kenrick(1989)은 대학생들을 대상으로 이상적인 성 파트너에 대한 기준을 연구했다. 신체적 매력 에 관한 수치는 예외로 하고, 여성은 성관계를 맺기 전에 보이는 태도에 대해 남성보다 영향을 더 많이 받는 것으로 나타났다. 많은 경우에 남성은 그들이 데이트하려고도 생각하지 않은 낮은 지능 또는 불쾌한 성격을 가진 여성과도 성관계를 맺으려 한다는 사실이 밝혀졌다. 다른 말로 하면, 남성

표 2.1	로맨틱한 관계에서 화가 난 남녀는 어떻게 하는가?		
화나게 하는 요소들	남성	여성	*p*
비난하기	14%	8%	.000
나태한–거절하는–신뢰할 수 없는	16%	11%	.000
배려가 없는	23%	9%	.000
알코올 남용–감정적 위축	16%	13%	.033
모욕적인 언행	4%	2%	.021
신체적으로 자기도취적인	7%	14%	.000
기분변화가 심한	19%	30%	.000
성적으로 철회하는	6%	14%	.000
소유적인–질투심이 강한–의존적인	17%	19%	–
학대적인	5%	6%	–
신뢰할 수 없는	6%	7%	–
타인에게 성적 매력을 어필하는	12%	15%	–
흐트러진	7%	5%	–
성적으로 공격적인	3%	2%	–
자기중심적인	21%	18%	–
합계	12%	11%	–

주: *N*=528. 이 표의 변수들은 화나게 하는 요소들에 대해 각 개인이 보고한 것의 비율을 나타내주는 것이다. 예를 들어, 14%는 남성이 타인을 비난하는 것에 대한 연구에서 14% 정도가 그들의 남성 파트너가 그들을 과거에 비난하는 형태로 대해왔다고 보고했다. "*p*"는 경우에 따라 달라질 수 있는 가능성을 나타내주는 것이다. .05보다 낮은 *p* 변수는 통계적으로 유의미함을 나타내준다. "–"는 남성과 여성 사이의 차이를 나타내주는 것으로 통계적으로 유의미하지 않음을 나타낸다. 위의 자료는 D. M. Buss의 1989년 *Journal of Personality and Social Psychology*에 발표된 "Conflict Between the Sexes: Strategic Interference and the Evocation of Anger and Upset"에서 발췌.

은 성관계보다 데이트하는 관계에서 더 엄격한 자신만의 기준을 갖고 있다는 것이다.

　　만약 남성과 여성이 각기 다른 생식력을 위한 기술과 전략을 발달시켜 왔다면 이러한 차이는 분노를 일으키는 수많은 성별 차이를 만들어낼 것이라는 기대를 할 수 있다. 진화론적인 관점에서 봤을 때 우리는 남성이 성관계에서 여성이 거절하는 행동(성적으로 억제하는 행동)에 대해 으레 화를 낼 것이라고 생각한다. 이와 대조적으로 여성은 성관계를 과도하게 요구할 경우 화가 날 것이라고 생각할 수 있다(성적 공격 행동). Buss(1989a)는 대학생과 신혼부부에게 화가 날 수 있는 여러 상황들을 예시해놓은 리스트를 보여주면서 데이트 상대 또는 배우자가 지난해 동안 보인 행동에 대해 평가해보도록 했다. 연구결과는 성적 철회 행동(남성은 여성이 이 행동을 더 한다고 보고함)에 관한 진화적인 예측을 지지했지만, 성적 공격 행동(여성은 남성에 비해 높은 수치를 보고하지 않았음)에서는 이러한 예측이 지지되지 않았다. 표 2.1에서 보는 바와 같이, 연구의 응답자들은 파트너의 분노를 이끌어낼 수 있는 다양한 행동을 나타냈다. 이 행동의 대다수는 성관계와 관련이 적었다.

그림 2.1	성관계 자극의 기능으로서의 창조성

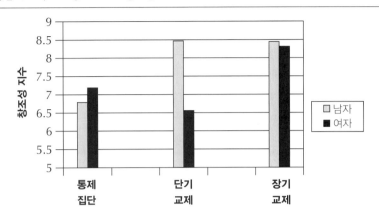

통제집단과 비교해서 남자 대학생은 단기이든 장기이든 로맨틱한 관계에서 기회가 주어졌을 때 높은 수준의 창조적 표현을 하는 것으로 나타났다. 반면 여자 대학생은 장기간의 헌신적인 로맨틱한 관계에서 주어진 자극에만 높은 수준의 창조적 표현을 하는 것으로 나타났다. 출처 : "Peacocks, Picasso, and Parental Investment: The Effects of Romantic Motives on Creativity," V. Griskevicius, R. B. Cialdini, and D. T. Kenrick, *Journal of Personality and Social Psychology*, 2006, 91, p. 70 인용.

남성의 보고와 비교해서 여성은 자신을 비하, 무시, 남성 파트너가 모욕적인 행동을 하는 것에 대해 더 많이 불평하는 것으로 나타났다. 이와 대조적으로 남성은 여성 파트너의 잦은 변덕과 자기에게만 몰입하는 것을 보고했다.

진화적인 번식전략에서의 성차를 넘어 남성과 여성은 각기 다른 질적 차이를 보이기도 한다. 진화이론은 까다로운 여성이 자기 자손의 유전적 적응력을 향상시키기 위해 높은 사회적 지위를 갖고 있는 남성을 선호할 것이라고 본다. 이와 대조적으로 남성은 자신의 유전자 번식을 잘해줄 수 있을 것 같은 젊은 여성을 선택하는 경향이 있다고 보았다. 그 결과 나이가 많은 남성은(좀 더 필요한 자원을 가진) 더 젊은 여성(앞서 잉태를 많이 해왔던 종족으로)을 선택하는 경향이 있었다.

수많은 연구결과는 이러한 예측력을 지지한다(예 : Kenrick et al., 1995; Sprecher, Sullivan, & Hatfield, 1994). 예를 들어 Buss와 Barnes(1986)가 92명의 기혼자와 100명의 미혼 대학생들에게 이성에 대한 선호도를 검사한 결과가 흥미롭다. 그들의 연구결과에 의하면, 남성은 여성의 신체적 아름다움(일반적으로 젊음과 관련된)을 더 선호하고, 여성은 남성의 경제력에 더 많은 비중을 두고 있다는 사실을 알아냈다. 그러나 이 시대 미국 사회의 대다수 여성과 남성들의 경제력에서의 불균형은 몇몇 여성을 위한 안전한 자원이 되어줄 뿐임을 알게 한다. 따라서 여성의 남성 선택에서의 실용적인 접근은 현재의 문화적 제약과 기준에 따른 것일 수 있다. 이것은 마치 유전력을 최적화하기 위해 고안된 생물학적 권한과도 같다. 하지만 Buss와 Barnes의 미국에서의 연구결과가 수많은 다른 나라에서도 발견되었다는 것이 흥미롭다. 37개국의 각기 다른 국가에서의 연구에서 Buss(1989b)는 남성은 좀 더 젊고 신체적으로 매력이 있는 여성을 선호하고, 여성은 야망이 있고 사업적 능력이 있으며 뛰어난 경제력을 가진 연륜 있는 남성을 선호한다는 결과를 보여주었다.

다윈 이론의 핵심은 유기체들이 제한된 번식자원에 맞서 서로 경쟁을 한다는 것이다. 다윈은 불공정한 생존임에도 불구하고 유기체로 하여금 경쟁구도에 뛰어들도록 함으로써 번식력을 강화시키게 된다는 동물의 왕국의 특성이 여전히 존재한다는 사실에 흥미를 느꼈다. 많은 종족의 정교한 깃털, 무거운 뿔, 눈에 잘 띄는 장신구들은 값비싼 생존전략이 되었다. 하지만 이러한 특성은 성교를 할 수 있는 확률을 높였고 이를 통해 진화가 이어질 수 있었다. 여성의 젊음과 아름다움에 대한 진화론적 관점을 통해 보면 여성은 남성을 유혹하기 위해 신체적 매력을 증가시켜야만 했다. 남성적 권력과 지위의 관점에서 보면 남성은 사회적 지위와 성취, 미래의 소득을 향상시키는 일들을 통해 여성에게 어필해야만 했다.

　　이러한 가설을 검증하기 위해 Buss(1988)는 대학생 남녀와 신혼부부가 활용하는 이성을 매혹시키는 가장 공통된 방식에 대한 연구를 진행했다. 우리가 예상한 바와 같이 여성은 신체적 매력을 신장시키기 위한 노력을 가장 많이 기울였던 것으로 나타났다. 예를 들어 '화장'을 하거나, '매력적인 옷을 입고', '단정하게 하고', '액세서리 착용' 등의 몸단장을 했다. 이와 대조적으로 남성은 이러한 기술들을 '전시용 자원', '자원에 대한 자랑'으로밖에 여기지 않는 것으로 나타났다. 여성에 비해 남성들은 값비싼 것들을 드러내거나 자신의 성취를 더 많이 자랑했다. 또한 많은 연구들이 여성과 남성의 행동기술들이 성공적인 번식력 확장에 도움이 될 수 있을 것이라는 데 동의한다는 결과를 나타냈다. 종종 동감, 친절, 매너, 도움, 유머와 관련된 활동은 두 **성별 모두**에게 효과가 있는 것으로 나타났다. 이와 관련해 Jensen-Campbell, Graziano, West(1995)는 여성이 친사회적인 경향이 있는(친절하고 사려 깊고 이타적인) 남성에게 더 매력을 느끼게 되는 것을 발견했다. 성차가 발견되었음에도 불구하고 남성과 여성은 이성에게 매력을 어필하는 전략에 있어 유사한 점을 보였다.

　　남성과 여성이 공통적으로 로맨틱한 관계의 이성에게 매력을 어필하는 한 가지 전략은 창조성을 표현하는 것이다. 진화론적인 이론은 공작의 깃털과 같이 창조적인 힘의 발산은 상대를 매혹하는 데 훌륭한 방법이 될 수 있다는 것을 드러내준다. 특별히 창조적인 인간은—예를 들어 예술가, 과학자와 같은 사람들은—그들이 얼마나 로맨틱한 갈망에 사로잡히는지, 사랑과 성에 이끌리는 내면의 힘에 이끌리는지를 보여준다. 고대 그리스 신화에 의하면 부도덕한 뮤즈는 가수, 스토리텔러, 예술가들의 창조적 영혼에 깃들어 왔다. 흥미로운 경험을 통해 3명의 연구자들은 최근 대학생들이 로맨틱한 성교에 관한 생각에 자극을 받았을 때 그들의 창조성 또한 객관적으로 증대된다는 사실을 나타내주었다(Griskevicius, Cialdini, & Kenrick, 2006). 예를 들어, 매력적인 이성과 만나 훌륭한 저녁시간을 보내는 것을 상상해보라고 했을 때, 학생들은 보통의 친구들과 만났다는 것을 가정하여 상상해보았던 학생들과 달리 더 창조적이고 예리하며 매력적인 글을 쓸 수 있는 것으로 나타났다. 이러한 효과는 남성과 여성 모두에게서 나타났다. 하지만 한 가지 흥미로운 차이점이 그림 2.1에서와 같다. 남성은 장단기 로맨틱한 관계와 관련된 자극반응에서 높은 창조성을 보인 반면, 여성은 장기적이고 헌신적인 성관계를 맺은 관계에서만 높은 창조성을 보여주었다. 진화심리학에서 나타낸 바와 같이, 이 연구에서 장기간의 헌신적인 사랑의 관계에서는 높은 창조성을 보였다. 이와 대조적으로 단기간의 성관계에서 이뤄지는 자극들은 여성으로 하여금 창조성 발현을 증대시키지 않았다. 그런 면에 있어서 남성은 까다롭지 않다. 진화론적인 관점에서 대학생 남성은 단기간의 자극 및 장기간의 성관계를 가질 수 있는 기회를 통한 자극에서도 창조성이 높게 나타나 보였다.

　　결론적으로 진화이론은 전반적인 성차가 EEA에서 남성과 여성이 극적으로 다른 모습을 나타내준다는 것을 보여준다. 따라서 이러한 차이가 나타나는 하나의 지점은 성적 번식력에서다. 남성과 여성은 성관계를 맺기 위해 이성을 유혹하는 방식에 있어 각기 다르며, 이 차이점은 각기 다른 욕망의 각기 다른 패턴에 근거한다. Wright(1994)는 이러한 차이를 성별에 따른 진화론적 차이에서 기인한 것이라고 보았다. 남성과 여성은 성별 사이의 연령별 차이에서 각기 다른 전략을 세운다. 남성과 여성 모두 자신만의 강력한 무기들을 갖고 있으며 수천 년 동안 이어져온 유혹의 기술, 밀당의 기술, 속임의 기술, 관계의 유지와 발전을 위한 기술들이 있다. 많은 저명한 노래들이 이를 반증해준다. 로맨틱한 사랑은 심약한 사람들을 위한 것이 아니다. 선택에 대한 압력은 인간들의 성교 패턴에서 성차의 패턴을 말한다. 이는 이러한 차이에서 다양한 원인들이 문화적 기준과 역할, 종교와 정치적 가치, 사회화의 각기 다른 패턴에서 관찰될 수 있다. 게다가 성교에서 뚜렷한 성차가 관찰되었을 때 남성과 여성이 성교를 할 때는 상당히 유사하다는 것을 나타내준다. 예를 들어 두 사람이 서로에게 정직, 연민, 진실성을 소중하게 생각한다면 두 사람은 서로의 신의를 이끌어내기 위해 상당히 어려운 작업을 해나가야만 할 것이다. 포괄적응에서 남녀는 모두 자손의 성숙에 매달려 왔다. 남성의 정자가 하나도 살아남아 있지 않게 된다면 그의 포괄적응도는 완전한 제로를 나타낼 것이다. 남성과 여성은 이 사회에 오랜 시간에 걸쳐 유대감을 형성해 왔다. 남성과 여성은 유전자의 번식처럼 EEA에서와 같이 공통된 흥미에 관심을 기울여 왔다. 이를 통해 다음 세대로의 생존, 번영, 궁극적으로 그들 자신의 재생을 이뤄내 왔다. 성교에서조차 우리는 모두 우리가 각기 다름과 동시에 유사하기도 하다.

함께 그리고 진보

음식을 모으든 성교를 위해 쟁탈전을 벌이든 자손을 키우든 적을 무찌르든 인간이란 존재는 집단 안에서 살아간다. 대다수 인간들의 삶은 사회적 삶이다. 사회적 삶에 의존하는 것은 인간의 본성이 되었다. 성격심리학자 Robert Hogan은 Freud와 사회적 역할이론 관점을 통해 인간에 대한 진화론적 이해를 종합할 수 있는 폭넓은 성격이론을 개발했다. Hogan은 그의 접근을 **사회분석이론**(socioanalytic theory)이라고 불렀다(Hogan, 1982, 1987; Hogan, Jones, & Cheek, 1985; Jones, Couch, & Scott, 1997). 사회분석이론은 인간이 생물학적으로 사회 안에 구성된 위계구조에 따라 사회적 삶을 살아가는 존재로 본다. 집단의 삶은 우리 진화론적 선조에게 강자에게 방어할 수 있는 협력의 지혜를 물려주었다. 동시에 집단에서 높은 지위를 획득하는 것은 그것을 획득한 사람에게 큰 유익을 안겨주게 되었다. 음식·로맨틱 파트너·주거공간 등에 대한 선택권이 우선적으로 주어졌으며, 집단이 제공해주는 필수품이나 특권들이 어떠하든지와 상관없이 결국에는 번식을 성공적으로 이뤄낼 수 있도록 했다. 이를 통해 인간은 힘과 인기를 얻기 위해 지위와 관심을 위한 인간 본성을 발달시키게 되었다. Hogan과 동료들에 의하면 "함께 그리고 앞서 나아감은 모든 인간이 삶에서 해결해 나가야 할 가장 큰 두 가지 문제다(1985, p. 178)."

　Hogan에 의하면 사회적 상호작용에서 두 가지 큰 문제점은 항상 나타나고 해결되기 마련이다. George Herbert Mead(1934)와 Erving Goffman(1959)과 같은 사회학자들이 주장한 바와 같이 사회적 행동은 복잡한 게임과도 같아서 규칙을 따르게 되며 우리들 사이의 가장 훌륭한 기술을 갖고 있는 게임 플레이어에 의해 완성될 수 있다. Hogan은 이것이 단지 오늘날에서와 같이 EEA에서만 사실일 수 있다는 점을 제시했다. 삶의 비공식적인 측면(모닝커피와 같은)뿐 아니라 가장 공식적인

Hogan은 성격의 사회분석이론을 발전시켰다. 그에 의하면 '함께 함'과 '앞서감'은 오늘날 인간의 진화적 적응환경 안에서 사회적 삶을 영위하기 위한 주요한 두 가지 도전 과제이다(출처 : Robert Hogan, University of Tulsa).

측면(대통령 취임식과 같은), 가장 하찮은 사회적 상호작용(복도에서 낯선 사람을 스쳐 지나가는), 개인에게 가장 의미 있는 사건(프러포즈)과 같은 것들에서 이와 같은 것들이 드러난다. 무대 위의 배우와 같이 인간들은 역할을 감당해야 하고 주어진 대본을 따라 사회에서 '기능'해야 한다. 이를 통해 행동을 보고 따를 수 있는 청중들이 모여 한 사회를 이루게 되는 것이다. 주어진 사회에서 가장 성공적으로 삶을 살아낸 인간은 그들이 얼마나 알려져 있고 힘이 있는지와 무관하게 언제 혹은 어떻게 가장 효율적인 역할을 해내야 할지를 알아야만 한다. 또한 이 사회에 가장 적합한 사회적 의식에 동참해야 한다. 그들은 타인에게 긍정적인 인상을 남겨줄 수 있는 방식으로 행동할 수 있어야 한다. 이것은 하찮은 사회적 행동이 아니며 사람들이 진실하지 않다는 것을 드러내주는 것이 아니다. 대신 역할놀이와 인상을 조절하는 것은 무의식적, 중심적, 유전적 경향성에 따른 것이다. Hogan 등은 다음과 같이 기록하고 있다.

> 자기표현과 인상조절은 하찮은 파티의 게임이 아니다. 집단적인 삶을 살아내 왔던 동물들과 같이 우리의 역사에 뿌리를 두고 있는 기본과정이다. 그들은 예술가적, 역동적이며, 충동적인 경향성이 있으며 이것은 점차 생존과 번식의 기회를 옭아맨다(1985, p. 181).

더불어, 역할과 인상조절은 우리가 사회적 존재임을 스스로 인정하는 주요한 메커니즘이 된다. 삶의 먼 진화론적 목표는 자손을 번식하는 것이며 이를 통해 인간의 유전자는 다음 세대에 전수될 수 있다. 하지만 이 목표를 성취하기 위해 인간은 첫 번째로 공동체 안에 한 자리로 인식될 수 있는 사회적 정체성과 놀이의 한 공간을 찾아야만 한다. 이러한 정체성이 한번 발견되고 나면, 인간은 이 정체성을 유지하기 위해 역할놀이와 인상조절을 하는 데 힘을 쏟아야 한다.

Hogan은 인간의 자기규정적 행동을 위한 청중은 시간이 흐름에 따라 변화될 수 있다고 보았다. 아동기 때, 가족들은 (특히 부모) 매우 중요한 청중이 된다. 그들에게 우리 자신을 드러내는 방식은 우리의 **성격구조(character structure)**를 구성한다. 성인기가 되면 청중은 동료, 친구, 동년배, 더 큰 의미에서는 사회로까지 확장된다. 다수의 청중에게 우리 자신을 드러내는 특징은 우리의 **역할구조(role structure)**가 된다. 그러나 초기에 형성된 성격구조는 사라지지 않는다. 그 대신 Hogan이 말한 바와 같이 이는 사회적 상호작용의 무의식적 역할에 더 많이 의존하고 있다. 성인기의 정체성 갈등은 학생의 신분에서 직장인의 신분으로 변화하면서 무의식적 성격구조와 의식적 역할구조 사이의 불일치를 낳을 수 있다. 어린 시절의 자유분방하던 모습과는 대조적으로 엘리트 의식을 갖춘 역할구조를 따라 행동해야 하는 것에 편안함을 느끼기란 여간 어려운 일이 아님을 그는 지적한다.

요약하면, 진화는 EEA 안에서 인간이 그가 속한 집단의 삶에 적응할 수 있도록 이끌어 나간다. 당신은 수렵유목민족에서 자라나진 않았지만, 인간의 본성은 당신의 선조들이 살아내 온 수천 년의 역사를 품고 있다. 오늘날 EEA 안에서 집단 안에 속하고 누군가와 경쟁하는 행동은 사회생활에 있어 없어서는 안 될 요소가 되었다. 이 두 영역에서의 실패는 생존과 번식에 영향을 미칠 수 있다. EEA에서와 같이 우리는 먼저 어떻게 가족 안에 속하고 가족 안에서 경쟁하는지를 배워야 한다. 사회분석이론에 따르면, 이러한 초기 경험은 남은 삶의 성격발달과 표현에 영향을 미칠 수 있다. 가족을 넘어 친구, 더 넓은 사회공동체 또한 역할구조의 발달을 위한 훌륭한 실습장이 된다. 이를 통해 우리는 적어도 두 가지 레벨인 개인의 성격과 사회적 역할에서 사회적 삶을 파악할 수 있는 인간 본성을 형성하게 된다. 우리의 성격구조는 주어진 상황에서 한 가지를 말하는 반면, 우리의 역할구조는 또 다른 것을 요구할 것이다. 사회적 삶에서 가장 도전적인 수많은 딜레마는 우리가 진화 혹은 어제에 대해 말을 하든 하지 않든 사회가 지속되는 한 가족 안에서 동료와 집단에서 함께 하고, 경쟁하는 요소들은 지속될 것이다.

더 읽을거리 2.2

어떤 사람들은 다른 사람들보다 더 까다롭다 — 사회적 성

자연선택은 우리에게 날카로운 질문을 던진다. "우리는 어떻게 하면 후손에게 유전자 전달의 가능성을 최대화할 수 있을까?" 성적 번식의 생물학은 두 가지 답변을 알려준다—남자의 경우 최대한 많은 여자를 임신시키는 것이 최선이다. 그래야 최대한 많은 자식들이 스스로 번식할 때까지 살아남을 가능성이 커지기 때문이다. 여자의 경우 파트너를 조심스럽게 고르는 것이 좋다. 믿음직한 도움을 줘 특정 여성이 낳는 자식들이 자라 그들 스스로 번식할 가능성을 키울 수 있도록 지지해주는 짝을 찾는 것이 좋다. 이러한 자연선택의 배경은 여성과 남성에게 굉장히 다른 번식전략을 선택하게 만들고, 실제로 여성이 남성보다 더 까다롭기도 하다. 하지만 여성과 남성 모두에게 있어서 성적인 태도와 행동의 종류는 굉장히 다양한 편이다. 예를 들면 어떤 여성은 다른 여성보다 더 성적 파트너를 찾는 데 있어서 까다로운데 그 이유는 뭘까? 또한 왜 모든 남성은 자신이 만나는 모든 여성을 유혹하려 들지 않는 것일까?

Jeffry Simpson과 Steven Gangestad는 일련의 도발적인 논문을 통해 포괄적응과 인간 진화의 관점에서 봤을 때 '까다롭게 굴지 않는 것'이 특정 여성에게 더 유리하다고 주장했다. 비슷한 맥락으로, 어떤 남성은 성적인 관계에 있어서 다른 남성보다 더 까다로운 잣대를 들이댈 수 있다(Gangestad, 1989; Gangestad & Simpson, 1990; Gangestad, Simpson, DiGeronimo, & Biek, 1992; Simpson & Gangestad, 1991, 1992; Simpson, Gangestad, & Biek, 1993). 저자들은 **사회적 성**(sociosexuality)의 차이점을 진화의 관점에서 설명하려 시도했다. 다른 한편에서는 *제한적인* 사회적 성을 가진 개인들이 성관계를 갖기 전에 서로에 대한 믿음과 편안함을 먼저 찾길 바란다. 전형적인 까다로운 여성처럼, 제한적인 사회적 성을 가진 남성과 여성은 성적 관계를 갖기 전에 정서적 가까움을 먼저 찾는다. 이들은 성적 파트너가 몇 명 있지만 관계가 오래가는 편이다. 이와는 반대로, *무제한적인* 사회적 성을 가진 개인들이 위치한다. 그들은 정서적인 교감이

나 가까움 없이도 성관계를 갖는 데 거리낌이 없다. 전형적인 남성처럼, 무제한적인 사회적 성을 가진 남성과 여성은 많은 성적 파트너를 가지고 있으며 각 관계는 빠르게 끝나는 편이다.

개인들이 가진 사회적 성의 차이점을 알아보기 위해, 저자들은 응답자들(주로 대학생들)에게 지난 6개월 동안 가진 성관계 횟수, 인생에 있어 성관계 파트너 수, 작년의 파트너 수, 원하는 파트너 수, 앞으로 5년간 예상되는 파트너 수, '원 나잇'의 횟수, 성적 생각을 하는 빈도, 현재 파트너가 아닌 사람과 성관계를 하는 환상의 빈도를 묻는 설문을 실시했다(Simpson & Gangestad, 1991). 연구결과를 보면, 직선의 한쪽 끝인 무제한적 사회적 성을 가진 응답자들은 (1) 관계를 시작한 지 얼마 안 돼 성관계를 갖고, (2) 주어진 기간 중 한 사람 이상의 파트너와 관계를 갖고, (3) 특히 매력적이거나 사회적으로 인정받는 파트너를 선호하고, (4) 투자와 믿음, 사랑, 의존을 덜해도 괜찮은 관계를 선호하는 성향을 보였다(Simpson & Gangestad, 1991). 나아가 무제한적인 사회적 성을 가진 남성은 자기애적 성향을 보였고(Reise & Wright, 1996), 여성을 성별로 차별하는 경향도 있었다(Walker, Tokar, & Fischer, 2000).

Simpson과 Gangestad는 자연선택이 특정한 남성과 특정한 여성에게 제한적 사회적 성과 무제한적 사회적 성을 모두 선호하게 만들었다고 주장한다. 우세한 남성 몇에게는 무제한적 사회적 성이 유리할 수 있지만, 모든 남성이 그렇게 될 수 있는 건 아니다. 일단 여성의 숫자가 부족하다. 또한 다윈이 말한 것처럼 경쟁사회이기 때문에, 우세한 남성이 보통 가장 많은 여성을 만나고 그렇지 못한 남성은 선택권이 줄어들게 된다. 하지만 우세하지 않은 남성의 경쟁력은 장기적인 믿음과 관계에 투자하려는 의지 등으로 보완될 수 있다(Simpson, Gangestad, Christensen, & Leck, 1999). 따라서 "진화의 역사에서 파트너의 후손에 크게 투자한 남성들은 성적 배타성을 보여주는 장기적 파트너를 선호했어야 한다(Simpson & Gangestad, 1992, p. 34)." 제한된 사회적 성은 특정 남성들

(계속)

더 읽을거리 2.2 (계속)

에게는 관계에의 헌신을 중요시하는 여성들이 매력적으로 느끼도록 만들어줄 수 있다.

　　많은 여성에게 있어 제한된 사회적 성의 장점은 굉장히 명확하다. 까다로운 여성들은 가장 믿음직한 남성을 선택함으로써 본인의 포괄적응도를 높인다. 본인과 비슷하게 제한된 사회적 성을 가진 남성과 만날 수도 있다. 하지만 남성은 여성에게 관계적 투자 이외에 다른 것도 줄 수 있다. 남성은 '좋은 유전자'를 줄 수 있다. 여성에게 있어서, 비교적 무제한적인 사회적 성은 그들로 하여금 가장 매력적이고 가장 우세한 남성과 만날 수 있는 기회를 제공한다는 이점이 있다. 매력적인 남성 중 몇몇은 장기적으로 좋은 파트너가 아닐지는 몰라도 유전적으로 봤을 때 우세함을 전해준다는 장점은 가지고 있다. 만약 유전적인 목표가 개인의 유전자를 후손에게 전달하는 것이라면, 매력적이고 우세한 남성과 만나는 무제한적인 사회적 성을 가진 여성들은 본인의 자식들에게서도 이러한 매력과 우세함을 찾아볼 수 있게 된다. 자식들이 성인이 될 때까지 살아남으면, 그들 스스로가 다시 번식시장에서 우위를 점하게 된다. 이는 특히 남성에게 크게 나타나는데, Simpson과 Gangestad는 이를 '섹시한 아들(Sexy Son)'이라고 불렀다. 여성의 아들이 특히 매력적이고 우세하게 자란다면 그는 많은 다른 여성들과 관계를 가질 수 있고, 따라서 본인 (그리고 어머니의) 유전자를 다음 세대로 전달할 수 있게 된다.

　　만약 이 논지가 맞는다면, 무제한적인 사회적 성을 가진 여성들은 본인의 유전적 적응도를 아들을 생산하는 데 집중해야 한다. 그

래야 '섹시한 아들'이 태어나고 가장 매력적인 후손이 생기기 때문이다. *따라서 자연선택이, 무제한적 사회적 성을 가진 여성은 제한적 사회적 성을 가진 여성보다 더 아들을 많이 낳도록 조율했을 거라는 가설이 생겨난다.* Simpson과 Gangestad는 이 가설을 보완하는 굉장히 제한적이지만 놀라운 근거를 들었다. 1940년과 1950년대 Alfred Kinsey가 취합한 미국인의 성적 태도와 행동 데이터를 인용한 것이다(Gangestad, 1989; Gangestad & Simpson, 1990). 저자들은 결혼 전 성적 파트너의 숫자를 통해 여성의 사회적 성을 대략적으로 파악한 뒤, 결혼 전 성적 파트너의 숫자와 결혼 후 아들을 낳는 경우의 수 간에 굉장히 작지만 분석적으로 유의미한 상관관계가 있음을 증명했다. 사회적 성의 상위 5% 안에 든 (결혼 전 성적 파트너의 수가 가장 많은) 여성들 중 60%가 아들을 낳았고, 하위에 있었던 여성들은 50%가 아들을 낳았다.

　　저자들은 다음과 같은 결론을 내렸다. "우리 진화적 역사를 생각해보면 무제한적인, 그리고 제한적인 사회적 성을 가진 여성들 모두 독자생존의 가능성을 가지고 있다. 제한적 전략은 부모의 투자를 높여주고, 무제한적 전략은 살아남는 남성 후손의 번식능력을 키워준다(Gangestad & Simpson, 1990, p. 81)." 이들의 연구는 인간 본성은 번식전략에 있어서 진화적인 기반을 가진 개인적 차이를 인정함을 보여준다. 이러한 차이점은 우세함, 양육성, 믿음직함 등 특정 성격특성과 연결될 수 있으며, 이는 특정한 환경적 상황과 특정한 압력 아래에서 특히 적응적으로 작용할 수 있다.

상처주기, 치유하기, 사랑하기 : 인간 본성의 세 가지 요소

인간 본성에 대해서 생각할 때마다 신문이나 인터넷 사이트를 통해 알 수 있었던 내용을 떠올릴 수 있다. 헤드라인이 전쟁이나 살인사건에 관한 것일 때 인간 본성은 악하다는 생각을 하게 된다. 우리는 결국 우리 모두를 죽이게 될까? 아니면 내부의 공격적 힘이 인간의 이성과 선함을 이기게 될까? 하지만 미래 없이 어둡게만 보일 때 놀랄 만하고 감동적인 이야기를 들을 수 있다. 의사가 인생을 포기하고 아프리카의 한 마을에서 에이즈를 치료하기 위해 전념하고, 어머니가 자신의 아이를 살리기 위해 희생한다. 서로를 상처주고 치유하고 사랑하는 이 세 가지는 현대사회에서 가장 중요한 것이기도 하지만 EEA 시대에도 마찬가지였다. 이러한 이야기들은 인간 본성의 서로 다른 측면을 하나하나 이야기해주고 있는데 성격심리학에서 중요한 부분이다—첫 번째 인간의 공격성, 두 번째 이타주의, 세 번째 애착. 진화론적 관점에서 보았을 때 이들은 어떤 의미가 있을까?

공격성

우리에게 알려신 고대 그리스 시대 가장 오래된 전쟁 이야기에 관한 것이다. 기원전 8C부터 호메로스는 아킬레스의 분노에 관한 서사시 일리아드를 지었다.

격노의 여신인 펠레우스의 아들 아킬레스의 격노로,

살인적이고, 파멸적인, 아카이아의 수많은 상실,

죽음의 저택으로의 패대기쳐진 수많은 굳어진 영혼들,

위대한 전사의 영혼, 그러나 그들의 몸은 섞여,

개와 새들의 고기가 될진대,

제우스의 염원은 그들의 종말이었다.

이 둘이 처음 충돌했을 때,

인간의 아가멤논 신과 영특한 아킬레스.

신이 그들에게 이러한 분노로 싸우게 한 것을 보라!

(Fagles, 1990, p. 77)

여기서 궁금한 것은 트로이 전쟁에서 어떤 것들이 그들로 하여금 이렇게 큰 분노를 가지고 전쟁에 참여하게 했나 하는 것이다. 그는 결국 신이 그랬다고 결론을 내렸다. 오늘날 관점에서 생각해 보면 어떤 사람이 전쟁에 참여하게 되기까지는 엄청난 수난이나 고난, 부족함 같은 개인적인 이유가 있을 거라고 생각된다. 그리고 이런 개인적인 요소에 덧붙여 이 시대에서부터 시작된 잔인한 공격성이라는 적응적 개념, 즉 인간 진화에서부터 시작되는 것도 고려할 수 있다. 일반적으로 역사상 모든 문화권에서 전쟁은 항상 존재했고, 또한 이 시대에서도 한 집단이 다른 집단을 모두 몰살하는 행위는 흔한 행위라는 것을 감안하면 모든 인간들 특히 남성이 본능에 의해 이러한 행동을 결정했다는 결론을 내릴 수 있다. 그렇다고 해서 전쟁 자체가 좋거나 피할 수 없는 것이 아니라 전쟁에 참여하는 인간의 심리를 고려했을 때 인간들은 본능적으로 이끌리게 되고 이렇게 행동하면 서로 죽이는 결과를 낳게 된다는 것을 알 수 있다. 진화이론으로 보았을 때 E. O. Wilson(1978)은 특징적으로 모든 집단에서 관찰할 수 있던 금지된 사항을 어기는 것으로 전쟁이 발발했다고 생각한다. 이런 지역할거주의를 중요시 여기는 인간 본성 중 하나는 영토를 공유하는 사람들과의 유대감 — 보통 친족이나 이데올로기를 공유하는 사람들 — 을 설명할 수 있다. 근본적으로 전쟁을 일으키게 하는 것은 자민족 중심주의라고 할 수 있는데 이것은 자신이 속한 집단만이 중요하다는 믿음이다. 전쟁을 함으로써 국가나 부족들, 사회적 집단들은 지리적, 문화적, 이데올로기적 영역을 넓히기 위해 노력하게 되는 것이다.

인간이 할 수 있는 가장 공격적인 행동, 치명적인 행동은 전쟁이다. 당신이 살면서 읽었던 것과 TV를 통해서 보았던 모든 인간 행동의 잔혹성과 폭력성은 공격성을 나타내는 것이다. 내가 이 책을 쓰는 지금도 미국은 이란-아프간 간의 전쟁에 참여하고 있다. 그런 전쟁을 통해서 하루에도 수많은 사상자와 희생자들이 생겨난다. 불과 이틀 선에 사살 테러범들이 바그다드 시내에 테러를 해서 종교행사 중이던 시아파 120여 명이 사망했다. 두 번째 폭파범은 첫 번째 폭발 후 사상자를 구조하러 들어갔던 사람들을 노렸다고 한다. E. O. Wilson(1978)은 인간은 본능적으로 **어느 정도 공격적**이라고 했는데, 그런 표현은 적합하지 않다고 본다. 인간 게놈의 간접적으로 포함된 우리의 폭력성에 대한 특징은 오랫동안 인간이 진화하며 적응해온 부분인데 이렇게 함으로써 우리는 오랫동안 생존확률을 높이고 번식할 기회를 가져왔다. 하지만 Wilson에 의하면 인간의 공격성은 변화요소가 많기 때문에 사회가 제공할 수 있는 기회와 특징에 의해 많은 영향을 받는다.

동물들을 대상으로 생각해보면 종족 간의 공격적 행동은 상징적인 것이고 진짜로 공격하는 것이 아니라 공격하는 척 위협만 한다는 뜻인데, 실제로 싸움이 일어나면 싸움에 참가하는 동물들은 본능적으로 죽음이나 심각한 부상 직전에 싸움을 멈추려는 경향이 있다. 예를 들어 개들이 싸울 경우 지고 있는 개들이 이기고 있는 개를 향해 목을 노출하거나 뒤로 돌아서서 자신의 밑을 노출하는 것으로 지고 있다는 것을 일부러 보여주는 습성이 있다(Lorenz, 1969). 이렇게 해서 유화하고 양보하려는 제스처를 취하면 승리한 쪽이 확실해진다. 몇몇 사람들은 이런 관습적 싸움과 실제로 싸우지 않고 싸우는 척만 하는 행동들이 특정 동물집단 사이에서 수직적 관계를 만들어낸다고 본다. 이렇게 되면 수직적 관계 정립 이후 한정된 자원을 그 집단에서는 유용하게 사용하게 된다(Wynne-Edwards, 1963/1978). 이런 식으로 동물집단 안에서 주도적 세력과 종속적 세력이 정해지면 본능적인 관습적 행위는 실제로 일어나는 종족 간 싸움을 완화시키게 된다.

이런 식으로 보았을 때 동물집단 안에서 해가 되지 않는 공격성이 도움이 되는 것 같지만 하이에나, 원숭이, 사자를 연구한 결과를 보면 종족 간의 싸움이 더 잔인해질 수 있다는 것을 보여주기도 한다. 인간이 아닌 동물에게 치명적인 싸움이나 서로 잡아먹는 행위 그리고 집단 간의 싸움은 항상 발견할 수 있다. 찾아볼 수 있는 잔인한 예는 유아살해로 인디안 원숭이 하누만 랑구르에서 찾아볼 수 있는데(Konner, 1983), 이 원숭이 집단은 대부분 암컷과 관련된 몇몇 수컷으로 관련되어 있는데 이런 집단에 새로운 수컷이 등장해서 기존 수컷을 몰아내고 자리를 차지하기도 한다. 그렇게 새로 자리 잡은 수컷은 6개월 이하 어린 원숭이를 다 죽이고 새롭게 임신을 시킨다. 이런 잔인성은 포괄적응도의 개념으로 설명가능하다. 예전에 있던 다른 수컷의 아이를 죽여 자신과 경쟁하는 유전자를 없애고 자신들의 유전자를 널리 퍼트리는 기회를 갖는다. 인간 사회에서 유아살해 예가 전혀 없는 것은 아니지만(Bakan, 1971 참조) 인디안 원숭이 같은 잔인함을 찾기는 힘들다. 그럼에도 불구하고 입에 담지도 못할 인간의 폭력성도 존재함을 알 수 있다. Konner(1983)는 베네수엘라의 야노마모족, 미국 평원인디언, 남아프리카의 줄루족, 독일의 제3제국을 대상으로 조사한 경우에서 인간의 특성이 본능적으로 얼마나 잔인한지를 보여주고 있다. 그는 또한 가장 덜 잔인한 사회를 대상으로 조사하기도 했는데, 말레이시아의 세마이족에 대한 연구에서 그 부족은 평화주의적 집단이라고 소개하고 있다. Dentan(1968)은 1950년 전 세마이족은 전쟁이나 살인 그리고 폭력성에 대해 전혀 아무것도 모르고 있었다고 주장한다. 모든 폭력성의 어떤 근거도 찾아볼 수 없었다는 것이다. 하지만 1950년대 초기 영국 군대가 세마이족에서 군인을 모집해 그 지역에서 일어난 공산주의자를 잡기 시작하면서 그 체제가 변화되기 시작한다. 평화를 좋아했던 세마이족은 많은 돈과 좋은 옷에 끌려 군대에 지원했고 생각보다 싸움을 잘한다는 사실을 발견하게 된다.

인간의 공격성은 인간 사이의 폭력에서부터 스포츠에 이르기까지 다양한 범위의 행동을 포함할 수 있다. 전쟁에 있어 공격성은 다양한 정치적, 경제적, 이상적 목표를 성취하기 위해 조직된다(출처 : Corbis Digital Stock).

세마이족을 아는 대다수 사람들은 그들이 좋은 병사가 될 수 없을 거라 생각했다. 하지만 그 생각은 틀렸다. 공산주의 군대가 세마이족으로 구성된 군인들을 멸하자, 그들은 본래 평온하던 삶에서 피를 마시는 것과 같은 일종의 미친 듯한 감정에 휩싸여 싸움을 시작하게 된다. 사람들을 죽이고 주머니를 뒤져 돈을 꺼내고 시계를 가져가는 모습을 보이고, 죽이는 것만을 목표로 삼았고 피의 선택이라는 표현을 썼다. 어떤 사람은 자신이 죽인 자의 피를 마셨다고 실제로 말하기도 했다(Konner, 1983, p. 205).

한 가지 예로 보편화시키기는 어렵지만, 세마이족의 경우를 살펴보면 인간의 본성을 다각도에서 볼 수 있다는 것을 알 수 있다. 인간의 본성이 본능적으로 악하다고 생각하는 사람들은 세마이족의 경우 환경을 통해 변했다기보다는 결국 본능일 가능성이 더 크다는 주장이다. 세마이족의 사람들처럼 태어날 때부터 평화적으로 자라난 사람들마저 전쟁에 참가하게 되니까 놀랄 만큼 잔인한 행동을 보였다. 하지만 반면에 인간 본성이 기본적으로 선하다고 생각하는 사람들은 갑자기 그들에게 주어진 외부 상황으로 인해 어쩔 수 없이 그랬다고 본다. 세마이족의 사람들은 전쟁이 끝나고 다시 평화로운 상태로 돌아갔는데 이것을 보면 공격성을 조절하는 문화의 힘을 이해할 수도 있다. 하지만 그렇다고 해도 평화로운 곳에서 양육된 사람들이 어떻게 갑자기 한순간에 잔인한 군인들이 될 수 있었는지 놀라울 뿐이다.

우리가 인간을 어떻게 보는지에 관련 없이 한 가지 경험적인 사실은 일반적으로 여성보다는 남성이 더 공격적이라는 사실이다. 최근 미국이나 이스라엘의 여군이나, 예전에 잔 다르크를 제외하면 항상 여자가 아닌 남자가 전쟁에 참여하고 남자가 남자를 죽이는 것이 전쟁이라고 이해되어 왔다. 꼭 전쟁이 아니라고 해도 살인을 비롯한 심각한 범죄는 일반적으로 여자보다는 남자가 더 많다. 이 사실은 연구된 모든 문화권에서 동일하게 일어나는 현상이다. 1965년에서 85년까지 시카고에서 일어난 살인 사건 86%가 남성 범죄자였고(Daly & Wilson, 1988), 또한 피해자 중 80%도 남자였다. 또한 육체적으로 공격적인 싸움, 몸싸움을 포함한다 하더라도 여성보다는 남성이 훨씬 높은 범죄확률을 갖고 있다. 이러한 공격적인 행동에 있어 성차는 유아기 때부터 보인다.

그렇다면 남성이 왜 더 공격적인 것일까? 많은 설명들이 있었다. 남성은 여성보다 더 육체적으로 강하기 때문에 힘을 더 발휘할 수 있다. 따라서 일반적으로 부모들도 여자애보다 남자애가 공격적인 행동을 했을 때 용서하는 경향이 있다. 또한 사회적으로 보아도 사회가 남성으로 하여금 더 공격적이 될 수 있도록 격려하고 여성은 공격적인 행동을 하지 않도록 유도하는 분위기다. 또한 이론적인 측면에서 보면 인간의 남성들이 더 공격적인 것은 **경쟁심** 때문이라고도 본다(Trivers, 1972). 인간을 포함한 많은 동물들은 수컷이 암컷을 향한 다른 수컷들과 경쟁을 하게 된다. 여성이 보통 남성들보다 성관계에 있어 신중하고 판단이 오래 걸리는 경우가 많기 때문에 남성들은 남성 모두에게 짝짓기 기회가 있지 않다는 것을 알게 된다. 따라서 여성 싹을 만나기 위한 성생에서 공격적으로 변하는 것이다. 이러한 동물 종들에 있어 어떻게 보면 짝을 선택하기 위해 어쩔 수 없이 공격성과 잔인함을 선택할 수밖에 없다. 짝짓기 확률을 파이에 비교하면, 어떤 종의 동물에서는 가장 공격적인 수컷이 많은 파이를 차지하게 된다. 예를 들면 북부 캘리포니아 코끼리들의 수컷 5%가 후손의 85%를 차지한다고 한다(Le Boeuf & Reiter, 1988). 동물의 종류가 본능적으로 더 공격적이긴 하지만 암컷 대비 수컷의 크기가 4배나 더 크고, 진화를 통해 짝짓기를 위해 수컷이 더 몸집이 커지고 힘이 세진 것이다. 인간을 대상으로 보면 여성보다 남성이 12% 더 몸집이 크다고 한다.

남성이 보여주는 다양한 공격성을 성별 간 대치구조에서만 찾아보기는 힘들다. 전쟁에서부터 축구에 이르기까지 육체적인 공격적 행동이 궁극적으로 여성을 위해서(여성을 성적으로 차지하기 위해)라고 볼 수 있을까? 지금으로서는 충분한 근거로 볼 수 없다. 하지만 많은 할리우드 영화나 유명 이야기들이 남성의 폭력성과 여성의 성, 욕망과 전쟁들을 주제로 한다는 것은 한번 생각해볼 만하다. 헬레네가 유괴되면서부터 트로이 전쟁이 시작되었고(호메로스) 그 후 역사를 통해 볼 수 있듯이 전쟁에서 승리한 사람들은 자신들이 죽인 자들의 딸이나 아내를 취하는 것을 영광으로 생각했다. 또한 나아가서 일반적으로 잘생기고 열정적이며 공격적인 사람을 섹스 심벌로 생각한다. 영화 **트로이**와 **파이트 클럽**의 브래드 피트를 생각해보자. 가장 성적으로 매력 있다고 생각되는 남성들이 남성 공격적인 행동에서 이긴 승자였다는 것은 주목할 만하다.

이타주의

2007년 1월 3일, 뉴욕에 살던 캐머런 홀로피터라는 학생이 갑자기 발작을 일으키고 지하철역에서 쓰러졌다. 그것을 보고 50살의 웨슬리 오트리라는 노동자가 4살, 6살 난 딸을 두고 떨어진 사람의 생명을 구하러 뛰어들었다. 떨어진 사람이 계속 발작을 하고 있었고 너무 무거워 힘들었다. 열차가 들어오려는 순간 겨우 끌어내 선로 바로 밑으로 옮겼다. 그러고 나서 그는 학생의 몸으로 올라타서 발작하는 몸을 움직이지 않게 하려고 했다. 그때 5cm 정도의 차를 두고 아슬아슬하게 열차가 지나갔다. 웨슬리는 나중에 기자들에게 모자에 남은 열차 지나간 흔적을 보여주기도 했다.

이것은 직접 목격한 사람들에게 감동을 주는 순간이었다. 이 사실이 신문에 보도되고 인터넷에 알려지자 수백 명의 사람들이 한 학생을 구한 영웅적 행동을 칭송했다. 감사의 인사, 격려금, 그리고 많은 인터뷰가 전 세계적으로 요청되었다. 그 학생이 재학 중인 영화학교에서는 그의 어린 딸들이 성장하면 장학금을 지급하겠다는 약속까지 했다. 웨슬리는 데이비드 레터맨 쇼에 나가서 자신의 노력이 별거 아니라고 강조했다. 그냥 옳은 일을 했을 뿐이라고. 영웅이 되려고 한 행동이 아니라 그냥 거기 있었기에 사람을 돕기 위해 행동했을 뿐이라고 했지만 다른 사람들은 다르게 보았다. 그 발작을 일으킨 학생의 영화학교의 감독은 "모든 사람들이 이러한 영웅적이고 이타주의적인 행동에 감동받았고, 세상에 존재하는 악에 희망을 준다"고 말하기도 했다(Hampson, 2007, p. 1).

만약에 자연선택이론에 따라 인간 본성이 악하다고 하면 이러한 행동은 어떻게 이해할 수 있을까? 동정심과 조건 없는 이타주의적 행동을 보이고 자신의 목숨을 내놓고 다른 사람을 살리는 행동은 어떻게 설명될까? 한 가지 가능한 대답은 인간의 공격성과 이타주의라는 것은 같은 진화에 있는 동전의 양면일 뿐이라는 것이다. 두 가지 모두 EEA 시대부터 있었던 인간 삶에 존재했던 구조 —**사회적 동물이라는 것**—에서 시작된다. 사회적 삶을 산다는 것은 경쟁도 중요하지만 공생하는 것도 중요하다. 모든 동물의 집단과 마찬가지로 인간 사회 또한 수직적 구조를 가지고 있다(DeWaal, 1996). 가장 강한 사람들이 높은 지위를 위해 노력하고, 특정한 조건을 갖추고 권력을 차지한 사람들은 자신에 비해 덜 공격적이고 힘없는 사람들에게 통치권을 행사한다. DeWaal(1996)에 의하면, 다른 사람들(동물 포함)을 지배하려는 것은 성적 욕구, 모성애, 생존본능과 같이 모든 종에 시대에 관계없이 나타나는 보편적인 욕망이다(p. 98). 공격성이라는 것은 특히 남성에게 사회적 위치를 차지하기 위한 도구이다. 하지만 이러한 수직적인 사회는 포용하고 나누고 사회적 지지를 할 수 있는 것에 필요한 안정성과 순서를 제공하기도 한다. DeWaal은 또한 서열과 권위를 향한 존경 없이는 사회적 규칙이 있을 수 없다고 했다(p. 92). 비록 경쟁심에 뿌리를 두고 있기는 하지만 수직적 구조라는 것은 결과적으로 사회적 통합을 위한 길이라는 것이다(p 123).

　　인간은 EEA 시대에 사회적 삶에 필요했기 때문에 공격적인 동시에 이타적인 행동도 보였다(DeWaal, 1996; McAndrew, 2002; E. O. Wilson, 1978). 사회적 삶이란 이 두 가지를 빼고 설명할 수 없다. 서로 경쟁하고 공격하는 개인들이 구성하는 사회에 있어서 이타적인 행동을 하는 것은 모든 공동체적인 인간 행동이 보여주는 사회적 안정성과 구조를 만드는 데 일조한다. 당연히 지나친 공격성은 사회를 해체시킬 수 있기에 특정한 자연적인 방법이 생겨야 하고 문화적 관습이 만들어져 반사회적 공격성을 조절할 수 있는 행동들이 만들어져야 한다. Wright(1994)는 우리가 다른 동물들보다 더 사회적인 동물이기 때문에 윤리적인 동물로 진화했다고 한다. DeWaal(1996, p. 10)은 보편적으로 인간 사회라는 것은 윤리적 사회이고 윤리적 존재라는 것은 완벽히 홀로 고독한 존재가 불가능하기 때문에 윤리적으로 중립적 존재도 힘들다고 주장하고 있다.

　　인간의 도덕성의 근원은 플라이스토세에 있었던 사회적 삶의 세 가지 조건에서 설명될 수 있다(DeWaal, 1996). 첫 번째 조건은 **집단의 가치**이다. 인간 개개인은 자신이 속한 집단에 의지해서 보호받았다. 두 번째는 **상호적인 도움**이다. 개인들은 사회적인 행동에 참여하면서 서로 도움을 주었고 상호적 교환을 했다. 세 번째는 **내부적인 갈등**이다. 개개인들은 서로 다른 것에 관심을 갖고 타인들과 경쟁해서 사회적 지위를 찾기 위해 노력했다. 이러한 세 가지 조건을 볼 때, DeWaal(1996)에 의하면 집단 내에서의 갈등은 개인 그리고 공동체적 요소를 적절히 배치함으로써 두 관점으로 해결될 수 있다. 우선 **개인적 관점**으로 보면 개개인은 일대일로 상호작용을 하게 된다. 고차원적인 **사회적 관점**은 공동체적 목표가 중시되는데 개인 간 좋은 관계가 서로 다툼이 있을 때 중재하는 행위(서로 평화적으로 중립적 위치에서), 그룹 내에서 이타적으로 장려하는 행위, 전체적인 사회적 환경의 질을 높여주는 행위들이 많아지도록 장려하는 것을 포함한다.

　　인간 본성의 어떤 면이 인간으로 하여금 사회적 집단에 살고 또한 사회적 도덕성을 만들어내게 했을까? DeWaal(1996)은 표 2.2에서 볼 수 있듯이 인간은 생물학적으로 공감하고 서로 상호작용하고 규칙을 만들고 또한 평화를 사랑하는 경향이 있다고 주장한다. 많은 동물들이 그렇듯이 인간 또한 다른 인간과 교류하고 감정적 교감을 나누는 특징이 있다. 이것에다 다른 사람의 주관적 경험을 우리가 대신 경험할 수 있는 인지적 능력도 타고났다. 이러한 능력 때문에 이타적 행동도 할 수 있는 것이다(Hoffman, 1981). DeWaal에 의하면 서로 주고 교류하고 또 복수하는 이런 것들이 보편적으로 익숙한 이유는 인간들이 사회적 삶에 있어 공평함이란 이슈에 특별히 민감하기 때문이다. 따라서 공평함이란 기준이 깨진 경우 기본적으로 공격적 행동을 하려는 경향이 나타난다. 또한 나아가서 인간을 비롯한 영장류는 집단의 평화를 깰 수 있는 행동을 최소한으로 줄이기 위한 원칙을 갖고 행동하려 한다. 사회적 동물이기 때문에 자신들이 사회적으로 자신의 유전자를 다음 세대에 보낼 행동을 하는데 그것이 바로 집단의 안전성을 위협하지 않는 행동을 한다는 것을 의미한다.

　　생물학적으로 연결된 동물들은 유전자를 공유하는 경우가 많기 때문에 자신들의 **친족**에게 도움이 되는 행동을 하려는 경향이 모든 동물에게 있다. **혈연선택**(kin selection), 친족들을 선택하는 행위를 통해서 부모들은 자신들의 아이들에게 이익이 되는 행동을 최대화하고 자신들의 유전자를 후세에 전달하기 위해 노력한다. 또한 형제자매는 서로를 도와줄 수밖에 없는 경향을 타고나게 된다. 비슷한 유전자를 갖고 있는 형제자매를 돕는 것은 곧 자신의 유전자를 후손에 전달할 수 있는 가능성을 높이는 행동으로 직결된다. 보편적으로 혈연으로 이루어진 관계가 깊을수록 이타적인 행동을 할 가능성이 높아진다(Barrett, Dunbar, & Lycett, 2002). 그렇기 때문에 사촌이나 삼촌, 이모보다는 우리와 직접적 관련이 있는 우리 자식들이나 형제자매들을 더 많이 생각하고 도와주려는 경향이 강하다. 친족들을 선택하는 과정에서 이타적이라는 것은 다음의 세 가지 조건하에서 많이 일어난다. 첫 번째 조건은 더 먼 친척보다는 가까운 친척, 두 번째는 서로 가까운 곳에 살면서 친척이라는 것을 확실히 알 수 있는 경우, 친척과 친척이 아닌 관계가 명확한 경우이다. 만약에 어떤 동물들이 생물학적으로 서로 연결되지 않은 경우라도 서로 도와주는 행위가 상호 간 이익이 된다면 그렇게 할 수 있다(Trivers, 1971). 따라서 특정한 종의 개개인은 서로 다른 개인들과 본능적으로 계약을 하게 된다. 그렇게 해서 서로 돕는 것이 좋다고 생각되면 그렇게 한다. 예를 들면 서로 간의 상호적인 도움에 기초한 집단을 이루는 것으로 잘 알려진 침팬지들은 다른 동물들과 음식을 나눈다(Wilson, 1978). 이러한 **상호적 이타주의**(reciprocal altruism)라는 것은 세 가지 조건에서 잘 이루어진다. 우선 도와주는 사람에게 별로 위험이 없을 경우 그리고 받는 사람이 더 많은 이익을 얻을 수 있을 때 그리고 이러한 관계가 미래에는 서로 바뀔 수 있을 때이다. 따라서 진화론적 입장에서 보면 이타적 행동이라는 것은 두 가지 조건에서 잘 나타난다. 서로 더 이어져 있는 친척들인 경우, 상호적 이타주의 (서로 도움이 되는) 경우이다. E. O. Wilson(1978)에 의하면 이러한 두 가지 중 상호적 이타주의가 인간에게 더 잘 나타난다고 한다. 서로 관련이 없어도 강력한 감정적 유대감

표 2.2	인간의 도덕성과 이타주의의 근원

동정과 관련된 경향
> 인간들 사이의 감정적 유대
> 불구가 된 사람들에 대해 갖는 학습된 적응과 특별한 치료
> 인지적 동정 : 다른 각도에서 세계를 이해하는 능력

기준과 관련된 특징
> 사회적 규칙을 발달시키는 경향
> 규칙의 내재화와 보상과 처벌의 예상

상호호혜성
> 기부, 거래, 보복의 개념
> 상호적 규칙의 위반자에게 가해지는 도덕적 공격

함께 나아감
> 평화를 추구하고 갈등을 회피함
> 협상을 통해 갈등의 요소들을 유화시킴
> 좋은 관계를 유지하기 위한 열망과 공동체적 관심

출처 : *Good Natured: The Origins of Right and Wrong in Humans and Other Animals*, by F. deWaal, 1996, Cambridge, MA: Harvard University Press.

인간은 높은 공격성을 갖고 있지만 그들은 협동, 조력, 이타주의를 실현해낼 수 있다. 여기서 파키스탄 믿음의 공동체는 2007년 7월 희생자 집단에게 음식을 나눠주었다(출처 : Asif Hassan/AFP/Getty Images).

을 형성할 수 있기 때문이다. Wilson에 의하면 인간들은 서로 도와주는 경우에 많은 이유를 가지고 행동을 하지만 가장 기본적인 동기는 도움을 베풀면 그 사람이 언젠가는 자신을 도와줄 거라는 기대감이다. 이러한 기대감 때문에 우리가 원하는 것을 포기하면서까지 다른 사람을 도와주는 것이다.

사회적 동물들에 나타나는 이타주의는 다양한 형태를 보인다. 예를 들면 다른 사람을 도와주는 것으로 어떤 사람은 사회적 명성을 높일 수 있다. Hardy와 Van Vugt(2006)는 고등학생과 대학생을 대상으로 이타주의와 사회적 지위와의 관계를 알아보는 실험을 했는데, 자신들의 이타주의적 행동이 다른 사람들에게 알려졌을 때 더 그러한 행동을 많이 하려고 했다. 가장 이타적 행동을 한 학생들은 집단 내 지위가 높았고 가장 선호하는 파트너로 뽑히는 경우가 많았다. 또한 이타주의적 행위를 하는 데 필요한 희생이 커질수록 지위로 돌아오는 보상이 컸다고 한다. 서로 도와주는 행위가 높은 가치가 있다고 평가하는 집단에 있어서 상호적 이타주의는 또한 좋은 일을 하려는 사람들 간의 경쟁을 부추긴다. 이것은 야구코치 Leo Durocher의 말을 인용해서 말하자면 "좋은 사람들이 더 **일찍** 끝낸다." 결국 좋은 일을 하는 사람들이 자신들에게도 좋은 결과를 가지고 보상을 받는다는 것이다(p. 1402).

애착

보편적으로 알려진 사실은 인간의 아이들은 보살펴주는 사람(어머니)에게 사랑을 느낀다는 것이다. 인간 문화권에서 아기들은 첫돌이 되기 전까지 보살펴주는 사람에게 애착을 느끼게 된다. 여기서 찾아볼 수 있는 흔치 않은 예외적 경우는 심각한 뇌손상을 겪는다든지 장애가 있는 아동, 자폐를 앓는 아동의 경우이다. 생후 1년 사이에 자신을 돌보는 사람들과 애착을 느낀다는 것은 두 눈을 갖고 태어난다든지, 직립보행을 한다든지, 언어를 사용한다든지 아니면 사춘기를 지나면서 성경험을 갖고 싶어 한다든지 하는 인간의 본능과 연결될 수 있을 만큼 기본적인 특징이다. 인간이 시각을 가지고 태어나고 곧은 자세로 생활하고 언어를 사용하고 성적인 욕구가 있는 것처럼 아이들이 부모에게 느끼는 사랑이나 애착의 감정은 예전부터 내려온 감정이고 우리가 집단으로 생활하고 밀렵생활을 하던 원시 적부터 지금까지 적응개념을 이해시킨 일부이다. 그렇다면 이러한 애착이 어떻게 발전하고 어떤 문세점을 해결해줄까?

이것에 답할 수 있는 현대의 심리이론 중 하나는 애착이론이다. Bowlby는 *Attachment and Loss*(1969, 1973, 1980)와 *A Secure Base*(1988)에서 인간 생활에서 애착이 어떻게 작용하는지 설명하고 있다. Bowlby의 이론을 보면 자연선택이론을 통해 인간의 사랑이 어떤 개념인지를 알 수 있고 또한 인간 진화의 오랜 시간을 걸쳐서 어떻게 사람들이 애착을 발전시켜 왔는지 볼 수 있다. Ainsworth는 여기서 더 나아가서 애착의 경험에 있어서 어떻게 그런 경험을 평가하고 이해할 수 있는지 그리고 인간 간의 차이점 즉 어떻게 다르게 받아들이는지 연구했다. 초기 아동과 부모 관계가 장기적으로 보았을 때 성격에 어떤 영향을 주는지 연구했다(Ainsworth, 1967, 1969, 1989; Ainsworth, Blehar, Waters, & Wall, 1978; Ainsworth & Bowlby, 1991). 최근에 와서는 애착이론이 유아기 아동기에 대한 발달이론과 관련이 있음을 보여주고 있다. 우리가 제8장에서 볼 내용인데, 성인들 간에서도 어떻게 애착현상이 일어나는지 볼 수 있다(Mikulincer & Shaver, 2007).

우리가 우리의 자식들을 보고 사랑의 감정을 느끼는 것은 인간이 가진 가장 본능적이고 자연스런 감정 중 하나이다. 갓 태어난 아이와 아버지나 어머니 그리고 아이를 양육하는 사람들 간에 생기는 **애착**(attachment)은 생후 첫해에 일어난다. 그리고 이것은 세분화되는 단계로 구분할 수 있다. 첫 단계는 갓 태어난 아기의 흐릿한 사회적 반응으로 나타나고 2~7개월 후에는 미소를 짓는다든지 다른 사람을 향한 애착행동이 나타난다. 그리고 자기가 선택하는 몇몇에게만 제한된 애착행동을 보인다. 문화권 간에 차이는 있을 수 있으나 일반적으로 알려진 인간 사회 모든 곳에서 부모 자식 간의 애착관계가 비슷하게 나타난다(Bowlby, 1969; Konner, 1983). 이것이 자연스레 받아들여지는 이유는 인간 본성 중 하나이기 때문이다.

행동 면에서 생각해보면 애착이란 다른 사람과의 가까운 거리를 찾고 그것을 유지하려는 행동이다. 아이와 부모는 서로 육체적인 가까운 거리에 있으려 하고 육체적인 접촉을 하려고 한다. 생태학자들은 인간이 아닌 영장류에서도 비슷한 애착행동을 관찰해 왔다. 이런 행동패턴은 본능적인 욕구에서 나온다고 할 수 있다. 예를 들어 갓 태어난 레서스원숭이는 계속해서 어미와 접촉을 하고 있다. 낮엔 손을 잡고 있거나 발 혹은 입을 맞대고 있다. 밤엔 안겨 있는 모습이다. 시간이 지나면서 조금씩 이 원숭이들은 어미에게서 떨어지게 되고 조금 떨어져 있다가 다시 어미에게 돌아가서 확인하는 습성을 보인다. 생후 1년간 이 원숭이들은 어미를 기본적인 안식처로 삼고 불안하거나 두려울 때 안정감을 느끼기 위해 어미에게 찾아가는 모습을 볼 수 있다.

Bowlby(1969, 1973, 1980)에 의하면 갓 태어난 아기와 어머니의 애착관계는 아이들을 적으로부터 보호하기 위해 인간의 본성에 따라 진화된 본능적인 행동이다. 예전에 밀렵생활을 하던 조상들에게 이런 애착은 생물의 포괄적응도를 높이는 역할을 했다. 왜냐하면 자신의 유전자가 후손에 뻗어나갔기 때문이다. 이렇게 진화론적 측면에서 보면 계속적으로 보호될 수 있는 곳을 찾고 애착을 계속 유지하려고 하는 아이들을 보호함으로써 부모 입장에서 자신의 유전자들이 생존하고 더 나아가 성장할 수 있는 연결고리가 되는 셈이다.

Bowlby와 함께 Ainsworth는 양육자–유아 애착에 관한 연구와 이론의 선두주자로 알려져 있다. Ainsworth는 "낯선 상황" 실험을 개발하여 애착안정에 관한 개인차를 밝혀냈다(출처 : University of Virginia Psychology Department).

Bowlby는 애착을 아이와 부모의 친밀감을 확인할 수 있는 목표지향적인 체계로 이해하고 있다. 이러한 애착체계는 몇몇 하부구조를 갖고 있는데 **애착행동**(attachment behaviors)이라고 한다. 애착행동은 빠는 행위, 매달리는 것, 따라가는 것, 소리 내는 것, 미소 짓는 것을 포함한다. 유아들은 계속적으로 자신을 돌봐주는 사람이 육체적으로 가까이 있게 하는 행동을 하게 된다. 생후 초기에는 모든 애착행동이 나름 독립적 발달을 보이지만 6개월 이후에는 애착행동은 조직화되고 통합된 모습을 보인다. 따라서 갓 태어난 아기들이 울고 매달릴 수 있지만 사회적 반응인 의미 있는 미소는 2개월 이후에나

양육자와 유아의 유대감 발달은 인간의 아름다운 본성이다. 애착은 진화적 적응환경에서 인간 유아의 생존과 보호의 촉진을 통해 발전한다(출처 : Camille Tokerud/Getty Images).

가능하다. 기어다니는 것이 가능해졌을 때부터 엄마를 따라다닐 수 있다. 하지만 울고 매달리고 미소 짓고 따라다니는 애착행동들은 생후 6개월에서 7개월 이후 통합적으로 작용해서 부모와 자식 사이의 유대감을 형성하기 위해 만들어진다. 이 기간 동안 유아들은 어머니와 아버지 그리고 **애착대상**들을 자신이 속한 환경에서 찾게 되고 이렇게 정한 애착대상과의 친밀감을 유지하기 위해 다양한 행동들을 변화시켜 적용하게 된다. 이러한 행동적으로 통합된 것들은 다른 사람과 서로 유대감을 만들 수 있는 본능적인 측면에서 이해할 수 있지만 또한 생물학적 측면에서 보았을 때 본능적인 면에서 배울 수 있는 것도 찾아볼 수 있다.

유아와 보살피는 사람들은 애착으로 연결되어 있는 사이이다. 최근에 들어서 생물학자와 신경학자들은 호르몬을 연구해서 애착이론을 이해하려는 시도를 했다. 애착유대감의 발전을 만들어내고 중재하고 또한 이것이 영향을 주는 과정에는 매우 다양한 과정들이 포함되어 있다. 이 중에 하나는 **옥시토신**(oxytocin)이라는 호르몬인데 뇌에서 신경을 전달해주는 그러한 호르몬이다. 최근에 이루어진 많은 조사에 따르면 애착이론을 포함해서 영장류에서 볼 수 있는 사회적인 유대감과 깊게 관련되어 있는 것이 이 옥시토신이다(Carter, 1998; Cozolino, 2006). 프레리 들쥐는 성관계 도중 암컷에게서 옥시토신이 분비되는데 이것 때문에 암컷이 자신의 파트너와 유대감을 만들려는 본능이 생긴다. 옥시토신 때문에 자리를 잡고 안정감 있게 살아가는 것이 촉진되고 설치류에서는 자신의 새끼를 다시 데려오는 것, 양들은 자신의 후손을 받아들이는 것이 옥시토신이 분비되어 가능해진다는 것이다. 실험실 연구에 따르면 특정한 포유류에게 옥시토신을 더 주입한 결과 모성애적 행동이 더 많이 나타나고 자신들을 꾸미는 행동 그리고 서로 다른 종류들 간의 친밀감이 나타났다고 한다(Panksepp, 1998). 인간에게서는 옥시토신이 출산 시 여성의 자궁과 질이 벌어지게 하고 모유 수유 시에도 분비된다고 한다. 또한 남성과 여성 모두에게 있어서 성적인 오르가슴을 느낄 때도 옥시토신이 혈류를 통해 분비된다고 한다.

인간의 애착이론에 있어 옥시토신의 역할을 보면 아이들을 해로부터 보호하려는 애착의 기본적 발달과정으로 이해될 수 있다. 사회심리학자 Shelley Taylor(2006; Taylor et al., 2006)에 의하면 위협에 대응하는 가장 중요한 인간의 반응은 사회적인 **친밀감을 만드는** 것이라고 한다. 많은 조사결과를 보면 다른 사람들과 유대감을 만들려는 경향은 스트레스를 받거나 위협적 상황일 때 더 심해진다는 것을 알 수 있다. **Taylor**에 의하면 옥시토신은 스트레스에 반응해서 특히 여성의 경우에 다른 사람들을 친구로 만들고 친해지려는 본성을 자극한다고 한다. 애착이론 형성 시 옥시토신은 어머니로 하여금 방어능력이 없는 아이를 보호하고 지키려는 동기부여를 돕게 하는데 이것은 특히 생후 몇 개월간의 반응이다. 그리고 아이를 보호하려는 본능을 일으키는 호르몬이 어머니의 스트레스를 조절해주는 역할을 동시에 한다. 조사에 의하면 옥시토신이 분비되면 스트레스를 일으키는 코르티솔의 수준을 낮춰주고 혈압을 낮추고 고통을 경감시키고 부담감을 덜어주는 역할을 한다.

정서적인 발달과 관련해서 보면 애착은 인간의 사랑과 두려움의 초반의 경험을 정리해주는 역할을 한다(Bowlby, 1969, 1973; Sroufe & Waters, 1977). 생후 1년이 지나면 정상적인 발달의 심리적인 측면 두 가지인 **불안, 분리불안**을 느끼게 된다. 이 시기에 유아들은 낯선 사람, 낯선 상황에서 조심스럽고 두려움을 갖는다. 낯선 사람에 대해 불안감을 느낀다는 것은 Bowlby에 의하면 진화론적 입장에서 일리가 있다고 한다. 진화의 과정을 통해 위협과 두려움을 낯선 것과 연결시켜 왔기 때문이다. 하지만 애착대상의 존재라는 것은 유아들이 모르는 사람이나 겪지 않은 일을 맞닥뜨렸을 때 그러한 무서움을 해소시키는 데는 어려움이 있다. 애착이라는 유대감을 통해서 안정감이 생기면 새롭고 무서운 것들을 좀 덜 위협적으로 느끼게 되는데 이것은 주로 자신을 보살펴주는 사람과 같이 있기 때문이다.

보살펴주는 사람들과 떨어지게 되면 생후 8개월 전후로 매우 극심한 스트레스를 보이는데 힘이 없다든지 아니면 우는 것으로 나타난다. 부모와 잠깐 떨어지는 것은 일상에서 어쩔 수 없지만 그 기간이 길어지게 되면 문제가 된다. Bowlby에 의하면 인간이 느낄 수 있는 감정 중에서 가장 고통스러운 것이 버려짐(유기)이라는 것이다. 이것은 진화론적으로 보았을 때 이해할 수 있는데 부모가 아이를 유기하는 순간 아이는 죽음에 직면하기 때문이었다. 이러한 이유로 아이에게 있어서 부모의 부재는 아이에게 큰 문제가 아닐 수 없고 아이의 성격발달에 부정적 원인이 된다. 이렇게 될 경우 유아가 애착대상과 긴 시간 동안 떨어지게 되면 그것에 대해 슬퍼하는 기간을 갖게 되는데 그 사람이 떠났다는 사실을 몇 주 혹은 몇 달 동안 인지하고 받아들이게 된다. 그렇게 슬퍼하는 과정(애도과정)에서 몇 가지 단계를 거친다. 처음에는 화난 상태로 흥분하는 과정, 실망감, 슬픔, 그리고 마지막에 결국 이별을 인정하게 된다(Bowlby, 1973). 서로 분리된다는 것은 애착관계에서 방어적 요소가 크다. 한 가지 슬픈 예를 들면 오랜 시간 동안 전쟁 같은 이유로 부모와 떨어져 있게 되면 나중에 부모를 다시 만나도 아이가 부모를 알아보지 못하는 현상이 나타난다(Bowlby, 1973). 이런 경우 애착관계가 정서적으로 끝났다고 볼 수 있다.

표 2.3	애착에서 개인차를 발견하기 위해 구성된 "낯선 상황" 실험과정에서의 에피소드	
에피소드	관련된 인물	일어난 일
1	양육자, 유아	방과 많은 장난감을 소개한 후, 양육자(어머니 또는 아버지)는 앉아서 아이가 방을 살펴보는 동안 잡지를 본다.
2	낯선 사람, 양육자, 유아	유아가 한 번도 만나본 적이 없는 낯선 여자가 들어와서 양육자에게 인사하고 조용히 1분 동안 앉아 있다. 그리고 나서 여자는 양육자와 대화를 나눈다. 마지막으로 여자는 유아와 상호작용을 시작한다.
3	낯선 사람, 유아	양육자가 조용히 방을 떠난다. 유아가 너무 스트레스를 받으면 에피소드는 끝난다.
4	양육자, 유아	양육자가 돌아오고 낯선 사람이 방을 떠난다. 이것이 첫 번째 "재결합 에피소드"다. 양육자는 장난감을 갖고 놀던 아이와 상호작용을 시도한다.
5	유아	유아가 다시 안정감을 되찾은 것처럼 보이면, 양육자가 방을 떠난다.
6	낯선 사람, 유아	낯선 사람이 다시 들어온다. 낯선 사람은 유아와 상호작용을 시작한다. 만약 유아가 혼자 놀이하는 것을 좋아한다면 낯선 사람은 의자에 돌아가 앉아서 잡지를 읽는다.
7	양육자, 유아	양육자가 돌아오고, 낯선 사람이 방을 나간다. 이것이 두 번째 "재결합 에피소드"다.

주 : 각각의 에피소드는 대략 3분가량 진행이 된다. 모든 과정은 일방경 뒤에 있는 연구자에 의해 관찰된다. 이 에피소드들은 주로 비디오로 촬영이 되며 다양한 방식으로 분석된다.

아이가 태어나서 정상적으로 자라다 보면 그 아이는 타인과의 관계의 본질을 이해하는 시스템을 구축한다. 이러한 기대치가 내면화된 **작동모델**(working model)을 만들어낸다. Bowlby(1973)에 의하면 모든 사람이 갖게 되는 작동모델의 중심이 되는 것은 자신이 생각하는 애착대상이 누구인지 어디에서 찾을 수 있는지 그 사람들이 특정 상황에서 어떻게 반응하는지에 대한 기대로 구성되어 있다(p. 203). 작동모델은 사랑이라는 것의 기초가 된다. 이러한 작동모델은 애착의 유대감이 안정적인 경우 유아는 자신이 속한 안정적인 환경에서 기본적인 믿음을 경험하고 이 믿음을 통해 세상을 탐험할 수 있는 자신감을 얻게 된다는 것이다(Erikson, 1963; Sroufe & Waters, 1977). 앞에서 말한 레서스원숭이 예에서 볼 수 있듯이 가장 이상적인 애착관계에서 인간의 경우 유아는 애착대상을 세상을 탐구할 수 있는 안정적인 기초로 생각하게 된다. 반대로 애착유대가 불안정적인 경우 세상 자체를 무섭고 위협적인 것으로 인식하게 된다. 어렸을 때부터 부정적인 유대감이 생기게 되면 이 아이가 만들어나가게 되는 작동모델은 불확실함과 거부감의 모델이 될 수밖에 없다. Bowlby에 의하면 불안하고 안정적이지 못한 애착대상으로 구성된 작동모델이 생기게 되면 자존감이 매우 낮아지고 시간이 지나서도 외로움을 더 느낄 수 있는 성향을 가질 수 있다고 한다(Bowlby, 1980).

사실상 생후 1년이 되면 부모와 애착관계를 형성하게 된다. 하지만 그렇게 생긴 애착관계의 질은 개인적으로 차가 있고 그 차는 측정가능하다. 유아가 태어난 지 1년이 지나면 유대감의 개인차는 명확해진다. 1살 된 유아를 대상으로 이러한 개인차를 측정하는 가장 잘 알려진 실험은 **낯선 상황**(Strange Situation)을 연출해서 반응을 알아보는 Ainsworth와 그의 동료들에 의해 1978년에 고안된 방법이다. 이 실험은 유아가 있고 어머니나 아버지 그리고 모르는 사람이 서로 편안한 환경에서 이야기하고 있으면 그 상황에서 유아가 어떤 행동을 하는지 관찰하는 방법이다. 처음에 유아와 부모가 같이 있으면 모르는 사람이 들어온다. 어머니가 나가고, 다시 들어오고, 모르는 사람이 나갔다가, 어머니가 다시 나가고, 유아를 홀로 잠시 두면, 모르는 사람이 들어오고, 어머니가 다시 들어온다. 조사자들은 낯선 상황에서 유아의 반응을 알아보는 과정을 거치는데 어머니가 잠시 나갔다 들어왔을 때를 특히 주의 깊게 관찰하게 된다.

이렇게 해서 행동을 관찰하면 크게 세 가지 패턴이 나타나는데 **A형**(A-babies), **B형**(B-babies), **C형**(C-babies)이라고 명명하겠다. 50~33% 정도의 유아와 어머니가 안정적인 유대감을 보이고 이 경우를 B형이라 한다. 연구대상이 된 모든 아기들이 그랬듯이 안정적인 유대감을 보이는 아이들도 어머니가 나가고 모르는 사람이 들어오게 되면 조금은 놀라는 모습을 보인다. 이것은 사실상 모든 유아에게서 찾아볼 수 있는 불신의 모습인데 어느 형에 속하는지 상관없이 8개월 전후로는 낯선 것에 대한 불안과 분리불안을 느끼는 게 당연한 반응이다. 그러나 다시 어머니가 들어오게 되면 B형 아기들은 자신이 속한 환경을 더 편안하게 관찰하게 되는데 어머니를 안정적 기반으로 두고 있기 때문이다. 하지만 어머니가 잠깐 나가면 주변에 대한 관찰을 멈추고 있다가, 어머니가 들어오게 되면 반기면서 자신이 속한 환경을 더 관찰하게 된다.

반면에 A형과 C형에 속한 아기들은 **안정적이지 못한** 관계를 보인다. A형 아기들은 피하려는 경향을 보이는데 어머니가 나갔다가 다시 돌아왔을 때 잠깐 동안 그를 무시하려고 한다. 어머니가 나를 버렸기 때문에 나도 잠깐 동안이나마 똑같이 하겠다는 것이다. C형 아기들은 이런 실험에서 어머니가 나갔다가 다시 돌아올 때 어머니를 피하려는 행동과 집착하려는 행동을 동시에 보인다. 예를 들자면 여기 속한 아기들은 어머니가 나갔다 다시 들어왔을 때 처음에는 좋아하면서 어머니를 반기다가 안으려고 하면 피하고 화를 내는 행동을 보인다. C형에 속한 아기들은 어머니에게 화를 내는 반응을 보이는 게 특징인데 A형 아기들처럼 화를 내는 동시에 수동적인 반응을 보인다.

하지만 생후 20개월 이후에는 이 실험법이 효과적인 방법이 아닐 수 있다. 따라서 발달심리학 자들은 더 연령이 높은 아이들이나 청소년을 대상으로 할 때 자신들이 속한 집단의 대인관계에서 어떤 안정감을 느끼는지 사람들이 느끼는 안정감의 개인차를 측정할 수 있는 방법을 연구했다. 생후 몇 년간은 애착의 질에 있어 개인차가 어느 정도 안정감이 있을 수 있다. 다른 말로 하면 1살일 때 애착관계가 안정적인 경우 몇 년 후에도 안정적인 경우가 많다. 하지만 이 경우에도 예외는 있다. 그리고 초반에 불안정한 애착관계를 가진 경우 시간이 경과해도 여전히 불안정할 수 있다. 물론 예외는 존재한다. 애착유형을 연구한 22가지 사례에서 최초의 20년을 두고 보면 애착유형이 많은 변화를 보일 수 있지만 1살에서 청소년 후반까지는 보통의 경우 일정한 애착정도를 보인다(Fraley, 2002).

발달심리학자들은 생후 1년 동안 어떤 요소들이 안정적 혹은 불안정적 애착유형을 만들어내는 지에 대해 조사했다. 태어난 지 얼마 되지 않았을 때 아기와 보살펴주는 사람 간의 관계가 중요한 역할을 한다. Main은 1981년 조사를 통해서, 안정적인 유대감을 보인 아이들은 어머니가 조심스 레 안아주었고 그에 비해서 안정적이지 못한 유대감을 가진 아이들의 어머니들은 그렇지 못했다는 것을 발견했다. 또한 조사자료를 보면 모성애의 정도 또한 애착관계에 영향을 준다(Ainsworth et al., 1978; Egeland & Farber, 1984; NICHD Early Child Care Research Network, 2001; Sroufe, 1985). 자신의 아이에게 더 큰 애착을 보이는 어머니는 아이들이 보내는 신호를 잘 관찰하고 해석 해서 그것에 대한 대답을 정확하게 할 수 있다(Ainsworth et al., 1978, p. 142). 실험실 조사결과, 어머니-아이의 애착관계가 높을 경우에 공통적으로 어머니들이 가지고 있는 특징들이 있었다. 어 머니들이 친밀하게 아이를 안고 있다든지 아이의 방에 들어갈 때 미소를 짓고 말을 하면서 들어간 다든지 아이들의 요구에 맞춰 행동을 하는 특징이 있었다. 하루에 두 번씩 생후 1년 된 아이들을 조 사한 결과를 보면 안정적인 유대관계와 어머니의 모성애 사이의 관계를 알 수 있다(Pederson et al., 1990). 더 안정적인 유대감을 가진 어머니는 아이들이 보내는 신호를 잘 알아차렸고 그 신호를 통해서 행동을 가이드하는 데 익숙했다. 또한 자녀에 대해서 잘 알고 있었으며 그것을 선호하는 태 도를 가지고 있었다.

또 다른 조사결과를 보면 사회적 지위가 애착관계에 영향이 있다는 것이다(Moss, Cyr, & Dubis-Comtois, 2004; van IJzendoorn, Schuengel, & Bakermans-Kranenburg, 1999). 가난하거 나 직업이 없는 상태에서 오는 스트레스는 안정적 유대감에 해가 될 수 있다. 또한 아동학대나 소외 감도 악영향을 준다. 조사결과를 보면 아이들에게 학대를 가하는 부모들과는 당연히 불안정한 유대 결과를 보인다(Egeland & Sroufe, 1981). Lyons-Ruth, Connell, Zoll과 Stahl(1987)의 연구결과를 보면 학대를 당한 아동들의 경우 이런 실험을 했을 때 학대당하지 않은 아이들에 비해 더 불안정한 결과를 보였다. 다른 조사들을 보면 만성적 아동학대는 불안정한 애착유형을 새로 만드는데 이것은 **D형**(D-baby)이라고 한다(Carlson, Cicchetti, Barnett, & Braunwald, 1989). 이러한 D형 아기들 은 어머니가 있을 때도 혼란스러우며 방향성을 잡지 못하는 모습을 보인다. 이렇게 심각한 문제가 있는 애착관계에서는 어머니가 있는 상황에서도 주변에 대한 관찰을 하지 않고 또한 어머니도 아이들이 스트레스를 받고 있는데도 안정감을 주지 못한다. 이것은 마치 유아가 어머니에 대해 자신이 속한 환경만큼 아니 그보다 더 무섭다고 느끼는 경우라고 볼 수 있다. Lyons-Ruth(1996)의 조사에서 애착관계와 행동관계의 문제에 대한 실험결과 D형 아이들이 초등학교에서 A, B, C형의 아이들보다 더 높은 공격성을 보였다.

유아기에 안정적인 애착관계를 형성한 아이들이 유치원 그리고 초등학교를 지나면서 더 높은 경쟁심을 가진다는 것은 이미 확인된 사실이다(Schneider, Atkinson, & Rardif, 2001). 1982년 Hazen과 Durrett에 의해 대표적 실험이 진행된 바 있다. 태어난 지 30~34개월 된 아기들을 일 년 동안 실험실에서 연구했다. 아이들이 놀이방의 한 곳에서 다른 곳으로 이동하는 행동반경을 조사했는데 아이들이 어머니를 이끌어가는 능동적 행위, 어머니에 이끌려가는 수동적 행위 정도를 측정했다. 이 연구결과를 보면 2년 전에 B형(안정적인 유대감)이었던 아이들은 더 활동적인 모습을 보였고 행동반경이 넓었던 것에 비해 A, C형의 아이들은 그렇지 못한 결과를 보여주었다.

태어난 지 1년 동안에 생기는 안정감의 정도와 2~3살 때 생겨나는 경쟁력의 정도 간의 관계를 조사한 다른 연구들을 보면 크게 네 가지의 공통점이 있었다. 안정감을 더 생기게 하는 요소는 첫째, 환경을 탐구하려는 본능(Main, 1983), 둘째, 놀이하는 정도(Slade, 1987), 셋째, 문제를 해결하는 방법에 있어서의 노력(Matas, Arend, & Sroufe, 1978), 넷째, 새로운 사람들과 더 자연스럽게 적응하는 정도(Lutkenhaus, Grossmann, & Grossmann, 1985)였다. 그리고 나서 초등학교에 들어가서도 유아기 때 안정적인 애착정도를 보인 5살 난 아이들은 불안정한 애착정도를 보이는 아이들과 비교했을 때 더 끈기 있고 사물을 더 잘 이용하는 결과를 보였다는 연구결과도 있다(Arend, Gove, & Sroufe, 1979; Sroufe, 1983). LaFreniere와 Sroufe(1985)는 유치원에서 자기 친구들과의 경쟁력 정도를 비교하는 실험을 했는데, 4살과 5살 아이들 40명을 대상으로 유치원에서 서로 어떤 상호작용을 하는지 관찰했다. 이들이 기준으로 삼은 경쟁력의 다섯 가지 지표는 (1) 교사가 매긴 사회적 적응력 정도 (2) 친구들이 뽑은 인기 많은 정도 (3) 아이들이 얼마나 사회적 행동에 참가하는지, 그 질을 판단하는 척도 (4) 서로 노는 동안에 어떤 아이들이 얼마나 다른 사람들을 보는지를 측정한 관심의 정도 (5) 사회적인 위치를 등급 매긴 것 등이다. 그림 2.2에서 볼 수 있듯이 유아기 때 안정적 애착관계를 보였던 아이들은 이 다섯 가지 항목에서 모두 불안정한 애착관계를 보였던 아이들과 비교해서 더 높은 점수를 받았다.

어렸을 때 안정적 애착관계를 보인 아이들은 자신의 친구들과 더 깊고 평화로운 관계를 유지한다고 한다. 예를 들어, 안정적인 애착관계를 보였던 아이들은 보편적으로 더 통제적이고 더 사회적이고 사람들을 더 잘 대하는 모습을 보인다(Vondra, Shaw, Swearingen, Cohen, & Owens, 2001). 또한 그 아이들은 다른 사람의 감정을 더 잘 이해할 줄 알고(Ontai & Thompson, 2002), 덜 공격적이며 반사회적 경향도 없는 편이다(van IJzendoorn, Vereijken, Bakermans-Kranenburg, & Riksen-Warlraven, 2004). 그리고 다른 사람을 더 도와주고 나누려고 하고 다른 사람을 걱정하는 행동도 많이 보인다(Iannotti, Cummings, Pierrehumbert, Milano, & Zahn-Waxler, 1992). 또한 유아기 때 보였던 애착관계 정도에 따라 청소년기에 나타나는 로맨스, 정서적인 안정감 등에도 영향을 줄 수 있다(Carlson, Sroufe, & Egeland, 2004). 유아기 때 안정적 애착관계를 보였던 아이들은 10대가 되었을 때 더 건강하고 사회적으로 유용한 아이들로 자란다는 것이 사실이다. 이러한 관계가 안정적인 애착관계를 유지했다는 사실 하나 때문인지, 아니면 거기서 비롯된 안정적 가정환경 때문에 보편적으로 일어나는 행동인지는 확실히 알려진 바가 없다. 하지만 여기서 알 수 있는 확실한 사실은 유아기 때 안정적 애착관계를 형성하게 되면 일반적으로 커서도 사회적 정서적 경쟁력을 갖추기 쉽다는 점이다.

　　Simpson, Collins, Tran, Haydon(2007)은 유아기 때의 애착관계와 성인기 초반의 사회적 관계의 발전에 대한 관련성을 조사했다. 유아기 때 애착관계를 측정했던 결과가 있는 20~23살 된 남녀를 대상으로 성인기의 애정관계에 대한 조사를 했다. 이러한 조사대상이 된 사람들은 최소 4개월 이상 지속된 의미 있는 이성과의 관계를 가지는 사람들이어야 했다. 그 조사대상들과 각자의 이성친구들이 관계의 정서적 질을 측정할 수 있는 다양한 설문지에 대답했다. 그러고 나서 실험실에

그림 2.2	친구들 사이에서의 유능감과 과거 애착경험

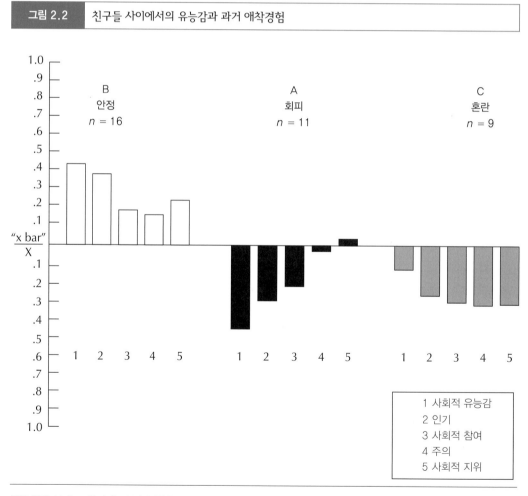

안정애착을 보이는 5살 아이는 불안전애착을 형성한 아이에 비해 학교의 또래 사이에서 높은 유능감을 보인다.

출처 : "Profiles of peer competence in the preschool: Interrelations between measures, influence of social ecology, and relation to attachment history," by P. J. LaFreniere and L. A. Sroufe, *Developmental Psychology*, 21, 63.

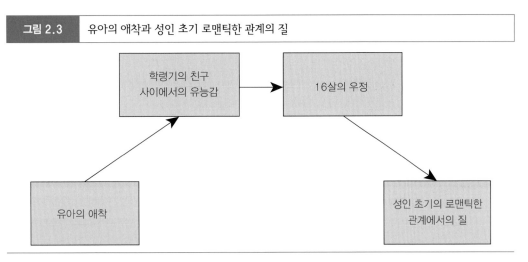

| 그림 2.3 | 유아의 애착과 성인 초기 로맨틱한 관계의 질 |

이 종단연구를 통해 도출된 자료들은 안정애착을 형성한 아동은 이후 학령기에서 친구들 사이에서 높은 유능감을 발휘해낼 수 있다는 것을 보여준다. 이것은 달리 말해 청소년기에 친밀한 우정을 예측할 수 있다는 것이다. 이것은 또한 좀 더 긍정적인 감정을 예측하게 하고 성인 초기 로맨틱한 관계에서 갈등이 적을 수 있다는 점을 예상하도록 해준다.

출처 : "Attachment and the Experience and Expression of Emotions in Romantic Relationships: A Developmental Perspective," by J. A. Simpson, W. A. Collins, S. S. Tran, and K. C. Haydon, 2007, *Journal of Personality and Social Psychology*, 92, p. 362 인용.

서 그 커플들은 자신들의 관계에 문제가 있을 경우 어떻게 상호 간에 이야기해서 푸는지에 대한 질문을 받았고 그 과정이 다 녹화되었다. 예전에 유아기 때 애착관계를 조사했던 결과와 지금의 조사 결과를 연관 지어서 그림 2.3에 나온 것과 같은 발달의 패턴을 만들어냈다. 애착관계가 성인기의 이성관계에 미치는 직접적 영향은 그리 크지 않았다. 하지만 애착관계의 영향이 어린 청소년기의 중간적 단계를 통해서 직접적이진 않지만 간접적으로 영향을 준 사례는 있었다. 전체적인 연구결과를 보면, 태어난 지 갓 1년 만에 만들어진 안정적 애착관계는 초등학교 때의 사회적 경쟁력을 가져올 수 있었고, 이러한 경쟁력은 교사가 준 지표로 평가했다. 이에 따라 16살 정도 되었을 때 친한 친구들과 안정적 관계를 갖는 확률도 높아졌고 이것은 이성과의 관계를 시작했을 때에도 갈등과 충돌이 덜 생기는 감정적 안정성을 가져왔다고 볼 수 있다. 이 연구결과를 보면 태어난 지 얼마 안 되어 이루어지는 안정적 애착관계의 정도는 향후 20년간의 따뜻하고 의미 있는 대인관계를 결정한다고 해도 과언이 아니다. 유아기에 부모와 만들게 되는 유대감과 애착관계는 학교생활을 하면서 친구들과 더 소통할 수 있는 발판이 되고 이것은 청소년기 더 많은 우정으로 연결되고 이러한 우정이 기반이 되어 성인이 되었을 때 이성관계에도 큰 영향을 미친다는 결과이다. 반대로 어렸을 때 안정적이지 못한 유대관계를 만들게 되면 친구들과의 사이도 안 좋아지고 청소년기에 더 질이 나쁜 우정을 경험할 수밖에 없게 되고, 이것은 성인기가 되어 이성친구를 만날 때에도 나쁜 영향을 받게 될 수밖에 없다는 결과이다.

어머니와 유아 간의 애착관계를 보는 것은 우리가 이번 장을 시작했던 내용과 직결된다. 우리는 이번 장의 토론을 인간 본성에 대한 내용으로 시작해서 어떻게 진화라는 과정이 우리 인간이 모두 가지고 있는 특징을 만들어냈는지 이야기했다. 이번 장의 중요 주제 중의 하나는 진화를 통해 우리 인간 모두는 서로와 더 많이 가까워졌다는 점이다. 다른 점보다는 공통점을 더 많이 발견했다는 뜻이다. 하지만 그럼에도 불구하고 인간 간의 차이 또한 빈번하게 발견되므로, 이 책의 나머지 장에서는 그러한 차이점에 주력할 것이다. 모든 유아들은 태어난 지 한 달 만에 자신을 돌봐주는 사람 또는 부모와 어느 정도의 애착관계를 갖게 되는데 이러한 애착관계는 EEA 시대에서부터 인간 적응이라는 이름하에 우리에게 내려오고 계속 발전되어온 과정 중 하나이다. 하지만 그 애착의 정도라는 점에 따라 개인 간에 차이가 있을 수 있고, 이러한 차이점은 장기적으로 볼 때 분명하게 드러나게 된다. 인간 본성의 보편성을 제외하고 보았을 때 우리는 모든 인간을 본질적으로 특별하게 만드는 개인적 차이를 볼 수 있게 된다. 진화라는 것은 우리로 하여금 심리적 개성을 이해하는 궁극적인 맥락을 제공해준다. 우리가 성격특성에서 받아들일 수 있는 이러한 차이점들, 성격적응, 개인의 인생 이야기들은 우리가 공통적으로 가지고 있는 것이라기보다는 우리 간의 차이점을 먼저 이해할 때 비로소 더 잘 받아들일 수 있을 것이다.

요약

1. 심리학적인 개성을 이해하려는 과학적 시도는 인간 본성에 대한 이해에서 시작되는데, 인간 본성은 몇 백만 년의 시간 동안 인간 진화의 과정을 통해 진행된 것이다. 진화는 인간을 이해할 수 있는 가장 궁극적 맥락이다. 왜냐하면 모든 인간이 어떻게 디자인되었고 공통점이 무엇인지 이해할 수 있는 가장 체계적이고 포괄적인 과학적 틀이기 때문이다. 인간 성격을 이해할 때 진화론적 관점에서 본다는 것은 인간의 전체적 행동을 구성하는 궁극적 구성요소를 하나하나 볼 수 있는 방법이고, 이것은 어떤 사람이든 그 사람의 심리적 개성을 설명할 수 있고 행동을 이해할 수 있는 방법으로써 이해될 수 있다.

2. 진화과정을 통해서 모든 생물체는 자신의 유전자를 후손에게 널리 퍼뜨리는 것을 목적으로 만들어졌다. 어떠한 개체의 포괄적응도는 그 개체가 한 세대에서 다음 세대로 자신의 유전자를 어떻게 복제해서 퍼뜨릴 수 있는지를 나타내는 능력으로 이해할 수 있다. 포괄적응도라는 것은 다른 생물체보다 그 생물체의 유전자가 자신들의 행동을 통해서 아니면 생물학적으로 연결된 친척들을 통해서 다음 세대로 얼마나 효과적으로 많이 내려갈 수 있는지에 따라 그 정도가 결정된다.

3. 인간은 200만 년에서 400만 년 전부터 밀렵 채집꾼 생활을 하면서 모여 살던 모습에서부터 발전되기 시작했다. EEA 시대를 지나면서 인간들은 인지적 틈새를 찾아서 진화를 발전시키기 시작했다. 인간이 이때부터 가지게 된 가장 큰 적응적 특징 중 하나는, 인간의 마음이라는 힘이었다. 인간들은 기본적으로 인지적 능력이 있었기 때문에 도구를 사용하고 파트너십을 구축하고 다른 사람들과 함께 상호작용하면서 사회라는 것을 만들어 EEA 시대의 문제점들을 해결하기 시작했다. 인간의 마음은 계속 발전되어서 다양한 진화적 문제들을 해결할 수 있게 도와주었고, 또한 하위계체와 모듈들로 다양하게 발전되어서 진화와 관련된 중요한 문제를 푸는 데 각각 일조하게 되었다.

4. 진화과정에 있어서 모든 인간들은 생존, 번식이라는 두 가지 문제에 직면하게 된다. 번식과 관련된 문제라는 것은 성행위를 할 수 있는 파트너를 찾는 것, 그 행위의 결과가 되는 후손을 낳아서 돌보고 기르는 것을 모두 포함한다. 진화론적 관점에서 보면 인간의 짝짓기 그리고 번식능력에 있어서 성별 간의 차이점이 분명하게 드러난다. 보편적으로 남성들은 가장 자신의 유전자를 많이 퍼뜨릴 수 있는 방법을

선택해야 하기 때문에 그 개체의 수를 늘릴 수 있는 짝짓기의 방법과 목표를 선택하게 되는데, 이것 때문에 성적으로 문란한 경우가 많다고 한다. 반대로 여성은 아이를 가지고 낳고 그 아이를 돌보는 기간이 매우 길기 때문에 남성에 비해서 더 까다롭게 파트너를 선택하게 되고, 자신들이 낳은 아이들이 나중에 스스로 번식할 수 있게 되려면 기간이 많이 필요하기 때문에 남성과는 다른 양상을 보인다. 이것에 따른 결과로 진화론적 관점에서 봤을 때 남성보다 여성이 더 짝짓기에 까다로울 수밖에 없고 또한 여러 명의 성적인 파트너를 원하지 않는다는 특징을 가질 수 있다.

5. Hogan의 사회이론에서 알 수 있듯이 모든 인간들은 사회적 생활을 하게 되는데 그들의 사회적 목표는 서로 같이 지내는 것, 다른 사람보다 앞서서 나아가는 것이었다. 인간들은 역할분담, 인간의 문화적 생활을 개정하는 사회적 관습에의 참여 등을 통해서 자신이 속한 사회에서 인정받기를 원하고 거기서 일정한 지위를 얻기를 원한다. 더 높은 받아들임, 인정, 지위를 얻게 되면 인간의 포괄적응도도 높아지게 된다.

6. 인간은 본능적으로 약간은 공격성이 있다. 진화론적 관점에서 봤을 때 모든 인간은 어느 정도의 공격성을 가진 행위를 하려는 특성이 있는데 이러한 특성이 가장 극명하게 드러난 예가 전쟁이다. 하지만 그렇다고 해서 인간의 진화론 자체가 인간이 할 수 있는 모든 공격성을 정당화시키거나 그것에 대한 도덕적 윤리적 기준을 정해줄 수 있는 부분은 아니다.

7. 인간은 공격적인 데 반해서 또한 매우 이타적인 동물이기도 하다. 이타주의와 공격성은 상반된 개념임에도 불구하고 EEA 시대부터 있었던 인간의 기본적인 특징이다. 인간은 사회적인 생활을 했기 때문이다. 모든 인간이 속한 사회적 집단은 수직적인 관계가 있을 수밖에 없는데 집단 내의 구성원들이 공격성을 띠고 있기 때문에 이러한 수직관계가 생겼다고 볼 수밖에 없다. 이러한 수직적 관계는 서로 통합적이고 이타적인 행동이 일어나게 하는 배경을 제공하기도 한다. 모든 인간은 정서적인 유대감, 공감하는 것, 내부화된 사회적 규율, 서로 주고받는 개념, 평화를 향한 특징, 통합하는 것, 공동체 의식, 다양한 사회적 경향을 발전시켜 왔는데 이것은 다른 영장류보다는 인간에게 특히 찾아보기 쉬운 특성이다. 이렇게 적응되면 그 사회에 속한 개인 모두에게 포괄적응도가 높아지기 때문에 모두에게 유익한 결과를 가져올 수 있다. 이타적인 행동을 하는 것은 혈연선택과 상호 간에 보상해주는 이타주의로 나타나는데 이 두 가지 모두 개인의 포괄적응도를 높여주는 역할을 한다.

8. 인간 본성의 가장 중요한 부분 중 하나는 보살펴주는 사람, 부모와 유아 간의 애착관계이다. Bowlby와 Mary Ainsworth에 의해 처음 주창된 애착이론을 보면, 인간 아이가 태어난 지 1년 내에 부모와의 사이에서 느끼는 애착의 정도는 처음에 아이를 다른 세력으로부터 보호하고 지켜주려는 부모의 습성에서 비롯된 복잡하고 본능적인 행동체계이다. 태어난 지 몇 년 사이에 애착관계가 형성됨에 따라서 유아들은 인간의 관계를 이해할 수 있는 작동모델을 만들게 된다.

9. 낯선 상황 실험을 통해서 연구자들은 유아기에 나타날 수 있는 애착관계를 네 가지 척도로 나눌 수 있었다—안정형(B형), 회피형(A형), 저항(C형), 체계적이지 못한(D형). 안정적 애착관계가 가장 흔한 경우이고, B형을 제외한 나머지 셋은 불안정한 애착관계가 된다. 안정적 애착관계의 결과는 유치원과 학교에서 볼 수 있는 독립심과 경쟁심 등으로 나타날 수 있다.

10. 시간에 따른 조사를 했을 때, 유아기 때 보인 애착관계의 정도가 성인기에 들어섰을 때의 이성관계에 어떠한 영향을 미치는지도 확인할 수 있었다. 모든 인간이 그렇듯이 인간 본성에 따라서 사실상의 모든 사람들은 태어난 지 1년 동안에 자기를 보살펴주는 사람과의 애착관계를 형성하게 된다. 하지만 그 애착관계의 정도라는 것 때문에 장기적으로 보았을 때는 차이점이 발생할 수 있는데, 이것이 바로 어떻게 인간 간의 차이점이 인간 본성에 반해서 나중에 다른 결과로 나타날 수 있는지에 대한 예가 될 수 있다.

3

사회학습이론과 문화

Social Learning and Culture

Skinner(1904~1990)는 20세기 행동주의에 가장 영향력 있는 학자였다. Skinner는 사고와 느낌을 앞선 관찰가능한 행동을 강조했다. 이것은 환경이 행동을 만든다는 것을 전제로 하며, 보상과 체벌을 통해 학습이 일어날 수 있다는 연구를 기초로 한다(출처: John Wiley and Sons photo by Kathy Bendo).

세계 2차 대전 직후에 유명한 심리학자인 Skinner는 **행동주의**에 입각한 유토피아 사회를 대상으로 한 소설을 썼다. *Walden Two*(1948/1962)라는 이 소설에서 Skinner는 1,000명 정도가 같이 사는 공동체를 "싸우지 않고 같이 지내는, 의심이 아니라 믿음으로 건설된 사회적인 곳, 시기가 아닌 사랑으로 이루어진, 경쟁이 아닌 협동으로 이루어진 사회"(1979, p. 346)로 묘사했다. Skinner의 소설에 나온 사람들은 태어난 직후부터 세계적으로 긍정적인 행동을 장려하는 광범위한 교육프로그램에 참여하게 되었다. 어린 유아들과 아동들은 부정적인 감정, 시기하는 것, 질투하는 것, 싸우는 것, 자만심 등을 누르고 자신을 제어하는 방법을 배우도록 훈련되었다. 그런 훈련과정은 벌을 주는 것이 아니라 **정적 강화**(positive reinforcement)를 통해서 이루어졌다. 사회적으로 용인되는, 사회적으로 정당하다고 생각하는 행동에 대해서는 상을 줌으로써 이 Skinner의 소설에 나온 사회에서는 그런 교육시스템을 통해 모든 시민들이 좋은 삶을 누릴 수 있도록 긍정적 행동만 장려하는 분위기를 만들 수 있었다.

Skinner의 이 소설은 제일 처음에 미국 심리학계가 생각했던 이상적인 모습을 묘사한 것이다. 모든 미국인들은 우리가 평등하게 창조되었다고 생각하고 싶어 한다. 알맞은 올바른 **환경**만 제공된다면 누구든지 위로 올라갈 수 있고 개인적인 존경심을 받을 수 있는 위치로 올라가는 것이 가능하다고 믿는 것이다. 만약에 어떤 사람의 행동이 나쁘거나 문제가 있다면, 우리는 그것을 고치고 우리가 살아가는 환경을 긍정적으로 변화시킴으로써 적응할 수 있게 만드는 것도 가능하다. 20세기에 이르러 미국 심리학계의 주류를 이루던 사상들은 사람들 간의 기본적인 생물학적 차이점에 초점을 맞추기보다는 인간 환경을 만들어가는 사회적 환경에 더 많은 관심을 가졌다. 행동주의를 가장 중요하게 생각한 Skinner의 영향을 받아서 미국 심리학계는 사람들의 행동이 사회적 맥락에 따라 어떻게 변화하는지, 그것이 인격형성과정에 어떤 영향을 주는지를 연구하기 시작했다. 당신은 어떻게 당신이 아는 사람이 되는 것일까? 당신이 하는 행동이 그 뒤에 어떤 이유가 있는지를 어떻게 설명할 수 있을까? 위의 소설과 우리가 살고 있는 실제 세계를 고려해볼 때 인간의 행동과 사람들의 삶은 **문화에서 배우는 사회적 학습**의 산물이라고 볼 수 있다.

만일 인간의 개성과 성격을 이해하는 가장 근본적인 틀이 인간의 본성이라고 한다면 사회적 환경과 그것이 포함하는 모든 것―가족, 이웃, 커뮤니티, 문화, 역사 등―은 두 번째로 오게 된다. Skinner의 행동주의에 입각해서 우리는 이번 장에서 사회적 학습과 문화가 개인의 성격에 미치는 영향에 대해서 알아볼 것이다. 그리고 인간의 성격형성에 도움을 주는 사회적 학습을 다룬 중요한 가설과 이론들을 찾아보고, 매일의 인간의 행동이 어떠한 다양한 단면들을 가지고 있는지, 우리의 행동·사고·느낌이 어떻게 겹치는 여러 가지의 맥락과 같은 방향으로 이루어져 있는지 알아보게 된다. 그리고 나서 작은 것에서부터 시작해서 사회적 환경, 사회적 계급과 성별, 마지막으로 문화와 역사가 인간의 행동을 어떻게 결정짓고 사람들의 삶을 어떻게 조성하는지 알아보게 된다. 이번 장의 주제는 사회적 환경이라고 볼 수 있다. 우리가 여기서 주목해야 할 것은 우리 몸 밖에서 볼 수 있는 다양한 외부적 요소들, 우리의 사회적 환경, 매일같이 겪는 대외적 · 대인적 · 문화적 환경들이다. 이번 장을 통해서 우리가 궁극적으로 알아보고자 하는 것은 우리가 누구인지를 결정하는 데 환경이 얼마나 큰 영향을 주는지, 우리 삶의 모든 측면이 어떻게 복잡한 사회적 · 문화적 맥락 안에서 자리 잡고 있는지 알아보는 것이다.

행동주의와 사회학습이론

미국의 환경론 : 행동주의자들의 전통

행동주의(behaviorism)는 심리학의 한 종류로 환경에 의해서 우리가 관측가능한 행동이 어떻게 학습되고 조성되는지 탐구하는 학문이다. 행동주의의 가장 중요한 학자는 Skinner(1904~1990)이다. John B. Watson(1913)은 'Psychology as the Behaviorist Views It'이라는 출판물을 통해 미국에서 행동주의 학파를 시작했다고 볼 수 있다. 행동주의는 1920년대부터 1950년대에 이르기까지 미국 심리학계의 가장 중요한 기둥과도 같았고 오늘날에도 행동주의 원칙은 중요하게 여겨지고 있다. 1950년대에 이르러서는 Clark Hull(1943)의 생체추동이론(biological-drive theory)과 Edwin Tolman(1948)의 목적론적 행동주의(purposive behaviorism)처럼 다양한 이론들이 발전되기도 했다.

John B. Watson은 자기를 낮출 줄 아는 사람은 아니었다. 그는 아무 유아나 데리고 온다면 상황에 따라서 그리고 환경에 따라 키운다면 자기가 원하는 어떤 사람으로든 만들 수 있다고 떠벌리기도 했다. Watson은 다음과 같이 말했다.

> 알맞은 환경만 주어진다면 당신이 생각하는 어떤 종류의 인간을 만드는 것도 가능하다. 12명의 건강한 아기들이 있다면, 그중에서 무작위로 1명을 선택해서 그 아이의 재능이나 경향, 능력, 직업, 조상들의 국적과 상관없이 어떤 직업군을 원하든 전문가로 키우는 것이 가능하다. 능력이나 재능, 기질, 정신적인 구조, 행동적인 특성에 있어서는 부모의 것을 물려받는 것이 없다(1924, p. 104).

약간 과장되긴 했지만 Watson이 이런 말을 통해 주장하고자 한 것은, 영국의 철학자 존 로크(1690)가 인간 개념은 비어 있는 '백지(*tabula rasa*)' 또는 '빈 석판'과 같다고 이야기한 것과 크게 다르지 않다. 로크는 새로 태어난 아기의 마음은 빈 석판 또는 깨끗한 종이와 같다고 생각했다. 거기에 쓰여진 것은 아무것도 없고 깨끗하고 비어 있는 상태이다. 시간이 흐르면서 아이의 경험이 빈 석판에 쓰여지게 되고 그 아이가 가진 마음이 성격특성을 내포하게 된다는 것이다. 로크는 태생적인 개념을 거부했고 그 대신 환경에 의해서 사람이 만들어진다고 주장했다. 인간의 마음이 본성대로 비어 있다면 이것이 사실이라면, 모든 인간은 심리학적으로 볼 때 동등한 상태에서 태어난다고 볼 수 있다. 이러한 관점에서 보면 개인 간의 성격차이는 각자 다른 환경에 노출되었기 때문에 만들어지는 것이다. 성격은 만들어지는 것이고 태생적인 것이 아니라는 생각이다. Skinner(1971)가 말한 대로, 인간이 행동하는 것이 아니라 세상이 인간에게 행동하게끔 만드는 것이라고 생각할 수 있다(p. 211). 따라서 만일 환경이 인간을 만들어내는 것이 사실이라면 공평하고 행복한 사회는 공평하고 행복한 것을 똑같이 느끼는 시민들로 구성되어야 할 것이다.

그렇다면 환경이 어떻게 행동에 영향을 미칠까? 행동주의 학파 학자들에 의하면 학습에 의해 이루어지는 과정이라고 한다. 우리는 학습한 것으로 인해 지금의 우리 자신이 되었다는 것이다. 행동주의 학자들에 의하면 우리의 환경은 우리에게 우리가 누구인지를 알려준다고 한다. 그렇다면 애초에 학습을 하는 이유는 무엇일까? 다른 말로 하자면, 우리에게 배우고자 하는 **동기**를 부여하는 것이 무엇일까? 행동주의적인 관점에서 보자면, 이에 대한 답은 우리는 만족감을 느끼고 고통을 피하기 위해서 학습한다는 것이다.

우리의 행동의 동기가 되는 것들이 만족감과 고통에서 나온다는 생각은 아리스토텔레스 시대부터 전해져오던 생각이고 에피쿠로스주의라는 고전학파에서부터 전해져오는 생각이다. 에피쿠로스(기원전 341~270)는 그리스 철학자인데, 그는 만족감을 느끼려는 행위와 마음의 안정을 느끼는 것, 동시에 고통을 피하는 것이 좋은 인생이라고 주장했다. 에피쿠로스에 의하면 적당한 양의 쾌락과 가장 작은 양의 고통이 모든 사람을 행복하게 만드는 것은 당연하고, 이러한 것들은 윤리적인 행동의 기반으로도 작용한다고 주장했다. 도덕적인 잣대를 적용해보았을 때 세상은 우리 모두에게 쾌락과 마음의 안정을 가져오는 것이 좋은 것이라고 가르치도록 구성되어 있고, 도덕적으로 나쁘다고 여겨지는 것은 궁극적으로 우리에게 고통을 안겨주는 것이라고 이해하면 되겠다. 이 생각이 시간이 지나면서 많은 다양한 심리적인 체계에도 적용되었는데 로크의 생각에도 영향을 끼쳤다.

18세기와 19세기에 **공리주의**(utilitarianism) 철학이 생기기 시작했는데, 이것의 기본적 생각은 좋은 사회라는 것은 가능한 많은 수의 사람들에게 가장 많은 행복감과 만족감을 가져다주어야 한다는 생각이다. 제레미 벤담(1748~1832)과 존 스튜어트 밀(1806~1873) 같은 공리주의 학자들은, 만일 사회가 더 평등적으로 구성되어 있다면 이것이 가능하다고 주장했다. 따라서 이러한 생각에 입각해서 공리주의 학자들은 여성의 참정권, 종교와 국적 때문에 생겨나는 차별의 금지, 사회적 부의 재분배를 주장하면서 모든 사람들에게 평등을 주창했다(Russell, 1945). 이들은 또한 왕과 교회의 절대적 권위를 불신했고, 또한 인생에서 생겨나는 모든 문제에 대한 답으로서 민주주의 교육을 가장 중요하게 생각하는 경향을 보였다. 윤리에 있어서 공리주의자들은 실용적이고 독단적이지 않은 자세를 보였다. 그들은 모든 원칙들은 계속해서 변화하는 윤리적 상황을 받아들일 수 있을 만큼 계속 변화해야 한다고 생각했다. 따라서 행동주의라는 것은 모든 행동의 모습은 다양하게 나타날 수 있지만 기본적으로는 공리주의적 이론에 입각한 생각이다. 행동주의는 이타주의에 입각하고 실용적이며, 인간의 삶은 교육을 통해 충분히 변화시킬 가능성과 여지가 있다고 믿었다. 여기서 말하는 교육이란 사회적 맥락에 의한 훈련을 말하는 것이다. 궁극적으로 배우는 것, 교육받는 것은 고통과 만족감에 의해서 결정된다. 따라서 배우는 과정은 행복감과 만족을 최대화하고 아픔을 최소화하는 과정이어야 한다.

밀과 다른 공리주의자들에 의하면 학습의 많은 부분은 만족감을 주는 긍정적인 부분과 고통을 주는 부정적인 부분들이 **연합**되어 나타난다고 한다. **연합주의**(associationism)라는 생각은, 시공간을 초월한 다양한 대상과 생각들이 결과적으로는 서로 연결되어서 의미를 이루는 집합체로 만들어진다는 생각이다. 이러한 연합과정을 통해서 학습이 일어나게 된다.

고전적 조건화(classical conditioning)라는 것이 이러한 간단한 학습의 한 예가 될 수 있다. Pavlov의 개 실험을 생각해보면, 배고픈 개는 중립적인 자극(종소리)이 주어지면 침 흘리는 것을 배

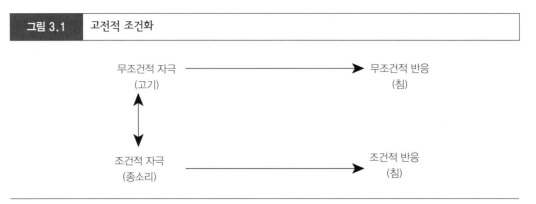

| 그림 3.1 | 고전적 조건화 |

중립 자극은 무조건적 자극이 주어졌을 때 조건화되고, 그 결과 조건적 자극은 무조건적 자극에 의한 반응에서와 같은 반응을 불러일으키게 된다. Pavlov의 개 실험에서 소리가 지속적으로 고기와 함께 짝지어지는 반응에 의해 소리만 들려도 개는 침을 흘리게 되는 것이다.

우게 되는데, 이것을 배우게 되는 과정은 자극(고기, 먹이)이 보편적으로 침을 흘리게 하는 행위와 연합되어 있기 때문이다. 고전적 조건화의 관념으로 생각해보면 여기서 먹이라는 것은 **무조건적 자극**이 되는 것이고, 개가 거기에 반응해서 침을 흘리게 된다면 이것은 **무조건적 반응**이 되는 것이다. 계속되는 실험을 통해서 종소리를 들려주고 나서 바로 고기를 주게 되면 그 개는 결국 고기를 보지 않고 종소리만 듣고도 똑같이 침을 흘리게 되는데(조건적 반응), 여기서는 **조건적 자극**이라고 할 수 있다. 이 실험에서는 조건적 자극인 종소리와 무조건적 자극인 고기라는 두 가지 요소 간에 서로 연합이 생기게 된 것이고, 그림 3.1을 보면 이 과정을 이해할 수 있다.

Watson은 이런 고전적 조건화가 인간의 학습과정에서 중요한 조건이라 생각했다. Watson과 Raynor(1920)는 잘 알려진 꼬마 알버트 실험을 통해, 태어난 지 11개월 된 아이가 계속적으로 쥐에 노출되고 또한 동시에 크고 무서운 소리에 노출됨으로써 어떻게 커가면서도 계속해서 쥐를 무서워하게 되는지 실험했다. 크고 무서운 소리라는 것이 결과적으로 알버트를 울게 만드는 무조건적 무서움의 반응을 이끌어냈지만 또한 그전에 있던 중립적인 쥐라는 자극 또한 무조건적 자극과 결국 연합되어 있었기 때문에 비슷한 정도의 무서움을 이끌어낼 수 있었다고 이해할 수 있다. 이 실험의 결과는 여러 해석이 있을 수 있지만 알버트가 커가면서 그 쥐와 비슷한 다른 쥐나 다른 동물들도 무서워하게 된다는 연구결과도 있었는데, 이 현상은 사람들이 **자극의 보편화**(stimulus generalization)라고 부르는 현상이다.

이러한 고전적 조건화는 특정한 신경증상을 이끌어낼 수도 있는데, 특히 두려움증을 가져올 수 있고 또한 더 복잡한 태도와 행동에 관련된 체계를 이끌어낼 수도 있다. 어떠한 경우에는 이러한 복잡한 연합현상이 **고차조건형성**(higher-order conditioning)을 통해 이루어질 수 있다. 고차조건형성이라는 것은 무조건적 자극과 연합되어서 힘을 얻게 된 조건적 자극들이 다른 중립적 자극들과 더 연합되어서, 결국 연합과정을 통해 조건화된 자극이 되는 조건의 형성과정을 말한다. 예를 들자면 어떤 사람이 자기 어머니가 쓰던 향수를 싫어하게 될 수 있는데, 그 향수 자체가 싫은 것이 아니라 그가 여자친구와 헤어졌던 해 여름에 어머니가 쓰던 향수이기 때문에 그것이 싫어질 경우, 이것이 고차조건형성의 예가 될 수 있다. 다른 말로 설명하자면, 그 향수를 싫어하는 행동은 고차조건형성에 의해 만들어진 것인데, 그것은 예전에는 그 남자에게 중립적 존재였던 향수가 그해 여름 어머니가 쓰셨다는 사실과 연합되어서, 사랑이 끝났다는 절망감이란 무조건적 자극과 또다시 연합되어 향수가 싫어지는 경우인 것이다. 고차조건형성은 이와 반대로 좋은 쪽으로 일어날 수도 있다. 예를 들어 이 사람의 여동생이 어떤 향수를 썼는데 그 향수를 쓴 날에 그 남자가 장학생으로 선정되었다면, 그 향수에 대한 중립적인 기억에서 좋은 기억으로 바뀌는 과정으로도 이해될 수 있다.

전통적으로 고전적 조건화는 굉장히 간단하고 저차원적인 학습방법으로 인식되었다. 두 가지 자극이 동시에 일어나기 때문에 그냥 표면적으로 연합되는 것이라고만 이해되었는데, 이 현상을 최근 연구한 결과 더 복잡하고 고차원적 측면이 있음이 발견되었다. Rescorla(1988)는 시간과 공간의 문제가 조건화를 결정하는 문제는 아니라고 주장했다. 그것 대신에 고전적 조건화는 개체로 하여금 세상에 대한 정확한 평가를 하도록 도와준다. Pavlov 개 실험을 다시 보면, 그 종소리와 연결되는 이유가 동시에 개에게 들려지기 때문이 아니라, 한 가지 자극(종소리)이 다른 자극에 대한 **정보를 주기** 때문이다. 종소리 때문에 고기를 연상하게 되기 때문이다. Rescorla는 다음과 같이 주장했다.

Pavlov의 조건실험을 보면 모든 개체가 아무 생각 없이 동시에 일어나는 두 가지 조건을 연합시켜서 일어나는 과정으로 보면 안 된다. 그것이 아니라, 그 대상이 되는 개체는 논리적이고 인지적인 과정을 통해서 두 가지 자극 간의 연결고리를 찾아서 자신이 보는 세계관의 관점을 더해서 현상을 이해하려는 더 복잡한 과정으로 이해되어야 한다(p. 154).

Pavlov의 개 실험 이후로부터 심리학자들은 성격문제에 있어서도 조건적 실험을 하기 위한 노력을 계속했다. 예를 들어 어떤 연구결과에 따르면, 사람들은 고전적 조건의 경험을 통해서 특정한 대상과 사람에 대한 특정한 느낌과 태도를 가지게 된다고 한다(Petty & Cacioppo, 1981; Zimbardo & Leippe, 1991). 예를 들자면 조사에 참가한 참가자들을 대상으로 그들이 들어보지 못한 그룹의 이름을 보여주고 그것에 대한 반응을 보는 실험을 할 때, 긍정적인 느낌을 주는 '행복하다' 같은 단어가 들어가 있는 그룹 이름에 더 잘 반응했고, 반대로 '멍청한'이라는 부정적 이름이 들어간 그룹 이름에는 더 부정적인 느낌을 갖는 결과를 보였다(Lohr & Staats, 1973). 고전적 조건화는 또한 특정한 공포증을 유발시키는 데에도 한몫을 한다(Comer, 1995). 공포증은 특정 자극에 대한 매우 큰 무서움을 말한다. 가끔 행동주의적 상담가들은 공포증으로 고생하는 사람들을 치료하기 위해 고전적 조건화의 방법을 사용하기도 한다. 공포가 학습을 통해 배워진 과정이기 때문에 똑같이 반대로 그 학습을 통해 공포를 없애면 공포증이 없어진다는 원리이다.

학습의 두 번째 모형은 **도구적 조건화**(instrumental conditioning), Skinner가 부른 **조작적 조건화**(operant conditioning)이다. 조작적 조건화에서는 **행동**이라는 것이 결과에 의해서 **수정된다**. 어떠한 행동을 한 뒤에 긍정적 결과가 된다면 그 행동이 다시 일어날 확률이 높아지고, 그렇게 되면 그 행동이 일어났던 시기에 환경에 존재하던 다양한 자극과 행동 그 자체 간의 연합이 더 강해진다는 생각이다. 반대로 부정적 결과가 생긴다면 그 행동이 다시 일어나게 될 확률도 줄어들게 되고, 그렇게 되면 자극과 반응 간의 관계도 더 약화된다.

Skinner는 조작적 조건화에 있어서 가장 잘 알려진 실험들을 했다. 그는 실험실에서 이루어진 이러한 실험에서 쥐나 비둘기와 같은 동물들로 하여금 복잡한 행동을 할 수 있게 하려고 기본적인

표 3.1	조작적 조건화의 핵심 개념	

개념	정의	예시
정적 강화	어떤 자극은 반응 이후에 제시되는 것으로 반응의 (가능성이 증가할 수 있도록) 강화를 가져온다. 결과적으로 반응의 결과 보상을 받게 된다.	1학년 교사가 아이의 순종적인 행동을 칭찬을 해주자 그 아이의 순종적인 행동이 더 많아졌다.
부적 강화	어떤 자극은 반응 이후에 제거되었기 때문에 반응의 (가능성이 증가할 수 있도록) 강화를 가져온다. 결과적으로 반응 이후에 (보상과 같은) 안도감을 느끼게 된다.	흡연을 끊자 장모님 잔소리가 사라졌다. 흡연을 끊게 된 보상의 결과, 잔소리의 소거가 강화된다.
정적 처벌	어떤 자극은 반응 이후에 제시되는 것으로 반응을 (가능성이 줄어들도록) 약화시킨다. 정적 처벌은 그에 따른 행동을 줄일 수 있도록 고통스러운 자극을 주는 것이다.	인디애나폴리스 500 경주에서 과속 운전자가 순찰자에 걸려 200불의 벌금을 냈다. 교통 위반 딱지가 체벌이 되고, 그것이 운전자가 속도를 내는 것을 억제하도록 했다.
부적 처벌	어떤 자극은 반응 이후의 소거에 의해서 반응을 (가능성이 줄어들도록) 약화시킨다.	귀가시간을 지속적으로 어기는 청소년이 부모에게 외출금지령을 받았다. 정적 강화는 (친구와 함께 놀러 나가는) 따라서 사라진다. 그 결과 청소년은 귀가시간을 잘 지키게 된다.
소거	정확하게 강화된 행동은 더 이상 강화가 되지 않는다. 그 결과 행동은 줄어들고 기초선 수준까지 떨어지게 된다.	부모가 저녁 식탁에서 더 이상 웃음과 칭찬으로 화답하지 않자 아이는 "제발요"와 "고맙습니다"를 하지 않게 되었다.
조성	복잡한 반응을 조성하는 행동에 연속적으로 근접해 복잡한 반응을 유발된다. 복잡한 마지막 반응은 단순한 구성반응을 해줌으로써 만들어질 수 있다.	리틀 리그의 코치가 아이의 많은 단순한 배팅을 칭찬으로 가르쳤다. 초반부터 아이는 적합한 방식에 의해 서 있는 자세를 강화받았으며, 이후 배트를 가격하는 단계에 올라섰다. 배트가 정확히 공에 맞자 아이는 또 칭찬을 받았다. 마지막으로 아이가 전반적으로 정확한 배팅 자세를 갖추고 공을 힘차게 쳤을 때 다시 한번 칭찬을 받게 되었다.
지속적 강화	정확한 반응이 있자마자 강화를 지속한다. 지속 강화 시기에 따라 제시된 행동은 빠르게 학습될 수 있다.	매시간 한 남자가 그의 여자친구에게 사랑한다고 말하자, 그녀가 그에게 키스했다.
부분적 강화	모든 행동에 따라 강화를 주는 대신에, 특정한 때에 따라 간헐적으로 강화를 한다. 특정한 기간 이후에 고정간격에 따랐던 것이다. 특정한 반응 이후에만 강화가 주어진다. 고정이든 비율이든 특정 강화 때에 따라 행동이 출현하는데 이는 행동이 지속적으로 강화되는 것보다 소거에 더 저항적이게 된다.	*고정간격 : 직장인이 2주에 한 번씩 급여를 받았다.* *비율 간격 : 컴퓨터 영업사원이 100대의 컴퓨터를 판 이후에 보너스를 받았다.*

원칙을 적용했다. 그 실험대상이 되는 동물은 잘 통제된 실험실 한계 내에서 자신이 원하는 모든 것을 할 수 있도록 했다. 그렇게 자기가 원하는 행동을 하는 과정에서 실험자가 원하는 이상적인 행동을 했을 경우에만 작은 양의 음식을 줌으로써 상을 준 것이다. 이렇게 함으로써 그 실험하는 사람은 동물로 하여금 계속 자신이 바라는 행동을 하게 유도한 것이고, 결과적으로 그 동물은 계속적으로 더 자주 실험자가 원하는 행동을 하게 된다는 결과가 있었다. 이런 식으로 해서 계속 연합을 조금씩 더 촉진시키는 과정을 통해 자신이 원하는 행동을 대상으로부터 얻어내는 것을 **조성**이라고 한다. 앞에서 말한 Skinner의 *Walden Two*라는 소설에서 이러한 조성과정이 중요하게 다루어진 바가 있다.

조작적 조건화라는 것은 계속해서 상을 줌으로써 특정 행동을 장려하고 반대로 벌을 줌으로써 그 행동을 못하게 하는 것, 그 이상의 의미가 있다. 연구대상이 되는 개체들은 언제 어디서 특정 행동을 할 것인지, 아니면 특정 행동을 하지 않을 것인지도 배우게 된다. 예를 들어 조용한 행동들은 교실 내에서는 장려될 수 있지만, 놀이터에선 적용되지 않을 수 있다. 학교에 다니는 아동은 이러한 두 가지 전혀 다른 환경의 차이점을 이해하고 각각의 환경에 적응할 수 있는 적합한 행동을 하게 된다는 것이다. 따라서 교실 안에 있는 교사와 책상 같은 환경은 아이들에게 **판별자극**으로 적용되는데, 자기가 속한 환경에 자극들이 있으면 읽고 쓰고 조용히 있는 특정한 행동들은 더 장려되는 반면, 뛰어다니거나 공을 가지고 노는 등의 행위는 장려되지 않고 때에 따라 벌을 받게 된다는 것도 이해하게 된다. 하지만 특정한 반응패턴은 굉장히 다른 환경과 배경에 따라서 장려될 수도 있다. 이러한 경우에는 **보편화, 일반화**가 일어난다. 예를 들어서 진실을 말하는 행위는 집에서, 학교에서, 놀이터에서 모두 장려되는 행동이다. 이상적으로 볼 때 그 학생은 이러한 행동은 배경과 환경에 상관없이 항상 적합함을 배우고, 따라서 다양한 자극이 있을 때 그 자극의 내용과 상관없이 이런 행동을 항상 보여줘야 함을 배울 수 있게 된다.

그 행동을 강화하고 처벌하는 개념들은 둘 다 직관적으로 확인하기 쉬운 동시에 역설적이기도 하다. 모든 사람들이 행동이라는 것은 상과 벌을 신중하게 이용함으로써 조성될 수 있다고 알고 있다. 당연히 부모들도 이러한 것을 잘 이용해서 매일매일 아이들을 교육시키는 데 적용하기도 한다. 하지만 Skinner가 말한 대로 부모들은 조작적 조건을 잘못 이용하기도 한다. 예를 들자면 많은 부모들이 벌을 주는 데에만 더 민감하게 반응한다. Skinner가 주장하는 바는 벌을 주는 것은 하지 말아야 할 행위만 가르칠 뿐, 건설적인 비판을 제공해주진 못하기 때문에 행동을 통제하는 데 있어서 미약한 방법일 수밖에 없다고 주장한다. 소설 *Walden Two*에서도 지나친 벌을 주는 것은 교육프로그램에서 별다른 영향력이 없는 것으로 묘사되었다.

또한 부모들은 **부분적 강화**(partial reinforcement)의 힘을 과소평가하는 경향이 있다. 부분적 강화는 행동이 일어날 때마다가 아니라 간헐적으로 강화되는 반면에, **지속적 강화**(continuous reinforcement)는 그 행동이 일어날 때마다 반응을 보이는 것이다. 그 행동이 더 이상 강화되지 않을 경우에는 그 행동이 차츰 빈도가 줄어들다가 결국엔 소거된다. 하지만 부분적으로 강화된 행동은 지속적으로 강화된 행동보다 더 없애기 힘들다고 한다. 따라서 아이가 떼를 쓸 때 그 행동에 대한 강화의 대처를 부분적으로 하는 부모가 있다면 그 부모는 알게 모르게 아이들의 그 나쁜 행동을 완전히 없앨 수 있는 기회를 놓치고 있는 셈일 수도 있다. 또한 이러한 좋지 않은 행동, 예를 들어 떼를 쓰거나 육체적 공격성을 보인다거나, 미성숙한 마음의 상태를 보이는 행동들이 지속적이 아니라 부분적으로만 강화되고 부분적으로만 벌을 받고 가끔씩만 무시된다면 더 큰 문제로 이어질 가능성도 있다.

강화(reinforcement)란 다양한 모습으로 우리에게 찾아올 수 있다. 동물의 경우 음식이나 마실 것 같은 기본적 강화요소에 더 잘 반응하는 반면 인간은 행동을 가장 미세하게 바꿀 수 있는 다양한 작업들에 더 광범위하게 반응하려는 특징을 보인다. 이렇게 인간에게 영향을 주는 강화요소들은 **조건화된 보편적 강화요소**(conditioned generalized reinforcers)라 부르는데, 이것들은 다양한 다른 강화요소들과 연합되어 작용한다. 이것의 가장 대표적 예는 돈인데, 돈을 통해서 다양한 다른 강화요소를 구입할 수 있기 때문이다. 또한 나아가서 다양한 인간에게 영향을 주는 강화요소들은 본질적으로 사회적인 면이 있다. Arnold Buss(1986)는 사회적 강화요소들을 두 가지로 나누었는데 **자극보상**(stimukation rewards)과 **인정보상**(affective rewards)으로 구분했다. 자극보상이란 다른 사람의 주의를 얻는 것을 의미하고, 인정보상은 존경을 얻고 칭찬을 얻고 애정을 느끼는 것을 포함한다. 또한 인정보상은 타인에게 받을 수 있는 **감정적** 보답을 포함하는 개념이고, 자극보상은 다른 것 없이 자기에게 영향을 줄 수 있는 다른 사람들이 어느 정도로 반응한다는 정도이다.

지금의 미국 심리학은 행동주의적 영향이 그리 강하다고 볼 수는 없지만, John B. Watson에 의해 시작된 행동주의 경향과 *Walden Two*를 통해 시작된 Skinner의 영향이 뿌리 깊이 박혀 있는 것은 사실이다. 행동주의에서 가장 중요하게 여기는 특징들, 예를 들면 실용주의, 실증적 엄격함과 수량화를 중시하는 특징들은 아직까지도 미국 심리학의 중심을 차지하고 있는 개념들이다. 또한 행동주의는 임상적인 측면에서도 큰 도움을 주었는데, 예를 들면 행동적응, 행동반사, 인지적 행동반사로 이름 지어진 문제가 있는 행동을 고치려고 하는 임상적 행위에 많은 도움을 주었다. 성격이론과 관련해서 본다면 행동주의는 **사회학습이론**(social-learning theories)으로 구분 지어질 수 있는 다양한 의미 있는 접근법을 만들어내기도 했다. 이러한 이론들은 환경주의와 학습에 영향을 주는 행동주의의 중요한 요소들을 그대로 가지고 가고, 또한 구체적으로 직접적으로 관찰될 수 없다고 여겨지는 중요한 인지적 요소들을 포함하는 인간 행동을 보는 더 폭넓은 관점을 채택하기도 했다.

기대치와 강화수치

인지적 개념이라는 것을 인간 성격을 보는 데 행동주의적 측면에서 반영시킨 가장 첫 번째 심리학자 중 1명은 Julian Rotter였다. Rotter가 보는 이러한 특징적인 행동주의의 측면은 인간에게만 있다고 특별히 여겨지는 학습의 측면을 더 부각시키는 역할을 했다. Rotter(1954, 1972)는 모든 인간들은 그 자신의 현실을 구체적으로 만들어나간다고 생각했고, 단순히 그것에 반응하는 것만은 아니라고 생각했다. 또한 나아가서 대부분의 인간의 학습과정은 사회적인 맥락에서 이루어진다. 왜냐하면 인간들은 다른 사람이 어떻게 행동할지에 대한 특정한 기대치가 생기게 되고, 그 기대치에 따라 자신의 행동을 조정하기 때문이다.

Rotter의 사회학습이론의 가장 중요한 개념 중 하나는 **기대치**(expectancy)이다. 여기서 말하는 기대치는 특정한 행동의 결과로 인해서 어떠한 특정한 강화행동이 나올 것이라는 가능성을 말한다. 시간이 흐르고 다양한 상황을 접하면서 우리 모두는 특정한 상황에 있는 특정 행동은 어떠한 것을 통해서 강화된다는 것을 배우게 되고 그 똑같은 상황이 다른 환경에서는 적용되지 않음도 자연스럽게 배우게 된다. 예를 들어, 어떤 대학생은 심리학 수업에 열심히 참여하는 것은 더 높은 성적으로 이어질 것이란 기대감을 가질 수 있다. 반면에 그녀는 동시에 자신의 남자친구와의 관계를 더 회복시키려 노력하는 것은 이와 비슷한 만족감을 가져다주지 않을 것이라는 기대치도 동시에 가질 수 있다. 이러한 경우의 대학생은 두 가지 굉장히 주관적인 다른 기대치를 가지게 되는데, 열심히 하는 것이 다른 두 가지 상황에서 매우 다른 결과를 가져올 것임을 알게 된다. 그리고 나아가서 시간이 지나면서 대부분의 사람들은 세상에서 일어나는 강화작용의 본질에 대한 **보편화된** 기대치를 품게 된다. Rotter는 이러한 보편화된 기대치를 **통제위치**(locus of control)란 개념으로 설명했다. 내적 통제위치를 가진 사람들은 자신의 행동에 의해 특정 강화요소와 상이 따를 것임을 기대하게 된다. 다른 말로 하면, 그 사람들은 자신의 행동 자체가 그 행동에 따라오는 결과를 통제할 수 있음을 안다는 뜻이다. 반대로 내적이 아니고, 외적 통제위치를 가진 사람들은 그 자신의 행동이 예측하는 한 강화요소로 이어지지 않을 것이라 생각한다. 그것 대신에 강화요소들은 자신의 힘이 아닌 외적 요소, 예를 들어 더 힘이 센 타인, 운에 따라 이루어진다고 생각하는 경우이다. 이러한 경우에는 강화요소들이 자신의 힘에 의해 통제되는 것이 아니라고 생각하는 경우이다.

이러한 통제위치를 측정할 수 있는 다양한 척도가 개발되었다(Phares, 1978). Rotter에 의해 1966년에 개발된 **I-E 척도**(I-E Scale)는 사람들에게 내부적인, 그리고 외부적인 요소의 선택들을 물어보는 29개의 질문으로 구성된 질문지이다. Rotter의 척도는 이러한 통제위치가 매우 폭넓고 보편화된 요소라고 생각하고, 그 기대치가 스스로 자신을 드러낼 만큼 매우 다양한 분야에서 활동한다는 것을 전제로 하는 질문지이다. 하지만 최근 20년간 심리학자들은 특정한 부분에서 통제에서의 리듬을 측정할 수 있는 보편화되지 않고 특성화된 척도를 개발했다. 이는 특정 분야, 예를 들어 결혼(Miller, Lefcourt, Holmes, Ware, & Saleh, 1986)이나 다른 사람과의 애착관계(Lefcourt, Martin, Fick, & Saleh, 1985), 그리고 지능(Lachman, 1986), 건강(Wallston & Wallston, 1981)과 같은 분야에서만 적용가능한 경우이다.

I-E 척도는 말 그대로 몇 천 개나 되는 실험에서 실제로 쓰였고, 또한 이러한 광범위한 조사결과가 의미하는 것은 성격을 판단하는 사회인지적 요소 중에 가장 중요한 한 가지가 바로 통제위치라는 것이다. 이러한 연구결과가 시사하는 바는 내적 통제위치, 내재론적 입장을 가진 사람들은 더 좋은 성적에서부터 더 좋은 대인관계에 이르기까지 삶의 매우 다양한 긍정적 결과를 가져온다는 점이다. 여기서는 내재적인 것과 외재적인 것을 가진 사람들의 차이점을 나타내는데 내적 통제력을 가진 사람들은 외적 통제력을 가진 사람들에 비해 독립심이 강하고, 주어진 환경에서 더 많은 정보를 빼오는 능력, 자신의 건강상태에 대한 더 많은 자신감, 건강상태에 대한 더 긍정적 태도, 담배를 피울 확률도 더 낮고, 병에 걸릴 확률도 더 낮으며, 전체적으로 심리적인 안정감을 더 가지고 있다는 특징을 가진다(Lachman, 1986; Phares, 1978). 내적 통제위치를 가진 사람들은 외적 통제위치를 가진 사람과 비교했을 때 인생의 고난과 역경을 더 잘 헤쳐나갈 수 있는 능력을 가지고 있다. 하지만 내적 통제위치가 항상 득이 되는 것만은 아니다. 응답하지 않은 **무응답**의 환경에 있는 경우에는, 개인적 노력이 계속 저하되기 때문에 이러한 경우에는 내적 통제위치를 가진 사람들이 외적 통제위치를 가진 사람들과 비교해서 더 만족감이 낮은 경우도 있다(Janoff-Bulman & Brickman, 1980; Rotter, 1975). 강화행동이 자신의 노력과 능력에 의해 바뀔 수 있다고 믿는 것은 언제나 좋은 것은 아니다. 왜냐하면 개인적 생각과 노력이 뜻대로 되지 않을 경우, 그것이 소용없을 경우가 있기 때문이다.

Rotter가 말한 다른 중요한 개념 중 하나는 **강화수치**(reinforcement value)이다. 강화수치는 특정한 강화의 주관적인 매력이 있는 정도를 나타낸다. 위에서 예로 들었던 대학생을 다시 생각해보면, 그녀에게 있어서 남자친구와의 관계를 회복시키려는 강화수치는 그녀가 심리학 수업에서 더 높은 점수를 받는 강화수치보다 훨씬 높을 수 있다. 이러한 강화수치값에 차이가 있기 때문에 그녀는 반대로 하는 것이 나중에 성공을 보장함을 알면서도 심리학 수업에서 높은 점수를 받는 것보다 남자친구와의 관계를 더 중요하게 생각하는 것이다. 어떤 사람이 어떻게 행동할지를 예측하기 위해서 심리학자들은 그 사람이 주어진 상황에서 목표지향적인 행동을 취하는 데 나타나는 기대치와 강화수치를 모두 고려해야 한다. Rotter가 말한 대로 설명하자면, 행동의 가능성(behavior potencial,

BP)은 주어진 상황에서 어떤 사람이 어떻게 행동할지 측정하는 수치인데, 그 수치를 말하기 위해서는 기대치(E)와 강화수치(R)를 더한 값으로 계산해야 한다. $BP = E + RV$. 보편적으로 대부분의 사람들은 강화를 불러일으키는 행동을 하고 싶어 하고, 또한 강화수치가 높을 때 RV 수치가 높은 행동을 보이려는 경향이 있다. 반대로 E와 RV 수치가 낮은 경우에는 사람들이 그렇게 행동하지 않는다는 것을 의미한다.

Walter Mischel(1973, 1979)은 Rotter의 사회학습이론을 더 발전시켰는데, **인지적/사회적 학습/개인적 변수**(cognitive/social learning/person variables)를 통합시켜서 이론을 발전시켰다. 이러한 것은 주어진 상황의 접근법의 다양한 전략이나 스타일을 모두 포함하는 내용인데, 이것들은 개인의 예전의 경험에서 나온다고 흔히 생각된다. Walter가 말했던 기대치와 수치라는 두 가지에서 그치지 않고 Mischel은 다른 것도 포함시켰다. 개인의 능력과 주어진 상황을 해석하는 능력, 자기를 얼마나 통제할 수 있는지 등의 능력도 포함시켰다. **경쟁력**이란 것은 어떤 사람이 알고 있는 것과 할 수 있는 일을 말한다. 모든 사람들은 자신만의 경쟁력을 가지고 그 경쟁력을 기반으로 주어진 상황을 파악하려고 한다. 어떤 사람은 다른 사람에 대한 공감 정도를 나타내는 데 특히 경쟁력을 보일 수 있고, 다른 사람은 반대로 사회적 문제들을 자신의 감정과 연관시키지 않고 객관적으로 보는 능력이 탁월할 수도 있다. 그리고 세 번째 사람은 타인과 말하는 데 경쟁력이 높을 수도 있다. 방금 말한 각각의 기술 하나하나는 주어진 상황에서 어떤 사람이 어떻게 행동할지 예측하는 데 중요한 기준이 될 수 있다.

다음으로, **해석능력**(encoding strategies)은 사람들이 주어진 정보를 해석하는 능력이다. 모든 사람들은 각기 자기만의 관점으로 주어진 상황을 해석한다. 예를 들어서 주어진 상황을 생각해보자면, 학기가 시작한 지 2주 만에 교수가 숙제를 못했다는 이유로 학생들에게 화를 내는 상황을 상상해보자. 지난 2주 동안은 너무 쉬엄쉬엄했기 때문에 앞으로는 학기가 더 힘들어질 것이라고 교수가 경고하는 상황이다. 이 상황을 받아들이는 학생 중 1명은 더 열심히 앞으로 남은 학기를 임하라는 충고로 받아들이고 동기부여가 되는 상황으로 받아들일 수 있고, 아니면 이 수업을 안 듣고 더 좋은 다른 교수를 찾아가는 동기부여로 받아들일 수도 있다. 반대로 다른 학생은 교수가 그렇게 말한 것이 실제로 그런 의미를 전달하려고 한 것이 아니라 학생들이 더 열심히 하라고 말로만 하는 상황이라고 이해할 수도 있다. 세 번째 학생은 그 당시엔 교수가 심각하게 말했지만, 그날 교수의 기분이 안 좋았기 때문에 심각하게 받아들일 상황은 아니라고 판단하는 것이다. 이렇게 보듯이, 모든 사람들은 주어진 상황을 해석하는 자기만의 방법이 있다. 이것은 제8장에서 더 자세히 살펴볼 것이다.

마지막으로 Mischel이 언급한 세 번째 추가적 부분은 **자기통제적 체계와 계획**(Self-regulatory systems and plans)이다. 우리 스스로 만든 목표와 기준에 맞추어서 우리 행동을 어떻게 적용시키고 가이드해 나가는지에 관한 것이다. 어떤 학생이 로스쿨에 진학하고 뉴욕에 있는 큰 로펌에서 일하겠다는 계획을 세웠을 때 그 계획하에 그녀가 생각하고 행동하는 것은 그 계획의 영향을 받을 수밖에 없다. 예를 들자면, 이러한 목표가 있기 때문에 그녀는 앞으로 어떻게 하면 더 좋은 성적을 받을지 고민해야 하고 로스쿨에 진학하기 위해 가장 적합한 학부를 어떻게 진학해야 하는지도 생각해야 하며, 약혼자와 잘 상의해서 앞으로의 계획에 대해서도 생각해야 된다. 목표라는 것은 우리 인생에 가이드라인을 제공해준다. 이런 것들은 우리가 중요한 목표를 어떻게 달성할 수 있는지 목표물을 통해서 알려주게 되고, 특정한 상황에서 특정한 시간대에 어떤 것을 하는 것이 가치 있고 어떤 것이 가치 없는지를 알려주는 역할을 하게 된다.

Bandura의 사회학습이론

지금 가장 널리 알려져 있고 영향력이 많은 사회학습이론가 중 1명은 Bandura이다. 아이오와대학 대학원을 다니고 있을 때 Bandura는 당시 유명했던 Kenneth Spence라는 행동주의학자의 영향을 크게 받게 된다. 그리고 나서 캔자스의 위치토 가이던스 센터에서 임상심리학자로 일한 후, 스탠퍼드대학에서 교수가 되었고 지금도 거기서 가르치고 있다. Bandura의 이론에 따르면 그가 주장하는 것은 매우 포괄적인 사회학습이론인데 학습이란 범위를 매우 크게 보아서 포괄적으로 관찰하는 것, 인지적 학습을 모두 포함하고, 개인의 특징과 환경적 특징 모두를 포함하는 광범위한 개념으로 볼 수 있다.

관찰학습

행동주의에서부터 나온 학습의 전통적인 원칙들, 예를 들어 강화나 벌을 주는 것 같은 원칙들은 학습 자체라기보다는 그 학습을 **어떻게 받아들이느냐**의 문제와 더 관련되어 있다. Bandura의 의견에 따르면 상을 주거나 벌을 주는 것은 사람들이 어떻게 행동할지를 조성하는 데는 영향을 줄 수 있지만, 사람들이 무엇을 배우는지와는 큰 상관이 없다는 것이다. 그래서 행동주의 이론에서만 본다면 강화작용이 없을 때 왜 사람이 학습할 수 있는지, 또는 생물학적 필요가 만족되지 않는 데에도 인간이 왜 학습을 하는지를 설명할 수 없게 된다. 에피쿠로스학파의 의견과 동일시해서 생각해보면, Bandura는 만족감과 고통의 범위 밖에서도 특정한 학습활동이 일어날 수 있다고 주장한다. 무언가 학습하기 위해 굳이 상을 받아야 할 필요는 없다는 것이다. 그것 대신에 많은 사람들은 다른 사람들이 어떻게 행동하는지 봄으로써, 그것에 관해 읽고 들음으로써, 보편적으로 다른 사람들이 속한 세계를 관찰함으로써 충분히 학습이 가능하다는 것이다. 이렇게 매우 간단한 과정이 바로 **관찰학습**(observational learning)이다. 사람들은 기본적으로 관찰함으로써 배우고, 그들이 보는 것을 따라함으로써 행동하게 된다.

그림 3.2를 보면, Bandura(1971, 1977)의 관찰학습법에 대해 볼 수 있다. 그는 어떤 사람이 다른 사람의 행동을 보고 결과적으로 그 모델을 따라 행동을 하는 과정을 네 가지 단계로 이해했다. 첫 번째 단계는 **주의집중과정**이다. 그 모델의 특징적 상황들이 그 사람이 그 모델을 보고 결국 따라 하는지 안 따라 하는지 볼 수 있다. 예를 들자면, 눈에 띌 정도로 매력적이거나 이상한 경우는 평범한 사람보다 더 주의를 끌 가능성이 높아진다. 또한 반대로 주의집중과정이란 것은 관찰한 사람의 특징도 포함하는 개념이다. 특정한 사람은 그 모델을 관찰하는 능력이 기본적으로 있어야 한다. 눈이 먼 사람들은 실제로 볼 수는 없지만 다른 감각에 의지해서 배우는 과정을 학습할 수 있다. 또한 그들은 무언가를 관찰할 수 있는 동기부여를 받아야 한다. 그 모델이 얼마나 볼 만한 가치가 있는지를 떠나서, 예를 들자면 그 관찰자가 무언가를 관찰할 만큼 좋은 상태가 아니고 피곤한 상태라면 결국 학습은 일어나지 않을 것이란 의미이다.

Bandura는 상당히 영향력 있는 사회학습 이론을 개발했다. 이 이론에서 Bandura는 학습에 있어 관찰과 인지적 과정의 역할을 포함해 행동주의의 관점을 확장했다 (출처 : Jon Brenneis/Life Magazine/ Time & Life Pictures/Getty Images).

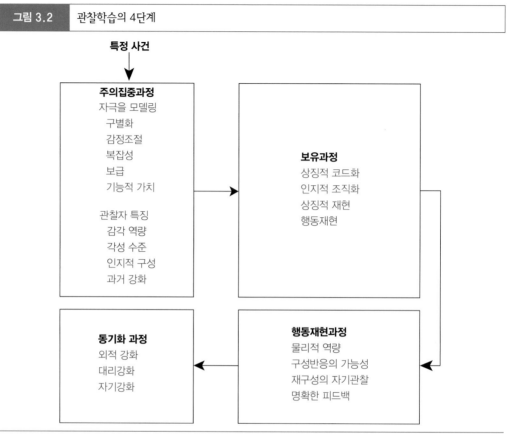

| 그림 3.2 | 관찰학습의 4단계 |

성공적 재현을 위한 관찰학습에서 주의집중, 보유, 행동재현, 동기적 과정을 거쳐야 한다.

출처 : *Social Learning Theory*(p. 23), A. Bandura, 1977, Englewood Cliffs,NJ: Prentice-Hall.

관찰학습과정의 두 번째 단계는 **보유과정**(retention processes)이다. 관찰하는 사람은 자신이 보는 것을 해석하고 기억하고 이해하려는 능력이 있어야 한다. 예를 들어서, 덧셈과 뺄셈이 적혀 있는 카드를 갓 태어난 신생아에게 아무리 보여주어도 그것을 이해하지 못한다. 왜냐하면 신생아에게는 그러한 상징적 정보를 해석할 능력이 아직 없기 때문이다.

세 번째 단계는 **행동재현과정**(motor reproduction processes)인데, 이것은 관찰자의 행동의 레퍼토리에 있어서 관찰된 것을 얼마나 행동할 수 있는지에 대한 능력을 말하는 것이다. 예를 들자면 나와 내 동생은 몇 년 동안이나 시카고 컵스의 어니 뱅크스가 얼마나 야구를 잘 치는지 주의 깊게 관찰했다. 어니는 그 야구인생에 있어서 512개의 홈런을 쳤고, 그것의 대부분을 나와 내 동생은 TV로 직접 확인할 수 있었다. 이것을 Bandura의 모델에 적용시켜보자면, 나와 내 동생은 계속해서 그 모델을 찾았고(1단계), 그리고 완벽한 기억력으로 그 스윙을 기억할 수 있었다(2단계). 하지만 우리 실제의 인생에서는 청소년 야구팀에서 홈런을 두 번 친 게 전부였다.

마지막으로 이 모델에서 네 번째 단계는 **동기화 과정**(motivational processes)이다. 행동을 보고 따라 하려는 상황이 나타나기 위해서는 관찰하는 사람이 그 행동을 따라 하고 싶은 마음이 있어야 한다. 이 과정에서 상과 벌이란 개념이 가장 극명하게 다가온다. 만약에 관찰하는 사람이 그 모델의 행동을 직접 주의 깊게 관찰했고, 그것을 해석할 수 있었고, 다시 그 행동을 따라 할 수 있는 능력을 가졌다고 가정할 때, 이제 그 사람에게 남은 것은 강화되었을 때 그 행동을 그대로 따라 하는 행위이다. 이 경우에 강화란 것은 외부 환경에서 직접 올 수도 있다. 관찰하는 사람 자신에게서 올 수도 있고[이것을 '자기강화(self-reinforcement)'라고 부른다], 아니면 행동을 위해 강화된 어떤 사람을 보거나 상상함으로써 이루어질 수도 있다[이것을 '대리강화(vicarious reinforcement)'라고 부른다].

관찰학습은 인생 어느 곳에서나 찾아볼 수 있다. 당신이 일상적으로 하는 행동 중에서 타인의 행동을 관찰하고 그대로 따라 하지 않는 경우를 찾아보자면 손에 꼽기 힘들 것이다. 많은 과학자들은 언어의 발달, 충동의 통제, 우정, 경쟁과 협동심, 설득하는 과정, 이타주의 등과 같은 개념을 통해서 그러한 관찰학습법의 중요성을 보여주었다. 이 중에서 가장 중요하게 여겨진 연구 중 하나는 폭력성과 공격적인 행동 간의 연결고리를 관찰한 실험이었다(예 : Anderson & Bushman, 2002; Anderson, Carnagey, & Eubanks, 2003; Bandura, Ross, & Ross, 1961; Berkowitz & Powers, 1979; Eron, 1982, 1987; Geen, 1997; Huesmann & Miller, 1994). 여기서 주의 깊게 본 것은 언론에서 보여주는 폭력성, 특히 폭력적인 TV 쇼나 영화, 노랫말 등에 나오는 폭력성에 초점을 두었다. 이 연구결과는 크게 두 가지로 정리할 수 있는데 첫째는 사람들은 다른 다양한 종류의 공격성을 보여주는 모델을 보고 그것을 그대로 따라 할 능력이 있다는 것, 둘째로 사람들이 공격성과 폭력성에 더 많이 노출될수록 타인에게 더 잔인하고 파괴적 행동을 함으로써 자기 자신도 더 공격적인 사람이 될 확률이 높다는 것이었다. 또한 동시에 초반에 공격성이 내재되어 있던 사람들일수록 나중에 시간이 갈수록 더 잔인하고 자극적인 미디어에 노출되기를 좋아한다는 결론도 있었다. TV의 공격성을 보자면 본래 폭력적인 성향을 가진 사람들일수록 더 잔인한 장면을 찾아보게 되고, 그것은 그들이 특정한 공격성을 더 높이는 것을 반복하게 된다는 것이다. 다른 말로 하자면, 언론에서 나오는 폭력성과 공격성은 서로 상호보완적 관계일 수도 있고 원형적인 관계를 이룰 수도 있다. 이 두 가지의 요소 모두 다 원인이자 결과가 되는 경우이다.

Bandura가 보는 관찰학습의 방법은 인간의 학습과 행동의 사회적 질은 약간 무시하는 경향이 있다. 관찰학습이란 특정한 대인적 맥락에서만 이루어진다. 관찰자와 모델은 특히 더 단순하지 않고 복잡한 대인관계로 이루어져 있는데 여기서는 그 관계 때문에 어떻게 학습이 이루어지는지, 따라 하는 과정이 얼마나 보여지게 되는지가 결정되게 된다. 예를 들자면, 아이들을 대상으로 한 모방 행동을 연구한 결과를 보면, 그 모델과 아이 간의 관계에서 보여지는 몇 가지 특징들이 따라 하는 행동 자체를 촉진시킬 수도 있고 저하시킬 수도 있다는 결과가 있다. 보편적으로 아이들은 자신과 동성인 사람의 행동을 따라 하는 경향(Bandura, Ross, & Ross, 1961), 힘이 세고 권력이 있다고 생각되는 모델을 따라 하는 경향(Bandura et al., 1963), 다른 사람에 의해서 강화된다는 것을 확인한 이후에 그 행동을 따라 하려는 경향(Bandura, 1965; Parke & Walters, 1967)이 강하다고 한다.

자기효능감

자기효능감(self-efficacy)은 Bandura의 가장 중심적인 개념 중 하나이다(Bandura, 1989). 자기효능감이란 것은 애매하고 측정가능하지 않고 다른 스트레스를 주는 요인들이 있는 상황에서 그것을 잘 처리할 수 있는 능력, 자신이 그런 능력이 있다고 믿는 정도를 말한다(Bandura & Schunk, 1981, p.

표 3.2	자기효능감의 4요소

수행완수
목표를 성취하는 데 있어 성공과 실패의 과거 경험은 가장 중요한 자기효능감의 조절원이다.

간접 경험
타인의 성공과 실패를 관찰하는 것은 유사한 상황에서 자신의 유능감을 시험해봄으로써 비교기준을 제시해줄 수 있다.

언어적 설득
주어진 과제를 완수하거나 그럴 수 없다는 것을 듣는 것은 그러한 설득력이 약함에도 불구하고 자기효능감이 증대되거나 감소될 수 있다.

감정적 각성
자기효능감이란 느낌은 주어진 행동상황에서 감정적 각성의 정도에 영향을 받는다. 불안함은 주어진 과제에 어려움, 스트레스, 지속성의 정도를 인식하는 중요한 정보를 제공해준다. 불안의 매우 높은 수치는 그것을 느끼는 사람이 효능감이 매우 낮다는 것을 뜻한다.

587). 다른 말로 하자면, 자기효능감이란 주어진 상황에서 자기의 행동적 경쟁력을 믿는 정도라고 할 수 있다. 높은 자기효능감은 주어진 행동을 할 수 있다는 강한 믿음으로 보여지고, 반대로 낮은 자기효능감은 그런 행동을 할 수 없다는 믿음으로 이어진다(표 3.2 참조).

자기효능감은 결과에 대한 기대감과는 다른 개념이다. 결과에 대한 기대감은 주어진 상황에서 특정한 행동이 어떤 결과를 가져올지 기대하는 행동이다. 긍정적인 결과기대감은 어떤 행동이 내가 원하는 결과를 가져올 수 있다는 믿음을 말하고, 반대로 부정적인 기대감은 특정 행동이 원하는 결과를 가져오지 않는다는 믿음을 말한다. 따라서 주어진 상황에 대해서 자기효능감은 높지만 결과기대감은 낮은 경우가 있다. 예를 들어, 친한 친구에게 왜 이혼을 하면 안 되는지 논리적으로나 강압적으로 설명할 수 있는데 이것은 높은 자기효능감에서 나오는 행동이다. 그러나 이렇게 하면서도 노력해도 좋은 결과가 나온다는 믿음을 갖고 있지 않을 수도 있다. 이것이 낮은 결과기대감이다.

자기효능감은 우리가 주어진 목표지향적 행동을 하는 정도, 그렇게 하기 위해서 얼마만큼의 노력을 할 수 있는지, 주어진 상황에서 얼마나 오랫동안 노력할 수 있는지 등에 영향을 준다. Manning과 Wright(1983)는 자기효능적 판단과 행동 사이의 관찰을 경험적으로 연구했다. 실험대상은 52명의 임산부였는데, 그들은 약물의 효과 없이 어떻게 진통을 견딜 수 있는지 가르쳐주는 수업을 듣고 있었다. 이 사람들은 진통이 오기 전, 그리고 그 이후에 자기효능감에 대한 질문지를 완성했다. 그 설문지는 약물 없이도 출산의 고통을 얼마나 견딜 수 있는지 자신이 생각하는 정도를 체크하는 것이었다. 또한 결과기대감도 비슷한 설문지를 통해 측정했는데 이것은 수업에서 배운 고통을 통제하는 기법들이 출산과 진통과정에서 얼마나 도움이 되었는지, 도움이 되지 않았는지 자신의 생각을 체크하는 것이었다. 출산이 끝난 후에 여성들은 진통과 출산과정에서 쓰여진 약물과 시간을 평가하도록 인터뷰했는데, 이 연구의 결과를 보자면 출산과 진통 전에 자기효능감이 높게 나왔던 여성들은 출산과정에서도 약물 없이 잘 견딜 수 있었고, 반대로 낮은 자기효능감을 가진 사람들은 그렇지 못했다는 결과를 볼 수 있다.

자기효능감의 발달은 위협적 상황에서 사람들이 그 상황에 대한 지배권을 가질 수 있는 중요한 방법이다. Bandura가 말한 '위협'은 지각된 대처능력과 주어진 환경에서 해가 될 수 있을 만한 측면 간의 대치관계를 말한다(Ozer & Bandura, 1990, p. 473). 어떤 사람은 자신이 가진 개인적인 자원으로 환경의 강한 요구를 맞춰주지 못한다고 느낄 때 위협적 상황이라고 경험하게 된다. 이러한 상황에서 사람은 주어진 상황의 해가 되는 면에 대해서 많은 부정적인 생각을 하게 되고, 그 부정적인 생각에 대처하는 데 있어서 자신의 능력부족을 탓하게 된다. 여기서 더 높아진 자기효능감은 환경과 더 좋은 관계를 유지할 수 있는 방향으로 그 사람의 사고방식을 바꿔주게 된다. 이렇게 해서 힘을 주는 결과를 얻게 된다는 것이다(Ozer & Bandura, 1990).

자기효능감에 대한 연구들에서는 임상적 효과와 이것이 가져올 수 있는 건강상의 좋은 점도 많이 강조되었다. Bandura와 동료들은 다양한 환경적 위협을 느끼고 있는 사람들 중에서 자기효능감을 높일 수 있는 다양한 방법들을 고안했다. 예를 들어서 Ozer와 Bandura(1990)는 폭력과 폭력에 대응해서 자신들을 방어할 수 있는 호신술을 배우는 여자들을 대상으로 자기효능감을 조사했다. 이렇게 호신술을 배움으로써 여성들 사이에서는 자기효능감이 증가하는 효과를 보였고 공격에 대해 더 자신감 있는 태도를 갖게 되었고 남성들과의 만남에서 부정적인 생각이나 불안감을 많이 줄여주었다는 결과가 있었다.

자기효능감을 대상으로 한 다른 조사는 뱀과 관련된 것이다. 뱀 공포증이 너무 심해서 캠핑이나 여행, 계곡 가는 것도 못했던 20명을 대상으로 조사되었다(Wiedenfeld et al., 1990). 이 조사에서는 자기효능감을 높이는 것이 몸의 면역체계의 기능을 강화시키는 것과 관련 있음을 보여주었는데, 이것은 림프구와 피의 헬퍼T세포/서프레서T세포에 모여 있는 집중도를 가지고 측정했다. 처음에 이 실험에 참가했던 사람들은 뱀과 더 공격적인 만남을 하도록 유도되었는데 모든 사람들이 처음엔 엄청난 긴장감을 보였다. 하지만 이러한 통제력을 가지려고 하는 과정에서 받은 스트레스가 결과적으로 자기효능감을 높여주는 역할을 했는데, 이것은 면역체계를 낮추는 것이 아니라 강화시키는 데

Bandura의 사회학습이론은 심리학자, 정책 입안자, 부모들에게 경계심을 불러일으켰다. 미디어가 시청자들 사이의 공격성을 증대시킴으로써 폭력성을 유발할 수 있기 때문이다. 이 그림은 한 남아가 TV 쇼에서 본 것과 같이 총을 쏘는 모습을 따라 하는 것이다(출처 : Peter Byron/Photo Researchers, Inc.).

도움을 준 것이다. 다른 말로 하면 스트레스는 보통 질병과 아픔과 싸울 수 있는 몸의 능력을 저하시키는 것으로 알려져 있지만, 여기서 **자기효능감과 통제력을 높**이기 위해 일부러 받은 스트레스 요인은 오히려 몸의 면역체계를 강화시키는 결과를 가져왔다는 뜻이다. 간단하게 말하자면, 더 높은 정도의 면역체계 그리고 그것에 이어지는 더 좋은 건강상태는 높은 자기효능감과 관련이 있지만, 높은 자기효능감을 훈련한 혜택이라는 것은 자기효능감이 높아지기 전부터 오히려 나타나기 시작했다는 뜻이다. 다시 말해, 자기효능감을 **높이**기 위한 스트레스가 많은 과정들이 오히려 몸의 저항능력을 키워줄 수 있다. 이렇게 보면 자기효능감을 높이는 측면에서의 스트레스란 것은 사람들이 가지고 있어도 좋은 스트레스이다.

인간 행동의 사회적 생태계

행동주의학자들과 사회학습이론가들은 인간의 행동이라는 것을 그 사람이 속해 있는 환경의 영향의 개념으로 설명했다. 우리가 주어진 환경에서 세상과 소통함으로써 행동하는 방법을 배운다는 말이다. 세상은 우리에게 특정한 방법으로 행동하라고 '가르친다'. 고전적 조건화, 조작적 조건화, 관찰학습을 통해 우리는 우리가 경험했던 것에 더해서 학습방법을 배우게 된다. 우리는 사회의 생각과 맞지 않는 파괴적이고 공격적인 행동을 하든지 아니면 사회가 규정한 대로 사회규범에 맞는 사회규율적 행동을 하든지 간에 우리가 경험하는 상과 벌, 다양한 상황에서 계속 경험하게 되는 강화 요소들, 환경적 자극을 어떻게 받아들이느냐의 문제, 우리가 따라가게 되는 모델, 우리가 주변 사람들—부모, 동료들, 교사—에게서 보고 배우는 행동 등을 통해 우리는 무슨 행동을 해야 하며 어떻게 해야 하며 언제 해야 하며 왜 그 행동을 해야 하는지를 배우게 된다. 행동주의학자들과 사회학습이론가들은 우리의 행동과 우리 삶 자체가 환경 내에서 어떻게 직접적인 영향을 받고 있는지 계속해서 강조하고 있다.

　　그렇다면 그 환경이라는 것의 본질은 무엇일까? 우리의 행동에 영향을 주고 우리가 누구인지 결정해주는 환경적 요인들엔 어떤 것들이 있을까? 얼핏 이런 질문은 간단해보인다. 우리는 어떤 상황에서 보든지 우리의 '환경'은 우리가 처해 있는 상황이라고 이해한다. 이 문장을 쓰고 있는 지금, 나는 시카고에 있는 오래된 집의 3층에 앉아 있다. 지금은 이른 아침인데, 지금은 내가 일을 가장 잘할 수 있는 시간이다. 아래층에서 아내의 소리가 들리는데 샤워를 하려는 것 같다. 내 둘째 딸은 아직 자고 있는데 조금 있으면 일을 하러 일어나야 한다. 이러한 것들이 모두 내가 지금 처해 있는 상황의 일부이다. 이 장을 읽고 있는 당신은 지금 기숙사 방에 있든지 도서관에 있을 수도 있다. 친구와 공부하고 있을 수도 있다. 지금 늦은 밤이고 내일 이른 아침에 시험을 앞두고 있을 수도 있다. 이러한 요소들은 지금 당신이 처한 상황의 일부가 된다.

　　하지만 우리, 내가 처한, 그리고 당신이 처해 있는 우리의 상황들을 잘 생각해보면 우리의 상황을 결정짓는 다양한 상황과 맥락에 의해 우리가 행동한다는 것을 알 수 있다. 지금 나에게 있어서는 오늘이 2007년 6월 13일인데 출판사에 이번 여름까지, 3개월 내에 이 책을 끝내기로 약속해놓은 상태이다. 솔직히 말하면 그때까지 할 수 있을지 잘 모르겠다. 이런 것들이 다 나의 상황인데, 내가 지금 53살 백인 남성이고, 두 아이가 있고 결혼했고, 교회를 다녔었고, 1970년대에 대학을 다녔다는 사실들과 함께 이것들이 나의 환경을 만들어주는 상황이 된다. 당신을 알지는 못하지만 당신도 나와 비슷하게 당신의 삶과 관련한 비슷한 정보들을 알려줄 수 있을 것이다. 지금 어떤 상황에 있는지, 그리고 어디서 왔는지, 인구분석으로 봤을 때 프로필이 어떻게 되는지와 같은 정보를 다 알려줄 수 있을 것이다. 이러한 모든 것들은 당신이 지금 처해 있는 현재 상황의 일부가 된다. 이 모든 것들이 결국 당신의 환경을 정의해준다.

　　우리는 생물학적인 '환경'이란 개념을 공부하게 되면 자연계의 복잡한 '생태계'에 대해 이해하게 된다. 그 생태계를 만들어가는 요소들은 주어진 시간과 환경에서 우리의 자연세계를 정의해주는 시로 연결된 환경적 시스템으로 구성되어 있다. 비슷한 방법으로 인간의 행동을 결정짓게 하는 환경을 이해하기 위해서는 **사회적 생태계**(social ecology)라는 것을 짚고 넘어가야 한다(Bronfenbrenner, 1979; Moen, Elder, & Luscher, 1995). 사회적 생태계라는 것은 인간의 행동에

더 읽을거리 3.1

부모는 어떻게 아이를 키워야 할까?

우리는 한때 아이였고 우리 중 대다수는 앞으로 아이를 키울 것이기 때문에, 어떻게 부모들이 아이를 키워야 하는지에 대한 우리만의 가설을 세우곤 한다. 언제 훈육을 해야 하고, 언제 어떻게 애정을 보여주며, 어떻게 분쟁을 피하고, 하지 말아야 할 실수는 무엇인지 하는 것들이다. 로크의 경험주의 전통을 따르는 미국인 특유의 긍정성을 고려할 때, 우리는 굉장히 환경주의적인 관점을 택해 아이 발전을 바라본다. 우리는 진심으로 우리가 아이들에게 또 아이들을 위해 하는 것들이 중요하고, 자녀 양육의 패턴이 아이의 궁극적 세계관에 영향을 미친다고 믿는다. 행동주의와 사회학습이론가들과 마찬가지로, 우리는 부모들은 중요한 학습이 이루어지는 자녀를 위한 환경을 만들고 그곳에서 성격이 나타난다고 믿는다. 따라서 우리는 아동심리학자, 소아과 의사, 그리고 우리가 우리보다 더 대단하다고 생각하는 많은 전문가들이 쓴 책을 열심히 읽는다.

지난 60년간, 아동심리학자를 비롯한 연구진들은 자녀 양육과 그것이 성격형성에 미치는 영향에 대해 수많은 논문과 책을 써 왔다. 발달심리학을 다루는 교과서들조차 수박 겉핥기식인 것을 고려했을 때, 이 모든 연구를 정확히 이해하기 쉽고 또 자세하게 요약하기란 불가능하다. 그럼에도 불구하고 이 연구에서 도출할 수 있는 일반적인 결론은 몇 가지 존재한다.

한 가지 일반적인 결론은 자녀 양육에 관한 대다수의 조언은 (과학적 사실에 기반하든지 아니든지) 좋은 (건강하고 행복한) 아이와 좋은 (건강하고 행복한) 어른이란 무엇인가에 대한 *문화적 이상*을 반영한다는 것이다. 미국을 비롯한 몇몇 서구 선진국에서 이 문화적 이상은 개인주의, 자유, 자주적 자기를 강조한다. 우리는 건강하고 행복하고 잘 적응하려면 스스로 도전에 맞서야 한다고 믿는다. 따라서 우리는 '경쟁력', '완벽함', '독립성' 등을 이상적인 기준으로 세우고 우리 아이들도 이에 맞춰 키우려 노력한다.

따라서 자녀 양육에 있어서 굉장히 부족한 과학적 이해와 개인주의에 대한 문화적 선입견을 고려했을 때, 두 번째 일반적인 결론이 도출된다. 일반적으로 가족패턴 연구는 네 가지 기본적인 양육 스타일을 포함한다. 권위주의적-호혜적/권위주의적/너그러운-관대한/소외적인 유형의 네 가지다. 이 네 타입은 '요구적/비요구적'과 '수용적인/거부하는'의 두 가지 기본적 차원을 기준으로 정리될 수 있다 (Baumrind, 1971; Maccoby & Martin, 1983). 표 3.1.1을 보면 네 타입과 두 차원이 잘 설명돼 있다. *상당한 연구가 아이들에게 경쟁력과 완벽함을 가장 잘 길러주는 양육 스타일은 권위주의적-호혜적 패턴이라고 정의한다.*

자녀 양육에 있어서 *권위주의적-호혜적* 패턴에서, 아이들은 '부모의 요구에 따라 책임감 있게 행동하고 부모들은 아이들의 이성적인 요구와 관점에 있어서 최대한 수용적으로 들어주는' 모습을 보인다(Maccoby & Martin, 1983, p. 46). 이 패턴에서 부모들은 가정에서 허용가능한 행동의 명확한 기준을 세우지만, 동시에 아이들의 요구와 관점도 받아들여주는 편이다. 따라서 부모는 자녀와의 관계에 있어 매우 통제적이지만 동시에 반응적이다. 일련의 연구를 보면 이 양육 패턴은 일반적인 통계 수준에서 아이들의 인지적 · 사회적 측면의 독립성과 자주성을 키워주며, 폭력적 행동을 조

| 그림 3.1.1 | 양육 패턴의 두 가지 측면 |

	수용적인 (반응적, 아이 중심적인)	거부하는 (무반응적, 부모 중심의)
요구적인 (통제적인)	권위주의적-호혜적	권위주의적
비요구적인 (통제력이 낮은)	너그러운-관대한	소외적

출처 : "Socialization in the Context of the Family: Parent-Child Interaction" (p. 39), E. E. Maccoby & J. A. Martin, 1983. In P.H. Mussen (Ed.), *Handbook of Child Psychology* (4th ed., Vol.4, pp. 1-102). New York: John Wiley & Sons.

(계속)

더 읽을거리 3.1 *(계속)*

절하고 사회적 책임감을 키우며 자부심을 길러준다는 것을 확인할 수 있다(Maccoby & Martin, 1983; Steinberg, Darling, & Fletcher, 1995).

반면 자녀 양육의 *권위주의적* 패턴은 요구하는 것은 많지만 수용하는 것은 적은 형태다. 권위주의적 부모들은 딱딱하고 비민주적이다. 마치 전지전능한 신의 모습처럼 강한 규율을 세우고, 그 규율이 만들어진 배경이나 이유는 설명해주지 않는다. 이런 부모들은 복종을 최선의 가치로 여기며 아이들과 부모 사이에 이루어지는 자발적인 교류활동을 인정하지 않는다. 연구에 의하면 권위주의적 부모를 가진 아이들은 동료와의 관계에서 사회적 경쟁력이 떨어지고, 자발적이지 못하며, 자부심이 비교적 낮은 편이라고 한다. 다른 연구들을 보면, 권위주의적 패턴이 아이들에게 있어 내면화된 양심의 발전을 저해시킨다고도 한다. 권위주의적 부모를 가진 아이들은 외부의 권위가 시키는 대로 행동하거나 의사결정을 내린다.

너그러운–관대한 양육 스타일은 권위주의적 패턴의 반대다.

이 경우, 부모들은 행동에 있어서 높은 기준을 세우는 데 실패하지만 아이들의 요구는 잘 들어주게 된다. 이런 부모들은 아이들의 성적, 공격적 충동을 포함한 다양한 충동을 참고 받아주는 태도를 취한다. 벌을 주는 일이 거의 없고, 가능할 때마다 권위를 이용하거나 제어하려는 행동을 취하지 않으며 어른스러운 행동을 요구하지도 않는다. 이처럼 평등하고 방임적인 환경에서 자란 아이들은 비교적 충동적이고 공격적이며, 본인 행동에 책임을 지지 않는 성향이 생긴다. 이런 양육 스타일은 장점도 있지만 "전체적으로 봤을 땐 단점이 더 많다 (Maccoby & Martin, 1983, pp. 45~46)."

마지막으로, 가장 심각하게 잘못된 양육 스타일은 *소외적인* 유형이다. 이런 부모들은 아이들의 요구에 반응하지 않는다. 일반적인 소외나 정서적 무관심부터 실제적인 아동학대까지 다양한 모습을 취할 수 있다. 이런 가정에서 자란 아이들은 비정상적인 자기애와 충동 제어의 실패, 강한 공격성 등 많은 부정적인 특징을 보인다.

영향을 주고 그의 인생을 조성하는 데 도움을 주는 다양한 환경적 요소로 이루어져 있다. 사회적 생태계는 주어진 특정한 시간에 어떤 사람이 처해 있는 특정한 사회적 환경 같은 것들을 모두 포함한다. 특히, 행동주의와 사회학습이론에 많은 영향을 받은 성격심리학자들은 주어진 시간과 주어진 장소에서 특정한 행동을 하게끔 하는 직접적인 환경적 요소를 중요하게 생각한다. 사회적 환경이란, 사회적 생태계를 이루는 **미시적 맥락**(microcontext)이며 행동을 이끌어내는 직접적인 환경요인이라 할 수 있다.

하지만 이러한 직접적인 환경을 제외하고 더 크고 더 환경적인 행동을 이루는 요소들이 있는데 그것은 우리 가족, 이웃, 학교, 교회 같은 단체적 모임이다. 예를 들어 가정을 생각해보면, 가정은 적어도 두 가지 다른 방법을 통해서 행동을 이루는 요인으로 작용할 수 있다. 예를 들어, 첫 번째 요소는 다른 상황과 비교해서 어떤 개인은 자신의 가족들과 같이 있을 때 서로 다른 방법으로 행동하려는 경향이 커진다. 가족체계를 연구하는 심리학자들은 그 가족구성원들 하나하나가 그 가정에서 어떻게 특정한 역할을 하고 있으며, 그 역할에 따라 어떤 특정한 행동을 보이는지에 관심을 가진다 (예 : Minuchin, 1974). 나를 예로 들자면, 나는 내 동생들과 어머니께 모든 문제의 해결책을 알려주고 어떤 것이 맞는지 알려주는 권위 있는 역할이다. 두 번째 관점에서 보자면, 가족이란 것은 가족 안에서 배운 행동패턴들이 자신의 바깥 삶에까지 영향을 줄 수 있는 역할도 한다. 지금 이 아침에 늦잠 자지 않고 이 글을 쓰고 있다는 사실은 내가 가정에서 배웠던 성실함의 요소 때문일 수 있다. 이런 관점에서 보면 내 가족에게 배운 요소들은 지금 나의 환경의 일부가 된다. 이렇게 보면 가정, 자신이 자란 환경, 동네, 그리고 다녔던 학교나 교회들이 지금의 환경을 이루는 요소로 작용할 수 있다는 뜻이다.

더 큰 관점에서 볼 때 우리 행동을 이루는 것은 **거시적 맥락**(macrocontext)이라고 하는데 이것은 사회적인 집단, 성별, 문화, 그리고 우리가 살고 있는 역사적 맥락 등을 포함하는 큰 개념이다. 모든 시기에서 볼 때 개인의 인생이란 것은 자기가 처한 가장 작고 가장 직접적인 사회적 환경, 또한 역사와 문화 및 조직까지 포함하는 더 큰 환경을 모두 포함하고 있다. 주어진 상황에서 어떠한 행동을 하기로 선택하는 사람을 이해하기 위해서는 그 사람의 작은 부분과 큰 부분을 모두 이해해야 한다. 따라서 우리의 행동을 결정하는 환경을 정의한다는 것은 매우 힘든 일이다. 그것은 동시에 일어나는 고차원적 요소들이 합쳐져 있기 때문이다.

미시적 맥락 : 사회적 상황

상황이란 무엇일까? Rudolph Moos(1973, 1974, 1976)는 이 어려운 질문에 대답할 수 있는 중요한 시작점을 알려주었다. Moos는 여섯 가지 요소로 이루어진 정의를 통해서 주어진 상황을 관념화시키는 데 필요한 다양한 특징들을 알려주었다. Moos가 말한 인간 환경의 여섯 가지 카테고리는 (1) 물리적 생태계의 측면, (2) 행동으로 이루어지는 상황, (3) 조직의 구조, (4) 그 사람이 처한 상황의 특징, (5) 조직적인 분위기, (6) 기능적·강화적 측면이다. 표 3.3을 보면 이것들을 이해할 수 있다.

Barbara Krahe(1992)는 상황적 특징을 일종의 수직적 구조로 나타낼 수 있는 아웃라인을 제공했다. 이 수직구조의 가장 아래에는 **상황적 자극**이 있는데, 이것은 주어진 상황에서 의미를 가지는 대상을 말한다. 예를 들어서 '학기가 끝날 때 기말고사 치는 상황'이 있다면 여기서 상황적 자극은 책상, 의자, 펜과 종이, 시험장에 앉아 있는 친구들 등으로 구성될 것이다. 이것이 첫 번째 단계라면 두 번째는 **상황적 사건** 혹은 에피소드라고 불리는 것들이다. 같은 예로 본다면, 두 번째 단계는 시험을 시작하라는 이야기를 듣는 것, 시험 마지막에 에세이 문제를 풀게 하는 것 등이 포함된다. 세 번째 단계가 되면 모든 일들은 **전체적인 상황**이라는 보편적 그림으로 맞추어지게 된다. 이러한 총체적 상황의 특징은 시공간에서 이루어지는 특수성에 달려 있다. 여기서 말한 시험이란 것은 어떤 학생에겐 대학을 다니면서 처음 보는 시험일 수도 있고, 아니면 심리학 과목 중에서 처음 보는 시험일 수도 있다. 네 번째 단계에 이르게 되면 상황은 더 보편화된 경우로 나누어지는데, 여기서는 보편적 시험 자체라는 개념으로 이어질 수 있다. 모든 시험은 다 특별할 수 있지만, 대부분의 시험은 보편적 특징을 가지고 있기 때문이다. 마지막으로 가장 수직구조의 위에 위치한 다섯 번째 단계로 올라가면, 우리는 **인생의 상황**을 고려하게 된다. Krahe에 의하면 이 다섯 번째 단계는 특정한 발달단계에서 그 사람의 행동에 의해 영향을 받는 사회적인 요소를 모두 포함하는 총체적 개념이다(p. 196). 시험의 예를 다시 들면, 다섯 번째 단계란 것은 학부생으로서 보내는 대학생활의 첫 번째 시험이라고 정의할 수 있는데, 이것은 그때 그 시험을 보는 당사자의 인생의 상황을 포함하는 개념이다.

우리는 외부적인 환경에 포함되어 있기 때문에 우리가 흔히 느낄 수 있는 공기의 온도나 우리가 있는 방의 크기, 같이 있는 사람 수 등과 같은 구체적인 특징으로 상황 설명이 가능하다고 생각할 수가 있다. 하지만 심리학자들이 사람들에게 사회적 상황을 분류해보라고 물어봤을 때 그들은 사회적 상황을 이러한 객관적이고 외부적인 상황으로만 측정하지 않음을 알게 되었다. 그 대신에 사람들은 보통 자신의 주관적인 기준으로 자신이 처한 환경이 그들 자신에게 무슨 의미인지를 해석하려 하는 개인적 경향을 보였다. **심리학적인 것에 치중하는 경우가 많았다는 뜻이다**(Krahe, 1992). 그렇기 때문에 외부적 환경 자체라기보다는 관찰하는 사람들의 마음에 의해 상황이 해석되는 경우가 많다. Writes Ball(1972)에 의하면 "상황을 정의하는 것은 관찰하는 사람의 관점에서부터 본 모든 정보의 통합된 내용, 그것을 통해서 관찰자가 자신이 결정한 특정한 행동과 소통할 수 있는 능력과 관련된 모든 정보의 합"이다(p. 63).

사람들은 종종 자신이 처한 상황을 자신의 심리적인 **행동유도성**(affordances)에 의해서 구분 짓기도 한다. 행동유도성이란 그 자신이 처한 상황이 자신에게 영향을 주는 정도, 행동을 할 수 있는 기회를 주는 정도를 말한다(Dworkin & Goldfinger, 1985). 예를 들어 Magnusson(1971)은 사람들로 하여금 36가지의 서로 다른 사회적 상황을 평가하도록 실험했는데 그 평가의 기준은 그 특정 상황이 얼마나 큰 보상을 가져다주었는지, 얼마나 자주 부정적인 느낌을 만들어냈는지, 그 상황에서 얼마나 사람이 수동적으로 느끼는지, 그 상황에서 얼마나 많은 양의 사회적 소통이 있어야만 하는지, 얼마나 많은 행동을 해야만 하는지 등이었다. Forgas(1978)는 15가지 개인적 환경을 만들어내고 구성하는 네 가지 측면을 설명했다. 첫째는 그 상황이 주는 불안감의 정도, 둘째는 그 상황에 자기가 얼마나 깊이 속해 있는지 느끼는 정도, 셋째는 보편적으로 그 상황이 좋은지 나쁜지의 정도, 넷째는 그 상황이 사회감정적인 교류를 이끌어내는지 아니면 일을 끝내는 것에만 초점을 맞추고 있는지의 정도였다. 다른 연구는 다른 결과를 가져왔다. 자신들이 처해 있는 직접적인 상황들이 어떻게 비교대조될 수 있는지에 대한 의견은 굉장히 많고 또한 어떤 측면이 가장 중요한지에 대한 의견도 매우 많은 상황이다.

만약 상황을 정의하는 방법이 사람들의 개인적인 행동유도성에 의한 것이라면 '정말로' 상황 안에 있는 것이 무엇인지, '정말로' 그 사람 안에 있는 것이 무엇인지 구분하기가 어려워진다. 그리고 더 나아가 개인의 성격이 자신의 자각방법에 영향을 준다면 내부적인 성격구성요소와 외부적 상황을 구분하는 것도 어려워진다. 왜냐하면 개인적인 성격특성 때문에 환경을 해석하는 방법이 달라질 수 있기 때문이다. 이러한 측면으로 볼 때 Forgas(1983)는 내향적 사람들은 자신감이라는 측면에서 그 상황을 해석하려는 경향이 강하다는 것을 발견했다. 반대로 외향적인 사람들은 그 상황 자체가 주는 만족감이 어느 정도인지, 그런 상황이 얼마나 많은 대인관계를 포함하는지에 따라 상황을 해석하는 것으로 보였다. 그렇기 때문에 정리하자면, 내향적인 사람들과 외향적인 사람들은 겉으로 보기엔 같은 상황에 처해 있다 해도 매우 다른 방법으로 상황을 해석할 수 있을 것이다.

표 3.3	인간 환경에서의 여섯 가지 일반 항목
항목	예
생태계적	기후, 지리, 빌딩 유형, 환경의 물리적 특성
행동반경	교회, 축구장, 부엌, 교실
조직적 구조	조직의 인구 밀집도, 조직의 위치, 위계구조, 학교에서의 학생과 교사의 비율
거주민 특성	거주민들의 나이, 성, 능력, 지위, 재능 등
조직적 환경	사회적 도덕성, 대인관계의 유형과 강도
기능적 특성	공격 행동이 지지받는지 아닌지와 같이 상황에서 특정 행동의 강화 결과

출처 : "Conceptualizations of Human Environments," R. H. Moos, 1973, *American Psychologist*, 28, 652–665.

행동에 영향을 미치는 각기 다른 사회적 상황을 분석하기 위해 심리학자는 상황적 원형에 주목했다. 이는 사람들이 그들 자신을 확증하는 특별한 상황, 사람들이 전형적으로 기대되는 표준적 행동을 따르게 되는 상황을 뜻한다. 레스토랑에서 가족과 함께 하는 저녁 식사는 중상층 미국 사회의 상황적 원형의 한 예시가 될 수 있다(출처 : Bananastock/Jupiter Images Corp).

하지만 외향적이든 내향적이든 상관없이 보통 사람들은 특정한 행동적 가이드라인으로 바꿀 수 있는 "상황에 대한 매우 폭넓은 전문성"을 가지고 있다(Cantor, Mischel, & Schwartz, 1982, p. 70). 상황을 이해하는 한 가지 접근법에 의하면 대부분의 사람들은 **상황적 원형**(situational prototypes)이라고 하는 것을 모든 상황에 대입해서 만들어낸다고 한다(Cantor et al., 1982; Schutte, Kenrick, & Sadalla, 1985). 상황적 원형이란 주어진 상황을 바라보는 추상적인 특징들을 말한다. 주어진 상황에서 이러한 상황적 원형은, 사람들은 어떤 것을 기대하고 어떤 행동을 하는지 결정하는 기준으로 작용할 수 있다. 예를 들면 상황적 원형을 통해 사람들은 주어진 배경의 느낌, 그 배경에 속해 있는 사람들의 특징, 그 사람들이 보여주는 일반적인 행동을 볼 수 있다.

예를 들어 파티라는 상황이 있을 경우, 일반적으로 파티에 연관된 여러 상황을 보여줄 수 있다. 보편적으로 파티란 것은 밤에 열리고 주어진 특정한 공간에 모인 다양한 사람들이 자유롭게 옷을 입고 음식을 먹으면서 서로 웃고 대화하고 음악이 있고 춤을 추고 많이 시끄러운 특징들을 가질 수 있다. 당연히 파티는 모두 다르고 각각의 파티가 특별한 점이 있을 수 있다. 하지만 그럼에도 불구하고 우리가 보편적으로 알고 있는 파티라는 개념으로부터 우리의 경험을 추출해내기 때문에 우리가 생각하는 가장 이상적인 예의 파티를 생각해내게 되는 것이다. 그렇기 때문에 우리가 참가하게 되는 모든 파티는 무의식중에 생겨나는 파티에 대한 우리의 개념과 관련 있다. 예를 들어 대학 기숙사에서 열리는 시끄러운 댄스파티의 경우엔 우리가 알고 있는 일반적인 파티의 모든 특징이 다 보이는 전형적 파티라고 할 수 있고, 반대로 대학의 영어교수가 여는 시를 읽는 파티가 있다고 하면 우리가 흔히 파티 상황에서 생각하는 그런 요소를 갖추지 못해서 덜 전형적인 파티라고 이해하게 된다는 것이다.

거시적 맥락 : 사회구조

지구에 완벽히 평등한 인간 사회란 존재하지 않는다. 모든 사회 그리고 모든 사회의 인간으로 구성된 단체와 조직에는 권력과 자원이 불평등하게 나누어져 있다. 왜 그런지 생각해볼 수 있지만, 그런 것을 떠나서 지금 확실하게 우리가 알 수 있는 것은 다른 사람에 비해서 특정한 사람들이 더 자원에 대한 접근성이 뛰어나다는 사실이다. 미국 사회를 예로 들자면 이러한 자원은 특히 돈과 교육이라고 볼 수 있는데 이는 결과적으로 명예나 지위 및 권력과 이어지는 자원이다. 이렇게 자원이 불평등하게 분배되어 있기 때문에 사회적 구성원 간에 복잡한 관계가 생기게 되고, 사람들이 시간이 지나면서 어떻게 발전하는지 그들이 원하는 것이 무엇인지 그리고 세상과 관련해서 자신들을 어떻게 이해하는지에 관해서 이러한 자원의 불평등이 큰 영향을 미치게 된다. 따라서 **사회구조**(social structure)라는 것은 권력과 자원을 고려할 때 사람들을 어떻게 구분 짓는지에 대한 사회적 개념을 말한다. 사회구조는 인간 행동을 이해하는 큰 틀을 제공한다(Pettigrew, 1997). 이러한 성격을 보는 큰 관점을 언제 잘 이해할 수 있느냐면 성격과 사회적 지위 간의 상관을 볼 때이다.

Inkeles(1960)는 각각 다른 나라의 사회적 수직관계를 조사한 연구에서 일반적으로 더 높은 사회적 지위를 가진 사람들이 낮은 사회적 지위를 가진 사람들과는 다른 행동패턴을 가지고 있다는 것을 찾아냈다. 예를 들면, 연구결과 중 하나는 더 높은 사회적 지위를 가진 사람들은 낮은 사회적 지위를 가진 사람들에 비해 자신의 직업에 만족하는 정도가 높았다. 또한 사회적 지위란 것은 자신의 직업에 대한 태도, 인간 본성과도 관련이 있었다. 높은 사회적 지위를 가진 사람들은 직업을 단지 돈을 버는 수단으로 여기기보다는 재미있고 보람 있는 기회로 여기는 경향이 더 많았고, 그 사람들은 보편적으로 인간 본성은 더 선하게 바뀔 수 있다고 믿었다. 반대로 낮은 사회적 지위를 가진 사람들은 직업을 생계유지수단으로만 보는 경향이 높았고 인간 본성에 대해 부정적 시각을 보이기도 했다.

지난 35년간 Melvin Kohn과 동료들은 사회구조와 성격 간의 관계를 연구했다(Kohn, 1969; Kohn, Naoi, Schoenbach, Schooler, & Slomczynski, 1990; Kohn & Schooler, 1969, 1973). Kohn의 주장은 개인성격에 주는 사회적 위치의 영향은 직장과 가정에서 모두 찾아볼 수 있다고 한다. 더 전문적이고 지위가 높은 직업은 사람들로 하여금 더 중요한 요구를 하게 한다. 일반적으로 교사나 의사, 변호사, 다른 화이트칼라 전문직에 종사하는 사람들은 공장에서 일하는 블루칼라 사람들 또는 다른 낮은 지위를 가진 사람들보다 자신의 일을 하는 과정에서 더 진취적이고 더 독립적인 의사결정을 해야 하는 경우가 많다. 따라서 더 높은 지위의 사람들은 자신들의 일을 하는 과정에서도 **자신의 경로를 정한다**는 자신감을 더 많이 경험하게 된다. 반대로 낮은 지위의 일을 하는 사람들은 인지적 의사결정을 할 수 있는 기회가 별로 없고, 또한 진취적으로 결정할 기회도 없을뿐더러 상관의 말에 복종해야 하는 경우가 훨씬 더 많다. 그래서 이러한 직업에 종사하는 사람들은 **권력에 순종해야 한다**는 가치관을 가질 수밖에 없다. Kohn과 동료들(1990)은 미국, 일본, 폴란드 남성을 대상으로 한 조사에서 더 높은 사회적 지위를 가진 사람들은 자신을 더 발전시키는 과정을 중요시했고, 또한 내부적인 통제력도 더 높았다는 결과를 발표했다. 또한 일반적으로 더 높은 사회적 지위란 것은 낮은 순응, 낮은 불안감, 더 높은 지능과도 관련 있었다.

이러한 관계가 특히 더 재밌는 이유는 똑같은 개념이 가정에도 적용된다는 사실 때문이다. Kohn과 동료들(1969)은 미국과 이탈리아를 대상으로 한 조사에서 중산층 가정의 부모들은 자신을 통제하는 능력을 더 중요시한 반면에, 사회적 지위가 낮은 부모들은 가정에서 권력에 복종하도록 아이들을 가르친다는 결과를 발표했다. 따라서 부모들이 전문직에 종사하는 아이들은 자신을 통제하는 자신만의 방향을 찾는 능력이 가정에서 길러지게 되고, 그래서 아이들 자신이 부모들처럼 전문직에 종사하게 되는 데 도움이 된다. 반대로 낮은 직업을 가진 부모에게서 태어난 아이들은 권력에 복종하도록 사회화된다. 이런 사회화 과정은 간단한 직업이나 사회적으로 지위가 낮은 직업이나 가정환경엔 잘 맞을 수 있지만, 나중에 아이들이 커서 전문직에 종사하고자 할 때는 도움이 되지 않는다. 발달심리학자인 Jerome Kagan(1984)은 낮은 사회환경을 가진 가족들은 안정감을 가장 중요시하고 그러한 자질을 중시하기 때문에 아이들이 나중에 커서도 안정감만을 중시하게 된다고 설명했다.

대학을 안 나온 부모들과 그들 자식들을 중산층이 아니라 노동자 계급으로 보는 사람들은 계속해서 경제적 문제점을 겪기 때문에 그러한 경제적 스트레스에서 오는 자기만의 화를 계속 생각하게 되고, 자신들에게 통제권이 없다고 생각하게 된다. 그래서 이러한 부모들은 자녀들을 사회화시키는 과정에서 가장 중요하게 생각하는 것이 안정적인 돈을 주는 직업을 선택하게 하는 것이다. 여기서 중요하게 여겨지는 두 가지 자질은 동료들에게 인정받는 것, 권력이 더 많은 사람들에 의해 조정되지 않는 것이다(p. 249).

하지만 반대로 중산층 가정들은 더 교육받았고 경제적으로 더 안정되었을 가능성이 높다. 그 중산층 가정의 부모들은 전문직일 확률이 높고 아이들도 더 좋고 포괄적인 가치체계, 믿음, 세계관 안에서 길러질 확률이 높다.

> 대학을 나온, 그리고 전문직에 종사하는 부모들은 그 지향하는 바를 중시하고 직업의 안정감보
> 다는 직업 자체의 사회적 위치와 지위를 더 중시한다. 그 부모들은 동료들에게 거절당하거나 인
> 정받지 못하는 것은 이러한 목표를 달성하는 데 장애가 된다고 생각하기 때문에 그렇지 않은 방
> 향으로 아이들을 키우려 하고 동시에 자주적 선택과 자주적 경쟁심을 키워주려 노력하게 된다
> (Kagan, 1984, p. 249).

미국과 영국을 대상으로 한 조사에서 중산층에 있는 청소년들과 성인들은 비슷한 지능을 가진 더 사회적 지위가 낮은 사람들과 비교해서 더 보편적이고 더 복잡한 언어를 사용한다는 것을 알아냈다(Hess & Shipman, 1965). Bernstein(1965)은 사회적 지위가 낮은 가정의 부모들이 아이들과 대화할 때 굉장히 한정적인 언어를 사용한다는 결과를 내놓았는데, 이는 자신들이 구체적인 요구를 전달하기 위해서만 특정 언어를 사용함을 의미한다. 하지만 반면에 중산층 가정의 부모들은 자녀와 이야기할 때 더 복잡하고 더 세련된 언어를 사용하고 조건이 있는 문장들을 쓰고 추상적인 관념도 표현할 줄 알았다. 이와 비슷한 맥락으로, Labov(1972)는 중산층의 심리학자들은 더 낮은 사회적 위치의 사람들이 사용하는 말의 뉘앙스와 의미를 잘 이해하지 못한다는 주장을 하기도 했다. 하지만 Bernstein과 Labov 모두 동의할 만한 내용은 언어는 맥락을 반영하고, 중산층과 사회적 하위층 간의 언어적 행동을 비교해 보았을 때 그들은 의사소통을 하기 위해서 각각 다른 의사소통 체계를 선택했고, 그렇기 때문에 그들의 행동이 서로 다르게 이해될 수 있다는 가능성이다.

심리학자들이 오래전부터 사회적 계층과 성격의 관계를 연구해오긴 했지만, 극심한 빈곤과 성격의 발전과의 관계를 깊게 연구하기 시작한 것은 최근의 일이다. 잘사는 나라나 못사는 나라 모두에서 매우 가난한 가정에서 태어난 아이들은 정말 제한적인 환경에서 살아가고 있고 이는 중산층 가정에서 태어난 아이들은 전혀 이해할 수 없는 부분이다(Evans, 2004). 경제적으로 더 잘난 집안의 아이들과 비교해서 가난한 아이들은 가정의 불화, 폭력, 가족과 떨어지는 경우도 있고, 불안정적인 가정환경에 매우 쉽게 노출된다. 그 가정에서 태어난 아이들은 부모로부터 사회적 안정감을 느끼지 못하고 부모가 책을 읽어주는 경우도 거의 없으며, 책이나 컴퓨터에 접근할 경로도 없고 결과적으로 TV만 많이 보게 된다. 그리고 안 좋은 가정환경의 부모들은 아이들이 학교에서 어떻게 하는지 큰 관심이 없다. 그리고 그것에 더해서 가난한 집 아이들은 주변 자연환경도 좋지 않고 가족도 더 시끄럽고 사람이 많으며 더 위험한 동네일 경우가 많으며 탁아소나 보육원 환경도 좋지 않고 시나 나라에서 제공하는 서비스도 잘 받지 못한다. 가난이란 것은 매우 큰 관점에서 이해할 수 있는데, 가난이 성격에 미치는 영향은 매우 클 수도 있고 매우 작을 수도 있다.

거시적 맥락에서의 성별

만약에 사회구조라는 것이 자원과 권력에 의해서 구성되는 그리고 나누어지는 사람의 사회적 조건을 말한다면 인간 생활에 있어서 가장 구조적인 차이점으로 나타나는 것 중 하나가 **성별**이다. 사회적 성별이라는 것은 인간 삶에서 나타나는 두 가지 생물학적 성인 남성과 여성에 보편적으로 적용될

수 있는 개인적인 특징, 구조, 역할 같은 것들을 말한다. 사회적 학습의 결과로 우리는 몇 가지 중요한 방법에 있어서 남성과 여성이 다르다는 것을 기대할 수 있게 된다. 극단적으로 가는 경우는 **성 역할에 대한 고정관념**을 가지게 되는데 그것은 남성과 여성이 어떤 식으로 행동해야 되는지를 생각하는 것이다. 예를 들자면 일반적으로 우리는 남성이 여성보다 더 공격적이고 가치관을 더 강하게 갖고 있다고 생각하는 반면에 여성은 더 애정이 넘치고 부드럽다는 이미지를 갖게 된다(Spence, 1985). 사회심리학자들은 다른 사회들과 미국 사회를 대상으로 하는 조사에서 이러한 꽉 막힌 성 역할을 가지고 있게 되는 경우 성차별과 선입견을 갖게 된다고 보고했다.

사회적인 집단들과 같이 성이라는 것도 권력, 명예와 큰 관련이 있다. 현대 미국 사회를 포함한 대부분의 사회에서는 여성보다 남성이 더 사회적, 경제적 힘에 대한 접근가능성이 높다. 남성은 더 많은 공공재를 누리고 전체적으로 사회에 대한 중요한 결정을 더 많이 내리면서 또 더 많은 자주성과 자율성을 가진다. 지난 30년간 남녀평등운동이 확산되기는 했지만 미국의 남성, 특히 백인 남성들은 사회적인 권력의 중심에 아직도 서 있다. 예를 들자면 중요한 기업의 간부 위치나 정부의 리더 역할도 여성보다 남성의 수가 훨씬 많으며, 여성과 비교했을 때 전문성의 정도가 비슷하다 하더라도 더 많은 돈을 버는 걸로 알려져 있다. 또한 가정을 봐도 여성보다 남성이 더 지도적인 역할을 가지고 있는데 상당수의 미국 가정을 보면 여성과 아이들은 특히 돈 쓰는 문제, 기타 중대한 문제에 있어서 아버지의 뜻을 따르는 것을 일반적이라고 생각하는 경향이 강하다. 또한 조금 더 잔인한 예를 들자면 여성이 남성에게 그러는 것보다 남성이 여성을 괴롭히고 강간하고 살인하는 정도가 훨씬 더 높다. 이러한 공격적인 행동은 사회적인 위치라기보다는 개인의 화, 개인의 불안감에서 오는 행동이라고 볼 수도 있겠지만 이러한 물리적 공격성은 또한 여성에 비해서 남성이 여성에게 어떻게 더 많은 권력과 통제, 지배권을 가지고 있는지 보여주는 다른 예가 될 수도 있다.

성 역할에 대한 고정관념은 여성과 남성 사이의 기본적인 권력 분배와도 이어진다. 보편적으로 남성적인 특징이라고 여겨지는 '주도적, 공격적, 지배적'이라는 단어들은 남성이 여성에 비해서 사회에서 차지하는 위치가 더 높다는 생각을 강화시켜주는 역할을 한다. 반대로 종속적이고 잘 돌봐주고 더 부드럽다는 여성의 보편적인 이미지는 여성이 사회에서 더 하위에 위치해 있다는 것을 의미한다. 어렸을 때부터 아이들은 이러한 기본적인, 보편적인 특징이 생물학적 상황 때문에 일어나는 현상이라고 생각할 수가 있다. 예를 들자면 어린 여자아이들은 상대와 더 친하게 지내고 서로 협동하면서 노는 것을 통해 칭찬을 받을 수가 있는데, 반대로 남자아이들은 갑자기 화를 내거나 갑자기 감정을 드러내는 경우에 오히려 강화를 받을 수 있는 것이다. 이렇게 되면 어린 여자아이들과 남자아이들 모두가 사회적 역할로 봤을 때 여성은 남들을 보살피는 역할을 하고, 남성은 영웅적인 역할과 집안을 일으키는 역할과 가장의 역할을 한다는 것을 배우게 된다. 성적인 사회화라는 것은 현대 미국 사회에서도 널리 퍼져 있는 생각이다. 상을 주고 보상을 받고 벌을 받고 또한 관찰학습과 같은 이런 과정을 통해서 남성과 여성은 자신의 성 역할에 맞는 행동을 할 수 있는 사회의 기대치를 맞춰나가게 된다(Brody, 1999). 이런 선입견을 모두 따르는 것은 아니다. 하지만 이러한 보편적인 기대치라는 것은 대부분 사람들이 알고 있고 많은 사람들이 그것을 바꾸려고 노력함에도 불구하고 계속 사회에 존재하고 있다.

Alice Eagly와 Wendy Wood(1991, 1999)는 인간의 사회적 활동에서 관찰할 수 있는 성별

로 인한 보편적인 차이점들이 일어나는 기본적인 이유가 성 역할에 있어 사회화 때문이라고 주장을 했다. 예를 들자면 경험적인 학술논문을 봐도 공격성, 도와주는 정도, 비언어적 행동, 사회적 의사소통과 같은 다양한 사회적 행동에서 성별에 따른 근본적인 다름을 보여주었다는 결과를 확인할 수 있다(Eagly, 1987). 어렸을 때부터 계속해서 여성보다 남성은 더 공격적인 성향을 많이 보인다(Eagly & Steffen, 1986; Maccoby & Jacklin, 1974). 그리고 남자아이들이 사춘기, 청소년기에 이르렀을 때 더 강하게 보이는데 그럴 경우 남자아이들은 반사회적 행동을 보이기도 한다. 그렇지만 동전에 양면이 있는 것처럼 남성들은 또한 모르는 사람들과 단기적으로 만나는 경우에는 이타주의적이고 서로 도와주는 행동을 보이기도 한다(Eagly & Crowley, 1986). 하지만 이것과 반대로 여성은 다른 사람들을 도와주는 행동을 많이 보이는데 이것은 일상적으로 일어나는 경우가 많고 또 자신과 가까운 사람들과의 관계 그리고 장기적인 관계에서 이러한 행동을 보여주는 경우가 많다. Becker와 Eagly(2004)의 조사에 따르면 남성은 직접적으로 생명에 위협이 될 수도 있는 상황에서 영웅적인 행동을 하는 경우가 많은 반면에 여성은 조금 덜 위험하다고 느껴지는 상황 예를 들어서 심장을 기부하거나 또 사회봉사단에서 일을 한다든지 하는 행동을 통해서 영웅적인 행동을 하려고 하는 경향이 있다.

남성과 비교했을 때 여성은 사회적인 의사소통 관계에서 비언어적 요소에 더 민감하게 반응한다. 사회적 상황에서 보편적으로 여성은 남성보다 더 미소 짓고 더 많이 웃고 얼굴과 몸을 이용해서 더 표현을 많이 하고 다른 사람의 행동에 더 관심을 보이고 다른 사람을 더 많이 만지고 그리고 더 가까운 곳에서 그들을 관찰하려고 한다(Hall, 1984; Stier & Hall, 1984). 또한 타인의 감정적인 경험에 대해서 더 공감을 한다(Eisenberg & Lennon, 1983). 이러한 차이점은 여성은 더 사회적인 능력이 뛰어나고 남성보다 더 감정표현을 많이 하고 표현력이 좋으며 대인관계를 더 신경 쓴다는 생각과 이어질 수 있다. 단체로 이루어지는 대화 같은 경우에도 남성보다 여성이 더 친절한 태도로 이야기를 하고 다른 사람들과 공감하는 정도도 높다(Anderson & Blanchard, 1982). 반대로 여성보다 남성의 경우는 그 집단에 주어진 일을 끝내는 데에만 주력하는 경향이 있다. 리더십에 있어서도 여성은 더 민주적이고 참여적인 스타일을 구축하는 데 비해 남성은 권위적인 모습을 많이 보인다(Eagly & Johnson, 1990).

사회적 행동으로 이해할 수 있는 성 역할의 차이점은 항상 큰 것은 아니지만 우리 사회가 보편적으로 성 역할에 대해서 갖는 기대감과는 일치하는 정도가 많다. 더 보편적인 측면에서 보았을 때 이러한 기대치라는 것은 **자기보존능력**(agency), **공존**(communium)이라는 두 가지 개념으로 설명될 수가 있다(Bakan, 1966). 자기보존능력이라는 것은 개인이 자기를 더 강력하고 포괄적인 방법으로 표현할 수 있는 능력을 말하는 것인데 이러한 개념은 공격적, 독립적, 기술이 좋음, 경쟁력이 있음 등과 직결된다. 공존이라는 개념은 개인이 타인과 같이 있으면서 친절하고, 이기적이지 않고, 다른 사람에게 공감할 수 있고, 감정적으로 표현할 수 있는 능력과 직결된다. 이 관점에서 보면 우리가 알고 있는 성 역할은 남성은 조금 더 자기보존적이고 여성은 조금 더 공존적이라고 생각할 수가 있다. 사회적 행동을 알아본 경험적인 조사를 봐도 이 사실을 확인할 수 있다. 다른 말로 하자면 보통의 여성과 남성은 우리가 알고 있는 사회적 성 역할의 기대감에 따라서 행동을 한다. 하지만 그런 경향들은 작을 수도 있다. Eagly와 Wood(1991)는 자기보존능력과 공존에서 본 성 역할의 개념이라는 것은 우리가 살면서 사회적 학습을 한 결과에 따라서 생겨난 것이라고 주장했다. 사회와 관습과 문화적 기준 같은 것이 여성과 남성이 서로 다른 위치의 사회적 역할을 맡도록 만들어준다. 이 측면에서 보자면 가장 적합한 예는 아이를 키우는 것은 여성이라는 고정관념과 성별에 의해서 많이 분화되어 있는 지금의 경제구조의 상태를 생각해보면 알 수가 있을 것이다.

사회적 행동에 있어서 성적인 상황에 따른 차이점과 그것의 성별의 사회와의 미치는 영향 간의 관계를 볼 수 있는 관점은 크게 두 가지가 있다. 기본적인 생각은 이러한 차이점을 반영하는 성적인 다른 정도는, 여성과 남성의 차이점이 자연선택에 의한 결과라고 생각하는 관점이다. 이러한 개념의 약간 변형된 생각을 보자면 여성의 경우는 생물학적으로 아이를 가질 수 있도록 만들어졌고 그에 비해서 남성은 여성보다 더 몸집이 크고 강하도록 만들어졌기 때문에 이러한 장점을 하나씩 가져서 여성과 남성은 사회에서 각각 중요한 정도는 비슷하지만 각각 다른 분야의 역할을 맡게 되었다는 생각이다. 다르지만 평등하다는 생각이다. 두 번째 관점은 **헤게모니를 강조한 생각**인데 이것은 한 집단의 힘이 다른 집단보다 더 강할 때 쓰는 생각이다. 이런 관점에 의하면 성 역할이라는 것은 남성과 여성 간의 불평등한 권력 관계의 결과로 생겨난 것이다. 남성 중심, 부계 중심 사회에서 남성은 항상 주도적인 역할을 해 왔다. 의식적이고 무의식적인 방법으로, 눈에 띄는 그리고 눈에 띄지 않는 방법을 통해서 남성은 항상 여성으로 하여금 사회적으로 더 낮은 지위와 더 낮은 영향력과 더 낮은 정도의 자유를 갖게끔 만들어 왔다. 그렇다면 남성에 비해서 여성이 더 공존적인 이유는 무엇일까. 이 헤게모니를 강조한 두 번째 생각에 따르면 여성은 복종적인 역할을 하면서 **그 역할에서 성공하고 생존할 수 있는 전략**의 하나로 대인관계라는 역할을 터득했다고 한다. 남성 중심, 부계 중심적인 사회에서 힘을 쓰기가 어렵기 때문에 여성과 어린 여자들은 대인관계에 힘을 쏟는다. 이것과 반대로 남성은 더 직접적이고, 자기보존적인 방법으로도 목표를 달성하는 것이 가능하기 때문에 여성처럼 이렇게 대인관계에 크게 신경 쓰지 않아도 된다.

성은 인간 행동의 강력한 거시체계다. 정확히 여성과 남성은 사회적 기대와 전형적인 성 역할에 맞춰 행동한다
[출처 : iStockphoto(왼쪽), Jacom Stephens/iStockphoto(오른쪽)].

남성과 여성이 보이는 사회적 행동 간의 차이점 그리고 이것이 성 역할과 성 역할 고정관념에 미치는 영향에 관한 생각은 여러 가지가 있을 수 있지만 중요한 것은 성이라는 것은 인간 행동을 이해하는 매우 큰 단락이라는 것이다. 우리가 모르는 사람을 처음 만났을 때 가장 처음으로 알게 되는 것 중에 하나는 그 사람의 성별이다. 성별을 알아내고 나서부터 우리는 그 사람이 어떻게 행동을 할지 기대를 하게 되고 그 사람이 누군지 그리고 우리가 그 사람과 어떻게 소통해야 되는지를 알게 된다. 처음으로 데이트를 하는 사소한 행동에서부터 어떠한 그룹의 리더가 돼서 행동하는 것까지 우리는 다양한 사회적 상황에서 성 역할에 대한 기본적인 생각을 항상 하게 된다. 우리가 성 역할에 대한 고정관점을 탈피하고 거기서 벗어나고자 한다 하더라도 그런 성 역할이 사회에 존재한다는 것은 인정하고 있다. 따라서 성 역할이 우리의 인생을 좌지우지하는 정도까지는 아니라고 하더라도 인간사의 삶에 있어서 중요한 부분을 차지하는 것만은 확실하다. 다른 말로 하자면 성이라는 것은 인간 경험에 있어서 항상 존재할 수밖에 없는 범주이다. 성격 자체가 성에 의해 직접적인 영향을 받는다고 해도 과언이 아니다. 인간사의 삶이라는 것도 성에 의해서 만들어진 구조에서 살아가는 것이고 우리가 살고 있는 세상도 성으로 나누어진 사회이다.

문화

2006~2007년 시카고에 있는 니콜라스 센 고등학교 재학생 1,500명을 분석해본 결과 277명이 멕시코, 44명이 파키스탄, 33명이 에티오피아, 25명이 가나, 18명이 베트남, 보스니아와 필리핀에서 각각 13명, 러시아에서 8명, 기타 53개국에서 온 다양한 학생들로 구성이 되어 있었고 그중에서 미국 시민권자는 819명이었다(Brotman, 2007). 센 고등학교에 다니는 학생들은 총 46가지의 다양한 언어를 구사한다. 2007년에 고등학교에서 거의 1등으로 졸업을 한 엠나 칸이라는 19살 소녀는 파키스탄에서 파키스탄로 9살이 될 때까지 코란을 공부했었고 미국에 가족들과 다 같이 오기 전까지는 미국에서 학교를 다니지 않았다. 고등학교를 다니면서도 계속해서 가족행사와 모임 때문에 파키스탄으로 돌아가야 했기 때문에 학교 수업을 많이 빠졌다. 지금 그녀는 만나 본 적도 없는 남자와 결혼을 앞두고 있다. 그 사람과 결혼하는 것이 행복할 거라고 말하지만 그전에 먼저 대학을 다니고 의대에서 졸업하기를 원하고 있다. 그녀의 친구 중 1명은 가나에서 왔는데 가나는 문화가 달라서 학교 규칙의 규율이 더 엄격했고 교사에게 대드는 경우도 거의 없었다. 가나에서 온 멀시는 센 고등학교를 좋아하기는 하지만 그녀의 아프리카에서 온 다른 친구들이 미국 문화와 미국식 매너리즘에 빠져가는 것을 안타깝게 생각한다. "아프리카 사람들이 미국인처럼 되려고 하는 것을 이해할 수가 없습니다(Brotman, 2007, p. 23). 그렇게 되면 문화를 잊는 것이라고 생각하기 때문입니다."

여기서 예를 든 센 고등학교뿐만 아니라 미국, 그리고 전 세계 어디에서나 문화권의 충돌이라는 것이 큰 문제로 대두되고 있다. 엠나나 멀시의 같은 학생들에게 있어서 의미 있는 인생을 만드는 것은 다양한 문화를 이해하는 데서 시작할 수 있다. 미국에 많은 능력 있는 여성들이 그러하듯이 엠나 또한 의사가 되고 싶어 한다. 하지만 중매결혼에도 이미 동의를 해놓은 상태이다. 멀시는 자기가 속한 환경에 대해서 확실하지 않은 태도를 가지고 있다. 미국식 교육에서 최대한 많이 얻어가야 한다고 생각은 하지만 너무 미국화되는 것은 또 싫다고 한다. 자신의 **문화**를 잊기 싫기 때문이다.

성격에 있어서도 문화라는 존재를 간과하면 안 된다. 하지만 문화의 요소를 간과하는 것은 흔한 일이다. 많은 미국인들이 그렇듯이 자신의 문화권 밖의 사람들을 잘 만나지 못하는 경우나, 설사 그렇다고 하더라도 그들의 문화가 자신의 문화와 크게 다를 것이 없다고 생각하는 경우는 성격에 있어서도 문화의 존재를 크게 인식하기가 힘든 것이다. 인간들은 인간 자체이기 때문에 생기는 살면서 행복이나 성공, 사랑, 도전과 같은 것들을 원한다. 우리가 제2장에서 본 것처럼 인간의 보편성이라는 것에는 어느 정도의 진실이 들어 있다. 인간은 진화의 과정에 따라서 보편적인 문제들을 해결하도록 발전되어 왔기 때문에 모든 인간들은 자신이 속한 문화권의 특정한 문화, 믿음과 상관없이 보편적인 가치를 따라갈 필요성도 있다. 하지만 또한 진화의 과정은 인간으로 하여금 다양성을 경험할 수 있는 방법도 알려주었다. 꼭 센 고등학교를 다니지 않는다고 하더라도 지금 전 세계에는 다양한 문화가 존재하고 있고 서로 경쟁하고 있고 그리고 엠나와 멀시처럼 자신의 문화권과 자신이 살고 있는 지금 환경의 문화권 사이의 차이점 때문에 고생하는 경우가 많다는 것은 누구든지 알고 있는 것이다.

인간 행동을 이해할 수 있는 가장 큰 맥락이자 가장 보편적인 맥락 중 하나가 **문화**(culture)이다. 사회과학자들은 문화에 대한 다양한 의견을 내놓았다. Robert LeVine은 1982년에 문화라는 것은 사람들로 이루어진 특정 사회에서 채택하는 정통적인 규칙, 규율이라고 정의했다. LeVine은 문화를 이렇게 정의한다.

> 문화는 한 집단에 속한 개인들이 어떻게 다른 사람들과 상호작용을 하는지, 자신들과 환경에 대해서 어떻게 생각하는지, 그 환경을 통해서 어떠한 행동을 하려고 하는지를 결정하게 되는 규율의 모음이다. 여기서 말하는 규율이라는 것은 항상 보편적으로 아니면 계속적으로 지켜지는 것은 아니다. 하지만 그것은 사회에 속한 구성원들의 의사소통, 믿음, 가치, 사회적 행동들의 패턴의 정도를 알려주고 모든 사람들이 그러한 패턴을 지킬 수 있게 만들어주는, 즉 가이드해주는 역할을 한다(p. 4).

우리가 문화를 일반적으로 사회 안에 있는 구성원들을 하나로 묶어주는 규율의 모음이라고 생각할 수도 있지만 또한 동시에 그 사람의 밖에 외부적으로 봤을 때도 존재하는 것이 문화라고 이해할 수도 있다. 1930년대와 1940년대 문화와 성격 간 관계를 연구했던 사회과학자들은 이러한 주장을 많이 했다(LeVine, 2001). 그 사회과학자들의 연구의 기본적인 가정은 모든 사람들은 자신이 속한 문화권의 규칙을 따라가는 방식으로 살아간다는 것이다. 그렇기 때문에 특정한 문화는 최빈 인성(modal personality)이라고 하는 특징적인 성격유형을 만들어낼 수가 있다(예 : Benedict, 1934). 하지만 이러한 생각이 최근 들어서 바뀌게 됐는데, 최근에 이루어진 조사에서 많은 인류학자들과 사회과학자들은 성격과 문화를 연구하는 과정에서 모든 문화권 안에서는 그 나름대로의 다양성이 존재하고 일관적이지 못한 부분도 있기 때문에 문화와 개인의 상관의 관계를 정리하는 절대적인 척도는 없다고 주장하기 시작한 것이다. 예를 들자면 Geertz(1973)는 문화라는 것은 좁은 의미로 이해할 수 있는 것이 아니라고 주장을 했다. 문화는 많은 다양한 요소들로 이루어져 있고 그 요소들은 서로 대치관계에 있기도 하다(Gjerde, 2004; Holland, 1997). 또 나아가서 모든 사람들이 자기가 속한 문화권의 규율과 다 맞는 성향을 가진 것은 아니다. 그게 아니라 모든 개인들은 자신들이 사용할 수 있는 문화적 도구를 사용하게 된다. 모든 문화는 그 안에 속한 개인들이 어떻게 하면 전략을 만들어낼 수 있는지를 도와줄 수 있는 기술이나 양식, 목표, 기준, 역할, 가치와 같은 것들을 포함한다고 한다(Triandis, 1997, p. 443). 사람들은 자신의 문화권 내에서 선택적으로 전략적으로 생각하고 행동하게 된다. 경험을 만들어가는 사람으로서 인간은 다양한 것 중에 선택할 수 있는 능력이 있는데 자신이 사용할 수 있는 공공재 중에서 자기한테 필요한 것을 선택하고 주장하고 개인화하고 또한 그러한 과정에서 다른 사람들의 요구를 무시하고 저지하고 재배열시킴으로써 자신이 원하는 결과를 가져오게 된다는 것이다(Markus, Kitayama, & Heiman, 1998, p. 859).

근본적인 관점에서 보자면 문화는 개인을 둘러싼 환경에만 있는 것이 아니라 개인 내부에도 존재한다. 문화는 자기 자신을 알고 세상을 알고 타인을 이해할 수 있는 방법을 알려준다(Bruner, 1990). Cushman(1990)에 의하면 문화는 모든 인류를 보편적으로 덮어주는 옷 같은 존재는 아니라고 한다. 문화는 개인들이 자신을 생각하고 세계를 바라보는 관점을 알려주고 타인을 어떻게 보는지 알려주고 서로 상호작용을 어떻게 할 수 있는지 구조적으로 알려주는 역할을 하면서 모든 개인들을 다양화시키는 역할을 한다고 주장했다(p. 31). **인간의 삶을 풍요롭게 한**다는 이러한 문화의 정의는 Shweder와 Sullivan이 1993년에 주장했던 내용과 일맥상통하는 부분이 있다. 그들은 문화라는 것은 우리가 해석하는 한 의미의 집합이라고 생각을 했는데 공식적이든 아니든, 눈에 보이든 보이지 않든, 의도했든 의도하지 않았든 모든 과정을 통해서 한 사회에 속한 개인의 심리적 과정에 영향을 주는 그 정도가 커져서 그 개인들에게 있어서 그것이 경험 자체와 분리될 수 없을 만큼 가까운 관계를 만들어나가는 것이라고 정의했다(p. 29). 인간 행동을 이해할 수 있는 복잡한 맥락으로서의 문화는 개인의 삶을 만들어나가는 다양한 의미와 행동들을 포함한다(Holland, 1997). 하지만 개인들은 이렇게 순종적으로 문화에 복종하진 않는다. 엠나와 멀시의 예에서처럼 우리는 특정한 문화의 의미는 받아들이고 다른 문화적 의미는 거부하기도 한다. 그리고 우리가 도저히 이해할 수 없거나 아니면 자신의 정서와 맞지 않는다고 생각하는 문화가 있으면 그것을 멀리하려는 태도도 보인다. 문화는 우리에게 다양한 의미를 제공해주지만 우리의 역할 또한 중요한데 우리는 그러한 의미를 더 나아가서 해석하는 데 적극적으로 참여를 하고 그렇게 하는 과정에서 문화와 자기에 관해 관계를 깊게 발전시키게 된다(Gjerde, 2004; Holland, 1997).

개인주의와 집단주의

문화권을 다루는 심리학에 있어서 가장 중요한 부분 중 하나는 어떠한 문화권들은 개인의 자립심과 독립성을 중요하게 생각하는 반면에 다른 문화권들은 공동체를 개인보다 더 우선시한다는 것이다. 문화적인 측면에서 보았을 때 **개인주의**(individualism)라는 것은 개인들이 속해 있는 집단의 독립성보다 개인의 자주성이 더 중요하다고 생각하는 관점이다. 이런 개인주의적 맥락으로 생각하는 사람들의 경우 자신의 개인적인 목표가 집단, 가족, 직장의 목표와 충돌하는 경우에도 개인적인 목표를 더 중요하게 생각하는 경향을 보인다(Greenfield, Keller, Fuligni, & Maynard, 2003; Triandis, 1997; Triandis & Suh, 2002). 이것과 반대로 문화적 **집단주의**(collectivism)라는 것은 개인보다 집단을 더 중요시하는 개념이다. 집단주의적 성격이 강한 문화권의 사람들은 자신의 개인적인 목표보다는 집단의 이익과 집단의 가치를 훨씬 중요하게 생각한다(Triandis, 1997). 집단주의를 측정하기 위해 만들어진 설문조사에서 높은 집단주의를 보인 사람들은 "나는 힘든 일이 있어도 내가 속한 집단을 우선시한다" 아니면 "나는 내가 희생하는 한이 있더라도 집단의 이익을 우선시할 수 있다"와 같은 질문들에 답변을 하는 모습을 보였다(Kashima et al., 1995).

가장 개인주의적인 문화적 특징을 많이 보이는 나라들은 미국, 캐나다, 호주, 유럽의 민주국가들이다. 경쟁력, 자립심, 독립성, 자기의 관념 이런 것들이 산업화되기 전 그리고 산업화된 후에도 서양 사회의 중심사상으로 자리 잡아 온 것은 사실이다. 방금 말한 이런 개인주의적 개념들은 서양 사회에 있어서 철학과 경제, 정치와 같은 다양한 다른 부분들과도 결합되어 발전되어온 사상이다 (Bellah, Madsen, Sullivan, Swidler, & Tipton, 1985, 1991; Bloom, 1987). 이러한 관점으로 보면 서양인들은 모든 사람을 기본적인, 궁극적인 권리를 갖고 태어난 개체라고 본다는 것을 알 수 있다. 서양인들이 중요시하는 개념들은 행복추구권, 자유권, 집회의 권리, 자기 의견을 이야기할 수 있는 권리들을 의미한다. 우리가 사회를 보는 관점은 자신이 선택하는 대로 행동할 수 있는 개인들의 집합으로 이해한다. 이러한 관점은 예를 들자면 인도에 있는 힌두교 마을에서 전통적으로 내려오는 사상과는 반대된다. Miller의 1984년 조사에 의하면 미국 사회에서 태어나 길러진 아이들은 자신이 겪는 매일의 일상을 개인적인 측면에서 분석하고 이해하려 하는 경향이 있다. 반면에 힌두교 사회에서 자란 아이들은 자신들이 매일 겪는 일들이 환경의 압박 또는 사회가 개인에게 주는 영향 때문에 일어났다고 생각하는 경우가 많다.

이러한 집단주의 경향은 많은 원시적인 사회와 아시아, 태평양, 아프리카에 많다(Triandis, 1997). 집단주의적 가치는 동아시아에서 중요하게 생각하는 종교적, 문화적 특징에서 잘 찾아볼 수 있는데 특히 유교와 불교에서 잘 나타난다. 불교에서는 인생의 목표는 금욕이라고 가르치면서 개인들이 자기 자신의 한계를 뛰어넘고 우주 그리고 타인과의 관계를 찾는 것을 중요하다고 보았다. 유교에서는 가족 그리고 공동체적인 의무를 포함한 사회적 가치를 가르쳤다. 유교적 전통에 따르면 개인의 표현보다 사회질서가 더 중요하다. 개인은 수직적인 상하관계에 있어서 자신의 위치가 어디인지를 알아야 한다는 생각이다. 또한 특히 부모와 자식 간의 세대를 아우르는 수직적 관계를 중요하게 생각했다. 자식들은 부모에게 무조건적으로 효도를 해야 한다고 생각하고 그리고 비슷한 논리가 나라의 권위에도 적용되어서 나라에도 복종해야 한다고 생각하는 것이다.

Markus와 동료들의 1998년 조사에 의하면 개인을 사회적인 수직관계에 놓는 그러한 생각은 아시아 문화권에서 너무 중요하게 생각되기 때문에 언어에도 영향을 준다고 한다. 서사모아에서 아이들이 언어를 처음 배우는 과정을 보면 누가 언제 말을 할 수 있고, 누가 어떠한 생각을 표현할 수 있는지 이런 식으로 아이들은 가장 기본적으로 권위에 대한 과정을 배우게 된다. 아이들은 단어에 숨겨진 뜻을 이해하도록 가르침을 받기 때문에 결과적으로 권위에 저항하는 결과를 낳을 수 있는 많은 질문들을 하지 못하도록 교육이 된다는 뜻이다. 일본의 경우를 보자면 질문을 하기 전에 유교적 전통에 따라서 "이 질문을 꼭 해야 하는가?"라고 자문하는 것이 관례고 그게 맞을 경우에는 "내가 그 질문을 할 만한 사람인가?"라고 다시 물어본다고 한다(Markus et al., 1998, p. 876). 성격과 사회적 문화에 있어서 일본 사람들은 **아마에**(amae)라고 불리는 개념을 중요하게 생각한다(Doi, 1962). 아마에라는 개념은 다른 사람의 자비심 또는 박애에 의지하는 것, 아니면 그것을 기대하는 것이라고 이해할 수가 있다. 타인에게 의존한다는 것이 개인적인 관점에서 봤을 때는 굉장히 미성숙한 생각이라고 볼 수도 있지만 보편적인 일본 사람들은 모든 인생의 과정 전체를 이러한 아마에의 관념을 통해서 이해한다. 일본의 아이들과 성인들 모두가 그 자신들이 자비로운 박애로 이루어진 상호작용의 끈을 통한 사회적인 수직관계에 놓여 있다고 생각한다.

　　개인주의와 집단주의는 확실하게 구분 짓기보다는 이 정도의 차이로 이해하는 것이 더 좋다. 어떤 문화라고 할지라도 100% 개인주의적이거나 100% 집단주의적인 것은 아니다. 모든 사회는 개인적, 집단적 요소가 공존하고 있다. 자신들이 살아가는 사회가 무엇인지와 상관없이 대부분의 사람들은 독립적이거나 상호적인 방법을 통해서 자신을 그 사회의 구성원으로 인정한다고 한다(Oyserman, Coon, & Kemmelmeir, 2002). 예를 들어서 미국 사회의 사람들은 자기중심적인 개인의 개념의 발전을 중요하게 생각하는 동시에 가족과 다른 사회적 집단에 대한 의무도 중요하게 생각하는 경향을 보인다(Holland, 1997). 따라서 모든 문화들은 그 문화가 얼마나 상대적으로 개인주의 또는 집단주의를 지지하는지에 따라서 결정될 수가 있다. 이러한 상대적인 차이점들은 개인주의와 집단주의를 정의하는 네 가지 다른 특징에 의해서 이해될 수 있는데 그 네 가지 특징은 목표, 관계, 사회적 행동의 결정요소, 자기구성이다(Triandis & Gelfand, 1998).

　　첫 번째 특징은 목표이다. 개인주의적 관점에서 보면 개인의 목표가 집단의 목표보다 중요하고 집단주의적 관점에서 보면 그 반대가 맞다. 여기서 중요한 것은 집단주의적 관점에서 본다고 하더라도 개인이 속한 **특정한** 집단의 목표만 말하는 것이지 모든 인류에게 해당되는 보편적인 목표라는 것은 아니다. 집단주의적 관점에서 봤을 때 개인은 자신이 속한 집단에 충성심을 보이게 되는데 이러한 충성심을 보이게 되면 다른 집단에서는 반발심을 일으킬 수가 있다. 두 번째 특징은 관계다. 관계라는 것을 개인적인 관점에서 보면 이성적인 교류가 일반적·보편적으로 관계의 중심을 이루게 된다. 서로 다른 주체와 독립적인 주체들이 모여서 자원 같은 것을 공유하고, 어떻게 보면 시장과 비슷한 서로 공유하고 같이 살아가는 것을 보인다는 것이다. 하지만 집단적인 관점에서 보면 사람들은 더 공동체적인 의무의 관점에서 서로 연결을 짓는 경향이 더 강하다. 세 번째 특징은 사회적 행동의 결정요소다. 개인주의적 관점에서 보면 개인의 태도라는 것은 행동을 하게 만들어주고 그것을 가이드하는 데 있어서 집단의 가치보다 더 우선시된다고 할 수 있다. 개인주의적 문화권에서는 자기가 생각하는 게 맞다면 그것을 지지하고 자신의 생각을 버리지 않고 신념을 지키는 이러한 가치들을 중요시한다. 그러나 반대로 집단적인 의미체계를 본다면 사회적 행동이 개인의 행동보다 더 중요하다는 생각이다. 다른 말로 하자면 사람들은 자신이 속한 집단의 규율과 규칙에 맞게 살아가야 한다는 뜻이다. 마지막으로 자기구성 개념이 개인주의와 집단주의의 관점이 매우 다르다. 개인주의적 관점에서 보면 자기라는 것은 다른 사람과 크게 상관이 없는 독립적인 개체라고 볼 수가 있다. 그러나 반대로 집단주의적인 자기구성은 독립적이기보다는 더 상호적이고 공동체 안에서 중요시된다는 가치가 더 크다.

　　개인주의적 문화권에서 보이는 **독립적인** 측면 그리고 집단주의적 사회에서 보는 **상호적인** 자기의 개념 간의 차이점은 Markus와 Kitayama에 의해서 1991년에 소개가 됐다. 표 3.4에서 볼 수 있듯이 Markus와 Kitayama의 주장은 서양 사회 특히 북아메리카 사회에서 중산층을 대상으로 본다면 자기의 개념, 즉 타인과 다른 자기라는 독립성의 개념이 굉장히 중시되는 것을 확인할 수가 있다. 자기라는 것은 동기, 능력, 재능, 성격과 같은 내부적인 특징으로 이해될 수가 있는데 이러한 개인적인 특징들을 알아내고 실현시키고 확인하는 과정이 문화적으로 봤을 때 중요한 과정이다. 다양한 문화권을 보아도 이러한 독립성을 중시하는 것을 많이 볼 수가 있는데 개인적인 선택에 의한 대화의 방법이라든지 아니면 사회적 편견에 대응하는 방법이라든지 이런 것들을 보면 확인할 수가 있다. 하지만 반대로 동양적 사회 특히 아시아 문화권들을 보면 자기의 독립성을 그다지 중시하지는 않는 모습을 보인다. 이런 아시아 사회와 동양 사회에서는 개인과 그룹, 개인이 속한 집단 간의 근본적인 연결고리를 중요하게 생각한다. 자아나 자기라는 개념은 자신이 속한 곳, 그 집단에서부터 시작된다는 것이다. 여기서 중요한 문화적인 일, 해야 할 일은 이러한 관계에 젖어들어가고 이것에 익숙하게 적응한 다음에 궁극적인 목표인 개인적인 통합과 평화를 위해서 자신의 내부적인 생각과 내적인 개인적인 생각들은 자제하고 사회적인 목표에 맞추려는 태도를 보인다는 것이다. 상호작용을 중시하는 사회적 · 문화적 관습을 보면 다른 사람에게 친절을 베푸는 것을 중요시한다든지, 아니면 나이가 많은 연장자를 우대한다든지 하는 관습에서부터 찾아볼 수 있다.

Markus와 Kitayama가 말했던 개인적 그리고 상호적인 관점의 차이라는 것은 곧 개인주의적 사회와 집단주의적 사회의 차이점으로 연결이 되고 앞에서 성별, 성 역할을 이야기할 때 나왔던 자기보존능력과 공존의 개념과도 또 연결이 될 수가 있다(Bakan, 1966). 앞에서 이야기를 했듯이 성역할에 있어서 보면 일반적으로 남성이 더 자기중심적이고 여성이 더 공동체적이라는 결과를 봤다. 하지만 Kashima와 기타 등등(1955) 사람들의 연구를 보면 문화적인 차이점과 성적인 차이점을 동일시하는 것은 위험한 생각이라고 한다. 연구에서 호주, 미국, 하와이, 일본, 한국의 다섯 가지 문화권을 조사했다. 이 다섯 가지 문화권 간의 차이점은 개인주의와 집단주의의 정도에 따라서 구분될 수 있다는 것이 보여졌다. 하지만 이 비슷한 정도의 차이점이 성별 간의 차이로 보여지지는 않았다. 성별 간의 차이점은 사람들이 얼마나 정서적으로 타인에게 의지하는지, 타인과 연결이 되어 있는지 보여주는 정도에서 나왔는데 여성이 남성보다 더 높은 점수가 나왔다. 따라서 개인주의적 문화권에 있는 모든 남성과 여성은 자신의 행동과 태도가 자신의 목표를 위해서 필요한 과정이라고 생각한 반면에, 집단주의적 사회에 사는 남성과 여성은 모두—하와이, 일본, 한국이 여기에 속한다—자신의 목표가 아니라 가정과 사회적 집단의 목표와의 관계를 더 중요하게 생각했다고 볼 수 있다. 성별과 관련해서 봤을 때 개인주의적 · 집단주의적 사회에 사는 모든 여성들은 개인주의적 · 집단주의적 사회에 사는 남성들과 비교했을 때 더 높은 수준의 공감과 정서적 안정의 정도를 보였다. 간단하게 표현을 하자면 연구결과를 보았을 때, 여성이 전부 아시아 사람 같지는 않고(Kashima et al., 1995, p. 932) 남성이라고 해서 미국 사람 같지는 않다는 뜻이다. 개인주의와 집단주의 간의 차이점은 성별 간의 차이점보다는 문화적 차이점에 더 가깝다. 다르게 말하자면 아시아인들이 미국 사람들과 비교했을 때 더 공동체적인 관점을 가지고 있다고 해도 미국 사람들에 비해서 더 정서적인 유대관계가 깊다고는 할 수 없는 것이다. 만약에 Kashima의 이런 연구결과가 맞는다고 가정한다면 타인과의 관계에서 느끼는 정서적 안정감은 문화보다는 성별에 더 관련이 있을 것이다.

최근에 심리학자들은 어떻게 개인주의적 성향, 집단주의적 성향의 문화권이 개인의 성격에 영향을 줄 수 있는지 많은 경험적인 연구를 했다. Markus와 Kitayama가 1991년에 연구를 한 결과와 비슷하게 이 최근의 연구들도 어떤 면에서는 문화적 개인주의는 개인적인 자기구성 과정과 연결되어 있고, 문화적 집단주의는 상호적인 자기구성 과정과 연결되어 있다고 한다. Oyserman과 동료들의 2002년 연구에 의하면 유럽 태생의 미국인들은 다른 문화권에 사는 사람들과 비교했을 때 상호작용

표 3.4	독립적, 상호적 자기구성 사이의 핵심적인 차이점	

특징	독립적	상호적
정의	사회적 상황에서의 분리	사회적 상황과의 연결
구조	경계, 통합, 안정	유연한, 가변적
특징	내적, 개인적(능력, 생각, 관계)	외적, 공식적(지위, 역할, 느낌)
과제	특별한 표현적 자기 내적 귀인을 깨닫기 자신의 목표를 증진하기 직접적으로 "네 마음의 것을 말해줘"	귀속된, 적합한 적당한 장소를 차지하기 적절한 행동을 취하기 타인의 목표를 증진하기 간접적으로 "네 마음을 맞춰봐"
타인의 역할	자기평가 : 타인은 사회적 비교, 승인을 확인하기 위해 중요	자기정의 : 자기를 정의하는 특별한 상황에서 타인과의 관계
자존감의 기초	자기를 표현하는 능력, 내적 귀인의 타당화	조절력, 자기규제, 사회적 상황에서의 조화로움의 유지

출처: "Culture and the Self: Implications for Cognition, Emotion, and Motivation," by H. R. Markus & S. Kitayama, 1991, *Psychological Review*, 98, 230.

보다는 독립심을 더 중요하게 생각하는 경향을 보였는데 그 정도의 차이점은 그렇게 크지 않았다고 한다.

개인주의와 집단주의와 관련한 문화적 차이점은 정서와도 관련이 될 수 있다. Kitayama와 Mesquita, Karasawa의 2006년 연구에 의하면 일본의 남성과 여성들은 사회적인 감정, 예를 들어서 친근감이라든지 죄책감 같은 것들을 더 자주 경험한다. 이런 사회적 감정이라는 것은 어떤 개인이 어떻게 특정 집단에 의미 있게 연결되어 있는지를 말해준다. 하지만 일본인과 반대로 미국인들은 대부분 사회적이지 않은 개인적인 감정을 더 잘 표현했는데 그런 감정에는 자존심, 자만심, 화 같은 것들이 포함된다. 이러한 감정들은 자기를 표현하는 데 성공적일 수도 있고, 실패를 불러일으킬 수도 있다. 또한 이 연구결과에 따르면 일본인들을 대상으로 한 심리적인 안정감이라는 것은 일본인들이 표출하고 보여주는 사회적인 정서들에 깊이 관련되어 있었던 반면에 반대로 미국인들의 정서적 안정감은 사회적으로 연결고리가 없는 자존심과 자만심 같은 감정들에 직결돼 있었다고 한다. 다른 연구를 보면 Tsai, Knutson, Fung(2006)은 홍콩에 사는 중국인을 대상으로 한 조사결과에서 유럽계 미국인들보다 중국 사람들은 사회적인 안정감을 나타내는 긍정적인 감정을 더 자주 표현했다고 한다. 반대로 미국인들은 홍콩 중국인들과 비교했을 때 더 개인적인 감정, 예를 들어서 흥분감 등을 나타내는 긍정적인 정서를 더 많이 보였다고 한다. 여기서 재미있는 사실은 중국인과 미국인 모두에게 있어서 문화적으로 지닐 수 있는 감정과 그 사람들의 진짜 감정 간의 차이점이 곧 우울증으로 이어졌다는 사실이다. 다른 말로 하자면 우울증에 걸린 중국인 참가자들은 안정감을 덜 표현하는 모습을 보였고, 우울증에 걸린 미국인들의 경우는 우울증에 걸리지 않은 미국인들에 비해서 흥분감이라는 요소를 덜 느꼈다는 결과가 있다.

사회심리학자 Nisbett과 동료들(2003)은 문화적 개인주의와 집단주의가 사람들이 자신이 겪는 경험들을 받아들이고 설명하는 방법에 영향을 줄 수 있다는 가설로 연구를 했다. Nisbett의 주장에 따르면 보편적인 미국인들은 정보를 처리하는 과정이 **통계적**이라고 한다. 그것은 대상 간의 차이점을 발견하고 그 대상을 맥락에서 떼어내서 생각한다는 것이다. 반대로 일본인들은 정보를 처리하는 과정이 더 **전체론적**이라고 한다. 이것은 맥락과 대상을 분리시켜서 생각하지 않고 그 대상이 처한 환경 자체를 이해하는 관점이다. 예를 들어서 물고기가 바다에서 돌아다니고 있는 애니메이션을 보고 나서의 결과를 알아보는 실험에서 미국인들은 물고기들의 행동과 특징을 관찰한 반면에, 일본인들은 물고기가 처한 환경과 물과 모든 배경을 같이 생각했다는 차이점이 있다(Masuda & Nisbett, 2001). 이렇듯 어떻게 사람들이 자신이 보는 것에서 정보를 추출하고 과정을 다르게 이해하는지에서의 차이점은 다양한 문화적인 가치와 교육의 패턴을 보여준다. Nisbett의 의견에 의하면 미국인 아이들은 **개인적인** 대상에 초점을 주도록 교육을 받고 그 대상이 속한 배경에서 대상을 떼어내서 관찰하는 법을 배우는 반면에, 일본인 아이들은 그 대상이 어떻게 **전체적인** 맥락에서 이해가 되는지 배운다고 한다. 또한 이러한 차이점을 보이는 이유 중 하나는 미국과 일본의 환경 자체가 다르기 때문일 수도 있다. 이런 생각을 확인하기 위해서 미국과 일본에서 모든 크기의 도시들의 사진을 찍어서 분석을 해 보았는데 미국의 도시들에 비해서 일본의 도시는 더 애매하고 더 작은 디테일이 많다는 결과가 나왔다(Miyamoto, Nisbett, & Masuda, 2006). 그리고 이러한 디테일이 많기 때문에 관찰하는 사람의 눈으로 하여금 그 작은 부분들이 어떻게 전체와 연결되는지를 보게 한다는 주장도 있다. 또한 미국과 일본의 도시들을 잠깐 관찰하게 한 결과 미국의 도시들에 비해서 일본의 도시 사진들이 더 많은 주의를 끌었다. 다른 말로 하자면 미국인과 일본인이 두 나라의 도시의 사진에서 일본의 도시 사진을 보았을 때 더 전체적인 방법, 맥락을 포함하는 방법으로 그 사진을 해석했다고 볼 수가 있다. 이것과 반대로 미국인과 일본인 모두 미국의 도시 사진을 보았을 때는 더 개인적이고 부분적인 방법으로 그것을 해석하려는 경향을 보였다(Miyamoto et al., 2006).

현대성

개인주의와 집단주의의 차이를 구분하는 다른 문화적 요소 중 하나가 **현대성**(modernity)이다. 현대성이라는 것은 보편적으로 19세기와 20세기 산업혁명을 통해서 경제적, 사회적, 문화적 시스템이 바뀌었던 과정을 이야기한다. 현대성의 특징은 자본주의의 시작과 시장경제의 성장, 과학과 기술의 발전, 국가의 발전, 또 서부 유럽과 미국에서 시작했지만 결국 아시아로까지 퍼진 민주주의 국가의 발전이라는 것들이다. 현대성이 얼마나 영향을 주었는지는 문화적인 차이점과 사회적인 차이점이 당연히 존재하지만 현대의 사회는 아직도 보편적인 공통점들을 가지고 있다. 예를 들자면 현대성은 기본적으로 세상을 보는 세계관에 있어서 이성적이고 과학 중심적인 사고를 적용한다는 특징이 있다(Gergen, 1991). 또한 군주제와 같은 예전에 있었던 권력의 상징과 종교와 같은 오래된 생각을 버리고 현대적인 과학, 기술, 사회적 발전을 추구하는 것을 중요시한다는 특징도 있다(Harvey, 1990). 현대사회의 문화권에서 주로 찾아볼 수 있는 이러한 현대성의 특징은 이성, 객관성, 이성적 학문, 발전적 과정 같은 것을 중요시하는 것인데 이것은 또한 믿음과 신념을 통해서 체계화된 과학적인 법과도 관련이 있다. 사회들이 많이 현대화될수록 사람들의 가치와 태도도 변하게 된다. Inkeles와 Smith의 1974년 연구에 따르면 개발도상국 6개국을 조사해보니 그 나라들이 현대화하는 과정에서 성격과 사회적 특징이 관련된 다음과 같은 특징들이 공통적으로 나타났다고 한다. 새로운 경험에 대한 개방성, 예전에 존재했던 권력으로부터의 독립, 운명론보다는 과학을 중요시하는 태도, 개인과 자신의 자식들에게 갖는 더 야망 있는 직업과 교육 관련된 목표들, 정확성과 미리 계획하는 것에 대한 관심, 지역 정치에 대한 관심과 참여, 국내·국제 뉴스에 대한 관심들이 공통적인 특징으로 나타났다.

문화적 현대성은 개인주의를 더 많이 불러온다. 과학·민주주의·자유경제를 통해서 발전되는 가치체계는 개인의 진취성, 개인의 표현, 독립성의 요소들을 더 강화하는 결과를 가져온다. 하지만 현대성과 개인주의가 같은 개념인 것은 아니다. 예를 들자면 현대사회라고 하더라도 개인주의를 얼마나 중시하느냐에 따라서 매우 다른 특징을 가져올 수가 있다. 예를 들자면 한국이나 일본과 같은 나라들은 현대화되어 있지만 개인주의보다 집단주의가 더 강하다. 하지만 이러한 차이점이 있음에도 불구하고 전통적으로 집단주의였던 사회에서 문화적인 개인주의를 더 받아들임에 따라 조금 더 현대화된다는 것은 사실이다. 현대성이라는 것 자체는 개인의 자아의 발전에 있어서 특징적인 문제들과 기회들을 동시에 가져온다(Baumeister, 1986; Giddens, 1991; Langbaum, 1982; McAdams, 1996b; Taylor, 1989). 현대사회에서 사람들은 '자기'를 일종의 **프로젝트**로 보기 때문에 그것을 발전시키고 계속 노력해서 완벽하게 만들려고 한다. 예를 들자면 현대 미국 사회에서 자신을 높이는 방법을 찾기가 매우 쉽다. 유명한 TV 쇼에서도 알 수가 있고, 자기계발서도 많이 출간되어 있고, 인터넷 혹은 상담가들 또는 자신을 알고 있는 누구에게나 조언을 받을 수 있기 때문에 인생에서 가장 많은 것을 발전시킬 수 있는 방법을 얻을 수 있는 곳은 매우 많다. 현대사회에 있어서 자기를 발전시키는 이런 분야는 굉장히 인기가 많은 사회적 분야인데 실제로 사람들은 심리적인 에너지를 쓰거나 실제로 많은 돈을 들여가면서 자신을 완벽하게 하려고 다양한 노력을 한다. 자기를 보는 현대적인 관점은 자기가 얼마나 복잡하고 고차원적인지의 정도를 강조하려고 한다. Freud가 무의식이라는 개념을 중요하게 생각하기 전에도 19세기의 유럽인들은 개인적인 분야와 공공의 분야의 차이점에 대해서 큰 관심을 보였다. 산업화와 함께 유럽에서는 많은 남성과 여성들이 가족들이 운영하는 농장에서 공장으로 옮겨가야 했는데 거기서는 새로운 단체의 문제들이 생겨났다. 개인적인 자기와는 다르게 공동체적인 자기를 새롭게 발견해야 하는 환경이었다. 또한 나아가서 자기를 다양한 환경에서 발전시킴으로써 자기의 개념 자체가 더 깊어지고 복잡해지는 결과도 낳았다. 현대성이라는 것은 자기의 많은 부분이 숨겨져 있고 묻혀 있으며 다른 것들로 가려져 있을 거라는 생각도 가져왔다. 자기의 깊이를 내면적으로 탐구하는 부분은 현대사회에 있어서 심리학의 가장 큰 과제가 되었다고 해도 과언이 아니다(Gay, 1984; Taylor, 1989). 많은 현대의 사람들에게 있어서 이러한 내면적인 여행을 떠나는 것은 자신의 진실을 알 수 있는 과정이다. 현대성이 우리에게 가르쳐주는 것은 우리는 우리의 자아에 충실해질 필요가 있다는 점이다.

현대적 관점에서 보면 자기라는 개념은 매우 깊고 복잡할 뿐만 아니라 시간이 지나면서 계속해서 변화하는 개념이다. 현대의 사람들은 계속해서 발전적인 생각과 비유를 통해서 자신의 인생을 이해하려고 한다(Bellah et al., 1985). 현대의학이 발전함에 따라서 수명도 길어졌기 때문에 현대사회에 사는 사람들은 계속해서 자신의 인생을 더 길게 그리고 변화하는 과정 속에서 살아가고 싶어 한다. 따라서 시간이 지남으로써 현대사회의 사람들은 어느 정도의 진보를 만들기를 원하고, 앞

더 읽을거리 3.2

미국에서의 인종과 성격

유럽인들이 새로운 대륙에 아프리카 남성과 여성을 노예로 들여온 이후, 미국은 수많은 다양한 경제적·문화적 집단으로 나뉘어졌다. 미국에서 노예제도가 폐지된 지 140년이 더 지났지만, 아프리카계와 유럽계 미국인들은 아직도 조금 다른 문화적 세상에 살고 있다. 아프리카계 미국인들은 아직도 경제적으로 어려움을 겪는다. 따라서 인종과 계급은 불가분의 관계가 있다. 그럼에도 불구하고 많은 사회학자들과 다른 연구자들은 사람의 인종적 배경은 (사회적 계급과 상관없이) 그 개인의 발전과 타인과의 관계에 큰 영향을 미친다고 주장한다. Jones(1983)는 미국의 흑인과 백인을 비교하는 도발적인 연구를 통해 이렇게 주장했다.

> 지난 몇 십 년간 인종을 심리학적으로 분석한 결과 끊이지 않는 불일치, 부적응, 부적합한 사회적 조직, 낮은 지능, 부적합한 동기, 제한된 자기정체성, 의심, 스트레스, 두려움 등이 나타났다. 이러한 배경에서 미국에서 흑인들이 어떻게 살아남았는지 궁금해지는 사람들도 있을 것이다. 환경주의자들은 가난과 인종적 억압을 원인으로 삼는다. 환경주의자들은 인종주의의 유전을 원인으로 꼽기도 하지만, 흑인 심리학자들은 두 가지 시선 모두 '흑인들도 긍정적이고 가치 있을 수 있다'는 하나의 생각이나 능력을 포함하지 않는다고 믿는다. 따라서 흑인 심리학의 중요한 목표는 미국에서 흑인들의 반응적 관념을 넘어서서 아프리카의 태생을 인정하고, 미국과 다른 나라들에서 최근 상황을 파악하고, 오래 지속된 억압의 영향을 인정하는 문화-진화적 관점을 먼저 만드는 것이다. 새로운 시각에는 미국에 사는 흑인들에게 좋고 유용한 것이 무엇인지를 포함해야 한다(p. 142).

Jones는 미국의 사회과학자들이 흑인 문화의 거시적 맥락을 이해하지 못했다고 비판한다. Cole(1976)은 흑인 문화의 세 가지 주요 구성요소를 다음과 같이 정의했다. (1) 개인주의와 물질주의 같은 백인 미국인들과 공유하는 "미국의 주류" 문화 (2) 미국에서의 다른 차별받는 소수인 집단과 공유하는 "소수인 인식" (3) 특정 아프리카와 아프리카계 미국인이 소유하는 가치, 매너리즘, 스타일 등으로 대변되는 특별한 "흑인" 문화. 마지막 구성요소에는 Cole이 "영혼"이라고 부른 것이 포함되는데, 이는 생동감 있는 집단의 구성원으로 어려운 일을 함께 헤쳐나가는 집단의식을 말한다. 또한 말하고, 걷고, 옷을 입고, 사고하는 데 있어서 특징적인 방식인 "스타일"도 포함한다.

많은 흑인 연구자들은 유럽 미국적 철학적 성향(미국의 백인 문화의 기반을 마련한)과 아프리카의 철학적 성향(흑인 문화에서 나타나는) 사이에 큰 차이점이 있다고 생각한다(Akbar, 1991; Dixon, 1976; White & Parham, 1990). 흑인 문화는 개인주의적이라기보단 집단적이고, 미래보다 현재에 집중하며, 객관적 이성보다는 주관적인 감정적 경향에 더 집중한다. 이는 개인적 차이보다는 *문화적인* 차이다. 이는 행동 자체의 차이점이라기보다는, 행동 뒤에 숨겨진 철학적 맥락의 차이를 반영한다. 여기서도 다양한 맥락은 서로 다른 의미를 가지고 인간의 행동을 규정한다는 사실을 확인할 수 있다.

사회심리학자 Philip Bowman(1989, 1990)은 인종적인 큰 맥락이 성격형성에 미치는 영향을 이해하기 위해 노력하는 많지 않은 연구자 중 하나다. Bowman은 오늘날 아프리카계 미국인 가정에서 나타나는 *위험성과 탄력성*을 강조한다. 그에 의하면, 아프리카계 미국인 가정은 *적응적 문화적 자원*의 역할을 하는 적어도 네 가지의 분명한 특징을 보인다. 먼저, 유럽계 미국인과 비교했을 때 아프리카계 미국인 가정은 확장된 혈육관계를 가지고 있다. 가까운 거리에 많은 이모, 고모, 삼촌, 조부모 등 친척들이 살고 있어 자녀 양육에 유의미한 가족 간 공동체 의식을 중요시한다. 둘째로, 아프리카계 미국인 가정에서는 가족의 역할이 특히 유동적이다. 예를 들면 흑인 여성과 남성은 가정에서 개인적/공동체적 역할을 동시에 하는 편이다(Boyd-Franklin, 1989). 셋째로, 아프리카계 미국인들은 종교와 영성을 굉장히 중요시한다. 미국의 흑인들은 역사적으로 백인보다 더 많이 교회를 다니고 종교적 활동에 참여하는 것으로 알려져 있다. 흑인 사회에서 교회는 특히 통합적이고 공동체를 유지시켜주는 힘으로 작용했고, 영적 지도의 힘, 사회적 행동의 기반, 사회적 변화의 촉매제 역할을 해왔다. 마지막으로, 흑인의 인종적 양심은 적응적 문화적 자원으로 여겨질 수 있다. 아프리카계 미국인 아이들이 특정한 문화적 유산에 자긍심을 갖는 것처럼, 그들은 결국 본인 정체성을 정리하고 의미 있는 인생을 살기 위해 이러한 유산을 활용한다.

Bowman은 다문화적 심리학의 프레임워크를 이용해(Triandis, 1997), 서로 다른 문화적 집단이 생각보다 유사점도 많다고 주장했다. 예를 들면, 미국의 흑인들은 백인과 마찬가지로 자신과 아이들의 삶에서 성공과 성취감을 찾길 원한다. 사회적, 정치적 이슈도 굉장히 유사한 관점을 가지고 바라보는 편이다. 이러한 공통성은 인류학자가 **문화보편적**(etic) 차원이라고 부르는 것으로, 서로 다른 문화가 유사한 목적과 방법을 가짐을 뜻한다. 그럼에도 불구하고, 모든 문화는 **문화특수적**(emic) 차원도 가지고 있다. 다른 문화와 구분되는 특징을 말한다. 따라서 미국에서 인종이라는 큰 맥락을 이해하기 위해서는 문화보편적 차원과 문화특수적 차원을 적절히 혼합해서 생각할 필요가 있다.

으로 더 나아가고, 더 높은 단계와 수준으로 발전하기를 원한다. 하지만 이렇게 계속되는 변화와 성장과정 속에서도 현대사회의 성인들은 자신의 자아에서 찾을 수 있는 일관성을 원한다. 어떻게 하면 계속해서 바뀌는 자기라는 개념이 나중에 궁극적으로 통일성, 목적, 일관성을 제공해주는 역할을 할 수가 있을까. 이것이 아마 현대사회에서 자기와 관련해 가장 어려운 질문 중에 하나일 것이다. 이 부분은 제10장에서 계속해서 자세히 보도록 하겠다.

마지막으로 21세기에 있는 현대사회들은 굉장히 **다문화적**이다. 사람들이 계속해서 한 문화권에서 다른 문화권으로 이동하고 또 그에 따라서 더 다양한 라이프스타일과 문화에 노출되고 있다. 미국은 이제 멕시코를 비롯해 수많은 라틴아메리카 대륙, 중국, 한국, 최근에는 유럽 등지에서 들어온 이민자들의 고향이 되었다. 다문화는 현대사회에 수많은 도전과제를 안겨준다. 예를 들어 미국에서는 다양한 인종들이 자신들의 문화적 가치와 관습에 따라 살아가야 할 뿐만 아니라 일반적인 미국인 '혼혈인종(melting pot)'에 동화되어 살아가야 한다.

심리적 측면에서 다문화는 정체성의 문제를 야기한다. 많은 사람들은 두 문화의 정체성을 모두 갖고 살아가기 위한 시도의 결과로 분열을 경험할 수 있다. 예를 들어 부모가 멕시코 이주민이더라도 나는 로스앤젤레스의 영어를 제1외국어로 하는 학교에 다니면서 정체성에 관한 물음을 던질 수 있다. 몇몇 연구들은 다문화 정체성을 갖고 있는 한 개인이 각기 구별되는 성격특성을 가진 것처럼 느낄 수 있다는 점을 지적한다. 한 연구에서는 2개 국어를 하는 멕시코계 미국인에게 모국어보다 영어로 스스로에 대해 생각해보도록 했을 때 그들은 서로 다른 성격특성을 갖는다고 언급하는 경향이 있었다(Ramirez-Esparza, Gosling, Benet-Martínez, Potter, & Pennebaker, 2006). 그러나 다른 2개 국어를 하는 사람들은 그들의 정체성을 조금 더 통합적인 관점에서 바라보는 경향이 있는 것으로 나타났다. Veronica Benet-Martínez는 **두 문화의 정체성 통합**(bicultural identity integration, BII)에 관한 수많은 연구를 통해 두 문화를 가진 사람들이 일관된 단일 정체성을 유지할 수 있다는 것을 알아냈다(Benet-Martínez & Haritatos, 2005; Benet-Martínez, Leu, Lee, & Morris, 2002). Benet-Martínez는 BII에서 높은 점수를 보인 사람이 자신을 '멕시코인'도 '미국인'도 아닌 두 문화를 조합하여 두 문화의 전통과 가치와 실천적 양식들을 통합한 사람으로 인식하는 경향이 있다는 것을 보여주었다. 반면 BII가 낮은 사람은 두 문화가 서로 갈등하며 그 결과 높은 스트레스를 경험하는 것으로 나타났다.

문화는 인간 성격의 모든 측면에 영향을 미친다. 이후의 장에서 살펴보겠지만 문화는 우리의 기질적 성격특성에 스며들어 있으며(제4장 참조), 신념과 가치(제8장 참조), 우리의 삶을 구성해 나가는 이야기 속에 스며 있다(제10과 제11장). 현대사회는 점점 다문화적으로 변해가고 있기 때문에 성격은 점점 더 문화적으로 변화하고 있다. 사소하든 심오하든 문화는 인간이 누구이며 왜 그들은 자신들이 원하는 방식에 따라 움직이는지를 이해할 수 있는 중요한 요인을 설명해준다.

역사

차이점을 살펴보면, 인간 행동을 거시적 맥락으로 이해하기 쉬워진다. 예를 들면 우리와 매우 다른 문화권에서 온 사람을 만나게 되면, 우리가 속한 문화의 가치와 규범이 어떻게 우리를 '오늘날의 우리'로 만들었는지 생각하게 된다. 현대사회에 존재하는 엄청난 경제적 빈부격차를 살펴보면, 사람들

표 3.5	개인적 발달과 사회/역사적 사건 사이의 연결
사건을 경험했을 때의 나이	**사건의 영향에 집중하기**
아동기와 초기 청소년기	근본적 가치와 기대(예를 들어 가족의 가치, 기준 체계)
후기 청소년기/초기 성인기	기회와 삶의 선택, 정체성(예를 들어 직업 정체성)
초기 중년기	행동(예를 들어 노동에 참여)
중년기와 후기 중년기	새로운 기회와 선택, 정체성의 변화

출처 : "Linking Individual Development and Social Changes," by A. J. Stewart & M. J. Healy, Jr., 1989, *American Psychologist*, 44, 32; and "The Intersection of Life Stage and Social Events: Personality and Life Outcomes," by L. E. Duncan & G. S. Agronick, 1995, *Journal of Personality and Social Psychology*, 69, 559.

이 어떻게 같은 나라 안에서도 매우 다른 물질적 상황에서 자랄 수 있는지를 알게 된다. 주어진 사회의 문화적·사회구조적 차이점을 살펴보는 과정에서, 우리는 만약 다른 상황이었다면 (백인이 아닌 흑인이라면, 남자가 아닌 여자라면, 가난하지 않고 부자라면) 우리의 인생과 성격이 어떻게 달라졌을지 생각하고 상상해볼 수 있다. 하지만 우리가 평소에는 잘 생각하지 않는 거시적 맥락이 한 가지 있는데, 그것은 바로 역사(history)의 맥락이다. 이 책을 읽는 모든 사람이 현재 살아 있고, 같은 역사적 상황에서 기능하고 있다는 전제하에 생각해본다면, 우리는 지금 (21세기 초반인 현재) 이 시간에 우리가 모두 '살아 있다'는 단순한 사실에서부터 어떻게 인생의 모양이 형성되는지 살펴볼 수 있다. 만약 지금이 '지금'이 아닌 기원전 200년이나, 1901년, 1776년이었다면 상황이 많이 달라지지 않을까?

인간 행동을 규정하는 역사적 맥락은 우리 인생을 시간의 개념에서부터 바라본다. 사람들은 나이가 들수록 인생에 영향을 주는 요인으로 역사와 시간을 더 많이 생각하게 된다. 당신의 할아버지나 할머니들은 예전의 세상은 어땠는지 (컴퓨터가 없었던 그때, 몇 백 개의 TV 채널도 없고 자유 민주주의 세상의 반대 세력으로 소련이 존재하던 때, 무서운 전쟁에서 미국과 일본이 서로 싸웠을 때) 자주 이야기해주었을 것이다. 이런 식으로 다른 세대의 사람과 소통하면서, 역사 시간에 공부하면서 우리는 예전의 사회가 지금의 그것과는 어떻게 매우 달랐는지 알게 되고 또 미래의 사회도 그만큼 달라질 것을 예상할 수 있다. 사회학자 Karl Mannheim(1928/1952)은 다양한 세대의 사람들은 서로 다른 방향으로 발전하게 되는데, 그 이유는 서로 다른 역사적 경험 때문이라고 생각했다. Mannheim에게 있어서, 한 **세대**(generation)는 같은 역사적 시기에 태어나고, 비슷한 믿음과 목표, 유사한 시대적 특징을 공유하는 사람들을 말한다. 그는 개인의 청소년기 후반과 성인기 초반에 일어나는 역사적 일(historical events)들은, 특히 그 이후의 성격을 형성하는 데 큰 영향을 준다고 믿었다(또한 Rogler, 2002 참조).

Abigail Stewart와 Joseph Healy(1989)는 역사적, 사회적 일들이 성격 안으로 통합되는 과정을 설명하는 이론을 발전시켰다. 이는 표 3.5에 정리되어 있다. Mannheim의 이론을 따라, Stewart와 Healy 또한 역사의 영향은 인생 전반에 있어서, 어느 시기에 일어나는지에 따라서 매우 다르다고 주장했다. 세계 대전과 같은 중요한 역사적 일은, 10살 아이와 중년 성인에게 매우 다른 정도의

역사적 사건은 성격에 미묘하지만 장기간의 영향을 미친다. 한 이론에 따르면 아주 충격적인 역사적 사건 및 사회운동을 아동기 또는 초기 청소년기에 겪게 되는 것은 한 개인의 근본적인 가치 및 삶의 기대에 영향을 미칠 수 있다. 후기 청소년기 및 초기 성인기에 경험하는 것은 정체성과 삶의 선택에 영향을 미칠 수 있으며 삶의 후기에 경험하게 되는 것은 행동에 영향을 미칠 뿐 아니라 정체성 변화에도 영향을 미칠 수 있다(출처 : Helene Seligman/AFP/Getty Images).

영향을 미칠 것이다. 그들은 어린아이일 때 (유아기) 경험한 역사적 일들이 세계관을 향한 근본적인 틀을 만들어준다고 생각했다. 예를 들어 매우 기본적인 관점에서, 매우 심각한 경제위기 (1920~1930년대의 대공황 등) 때문에 극심한 가난을 겪어본 아이라면 풍족하지 못한 상태가 모든 사람의 평균적인 상태며, 모든 사람에게 공평하게 부가 분배되는 세상은 존재할 수 없을 것이라고 믿게 된다. 반대로 **청소년기 후반이나 성인기 초반**에 경험한 역사적 일들은 인생의 기회나 선택에 영향을 주는데, 이는 주로 직업적 정체성(occupational identity)과 관련이 있을 때가 많다. 예를 들면 1970년 워터게이트 스캔들의 경우, 미국에서의 탐사저널리즘 관련 직업의 명예가 크게 올라가는 현상을 가져왔다. 당시 닉슨 대통령의 스캔들을 언론에 알린 신문 기자들은 언론과 관련된 직업 자체를 명예화시켰고, 이 때문에 어린 청소년들이나 젊은 사람들이 언론 관련 일에 대한 환상을 품게 되었다. 실제로 나와 비슷한 나이대의 사람들 중 언론 일에 관심을 가진 경우가 많다.

Stewart와 Healy는 초기 중년기에 이를 때, 역사적 일들은 근본적인 가치관이나 직업적 정체성에 주는 영향이 줄어든다고 설명했다. 이미 30대, 40대에 접어든 사람들은 세계관을 확립한 상태기 때문이다. 하지만 이러한 경우에도 역사적 상황은 사람들이 하는 일, 즉 '행동'에 영향을 미칠 수 있다. 중대한 전쟁이 일어난다면, 35살 주부의 인생은 매우 극명하게 변화한다. 군대로 징집된 남성의 노동력을 보충하기 위해서 일을 해야만 하는 상황이 올 것이다. 근본적으로 봤을 때 그녀의 정체성이나 세계관 자체가 변화하는 것은 아니지만, 전쟁 전과 비교했을 때 매일의 '행동'이 달라진다는 뜻이다. 마지막으로, **인생 후반부(중년과 그 이후)**에 일어나는 역사적 일들은 개인의 정체성에 있어서 수정(revision)을 가져오거나 새로운 기회를 제공할 수 있다. 아이들이 이미 자라서 독립해 가정을 꾸린 경우 노년 부부는 이제 생활방식, 직업, 개인적 이데올로기 등에 있어서 새로운 가능성을 탐험할 기회가 생기는 것이다. 따라서 이런 관점에서도 중대한 역사적 일이나 사회적 운동은 변화를 일으킬 수 있다. 1960~1970년대의 여성운동은 많은 여성들에게 새로운 기회를 제공했다(Duncan & Agronick, 1995). 이미 성인 자녀를 둔 노년기의 여성의 경우, 여성운동은 새로운 표현방법과 그들 자신에 대해 생각할 수 있는 새로운 방법들을 알려주었다.

역사적 시간이란 인간 행동을 규정하는 가장 복잡한 거시적 맥락 중 하나다. 역사가 사람들의 인생에 영향을 준다는 것은 명확한 사실이다. 하지만 Stewart와 Healy 이론에서 확인할 수 있듯이 그러한 영향의 정도는 인생 전반의 시기에 따라서 달라진다는 것을 기억해야 한다. 따라서 역사적 시간과 개인적 시간은 매우 복잡한 방법으로 서로 상호작용을 한다(Elder, 1995; Mills, 1959). 나아가 역사의 영향은 인종, 계급, 성별, 문화와 같은 거시적 맥락에 의해서 '필터링' 된다. 예를 들어서 1920~1930년대 대공황 시대를 살았던 많은 미국의 흑인들은 그때 당시 경험한 경제적 어려움이 그전에 경험한 어려움(본국에서의 어려움)보다 덜 힘들었다고 말한다(Angelou, 1970). 경제위기는 흑인들보다 중년층의 백인들에게 더 큰 충격으로 다가왔다. 어렸을 때부터 경제적 위기에 익숙했던 흑인들과는 달리, 백인들은 "더 잃을 것이 많았기" 때문이다. 다른 예를 들자면, 여성과 남성은 전쟁에 다르게 반응한다. 보통 남성은 참전해서 싸움을 하고, 여성은 가정을 지키기 위해 노력한다. 또한 다양한 문화적 집단은 같은 역사적 일을 다양하게 해석한다. 1960년대에 미국 대학교들에서 유행했던 반전 운동(antiwar protest)들은 당시의 정치적 자유주의자와 급진주의자들의 의식을 만들어낸 사회운동이었다. 하지만 같은 반전 운동은 동시에 1980년과 1990년대 미국이 정치적 보수주의로 들어가는 길을 만들기도 했다.

　　이러한 복잡한 점을 떠나서, 모든 역사적 일이나 운동의 영향은 개인이 그 일을 바라보는 관점에 의해서도 크게 영향을 받는다. 예를 들자면 Duncan과 Agronick(1995)은 1960년대와 1970년대의 여성운동이 당시에 대학생이었던 많은 여성의 인생에 큰 영향을 끼쳤다는 연구결과를 내놓았다. 하지만 여기서 말하는 영향이란, 여성들이 이 사회적 운동을 얼마나 '의미 있다고' 생각했는지에 따라 달라지게 된다. 여성운동이 매우 중요하다고 느낀 여성들은 결국 더 높은 교육 수준과 소득 수준을 누릴 수 있었고, 중년에 이르러서는 좋은 직업을 가졌으며, 대학 졸업 후에도 자신감이 높아지는 것을 확인할 수 있었지만, 반대로 여성운동 자체를 중요하게 여기지 않은 여성들은 이러한 결과를 얻을 수 없었다.

　　여기서 중요한 것은, 역사적 시간이란 인간 행동을 둘러싸는 매우 중요하고 복잡한 거시적 맥락이라는 점이다. 인간의 인생은 시간에 따라 구조화되어 있고, 역사에 따라서 움직인다. 사회적 계급, 성별, 인종이나 문화와 같이 역사적 시간은 인간의 일생을 일종의 복잡한 환경 속에 위치하게 만든다. 인간 행동을 설명하는 사회적 생태계는 이러한 다양한 맥락을 서로 통합시켜 우리가 '왜 우리인지'를 보여준다. 사회적 상황의 미시적 맥락에서부터 문화와 역사의 거시적 맥락에 이르기까지 성격은 항상 '맥락'이라는 점에 크게 좌우된다. 그 맥락을 제외시키고 사람의 성격을 이해할 수 없고, 그 맥락에서 대상을 빼내오는 것 자체도 물론 불가능하다. 인간의 성격과 다양성은 매우 자세히 맥락화된 상황이다. 따라서 우리가 살고 있는 세계 자체를 이해할 때 우리는 비로소 우리가 인간으로 어떻게 보일 수 있는지를 알 수 있는 것이다.

요약

1. 20세기 전반기 미국 심리학의 주도적인 흐름인 행동주의는 환경이 유기체의 관찰가능한 행동을 어떻게 조성하는지에 초점을 맞춘 것이다. 최근 수십 년 동안 행동주의가 쇠퇴했음에도 불구하고 행동주의의 근본적인 강조점은 성격의 사회학습이론과 개인의 삶은 그들이 놓인 환경적 맥락의 관점에서 이해되어야 한다는 널리 알려진 인식 속에서 살아남아 있다.

2. 행동주의적 관점에서 행동은 환경 속에서 학습된다. 두 가지 근본적인 학습의 형태는 고전적 조건화와 조작적 조건화이다. 고전적 조건화에서 유기체는 서로 다른 연속적 자극 사이의 연합을 형성한다. 조작적 조건화에서 학습은, 마치 행동이 보상과 처벌의 결과로 조성되듯이 보상과 처벌에 의해 일어난다. 하나의 조작적 관점으로부터 성격특성은 본래 특정한 사회

적 상황들에서 시간을 두고 일어나는 처벌−보상 학습에 의해 조성된다. 그러므로 어떤 특정한 행동의 결정요소도 현재의 상황과 그 사람이 비슷한 반응을 학습했던 과거의 비슷한 상황에서 발견된다.

3. 서로 다른 다양한 사회학습이론들을 생기게 한 행동주의는 지금까지 그랬듯 앞으로도 지속적으로 성격 심리학 분야에 영향을 미칠 것이다. 사회학습이론들에서 인지적 변인들, 즉 기대치와 수치, 경쟁력, 해석능력, 자기통제적 체계와 계획과 같은 변인들은 개인이 주어진 상황에 어떻게 접근하고 반응하는지를 구체화하는 데 도움이 된다.

4. Albert Bandura의 사회학습이론은 특별한 영향력을 미쳤다. Bandura는 인간 행동에 있어서 관찰학습과 자기효능감의 역할을 강조했다. '강화'와 '욕구충족'이 행동적 수행의 수단일지라도, Bandura는 학습에서 필수적으로 '강화'를 필요로 하는 것이 아니고 단순한 관찰과 모방을 통해서도 학습이 이루어진다는 것을 입증했다. 사람들은 관찰하고 새로운 반응들을 시간에 걸쳐 배우며, 그 반응들에 대한 수행에서 경험을 획득함에 따라, 그들은 특정 상황에서 특정 행동을 수행하는 자신의 능력에 대한 신념을 발달시키고, 자기효능감을 특정한 수준으로 생성한다. 자기효능감의 발달은 사람들이 환경에서 발생하는 위협적 사건들을 잘 처리하고 통제할 수 있는 훈련능력의 핵심 기제이다.

5. 사회학습은 인간의 인생에 있어서 파급력 있는 현상이다. 심리학자들은 인간 기능의 서로 다른 수많은 영역에서 사회학습의 힘에 대해 기술해왔다. 이와 관련하여 논란이 되는 영역은 공격성에 대한 연구이다. 연구는 공격적 반응의 수행과 형성에 있어서 관찰의 강력한 역할에 대해 기술했다.

6. 사람들은 사회적 생태계 안에서 행동을 배우고 수행한다. 사회적 생태계는 개인의 삶을 조성하고 행동에 영향을 미치는 서로 다른 많은 환경적 맥락들로 구성된다. 사회적 생태계의 범위는 직접적인 사회적 상황의 미시적 맥락으로부터, 가족·이웃·공동체의 보다 큰 맥락에까지 이른다. 가장 크고 가장 먼, 모든 것을 망라하는 수준은 사회적 계급·성별·인종·문화·역사의 거시적 맥락이다. 심리학자들은 사람들이 일상의 삶에서 조우하는 다양한 종류의 상황들을 미시적 맥락의 수준에서 설명하고자 노력했다. 연구자들은 사람들이 자신의 심리적 행동유도성의 관점에서 상황을 설명할 때 혹은 자신의 행동과 표현이 특정한 상황 속에서 드러나는 것으로 인식할 때 상황의 특성을 가장 잘 설명할 수 있다고 했다. 사람들은 파티, 교실, 스포츠 경기 등의 개념의 원형을 어느 특정한 상황에 대한 개념의 원료로 삼아 상황적 원형 혹은 상황의 스크립트(원고)를 만들어낸다.

7. 사회적 구조는 인간 행동을 위한 거시적 맥락의 중요성을 뚜렷하게 했다. 연구는 한쪽에서는 사회계급의 변인, 다른 한쪽에서는 성격과 사회적 삶의 양상들의 중요한 관계성에 대해 기술했다. 낮은 사회경제적 계층의 사람들은 중상위 계층의 사람들에 비해서 낮은 직업적 만족감과 안정과 안전에 대한 더 큰 관심을 보고했고 인간 본성에 대한 운명론적이고 비관적(염세적)인 관점을 보고했다. 전문직에 종사하는 상위 계층의 사람들은 고용자에게 의미 있는 인지적 요구사항들을 두었다. 그리고 그들이 회사에서 주도성을 가지고 자기지향적으로 연마하는 것을 격려했다. 반면에 낮은 계층의 고용자들은 인지적 도전과 회사에서 주도적으로 일할 기회를 더 적게 발견했고 슈퍼바이저의 요구에 따르는 것을 강력하게 주장했다. 연구에 의하면, 높은 사회계층은 회사와 가정 모두에서 자기지향과 내적 통제와 더 큰 관련성이 있었다. 한편 낮은 사회계층은 권위에 대한 복종과 순응을 더 강조했다.

8. 사회계층과 마찬가지로 성별은 강력한 거시적 맥락을 구성하는데, 이는 사회적 권력과 자원을 기본으로 하여 개인을 구분하려는 경향 때문이다. 대부분의 사회에서 남성은 여성보다 많은 공공재를 통제하고, 사회에 대한 결정을 내리고, 보다 더 자유와 자율성을

누린다. 남성이 더 지배적이고 독단적이고, 여성은 더 배려적이고 양육적일 것을 기대하는 상투적인 성 역할에 대한 기대는 성별에서의 힘의 구분을 더욱 강화한다. 성 역할의 사회화는 인간의 사회적 행동에서 관찰되어온 많은 성별 간의 차이에 대해서 설명할 수 있게 한다. 성 차이에 대한 가장 잘 정립된 발견은 남성은 보다 더 공격적이고 리더십의 측면에서 지시적이고, 집단적 행동을 하며 공적 조력에 있어서 도구적이라는 것이다. 반면 여성은 더 높은 수준의 공감과 상호적 친밀감을 보이고, 비언어적 상호작용의 행동에 대한 해석과 표현기술이 더 뛰어나며 더 높은 수준의 우호적 표현이 가능하고, 그룹 안에서 보다 더 배려적인 리더십을 보인다. 가장 보편적 수준에서 성별과 어울리는 행동의 경향은 힘-남성과 교감-여성성의 차원으로 생각된다. 남성과 여성 사이의 차이점의 근원이 무엇이든지, 사회적 환경과 사회적 삶이 상당히 성별적임은 분명하다.

9. 인간의 행동에 대한 가장 크고 광범위한 맥락은 문화이다. 다른 것들 사이에서 문화는 주어진 사회나 조직에서 사람들을 하나로 묶는 규칙과 준거의 체계이며 그것은 사람이 삶을 설계할 수 있는 습관, 기술, 스타일, 관점, 역할과 가치의 도구상자를 제공한다. 문화는 인간의 삶에 의미를 부여한다. 서로 다른 문화를 체계화하는 두 가지 차원은 개인주의와 집단주의이다. 개인주의적 문화는 개인의 태도와 의견, 관계의 교류, 자율적 효능성과 독립적 자아 등의 개인의 목표를 우선시한다. 반면에 집단주의적 문화는 공동체 내 규준, 상호관계, 자아의 상호의존적 발달을 우선시한다. 북미와 같은 사회에서는 개인주의적 문화를 보이는 반면, 아시아에서는 집단주의적 문화를 보이는데, 개인주의와 집단주의의 차이는 관계성 수준의 문제이다. 모든 사회가 개인주의적 힘과 집단주의적 조화, 양쪽 모두에 대한 개념과 아이디어를 가지고 있다. 이와 관련된 문화적 개념은 현대성인데, 이는 산업혁명의 도래와 19세기와 20세기의 민주주의와 자본주의에 대한 확산에 의해 건설된 경제적, 정치적, 문화적 시스템을 뜻한다. 현대문화는 예외가 있긴 하지만, 개인주의적인 경향이 있고 자기에 대한 명료한 관점을 가지고 있다. 현대문화에서의 '자기'는 발달하고 확장하고 개선하고 대개는 시간을 두고 단련하는 인간이 진행하는 복합적이고 진화하는 프로젝트로서의 자기를 뜻한다.

10. 역사는 사람들의 삶을 시간 위에 위치해 놓는다. 서로 다른 세대의 사람들은 서로 다른 역사적 경험을 하고 이는 서로 다른 성격발달에 영향을 미친다. 한 이론은 역사적 사건이 발생한 시기가 개인의 삶의 과정에서 부분적으로 그 사람에게 영향을 미친다고 제안함으로써 역사적 사건과 개인의 발달을 연결했다. 예를 들면 어느 어린이에게 있어서 전쟁, 경제불황, 사회운동과 같은 역사적 사건들은 그 어린이가 세상에 대한 기본 가치와 가정들을 조성하게 하는 것으로 경험된다. 한편, 청소년기 후반에서 성인기 초반에 개인이 겪는 사건들은 그 사람의 직업적 정체성 발달과 삶의 중요한 선택을 결정하는 데 영향을 미친다. 초기 중년기에 이르는 시기에 겪은 역사적 사건은 가치와 정체성에는 깊은 영향을 미치지 않으나 그 사람이 어떤 행동을 하느냐에는 영향을 미친다. 마지막으로, 중년기 이후의 삶에서 겪는 역사적 사건은 정체성의 변화와 자기개념에 대한 개정의 새로운 기회를 제공할 가능성을 갖는다. 인간의 삶에서 겪는 역사적 사건의 영향력은 대부분 그 사람이 그 사건을 어떻게 이해하느냐에 따라 결정된다.

개요 : 성격특성과 행동예측

Sketching the Outline: Dispositional Traits and the Prediction of Behavior

제4장

성격특성 : 기본 개념과 이슈

제5장

Big 5 특성 – 뇌와 행동

제6장

특성의 지속성과 가변성 : 유전, 환경, 시간의 역할

출처 : Brad Wilson/Stone/Getty Images

성격특성 : 기본 개념과 이슈
Personality Traits: Fundamental Concepts and Issues

성격특성에 관한 이야기는 우리 모두가 항상 하고 있다. 내 아내의 가족을 예로 들어보자. 나의 처남인 드와이트는 매우 충동적이고 친근하다. 장을 보고 계산하는 줄에서 사람들과 대화를 나누곤 한다. 반면 그의 쌍둥이 여동생인 사라는 더 진중하고 성실한 편이다. 그녀의 남편 잭 또한 매우 성실하고, 그 둘은 인생에서 바른 일을 하고, 사회에 긍정적으로 공헌하는 것을 중요시한다. 하지만 잭은 나와 마찬가지로 매우 경쟁적인 면도 있다. 눈-손 합응(hand-eye coordination)을 필요로 하는 모든 것에서는 그가 나보다 앞서지만, 달리기는 내가 더 빠르다. 내 아내의 큰오빠인 톰은 굉장히 분석적이며 유머러스하다. 아내의 큰언니인 바브는 굉장히 정리를 잘하고, 다른 사람들을 잘 챙겨준다. 그녀의 남편 빌은 긍정적인 성격이다. 모든 것을 긍정적으로 볼 줄 안다. 내 아이들이 인생이 힘들다고 투덜댈 때, 나는 빌 이모부를 본받으라고 말해준다. 로이스는 아내의 여동생이다. 그는 가족 구성원 모두의 특성을 가지고 있는데, 그래서인지 한두 단어로 표현하기가 힘들다. 내 아내는 완벽하다. 이 단락을 읽고 나서도 나와 계속 대화하려는 유일한 사람이 아닐까?

사실 가족들 모두가 기분 나빠 하지는 않을 것이다. 왜냐하면 (1) 나는 주로 긍정적이나 중립적인 특성에 초점을 맞췄고, (2) 그들 모두 사람들은 항상 타인에 대해 이야기한다는 사실을 알고 있기 때문에 그것이 그렇게 나쁘다고 여기진 않기 때문이다. 당신이 알듯이, 그들 또한 일상의 특징 이야기를 보여주는 특성은 **일반화**(generalization)라는 것을 알고 있다. 성격특성 일반화는 상대적인 관점에서 사실일 수도, 유용할 수도 있지만 인간 행동을 설명하는 데 매번 사용되진 않는다. 그렇기 때문에 앞서 말한 빌이 매우 긍정적이지만, 때로는 어두운 분위기에 빠진다고 말해도 놀랍지 않은 것이다. 바브가 가끔은 책상 정리를 못한다는 것도, 내가 아내와는 경쟁하지 않는다는 것도 놀랍지 않은 사실이다. 성격특성은 항상 상대적이고, 매우 보편적이다. 만약 아니라면 드와이트는 매번 장을 볼 때마다 모르는 사람들과 항상 이야기할 것이고, 다른 사람들도 자신의 특성을 24시간 유지하다 보면 이 세계는 너무 따분하고 지루하며 예측가능한 곳이 되어 버린다.

이런 인생을 상상하는 것은 어렵다. 사람들은 그런 기계적인 존재가 아니기 때문이다. 사람들은 같은 일을 계속해서 하는 로봇이 아니다. 주어진 성격특성이 얼마나 강력한지를 떠나서, **어느 누구도 같은 특성을 완벽하게 유지하지는 못한다.** 한 가지 특성으로 단순하게 표현할 수 있는 사람도 물론 없다. 인생에는 수많은 예측불가능한 요소와 다양성이 있기 때문이다. 이것은 매우 단순하고 당연한 사실이지만, 군이 또 강조하는 이유는 너무 당연함에도 불구하고 성격심리학에서 굉장히 중요한 부분이기 때문이다. 일반적인 특성으로 모든 사람들을 보편화시킬 수는 없지만, 성격심리학자들은 심리적 다양성을 설명하기 위해서 성격특성을 자주 이용한다. 일상 대화와 과학적 연구 모두에서, 우리들은 사람들 간 개인적 차이점을 설명하기 위해 보편적인 기준을 이용한다. 이는 피할 수 없는 일이다. 한계가 있음에도 불구하고, 성격특성은 인간의 성격을 설명할 수 있는 유용하고 자연스러운 방법이다.

이제 이번 장의 초반에서 성격특성이 좋은 쪽이나 나쁜 쪽 모두로 쓰일 수 있다는 가능성을 생각해야 한다. 조심스럽게 선택된 몇 개의 성격특성 형용사로 누군가를 나타내는 것은 보편적으로 타인에게 보이는 그 사람의 모습을 표현하고, 평소에 그 사람이 어떤지 기억하고, 그 사람이 미래의 상황에 어떻게 행동할지 예측할 수 있는 단순하고 실용적인 설명을 제공해줄 수 있다. 하지만 동시에 안 좋은 점도 있다. 성격특성은 사람들을 대상화하는 선입견으로 자리 잡아, 타인의 마음에서 사람들을 일종의 대상으로 보이게 할 수도 있다. 일반적인 성격특성 설명은 성격을 지나치게 단순화하여 성격의 중요한 디테일을 무시하는 결과도 가져온다. 사람들은 종종 타인을 더 잘 알고 싶은 마음이 없거나 노력을 하고 싶지 않을 때 대충 몇 가지 형용사로 그 사람을 표현하는 방법으로 성격특성을 사용하기도 한다. 성격특성 이용에서의 가장 어려운 부분은 억압과 편견의 문제다. 한 집단의 사람들이 다른 집단의 사람들을 일반적으로 보편화시켜 평가하는 것은 인간의 고통을 가져온 중요한 부정적인 특성으로 항상 작용해 왔다. 잘 모르는 집단에 대해서 게으르고, 야만적이고, 부도덕적이라는 등 부정적으로 평가하는 것은 항상 일종의 선입견이나 인종차별을 가져왔다. 이는 종종 전쟁, 노예제도, 대학살 등 처참한 결과를 불러왔다.

이번 장과 제5~6장에서 나는 행동과학과 인간 이해의 문제에 있어서 성격심리학자들이 어떻게 성격특성을 이용해 왔는지 살펴보려 한다. 제2장에서 인간 본성을 공부하고, 제3장에서 문화를 이해했기 때문에 이제는 가장 중요하고 가장 보편적인 요소인 **성격특성**에 대해 알아볼 차례다. 지난 60년간 성격심리학자들은 특성에 대해서 많이 연구했다. 인간 간 차이점을 나타내는 측정법도 연구했고, 행동의 유행과 성격특성을 연결시키기도 하고, 행동의 측정에 있어서 상황적 변수를 알아보기도 했다. 또한 인생 전반에 걸친 성격특성의 변화를 알아보고, 특성에 있어서 유전과 환경의 원인에 대해서도 연구했다. 그리고 성격특성 문제를 둘러싼 논쟁에 대해서도 깊게 알아봤다.

성격특성이 매일의 대화에 있어서 피할 수 없는 부분인 것처럼, 성격을 이해할 때도 빼놓을 수 없는 부분이다(Johnson, 1997). 어떻게든 특성을 고려하지 않고 심리학적 다양성을 이해한다는 것은 불가능하다. 성격심리학자들에 의해서 발전된 성격특성 문제는, 대상을 이해할 수 있는 특성적 근본을 제공해준다. 정확하고 좋은 성격특성 설명에서부터, 그 사람이 타인에게 어떻게 비춰지는지 이해할 수 있다는 것이다. 하지만 결과적으로, 보편적인 특성 그 이상의 요소들도 생각해야 한다. 그러한 점은 이 책의 제7~12장에 걸쳐서 알아보겠다. 이번 장에서는 일단 성격특성에 대해서 집중해서 알아본다.

특성에 관한 논의

특성이란

성격특성의 개념은 우리의 일반적인 관찰과 상식에 기초해 있다. 우리는 타인의 행동을 이해하는 과정에서 그 사람들의 행동의 일관성을 찾고, 다른 사람들의 행동과 어떠한 차이점이 있는지 알게 된다. 레이철이 많은 다양한 상황(학교, 헬스장, 식사시간에서 등)에서 사람들에게 잘 웃고 친화적인 태도를 보이는 반면 마리아는 미소를 거의 보이지 않고 사람들과 대화도 잘 하지 않는다면, 레이철은 보편적으로 따뜻하고 활발해 보이는 반면 마리아는 거리감 있어 보일 것이다. 레이철도 가끔은 차가울 수 있고 마리아도 가끔은 따뜻할 수 있겠지만, 앞서 말한 보편적인 특성이 그들의 **일반적인** 특성이 된다.

성격심리학자들은 '친화성'을 포함한 성격특성의 다양한 측면을 고려한다. 먼저 그들은 성격특성이 시간과 공간을 초월해서 비교적 **안정적인 내적** 특성이라고 생각한다. 내 처제 사라가 성실성의 특성이 강하다면, 그녀가 한 가지 상황이 아니라 다양한 상황에서 시간이 지나도 같은 특성을 계속적으로 보인다는 것을 증명해야 한다.

두 번째로, 성격특성은 보통 **양극의**(bipolar) 단어로 설명된다. 친화력은 '높은 친화력'과 '매우 낮은 친화력'의 양극적 단어로 측정된다. 따라서 성격은 서로 반대의 단어로 표현되는 경우가 많다 ― 외향성 대 내향성, 수동적 대 능동적 등. 보통 일반적인 사람들은 이런 양극적인 스펙트럼 안에서 중간에(moderate) 위치해 있는 경우가 많다.

셋째로, 다양한 특성들은 보통 **첨가적**(additive)이고 **독립적**(independent)이라고 여겨진다. 내처형 바브는 친화력이 높고, 정리도 잘하는 편이지만, 위험을 감수하는 특성에서는 낮은 점수를 받는다. 이러한 것들이 모두 합쳐져서 바브의 개인적 성격을 구성하는 요소가 된다.

마지막으로, 성격특성은 **사회-감정적** 기능에서의 **폭넓은** 인간 간 차이점을 의미한다. Conley (1985b)는 "성격특성은 감정적 성향에 대응하는 매우 보편화된 행동패턴을 구성한다"(p. 94)고 말했다. 따라서 성격특성은 더 본질적으로 인지적이고, 덜 사회-감정적인 다른 요소들인 가치나 태도, 세계관, 스키마와는 구분된다(Conley, 1985b; McClelland, 1951). 사회-감정적 성격특성과 인지적 요소들 간의 차이점은 임마누엘 칸트(1724~1804)가 말한 기질(성격특성)과 성격(스키마)의 차이점을 봐도 알 수 있다(Conley, 1985a). 비슷한 맥락에서 '지능'의 범위에 속하는 관념들도 엄밀하게 말하면 성격 자체의 일부분이라고 보기는 힘든데, 이는 성격심리학자들 사이에서도 논란이 되는 부분이다(예 : Revelle, 1995). 이 책의 본래 목적과 부합하기 위해서 지능의 특성은 성격특성 밖에 있다고 가정하고, 성격특성은 기본적으로 사회-감정적 기능과 밀접한 관련이 있다는 전제하에 설명하겠다.

성격특성은 특성적 사고, 느낌, 행동에서 보이는 사람들 간 차이점을 의미한다(McCrae & Costa, 1995). 심리학자들은 특성의 개념을 이용해 한 상황에서 다른 상황으로 옮겨갈 때의 행동적 일관성을 설명한다. 예를 들자면 레이철은 상황이 변화해도 계속적으로 친근한 편이고(물론 항상 그런 것은 아니다), 마리아는 상황이 변화해도 계속적으로 차가운 편이다. 특성은 사람 내부에 존재하는 개념으로 비교적 보편적이고 세계적이며 안정적인 특징이라고 여겨진다. 이러한 특성은 보통 양극적인 개념에서 설명되어, 양극을 연결하는 선에서 어느 정도에 위치해 있는지로 설명된다. 따라서 대부분의 사람들은 어느 특성에서나 보통 중간에 위치하는 편이며, 이것은 타인의 특성과 비교하면 항상 상대적이다. 특성의 관점에서 보면 각 개인은 상대적으로 독립적인 차원에서 어느 정도에 속해 있는지로 설명될 수 있고, 이것이 더해지면 특성 프로필(trait profile)이 된다. 지능의 특성과는 반대로, 성격특성은 보편적으로 인생의 사회-감정적 특성, 사회적 의사소통과 관련된 사고·느낌·행동에서의 일관성을 의미한다.

여태까지 설명한 성격특성의 개념은 이번 장을 읽기 전에 당신이 생각했던 성격의 관념과 상당부분 일치했을 것이다. 우리가 상식적으로 알고 있는 이러한 개념을 정확히 연구하기 위해서 심리학자들이 오랜 시간 동안 많은 노력을 기울였다는 사실은 놀라울 수도 있다. 지난 시간 동안 이 개념을 보는 적어도 네 가지의 관점이 발달했다(표 4.1 참조). 첫 번째 관점은 Gordon Allport(1961)가 '신경심리학적 구조'(p. 347)라고 부른 중추신경계 안에 존재하는 성격특성이다. 신경전달계나 뇌의 작용으로 설명되는 신경심리학의 패턴은 시간과 공간을 초월해 일관적인 성격특성과 행동을 보여준다는 가설이다. 두 번째 관점은 신경심리학에 기반을 두되, 성격특성은 행동에 중요한 영향을 주는 성향으로 존재한다는 생각이다. 따라서 이 두 가지 관점 모두 성격특성을 인간 기능의 원인적 방법(mechanism)으로 본다. 신경심리학적 구조나 행동적 성향으로서의 성격특성은 특정 행동을 이끌어내는 원인으로 작용하고, 그렇기 때문에 시간과 상황에 관계없이 행동의 일관성을 불러일 으킨다는 의미다.

반대로 세 번째와 네 번째 관점은 성격특성이 행동의 원인이 되는 것이 아니라, 사람들이 보여 주는 행동을 설명할 수 있는 편리한 범주로 존재한다는 생각에 기반을 두고 있다. 세 번째 관점은 Buss와 Craik(1983, 1984)가 말한 **행동의 빈도**(act-frequency)를 보는 생각이다. 이 관점에 의하면, 성격특성은 특정한 행동을 구성하는 언어적 범주에 불과하다. 따라서 성격특성 자체가 행동을 이끌 어내는 것은 아니다. 특성 **자체가** 행동이라는 개념이다. 이 관점에 따르면, 외향성의 특성은 그것을 구성하는 많은 행동들로 구성된다("사람들 앞에서 춤을 췄다" 아니면 "모르는 사람들과 대화를 했 다" 등). 이런 행동들은 모여서 특성군(trait families)을 이룬다.

마지막으로 네 번째 관점은 특성은 객관적인 관점에서 존재하는 것이 아니라는 생각이다. 특성 은 사람들과 성격심리학자들이 사회적 인생을 이해하기 위해 지어낸 허구적 관념에 불과하다는 뜻 이다(Shweder, 1975). 이런 관점에서 보면, 내가 타인을 설명하기 위해 쓰는 '친근하다'나 '성실하 다'라는 말은 현실을 단순화하고 조직해주기는 하지만 그냥 단어에 불과하다. 우리가 공유하는 사회 적 구조를 넘어서는 깊은 뜻을 가진 것은 아니다. 레이철이 친근한 사람이기 때문에 자주 미소 짓는 다고 말하는 것은, "레이철은 친근한 사람이기 때문에 친근하다"라고 말하는 것과 별 차이가 없다는 것이다. 또한 레이철의 미소는 그 자신 내면에서 나온다기보다는, 그녀가 살고 있는 환경에서부터 나올 가능성이 많다. 성격특성이 유용한 허구에 불과하다고 생각하는 사람들은 보통 행동적 일관성 을 찾기 위해 환경적 상황을 고려한다(예 : Mischel, 1968).

네 가지 관점 모두 타당성이 있다. 각각 관점 모두 성격특성의 중요한 개념을 보여준다. 첫 번

표 4.1	특성의 본질에 관한 네 가지 측면	
특성 관점	**설명**	**이론가**
신경생리학적 기질	특성은 중추신경계에서 생물학적 패턴을 갖는다. 한 상황에서 다른 상황으로 전환되도 록 하는 사회정서적 기능을 지속하도록 하는 데 책임이 있는 행동을 야기한다.	Allport (1937) Eysenck (1967) Gray (1982) Cloninger (1987) Zuckerman (2005)
행동적 성향	특성은 문화적 규범, 상황적 변화와 같이 한 개인의 기능에 영향을 미치는 외적 변인과 상호작용하는 지속적인 방식으로 행동하고 생각하며 느끼는 경향이 있다. 특성은 행동 을 나타낼 수 있으며, 행동에 대한 일반적인 메커니즘을 설명할 수 있다.	Cattell (1957) Wiggins (1973) Hogan (1986) McCrae & Costa (1990)
행동의 빈도	특성은 행동을 축약한 목록들이다. 같은 기능을 하는 행동은 한 특성군을 다른 특성군 과 분리할 수 있도록 만드는 좀 더 독특하고 공통된 특성을 나타내준다.	Buss & Craik (1983)
언어적 범주	특성은 인간 행동과 경험의 다양성을 범주화하는 기능을 한다. 특성은 관찰자 마음의 밖에 존재힐 수 없기 때문에 인과적 영향이 없을 수 있다. 사회적 상호작용과 담소 등으 로 사람들은 특성의 관점에서 의미를 구성해 나간다.	Mischel (1968) Shweder (1975) Hampson (1988) Harre & Gillett (1994)

째 관점은 특성이 생물학적 현실을 포함한다는 점을 보여주고, 두 번째 관점은 특성의 본질을 보여주고, 세 번째 관점은 성격특성은 기능적으로 유사한 행동과 연결된다는 점을 보여주고, 네 번째 관점은 성격특성은 일상적인 사회인지(social cognition)에서 중요한 역할을 한다는 점을 알려준다. 동시에 네 관점은 서로 상대적으로 모순적이기도 하다. 첫 번째와 네 번째 관점 사이의 모순이 가장 극명하다. 만약 성격특성이 관찰자들의 마음속에만 존재하는 환상이라면(네 번째 관점), 동시에 행동의 원인이 되는 심리사회적 구조(첫 번째 관점)일 수는 없기 때문이다. 다양한 관점 사이의 불일치를 해결할 수는 없다.

하지만 굳이 한 가지를 선택하자면, 많은 현대의 성격심리학자들은 두 번째 관점과 비슷한 생각을 가지고 있다. 대부분의 학자들은 성격이 특성이라는 생각(두 번째 관점)을 가지고 있으며, 그 특성은 행동에 영향을 주고, 그 영향은 상황적 요소에 따라서 다르고 복잡하다는 것을 알고 있다. 성격특성은 행동유형의 서술적 특성이 아니라, 특정하게 예상가능한 행동과 같은 선상에 있다 (세 번째 관점)는 생각도 한다. 나아가, 많은 학자들이 성격특성은 뇌 구조와 기능의 복잡한 차이점을 보여주는 요소라는 생각(첫 번째 관점)도 가지고 있다. 동시에 특성은 사회적으로 결정된 의미를 가지고 있는 언어적 범주라는 생각(네 번째 관점)도 하는 편이다. 성격특성의 의미는 그 특성이 포함된 문화적 맥락에 의해서 부분적으로 결정된다. 따라서 친화력이라는 개념은 다른 문화권에서는 서로 다르게 해석될 수 있다. 다양한 문화들은 친화적이라는 개념에 대한 다른 생각을 가지고 있기 때문에 미소 짓기나 다른 사람과의 접촉이 한 문화권에서는 친근함의 상징으로, 다른 문화권에서는 무례함의 상징으로 받아들여질 수 있는 것이다.

특성에 관한 역사

성격특성을 구분한 사례는 고대의 문서에서부터 찾아볼 수 있다(Winter, 1996). 창세기에서 리브가는 매우 성격특성이 다른 쌍둥이를 낳는다. 에서는 사냥을 잘하는 활동적이고 모험적인 청년으로 자라고, 야곱은 조용하고 가정적인 사람으로 자란다. 어머니의 사랑을 더 받았던 야곱은, 결국 아버지인 이삭을 조종해 원래 에서가 받아야 할 축복을 본인이 받는다. 이 이야기에서 속임수와 기민함(shrewdness)은 힘과 용맹함보다 더 우월한 성격특성으로 묘사됐다.

기원전 4세기, 테오프라스토스라는 철학자는 서양 문명에서 가장 처음으로 분류 체계(taxonomy)를 개발했다. 아리스토텔레스의 제자였던 그는 당시의 사회적 상황에서 사람들이 만날 수 있는 다양한 사람들의 성격특성 스케치를 그렸다. 각 스케치는 성격특성을 보여주는데(Anderson, 1970), 이는 약간 과장되었지만 쉽게 확인가능한 캐리커처의 모습이다. 각 스케치에서 가상의 인물은 각각 한 가지의 성격특성만 가지고 있다. '가난한 사람(The Penurious Man)'이라고 불린 사람은 다음과 같이 묘사되었다.

> 가난한 사람은 어느 사회에서나 존재한다. 그는 사람들과 함께 하는 식사 자리에서 각 사람들이 마신 음료의 컵 수를 세고, 가장 적은 양의 신주를 아르테미스 신에게 바친다. 노예가 접시를 깨면 그의 임금에서 바로 제한다. 다른 누구도 본인의 정원에 들어오거나, 사유지 안에서 걷거나, 올리브나 대추를 가져가지 못하게 한다. 매일 자신의 땅을 나타내는 선이 움직이지 않았나 확인하고, 아내에게는 그 무엇도 다른 사람에게 빌려주지 못하도록 경고한다(Allport, 1961, p. 43).

가장 유명한 고대의 성격특성 구분 사례는 그리스의 의사였던 갈레노스(서기 130~200)의 이론이다. 그는 사람은 네 가지 기질로 구성된다고 생각했고, 각 기질은 특정한 행동특성을 규정한다고 주장했다. 네 가지 중요한 체액은 혈액, 흑담즙, 황담즙, 점액이다. 혈액은 **낙관적인** 성격과 관련이 있다. 주된 체액이 혈액인 사람들은 자신감이 있고 대담했으며, 기질적으로 원기 왕성하다. 흑담즙은 반대로 우울한 성격이다. 체내에 흑담즙이 많은 경우 우울하고 초조해하는 성격이다. 황담즙은 화와 관련이 많은데, 자주 화를 내고 참지를 못하는 성격인 사람인 경우가 많다. 마지막으로 점액이 많으면 **침착한** 사람인 경우로 사람들과 소통하지 않고 차가우며, 무관심한 특성을 가지고 있다. 가장 처음에 언급한 낙관적인 성격이 가장 좋아 보이지만, 갈레노스는 네 가지 기질이 조화를 이루어야 한다고 생각했다. 네 가지 기질이 적당히 섞인 경우 "영혼에 대담함과 소심함, 무관심과 관심, 시기와 동정의 중간 감정을 가지고 있는 사람"이 만들어진다고 말했다(Stelmack & Stalikas, 1991, p. 259).

중세 시대에 이르러, 학자들은 체액이 성격특성과 직접적인 관련이 있다는 생각을 버리기 시작했다. 하지만 네 가지 체액과 관련된 성격특성 이론은 아직까지도 고려되고 있다. 18세기 임마누엘 칸트는 행동과 감정과 관련해서 네 가지 기질이론을 다시 생각했으며, 19세기 말 Wilhelm Wundt는 네 가지 기질은 감정적 힘과 감정적 다양성에서부터 생겨난다고 주장했다. 그리고 20세기 중반, Hans Eysenck는 외향성과 신경증을 이용해서 네 가지 기질이론과 비슷한 생각을 주장했다. Eysenck는 체액이 아닌 뇌의 구조와 기능을 통해서 성격이론을 연구했다.

14세기의 자료에서 나온 이 이미지들은 고대시대를 대표하는 사람들의 네 가지 성격특성을 나타내 준다. 가장 위쪽 왼편에서부터 시계방향으로 침착하고 낙관적이며 우울하고 성마른 특성을 나타내 준다. 버지니아대학의 클로드 무어 건강 과학 도서관의 역사 유물 & 서비스의 공개 허가에 의함(출처 : Historical Collections and Services, Claude MooreHealth Sciences Library, University of Virginia 허가받음).

체액과 생물학적 다양성이 성격특성과 관련이 있다는 고대의 믿음은 **체질심리학**(constitutional psychology)을 발전시킨 Kretschmer(1921)와 Sheldon(1940)에 의해서 가장 자세하게 발전됐다. 오늘날에 잘 쓰이지는 않지만, 20세기 초반 이들의 이론은 큰 관심을 받았다. 신체의 구성에 따라서 성격특성이 변화한다는 이론으로, 총 세 가지의 신체 타입에 의해서 성격도 달라진다고 생각했다. 첫 번째는 지방이 발달하고 뼈와 근육이 부족한 둥글고 부드러운 신체 타입으로 **내배엽형**(endomorph)이라고 부른 경우다. 이 사람들은 사회적 소통을 중요시하고, 친화력이 좋고, 편안함을 추구한다. 두 번째는 마르고 뼈가 많으며 지방과 근육이 덜 발달한 **외배엽형**(ectomorph)인데 이 사람들은 내향성, 자기만족, 개인성을 추구한다. 마지막으로 **중배엽형**(mesomorph)은 비교적 근육이 많이 발달해 뚱뚱하지도 마르지도 않은 적당한 몸의 사람들인데, 이들은 공격적이고 우월하며 모험적이고 용기가 많지만 종종 타인의 감정에 무관심한 모습을 보인다. 이 연구는 남성의 몸에만 치중했기 때문에, 여성에 대한 언급은 전혀 없다(Hall & Lindzey, 1957).

성격특성을 과학적으로 연구한 사례는 19세기 후반 처음 찾아볼 수 있다. Francis Galton(1984)은 개인 간 차이점에 과학적으로 경험적인 관심을 보인 첫 번째 학자였다. Galton은 또한 언어에서부터 사람 성격 간 차이점을 알 수 있다고 주장했다. 모든 언어는 사람들의 행동을 설명하는 다양한 형용사를 가지고 있기 때문에, 이러한 형용사를 연구하면 성격특성의 기본을 알 수 있다는 이론이다. 사람들이 자신 스스로의 성격을 평가한 점수와, 타인이 평가한 점수를 비교해서 데이터를 모으기 시작했다. 상관계수와 요인분석 등 통계학이 발전되고, 많은 사람들을 대상으로 한 성격특성의 양적 연구가 가능해지기 시작하면서 세계 2차 대전이 시작할 때쯤 다양한 현대적 성격이론이 발전되기 시작했다.

Gordon W. Allport

*Personality : A Psychological Interpretation*이라는 책에서, Gordon Allport(1937)는 특정한 기능적 이론으로서 성격심리학을 발전시켰고, 동시에 현대 성격이론을 가장 처음으로 소개했다. Allport(1937, p. 339)는 "성격심리학자가 아닌 사람이라도, 성숙한 사람을 이루는 기본적인 요소는 성격요소의 특성적 구조라는 것을 안다"고 주장했다. 성격특성은 성격을 이루는 주된 구조적 단계이고, 그렇기 때문에 인간 행동의 일관성과 지속성을 설명해준다. 그는 특성이 "적응적, 표현적 행동을 구성하는 많은 자극을 만들어내는 신경심리학적 구조"(1961, p. 347)라고 말했다. 이 정의에서 눈여겨봐야 할 두 가지 특성이 있다. 첫째는, Allport는 성격특성은 단순한 의미적 편리함 그 이상이라고 생각했다. 특성들은 실제로, 확인할 수 없는 신경심리학적 구조의 모양으로 존재한다. 따라서 행동을 관찰함으로써 특성의 존재를 유추할 수 있다. 둘째는, 다양한 자극이 "기능적으로 동등하다"고 주장함으로써, Allport는 성격특성이 인간 행동의 일관성을 설명해준다고 생각했다. 행동은 특성 때문에 어느 정도 예측가능하다. 또한 개인의 인생에 나타나는 특성의 존재는 적어도 세 가지 요소로 인해 확인되는데, 여기에는 빈도(frequency), 상황의 범위(range of situations), 강도(intensity)가 포함된다. 예를 들자면 '억지스러움'이라는 특성은 시간이 지나도 계속 그 특성을 보여주는 사람에게서, 그리고 매우 강도 높은 '억지스러움'을 보여주는 사람에게서 강하게 나타난다.

Allport는 특히 사람들의 특수함(uniqueness)을 설명하는 용도로 성격특성을 이용했다. 이 목적을 위해 그는 **특성**이라는 단어를 보는 두 관점을 소개했다. 내가 이번 장에서 설명한 바 있는 보편적인 첫 번째 관점은, Allport가 **공통특성**(common trait)이라고 부른 개념이다. 공통특성이란, 다양한 사람들 간에서 다르게 나타나는 인간 기능의 차원이다. 이것이 다양하기 때문에 성실함이나 친화성 같은 공통특성에 있어서 서로 다른 사람들을 비교할 수 있는 것이다. 두 번째 관점은 **개인적 성향** (personal disposition)인데, 이것은 주어진 개인에게 특성적으로 보이는 성향으로 그 사람을 표현할 수 있는 특수함을 말한다. 관점에 따라서 동일한 특성이 공통특성으로 보일 수도, 개인적 성향으로 보일 수도 있기 때문에 둘 간의 완벽한 구분은 힘들다. 공통특성을 알아보는 것도 중요하지만 1명의 연구대상을 집중적으로 알아볼 때는 개인적 성향이 더 중요한 경우도 많다.

개인적 성향은 또다시 여러 측면으로 나눠진다. 기본적 성향(cardinal disposition)은 사람의 매우 보편적이고 일반적인 특성이기 때문에, 이는 사람의 행동에 광범위하게 포함되거나 작용될 수 있다. 많은 사람들은 기본적 성향이 아예 없을 수도 있다—많아 봤자 1~2개의 기본적 성향만을 가진다. 예를 들자면, 테레사 수녀의 기본적 성향은 친절함이라고 할 수 있는데, 그녀 인생에서 가장 강력하게 나타나는 특성이 친절함이기 때문이다. 중심적 성향(central dispositions)은 주어진 사람의 특성이 될 수 있는 다양한 성향이지만, 비교적 규칙적인 주기를 가지고 보여지는 특성을 의미한다. 사람들은 보통 Allport가 말한 대로 5개에서 10개의 중심적 성향을 가지고 있다. Allport는 1965

년 연구에서, 연구대상이 여덟 가지 중심적 특성을 가지고 있다고 말했는데 거기에는 "다투기 좋아하고 의심이 많은", "미적인", "자기중심적인" 같은 특성들이 포함되었다. 마지막으로, **이차적 성향**(secondary dispositions)은 더 좁은 범위에서 사용되고, 전체적인 성격을 보편적으로 나타내지는 못한다. 많은 사람들은 정말 많은 숫자의 이차적 성향을 가지고 있고, 각각 성향은 매우 제한된 조건에서만 확인가능하다. 따라서 이차적 성향은 더 좁은 의미에서 사용되고, 특정한 상황에서만 일어나고, 사람의 보편적 성격을 광범위하게 나타내주지는 못한다는 측면에서 기본적 성향과 중심적 성향과는 구분된다.

　Allport는 그의 연구 이후에 생길 수 있는 성격이론을 둘러싼 많은 논란을 예상했다. 예를 들면 그는 "성격특성은 사람들의 마음에 존재하는 의미적 범주일 뿐, 대상의 행동을 불러일으키는 원인적 존재는 아니다"라는 생각을 처음에 논의했지만, 궁극적으로는 거부했다. 그는 상황 단면적 일관성의 문제도 논의했다. 상황에 따라서 사람들의 행동이 매우 달라질 수 있기 때문에 상황적 다양성을 고려해야 한다고 생각했다. 시간의 흐름에 따라 다양한 상황에서 나타나는 사람의 행동을 관찰해야지만 성격특성에서의 일관성을 확인할 수 있다고 주장했다. 마지막으로, 그는 일반적 성격 프로필의 설명과 묘사 능력에 한계가 있음을 인정했다. 공통특성에서 나타나는 사람들의 점수를 비교하는 것은 유용하지만, 개인적 성향을 고려하지 않으면 그 사람의 특수성을 이해하지 못한다고 생각한 것이다. 그는 보편적으로 공통의, 비교가능한 특성보다는 각 개인에게서 특수하게 나타나는 개인적 성향에 관해서 연구하는 것을 더 선호했다. 하지만 Allport 이후에 이루어진 성격특성 연구는 보통 공통특성에 기초해 있다.

Raymond B. Cattell

1940년대부터 Raymond Cattell은 행동을 예측할 수 있는 과학적 능력을 목표로 하는 수량화와 통계적 분석을 이용하는 성격이론을 발전시켰다. Cattell에게 있어서 성격 자체는 행동적 예측의 언어로 정의됐다. 그는 성격을 "주어진 상황에서 특정한 사람이 어떻게 행동할지를 예상하게 해주는 요소"(1950, p. 2)라고 말했다. 행동을 예측할 수 있는 많은 요소들 중 Cattell은 특히 성격특성을 강조했다. 그는 특정한 개인들에게서만 특수하게 보이는 특성이 있다는 사실에는 동의했지만, 주로 Allport가 공통특성이라고 부른 것, 즉 많은 다양한 사람들 간의 차이점을 표현해주는 특성에 초점을 두고 연구했다.

　사람들의 특성에 관한 정보는 어떻게 얻을 수 있을까? Cattell은 표 4.2에 나온 대로, 데이터 수집의 세 가지 근원을 구분했다. **L-데이터**(인생 데이터)는 보통 사람의 실제 생활에서의 행동으로 구성된다. 여기에는 개인적 물건인 일기, 타인이 말하는 그 사람의 특성, 대학교 추천서나 공개적 기록 등이 포함된다. **Q-데이터**(설문 데이터)는 이번 장 후반부에서 설명할, 성격특성에 대한 자가 점수가 포함된다. 마지막으로 **T-데이터**(실험 데이터)에는 잘 조작된 평가상황에서 개인을 관찰한 실험의 결과가 포함된다. 이러한 다양한 데이터의 근원은 개인의 성향에 대한 매우 다양한 해석을 가져온다. 여기서의 정보를 모두 통합시켜야만 관찰대상의 성격특성을 더 정확하게 이해하고 행동적 예측을 가능하게 할 수 있다.

　Cattell은 **요인분석**(factor analysis)을 통해서 성격특성을 연구했다. 요인분석에서 관찰자는 다양한 질문에 응답하는 방법을 관찰해서 그 결과를 같이 측정한다. 이렇게 하면 매우 다양한 문항이

표 4.2	Cattell의 세 가지 성격특성의 유형	
데이터 종류	설명	예시
L–데이터	한 개인의 자연스러운 삶에 대한 관찰자의 평가로부터 얻은 정보	교사의 유치원 아이들에 대한 평가. 부모의 아이의 기질에 대한 평가. 성격에 대한 동료의 평가. 가족 상호작용에 대한 심리학자의 평가
Q–데이터	자신의 행동, 느낌, 성격특성에 대한 자기관찰에 의해 얻은 정보	다양한 자기보고 측정과 표준화된 성격특성검사. 형용사 체크 리스트, MMPI · 외향성 · 신경증 · 개방성 특성에 대한 성격측정
T–데이터	실험실에서와 같이 구조화되고 통제된 상황에서의 행동에 관한 관찰로부터 얻은 정보	다양하게 통제된 상황에서 만들어진 공격적, 이타주의적, 순응적인 행동을 관찰한 실험

나 요인을 더 기본적인 측면으로 축소시킬 수 있는데, Cattell은 이러한 축소된 것을 '요인(factor)'이라고 불렀다. Cattell의 실험은 그가 **표면특성**(surface traits)이라고 부른 것들을 많이 보여줬는데, 표면특성이란 경험적으로 측정되고 통합된 서로 연결된 행동의 요인을 의미한다. 이름에서 볼 수 있듯이, 표면특성은 행동에서 직접 관찰할 수 있다. 요인분석을 통해서, 많은 표면특성은 더 근본적인 **근원특성**(source traits)으로 축소될 수 있다는 결과가 나왔다. 따라서 친화성, 활발함, 자발성, 기분 좋음과 같은 관측가능한 표면특성은 근본적으로 사회성이라는 한 가지 근원특성에서 뻗어져 나왔다고 말할 수 있다. Cattell은 성격특성을 세 가지 기능적 측면으로 구분했는데 첫째는 **역동적 특성**(목표를 달성하기 위해 행동을 취하게 하는 특성), 둘째는 **능력 특성**(목표를 향해 가는 효율성과 관련된 특성), 셋째는 **기질적 특성**(속도, 에너지, 감정적 반응성과 같은 답변의 측면과 관련된 특성)이다. 또한 그는 심리적 특성은 16가지 근원특성으로 나눠질 수 있다고 주장했는데, 그중 하나는 지능(intelligence)이다. 근원특성에서 보이는 개인 간 차이점은 Cattell의 **16가지 성격요소 설문지**(Sixteen Personality Factor Questionnaire, 16PF)를 통해 확인가능하다. 이 설문지는 대상에게 187개의 질문을 하고, 다양한 선택지 중 하나를 선택하게 한다. 예를 들자면 특정한 대인적 상황에서 "눈에 안 띄게 조용히 있을 것인지" 아니면 "사람들과 나서서 이야기할 것인지"를 물어보는 형식이다. 답변은 16가지 점수 범위로 나누어진다. Cattell은 일반적인 언어와 근원특성을 연결 짓지 않기 위해서 특이한 이름을 짓기도 했다. 예를 들자면 'affectia-sizia'라는 근원특성은 마음이 따뜻하고, 대인관계가 좋은 특성을 말한다. 표 4.3을 보면 16가지 모두를 확인할 수 있다. 각각의 요소가 높거나 낮은 경우 어떤 특성을 보이는지, 각 요소에 포함되는 대표적인 역사적 인물이 누구인지도 알아볼 수 있다.

Cattell에게 있어서 성격특성 측정의 가치는 행동을 예측한다는 측면에서 가장 중요했다. 행동적 예상을 측정하기 위해서, Cattell은 다양한 특성의 점수를 합산해 **표준방정식**(specification equation)을 만들어냈다. 예를 들자면, 한 외판원의 연봉을 다음과 같은 근원특성 방정식을 통해 예측할 수 있는 식이다—총 연봉 = 0.21 외향성 + 0.10 정서적 안정성 + 0.10 주도성 + 0.21 융통성 + 0.10 성실함 − 0.10 의심 − 0.31 창의력 + 0.21 기민함. 사회적 상황의 행동적 결과 예측의 정확도를 높이기 위해서, 이러한 방정식은 일시적인 감정을 포함하거나 상황이 필요로 하는 특정한 역할을 포함하는 등 다양한 방법으로 응용될 수 있다. Cattell은 성격특성, 일시적 상태와 역할, 상

표 4.3	16PF에 의해 평가된 성격의 15가지 특성

특성	특성 성향		유명한 사람들	
	높음	낮음	높음	낮음
A	따뜻한 성향의 활달한	독립적인	오프라 윈프리	하워드 휴즈
C	냉정하도록 침착한	감정기복이 있는	조지 워싱턴	햄릿
E	독단적인	협력하는	나폴레옹	간디
F	활달한	우울한	제이 레노	클린트 이스트우드
G	성실한	버릇없는	마더 테레사	패리스 힐튼
H	용감한	부끄럼 많은	콜럼버스	실비아 플라스
I	강인한	예민한	월트 휘트먼	에밀리 디킨슨
L	의심 많은	신의가 있는	배리 본즈	폴리애나
M	상상력이 풍부한	현실주의적인	파블로 피카소	벤자민 프랭클린
N	신중한	직선적인	마키아벨리	헤리 트루먼
O	죄책감이 많은	자기확신적인	우디 앨런	조지 부시
Q1	급진적인	보수적인	말콤 엑스	엘리자베스 여왕
Q2	자기만족적인	집단의 전통을 고수하는	코페르니쿠스	다이애나 왕세자빈
Q3	충동을 조절하는	해이한	세서미 스트리트의 버트	호머 심슨
Q4	긴장하는	침착한	맥베스	부처

주 : B(지능)는 생략.

출처 : *Personality Traits* (p. 22), by G. Matthews & I. Deary, 1998, Cambridge, UK: Cambridge University Press 인용(유명한 사람들 예시는 업데이트함).

황적 요소 등 다양한 내부 · 외부적 요인들이 통합적으로 이해되어야 한다고 믿었다.

Hans Eysenck

Cattell과 동시대의 학자인 Eysenck 또한 성격심리학에 큰 영향을 준 중요한 개념을 발전시키고 이론을 만든 중요한 인물이다. Cattell과 마찬가지로, Eysenck는 요인분석의 방법을 이용했다. 하지만 그 둘은 요인을 어떻게 요인분석으로 이용하는지의 문제를 두고 분석학적 측면에서 서로 다른 길을 갔다. 간단하게 말하자면 Eysenck는 동시대의 또 다른 학자인 Guilford(1959)와 마찬가지로 요인분석에서 측정된 결과적 요소들은 서로 통계적으로 독립적이라고 믿었다. Cattell은 이것은 불필요하고, 서로 원인이 있는 요인으로 이어진 통계적 접근법만 유효하다고 생각했다. 이러한 차이점과 더불어 기본적 특성의 보편성을 두고 서로 겪은 의견상 차이 때문에 Eysenck와 Cattell이 각각 생각한, 세상에 존재한다고 믿은 근원특성의 개수 또한 매우 달랐다. Cattell은 16개, Eysenck는 3개라고 주장했다.

| 그림 4.1 | 네 가지 고대 성격유형 |

고대 성격유형은 외향성, 내향성, 신경증, 안정적인 특성의 조합으로 재구성할 수 있다.

출처 : *Eysenck on Extraversion* (p. 18), by H. J. Eysenck, 1973, New York: John Wiley & Sons.

Eysenck가 말한 세 가지 요소는 (1) 외향성-내향성, (2) 신경증, (3) 정신증적 경향성이다. 처음 두 요인은 비교적 정상적인 기능의 성격특성을 다루고, 마지막 요인은 망상적 사고나 지나친 잔인함, 반사회적 행동 등 심리적으로 불안정한, 즉 '비정상적인' 측면의 성격특성을 포함하는 개념이다. 외향성-내향성과 신경증은 기질을 다룬 고대의 기질이론과 일맥상통하는데, 이는 그림 4.1에서 확인가능하다. 고대 기질이론과 유사하게, 사람들은 두 가지 큰 특성을 구분하는 기준에 의해 나눠질 수 있다. 외향적이고 매우 신경증적인 (감정적으로 불안정한) 사람은 외향적이고 쉽게 짜증을 내고, 쉴 틈이 없고 즐거움을 찾는다. 이는 화를 잘 내는 기질에 해당한다. 외향적이고 신경증이 낮은 (감정적으로 안정적인) 사람들은 외향적이고 안정적이며 항상 기분이 좋은데, 이는 낙관적인 기질과 유사하다. 우울한 기질의 사람들은 내향적이고 매우 신경증적인데, 일반적으로 불안함, 우울함, 기분 나쁨 등의 특성을 가진다. 마지막으로 침착한 기질의 사람들은 내향적이고 신경증도 낮은데,

보통 조용하고 안정적이며 금욕을 잘 실천하는 특성을 보인다.

나중에 살펴보겠지만, Eysenck의 첫 두 가지 특성(외향성–내향성, 신경증)은 학계에서 매우 큰 관심을 받았다. 수많은 연구에 의하면, 이 두 특성 간의 차이점은 이러한 차이로 인해 발생하는 행동과도 밀접한 관련이 있다고 한다. 또한 시간에 따른 연구에 의하면, 내향성–외향성과 신경증에서 생기는 개인적 차이점은 긴 시간이 지나도 안정적인 편(특히 성인기에서)이라고 한다. 쌍둥이를 대상으로 한 연구를 보면, 이 두 가지 특성의 차이점은 상당 부분이 유전적 차이에 의해서 결정된다는 것도 알 수 있다. 또한 외향성–내향성과 신경증은 중추신경계의 특정 패턴과 관련된 생물학적 특성에 의해서도 영향을 받는다. 이러한 생물학적 특성을 Eysenck(1967)가 밝혀냈다. 그는 외향성–내향성에서의 개인 간 차이점은 뇌의 망상 활성화 시스템(reticular activating system)과 연관되어 있고, 그것은 흥분의 변조(modulation)를 담당한다고 주장했다. 또한 신경증에서 보이는 개인 간 차이점은 보통 정서와 관련된 것이라고 여겨지는 뇌의 둘레계통(limbic system)과 연관되어 있음을 보여줬다. 뇌의 작용과 성격특성을 연결 짓는 Eysenck의 이러한 주장은 학계에서 이후에 40년 동안 연구하는 중요한 대상이 되었고 이는 제5장에서 살펴보겠다.

Big 5와 관련 모델들

성격특성은 몇 가지일까? 2,000년 전 테오프라스토스는 20가지 성격특성을 언급했고, 갈레노스는 네 가지 기질을 말했다. 현대에 이르러서 Cattell의 연구는 총 16가지의 성격특성을 보여주었고, Eysenck는 총 세 가지라고 주장했다. 19세기 Francis Galton은 **어휘적 가설**(lexical hypothesis)을 주장했는데 이는 언어의 어휘, 즉 사전에 실린 단어들을 통해서 성격특성을 잘 표현할 수 있다는 생각이다. 모든 언어는 성격특성을 보여주는 다양한 단어를 가지고 있다. 영어만 예로 들어도, 수백 가지의 형용사들로 사람의 성격을 표현할 수 있다.

1936년 Gordon Allport는 언어적 측면에서 좀 더 구체적으로 다가가, Galton의 의견, Klages(1926/1932)의 독일에서의 작업, Baumgarten(1933)와 Allport와 Odbert와 함께 55만 가지의 단어가 수록된 영어 사전을 연구해, 기본적 심리학적 기능에서의 개인 간 차이점을 묘사할 수 있는 모든 영어 단어 리스트를 완성했다. 그들은 총 1만 8,000개의 단어가 심리적 상태, 특성과 평가를 나타낸다고 주장했다. 그중에서 총 4,500개 정도가 비교적 안정적이고 지속적인 성격특성을 묘사한다고 생각했다.

Raymond Cattell(1943)이 이어서 연구를 계속해, Allport가 말한 4,500개의 리스트 중 비슷한 것들을 제외하고 쓰이지 않는 것들을 정리해 총 171개의 단어 리스트로 축소했다. 그리고 이러한 171개의 단어를 이용해, 사람들에게 다른 사람들의 성격을 평가하는 연구를 했다. 이 점수 간의 상관관계에 기초해서, Cattell은 비슷한 개념을 35~40개로 묶어서 자가 점수의 기반으로 사용했다. 요인분석이 막 발달하기 시작하던 시기에, 그리고 비교적 간단한 통계적 계산을 컴퓨터가 제대로 하지 못하던 시절 Cattell과 동료들은 몇 백 개나 되는 성격특성 분석결과를 손으로 직접 분석했다. 그렇게 해서 발전된 것이 바로 잘 알려진 16가지 근원특성 리스트다. 하지만 Cattell의 집단특성에 기초해서 연구한 다른 사람들은 다른 결과를 내놓기도 했다. Cattell의 리스트 중 22개 특성에 대해 1년 동안 연구한 Donald Fiske(1949)는 모든 상관관계를 설명해주는 특성은 총 5개라고 발표했다. Tupes, Cristal(1961), Norman(1963)과 같은 다른 학자들도 이와 비슷한 연구결과를 나중에 발표했다.

표 4.4	Big 5 특성과 각각의 측면	
E: 외향성	O: 개방성	C: 성실성
따뜻한	환상	유능감
사교적인	심미적	질서정연함
적극적인	느낌	의무감 있는
활동적인	행동	성취지향적인
자극을 찾는	사고	자기규율적인
긍정적 감정	가치	심사숙고하는
N: 신경증	A: 친화적인	
불안	신의	
적대적인	솔직한	
우울	이타주의	
자의식적인	순응적인	
충동적인	겸손한	
공격적인	상냥한	

주 : Costa와 McCrae(1992)의 Big 5. 이들이 개정한 NEO-PI-R 도구에서 발췌하여 온 것임. 5요인은 이 표에 제시된 바와 같이 여섯 가지 측면으로 나눠질 수 있다.

따라서 1960년대 중반에는 기본적으로 다섯 가지 근본적 특성들이 성격특성을 구성한다는 생각이 인정받기 시작했다. 1980년대에 이르러서는 더 많은 인정을 받았고, 1980년대 말과 1990년대에 이르러서는 간단하게 **Big 5**라고 불린 **5요인 모델**(five-factor model)이 구체적으로 발전됐다(Angleitner & Ostendorf, 1994; Goldberg, 1993; John, 1989; McCrae & Costa, 1995). 이 모델의 발전에 기여한 중요한 미국 학자들은 Lewis Goldberg(1990), Robert McCrae, Paul Costa, Jr.(Costa & McCrae, 1985; McCrae & Costa, 1987, 1990, 1995), Jerry Wiggins(1996), Oliver John(John & Srivastava, 1999) 등이 있다. 5요인을 부른 이름들은 학자들에 따라 다양하지만, 기본적으로 Eysenck가 말한 (1) 외향성-내향성, (2) 신경증 개념과 비슷하다. Costa와 McCrae가 이름 붙인 나머지 세 가지 요소는 (3) 친화성, (4) 성실성, (5) 경험에 대한 개방성이다.

21세기 초반, Big 5 이론은 성격심리학에서 성향적 특성을 구분하는 중요한 기준이 되었다. Fiske(1949), Tupes와 Christal(1961), Norman(1963)이 본래 발견한 다섯 가지 성격요인을 많은 학자들이 요인분석을 통해 구체화했다. 다섯 가지 성격특성을 구분한 다른 사례는 독일과 네덜란드, 일본, 중국, 필리핀, 에스토니아, 헝가리, 인도 등에서도 다양한 언어로 쓰여진 것을 찾아볼 수 있다(Allick & Realo, 1997; Church, 2000; Church & Katigbak, 1989; Church, Reyes, Katigbak, & Grimm, 1997; DeRaad & Szirmak, 1994; John & Srivastava, 1999; McCrae & Costa, 1997b; McCrae, Terraciano, & 78 members of the Personality Profiles of Culture Project, 2005; Narayanan, Mensa, & Levine, 1995). 물론 각 연구결과가 완벽히 동일하진 않다. 예를 들면, 필리핀 고등학생들을 대상으로 한 조사에서는 영어로 이루어진 조사와 다섯 가지 특성 중 네 가지 특성은 일치했지만, 나머지 한 가지는 매우 달랐다(Church & Katigbak et al., 1989). 또한 6요인 모델(Ashton & Lee, 2007; Ashton et al., 2004), 기본 다섯 가지에 겸손함과 솔직함을 더한 7요인 모델도 존재한다. 몇몇 연구자들은 기본적인 성격특성을 연구할 때 요인분석을 통한 통계적 과정에 반

그림 4.2	아주 간단한 Big 5 특성 측정

각 문장에 따라 동의하는지, 동의하지 않는지에 다음의 숫자들을 기록하라. 당신에게 가장 적합한 특성으로 선택하라.
다음의 숫자에 따라 기입하라.

1. 아주 아니다.
2. 중간 정도 아니다.
3. 조금 아니다.
4. 동의하지도 동의하지 않을 수도 없다.
5. 조금 동의한다.
6. 중간 정도 동의한다.
7. 아주 많이 동의한다.

나는 내 자신에 대해

1. —————— 열정적이라고 생각한다.
2. —————— 비판적이라고 생각한다.
3. —————— 자기규율적이라고 생각한다.
4. —————— 불안하고 쉽게 화를 낸다고 생각한다.
5. —————— 새로운 경험, 복잡한 경험에 열려 있다고 생각한다.
6. —————— 과묵하고 조용하다고 생각한다.
7. —————— 동정적이고 따뜻하다고 생각한다.
8. —————— 조심성 없다고 생각한다.
9. —————— 차분하고 안정적이라고 생각한다.
10. —————— 보수적이고 창의적이지 않다고 생각한다.

외향성 : 1 + 6번의 역점수
친화성 : 2번의 역점수 +7
성실성 : 3 + 8번의 역점수
신경증 : 4 + 9번의 역점수
개방성 : 5 + 10번의 역점수

출처 : "A Very Brief Measure of the Big-Five Personality Domains," by S. D. Gosling, P. J. Rentfrow, and W. B. Swann, Jr., 2003, *Journal of Research in Personality*, 37, 525 인용.

대하기도 한다(Block, 1995).

다른 사람들은 5요인 모델이 다른 중요한 성향적 차원을 무시하거나 제외한다고 비판하기도 한다(Paunonen & Jackson, 2000). 따라서 5요인 모델을 인정하고 사용하고 있는 학자들 간에도 큰 차이점(특정한 특성을 어떻게 불러야 하는지의 문제 등)이 존재한다. 한 가지 요인이 다양한 이름으로 불릴 때도 있다. 예를 들어, 다양한 요소들 가운데 하나는 "문화"(Norman, 1963), "지성"(Hogan, 1986), "경험에 대한 개방성"(McCrae & Costa, 1985a) 등 다양한 이름으로 불렸다. 하지만 관점의 다양성을 떠나서, 몇 천 가지에 이르는 인간 성격의 다양한 특성이 크게 봤을 때 총 다섯 가지의 카테고리로 구분가능하다는 생각은 일반적으로 받아들여지고 있다. 이 책에서 나는 다섯 가지 성격요인을 외향성(E), 신경증(N), 경험에 대한 개방성(O), 친화성(A), 성실성(C)으로 정의하겠다. 각 분야는 Costa와 McCrae가 말한 것처럼, 여섯 가지 **측면(facet)**으로 다시 나눠질 수 있다. 예를 들어 신경증의 여섯 가지 측면은 불안, 적대적, 우울, 자의적, 충동적, 취약함이다. 모든 연구자들이 Costa와 McCrae의 견해에 동의하는 것은 아니지만, 나는 이들의 견해를 자주 인용할 것

그림 4.3	대인적 복합도

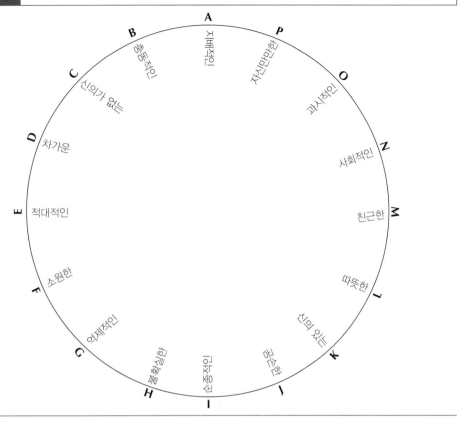

출처 : "Evaluating the Interpersonalness of personality scales," by M. B. Gurtman, 1991, *Personality and Social psychology Bulletin*, 17, p. 670.

이다. 이들이 제시한 측면은 5요인을 잘 이해할 수 있도록 도와주기 때문이다. 표 4.4를 보면 다섯 가지 성격요인과 각 요인에 포함된 여섯 가지 측면들을 확인할 수 있다.

Costa와 McCrae는 1992년 5요인 모델의 모든 30가지 측면을 평가하는 매우 긴 설문지를 개발했다. 다른 측정법도 개발되었지만, 가장 중요한 것은 www.ipip.ori.org에서 확인할 수 있는 International Personality Item Pool이다. 또한 그림 4.2에서 확인할 수 있는 10가지 문항을 측정하는 비교적 짧은 평가방법도 고안됐다(예 : Gosling, Rentfrow, & Swann, 2003; John & Srivastava, 1999).

5요인 모델을 반대하는 사람들은, 그 모델이 어떻게 특정한 특성이 서로 연결되는지를 확실히 보여주지 않는다고 비판한다. 예를 들자면, 외향성과 다른 요소 간의 관계는 어떨까? 또한 외향성의 특정한 측면은 친화성의 특정한 측면과 어떻게 연결될까? 이것을 알아보기 위해서는 다양한 요인을 원의 형태로 이해해보면 된다. Leary(1957)의 연구에서부터, 많은 심리과학자들은 이러한 원형 접근법이 대인적(interpersonal) 특성을 이해할 수 있는 좋은 방법이라고 동의한다. 대인적인 성향을 가진 특성과 행동은 대인적 복합도(interpersonal circumplex)라고 불리는 개념으로 설명될 수 있다. Gurtman(1992)이 말한 것처럼 "대인적 복합도는 대인적 성향을 보여주는 통합적인 모델이며, 지배성(dominance)과 사랑(love)의 두 가지 기본적인 축 근처에서 만들어지는 다양한 요소들과 대인적 공간을 보여주는 좋은 사례다(p. 105)." 그림 4.3을 보면 Gurtman(1991)의 대인적 복합도를 알아볼 수 있다. 서로 반대의 뜻을 가진 특성들은 180도 다른 위치에 놓여져 있고, 90도 간격으로 놓인 특성들은 관념적으로 관계가 없다. 실제로 심리학과 사회적 관계를 알아본 많은 연구 결과가 이런 식으로 원형 복합도를 통해 알아본 대인적 현상은 매우 효율적이라는 사실을 뒷받침해 준다(Horowitz et al., 2006; Wiggins, 1982).

Jerry Wiggins(1979; Wiggins & Broughton, 1985; Wiggins & Trapnell, 1996)는 다양한 성격 측정법에서 추출한 데이터로 원형모델을 이용해 대인적 성격특성을 정리하는 것의 유용성을 검증했다. 그는 **특성의 복합도 모델**(circumplex model of traits)을 통해서, 원의 공간을 자기보존능력(권력과 힘을 상징), 공존(사랑과 따뜻함을 상징)의 두 부분으로 나눴다. Bakan(1966) 이론에 따라

더 읽을거리 4.1

당신은 어떤 타입인가? MBTI의 과학적 배경

오늘날 사람들에게 가장 잘 알려진 성격테스트 중 하나는 **MBTI**(Myers-Briggs Type Indicator)일 것이다(Myers, 1962; Myers, McCauley, Quenck, & Hammer, 1988). 성격심리학을 특별히 공부하는 사람들이 아니라면 Gordon W. Allport, Hans Eysenck, Big 5 같은 용어는 생소할 것이다. 하지만 수백만 명에 이르는 미국인들이 MBTI를 통한 본인의 성격은 알고 있다. 특히 리더십 스타일에서 개인적인 차이를 측정한다고 알려져 있어 비즈니스 세계에서 유용하게 사용되는 편이다. Carl Jung(1936/1971)이 처음으로 주창한 다양한 성격유형을 평가하기 위해 어머니와 딸이 만들기 시작한 MBTI는 개인의 깊은 심리학적 구조를 파악하는 데 주요한 도구로 사용되어 왔다.

MBTI는 네 가지 반대되는 측면(외향성과 내향성, 감각과 직관, 사고와 느낌, 지각과 판단)을 이용해 16가지 타입으로 인간을 분류한다. 양자택일의 질문들을 통해 MBTI는 사람들이 외향성과 내향성 중 어떤 타입인지, 감각과 직관 중 어느 타입인지 분류하게 된다. 따라서 INTJ, ESFP, INFP 등 다양한 결과가 나올 수 있다. INTJ형 사람들은 개인적이고, 조심스럽고, 성실하고, 논리적이고, 심사숙고하며 사고가 명확하다. ESFP형은 외향적이고, 감성적이고, 환경의 감각적 경험에 의존한다. INFP형은 예술적이고, 반성적이며 예민하다. MBTI가 제의하는 유형은 그 구분이 명확하고, 굉장히 긍정적인 단어들로 포장되어 많은 사람들에게 사랑받고 있다.

내 지인들 중에서도 MBTI를 좋아하는 친구들이 있다. 그들은 이 성격테스트가 본인의 특정한 성격유형을 잡아낸다고 믿는다. 친구들이 틀렸다고 말하고 싶진 않지만, MBTI에 숨겨진 과학적 근거는 부족한 편이다. 몇 가지 예외 사례를 제외하고(예 : Thorne & Gough, 1991), MBTI가 보여준 명확한 유형들이 성격기능의 차이점과 실제로 일치한다는 연구결과는 많지 않았다(Pittenger, 1993). 이 측면에서 가장 문제되는 것 중 하나는 시험 질문이 양자택일(either/or)로 구성됐다는 점이다. 성격연구자들은 특성을 계속적인 혹은 균등하게 배분된 변수로 본다. 간단하게 본인이 외향적인지 내향적인지 말할 수는 있지만 사실 사람들은 한 가지 극단에서 다른 극단으로 이어지는 계속적인 선 어딘가에 위치해 있고, 우리 대부분은 중간쯤에 위치해 있다. 두 가지 중 하나를 무조건 택하게 함으로써 MBTI는 심리학적 실체를 왜곡한다는 문제를 가진다.

MBTI에서 사용하는 네 가지 차원 중에서 널리 인정되는 과학적 연구의 전통과 연결되는 것은 외향성/내향성이 유일하다. 다음 장에서도 알아보겠지만 Eysenck에 의해 처음으로 주창되고 이후에 Big 5로 통합된 외향성/내향성의 방대한 연속선에서의 개인 간 차이점은, 현재 모든 성격심리학에서의 차이점과 거의 일치한다. 따라서 과학적 연구가 여태까지 MBTI를 무시하는 특성을 가지고 있었기는 해도, MBTI에서 외향성/내향성의 차원이 과학적으로 긍정적이고 유의미한 토론 주제가 될 수 있는 것은 사실이다. 하지만 나머지 세 차원은 그렇지 않다. MBTI가 이 세 가지 차원의 측정을 통해 사람들 간 유의미한 차이를 이끌어낼 수 있다는 과학적 근거는 없다. 이 테스트는 신뢰성과 믿음의 문제가 확실히 많고, 시간의 흐름에 따라 유지되는 일정한 결과를 보여주지 못하고, 문제가 보이는 것 그대로를 측정하지 않는다는 단점이 있다. 하지만 과학적 증거의 부족에도 불구하고 많은 사업체, 교육기관 등이 MBTI를 널리 이용해 왔다. 어떻게 보면 MBTI는 적절한 마케팅과 직관적인 어필이 과학을 이길 수 있다는 증거일지도 모른다.

서, Wiggins는 이 두 측면의 중요성은 원에서 보이는 통계적 현저함 그 이상의 의미를 가진다고 생각했다. 자기보존능력과 공존은 많은 신화와 역사에서 찾을 수 있듯이, 대인적 관계를 구성하는 두 가지 기본적 구성요소다. 실제로 기본적인 성격이론 외부에서도 자기보존능력과 공존 개념을 강조한 대인적 관계를 많이 볼 수 있다. 이 책에서 예를 들자면 제2장에 나온 Hogan의 "앞서가는 것"과 "함께 나아가는 것"의 차이, 제7장에 나온 Freud의 공격적 죽음의 본능(자기보존능력)과 성적인 인생의 본능(공존) 간의 관계, 제11장에 나온 Adler의 "우월함을 향한 노력"과 "사회적 이익"의 관계, 제10장에서 내가 직접 설명할 인생 전반에 걸쳐서의 자기보존능력과 공존 간의 관계를 보면 알 수 있다. 나아가 이 두 개념 간의 구분은 제3장에서 개인적 · 집단적 문화를 통해 알아봤듯이, 수많은 사회적 · 인류학적 가설에 등장하고 문화권을 넘어서 보편적으로 존재한다.

원형 복합도 모델은 첫눈에 보면 5요인 모델을 대신하는 개념으로 보일 수도 있다. 하지만 Wiggins와 다른 학자들은, 대인적 복합도 모델은 특히 외향성과 친화성의 교차로에서 중요한 특성을 보인다고 설명했다(McCrae & Costa, 1989; Trapnell & Wiggins, 1990; Wiggins, 1992). 친화성 개념이 Bakan이 말한 공존 개념과 얼마나 일치하는지 확인하는 것은 쉽다. 외향성과 자기보존능력 개념의 일치는 좀 더 힘들지만, 보편적으로 봤을 때 일반적인 외향성은 에너지와 힘을 강조하기 때문에 지배성과 상당 부분 일치한다고 볼 수 있다.

Wiggins와 Trapnell(1996)은 외향성, 정열성(외향성과 비슷한 개념), 지배성, 친화성, 육성(nurturance)의 차원이 5요인 모델에서 관념적 우선순위를 가져야 한다고 주장했다. 자기보존능력과 공존은 근본적으로 대인적 행동에서부터 사회의 구조에 이르기까지 많은 것의 기본이 되는 개념이다. 인간은 본래 사회적 동물이기 때문에, 사회적 기능과 가장 중심적으로 연결된 성격특성들은 심리학적 특성을 이해하는 데 특히 더 중요하다. 만약 외향성과 친화성이 자기보존능력과 공존 개념의 원형 복합도로 이해될 수 있다면 성실성과 신경증, 개방성은 어떨까? Wiggins와 Trapnell은 자기보존능력과 공존이 나머지 세 개념과도 관련이 있다고 주장했다. 각 부분 내면에는 모두 개인적이고 집단적 측면이 존재한다는 생각이다. 다르게 말한다면 신경증과 성실성, 개방성 내부에는 자기보존능력과 관련된 요소도, 공존과 관련된 요소도 존재한다. 한 사람의 신경증적 성향이 대인관계에 있어서의 보살핌과 양육과 관련된 문제라면, 다른 사람의 신경증은 독립성이나 자주성에서의 문제나 자기결정, 즉 자기보존능력과 관련된 문제일 수도 있다. 성실성에 있어서는, 개인적 자질과 공동체적 자질을 나타내는 성실함의 척도가 비슷한 숫자로 존재한다고 생각했다. 개인적 성실함은 '효율성'이나 '훈련' 같은 말을 통해서, 공동체적 성실함은 '의존가능한'이나 '순종적인'과 같은 말을 통해서 이해될 수 있다.

마지막으로 John Digman(1997)은 한편으로는 5요인 모델을, 다른 한편으로는 개인성과 공동체성을 강조하는 다른 접근법을 채택했다(또한 DeYoung, 2006 참조). 그는 아이들을 대상으로 한 5개 연구와 성인을 대상으로 한 9개 연구로 나타나는, 성격을 보여주는 5요인 모델을 뒷받침해주는 총 14개 연구의 데이터를 요인분석했다. 두 가지 특히 보편적인 요인이 공통적으로 존재했다. 첫 번째 보편적 요인은 5요인 중 특히 친화성, 성실성, 신경증과 관련이 있었다. Digman은 이 첫 번째 요인을 사회화(socialization)라는 매우 포괄적인 원칙으로 이름 지었다. 친화성과 성실성, 신경증은 모두 개인이 속한 문화에서 얼마나 잘 사회화되었는지를 보여주는 척도이기 때문이다. 친화력이 좋고 성실하고, 신경증이 낮아 정서적으로 안정된 개인들은 성인으로서 사회에 더 잘 적응할 수 있다. 사랑을 하고 일을 하는 과정에서 어려움이 없고, 사회적 인생에서 스트레스에 대처하는 능력이 뛰어나며, 인간의 집단 속에서도 잘 기능한다. 따라서 매우 공동체적인 존재다. 따라서 친화성, 성실성, 신경증에서 생기는 문제들은 공동체적 문제일 경우가 많다. 친화력이 없고 의지하기 어려우며 정서적으로 불안정한 사람들은 사랑, 가정생활, 대인적 관계, 사회적 통합, 보편적인 사회적 소속감의 문제에서 힘들어할 수밖에 없다.

　　반대로 Digman은 외향성과 개방성은 두 번째 중요한 요인을 구성한다고 생각했는데, 그는 이것을 자기의 성장(growth of the self)이라고 불렀다. 매우 외향적이고 개방적인 개인들은 에너지 넘치는 경험을 찾는 사람들이다. 자신에 대한 자신감이 넘치고 긍정적이며 새로운 기회를 잘 받아들이는 사람들은 자기만족도의 모델이 되며 자기를 확장시키는 데 중점을 둔다. 그렇기 때문에 그들은 특히 더 개인적이다. 외향성과 개방성에서의 문제는, 따라서 개인적 측면에서의 문제로 이어지게 된다. Digman은 매우 내성적이고 개방적이지 못한 사람들은 인간 개인의 궁극적인 가능성을 경험하지 못한다고 설명했다. 그렇기 때문에 외향성이나 개방성이 낮으면 자기의 심리학적 성장이 저해되게 된다.

　　Digman의 이러한 '두 가지 큰 요인(사회화와 자기의 성장)' 생각은 성격발달을 다룬 다양한 이론들 속에서 찾아볼 수 있다. 학자들은 종종 자기만족을 향한 개인적 성향과, 사회화를 향한 공동체적 성향 간의 균형을 맞추려고 노력한다. 만약 어떠한 성인이 주어진 사회에서 사랑하고 일할 수 있는 능력이 있다면, 그 자신이 속해 있는 대인적 세계에서 함께 지내고 동시에 먼저 앞서 나아가는 경험을 할 수도 있을 것이고, 그렇게 되면 개인적인 자기를 만족시키는 동시에 내면적 가능성을 외부화시켜 의미 있는 사회적 인생을 살아갈 수도 있을 것이다. 5요인 모델의 모든 부분은 이러한 중요한 측면 두 가지 모두와 관련이 있다. 하지만 Digman이 강조한 것은, 외향성과 개방성은 첫 번째 목표(개인적)를, 나머지 세 특성은 두 번째 목표(공동체적)를 만족시킬 가능성이 더 높다는 점이다.

특성의 측정

특성의 측정을 구성하기

많은 성격심리학자들은 사람들이 어느 정도의 정확도를 가지고 특성에 대한 결론을 내릴 수 있다고 생각한다(Funder, 1995). 따라서 성격특성을 연구하고 측정하는 방법은 비교적 간단하고 쉬운 편이다. 가장 잘 쓰이는 방법은 자가 설문지와 평정척도(rating scale)다(Paulhus & Vazire, 2007). 이러한 성격의 객관적 측정방법은 보통 사람들에게 그 자신의 행동을 직접적으로 답변하게 하는데 "예", "아니요"의 답변을 요구하거나, 아니면 1~7의 숫자 중 정도에 따라 숫자로 답변하라는 내용으로 구성된다.

　　성격특성을 측정하기 위해 고안된 시험이 시험대상에게 있어서는 비교적 간단해보일 수 있지만, 실제로 믿을 만하고 유효한 성격특성 시험을 만들어내는 것은 쉬운 일이 아니다. 심리학자들은 그러한 시험을 고안하기 위해 많은 방법을 생각했지만(Burisch, 1984; Wiggins, 1973), 모든 상황에 항상 적합한 한 가지 답이 정해져 있는 것은 아니다. 그럼에도 불구하고 많은 성격심리학자들은 **구성적 접근법**(construct approach)을 선택한다(Loevinger, 1957; Ozer, 1999; Simms & Watson,

Lewis Goldberg는 Big 5라고 불리는 성격특성을 개발함으로써 많은 사람들의 성격특성을 구분해낼 수 있다고 제안한 첫 번째 성격심리학자 가운데 한 사람이다. Goldberg의 연구는 "어휘적 가설"에 의해 이뤄졌다. 달리 말해, 가장 중요한 인간의 행동과 경험에서의 개인적 차이는 사회적 언어인 어휘를 통해 규정될 수 있다(출처 : Lewis R. Goldberg 허가받음).

2007; Wiggins, 1973).

구성적 접근법이란, 보통 더 큰 성격이론 안에 내재되어 있는 성격특성의 명확한 관념적 정의에서부터 시작된다. 성실성을 예로 들어보자. 만약 성실성을 측정하는 성격설문지를 만들고자 한다면, 먼저 Cattell(1965)이 말한 '성실성'의 정의를 생각해야 한다. 그가 말한 16가지의 근원특성 중 하나로, 성실성은 "성실하고 노력하는, 이타적인 행동을 보이고 개인이 속한 문화권에서 의무라고 생각되는 일들을 해나가는 특성"(p. 374)을 말한다. 성실하고 양심적인 사람들은 일반적으로 "솔직하고, 무엇이 올바른 일인지 알고 실제로 그 일을 하며, 타인의 재산을 존중하고 거짓말을 하거나 타인을 속이려 하지 않는다." 반대로 매우 양심적이지 못한 사람들은 "옳고 그름에 대한 인식이 부족하고, 거짓말을 자주 하고 사람들을 속이기도 하며, 타인의 재산을 존중하지 못한다(p. 63)." 보통 사람들은 이 두 가지 양극 사이에 위치한다. Cattell은 양심이나 성실성의 개념이 단순한 이성적 친절함이나 순응을 의미하는 것이 아니라, 강력한 "카테고리적 명령"의 개념을 포함한다고 강조했다(p. 94).

이렇게 대상이 될 특성의 정의를 내리고 나면, 기본적인 **문항**을 설정해야 하는데 이는 시험의 질문을 말한다. Cattell이 양심의 특성을 대상으로 작성한 세 가지 문항은 다음과 같다(1965, p. 94).

당신은 보통 감정을 잘 제어하는 편인가?

당신은 사회적 의무나 매너를 중요시하는 편이고, 타인도 그렇게 하도록 강요하는가?

당신은 생각 없이 내뱉은 말로 사람들의 기분이 상하진 않을까 걱정하는 편인가?

각 문항에 있어서, 사람들은 "예"와 "아니요" 중 하나로 대답하게 된다. 위 세 질문의 경우 "예"는 높은 양심을, "아니요"는 낮은 양심을 나타낸다. 응답자는 각 문항에 "예"라고 답할 때마다 1점씩을 더 받게 되고, 이 점수를 모두 더해서 '양심'이라는 특성에 대한 응답자의 최종 점수가 합산된다. 하지만 질문의 내용과 상관없이 모두 "예" 또는 모두 "아니요"로 답하는 사람들이 종종 있기 때문에(Jackson, 1971), 다음과 같이 반대된 질문을 하기도 한다.

당신은 목표를 달성하기 위해 가끔씩은 규칙을 위반해야 한다고 생각하는가?

다른 사람들이 당신을 믿음직한 사람이라고 잘 평가하지 않는가?

시험문항을 작성할 때, 우리 목표는 양심이라는 내용을 완벽하게 보여주는 '문제은행(item pool)'을 만드는 것이다. 따라서 우리 가설이 보여주고자 하는 생각을 모두 드러낼 수 있는, 양심의 다양한 측면을 포함하는 문제들을 설정해야 한다. 그리고 가설의 대상이 되지 않는 문항을 일부러 포함시키는 것도 좋은 생각이다. 예를 들자면, 양심과 전혀 상관없는 다음과 같은 질문도 도움이 될 수 있다.

사람들이 당신을 지배적인 주체로 생각하는가?

당신은 사람이 많은 파티나 다른 모임을 좋아하는 편인가?

성격특성의 핵심적인 부분을 이해하는 가운데 우리는 성격특성의 경계(특정한 특성이 포함되거나 그렇지 않을 수 있는)에 대해 좀 더 정확하게 배울 기회를 갖는 반면, 예상하지 못했던 관련 특성들을 배제시킬 기회를 상대적으로 상실하게 된다(Loevinger, 1957; Wiggins, 1973).

시험을 구성하는 다음 단계로, 우리는 문제은행을 많은 사람들에게 적용시켜보고, 그 결과에 따라서 최종적 실험에 포함될 마지막 문제들을 결정하면 된다. 이 단계의 경험적 결과를 측정하는 데 필요한 단계는 여러 가지가 있다. 그중 하나는 **문항분석**(item analysis)인데, 이를 통해서 우리는 각 문항의 점수와 최종 점수를 연결시킴으로써, 각 문항이 최종 점수에 미치는 각각의 공헌도를 알아볼 수 있다. 공헌도가 낮은 (상관관계가 적은) 문항의 경우는 최종 선택에서 제외하면 된다. 공헌도가 높게 나온 문항들은 물론 계속 포함시킨다. 또한 이 단계에서, 초반에 성격특성과 매우 큰 관련이 있었다고 생각해 포함시켰던 문항들이 제외될 수도 있다.

또한 데이터에 요인분석을 할 수도 있는데, 이것을 통해서 각 문항은 경험적 집단화(clustering) 단계를 거친다. 만약 최종 리스트에 30가지 문항이 포함됐다면, 이것을 500명을 대상으로 시험해보고, 어떠한 문항들이 서로 비슷한 집단에 포함되는지를 요인분석을 통해 알아보는 것이다. 요인분석은 두 가지 관련된 독립변수를 나타낼 수 있다. 이 요인들은 양심의 다소 다른 측면들을 나타낸다. 도덕적 양심과 관련해 10가지 문항들이 첫 번째 요인에 해당한다면, 다른 12가지 문항은 독립적인 두 번째 요인을 구성하기 위해 양심과 더 많은 관련을 맺는다고 볼 수 있다. 우리는 요인분석에서 전반적인 범위는 비록 서로 연관되어 있긴 하지만 "양심" 특성의 두 가지 요인으로 분리할 수 있을 것이다. 하나는 "도덕적 양심"이고 다른 하나는 "의무론적 양심"이다. 달리 말해, 우리는 서로 적은 상관을 가진 두 요인을 각기 다른 요인으로 분류하게 될 것이다.

시험구성의 마지막 단계는, 성격특성이 얼마나 행동을 정확히 예상하는지의 정도를 알아보는 것이다. 예를 들면 양심을 알아보는 시험에 참여한 모든 사람들을 대상으로, 양심적인 행동이나 비양심적인 행동 중 한 가지를 해야만 하는 실험실 안에서 이뤄지는 실험을 고안할 수 있다. 아니면 우리가 일반적으로 양심적이고 성실하다고 생각하는 행동(교회 참석, 자선 활동, 공동체 활동 등)에 사람들이 참여하는 빈도와, 성실성 실험에서의 점수를 비교하는 방법도 있다. 아니면 타인들이 본 대상의 성실성 정도와, 점수를 비교할 수도 있다.

특성 측정법이 발전할수록 그 방법이 측정할 수 있는 것뿐 아니라 측정하지 못하는 것 또한 알 수 있게 된다. 따라서 우리가 고안한 측정법에서의 점수가, 다른 측정법에서의 점수와 비슷하게 연결되는지를 확인해야 한다. 같은 특성을 대상으로 한두 가지 이상의 측정법에서 찾을 수 있는 일관성은 **수렴타당도**(convergent validity) 개념으로 이어진다. 두 가지 측정법은 같은 특성에 있어서 동시에 '수렴'한다는 뜻이다(Campbell & Fiske, 1959). 나아가, 양심을 측정한 점수는 양심과 관련이 없는 특성의 점수와는 상관관계가 없어야만 한다. 예를 들면 우리 가설에 의하면 양심이나 성실성은 지배성, 외향성, 지능, 친화력 등과는 관계가 많이 없는 편이다. 다른 말로 하면, 성실성이 높다고 해서 지배성이 항상 높으면 안 된다는 의미다. 우리가 측정한 성격특성이 관념적으로 아예 다른 특성을 측정한 점수와 서로 연관관계가 없는 경우 우리 측정법의 **판별타당도**(discriminant validity)를 보여준다(Campbell & Fiske, 1959).

표 4.5	성격검사에서의 타당도의 유형
구성	이론적으로 측정하고자 하는 구성요소들을 측정하는 범위. 구성타당도는 경험적 증거가 증대할수록 증가. 구성타당도는 타당도에 가장 기초가 되는 근거 자료가 되며, 타당도의 다른 형식은 이 변형에서 찾아볼 수 있음
요소	테스트에 제시된 문항들은 구성의 모든 요소들을 포함하며, 다른 요소들과 혼동되지 않음
수렴	같은 구성요소를 측정하는 다른 측정의 범위
기준	외적 행동을 예측하도록 구성된 테스트의 범위. 테스트가 미래에 발생할 것이라고 기대되는 행동기준을 예측하고자 할 때 '예측 타당성'이라고 함. 기준이 되는 행동이 현재에 발생한다면 우리는 이를 "공시타당성"이라고 함
판별	서로 관련되지 않은 다른 구성의 다른 측정 범위
표면	테스트 문항은 참여자의 관점에서 그들이 측정하고자 하는 바를 측정함. 표면적 타당성은 참여자가 테스트를 주어진 상황에서 공정한 것으로 인식하는 정도를 나타냄

좋은 측정을 위한 기준

성격특성을 측정하기 위한 구성적 방법은 성격심리학 전체에서 항상 가장 중요한 생각인 **구성타당도**(construct validity)에서부터 논리적으로 시작되어야 한다. 보편적인 관점에서, 구성타당도란 어떠한 시험이 측정한다고 하는 것을 제대로 측정하는지의 정도를 말한다. 하지만 더 중요한 것은 구성타당도는 과학적 **과정**이라는 것이다. 구성타당도는 시험을 입증하는 동시에, 시험이 측정하는 내용 또한 입증하는 과정이다. Cronbach와 Meehl(1955)은 성격심리학에서 흔하지만 매우 복잡한 문제인 "직접적으로 관찰할 수 없는 대상을 측정하는 시험이 유효한지를 어떻게 알아볼 수 있나?"라는 문제에 답하기 위해서 구성타당도의 개념을 소개했다. '친절한 행동'은 관측가능하지만, 친절함 자체를 관찰하는 것은 불가능하다는 의미이다. 친절함이라는 성격특성은 보거나 듣거나 만지거나 냄새 맡거나 맛볼 수 없는 추상적인 개념이다. 모든 성격특성을 포함해서 심리학 전반에 걸쳐 등장하는 지능, 편견, 종교적 가치, 가치관 등 다른 개념들도 마찬가지다. 이렇게 구체적인 표현이 불가능한 개념들을 **구성물**(construct)이라고 하는데, 성격특성 시험은 이런 구성물을 측정한다.

구성타당도의 과정은 구성물 자체에서 시작되는데, 이는 보통 성격기능이라는 더 큰 이론 안에 내재되어 있다. 구성물의 이론적 의미를 생각하면서 심리학자는 구성물을 측정할 수 있는 방법을 고안하고, 경험적 결과를 낼 수 있는 정도(extent)를 확인한다. 예를 들어서 내가 "친절한 사람들은 더 자주 미소 짓는다"라는 가설을 전제로, '친절함'이라는 성격특성 측정에서 더 높은 점수를 받은 사람들은 실험실에서 이루어지는 인터뷰에서도 더 자주 웃을 거라는 예상을 확인하는 실험을 한다고 하자. 이 가설을 입증하기 위해서는, 친절함을 측정하는 방법의 구성타당도를 보여줘야만 한다. 이 가설이 성보에 의해서 확인되지 않을 경우 측정법이 적합한지를 다시 알아보거나, 내 구성물인 '친절함' 자체가 적합한지 다시 알아보거나, 내가 고안한 실험을 수정해야 할 필요가 있다.

특정 성격시험에서 나오는 각각의 경험적 결과물은 시험이 측정하는 구성물의 **법칙적 관계망**(nomological network)에 공헌한다. 법칙적 관계망이란 주어진 구성물의 이론을 구성하는 경험적으로 입증된 가설들의 상호적인 체계를 의미한다. 특정 성격특성을 측정하는 연구의 결과가 결국 법칙적 관계망으로 다시 되돌아가, 그 특성에 대해 새로운 가설을 제시하고, 그 특성이 본래 속해 있던 큰 개념의 가설 내용 자체를 바꾸는 경우도 많다. 성격심리학에서 이는 종종 있는 일이다. 특정 성격특성이 주어진 하나의 정의와 이론에서부터 시작해서, 시간이 지나면서 (보통 몇 년) 새로운 측정법에 따라 새로운 경험적 결과가 나와서 그 특성의 의미와 이론이 궁극적으로 변화하는 경우다(McAdams & Pals, 2007). 예를 들자면 외향성을 보는 초반의 관점은 그것이 사회적이고 사람 중심적인 성향이라는 생각이었지만, 최근에 자가 측정법을 포함한 새로운 연구의 결과를 보면 외향성은 긍정적 감정과 보상에 대한 세심함과도 큰 관련이 있다는 사실이 나온다. 따라서 몇 년의 시간 동안 심리학자들은 외향성의 연구에 대한 구성타당도를 알아보는 과정에서 외향성이라는 특성에 대한 새로운 정의를 만든 것이다.

그러므로 구성타당도란, 구성물의 법칙적 관계망에 내재되어 있는 가설을 지지하기 위해 얼마나 많은 양의 경험적 근거가 모아졌는지를 측정하는 정도라고 할 수 있다. 법칙적 관계망 안의 많은 가설들을 모두 입증할 수 있는 충분한 경험적 근거가 있는 구성물과 그 측정법이 있다면 구성타당도가 매우 높다고 할 수 있다. 하지만 구성타당도는 절대적인 개념은 아니다. 특정 구성물을 연구하는 각각의 새로운 연구는 그 자체로 법칙적 관계망에 더해지는 개념이다.

구성타당도뿐 아니라, **신뢰도**(reliability)도 측정법의 유용성을 평가하는 데 중요한 기준이다. 신뢰도란 특정 성격측정법의 일관성을 말한다. 자가 시험에서 중요한 신뢰도는 크게 두 가지다. 먼저 **재검신뢰도**(test-retest reliability)에서는, 심리학자들이 시간이 지남에 따라 나타나는 일관성을 측정한다. 특정 성격특성이 높게 나타난 사람이 몇 달 후 같은 시험을 또 봐서 비슷한 결과가 나오는지 확인하는 것이다. 마찬가지로, 점수가 낮게 나왔다면 두 번째도 점수가 낮게 나와야 한다. 재검신뢰도는 첫 번째의 점수와 두 번째의 점수를 상관 연결시켜 계산한다. 보통 0.80 이상을 신뢰할 수 있는 범위로 본다. 두 번째는 **반분신뢰도**(split-half reliability)인데, 여기서 시험의 내적 합치도(internal consistency)는 대상의 점수를 반으로 나누어 서로 상관 연결시키는 방법으로 평가된다. 만약 시험이 내적으로 일관성이 있다면, 각 부분은 비슷한 결과가 나온다.

타당도와 신뢰도를 넘어서서, 다른 요인도 존재한다. 유용성(utility)도 자주 나오는 개념인데, 이는 구체적인 용도로 사용될 수 있는 실용적 정보를 제공하는 측정법이 그렇지 않은 측정법보다 더 유용하다는 의미다. Burisch(1984)는 경제성(economy)과 전달성(communicability)도 고려해야 한다고 말했다. 다른 모든 조건이 동일할 때 긴 시험보다는 짧은 시험이 더 효율적이며(경제성), 쉽게 해석되고 타인에게 전달되기 쉬운 시험이 그렇지 못한 시험보다 더 좋다(전달성)는 생각이다. 또한 많은 학자들은 성격특성 측정도구가 **사회적 바람직성**(social desirability) 편견에서부터 벗어나야 한다고 주장한다(Edwards, 1957; Jackson & Messick, 1958; Paulhus & Vazire, 2007). 좋은 성격특성 측정법은 특정한 사회적 현상이나 가치에 치중되지 않아야 한다는 의미다. 이것을 측정하는 방법 중 하나는 주어진 측정법의 점수와 객관화된 사회적 바람직성 점수를 서로 상관 연결시켜 비교하는 것이다. 이 점수가 낮게 나온다면 성격측정법이 비교적 사회적 편견에서 자유로움을 뜻한다. 하지만 사실상 많은 측정법은 어느 정도의 사회적 편견을 가지고 있다. 따라서 성격심리학자들은 이것을 해결하기 위한 방법을 계속해서 배우고 있다.

특성의 목록

가끔 성격연구와 임상적 실험에서는 동시에 많은 성격특성을 평가하는 것이 유용한 경우가 있다. 그렇게 하려면 **인격목록**(personality inventory)을 살펴봐야 하는데, 이것은 큰 문항들 아래에 몇 개

나르시시즘 ― 지나친 자기애의 특성

고대 그리스 신화에서 아름다운 소년 나르키소스는 물에 비친 자기의 모습과 사랑에 빠진 나머지 물속으로 들어갔다가 익사하고 만다. 오늘날의 많은 기자, 심리학자, 사회비평가들을 믿는다면 나르키소스의 운명과 굉장히 비슷한 상황이 지금도 일어나고 있다. Christopher Lasch(1979)는 20년 전, 미국 사회가 "나르시시즘의 문화"라고 정의했다. '나 세대(me generation)'는 우리로 하여금 무엇보다 우리 자신을 사랑하고, 자기를 찾고, 발전시키고, 완벽하게 만들기를 원한다. 결과적으로 우리는 타인에 대한 성숙한 사랑이 부족하고, 우리의 자기중심적인 욕심을 넘어서는 사회적 · 공동체적 목표에 헌신하기를 두려워한다(Bellah et al., 1985; Putnam, 2000). 언론의 눈을 통해 보면 나르시시즘 성향을 가진 젊은이나 미국의 중년 성인들은 헬스장에서 완벽한 몸을 가꾸는 데 치중하고, 어떻게든 자기를 위해 투자하고 쇼핑을 하며 자기만족을 찾는다.

저명한 심리분석가들은 **나르시시즘**(narcissism)이 우리 시대를 정의하는 대표적인 병폐라고 말하며 "나르시시즘적 성격장애"가 지난 20년간 가장 유명한 임상 증후군이었다고 주장한다. 하지만 나르시시즘은 비교적 정상인 사람들이 가지는 성격특성의 일부로 이해될 수도 있다. Raskin과 Hall(1979, 1981)은 나르시시즘의 정도를 측정하는 자기 분석 설문지를 만들었다. NPI(Narcissistic Personality Inventory)에는 54쌍의 문항이 포함돼 있다. 각 쌍의 문제마다, 2개 중 하나를 선택하는 형식이다. 예시 문제는 다음과 같다.

- 나는 주목의 대상이 되는 것이 정말 좋다.
- 나는 사람들에게 영향을 미치는 자연적인 기질이 있다.
- 나는 내 몸을 보는 것을 좋아한다.
- 나는 내가 특별하다고 생각한다.
- 모두들 내 이야기를 듣고 싶어 한다.
- 나는 나 자신에게 존경심이 있다.
- 나는 원하는 걸 모두 갖기 전까지는 절대 만족하지 못한다.

NPI는 나르시시즘의 네 측면을 관장한다―착취/자질, 우세함, 리더십, 자기흡수. 첫 번째 착취/자질은 불안감, 우울증, 타인에 대한 공감능력 부족 등 심리학적 부적응과 관련되어 있다(Emmons, 1984; Watson, Grisham, Trotter, & Biderman, 1984). 보통 여성보다 남성이 모든 측면에서 더 높은 점수를 받는다.

Raskin과 Shaw(1988)는 나르시시즘에서 높은 점수를 받는 학생들은 즉각적인 대화에서 자기를 지칭하는 대명사(I, me, my)를 더 많이 쓴다는 사실을 발견했다. Emmons(1984)는 나르시시

즘이 우세함 · 드러냄 · 자기애와는 양의 상관관계를, 타인에 대한 존경심과는 음의 상관관계를 갖는다고 증명했다. 어떤 연구에 따르면 나르시시즘이 강한 대학생들은 공격성이 높고 나르시시즘이 낮은 학생들과 비교당할 때 공격적으로 반응한다고 한다(Bushman & Baumeister, 1998; Rhodewalt & Morf, 1995, 1998). 나르시시즘은 일반적으로 극도의 기분변화(mood swings)와 일상생활에서 감정적 경험의 극대화와 관련되어 있다(Emmons, 1987). 이 마지막 발견과 관련해, 자기애가 강한 사람의 피상적인 자부심은 깊은 불안정과 자기애적인 취약성을 나타낸다(Kernberg, 1980). 나르시시스트들은 일반적인 사람들보다 성공과 실패에 더 민감하며, 조그마한 성취에도 큰 만족감을 느끼지만 사소한 실패에도 심각한 우울증과 분노를 경험한다.

Wink(1991, 1992a, 1992b)는 오랜 시간에 걸쳐 *여성*에게서 발견되는 나르시시즘의 세 가지 종류를 확인했다. 극도의 나르시시스트는 유약함, 공격성, 우울증과 관련된 '숨겨진' 나르시시즘 자질을 가지고 있다. 나이 43살에 과민반응 정도가 심했던 여성들은 보통 20, 30대에 재산과 자원이 줄어듦을 경험했으며 가정이나 일에서 성공도 경험하지 못했다. *의지적* 나르시시스트는 반대로 '눈에 띄는' 나르시시즘 특성을 가지고 있다. 대학생부터 중년에 이르기까지 그들은 계속해서 자기만족도가 높고, 스스로를 높게 평가했다. 마지막으로 *자생적* 나르시시스트는 나르시시즘의 건강한 측면을 보여준다. 43살에 창의적이고, 공감능력이 좋고, 성취지향적이며 독립적이었다. 20대에 분쟁을 겪고 난 후, 독립적인 여성들은 중년에 이르면서 성격의 성장을 경험했다. 과민반응과 의지는 어렸을 때 부모(특히 어머니)와의 불화와 관련이 있었지만, 자주성은 그렇지 않았다.

3,000명이 넘는 사람들을 대상으로 한 인터넷 설문에 의하면 나르시시즘은 여성보다 남성에게 더 흔하며, 나이가 들수록 줄어들고, 아시아나 중동처럼 공동체적인 사회보다는 미국이나 캐나다처럼 개인주의적 사회에서 더 흔하게 나타난다고 한다(Foster, Campbell, & Twenge, 2003). 문화적인 이런 발견은 특히 미국으로 대변되는 서구 사회가 나르시시즘적 성향을 키운다는 주장을 뒷받침한다.

심리학자 Jean M. Twenge(2006)는 그의 최근 저서 *Generation Me: Why Today's Young Americans Are More Confident, Assertive, Entitled—and More Miserable than Ever Before*에서, 오늘날 미국의 대학생들은 예전 세대보다 훨씬 더 자기애적 성향이 강하다고 주장했다. 그는 미국의 부모와 교사들은 학생들의 자신감을 길러주려는 지나친 칭찬을 통해 나르시시즘을 키운다고 생각했다. 스스로가 가치 있다고 생각

(계속)

하게 하기 위해 부모들은 타인에 대한 공감능력이 부족한 자기중심적인 아이들을 길러내고 있는 것일 수도 있다. 한 연구에 의하면 자기애적 성향이 강한 대학생들은 본인의 부모에게 특별히 많은 칭찬을 받은 걸로 기억했다고 한다(Otway & Vignoles, 2006). 하지만 같은 연구를 보면, 나르시시즘과 쿨하고 신경 쓰지 않는 부모 간 양의 상관관계도 밝혀졌다. 자세한 내용은 다음과 같다.

지나친 나르시시즘에 칭찬과 차가움이라는 두 가지 반대되는 가정환경 스타일이 모두 영향을 미친다는 사실은, 성인 나르시시스트들의 전형적인 특성인 위대함과 유약함의 역설적 조합을

설명하는 데 도움이 될지도 모른다. 겉으로 보기엔, 미래 나르시시스트들은 부모에게 끊임없는 사랑과 칭찬을 받지만, 이는 따뜻함이나 수용보다는 차가움과 거부의 눈에 보이지 않는 메시지와 동시에 전달된다. 따라서 우리가 생각하기에 무분별한 칭찬은 현실적이지 못하게 보일 수 있다. 이런 부모-자식 간 관계는 이후 성인 나르시시즘의 방어적, 자기평가적 특성에 영향을 미친다(Otway & Vignoles, 2006, p. 113).

의 부분적인 특성들이 존재하는, 많은 숫자의 성격특성을 하나로 정리한 표를 말한다.

지난 70여 년간 가장 유용하게 쓰인 인격목록은 **MMPI**(Minnesota Multiphasic Personality Inventory)이다. 심리학자인 Starke Hathaway와 상담가인 J. C. McKinley에 의해 1930년대에 발전된 MMPI는, 긴 심리학 인터뷰에서 나타나는 질문들을 쉽게 답할 수 있는 시험으로 축소한 형태다. 본래의 550개 문항은 "나는 며칠마다 악몽을 꾼다", "가끔 나는 물건을 부수고 싶을 때가 있다", "나는 꽃집에서 일하고 싶다", "다른 사람들이 내 이야기를 하는 게 확실하다" 등의 문장으로 구성되어 있는데, 각 문항에 대해 응답자는 "예", "아니요"로 답하면 된다. 이 문항들은 각각 모두 10가지 카테고리에 속하는데 여기에는 건강염려증, 우울증, 히스테리, 정신증적 일탈, 여성성-남성성, 편집증, 정신쇠약, 정신분열, 경조증, 사회적 내향성이 있다. 또한 응답자가 거짓말을 하거나 제대로 응답하지 않는지의 여부도 측정할 수 있다.

본래의 MMPI는 임상적 목표로 고안되었다. 여기서 나온 점수로 다양한 종류의 정신병을 진단하는 데 쓰인 것이다. 실제로 MMPI 점수로 조증이나 정신분열 등 정신질환을 알아보는 것이 가능하다. 반복적으로 같게 답한 문장들의 관계를 살펴봐서 특정 질환을 진단할 수 있는 이러한 구성방법은 **기준-키 방법**(criterion-key method)이라고 하는데, 이것은 '우울증'을 겪고 있다고 진단받은 사람들은 MMPI 등 실험에서도 '우울함'을 나타내는 문장에 주로 "예"라고 답변했을 것이라는 가정이다. 만약 많은 우울증 환자들이 "나는 시카고 컵스 팬이다"라는 문장에 "예"라고 답했다면, 그 내용과 우울증과의 확실한 이론적 관계를 입증하지 못할지라도, 우울증을 확인하는 척도 중 하나로 위 문장을 포함시킬 수도 있다.

MMPI가 비정상적 정신증을 평가하기 위해 고안되었다는 사실에도 불구하고, 이를 이용해서 정상적 범위의 개인 간 차이점을 확인할 수도 있다(많이 성공적이지는 못했다)(Kunce & Anderson, 1984). 임상적 진단을 위한 도구로 MMPI는 다른 측정법과 비교해 낮은 타당도와 신뢰도를 보이고 많은 문항들이 오래됐다는 이유로 비판을 받기도 했는데 이것 때문에 심리학자들은 좀 더 새로운 버전의 MMPI-2를 개발했다. 567개의 문항을 포함하는 MMPI-2는 현재도 널리 시용되고 있다.

CPI(California Psychological Inventory)는 정상적인 사람들에게 적용가능한 다양한 성격특성을 평가하기 위해 만들어졌다. 1950년대 Harrison Gough에 의해 발전된 CPI는 462개의 예/아

표 4.6	CPI 측정 범위

	범위	높은 수치에 대한 간략한 설명
1.	권위	신뢰성 있는, 독점적인, 과제중심적인, 자기주장이 강한
2.	지위력	야망 있는, 성공과 독립을 원하는
3.	사회적인	사회적인, 사람들과 함께 어울리기 좋아하는
4.	사회적 존재	자신감 있는, 자발적인, 언변이 좋은, 쉽게 당혹스러워하지 않는
5.	자기수용적인	자신에게 좋은 기회를 주는, 자신이 재능 있고 매력적이라고 생각하는
6.	독립적인	자기충족적인, 자원이 풍부한, 분리된
7.	공감적인	자신에 대해 편안해하며 타인에게 잘 수용되는, 타인의 느낌을 잘 이해하는
8.	책임감 있는	책임감 있는, 합리적인, 의무를 다하는
9.	사회화	평범한 규칙과 규제를 잘 수용하는, 그것을 순응하기가 어렵지 않은
10.	자기통제	감정과 성질을 조절하는, 자기규율적인 특성에 자부심을 갖는
11.	인상이 좋은	좋은 인상을 주기 원하는, 타인을 즐겁게 하려고 하는
12.	공동체적인	쉽게 적응하는, 자신을 평범한 사람으로 여기는
13.	웰빙	신체적 · 정서적으로 건강한, 미래에 대해 긍정적인
14.	인내심	자신의 것과 다르더라도 타인의 신념과 가치를 받아들이는
15.	순응적으로 성취하는	잘하고자 하는 동기가 강한, 과제와 기대가 분명한 상태에서 일하기 좋아하는
16.	독립적으로 성취하는	잘하고자 하는 동기가 강한, 개인의 자유가 주어진 상태에서 일하기 좋아하는
17.	지적 효능감	지적 능력을 사용하는 데 있어 유능한, 타인이 두려워하는 과제를 지속할 수 있는
18.	심리적 생각	사람들은 자신들이 하는 방식을 그대로 고수하여 행동하는지에 더 많은 관심을 기울이는, 사람들이 어떻게 느끼고 어떻게 생각하는지를 잘 아는
19.	유연한	유연한, 변화와 다양성을 좋아하는, 매일의 삶과 경험에 쉽게 지루해지는, 성급하고, 변덕스러운
20.	여성적인/남성적인	여성적인 특성은 동정적인, 잘 도와주는, 비판에 예민한, 개인적 관점으로 해석하는 경향이 있다. 남성적인 특성은 결정력 있는, 행동중심의, 억제되지 않으며 감성적이지 않은

출처 : *California Psychological Inventory: Administrator's Guide* (pp. 6-7), by H. G. Gough, 1987, Palo Alto, CA: Consulting Psychologists Press 인용.

니요 문항을 통해서 몇 천 명을 대상으로 성격특성을 측정하기 위해 고안됐다. 이 문항들은 20개의 카테고리로 나뉘어져 있고 각 카테고리는 우월성, 소속감, 자기만족감 등을 측정한다(표 4.6 참조). MMPI와 비교하면 CPI는 신뢰도가 비교적 높은 편이다. 응답자의 점수와, 지인들이 응답한 대상의 점수를 상관 비교해 보았을 때 점수를 보면 타당도도 높은 편이다. 하지만 CPI의 큰 문제점 중 하나는 다양한 카테고리들이 서로 겹친다는 점이다(상관계수가 0.50보다 높음). 각 카테고리가 하나의 성격특성만을 알아보는 것은 아니라는 의미다(Thorndike, 1959). 그럼에도 불구하고 오늘날의 학자들은 CPI의 유용성에 대해서는 대부분 동의하는 편이다.

Gough는 CPI가 성격의 **일반적 개념**(folk concept)을 보여준다고 설명한다. 일반적 개념이란, 대부분 사회에서 자연스러운 인간의 상호활동을 통해서 생겨나는 성격의 개념이다. 예를 들면 많은

Harrison Gough는 캘리포니아 심리측정 도구(CPI)를 개발했다. 이것은 자기보고식 질문지로 효과적인 심리적 기능에서의 중요도를 측정하는 20가지 특성에서의 개인차를 평가하기 위한 것이다. Gough는 CPI 특성을 성격의 "일반적 개념"으로 보면서, 이는 사람들이 일상적으로 사회적 상호작용에서 사용하게 되는 것이라고 보았다(출처 : Harrison Gough 허가받음).

문화권은 사회적 책임감 (다른 사람들과 함께 할 때의 가치를 개인의 가치보다 더 우선시하는) 개념을 중요하게 생각한다. 각 문화권에서 개인들은 이 특정한 일반적 개념을 얼마나 중요시하는지의 정도의 차이를 보이게 된다. CPI 카테고리 중 '사회화'와 '책임감'이 이것을 측정할 수 있다. Gough와 Bradley(1992)는 (1) 보통 사람들과 (2) 몇 백 명의 범죄자들에게 같은 CPI를 실시했다. 범죄자 집단에서 보통 대부분의 문항점수가 더 낮게 나왔는데, 그중 차이가 가장 확연했던 두 문항이 바로 사회화와 책임감 부분이었다.

CPI를 대상으로 한 최근의 연구를 보면, 더 구체적인 일반적 개념 측정을 보여주는 세 가지 보편적인 차원(dimensions/vectors)을 확인할 수 있다. 벡터 1은 인생을 향한 참여적 · 자발적 접근과, 무심하고 거리를 두는 접근법의 양극으로 이루어진 대인적 성향을 의미한다. 벡터 2는 사회적 규범을 받아들이는 것과 거부하는 것의 양극으로 이루어진, 규범과 가치의 문제와 관련이 있다. 마지막 벡터 3은 Gough가 '자아통합'이라고 부른, 대인적으로 용납 불가능한 행동과 자기만족을 위한 초자아적 기능의 양극으로 이루어진 성향을 말한다.

벡터 1과 2는 크게 네 가지 삶의 방식을 만들어낼 수 있다. 알파에 해당하는 사람들은 벡터 1과 2 점수가 높고, 대인적으로 관계가 깊은 편이며 규범을 중시한다. 베타 사람들은 더 거리감 있고 내면화되어 있지만(벡터 1이 낮음), 규범을 중시하는 편이다. 감마에 해당하는 사람들은 대인적인 것을 중요시하기는 하지만, 규범과 관습을 존중하지 않는 편이다. 대인적인 관계를 맺고 있기는 하지만, 관습과 규칙을 따르지 않거나 이에 반항하는 성향이다. 마지막으로 델타에 해당하는 사람들은 대인적 관계에서 해방을 원하고, 사회의 관습과 규칙 자체를 거부한다. 직업심리학 연구를 보면 알파에 해당하는 사람들은 일

그림 4.4	두 가지 비언어적 특성 문항

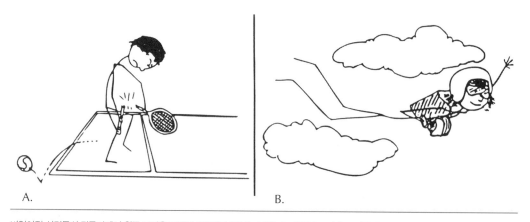

비언어적 성격특성 질문지에서 왼쪽 그림은 공격적 성향을 나타내는 것이며, 오른쪽 그림은 스릴을 추구하는 성향을 나타내주는 것이다.
출처 : "The Structured Nonverbal Assessment of Personality," by S. V. Paunonen, D. N. Jackson, & M. Keinonen, 1990, *Journal of Personality*, 58, 485.

Costa(왼쪽)와 McCrae(오른쪽)는 상당히 영향력 있는 척도(NEO-PI-R)를 만들었다. 이를 통해 성격특성에서의 5요인 또는 Big 5에 대한 개인차를 평가한다. 그들은 다섯 가지 특성을 외향성, 신경증, 친화성, 성실성, 개방성으로 구분했다[출처 : Paul T. Costa, Jr.(왼쪽), Robert McCrae(오른쪽) 각각 허가받음].

반적으로 리더십이 강하고, 베타 사람들은 하급자의 역할을 잘하고, 감마는 변화를 꾀하는 것을 좋아하고, 델타는 예술·문학·수학 등 혼자서도 할 수 있는 분야에 적합하다고 한다(Gough, 1995). 벡터 3에서 확인할 수 있는 자아통합 과정은, 위 네 가지 타입을 모두 수정한 모양이라고 할 수 있다. 예를 들면 자아통합 능력이 좋은 알파들은 좋은 리더십 능력을 보여줄 수 있지만, 자아통합 능력이 낮은 알파들은 공격적이고 권위적일 수 있다. 자아통합 능력이 높은 델타들은 개인적인 측면에서 비전이 있고 선견지명이 있을 가능성이 많다. 하지만 자아통합 능력이 낮은 델타들은 통합적이지 못한 갈등을 경험하거나, 문제에 대한 해결방법으로 폭발적인 폭력을 선택할지도 모른다.

또 다른 잘 알려진 성격목록은 1960년 Douglas Jackson이 고안한 **PRF**(Personality Research Form)이다. 여기서는 MMPI와 CPI에서 측정 불가능했던 것들을 알아본다. PRF를 고안하고 만드는 과정에서 Jackson은 이번 장 초반에서 살펴본 구조적 접근법을 잘 따랐다. PRF에는 총 20개의 카테고리에 속해 있는 320개의 문항이 있는데, 각 카테고리는 기본적인 성격필요(personality need)를 측정한다. 여기에는 우월성, 소속감, 성취감, 공격성, 양육 등을 향한 필요(욕구)가 포함된다. PRF는 CPI만큼 카테고리 간 개념이 많이 겹치지 않으며, 많은 연구결과는 PRF가 다양한 태도와 가치관 및 행동을 측정하는 데 유용하다는 사실을 보여주었다. 또한 Paunonen, Jackson, Keinonen(1990)은 PRF의 새로운 버전(말을 사용하지 않고 그림으로 이루어지는)을 개발하기도 했다(그림 4.4 참조). 각 문항에 있어서 응답자는 그림에서 보이는 행동을 자신도 할 의향이 있는지를 답하게 된다. 그림을 이용한 PRF는 문화권을 넘어선 성격심리학 연구와, 언어능력이 좋지 못한 사람들을 대상으로 한 연구에 적합하다.

Paul Costa와 Robert McCrae(1985, 1992)는 Big 5 특성을 연구하기 위한 자가 진단법인 **NEO-PI-R**(Neuroticism-Extraversion-Openness Personality Inventory-Revised)을 개발했다. 각 문항에 있어서 응답자들은 1~5까지의 숫자 중에 선택해서 주어진 문장에 동의하는 정도를 답변하면 된다. 그들은 다섯 가지 큰 성격특성을, 각각 여섯 가지 **측면**(facet)으로 다시 나누었다. 예를 들면, 외향성이라는 특성을 이루는 여섯 가지 하위 측면은 활동 정도, 자기주장, 자극을 찾는 정도, 긍정적 감정, 군거성, 따뜻함이다. 각 문항은 특정 측면과 관련되어 있다. "내가 일을 하면, 활동적으로 하는 편이다", "내 인생은 빠르게 돌아가는 편이다" 같은 문장들은 외향성 중에서도 활동 정도를 알아보는 문항이다. 그러므로 응답자들은 각 다섯 가지 특성의 여섯 가지 측면들에 해당한 점수를 받게 되는데, 그러면 총 30개의 문항 점수가 최종적으로 나온다.

NEO-PI-R은 재검신뢰도와 반분신뢰도가 높은 편이다. 또한 구성타당도도 좋은 편이다. Costa

와 McCrae는 같은 시험의 타인 평가(peer report) 버전도 만들었다. 그들의 연구결과에 의하면 자가 진단 결과와 타인(주변인, 아내와 남편)의 평가결과는 모든 5요인에서 비슷하게 나타난다. 다른 타인보다는 배우자가 측정한 결과와 자가 결과가 더 비슷한 편인데, 이는 다른 사람보다 배우자가 연구대상을 더 잘 알기 때문이다.

마지막으로 살펴볼 인격목록은 **MPQ**(Multidimensional Personality Questionnaire)인데, 이는 미네소타대학에서 Auke Tellegen과 동료들에 의해 1982년 만들어졌다(Patrick, Curtin, & Tellegen, 2002; 또한 Donnellen, Conger, & Burzette, 2005 참조). MPQ는 안녕, 사회적 힘, 성취감, 스트레스에 대한 반응, 사회적 친밀감, 소외감, 공격성, 제어능력, 손해를 피하는 능력, 전통주의, 흡수의 11가지 카테고리에서의 점수를 측정한다. 이 11가지 문항은 요인분석을 통해 (1) **긍정적 감정**, (2) **부정적 감정**, (3) **제약**(constraint)의 큰 세 가지 유형으로 나눠질 수 있다. 긍정적 감정이란 행복함, 좋은 감정, 에너지, 자신감, 외향성과 관련된 많은 요소들을 보여준다. 반대로 부정적 감정이란 슬픔, 불안함, 죄책감, 신경증과 관련된 요소들이 포함된다. 마지막으로 제약은 파멸적인 감정이나 충동의 효과적인 제어능력과 관련이 있다. 제약은 Eysenck가 '정신증적 경향성(psychoticism)'이라고 부른 것과 동일선상에 있으며, 5요인 중에서는 성실성 및 친화성과 연관된다.

성격특성과 성격장애

일반적으로 성격이론과 연구는 '보통'의 범주에 속하는 사람들을 대상으로 이루어진다. 자가 진단이나 측정법을 통해서 알게 된 성격에 관한 연구결과는, 외향성이나 성실성 등의 특성이 보통 사람들에게 어느 정도로 존재하는지를 알려주는 게 주된 목적이다. 하지만 문제가 있는 정서적, 인지적, 행동적 표현으로 나타나는 비정상적인 성격의 **장애**(disorder)를 알아보는 데도 성격이론은 유용하게 쓰일 수 있다. 미국 정신의학회에서 최근 발표한 *DSM*에 의하면 **성격장애**(personality disorder)란 "개인이 속한 문화의 규범에서 매우 벗어나는 **지속적인 행동과 내적 경험**으로, 충동제어가 불가능하고 대인적 기능에 만성적인 문제가 있는 상태"라고 한다. 성격장애는 보통 스트레스에 대한 단기적 반응이 아니라, **장기적으로** 지속되는 행동패턴으로 인식된다. 성격장애는 직접적으로 의학적 문제나 약물남용을 불러일으킨다기보다는, 그 자체로 전체적인 심리학적 구성을 의미하는 경우가 많다. 정신분열증이나 조울증(bipolar disorder)과 같은 심리적 병리학처럼 심각한 것은 아니어도, 성격장애 또한 개인이 사회에 적응하기 힘들게 하는 심각하고 만성적인 심리학적 문제들을 가져온다.

주된 성격장애의 종류에는 어떤 것이 있고, 이것들은 성격특성과 무슨 관련이 있을까? 미국 정신의학회는, 2000년 10가지 성격장애의 종류를 정의했다(표 4.7 참조). 미국 정신의학회의 *DSM-IV* (Diagnostic and Stastical Manual of Mental Disorder)는 10가지 성격장애를 세 가지 유형으로 나눈다. A형은 사고의 이상하고 특이한 패턴, 즉 분열성, 분열형, 편집증을 포함한다. B형에는 비이성적이고 충동적인 사회적 행동을 다루는 히스테리성, 자기애적, 반사회적, 경계성 성격장애가 들어간다. 마지막 C형에는 매우 불안정한 대인적·정서적 스타일로 대변되는 의존적, 회피성, 강박장애가 포함된다. 이것을 읽으면서 본인이 비슷한 경험을 해 봤다고 생각할 수도 있다. 하지만 중요한 것은, 여기서 말하는 성격장애란 극단적이고 장기적인 현상을 의미한다. 인생에서 힘든 시기에 잠깐 겪는 일시적 현상이 아니라, 계속 지속되어야 성격장애라고 할 수 있다. 표 4.7에 나오는 현상들을 우리 모두가 일시적으로 경험할 수는 있지만, 다행스럽게도 성격장애가 생기는 경우는 드물다.

미국 인구의 1% 미만에게 생기는 성격장애의 가장 드문 경우 중 하나는 **분열성 성격장애**(schizoid personality disorder)인데 이것은 극단적 고립에 의해서 생겨난다. 정상적인 사회적 관계에서 떨어지는 분열성 성격은 타인에게 관심이 없으며, 사회적 인생이나 성적 행동, 감각과 육체와 관련된 어느 경험에서도 큰 만족감을 느끼지 못한다. 그들은 정서적으로 차갑고 거리감이 있으며, 보통 외톨이가 되기 쉽다.

분열형 성격장애(schizotypal personality disorder)는 분열성 성격장애와 비슷한 대인관계를 보이지만, 특히 타인들이 있는 곳에서 불편함을 느끼고 기괴한 믿음과 행동을 보이기도 한다. 일반적인 사람들은 분열형 성격장애를 겪는 사람들을 특히 "이상하다"고 생각한다. 옷을 이상하게 입거나, 눈을 마주치지 못하는 경우가 많다. 외계 생물체에 대한 믿음도 자주 가지는 편이다. 분열형 성격장애는 미국 인구 중 3%가 앓고 있으며, 정신분열증의 비교적 약한 형태다. 극단으로 심해지게 되면 분열형 성격장애는 결국 정신분열증으로 이어진다. 하지만 살바도르 달리, 테네시 윌리엄스, 토머스 핀천과 같은 예술가와 작가들을 보면 알 수 있듯이, 몇몇 분열형 성격장애를 앓는 사람들은 예술적으로 창조적인 감각을 드러내기도 한다.

A형에 속하는 마지막 성격장애는 **편집증적 성격장애**(paranoid personality disorder)다. 여기 속한 사람들은 타인들을 신뢰하지 못한다. 이성적으로 의심을 할 상황이 아닌데도, 필요 없는 지나친 의심을 하고 믿음을 갖지 못하는 경우다. 편집증적 사고에는 종종 매우 복잡한 음모와 줄거리가 포함되기도 한다. 편집증적 사고는 보통 전투적이고 대항적이며, 지나친 시기심을 기반으로 하는 경

표 4.7	성격장애
	요약
A형	
분열성	극단적으로 고립되어 있으며, 사회적 관계를 즐길 능력이 부족하다.
분열형	타인을 불편해하고, 기괴한 사고와 행동을 보인다.
편집증적	의심이 많으며 적대적이고, 관계에서 믿음이 부족하다.
B형	
히스테리성	화려하지만 피상적이며 자기중심적이다.
자기애적	과대성, 공감능력의 부족, 타인의 찬사를 요구한다.
반사회적	잔인하며 공격적인 행동, 소시오패스적이다.
경계성	감정적으로 불안정하고, 공허함, 유기불안을 갖는다.
C형	
의존적	수동적인 스타일, 돌봄받기를 원한다.
회피성	비평이나 부적절감에 대한 두려움으로 사회적 철수를 한다.
강박장애	규칙이나 세밀한 상항에 집착하며, 완벽을 추구한다.

주 : 성격장애의 많은 증상과 특성들은 삶의 어려운 시기 동안에 또는 스트레스에 대한 반응에 따라 올 수 있다. 성격장애의 특성은 장기적으로 나타나며 이러한 특성은 극단적인 형태를 띤다. 성격장애는 문제의 심각성, 문화적 기대와 사회에 적응할 수 있는 능력에서 많이 벗어나 있는 사고, 감정, 행동의 만성적인 패턴을 나타낸다.

우가 많다. 놀랍지 않게도 편집증적 사고를 가진 사람들은 타인들에게 마음을 털어놓지 못하며, 대인관계에서 믿음·상호성·친밀감을 쌓는 데 큰 어려움을 겪는다.

　B형에는 먼저 **히스테리성 성격장애**(histrionic personality disorder)가 포함된다. 여기 속하는 사람들은 눈에 띄는 옷을 입거나 성적으로 유혹적인 행동을 하고, 대인관계에서 매우 감정적인 소통 방법을 선택한다. 진정한 대인적 관계보다는 자기중심적인 생각을 더 우선시한다. 히스테리성 사람들은 처음에는 특히 더 따뜻해보일 수 있지만, 시간이 지날수록 더 얕고 단기적이고 간결한 일회성 성격을 보이는 경우가 많다. 성별을 고려해보면 보통 여성에게서 히스테리성 장애가 더 많이 보이기는 하지만, 남성과의 차이점은 그렇게 크지 않다고 한다. 실제로 많은 남성들도 마초적 기질이나 지나치게 남성적인 스타일, 자신의 성취감에 대한 지나친 자랑 등을 통해서 히스테리성 성격장애를 보이곤 한다.

　둘째로, **자기애적 성격장애**(narcissistic personality disorder)는 굉장한 자랑과 떠벌림, 공감의 부족, 지나친 찬사를 향한 욕구로 대변된다. 여기 해당하는 사람들은 궁극적인 성취감에 지나치게 관심을 갖는다. 자기 자신이 가장 총명하고 아름답고 능력 있다고 생각하는 경우다. 이러한 믿음은 결국 거만하고 오만한 행동으로 이어지고, 결국 자신의 목표를 달성하는 과정에서 타인들을 덜 생각하는 자기중심적인 행동으로도 보여진다. 이러한 성향은 보통 사람들 사이에서도 찾을 수 있고, 몇몇 연구에 의하면 최근 몇 년간 미국 인구에서 이런 성향을 가진 사람은 계속 늘어난다고 한다. 하지만 실제로 자기애적 성격장애를 앓고 있다고 진단되는 경우는 매우 드문 편이다(전체 인구의 0.5% 이하).

초현실주의 화가 살바도르 달리(1904~1989)는 기괴한 이미지들을 작품에 담은 것으로 유명하다. 하지만 그의 성격은 그의 그림만큼이나 유명하다. 달리의 기괴한 방식과 그의 독특한 신념은 대중에게 드러낸 그의 어깨 망토에 표현되어 있으며, 그는 자기 자신을 제3의 인물로 표현하기도 한 것에서 드러난다. 또한 자신은 절대 죽지 않을 것이라고 말한다. 그의 오만한 태도, 부자연스러운 관계가 이를 반증하기도 한다. 한 TV 프로그램에서 달리는 코뿔소 가죽을 들고 나와서는 다른 어디에도 앉으려 하지 않았다. 예술적 천재였음에 틀림없으나 그는 또한 분열형 성격장애의 좋은 예시가 될 수 있다(출처 : Hulton Archive/Getty Images).

　가장 위험한 성격장애 중 하나는 **반사회적 성격장애**(antisocial personality disorder)라고 할 수 있다. 사이코패스나 소시오패스라는 이름으로 불리기도 하는 이 경우의 사람들은 지나치게 공격적이기 때문에 잔인한 강탈, 강도, 강간 등 범죄 행위에 가담할 확률이 높다. 실제로 감옥에 갇힌 많은 범죄자들이 반사회적 성격장애를 가지고 있다. 이 사람들은 타인의 감정을 신경 쓰지 않고, 거짓말을 하고 나서도 뉘우칠 줄 모르며, 사람이나 동물들을 다치게 하고 건물을 훼손하며 규칙을 어기기도 한다. 반사회적 성격장애로 인해서 많은 다른 부정적 상황(실직, 이혼, 약물남용, 자살, 살인 등)이 딸려 오기도 한다. 보통 청소년기 초반에 생기지만, 30살이 지나서 생기는 경우도 있다. 미국 남성 중에서는 3%, 여성 중에서는 1%가 반사회적 성격장애를 가지고 있다고 한다. 이 숫자는 고학력자보다는 저학력자 사이에서 더 높게 나타난다.

　경계성 성격장애(borderline personality disorder)를 앓는 사람들은 '불안정함(instability)'이라는 한 가지 단어로 표현할 수 있다. 여기 속하는 사람들은 화와 분노, 우울함, 불안감, 부끄러움 등의 감정을 계속해서 왔다 갔다 하면서 느끼게 된다. 그들은 계속 공허함을 느낀다고 생각한다. 그 사람들은 자기 자신에 대한 불안정하고 모순적인 이미지를 가지고 있기 때문에 순간순간 자신의 이미지를 바꾼다. 갑작스럽게 화를 내거나 자학을 하고, 식사를 잘

하지 못하고 자살을 시도하는 행위 등을 자주 한다. 경계성 성격장애를 앓는 사람들은 보통 타인의 관심을 얻고자 어떤 행동을 하는 경우가 많다. 하지만 막상 타인들이 사랑을 보여주면, 그것을 거부하거나 별것 아닌 것으로 치부해 버린다.

C형에 해당되는 **의존적 성격장애**(dependent personality disorder)는, 타인과의 관계에서 매우 종속적이고 수동적인 모습으로 표현된다. 사회적 동물로서 모든 인간은—제2장에서 봤듯이—타인에게 서로 의지해야만 한다. 하지만 의존적 성격장애를 앓는 사람들은 타인에게 지나치게 의지하고 매달리며 굴복하는 등 이성적이지 못한 행동을 하는 경우다. 개인의 자주성과 독립성을 표현하는 방법을 모른다. 의존적인 사람들은 자기 스스로 결정을 내리지 못하며, 항상 타인에게서 보살핌을 받고 지지를 받아야만 한다. 의존적 성격장애는 보통 남성보다 여성에게서 더 잘 나타난다.

회피성 성격장애(avoidant personality disorder)를 겪는 사람들은 사회적 상황에서 비판을 두려워하고 항상 적합하지 못하다고 느낀다. 실패할 것이 두려워서 시작하지 못하고, 타인들이 공감하지 못할 것을 두려워해 본인의 생각을 주장하지 못한다. 비판과 경멸, 거부를 극도로 두려워한다. 그렇기 때문에 자연스럽게 사회적 소통관계에서 멀어지게 된다. 다른 사람들이 있는 자리에 가서 공개적으로 비판받을 바에 집에 혼자 있는 것을 택하는 것이다.

마지막으로 **강박장애**(obsessive-compulsive personality disorder)를 겪는 사람들은 제어, 질서, 완벽함을 위한 욕구와 관련된 순응성 없는 행동을 보인다. 강박장애가 있는 사람들은 규칙과 규율, 디테일에 큰 관심을 보인다. 물론 사회적 행동을 위해 규칙은 필요하지만, 여기 속하는 사람들은 규칙에 지나치게 (강박적으로) 집착한다. 규칙 자체가 목적이라고 생각해서 어느 경우든지 항상 따라야 한다고 믿는 것이다. 규칙과 리스트, 스케줄, 미리 정해져 있는 목차를 항상 따라야 한다고 생각하기 때문에 다른 사람들과 정서적 교감을 나누거나 생산적인 대인관계를 만들어나가는 것이 거의 불가능하다. 또한 대부분의 사람들이 결국 버리는 것들을 쌓아두고 정리하는 경향도 있다. 하지만 동시에 강박증을 가진 사람들이 보이는 장점도 있을 수 있다. 일에 중독된 것처럼 보일 정도로 일을 열심히 하고, 정리정돈을 항상 잘하기 때문이다. 사소한 사항을 확인해야 하는 일을 특히 잘한다. 하지만 그렇다고 하더라도 대인관계에서는 항상 문제점이 있을 수밖에 없다.

표 4.7에서 확인할 수 있듯이, DSM-IV는 10가지 성격장애를 이상화된 **유형**이나 증세(syndrome)로 구분했다. 각 10가지 장애는 특정 방법으로 발달되는 정서적, 인지적, 행동적 표현을 나타낸다. 예를 들면 경계성 성격장애는 공허함이나 심심함, 강렬한 분노와 화, 소외감에 대한 두려움, 편집증적이고 반사회적인 생각, 자기에 대한 계속해서 바뀌는 이미지, 타인과의 불안정한 관계, 자학 등의 행위와 관련이 있다. 경계성 성격장애로 진단받기 위해서는 이러한 행동을 모두 보여야 하는 것이 아니라 그중 몇 가지로도 가능하다. 그 숫자가 많을수록 더 심각한 경계성 장애라고 판단할 수 있는 것이다. 또한 이러한 성격장애들은 보통 초반 성인기에 확인가능하다고 한다.

DSM-IV에 따른 성격장애 진단을 보면, 보통 성격유형이 보편적으로 그렇듯이 어느 정도의 직관적인 측면이 보인다. 사람들은 보통 타인들을 성격유형에 의해 구분하고, 유형학이 심리적 특수성을 확인할 수 있는 효율적이고 확실한 구분방법이라고 생각한다. 하지만 MBTI의 경우에서 볼 수 있듯이, 유형학은 종종 심리적 실체를 지나치게 단순화하여 확실하지 않은 결과를 가져올 때도 있다. 성격장애의 분야에서도, 많은 학자들이 DSM-IV 뒤에 숨겨진 유형학적 논리를 비판했다. 이 유형들이 서로 겹치는 부분이 너무 많고, 그렇기 때문에 한 환자가 여러 유형의 증상을 동시에 보일 때도 많다는 것이다. 현재의 DSM-IV가 아예 대체되거나, 적어도 기능적 측면에서 **계속적인 차원의** 개인 간 차이를 보여주는 성격장애의 개념을 포함하는 새로운 모델로 보완되어야 한다는 목소리가 높아지고 있다. 특히 성격특성 이론이, 성격장애를 더 큰 이론적 명확함으로 보여주고 몇몇 병리학적 증상의 기본이 되는 성격특성을 확인할 수 있는 학계의 움직임과 동일선상에 있는 구조적 체계로 발전되어야 한다는 주장이 많다. 최근의 이론들은 실제로 성격장애를 Big 5 성격특성과 연결시킨 사례가 많다.

성격장애를 차원적 측면에서 보자면 **성향적 성격특성의 극단적 표현**이라고 할 수 있다(Costa & Widiger, 2002; Miller, Lynam, Widiger, & Leukefeld, 2001; O'Connor & Dyce, 1998; Widiger, 1993). Big 5 요인과 연결 지어 생각해보면, 의존적 성격장애는 매우 높은 신경증과 매우 높은 친화성의 조합으로 이해될 수 있다. 의존적 성격장애를 겪는 사람들은 높은 신경증에서 보이는 많은 불안감과 부정적 정서를 보이고, 동시에 높은 친화성에서 보이는 친밀한 대인관계와 따뜻함을 원하기 때문이다. 반대로 반사회적 성격장애를 보이는 사람들은 높은 신경증, 높은 외향성, 매우 낮은 친화성과 성실성을 가지고 있을 것이다. 의존적인 사람들과 마찬가지로 그들 또한 많은 부정적 감정을 가지고 있지만, 그들과는 다르게 외향성과 연결되는 높은 에너지와 친화력을 보인다. 의존적 사람들과 다르게 반사회적인 사람들은 매우 잔인하고 유쾌하지 못하고 무례하기까지 한 성격을 가지고

표 4.8	성격장애와 Big 5 사이의 상관관계				
성격장애	신경증	외향성	친화성	성실성	개방성
분열성		낮음			낮음
분열형	높음	낮음			높음
편집증적	높음		낮음		
히스테리성	높음	높음	높음		높음
자기애적	높음		낮음	높음	높음
반사회적	높음	높음	낮음	낮음	
경계성	높음		낮음	낮음	
의존적	높음		높음		
회피성	높음	낮음			
강박장애		높음	낮음	높음	낮음

출처 : "A Description of the *DSM-III-R* and DSM-IV Personality Disorders with the Five-factor Model of Personality," by T. A. Widiger, T. J. Trull, J. F. Clarkin, C. Sanderson, and P. T. Costa, Jr. (1994). In P. T. Costa, Jr. and T. A. Widiger (Eds.), *Personality Disorders and the Five-Factor Model of Personality*, American Psychological Association Press, p. 90 인용.

있다. 또한 그들은 충동적이고 책임감이 없으며 사회적으로 옳다고 용인되는 행동을 하지 않기 때문에 Big 5요인 중 하나인 성실성에서는 낮은 점수를 받을 수밖에 없다.

성격장애와 성향 특성을 연결하는 연구결과 중 하나는 Trull, Widiger, Lyna, Costa(2003)에 의해서 발표되었는데 그들은 경계성 성격장애에 주목했다. 그들은 임상적 점수에서부터 나온 경계성 성격장애의 성격표로부터 연구를 시작했다(Lynam & Widiger, 2001). 경계성 성격장애 환자들과 오랫동안 일했던 상담사들이 본인의 환자의 경우 신경증, 외향성, 친화성, 성실성, 개방성 중 어떠한 특성을 가지고 있는지를 물어보는 설문지에 답했다. 그리고 5요인과 모든 측면에서의 점수를 고려한 평균 점수를 냈는데 결과적으로 경계성 성격장애 환자들은 높은 신경증과 매우 낮은 친화성, 성실성을 가지고 있음을 확인할 수 있었다.

그들은 또한 5요인과 모든 측면을 측정하는 성격목록 테스트를 만들었는데, 이것은 대학생들 (그중 몇 명은 경계성 성격장애를 보임), 다양한 심리적 문제로 인해 상담을 받은 적이 있는 외래 환자들을 대상으로 실시됐다. 결과적으로 인터뷰나 설문지를 통해서 경계성 성격장애라고 진단받은 개인들은, 임상적 전문가들이 경계성 성격장애 환자들이 이론적으로 보일 것이라고 예측한 특성을 그대로 보여주었다. 또한 이 두 집단 간에는 어린 시절에 받은 학대라는 공통분모도 존재했다.

표 4.8을 보면 성격장애와 5요인 성격특성 간 이론적 가설을 보여주는 내용을 확인할 수 있다 (Widiger, Trull, Clarkin, Sanderson, & Costa, 1994). 10가지 성격장애는 모두 높은 신경증을 가지고 있다. 보통 대부분의 성격장애가 불안감, 두려움, 슬픔 등 많은 신경증적 요인을 동반하는 것을 고려하면 놀라운 결과가 아니다. 신경증과 큰 관련이 없다고 표시된 두 가지 성격장애는 분열적 성격장애와 강박장애다. 여기서는 친화성이 더 큰 관련이 있다. 친화성이 높은 경우는 히스테리성 · 의존적 성격장애로, 친화성이 낮은 경우는 편집증적 · 자기애적 · 반사회적 · 경계성 · 강박장애로 이어지기 때문이다.

5요인 성격특성과 성격장애를 연결시킨 이러한 노력은 이상심리학과 정상적 성격기능이 어떻게 이어질 수 있는지 알아볼 수 있는 상당한 이론적 근거를 제시한다. 성격장애로 고생하는 사람들은 성향적 성격특성의 특정 부분에서 극단적인 점수를 받는 것은 이미 사실로 확인된다. 하지만 이 둘 간의 관계가 이론적, 관측적 측면에서 완벽한지의 문제는 아직 논란이 된다. 임상적 증후 (clinical syndromes)가 단순히 성격특성의 조합의 결과물이라는 생각에는 반대하는 사람도 많다. 이렇게 주장하는 이유 중 하나는 증후 자체가 성격특성과 큰 관련이 없는 개념을 포함하기 때문이다. 예를 들면 경계성 성격장애의 주 구성요소는 버림받음에 대한 두려움인데, 이는 성격특성이 아니라 어린 시절의 학대에서부터 생겨나는 경우가 많다.

이 장의 마지막에서 살펴보겠지만, 성격특성은 심리적 특수성의 폭넓은 일관성을 보여줄 때 특히 효과적이다. 하지만 성격증후들은 폭넓은 일관성 이상의 것을 포함한다. 경계성 성격장애를 연구하는 학자들은 BPD(경계성 성격장애)가 단순히 높은 신경증과 낮은 친화성, 성실성의 결합으로 이루어졌다는 생각에는 동의하지 않을 것이다. 이와 유사하게 그들은 우리가 표 4.8에서 본 바와 같이 '낮은 친화성과 높은 신경증'에 편집증적 성격장애를 줄일 수 있는 개념에 만족할 수 없다. 그러나 그들 대다수는 편집증적이지 않을 것이다. 정신분열로 고통스러운 경험을 했던 사람들이 표현한 기괴한 생각과 행동들은 소위 말해 높은 개방성의 다른 형태일 수 있다. 개방성이 높은 사람들은 상상력이 너무나 풍부해서 때때로 그들의 생각이 기괴하고 이상하게 보여질 수 있다는 연구결과가 지지되고 있다.

결론적으로, 성격특성과 성격장애를 연결하려는 시도는 정상적인 심리학과 이상심리학 기능에서의 중요한 관계를 확인시켜 주었다. 성격장애는 보편적인 성격특성의 극단적인 변형 형태라고도 볼 수 있다. 하지만 이러한 장애들은 특성에 포함되지 않은 특정한 두려움이나 동기, 이상한 사고 패턴, 특정한 발달적 역사 등 다른 것들도 포함할 수 있다. 성격장애는 성향적 특성의 조합, 성격적응, 내부화된 인생 이야기들이 모두 합쳐진 개념일 수 있다. 하지만 특히 경계성 성격장애와 같이 단순히 성격특성을 넘어선 더 깊은 개념을 포함하는 복잡한 증후일 경우 다각도적인 분석이 필요하다.

특성에 관한 논의

Gordon Allport(1937)는 성격특성이라는 개념을 직접 처음 발전시키긴 했지만, 그 자신도 특성 개념의 한계에 대해서 잘 알고 있었다. 1930년대 미국 심리학계를 책임겼던 행동주의 학파들은 성격특성의 중요성을 전혀 고려하지 않았다. 그 당시에 특성이란, 관측가능한 대상이라기보다는 개인 내부에 존재하는 개념으로 생각됐다. 행동과 다르게, 성격특성은 직접적으로 관찰하는 것이 불가능했다. 나아가 행동주의 학파들은 환경주의를 믿었기 때문에, 환경적 측면이 아닌 개체 내부적 측면에 의해서 특정 성격특성이 만들어진다는 생각 자체를 이해하지 못했다. 1930년대 심리학자들은 인간 간 차이점을 이해하기보다는 지각과 학습 등 기본적으로 모든 인간에게서 공통적으로 보이는 과정을 알아보는 데 더 큰 관심을 가졌다. 다시 말하면, 다양성이라는 개념이 그리 중요하지 않은 시기였다.

Allport, Cattell, Eysenck 같은 성격특성 학자들이 생겨나면서 학계의 생각도 변화하기 시작했는데, 1950년대에 이르러서 과학자들은 특성 평가를 할 때의 테스트 실험법에 주의를 기울이기 시작했다(Christie & Lindauer, 1963; Edwards, 1957; Jackson & Messick, 1958). 성격측정 도구가 정말로 성격특성을 측정할 수 있는지의 문제였다. 응답자들은 "좋게 보이기 위해서" 의도적으로 답변을 조작할 수도 있고, 계속적으로 아무 이유 없이 "아니요"라고 답하는 경우도 있을 수 있기 때문이다. 따라서 설문지로 이루어지는 시험의 경우, 성격특성 자체를 측정한다기보다는 답변방식을 측정하는 것이 아닌가 하는 생각도 떠오르기 시작했다. 이러한 문제들 때문에 응답자의 편견을 최소화할 수 있는 새로운 측정법이 대두되기 시작했다.

성격특성을 비판하는 가장 큰 이유 중 하나는, 사람들을 편견에 기초에 차별하는 일종의 이름표라는 생각 때문이다. 1960년대 몇몇 학자들은 '정신분열증'이나 '강박증세'와 같은 카테고리의 단어를 사용하는 데 반대했다. 이러한 '이름표' 때문에 억압적인 사회에서 살아가는 사람들이 더 차별을 받는다는 이유에서였다. 이렇게 일종의 이름표가 붙으면 사람들은 제어되기도 한다(Goffman, 1961). 성격특성은 심리적 표상인 반면, 특성이론은 여러 이론들의 조합으로 설명되어져 왔을 뿐이다. 누군가 다소 "친화적 특성이 낮다"고 했을 때, 이는 다른 사람과 대화할 때 의심을 많이 갖는 사람이라는 특성을 떠올리기 마련이다. 많은 사람들은 특성은 전형화된 특징을 나타내는 것이라고 말한다. 인간의 다양성이 칭송받기보다 특성은 사람들을 유형화했다. 이러한 강력한 논의들이 지속적으로 언급되어 왔었다(예 : Block, 1981; Hogan, DeSoto, & Solano, 1977; Johnson,

1997; McCrae & Costa, 1995; Wiggins, 1973). 이러한 성격특성에 관한 비평은 사회심리학자(예 : Zimbardo, 2007)와 심리과학 이외의 분야에서도 논의되어 왔다.

하지만 성격이론에 반대하는 가장 큰 입장 중 하나는 1968년 성격심리학자인 Walter Mischel 이 쓴 책 성격과 평가(Personality and Assessment)에서 찾아볼 수 있다. 그는 Allport가 1937년, 보편성 대 특수성(generality vs. specificity)이라고 부른 문제를 재조명했다. 이상적으로, 성격특성이 란 행동에서의 비교적 보편적인 성향을 말한다. 성격특성이론의 기본적 전제 중 하나는, 사람들은 상황과 시간이 지나도 행동에서 보편적인 일관성을 보인다는 점이다. 반대로 행동이 상황에 더 특정하게 나타난다면, 성격특성 개념 자체의 정의에 문제가 생긴다. Mischel(1968, 1973, 1977)은 이러한 문제를 심각하게 다시 알아보았다. 행동은 상황과 관계없이 보편적인 것이 아니라 상황에 따라서 더 특수하기 때문에, 성격측정 도구는 행동의 예상에 크게 유용하지 않다는 것이다.

Mischel의 비판

일반적으로 성격특성이론은, 대부분의 행동은 상황과 관계없이 일정하다는 전제를 두고 있다. 외향적인 사람은 다양하고 복잡한 상황에서 보편적으로 외향적으로 행동한다는 것이다. Mischel은 인간의 행동은 본래 더 상황의 영향을 많이 받는다고 주장했다. 행동주의와 현대 사회학습이론을 따라서 Mischel은 인간 행동은 주어진 급박한 상황에 의해서 결정된다고 생각했다. 상황과 시간에 관계없이 일정한 행동을 보인다는 것은 허구적인 생각에 불과하다는 주장이었다.

Mischel이 이런 생각을 처음 한 것은 아니다. John Watson도 1924년 비슷한 주장을 했다. 하지만 Mischel의 경우 경험적인 데이터를 근거로 제시했기 때문에 더 효력이 있었다. 그는 정직함, 의존성, 공격성, 권력에 대한 태도 등의 성격요인들을 연구한 과학적 논문을 통해 (1) 성격테스트를 통해 확인된 성격특성 점수와, (2) 특정한 상황에서의 실제적 행동 간의 상관관계가 비교적 낮다는 것을 입증했다.

Walter Mischel의 책 성격과 평가(1968)는 1970년과 1980년대 초 자기보고 특성 스케일의 타당성과 성격특성 개념의 타당성과 관련된다. 오늘날 대다수 성격심리학자들에 의하면 특성은 성격의 건강심리학을 위해 필수불가결한 요소라고 보았다. Mischel의 비평은 인간 행동의 상황적 본성 및 기질적 특성을 설명하는 성격이론의 한계와 관련된 분야의 인식을 높여주었다(출처 : Walter Mischel 허가 받음).

예를 들면 8,000명의 학생들을 대상으로 한 도덕적 행동연구(Hartshorne & May, 1928)를 보면 교실 안에서 답안지를 베낀 학생들의 경우와, 다른 시험에서 본인 점수를 부풀려서 말한 학생들의 경우 상관관계가 0.29에 불과했다. 한 시험에서 부도덕적인 행동을 한다고, 다른 시험에서도 같은 행동을 하는 것이 아니라는 것이다. 만약 이러한 행동을 '정직함'이라는 하나의 성격특성으로 설명했다면, 분명히 오류가 있는 부분이다. Skinner가 Walden Two에서 말했듯이, 진정으로 정직하거나 부정직한 학생은 없다—그들의 정직하거나 부정직한 행동이 상황에 의해서 보여지는 것뿐이다.

Mischel(1968, 1973)은 나아가 성격특성의 개념은 실제로 존재하지 않으며, 관찰하는 사람의 마음속에서만 찾을 수 있다고 말했다. **근본적 귀인 오류**(fundamental attribution error, 본인의 행동이 아니라 타인의 행동을 설명할 때 성격특성을 더 부풀리고 상황을 덜 강조하는 오류)를 강조한 Jones와 Nisbett(1972), Ross(1977) 등도 Mischel과 비슷한 생각을 했다. 이 관점에 의하면, 사람들은 타인들의 행동을 설명하도록 강요받으면 **성격특성**을 주로 언급한다(예 : 랜디는 원래 공격적인 사람이기 때문에 그 농구선수를 때렸다). 반대로 본인의 행동을 설명하라고 하면, 특정 **상황**을 언급하는 경우가 더 많다(예 : 내가 그 사람을 때린 이유는 순간적으로 화가 나서이다). 여기서 확인할 수 있는 사실은, 타인의 행동을 예측하고 설명하려고 하는 과정에서 성격심리학자들은 계속적으로 근본적 귀인 오류를 범한다는 점이다. 따라서 성격특성은 타인을 보는 부정확한 이름표에 불과하다. 실제로 대상 안에 존재하는 것이 아니라, 관찰하는 심리학자의 마음에만 존재한다.

만약 이것이 사실이라면, 성격특성은 행동 자체에 대해서 말해주는 것보다 사람들이 타인의 행동에 대해서 어떻게 생각하는지에 대해서 더 잘 보여줄 것이다. Shweder(1975)는 다양한 성격특성 간 경험적 연관관계를 설명하라고 했을 때, 그 결과는 단순히 그 안에 속한 구조물의 언어적 유사성을 반영한다고 말했다. 예를 들자면, Passini와 Norman(1966)은 몇 개의 성격측정 테스트에서, 그들이 만난 적 없는 사람들에게 점수를 매기는 실험을 했다. 그 사람들이 어떠할지 상상해서 점수를 주는 방식이었는데, 놀랍게도 실제로 그 사람들을 보고 나서 점수를 매긴 결과와 유사한 결과가 나왔다.

Shweder(1975)는 이러한 결과를 해석해서, 우리가 생각하는 성격특성은 실제의 행동적 관련성을 관찰하는 것보다는 단어들(성격특성을 나타내는 단어)이 어떻게 서로 연결되는지에 더 큰 영향을 받는다는 결론을 냈다. 만약 우월함과 공격성이 비슷한 의미를 가진다면, 이러한 특성을 나타내는 행동들도 비슷한 연관이 있다고 생각하게 된다. 이 관점에서 사람들은 어떻게 특정한 성격단어들이 서로 연결되어 있는지 파악하게 되고, 이것을 이용해 타인의 행동을 평가하는 데 사용하는 것이다. 따라서 각 개인은 개인만의 **암묵적 성격이론**을 만들어내게 된다(Bruner & Tagiuri, 1954). 개인의 마음속에 존재하는, 성격특성의 유사성과 관련된 이론이다. 성격특성에 대해 한번 표준화된 기준으로 인상이 각인되면 다른 특성에 대해서도 그러한 기준과 잣대를 들이댈 가능성이 높아진다(Berman & Kenny, 1976). 따라서 특성은 우리가 인식한 실제 특성이기보다 우리의 의식으로 이미 편리하게 구별지어놓은 범주 내에서의 특성을 나타낸다고 볼 수 있다.

Mischel의 비판은, 심리학계에서 오랫동안 **사람-상황**(person-situation) 논란이라고 불려왔던 것을 다시 촉진시켰다(예 : Fiske, 1974). Alker(1972), Block(1977), Hogan(1977) 등 성격특성의 옹호자들은 Mischel이 (1) 많은 성격이론과 성격이론가들을 잘못 이해했고, (2) 경험적 연구를 선별적으로만 선택했으며, (3) 성격과 행동의 일관성을 보여주는 많은 다른 연구들을 무시했다고 주장했다. Argyle와 Little(1972), Shweder(1975) 등 Mischel의 의견에 찬성하는 학자들은 반대로 생각했다.

1970년대부터 **상황주의**(situationism) 개념이 생겨나면서 성격특성 개념의 타당성을 위협하기 시작했다. 상황주의는 다음의 네 가지 개념으로 정리된다.

1. 행동은 상황에 특정한 영향을 받으며, 상황에 관계없이 일관적이지 않다.
2. 한 상황 내의 개인적 차이점은 광범위한 내적 특성보다는 단순한 측정상 오차 때문에 생겨난다.
3. 관측된 응답패턴은 상황 안에 존재하는 자극과 인과관계를 이룬다.
4. 실험법은 자극-응답 간 연결고리를 확인하는 가장 적합한 방법이다(Krahe, 1992, p. 29).

다른 말로 하면, 성격특성이 아니라 상황이 인간 행동을 만들어나간다는 뜻이다. 같은 상황에서 보이는 행동적 차이점은 작거나 중요하지 않고, 또 관측자의 잘못이나 오차 때문에 만들어진다. 외부적 환경, 즉 상황을 강조하는 이러한 관념적 생각 때문에 상황주의는 행동주의의 특정 측면과 결합해 Bandura와 Rotter의 사회학습이론으로 발전되기도 하고, 현재 실험을 선호하는 사회심리학자들의 이론의 기반으로 사용되기도 했다.

이 논란은 1980년대 중반에 이르러 잦아들었다(Krahe, 1992; Maddi, 1984; West, 1983). **상호작용론**(interactionism)이 생겨나기 시작했기 때문이다. 70년 전 Kurt Lewin이 말했던 것처럼, 행동은 환경과의 상호작용 안에서 일어나는 개인의 기능이다(Lewin, 1935). 두 가지 측면을 모두 통합하는 관점인 것이다. Mischel의 비평과 사람-상황 논란은 성격심리학에 있어서 많은 발전과 연구를 가져왔다.

공격행동

Mischel에 의하면, 행동 자체가 한 상황과 다른 상황에서 일정하지 못하기 때문에 성격특성을 행동을 예측하는 데 사용하기는 힘들다. 그렇기 때문에 성격이론 자체의 문제가 생긴다는 주장이다. 하지만 Seymour Epstein은 이에 대한 해결책을 제시했는데, 그것은 바로 **집합**(aggregation)의 개념이다(Epstein, 1979, 1986).

Epstein의 개념을 이해하기 위해, 먼저 심리학자가 성격측정법을 어떻게 구조적으로 발전시키는지를 먼저 생각해보자. 먼저 '문제은행'을 만들고, 가장 높은 타당성과 유효성을 가진 몇 가지를 추출한다. 그리고 심리학자들은 가능한 한 많은 문항을 만들어냄으로써(집합시킴으로써) 최대한 높은 신뢰도를 가진 테스트를 고안하는 것이다.

특성에 관한 Mischel의 비평에 대해, Seymour Epstein은 잘 구성된 자기보고식 성격검사는 행동이 각기 다른 상황에서 측정될 때 행동특성의 강력한 예언자가 될 수 있다고 보았다. 성격특성은 일반적으로 인간이 하나의 독특한 상황에서 어떻게 행동할 것이라는 예측보다 교차 상황적인 특성을 더 잘 예측하는 것으로 나타났다(출처 : Seymour Epstein 허가받음).

이제 이것을 고려한 채, 특정한 성격특성을 측정하기 위해 고안한 설문지가 있다고 생각해보자. 그리고 그 설문지의 점수와, 실제 행동을 관찰한 내용을 연관시켜 관련성을 알아보려 한다고 해 보자. Epstein은 Mischel이 확실히 문제를 확인하기는 했지만 그 문제의 근본적 원인은 잘못 생각했다고 지적했다. **특성측정 방법 자체는 오류가 없지만, 행동을 알아보는 행동측정법이 잘못됐다는 내용이다.** Epstein은 다양한 상황에 걸쳐서 특성점수와 행동 간 차이점은 다양한 상황에서 나타나는 행동의 특성이 보일 때 나타나야 한다고 생각했다. 따라서 성격특성은 다양한 상황과 시간에서 확인가능한 행동의 일관적인 특성을 측정할 수 있다.

많은 연구에 따르면 Epstein이 맞다는 것을 알 수 있다. 그림 4.5를 보면 두통이나 복통에서부터 사회적 행동에 이르는 다양한 대상의 신뢰도가, 측정 횟수가 많아질수록 높아진다는 것을 알 수 있다. 그렇기 때문에 관찰대상의 혈압이나 기분, 먹는 음식 등을 측정하려고 한다면 그 현상을 계속해서 반복적으로 측정해야 믿을 만한 결과가 나오는 것이다. 그림 4.5가 보여주듯이 집합의 정도가 시간에 따라 늘어날수록, 측정법의 신뢰도도 커지고, 결과적으로 행동을 보여주는 안정적이고 대표적인 수치를 확인할 수 있는 것이다.

Rushton, Brainerd, Presley는 1983년, 심리학적 연구의 12가지 다른 분야에서 집합의 유용성을 연구했다. 특히 Mischel(1968)이 행동의 일관성을 보여주지 못한 사례라고 비판한 Hartshorne과 May(1928)의 도덕적 행동연구를 재조명했다. Rushton은 이 연구의 결과가 기본적으로 잘못 해석되었다고 말하면서, 아이들(연구대상)의 도덕적 행동은 다른 시험과 상황에서 비슷한 행동이 집

그림 4.5	신뢰성과 공격성

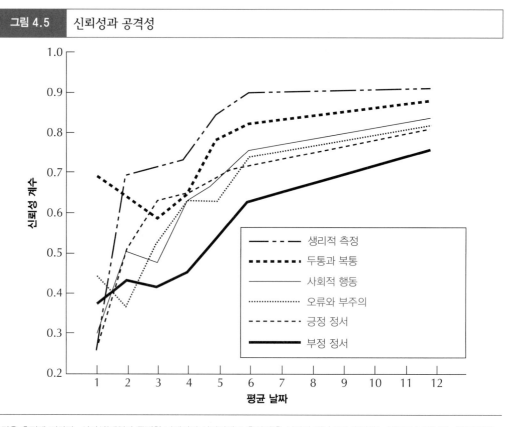

수많은 측정에 의하면, 신뢰성(매일과 특별한 날에서의 상관관계로 측정된)은 시간이 지날수록 증가하는 것으로 나타났다. (상관관계는 매일 같은 수치의 평균으로 특별한 날에서의 평균과 상관관계로 얻어졌다. 구성된 수치는 범주의 가변성에 상관관계의 평균을 나타낸다.)

출처 : "The Stability of Behavior: 1. On Predicting Most of the People Much of the Time," by S. Epstein, 1979, *Journal of Personality and Social Psychology*, 37, 1097–1126.

합되었을 때는 상당한 일관성을 보였다고 주장했다.

　여느 연구과정처럼, 집합의 개념은 좋게 쓰일 수도 나쁘게 쓰일 수도 있다(Epstein, 1986). 예를 들면 다양한 행동을 단순하게 묶는 것은 딱히 측정의 타당도를 높여주지 않는다. 집합된 문항들은 개념적으로, 경험적으로 비슷해야 한다. 어떻게 정보를 집합할지 결정하는 과정에서 연구자는 특정 실험에서 얻고자 하는 것이 무엇인지 정확히 파악해야 한다. 그러므로 아이의 동생에 대한 공격적 행동이 문제라면, 다양한 대상을 향한 공격성을 측정하는 것이 아니라 동생에 대한 공격적 행동을 반복해서 알아보아야 하는 것이다. 비슷한 맥락에서 세 가지 다른 상황이 어떻게 대학생들의 이타적 행동에 영향을 주는지 알아보려면, 보편적인 모든 학생들의 상황적 영향을 더 잘 관찰하기 위해서 학생들 간 개인적 차이점은 배재한 채 학생들을 대상으로 정보가 집합되어야 한다.

　집합 개념에 반대하는 사람들은, 그것이 행동의 일관성의 문제를 해결한다기보다는 피해가는 것이 아니냐고 반박한다(Mischel & Peake, 1982). 많은 다양한 상황에 있어서 행동을 집합시킬 경우 특정한 특성 점수가 주어진 상황에서 특정 행동을 이렇게 불러오는지는 보여주지 못한다. 하지만 최근 연구에 의하면 집합을 통해서 다양한 상황과 특성들이 모두 측정될 수 있다고 한다. 집합 개념은 어떤 상황에서 다른 상황보다 더 유용하게 쓰일 수 있다.

예를 들면 Moskowitz는 1990년 여섯 가지 다른 실험실 상황 안에서의 우월성과 친화성의 행동적 표현을 관찰했는데 그중 두 가지는 동성친구, 두 가지는 모르는 남성, 두 가지는 모르는 여성이 배경이 되었다. 관찰자들과 참가자 모두가 우월한 행동과 친화적인 행동에 점수를 매겼다. 다른 집합연구에서도 그렇듯이 여섯 가지 상황에 걸쳐서 나타난 행동적 점수는 여섯 가지가 모두 서로 강한 연관관계를 보였는데 이것은 한 가지 경우의 점수보다 더 높았다. 하지만 상황에 따른 일관성은 상황에 따라 달랐다. 동성친구가 있는 두 가지 경우에서 더 일관적인 행동을 보였고, 나머지 네 가지 상황에서는 일관적이지 못한 결과가 나왔다. 이 연구의 결과는 친한 친구와 소통하는 다양한 상황에서 집합하는 것은 행동의 높은 일관성을 가져온다는 점이다. 이 경우 행동은 성격특성에 의해 영향을 받고, 그렇지 않은 (모르는 사람과 있을 경우) 경우는 상황적 영향이 더 컸다.

상호작용주의

Krahe(1992)는 현대 상호작용주의(modern interactionism)라는 개념을 소개했는데, 주된 생각은 다음과 같다.

1. 실제 행동은, 개인과 개인이 처한 상황 간의 다각도적 상호작용의 계속적인 결과의 기능이다.
2. 개인은 상호적인 과정에서 고의성을 가진 능동적인 주체다.
3. 상호작용의 인간 측면에서, 행동을 규정하는 주요 요소는 인지적·동기적 요소다.
4. 상호작용의 상황 측면에서, 개인에게 있어서 상황의 심리적 의미가 중요한 규정요소다(pp. 70~71).

사람 대 상황 대 상호작용

상호작용을 바라보는 관점은 여러 가지가 있다(Ozer, 1986). **기계론적 상호작용**(mechanistic interactionism)이라는 첫 번째 접근법(Endler, 1983)은, 상호작용이 특정한 통계적 과정에서부터 일어난다는 생각에 기반을 두고 있다. 기계론적 상호작용에서 가장 중요한 예상요소는 개인의 성격특성이고, 그다음으로 중요한 것이 상황, 마지막 특성과 상황 간 상호작용이다. 종속변수, 즉 예상되는 결과는 측정가능한 행동의 한 요소다. 이러한 연구에서 상황–특성 간 상호작용의 중요한 기능은 (1) 특정한 상황의 측면이 포함되어 있을 때 상황이 특성과 연결된다는 통계학적 생각, (2) 특정 특성의 측면이 포함되어 있을 때 행동이 상황과 연결될 수 있다는 생각이다.

성격과 사회심리학의 수많은 연구들은 상호주의의 기계론적 측면을 강조한다. Romer, Gruder, Lizzadro(1986)의 연구를 보면 심리학 수업을 듣는 대학생들의 도와주는 행동을 알아볼 수 있다. 크게 두 가지 유형이 있는데, 하나는 도와주는 것을 좋아하는 이타주의형이고 나머지 하나는 수용적인 도와줌(receptive giving)을 좋아하는 유형이었다. 도와주는 행동은 심리학 실험에 참여함으로써 어려움을 겪는 다른 학생들을 도와주는 것으로 나타났다. 실험하는 사람은 전화를 통해서 도움을 요청했는데, 도와준다고 해도 전혀 보상이 없는 첫 번째 시나리오와, 과목 점수를 더 잘 준다는 보상을 알려준 두 번째 시나리오가 있었다.

연구자들은 도와주는 행동은 성격과 상황의 상호작용적 기능을 통해 일어난다고 생각했다. 구

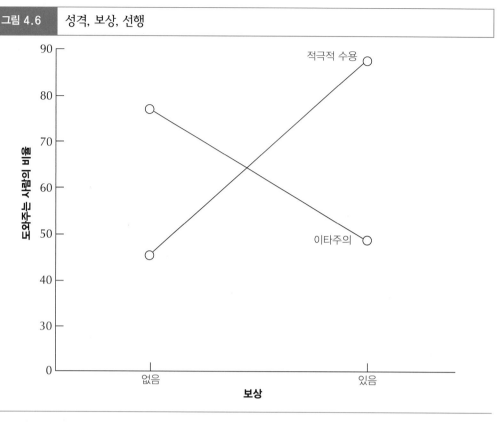

| 그림 4.6 | 성격, 보상, 선행 |

도와주는 사람의 비율은 성격유형(이타주의 대 적극적 수용)과 상황적 조건(보상 대 비보상)으로 나타난다.

출처 : "A Person-Situation Approach to Altruistic Behavior," by D. Romer, C. L. Gruder, & T. Lizzadro, 1986, *Journal of Personality and Social Psychology*, 51, 1006.

체적으로, 이타주의적 학생들은 보상이 없어도 도와주는 행동을 할 것으로 예측했고, 수용적인 도와 줌을 하는 학생들은 보상이 있을 경우 더 많이 도와주는 행동을 할 것으로 예측했는데, 결과적으로 그렇게 나왔다(그림 4.6 참조).

상호호혜적 상호작용

상호호혜적 상호작용(reciprocal interactionism)이란 사람, 상황, 행동이 계속적으로 호혜적으로 서 로에게 영향을 미치는 유동적이고 복잡한 패턴을 의미한다(Endler, 1983).

행동이 사람과 환경의 상호작용의 기능이라고 말하면, 보통 호혜성 상호작용을 염두에 두고 하는 말이다. 하지만 의미 있는 방법으로 호혜성 상호작용을 정확히 측정하는 데는 무리가 있었다 (Ozer, 1986). 하지만 Emmons, Diener, Larson(1986), Emmons과 Diener(1986b)는 성공적인 연 구를 했는데, 그들은 호혜성 상호작용의 두 가지 대안적 모델을 고안했다. '상황의 선택' 모델은, 사 람들은 특정 성격특성과 욕구에 기반을 두고 특정 상황은 선택하고 다른 상황은 거부한다는 생각이 다. '영향 합치' 모델은, 사람들은 자신의 성격특성과 일치하는 상황에서는 더 긍정적인 영향을 받고 그렇지 못한 상황에서는 부정적인 영향을 받는다는 이론이다(Ickes, Snyder, & Garcia, 1997). 사람들이 자신의 일반적인 성격특성과 잘 부합하는 상황을 더 선호하고, 그것을 좋아한다는 것은 이미 여러 연구를 통해 밝혀진 바 있다(Holland, 1996). 직업적 측면에서 봐도 마찬가지다. 성격특성과 직업적 상황이 맞지 않는 경우는 불만족과 자아실현의 실패로 이어진다.

상황에 따른 특성

Walter Mischel은 상황–사람 논란 시기에서부터 지금에 이르기까지 성격심리학 이론에 대한 다양한 의견을 제시해 왔다. 그는 계속적으로 상황에 대응하는 다양성의 문제를 강조했다. Mischel과 Shoda(1995, 1998)가 말한 대로, 우리는 어떻게 "다양성과 성향을 조화시킬 수 있을까?(1998, p. 229)"

    21세기의 심리학자들처럼, Mischel은 인간 행동을 이해하는 데 기본적으로 상호적 접근법을 선택한다. 하지만 그는 특히 상호작용의 본질을 더 자세하게 설명했다. 집합이론에 따라 다양한 상황에 따라서 행동적 일관성을 보여주는 수단으로 성격특성이 작용한다는 부분에 대해서는 동의하면서도, 그는 일관성의 두 번째 종류인 다양한 일관성(consistency in variation)을 강조했다. 사람들은 일관적인 방법으로 그들의 행동을 상황에 따라 변화시킨다는 생각이다. 그리고 그러는 과정에서 사람마다 본인의 성격특성에 따라서 그 방법이 달라진다는 것이다. 예를 들어보자. 매튜와 줄리는 둘 다 좋은 사람이지만, 특정한 상황에서는 화를 내기도 한다. 매튜는 교사나 부모가 충고를 하면 잘 듣는 편이지만, 친구나 동생이 조언을 하면 짜증을 내는 편이다. 반대로 줄리는 교사와 부모의 충고를 싫어하고, 친구에게서 듣는 충고는 잘 수용하는 편이다. 전체적으로 보면 매튜와 줄리는 '짜증 내는 정도'에 있어서는 큰 차이가 없지만 서로 정반대의 상황에서 짜증을 내는 것이다. 매튜와 줄리의 경우 만약 ~하면, ~하다라는 개념이 똑같이 적용되지만, 그 대상은 전혀 다르다.

    만약 ~하면, ~하다라는 말은, 조건적 문장이다. 특정 조건이 충족되면, 그렇다면(then) 특정 일이 일어날 것이라는 내용이다. 매튜와 줄리의 경우 만약 특정 상황이 일어나면 (친구나 부모가 조언을 하면), 그렇다면 특정 행동적 반응이 표현된다(짜증을 내거나, 받아들인다). Mischel과 동료들은 이러한 조건적, 상호적 일관성이 인간의 성격기능에 있어서 매우 중요한 측면이라고 강조했다. 한 연구에서, 과학자는 6주간 여름 캠프를 간 84명의 아이들을 대상으로 행동을 연구했다(Shoda, Mischel, & Wright, 1994). 한 시간을 단위로 해서, 관찰자들은 다음과 같은 다섯 가지 상황이 나타난 빈도를 측정했다. (1) 친구가 놀리거나 협박하는 경우, (2) 어른이 경고하는 경우, (3) 어른이 벌을 주는 경우, (4) 친구가 긍정적 사회적 접촉을 한 경우, (5) 어른이 말로 아이를 칭찬한 경우. 각 상황 내에서, 아이가 다음 중 어떻게 반응하는지를 확인했다. (1) 언어적 공격성, (2) 육체적 공격성, (3) 우는 등의 '아이 같은' 행동, (4) 포기, (5) 친사회적 행동. 이렇게 해서 다섯 가지 만약이라는 조건과, 다섯 가지 그렇다면…이라는 결과가 응용될 수 있다. 만약 어른이 아이에게 경고한다면, 울음을 보이는 것이 한 가지 예가 될 것이다.

    여기서 나온 가장 재미있는 결과 중 하나는 관찰자들이 획득한 개인 내부적(intraindividual) 프로필이다. 각 대상에게 있어서 행동적 다양성에서 일관성을 보여주는 다양한 프로필을 알아낼 수 있었다. 그림 4.7을 보면 4명의 아이의 경우를 확인할 수 있다. 각 차트의 실선은 첫 번째 시간에 다섯 가지 다른 상황에 대한 대처로 언어적 공격성이 나온 정도를 보여주고, 점선은 두 번째 시간의 같은 결과를 보여준다. 4명 중 3명의 경우, 처음 반응과 두 번째 반응이 거의 일치함을 볼 수 있다. 예

| 그림 4.7 | 행동의 다양성에 관한 프로필 |

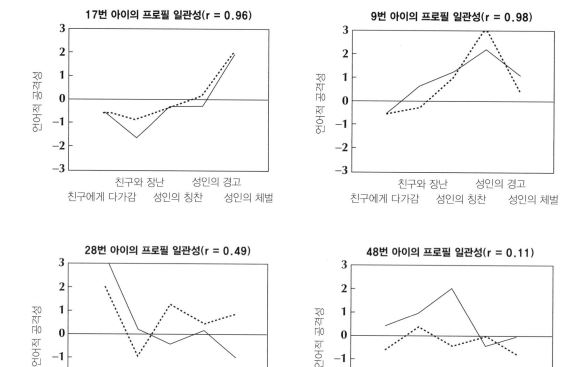

다섯 가지 각기 다른 상황에서의 언어적 공격성의 다양성은 4명의 다른 아이들에게서 다르게 나타난다.

주 : 2개의 선은 각각의 아동들이 시간 1(고정된)과 시간 2(가변적인) 상황에서 보여준 각기 다른 심리적 상황에 마주한 아동들의 프로필을 나타내주는 것이다.

출처 : "Intra-individual stability in the organization and patterning of behavior: Incorporating psychological situations into the idiographic analysis of personality," by Y. Shoda, W. Mischel, and J. C. Wright, 1994, *Journal of Personality and Social Psychology*, 65, 678.

를 들면, 두 경우 모두 17번 아이는 친구가 다가오거나 놀리는 경우에 낮은 언어적 공격성을, 어른이 칭찬하거나 경고할 경우엔 적당한 언어적 공격성을, 어른이 벌을 줄 경우엔 높은 언어적 공격성을 보인다. 반대로 9번 아이는 두 경우 모두 친구가 다가오는 경우에는 높은 언어적 공격성을, 나머지 네 가지 경우에서는 낮은 공격성을 보인다. 9번 아이와 17번 아이의 행동의 일관성을 비교해보면, 17번 아이가 더 일관적이라고 할 수 있다. 반대로 48번 아이는 모든 경우에서 일관적이지 못한 행동을 보인다.

캠프 연구에서, 연구자들은 연구대상 대부분에 있어서 충분한 정도의 일관성을 확인할 수 있었다. 그들은 84명 아이들의 결과를 합산해서, 개인 내부적 프로필은 보통 언어적 공격성에 있어서 가장 높았고, 친사회적 행동에 있어서는 가장 낮았다는 결론도 알 수 있었다.

캠프 연구는 성격을 보는 상호적 관점을 잘 보여주는 예다(또한 Zakriski, Wright, & Underwood, 2005 참조). Mischel과 동료들은, 성향과 다양성을 조화롭게 연결시키기 위해 개인 간 차이점을 다시 관념화했다. 이 사람들이 집중한 성격특성이란, 같은 행동에 있어서 다양한 상황에서 보여주는 정도의 다양성을 의미한다. 행동적 다양성에서 보여지는 개인 간 차이점은 성격특성을 다시 생각해볼 수 있는 새로운 방법이자, 사람들이 어떻게 일관적 관점으로 타인들과 다른 점을 보이는지 알아볼 수 있는 길을 제공해준다. 또한 Mischel의 연구는 상황과 시간에 반응해 예상가능한 다양성을 보여주는 성격이론, 사회적, 발달심리학의 측면을 잘 보여준다(Fleeson, 2001). 비슷한 맥락으로 Brown과 MosCowitz(1998)는 공격적, 수동적, 친화적, 싸움을 좋아하는 네 가지 특성이 일주일 단위로 일관적으로 변화해 결국은 예상가능한 사이클을 만들어낸다고 주장했다. 보통 수요일과 목요일에 가장 높아지고, 주말이 되면 떨어진다는 개념이다. 또한 사람에 따라서 행동적 변화가 예상가능할 경우도 있다. 특히 기본적으로 외향적인 사람들은 낮 시간보다 저녁이 될 때 더 사회적 행동을 많이 한다고 한다.

결론

Mischel(1968)의 비평으로 인해서, 성격특성이 인간 행동을 정확하게 예측할 수 있는지의 문제가 심리학계에 다시 대두되게 되었다. 본래 Mischel(1968)은 성격특성 자체를 반대하고, 심리학자들이 외부 상황적 요인을 더 고려해야 된다고 생각했다. 이러한 주장에서부터 상황주의라는 개념이 나왔지만, 이는 1970년대에 약해지기 시작했다. 집합 개념도 중요한데, 이것은 잘 측정된 성격특성에서의 개인 간 차이점은 많은 다른 상황과 시간에 걸쳐서 집합적으로 측정될 때 더 타당성을 갖는다는 생각이다. Mischel은 맨 처음 성격이론에 대한 비판을 한 지 40년이 지나서 만약 ~하면, ~하다라는 개념에 기초한 성격특성이론을 소개했다. 사람 행동의 개인 간 차이점은 이러한 조건을 통해서 예측가능하다는 생각이다.

상황-사람 논쟁은, 많은 심리학자들로 하여금 성격특성과 상황에 대해서 깊게 생각할 수 있는 기회를 제공했다(Funder & Colvin, 1991; Kenrick & Funder, 1988). 21세기 현재의 성격심리학은 40년 전 그것보다 훨씬 더 상호작용을 중시한다. 심리학자들은 오늘날 행동을 결정하는 데 있어서 성격특성과 성향의 작용, 외부적 상황의 작용이 얼마나 영향을 주는지 더 정확히 알고 있다. 제5~6장에서 보겠지만, 성격심리학자들은 지난 20년간 성격특성 측정법과 성격특성이론을 새롭고 강력한 방법으로 이용해 왔다. 다음 장에서는 인생 전반에 걸친 성격특성의 안정성, 유전적 차이점과 성격특성의 관계, 환경적 원인, 정신생물학적 요소 등을 알아본다.

요약

1. 성격특성이란 사고, 감정, 행동에서 보이는 사람들 사이의 폭넓은 차이를 뜻한다. 심리학자들은 전형적으로 성격특성을 성격의 일반적이고 전 세계적 (global)이며 안정적인 특성을 포착하는 양극단을 연결하는 직선 차원으로 이해한다. 사람들은 그들의 특성을 유념하여 비교되고 대비된다. 심리학자들은 전통적으로 특성의 기계적 본성에 대해 동의하지 않는다. 이는 사람의 행동에 영향을 미치는 신경심리학 구조로서의 특성이라는 논의로부터, 사회적 삶을 이해하기 위해 관찰자가 지어낸 인지적 카테고리에 불과하다는 제안에 이르는 다양한 특성의 기계적 본성에 대한 의견에 동의하지 않는 것이다.

2. 성격특성에 대한 기술은 고대의 문서에서 찾아볼 수 있다. 아리스토텔레스의 제자인 테오프라스토스는 가장 초기의 것으로 알려진 재미있는 성격스케치를 통해 작성한 특성목록을 개발했다. 이후 그리스 의사 갈레노스는 특성의 체액설(humoral theory)을 분류했다. 이것은 네 가지 기본 성격유형을 각각의 체액 특성과 연결한 것이다. 낙천적, 침착한, 우울한, 화를 내는 등의 네 가지 유형은 이후 철학자 칸트에 의해 다시 설명되었고 Eysenk의 현대 성격특성이론에서 다시 포착되었다. 특성에 관한 과학적 연구는 19세기 후기에 시작되었고 상관계수와 요인분석과 같은 통계학이 발달함에 따라 보다 더 진전되었다.

3. 20세기에 가장 영향력 있는 특성 이론가는 Gordon Allport와 Raymond B. Cattell이다. Allport는 성격심리학의 전반적인 원리를 특성의 개념으로 설명했다. 그가 생각한 특성의 개념은 시간과 상황을 초월한 행동의 일관성을 보이게 하는 신경심리적 구조로 정의할 수 있다. Allport는 많은 사람들에게서 다양하게 나타나는 공통특성과 어느 한 사람을 설명할 수 있는 특수한 특성인 개인적 성향 사이의 차이점을 구분했다. Allport의 특성에 대한 접근은 다분히 문헌지향적인 반면, Cattell은 특성 연구의 수량화 프로그램을 이용하여 성격이론을 발전시켰다. Cattell은 L-데이터(인생 데이터), Q-데이터(설문 데이터), T-데이터(실험 데이터)를 통합하여 표면특성과 근원특성을 구분했다. 그는 광범위한 요인분석을 통하여 16개의 근원특성을 분류했다. 이 16개의 근원특성은 그가 성격에 있어서 가장 큰 편차들이라고 믿은 것이며, 그의 16PF 문항표로 측정할 수 있다. 또 1명의 특성심리학의 선구자는 Hans Eysenk이다. 그는 요인분석을 이용하여 인간의 특수성을 외향성-내향성, 신경증, 정신증적 경향성의 세 가지 기본 특성으로 설명하는 영향력 있는 이론을 발전시켰다. Eysenk는 각각의 특성에 대해 뇌 작용과 개별적 성격특성이 연결된다고 주장했다.

4. Allport, Cattell 그리고 Eysenk의 이론을 토대로 하는 오늘날의 수많은 성격심리학자들은 모든 보편적 성격특성의 개념을 다섯 가지로 나눌 수 있다고 생각하게 되었다. 이는 Big 5라고 불리는 일반 성격특성의 영역 혹은 특성군으로 구분된다. 널리 인용되고 있는 것은 이 다섯 가지 성격특성의 기본 요인은 외향성-내향성, 신경증, 경험에 대한 개방성, 친화성, 성실성이다.

5. 대부분의 성격특성은 자기보고식 척도로 측정이 가능하다. 자기보고식 특성측정 도구의 구성은 문항 생성의 체계성, 문항분석, 문제은행의 평가, 최종 척도의 문항의 행동예측에 대한 노력으로 이루어진다. 특성의 측정법은 재검신뢰도와 내적 합치도(반분신뢰도)에서 높은 수준을 보이는 것이어야 한다. 궁극적으로 척도의 가치는 구성타당도의 관점에서 이해되어야 한다. 구성타당도는 하나의 척도와 측정을 위해 고안된 구성물을 동시에 확인하는 과정이다. 그리고 그것은 연구결과물의 법칙적 관계망을 점진적으로 명료하게 하는 것과 관련된다. 신뢰도와 구성타당도를 넘어 특성 척도로서의 가치가 있는 다른 요인들에는 유용성, 경제성, 전달성이 포함된다.

6. 성격심리학자들은 개인차의 여러 특성을 동시에 측정할 수 있는 복합적인 성격조사 문항들을 발달시켜왔다. 가장 오래된 성격조사 문항표는 임상적으로 지향된 MMPI이다. 현대의 특성연구에서 주로 사용되는 잘 알려지고 잘 고안된 조사문항표에는 CPI, PRF, MPQ, NEO-PI-R이 있다. 이 중 NEO-PI-R은 BIG 5의 각각의 특성들에 대한 개인 간 차이점을 측정하고 이에 대한 개별 특성의 여섯 가지 세부적 측면을 제공한다.

7. 성격특성은 전형적으로 비교적 정상범위 안의 적응적 심리기능을 가진 개인의 차이에 대한 것이다. 정신의학자와 임상심리학자들은 행동, 느낌, 사고의 지속적 양상에서 심각한 적응적 위기를 초래하는 성격장애에 대해 이야기하고자 한다. 미국 정신의학회는 10가지 성격장애 목록을 제시했다. 그것은 편집증적 성격장애, 반사회성 성격장애, 경계성 성격장애, 강박장애를 포함한다. 대부분의 의사들은 성격장애들을 불연속적인 개별의 증후군 혹은 유형으로 생각한다. 그러나 점차 더 많은 수의 성격심리학자들이 성격장애의 병리학적 차원의 관점에 대해 논의하기 시작했다. 그것은 성격장애를 성격특성의 극단적 점수의 양상으로 생각하는 것이다. 예를 들어, 경계성 성격장애는 신경증의 극단적으로 높은 점수와 친화성과 성실성의 극단적으로 낮은 점수의 결합으로 볼 수 있는 것이다.

8. **Allport** 시대 이후 성격특성의 개념은 논란이 되고 있다. 이에 대한 가장 중요한 비판은 1960년대 후기에 Walter Mischel에 의해 이루어진 것이다. 특성의 개념은, 행동이 상황을 초월하여 항상 일관적인 정도를 가정하는 데 반하여 Mischel은 행동이 상황에 대해 일관적이기보다는 보다 더 상황에 특정하여 나타난다는 것을 주장했다. 그는 또한 특성에 붙는 이름표가 관찰대상이 되는 사람의 진짜 성격에 대한 것이기보다는 관찰자의 마음에 존재하는 것으로 생

각했다. Mischel의 비판은 특성의 점수가 사람이 특정 상황에서 어떤 행동을 하는지를 예측하는 데 실패했다고 주장한다. Mischel의 비판은 성격심리학에서 '사람 대 상황'의 논쟁을 불러일으켰고 이는 1970년대와 1980년대를 거쳐 결국 오늘날의 성격심리학에서 중요한 주제로 정립되었다.

9. Mischel의 비판에 대한 반응으로 연구자들은 특성연구에서 집합 방법론을 사용하기 시작했다. 다양한 상황에서 시간의 차이를 두고 측정된 행동의 점수의 연합 혹은 집합에 의해 연구자들은 특성 점수에 의해 예측되는 행동에 대한 보다 더 신뢰로운 가설을 얻게 되었다. 집합연구는 다양한 상황과 시간에서 행동경향성의 실질적인 편차에 대하여 특성 점수로 설명이 가능함을 보여주었다.

10. 많은 심리학자들이 행동예측에 있어서 특성과 상황의 상호작용에 대해 보다 명확하게 설명하고자 노력했다. 기계론적 상호작용주의는 종속 행동의 차이를 특성에 의한 것, 상황에 의한 것, 특성과 상황의 상호작용에 의한 것으로 나누었다. 상호호혜적 상호작용주의를 인간, 상황, 행동이 지속적이고 호혜적으로 서로 영향을 미치며 유동적이고 복합적인 패턴으로 이해한다. 상호작용주의의 세 번째 접근은 상황에 대한 행동의 가변성에 대한 개인차에 초점을 둔다. 이 접근에 의하면 각 사람은 상황 변화에 따른 행동변화에 상대적으로 일관적 양상을 보인다. 행동변화 양상에 있어서의 개인차는 만약 ~하면, ~하다 관계에서의 특성 차이로 이해할 수 있다. '사람 대 상황' 논쟁이 시들면서 연구자들은 상호작용주의의 다양한 방법들에 대해 인정하기 시작했다. 심리학자들은 행동예측에 있어서 특성과 상황의 관계에 대해 더 명확한 이해를 발달시켜나갔다. 덧붙여 성격특성 자체의 개념은 이전까지보다 더 강력하고 유용한 개념에 대한 논의로부터 출현된 것으로 볼 수 있다.

Big 5 특성 – 뇌와 행동

Five Basic Traits—In the Brain and in Behavior

내가 노스웨스턴대학에서 교수직을 시작할 때, 내 사무실은 경영대학원 건물 안에 있었다. 건물의 한쪽에는 사무실과 세미나룸, 다른 쪽에는 경영대학 교실이 있었다. 경영대학 안에는 공부방으로도 이용되는 작은 식당과 카페가 있어서, 늦은 점심에 간식을 먹으러 자주 가곤 했다. 그곳은 항상 시끄럽고 활기찬 학생들로 가득 찬 곳이었다. 항상 거기 갈 때마다, 나는 학교 교직원으로서 내 모습과 그곳의 학생들 모습이 대비되는 것을 느꼈다. 일단 보는 것과 행동하는 것이 달랐다. 먼저 그들은 아름답고, 비싸 보이는 옷을 입었다. 그리고 그곳의 학생들은 내가 원래 알던 사람들보다 훨씬 더 생동감 있고 활발해 보였다. 경영대학원생이 아닌 사람들이 즐길 줄 모르고 재미없다는 말이 아니다. 하지만 그곳의 학생들은 매우 달랐다. 항상 모임을 가지고 웃음으로 가득 찬 모습이었다. 처음에는 그곳의 에너지가 좋았지만, 나중에는 에너지의 바다에서 익사하는 듯한 느낌에 결국 그만 가게 됐다. 결국 나는 조용한 도서관이 더 좋았다.

내 이야기는 무엇을 증명해주지는 못하고, 완벽히 비과학적이며, 많은 다양한 방식으로 해석가능하다. 내 느낌상, 내가 알던 심리학 전공자들보다 경영학 전공자들은 훨씬 더 대외적이고 사회적이었다. 하지만 내가 말한 동일한 환경에서의 심리학 전공자들을 관찰하지 않았던 것은 사실이다. 만약 100명의 심리학 학생들을 비슷한 환경에 두었다면, 그들처럼 시끄럽게 웃고 떠드는 모습을 볼 수 있었을지도 모른다. 물론 아닐 수도 있다. 제3장에서 사람-상황 논란을 알아보면서 배웠듯이, 행동 패턴은 항상 상황적 기회와 제약의 기능일 수도 있다. 우리는 항상 행동을 사회적 맥락 안에서 이해해야 한다. 활발한 행동을 장려하는 맥락은 실제로 활발한 행동을 가져올 것이다.

하지만 일단 내가 만난 경영학과 학생들이 비슷한 그룹의 심리학과 학생들보다 실제로 더 활발한 행동을 했다고 가정해보자. 이러한 차이점은 학생들의 사회화 정도를 통해 이해될 수 있다. 노스웨스턴의 경영대학원은 사례분석과 그룹 프로젝트를 중시한다. 그러므로 경영대학원 학생들은 집단을 이루어 일을 해야 하는 경우가 많은데, 이것이 곧 사회화 과정이다. 반대로 심리학 전공자들은 더 개인적이다. 보통 혼자서 책을 읽거나 논문을 쓴다. 본인의 특정한 관점을 발전시켜 좋은 심리학 논문을 쓰는 것이 궁극적인 목표이기 때문이다. 옷을 입는 것도 마찬가지다. 경영학 학생들은 관리자와 경영 전문인으로 보이기 위해서 옷을 차려입는 편이고, 실제로 재정적인 부분도 부족하지 않기 때문에 좋은 옷을 살 능력도 된다.

내가 관찰한 행동적 차이점은 내가 만난 경영대학원과 심리학 대학원 학생들 간의 환경적, 맥락적, 사회화에서의 차이점에 의해서 설명될 수 있다. 하지만 다른 가능성도 있을 수 있다. 단순히 그들의 성격특성이 다른 것일 수도 있다. 경영대 학생들이 내가 알던 다른 대학원생들보다 원래 좀 더 외향적일 수 있다. 평균적으로 경영대 학생들은 성격특성 측면에서 더 외향적이고, 심리학 전공자들은 본래 좀 더 내성적일지도 모른다. 큰 차이점은 아닐지라도, 평균치에서 살짝 움직인 차이점 정도는 있을 수 있다. 이는 실제로 경영·매니지먼트·마케팅 쪽에 종사하는 사람들은 보통 더 외향적이고 사람들과 같이 일하는 것을 좋아하는 반면, 연구과학자들이나 학자들은 내성적이고 혼자 일하는 것을 좋아한다는 사실을 보면 알 수 있다. 이러한 직관적 생각은 틀릴 수도 있고, 너무 진지하게 생각하면 고정관념으로 이어질 수도 있다. 하지만 직업심리학 연구를 보면 사업 세계의 성공을 위해서 외향성은 필요하다는 결론이 나온다(Eysenck, 1973; Holland, 1996). 타인들보다 특히 더 에너지가 넘치고 열정적이고 따뜻하고 사회적인 사람들은 이러한 특징을 잘 이용할 수 있는 사업 분야의 직업을 갖는 것이 좋다.

약간 내향적인 사람으로서 나 자신도 결국 카페를 떠나서 조용한 곳에서 연구와 공부를 하게 되었다(Eysenck, 1973). 사람들과 있는 것을 좋아하고, 파티 등도 즐기는 편이지만 많은 양의 팀워크와 강도 높은 사회적 의사소통을 필요로 하는 일은 나에게 잘 맞지 않는다. 여기에 필요한 외향성을 갖고 있지 못하기 때문이다.

E : 외향성

과학적 관점에서 외향성은 성격특성 중 '슈퍼스타'이다. 이론가들은 다른 심리학적 특성보다 외향성-내향성에 특히 큰 중점을 둔다. 그들은 다른 어떤 특성보다 외향성을 더 많은 연구했고, 실제로 가장 많이 알고 있는 분야가 외향성이다.

이번 장에서 정리할 Big 5요인 중 차례로 외향성, 신경증, 개방성, 성실성, 친화성을 알아볼 계획이다. 모든 요소와 마찬가지로 외향성은 폭넓고 양극적인 관계인데, 가장 높은 외향성에서 가장 낮은 외향성까지의 정도로 측정된다. 차이점이란 항상 정도의 문제다―100% 외향적이거나, 100% 내향적인 사람들은 거의 찾아볼 수 없다. 실제로 우리 대부분은 그 선의 중간에 위치해 있다. 하지만 그래도 일반적으로 외향적인 사람과 일반적으로 내향적인 사람들을 구분해 부르기로 하겠다. 일련의 선에서, 성격특성은 단순한 유형으로 완전히 구분되기 힘들다. 하지만 여기서 측정가능한 양적인 차이점은 우리가 이번 장에서 확인할 것처럼 심리학적 특성을 측정하는 데 매우 중요하다. 마지막으로, 외향성은 더 많은 작은 요소와 측면으로 이루어진 하나의 큰 특성으로 생각해야 한다.

사회적 행동과 인지적 활동

제2장에서 보았듯이, 인간은 무리 지어 살도록 발전됐다. 인간 본성상 우리들은 사회적 존재이기 때문에, 우리의 사회성을 고려한 개인 간 차이점은 매우 중요하다. 타인들과 소통하는 방식을 결정 짓는 방법을 설명하는 언어는 다양한 것들이 있는데, 거기에는 '사회적', '대외적', '부끄러움을 잘 타는', '조용한' 등이 포함된다. 사람들과 어울리는 것을 좋아하고 사회적인 측면을 강조한 특성을 크게 **외향성**(Extraversion, E)이라고 한다.

외향성을 처음 연구한 학자들은 사회적 의미를 강조했다. Carl Jung(1936/1971)은 외향적 사람들은 그들의 심리학적 에너지를 외부의 사회적 세계로 방출하고, 내향적 사람들은 내부적으로 소통한다고 말했다. Eysenck(1952/1967)은 Jung의 임상적 생각을 거부하기 했지만, 비슷한 구분을 했다. 그에게 있어서 외향적 사람들은 사회적이고 에너지 있었지만, 충동적이거나 세심한 주의를 기울이지 못하는 특징도 있다. 반대로 내향적 사람들은 조용하지만 좀 더 심사숙고할 줄 알고, 쉽게 위험을 무릅쓰지 않는다. 외향적 사람들은 내향적 사람들보다 더 **사회적으로 주도권**이 있다. 사회생활에서 에너지와 열정을 방출한다. 그러므로 보통 외향적 사람들이 친구의 숫자가 더 많지만, 내향적 사람들은 몇몇의 사람들과 깊은 우정을 나눈다.

Eysenck는 자가 진단 측정을 만들어 외향성에서의 개인 간 차이점을 평가했다. 사회적 행동을 측정하는 데 좋은 기준이 되었다. 외향적 사람들은 사람들을 만나서 더 빨리 말을 걸고, 말을 많이 하는 편이며(Carment, Miles, & Cervin, 1965), 눈을 더 마주치는 편이라고 한다(Rutter, Morley,

& Graham, 1972). 또한 내향적 사람들보다 악수하기를 더 좋아하고(Chaplin, Phillips, Brown, Clanton, & Stein, 2000), 대학생을 상대로 한 조사에서는 외향적 학생들이 사회적 의사소통이 가능한 장소를 좋아하는 반면(Campbell & Hawley, 1982), 내향적 학생들은 혼자 있을 수 있는 장소를 선호한다는 결과를 알 수 있었다(Diener, Sandvik, Pavot, & Fujita, 1992). 외향적 사람들은 도박을 더 즐기고(Wilson, 1978), 또한 내향적 사람들보다 성생활이 활발하다(Giese & Schmidt, 1968). Wilson과 Nias(1975)는 성적인 태도에서도 외향적 사람들이 더 관대하고, 성욕이 더 높으며, 성관계에서 긴장감을 덜 느낀다는 연구결과를 발표했다. 직업적 측면에서 보면 외향적 사람들은 판매, 마케팅, 인사부서 일, 가르치는 일 등 타인과 직접적으로 소통하는 분야에 적합하다(Diener et al., 1992; Wilson, 1978). 반대로 내향적 사람들은 예술이나 연구조사, 수학, 공학 등의 분야에서 뛰어나다(Bendig, 1963).

연구결과를 보면, 외향성과 다양한 인지적 성과 간의 결과도 알아볼 수 있다. 외향적 사람들과 내향적 사람들은 특정한 조건에서 서로 다른 인지적 장점과 단점을 보인다는 것이다. 예를 들면 외향적 사람들은 외부적 방해가 없고 집중할 수 있는 일을 할 때 내향적 사람들보다 더 잘하는 편이다(Eysenck, 1982; Lieberman & Rosenthal, 2001). 외향적 운전기사들은 신호 자극을 더 빨리 알아보고(Singh, 1989), 외향적 우편배달부들은 더 힘들고 빠르게 이루어지는 우편물 분류 작업을 더 잘하고(Matthews, Jones, & Chamberlain, 1992), 외향적 TV 시청자들은 뉴스 내용을 단기적으로 더 잘 기억하는 편이다(Gunter & Furnham, 1986).

반대로 내향적 사람들은 기민함, 민첩함과 주의를 요하는 일에 적합하다(Harkins & Geen, 1975). 그들은 단어를 장기적으로 잘 기억하고(Howarth & Eysenck, 1968), 수면이 부족한 경우에도 일을 잘 처리한다(Matthews, 1992). 학습방법에서의 차이점을 보면 외향적 사람들은 정확도보다 속도를 더 중시하는 반면, 내향적 사람들은 속도보다 정확도를 더 중시한다. Brebner와 Cooper(1985)는 외향적 사람들은 반응에, 내향적 사람들은 점검에 더 민감하다고 말했다.

좋은 느낌

많은 연구가, 외향성은 인생에서 '좋은 느낌'과 관련이 있음을 입증했다. 다른 말로 하면, 외향적 사람들은 내향적 사람들보다 일상생활에서 **긍정적 감정**을 더 많이 느낀다. Costa와 McCrae(1980a, 1984)는 성인들의 주관적 인생 만족도를 알아보기 위해서 자가 실험을 실시했다. 인생 만족도는 긍정적 감정과 부정적 감정의 두 가지로 측정됐다. 그들은 여성과 남성의 경우 모두 외향성은 좋은 감정과 관련이 있지만 나쁜 감정과는 관련이 없다고 주장했다. 외향적 사람들은 내향적 사람들보다 더 긍정적 감정을 많이 보이지만, 꼭 부정적 감정을 덜 보이는 것은 아니라는 의미이다. 이와 비슷한 결과를 가져온 다른 연구도 많다(예 : Eid, Riemann, Angleitner, & Borkenau, 2003; Emmons & Diener, 1986a; Lucas & Fujita, 2000; Pavot, Diener, & Fujita, 1990; Watson, Clark, McIntyre, & Hamaker, 1992).

왜 외향적 사람들이 내향적 사람들보다 더 긍정적 감정을 많이 보일까? 한 가지 설명은, 외향적 사람들은 내향적 사람들보다 처벌에 덜 민감하기 때문이라는 것이다. 내향적 사람들은 특정 사회적 환경의 부정적이고 처벌적인 측면에 집중하는 경향이 있다(Graziano, Feldesman, & Rahe, 1985). 내향적 사람들은 덜 긍정적인 정보를 기억하고, 사회적 환경에서 타인을 덜 긍정적으로 평가한다

| 그림 5.1 | 내기 행동과 내향성/외향성 |

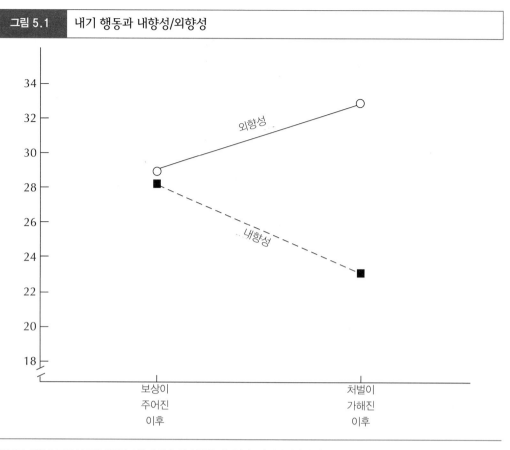

내향성과 외향성 모두 보상이 주어진 이후에 같은 양의 돈을 내걸었다. 하지만 처벌이 가해진 이후 외향성은 내기 행동을 더 많이 보였던 반면, 내향성은 내기 행동을 적게 보였다.

출처 : "Expectation of Success Following Noncontingent Punishment in Introverts and Extraverts," by D. Pearce-McCall & J. P. Newman, 1986, *Journal of Personality and Social Psychology*, *50*, 442.

고 한다(Lishman, 1972). 또한 관계적으로 좀 더 불일치하는 의견을 내세울 수 있고(Norman & Watson, 1976), 외향적인 사람에 비해 그들과 타인 사이의 더 많은 불일치를 예상해볼 수 있다(Cooper & Scalise, 1974).

외향적 사람들이 처벌과 불만에 대해서 더 계속해서 반응할 가능성이 높다. Pearce-McCall과 Newman(1986)은 50명의 외향적 대학생 남자와 50명의 내향적 남자를 대상으로, 문제해결 경험에 있어서의 두 가지 조건을 제시하고 실험을 했다. 첫째 조건은, 좋은 성취도를 보일 때마다 2.5달러를 지급하는 '상', 둘째 조건은 성취도가 낮을 때마다 원래 상금인 5달러에서 2.5달러만 지급하겠다고 말하는 '처벌'이었다. 이러한 조건하에 학생들은 그들이 문제해결을 얼마나 잘할 것인지 서로 내기를 했다. 내향적 사람들에 비해, '처벌'의 조건을 받은 외향적 학생들이 본인 능력에 대한 더 큰 믿음을 보였다. 성공할 것이라는 자신감이 있었고, 미래의 상황을 제어할 수 있다고 믿은 것이다. 그림 5.1에서 볼 수 있듯이, 외향적 사람들과 내향적 사람들은 싱의 조건에서는 행동이 크게 다르지 않았지만, 처벌의 조건에서는 다른 행동을 보였다.

다른 실험에서 Patterson, Kosson, Newman(1987)은 외향적 사람들은 벌을 받고 나면, 실수에서 교훈을 얻을 수 있게끔 잠깐 쉬어(pause)가는 것을 잘 못한다고 주장했다. 외향적 사람들은 충동적으로 보상을 바라기 때문에 더 빠르고 더 충동적으로 다음 일을 해서 처음에 처벌을 받은 이유조차 기억을 못한다는 것이다. 따라서 몇몇 상황에서 외향적 사람들은 문제해결을 향한 매우 충동적인 접근법을 보일 수 있는데, 이는 계속해서 같은 실수의 반복을 가져올 수 있다(Nichols & Newman, 1986).

외향적 사람들은 기분을 더 잘 조절할 줄 안다. 기분조절(mood regulation)은 인생에서 좋은 기분과 나쁜 기분의 비율을 긍정적으로 유지하는 능력을 의미한다(Larsen, 2000). 감정적 상태를 조절할 수 있는 좋은 방법 중 하나는, 긍정적 기분을 가능한 한 오래 유지하는 것이다. Bryant(2003)는 몇몇 사람들은 마치 긍정적 경험이 좋은 와인인 것처럼, 그 경험 자체를 오랫동안 즐기고 유지하는 방법에 유능하다고 말했다. 외향적 사람들이 이런 능력이 더 강하다는 것은 사실이다. Hemenover(2003)는 외향성에서 높은 결과를 받은 사람들이 낮은 점수를 받은 사람들보다, 실험실 상황을 통해 얻어낸 기분 좋음을 오래 지속할 줄 안다고 말했다.

Lischetzke와 Eid(2006)는 독일과 스위스 대학생들을 대상으로 기분조절과 외향성을 실험했는데 그들은 외향성은 긍정적 감정적 조화를 유지하는 자가 능력과는 긍정적인 관련이 있었지만, 부정적 기분을 정리할 수 있는 자가 능력과는 상관이 없다고 주장했다. 다르게 말하면 외향적 사람들은 좋은 기분을 계속해서 유지시키는 데 탁월했지만, 부정적인 감정에 대처하는 데는 내향적 사람들과 별 차이가 없었다는 뜻이다. 그들은 **인생은 아름다워**라는 영화의 15분을 학생들에게 보여주는 실험을 했다. 이는 세계 2차 대전을 배경으로 이루어지는 일을 다룬 영화로 재미있기도 하고 비극적이기도 한데 시청자들로 하여금 긍정적 기분과 부정적 기분을 동시에 느끼게 하는 영화로 알려져 있다. 영화를 보는 도중의 감정상태를 측정한 결과 긍정적·부정적 감정 모두가 확인가능했지만, 외향적 사람들이 부정적 감정보다 긍정적 감정을 더 많이 느꼈다는 결과가 나왔다. 다양한 감정이 추돌하는 복잡한 상황에 있을 때 외향적 사람들은 긍정적 기분을 유지하려고 노력한다는 의미를 담고 있다. 외향적 사람들은 보편적으로 긍정적 감정을 계속해서 유지하고 부정적 감정은 의식적으로 억압함으로써, 궁극적인 행복함과 자기만족감으로 이어지는 인생의 감정적 조화를 유지할 줄 안다.

다른 연구를 봐도, 외향성과 긍정적 감정 간 관계를 알아볼 수 있다. Barrett은 1997년, 56명의 학생을 대상으로 외향성의 자가 측정 테스트를 실시하고, 90일 동안 하루에 세 차례(아침, 점심, 저녁) 본인의 감정적 상태를 확인하도록 했다. 예전 연구와 마찬가지로 연구 초반에는 외향성이 긍정적 감정과 연결되어 있다는 결과가 나왔다. 90일이 다 되어갈 때쯤 Barrett은 학생들에게 90일의 시간 전반에 걸쳐서 감정상태가 어땠는지도 체크하게 했다. 학생들이 당시에 느꼈다고 매일 체크한 감정이, 나중에 (90일이 끝나고) 느꼈다고 말한 감정들과 정확히 일치하지 않는다는 결과가 나왔다. 하지만 완전히 무작위의 불일치는 아니었다. 90일이 끝난 시점에서, 외향적 사람들은 90일 도중에 말했던 것보다 더 긍정적인 감정을 많이 기록했다. 다르게 말하면 외향성이라는 개념은 시간이 지나고도 '행복함'을 느끼는 긍정적인 감정과도 관련이 있다는 것이다. 비슷한 관점으로 Mayo는 1990년 연구를 통해서 외향성은 과거의 행복한 기억을 더 많이 기억하려는 경향과 관련 있다는 것을 주장했다. 일을 경험할 때의 당시보다 시간이 흐른 후에 오히려 긍정적인 감정을 더 잘 기억하려는 성향이, 외향적 사람들이 일반적으로 경험하는 긍정적이고 쾌활한 정신적 인생으로 이어진다.

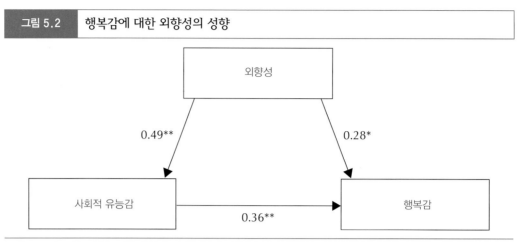

그림 5.2 행복감에 대한 외향성의 성향

위의 경로에 따르면, 다음의 결과는 행복감에 대한 외향성의 긍정적 성향은 부분적으로 두 변인 사이의 직접적인 상관관계에 의한 것이고 동시에 행복감을 예측해줄 수 있는 사회적 유능감과도 매개된다는 사실을 알 수 있다.

주 : $^*p < .05$; $^{**}p < .01$.

출처 : "Happiness and Social Skills," by. M. Argyle & L. Lu, 1990, *Personality and Individual Differences*, 11, 1260 인용.

외향성과 긍정적 감정 간 긍정적 연결고리가 외향적 사람들이 보여주는 사회적 활동의 참여와 이어질 수도 있을까? Brandstatter(1994)는 외향적 사람들은 사회적 환경에서 더 주장이 강한데 이것으로 인해서 사회적 경쟁력과 효율성이 생긴다고 말했다. 이러한 사회적 능력의 직접적 기능으로서 긍정적 감정상태가 작용하는 것이다. Argyle과 Lu는 1990년, 다양한 심리학적 측정을 이용한 **경로분석(path analysis)**을 통해 비슷한 생각을 실험했다. 경로분석은 연구자들이 다양한 요소들의 직접적, 간접적 영향을 알아보는 실험법이다. 그림 5.2에서 볼 수 있듯이, 그들은 외향성과 사회적 경쟁력 간의 긍정적 연결고리를 발견했고(경로계수 = 0.49), 사회적 경쟁력과 행복함 간에도 긍정적 연결고리(경로계수 = 0.36)를 확인했다. 사회적 경쟁력과 외향성 사이에, 그리고 행복함과 사회적 경쟁력 간에 직접적인 영향 관계가 존재하는 것을 보여준다. 따라서 외향성은 사회적 경쟁력을 통한 이차적 존재로서라도 어떻게든 행복함의 경로를 따라가게 된다. 그 경로를 없애더라도 외향성과 행복함 간에는 경로계수 0.28의 연결고리가 존재한다. 간단하게 말하면 외향성과 행복함 간에는 크게 두 가지의 연관성이 있다. 첫째는, 매우 외향적인 사람들은 사회적 능력과 경쟁력이 더 많기 때문에 행복한 정도를 많이 느낀다는 것이다. 둘째는, 첫 번째 관계를 설명하고 나서라도 외향성과 행복함 사이에는 어느 정도의 직접적 관계가 존재한다.

그렇다면 외향성과 긍정적 감정 간 관계는 얼마나 강력한 것일까? 심리학자들은 다양한 의견을 보인다. 몇몇 사람들은 그 관계가 너무 강한 나머지 외향성 자체가 '긍정적 감정(positive emotionality, positive affectivity)'이라는 이름으로 불려야 한다고 주장하기도 한다(Tellegen, 1985; Watson & Tellegen, 1985). 이 관점에 따르면 긍정적인 감정은 전통적으로 외향성이라고 불린 개념의 감정적 중심에 자리한다(Lucas, Diener, Grob, Suh, & Shao, 2000; Watson & Clark, 1997). 외향성과 긍정적 감정을 독립적으로 측정하면 0.20에서 0.50 사이의 상관계수가 나온다. 긍

표 5.1	외향성과 즐거움을 나타내줄 수 있는 사회적 · 비사회적 일화에서의 행복감 수치의 상관관계

사회적 일화	
즐거운	0.34**
보통 즐거운	0.24*
별로 즐겁지 않은	0.03
즐겁지 않은	−0.18
비사회적 일화	
즐거운	0.31**
보통 즐거운	0.19
별로 즐겁지 않은	0.01
즐겁지 않은	−0.10

주 : *$p < .05$; **$p < .01$.
출처 : "Understanding Extraverts' Enjoyment of Social Situations: The Importance of Pleasantness," by R. E. Lucas & E. Diener, 2001, *Journal of Personality and Social Psychology*, *81*, 347 인용.

정적 감정은 곧 많은 사회적 활동을 불러온다(Watson & Clark, 1997).

Lucas와 Diener(2001)의 연구결과를 봐도 긍정적 감정은 외향성의 중심이라는 것을 볼 수 있다. 그들은 87명의 학부생을 대상으로 자가 테스트를 실시해 247종류의 상황과 활동에 있을 때 그들이 얼마나 행복하다고 느낄지를 확인하는 실험을 했다. 상황에는 사회적/비사회적 상황이 모두 포함됐고, 각 상황에 따라서 행복한/어느 정도 행복한/어느 정도 불쾌한/불쾌한 네 가지 답변 중 하나를 선택하는 시험이다. 예를 들자면 행복한 사회적 활동은 "나는 가장 친한 친구와 전화 통화 중이다", 불쾌한 사회적 활동은 "지금 남자친구/여자친구와 싸우고 있다", 행복한 비사회적 활동은 "나는 혼자 재미있는 책을 읽고 있다", 불쾌한 비사회적 활동은 "지금 회사에서 혼자 청소를 하고 있다"일 것이다. 표 5.1을 보면 연구결과를 알아볼 수 있다. 예상한 대로 외향성은 행복한, 그리고 어느 정도(moderately) 행복한 사회적 일과 긍정적 상관관계가 있었다. 다른 말로 하면 외향적 사람들은 타인과 함께 하는 긍정적 행동을 할 때 내향적 사람들보다 더 큰 행복감을 보여줬다. 하지만 표 5.1을 보면 외향적 사람들은 행복한 비사회적 일을 할 때도 비교적 큰 행복감을 나타낸 것을 알 수 있다. 외향적 사람들은 보편적으로 모든 행복한 상황(사회적, 비사회적)에서 큰 만족감을 보인 것이다. 이것을 보면 외향적 사람들은 일상생활에서 사회적 소통이 일어나지 않는 상황이라고 하더라도, 큰 만족감과 행복감을 느낀다는 것을 확인할 수 있다.

다른 학자들은 외향성을 해석하는 데 있어서 외향성과 긍정적 감정 간 관계가 있는 것은 확실하지만 동일한 개념은 아니라고 주장한다. Costa와 McCrae는 1992년, 긍정적 감정을 외향성의 여섯 가지 측면 중 하나라고 정의했다. Matthews나 Deary(1998) 같은 학자들은 외향성과 긍정적 감정 간 관계 자체를 부정하기도 한다. 실제로 몇몇 연구결과를 보면 둘 간의 상관관계가 낮게 (0.20 이하) 나타나기도 한다. 나아가 높은 외향성은 특정 상황에서는 낮은 긍정적 감정과 연결될 수도 있다. Brandstatter(1994)는 외향성은 사회적 환경에서 감정을 평가할 때는 긍정적 감정과 관련이 있었지만, 그들이 혼자 있을 때는 내향적 사람들만큼 낮은 긍정적 감정을 보인다고 주장했다. 이것을 보면 성격특성은 상호적 측면에서 이해되어야 한다는 점이 명확해진다. 외향성은 시간이 지남에 따라, 그리고 다양한 배경에 따라 보편적으로 긍정적 감정과 연관이 있을 수 있지만 몇몇 상황에서는 그렇지 않을 수도 있다는 것이다.

그럼에도 불구하고 계속적인 연구를 통해서 입증된 사실을 부정할 수는 없다. 외향성이 높은 사람들은 평균적으로 외향성이 낮은 사람들보다 더 높은 정도의 긍정적 감정과 행복함을 보인다. 둘 간의 내재적 관계가 있다는 것은 명확하다. 제2장에서 본 것처럼 사람들은 시간이 지나면서 무리 지어 살고, 소속감을 느끼도록 진화했다. 항상 소속감을 느껴야만 하는 존재이고(Baumeister & Leary, 1995), 사회적 인생의 측면은 EEA 시대나 오늘날이나 마찬가지로 매우 중요하다. 인간 본성에 따라서, 보상에 민감해진다는 것은 보통 **사회적** 보상을 의미하는데 이것은 대부분의 보상은 사회적 맥락 안에서 일어나기 때문이다. 외향성은 사회적 동물인 인간들이 보상의 상황을 어떻게 받아들이는지를 보여주는 개인 간 차이점을 나타내는 중요한 지표가 될 수 있다.

N : 신경증

도스토옙스키 소설 **카라마조프가의 형제들**(The Brothers Karamazov)에서 신경증을 보이지 않는 등장인물은 찾기 힘들다. 도스토옙스키(1881/1933)는 첫째 장부터 마지막 장에 이르기까지 다양한 강박증, 불안감, 두려움을 가진 히스테리성 여성과 남성을 계속해서 등장시켰다. 신경증은 위대한 소설의 소재로 잘 사용된다. 표도르 카라마조프의 큰아들인 드미트리는 돌아가신 어머니와 알코올중독자인 아버지 사이에서 3살 때부터 시종인 그리고리에 의해서 길러진다. 그리고리는 드미트리를 잘 돌봐주지만, 드미트리는 강력하고 잔인한 열정을 가진 청년으로 자라난다. 고등학교를 중퇴하고 군대에 입대하지만 결투를 한 뒤 강등되고, 빚에 쌓이게 된다. 민간인 신분으로 돌아온 드미트리는 아버지에게 엄청난 재산이 있다는 것을 알게 되고, 아버지가 살해당했을 때 중요한 용의자가 된다.

드미트리는 본인이 카라마조프가의 저주로 고생한다고 생각한다. 심리학적으로 말하면 여기서의 저주라는 것은 인간 인생에서의 큰 모순과 갈등을 해결하는 방법이나 감정제어 방법의 완벽한 무능력함을 의미한다. 드미트리의 감정은 제어불가능한 롤러코스터의 소용돌이와 같았다. 5시에는 기분이 매우 좋다가, 5시 5분이 되면 절망의 구덩이로 빠지는 식이다. 그는 이러한 감정적 모순에 의해 엄청난 고통을 겪고, 모든 인간은 이러한 고통을 느껴야만 하는 존재라고 생각하게 된다. 그는 "세상의 모든 것은 수수께끼"라며 슬퍼한다.

> 그러나 나는 이 수수께끼를 풀 수 없다. 나는 결코 이것을 풀 수 없을 것이다. 결코! 나 카라마조프를 위해. 심연에 깊이 들어갔을 때 나는 머리를 쑥 내밀고 뒤꿈치를 들어 걸어 나아갔다. 그러면서 겸손히 내 자신에 대한 자신감을 얻게 되기를 바랐다. 아주 깊은 나락으로 떨어지면서 갑자기 찬송가가 흘러나오기 시작했다. 저주를 내리소서. 저로 악인이 되게 하소서. 그러나 또한 저로 하여금 당신의 옷자락에 입 맞추게 하소서. 저는 악인을 따랐지만 나는 당신의 아들입니다. 주여, 나는 당신을 사랑합니다. 나는 세상이 존재하지 않는 듯이 기쁘고 즐거웠다… 얼마나 많은 신비가 이곳에 숨어 있는가! 너무나 많은 수수께끼들이 지구상의 인간들에게 주어졌다. 우리는 할 수 있는 한 최선의 해결책을 마련해야 하는데 그것은 마치 물속에 들어갔다 나왔어도 젖지 말라는 것과 같다. 아름다움이란! 나는 고결한 마음과 심장을 가진 인간이 마돈나의 이상으로 시작해 소돔의

익스트림 스포츠와 자극을 찾는 특성

내가 어렸을 때 아버지가 강조했던 건 단 두 가지였다. 하나는 내가 무조건 시카고 컵스 팬이어야 한다는 거였다. 결과적으로 나는 1962년부터 실력 없는 팀을 응원하는 꼴이 되었다. 두 번째는 절대로 오토바이를 타면 안 된다는 거였다. 아마 아버지의 친구분 중 하나가 사고로 돌아가신 것 같지만 확실하진 않다. 많은 소년들과 어린 남성들, 심지어 여성들조차 지나치다고 생각할 수 있다. 하지만 솔직히 말하면 나는 여태껏 단 한 번도 오토바이를 타고 싶다는 생각을 안 했고(고등학교 때 친구들의 압박으로 몇 번 생각한 건 제외하고), 스노보드나 놀이공원의 놀이기구, 낙하산 없이 비행기에서 뛰어내리기 등은 전혀 관심이 없다. 겁쟁이라고 생각할지 몰라도 사람들이 이런 활동에서 경험하는 흥분을 느낄 수가 없다. 익스트림 스포츠나 다른 위험한 모험을 광고하는 TV를 봐도 별 감흥이 없다. 왜 이런 것을 하려고 할까? 고맙게도 성격심리학자 Marvin Zuckerman(1978, 1998)이 내 '문제'를 설명하는 특징을 만들었다. Zuckerman은 나를 보고, 자극 찾기 특성이 매우 낮다고 평가할 것이다.

자극 찾기(sensation seeking)는 "육체적, 사회적인 위험성이 있는 복잡한 감각과 경험을 필요로 하는 특성"(Zuckerman, 1979, p. 10)으로, 네 가지 관련 요소를 포함한다. (1) 스릴과 모험을 찾는 것(육체적 위험성이 있는 활동), (2) 경험을 찾는 것(음악, 예술, 여행, 모르는 사람 만나기, 기분을 바꿔주는 약물 투여 등), (3) 탈억제(disinhibition; 파티, 사회적 음주, 많은 사람과의 성관계, 도박 등), (4) 지루함에 대한 민감성(바뀌지 않는 환경을 싫어하고 재미없는 사람을 싫어하는 것). 많은 연구가 자극 찾기 특성의 구성타당도를 입증해준다(Roberti, 2004). 예를 들어 Zuckerman의 자극 찾기 측정에서 높은 점수를 받은 사람들은 육체적 어려움이 따르는 일을 시도하고, 약물을 사용하고, 많은 성적 파트너와 관계를 맺고, 간단한 것보다는 복잡한 예술적 형태를 선호하고, 흥분되는 경험을 하기 위해 사회적 관습이나 법을 어길 확률이 그렇지 않은 사람보다 높다.

Zuckerman은 자극 찾기에 있어서 많은 생물학적 특징을 연구했다(Zuckerman & Kuhlman, 2000). 가장 중요한 것 중에 하나는 MAO(monoamine oxidase)이다. MAO는 시냅스의 신경전달물질을 끊어 체내의 신경전달물질 수치를 조절하도록 도와

누군가에겐 암벽등반이 자극을 추구하는 자신의 특성을 잘 표현해줄 수 있는 방법이라고 할 수 있다. 자극 찾기에서 높은 점수를 보이는 사람은 변화되고 새로우며 복잡한 자극과 경험에 강한 흥미를 보일 수 있다. 그들은 이러한 것을 즐기기 위한 신체적, 사회적 위험을 기꺼이 감수한다. 자극을 추구하는 사람들은 상대적으로 낮은 MAO를 보인다. 이것은 중추신경계에서 억제하는 역할을 하는 효소다(출처 : Corbis Digital Stock).

준다. 신경계가 효율적으로 동작하려면 이 과정이 꼭 있어야 한다. MAO는 신경계를 적절히 차단하고 조절하는 역할을 해 신경전달물질을 분해하고 신경전달을 억제한다. 연구에 의하면 자극 찾기 정도가 큰 개인들은 혈액 내 MAO 수치가 낮은 편이다. 결과적으로 이런 사람들은 신경계에 신경전달물질(특히 도파민)이 많이 남아 있게 된다. MAO 수치가 낮으면 행동, 사고, 감정을 조절하기가 어려워진다. 나 같은 사람들과 반대로 자극 찾기를 즐기는 개인들은 위험에도 불구하고 스릴을 즐기는 편이다.

이상으로 끝맺는 것을 견딜 수 없다. 더 끔찍한 건 자신의 영혼에 소돔을 갖고 있는 인간이 마돈나의 이상 또한 포기하지 못하고, 죄를 모르던 젊고 순수한 날처럼 그의 심장이 활활 불타오른다는 것이다! 아니야, 인간은 넓고 넓다. 나는 더 좁고 좁았으면 좋겠다(pp. 79~80).

표 5.2	신경증을 평가할 수 있는 질문 목록

1. 뚜렷한 이유 없이 때때로 행복해지거나, 우울해지는가?

2. 집중하려고 할 때 마음이 자주 뒤숭숭해지는가?

3. 기분이 저조한 편인가?

4. 대화 도중에 자주 할 얘기를 잊어버리곤 하는가?

5. 어떤 때는 에너지가 넘쳐흐르다가 어떤 때는 한없이 게을러질 때가 있는가?

6. 쉽게 상처받는가?

7. 몸의 떨림이 느껴지는가?

8. 당신은 짜증스러운 사람인가?

9. 열등감으로 어려움을 느끼는가?

10. 잠을 잘 못 자는가?

출처 : *Eysenck on Extraversion* (pp. 33, 43–45), by H. J. Eysenck, 1973, New York : John Wiley & Sons.

드미트리는 인간이 좀 더 편협하고 좁은 존재이길 바란다. 폭넓고 다양한 감정을 느끼는 것이 불행하다고 생각한다. 그는 인간이, 영혼의 이러한 모순적인 경험을 하지 않아야 한다고 생각한다. 드미트리는 육체의 관능적 유혹을 불필요하다고 여기는 신실한 기독교인으로서, 신이 왜 '소돔'과 '마돈나'라는 반대되는 개념을 만들어냈는지 이해하지 못한다. 다르게 말하면, 어떻게 사람들은 너무나 사악하기를 원하는 동시에 선해지고 싶어 할까? 인간 자체는 모순이다—정반대의 것을 원한다. 오늘날의 사람들은 이러한 반대적 성향을 잘 제어할 줄 알지만, 도스토옙스키 소설의 인물들은 그러지 못한다. 드미트리와 같은 성향의 사람들은 열정 때문에 오히려 우울한 상태에 빠져 살아간다. 신경증은 문학에서뿐 아니라 실제 인생에서도 큰 작용을 한다. 인간이 불행해질 수 있는 방법은 다양하지만 그 방법들의 공통분모는 두려움, 불안, 슬픔, 부끄러움, 죄책감, 절망 등 부정적인 감정을 경험한다는 점이다. 신경증의 문제는 곧 부정적 감정의 문제다. 우리가 나쁜 기분을 느낀다면 그 정도는 어디까지이고 그것을 어떻게 조절하고 제어해나갈 수 있을까?

나쁜 감정을 느끼는 많은 방법들

5요인 성격이론 중 두 번째로 살펴볼 것은 **신경증**(Neuroticism, *N*)이다. 일반적으로 정서적 불안정의 정도를 측정하는 신경증은 만성적 불안감, 우울증, 지나친 감정, 불안함, 적대감, 자기의식, 심기증 등으로 나타난다. Watson과 Clark(1984)은 보통 사람들이 경험하는 부정적인 감정에 신경증적 요인이 크게 작용한다고 말했다. 이 측면을 부정적 감정(negative affecivity)이라고 부른다(Watson & Tellegen, 1985). 여기서 높은 점수가 나오는 사람들은 인생의 다양한 측면에서 스트레스를 받고 슬퍼하는 경향이 있다. 그들은 만성적으로 걱정이 심하고 불안해하며, 자신에 대한 자존감도 낮은 편이다. 반대로 신경증이 낮은 사람들은 일반적으로 자기만족도가 높고, 감정에 호소하지 않으며, 안정적이고 평온하다.

많은 연구결과를 보면 신경증에서 보이는 개인 간 차이점은 부정적 감정상태의 경험에서의 차이점과 연결된다는 것을 확인할 수 있다. 이런 연구에서 과학자들은 보통 표 5.2에 나온 것과 같은 질문을 통해서 신경증을 측정하게 된다. 계속적으로 나쁜 기분, 높은 긴장감, 다른 부정적 감정을 느끼는 경우 신경증이 높게 나온다(Emmons & Diener, 1986a; Matthews, Jones, & Chamberlain, 1989; Thayer, 1989; Watson & Clark, 1992). 신경증이 높은 사람들은 더 외롭고(Stokes, 1985), 대인관계에서의 만족감이 낮다(Atkinson & Violato, 1994). 우울증이나 불안감 등 부정적 신경증적 장애를 겪는 사람들도 신경증이 높게 나오는데(Eysenck & Eysenck, 1985) 이는 부정적인 감정과 관계있다(Clark, Watson, & Mineka, 1994). 신경증이 높은 대학생들은 더 많은 스트레스 증상을 보고하고 향수병도 심한 편이다(Matthews & Deary, 1998). 이는 보통 긍정적인 감정과 연결된 것으로 알려진 외향성과는 반대되는 연구결과다. 앞서 본 것처럼 외향적 사람들은 내향적 사람들보다 더 긍정적인 감정을 많이 느낀다. 하지만 부정적 감정에 있어서는 외향적 사람들과 내향적 사람들이 크게 다르지 않다. 반대로 신경증이 높은 사람들은 신경증이 낮은 사람들보다 더 부정적 감정을 많이 느끼지만, 긍정적 감정에서는 둘 간에 차이가 없다. 긍정적 감정과 부정적 감정은 반대되는 개념이라기보다는 서로 독립적인 개념인 것이다. 따라서 최대한 간단하게 정리하면 외향적 사람들은 긍정적 감정을 잘 느끼고 내향적 사람들은 긍정적 감정을 덜 느끼며, 신경증이 높은 사람들은 나쁜 감정을 잘 느끼고 신경증이 낮은 사람들은 나쁜 감정을 덜 느낀다고 할 수 있다(Costa & McCrae, 1980a, 1984; Emmons & Diener, 1985; Meyer & Shack, 1989; Watson & Clark, 1984).

신경증에서 찾아볼 수 있는 개인 간 차이점은 중요한 몇 가지 행동적, 태도적 결과를 측정 가능하게 했다. 예를 들면 신경증은 보통 남성의 안 좋은 건강과 관련되어 있다고 한다(Costa & McCrae, 1980b). 1학기 동안 43명의 학부생을 대상으로 한 조사에서 Larsen과 Kasimatis(1991)는 신경증이 높은 학생들은 더 다양한 질병에 걸렸다는 결과를 내놨다. Ormel과 Wohlfarth(1991)는 높은 신경증이 개인의 인생 상황 변화 등 환경적 요인보다 심리학적 불안함에 더 큰 영향을 준다고 주장했다. Costa와 McCrae(1978)는 신경증이 높은 사람들은 중년에서의 문제를 일종의 '위기'로 본다고 해석했다. 또한 나이 든 성인들의 경우 일상의 스트레스와 합쳐진 높은 신경증은 인생의 질이 좋지 않음을 나타낼 수 있다(Mroczek & Almeida, 2004). 50년에 걸쳐 300쌍의 부부를 대상으로 한 조사에서, 남편과 아내 모두가 신경증이 높은 경우 이혼할 확률이 높았다(Kelly & Conley, 1987). 높은 신경증이 심장질환과 같은 심각한 병으로 이어진다는 연구결과도 있다(Smith, 2006; Suls & Bunde, 2005).

신경증은 왜 이렇게 부정적인 것과 큰 연관이 있을까? Bolger와 Schilling(1991)은 일상적인 스트레스 요인을 분석해 여기에 대한 답변을 제공했다. 조사는 399명의 성인을 대상으로 42일 동안 스트레스를 주는 일들을 알아보는 형태로 진행됐다. 매일 반응자들은 지난 24시간 동안 18가지의 감정 중 어느 것을 강하게 느꼈는지 답변했다. 감정 항목에는 불안감, 긴장, 짜증 남, 화남, 가치 없음 등 공격성이나 우울증, 불안감을 나타내는 단어들이 선정됐다. 여기에 더해져 각 반응자들은 직장에서의 과업, 아내/남편과의 싸움, 자식과 말다툼, 교통의 문제 등 아홉 가지 다른 종류의 스트레스 요인을 경험했는지의 여부도 반응했다. 일상의 답변이 시작되기 전 신경증 점수는 11개 항목으로 이뤄진 신경증 측정에서부터 결정됐다. 결과를 보면, 6주 간격에서 봤을 때 신경증이 높은 성인들은 낮은 성인들보다 더 큰 스트레스를 받았음을 확인할 수 있다. 그들의 스트레스 근원은 크게 세 가지였다. 첫 번째, 신경증이 높은 성인들은 낮은 성인들보다 더 자주 스트레스 요인을 접한다. 더 많이 불평하고, 지나치게 민감하며, 타인들이 그냥 넘길 수 있는 문제도 간과하지 못하기 때문이다. 하지만 결과를 보면 이러한 차이점은 신경증이 높은 성인들의 과민반응 때문은 아니라는 것을 알 수 있다. 높은 신경증이 개인들을 더 많은 일상적 스트레스 요인에 **노출시킨다**는 결과가 더 적절하다. 특히 대인관계에서의 갈등에서부터 나오는 스트레스 요인이 크게 나타났다. 아홉 가지 스트레스 요인 중 남편/아내와 말다툼 또는 타인과의 말다툼이 가장 자주 나오는 요인이었다.

두 번째 스트레스의 근원은 스트레스 요인에 대한 반응자의 **반응**(reactivity)과 관련이 있다. 신경증이 높은 사람들은 스트레스 요인에 더 많이 노출될 뿐 아니라, 그 요인에 대한 결과로 느끼는 부정적 감정의 반응도 높은 편이다. 스트레스 요인에 대한 반응은 신경증과 스트레스 간 연결고리에 대한 설명으로써 단순히 '스트레스 요인에 대한 노출'보다 두 배나 더 **중요**했다. 신경증이 높은 사람들은 스트레스에 대처하기 위해 건설적인 절차를 밟는 것이 아니라 본인의 불안감, 우울함, 적대감을 해소시켜주지 못하는 자멸적인 전략에 의지한다.

신경증이 높은 사람들의 세 번째 스트레스 근원은, 스트레스 요인과 관련이 없었다. 연구자들은 신경증과 스트레스 간 관계 중 최대 60%가 (1) 개인들에게 실제로 일어나는 스트레스를 주는 요인이나 (2) 이러한 나쁜 요인에 대한 지나치게 부정적인 반응 두 가지와 전혀 상관없는 세 번째 요인이라고 생각했다. 바로 인생을 보는 보편적인 부정적 시선이다. 실제로 나쁜 일이 일어나지 않을 때에도 신경증은 나쁜 기분을 가져오게 된다.

Jerry Suls와 Rene Martin(2005)은 **신경증 폭포**(neurotic cascade)라는 개념을 통해서 신경증을 불러일으키는 다양한 요소를 설명한다. 신경증 폭포 개념에서는 다섯 가지 다른 과정들이 서로 상호작용을 하고 강화되어, 일상에서 느끼는 부정적 감정의 강력한 분출을 이끌어낸다. 은유적 방법으로 보면 매우 작은 부정적인 일이더라도 결국 쌓이고 쌓여서 부정적 감정의 폭발을 불러일으킬 수 있다는 생각이다.

신경증 폭포의 첫 번째 요소에 대해 Suls와 Martin(2005)은 **과반응성**(hyperreactivity)이라고 칭했다. 신경증이 높은 사람들은 환경에서 처벌의 신호나 부정적인 영향에 더 민감하다. 그들은 일상생활에서 큰 일과 작은 일 모두에 크게 반응하는 편이다. 두 번째 요소는 **차별화된 노출**(differential exposure)이다. 신경증이 높은 사람들은 처음부터 부정적인 자극에 더 민감하기 때문에 부정적 일을 더 자주 경험한다는 것이다. 세 번째 요소는 **차별화된 평가**(differential appraisal)이다. 신경증이 높은 사람들은 어두운 관점으로 세상을 보기 때문에, 객관적으로 봤을 때 부정적이지 않은 것도 나쁘게 본다. 네 번째 요소는 **기분유출**(mood spillover)이다. 특수한 민감성과 차별화된 노출의 결과로 신경증이 높은 사람들은 한 가지 분야에서의 부정적 감정이 다른 분야로 넘어가고, 오늘 겪은 부정적 감정이 내일까지도 이어지는 유출효과를 경험한다는 것이다(Nolen-Hoeksema, 2000). 마지막으로, 다섯 번째 요소는 **익숙한 문제의 고통**(sting of familiar problems)이다. 이것은 같은 문제가 반복적으로 발생했을 때 이에 제대로 대처하지 못하는 것을 말한다.

연구에 따르면 신경증은 몇 가지 다른 사회적 상황에서 부적합하거나 이상한 행동과 관련이 있다고 한다. 한 실험에서 신경증이 높고 낮은 남자 대학생을 대상으로 친밀감이 높은, 그리고 친밀감이 낮은 두 가지 실험적 배경에 무작위로 넣고 반응을 알아보았다(Chaikin, Derlega, Bayma, &

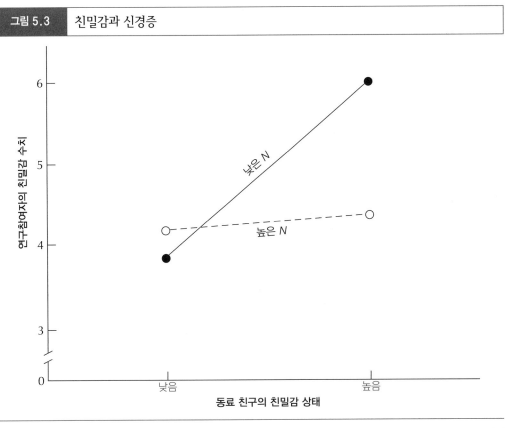

| 그림 5.3 | 친밀감과 신경증 |

낮은 친밀감 상태에서 신경증이 높고 낮은 사람 모두 친밀한 행동에서 동등한 수준을 나타내주었다. 하지만 높은 친밀감을 나타내는 상태에서 신경증이 낮은 사람은 신경증이 높은 사람에 비해 높은 (그리고 보통) 친밀감 수준을 나타내주었다.

출처 : "Neuroticism and Disclosure Reciprocity," A. L. Chaikin, V. J. Derlega, B. Bayma, & J. Shaw, 1975, *Journal of Consulting and Clinical Psychology*, *43*, 16 인용.

Shaw, 1975). 친밀감이 낮은 조건에서는 집이나 아파트, 가족 이야기 등 일반적인 대화를 이끌어냈다. 친밀감이 높은 조건에서는 선호하는 피임 방법, 성인이 된 후 울어본 횟수 등 매우 개인적인 이야기를 하게 했다. 대화 주제는 친밀감의 정도에 따라서 다양했으며 이 연구의 종속변수는 대화에서 찾아볼 수 있는 친밀한 내용의 정도였다.

그림 5.3을 보면 연구결과를 확인할 수 있는데, 신경증이 낮은 참가자들은 실험조건에 의해 본인들의 친밀감 정도를 조절했다. 다른 말로 하면 다른 학생이 개인적인 정보를 공개했을 때 참가자들은 마찬가지로 본인에 대한 개인적인 이야기를 해주었다는 의미다. 하지만 신경증이 높은 사람들은 조건에 따라서 본인의 이야기 내용을 조절하지 않았다. 대화 상대가 말하는 내용과 상관없이 본인의 개인적인 이야기는 하지 않는 모습이었다. 신경증이 높은 사람들은 사회적 적응을 힘들어하고, 환경이 그들에게 무엇을 요구하는지 정확히 파악하기에는 자기에 대한 관심이 지나치게 높은 편이다.

스트레스와 적응

신경증은 다양한 종류의 스트레스 증상과 가장 강력하게 연결된 성격특성이다. 대인관계에서 신경

더 읽을거리 5.2

우리는 불안의 시대에 살고 있는가?

서구 사회에서 예전보다 더 바쁘고 복잡한 일상을 산다고 말하는 것은 너무나 일반적인 말이 되어 버렸다. 많은 중산층 미국인들은 인생이 더 단순하고 즐길 만했던 '옛날 그 시절'을 그리워한다. 하지만 정확히 그 시절이 언제였는지는 불분명하다. 많은 미국인들은 TV에서 *오지와 헤리엇*, *앤디 그리피스 쇼*를 통해 전통적 가족의 가치를 확인할 수 있었던 1950년대를 낭만적이었다고 여긴다. 다른 사람들은 여성운동과 이후 20년간 시민운동 바로 직전 시기였던 1950년대는 일부의 백인 남성만이 인정받던 시대였다고 비판하기도 한다. 몇몇 사회비평가(예 : Myers, 2000; Putnam, 2000)를 비롯한 대중의 시선으로 바라보면 미국인들은 오늘날보다 50년 전에 덜 불안했다고 한다. 사실일까?

성격심리학자 Jean M. Twenge(2000)는 그렇다고 생각한다. 그녀는 1952년과 1993년 사이에 모은 자료로 아이들과 대학생의 신경증을 측정해 분석했다. 1950, 60, 70, 80, 그리고 1990년대 초반 연구된 미국 대학생을 대상으로 한 연구 170건과 초등학생 및 고등학생을 대상으로 한 연구 99건을 분석한 것이다. 결과적으로 시간이 지남에 따라 신경증 정도가 늘어난다는 사실이 드러났다. 1950년 불안감 테스트를 받은 대학생들은 1960, 1970년대에 같은 테스트를 받은 학생들보다 수치가 더 낮게 나왔다. 평균 수치가 가장 높은 시기는 1980년대와 90년대였다. 이는 매우 믿을 만한 결과다. 1980년대의 *평균적인* 미국 아이는 1950년대 아동 정신과 환자들보다도 *더* 높은 불안감 수치를 기록했다. 이에 따르면 오늘날 미국 젊은이들은 30~40년 전 사람들보다 훨씬 불안한 시대에 살고 있다고 할 수 있다.

이런 결과가 시사하는 바는 무엇일까? 어떤 사람들은 Twenge가 찾은 트렌드는 '좋았던 그 시절'에도 분명히 사람들은 불안을 느꼈지만 당시에 이를 드러내는 것은 사회적으로 적합하지 않았기 때문에 유의미하지 않다고 주장한다. 혹자는 현대 미국 사회를 드러내는 측면이라며 이를 인정하기도 한다. Twenge 자신도 수치가 나날이 높아지는 신경증과 이와 관련된 특징들은 지난 40년간 가족 및 공동체의 붕괴로 보고 있다. 재미있는 것은 경제적 수치는 이 트렌드와 큰 관계가 없다는 것이다. Twenge의 데이터는 경제적 불황이나 번성과는 큰 상관관계가 없다. 전체적으로 1950년대보다 오늘날 미국인들이 더 부유하다. 하지만 우리는 더 바쁘고, 걱정이 많고, 자신감이 부족한 시대에 살고 있다.

증은 부정적 감정과 연결되어 있다는 사실을 이미 확인했다. 또한 신경증 자체가 직접적 위험요소는 아니지만 다양한 병이나 질환의 원인이 되는 경우도 있다(Wiebe & Smith, 1997). 신경증과 스트레스 간 관계는 매일의 일상적 기능에서도 찾아볼 수 있다. 신경증이 높은 개인들은 매일의 사고에서 부주의한 실수를 하기 쉽고(Matthews, Coyle, & Craig, 1990), 신경증이 높은 운전자들은 화가 나거나 짜증 난 상태로 운전하다가 사고를 내기 쉽다(Matthews, Dorn, & Glendon, 1991). 신경증과 관련된 다른 문제는 성적 측면에서의 불안감, 죄책감, 억제감 등이다(Eysenck, 1976). 신경증은 또한 사회적으로 부적합하고(Eysenck, Rust, & Eysenck, 1977), 알코올이나 약물을 남용하는 범죄자들에게서도 찾아볼 수 있는 특성이다(Furnham, 1992). 신경증이 높은 사람들은 알코올을 더 자주 (혼자서) 섭취하고, 부정적인 대인적 상호관계를 한다는 연구결과도 있다(Mohr et al., 2001).

하지만 이러한 상관관계는 "신경증이 스트레스의 원인인가? 아니면 스트레스가 신경증의 원인인가?"라는 근본적인 질문에 답해주지는 못한다. 둘 다 논리적으로 가능한 것 같아 보인다. 본래 신경증이 높으면 스트레스성 경험을 많이 하는 성향으로 변할 수도 있다. 하지만 반대로, 스트레스를 많이 받아서 신경증이 높아진다는 생각도 말이 된다. 이것을 연구한 학자들은 두 가지 이론 모두를 입증하는 연구를 했지만, 첫 번째 생각이 조금 더 설득력이 있다. 예를 들자면 Ormel과 Wohlfarth(1991)는 296명의 네덜란드 성인을 대상으로 시기 0에 신경증을 측정하고, 6년 후 시기

1에 스트레스적 인생 요인과 심리학적 불안감을, 그리고 7년 후 시기 2에 같은 것을 측정하는 실험을 했다. 스트레스 요인들은 내생적(endogenous), 외인적(exogenous) 요인으로 나누어졌다. 내생적 요인은 개인의 행동으로 인해 생기는 일(결혼 문제 등), 외인적 요인은 사고나 질병 등 외부적 근원에서부터 발생하는 일을 말한다. 연구결과를 보면 시기 1에 측정된 내생적, 외인적 요인 모두가 시기 1과 시기 2의 심리학적 스트레스에 영향을 주었음을 확인할 수 있다. 다른 말로 하면, 질병이나 결혼 문제 등 스트레스 요인이 되는 일들은 그때 당시(시기 1)뿐 아니라 1년 후(시기 2)에도 스트레스로 남아 있었다는 의미다. 하지만 시기 1과 2의 스트레스를 예측하는 더 강력한 요인은 시기 0에서의 신경증 점수였다. 그때 측정된 신경증의 정도가 6년과 7년 후 심리학적 스트레스의 단계를 예측해서 보여주었다. 신경증은 또한 내생적 인생의 일을 예측하기도 했다. 시기 0에서 신경증이 높았던 개인들은 6년이 지나도 자신들이 스스로 만들어내는 스트레스를 더 많이 경험했고, 이것은 결과적으로 심리학적 불안감으로 이어졌다.

Magnus, Diener, Fujita, Pavot(1993)도 4년마다 두 번 측정하는 식으로 비슷한 실험을 했다. 그들은 높은 신경증의 정도가 이후의 4년 동안에서도 개인을 더 큰 스트레스 요인에 노출시킨다는 것을 알아냈다. 하지만 4년 사이에 겪은 스트레스 요인들은 그 시기가 끝날 때의 신경증 점수를 예측해주지는 못했다. 쉽게 말하면 신경증이 스트레스의 원인이 되는 것이지, 그 반대가 아니라는 의미다. 여기에는 두 가지 이유가 있다. 신경증이 높은 사람들은 부정적인 방법으로 더 많은 일에 반응하는 경향을 가지고 있다. 예를 들면 별로 좋아하지 않는 사람과 룸메이트가 되는 일은 신경증이 낮은 사람에게는 별일 아닐 수 있지만, 높은 사람에게는 더 큰 스트레스로 다가온다는 뜻이다. 둘째는 신경증이 높은 사람들은 스스로 스트레스를 자초한다고 한다. 사회적 의사소통에서의 힘겨움이 실직이나 이혼 등 인생에서의 부정적인 일을 불러일으킬 수 있다.

종단연구에서 신경증과 임상적 우울증 간 인과관계를 확인할 수 있다. 여기서 연구는 애매한 결과를 낳았는데, 왜냐하면 우울증을 향한 성향이 신경증의 한 측면 중 하나이기 때문이다. 몇몇 연구는 높은 신경증이 우울증의 결과적 증상이라고 생각하기도 했다(Barnett & Gotlib, 1988). 심각한 우울증은 오래가는 심리적 상처를 만들어내고, 그 상처들 중 상당 부분은 신경증과 관련된 불안감과 스트레스일 수 있다. 하지만 최근 연구에 따르면 신경증이 높아지면 사람들이 주된 우울증적 증상을 겪는다고 한다(Bagby, Joffe, Parker, Kalemba, & Harkness, 1995). 12년간 이루어진 우울증 연구에서 Surtees와 Wainwright(1996)는 연구 초기에 측정한 많은 임상적, 인구적, 사회적 조치 중 우울증을 치료하기 가장 어려웠던 이유 중 하나가 바로 높은 신경증이었다고 발표했다.

스트레스를 받는 일이 있으면 신경증이 높은 사람들은 어떻게 대처할까? 쉽게 말하면 "잘 하지 못한다"가 정답이다. 신경증이 높은 사람들은 처음부터 부정적인 시선을 가지고 있어서 스트레스에 잘 반응하지 못한다. 부정적인 일을 오히려 더 부정적인 태도로 바라보기 때문이다. 그들은 본인들이 비교적 자원이 부족하고, 문제해결을 위한 능력도 약하다고 생각한다(Stokes & McKirnan, 1989). 스트레스에 대처하기 위한 행동계획을 세우는 것이 아니라, 단순히 문제를 피하는 감정적인 방법을 채택한다(Endler & Parker, 1990). 스트레스를 주는 원인을 없애는 것이 아니라 스트레스의 결과로 나오는 두려움이나 불안감을 완화시키는 데 노력을 하거나, 아니면 알코올이나 마약을 통해서 해결하려고 하기도 한다.

Bolger(1990)는 MCAT(의대 입학 시험)에서 의대생들이 어떻게 스트레스에 대처하는지 알아보기 위해서 시험 전 3주간 50명을 대상으로 스트레스 수준을 측정했다. 신경증이 높은 사람들은 다가오는 시험에 대한 두려움을 몽상하거나 환상에 빠지거나 탈출하거나 하는 방식으로 대처했다. 그렇기 때문에 3주간 그들의 불안감 정도는 계속 증가했다. 반대로 신경증이 낮은 사람들은 친구와의 관계에서 도움을 받고 시험 준비를 열심히 하거나, 아니면 시험 자체가 큰일이 아니라고 일부러 생각하는 모습을 보였다. 물론 스트레스 수준도 증가하지 않았다. 여기서 알 수 있는 것은 신경증에 따라 스트레스 대처방식이 달라진다는 점이다. 몇몇 대처방식은 나머지보다 더 효율적이다. 신경증이 낮은 학생들은 높은 학생들보다 스트레스에 더 잘 대처했다. 그렇다면 시험 결과는 어땠을까? 놀랍게도, 시험 성적에서는 큰 차이가 없었다. 신경증 자체가 MCAT 시험 점수와 상관관계가 없었다는 의미다.

뇌를 통해 본 외향성과 신경증

오늘날의 거의 모든 성격심리학자들은 기본적 성향 차이가 뇌 구조 차이에서부터 온다는 점에 동의한다. 외향성이나 신경증 같이 기본적인 성향들이 심리학적 특성의 중요한 점을 보여준다면 뇌와도 물론 관련이 있을 것이다. 하지만 성격특성이 뇌와 관련이 있다고 말하는 것과, 정확히 뇌의 어떤 부분에서 어떻게 기능하는지 보여주는 것은 별개의 과정이다. 1940년대 Eysenck의 연구를 시작으로, 과학자들은 외향성과 신경증에 초점을 두고 뇌의 기능과 성격특성 간 관계를 알아보기 시작했다. 결과적으로 피질 각성과 뇌의 구조, 신경과학계의 발전을 가져왔다.

Eysenck와 각성이론

1940년대 연구를 시작할 때부터 Eysenck는 외향성의 기본은 생물학적 과정이라고 주장했다. 그는 Pavlov 이론에서부터 자신의 이론을 발전시켰다. Pavlov는 개를 대상으로 한 연구에서 자극과 반응 간 관계를 측정했다. 처음엔 낮은 자극으로 시작해, 자극이 높아질수록 반응도 높아진다는 것을 알아냈다. 하지만 결과적으로 (모순적이게도) 자극이 너무 높아지면 반응 수준이 오히려 줄어들어서 반응 기간이나 강도의 감소를 가져오기도 한다. 이렇게 개의 반응 정도가 억제되는 시기를 **초경계제지**(threshold of transmarginal inhibition)라고 한다. Pavlov는 개들이 각각 초경계제지에 이르는 시간이 모두 다르다는 것을 알아냈다. 특징적으로 활발한, 강한 **중추신경계**를 가진 개들은 반응을 억제하기 전에 비교적 높은 양의 자극을 감당할 수 있었다. 반대로 더 조용한, 약한 **중추신경계**를 가진 개들은 초경계제지에 이르는 시간이 더 빨랐다. 간단하게 말하면 강한 중추신경계를 가진 개들은 더 많은 자극을 참아낼 수 있었고, 반대는 그렇지 못했다는 뜻이다.

Eysenck는 여기서 말한 강한 중추신경계를 가진 개들을 외향적 사람들에, 약한 중추신경계를 가진 개들을 내향적 사람들에 비교했다. 환경에서부터의 자극은 반응을 일으키는데 개인들이 더 많은 자극을 받을수록 보편적으로 더 많이 반응한다. 각 개인이 선호하는 자극의 강도는 모두 다르다(Hebb, 1955; 가장 높은 쾌감을 가져오는 정도). 만약 가장 높은 쾌감을 주는 정도를 넘어서는 정도의 자극이 주어지면, 자극의 상황에서부터 빠져나가려고 한다. Eysenck는 외향적인 사람이 자극의 적당한 정도를 찾을 때 더 많은 자극이 필요하다고 주장했다. 반대로 자극을 적게 받는 내향적인 사람은 처음부터 어느 정도 반응을 보이는 상태일 것이다. 따라서 초경계제지까지 가는 데 비교적 노력과 시간이 덜 드는 편이다.

Eysenck는 1967년 뇌의 **망상 활성화 시스템**(reticular activating system, RAS)이 자극의 개인 간 차이점을 불러일으킬 수 있다는 생각을 소개했다. RAS는 척추로부터 뇌의 시상(thalamus)에 이르는 신경섬유의 네트워크를 말한다. RAS는 사고와는 관계가 없는 뇌의 비교적 원시적인 부분을 담당한다고 알려져 있다. RAS가 담당하는 부분은 주의의 패턴 등 보편적인 자극 자체다. Eysenck는 RAS가 외향적 사람과 내향적 사람에게 있어서 다르게 작용한다고 생각했다. 내향적 사람들이 외향적 사람들보다 더 쉽게 자극에 영향을 받기 때문에 그들의 RAS는 더 높은 단계에 맞춰져 있다. 외향적·내향적 사람들 모두가 일상생활에서 적당한 양의 자극을 찾지만, 내향적 사람들이 처음부터 더 자극에 민감하다는 뜻이다. 따라서 내향적 사람의 대뇌피질은 더 원시적인 뇌의 부분에 있어서 더 많은 양의 억제와 제어를 해야만 한다.

내향적 사람들이 만성적으로 더 자극에 민감하다면, 내향적 사람들을 진정시키는 것도 힘들 것이다. 약물을 주제로 한 연구에서 이를 입증한 바 있다. 각성의 정도를 낮추기 위해 주입한 억제제 (depressant drugs)를 쓴 결과, 내향적 사람들은 외향적 사람들보다 더 많은 양의 나트륨 아미탈을 필요로 하기 때문에 진정시키기 더 힘들다는 결과를 확인할 수 있었다(Wilson, 1978). 뇌의 전파의 변화, 발음이 꼬이는 현상, 아니면 산수 등 인지적 행동능력의 저하 등으로 측정될 수 있는 진정 한계(sedation threshold)는 외향적 신경증 환자인 히스테리성 환자들보다 내향적 신경증 환자인 기분부전증 환자에게서 훨씬 더 높게 나타난다. 또한 신경억제제를 섭취하면 내향적 사람들이 더 외향적으로 변하고, 흥분제를 섭취하면 외향적 사람들이 더 내향적이 된다는 연구결과도 있다 (Wilson, 1978).

내향적 사람들이 외향적 사람들보다 더 자극에 민감하다면, 모든 강도의 자극에 더 민감한 것인지도 확인해야 한다. Eysenck(1990)는 보통 내향적 사람들은, 확인하기 힘들 정도로 약한 강도의 자극에도 더 민감하다는 것을 주장했다. 이는 **레몬즙 실험**(lemon drop test)을 통해서 알아볼 수 있다. 혀에 레몬즙 네 방울을 떨어뜨리고 20초 동안 기다린 후, 레몬즙에 의해서 발생한 침의 양을 측정해 보통 상태의 양과 비교하는 실험이다. 매우 외향적인 사람들은 레몬즙에 대한 반응으로 타액의 양이 증가하지 않았지만, 매우 내향적인 사람들은 적은 양에도 침이 많이 증가하는 모습을 보였다. 이 결과는 내향적인 사람들이 더 자극에 민감하다는 것을 증명해준다. Eysenck(1973)는 50명의 남녀 대학생으로 한 조사에서 레몬즙 실험에서의 타액 증가 정도와, 자가 설문지를 통해 측정한 내향성의 정도 간 상관계수가 0.71 정도로 매우 높다는 것을 보여주었다. 비슷한 실험에서 Deary, Ramsy, Wilson, Raid(1988)는 Eysenck의 본래 생각을 다시 증명하고, 특히 외향적 사람과 내향적 사람의 대뇌피질의 자극 차이점이 가장 높은 아침 시간대에 더 차이가 크다는 것을 증명했다.

다른 실험을 봐도 비슷한 결과가 나온다. Weisen은 1965년 외향적 사람들은 시끄러운 재즈 음악과 밝은 빛이라는 보상을 받기 위해 많은 노력을 하는 반면, 내향적 사람들은 같은 조건을 오히려 피하기 위해 노력을 한다고 주장했다. Geen(1984)은 외향적 사람들은 강도 높은 소음이 있는 경우에 학습을 더 잘하고, 내향적 사람들은 소음이 없어야 잘한다고 말했다. Holmes(1967)는 눈의 동공 반응 정도에 집중했다. 밝은 빛에 노출되면 동공은 갑작스러운 자극의 증가를 피하기 위해 본능적으로 수축된다. 이것은 학습하지 않은 자연스러운 반응이다. 하지만 Holmes의 연구에 의하면 동공 수축이 일어나는 속도나 정도는 외향성과 관련이 있다. 내향적 사람의 눈에 밝은 빛이 가해지면 동공 수축이 훨씬 더 빠르게 일어난다. 반대로 외향적 사람들은 동공의 확대가 더 빠른 편이다. 다른 말로 하자면 눈의 동공과 관련된 자동적인 반응에 있어서도 내향적 사람들은 높은 자극을 피하고, 외향적 사람들은 피하지 않는 현상을 확인할 수 있다.

자극과 외향성 간의 연구결과를 종합해보면 외향적 사람들과 내향적 사람들이 각각 선호하는 자극의 정도가 다르다는 것을 알 수 있다. 외향적 사람들은 긍정적인 방법으로 경험되는 적당한 양의 자극을 찾는 과정에서 높은 자극을 원하는 편이고, 내향적 사람들은 그 반대를 원한다. 결과가 항상 일정한 것은 아니지만 외향성과 내향성 자체에서 자극을 받는 정도 자체가 다르다는 연구결과도 있다(Matthews & Deary, 1998; Stelmach, 1990). 낮거나 적당한 수준의 자극을 주는 경우 내향적 사람들은 감각적 조건에 있어서 더 생리학적으로 잘 반응하는 편이다. 뇌파를 이용한 연구를 보면 내향적 사람들이 낮은 자극에 노출될 경우 그들은 강한 주의와 흥분을 보여주는 강한 EEG를 내보낸다는 것을 확인할 수 있다.

하지만 Eysenck의 주장 중 가장 비판을 많이 받은 부분은, 외향성이 RAS에 의해서 중재되는 전체적 만성적 흥분의 정도와 관련이 있다는 근본적인 생각이다. 자극과 외향성 간 가설을 살펴보기 위해 1,000개도 넘는 실험이 실시됐다(Geen, 1997). 흥분 정도는 EEG 반응, 피부 전기적 활동, 심장박동, 기능적 뇌 스캐닝 기술 등으로 측정됐다(Matthews & Deary, 1998). 많은 연구를 종합해보면 내향적 사람들이 계속적으로 외향적 사람들보다 더 높은 자극에서 기능한다는 것을 증명하는 것은 어려움을 알 수 있다. 몇몇 연구자들은 이것이 외향성 자체라기보다는 **충동성**(impulsivity) 때문에 나타나는 차이라고 주장하기도 했다. Anderson과 Revelle(1994)은 충동성, 시간, 카페인 섭취량과 흥분 정도의 변화 속도 간 차이점을 알아보았다. 다른 학자들은 흥분(arousal)의 개념 자체를 반대한다(Geen, 1997; Zuckerman, 1998). 이 개념을 둘러싼 중심적 생각은 흥분의 결과로 나타나는 뇌파 활동, 심장박동, 피부 전도도와 같은 개념들이 서로 큰 관련이 없다는 전제하에 만들어진다. 이러한 종류의 흥분을 나타내는 척도는 매우 다양하다. 또한 뇌의 한 부분이 활동적으로 흥분되어 있을 때, 다른 부분은 억제되어 조용한 상태일 수도 있다. Eysenck는 RAS가 마치 수도꼭지처럼 신경적 자극을 끄고 켤 수 있는 일종의 자극체계라고 보았다. 이 분야에 대한 연구가 계속된 결과 이 이론은 틀리거나, 적어도 지나치게 일반화된 생각이라는 결론이 나왔다.

정리하자면 Eysenck의 자극이론은 지난 50년간의 경험적 연구를 촉진시킨 시작점이 되었다. 연구결과는 모두 다양하지만, 몇 가지 보편적인 생각들은 정리될 수 있다. 첫째로, 행동적 측면에서 보면 외향적 사람들이 내향적 사람들보다 더 높은 자극을 선호한다는 것은 확실하다. 둘째로, 특정한 조건이나 보편적으로 낮은 정도의 자극에서 내향적 사람들은 자극의 증가에 더 민감한 것으로 보인다. 하지만 이 차이점은 시간 등 다양한 요소에 의해 변화할 수 있다. 셋째로, Eysenck가 본래 주장했던 것처럼 외향성이 보편적 자극 정도와 관련이 있다는 생각에 반대되는 연구결과도 많다. 내향적 사람들이 외향적 사람들보다 더 흥분하기 쉽다는 것은 사실이 아니다. 보편적 흥분의 개념 자체가 문제되기도 했다. RAS가 외향성의 개인 간 차이를 나타내는 위치라는 생각도 확실하지 않다. 뇌는 Eysenck가 주장한 만큼 간단한 시스템이 아니다. 하지만 그럼에도 불구하고 Eysenck 이론에서부터 성격심리학에서 중요하다고 여겨지는 많은 연구와 가설들이 지난 50년간 발전했다는 것은 명백한 사실이다.

행동접근체계

1970년대에 이르러 Eysenck 이론에 반대되는 '라이벌' 이론이 등장하기 시작했다. Jefferey Gray (1970, 1982, 1987)는 **강화 민감성 이론**(reinforcement sensitivity theory)을 통해서 기본적 성향 특성의 생리학을 설명했다. Eysenck는 외향성과 내향성 간 차이가 궁극적으로 뇌의 흥분 정도의 차이점을 가져온다고 생각한 반면, Gray는 대뇌피질의 흥분에서부터 **보상과 처벌** 쪽으로 관심을 돌려서 생각했다. Gray 이론은 **충동성**(그는 이것이 외향성과 비슷하지만 동일하지는 않은 개념이라고 생각했다), **불안감**(신경증과 비슷하지만 동일하지는 않은 개념)에 집중되어 있다. 간단하게 말하면Gray는 매우 충동적인 사람들의 뇌는 덜 충동적인 사람들에 비해서 환경에 존재하는 보상의 기회에 특히 더 민감하다고 생각했다. 비슷한 생각으로, 불안감이 높은 개인들은 처벌의 위협에 더 민감하다. 최근에 변화한 강화 민감성 이론의 수정된 버전은 Gray 생각을 재조명하고, 외향성과 신경증의 특성에 더 직접적인 관심을 둔다(Corr, 출판 중; Gray & McNaughton, 2000; Smillie, Pickering, & Jackson, 2006).

Gray의 초기 이론은 쥐를 대상으로 한 행동과 신경전달물질 간 관계를 연구한 실험이 중심이 된다. 신경전달물질은 시냅스 사이로 신경충동물질을 전달하는 신경세포 안의 물질이다. 보상과 쾌락과 관련이 있는 신경전달물질은 **도파민**(dopamine)이다. 원숭이의 뇌를 연구한 실험에서, 도파민을 분출하는 세포는 주로 보상과 관련된 자극에 반응한다는 것을 밝혀냈다(예 : Schultz, 1998). 몇몇 동물들은 음식을 얻을 때보다 더 큰 노력을 들여서 도파민을 얻으려 하기도 한다. 코카인을 비롯한 마약 종류는 중추신경계에서 도파민과 비슷한 역할을 하는데, 이것 때문에 마약을 투여하면 쾌감을 느끼게 된다. 도파민이 보상과 쾌락에 관여하고, 충동성이나 외향성 같은 특징이 보상을 추구하는 행위와 관련이 있다는 이유로 Gray는 성격, 도파민, 보상 추구 행위의 기본적 측면이 뇌의 한 가지 체계 안에서 서로 연결되어 있다고 주장했다.

Gray(1982/1987)는 **행동접근체계**(behavioral approach system, BAS)라는 개념을 만들어, 긍정적인 결과를 얻고 좋은 감정적 보상을 받기 위해 행동을 제어하는 체계를 설명했다. 그는 BAS는 도파민의 분출과 관련이 있는 뇌의 다양한 구조와 길로 구성되어 있다고 믿었다. 쥐를 대상으로 한 연구를 보면 뇌에 주는 보상은 중변연 도파민 시스템과 관련이 있음을 알 수 있다(Zuckerman, 1995). 인간을 대상으로 보면, 중변연 시스템에서의 차이점 때문에 보상을 바라는 행동이 다양하게 나타난다. 몇몇 사람들은 긍정적 자극에 반응하며 목표가 달성되었을 때의 좋은 감정을 원하는 반면, 다른 사람들은 더 조심스럽고 접근하는 것을 두려워하기도 한다.

Gray는 이론 정립 초반기에 BAS를 충동성의 특징과 연결시켰다. 충동적인 행동은 제약을 받지 않으며 미래지향적이기 때문에, 충동적인 사람은 긍정적 보상을 주는 자극에 생각 없이 반응하거나, 매우 빠르게 반응하곤 한다. Eysenck 이론에서도 외향적 사람들이 충동적이라고 나온다. 충동성이 외향성의 일부분이라는 연구도 있다. 예를 들면 Sutton과 Davidson(1997)은 "비교적 강한 BAS를 가진 개인들은 더 외향적이고 충동적일 가능성이 높다"(p. 204)고 말했다. Zuckerman은 BAS가 "외향성,

충동성, 자극을 찾는 행동 등 몇몇 기본적 특성을 포함한다"(p. 329)고 주장했다. Tellegen(1985)은 외향성이 '긍정적 감정'이라고 이름 지어져야 한다고 주장했고, 이 특성과 관련된 행동은 BAS와 깊은 연관이 있다고 했다. 외향성은 쾌락적 자극을 주는, 보상을 주는 행동과 관련이 있다.

Gray 이론의 최근 수정된 버전을 살펴보면, 외향성/내향성이 BAS와 관련된 주된 특성이라는 것을 알 수 있다. Smillie, Pickering, Jackson(2006)은 "충동성보다는 외향성이라고 이름 지어진 특성이 BAS의 기능적 결과와 가장 잘 일치한다"(p. 328)고 말했다. 또한 도파민 관련 활동과 외향성 간 관계를 알아본 경우도 있다. Depue, Luciana, Arbisi, Collins, Leon(1994)은 외향성이 낮게 측정된 개인들을 대상으로 해서 뇌의 도파민 활동을 촉진시키는 약물을 주입했다. 같은 약물이 외향적인 사람들에게 쓰였을 때 더 도파민 활동이 활발해지는 것을 확인할 수 있었다. 다른 말로 하면, 외향적 사람들과 내향적 사람들은 뇌의 중변연계 체계의 반응성에 있어서 다른 반응을 보인다. Depue와 Collins(1999)는 도파민 활동은 외향성과 크고 강력한 관계를 보이지만, 충동성과는 중간 정도의 관계를 보인다고 주장했다(또한 Wacker, Chavanon, & Stemmler, 2006 참조).

강화 반응 이론에 따르면, BAS는 다양한 보상 활동(식사, 성관계, 사회적 노력 등)을 주관하는 뇌의 기능을 모두 포함한다. BAS는 보상의 경험, 경험될 보상에 대한 기대와도 관련이 있다. 보상에 대한 기대는 때로는 보상 자체만큼 의미가 있다. 도파민은 이러한 보상을 원하고, 긍정적인 결과를 원하는 활동과 깊은 관련이 있다. BAS는 또한 보상을 예상하다가 받지 못했을 때 상실감에도 반응한다. Carver(2004)는 이러한 결과가 사실이라고 주장했다. 다른 말로 하면, BAS는 보상과 큰 관련이 있다—보상을 기대하는 것, 즐기는 것, 보상이 오지 않았을 때 실망하는 것까지. 그들이 원하는 보상을 받지 않으면 사람들은 분노를 느끼기도 한다. Harmons-Jones(2003)는 BAS기능과 관련해 분노와 공격성도 측정가능하다고 생각했다. 분노가 부정적 감정이기는 하지만, 가끔 분노를 통해서 긍정적인 인센티브를 이루는 행동이 생겨날 가능성도 있다.

만약 사람들이 본인이 원하는 보상을 받으면 쾌감을 느끼게 된다. BAS는 사람들이 환경에서 다양한 쾌감을 느끼고 기회를 찾도록 방향성을 제시해준다. 외향성이 높은 사람들은 내향적인 사람들보다 이러한 새로운 기회에 더 강력하게 연결되어 있다. 이 사실을 보여주는 생물학적 근거는 뇌 활동을 알아본 최근의 연구에서 확인가능하다. Turhan Canli와 동료들은 다양한 외향성 정도를 가진 사람들이 어떻게 긍정적, 부정적 반응에 반응하는지를 fMRI를 통한 뇌의 반응을 측정함으로써 알아봤다(Canli, 2004; Canli, Sivers, Whitfield, Gotlib, & Gabrieli, 2002; Canli et al., 2001). 정신적 활동을 할 때 뇌에서 생겨나는 혈류의 미세한 차이를 측정한 것이다. fMRI를 통해 과학자들은 특정한 인지적, 감정적, 동기적 상태에 대응해서 뇌의 어떠한 세포와 회로들이 반응하는지를 알아보았다. 긍정적 자극에 대응하는 뇌의 반응을 알아보기 위해 Canli는 참가자들에게 행복한 커플, 강아지, 아이스크림, 노을 등 기분 좋은 감정을 이끌어내는 사진들을 보여주었다. 결과를 보면 외향적 사람들이 감정적 반응과 관련된 뇌의 15가지 부분에서 더 강한 활동을 보였는데, 이 중에는 전대상회(anterior cingulate)라는 중요한 부분도 포함되어 있다. 외향성과 긍정적 감정 간 관계를 보여주는 연구결과와 비슷하게, Canli의 fMRI 실험도 외향적 사람의 뇌에 있는 감정 부분은 긍정적 감정과 깊게 관련이 있다는 것을 나타내준다.

정리하자면, 외향성에서 보이는 개인 간 차이점은 행동접근체계의 차이점에서 비롯된다. BAS

는 보상을 원하는 것, 접근하는 것, 결과적으로 긍정적 감정을 가져오는 것과 큰 관련이 있다. 당연히 외향적인 사람들만 BAS를 가지고 있는 것은 아니다. 인간 본질의 일부분으로 우리 모두는 BAS를 가지고 있고, 외향성과 같은 성격특성은 단순히 인간 심리의 기본적 측면 기능의 차이점을 보여줄 뿐이다. 유전적, 환경적 이유 때문에 BAS는 외향적 사람과 내향적 사람에게서 서로 다르게 나타난다. 사회성, 열정, 긍정적 감정 등 외향성을 구성하는 특성은 BAS 기능에서의 미세한 차이점을 나타낼 수 있다.

BAS는 음식, 성관계, 사회적 의사소통 등 필수적인 보상에 접근하도록 동기를 부여함으로써 인간의 생존과 번식적 성공을 촉진한다. 뇌의 BAS 기능이 없다면 주어진 환경에서 성공적인 번식 적응을 하는 것이 매우 힘들어진다. 그리고 모두에게 있어서 긍정적 감정과 사회적 보상이 없다면 인생은 별다른 의미와 목적이 없을 것이다. 하지만 인생은 단순히 생존과 번식, 보상 그 이상의 의미가 있다. 좋은 것만 따라가다 보면 결국 좋지 않은 결과가 나온다. 인간이 항상 마주해야만 했던 사회적 인생의 제약과 많은 위험을 생각할 때(EEA 시대와 오늘날 모두) BAS를 고려하지 않는 것은 위험한 선택이다. Revelle은 너무 높은 정도의 BAS는 항상 쾌락만을 추구하는 위험한 결과를 가져온다고 경고했다. 다행스럽게도 인간의 뇌는 적당히 균형 있는 인생을 추구할 수 있는 체계를 가지도록 발전했다. 보상을 원하게 만드는 내부적 시스템이 있다면 보상을 충분히 오랫동안 누릴 만큼 오래 살게 도와주고, 처벌과 협박을 피할 수 있게 고안된 체계도 있을 것이다. 이제 그 두 번째 체계에 대해 알아보자.

행동억제체계

외향성이 긍정적 접근 행동을 제어하는 뇌의 체계 기능에서의 개인 간 차이점을 나타내준다면, 신경증은 위험·갈등·행동억제와 관련된 두 번째 뇌의 체계와 연결되어 있다. 외향성이 그랬듯이 신경증에 관한 이야기도 Hans Eysenck(1967) 이론에서부터 시작된다. 그는 신경증에 있어서도 개인 간 차이점을 설명해주는 생물학적 이론이 있다고 주장했다. 그는 외향성은 뇌의 망상 활성화 시스템과 연결돼 있다고 주장한 반면, 신경증은 뇌의 시상하부(hypothalamus)와 둘레계통(limbic system)과 연결돼 있다고 생각했다. 이 두 분야는 비자발적 또는 자동적 신경체계와, 감정적 상태의 경험과 관련이 있는 뇌의 부분이다. 시상하부와 둘레계통의 활동을 위한 역치가 낮은 사람들의 경우는 감정적으로 더 민감하다. 타인들에게 별 영향이 없는 일도 이 사람들에게는 더 크게 다가온다. 이 사람들은 감정적으로 불안정하고, 그렇기 때문에 신경증적 성향을 갖기 쉽다. 반대로 시상하부와 둘레계통의 역치가 높은 사람들은 극적이고 만성적인 감정적 격변을 항상 겪기 때문에 높은 신경증적 행동을 보이게 된다. 따라서 감정적 안정감과 불안정성은 개인의 제어 밖에 있는 기본적 생물학적 차이의 기능이라는 이론이다. 경험과 학습에 의해서 그 정도는 변화할 수 있지만 Eysenck는 뇌의 태생적인 다른 기능 때문에 몇몇 사람들은 신경증 쪽으로, 다른 사람들은 감정적 안정감 쪽으로 발전한다고 주장했다. 하지만 40년의 연구는 Eysenck 이론에 반대되는 증거를 많이 가져왔다. 시상하부와 둘레계통이 신경증에 갖는 영향은 일관적으로 확인되지 않으며(Geen, 1997), Eysenck 자신도 후기의 연구를 통해 신경증이 둘레계통과 관련 있다는 생각은 경험적 근거가 부족함을 인정했다.

Eysenck가 신경증에 대한 이론을 발전시킬 당시 과학자들은 둘레계통에 대한 이해가 부족한 상태였다. 그 당시의 뇌 연구가들은 편도체, 중격, 해마, 전전두엽 등 많은 부분이 둘레계통이라는 한 가지 개체 안에 통합적으로 존재한다고 생각했다(MacLean, 1949). 또한 둘레계통을 감정을 만들어내고 제어하는 부분이라고 여겼다. 모든 감정이 비슷한 곳에서부터 시작되었기 때문에 감정을 제어하는 부분이 집단적으로 존재한다는 생각은 어떻게 보면 당연한 것이었다. 그러므로 인간 감정의 생물학적 배경은 모두 둘레계통에서 나온다고 생각했다. 하지만 이 부분에 대한 최근의 연구를 보면 둘레계통을 이루는 다양한 부분들은 각각 다른 기능을 담당하고 있음을 알 수 있다. 나아가 감정적 반응은 둘레계통 바깥의 다른 부분에서도 영향을 받는다. 그럼에도 불구하고 본래 둘레계통의 일부분으로 여겨졌던 한 부분은, 한 가지 특정한 감정적 자극의 경험 및 제어와 관련이 있는 것으로 나타났다. 그 부분은 매우 작은 **편도체**(amygdala)이며, 관련된 감정은 두려움이다.

라틴어로 *amygdala*란 아몬드를 말한다. 편도체가 아몬드처럼 생겼다고 해서 붙여진 이름이다. 뇌 연구가들은 편도체의 일부분은 **위험**을 감지했을 때 행동적, 자동적, 내분비적 반응을 보인다고 생각한다(LeDoux, 1996). 개체가 위험한 협박이라고 생각되는 자극을 받으면 편도체는 그 자극에 반응하고 개체를 보호하기 위한 일련의 다양한 체계를 만들어낸다. 편도체는 스트레스 호르몬을 촉진시키는 행동을 취하거나, 혈압을 높일 수도 있다. 편도체는 두려움의 조건에 중심적으로 관여되어 있다. LeDoux(1996)는 "많은 연구결과를 보면 편도체의 중심 핵 부분은 갑자기 멈추는 행위, 자동적 반응, 고통의 억압, 호르몬의 분출, 강화 작용을 포함한 조건적 두려움에 매우 깊숙이 관여하고 있다"(p. 158)고 주장했다. 편도체 손상을 입은 동물이나 인간들은 정상적인 두려움에 대한 대응을 하지 못해서 무서운 것이 무엇인지에 대한 개념이 없어지게 된다.

편도체는 Gray(1987)가 **행동억제체계**(behavioral inhibition system, BIS)라고 부른 시스템에서 중요한 역할을 한다. Gray의 본래 강화 민감성 이론에서, BIS는 조건부 자극에 대한 반응을 중재하는 역할이었다. BIS는 처벌과 관련된 경험의 자극을 피하도록 동기를 부여한다. 즉, 잠재적인 위협을 감지하고 없애는 역할을 하는 것이다. 최근의 강화 민감성 이론을 보면, BIS가 접근 성향과 회피 성향 간 **충돌**과 관련되어 어떤 역할을 하는지도 볼 수 있다(Corr, 출판 중; Gray & McNaughton, 2000; Smillie et al., 2006). 주어진 상황에서 대립되는 가능성이 있으면, 대상은 환경을 확인하고 어떻게 행동할지 결정해야 한다. BIS는 이런 상황에서 주어진 상황을 자세히 확인하고, 다양한 행동의 장단점을 비교하고, 상황 안에 내재할 수 있는 위협을 피하도록 하고, 궁극적으로 조심스럽게 행동에 옮길 수 있도록 도와준다.

일단 활성화되면 BIS는 위협이 되는 상황에서 강한 주의를 환기시켜 그 상황에서 빠져나올 수 있는 도움을 주게 된다. 따라서 BAS와는 반대되는 개념이다. BAS는 긍정적 감정적 보상을 주는 인센티브 쪽으로 행동을 바꾼다면, BIS는 부정적 감정적 처벌을 피할 수 있도록 행동경로를 설정해준다. 파티에 있는 상황에서 나의 BAS는 친구들에게 자신감 있게 다가가 말을 걸도록 유도할 것이고, BIS는 모르는 사람들 사이에서 어색해질 수 있는 위협을 피하도록 유도할 것이다. 첫 번째 상황에서 나는 **충동적**으로 행동하고, 두 번째 상황에서는 **불안해하며** 행동하게 된다. 따라서 BIS로 인해 생겨난 감정적 대처는 불안감이나 두려움일 가능성이 높다. Gray(1987)는 불안감의 특성에서 나타나는 개인 간 차이점은 BIS의 차이에서부터 온다고 주장했다. 불안감은 일반적으로 신경증의 주된 부분으로 여겨지기에 '부정적 감정'으로 불린다(Watson & Tellegen, 1985). 그렇기 때문에 많은 학자들은 신경증에서의 개인 간 차이점은 BIS에서부터 나온다는 데 동의한다. 간단하게 말하면 신경증이 높은 사람들은 강력하고 어느 때나 작용할 수 있는 BIS 시스템을 가지고 있다. BAS와 마찬가지로, BIS도 뇌의 특정한 부분이라기보다는 이론화된 기능적 구조이다. 편도체가 BIS에서 중요한 역할을 하기는 하지만, 많은 다양한 호르몬과 신경계의 합동적 기능으로 이루어진다. 신경과학자들은 BIS 활동이 신경계와 시상하부, 전대상회 등 뇌의 다양한 부분과 이어져 있다고 말한다 (McNaughton & Corr, 출판 중). 많은 사회적 상황에서 BIS는 한편으로는 불안감이나 슬픔 등 부정적 감정을 동반하는 행동을 관장하고, 다른 한편으로는 이러한 감정과 연결된 사고패턴과 계획 등을 담당한다.

BIS는 모든 사람에게 있지만, 개인마다 다르게 작용한다. 연구에 의하면, 신경증이 높은 사람들은 지나치게 활동적인 BIS로 고생할 수 있다고 한다. Canli와 동료들(2001)은 한 연구에서 신경증은 화난 사람들, 우는 사람들, 총이나 묘지 등 부정적인 사진에 반응하는 부정적 자극과 신경증이 큰 관련이 있다고 주장했다. fMRI를 사용한 다른 연구에서 공포학습의 과정에서 편도체와 해마의 신경활동을 측정했다(Hooker, Verosky, Miyakawa, Knight, & D'Esposito, 2008). 참가자들은 컴퓨터 화면에 보인 두려움 반응과 특정 자극을 연결시키도록 학습을 받았고, 그 과정은 fMRI를 통해서 뇌파로 측정됐다. 결과는 '신경증의 점수'와 '편도체와 해마의 특정 부위 활동'이 관련이 있는 것으로 나왔다. 쉽게 말하면 신경증이 높은 참가자들은 두려움 학습과정에서 더 활발한 편도체와 해마 활동을 보였다. 이는 신경증은 부정적인 감정의 자극에 대응하는 강한 뇌의 활동을 통해서 BIS와 관련이 있음을 입증한다.

뇌 기능과 성격 간 관계를 연구한 많은 학자들은 BIS를 보편적 부정적 감정과 연결시키곤 한다. 이 관점은 환경에 존재하는 처벌의 자극에 대응해 BIS는 회피성 행동을 중재한다는 내용을 증명한다. 처벌과 처벌에 대한 기대는 두려움, 불안감, 죄책감과 같은 부정적인 감정과 관련이 있다. 나아가 많은 심리학자들은 BIS 기능의 차이점으로 설명되는 신경증의 차이점이 다양한 부정적 감정과 관련된 특성이라고 생각한다. 이미 살펴본 것처럼 신경증 자체가 '부정적 감정'이라고 이름 붙여져야 한다고 주장하는 학자들도 있다. 하지만 최근의 연구를 보면 BIS는 특정한 부정적 감정에만 연관이 있고, 나머지와는 상관없다는 생각도 있다(Gray & McNaughton, 2000; Smillies et al., 2006). 특히 수정된 강화 민감성 이론은 두려움(fear)과 불안감(anxiety)을 확실히 구분한다. 많은 종에 있어서 두려움은 적의 존재에 따른 주된 감정적 반응이고, 불안감은 적이 존재할 수 있다는 가능성에 따른 주된 감정적 반응으로 나타난다. 쥐와 고양이를 대상으로 한 연구에서, 적의 존재에 대한 반응으로서의 두려움은 약물의 한 종류(panicoytic drugs)에 의해 영향을 받고, 적의 존재의 가능성에 대한 불안감은 매우 다른 약물(axiolytic drugs)에 의해 영향을 받는다는 것을 확인할 수 있었다 (Blanchard & Blanchard, 1990). 이것을 보면 두려움과 불안감의 감성 간 기본적 생물학적, 적응적 차이점을 알 수 있다.

두려움은 환경에 존재하는 급작스럽고 눈에 보이는 위협에 대한 반응이다. 다른 사람이 칼로 위협하거나 야생동물이 공격하려고 하면 갑작스러운 두려움을 경험할 것이다. 그런 경우에 가장 흔한 행동은 갑자기 얼어붙거나, 도망치거나, 아니면 맞서 싸우는 것이다. 이러한 본능적 자극은 수정 강화 민감성 이론이 FFFS(fight-flight-freeze system)라고 부른 것과 직접적으로 연결된다(Corr,

출판 중; Gray & McNaughton, 2000; Smillies et al., 2006). BIS와는 다른 개념으로, FFFS는 두려움에 의해서 시작된 직접적 위협에 대한 행동적 반응을 알아보는 뇌의 관제 센터로 작용한다. 반대로 BIS는 불안감과 더 큰 관련이 있다. 강화 민감성 수정 이론에 의하면 불안감은 보통 접근과 회피 모두의 가능성을 알려주는 복잡한 자극의 작용 결과이다. 더 구체적으로 말하면, 불안감은 위협과 불안정성이 있지만 보상도 존재하는 많은 사회적 상황에서 사람들이 느끼는 **갈등**에서부터 생겨난다. BIS는 환경에서 위험성을 파악하고, 다양한 행동적 반응의 장단점을 비교하고, 그 결과로 가장 조심스럽고 합리적인 행동을 선택하도록 동기를 부여한다. 현대사회에는 특히 다양한 선택을 가능하게 하는 복잡하고 불확실한 상황들이 많다. 근본적으로, 현대사회는 BIS 자체에 큰 부담을 준다. 발전된 자본주의 사회에서 우리는 "선택에 의해 망가진다"고 쓴 학자도 있다. 우리가 매일같이 FFFS의 작용을 불러내는 환경의 긴급한 위협을 받는 것은 아니다. 현대사회의 일상은 더 복잡하고 다양한 선택을 가능하게 하기 때문에 두려움보다는 불안감의 감정이 더 자주 느껴진다.

강화 민감성 이론의 수정된 버전은 세 가지 기본적인 뇌 체계를 구분한다. BAS는 잠재적인 보상을 가능하게 하는 긍정적인 접근행동을 중재하고, BAS 정도의 차이에 따라서 외향성이 결정된다. FFFS는 주로 두려움과 감정적으로 연결되어 있다. BIS는 위협이 될 수 있는 상황에서 방어적 행동을 중재하고, 주된 감정은 불안감과 관련되어 있으며 BIS 기능에서의 차이가 신경증과 연결될 경우가 많다. BAS, BIS, FFFS 모두 언제든지 작동될 수 있으며 특정 행동을 만들어내는 과정에서 역할을 할 수도 있다. 인간의 사회적 인생은 항상 다양한 기회와 위협을 가지고 있으며, 진화의 과정에 따라서 BAS, FFFS, BIS 등 복잡한 체계가 발전된 것이다.

좌뇌와 우뇌

외향성과 신경증의 특징은 인간 진화의 과정에 따라 생긴 기본적 적응 문제들을 해결하기 위해 생긴 BAS, BIS와 같은 복잡한 뇌의 체계와 연결되어 있다. 이런 체계들은 뇌의 편도체, 전대상회, 전전두엽 등과 연결되어 있다. 뇌와 관련해서 특히 알아봐야 할 다른 점은 **좌뇌와 우뇌의 차이점**이다. 인간의 뇌는 구조적으로 대칭을 이루고 있지만, 특정한 뇌의 기능은 비대칭적인 패턴으로 생겨난다는 것을 보여주는 증거도 있다. 오늘날 많은 사람들은 좌뇌가 발달되어 있다든지 우뇌가 발달되어 있다는 말을 흔히 하기도 한다. 좌뇌와 우뇌의 구분에는 과학적인 근거가 있다. 성격심리학에서 뇌의 앞부분은 비대칭적으로 구성되어 있다는 생각을 한다. 전두엽의 왼쪽은 BAS와 긍정적 감정에, **오른쪽**은 BIS와 부정적 감정에 연결되어 있다는 것이다(Davidson, 1992, 2004).

뇌의 대칭 구조와 인간 감정에 대한 연구는 다양한 감정을 겪을 때의 뇌 활동을 알려주는 EEG와 관련이 있다. 예를 들면 EEG를 측정한 연구를 보면 미소 짓기 등을 통해 표현되는 긍정적인 감정은 뇌의 전두엽 왼쪽 부분과 관련이 있다고 한다(Davidson, 1992). 실험실 연구에서 과학자들은 영화를 보여주고 긍정적 감정과 접근행동을 이끌어

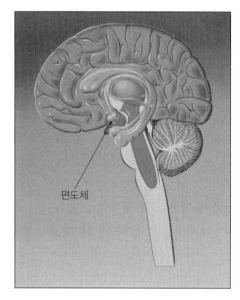

편도체

신경증에서의 개인차는 뇌의 행동억제체계(BIS)의 기능에서 다소 미묘한 차이를 보일 것이다. 최근의 연구는 뇌의 편도체 부분들로 전두엽 안의 작은 아몬드 모양의 구조는 BIS에서 가장 중요한 역할을 할 것이라고 제시한다. 또한 신경증과 관련된 두려운 상황, 다른 부정적 감정을 불러일으키는 경험과 연관될 것이다(출처 : John Bavosi/Photo Researchers, Inc.).

내는 실험을 했는데(Davidson, Ekman, Saron, Senulis, & Friesen, 1990) 성인에게는 현금 보상을 제공하고(Sobokta, Davidson, & Senulis, 1992), 아이들에게는 맛있는 음식을 제공했다(Fox & Davidson, 1986). 그리고 주어진 자극에 따라서 뇌의 뇌파 활동이 어떻게 변화하는지 알아봤는데 결과적으로 전두엽(뇌의 앞쪽)은 활발하게 반응한 반면, 뒤쪽은 그렇지 못하다는 것을 알 수 있었다. 기분 좋은 영화나 맛있는 음식 또는 금전적 보상 등은 좌뇌를 활성화시켰고, 그에 반대되는 부정적인 자극은 앞쪽 오른쪽 부분을 작동시켰다. 전두엽의 왼쪽 부분이 작용하면 심리학적 안정감 정도를 측정할 수 있다는 연구결과도 비슷한 개념이다(Urry et al., 2004). 나아가 좌뇌 부분은 접근행동과 긍정적 감정이 생겨나는 생물학적 기반이라는 연구결과도 있다. 이 부분에 병변이 일어나거나 손상이 생기면 접근행동이 줄어들고, 이것이 부정적 일과 겹치면 결국 우울증으로 이어지게 된다(Davidson, 1993). Harmon-Jones와 Allen(1998)은 분노의 성향이 강한 개인들은 BAS와 관련된 EEG의 비대칭을 똑같이 겪는다고 주장했다. 비록 분노는 부정적인 감정이긴 하지만 그들은 분노가 보상의 가능성과 만나면 접근행동을 증진시킨다고 생각했다(또한 Hewig, Hagemann, Seifert, Naumann, & Bartussek, 2004 참조).

　　BAS가 뇌의 전두엽 왼쪽과 연결되어 있다면, 신경증과 BIS는 대뇌피질의 **오른쪽** 앞부분과 관련이 있다. 성인과 아이들 모두에서 부정적인 감정은 뇌의 앞부분 오른쪽에서 생물학적 반응을 일으킨다(Davidson, 1992, 2004). Sutton과 Davidson(1997)은 46명의 학생을 대상으로 한 자가 측정법을 통해서 BAS와 BIS와 관련될 수 있는 행동을 측정했다. BAS와 연결된 행동은 보통 긍정적 감정과 외향성과 같은 맥락이었고, BIS와 연결된 행동은 신경증과 부정적 감정과 더 깊은 관련이 있었다. 그리고 나서 연구가들은 BAS 점수에서 BIS 점수를 빼는 방법으로 BIS/BAS 표를 만들었다. 이 표는 BIS 행동과 BAS 행동을 비교하는 수치가 되는 것이다. 그리고 모든 경우의 학생들의 EEG 수치도 측정했다. 결과를 보면 전두엽의 EEG 비대칭은 BIS/BAS 행동점수와 강력한 연관관계가 있는 것을 알 수 있다. 전두엽 오른쪽 부분에 더 강한 EEG 활동을 보이는 학생들은 BIS/BAS 측정에서 BIS에 더 가까운 결과가 나왔고, 반대인 경우는 BAS에 더 가까운 결과가 나왔다. 대뇌피질의 다른 부분에서 측정된 EEG는 행동점수와 관련이 없었다.

　　좌뇌와 우뇌 간 차이점은 구조적 관점에서 봐도 확실하게 보인다. 최근에 연구자들은 다양한 외향성과 신경증 정도를 보이는 28명의 개인들을 대상으로 뇌의 각 부분의 두께를 측정하는 실험을 했다(Wright et al., 2006). 외향성은 전두엽 **오른쪽**의 특정 부분의 두께와 부정적으로 (반대로) 연결되어 있었고, 신경증은 전두엽 **왼쪽**의 특정 부분의 두께와 부정적으로 연결되어 있었다. 다르게 말하면 외향성이 높은 개인들은 전두엽 오른쪽에서 억제기능을 하는 뇌세포가 더 적은 것으로 나타났다. BAS보다 BIS 활동이 더 적었다는 의미다. 반대로 신경증이 높은 개인들은 대뇌 전두엽 왼쪽에서 접근기능을 하는 외세포의 개수가 더 적은 것으로 나타났는데 이는 BIS 활동보다 BAS 활동이 널 자주 일어남을 보여준다. 첫눈에 보면 조금 혼란스러운 결과일 수 있다. 많은 연구결과는 외향성을 좌뇌에, 신경증을 우뇌에 연결시키기 때문이다. 하지만 외향성과 신경증의 광범위한 특징들은 뇌의 BAS와 BIS 활동 간 결과적인 **조화**를 보여줄 수 있다. 외향성의 경우처럼 BAS 활동이 높은 경우 단순히 더 적은 BIS 활동과 관련이 있든지, 아니면 활동억제를 담당하는 부분의 두께가 얇을 것이라는 의미다.

　　다른 연구자들은 좌뇌와 우뇌의 구분이 근본적으로 BAS와 BIS와 표면적인 관련이 있을 뿐 아니라, 나아가 편도체와 같이 뇌의 더 원시적인 부분과 연결되어 있을지도 모른다고 주장했다. 편도체는 부정적 자극의 조건, 반사, 대응에서 중요한 역할을 한다고 이미 알아보았다. 하지만 Canli와 동료들은 편도체는 긍정적 자극과 긍정적 감정과도 관계있음을 주장했다(Canli et al., 2002; Omura, Constable, & Canli, 2005). 뇌 전체와 마찬가지로, 편도체도 왼쪽과 오른쪽으로 나뉘어져 있다. 편도체 왼쪽의 특정 부분은 긍정적 감정에 반응하는 것으로 보인다. Canli(2002)는 편도체 왼쪽의 세포는 행복한 얼굴에 더 강하게 반응하고, 이는 외향성이 높은 사람들에게서 더 잘 나타난다고 발표했다. Omura(2005)는 외향적 사람들이 더 회색질(gray matter)이 많은데, 이는 편도체 왼쪽 부분의 신경조직이 더 밀도 있음을 의미한다고 생각했다. 반대로 신경증적 사람들은 편도체의 오른쪽 부분에 더 회색질이 많다.

정리하자면, 감정과 관련된 신경과학의 연구는 외향성과 신경증과 관련해 뇌가 어떻게 작용하는지에 대한 복잡한 이야기를 만들어냈다. 계속해서 새로운 정보가 생겨나고 있지만, 잠정적인 결론은 몇 가지 내릴 수 있다. 외향성에서 보이는 개인 간 차이점은 뇌의 폭넓은 기능체계의 활동과 이어진다는 것(BAS)은 확실하다. 도파민은 보상을 찾거나, BAS로 인해서 중재되는 행동과 관련된 중요한 신경전달물질 중 하나다. 전두엽의 왼쪽에서의 활동은 우리가 일반적으로 외향성이나 BAS와 관련짓는 긍정적, 보상을 찾는 활동과 연결된다. 왼쪽 편도체 부분 등 뇌의 다른 부분도 관련이 있을 수 있다. 신경증에서 보이는 개인 간 차이점은 부정적 감정과 관련 있는 위협에 대한 기대나 위협 자체에 대한 반응을 조절하기 위해서 생겨난 뇌의 활동과 연관이 있다. 몇몇 학자들은 두려움은 FFFS와 관련이 있고, 불안감은 BIS와 관련이 있다고 주장한다. 전두엽 오른쪽에서의 활동은 부정적 감정이나 행동의 포기 등 BIS와 관련된 억제적 행동과 관련이 있다고 한다.

O : 경험에 대한 개방성

Big 5 중 세 번째 특성은 아직 많이 알려지지 않은 부분이다. Cattell(1943)은 16가지 근원특성을 소개하면서 '지능'이라는 개념을 포함시켰다. 그는 이것을 측정하기 위해 개인이 스스로 지능을 평가하게 하고, 객관적으로 지능을 측정해 그 두 가지를 비교했는데 놀랍지 않게도 결과는 매우 달랐다. 개인이 본인이 얼마나 지능적인지 생각하는 정도는 객관적인 지능능력과는 큰 관련이 없다는 결과다. 그럼에도 불구하고 많은 심리학자들이 인지적 시험을 통해 측정한 지능이 정확한 성격특성 범위 밖에 존재한다고 생각하기는 하지만, 실제로 본인이 얼마나 지능적인지를 생각하는 정도는 본인의 성격특성과 관련이 있는 것이 사실이다. 영어로 이루어진 특징을 연구한 초기의 요인분석 연구를 보면 자기 스스로 평가한 지능의 정도는 미적 감각, 인생의 복잡성 선호도, 상상력 등 성격의 다른 측정 차원과 연결된다는 것을 알 수 있다. Norman(1963)은 초기의 5요인 모델을 통해서 사람이 얼마나 상상력 있고 예술적인지를 알려주는 지표 중 하나로 '문화'의 차원을 포함시켰다. 점수가 높은 사람들은 지능적으로 광범위하고 통찰력 있었으며, 반대로 낮은 점수를 받은 사람들은 상상력이 부족하고 편협한 사고를 가지고 있었다. 지능과 지능적 연구를 연결한 결과를 바탕으로 "탐구지능"(inquiring intellect, Fiske, 1949; intellectance, Digman, 1990)이라는 개념을 소개하기도 했다. 우리는 이번 장에서 이런 개념들을 알려주는 단어로 Costa와 McCrae가 지은 이름인 **경험에 대한 개방성**(Openness to Experience, O)이라는 표현을 사용하겠다.

문화나 지능, 개방성 등 다양한 이름을 가진 이 특성은 처음에 보면 좋은 것으로 보인다. 많은 성격연구 결과가 철이 들고 성숙한 개인은 자기반성적이고 상상력이 풍부하며, 통찰력이 있고 인생을 보는 관념이 뚜렷하다는 것을 보여준다(예 : Erikson, 1963; Fromm, 1973; Loevinger, 1976; Rogers, 1951; Vaillant, 1977; White, 1975). 과학이나 예술, 종교에서의 선구자들은 보통 통찰력이 뛰어나고 영감이 풍부하다. Gardner(1993)는 피카소, 아인슈타인, 간디, 마사 그레이엄(무용), 이고르 스트라빈스키(음악), T. S. 엘리엇(문학) 등 예술과 학문의 '천재'들의 발달과정을 연구했다. 이 모든 사람들은 개방성이 매우 높은 것으로 나왔으며, 경험에 대한 개방성이 높을 뿐 아니라 발전적 성장이 있었던 개인들로 나타났다.

사회적 변화와 변혁에 인생을 바친 사람들의 일생을 살펴봐도 비슷한 결과가 나온다(Andrews, 1991; Colby & Damon, 1992). Colby와 Damon(1992)은 구소련의 정치가이자 물리학자였던 안드레이 사하로프의 일생을 연구했다. 그는 수소폭탄을 만들기 위해서 1940~50년대 소비에트 연방을 이끈 인물이다. 하지만 시간이 지나면서 그는 소련식 생활방식에 흥미를 잃기 시작했고, 인간 모두를 없앨 수 있는 강력한 무기를 개발하는 것에 대한 회의감을 느꼈다. 그는 초기 성인기부터 다양한 사회적, 정치적 측면에 지능적 흥미를 느낀 능력 있는 과학자였다. 더 많은 사람들과 동료들과 진보적으로 일하는 과정에서 사하로프는 권위주의적 사회에서 사회적 비평가이자 반체제 인사의 역할을 자청하기 시작했다. 중년이 되면서 그는 새로운 경험에 눈을 떴는데, Colby와 Damon은 이 과정을 중요한 사회적 영향에 대한 "윤리적 변화를 향한 놀라운 개방성", "활동적인 수용성"이라고 불렀다(p. 13). 사하로프는 급진적 이상에서 더 많은 자신감을 얻기 시작했고, 더 공평하고 자유로운 사회를 위한 혁명적 시각을 발전시키기 시작했다. 결과적으로 그는 구소련 전체에서 가장 유명한 반체제 인사가 되었다. 그는 오늘날 러시아인뿐 아니라 세상 전체에서 혁명적 인사의 역할을 상징하는 중요한 인물이 되었다. 그의 경우, 경험에 대한 개방성은 권위주의적 억압에 반대하는 영웅적 노력을 보여주는 기회가 되었다.

하지만 사하로프의 인생이 모두에게 고무적으로 다가오진 않는다. 예를 들면 구소련의 리더들과 많은 러시아 시민들은 실제로 그가 영웅이라기보다는 위험한 인물이라고 생각했다. 1950년대 쿠바의 혁명을 이끈 피델 카스트로의 경우를 보자. 그의 급진적 생각을 사회주의적 국가라는 현실로 바꾸는 과정에서, 카스트로는 미국에서는 큰 비난을 받았고 대표적인 적으로 인식되었다. 카스트로는 젊었을 때 상상력 많고 지능적으로 통찰력 있다고 생각됐지만, 대부분의 미국인에게 그는 영웅은 아니었다. 간단하게 말하면, 경험에 대한 개방성은 다양한 사람들에게서 다양한 감정을 이끌어낼 수 있다. 첫눈에 봤을 때 창의력이나 심리학적 안정성 등 좋은 것과 관련되어 보이는 특징도, 잘 살펴보면 부정적인 면이 있는 것이다.

개방성을 보는 다양한 시각은 정치계를 보면 더 확실해진다. 가장 유명한 미국 대통령 중 1명인 로널드 레이건을 예로 들어보자. 레이건 대통령의 열렬한 추종자들조차도 그가 개방성이 높다고 설명하지는 않을 것이다. 레이건이 많은 미국인에게 사랑받은 이유는 인생과 정치계에서 기본적인 원칙을 절대적으로 수용했기 때문이었다. 하지만 그를 반대하는 사람들은 같은 특징을 매우 부정적으로 해석해, 레이건 대통령은 단순하고 인생의 복잡함을 거부하는 딱딱한 인물이라고 말했다. 반대로 빌 클린턴 대통령은 반대자들에게도 보통 복잡하고, 상상력이 풍부하고, 광범위한 관심사를 가지고 있는 인물로 평가됐다. 하지만 그의 높은 개방성은 단점도 있었다. 아칸소 주지사 때부터 두 번의 대통령 임기에 이어지는 시간 동안 클린턴은 말만 번지르르하게 하고, 근본적인 윤리적 중심이 없다는 혹평을 받기도 했다. 어떻게 보면 '지능적 호기심'인 것이 다른 관점에서 보면 '지능적 무분별함'일 수도 있고, 개방성이 신념의 부재로 보일 수도 있고, 마음의 독립성은 타인의 의견을 수용하지 않는 태도로 보일 수도 있는 것이다. 신경증과 다르게, 개방성이 좋은 것인지 나쁜 것인지 결정하는 것은 쉽지 않다. 이 개념을 평가하는 것은 당신이 성격차원의 어느 곳에 서 있는지에 따라 달라질 것이다.

개방성과 관련된 것

McCrae와 Costa(1997a)는 개방성이 "개인의 의식의 강도와 관련된 정신적 현상, 내면적 경험의 문제"(p. 835)라고 해석했다. 경험에 대한 개방성은 개인의 의식적 경험의 깊이로 인해 측정될 수 있고, 그것을 더 다양한 감각·관념·사고·느낌을 통해 표현하려고 하는 노력을 통해서도 알아볼 수 있다. 개방성은 다양한 분야로 표현될 수 있다. NEO-PI-R에서 McCrae와 Costa는 개방성의 여섯 가지 측면을 공상, 미, 느낌, 행동, 생각, 가치라고 설명했다. 따라서 개방성이 높은 사람들은 공상을 자주 하고, 인생의 미적 측면에 특히 더 감성적이고, 개인적 느낌을 다양하게 경험하는 편이고, 인생의 활동을 더 다양하게 하고, 많은 다른 생각을 동시에 할 수도 있고, 복잡하고 매우 체계화된 가치체계를 가지고 있을 확률이 높다. 개방성이 높은 사람들은 특히 독창적이고, 복잡하고, 도전정신이 있고, 독립적이고, 분석적이고, 전통적이지 않으며 자유주의적이고, 예술적이며, 다양한 관심사를 가진 인물들이다. 반대로 개방성이 낮으면 간단하고, 모험을 즐기지 않고, 분석적이거나 예술적이지 못하고, 전통적이고 보수적인 경우가 많다. 표 5.3을 보면 개방성의 자가 측정 표를 확인할 수 있다.

개방성을 알아보는 과정에서 McCrae와 Costa(1980)는 35세에서 80세 사이의 성인 240명을 대상으로 문장을 끝내는 실험을 실시했다. 참가자들은 문장의 첫 부분(예 : "좋은 아버지란…", "규칙이란…")을 보고, 나머지 부분을 끝내는 방법으로 실험에 참가했다. 표 5.4를 보면, 개방성이 높은 사람들이 이런 질문에 어떻게 답했는지를 볼 수 있다. 그들의 답변은 더 많은 심리학적 통찰, 공

표 5.3	경험에 대한 개방성을 평가하는 항목

1. 나는 환상과 공상을 즐기며, 그것들이 점점 더 진전되도록 한다.

2. 감상하던 음악에 쉽게 도취된다.

3. 강렬한 감정이 느껴지지 않는 삶은 흥미가 없다.

4. 나는 새롭고 이색적인 음식을 즐긴다.

5. 현학적인 논쟁이 지루하게 느껴진다. (그 반대도 성립)

6. 다른 사회에 있는 사람들이 가진 옳고 그름에 대한 각기 다른 생각들은 그들에게는 타당하다고 생각한다.

출처 : 위의 문항은 NEO 개방성 측정에서 발췌. "Openness to Experience," by R. R. McCrae and P. T. Costa, Jr., in R. Hogan and W. H. Jones (Eds.), *Perspectives in Personality* (Vol. 1, pp. 145-172), 1985, Greenwich, CT: JAI Press.

상적인 대답, 다양한 경험을 포함하는 답변이었다. 개방성이 낮은 사람들은 사회와 권위를 보는 전통적인 관점에 집착한 반면, 개방성이 높은 사람들은 이러한 진부한 태도를 거부하는 경향을 보였다. 이 연구를 보면 개방성은 세계를 이해하는 더 복잡하고 비전통적인, 개인화된 관점을 포함한다는 것을 알 수 있다. 비슷한 맥락에서 개방성이 높은 학생들은 인종차별의 정도가 더 낮았고, 많은 인종적 편견에 동의하지 않는 모습을 보였다(Flynn, 2005).

개방성이 높은 사람들은 보통 폭넓은 지성적, 미적 관심사를 보인다. 하지만 그렇다고 해서 개방성이 높다고 지능이 높은 것은 아니다. McCrae와 Costa(1985b)는 지능과 개방성은 매우 다른 구조라고 주장한다. 그들은 253명의 남성을 대상으로 개방성과 지능 간 관계를 측정했다. 결과적으로 0.32의 연관관계가 나왔는데, 이것은 통계적으로 보면 의미 있는 숫자이지만 지능과 개방성은 인간 기능의 매우 다른 측면을 측정하는 수치이기 때문에 그렇게 강력한 연관관계를 의미하는 것은 아니다. 개방성은 또한 학습 정도와도 관련이 있다. 35세 이상 성인 1만 명을 대상으로 한 조사에서, 연구자들은 학습을 받은 기간과 개방성 간 긍정적 상관관계가 존재함을 알아냈다(McCrae & Costa, 1997a). 일반적으로 서양 사회는 교육과 학습을 통해서 주어진 가치와 생각에 비판적인 태도를 가지도록 하기 때문에, 교육의 정도가 높을수록 개방성이 높아진다는 결과는 놀랍지 않다. 동시에 처음부터 개방성이 높은 사람들이 더 교육의 기회가 많을 수 있다는 것도 사실이다. 실제로 대학생들

표 5.4	문장완성검사를 통해 경험에 대한 개방성에서 높고 낮은 점수를 기록한 사람들의 반응

낮음

문장 시작	반응
규칙은	따르는 것이다.
	모든 관련된 것들의 유익을 위해 제정된 법 규정들이다.
나의 가장 큰 문제는	경제적인 것이다.
그들이 나를 피하면	왜 그런지 궁금해한다.
만약에 엄마가	뭔가를 요구하면, 해야 한다.
남편의 권리는	집에 돌아와 예쁜 아내를 맞이하는 것이다.

높음

문장 시작	반응
규칙은	실제 생활에 유용할 수 있게 유동적이어야 한다.
	필요하지만, 시민의 불복종은 그들이 보다 '진보'한 수 있도록 돕는 해 +이 방법이 될 수 있다
나의 가장 큰 문제는	너무 감정적이고 때로 너무 예민하다는 것이다.
비판받았을 때	나는 개방적으로 받아들이며 방어하려고 하지 않는다. 하지만 이러한 시도가 늘 잘되는 것만은 아니다.
좋은 아버지는	어린 시절의 불안을 기억한다.
인간의 최대 악제는	사회로부터 인간에 대한 거짓된 이미지를 형성하는 것이다.

출처 : "Openness to Experience," by R. R. McCrae and P. T. Costa, Jr., *Journal of Personality and Social Psychology*, 39, 1186.

미국의 대통령 로널드 레이건(1981~1988)과 빌 클린턴(1993~2000)은 성격의 개방성의 특성에서 서로가 반대 인물들로 인용되곤 한다. 레이건은 낮고 클린턴은 높은 특성을 보인다. 낮은 개방성은 인지적으로 엄격하고 분명한 가치관과 관련된 것으로 보이는 반면, 높은 개방성은 지적으로 유연하고 인내심이 있으며 근본 가치와 신념에 모호함을 견뎌내는 것과 관련된다. 이와 같은 구별은 2004 년도 조지 부시와 존 케리의 대통령 선거에서도 발견할 수 있다(출처 : 왼쪽부터 Diana Walker/Time Life Pictures/Getty Images, Tim Sloan/AFP/Getty Images, Saul Loeb/AFP/Getty Images, Scott J. Ferrell/Getty Images).

을 상대로 조사해보면 학교를 다니면서 개방성의 정도가 증가하거나, 개방성이 높은 사람들이 대학을 의미 있고 중요한 곳으로 생각한다는 결과가 나온다(Harms, Roberts, & Winter, 2006).

개방성이 높은 사람들은 도전과 변화를 받아들인다. 예를 들어서 55세 미만의 성인을 대상으로 한 직업조사에서 직업의 변화를 경험한 남성의 64%, 여성의 71%가 평균치보다 높은 개방성을 보였다(McCrae & Costa, 1985a). Whitbourne(1986)은 본인이 예상하는 일과 가정의 변화에 대해서 34명의 여성과 23명의 남성을 인터뷰했다. 여기서 변화란 다른 직업을 찾는 것, 집을 벗어나 고용기회를 찾는 것, 아이를 더 낳는 것 등을 포함한다. 설문지를 통해서 측정된 개방성은 인생의 변화와 긍정적 상관관계가 있었다. 다른 말로 하자면, 더 나이가 많거나 개방성이 높은 성인들이 미래의 인생에서 더 많은 변화를 예상했다.

개방성의 개념 안에는 **흡수**(absorption)라는 중심적 생각도 존재한다. 흡수란 "다양한 상황에 있어서 많은 감정적, 인지적 변화를 경험하려는" 성향을 의미한다(Roche & McConkey, 1990, p. 92). 흡수의 개념은 왜 몇몇 사람들은 최면에 민감하고 다른 사람들은 그렇지 못한지를 연구한 Auke Tellegen 연구를 보면 알 수 있다. Tellegen과 Atkinson(1974)은 최면을 당한 사람들은 관심이 특정 대상에 쏠려 있을 때 주관적 경험을 할 확률이 높다고 말했다. 이러한 경험을 보여주는 개인 간 차이를 측정하기 위해 그들은 Tellegen Absorption 측정을 디자인했는데, 이는 나중에 Tellegen(1982)의 MPQ(Multidimensional Personality Questionnaire)로 발전됐다.

흡수 개념은 강력하고 선명한 공상과 관련이 있다. 흡수가 높은 개인들은 상상 경험에 너무 매료된 나머지 시간과 공간, 정체성의 개념을 잃는 경우도 있다(Pekala, Wenger, & Levine, 1985). 연구에 따르면 흡수는 의식 밖에서 일어나고 과학적으로 설명될 수 없는 많은 초자연적 현상과도 관련이 있다고 한다. 한 요인분석 결과를 보면 흡수는 미저 감수성, 특이한 시각과 공상, 꿈, 현실을 보는 비전통적인 관점, 내적 감정의 의식 등을 일으키는 개방성의 측면과 깊은 관련이 있다는 것을 확인할 수 있다. 흡수의 개념 때문에 몇몇 과학자들은 개방성은 마법과 같은 그리고 '이상한' 사고방식과 관련이 있다고 생각했다(West, Widiger, & Costa, 1993). 개방성이 높은 사람들은 귀신의 존재나 천문학 등을 믿을 가능성이 많다(Epstein & Meier, 1989, p. 351).

Dollinger와 Clancy(1993)는 성격특성이 미적인 표현과 어떻게 관계가 있는지를 연구했다. 201명의 참가자들은 개방성을 측정하는 설문지를 완성했고, 개인의 정체성을 표현할 수 있는 사진을 가져오기로 했다. 이러한 과제가 주어졌다.

> 당신이 자신을 어떻게 표현하는지 알고 싶다. 이 목적을 위해서, 다른 사람에게 부탁해 당신이 누군지를 보여주는 12장의 사진을 찍어오라. 당신이 누구인지 보여주기만 한다면 사진 내용은 상관이 없다. 사진 기술도 큰 관련이 없다. 당신을 잘 나타내는 사진 12장으로 구성된 전기를 쓴다고 생각하라(p. 1066).

그리고 통합된 결과를 가지고 다양한 미적·심리학적 차원을 평가하도록 했는데, 결과적으로 개방성이 높은 학생들은 본인 사진 에세이가 미적으로 **풍부하고** 수준이 높은 편이었다. 사진들이 추상적이고, 자기를 잘 나타내고, 미적으로 호감이 가는 부분이 있었다는 의미다. 개방성이 높은 학생들은 미적·예술적 민감성을 보여주는 사진을 제출하고, 자기를 표현하는 주제도 다양하게 선택했다. 반대로 낮은 개방성을 가진 학생들은 사진들이 구체적이고, 재미없고, 평범한 편이었다. 다른 특성과 관련해서, 연구자들은 **여성** 사이에서 낮은 외향성과 높은 신경증이 미적으로 풍부한 사진을 가져온다고 결론지었다. 다른 말로, 내향적이고 신경증적인 사람들은 그렇지 않은 여성에 비해서 더 상상력이 풍부하고 자기를 잘 나타내는 사진 에세이를 제출했다. 이러한 관계는 남성에서는 발견되지 않았다. 마지막으로, 외향적 학생들(남녀 모두)은 내향적 학생들보다 사진에 더 대인적 주제를 많이 포함시켰다는 결과도 있었다.

민간신앙에 의하면, 높은 수준의 창의력과 상상력은 그에 따른 대가가 있다고 한다. 고대 그리스 사람들은 창의적인 천재의 '신성한 광기'에 대해 이야기했고, 현대사회에서는 지나치게 창조적인 사람들은 심각한 우울증에 걸릴 수도 있다고 경고한다. 우울증과 개방성 간 관계를 연구한 사례도 있다. Wolfenstein과 Trull(1997)은 143명을 대상으로 우울증과 개방성을 측정했다. 세 가지 그룹 중 첫 번째는 지금 우울증으로 고생하는 학생들, 두 번째는 과거에 우울증을 앓은 경험이 있는 학생들, 세 번째는 우울증을 경험해보지 않은 학생들로 구성됐다. 결과적으로 예술과 미(개방성의 미적 요소)에 큰 관심을 보이고, 뚜렷하고 강력한 감정을 선호한 학생들은 이 부분 점수가 낮은 학생들보다 우울증에 걸릴 확률이 높은 것으로 나왔다. 한 가지 연구결과로 모든 사실을 일반화할 수는 없지만 이 연구는 보편적으로 개방성이 높으면 부정적 결과도 긍정적 결과도 가져온다는 것을 보여준다.

개방성의 정도가 다른 사람들은 일상의 스트레스와 문제점을 어떻게 다르게 극복할까? McCrae와 Costa(1997a)는 개방성은 지성을 방어체제로 이용하는 것과 긍정적 상관관계가 있으며, 거부(회피)와는 부정적 연관관계가 있다고 지적했다. 개방성이 높은 사람들은 더 추상적이고 개인적이지 못한 이성화를 통해서 개인적 문제를 해결하고 설명하려는 특징을 보인다. 반대로 개방성이 낮은 사람들은 처음부터 문제의 존재를 거부하거나, 스트레스의 근원이 되는 부분에 집중하는 것 자체를 피하려고 한다.

McCrae와 Costa(1986)는 개방성, 외향성, 신경증 간의 관계를 조사했다(스트레스와 관련해서). 최근에 스트레스를 주는 일을 겪은 남성과 여성이 실험대상이 되었다. 여기에는 사랑하는 사람의 죽음, 질병 등 외부적 위협, 결혼 등의 도전과 같은 일이 포함되었다. 참가자들은 각자 자신이 겪은 스트레스 사건을 말하고, 그것을 해결하기 위해 사용한 방법을 총 27가지 대처전략 중에서 반응하도록 지시받았다.

표 5.5를 보면 외향성, 신경증, 개방성은 특정한 대처전략과 관련되어 있음을 확인할 수 있다. 신경증은 주로 부정적 반응, 탈출과 관련된 환상, 자기비하, 수동성, 우유부단함 등과 관련이 있었다. 이러한 방법은 보통 스트레스에 대한 대처방안으로 매우 비효율적인 것으로 나타났다. 반대로 외향성과 개방성은 효율적 대처방안과 관련이 있었는데 여기에는 지성적 판단, 긍정적 사고, 유머, 믿음 등이 포함된다. McCrae와 Costa(1986)는 기본적 성격특성은 사람들로 하여금 특정 상황에 특정 반응체계를 선택하도록 성향적으로 도움을 주는 방식으로 나타난다고 결론지었다. 대처방안 자체는 상황적 요소와 외부적 본질에 의해서도 부분적으로 결정될 수 있지만 외향성, 신경증, 개방성과 같은 안정적 · 내부적 성격특성에도 큰 영향을 받는다는 것이다.

권위주의적 성격

Big 5 성격특성 중 개방성은 정치적 믿음과 태도와 직결되는 유일한 특성이다. 서구 사회에서 높

표 5.5	외향성, 신경증, 경험에 대한 개방성과 관련된 대처전략
외향성 (E)	
긍정적 사고 :	상황의 좋은 측면, 긍정적 측면에 대해 생각한다.
이성적 행동 :	문제가 되었던 상황을 변화시키기 위해 직접적인 행동을 한다.
제약 :	성급한 판단이나 결정을 내리지 않기 위해 노력한다.
대체 :	삶의 다른 측면에서 만족을 찾으려고 한다.
신경증 (N)	
도피적 환상 :	골치 아픈 일을 잊고자 망상에 젖어들곤 한다.
적대적 반응 :	짜증을 부리며 다른 사람에게 투정을 부린다.
우유부단함 :	결정을 내리지 못하고 계속해서 그 문제를 생각한다.
수동적인 :	다른 사람이 자신을 기다리고 있음에도 불구하고 행동을 지연한다.
진정시키는 :	자신을 진정시키기 위해 진정제, 알코올, 묵상, 이완활동을 활용한다.
자기비관적인 :	자신을 비난하거나 죄책감을 느끼고 죄스러워한다.
희망적으로 사고하는 :	문제는 사라질 것이고 도움의 손길이 미칠 것이라는 희망을 갖는다.
철회적인 :	다른 사람으로부터 회피하여 스스로 문제를 대처해나가고자 한다.
개방성 (O)	
믿음(개방성과 부적 상관) :	하나님, 타인, 또는 어떤 기관을 신뢰한다.
유머 :	상황에 대해 유머를 부인다.

출처 : "Personality, Coping, and Coping Effectiveness in an Adult Sample," by R. R. McCrae & P. T. Costa, Jr., 1986, *Journal of Personality*, 54, 393, 404–405.

은 개방성은 보통 진보적 관점과, 그리고 낮은 개방성은 보수적 관점과 연결되어 왔다(Jost, Glaser, Kruglanski, & Sulloway, 2003; McCrae & Costa, 1987, 1997a). 정치적 자유주의는 보수적 권위주의에 도전하고 새로운 사회적 변화를 가져온다는 의미에서 높은 개방성을 가진 사람들에게 매력적으로 다가올 수밖에 없다. 비슷하게, 보수적인 사고는 많은 전통적인 사고를 유지하려 하고 권위주의적 체계를 중시하기 때문에 개방성이 낮은 사람이 특히 끌리게 된다. 홍콩의 중국인 고등학생 중 높은 개방성은 사회적 변화에 대한 불신과 전통적 중국적 가치에 대한 선호로 이어졌다(Yik & Bond, 1993). 따라서 개방성이 정치적 관점과 연결되는 방식은 개인이 살고 있는 사회의 전통뿐 아니라 전체적인 사회적 맥락의 기능이다. 한 가지 배경에서 보수적이라고 생각되어지는 것이 다른 배경에서는 자유주의적일 수 있다. 그럼에도 불구하고 보통 높은 개방성은 사회를 근본적으로 변화시키려는 태도와 연결되고, 낮은 개방성은 변화보다 안정성을 강조하고 전통적인 가치에 충실하려는 태도와 연결된다는 점은 일반적인 사실이다.

성격특성과 정치적 관점 간 관계를 연구할 때 가장 유명한 생각 중 하나는 **권위주의적 성격** (authoritarian personality) 이론이다. 1930~40년대 독일 나치 파시즘에 큰 영향을 받은 사회적 비평가 Erich Fromm(1941)은 그 당시 서구 유럽인에게서 흔하게 나타난 성격을 권위주의적 성격이라고 불렀다. 권위주의적 인물들은 현대 자본주의 사회가 주는 혜택과 **자유에서 탈출**하고 싶어 했고, 권력을 이상화하며, 더 높은 힘과 영향력을 가지려고 노력했다. Fromm은 이와 같은 성격구조는 히틀러의 독일 정치에서부터 나왔다고 생각했다. 독일 사회에 만연해 있던 특정 역사적, 경제적 조건이독일 사람들로 하여금 강력한 주체(히틀러)에 의해 지배받고 싶게 하는 마음을 만들어냈다는 생각이다. 지성적이고 논리적인 독일 국민들이 박해와 노예, 대학살로 이어진 나치 정책에 동의하게 된 배경에도 이러한 이유가 부분적으로 작용했다고 Fromm은 말했다.

Fromm의 생각에 이어서 몇몇 사회과학자들은 미국인들 사이에서 보여지는 권위주의적 성격을 연구해서 *The Authoritarian Personality*라는 책을 출간했다(Adorno, Frenkel-Brunswik, Levinson, & Sanford, 1950). 유대인이나 다른 소수민족에 대해 부정적이고 편협한 사고를 가지고 있는 미국 성인을 대상으로 조사해, 권위주의를 측정하기 위해 캘리포니아 F 측정을 만들어냈다. 권위주의는 총 아홉 가지 태도와 특성으로 이루어진 개념으로 소개됐는데, 이는 다음과 같다.

1. 관례 : 관습적인 가치를 따르는 태도
2. 권위주의적 굴복 : 권위에 대한 무조건적인 굴복
3. 권위주의적 공격성 : 관습적 가치를 무시하는 사람들에게 벌을 주려는 성향
4. 이상주의에 대한 반대 : 예술이나 문학, 심리학 등 창조적이고 주관적인 측면에 대한 반대
5. 미신과 편협한 사고 : 개인의 운명을 결정하는 데 미신이 작용한다는 생각
6. 힘과 인성(toughness) : 지배성과 힘에 대한 집착
7. 파괴성과 냉소주의 : 사람들을 향한 보편적인 공격성
8. 투영(projectivity) : 세상에는 무섭고 위험한 일이 일어나며, 이것은 무의식적 감정적 충동을 밖으로 투영하는 행위라는 생각
9. 성(sex) : 성적인 것에 대한 과장된 관심

분석심리학에 큰 영향을 받은 위 책의 작가들은 가정의 역학에서부터 권위주의가 생겨난다고 생각했다. 매우 억압적인 가정환경은 결국 권위주의를 만들어낸다는 생각이다. 처벌을 자주 하는 환경에 있는 아이들은 생물학적으로 강한 충동을 느끼고, 이것을 외부로 분출하게 된다. 감정적으로 거리감 있고 처벌을 자주 하는 부모들은 긍정적인 동일시를 위한 모델을 제공해주지 못하기 때문에, 아이들의 초자아가 성격 안으로 완전히 통합되는 것에 방해를 준다. 이는 개인적 상실감이나 타인에 대한 지나친 의존, 동성애로도 이어질 수 있고 결과적으로는 성격적 권위주의의 근본이 된다.

권위주의적 성격을 연구한 사례는 매우 많은데 여기에는 F-측정과 다양한 디자인이 포함됐다(Altemeyer, 1981, 1988, 1996; Dillehay, 1978; Winter, 1996). 많은 연구에 따르면, 권위주의와 태도적 요소들(매우 보수적인 정치적 믿음, 반유대주의, 타인에 대한 불신, 사회적 소수자에 대한 부정적 시선)은 깊은 연관성이 있다고 한다. Duncan, Peterson, Winter(1994)는 권위주의적 사람들은 전통적인 성 역할에 충실하며, 페미니즘이나 여성운동에 비판적 시선을 보낸다고 주장했다. Peterson, Doty, Winter(1993)는 권위주의적 사람들은 또한 에이즈 보균자, 마약 사용자, 노숙자에게도 공격적 태도를 가진다는 연구결과를 발표했다. 네덜란드 학생 사이에서 보이는 높은 권위주의는 매우 자민족 중심적인 태도로 이어졌다(Meloen, Hagendoorn, Raaijmakers, & Visser, 1988). 또한 인도의 카스트 제도를 옹호하는 사람들이나(Hassan & Sarkar, 1975), 구소련 정부를 그리워하는 사람들도 보편적으로 높은 권위주의를 보였다(McFarland, Ageyev, & Abalakina-Paap, 1992).

권위주의적 사람들은 본인이 속한 집단의 전통은 고수하지만, 타인의 전통은 존중하지 않는 편이다(Duckitt, 2006). 북미 대학생들 중 권위주의가 높은 학생들은 공립학교에서 기독교적 가치를 가르치는 것에 대부분 찬성했지만(Altemeyer, 1993), 같은 학생들이 이슬람 국가의 공립학교에서 이슬람교 가치를 전파하는 것에는 반대했다. 본인이 속한 사회적 집단의 가치만 중시하는 태도를 보이며, 전통적인 가치에 도전하는 사람들을 매우 부정적으로 바라본다(Doty, Peterson, & Winter, 1991; Sales, 1973). 실제로 미국 시민들 중 권위주의적 성향이 강한 사람들은 1960~70년대 베트남 전쟁에 찬성했으며(Izzett, 1971), 1990~91년 걸프전 참전에도 적극적이었다(Winter, 1996). 걸프전이 시작되기 조금 전, 권위주의적 미국 학생들은 미국 시민들이 이에 더 적극적으로 참여해야 한다고 주장했고 핵무기 사용을 주장하기도 했다. 전쟁이 끝난 후 미국의 승리에 대해서 지나친 자부심을 가지고, 전쟁에서 잃은 이라크 사람들의 목숨에 대해서 큰 관심을 가지지 않은 것도 권위주의가 높은 학생들이었다. 10년 후 2003년 미국 – 이라크 전쟁 때, 같은 집단 사람들은 이라크가 미국의 주적이라고 강조하며 미국의 참전을 긍정적으로 주장했다. 반대로 권위주의가 낮은 미국인들은 부시 행정부의 침략 정책에 반대했다(McFarland, 2005).

권위주의적 성격은 개방성이 낮아지면 어떻게 되는지를 보여주는 한 가지 측면이다. 물론 개방성이 낮은 모든 사람들이 권위주의적인 것은 아니다. 하지만 권위주의가 개방성과 높은 관련이 있다는 것은 사실이다. Trapnell(1994)은 722명을 대상으로 한 조사에서, 우익 권위주의자들의 권위주의 정도와 개방성 정도 간 −0.57의 상관관계가 있다고 말했다. 낮은 개방성과 권위주의가 정확히 같은 개념은 아니지만 비슷한 점은 많다. 권위주의적 사람들과 마찬가지로, 개방성이 낮은 사람들은 일상적인 규칙을 중요시하고 상상력과 관련되거나 복잡한 인간 영혼의 자유로운 표현(현재 상황에 변화를 가져올 수 있는 표현)에 반대하는 성향을 보인다. Winter(1996)는 "권위주의의 중요 구성요소는 애매모호함이나 딱딱함을 받아들이지 못하는 인지적 스타일이다"(p. 218)고 말했다. 개방성이 낮은 사람들은 인생의 문제를 해결하는 데 간단하고 명확한 답을 선호한다. 너무 복잡하거나 너무 애매모호하거나 너무 다양하면 진실을 알아내기 힘들다는 생각이다. Peterson과 Lane(2001)은 학생들의 권위주의는 인문학 과목의 점수와는 부정적 상관관계가 있다고 말했다. 권위주의적 학생들은 자유롭고 폭넓은 사고를 요구하는 인문학 커리큘럼을 따라가는 데 힘겨움을 겪기 때문이다.

따라서 권위주의적 성격은 낮은 개방성의 기본적 특성과 몇 가지 공통점이 있는 것으로 보인다. 둘 간의 관계가 강력한 것이 사실인 것은 당연하고, 비슷한 방법으로 정의되는 개념이기 때문이다. 둘 간의 가장 중요한 공통점 중 하나는 모호함을 견디지 못한다는 특성이다. 하지만 동시에 개방성과 별 상관이 없는 권위주의의 특성도 있는 것으로 보인다. 예를 들면 권위주의적 성격의 본래 정의는 "권위주의적 공격성", "힘과 인성", "파괴성과 냉소주의"와 같은 개념을 포함한다(Adorno et al., 1950). 이러한 특성은 5요인 성격특성 중 다른 특성과 연결된다. 권위주의는 낮은 개방성과 친화성의 개념을 통합시킨 생각이라고도 볼 수 있다. 최소한 권위주의적 성격이 낮은 개방성과 낮은 친화성을 나타내는 것은 사실이다.

C와 A : 성실성과 친화성

Freud에게 심리학적 건강과 안정성에 대한 질문을 했을 때 그가 독일어로 *Lieben and Arbeiten*이라고 대답한 일화는 유명하다. 사랑과 일이라는 뜻이다. 모든 성격특성은 사랑과 일과 관련이 있을 수 있지만, 특히 성실성(C)과 친화성(A)의 개념이 더 깊은 관계가 있다.

성실성(Conscientiousness, C)은 개인이 얼마나 열심히 일하고, 책임감 있고, 믿음직스럽고, 맡은 일을 잘하고, 정리를 잘하는지를 보여주는 특징이다. 높은 성실성을 가진 사람들은 효율적이고, 정리를 잘하고 믿음직스럽다고 한다(Goldberg, 1990). 그들은 체계적이고 선택적인 방법으로 일을 하고, 논리적으로 문제를 알아본다. 그들은 수업이나 미팅에 늦지 않고 항상 참석하며, 믿을 만하기 때문에 항상 의지하기 쉽다. 성실한 사람들은 인생을 구체적으로 계획하고, 때때로 지나치게 조심스럽게 보일 수는 있지만, 어려운 결정을 한 다음에도 그것을 계속 고수하는 편이다. 그들은 예상 가능하고, 안정적이며 끈기가 있다. 반대로 성실성이 낮은 사람들은 정리를 잘 못하고, 부주의하고, 비효율적이며, 실수를 자주 한다. 상황이 변화할 때 그들이 어떻게 행동할지 예측하는 것은 힘들고, 행동에 일관성이 없다. 보통 게으르거나 결단력이 부족하고, 실용적이지 못한 의사결정을 한다. 그들은 인생에 있어서 심각한 기준을 중시하지 않는 편이고, 사회적 관습을 중시하지 않으며, 따라서 대인관계에서도 문제가 있을 수 있다.

친화성(Agreeableness, A)이 높은 사람들은 **착한** 사람들이다. 하지만 단순히 착하기만 한 것은 아니다. 그들은 사랑과 공감, 친절함, 협동의 자질을 모두 가지고 있다. 사실 **친화성**이라는 말이 부정확한 표현일 수도 있다. 여기에는 애정이나 이타주의를 비롯한 인간 성격에서 가장 이상적이라고 여겨지는 특성이 모두 포함되어 있기 때문이다(Digman, 1990; John & Srivastava, 1999). 친화성이 높은 사람들은 대인적으로 따뜻하고, 협력을 잘하는 특성이 있다. 또한 다른 사람들을 이해하며, 자연스럽고, 진지하고, 윤리적이며, 이타적인 평화를 사랑하는 인본주의자이다(Goldberg, 1990). 사회적 대인관계도 물론 좋은 편이다. 친화성이 낮은 경우는 성격특성의 사례 중 가장 위험한 상황일 수 있다. 그들은 공격적이고, 공감할 줄 모르고, 조종을 잘 하며, 잔인하다. 성실성이 낮은 사람들은 믿음직스럽지 못한 반면, 친화성이 낮은 사람들은 잔인하기까지 하다. 사람들과 싸우고 타인의 감정을 헤아리지 못한다.

일

성실성은 직업과 특히 관련이 크다. Hogan과 Ones(1997)는 성실성의 세 가지 주된 요소로 제어, 질서, 일을 꼽았다. McCrae와 Costa(1997b)는 성실성을 경쟁력, 순서, 충실, 목적달성, 자기제어, 심사숙고의 여섯 가지 측면으로 구분한다. 성실성이 높으면 일을 열심히 하고 생산적이다. 따라서 직업적 측면에서 성공하는 경우가 많다. 물론 직업적 성공을 보장하는 요소는 여러 가지가 있을 수 있지만, 태생적으로 성실성이 좋은 자산인 것은 사실이다.

Barrick과 Mount(1991)는 5요인 성격모델이 직업과 어떤 관련이 있는지 알아본 다양한 연구들을 다시 살펴봤다. 그중 다양한 조직, 직업, 상황에서의 성공을 예측한 특성은 바로 성실성이었다. 전문직 종사자, 경찰관, 매니저, 판매직 종사자들을 대상으로 한 조사에서 성실성이 높은 사람들은 동료와 상사에게 더 좋은 평가를 받았다는 결과가 나왔다. 성실성과 업무평가 간 상관관계는 보통 0.25 정도다. 항상 정확한 것은 아니지만 통계적으로 유의미한 가치가 있으며, 성실성이 중요한 직업적 결과를 측정할 때 실용적 가능성이 있다는 것을 보여준다. 성실성은 직업적 독립성이 커질수록 더 중요한 변수로 작용했다. Barrick과 Mount(1993)는 주어진 일에 대한 책임과 독립성이 높아질수록 성실성의 중요도가 더 크다는 것을 입증했다. Roberts는 일류 여자 대학 졸업생을 한 조사에서, 성실성과 관계된 특징은 졸업 후의 직업적 성공을 예견했음을 증명했다.

성실성이 업무능력과 관련이 있는 이유는 크게 세 가지다. 첫째, 성실성이 높은 사람들은 처음부터 일을 열심히 한다. 둘째, 그들은 더 정리를 잘하고 효율적이다. 성실성의 특징 중 하나는 생산성을 최대화하기 위해 일의 순서를 정한다는 점이다. 셋째, 성실한 사람들은 규칙에 따른다. 그들은 사회가 보편적으로 중요시하는 가치와 기준이 매우 중요하다고 생각해서 학교나 교회, 회사 등에서 규칙을 잘 따르는 편이다. 그들은 일이나 가정, 종교, 시민적 의무를 매우 중요시한다(Lodi-Smith & Roberts, 2007). Hogan과 Ones(1997)는 성실성을 구성하는 요소로 규칙에 대한 순응과 충동제어를 꼽는다. 회사 지원의 중요한 자질을 알아보는 평가로 몇 가지의 진실성 시험(integrity test)이 개발되었다. 여기에는 성격특성 중 성실성과 신경증이 주로 포함된다. 보통 **진실성 시험** 점수와 업무능력 간 평균 상관관계는 0.41 정도로 나타나는데, 이는 매우 강한 연결고리라고 생각할 수 있다(Ones, Viswesvaran, & Schmidt, 1993).

성실한 사람들이 더 규칙을 잘 지킨다는 사실은 많은 사례를 통해 검증되었다. Roberts와 Bogg는(2004) 성실한 여성들은 그렇지 않은 여성들에 비해 어렸을 때 알코올과 마약에 손을 댈 확률이 적다고 발표했다. 성실성을 측정하는 유용한 방법 중 하나는 CPI(California Psychological Inventory)의 사회화 측정이다. Gough(1960)는 사회화 측정을 발전시키면서 한쪽에는 사회화가 잘 된 사람들, 나머지 한쪽에는 사회의 관습을 거부하거나 사회화가 되지 않은 사람들을 위치시켰다. 내부분 시민들은 중간에 위치해 있고, 사회의 관습 대부분을 중요시한다. 비슷한 관점에서 개인적 **신뢰도**(reliability, 성실성을 측정할 수 있는 요소 중 하나)를 알아보는 시험을 봐도 비슷한 관계를 확인할 수 있다. 점수가 낮은 사람들은 일에 잘 빠지거나, 해고될 경우도 많다. 반대로 개인적 신뢰도 점수가 높은 사람들은 일에 잘 적응하고, 회사 사람들의 평가도 좋은 편이다(Hogan & Ones, 1997). 개인적 신뢰도의 낮은 점수는 혈중 알코올 농도나 음주운전의 정도와도 양의 상관관계를 보인다(Hogan & Ones, 1997). 500명을 상대로 한 조사에서 Arthur과 Graziano(1996)는 자동차 사고와 성실성은 음의 상관관계를 보임을 입증했다. 본인들이 믿음직하고, 의지할 수 있는 책임감 있는 사람이라고 평가한 사람들은 차 사고를 겪는 경우도 거의 없었다.

운전과 상관없는 측면에서도 성실성은 중요하다. Digman(1989)은 성실성을 "목표를 달성하려는 노력"이라고 불렀는데, 그는 성격의 이 측면이 적성의 측정으로는 설명할 수 없는 다른 부분을 나타내준다는 것을 보여줬다. 쉽게 말하면, 학교 점수를 예상하기 위해 지능만 봐야 하는 것은 아니라는 뜻이다(Gray & Watson, 2002). 성실성도 매우 중요하다. Graziano와 Ward(1992)는 91명의 청소년을 대상으로 적응 정도를 측정했다. 결과적으로, 성실성이 높은 학생들은 학교 점수도 좋았다(Conard, 2006; Noftle & Robins, 2007; Wagerman & Funder, 2007). 중요한 점은 성실한 학생들은 단순히 더 열심히 한다는 사실이다.

성실성 외에도 직업적 성공을 결정하는 요인은 여러 가지가 있다. 앞서 말한 대로 외향성 또한 판매나 관리직에서 큰 자산이 된다. 친화성 또한 특정 상황에서 직업의 안정성을 보장하는 요소일 수 있다(Laursen, Pulkkinen, & Adams, 2002). 낮은 신경증 정도와 함께 높은 친화성은 사람을 대상으로 한 직업에서 좋은 장점이 된다(Hogan, Hogan, & Roberts, 1996). 친화성이 높은 사람들은 또한 팀으로 일하는 데에서 효율적이다(Barrick & Mount, 1993). 반대로 친화성이 너무 높은 경우 영감과 창의력은 얻기 힘들 수 있다. 특히 더 착하고 남의 기분을 고려할 줄 알고 협동적인 사람들은 대담한 결정을 하고 힘든 선택을 하는 데 어려움을 겪기 때문이다. 이런 면을 보면 친화성이 절대적으로 높은 것도 항상 좋은 것은 아니다.

사랑

친화성이 높은 사람들은 더 사랑하기 쉽다. 더 좋은 애인이나 친구가 될 수 있는 것이다. 그들은 본질적으로 타인에 대한 믿음이 강하고, 타인과의 관계의 규칙을 따르기 때문이다. 성실한 사람들처럼 친화성이 높은 사람들도 규칙을 잘 따르는데 여기서의 규칙은 친밀성, 사랑, 개인적 전념의 조건을 말한다. 친화성이 높은 사람들은 타인의 생각에 반대하지 않으며, 배신하지 않기 때문에 믿을 만하다. Digman과 Takemoto-Chock(1981)은 이 특성을 다른 이름으로 '친절한 준수(friendly compliance)'라는 개념을, Hogan(1982)은 '사회적 호감'을 말했다. McCrae와 Costa(1997b)는 믿음, 준수, 이타주의, 솔직함, 겸손함, 약한 마음(tendermindedness)을 친화성의 여섯 가지 측면으로 꼽는다. 제2장에서 본 대로 인간은 사회적 동물이며 대인적 협동을 통해서 생존한다. 그렇기 때문에 친화성은 진화론적 측면에서 보았을 때도 중요하다.

> 만약 30명이 수렵/채집을 하면서 사는 사회일 때부터 인간 진화의 99%가 일어났다고 가정하면, 사회적 생활을 할 때 개인의 친화성이 중요한 역할을 했을 수밖에 없다. 친화성이 낮은 개인들은 당연히 사회적 집단에서 제외되고 소외되었을 것이다(Graziano & Eisenberg, 1997, p. 798).

친화성의 중요한 구성요소 중 하나는 Graziano와 Eisenberg(1997)가 '친사회적 경향'이라고 부른 개념이다. 친사회적 행동은 타인에게 혜택을 주려는 목적으로 독립적으로 하는 행위를 말한다. 친사회적 행동을 자주 하는 개인들은 친절하고, 착하고, 도움을 잘 주고, 관대하다. 여기에는 가정 환경의 조건도 매우 중요한데, 가정에서부터 친사회적 행동이 시작되고 발전되는 경우가 많기 때문이다. 다문화 간 연구를 살펴보면 다른 가족구성원을 계속적으로 도우도록 가르침을 받은 아이들은, 그렇지 못한 아이들에 비해서 친사회적 행동을 더 잘한다고 한다(Whiting & Whiting, 1975). 나아가 아이들은 자신의 이익을 중요시하지 않고 타인을 위하는 태도를 보이는 이타주의적 행동을 볼 때 친사회적 행동을 할 확률이 더 높아진다. 성인기의 '이타주의적 성격'을 알아본 연구에서 비슷한 것을 확인할 수 있는데, 성인들 사이에서의 이타주의는 공감 정도, 사회적 책임감, 높은 도덕적 잣대 등으로 판단가능하다(Bierhoff, Klein, & Kramp, 1991; Carlo, Eisenberg, Troyer, Switzer, & Speer, 1991; Krueger, Hicks, & McGue, 2001; Oliner & Oliner, 1988; Penner, Dovidio, Piliavin, & Schroeder, 2005).

돌봄에 있어 친화성이 높은 특성을 가진 부모들은 친화성이 낮은 부모들보다 양육을 더 효과적으로 할 것으로 기대된다. Belsky, Crnic, Woodworth(1995)는 아이가 10살 되던 해에 어머니와 아버지의 특성을 측정하고, 그다음 15~21개월 이후에 아이들이 부모와 가정에서 어떻게 상호작용하는지를 살펴보았다. 아이들 역시 감정상태의 변화가 측정되었다. 친화성이 높은 부모들은 아이들의 긍정적 감정을 이끌어내며, 이를 통해 인지적 자극의 수치를 높이고 상호작용에서 분리와 무시의 수치는 낮은 것으로 나타났다. 친화성은 특히 어머니의 양육자로서의 질을 예측해주는 강력한 변수가 된다. 신경증 또한 연관성이 있었다. 부모의 높은 신경증은 부정적 감정을 이끌어내어 귀찮은 상황을 만들기 때문에 아이와 부모는 예민한 상호작용을 갖게 되는 것으로 나타났다. 연구자들은 "아이들의 측면에서, 친화적이고 신경증이 높지 않은 어머니와의 매일의 즐거운 상호작용은 더 좋은 결과를 낼 수 있다고 보았다(p. 926)."

우정의 관계도 마찬가지다. 높은 친화성은 좋은 대인적 관계와 갈등해결로 이어진다는 연구결과는 많다. 친화력이 강한 청소년들은 싸움과 충돌을 피하고, 왕따를 시키거나 왕따의 대상이 될 가능성도 적은 편이다(Jensen-Campbell et al., 2002). 갈등이 있는 상황에 오면 친화적인 사람들은 충돌을 피하거나, 타인과 따뜻한 관계를 유지하는 등의 행동적 전략을 보인다(Jensen-Campbell & Graziano, 2002). 친화성은 또한 개인의 강한 감정을 억제하고 타인과의 관계를 우선시하는 태도와도 연결된다(Tobin, Graziano, Vanman, & Tassinary, 2000).

Asendorph와 Wilpers(1998) 연구를 보면, 사회적 관계의 질과 성격특성의 관계를 알아볼 수 있다. 연구자들은 18개월 동안 132명의 독일 학생들의 사회적 관계를 알아봤다. 학생들은 18개월 동안 총 여섯 차례에 걸쳐서 자신이 생각하는 가장 중요한 대인관계들을 나타내는 설문지를 작성했는데 여기에는 이성관계, 가족관계, 친구관계가 포함되었다. 가장 중요한 부분 중 하나는 타인과의 연락을 취하는 정도, 사회적 지지나 후원의 정도, 사랑에 빠지는 횟수, 대인관계에서의 갈등 등이었다. 또한 학생들은 21일 동안 일기를 썼는데, 여기서는 그들이 겪은 모든 사회적 관계를 기록했다. 성격특성의 개인 간 차이를 알아보기 위해, 성격요소를 알아보는 실험이 6개월마다 동시에 진행되었다.

Asendorph와 Wilpers(1998)는 어떤 특성이 대인관계를 예측하고, 어떤 대인관계가 어떤 특성을 예측하는지를 결과를 통해 알 수 있었다. 학생들의 성격특성은 시간이 지나도 비교적 안정적이었던 반면, 대인관계는 매우 중요하게 변화했다. 보편적으로 개인적 성격특성의 차이점은 사회적 관계에 영향을 주었지만, 그 반대는 적용되지 않았다. 외향성, 성실성, 친화성의 특성은 사회적 관계의 양과 질에 영향을 주었지만 이러한 관계에서의 큰 변화는 성격특성에는 영향을 미치지 않았다는 의미다. 외향성이 높으면 더 폭넓은 사회관계로 이어졌고, 더 많은 친구를 사귀는 결과를 낳았다. 외향적 사람들은 내향적 사람들에 비해 18개월 동안 사랑에 빠지는 빈도도 더 높다. 성실성은 가족구성원과의 잦은 연락을 예측해주었다. 친화성은 갈등의 정도를 예측했다. 친화적인 학생들은 이성과의 관계에서 갈등을 경험할 확률이 더 적었다. 친화적인 사람들은 대인적 관계에서 스트레스가 발생할 때 타인을 더 위하는 태도를 보였고, 사랑하는 사람들과 심각한 충돌을 피하려고 했다. 사랑의 분야에서, 친화력이 좋은 사람들은 평화와 조화를 유지할 줄 안다.

삶

성실성과 친화성의 장점은 일과 사랑 그 이상의 의미가 있다. 성실성과 친화성이 높을수록, 전체적인 삶의 질이 높아지고 수명이 길어진다는 연구결과도 있다. McCrae와 Costa(1991)는 성실성과 친화성의 자가 측정 설문지 결과가, 심리학적 안정감과 양의 상관관계를 이룬다고 주장했다. 429명의 성인을 대상으로 한 조사에서 성실성과 친화성이 높을수록 긍정적 감정이 높아졌다. 그들은 안정감을 만들어내는 좋은 인생의 조건이 높은 성실성과 친화성에서부터 나온다고 생각했다.

> 성격특성이 긍정적, 부정적 감정을 경험하게 하는 경향에 직접적인 영향을 미칠 수도 있지만, 안정감에 간접적인 영향을 줄 수도 있다—특정 특징은 행복함이나 불행함을 만들어낼 수 있다는 것이다. 특히 성실성과 친화성의 개념은 안정감에 큰 영향을 준다고 알려져 있다. 친화성이 높은 사람들은 따뜻하고 사랑이 많으며 관대하다. 성실한 사람들은 경쟁력 있고 열심히 일하며 효과적이다. 친화성이 만들어내는 대인적 장점과 성실성이 만들어내는 목표달성력은 더 높은 인생 만족감과 좋은 삶의 질로 이어진다. Freud가 말한 *Liebe und Arbeit*(사랑과 일)이 바로 이런 의미다(p. 228).

사람의 수명에 성격특성이 어떤 역할을 하는지 알아본 연구는 지능적으로 특수한 사람을 대상으로 한 조사에서 특히 중요해진다. 1921년 Lewis Terman과 동료들은 심리학의 역사상 가장 유명한 종단연구를 실시했다. 캘리포니아에 살고 있는, 지능이 평균보다 매우 높은 1,500명의 아이들을 대상으로(평균 연령 11살) 5년이나 10년마다 다양한 심리학적 실험을 실시한 것이다. 대부분 유명한 사업가, 의사, 변호사, 교사, 작가 등 성공적인 직업을 가졌지만 이 외에도 다양한 결과가 나타났다.

1986년이 되자, 원래 시작한 숫자의 3분의 2 정도가 살아 있었다. 대부분 이때 70세였다. 이때 대상의 어렸을 때 성격특성, 가족의 스트레스, 성인기의 적응, 건강행동 등을 측정했다(Friedman et al., 1993, 1995). 여기서의 목적은 어릴 때와 성인기의 심리학적, 사회적 요소를 비교해 수명을 예측하는 것이었다. 한 연구에서 70세가 되기 전에 사망한 경우와, 70세가 되고 나서 살아 있었던 사람들의 정보를 비교했다. 여기서는 **생존분석**(survival analysis)이라는 유명한 통계적 방법이 사용됐다. 이는 특정한 예측요소를 통해서 사람들의 수명을 분석하는 방법이다.

인간의 수명을 결정짓는 가장 유명한 요소 중 하나는 성별이다. 여성이 남성보다 더 오래 산다

정신증적 경향성—낮은 성실성, 친화성 수치 및 기타 단점

Eysenck는 성격특성이 세 가지 큰 틀(외향성–내향성, 신경증, 정신증적 경향성)로 나눠질 수 있다고 생각했다. 첫 두 가지는 Big 5에서 외향성과 신경증에 해당되지만, 마지막은 어떨까? Eysenck(1952)는 정신증적 경향성에 대한 민감도는 성격의 중요한 측면이라고 주장했다. 19세기에도 현대 정신의학의 창시자들은 정신분열증을 가진 사람들의 생물학적 가계도, 기이한 생각 등 비정상적 징후를 증명했다. 그렇다면 일반적인 대중의 경우는 어떨까? Eysenck는 대중에게도 정신증적 경향성을 찾을 수 있다고 생각했고, 심하면 정신병으로 분류될 수 있는 특징들을 평가할 수 있는 질문지를 만들었다.

정신증적 경향성을 평가하는 질문지는 타인에게 피해를 주는 장난을 좋아하는지, 동물이나 아이들의 고통에 무감각한지, 이상한 생각이나 느낌을 경험하는지 등 다양한 행동적·태도적 특성에 대한 질문을 한다. 수치가 높게 나오는 사람들은 굉장히 충동적이고, 타인에게 관심이 없고, 순응하지 않으며, 공격적이고, 비인간적이고, 책임감이 부족하다. 법과 위험을 무시하며 타인의 감정에 공감하지 못한다. 기이한 것을 선호하는 특징이 있으며, 사회적 문제에 있어서 극단 좌파나 우파를 선택하는 등 극단적인 성향을 보인다. 반대로 정신증적 경향성이 낮은 사람들은 협동적이고, 공감을 잘 하고, 마음이 여리며 전통적인 성향이 강하다. 이러한 일반화와 동일하게 연구에 의하면 정신증적 경향성이 높은 개인들은 결혼 생활이 불만족스럽고, 직업 만족도도 낮으며, 불륜 가능성이 높고, 다양한 종류의 고위험 행동을 할 가능성이 높고, 폭력을 인정하는 편이다(Corr, 2000). 이를 연구한 논문들을 보면 강한 반사회적 특징이 일반적으로 나타난다.

정신증적 경향성과 정신병에 대한 민감도는 어린 나이부터 판단가능하다(Corr, 2000). Eysenck의 정신증적 경향성 시험의 아이들 버전에서 수치가 높게 나온 아이들의 경우, 행동이나 교육적으로 문제가 많고 반사회적 행동을 많이 보이는 편이다. 또한 교사가 평가할 때 극렬하게 순응하지 않고 방해를 잘 한다고 말한다. 실험연구를 보면, 이 수치가 높은 사람들은 자극분석을 하는 데 장애가 있을 수 있다. 중요하지 않거나 관련이 없는 자극을 구별해내지 못하는 것이다. 이는 환각증세를 호소하는 정신분열증 환자의 증상과도 비슷하다. 나아가 문제가 있는 자극분석은 신경증의 특징인 사회화 부족으로 이어질 수 있다(Cale, 2006). 하지만 긍정적인 면도 있다. 정신증적 경향성이 높은 개인들 중에는 유동적이고 풍부한 인지적 생각을 통해 높은 창의력을 보이는 경우가 있다.

정신증적 경향성은 Big 5에서 어디에 해당할까? Eysenck가 바라본 정신증적 경향성은 친화성과 성실성에서 매우 낮은 수치에 해당된다. 성실성과 친화성이 모두 낮게 나오는 개인들과 마찬가지로 정신증적 경향성을 앓는 사람들은 책임감이 없고, 동의하지 않으며, 잔인하고 공격적이다. 반대로 이 수치가 낮은 사람들은 비교적 친화력이 좋고 성실하다. 친화성과 성실성 말고도 Eysenck 개념에 다른 요소들도 있을 수 있다. 강한 충동적인 요소는 외향성과 신경증의 특징과 일치하고, 딱딱하고 극단적인 이데올로기적 생각들은 경험에 대한 개방성 수치가 낮은 것과 유사하다. 하지만 가장 이상하고 정신병적인 특징들을 Big 5에 위치시키기가 힘들다. 성격 및 임상심리학자들은 이상심리학을 Big 5 중에서 어디에 놓아야 하는지에 대한 의견을 통일하지 못했다. 어떤 사람들은 서로 다른 정신병의 특징은 정상심리학의 범위 안에 포함되지 않는다고 주장한다. 다른 사람들은 정신병이 종류가 다른 것은 아니며, 단순히 우리가 '정상'이라고 생각하는 범위 밖에 위치한 경우라고 설득한다. 이 논란은 쉽게 해결될 문제는 아니다. 하지만 정신증적 경향성의 특징에 있어서는 굉장히 낮은 친화성과 성실성, 그리고 다른 단점들을 가진 분야라고 결론지을 수는 있다.

는 결과가 나왔다. 가정생활의 스트레스도 중요한 요소였다—스트레스가 클수록 오래 살지 못한 것이다. 다른 중요한 요소 중 하나는 어릴 때의 성격이었다. 구체적으로 말하면, 성실성을 기준으로 측정된 어릴 때의 성격특성은 Terman 연구에서 대상들이 얼마나 오래 살지를 예측하는 데 중요한 역할을 했다. 성실하고 사회적으로 책임감 있는 사람들이 더 오래 살았다는 뜻이다. 이 연구의 결과는 그림 5.4에서 알아볼 수 있다. 네 곡선은 각각 높은 성실성 여성, 낮은 성실성 여성, 높은 성실성 남성, 낮은 성실성 남성을 의미한다. 여성을 먼저 보자. 성실성이 높았던 여성들은 70세 이후로 살 확률

그림 5.4	생존과 성실성

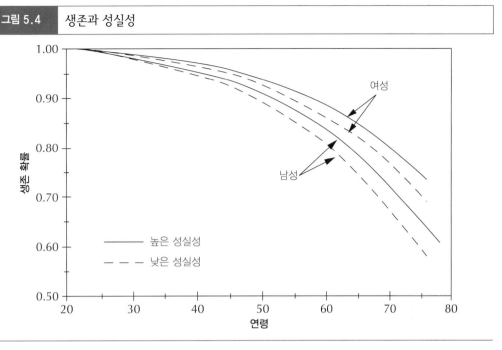

나이가 많아질수록 20살이 생존하게 될 확률은 성기능(여성이 더 오래 생존)과 성실성의 특성(높은 성실성은 장수와 연관)을 나타낸다.
주 : 높음 = 아동기 때 성실성 수준 상위 25%에 해당. 낮음 = 아동기 때 성실성 수준 하위 25%에 해당.

이 82%로 높았고, 성실성이 낮은 여성은 77% 정도를 기록했다. 남성은 각각 73%, 67%를 기록했다. 큰 차이가 아닌 것처럼 보이지만, 그렇지 않다. 학자들은 어렸을 때 성실성과 수명 간 관계는 고혈압이나 콜레스테롤의 영향만큼 강한 요인으로 작용한다고 말한다. 다른 말로 하면, 수명에 고혈압이 미치는 부정적 영향만큼, 낮은 성실성이 미치는 부정적 영향도 크다는 뜻이다. 사회성, 자기만족, 정서적 안정감, 에너지 정도를 포함한 다른 성격특성은 이 연구에서 수명과 큰 관계가 없었다.

성실성이 수명과 연관되는 이유는 무엇일까? 한 가지 가능성은, 성실성이 높은 사람일수록 더 건강하게 살기 때문이다. 건강을 촉진하는 행동을 하고, 건강을 해치는 행동은 피할 가능성이 높다. 미국에서 사망의 주된 원인은 흡연, 식습관, 알코올, 총기 사건, 성적 행동, 난폭운전과 사고, 약물남용 등이다. 성실한 사람들은 사회적으로 용인된 관습을 지키고 목표지향적 삶을 살아가기 때문에 이러한 행동을 할 확률이 낮은 것이다. HIV와 관련된 흑인을 대상으로 한 실험에서 성실성이 높은 사람들(그리고 신경증이 낮은 사람들)일수록 성관계에 있어서 피임을 하고, HIV와 관련된 위험한 행동을 하지 않는다는 결과가 나왔다(Trobst, Herbst, Masters, & Costa, 2002).

Bogg와 Roberts(2004)는 건강심리학과 관련된 폭넓은 연구를 통해서 성실성 관련 특성과 건강 관련 행동 간 관계를 알아보았다. 총 194가지 연구가 채택됐다. 다양한 연구결과를 통계적으로 분석하는 메타분석을 통해서, Bogg와 Roberts는 성실성 관련 특성은 안정적인 건강 관련 행동과 양의 상관관계가 있다고 입증했다. 표 5.6을 보면 그들이 알아본 행동과 성실성 정도, 둘 간의 관계를 확인할 수 있다. 상관관계 정도가 작아 보일 수 있지만(0.05부터 0.28 사이), 모두 통계적인 의미가 있다.

표 5.6	많은 연구를 통한 성실성과 관련된 특성과 건강과 관련된 행동 사이의 평균 상관관계		
행동	*r*	학생 번호	*N*
운동과 헬스 활동	0.05	17	24,259
과도한 음주	−0.25	65	32,137
약물 사용	−0.28	44	36,573
건강하지 않은 다이어트	−0.13	14	6,356
위험한 운전	−0.25	21	10,171
위험한 성관계	−0.13	25	12,410
자살 시도	−0.12	19	6,087
문신	−0.14	46	46,725

주 : "*r*"은 여러 연구의 평균 상관관계. "*N*"은 여러 연구에서의 참여자 수.
출처 : "Conscientiousness and Health-Related Behaviors: A Meta-Analysis of the Leading Behavioral Contributors to Mortality," by T. Bogg and B. W. Roberts, 2004, *Psychological Bulletin*, *130*, p. 908 인용.

그리고 이 분석에서 표본 크기가 매우 작다는 것을 생각할 때 특히 더 중요한 결과다. 성실성은 운동의 정도와 관계가 있고, 지나친 알코올 섭취나 위험한 운전, 자살시도 등 건강을 해치는 행동과도 음의 상관관계가 있다. 가장 강력한 음의 상관관계는 성실성과 불법적 마약 간 관계에서 나타난다.

요약

1. Carl Jung과 Hans Eysenck에 의해 현대 심리학에 소개된 외향성-내향성(E)은 인간의 성격에서 사교적인, 단호한, 즐거움을 추구하는, 긍정적인 감정을 잘 느끼는 것과 같은 특성을 포괄한다. 외향성이 높은 사람들은 일반적으로 외향적이고 사교적이며 에너지가 넘치는 것으로 표현되었다. 내향성이 높은(외향성이 낮은) 사람은 일반적으로 회피적이고 조용하며 내향적으로 보인다. 성격심리학에서 가장 잘 연구된 특성을 논의할 때 외향성은 경험적으로 사회적 행동, 직업 선택, 학습과 감정적 삶과 연관이 많은 것을 알 수 있다. 외향성과 관련된 최근의 연구들은 외향성이 높은 사람들은 내향적인 사람들보다 좀 더 긍정적인 감정적 사건을 경험하며 행복과 삶의 만

족감이 높은 것으로 나타났다. 이러한 관계를 설명할 수 있는 근거에는 향상된 사회적 기술, 신뢰, 사회적 관계에서의 적극성 등이 있다. 또한 사회적 처벌을 간과하고 무시하는 경향이 있다. 외향성과 긍정적 감정 사이의 연관에 대한 경험적 근거들은 너무나 일관적이어서 몇몇 심리학자들은 외향성을 "긍정적 정서"로 정의해야 한다고 주장하기도 한다.

2. Eysenck는 성격 5요인의 두 번째 특성인 신경증에 대한 연구와 이론의 선두주자다. 이 특성은 만성불안, 우울, 과도한 감정, 긴장, 우울감, 적대감, 취약성, 자의식적인, 침울함 등의 특성을 나타내며, 감정적 불안정(높은 신경증)에서 감정적 안정(낮은 신경증)에 걸쳐 있는 연속체로 표현되곤 한다. 신경증 특성

에서의 개인차는 상호관계적 대화 패턴에서부터 건강상의 문제에 이르기까지 다양한 범위의 행동적 특성과 연관되어 있다. 높은 신경증을 보이는 사람은 낮은 사람에 비해 좀 더 부정적인 감정을 불러일으키는 사건에 민감한 반응을 보인다. 신경증과 부정적 감정 사이의 연관은 지속성이 높기 때문에 심리학자들 가운데는 신경증을 "부정적 정서"로 정의해야 한다고 주장하기도 한다. 신경증이 높은 사람들은 삶에서 높은 스트레스를 경험하며 상대적으로 효율성이 떨어지고 스트레스를 다루는 데 있어 생산적이지 못한 대처전략을 활용할 수 있다.

3. Eysenck는 외향성에서의 개인차는 중추신경계 체계에서 비롯된다고 보았다. 좀 더 구체적으로 말해보면, 뇌망의 활동체계에서 기능이 다르며 각성수준도 각기 다르다고 말할 수 있다. 외향적인 사람은 일반적으로 낮은 수준의 각성체계를 갖고 있으며 각성을 최적의 상태로 끌어올리기 위해 좀 더 많은 자극을 추구하곤 한다. 이와 대조적으로, 내향적인 사람은 일반적으로 각성수준이 높으며, 좀 더 쉽게 각성이 빨리 되기 때문에 사회적 자극으로부터 더 빨리 철수를 하곤 한다. Eysenck의 이론을 생물학적으로 지지하는 근거는 뒤섞여 있다. 부분적으로는 오늘날의 심리학자들이 피질의 각성에 대한 개념의 타당성에 의문을 던지기 때문이다. 하지만 새로운 연구주류에서는 외향성 또는 긍정적 정서에서의 개인차는 뇌의 행동접근체계(BAS)와 연관되어 있는 것이라고 주장한다. BAS는 보너스를 주는 상황에서 긍정적으로 접근하는 행동체계를 갖는 것과 연관된다. 신경전달물질인 도파민은 BAS에 근거하여 접근의 경험과 긍정적 감정과 연관되어 있는 것으로 보인다.

4. Eysenck는 신경증에서의 개인차는 생물학적으로 뇌의 변연계에서의 차이에 근거해 있다는 신념을 유지해온 반면, 최근의 연구들은 행동억제체계(BIS)를 더 다뤄왔다. BIS는 위험, 처벌, 극단적인 새로움에 반응하는 역할을 담당한다. 최근의 연구는 또한 BIS가 접근과 회피성향 사이의 갈등을 다루는 데 중점적인

역할을 하게 된다는 데 주목한다. BIS의 중요한 요소 가운데 하나는 전두엽의 작은 아몬드 모양의 부위인 편도체인데, 편도체는 두려움을 생성하고 통제하는 역할을 하는 것으로 보인다.

5. 외향성과 신경증 사이의 구별과 같이 BAS/BIS 차이는 뇌의 대칭에서 나타날 수 있다. 최근의 연구는 좌측 전두엽의 활동성은 BAS의 기능과 접근행동에 연관되어 있다는 점을 지적해준다. 반대로, 우측 전두엽 부위는 회피적 행동 및 두려움, BIS의 반사행동과 같은 것에 관련되어 있을 것이다.

6. "문화", "지성", "호기심이 많은 지성"과 같이 다양하게 불리는 경험에 대한 개방성은 인지적 기능과 관련된 성격의 많은 부분을 담당한다. 지성은 일반적으로 개방성의 한 측면으로 보여지지 않으나 높은 개방성을 가진 사람은 많은 지적 흥미를 갖고 있다고 보고 있다. 그들은 상상력이 풍부하며, 흥미가 많고, 마음이 열려 있으며, 창조적이고 지적으로 대담하며, 비보수적이고 복잡한 특성을 나타내준다. 반대로 개방성 수치가 낮은 사람들은 상상력이 적고, 실용적인 것을 추구하며, 실제적이고 좁은 관심을 갖고 있고, 상대적으로 단순하다. 개방성은 교육과 높은 상관이 있다. 또한 경험적으로 풍부하고 복잡한 감정적 삶 및 삶의 도전에 유연하게 대처하는 것과 많이 연관되어 있으나, 다소 기괴하고 의심적인 현상에 대한 믿음이나 마술적이고 기괴한 생각과는 상관이 적은 것으로 보인다. 정치적 견해와 직접적으로 연관된 유일한 성격 5요인 특질로, 개방성이 높은 사람은 다소 사회정치적 현상에 좀 더 자유롭다(진보적이고, 변화를 추구하며 전통적 권위에 회의적이고, 경쟁적인 관점을 잘 견뎌냄). 반면 개방성이 낮은 사람들은 좀 더 보수적인 특성을 보인다(변화에 안정성을 추구하고 권위에 복종적이며 화합을 추구하거나 통합된 관점을 추구함).

7. 극단적으로 낮은 개방성과 연관된 한 가지 흥미로운 성격특성은 권위주의자의 성격특성에 관한 것이 있다. 권위주의자는 보수적인 가치, 권위에 대한 비판

단적인 태도, 삶의 상상력이 풍부하고 주체적인 모습에 대항하며, 힘 있고 단단하며, 냉소적이고 사회 및 지역의 전통적 가치관에 부합되지 않는 사람을 비난하는 경향이 있다. 권위주의자는 집단을 벗어난 사람들에 대해 과도한 편견을 갖고 있으며 위협에 맞서 공격적인 행동을 하는 것에 강한 동의를 표한다. 낮은 개방성과 권위주의는 같지 않지만, 그들은 공통점이 많다. 이 둘은 모호함을 잘 못 견딘다.

8. 성실성은 열심히 일하고, 자기통제적이고, 책임감이 있으며, 신뢰할 만하고, 의무감에 차 있으며, 조직적이고 인내심이 강한 특성을 갖고 있다. 성실성에서 개인차는 업무에서의 효율성을 예측할 수 있게 한다. 많은 직업군에서 성실성이 높은 직장인은 직장 상사나 동료들로부터 유능하다는 평가를 받는다. 반면 성실성이 낮은 사람은 결근이 잦으며 해고를 당하기도 한다. 일반적으로 높은 성실성은 낮은 성실성을 가진 사람들보다 좀 더 규칙을 지키는 성향이 있다. 낮은 성실성을 보이는 사람들은 알코올 남용, 범죄, 심지어 난폭한 운전 등의 문제행동을 보일 수 있다. 70년간 이루어진 종단연구에서 지적능력이 있었던 남녀는 어린 시절에 높은 성실성을 보였으며 이들은 장수하는 것을 볼 수 있었다. 어린 시절에 낮은 성실성을 보인 사람에 비해 높은 성실성을 보인 사람은 좀 더 장수하게 되는 것으로 나타난 것이다.

9. "친화적", "사교적" 등으로 다양하게 이름 붙여진 친화성은 사랑, 동정, 친밀감, 협력, 돌봄, 이타주의, 애정 등의 표현에 어울린다. 친화성의 부정적인 극단은 적대감, 공격성을 보이는 것이다. 한 연구에 의하면 높은 친화성을 가진 어머니들은 그렇지 않은 어머니들과 비교했을 때 유아에게 좀 더 따뜻하고 인지적인 자극을 제공해주는 것으로 나타났다. 친화성에서 높은 점수를 보인 학생들은 이성과의 의견충돌이나 갈등이 적은 것으로 나타났다.

10. Eysenck의 정신병에 대한 개념은 정신병리와 정신증의 경향으로 언급되었다. 이러한 특성은 매우 낮은 친화성 및 성실성과 연관될 뿐만 아니라 기괴하고 비논리적인 사고패턴 같은 문제가 있는 특성을 나타낸다. 일반적으로 성격 5요인 특성의 스키마와 성격에 관한 가장 최근의 연구에서 가장 주된 관심은 다소 정상적인 사례에서 얻어진 개인차와 관련된다. 따라서 정신병은 성격심리학에서 광범위한 연구의 초점이 되지 못했다. 심리학자들은 정상 사례를 통해 얻은 성격특성에 관한 범위를 심각한 정신병리에는 접목시킬 수 없다고 보았다.

CHAPTER 6

특성의 지속성과 가변성 : 유전, 환경, 시간의 역할

Continuity and Change in Traits: The Roles of Genes, Environments, and Time

당신은 고등학교 동창회에 아직 참석하지 않았을 수 있는데, 나는 한 번 가본 적이 있다. 1982년 난 10년 기념 고등학교 동창회를 위해 인디애나 주 게리로 갔다. 500명의 졸업생 중, 총 200명 정도가 참석했다. 18세에서 28세가 되면 많은 일이 변화하고, 일어난다. 청소년기를 같이 보냈던 사람들 사이에서 나는 결혼하고, 교육을 잘 받은, 직업을 가진 어엿한 성인이었고, 무엇보다 10년 전보다 더 자신감 있었다. 나뿐만 아니라 내가 만난 고등학교 동창생들도 모두 변화한 것처럼 보였다. 우리 모두는 성인이 되었고, 상당수가 대학교로 진학했고, 몇몇은 군인이 되었으며, 몇은 세계여행을 했다. 우리 인생의 상황이 많이 변화한 것이다.

그렇다면 우리 자체도 변화했을까? 예전의 우리와 지금의 우리 자체가 다른 것일까? 우리 중 몇을 보면, 대답은 확실히 "그렇다"였다. 메리 앤 크롬웰의 경우를 보자. 그녀는 고등학교 때 매우 부끄러움을 타고 옷도 잘 못 입는, 유명하지 않은 마른 소녀였다. 내 친구를 괴롭히기 위해서, 친구가 메리 앤과 사귀는 사이라는 소문을 장난으로 퍼트리기도 했다. 수학 시간에 내 옆에 앉았지만, 거의 대화도 하지 않았다. 하지만 이번 동창회는 '메리 앤의 복수'라고 이름 지어져도 될 정도였다. 그녀는 매우 아름다운 여성이 되어, 10년 전에는 그녀를 거들떠보지도 않던 남자들의 시선을 한 몸에 받고 있었다. 경영대학원에 진학해 성공적인 커리어를 쌓고 있었다. 가장 놀랐던 점은 그녀가 매우 적극적이고 사교적인 성격으로 변했다는 것이다. 고등학교 때 그녀를 잘 몰라서일 수도 있지만, 다른 사람들 모두 그녀가 그렇게 변화했다는 데 놀라는 눈치였다.

하지만 반대의 경우도 있다. 로버트는 내가 고등학교 때 메리 앤과 사귄다는 소문을 퍼트렸던 친구였는데 그는 항상 사회적으로 우위에 있고, 모험을 좋아하고, 사교적이고, 성실하지는 않은 인물이었다. 동창회 때도 그대로의 모습이었다. 그는 관심의 중심에 있었으며, 자기 자랑하기를 좋아했고, 사람들은 여느 때처럼 그의 생각을 무분별하게 인정하기 시작했다. 그가 성격상 달라진 점 한 가지가 있다면, 10년 전과는 달리 메리 앤에게 말을 걸려고 노력했다는 것이다.

메리 앤은 많이 변화한 경우였지만, 동창회를 보편적으로 생각해보면 로버트와 같은 경우가 훨씬 더 많았다. 성격의 지속성(continuity)이라는 개념이 특히 중요하게 느껴진 날이었다. 10년 전과 성격차이가 별로 없었던 것이다. 사람들의 특징적 사회적 습관, 타인과 이야기하는 방식, 대화 주제 등이 여전히 비슷했다. 마이클은 여전히 가장 재밌었고, 로베르타는 여전히 사회에 대항했고, 케빈은 스포츠에 집착했으며, 바바라는 유혹적인 춤을 췄고, 키스는 여전히 우울해보였다.

내가 말한 메리 앤의 느낌이나 로버트의 사회적 우월성, 키스의 우울함 등은 사람들의 성격특성의 자질이었다. 사람들의 성향적 특성은 시간에 따라 변화할까? 아니면 안정적 상태를 유지할까? 40년 후 로버트를 만나도 여전히 사회적 우월성을 확인할 수 있을까? 메리 앤은 더 많은 변화를 겪을까? 성격특성에 있어서 안정성과 변화의 문제는 자연스럽게 다른 질문으로 이어진다―**성격특성은 어디서부터 오는가?** 그냥 생기는 것은 아니기 때문에, 어떻게든 시간이 지나면서 '생기는' 특징일 것이다. 그 과정은 유전, 환경 중 어느 요소에 의해서 일어날까? 이것은 성격심리학에서 가장 중요하게 여겨지는 질문 중 하나다.

특성의 지속성

일상생활의 대화에서 사람이 특정 성격특성을 가지고 있다고 말하면 어느 정도의 시간에 따라 지속적이라는 의미를 가지고 있다. 내 조카가 매우 '사교성 있는' 사람이라고 한다면, 시간이 지나도 그는 그러한 특징을 보일 것이라는 뜻이 내재되어 있다. 순간적으로 달라질 수는 있지만 사교성 있는 **성향을 가졌**다는 의미다. 이 특성이 지속되는 기간이 정확히 어느 정도인지는 확신할 수 없다. 일주일 후에도 그렇다는 뜻일까? 그건 아마 맞을 것이다. 내년? 아마도. 20년 후? 그건 모른다. 앞으로 남은 인생 동안 항상 그렇다는 의미일까? 아니, 꼭 그렇지는 않을 수 있다.

사람들이 일상적 대화에서 성격특성 관련 언어를 사용할 때, 그들은 심리적 특성의 몇몇 특징은 '어느 정도의 기간 동안' 지속된다는 전제를 하고 있다. 이러한 이유 때문에 심리학자들은 단기적 관점에서 성격특성이 매우 높은 재검신뢰도(test-retest reliability)를 보여야 한다고 주장한다. 한 순간에는 이랬다가, 다른 순간에는 갑자기 변화하면 안 된다는 것이다. 그렇다면 정확히 성격특성의 지속성은 어느 정도의 시간을 말하는 것일까? 초기 성인기부터 성인기 중반? 아니면 유아기에서 노년?

지속성의 두 가지 개념

이 질문에 답하기 전에, 성격특성의 지속성에 있어서 두 가지 매우 다른 개념을 알아보고 넘어가야 한다.

첫째, **절대적 지속성**(absolute continuity)이다. Caspi(1998)는 지속성이 "시간이 지나도 변화하지 않는 특성의 질이나 양"(p. 346)이라고 정의했다. 절대적인 관점으로, 로버트는 1972년과 1982년에 어느 정도의 사회적 우월성을 가지고 있었을까? 1972년도에 측정했을 때 27이라는 결과가 나왔다고 가정해보자. 1982년도에도 27이 나왔다면, 로버트는 10년 단위로 봤을 때 사회적 우월성 특성에서 절대적 지속성을 보였다고 말할 수 있다. 하지만 이 개념은 개인에게 적용되는 경우가 거의 없으며, 보통 주어진 특성의 집단적 평균을 이해할 때 적용된다(Caspi, 1998). 예를 들면 1972년 내가 다니던 고등학교 졸업생의 사회적 우월성을 측정한 수치의 평균과, 10년 후 같은 집단을 대상으로 측정한 수치의 평균을 비교하는 방식이다. 이렇게 되면 "인생의 10년 시기 동안 사람들의 사회적 우월성에서의 절대적 지속성은 어느 정도로 예상할 수 있는가?"라는 질문에 대답하는 것이 가능해진다. 18살 때와 28살 때 집단의 평균치가 비슷하다면, 집단이 전체적으로 이 특성에 있어서 지속성을 보였다고 말할 수 있다. 18살이었을 때와 28살이었을 때 사람들은 사회적 우월성을 비슷하게 가지고 있었다는 의미다.

절대적 지속성의 문제는 인간 발달의 문제를 고려할 때 중요하게 다가온다. 예를 들면 몇몇 발달이론에 의하면 청소년기는 많은 사람에게 있어서 혼란과 불안감의 시기이지만, 성인기로 접어들면서 이러한 문제가 완화된다고 한다(Blos, 1979). 그렇다면 내 고등학교 동창생들의 경우를 생각해보면 불안감이나 불안정성, 반항성을 측정한 집단 평균 수치는 1982년보다 1972년에 더 높았을 것이라고 예상할 수 있다. 이렇게 되면 이 시기에 절대적 지속성은 일어나지 않았으며, 보편적으로 사람들이 특성적 변화를 겪었다는 결론이 나온다. 1972년과 1982년의 동창생들을 실제로 조사해볼 수는 없었지만 전체적인 내 느낌에 비추어볼 때 많은 특성에 있어서 절대적 지속성이 확인되기는 했지만, **집단 전체를 대상으로 보면 몇 가지 바뀐 점이 있는 것 같았다.** 28살인 우리들은, 10년 전 우

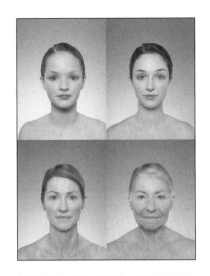

성격특성에 대한 개인차는 세월이 흐를수록 더욱 명료해진다. 이 여성 또한 삶에서 세 가지 다른 특성을 나타내 보였는데, 너무나 분명한 성격특성(예를 들면 외향성, 친화성, 신경증)이 세월의 흐름에 따라 더욱 명료해졌다(출처 : Frank Schwere/Stone/Getty Images).

리들보다 더 안정적이고 정체성 문제에 있어서 편안해보였다. 실제로 실험을 했다면 사회적 불안감의 정도는 18세 때보다 28세 때 더 낮게 나왔을 것이고, 친화성은 조금 높게 나오지 않았을까 싶다.

차별적 지속성(differential continuity)은 "집단에서의 상대적 위치를 고려한 시간이 지날 때 측정되는 개인 적 차이의 지속성"(Caspi, 1998, p. 345)을 의미한다. 로버트가 18살 때만큼 28살 때도 사회적으로 우월했다고 말하는 것은, 차별적 지속성을 의미한다. 친구들에 비해 사회적 우월성이 높은 성향이 있다는 뜻이다. 차별적 지속성은 주어진 상황에서 개인의 상대적 위치를 항상 생각한 개념이다. 로버트의 경우 고등학교 동창생 100명 중 1972년에는 두 번째 혹은 세 번째 정도로 우월성이 높았다고 말할 수 있다. 10년 이후 관찰한 결과도 동창생들과 비교했을 때 그 정도의 위치에 있음을 나타냈다. 그의 절대적인 위치만을 생각한 결과가 아니라, 다른 사람들과 비교했을 때 상대적인 위치를 고려한 것이다. 이 특징에 있어서 높은 차별적 지속성을 기록한 사람들은 이 특성에서의 높은 위치를 한 순간만 기록하는 것이 아니라, 시간이 지나도 그 위치(상대적 집단 안에서의 위치)가 일정해야만 한다. 앞에서 말한 바바라, 키스, 댄, 로버트 모두가 10년의 시간이 지난 다음에서도 '순서(ranking)'가 비슷해야 한다.

주어진 성격특성 차원에서 상대적 위치를 고수하는 개인의 특성은 상관계수(correlation coefficient)와 관련이 있다. 상관계수는 시기 1(이 경우 1972년)에 측정된 개인들의 점수와, 시기 2(이 경우 1982년)에 측정된 개인들의 점수를 비교해서 알아볼 수 있다. 1972년 100명의 동창생을 대상으로 사회적 우월성을 측정하고, 1982년에도 같은 집단을 대상으로 우월성을 측정했다면 두 정보 간 상관 정도를 알아볼 수 있다. 만약 상관계수가 0.80 정도로 높게 나왔다면 이 특징에 있어서 강한 차별적 지속성이 있다고 결론지을 수 있다. 반대로 수치가 0.10 정도였다면 차별적 지속성은 약한 편이다. 약한 차별적 지속성을 기록한 경우 키스는 18살 때 낮은 사회적 우월성을 기록했지만, 10년 후 점수는 어떻게 될지 모르는 예가 해당된다. 하지만 차별적 지속성이 낮다고 해서 사람들이 어떤 방향으로 변화할지 예측할 수 있는 것은 아니다. 단순히 점수 자체가 예상할 수 없도록 변동된다는 의미만 지닌다.

절대적 지속성과 차별적 지속성은 서로 전혀 관련 없는 개념임을 생각해야 한다. 절대적 지속성은 시간이 지나면서 주어진 특성에서 보이는 평균 점수의 일관성을 말하고, 차별적 지속성은 점수에 있어서 개인 간 차이점의 일정한 정도를 의미한다. 둘이 서로 별개의 독립적인 개념이기 때문에 절대적 지속성에 대한 정보가 차별적 지속성에 대한 정보로 이어지는 것은 아니며, 그 반대의 경우도 마찬가지다. 예를 들어서 알아보자.

첫 번째 가정에서, **높은** 차별적 지속성과 **높은** 절대적 지속성을 가정해보자. 동창회의 예에서 이러한 결과가 나왔다면, 18살 때의 사회적 우월성의 집단 평균 점수는 28살 때 평균 점수와 비슷하며(높은 절대적 지속성), 개인이 집단에서 가지는 상대적 위치의 정도도 18살 때와 28살 때 크게 변화하지 않았다(높은 차별적 지속성)는 사실을 알 수 있을 것이다. 두 번째 가정은, **낮은** 절대적 지속성과 **높은** 차별적 지속성이다. 동창회에서 사회적 불안감을 측정한 결과가 이랬다고 가정해보자.

그렇다면 전체 집단 자체는 시간이 지나면서 불안감의 정도가 줄어들었지만, 18살 때 불안감이 가장 높았던 사람들은 28살 때도 상대적으로 불안감이 높았지만 절대적 점수는 줄어들었을 것이라는 사실을 예측할 수 있다. 키스는 1972년 사회적 불안감 점수가 10이었지만, 1982년은 7로 줄어들어 '큰 성장'을 보였지만, 친구들과 비교했을 때 불안한 정도는 여전히 상위권에 들었을 경우가 여기에 해당된다. 이 경우 낮은 절대적 지속성이 높은 차별적 지속성과 합쳐진 것으로, 전체 점수는 변화할 수 있지만 집단에서의 위치 자체는 개인에 따라서 큰 변화가 없다. 앞으로도 보겠지만, 이것은 몇몇 특징에서 일반적으로 나타난다.

세 번째 가정에서, 높은 절대적 지속성과 낮은 차별적 지속성을 가정해보자. 상상하기 조금 힘들지만 원칙적으로는 가능한 경우다. 집단의 특정 점수는 시간이 지나도 안정적인 데 비해, 개인 간 차이점은 불안정한 경우다. '부모에게 보이는 따뜻한 감정'을 측정한 결과라고 생각해보자. 1972년과 1982년, 학생들에게 1에서 10까지의 정도로 대답하게 해 결과를 측정했다. 1972년과 1982년 집단 평균치는 7.0 정도로 비슷했다. 하지만 1972년 가장 높은 따뜻한 감정을 기록한 학생들이, 1982년에도 높은 감정을 보이지는 않았다. 1972년 로버트는 부모에게 매우 높은 애정을 보였지만, 그 사이에 부모가 이혼하고 따뜻한 감정이 급속도로 식었다. 반대로 바바라는 1972년에는 부모에 대한 감정이 차가웠지만 시간이 지나면서 따뜻해진 경우다. 간단하게 말하면 1972년 결과로 1982년의 결과를 측정하는 것은 힘들다. 평균치는 많이 변화하지 않지만, 개인의 수치는 많이 변화하기 때문이다.

네 번째 가정은, 절대적·차별적 지속성 모두 낮은 경우다. 여기서는 '개인의 수입' 요인을 고려해보자. 전체적으로, 28살일 때 학생들은 18살 때보다 수입이 더 많았다. 따라서 수입 부분의 절대적 지속성은 매우 낮다. 하지만 차별적 지속성 또한 낮았다. 18살 때 돈을 가장 많이 벌던 사람들이 28살 때도 많이 벌었던 것은 아니라는 의미다. 메리 앤은 고등학교 때 직업이 없어서 수입이 0이었지만, 28살 때 좋은 직업을 가져서 동료들 사이에서 가장 많은 수입을 기록했다. 반대로 키스는 아르바이트를 통해 상대적 수입이 1972년에 가장 많았지만, 직업에서 성공하지 못해 1982년에는 그렇지 못했다. 18살 때 수입의 정도로 28살 때의 위치를 알아보는 것은 힘들다는 결론이 나온다. 전체적으로, 1972년에서 82년이 되면서 수입이라는 요소 전체는 높아졌지만(낮은 절대적 지속성), 개인의 상대적 위치가 일정했던 것은 아니다(낮은 상대적 지속성).

성인기의 차별적 지속성

다양한 심리학적 상태에서 나타나는 개인 간 차이가 시간이 지나도 일정한지의 문제에 대해 많은 사람이 궁금해한다. 이 분야에서 가장 유명한 연구는 성인기의 성격특성에서 보여지는 차별적 지속성을 알아본 사례다. 한 종단연구에서, 연구자들은 지속성과 심리학적 요인의 변화를 알아보기 위해 오랜 시간 동안 한 집단의 개인들을 조사했다. 성격특성에서의 차별적 지속성은 시기 1과 시기 2의 특성 점수를 상관관계로 조사한 결과로 알아볼 수 있다. 종단연구의 본질적 특성 때문에 이는 매우 오래 걸리는 과정이다. 몇십 년 전에 시작된 연구가 이제야 결과를 나타내는 경우도 많다(예 : Conley, 1985a, 1985b; Costa, McCrae, & Arenberg, 1980; Finn, 1986; Helson & Moane, 1987; McCrae & Costa, 1990; Schuerger, Zarrella, & Hotz, 1989). 오늘날까지 50년 전에 시작되었던 연구가 이어지고 있기도 하다. 이런 연구의 시사점은 무엇일까?

종단연구 결과를 보면, 인생 성인기에 있어서 성격특성은 매우 높은 차별적 지속성을 보인다는 것을 알 수 있다. Conley(1985a)는 50년 동안 지속된, 몇 백 명의 성인을 대상으로 한 연구에서 1935~1938년, 1954~1955년, 1980~1981년 세 차례 본인의 성격특성과 배우자가 본 성격특성을 측정해 비교했다. 많은 성격특성에서 본인의 점수와 배우자가 측정한 점수는 비슷한 결과를 나타냈다. 본인이 성실하다고 생각한 남성은, 아내에게서도 비슷한 평가를 받았다. 차별적 지속성과 연결시켜 봐도 자가 측정 정도와 배우자 측정 정도는 시간이 지나도 매우 일정한 편에 속했다. 특히 외향성과 신경증의 지속성이 높았다. 다른 말로 하면, 성격특성에서 보이는 차별적 지속성은 (1) 시간에 따른 자가 측정 정도, (2) 시간에 따른 배우자 측정 정도, (3) 시간이 지나서 한 가지 점수가 다른 점수를 예측해줄 수 있는 정도 세 가지에 의해서 결론지어진다.

Costa, McCrae, Arenberg(1980)은 볼티모어 노화 종단연구에서 460명의 남성을 대상으로 두 차례에 걸쳐 여러 가지 성격특성을 측정했다. 처음 시기에 실험군의 나이대는 17세에서 85세 사이로 다양했다. 6년과 12년 기간으로 측정된 외향성 점수도 두 차례의 상관관계가 0.70 정도로 높은 편이었는데, 이는 높은 차별적 지속성을 보여준다. 연구자들은 높은 안정감 계수는 신경증과도 관련이 있음을 알아냈다. 또한 개방성, 친화성, 성실성도 측정했는데 이는 표 6.1을 보면 알아볼 수 있다. 보편적으로 3년에서 30년의 기간 동안 Big 5 성격특성 모두 상당한 정도의 차별적 지속성을 나타냈다. 시기 1과 시기 2 간의 상관관계는 다양한 연구, 시기, 측정법에 따라 다르지만 전체적으로 보면 대부분 상관계수가 0.65 이상으로 높게 나왔음을 알 수 있다. 성격특성 자체가 구체적으로 측정가능한 요소가 아님을 감안할 때 매우 높은 점수다. Costa와 McCrae(1994)는 만약 더 객관적이고 정확한 측정이 있었다면 시간에 따른 상관관계 정도는 더 높았을 것이라고 주장한다.

그렇다면 우리가 성인이 되었을 때의 성격특성은 돌에 새긴 것처럼 변화하지 않는다는 결론을 내릴 수 있을까? 그것은 아니다. 시간이 지나도 지속적이기는 하지만, 성격특성 점수는 완벽히 안정적인 것은 아니다. 불안정함의 원인 중 하나는 측정법의 오차 때문이고, 나아가 성격특성 자체에서도 변화와 변동의 여지가 있기 때문이다. 차별적 지속성은 강력한 개념이지만 절대적인 힘을 가진 것은 아니다. 표 6.1에 나오는 다양한 수치들은 시간이 지나면서 변화하는 부분도 많다는 점을 보여준다. 또한 측정법에 따라 개인의 위치가 달라질 수 있다. 다시 말하면 시기 1에 측정된 성격특성 점수는 시기 2의 점수를 예측할 수 있는 좋은 요소이기는 하지만 완벽한 것은 아니다.

차별적 지속성의 힘에 영향을 주는 요소 중 하나는 실험이 실시되는 시기다. 시기 1과 시기 2의 차이가 길수록 차별적 지속성이 낮아진다. 5년 만에 측정한 결과는 20년 만에 측정한 결과보다 보편적으로 더 일정함을 보인다는 의미다. 한 연구에서 연구자들(Schuerger et al., 1989)은 89가지 종단연구를 종합해 특히 외향성과 신경증에 중점을 두고 결론을 냈다(그림 6.1 참조). 시간 간격이 짧을수록 차별적 지속성은 높아지고(0.70), 반대로 간격이 길어질수록 지속성이 낮아진다는 것을 확인할 수 있다. 또한 신경증보다 외향성이 조금 더 높은 차별적 지속성을 보여준다고 한다.

차별적 지속성에 영향을 주는 다른 요소는 연구에 참가하는 대상의 나이다. 사람들이 나이가 들수록 덜 변화한다는 것은 상식적인 생각이다. 그렇다면 나이가 많은 사람일수록 더 높은 차별적 지속성을 보일까? 20살과 25살 때 각각 측정한 성격특성 지수와, 40살과 45살 때 각각 측정한 성격특성 지수의 상관관계는 어디가 더 높게 나올까? Roberts와 Delvecchio(2000)는 종단연구에서의

표 6.1	성인의 차별적 특성 지수에 대한 안정감 계수		
요인/측정법	연구자	시간 간격	r
신경증			
NEO-PI	Costa & McCrae (1988b)	6년	0.83
16PF : 신경증	Costa & McCrae (1978)	10년	0.67
ACL : 융통성	Helson & Moane (1987)	16년	0.66
신경증	Conley (1985a)	18년	0.46
MMPI 요인	Finn (1986)	30년	0.56
외향성			
NEO-PI	Costa & McCrae (1988b)	6년	0.82
ACL : 자신감	Helson & Moane (1987)	16년	0.60
사회적 외향성	Conley (1985a)	18년	0.57
사회성	Costa & McCrae (1992)	24년	0.68
MMPI 요인	Finn (1986)	30년	0.56
경험에 대한 개방성			
NEO-PI	Costa & McCrae (1988b)	6년	0.83
16PF : 관념적인	Costa & McCrae (1978)	10년	0.54
생각이 많은	Costa & McCrae (1992)	24년	0.66
지적흥미	Finn (1986)	30년	0.62
친화성			
NEO-PI	Costa & McCrae (1988b)	3년	0.63
친화성	Conley (1985a)	18년	0.46
친절한	Costa & McCrae (1992)	24년	0.65
덜 냉소적인	Finn (1986)	30년	0.65
성실성			
NEO-PI	Costa & McCrae (1988b)	3년	0.79
16PF : 성실성	Costa & McCrae (1978)	10년	0.48
ACL : 인내심	Helson & Moane (1987)	16년	0.67
충동조절	Conley (1985a)	18년	0.46

주 : NEO-PI, 신경증-외향성-개방성 수치; 16PF, 16 성격특성 지수; ACL, 형용사 체크리스트; MMPI, 미네소타 다면적 인성검사 도구.
출처 : "Set Like Plaster?: Evidence for the Stability of Adult Personality" by P. T. Costa, Jr., and R. R. McCrae, in *Can Personality Change?* (pp. 32), by T. F. Heatherton and J. L. Weinberger (Eds.), 1994, Washington, DC: APA Press.

지속성을 연구해 이 질문에 답변할 수 있었다. 그들은 아이들을 대상으로 조사했을 때 안정성 상관계수가 가장 낮았고, 성인이 되면서 조금 높아졌고, 50~70세 사이가 되면 가장 높아졌다는 결과를 발표했다. 이것을 보면 중년에서 노년에 이르는 시기에 사람들은 보편적으로 더 높은 차별적 지속성을 보인다는 것을 알 수 있다. 인생 초반기에는 다양한 영향에 의해서 성격특성이 더 자주 변화할 수 있지만, 성인이 되고 중년과 노년에 접어들면 안정성 상관계수가 높아지고 개인적 지속성은 더 높아지게 된다.

| 그림 6.1 | 시간 경과에 따른 특성의 지속성 |

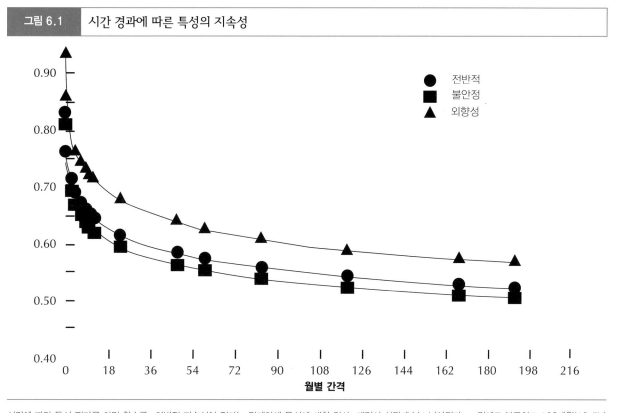

시간에 따라 특성 평가를 하면 할수록, 차별적 지속성이 적다는 전제하에 특성에 대한 검사–재검사 상관계수는 낮아진다. 그럼에도 불구하고 198개월(16.5년의 기간) 동안 전반적 성격특성에 대한 차별적 지속성은 (+.55와 +.60 사이) 다소 높았다.

출처 : "Factors That Influence the Temporal Stability of Personality by Questionnaire," by J. M. Schuerger, K. L. Zarrella, & A. S. Hotz, 1989, *Journal of Personality and Social Psychology*, *56*, 781 인용.

이들의 연구는 아이들에서의 성격특성 연구를 불러일으켰다. 아이들의 차별적 지속성이 성인의 그것보다 더 낮다는 결과가 나왔다. 하지만 아이들은 성인들보다 더 빠르게 더 유동적으로 성격특성이 변화하기 때문에 많은 심리학자들은 역사적으로 아이들의 성격과 성인들의 성격을 동일하게 생각하는 것을 꺼렸다. 실제로 많은 성격연구는 성인을 대상으로 이루어졌다. 그렇다면 아이들과 성인들은 어떠한 성격적 차이점을 보일까? 이런 질문에 대답하기 위해 우리는 인생의 초반기 혹은 유아기부터 확인할 수 있는 개념인 개인의 기질(temperament)에 대해 알아봐야 한다.

아동기 선두주자 : 특성에서 기질까지

내 교수 중 한 분은, 모든 부모는 두 번째 아이를 낳기 전까지는 환경주의자(environmentalist, 환경이 유전보다 중요하다고 생각하는 사람)라고 말했다. 첫 번째 아이를 키울 동안 부모들은 그들이 아이에 해주는 것(가정환경의 따뜻함 등)이 아이의 발달에 절대적인 영향을 준다고 생각한다. 두 번째 아이가 생기면 첫째와 비교하게 되면서, 아이들 간의 내재적 특성과 차이점에 대해 생각하게 된다는 것이다. 이는 완전히 틀린 말은 아니다. 그 교수님의 생각은, 성격에서의 내재적 차이점은 아이들이 2명 생기고 그들의 행동을 비교하게 될 때 달라진다는 것이다. 인생 초반에 확인할 수 있는 기본적 행동의 차이점은, 보통 **기질**(temperament)에서부터 생기는 차이점이라고 할 수 있다 (Caspi, 1998; Kagan, 2000). Gordon Allport(1961)는 기질을 이렇게 정의한다.

기질이란 개인의 감정적 자극을 받아들이는 정도, 자극에 대한 응답 정도, 기본적인 보편적 감정 이나 기분, 기분의 강도와 변화 정도 등으로 확인할 수 있는 개인의 본질을 나타내는 특징적 현 상을 말한다. 보통 기질은 유전적 요소가 강하다.

기질적 상황은 결국 성격특성 발전으로 이어지는 "인생 초기의 프레임워크"를 상징한다 (Saucier & Simonds, 2006, p. 118; 또한 Shiner, 2006 참조). 발달심리학자들은 기질을 측정하고, 측 정한 결과를 이해할 수 있는 관념적 체계를 구성하는 몇 가지 방법을 고안했다. 가장 간단하고 잘 알려진 방법은 Thomas, Chess, Birch가 1970년 아기와 엄마들을 대상으로 한 실험에서부터 나왔 다. 기질적으로 세 종류로 구분했다. **순한 아이**(easy babies)는 지속적으로 긍정적 기분, 낮거나 중 간 정도의 감정적 반응 강도, 규칙적인 식사와 수면 패턴을 보였다. **까다로운 아이**(difficult babies) 는 계속적으로 부정적 기분, 강력한 감정적 반응, 불규칙적인 수면과 식사 패턴을 보였다. **반응이 느린 아이**(slow-to-warm-up babies)는 두 가지 경우를 합친 패턴을 보였다. 다른 연구자들은 더 자 세한 방법으로 기질을 측정했다. 예를 들면, Rothbart(1986)는 인생 첫 1년 동안 관측가능한 여섯 가지 기질적 측면을 보여줬다—활동 정도, 미소와 웃음, 두려움, 한계에 대한 스트레스, 부드러워지 는 정도(soothability), 말하는 정도(vocal activity).

기질과 관련된 이론 중 가장 주목받은 것은 Jerome Kagan(1989)이 **행동억제**(behavioral inhibition)라고 부른 개념이다. 매우 억제된 아이들은 새로운 일이나 사람들을 만나면 굉장히 소심 해진다. Kagan에 의하면 만 2살 된 백인 아이들 중 15% 정도가 계속적으로 부끄러움을 타거나 감 정적으로 억제되어 있고(억제된 아이들), 다른 15% 정도는 계속적으로 사회적이고 행동에 있어서 거침없다고 한다(억제되지 않은 아이들). 2살 때 억제된 아이들은 잘 모르는 장난감과 노는 것조차 싫어한다. 나중에 유치원에 가게 되면 새로운 활동과 사람을 피하고, 모르는 상황에 공포심을 느낀 다. 억제되지 않은 아이들에 비해서 이들은 확대된 동공이나 더 높은 심박수 등을 통해 사소한 스트 레스를 주는 사회활동에서도 강력한 생리학적 반응을 보인다. 나아가 그들은 혈액 안에 코르티솔의 양이 높은데(이것은 자극에 반응했음을 상징), 이 차이점은 소심하고 억제된 레서스원숭이들과 그 렇지 않은 원숭이들을 비교했을 때도 나타나는 차이점이다. Kagan은 억제된 아이들은 반응에 대한 역치가 더 낮기 때문에 사회적 상황에 의해서 흥분감을 더 쉽게 느낀다고 강조했다.

기질적 억제를 생물학적 관점에서 살펴본 Kagan 이론은 Eysenck의 내향성 이론(제5장 참조) 과 비슷한 맥락이다. Eysenck는 내향적 사람들은 기본적으로 더 잘 흥분감을 느끼고, 그들의 철회 행위(withdrawal behavior)는 자극의 정도를 낮추려는 노력이라고 주장했다. 나아가 최근 연구에 의하면 행동적으로 억제된 아이들은 뇌의 전두엽 오른쪽의 뉴런 활동이 더 활발하고, 억제되지 않 은 아이들은 왼쪽의 활동이 더 활발하다고도 한다(Kagan, 1994). 제5장에서 살펴본 것처럼 오른쪽 뇌의 활동은 두려움이나 우울함 등 부정적 감정과 행동억제체계와 관련이 있고, 왼쪽 뇌의 활동은 행복함과 즐거움 등 긍정적 감정과 행동접근체계와 관련이 있다. Kagan이 말한 지나치게 억제된 아 이들은 나중에 커서 내향적이고 불안해하는 성인이 될까? 그는 억제 정도와 '내향성, 신경증' 간 관계는 결국 나중에 나타난다고 주장한다. 100명의 백인 아기들 중 20명 정도는 태어나자마자 극단적인 흥분감과 불안감을 보인다는 것이다. 2년이 지나면 이 중 75%는 모르는 사람을 만나거나 모르는 대상과 마주하면 매우 소심하고 두려워하게 된다. 청소년이 되면 10명 정도가 계속 이러한 증상을 보일 것이고, 성인이 되면 처음의 20명 중 6~7명 정도가 극단적 내향적 행동을 보인다는 생각이다. 성인이 되면서 내향성을 잃어버린 아이들은 환경적 요소에 의해서 더 사회적으로 변했을 수 있다. 사실상 미국 사회 자체가 사회적이고 활발한 사람을 선호하는 경향이 있다. Kagan의 예에서 끝까지 내향적으로 남은 6~7명의 아이들은 그가 '부끄러움의 생리학(shyness physiology)'이라고 부른 개념에 의해 설명될 수 있는데, 이 관점이 적합한지는 더 연구해보아야 알 수 있다.

성격발달에서 기질과 관련해 중요하게 여겨지는 또 다른 측면은 **노력을 통한 통제**(effortful control)다(Rothbart & Bates, 1998). 몇몇 아이들은 충동제어를 매우 힘겨워하는 반면, 다른 아이들은 문제가 될 만한 상황을 미리 피해 충동을 억제할 줄 안다. 노력을 통한 통제란 "주어진 상황 안의 자극에 대해, 일차적으로 느껴지는 주된 반응을 억제하고 이차적인 반응으로 대응할 수 있는 자발적인 능력"(Li-Grinning, 2007, p. 208)을 의미한다. 노력을 통한 통제가 높은 아이들은 장기적인 목표를 달성하고 보상받기 위해서 순간적인 욕구를 멀리할 줄 안다. 유치원에서 그들은 사탕을 먹지 않고 참거나, 다른 것을 할 때도 진행 중인 게임에 집중하라는 요구를 들을 줄 안다. 학교를 다니면서는 방과 후 TV를 보고 싶은 욕구를 참고, TV를 안 보고 공부를 하면 주말에 놀이동산에 간다는 더 장기적인 목표에 따라 행동할 줄 안다. 연구에 따르면 노력을 통한 통제력이 높은 경우 유아기에서의 성공적 대인관계, 더 좋은 학교 성적, 적은 행동상 문제점을 보인다고 한다(Li-Grinning, 2007). 노력을 통한 통제는 또한 도덕적 발달과 **양심**의 구성에도 중요한 요소로 작용한다(Kochanska & Aksan, 2006). 개인의 충동을 억제하는 것은 타인과 더 의미 있게 소통하고 서로 협동할 수 있는 발판으로 작용한다.

인생 초반기부터 남성보다 여성이 더 노력을 통한 통제력이 강하다. 차이점은 사회적 지위와도 관련이 있다. 경제적으로 힘든 가정에서 큰 아이들은 풍족한 환경에서 자란 아이들보다 통제력이 낮은 것으로 알려져 있다(Li-Grinning, 2007). 아이들의 평균적인 노력을 통한 통제력은 시간이 지나면서 나아지는 경향을 보인다. 즉, 나이가 많은 아이들일수록 어린아이에 비해서 통제력이 높다는 의미다. 주로 2세에서 4세로 변화할 때 큰 성장을 보인다. 노력을 통한 통제에서 보이는 개인 간 차이점은 시간이 지나도 (장기적으로도) 일관성 있는 모습이다. 예를 들면 Li-Grinning(2007)은 만족감의 지연(노력을 향한 통제의 한 요소)을 439명의 흑인 및 라틴계 아이들(2~4세)을 대상으로 조사했고, 16개월 후 같은 실험을 다시 했다. 첫 번째와 두 번째 실험 간 상관관계는 0.40으로 높은 편이었다. 시간이 더 지나면 더 안정감 있는 결과가 나올지는 모르지만, 노력을 통한 통제를 보여주는 지표들은 궁극적으로 성인 성격형성의 근본이 되고, 성실성과 특히 깊은 연관이 있다는 점에는 많은 학자들이 동의한다(Caspi, Roberts, & Shiner, 2005).

여태까지 어렸을 때의 기질변수와, 성인 때의 성격특성 간 관계를 장기적으로 조사한 경우는 거의 없었다. 나아가 이렇게 조사하는 것 자체가 매우 힘들었을 것이다. 예를 들면 많은 기질조사는 아이들이나 유아들의 행동관찰 결과나, 어머니가 쓴 일지를 통해서 정보가 수집된다. 반대로 성격특성을 알아보는 지표는 주로 본인이 스스로 매기는 자가 측정 점수로 만들어진다. 기질이론가들은 짜증을 내는 정도, 긍정적 감정, 행동 정도, 적응력, 감정의 깊은 정도 등 다양한 기질적 측면을 정리하는 몇 가지 방법을 제안했다(Caspi, 1998; Rowe, 1997). 성격특성이론가들도 많은 방법을 제안했지만, 제4장에서 살펴봤듯이 오늘날 가장 유명한 것은 Big 5 이론이다. 몇몇 학자들은 Big 5 이론은 성인기의 성격특성을 이해하기 위한 포괄적인 틀로 작용할 수 있다고 주장하기도 했다. 그리고 같은 이론이 아이들의 심리적 기능을 측정하기 위해 사용될 수 있다는 생각도 있다(Hampson, Andrews, Barckley, & Peterson, 2006; Kohnstamm, Halverson, Mervielde, & Havill, 1998). 한 연구를 보면 유아기 때의 기질과 성인 때의 성격 간 관계를 확인할 수 있다(Caspi et al., 2003). Acshalom Caspi와 동료들은 1972년 4월에서 1973년 3월 사이에 뉴질랜드 더니든에서 태어난 1,000명의 개인들을 대상으로 몇 년간 지속된 '더니든 연구'를 했다. 참가자들은 3, 5, 7, 9, 11, 13, 15, 18, 21, 26살 때 실험에 참여했다. 3살일 때 아이들은 총 22가지 성격특성을 파악하는 90분짜리 실험에 참가했는데, 결과적으로 다섯 가지 기질적 차이점이 있었다. 적응이 잘된(well-adjusted) 아이들은 필요할 때 자기제어를 잘하고, 적당한 자신감을 보였으며, 새로운 상황과 맞닥뜨렸을 때 불필요한 감정을 보이지 않았다. 과소통제된(undercontrolled) 집단의 아이들은 충동적이고, 쉬지 않고 움직였으며, 부정적이고 정신이 산만했으며, 강한 감정적 반응을 보였다. 자신감 있는(confident) 아이들은 실험환경에 빠르게 적응했고, 친밀감·충동성·열정 등의 특징을 보였다. 억제된(inhibited) 아이들은 사회적으로 두려움을 많이 보였고, 실험진행자를 무서워하는 모습이었다. 마지막으로 내성적인(reserved) 아이들은 소심하고 불편해 보였지만, 억제된 아이들보다는 부끄러움과 조심스러움을 덜 보이는 모습이었다.

이 아이들은 26살 때 어떻게 달라졌을까? 연구자들은 26살이 된 실험참가자들에게 자가 성격진단 설문지를 작성하게 하고, 친구들과 지인들에게서 성격에 대한 정보를 얻어 자료를 종합했다.

기질이란 행동양식의 근본적인 차이를 뜻한다. 이는 인간의 유전적 자질의 한 부분으로 어떤 아이는 많이 미소 짓는 반면, 다른 아이는 좀 더 까다로운 기질을 보일 수 있다는 것을 나타낸다(출처 : Lev Dolgatshjov/iStockphoto and Stacey Griffin/iStockphoto).

가장 예상가능한 집단은 '과소통제된', '억제된' 아이들이었다. 23년의 시간 동안, '과소통제'로 분류되었던 아이들은 부정적 감정의 특성 지수에서 가장 높은 점수를 보였고, 다른 아이들과 비교해서 더 화를 잘 내고, 작은 일에 민감하게 반응하고, 타인에게 상실감이나 배신감을 자주 느낀다고 말했다. 또한 속이 좁고 불안해하며 믿음직스럽지 않고 공격적이라는 특징도 있었다. 이 아이들은 성인이 되어서 신경증이 높아지고, 친화성과 성실성이 낮아졌다고 말할 수 있다. 억제되었던 아이들은 성인이 되어서 지나치게 제어를 잘하고 자기주장이 약한 성격으로 발전되어, 긍정적 감정과 관련된 특성에서 낮은 점수를 받았다. 다섯 가지 기질 중 이 집단의 아이들은 외향성이 낮았다. 나머지 세 가지 기질 패턴은 성인기가 되어서 명백한 성격 프로필로 발전되진 않았지만 어느 정도의 성격상 지속성은 발견가능했다. 예를 들면 어렸을 때 자신감 있었던 아이들은 성인이 되어서도 비슷했고, 내성적이던 아이들은 성인이 되어서 보편적으로 내향적으로 변했다.

Caspi(1998)는 기질이 성격이 형성되는 사회생리학적 중심이라고 생각했다. 기질이론은 **발달적 정교화**(developmental elaboration)의 과정을 통해 더 깊이 발달된 성격특성으로 변화한다. 발달적 정교화는 내재적 성향이 시간이 지나면서 환경적 요인에 의해 변화하고 발달하는 복잡한 과정을 의미한다. 표 6.2를 보면 이것의 여섯 가지 측면을 확인할 수 있다. 내재적 기질은 (1) 아이들이 어떻게 학습하는지, (2) 어떻게 환경을 이해하는지, (3) 환경의 타인들이 어떻게 그들에게 반응하는지, (4) 어떻게 그들과 다른 아이들을 비교하는지, (5) 어떤 환경을 선택하는지, (6) 환경을 선택하고 나서 어떻게 조종하는지에 영향을 준다. 아이들이 이해하고 선택하고 조작하는 사회적, 물리적 환경은 결과적으로 그들의 발달을 더 촉진하고 영향을 준다는 것이다. 인생 초반기부터 나타나는 초기적 성향은 시간이 지나면서 힘을 얻고 광범위해져 나중에는 인지적, 사회적으로 더 정교화된다. 길고 복잡한 발달적 과정을 통해 몇몇 내재적 기질 성향은 더 복잡해지고 정교해진 성격특성으로 강화되고 발전된다는 것이 Caspi 이론의 주된 생각이다. 더니든 연구의 결과만 봐도 알 수 있다. 하지만 이러한 결과는 장기적으로 보면 예측불가능하고 지속성이 떨어진다는 단점도 가지고 있다. 내재적 기질 성향은 성인기의 성격특성을 향한 기본적인 틀은 제공해줄 수 있으나, 그 틀 자체가 환경적 요인에 의해서 유연하게 변화할 가능성이 있다.

표 6.2	발달의 정교화를 나타내는 여섯 가지 메커니즘 : 기질이 어떻게 성격특성으로 발달하는가
학습과정	기질적 차이는 아이가 무엇을 배울지, 어떻게 학습할지에 영향을 미친다. 이를 통해 성격특성이 형성된다.
환경적 유출	기질적 차이는 환경으로부터 각기 다른 반응을 유출해낸다. 이는 초기의 차이를 더욱 강화시킬 수 있다.
환경적 구성	기질적 차이는 아이가 그들에게 주어진 환경을 어떻게 이해하고, 어떻게 정보를 습득하는지에 영향을 미친다. 이를 통해 환경에 대한 그들 자신의 경험을 만들어낸다.
사회적, 시간적 비교	기질적 차이는 아이들이 타인과 자신을 어떻게 구별하며, 시간에 따라 그들 자신 또한 어떻게 달라지는지를 이해하는 데 영향을 미친다. 이를 통해 발달적 자기개념을 만들어낸다.
환경적 선택	기질적 차이는 아이들이 어떻게 환경을 선택하는지에 영향을 미친다. 이것은 또다시 성격특성 발달에 영향을 미친다. 아이는 그들의 기질과 유사한 환경을 선택할 것이고, 이를 통해 이미 형성된 기질을 강화하게 된다.
환경적 조작	아이의 자기개념이 한 번 형성되고 나면, 그들은 주변 환경을 자신이 이미 가지고 있는 기질적 특성에 맞추어 선택하거나 그것을 더욱 정교하게 발달시킬 수 있는 환경으로 바꿔나갈 것이다.

특성의 기원 : 유전에서 환경까지

유전적으로 일치하는 일란성(monozygotic, MZ) 쌍둥이들이 매우 비슷하다는 것은 널리 알려진 사실이다. 외모는 당연하고 취미나 스타일, 행동패턴도 비슷하다. 반대로 이란성(dizygotic, DZ) 쌍둥이들은 일반적 형제자매만큼의 외모적 유사성을 보이고, 행동적으로도 차이가 있다. 일란성 쌍둥이들은 유전적 구성이 동일하고, 이란성 쌍둥이들은 반 정도만 일치하기 때문이다. 1980년 미네소타 대학 연구진들은 유아기 때부터 떨어져서 자란 350쌍의 일란성·이란성 쌍둥이들을 대상으로 조사했다(Bouchard, Lykken, McGue, Segal, & Tellegen, 1990). 대부분 부모에게 버림받아서 각기 다른 가정으로 입양된 경우여서, 서로의 존재를 모르고 큰 아이들이었다. 하지만 놀라울 정도의 유사성이 있다는 결과가 나타났다.

일란성 쌍둥이 중 1명을 인터뷰하는데, 항상 재미있는 일화를 꺼내놓는 재담꾼이라는 것을 발견하고, 다른 1명에게 찾아가 재미있는 이야기가 없느냐고 물어보았다. "당연하죠." 그가 대답하면서 "이야기 해드릴게요"라고 말했는데, 놀랍게도 굉장히 비슷한 행동적 유사성을 보였다. 영국 태생의 일란성 쌍둥이는 성인이 되어 한 차례 만난 후 1개월 후 이뤄진 인터뷰에서, 떨어져 있음에도 불구하고 동시에 논란이 되는 이슈에 대해서는 응답하는 것을 꺼렸다. 다른 경우는 둘 다 습관적으로 웃는 버릇이 있었는데, 둘 다 서로의 존재를 모른 채로 매우 보수적인 (잘 웃지 않는) 가정에서 자랐기 때문에 놀라운 결과였다. 다른 쌍둥이는 둘 다 바데메쿰 치약, 캐넌 쉐이빙크림, 비탈리스 헤어토닉, 럭키스트라이크 담배를 쓴다는 놀라운 일치성을 보이기도 했다. 이 쌍둥이들은 만난 다음 서로 다른 도시에서 생일선물을 주고받았는데, 정확히 같은 제품을 사기도 했다.

일란성 쌍둥이 집단 가운데 2명의 '애견인'이 있었다. 1명은 애견숍에서 근무하고, 다른 1명은 애견훈련소에서 일을 하고 있었다. 이 둘은 일란성 쌍둥이였다. 또, 떨어져 자란 200명 이상의 쌍둥이 가운데 단 2명만이 정신생리학 실험실에 방음장치가 되어 있는 방에 들어가는 것을 두려워했다. 하지만 이 둘은 각기 문이 열려 있으면 들어갈 수 있다는 데 동의했다. 그들은 일란성 쌍둥이였다. 또, 해변에서는 2명의 여성이 뒤뜰의 물에만 들어가려 했는데, 무릎까지만 들어갈 수 있다는 공통점이 있었다. 그들은 공통된 공포증을 갖고 있었을 뿐만 아니라 조심스러운 특성도 닮아 있었다. 또, 쌍둥이 집단 가운데 2명의 총기제작 취미를 갖고 있던 이들이 있었다. 또, 2명의 여성은 습관적으로 7개의 반지를 끼고 있었고, 2명의 남성은 (우리 연구 팀의 1명이 소유하고 있던) 차의 틀어진 바퀴 휠을 기가 막히게 찾아내는 재능을 보여주었다. 어떤 쌍둥이들은 강박적으로 숫자를 세었고, 어떤 쌍둥이들은 다섯 번이나 이혼 후 재혼을 하기도 했다. 소방서 자원봉사단에 2명의 단장이 있기도 했으며, 2명의 패션 디자이너도 있었고, 사랑하는 아내를 위해 집 주변을 작은 사랑의 편지로 단장을 한 로맨틱한 남편 쌍둥이들도 있었다. 이 모든 예들이 바로 일란성 쌍둥이를 나타내준다(Lykken, McGue, Tellegen, & Bouchard, 1992, pp. 1565~1566).

이러한 예는 단순한 우연의 일치일까? 연구자들도 이 중 몇몇 경우는 우연에 의해 나온 결과일 수 있다고 동의한다. 하지만 실제로 관측된 일치하는 항목의 개수와 디테일을 보면 단순히 우연이라고 하기에는 더 자세한 일이 있다. 단 하루도 같이 보내지 않고 떨어져서 다른 가정에서 길러지고 다른 학교를 디니고 서로 민나보지도 못한 쌍둥이들이 어떻게 이렇게 비슷할 수 있을까? 외모는 그렇다 쳐도 성격까지 그런 데는 어떤 이유가 있을까?

이번 장에서 우리는 성격에서 나타나는 개인 간 차이점은 성인기에는 비교적 안정된 편이고, 성인기부터는 꽤 높은 정도의 차별적 지속성을 보인다는 사실을 알아보았다. 또한 유아기와 아동기에 나타나는 기질적 차이점은 심리적 특성을 위한 생물학적 기반이 된다는 점도 알아보았다. 여태까지 살펴본 내용의 공통점은 성격특성은 일종의 유전적, 환경적 원인에 의해서 생겨난다는 것인데 이것을 자세히 살펴보지는 않았다. 미네소타대학의 쌍둥이 연구를 보면, 개인의 유전적 구조가 성격특성을 결정하는 큰 요인이 될 수 있다는 것을 알 수 있다. 환경보다 유전이 더 중요한 것일까? 이 두 가지 요소는 서로 어떻게 구분할 수 있나? 궁극적으로, 성격특성은 어디에서부터 오는 것일까?

쌍둥이와 입양아 연구

간단한 사실로 시작해보자. 성격이나 행동, 인생은 '유전과 환경' 두 가지 원인이 모두 항상 동시에 작용한다. 근본적으로, 당신의 성격특성과 내 성격특성은 우리의 유전자와 환경 간의 소통으로 인해서 만들어졌을 것이다. 유전은 환경 없이는 존재할 수 없고, 환경도 유전 없이는 의미가 없기 때문이다. 이런 관점에서 보면, 주어진 인간의 인생에서 유전과 환경의 요인은 매우 복잡하게 얽혀 있다. 우리 모두는 유전과 환경 간 소통으로 인한 복잡한 산물인 것이다.

두 번째 중요한 사실은 주어진 대상들의 유전적, 환경적 차이점의 다양성의 상대적 영향을 알아보는 것은 과학적으로 말이 안 된다는 것이다. 예를 들어보자. 성인 인간은 모두 다른 키를 가지고 있다. 어떤 사람들은 평균보다 키가 더 크다. 이 상황의 원인을 환경이나 유전에서부터 찾는 것은 논리적인 생각일까? 물론 그렇다. 사람들의 키를 결정하는 유전적, 환경적 요소가 무엇인지 알아보고 결론 내는 것은 이성적인 생각이다. 사람들의 키에서 보이는 차이점을 알아보기 위해 유전적, 환경적 요인의 비교적 공헌도를 조사하면 되는 것이다. 여기서 중요한 점은 특정 개인이 키가 큰지, 작은지에 대해서 알아보는 것이 아니다. **사람들의 집단** 안에서의 키의 다양성에 대해 알아보고자 하는 것이다. 연구에 따르면 미국에서의 키 차이의 90%는 유전적 요인, 10%는 영양 정도와 사회적 위치 등 환경적 요인과 연관이 있다고 한다(Rowe, 1999). 본인들이 클수록 자식들도 키가 클 확률이 높다는 의미다. 사람들 간의 영양 차이는 약간의 영향만 있고, 유전자가 더 큰 결정권을 가진다. 많이 먹거나 운동을 하고 자세를 고치려고 노력할 수는 있지만 유전적으로 큰 것만큼 키가 커지기는 힘들 것이다.

이제 키에 대한 이 연구결과의 두 가지 중요한 점을 알아보자. 첫째는, 90%라는 수치는 집단에서의 차이점을 의미하지, 특정 개인에게만 적용되는 것이 아니다. 개인 1명을 두고 키의 90%는 유전자에서, 10%는 환경에서 온다고 결론지을 수는 없다. 그렇게 되면 180cm의 남자 키 중 18cm만 환경적 요인에서 생겼다는 의미인데, 이것은 말이 안 된다. 특정 사람의 키가 아니라, 사람들 간 다**양성**이나 **차이점**을 설명하고자 한다는 것을 기억해야 한다. 전체 미국 인구의 대략 90% 정도가 유전적 차이점 때문에, 10% 정도가 환경적 차이점 때문에 키가 크거나 작다고 말해야 한다. 두 번째 중요한 점은, 우리가 확인한 수치는 초기의 연구대상 인구의 특징에 따라 급격하게 달라질 수 있다는 것이다. 심각한 영양실조는 키 성장을 저해하고, 특정 환경적 요인은 키를 크게 해줄 수도 있다. 예를 들면, 국가의 평균 키는 전 세계적으로 나라의 경제적 부와 평균 건강 정도를 측정하는 좋은 수치가 될 수 있다(Clark, 2007). 하지만 현대사회에서 심각한 영양실조를 경험하는 사회는 많이 없기 때문에 그런 경우를 알아보기는 힘들다. 하지만 몇몇은 굶어 죽는 반면 나머지 사람들은 풍족하게 음식을 먹고 있는 사회가 있다면 이 경우 유전적 차이점의 비교적 공헌도는 90%보다는 낮을 것이고, 환경적 요인이 10%보다 커질 것이다. 이러한 집단의 수치는 연구대상이 되는 집단의 특성에 따라 달라진다는 뜻이다.

키의 예로, 나는 심리학에서 가장 어렵고 이해하기 힘든 **유전율 지수**(heritability quotient)에 대해 설명한 셈이다. 유전율 지수란 주어진 특성 중 사람들 간 유전적 차이점 때문에 생겨나는 특성의 다양성 정도를 측정하는 지수다. 미국 성인들의 키를 알아보는 경우, 유전율 지수가 90%인 것이다. 이 연구결과로 인해 한 집단 안에서의 키의 다양성이 어느 정도 유전과 관련이 있는지를 생각해볼 수 있다. 결과에는 큰 논란거리가 없어 보인다. 키는 '가정적, 유전적' 요인이 많이 작용한다고 흔히 생각하기 때문이다. 또한 유전자가 키에 절대적인 영향을 준다는 것은 과학적으로도 입증된 사실이다. 유전자는 DNA의 일부인데, 이 안에는 인간의 몸의 단백질과 다른 중요한 생물화학적 요인을 결정하는 요소가 들어 있기 때문에 사람들의 키와 같은 복잡한 현상을 결정하게 되는 것이다.

이제 키에서의 유전을 떠나서, 성격특성에 적용되는 유전율의 경우를 고려해보자. 개인의 특정 성격특성은 유전자와 환경과의 상호작용으로 만들어진다는 사실은 이미 확인했다. 하지만 키의 경우 그랬던 것처럼 유전이 어느 정도 작용하고, 환경이 어느 정도 작용하는지 알아볼 필요가 있다. 집단에서의 다양성은 집단 내의 다양한 요소로 인해 발생하는데, 성격특성에 유전이 미치는 영향은 복잡하고 간접적이다. 사람 키를 만들어내는 한 가지 요인이 있는 것은 아닌 것처럼, 특정 성격특성과 연결되는 특정 유전자가 정해진 것도 아니다. 또한 사람들 간의 유전적 차이점 문제는 인간 모두에게 걸쳐서 나타나는 엄청난 유전학적 유사성의 배경에서부터 이해되어야 한다. 인간은 태생적으로 '인간이라는 이유로' 다른 인간과 유전적 유사점을 공유한다. 인간 유전자 중 90% 정도는 개인에 상관없이 동일하다. 유전율의 문제에서 우리는 나머지 10%가 만들어내는 다양성에 집중한다.

행동과학자들이 유전율과 성격특성 간 관계를 알아보기 위해 선택한 두 가지 주된 방법은 (1) 쌍둥이 연구와 (2) 입양아 연구이다. 쌍둥이 연구의 경우 보통 일란성·이란성 쌍둥이의 표본을 모집하고, 다양한 성격특성을 알아볼 수 있는 요소를 투입한 뒤, 각 쌍둥이의 특징 점수를 비교하고, 마지막으로 일란성·이란성 쌍둥이 집단 간 수치의 상관관계를 측정하는 식으로 이루어진다. 예를 만들어 보자. 만약 50쌍의 일란성, 50쌍의 이란성 쌍둥이를 대상으로 '시간을 잘 지키는 정도'라는 성격특성을 알아보고자 하는데(총 200명), 결과적으로 이란성 쌍둥이의 경우 쌍둥이 간 0.30의 상관계수를 기록했다고 해 보자. 그런 경우 쌍둥이들끼리의 긍정적 상관관계는 '꽤 높은' 편이 된다. 일란성 쌍둥이의 경우 0.50의 결과가 나왔다면, 이것은 더 강력한 상관관계를 보여준다. 그 이유는 무엇일까? 아마도 일란성 쌍둥이들은 유전자의 반이 아니라 전체를 공유하기 때문일 것이다. 다른 말로 하면, 두 집단 간 결과의 차이는 유전적 유사성에서부터 나온다. 일란성 쌍둥이들이 '시간을 잘 지키는 정도'라는 특징에 있어서 이란성 쌍둥이보다 더 큰 유사성을 보인다면, 그 차이점은 더 큰 유전적 유사성 때문일 것이다. 즉, 이는 유전가능한 특성이 되는 것이다.

우리의 가설적 예시들 안에서 어떻게 순차적으로 유전이 전달되어갈 수 있을까? 연구자들은 쌍둥이 연구에서 유전율을 측정하기 위해 간략한 공식을 개발해냈다. 이 공식은 모든 연구에 정확하게 들어맞는다고 볼 수는 없으나 여기서 우리는 이 공식이 다음의 개념을 잘 설명해줄 수 있다는 데 더 큰 목적을 갖고자 한다. 쌍둥이 연구에서 유전율을 대략적으로 계산해내기 위해 간단히 일란성 상관관계에서 이란성 상관관계를 뺀 후 2를 곱할 수 있다. 다른 말로 하면, 아래 공식으로 표현해볼 수 있다.

$$h^2 = 2(r_{mz} - r_{dz})$$

h^2은 유전율의 몫, r_{mz}는 일란성 쌍둥이가 가진 각각의 특성이 보유한 점수의 상관관계를, r_{dz}는 이란성 쌍둥이가 가진 각각의 특성 점수 사이의 상관관계를 나타낸다. 이를 숫자들을 대입해 공식으로 정리해보면 다음과 같다.

$$h^2 = 2(.50 - .30)$$

유전율을 대략적으로 계산해보면 .40이 나온다. 이 가설적인 논리에 의하면, 대략 40%에 해당하는 인구가 유전적 차이를 드러낼 수 있다는 것이다. 그런 점에서 60%가량은 이 공식에 의해 설명될 수 없는 것이다.

입양아를 대상으로 한 연구도 비슷한 결과를 보여준다. 이 경우, 연구자들은 보통 입양된 아이들이 입양된 가정의 구성원과 비슷한 성격특성을 보이는 정도(보통 가정에서의 형제자매처럼)를 측정한다. 이란성 쌍둥이처럼, 생물학적 형제자매들은 50% 정도의 유전자를 공유한다. 반대로 입양된 아이들은 생물학적 관계가 없기 때문에, 입양가정의 아이들과 유전자를 공유하는 정도가 0%다. 쌍둥이 연구처럼, 여기서도 두 집단(생물학적 관계가 있는 형제자매, 관계가 없는 입양된 가정의 형제자매)의 특성 정도의 상관관계를 비교하게 된다. 만약 결과를 봤을 때 생물학적으로 연결된 경우의 상관관계가 그렇지 않은 경우보다 더 높았다면, 성격특성의 유사점에서 유전의 역할이 더 크다고 결론지을 수 있을 것이다.

입양아 연구는 다른 방법으로도 유전과 환경에 대해 더 많이 배우게 해줬다. 연구자들이 입양된 아이들의 생물학적 부모나 형제자매를 찾아서 그들의 성격특성을 측정할 수 있다고 가정해보자. 그러면 입양된 아이와 친족 간의 성격특성상 유사점이 나온다면 거의 다 유전적 요소 때문이라는 결론을 내릴 수 있다(환경을 공유한 적이 없기 때문에). 비슷한 맥락에서, 입양된 아이와 입양가정의 아이들 간 성격특성 수치가 비슷하다면, 같은 가정에서 만나고 자랐다는 사실(환경을 공유), 즉 환경적 요인이 더 크게 작용했다고 말할 수 있을 것이다.

쌍둥이 및 입양아를 대상으로 한 연구는 주어진 집단 안에서 특성의 다양성을 설명하는 데 유전적, 환경적 차이점의 상대적 힘을 알게 해주는 자연적인 실험이다. 이는 심리학 분야 중 계속 발달하고 있는 **행동유전학**(behavior genetics) 부분에 해당된다. 행동유전학은 심리학 · 유전학 · 생물학에 기반을 둔 과학적 탐구방법으로, 인간 행동의 다양성을 설명하는 데 필요한 유전적 · 환경적 요소를 알아보는 학문이다(Rowe, 1997, 1999). 최근 들어서 행동유전학은 유전과 환경에 대한 다양한 가설을 확인할 수 있는 복잡한 통계적 절차법을 개발해냈는데(Krueger, Johnson, & Kling, 2007), 아직도 대표적으로 이용되는 연구법은 쌍둥이와 입양아를 대상으로 한 연구다. 기본적인 것을 알아봤으니, 다음 단계는 연구결과가 나타내는 시사점을 알아볼 차례다.

특성의 유전적 측정

대체적 연구결과를 보면 사실상 측정가능한 거의 모든 성격특성은 어느 정도는 유전에 의해 결정된다는

표 6.3	성격 5요인 특성에 대한 쌍둥이 연구	
	일란성 쌍둥이	이란성 쌍둥이
신경증	0.41	0.18
외향성	0.55	0.23
개방성	0.58	0.21
친화성	0.41	0.26
성실성	0.37	0.27

출처 : "Heritability of the Big Five Personality Dimensions : A Twin Study" by K. L. Jang, W. J. Livesley, & P. A. Vernon, 1996, *Journal of Personality*, *64*, 584 인용.

것을 알 수 있는데, 특히 쌍둥이 연구를 보면 확실해지는 사실이다. 스웨덴에서 실시된 1만3,000명의 성인 쌍둥이를 대상으로 한 연구는 외향성과 신경증 특성에서 유전율 유사성이 50%도 넘는다는 결과를 보여줬다(Floderus-Myrhed, Pedersen, & Rasmuson, 1980). 다른 쌍둥이 연구도 보통 0.30에서 0.60 사이의 꽤 높은 유전율 지수를 기록했다(Loehlin & Nichols, 1976; Rushton, Fulker, Neale, Nias, & Eysenck, 1986). 미네소타대학 연구에서는 리더십, 지배력, 전통주의(규칙을 지키고 권위를 존중하는 성향), 스트레스에 대한 반응(신경증과 유사), 흡수능력(감각적 경험에 빠질 수 있는 능력), 소외, 안녕, 공격성 등을 측정했는데 이러한 특성 모두에서 40%가 넘는 유사성을 확인할 수 있었다(Tellegen et al., 1988).

　　Plomin, Chipuer, Loehlin(1990)은 성격에서의 행동유전학 연구를 통해서 다음과 같이 말했다.

일란성 쌍둥이는 외형적으로 같을 뿐 아니라 유사한 성격특성을 보인다. 연구결과에 의하면 일란성, 이란성 쌍둥이의 성격특성은 유전이 약 50%의 예측률을 갖는 것으로 나타났다. 이는 성격특성의 변화 가능성의 약 50%가 사람들 사이의 유전적 차이에 의해 발생할 수 있다는 것을 나타낸다(출처 : Brad Wilson/Stone/Getty Images).

성격의 자가 측정 지수의 유전적 영향은 거의 어디서나 존재한다. 일란성, 이란성 쌍둥이 연구 모두에서 유전의 가능성을 찾을 수 있다. 보통 이란성의 경우 0.30, 일란성의 경우 0.50 정도의 긍정적 상관관계가 나오는데 이 결과는 쌍둥이들에게 있어서 성격에 미치는 유전적 요인이 존재할 뿐 아니라 꽤 크다는 것을 보여준다. 두 가지 경우의 평균치를 내면, 보편적으로 0.40 정도의 긍정적 상관관계가 유전에 의해 생겨난다는 결론이 나온다(p. 226).

　　1990년대 Big 5 성격요인을 알아본 연구들을 봐도 이러한 결론에 상응하는 결과를 찾을 수 있다. 표 6.3을 보면 123쌍의 일란성, 127쌍의 이란성 쌍둥이가 스스로 측정한 성격특성 지수 간 상관관계를 알아볼 수 있다(Jang, Livesley, & Vernon, 1996). 표에서 볼 수 있듯이 일란성 쌍둥이의 상관관계는 성실성의 경우 0.37,

개방성의 경우 0.58이고, 이란성 쌍둥이는 신경증이 0.18, 성실성이 0.27로 확인된다. 신경증, 외향성, 개방성에 있어서 일란성 쌍둥이의 상관관계는 거의 두 배나 더 크다. 이러한 상관관계와 기타 통계적 절차를 통해 연구자들은 다섯 가지 성격요인의 유전율은 평균 40~50% 정도이며, 가장 유전율이 큰 경우는 개방성에서 찾아볼 수 있다는 결론을 내렸다.

다른 연구결과를 봐도 비슷하다. Loehlin, McCrae, Costa(1998)는 1962년 당시 고등학생인 일란성 쌍둥이 490쌍과 이란성 쌍둥이 317쌍을 대상으로 비슷한 조사를 했다. 결과적으로 다섯 가지 성격요인의 유전율은 51~58% 정도가 나왔고, 다섯 가지 성격요인 모두가 유전율은 비슷하다는 결과를 발표했다. Jang, McCrae, Angleitner, Riemann, Livesley(1998)는 캐나다와 독일 사람들을 대상으로 한 연구에서 유전율은 단순히 5요인뿐 아니라 각 요인을 구성하는 더 작은 단위인 다양한 측면들과도 깊은 관계가 있다고 주장했다(또한 Yamagata et al., 2006 참조).

결과적으로 쌍둥이 연구가 시사하는 바는 성격특성은 적어도 '어느 정도는' 유전가능하고, 어떤 경우에서는 더 큰 유전율을 보인다는 점이다. 유전율은 보통 40~50% 범위로 보이고, 연구에 따라서 더 큰 결과가 있을 때도 있다(예 : Loehlin, Neiderhiser, & Reiss, 2003). 하지만 이것은 두 가지 새로운 사실을 고려하면 조금 더 복잡해진다. 첫 번째 사실은, 일란성 쌍둥이의 상관관계가 이란성보다 두 배는 더 높다는 점이다. 표 6.3을 보면 개방성, 외향성, 신경증에서 실제로 그렇다는 것을 확인할 수 있다. 다른 예를 들자면 2만 3,000쌍의 쌍둥이를 대상으로 한 조사에서, 외향성과 신경증을 알아보니 외향성의 경우 일란성 쌍둥이의 상관계수는 0.51, 이란성은 0.18에 불과했다. 신경증의 경우는 이란성은 0.20, 일란성은 0.48이었다(Loehlin, 1989). 이 경우 일반적인 생각은 일란성 쌍둥이들은 100% 유전자를 공유하고 이란성은 50%만 공유하기 때문에 이러한 결과가 나온다는 것이다. 다른 말로 하면, 유전적 다양성은 첨가적(additive)이어야만 하는 것이다. 두 번째 사실은, 입양아 연구의 결과는 훨씬 더 낮은 유전율 지수를 보인다는 점이다. 만약 특성을 결정하는 데 유전이 중요하다면 생물학적 형제자매(유전자 50% 일치)들이 환경적 형제자매(유전자 불일치)보다 훨씬 더 높은 상관계수를 보여야 하는데, 실제로 그렇지 않다. 다양한 연구결과를 보면 여기서의 상관관계는 평균 20% 정도로 낮은 편이다(Loehlin, Willerman, & Horn, 1987; Scarr, Webber, Weinberg, & Wittig, 1981).

이 두 가지 사실을 가장 간단하게 설명해보자. 먼저 특정 특성에 있어서(외향성 등)는 일란성 쌍둥이가 서로와 더 비슷하다. 둘째, 입양아 연구결과를 보면 생물학적 형제자매들은 예상보다 서로와 덜 비슷하다. 개인은 유전자를 100% 공유한 쌍둥이가 있을 경우 가장 강한 성격적 유사성을 보이고, 그에 비해서 형제자매나 부모 및 친척 등과 특성을 공유하는 정도는 상대적으로 낮다는 뜻이다(Dunn & Plomin, 1990). 자가 성격특성 측정법과 관련해서 보면 쌍둥이들은 매우 비슷하고, 유전자를 공유하는 다른 사람들과는 비교적 덜 비슷한데 그 이유는 무엇일까?

한 가지 가능한 설명은 **비첨가적 유전적 다양성**(nonadditive genetic variance)이다. 유전자는 일방적인 첨가적 방법으로 성격특성에 영향을 주는 것이 아니라, 모든 요소가 필수적으로 기능하는 외형적(configural) 방법으로 영향을 미친다는 것이다(Lykken et al., 1992). 따라서 만약 두 개인이 50%의 유전자만을 공유한다면, 100% 유전자를 공유하는 경우와 비교했을 때 **반** 정도의 유사 수치를 보이게 된다—유전자는 비첨가적 방법으로 성격특성에 영향을 주기 때문에 어떻게 보면 100%

는 50%의 두 배 이상의 영향으로 다가가는 것이다. 나는 내 남동생과 외향성이 비슷할 확률이 적은 편이다. 왜냐하면 우리는 쌍둥이가 아니고, 비첨가적 유전적 구성을 보면 우리에게는 비슷한 외향성 구성요소가 생겨나기 힘들기 때문이다. 특성 유전학에서는 두 가지 경우가 있다—유전자가 다른 사람과 동일한 경우(일란성 쌍둥이), 아니면 그렇지 않은 경우(나머지 경우 모두). 첫 번째 경우라면 특성이 매우 비슷하게 나타나지만, 두 번째 경우라면 조금 비슷하거나 아예 달라지게 된다. 따라서 유전자의 50% 정도만 공유하는 것은 공통점을 많이 이끌어낼 만큼 강한 조건이 아니기 때문에, 50%는 0%와 큰 차이가 없다. 따라서 생물학적 형제자매의 유사성과 환경적 형제자매의 유사성은 큰 차이가 없다. Dunn과 Plomin(1990)이 "왜 형제자매들은 매우 다른가"에 대해 물었던 질문을 대답할 수 있는 부분이다.

성격특성에 비첨가적 유전적 요인이 줄 수 있는 가능성은 몇몇 심리학자들이 **변이성**(emergenesis)이라고 부르는 개념의 예가 된다. 이것은 유전자의 특정 패턴은 특정한 행동적 성향을 만들어내는데, 이것은 그 패턴을 구성하는 조각들로 인해서는 만들어지기 힘들다는 개념을 의미한다(Lykken et al., 1992, p. 1569). 이 패턴의 행동적 성향이 중요한 부분이다. 포커를 예로 들어보자. 어머니와 아버지가 각각 6장의 카드를 들고 있는데, 이것은 유전자를 상징한다. 둘은 각각 다른 카드를 들고 있다. 어머니는 에이스, 킹, 킹, 7, 5, 4를, 아버지는 킹, 잭, 10, 7, 6, 6이다. 아이를 만들기 위해 그들은 무작위로 3장의 카드(유전자의 50%)를 꺼내어 새 패를 만든다. 새 패(아이)는 어머니의 카드 3장, 아버지의 카드 3장으로 구성되어 '풀하우스'가 된다. 포커로 치면 좋은 패고, 부모가 가진 특성과는 매우 다르다. 여기서 중요한 점은 포커 패의 구성은 카드의 특수한 구성에 의해 결정된다는 것인데, 그 좋은 패를 만든 카드가 본래 속해 있던 패와는 매우 다르다는 것이다. 풀하우스가 나온 것은 독자적으로 새로운 조합의 결과물이다. 유전자도 마찬가지로, 특정 조합에서부터 나오는 특정한 행동이 있을 수 있다. 유전학은 몇 백만 개의 카드를 가지고 하는 포커게임과 비슷하며, 이 카드들이 복잡하게 섞여서 매우 다양한 패턴을 만들어낸다. 일란성 쌍둥이를 제외하고, 모든 개인들은 각자의 패가 다 다르다.

공유환경

그렇다면 환경의 영향은 어떨까? 만약 성격특성의 유전율이 40~50% 정도라면, 나머지 50%는 어디서 나올까? 양육 방법, 가정환경, 학교, 이웃 등 환경의 요인일까? 꼭 그렇지만은 않다. 성격특성에 환경이 미치는 영향은 생각보다 훨씬 더 복잡하고 놀랍기까지 하다.

같이 자라고 떨어져 자란 쌍둥이를 연구한 미네소타대학 연구를 보자(Tellegen et al., 1988). 표 6.4를 보면 일란성 쌍둥이의 자가 측정 성격특성 지수가 나와 있다. 왼쪽에는 같은 가정에서 자란 217쌍, 오른쪽에는 따로 자란 44쌍의 쌍둥이의 정보가 나온다. 44쌍의 경우는 1명은 특정 가정에서 자라고 다른 1명은 다른 곳에서 자란 입양된 경우다. 연구대상 대부분이 어렸을 때 서로 접촉이 없었고, 본 연구를 통해서 처음 만난 경우가 많았다. 따라서 첫 번째 쌍둥이 집단은 공통의 환경을 공유하면서 같이 자랐고, 두 번째 집단은 따로 자랐다고 할 수 있다.

표 6.4에서 알 수 있는 점은 무엇일까? 먼저 사회석 기능이나 스트레스에 대한 반응 등의 특성에서, 같이 자란 쌍둥이들의 상관계수는 우리가 다른 연구에서 살펴본 결과와 비슷하다. 11가지 특성에서 평균 상관계수는 0.41~0.65 정도로, 평균은 0.52를 기록했다. 표에서 눈여겨봐야 할 두 번

째 점은, 따로 자란 쌍둥이의 상관계수도 많은 경우에서는 같이 자란 쌍둥이의 상관계수와 상당히 유사하다는 것이다. 평균치가 0.49로 높은데, 이것은 뭘 의미할까? 따로 자라거나 같이 자란 것에 큰 관계없이 일란성 쌍둥이들은 비슷한 성격특성을 보인다는 뜻이다. 하지만 같이 자란 쌍둥이는 공통의 환경도 공유했는데, 더 큰 유사성을 보여야 하는 것이 아닐까? 표 6.4를 보면, 여기에 해당되는 경우는 사회적 친밀성의 특성 한 가지뿐이다. 다른 경우 공통환경의 영향은 비교적 작아 보인다.

보편적으로 쌍둥이와 입양아 연구를 보면 같은 가정에서 자라는 것은 성격특성에 큰 관계가 없다는 것을 입증했다. 물론 예외는 있다(예 : Borkenau, Riemann, Angleitner, & Spinath, 2001; Reifman & Cleveland, 2007). 예를 들어서, 미네소타대학 연구에서도 사회적 친밀성이나 다른 사람과의 소통과 관련된 특정 성격특성은 환경적 요인을 받는다는 결과를 확인할 수 있다(Plomin, Chipuer, & Loehlin, 1990; Waller & Shaver, 1994). 하지만 외로움의 정도는 공통환경과 관련이 없다고 한다(Boomsma, Willemsen, Dolan, Hawkley, & Cacioppo, 2005). 청소년들 사이에서는 종교가 공통환경에 의해 영향을 받고(Koenig & Bouchard, 2006), 청소년기의 비행도 마찬가지다. 하지만 성인기의 범죄는 공통환경에 덜 영향을 받는다(Miles & Carey, 1997). 또한 아동학대나 소외감은 아이들의 심리적 발전에 부정적 영향을 주고, 이것은 성격특성에 명백하게 드러나게 되는데 여기서의 차이점도 비교적 큰 편이다. 하지만 이러한 비극적인 상황은 근대사회에 여전히 드물다. 대다수의 어린이들은 가족 안에서 양육되는데 완전하지는 않지만 가장 기초적인 돌봄을 받게 된다(Scarr, 1997). 따라서 이렇게 우리가 예측할 수 있는 평범한 환경에서 이뤄진 연구는 개인의 성격특성을 나타내줄 수 있는 가정환경의 영향을 측량하는 데 지속적으로 실패하게 될 것이다.

표 6.4	같이 자라거나 떨어져 자란 일란성 쌍둥이들의 특성 비교	
특성	같이 자란 쌍둥이	떨어져 자란 쌍둥이
웰빙	0.58	0.48
사회적 기능	0.65	0.56
성취	0.51	0.36
사회적 친밀성	0.57	0.29
스트레스 반응	0.52	0.61
소외	0.55	0.48
공격성	0.43	0.46
통제	0.41	0.50
위험 회피	0.55	0.49
전통주의	0.50	0.53
몰입	0.49	0.61
평균 상관계수	**0.52**	**0.49**

출처 : "Personality Similarity in Twins Reared Apart and Together" by A. Tellegen, D. J. Lykken, T. J. Bouchard, Jr., K. J. Wilcox, N. L. Segal, & S. Rich, 1988, *Journal of Personality and Social Psychology*, 54, 1035 인용.

예를 들면 성격특성에서 형제자매 간에 확인할 수 있는 긍정적 상관관계는 그들이 공유하는 유전자의 반 때문인 것으로 생각할 수 있다. 성격의 유사성이 유전적인 요인이라고 결론짓게 되면, 그들이 같은 환경에서 자란 사실이 어떻게 성격과 연결되는지 설명할 공간이 남아 있지 않게 된다. 이것은 입양아 연구를 보면 더 명확해진다. 보편적으로 입양된 아이들은 새로운 가정에서 몇 년 동안 살아도 새 가족의 구성원들과 예측가능한 유사성을 보이지는 않는다. Eaves, Eysenck, Martin(1989)은 입양된 아이들이 **생물학적** 어머니와 보이는 외향성의 상관계수는 0.21로 높았지만, 입양한 어머니(길러준 어머니)와 보이는 유사성은 거의 0에 가깝다고 말했다.

이러한 연구들은 사람들이 자라면서 경험하는 가정환경은 성격특성에 크지 않은 영향을 준다고 말하고 있다. 부모가 얼마나 좋은 사람인지, 얼마나 좋은 학교를 다녔는지, 어떤 동네에 살고 어떤 교회를 다녔는지, 얼마나 집은 부유했는지와 같은 환경적 요인들이 큰 영향이 없었다는 것이다. 심리학을 25년간 가르친 사람의 입장에서 내 학생들은 (동료들을 포함해서) 이러한 결과를 보통 믿지 않았다. 어떻게 가정이 영향이 없을 수 있단 말인가?

하지만 결과는 명확하다. 성격특성의 다양성 중 반 정도는 유전에 의해 설명되고, 다양성의 매우 적은 부분만이 가정환경에 의해 설명된다. 그래도 아직 나머지 반은 어떤 요인에 의해 나타나는 다양성인지를 모르는 상태. 유전이나 가정에 의해 설명될 수 없는 부분은 어떤 배경을 가지고 있을까? 정답은 두 가지다. 첫째로, 성격특성 측정은 설명할 수 없는 다양성을 높여주는 오류를 포함한다. 외향성을 측정하는 가장 신뢰도 높은 측정법이라고 해도, 시간이 달라졌을 때 같은 사람의 수치가 정확히 같게 나오지는 않는다. 재검신뢰도는 높아봤자 0.80에서 0.90 사이다—높지만 완벽하지는 않다는 의미다. 그러므로 특성에서 설명될 수 없는 다양성은 이러한 측정법의 오류에 의한 것일 수 있다. 일반적으로 10~20% 정도를 오차범위라고 생각할 수 있다. 그럼에도 불구하고 아직 상당한 부분이 설명 불가한 것은 사실이다.

두 번째 답은, 환경적 요인을 다른 각도로 바라보면 나오는 부분이다. 여태까지 나는 **공유환경**(shared environment) 개념에만 치중해서 설명했는데 이것은 **모든 가족구성원에게 동일하게 작용되는 같은 환경**을 의미한다. 여기에는 가족구성원들이 공유하는 다양한 조건과 경험이 포함돼 구성원 간 유사성을 높여주는 역할을 한다. 우리가 일반적으로 알고 있는 가정의 따뜻함, 규율, 갈등 등이 모두 여기에 해당되고, 사회적 지위나 부모의 교육 정도, 기타 사회구조적 요인들도 포함된다. 반대로, **비공유환경**(nonshared environment)이란 **가족구성원들을 다르게 만들도록 작용하는 환경적 영향**을 뜻한다. 많은 연구자들은 오늘날 비공유환경이 성격특성의 다양성 중 나머지를 설명해준다고 주장한다. 비공유환경은 무엇이고 어떻게 작용할까?

비공유환경

내 아내와 그녀의 남동생을 만나 본다면 같은 환경에서 자랐다는 것을 믿을 수 없을 것이다. 아내는 많은 행복하고 가정적인 모습을 기억하는 반면, 아내의 동생은 갈등과 긴장을 더 많이 기억한다. 둘이 같이 있었던 과거의 동일한 장면(가족여행 등)을 기억하는 방식도 매우 다르다. 사회적 실체에 대해 궁금하게 만드는 부분이다—실제로 존재하는 것일까, 아니면 바라보는 사람의 마음에만 있는 것일까? 이러한 관점적 차이점은 비공유환경 때문에 생긴다. 같은 가정에서 자랐다고 해서 가족을 같은 방법으로 기억하는 것은 아니다. 가족구성원 간 매우 큰 차이점을 불러일으키는 가정환경 요소가 많이 존재하는데 그중 좋은 예는 태어난 순서이다. 첫째와 둘째는 가족체계에서 매우 다른 입장에 놓여 있다. 보통 장남이나 장녀의 비공유환경 속에는 가장 나이 많고, 강하고, 총명하고, 몸집이 큰 상태가 포함된다. 심리학자들과 일반인 모두가 출생순위(birth order)는 성격특성에 비공유환경적 영향을 끼치는 중요한 요소라고 동의하는 편이다.

Rowe(1999)는 비공유환경의 여섯 가지 카테고리를 정의했다. **출생 전 외상**은 태어나기 전 태아일 때 겪은 상처인데, 이는 처음부터 아이를 나머지 가족구성원과 구별시키는 중요한 기준이 될 수 있다. **우연한 사건**은 우연에 의해서 일어나는 일로, 성격형성에 마찬가지로 중요한 영향을 끼친다. **출생서열**은 태어난 순서와, 형제자매 간 나이 차를 의미한다. **형제자매 간 상호작용**은 다양한 범위의 사회적 역할 안에서 형제자매와 경쟁하거나 공유하면서 복잡한 방식으로 소통하는 것을 의미한다. **부모의 차별대우**는 부모가 형제들 중 1명만 선호하는 것을 뜻한다. 마지막은 **가정 외 영향**인데 이는 교사나 친구들 등 가정 외적 요인이 포함된다. 나와 내 동생은 같은 집에서 컸고 같은 학교에 다녔지만 친구와 선생님이 매우 달랐다. 이러한 차별적 경험들은 성격특성 발전에 영향을 주게 된다.

이론은 많지만, 비공유환경의 영향을 이해하는 데 필요한 좋은 정보는 아직 부족하다. 가정 내에서의 부모의 차별적 대우나 가정 외부에서의 동료 효과 등에 관한 비공유환경의 영향에 관한 이론은 괜찮지만, 다양한 주장을 뒷받침해주는 정보는 아직도 부족하다. 비공유환경의 영향을 알아보는 연구분야 자체가 더 많고 깊은 연구를 아직 필요로 하고 있다.

그림 6.2에 나온 것처럼 Dunn과 Plomin(1990)은 성격특성의 다양성에서 총 35% 정도가 비공유환경 영향 때문에 생긴다고 주장했다. 그들 이론에 의하면 40%가 유전, 20%가 측정상 오류, 5%가 공유환경의 영향으로 구성된다고 한다. 중요한 점은 비공유환경 수치인 35%가 삭제의 과정(process of elimination)을 통해서 나온 숫자라는 것이다. 여기서의 논리는 다음과 같다—거의 모든 성격특성의 40% 정도는 유전에서 나온다는 것은 거의 분명하고, 공유환경이 5% 이상을 차지한다고 설명할 만한 증거는 아직 부족하고(더 낮을 수도 있음), 적어도 수치의 10~20% 정도는 오류로 인해 나왔을 가능성은 있기 때문에 대충 반올림해 계산하면 35% 정도가 '설명되지 않은 다양성'에 해당된다. 이것을 설명할 수 있는 다른 이론은 현재 없기 때문에 비공유환경에 의해 설명할 수 있다. 그러므로 성격특성이 비공유환경에 의해 영향을 받는다는 것은 일리가 있지만, 비공유환경이 정확히 무엇이고 어떻게 작용하는지에 대해서는 알려진 바가 부족하다.

더 읽을거리 6.1

출생순위—비공유환경의 영향

Frank Sulloway(1996)는 그의 유명한 책 *Born to Rebel: Birth Order, Family Dynamics and Creative Lives*에서 출생순위가 성격형성에 있어 비공유환경에 의해 영향을 미친다고 주장했다. 가정 역학에 대한 다윈의 관점을 차용해, Sulloway는 모든 아이들은 가정 환경에서 부모의 관심을 위해 경쟁한다고 주장했다. 처음으로 가족에게 노출된다는 자생적 장점을 가지고 태어난 첫째들은 부모들과 강하

(계속)

더 읽을거리 6.1 (계속)

게 교감하고, 권력을 보는 전통적 관점을 채택할 가능성이 높다. 반대로 이후에 태어난 아이들은 부모의 관심을 얻기 위해 첫째와 경쟁해야 하는 상황이다. 따라서 권력에 있어서 도전적이고 반대하는 태도를 갖기 쉽다. 이 발전의 재미있는 결과 중 하나는 늦게 태어난 아이들은 혁신과 변화에 더 개방적이어야 한다는 것이다. 간단히 말하면 첫째들은 더 주도적(Big 5에서의 외향성)이어야 하고 성실해야 하며, 나중에 태어난 아이들은 경험에 더 개방적이어야 한다.

Sulloway는 역사적 기록을 연구해 이 가설을 뒷받침했다. 그는 연구를 통해, 다윈의 진화이론에 대한 19세기 과학자들의 반응을 알아보았다. 다윈(첫째가 아님)은 교회의 권위뿐 아니라 당시 일반적으로 정립돼 있던 수많은 과학적 가설을 무너뜨리는 이론을 제안했다. 1859년 종의 *기원* 이후로 역사적 기록을 살펴보면, 첫째가 아닌 과학자들이 첫째인 과학자들보다 4.4배 더 많이 이 이론을 인정했다. 다윈이 이론을 제시하기 백 년쯤 전에도, 과학계에서 인정되지 않는 가설에 찬성하는 경우는 첫째가 아닌 과학자들이 첫째인 과학자들보다 9.1배 많았다. 다윈뿐 아니라 코페르니쿠스, 뉴턴, Freud 이론에 대한 첫 반응도 마찬가지였다. 나중에 태어난 사람들은 현재에 도전하는 의식이 있기 때문에 급격한 변화를 가져오는 도전이나 혁신을 더 개방적으로 받아들인다고 주장한 것이다. 반면 첫째들은 더 보수적이고 권력에 익숙하기 때문에 처음에는 이런 혁신을 거부하다가, 슬슬 인정받기 시작하면 생각을 바꾼다. 생각을 일단 바꾸고 나면 바뀐 생각이 현 상태가 되기 때문에 거기서 우위를 유지하려고 노력할 것이다.

이런 생각은 생소한 주장이 아니다. 20세기 초반 Adler도 비슷한 주장을 했었다. 그는 첫째들은 비교적 보수적이고 권력지향적인 데 비해, 나중에 태어난 아이들은 반항적이고 경쟁적이고 권위에 도전한다고 말했다. Adler와 Sulloway의 이 같은 주장에도 불구하고, 성격특성을 연구한 경험연구를 보면 출생순위에 관한 명확한 해답은 나오지 않는다(Falbo, 1997; Forer, 1977; Michalski & Shackelford, 2002; Sampson, 1962; Schooler, 1972). 이 연구들은 출생순위와 성격특성 간 관계를 서로 관련 없는 개인들을 대상으로 조사했다. 하지만 *한 가족 내에서* 개인들을 조사한 결과가 Sulloway의 연구를 뒷받침했다. 첫째들은 동생들에 비해서 성과와 성실성 척도가 높았고, 동생들은 반항심과 친화력 수준이 높은 편이었다(Paulhus, Trapnell, & Chen, 1999).

출생순위도 물론 성격에 측정가능한 영향을 줄 수 있지만 이 영향은 성별, 사회적 지위, 인종, 측정하기 어려운 더 많은 변수에 의해 변화될 수 있다. 각 가정을 깊게 조사하지 않는다면 특정 가정환경에서 출생순위가 무엇을 의미하는지 알아보기 어렵다. 보스턴의 가톨릭 일용직 종사자 가정에서 태어난 첫째와, 이혼한 부모를 둔 부유한 플로리다의 핵가족에서 태어난 장녀와는 환경이 매우 다를 수 있다.

그럼에도 불구하고 Sulloway의 주장은 심리학자들로 하여금 출생순위에 관심을 가지게 만들었고 새로운 연구도 진행 중이다. 일반적인 사람들은 가정환경에서 자기의 위치가 자기가 누군지에 크게 영향을 준다고 생각한다. 부모들은 종종 출생순위를 이용해 자녀들에게 대화를 하기도 한다. 사실 나도 그런 편이다. 내 첫째 딸은 10살 때 이미 모든 것을 배운 듯한 모습이었고, 둘째는 반항심이 강하다.

유전이 어떻게 환경을 만드는가

우리가 흔히 유전과 환경을 이용해 성격특성을 설명하려고 하면, 보통 유전자와 환경이 두 가지 다른 개념이라고 생각한다. 문자 그대로 보면 맞는 말이다. 유전자는 DNA의 부분이며, 환경은 가족·이웃·사회적 집단 등을 포함하는 개념이다. 하지만 다르게 보면 둘을 완벽히 구분하는 데는 오류가 있다. 행동을 구성할 때 유전자와 환경은 혼합되는 경우가 많기 때문이다. 각각 독립적 영향을 행사하는 것이 아니라 상호작용을 통해 동시에 적용된다는 것이다. 하지만 둘 간의 상호협동이 완벽히 호혜적(reciprocal)인 것은 아니다. 환경은 개인의 유전자에 영향을 줄 수는 없다. 아무리 강력한 경험을 많이 해도, 개인의 행동은 변할 수 있지만 기질을 부분적으로 구성하는 유전자들은 변화하지 않을 것이다. 외부적 환경으로 인해 뇌 발달과 기능은 변화하지만 유전자는 그대로 있다. 하지만 반대로 유전자가 환경에 주는 영향은 있을 수 있다. 유전자는 사람들이 환경을 경험하는 방법을 변화시켜 주고, 유전자는 사람들이 경험할 환경을 선택하도록 도와준다.

행동유전학의 최근 연구는 **환경 자체가 유전가능하다는** 주장을 펼치기도 한다. 예를 들면, 같이 자란 일란성 쌍둥이는, 같이 자란 이란성 쌍둥이보다 본인들이 자란 환경이 서로 더 비슷하다고 말한다. Plomin과 Bergman(1991)은 사회화 환경을 측정한 많은 조사에서, 이러한 측정치는 유전적 다양성에 의해 설명될 수 있다고 말했다. 우리는 환경은 외부적 요인으로, 관측자와는 독립적이라고 생각한다. 그리고 당연히 환경에는 DNA가 포함되지 않는다. 하지만 보통 이러한 외부적인 환경은 이것을 경험하는 사람들의 말을 통해서 측정된다. 청소년의 부모가 얼마나 따뜻하고 응답을 잘 해주는지 알아보기 위해서 청소년에게 물어보는 경우가 해당된다. 그리고 그 청소년이 말하는 본인 환경에 대한 평가는 본인의 유전자에 의해 결정되는 것이다. 사람들은 특정한 방법으로 환경을 보려는 성향을 가지고 있다. Caspi(1998, p. 352)는 "환경에서 안정적이고 지속적인 특징은 성격특성에서부터 나오는 안정적이고 지속적인, 부분적으로 유전적인 개인적 차이에서 비롯된다"라고 주장했다.

연구자들은 환경과 관련해 유전적 차이가 미치는 영향이 나이가 들수록 증가한다고 주장한다. Elkins, McGue, Iacono(1997)는 11살, 17살 집단의 일란성, 이란성 쌍둥이들이 본인의 가정환경을 어떻게 표현하는지 알아보는 조사를 했다. 일란성 쌍둥이들은 부모와의 갈등관계, 부모의 개입 정도, 부모의 전체적인 지지 부분에서 이란성 쌍둥이들보다 더 큰 동질감을 보였다. 이것은 가정환경도 부분적으로 유전가능함을 알려준다. 나아가 17살 집단이 11살 집단보다 더 높은 가정환경 유전율을 보였다. 청소년들이 나이가 들면서 그들의 부분적 유전가능한 성격성향은 환경을 이해하는 데 있어서 더 큰 영향력을 갖기 시작한다. 또한 나이가 많은 청소년들은 환경을 통제할 수 있는 능력도 있기 때문에 책임감이 더 생길수록 유전적 제어의 능력도 커지게 된다.

하지만 환경에 유전자가 미치는 영향은 인생 첫 몇 달부터 생겨난다. 유전적 영향 자체는 환경의 창조를 통해서 보여진다. 갓 태어난 아이들은 유전적 영향으로 인해 환경을 조금씩 바꿔 나가고, 그 환경은 성격발달을 촉진시켜, 환경과 성격의 상호적 작용 사이클을 만들어내게 된다. Scarr와 McCartney(1983)는 개인의 유전자형(genotype)이 궁극적으로는 성격특성의 발전을 만들어주는 환경에 영향을 주는 방법을 크게 세 가지로 구분했다(또한 Donnellan, Trzesniewski, & Robins, 2006 참조).

첫 번째는 **환기적 영향**(evocative influence)이다. 사람들은 본인의 유전자형에 따라서 아이들에게 응답한다는 것이다. 순한 아기는 까다로운 아기와 비교해서 다른 보살핌 패턴을 이끌어낼 것이다. 많은 미국 중산층 가정에서 미소 짓고 활발한 아기들이 더 큰 주의를 받을 경우가 많다. 따라서 유아기의 기질에 있어서도 유전자형은 사회적 환경에 영향을 미치고, 이것은 결과적으로 아기의 성격발달로 이어진다.

두 번째는 **수동적 영향**(passive influence)이다. 아이들의 생물학적 부모는 본인의 유전자형을 물려준 것이기 때문에, 둘 간 유전자적 일치성은 높은 편이다. 유전적으로 책 읽기를 즐기는 부모들은, 아이들에게도 책을 많이 사주고 읽어줄 가능성이 많다. 그렇게 되면 아이들도 독서를 즐기게 되는 것이다. 쌍둥이의 인지적 능력을 알아본 연구에서 읽기능력과 읽기에 대한 관심은 유전에 의해 결정된다고 알아본 바 있다. 따라서 생물학적 부모와 유전적 유사성을 가지는 아이들은 본인의 유전자와 비슷한 환경에 노출될 가능성이 높다. 부모의 유전자 자체가 이러한 환경을 결정하기 때문이다.

마지막은 **활동적 영향**(active influence)이다. 이것은 개인의 유전자형에 맞는 환경을 찾아보는 방법으로 나타난다. 활동적인 아이들은 주변에서 친구를 찾을 것이고, 부분적으로 그의 발달에 영향을 미칠 환경을 만들어낸다. 운동을 좋아하는 소녀는 야구팀에 가입할 것이다. 활동적인 정도와 운동신경이 유전자에 의해 결정된다는 전제하에, 이러한 예들은 유전자형이 환경선택에 미치는 영향을 보여준다. 보통 유아기와 청소년기 초반에서는 환기적 영향과 수동적 영향이 주된 원인이 되지만, Scarr와 McCartney(1983)는 성인기에 접어들면서 유전자에 미치는 활동적 영향이 더 커진다고 말했다.

환경적 요인의 활동적 영향은 왜 유전성이 나이가 들면서 증가하는지를 보여줄 수 있다. 예를 들면, 연구자들은 종교의 유전율은 청소년들보다 성인들 사이에서 더 높다고 증명했다(Koenig & Bouchard, 2006; Koenig, McGue, Krueger, & Bouchard, 2005). 청소년기에서 벗어나 성인기로 접어들면서 유전형이 더 큰 영향을 갖기 시작하고, 어렸을 때의 공유 가정환경은 비교적 영향이 줄어들게 되기 때문이다. 어린아이들이나 청소년들은 교회 참석이 부모의 요청으로 인한 경우가 많다. 하지만 커가면서 본인만의 종교적 관점과 믿음을 가지고 의사결정을 하기 때문에 직접적 부모의 제어에서 벗어나는 것이다. 성인이 되었을 때 유전적으로 종교에 대한 믿음이 큰 상태면 더 교회를 열심히 다닐 것이고, 그렇지 못하면 신앙에서 멀어진다.

그림 6.2	성격특성의 다양성을 나타내는 요소

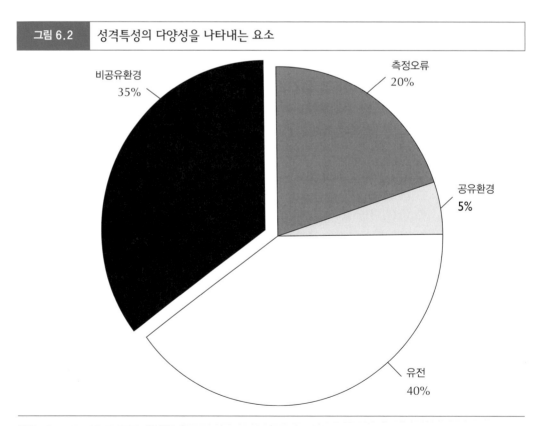

출처 : Separate Lives: Why Siblings Are so Different(p. 50). by J. Dunn & R. Plomin, 1990, New York: Basic Books.

유전×환경의 상호작용 : 신경과학으로부터의 새로운 발견

오늘날 과학자들이 직면한 문제는 바로 이것이다—쌍둥이와 입양아 연구결과로 볼 때, 우리는 유전자는 성격특성 발달에 있어서 큰 영향을 미쳐야만 한다는 것을 알지만 어떤 유전자가 어떻게 작용하는지는 모른다. 오늘날까지 특정한 성격특성과 유전자를 연결시키는 연구는 발달하지 못했다 (Munafo et al., 2003). 놀라운 결과는 아니다. 사실상 유전자는 특정 단백질을 암호화시키고, 인간의 생리와 구조의 기본적 성분이 되는 존재이기 때문에 특정 성향과 특정 단백질 종류를 연결 짓는 것은 매우 복잡한 과정이다. 성격특성에 미치는 유전적 영향은 오랜 시간 동안 발달단계를 거쳐서 다양한 환경적 요인과 함께 작용해 복잡하게 발달할 가능성이 많다. 하나의 유전자는 작은 영향력을 갖지만, 다른 유전자와 공통으로 작용하면 성격성향의 패턴이 결과적으로 나타나고 발전할 수 있다(Caspi et al., 2005).

유전자가 어떻게 성격발전에 영향을 주는지는 **세로토닌 5-HT 이송 유전자**(serotonin 5-HT transporter gene, 5-HTTP)를 알아본 연구를 보면 알 수 있다. 세로토닌은 신경전달로를 따라 정보를 전달할 수 있도록 시냅스로 분출되는 신경전달물질을 말한다. 세로토닌이 시냅스로 들어가면 다른 분자들은 세로토닌을 처음 온 뉴런으로 다시 보내기 위해 노력하는데 이 과정은 **재흡수** (reputake)라고 한다. 재흡수 과정을 통해 시냅스는 깨끗해지고 새로운 작용이 일어난다. *5-HTTP* 는 뉴런들 간 시냅스에서부터 세로토닌을 없애주는 역할을 하는 단백질 분자를 만들어낸다(Sen, Burmeister, & Ghosh, 2004). 모든 사람들은 생물학적 부모로부터 받은 유전자 중 세로토닌 5-HT 이송 유전자를 2개씩 가지고 있는데, 이는 모두 생김새와 구조적으로 다양하다. 사람마다 유전자가 짧을 수도, 길 수도 있다. **짧은 유전자의 경우 세로토닌의 재흡수가 비효율적으로 일어난다.**

많은 연구결과에 따르면 *5-HTTP*에서 짧은 유전자를 갖는 것은 우울증과 불안감으로 이어진다고 한다. Lesch와 동료들(1996)은 2개의 짧은 이송유전자를 가진 사람들은 신경증이 높고 친화성이 낮다고 발표했다. 덜 효율적인 세로토닌 재흡수가 일어나는 경우 성격특성 중 신경증이 높아진다는 이론이다. 하지만 이러한 결과를 나타내는 정확한 과학적 근거는 아직 부족하다. 몇몇 연구들은 짧은 이송 유전자와 신경증 간 관계를 보여주지만, 다른 연구들은 그렇지 못하다.

Caspi와 동료들(2003)은 *5-HTTP*가 짧은 사람일 경우 **부정적인 환경적 영향을 동시에 받을 때** 에만 우울증이 심해진다고 주장했다. 한 종단연구에서 그들은 어린 성인들을 대상으로 유전적 패턴, 인생 역사, 우울증적 질환을 알아보았다. 적어도 1개의 5-HTTP가 짧고, 적어도 네 가지의 우울증적 질환을 겪었던 사람들 중 33%가 심각한 우울증 증상을 보였는데, 비슷한 정도의 스트레스를 받고 *5-HTTP*가 길었던 사람들 중에서는 17% 정도만 우울증 증상을 보였다. 단순히 유전자 하나로 결정되는 것이 아니라, 부정적 환경적 요소가 결합되어야지만 신경증이 높아진다는 연구결과다. 정확히 어떤 과정인지는 명백하지 않다. 하지만 몇몇 연구가들은 인생 스트레스 요인이 짧은 유전자와 결합해 뇌의 편도체의 과도한 행동을 불러일으켜 우울증과 불안감을 일으킨다고 주장하기도 한다 (Canli, 2004; Canli et al., 2006). 제5장에서 본 것처럼, 편도체의 특정 부분은 부정적 감정이나 행동억제와 큰 관련이 있기 때문에 가능한 이론이다.

유전자와 환경 간 소통 문제는 다른 연구를 봐도 알아볼 수 있다. Kaufman과 동료들(2004)은 짧은 *5-HTTP*를 가진 아이 중 부모에게 학대를 받은 경험이 있는 아이들은, 부모들이 스트레스가

표 6.5	부모-자녀 갈등을 측정할 수 있는 문항

1. 내 부모는 나를 자주 비난한다.

2. 내 말이 채 끝나기도 전에 부모가 끼어든다.

3. 부모는 종종 나를 짜증나게 만든다.

4. 부모와 나 사이에 오해가 빈번하다.

5. 나는 부모보다 다른 사람에게 더 예의를 갖추어 행동한다.

6. 부모는 나에게 상처를 주곤 한다.

7. 부모는 내가 한 결정을 신뢰하지 않는다.

8. 부모와 나는 논쟁을 하는 편이다.

9. 나는 부모를 화나게 하거나 귀찮게 하곤 한다.

10. 부모는 나에게 이성을 잃고 화를 내곤 한다.

11. 부모는 화를 못 이겨 나를 때리곤 한다.

한 종단연구에 의하면, 이 문항에 답한 11살의 자녀들은 14살에 반사회적 행동을 할 가능성이 있음을 예측해주었다. 반사회적 행동의 극심한 차이를 보인 일란성 쌍둥이들 사이에서는 11살의 부모-자녀의 갈등이 많은 경우에 14살에 반사회적 행동을 할 가능성이 높아졌다는 것을 보여준다. 이 연구는 반사회적 행동의 유전적 영향이 강력함을 나타내주며, 환경적 영향이 몇몇 일란성 쌍둥이에게도 보일 수 있다는 점을 시사한다.

출처: "Differential Parent-child Relationships and Adolescent Externalizing Symptoms: Cross-lagged Analyses within a Monozygotic Twin Differences Design" by S. A. Burt, M. McGue, W. G. Iacono, and R. F. Krueger, 2006, *Developmental Psychology*, *42*, p. 1291.

높은 경우일수록 더 우울증이 깊어진다는 것을 발견했다. 여기서 아이들에게 나타나는 유전자적 요소는 두 가지 환경적 요인에 의해 조절됐다. (1) 아이들이 경험한 학대의 정도, (2) 부모들이 경험한 스트레스의 정도. Fox, Hane, Pine(2007)은 7세 아이들의 세로토닌 유전자가, 낮은 부모의 사회적 지지와 연결되었을 때 행동억제가 어떻게 나타나는지 연구했다. 여기서도 유전자 자체나 환경적 요인이 행동패턴을 알려주지는 않는다는 결과가 나왔다. 둘 간의 상호작용을 통해서 결과가 나왔다. 세로토닌 재흡수율이 낮은 유전자적 성향을 가진 아이들이 부모의 낮은 지지 정도를 가진 경우, 매우 억제된 행동을 보여준 것이다. Fox와 동료들은 사회적 지지의 정도가 낮은 어머니들은 스트레스를 더 받기 때문에 아이들의 욕구를 충족시켜주지 못한다고 말한다. 그리고 비효율적인 세로토닌 재흡수율이 아이들로 하여금 부정적 감정을 경험하게 하는 생물학적 요소로 작용한다고 한다. 하지만 환경이 굉장히 스트레스를 주는 경우가 아니면, 아이들이 꼭 부정적 감정을 갖는 것은 아니다. 부모들이 사회적 지지를 보여주지 않고 그들 자신이 스트레스가 크면 아이들의 환경도 부정적으로 만들어지고, 아이들의 스트레스 정도가 올라가 유전자적 성향과 연결돼 결과적으로 행동억제를 불러일으키는 경우가 많다. 따라서 많은 아이들에게 있어서 유전적 문제와 스트레스적 환경이 합쳐졌을 때 과도한 부끄러움이나 높은 행동억제 성향이 나타난다.

환경이 성격특성의 과정에 있어서 유전자적 표현에 영향을 준다는 생각은 현대 성격과학에서 새롭게 시작되는 주제가 되었다. 이 생각을 증명하기 위해 많은 연구 프로그램과 이론이 발전되고 있는데, 그중 하나는 청소년을 대상으로 한 반사회적 행동연구에서 찾아볼 수 있다.

행동패턴이 불안감이나 청소년 비행으로 이어질 수 있고, 여기에는 유전적 기반이 있다는 것은 이미 정립된 과학적 사실이다. 나아가 반사회적 행동에 있어서 유전적 요소를 제외하면 이렇다 할 설명방법이 없는 것도 사실이다. 반사회적 행동의 유전율이 100%는 되지 않기 때문에 환경적 요소도 역할을 할 텐데, 정확히 무엇이고 어떻게 작용할까? 일란성 쌍둥이를 대상으로 한 종단연구에서 연구자들은 유전자와 환경 간의 흥미로운 패턴을 찾아냈다(Burt, McGue, Iacono, & Krueger, 2006). 연구자들은 표 6.5에서 볼 수 있듯이, **부모 간 갈등(parental conflict)**이라는 환경적 요소에 치중했다. 11살 때 쌍둥이들은 부모들이 얼마나 자주 그들을 비난했는지를 측정하게 했다. 그리고 3년 후 참가자들이 14살일 때 반사회적 행동을 관찰했다. 놀랍지 않게도 유전적 요소가 강했다. 쌍둥이 중 1명이 14살 때 강한 공격성이나 반사회적 행동을 보인 경우, 나머지 1명도 비슷할 확률이 높았다. 마찬가지로 1명의 반사회적 행동지수가 낮으면, 다른 하나도 행동이 모범적인 편이었다. 그럼에도 불구하고 차이점도 존재했다. 반사회적 행동에서 큰 차이점을 발견한 쌍둥이들의 경우, 11살 때 그들이 겪은 부모의 갈등이 차이점의 큰 원인으로 작용했다. 다른 말로 하면, 14살 때 반사회적 행동지수가 매우 달랐던 쌍둥이들 중에서, 11살 때 부모의 갈등을 더 많이 겪은 아이들일수록 반사회적 행동을 더 많이 한다는 결과가 나온 것이다. 이 연구결과를 보면 **특정** 유전자형이 **특정** 환경과 결합해 **특정** 개인에게 있어서 반사회적 행동의 개인 간 차이를 불러낸다는 결과가 나온다.

방금 말한 실험에서, 환경 × 유전자 영향은 특정한 쌍둥이들에게서만 나타났다는 것을 기억해야 한다. 여기서 중요한 점은 모든 인간은 많은 발달적 경로를 통해서 행동적 특성을 갖게 된다는 것이다. 간단하게 말하면 비행 청소년이 되기 위한 방법은 많다. 몇몇 사람에게 있어서 유전자적 성향과 부모의 갈등이 결합되면 반사회적 행동으로 이어질 수 있고, 다른 사람에게 있어서는 부모 간 갈등이 적은 인과관계를 가질 수도 있는 것이다.

쌍둥이의 반사회적 행동을 알아본 연구를 확장시켜보면, 성격과학에서 다양한 사람들에게 성향적 특성은 다양하게 발달된다는 생각으로 이어진다. 예를 들어서, Aron과 Aron(1997)은 특히 더 내향적이고 불안한 성인들은 두 가지 매우 다른 발달적 종류를 가진다고 말한다(또한 Aron, Aron, & Davies, 2005 참조). 몇몇은 발달의 과정을 통해 행동의 억제를 겪고 결과적으로 부정적 감정을 가지는 성향을 갖게 되는 반면, 다른 사람들은 부정적인 유아기의 경험이 주된 원인으로 작용한다. 아주 간단하게 말하자면 매우 불안하고 억제된 성인들 중 몇은 그렇게 태어난 것이고(유전적 요소가 강함), 다른 몇은 불행한 유아기와 부정적 환경의 영향으로 그렇게 만들어진 것이라는 생각이다. 진실은 이 말만큼 간단하지 않을 수 있지만, 생각 자체는 매우 강력하다—유전자가 환경과 결합하는 구체적인 방법은, 개인차가 심하다.

Jay Belsky, W. Thomas Boyce를 비롯한 다른 발달심리학자들은 두 가지 다른 아이들 집단을 설명하는데 민들레(dandelion)와 난초(orchid)라고 이름 붙였다(Belsky, 2000; Boyce & Ellis, 2005). 민들레는 아름다운 정원에 종종 방해가 되는 잡초와 비슷한 꽃이고, 반대로 난초는 세상에서 가장 섬세하고 망가지기 쉬운 꽃 중 하나로 환경적 요소에 지나치게 민감하다. 몇 아이들은 민들레와 같아서, 환경적 요소에 큰 상관없이 예측가능한 모양으로 자라난다. 유전적 요소가 너무 크게 작용한 나머지, 환경은 별 영향을 미치지 못하는 것이다. 반대로 다른 아이들은 난초와 같아서, 환경에 특히 민감하다. 조건이 적합하면 잘 커 나가지만, 조건이 좋지 않으면 발달이 매우 저해된다.

맥락에 따라서 난초형 아이들은 최고가 되거나 최악이 될 수도 있다. 반대로 민들레형 아이들은 '중간에서' 살아남을 수 있다. 환경에 크게 관여하지 않고, 어떻게든 발전이 가능하기 때문이다.

이것은 단순한 비유에 불과해서, 난초형 아이들이 민들레형 아이들보다 더 아름답다는 생각을 가지면 안 된다. 난초형 아이들은 민들레형 아이들보다 유전자적 요소가 더 적기 때문에 환경의 영향을 더 크게 받는다는 생각일 뿐이다. Boyce와 Ellis(2005)는 이 생각을 **스트레스 반응성**(stress reactivity)의 개념을 통해서 설명했다. 스트레스 반응성이란 환경의 위협이나 변화에 대한 응답으로, 편도체가 크게 확장되고 **코르티솔**이라는 스트레스 호르몬이 분비되는 등 강력한 생리학적 반응을 나타내는 성향을 의미한다. 모든 인간은 스트레스에 대응한 반응을 보이지만, 그 정도는 사람마다 다르다. 상식적으로 생각하면 스트레스 반응성이 높을수록 부정적 감정도 높아지게 된다. 하지만 Boyce와 Ellis는 곡선적 관계를 주장했다. 그들의 관점에 의하면, 스트레스 반응성은 사실 **맥락에 대한 생물학적 민감성**이다. 생물학적 민감성이 높다는 것은 **스트레스가 큰** 환경에서의 적응적 경쟁력을 높여주고, **스트레스가 낮은** 환경에서는 사회적 자원과 지지에 대한 수용성을 높여주는 능력이 탁월함을 말한다.

난초와 같이 스트레스 반응성이 높은 아이들은 성장하면서 환경적 영향에 더 수용적으로 변하게 된다. 위협과 위험에 더 민감하게 반응하고, 좋은 환경적 자원에 대해서는 더 개방적 태도를 취한다. 그렇기 때문에 환경의 영향은 부정적일 수도, 긍정적일 수도 있다. 특히 나쁜 환경적 요인은 안 좋은 결과를 가져오지만, 특히 좋은 환경은 엄청난 이익을 준다. 반대로 스트레스 반응성이 낮은 아이들은 환경에 의해 받는 영향이 작기 때문에 유전적 성질과 직결되는 성격특성을 발전시킬 가능성이 높아진다.

변화와 복잡성

성격특성이라는 개념 자체는 변화보다는 지속성을, 복잡함보다는 단순성을 추구한다. 특성은 의미적으로 시간이 지나도 안정적이다. 여태까지 성인기에 발전되는 상당히 높은 차별적 지속성에 대해서 알아봤다. 나아가 성격특성이 유전가능하다는 생각은 지속성의 관점을 보충해준다. 유전자는 변하지 않기 때문에 만약 성격특성이 유전자에 의해서 결정된다면 시간이 오래 지나도 성격특성도 일정해야 한다. 이상적으로 보면 특성은 간단하다. 간단하다는 것은 사람들의 행동적 특성이 일정하고, 명확하고, 무조건적이라는 뜻이다. 주어진 상황에서 특정한 행동을 불러일으키는 것은 다양한 특성을 포함한 많은 요소의 혼합적 작용으로 일어난다. 하지만 특성 심리학에서 우리는 한 가지 특정한 성격의 측면을 중시해 그것을 알아볼 수 있다. 다양한 상황과 시간 속에서 매우 외향적인 사람들은 대화를 더 많이 하고, 더 많은 사람을 만나고, 더 많은 사회적 일에 참여하는 **경향**이 있다. 매우 간단한 생각이다.

만약 성격특성이 시간이 지나도 안정적이지 못하고, 성격특성이 시간과 상황에 제어받지 않는 간단하고 폭넓은 행동적 성향을 예측하지 못한다면 성격심리학 자체가 크게 의미 없는 학문이 될지도 모른다. 성격심리학은 모든 인간은 본성에 따라서 확인가능한 방법으로 차이점이 있고, 이러한 차이점은 간단한 말이나 생각으로 표현될 수 있으며, 또한 시간이 지나도 일정하다는 전제하에 발전된다. 하지만 그것보다 더 중요한 것도 있다. 이번 장의 나머지 부분에서, 나는 성격심리학의 변화와 복잡성에 관련된 반대 이론을 소개하겠다. 세 가지 주장은 다음과 같다.

1. 차별적 지속성을 보여주는 증거에도 불구하고, 성격특성은 시간이 지나면 변할 수 있다.
2. 특성은 다양한 패턴으로 정리되고, 다양한 패턴은 시간이 지나면서 다양하게 변화한다.
3. 가장 변화할 가능성이 큰 것처럼 보이는 심리학적 특성의 측면은, 사실상 성격특성이 아닐지도 모른다.

변화에 관한 다른 의미

'지속성'의 개념이 다양한 의미가 있음은 이미 확인했다. 변화의 개념도 마찬가지다. 성격특성에서의 절대적 지속성이 집단의 평균을 통해서 측정됨을 기억할 것이다. '과시행위'라는 특성을 한 집단에게 알아보고, 3년 후 같은 집단의 같은 특성을 측정했을 때 비슷한 결과가 나온다면, 3년의 기간 동안에 **절대적 지속성**을 보여줬다고 말할 수 있다. 하지만 3년 후 더 낮은 측정치가 나왔다면, 성격이 변화했다고 말할 수 있다. 집단으로서 이 학생들은 특정 방향으로 변화한 것이다. 이것은 성격변화를 알아보는 일반적인 방법이다. 반대로 **차별적 지속성**은 특성 점수의 개인 간 차이의 안정성을 의미한다. 보통 성인기에서 차별적 지속성은 꽤 높은 것으로 나온다. 그렇다 해도, 변화는 존재한다. Roberts, Caspi, Moffitt(2001)은 8년간의 종단연구를 통해서 특성을 알아본 재검신뢰도가 꽤 높은 경우에서도, 대다수의 사람들은 시간이 지나면 **다섯 가지 특성 중 적어도 한 가지에서는** 큰 변화를 보인다고 말했다. 몇몇 사람들은 다른 사람들보다 특정 성격특성이 더 자주 변화한다.

성격변화의 생각은 다른 의미도 가지고 있다. 변화는 좋을 수도, 나쁠 수도 있지만 사람들은 대부분 긍정적 변화를 원한다. 상담가들과 심리학자들은 더 좋은 대처법, 치료, 회복, 적응 등과 같은 단어로 대변되는 성격변화를 꾀한다. 여기서의 변화는 인생의 문제를 해결하고 치유해주는 과정을 말하는데, 변화가 곧 해결방법이 되는 것이다. 성격발달과 관련된 비슷한 생각들은 '성숙', '만족', '자기만족' 등으로 확인할 수 있다. 여기서도 비슷하게 더 크고 높고 중요한 방향으로의 변화를 의미한다. 성장으로서의 변화를 말하는 것이다. Gordon Allport(1961)는 성격발달은 다음과 같은 성숙도를 향한 다섯 가지 방법으로 측정되어야 한다고 주장했다.

1. 정서적 안정감과 사회적 보상을 받고 대인적 마찰을 줄이는 사회적 규칙을 통한 행동의 제어
2. 직접적 필요에 의해서가 아니라, 중요한 인생의 노력과 목표를 위해 자기를 희생할 줄 아는 능력
3. 타인과 동정심을 가지고 친밀한 관계를 유지할 수 있는 능력
4. 개인과 타인을 바라보는 현실적인 평가
5. 개인의 요소가 빠진, 인생 철학의 성립

비슷한 맥락에서 Staudinger와 Kessler(출판 중)는 성격의 성숙함을 개인과 세계에 폭넓은 관점을 만드는 것, 감정을 조절하는 능력, 타인의 안녕과 세계의 평안에 대한 관심이라고 정의했다. 제9장에서 알아보겠지만, 다른 발달이론가들도 인생 전반에 걸쳐서 성격변화가 어떻게 일어나야 할지 제안했다. 인생 전반에 걸친 성격변화는 사회학자와 인류학자 등 많은 사람들이 연구한 바 있다. 이를 위해서는 두 가지 기본적 연구설계가 필요한데, 첫째는 **횡단연구**(cross-sectional study)이다. 연구자들은 두 가지 다른 나이대의 집단에서의 정보를 비교한다. 예를 들면 2005년에 20대, 30대, 40대 미국인을 대상으로 개방성의 평균 수치를 비교하는 식이다. 둘째는 **종단연구**(longitudinal studies)인데, 여기서는 보통 한 개인을 대상으로 오랜 시간에 걸쳐 연구가 이루어진다. 2005년에 1명을 대상으로 연구를 시작해, 2015년과 2025년에 개방성을 각각 측정하고 그 변화를 알아보는 형식이다.

　　두 조사방법은 각각 장단점이 있다. 횡단연구의 가장 큰 한계점은 주어진 시간에서 다양한 집단의 차이점을 비교하기 때문에, 변화나 발전 자체를 깊게 알아보지는 못한다는 것이다. 만약 위의 예에서 40대 집단이 20대 집단보다 개방성이 낮게 나온다면 그것이 변화 때문이라고 확실하게 결론 짓기 힘들다. 이는 **동년배 효과**(cohort effect) 때문일 수 있다. 동년배 효과란 연구대상이 되는 사람들이 비슷한 나이일 경우 비슷한 역사적 경험을 했기 때문에 유사한 수치를 보이는 효과를 말한다. 각각 나이가 다른 집단이기 때문에 역사적 경험도 달라진다는 것이다. 한 시대의 집단으로서 비슷한 경험을 했기 때문에 그 경험이 측정된 성격특성 수치에 영향을 줄 수 있고, 같은 경험을 다른 집단은 하지 못했기 때문에 결과가 달라질 수 있다는 의미다. 그렇다고 해서 횡단연구가 성격측정에 불필요하다는 것은 아니다. 하지만 일반적으로 횡단연구의 결과는 '성격의 변화'를 알아보는 것이 목적이라면 보통 종단연구 결과와 보충되어 이해되어야 한다.

성인기의 특성변화

보편적으로 종단연구와 횡단연구는 성인기에서 성격의 드라마틱한 변화는 보여주지 않는다. 하지만 다섯 가지 기본 성격요인 중에서 체계적이고 **점진적인** 변화는 확인가능하다. 보통 (일반적으로) 외향성, 신경증, 개방성은 성인기에 점차적으로 감소하는 반면 친화성과 성실성은 높아진다고 한다. 예를 들면 대학생들은 보통 중년 성인들과 비교하면 외향성, 신경증, 경험에 대한 개방성 수치가 높은 편이고, 성실성과 친화성 점수는 낮은 편이다. 독일, 포르투갈, 이탈리아, 크로아티아, 한국 사람들을 대상으로 한 횡단연구도 비슷한 결과를 보여줬다. 외향성, 신경증, 경험에 대한 개방성은 젊은 대학생들 사이에서 더 높았고, 성실성과 친화성은 낮았다(McCrae et al., 1999). 보통 18~21살에서 22~29살, 30~49살, 50살 이상으로 나이가 변화함에 따라서 성실성은 높아지고 개방성은 낮아지는 경향을 보인다. 인터넷을 통해서 13만 5,515명의 성인을 대상으로 한 조사에서도 비슷한 결과가 나왔다(Srivastava, John, Gosling, & Potter, 2003). 성인기에서 중년으로 접어들면서 성실성과 친화성은 높아지고, 신경증은 (특히 여성의 경우) 더 낮아진다는 결과를 보여주었다.

　　10대 후반과 20대 초반은 성격발달에서 가장 중요하고 역동적인 시기로 보여진다. 많은 젊은 이들에게 있어서 이때는 대학생 시기다. 연구에 의하면 많은 대학생들은 이 시기에 성숙도가 크게 증가하는 편인데 이는 충동억제, 감정조절, 사회적 책임감을 통해서 측정가능하다. Donnellan, Conger, Burzette(2007)은 같은 집단을 대상으로 17살 때 한 번, 27살 때 한 번 MPQ 테스트를 실시했다(Patrick et al., 2002). 전체적으로 10년 사이에 응답자들은 목표달성률과 조절능력이 늘어났고, 공격성이나 소외감 및 스트레스 반응 정도는 줄어들었다. 물론 평균치이기 때문에 개인 간 차이점은 있었다. 특히 재미있는 점은 17살 때 사회적 성숙도가 이미 높았고 부정적 감정이 낮았던 학생들의 경우는, 10년이 지났어도 크게 변하지 않았다는 것이다. 연구를 한 학자들은, 이것이 17살 때 이미 성숙했던 학생들은 시간이 지나면서도 굳이 더 많은 성격변화의 필요성을 느끼지 못했기 때문에 일어난 현상이라고 해석했다.

| 그림 6.3 | 5개국에서의 나이에 따른 성실성과 개방성 지수 |

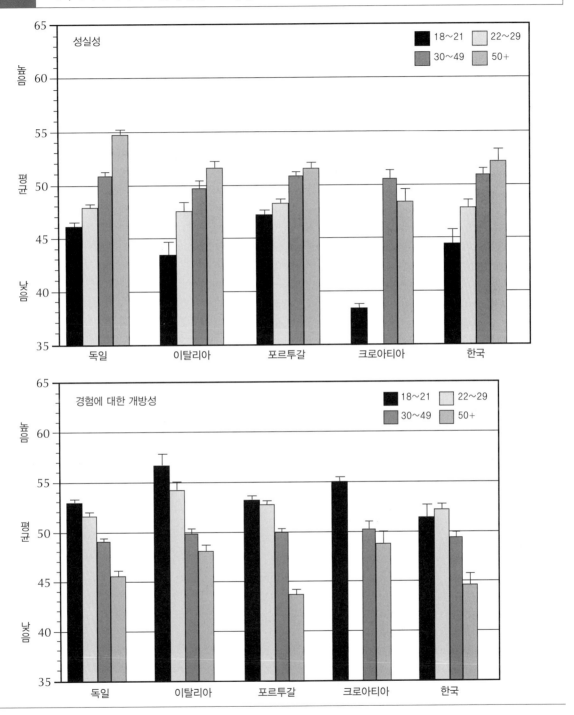

출처 : "Age Differences in Personality Across the Adult Lifespan: Parallels in Five Cultures" by R. R. McCrae, P. T. Costa, Jr., M. P. de Lima, A. Simoes, F. Ostendorf, A. Angleitner, et al., 1999, *Developmental Psychology*, 35, 474 (top), 472 (bottom) 인용.

장기적 종단연구는 횡단연구와 비슷한 결과를 보여준다. Watson과 Walker(1996)는 대학생의 종단연구에서 신경증과 관련된 부정적 감정의 감소를 보여줬고, Mortimer, Finch, Kumka(1982)는 중년이 되면서 사회성이 높아지는 사람들의 경우를 증명했다. Jessor(1983)는 종단연구를 통해 목표달성률의 증가를, McGue, Bacon, Lykken(1993)은 10년 동안 127쌍의 쌍둥이 연구를 통해 외향성의 증가는 없었지만, 신경증과 관련된 스트레스 반응, 개방성과 관련된 흡수, 친화성과 관련된 '공격성의 감소' 결과를 발표했다. Helson과 Klohnen(1998)은 27~43살 여성 80명이 시간이 지나면서 부정적 감정은 줄어들고, 성실성은 늘어난다고 주장했다. 이러한 연구결과를 종합해 Aldwin과 Levenson(1994)은 "성인기 초반부터 중년에 이르는 과정에서 신경증은 줄어들고, 경쟁력을 보여주는 성실성이나 친화성은 높아지는 것으로 보인다"라고 말했다.

경쟁력, 자율성, 책임감의 발전을 보여주는 것은 북미에서 큰 연구주제가 되었다(Cartwright & Wink, 1994; Morizot & Le Blanc, 2003; Stewart & Vandewater, 1993; Vaillant, 1977). 유명한 사례연구는 AT&T 연구(Howard & Bray, 1988), 밀스대학 종단연구(Helson, 1967; Helson & Wink, 1992)이다.

AT&T 연구는 1950년대 후반(실험대상 20대)에서부터 1970년대 후반(실험대상 40대)까지 AT&T에서 관리직으로 근무한 266명의 남성을 대상으로 진행됐다. 인터뷰와 실험실 실험 등을 통해 많은 인지적, 성격, 태도, 개인적 수치를 측정했다. 연구목적 중 하나는 미국의 관리인들의 보편적인 직업과 개인적 발달을 알아보려는 것이었는데, 중요한 연구결과 중 하나는 20년의 시간이 지나면서 야망(ambition) 항목의 수치가 매우 많이 떨어졌다는 것이다. 처음 직업을 시작할 때는 야망의 정도가 높았고, 회사 구조에서 맨 위로 올라갈 수 있다는 다소 비현실적인 꿈이 있는 상태였다. 하지만 8년 정도가 지나자 야망은 매우 많이 떨어졌고, 현실적인 생각을 갖기 시작했다. 그래도 주어진 일을 잘 하려는 성실성은 있는 상태였다. 20년의 시간이 변화하면서, 연구대상들은 자율성이 강해지고 일의 효율성을 더 많이 따지는 경향을 보였다. 하지만 더 높아진 자율성은 동년배 효과의 결과일 수도 있다. 시간이 지나면서 그들은 또한 친밀성과 타인에 대한 공감 정도가 떨어졌다. 연구자들은 사람들이 처음에는 비현실적인 야망으로 일을 시작했다가, 시간이 지나고 많은 책임감이 생기면서 성격의 성숙화가 일어나 결과적으로는 효율적인 자율성을 추구하게 된다고 말했다.

밀스 연구는 서부 해안가의 작은 명문여대인 밀스대학을 1958년 혹은 1960년에 졸업한 140명의 여성을 대상으로 이루어졌다. 대학 졸업반일 때 이 여성들은 몇 가지 성격측정 테스트를 했고, 27살, 43살, 52살이 되었을 때 같은 것을 또 측정했다. 밀스 연구가 특히 중요한 이유는 연구대상인 여성들이 성인기 초반과 중반기에 중요한 역사적, 사회적 일을 겪었기 때문이다. 그들이 대학을 졸업할 때쯤 미국 사회는 여성은 가정에 충실해야 한다는 생각으로 가득 차 있었다. 하지만 1960, 70년대 여성운동을 통해 여성들의 야망이 늘어났고, 가정보다 커리어를 중시하려는 태도가 생겨났다. 실제로 연구대상 중 많은 여성이, 남성이 지배적이었던 직업을 포함해 성공적인 전문직 종사자가 되었

성인 성격발달 연구분야의 선두자인 Ravenna Helson은 밀스대학 종단연구를 통해 중요한 연구결과를 많이 도출해냈다. 1950년대 말에 밀스대학을 졸업한 여성들은 중년이 되어갈수록 높은 자신감, 결단력, 독립성, 모호힘에 대한 인내력이 높아지는 것으로 나타났다(출처 : Ravenna Helson).

다. 연구자들은 여기서의 성격변화와 지속성 모두를 측정했고, 자가 측정 수치뿐 아니라 남편에게서 얻은 정보도 같이 비교했다(Helson & Stewart, 1994).

Helson과 Moane(1987)은 밀스 연구대상들의 대학 졸업부터 43살 때까지의 시기를 알아보면서 책임감이나 자기제어, 타인에게의 응답 정도가 높아졌다는 결과를 발표했다. 43살에서 52살이 되는 시기에는 더 많은 성격특성 변화가 일어났다. 50대가 되면서 여성들은 매우 덜 의존적이었고, 매우 더 많이 자신감 있고 결단력 있게 변화했다. 이 시기에는 또한 논리적 사고와 지성도 높아지는 모습을 보였다. 본 연구결과는 여성은 시간이 지나면서 자기개념에 대해 더 편안해졌고, 기본적인 욕구와 야망을 보여주는 목표를 믿는 정도가 더 커졌음을 입증해주었다(Helson & Wink, 1992). 밀스 연구를 다시 알아본 최근의 연구에 따르면, 중년기를 지나면서 많은 여성들은 긍정적 감정이 늘어나고 부정적 감정은 줄어들었다고 한다(Helson & Soto, 2005).

몇몇 연구가들은, 성인기와 중년기에 있어서 여성과 남성은 서로 다른 발달경로를 걷는다고 주장한다. Gutmann(1987)은 보통 나이가 어린 부모(20대)들은 전통적인 성 역할에 충실한 부모의 모습을 보인다고 한다. 여성은 양육에, 남성은 지배성과 경쟁력에 치중한 모습 말이다. 하지만 직접적인 양육에서 벗어나 나이가 40대가 되면 여성은 매우 개인적인 성향으로, 남성은 매우 공동체적인 성향으로 변화한다고 주장했다. 밀스 연구도 비슷한 것을 보여준다. Wink와 Helson(1993)은 밀스연구대상 여성들과 그들의 남편들을 각각 27살 때와 52살 때 조사했다. 그림 6.4를 보면, 경쟁력을 보여주는 자가 측정 단어들을 볼 수 있다. 경쟁력이 높은 사람들은 본인들이 목표지향적이고, 조직화되어 있고, 빈틈없고, 실용적이고, 정확하고, 자신감 있다고 묘사했다. 27살 때는 여성이 남성보다 여기서 낮은 점수가 나왔지만, 52살 때는 비슷해졌다. 그림 6.2를 보면 여성의 **부모들**에 관한 정보도 알 수 있다(1961년 조사). 여성들의 당시 중년이었던 아버지들은, 아내들보다 경쟁력이 더 높은 것으로 보인다. 이러한 결과는 성격특성에 있어서 변화하는 성 역할과 역사적 일들을 보여준다. 27살 때 여성들은 경쟁력 점수에 있어서 본인의 어머니들과 비슷한 점수를 보였지만, 52살 때는 아버지들과 비슷한 점수를 보였다. 여성의 독립성을 받아들이는 사회적 분위기 때문일 수 있다.

Brent Roberts, Walton, Viechtbauer(2006)는 인생 전반에 걸쳐 성격특성의 평균치 변화를 알아본 종단연구를 했다. 메타분석을 통해서, 그들은 다양한 연구에서 밝혀진 결과를 분석하고 종합할 수 있었다. 총 92개의 종단연구를 알아본 결과, 평균적으로 연구대상은 10~70살이었다.

그림 6.5는 메타분석 결과를 보여준다. 보편적으로 결과는 우리가 이번 장에서 알아본 것들을 보여준다. 사람들은 성인기에 접어들면서 성실성과 친화성은 늘어나고, 신경증은 줄어드는 특징을 보인다. 하지만 메타분석은 이러한 보편적 결과에 약간의 차이점을 보여준다. 그림 6.5에서처럼, 성실성의 증가 정도는 20~60살 때는 꽤 점진적인 편이지만, 친화성의 증가 정도는 일관적이지 못한 편이다. 50살 때까지는 친화성이 크게 증가하다가, 다시 안정적이 된다. 감정적 안정성도 40살 때까지는 많이 증가하다가, 그때부터는 일

Brent Roberts는 성격특성의 안정성과 가변성에 관한 연구문헌에 관해 상당히 영향력 있는 서평들을 많이 제시해주었다. 그는 성인기에 성격특성의 각기 다른 지속성이 상당함에도 불구하고 성실성과 친화성과 같은 특성은 의미 있게 발달적으로 변화할 수 있음을 분석해냈다(출처 : Brent W. Roberts 허가받음).

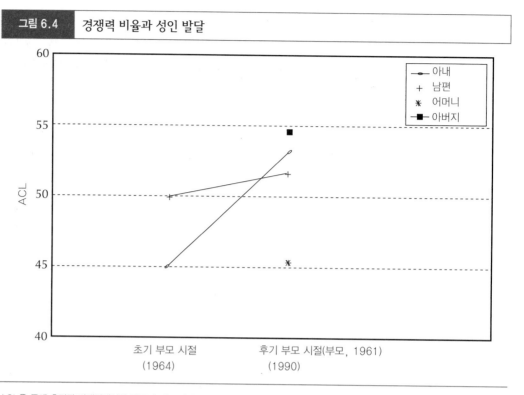

그림 6.4	경쟁력 비율과 성인 발달

ACL을 통해 측정된 경쟁력에서의 평균 수치는 남편보다 아내에게서 초기 부모 시절보다 후기 부모 시절에 높아지는 것으로 나타났다. 이 수치는 또한 후기 부모 시절에 아내의 경쟁력이 높아지는 것을 나타내준다. 이는 아내가 나이 들면 들수록 그들의 어머니의 (상대적으로 낮은) 수치보다 그들의 아버지의 (상대적으로 높게) 경쟁력 수치를 따라가게 되는 것을 나타낸다.
출처 : "Personality Change in Adulthood" by R. Helson & A. J. Stewart, in *Can Personality Change?* (p. 214), by T. F. Heatherton & J. L. Weinberer (Eds.), 1994, Washington, DC: APA Press 인용.

정한 수치를 보인다. 메타분석은 또한 10~30살 때 사회적 우월성은 크게 증가하고, 사회적 활력은 50살 이후 줄어든다는 것을 보여준다. 개방성은 곡선 모양으로, 20살 때까지는 증가하고, 50살 이후에는 줄어든다.

성격에서의 평균치를 알아본 연구는 특정 사람들이 얼마나 변화하는지를 보여준다. 사람들이 보편적으로 성인이 되면서 성실성이 높아진다 하더라도, 모두가 같은 길을 걷는 것은 아니다. 몇몇은 다른 사람보다 더 많이 변화하고, 보편적인 방향의 반대쪽으로 변하는 사람도 있다는 것이다(Mroczek, Almeida, Spiro, & Pafford, 2006; Roberts & Pomerantz, 2004). Neyer와 Lehnart(2007)는 시간에 따른 성격특성 변화는 동료와 가정관계에서의 변화를 투영한다고 주장했다. 특히 성인기 초반에 진지한 이성관계를 갖는 것은 신경증의 감소와 자기만족, 성실성의 증가와 동시에 일어난다고 한다(Neyer & Lehnart, 2007). 성격특성의 큰 변화들은 문제점을 예고할 수도 있다. Mroczck과 Spiro(2007)는 높은 신경증뿐 아니라 **신경증의 시간에 따른 증가** 또한 나이 든 남자들의 높은 사망률을 예고한다고 말했다. 성격에서의 위험요소는 주어진 특성의 개인 평균 점수와, 이 점수의 시간에 따른 변화 모두에 따라 달라진다는 것을 의미한다.

정리하자면, 성인 성격발달의 종단연구는 성격특성의 평균치의 중요한 변화를 지지해준다. 성

그림 6.5	시간에 따른 여섯 가지 특성의 평균 수치 변화

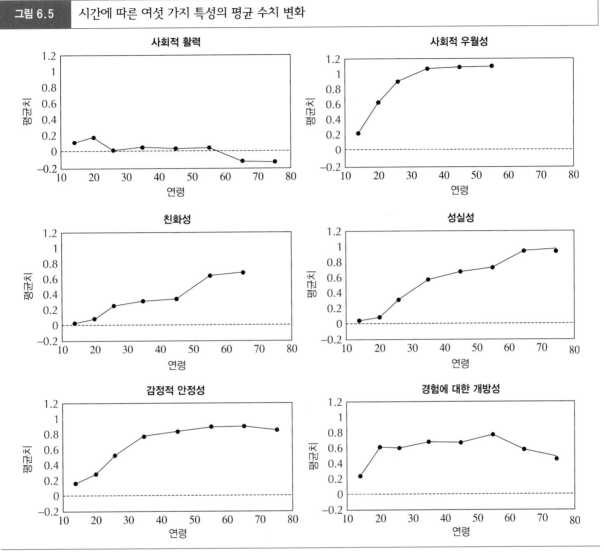

이 수치는 10살에서 70살에 이르는 대상들로 여섯 가지 성격특성을 연구한 결과, 92개의 각기 다른 종단연구 결과를 나타내주는 것이다. Y축은 표준화된 수치로 변경한 것이다.

출처 : "Patterns of Mean-Level Change in Personality Traits across the Life Course: Meta-Analysis of Longitudinal studies" by B. W. Roberts, K. E. Walton, and W. Viechtbauer, W., *Psychological Bulletin*, *132*, 15.

인 후반기에서의 변화는 적은 편이다. 그럼에도 불구하고 보통 70살 후반이 되면 신경증이 줄어드는 것을 보여준다(Allemand, Zimprich, & Hertzog, 2007; Terracciano, McCrae, Brant, & Costa, 2005). 여성과 남성이 성인기 초반부터 중년이 되는 과정에서 보편적으로 사람들은 거의 자기만족이 커지고, 부정적 감정이 감소하고, 신경증이 줄어드는 편이다. 반대로 긍정적 감정을 나타내는 요소들은 점수가 높아지는 편이다. 동시에 성인들은 자기만족감, 책임감, 자신감, 독립성도 높아지는 편이다. 자신감의 증가는 특히 교육 정도가 높은 여성에서 잘 나타난다. 사람들은 나이가 들수록 자신에 대해서 더 긍정적으로 생각하고, 타인에 대해서도 마찬가지다.

시간에 따른 특성의 패턴

오래전 Jack Block(1971, 1981, 1993)과 동료들은 인간 생애 전반에서 나타나는 성격의 지속성과 변화를 알려준 성격측정 과정을 고안했다. 보통 성격은 자가 측정법으로 연구하는데, Block은 전문가 관찰자들을 사용하는 방법을 택했다. **캘리포니아 Q-분류**(California Q-sort)라는 방법이다. 여기에는 성격에 대한 100가지 문장("나는 믿음직스러운 사람이다" 등)이 포함되어 있는데, 이는 아홉 가지 그룹으로 나뉜다.

Q-분류가 중요한 이유 중 하나는, 100가지 항목은 아홉 가지 그룹으로 세부화되어, 대상의 성격을 나타내는 비교적 평등한 (비슷한 정도의) 항목들과 같이 위치된다는 점이다. 그렇게 되면 개인의 성격특성 **패턴**을 측정할 수 있게 된다. 나아가 개인의 Q-분류를 시간 차를 두고 여러 번 측정해 비교하면 이러한 패턴의 시간적 유사성도 알아볼 수 있다.

한 연구에서 Block은 70명의 남성과 76명의 여성을 대상으로 총 네 번 Q-분류를 측정하도록, 36명의 심리학자들을 훈련시켰다. 네 번의 차례마다 Block은 네 가지 파일을 만들었는데, 그 파일은 나이대별로 구분되어 각각 13~14살, 15~17살, 30대, 40대의 정보를 담고 있었다. 각 파일마다 잘 훈련된 심리학자가 Q-분류를 실시해 많은 양의 정보를 얻었다.

Block(1981)은 시간이 지나도 비슷한 패턴을 보이는 특성을 가진 개인들을 찾아내고 그룹으로 묶었다. 각 그룹은 성격유형을 나타냈다. 예를 들어 "뒤늦은 조정자" 그룹에 속하는 사람들은, 청소년기에는 반항심이 강했지만, 성인이 되면서 성실성이 늘어나고 친사회적 행동을 많이 한 경우였다. "인지적 협력자" 그룹에 속한 여성들은, 어렸을 때는 지나치게 민감하고 불안정한 특성을 보였다가 성인이 되면서 따뜻하고 독립적인 사람이 된 경우였다. "불안정한 과소통제자", "취약한 과잉통제자", "여성성 억압자", "취약한 과소통제자" 등 다른 그룹도 있었다.

20세기 후반의 저명한 성격심리학자 가운데 하나로 알려진 Jack Block은 캘리포니아 Q-분류를 비롯해 다른 측정도구를 활용해 성인 삶의 발달패턴을 분류했다. Block은 자아제어력과 자아탄력성이라는 인간의 특성을 형성하는 중요한 두 가지 요소를 밝혀주었다(출처 : Jack Block 허가받음).

Block이 강조한 성격유형의 기본적 생각은, 인간 기능의 많은 다양한 측면을 구성하는 성격의 두 가지 중심적 차원이다. 첫 번째는 Block이 **자아제어**(ego control)라고 부른 개념이다(Block & Block, 1980). 자아제어란, 개인이 충동의 표현을 어떻게 변화시키는지의 정도를 말한다. 자아제어의 한쪽에는 본인의 욕망이나 충동을 억제할 수 없는 사람들이, 다른 한쪽에는 제어를 잘하고 용납할 수 있는 사람들이 위치해 있다. 첫 번째 경우 사람들은 계획이 아니라 충동에 따라 살아가는 불만에 찬 경우가 많고, 두 번째는 보통 계획은 잘되어 있지만 순간적인 즐거움이나 창의성은 부족한 사람들이 포함된다. 보편적으로 자아제어의 중간에 위치하는 것이 현대 미국 사회의 적절한 기준에 부합하는 경우다.

Block 이론의 두 번째 중요한 구성요소는 **자아탄력성**(ego resiliency)인데, 이것은 개인의 자아제어를 **수정**해서 주어진 상황의 요구에 적응할 수 있는 능력을 의미한다. 자아탄력성이 높은 사람들은 유연하고, 다양한 기회에 적응할 수 있다. Funder와 Block(1989)은 청소년들이 순간적인 욕망을 누르고 장기적 이득을 취할 수 있는지를 알아본 연구에서 자아탄력성과 자아제어, 지성의 세 가지 요소가 순간적인 욕망제어를 불러냈다는 결과를 발표했다. Q-분류 점수가 높게 나온 청소년들은 보통 자아탄력성이 높고 덜 충동적이며, 지능(IQ)이 높은 청소년들도 행동을 미룰 수 있는 능력이 있었다.

Norma Hann(1981)은 136명의 성인들을 대상으로, 여섯 가지 기본적 성격요인—인지적으로 노력하는[cognitively invested(말을 잘하고, 지능이 높고, 철학적이고, 목표지향적인)], 감정적으로 과소/과잉통제된[emotionally under/overcontrolled(지나치게 섬세하고 극적인 vs 제어가 잘되고 조용한)], 개방된/폐쇄된 자기[open/closed self(자기를 잘 알고 통찰력 있는 vs 관습적이고 억압적인)], 자상한/적대적인[nurturant/hostile(따뜻하고 반응성이 좋은 vs 차갑고 의심이 많은)], 과소/과잉통제된 이성애[under/overcontrolled heterosexual(성적 표현에서 억제가 잘되는 vs 안 되는)], 자신감 있는—을 측정해서 종단연구를 했다. 여섯 가지 성격요인을 알아본 결과 Q-분류 점수는 여성과 남성에게 있어서 모두 비교적 안정적이었지만, 여성이 더 안정적이었다. 남성은 특히 청소년기 후반에서 성인기에 이를 때 여성보다 더 많은 변화를 보였다. 시간이 지나면서 여성과 남성 모두는 더 인지적으로 발전했고, 자기만족도가 높아졌고 자신감도 생겨났다. 반대로 성적 표현 정도는 청소년기 후반에는 높았지만 30대가 되면서 줄어들고, 40대가 되면서 다시 늘어나는 것으로 밝혀졌다.

York와 John(1992)은 Block과 Hann의 연구와 다른 연구들을 종합해, 여성의 중년 성격의 유형학을 발전시켰는데 이것은 '이브의 네 얼굴'이라고 이름이 붙었다. 그들은 성격유형이 성격특성의 부분적 카테고리보다, 원형(prototype)으로 이해되어야 한다고 주장했다. 원형은 확실한 경계선이 없고 서로 겹치는 부분이 많다. 몇몇 사람들은 주어진 원형의 중심적 특성을 가지고 있지만, 다른 사람들은 중심적이지 못한 외적 특성을 부분적으로만 가지고 있다.

그들은 1958년과 1960년 사이에 103명의 밀스대학 졸업생을 연구했다. 1981년 측정한 설문지 결과(여성들이 30대 후반~40대일 때)도 포함되어 있었다. York와 John은 역요인분석(inverse factor analysis) 방법을 사용해서, 변수보다는 개인들을 더 가까이 관찰하는 연구를 했다. 최근 연구에서 이 과정은 여성들이 네 가지 '사람 요인'에서 어떤 수치를 보이는지 보여줬다. 여기에는 개인화된(individuated), 전통적인(traditional), 갈등을 겪는(conflicted), 안정된(assured) 상태의 네 가지가 포함된다. 요인이 아니라 사람(개인)을 대상으로 하는 이 연구에서, 연구대상인 각 여성은 그녀의 성격이 네 가지 요인의 정도로 얼마나 잘 나타나지는지를 확인할 수 있었다. 몇몇은 특정 요소에서 매우 높은 점수로 '순(pure)' 등급이 나오고, 다른 여성들은 성격이 몇 가지 요소에 비슷한 정도로 분포되어 있었다. 한 여성은 개인화된 상태와 전통적인 상태의 경계선에 위치할 수도 있고, 다른 여성은 네 가지 성격특성이 모두 조금씩 나타날 수 있다.

개인화된 여성들은 대인관계에서의 따뜻함과 민감성, 인생의 강한 야망이 합쳐진 경우다. 네 타입 중 자아탄력성이 가장 높았고 자아제어는 비교적 낮았다. 충동의 표현에 있어서 충동적이고 억제되지 않았지만, 언제 참아야 하고 언제 분출해야 할지를 잘 알았다는 뜻이다. 네 가지 타입 중 가장 느낌이나 욕구, 욕망을 표현하는 데 있어서 적응력이 높고 유연한 편이었다. 성격의 5요인과 비교해보면 외향성과 친화성, 개방성이 높은 경우다. 반대로 전통적인 여성들은 자아제어가 매우 높았고, 성격요인 중에서는 성실성이 높았다. 개인화된 여성처럼 이들도 특히 친화성이 있지만, 여기 해당되는 여성들은 현대사회의 여성의 역할에 대해 굉장히 보수적인 관점을 가지고 있었다. 공감을 잘 하고 잘 나누는 성격이지만, 보수적인 사람들은 죄책감을 느끼는 빈도가 높았다.

갈등을 겪는 여성들은 가장 낮은 자아탄력성과 가장 높은 신경증을 보였다. 자기만족도가 낮았고, 공격적이고 적대적인 성향을 보였다. 마지막으로 안정된 여성들은 네 그룹 중 가장 정서적 안정도가 높았으며, 자신감 있고 이성적이며 효율적이었다. 자아탄력성과 성실성은 높았고 신경증은 낮았으며, 죄책감을 겪는 경우도 거의 없었다. 하지만 공상이나 자기성찰로 빠지는 확률은 가장 높았다.

정리하자면 성격유형학은 시간에 따른 지속성과 변화 모두를 보여주는 패턴으로 성격을 설명한다. 유형학은 특히 성격심리학자에게 인기가 많은데, 이를 통해서 더 전체적이고 인간 중심적인 이론을 발전시킬 수 있기 때문이다(Mumford, Stokes, & Owens, 1990; Ozer & Gjerde, 1989; Wink, 1996; Zeldow & Bennett, 1997). 나아가 Jack Block의 연구를 통해 영감을 받은 유형학적 연구는 성격의 복잡성과 변화를 보여주는 동시에, 성인 성격의 지속성과 일관성 또한 보여준다.

또 무엇이 변할까?

성격특성에서 의미 있고 체계적인 변화를 찾는 것보다, 지속성을 찾는 것이 항상 더 쉬운 일이었다(Heatherton & Weinberger, 1994). 이번 장에서 우리들은 특히 성인기에 일어나는 성격특성의 차별적 지속성은 매우 크고 강하다는 것을 살펴봤다. 지속성은 물론 완벽하진 않지만, 개인 간 차이점은 매우 큰 종단적 안정성을 보여준다. 이러한 안정성은 부분적으로는 성격특성의 유전율에서, 부

더 읽을거리 6.2

인생에서의 행복

우리 중 많은 사람들에게 행복은 매우 중요하다. 우리는 행복한 일을 하고, 불행한 일을 피하길 원한다. 인생을 평가하는 척도 중 가장 중요한 것 중 하나가 바로 행복이다. 대다수의 사람들은 인생에서 그저 그런 정도의 행복을 느낀다고 생각한다. 그렇다면 가장 행복한 사람은 누구인가? 가장 불행한 사람은 누구인가? 무엇이 행복을 가져오는가? 그리고 시간에 따라 행복은 변하는가?

행복은 성격에서의 지속성과 변화를 관찰할 수 있는 재미있는 창이다. 심리학자들은 주로 웰빙이라는 단어를 써 일반적인 행복을 의미한다. 웰빙은 다양한 요소로 구성되어 있지만 중요한 세 가지는 긍정적 애정, 부정적 애정, 인생 만족도다(Diener, 1984; Myers & Diener, 1995). 웰빙 자체가 성격특성은 아닐 수 있지만 (다소 논란의 여지가 있다) 우리가 이번 장에서 내린 결론을 보면 성격특성이 부분적으로는 웰빙에 적용될 수 있음을 알 수 있다. 예를 들면, 성격특성과 마찬가지로 웰빙에도 지속성과 변화가 존재한다.

사실상 모든 사람들이 이 웰빙이라는 개념이 쉽게 변화함을 알고 있다. 어려운 과제에서 예상치 못하게 높은 점수를 받으면 기분이 좋아지고 웰빙 수치가 올라간다. 사랑하는 사람이 이별을 고하면 웰빙 수치가 바닥으로 떨어진다. 일부 심리학자들은 웰빙은 모든 개인에게 있어서 조절점 수치를 중심으로 움직인다고 말한다. 사람에 따라 이 위치는 모두 달라 행복의 역치도 달라진다. 변화에도 불구하고, 웰빙에 있어서 개인 간 차이점은 시간의 흐름에 따라 꽤 높은 지속성 수치를 보인다(Costa, McCrae, & Zonderman, 1987; Watson & Walker, 1996). 또한 웰빙 자체가 유전된다는 주장도 있다. Lykken과 Tellegen(1996)은 2,000쌍이 넘는 쌍둥이를 조사해서, 일란성 쌍둥이들이 스스로 측정한 웰빙 수치가 이란성 쌍둥이보다 훨씬 높다는 사실을 증명했다. 10년 후 같은 사람들을 다시 조사하면서, 저자들은 각 참가자들의 조절점 수치(주관적인 웰빙의 안정적인 요소)를 파악하려 했다(p. 186). 결론적으로, 이 안정적인 요소의 유전가능성은 최대 80%까지 됨이 드러났다.

만약 웰빙에 있어서 개인 간 차이점이 유전적 차이에 의해 강하게 영향을 받는다면, 환경적 영향도 우리의 행복에 영향을 미칠까? 연구에 따르면, 매일매일 웰빙 수치는 조금씩 달라지지만 우리 모두는 결국 조절점 수치로 다시 돌아간다고 한다. 하지만 예외도 있다. Richard Lucas와 동료들은 2개의 잘 고안된 종단연구를 통

(계속)

해 이혼과 오래 지속되는 실직이 웰빙에 강하고 장기적인 영향을 미친다고 주장했다(Lucas, 2005 ; Lucas, Clark, Georgellis, & Deiner, 2004). 시간이 지난다고 상처가 치유되진 않는다. 이혼이나 실직을 경험한 성인들이 결국 행복을 되찾기는 하지만, 일반적으로 몇 년이 흐른 뒤에도 초기의 조절점 수치로는 갈 수 없다고 한다. Lucas는 개인의 기본적 조절점 수치를 변화시키는 심각한 상황이 존재한다고 말했다.

인종, 성별, 사회적 지위와 같은 사회의 거시적 변수는 놀랍게도 전체적인 웰빙 정도에 큰 영향을 미치지 않는다(Myers & Diener, 1995). 미국에서 여성과 남성, 흑인과 백인은 비슷한 웰빙 수치를 가지고 있다. 수입과 교육은 Lykken과 Tellegen(1996)의 연구에서 변수의 2% 미만을 차지할 정도의 영향밖에 주지 않는다. 웰빙의 다른 요소들은 결혼 상태와 종교가 있지만 이런 것들도 사람들의 행복에는 큰 영향을 미치지 않는다. 저자들은 행복은 우연의 문제이며, 유전과 운에 따른 외부적 일에 영향을 받는다고 결론을 내렸다.

웰빙의 변화적 요소가 운에 의한 것이라면, 개인 행복에 있어서 개인 간 차이점(순간적인 행복함과 시간이 흐름에 따라 유지되는 행복감)도 주로 운에 의한 것이다(p. 189).

일반적인 행복도가 인생의 흐름에 따라 달라질까? 우리는 성격 특성에서의 개인 간 차이점은 꽤 안정적인 것에 비해, 전체적인 변화도 감지될 수 있다고 배웠다. 주관적인 웰빙이라는 요소에 있어서 다양한 가설이 존재한다. 한 가지 관점은 사람들이 나이가 들수록 신체적 한계와 건강문제를 경험하고 더 많은 손실을 거쳐야 하기 때문

에 노인들은 젊은 성인들보다 웰빙 수치가 낮다는 것이다. 반대로, 어떤 이론들은 노인일수록 대인적 관계에서 선택적인 제어를 적용해 정서적 인생을 더 잘 조절할 수 있어 웰빙 수치가 높아진다고 주장한다(Baltes & Baltes, 1990 ; Carstensen, 1995). 다양한 이론이 서로 다른 결론을 내린다. 예를 들면, Ingelhart(1990)는 16개 나라에서 젊고/중년이고/나이 든 사람들을 대상으로, 단일항목으로 이루어진 자가 진단 행복 수치를 비교했다. 프랑스와 일본의 경우 나이가 들수록 행복감이 줄어들었고, 영국과 아일랜드는 증가했으며, 중년층이 높게 나온 네덜란드와 캐나다도 있었다. 미국과 그리스는 나이 집단 간 차이점이 없었다.

Mroczek와 Kolarz(1998)는 25세에서 74세 미국인 2,727명을 대상으로 긍정적 애정과 부정적 애정에 대한 심층조사를 했다. 사회인구적 요소, 성격, 맥락적 요소를 제어해 저자들은 나이와 웰빙 간 상관관계를 파악했다. 일반적으로, 나이가 듦에 따라 긍정적 애정이 올라가고 부정적 애정이 내려감을 발견했다. 하지만 더 자세한 분석은 남성과 여성의 이 일반적 패턴에 대해 다른 결과를 냈다. 여성과 남성 모두 나이가 들면서 긍정적 애정이 증가했지만, *외향성이 강한 남성은 나이와 상관없이* 긍정적 애정 수치가 높았다. 부정적 애정과 관련해서는 남성의 수치는 나이가 들면서 내려갔지만, 여성은 변화가 없었다. 나아가 결혼 여부도 남성에 있어서 관련이 있었다. *결혼한 남성은* 나이가 들수록 특히 낮은 부정적 애정 수치를 보였다. 결혼은 남성으로 하여금 본인의 정서적 상태를 조절하고 슬픔, 분노, 절망의 감정을 최소화하는 사회적 경험을 선택하도록 도와주는 것으로 보인다.

분적으로는 환경에서부터 나온다. 또한 성격특성 지수의 변화도 일어난다는 것을 확인했다. 대표적으로 신경증은 성인기에서 천천히 줄어들고, 성실성은 증가한다. 발달을 하면서 사람들은 독립성, 따뜻함, 사회적 책임감이 늘어나게 된다.

그럼에도 불구하고 많은 사람들은 시간이 지나면서 많은 **다른** 방법으로 변화한다고 느낀다(Levinson, 1978; McAdams, 1993; Roberts & Newton, 1987). 예를 들자면, 개인적으로 큰 변화라고 느껴지는 엄청난 극적인 일을 겪는 경우다(Miller & C'deBaca, 1994). 종교의 개종이나 인생을 흔들어놓을 정도의 일, 개인적 성찰, 정체성 문제, 목표와 우선순위의 변화 등이 여기에 포함된다. 나아가 정신 상담가나 치료사들은 사람들의 인생을 더 좋은 쪽으로 바꾸기 위해 노력한다. 실제로 지난 50년간 미국에서는 다양한 영적 상담 프로그램이나 자가 가이드 프로그램 등이 발전되었다. 이는 모두 사람들은 변화하고, 변화할 수 있다는 믿음에 기초해 있다. 이러한 배경을 생각할 때, 이번 장에서 살펴본 것 이상으로 성격의 변화를 이끌어내는 더 큰 요소가 있을까?

이 대답에 대한 가능한 답변 하나는 다음과 같다. "없다, 변화를 더 기대하면 안 된다. 변화가 얼마나 어려운지 알았기 때문이다." 실제로 정신 상담이나 심리학을 연구한 수많은 사례들이 사람

들을 근본적으로 변화시키는 데 실패한 사례로 가득 차 있다. 실제로 변화한다고 하더라도 일시적일 경우가 많다. 사람들은 인생의 중요한 일이 성격을 바꾼다고 믿지만, 실제로 그렇지 않다고 주장하는 학자도 있다. Caspi와 Moffitt(1993)은 중요한 인생의 변화들은 사람들이 본래 태생적으로 가지고 있는 성격특성을 통합하거나 굳혀주는 역할을 할 뿐이라고 주장했다. 새로운 도전을 겪거나 인생의 변화를 앞에 둔 외향적인 사람은 자신이 본래 가지고 있었고 계속 보여주었던 외향적 성향을 이용해서 새로운 상황에 대처하려 할 것이다. Caspi와 Moffitt은 나아가 성격차이에서 보이는 개인 간 차이점은 변화의 상황에서 더 크게 적용된다고 말했다. 사람들을 변화시킬 수 있을 것으로 보여지는 중요한 일들이 오히려 모순적으로 작용해 그들이 처음부터 어떤 사람이었는지를 재확인시켜줄 수도 있다는 의미다.

　　내 질문에 대한 두 번째 가능한 대답은 이럴 것이다. "그렇다, 사람들은 바뀐다. 하지만 특성은 아니다. 중요한 성격변화는 일어날 수 있지만 이는 성격특성 수치의 차이로 확인되지는 않는다 (McAdams, 1992, 1994)." 이번 장 초반에서 말했던 것처럼, 성격특성 개념은 성격의 변화가 아니라 지속성을 설명할 때 더 적합하다. 장기적 일관성의 개념은 성격특성의 정의 안에 뿌리박혀 있다. 성향적 특성 수치는 확인가능한 안정성과 지속성이 발견될 경우 성격을 나타내는 좋은 수치로 작용한다. 상담가들과 치료사들은 성격특성의 변화를 목표로 삼지는 않는다. 대신 특정한 문제를 목표로 한다. 비슷하게, 사람들이 본인 인생에서 중요한 성격의 변화를 생각할 때 이를 기본적인 성격특성의 변화로 받아들이지도 않는 편이다. 여기에는 특성보다는 더 특수한 것, 본인 인생의 맥락에서만 이해될 수 있는 더 깊은 의미가 포함되어 있다.

　　성격특성 말고 성격의 어떤 다른 면이 변화할 수 있을까? 여기에는 원하는 것과 욕망, 목표와 동기, 인생 프로젝트와 믿음, 가치관, 성향, 발달적 목표, 두려움, 미래를 향한 비전, 소망과 희망, 과거에 대한 이해, 대인관계에 대한 기대 등 수많은 것들이 포함될 수 있다. 이 모든 것들은 주어진 특정 시간에 개인의 세계에 대한 적응에 영향을 미칠 수 있는 요소다. 이것들은 통합적으로 작용해 개인의 심리적 특수성을 나타내지만, 이 중 성격특성으로 받아들여지는 개념은 하나도 없다. 성격심리학은 심리학적 다양성을 과학적으로 설명하고자 한다. 외향성이나 성실성 같은 성격특성은 인간 특수성에 귀중한 정보를 제공해주며, 성격특성 없이 성격의 과학을 논하는 것은 불가능하다. 하지만 성격특성 외적인 요인도 분명히 존재한다. 앞으로 살펴보겠다.

요약

1. 인간의 인생에 걸쳐 우리의 성격특성은 어느 정도 변화하고 어느 정도 동일하게 유지되는가? 성격의 지속성과 변화에 대한 의미는 다양하다. 지속성에 대해서는 두 가지 서로 다른 의미가 구분된다. 하나는 절내석 지속성으로, 겉으로 드러나는 특성의 양의 일관성을 뜻하며, 서로 다른 시기에 집단의 평균을 측정하는 것으로 평가된다. 다른 하나는 차별적 지속성으로, 시간을 두고 나타나는 개인 간 차이의 고정성을 의미한다.

2. 종단연구들은 성인기 삶의 많은 부분을 통해 드러난 성격특성에서 주목할 만한 차별적 지속성을 보여준다. 30년의 기간을 통해 성격특성의 개인차, 특히

Big 5의 외향성, 신경증, 경험에 대한 개방성과 관련 되어서는 상당한 안정성을 보였다. 안정성은 연령에 따라 함께 증가하는 것으로 드러났는데 이러한 차별 적 지속성은 중년기 성인의 5년 동안이 사춘기와 청 소년기의 5년 동안보다 더 높게 나타났다.

3. 아동기와 성인기의 성격특성 사이의 직접적인 종단 적 상관연구들이 일부 수행되었음에도 불구하고 많 은 심리학자들은 아동기 기질의 차원이 궁극적으로 성인의 특성을 발달시키는 핵심을 제공하는 것으로 믿고 있다. '기질'이란 생애 초기 관찰되고, 중요하고 직접적인 생물학적 통제를 받는 것으로 추측되는 기 본적인 행동양식에 있어서의 (개인 간의) 차이들을 뜻한다. 가장 큰 학술적 주목을 받고 있는 기질의 두 가지 측면은 "행동억제"와 "노력을 통한 통제"이다.

4. Caspi는 발달적 정교화의 과정을 거쳐, 아동기의 기 질의 차원들은 점진적으로 성인기의 온전하고 정교 화된 성격특성으로 발달된다고 제안한 바 있다. 그는 이 과정을 작용하게 하는 여섯 가지 기제를 확인했 다. (1) 학습과정, (2) 환경유도, (3) 환경해석, (4) 사 회적 일시적 비교, (5) 환경선택, (6) 환경조작이다.

5. 근본적으로 성격특성은 사람의 유전적 자질과 그 환 경적 기회와 제약 사이의 복합적 상호작용의 결과물 이다. 그러나 개개인의 특성점수를 변화시킬 만큼의 유전적이고 환경적인 영향력은 일란성 혹은 이란성 쌍둥이 연구와, 유전자를 공유하지 않는 가정에서 양 육된 입양아 연구로부터 구분되고 추정된다. 인상적 인 차별적 지속성을 보이는 쌍둥이 연구와 입양아 연 구들은 성격특성이 어쩌면 부분적으로 유전의 영향 일 수 있다는 것을 보여준다. 이 연구는 성격특성 점 수 차이의 죄소 40~50%는 개인의 유진적 차이 때문 일 것이라는 강력한 증거를 제공한다. 실제로 Big 5 를 포함해 측정된 모든 성격특성에서 어느 수준 이상 의 중요한 유전가능성이 나타났다.

6. 특성점수 차이의 절반 정도만이 유전적 영향 때문인 것으로 드러났다면 육아방식, 사회계층, 그 밖에 형

제자매가 공유하는 경험과 같은 공유환경의 영향력 은 놀랍게도 제로에 가까울 정도로 적다고 연구되었 다. 이제 행동유전 연구들은 유전적 차이와 함께 비 공유환경이 성격특성 차이의 상당한 부분에 영향을 미치는 것으로 설명하고 있다. 공유환경의 영향이란 가족 간의 유사성을 만드는 데 작용하는 환경적 영향 을 말하고 비공유환경의 영향은 가족 간의 차별성을 만드는 데 작용하는 환경적 영향력이다. 비공유환경 의 영향력은 태아기 외상, 우연한 사건, 출생순서와 같은 가족구성배열, 형제자매 간의 상호작용 패턴, 부모의 차별적 대우, 또래 집단이나 교사와의 관계와 같은 가족 외부 환경의 영향력이다.

7. 성격특성 차이에 대한 유전적 상관관계 연구와 환경 적 상관관계 연구는 서로 구분될 수 있음에도 불구하 고, 유전적 차이는 그 자체로 환경에 영향을 미친다. 행동유전에 대한 최근 연구는 환경에 대한 자기보고 가 다분히 유전성이라고 제시한다. 유전적 차이는 사 람들이 어떻게 자신의 환경을 경험하는지 그들이 어 떤 환경을 경험하기로 선택하는지에 따라 형성된다. 유전자형은 적어도 세 가지 방법으로 환경에 작용한 다. 첫째는 환기적 영향을 통한 것인데, 한 사람의 유 전적 경향성이 특정 환경으로부터 특정 반응을 불러 일으키고 그것이 그 경향성을 강화한다는 것이다. 두 번째는 수동적 영향인데, 이것은 생물학적 부모와 같 이 유사한 유전자형을 가진 어느 개인에 의해 만들어 진 환경 속에서 성장한 사람은 그가 출생부터 경험하 는 환경조건들이 그의 유전자형에 상응하는 것이기 쉽다는 것이다. 셋째는 활동적 영향인데, 개인의 유 전자형이 그가 어떤 환경에 대해 행동을 하고 어떻게 환경을 조작하고 어떻게 변화시킬 것인지 그 경험을 선택한다는 것이다. 신경과학의 새로운 연구들은 유 전과 환경의 미묘한 상호작용의 특성을 생성한다는 문헌들을 발표하기 시작했다. 예를 들면, 세로토닌 이송 유전자의 어떤 형태는 스트레스와 환경의 영향 이 복합적으로 작용하여 우울증과 연결된다.

8. 특성의 차별적 지속성이라는 견고한 이론에 반하

는, 성격차원의 절댓값의 점진적이고 체계적인 변화에 대한 연구들이 제출되고 있다. 횡단연구와 종단연구 모두 사춘기와 초기 청년기부터 후기 중년기까지 Big 5의 신경증과 관련된 특성은 감소하고 친화성과 성실성은 증가한다고 제안했다. 종단연구들은 특히 잘 교육받은 여성들 사이에서 성인 초기에서 중년기로 갈수록 책임감, 자율성, 자신감을 향한 행동이 증가하는 것으로 제안했다. 사람들은 나이가 들어가면서 적어도 중년기에 접어들면서 자기 자신에 대해 그리고 타인에 대해 더 좋게 여기는 경향이 있다.

9. 시간의 흐름에 따른 지속성과 변화의 패턴이 연구되었다. 이 연구는 Jack Block과 동료들이 캘리포니아 Q-분류를 이용하여 실시한 종단연구이다. Block의 연구는 성격특성의 분류체계를 생성했는데, 그 각각은 시간을 두고 발달하는 서로 다른 성격특성의 집합체로 존재한다. 이 집합체들은 기본적으로 자아통제와 자아탄력성의 성격차원으로 볼 수 있다. 여성을 대상으로 하는 Q-분류를 이용한 연구에서 네 가지의 서로 다른 성격특성을 구분했다―개인적 특성, 전통적 특성, 갈등하는 특성, 안정적 특성이다.

10. 성격특성의 개념은 성격의 변화보다는 지속성을 설명하는 데 더 적합하다. 성격의 중요한 변화는 인생의 목표, 임무, 과제, 가치관, 전략적 대처, 흥미유형, 미래에 대한 비전, 과거에 대한 재해석 등의 성격특성의 영역 바깥에서 발생하기도 한다. 성격특성은 심리적 개성에 대한 이해를 시작하는 유용한 지점을 제공한다. 그러나 성격특성이라고 표현될 이유가 없는 개인적 요소를 고려한 보다 온전하고 자세한 설명이 요구된다. 우리는 성격의 첫 번째 단계를 차지한 기질의 특성에 대해 살펴보았다. 다음 장과 그다음 장에서는 두 번째와 세 번째 단계, 즉 성격적응과 온전한 인생 이야기 단계로 넘어간다.

세부적으로 확장해나가기 :
삶의 과제에 적응해나가기

Filling in the Details: Characteristic Adaptations to Life Tasks

출처 : Photo by Rebecca Pallmeyer

동기와 목표 : 우리가 삶에서 원하는 것은?

Motives and Goals: What Do We Want in Life?

내 어린 딸이 5살이었을 때, 내 직업에 대해 물은 적이 있다. 그때 나는 "아빠는 심리학 교수야"라고 말해주었던 기억이 난다.

"그게 뭐야?" 딸 아만다가 물었다.

"글쎄, 아빠는 학생들에게 심리학을 가르쳐."

"심리학이 뭔데?" 아만다가 궁금해하며 물었다.

"인간 행동에 관한 거지." 덧붙여 "아빠는 사람들의 행동을 탐구하고 왜 그런지를 밝혀내"라고 설명했다.

"아…." 아만다가 눈을 굴리며 "그러면 사람들은 왜 그렇게 행동을 하게 되는데?"라고 물었다.

"나도 모르지. 아마도 그래서 아빠가 그걸 연구하나 봐."

"나는 사람들이 왜 그렇게 행동하는지 아는데."

"정말?"

아만다는 나를 연민과 동시에 이해 못하는 듯 모호한 눈빛으로 쳐다보며 말했다. "왜냐면 **그렇게 행동하고 싶어 하니까**. 그게 이유야."

딸아이는 자기 방으로 걸어가며 아빠가 왜 그렇게 어리석었는지 의심의 여지도 갖지 않으려 했다. 이것이 바로 삶의 기본 원리다. **사람들은 그들이 원하는 바를 한다.** 아만다는 비록 5살의 어린 나이이지만 인간 행동에 대해 매우 중요한 사실을 알고 있었다. 심리학을 전공하지는 않았지만, 아만다는 인간 **동기**(motivation)에 관한 자기 자신만의 확고한 신념을 갖고 있었다. 사람들은 내재적으로 욕구, 소망, 목표, 동기를 가지고 있다. 이러한 욕구에 입각해서 행동하는 것이다. 동기라는 단어에는 움직임(movement)이라는 단어가 들어가 있다. 그렇다면 사람들은 무엇에 의해서 움직일까? 인간 행동에 힘을 주고 **방향**을 주는 요인은 무엇일까? 인간 동기에 관한 이론은 2,000년을 거슬러 올라가 연구되었으며, 이 이론들은 인간이 무엇을 원하는지, 그들이 원하는 바에 의해 어떻게 동기화되는지(무엇을 원치 않아 피하게 되는지), 그들이 원하는 바를 성취하기 위해 어떻게 목표를 설정하는지, 이 목표를 향해 어떻게 행동하는지를 나타내준다. 또한 욕구에 의해 직접적으로 이끌리게 된다는 것에 많은 이들이 동의한다(Lewin, 1935; Murray, 1938). 동기심리학자 Eric Klinger(1987)는 인간 동기이론을 확장해 다윈의 이론에 접목해 이 원리를 동물의 행동에서 설명해내고자 했다.

> 동물들은 종에 따라 현격한 차이를 갖고 있지만, 아메바에서 인간에 이르기까지 우리 모두는 공통적으로 최소한 하나의 행동강령을 갖고 있다. 우리 모두는 밖으로 나가 생존과 번식을 위한 활동을 하게 된다. 우리는 그들을 명명해야 하며 그들에 다가서야 하고 그들이 활성화될 수 있도록 세포에 각인시켜야 한다. 우리의 형태, 신체, 우리의 행동적 유기체는 모든 체계가 갖춰져 행동명령을 충족시킨다. 이것은 시작부터 동물들이 필수적인 목표를 추구해나가도록 구성되어져 있음을 나타낸다. 이것은 단지 말해 성취지향적인 유기체로 만들어졌다는 것을 의미하기도 한다. 목표지향적, 즉 큰 의미에서 동기는 동물로서 인간의 통합된 측면을 나타낸다(p. 337).

이번 장에서는 동기와 목표를 중심으로 해서, 성격특성과 관련된 개인 간 차이점을 넘어서는 성격의 두 번째 단계로 연결해본다. 제4~6장에서 나는 성격특성(성격에서의 1단계)이 개인의 특수성을 보여주는 근원이 된다고 설명했다. 이제는 그 근원에 자세한 설명을 더해볼 차례다. 그러기 위해서 우리는 성격특성을 넘어서서 인간의 인생을 규정하는 특징적 측면의 다양성을 알아보아야 한다. 성격적응은 시간, 공간, 사회적 역할에 맥락화된 개인 성격의 특수성을 의미한다. **목표와 동기는 성격 적응의 한 부분이다.**

정신분석적 관점

20세기 가장 영향력 있는 심리학자는 Freud(1856~1930)였다. Freud는 우리가 주로 **정신분석(psychoanalysis)**이라고 부르는 심리학의 선두주자로 알려져 있다. 병원 현장에서 만난 환자치료의 방대한 연구들 가운데서 Freud와 그의 동료들은 과학적 심리학의 주류를 벗어난 정신분석이라는 이론을 발전시켰다. 정신분석은 성격심리학에 실제적인 영향을 미쳤지만, 20세기 서구 사회의 주된 영향권 안에는 포함되지 못했다. 인류학, 정치학, 문학, 문학비평, 예술, 드라마는 모두 Freud의 영향을 많이 받아왔다. 정신분석은 그것이 타당하든 그렇지 않든, 모든 영역에 스며들어 있다. 오늘날 우리가 억제, 억압된 기억, 오이디푸스 콤플렉스, Freud식 실수 등을 말하듯이 말이다.

정신분석학 이론의 중심에는 Freud의 동기이론이 있다. 동기이론은 크게 네 가지로 나뉘는데 여기에는 결정론, 본능, 충돌, 무의식이 포함된다. 먼저 우리에게 결정권이 없는 힘은 모든 인간의 행동과 경험을 **결정(determine)**한다. 우리는 운명의 주인이 될 수 없다고 Freud는 말한다. 우리는 삶이라는 체스 게임의 노림수와도 같다. 누군가는 앞으로 전진한다. 둘째는 이러한 강력한 힘은 우리 내부에 존재하며, 원시적인 욕구나 본능과 관련된다. 가장 중요한 욕구는 성과 공격성의 욕구다. 사람들은 무엇을 원하는가? Freud에 의하면 우리는 성적 만족을 원하고 공격성을 표출하기를 바란다. 셋째로 우리 행동과 경험을 결정하는 힘은 항상 다른 힘들과 **갈등관계**에 있으며, 이는 불안감을 만들어낸다. 인생에서 갈등과 불안감을 피할 수 있는 방법은 없다—원시적 욕구와 사회적 한계뿐 아니라, 우리 내부적 갈등도 포함된다. 우리는 항상 가질 수 없는 것을 원하므로 항상 불행하다는 생각이다. 넷째로 우리는 행동을 결정하는 이러한 힘이나 불안감을 만들어내는 갈등의 내용을 알 수가 없다—우리 의식 밖에 (무의식에) 존재하기 때문이다. 우리는 우리 인생에 대한 결정권이 없고, 불안하고 갈등관계에 있는데 그 이유를 의식할 수 없다는 것이다.

Freud에게 있어서 성과 공격성은 인간 동기의 궁극적 원천이며, 동기의 힘과 욕구, 행동의 자극제로 작용하는 존재다. 실제로 Freud가 말한 대로, 성과 공격성의 측면은 심리학적 인생의 기본적 에너지의 원천이다. 19세기 에너지 메커니즘 이론에서 발전시켜, Freud는 이 심리적 에너지는 생물학적 본능에서부터 나온다고 주장했다. 그가 말한 두 가지 기본적 욕구는 (1) 성과 모든 **생의 본능(life instincts)[에로스(eros)]** (2) 공격성과 모든 **죽음에의 본능[타나토스(thanatos)]**이다(Freud, 1920/1955). 삶과 죽음에의 본능은 항상 간접적이고 복잡한 방법으로 표현된다. 17살의 어린 소년은 성적 관심만 있는 게 아니라, 단지 본능의 만족을 충족시킬 기회를 엿볼 뿐이다. 현실 세계에는 수많은 제약이 있으며, 해야 할 일도 많고 마음에 있는 것이 행동으로 옮겨지기까지 검열되어야 할 과정이 상당히 복잡하다. 그러나 우리가 갖고 있는 본능은 환상과 꿈속에서 꿈틀거리며, 일상의 행동에서 매우 미묘하고 승화된 방식으로 표출된다. 사실 너무나 미묘하기에, 우리는 이것을 쉽게 알아차릴 수 없다. 하지만 이는 정신분석이 간과할 수 없는 핵심이기도 하다.

무의식

지하생활자의 수기에서 러시아의 소설가 표도르 도스토옙스키는 다음과 같이 쓰고 있다.

> 모든 인간은 친한 친구 이외에는 어느 누구에게도 말할 수 없는 은밀한 추억을 갖고 있다. 하지
> 만 자기 자신 이외에는 어느 누구에게도 드러낼 수 없는 비밀스런 무언가를 갖고 있는 사람도 있
> 다. 그러나 결국 인간은 자기 자신에게조차 드러내 말하기를 두려워하는 존재로, 모든 평범한 사
> 람은 이와 같이 비밀스러운 것들을 무수히 비축하고 있다(1864/1960, p. 35).

도스토옙스키가 말한 모든 "평범한 사람"이 "비축하고" 있는 두려운 것들은 Freud가 말한 **무의
식**(unconscious)을 이룬다. 성격에 대한 정신분석의 기본 원리는 우리가 알고 느끼고 있는 것이 우
리의 모든 의식적 앎을 넘어선다는 것이다. 우리의 삶은 정신 내적 신비로움에 이끌린다. 이 신비는
무의식의 영역에서 움직이며 매일 작동하는 의식의 가장 깊은 심연에 묻혀 있다. 우리는 행동의 "진
짜" 이유를 알지도 못하고 알 수도 없다. 인간 행동의 가장 근원적인 원인은 우리가 소위 의식적 경
험에서 이해할 수 있는 것이라고 불리는 것들과 구별된다. Freud의 초기 임상실험에서는 환자들이
고통받는 신경증적 증세는 본질적으로 성적이고 공격적인 대인적 충돌과 공상에서부터 나온다는
생각이 있었다. 그리고 이는 의식에서부터 생겨난다고 생각했다(Breuer & Freud, 1895). 예를 들
면 과거의 매우 부정적인 경험은 의식적으로 기억되지는 못하지만, 계속해서 불안감이나 실망감 등
의 의식적 경험을 통해서 나타난다. 환자 자체는 본래의 일을 기억하지 못하기 때문에 고통의 근원
을 알지 못한다. Freud적 관점에서 의식적 경험은 인생의 빙산의 일각에 불과했다. 물 아래에 있는
빙산의 대부분은 무의식이라고 주장한 것이다.

이 그림은 살바도르 달리(1938)의 것으로, Freud의 무의식과 본능에 관한 사유
의 이미지를 떠올리게 한다. Freud는 인간 의식의 무의식적 영역을 본능적인 욕
동, 억압된 이미지, 오랫동안 잊힌 기억들, 이성의 회피와 즉각적인 만족을 향한
울부짖음의 방대하고도 신비한 보고라고 생각했다(출처 : Erich Lessing/Art
Resource. Artist Rights Society 허락하에 복제).

더 읽을거리 7.1

Sigmund Freud와 정신분석의 시작

Freud는 우리와 굉장히 다른 시대를 살았다. 현대를 사는 우리가 보기에 굉장히 억압적이고 보수적인, 왕과 여왕이 존재하는 보수적인 19세기 유럽 사람이었기 때문이다. 세계 대전이나 심각한 원자폭탄 공격이 일어나기 전 시대였다. 여성은 참정권이 없으며, 가난한 흑인 어머니의 자식들은 위대한 리더나 작가나 과학자가 될 수 없는 걸 당연하게 여겼다. 형편이 어려운 유대인 가정에서 첫째로 태어난 Freud는 5세부터 위대한 과학자가 되길 꿈꿨다. 나폴레옹이 토지를 정복한 것처럼 어린 Freud는 지식의 범위를 탐험하며 마음의 마스터가 되길 원했다. Freud는 나중에 말했다. "어머니가 가장 좋아했던 자식들은 정복자의 느낌을 평생 가지고 살게 되며, 이는 실제로 성공으로 이어질 때도 있다(quoted in Jones, 1961, p. 6)."

젊은 Freud가 동경했던 위인들은 정복자 나폴레옹이나 독일의 작가이자 철학자였던 괴테 같은 사람들이었다. 1790년과 1850년 사이에 번성했던 유럽의 **낭만주의**(Romanticism)는 이성과 질서, 선을 강조하는 고전적 가르침을 거부하는 지성운동으로 개인의 진취적이고 열정적인 인생을 응원하는 움직임이었다(Cantor, 1971; Russell, 1945). 성인이 되어 Freud는 사랑의 전통을 이어받은 마음에 관한 혁신적 이론에 매료되었다. 사랑에 관한 이론에서 그는 한 개인과 사회는 지속적인 갈등의 연속에서 살아갈 운명을 타고난다고 생각했다. 괴테나 시인 윌리엄 블레이크, 로드 바이런과 같은 낭만주의 사람들은 사회적 질서를 보장하는 데 통일성을 강조한다는 이유로 사회가 억압적인 주체라고 생각했다. 낭만주의적 자기는 자유와 초월을 찾기 위해 억압에 반대하며, 그 도구는 예술 혹은 사랑이다. Freud는 낭만주의를 통해 내면적 자기의 특별함에 집중했다. 낭만주의자들에게 있어서 내면적 자기의 발전은 말 그대로 도덕적인 의무였다(Jay, 1984; Langbaum, 1982). 유명한 낭만주의 희곡 괴테의 파우스트를 보면 주인공은 내면의 존재를 보장하기 위해 악마에게 영혼을 팔 만큼 극단적인 선택을 하기도 한다. 한 학자는 "Freud를 경험하는 것은 금지된 과일을 먹는 것과 같다"고 표현했다(Brown, 1959, pp. xi~xii). 낭만주의자들은 인간 본성의 감성적, 비이성적 측면을 우상화했다. Freud 또한 마찬가지로 인간이 본질적으로 비이성적 존재라고 생각했지만, 그의 낭만주의 영웅들과는 다르게 Freud는 이 비이성성을 축복하는 데까진 가지 못했다. Freud는 결과적으로 성과 공격성과 관련된 무의식적, 비이성적 욕망은 인간 행동의 가장 기본적 동기로 작용한다고 가르쳤고, 이러한 소망들은 개인이 사회에 적응하길 원한다면 질서정연한 사회 내에서 간접적이고 숨겨진 형태로 전해져야 한다고 말했다. Freud는 낭만주의적 전통에도 불구하고 본인 스스로는 이성적인 과학자였고 보수적인 중산층 사회의 지도층 중 하나였다.

Freud와 그의 딸 Anna. 의심의 여지없이 Freud(1856~1936)는 "정신분석"을 통해 지적 · 치료적 · 문화적인 면에 걸쳐 광범위한 연구를 했다. Freud는 공격성과 성적 본능으로 무의식적 추동을 통해 행동을 동기화한다고 주장했다(출처 : Bourgeron Collection/ RDA/Hulton Archive/Getty Images).

1873년 Freud는 비엔나대학에서 자연과학을 공부하기 시작했는데, 여기서 저명한 생리학자인 Brücke를 만난다. 3년간 그 밑에서 공부하면서, Freud는 모든 자연적 현상은 물리적이고 화학적인 방법으로 설명되어야 한다고 배웠다. 과학적인 측면에서 보면, 현실 세계를 설명하는 데 영적이나 다른 세계의 힘은 작용할 수 없다. 당시 시대의 과학자들은 기계의 힘에 사로잡혀 있었기에 가설을 설명하는 데도 기계에 자주 비유했다. 기계는 일을 통해 에너지를 생산하는 복잡한 기계적 체계다. Freud가 나중에 주창한 가설도, 마음을 에너지를 사용하는 영적 기계의 일종으로 보았다. 에너지는 성이나 공격성과 같은 생물학적 기반을 가진 욕망에서부터 나온다. 이 체계는 에너지 보존이라는 19세기의 가설에 의해 설명된다. 마음은 본능에서 생겨난 고정된 양의 에너지를 유용한 일로 바꿔, 날것의 상태인 감각적 · 공격적 에너지를 다양한 인간 사고와 욕망과 행동의 형태와 표현으로 바꾸는 것이다. Freud는 또 다른 선생인 Jean Martin Charcot을 통해서 마음의 에너지는 이상한 방향으로 움직인다는 점도 배웠다. Freud는 1885년 파리로 가서 Charcot의 강의를 듣고 최면에 대해 연구했다. Charcot은 **히스테리**(hysteria)의 증상과 원인을 연구했는데, 이는 사지마비나 시각장애 등을 가져오지만 확실한 물리적 원인을 발견하기 힘들었던 19세기의 대표적인 *심리적* 장애증상 중 하나였다. Charcot은 놀랍게도 최면을 통해 히스테리 증상을 없애는 데 성공했는데, 이는 Freud로 하여금 환자의 마음의 에너지의 표현인 이상한 *생각*으로 인해 히스테리가 생긴

(계속)

다는 확신을 갖게 했다.

비엔나에서 의사로 근무하면서 Freud는 Breuer와 함께 최면 및 다른 심리학적 기술을 사용해 신경증 환자들의 히스테리 증상을 치료하는 일을 했다. 그들은 결국 히스테리 증상이 이상해보일지 몰라도, 사실 환자의 인생을 좌우하는 복잡한 감정적 논리에 따라 유의미하게 구성되어 있다는 사실을 파악했다. 이 증상들은 굉장히 부정적인 유아기의 경험에 해결되지 못한 문제나 분쟁을 보여줄 수도 있다. 의식적으로 더 이상 기억은 못하지만 유아기에 있었던 감정적으로 고통스러웠던 경험은 분출되기를 원하고 내면적인 불편함을 표현하도록 부추긴다. 유명한 안나의 사례연구에서, Breuer는 '대화치료(talking cure)'를 통해서 히스테리 증상이 없어질 수 있음을 발견했다. 환자가 낮 동안의 환각 증상, 공상 등을 이야기하는 치료법이다. 이야기를 통해 신경증적 증상을 유발하던 오래된 감정이 분출되어 감정적 에너지가 풀려나 환자의 스트레스가 낮아지는 것이다.

심리분석적 전통은 Breuer와 Freud가 함께 히스테리를 바라보는 심리적 배경을 알아보면서 시작되었다. 결국 "히스테리 환자들은 일반적으로 회상(reminiscence)으로 고통받는다"(p. 7)는 결론을 내린 *Studies in Hysteria*(1893~1895/1955)라는 논문이 완성됐다. 다른 말로 하면, 히스테리가 수반하는 신체적 증상은 감정적으로 힘들었던 문제가 그 원인이라는 것이다. 이를 발표했을 때 Freud의 나이는 40살이었다. 하지만 이후 그들은 임상 사례연구를 두고 의견 차가 심해졌다. 히스테리 증상은 대부분 성적인 의미를 가지고 있다는 Freud의 주장에 Breuer가 반대한 것이다. 결국 둘은

갈라섰고, Freud는 굉장히 힘들지만 궁극적으로는 유용했던 인생의 시기를 맞게 된다. 그가 이후에 "위대한 영웅적 시기" 혹은 "멋진 고립"(Freud, 1914/1957, p. 22)이라고 낭만화해 표현했던 시기다. 이 시기에 Freud는 본인의 생각, 공상, 느낌과 꿈에 대한 자기분석을 시작했고 이를 통해 가장 위대한 심리학적 업적을 이뤘다. 1895년부터 1905년까지 다음 10년 동안은 꿈의 해석, 일상의 심리분석, 인간 발달에 있어서 성적 충동의 역할, 무의식 등 Freud 연구의 대표 주제들이 깊게 연구되었다.

1905년부터 1939년 죽음에 이르기까지 Freud는 심리분석의 아버지로 자리매김했다. 1930년 오랫동안 원했던 괴테 상(Goethe Prize)을 타는 문학적 수재기도 했던 Freud는 긴 에세이와 이론, 임상연구, 특별한 종교·문화·예술적인 문제를 다룬 논문을 포함해 심리분석을 다룬 24권의 책을 썼다. 표 7.1을 보면 목록을 확인할 수 있다. Freud는 본인을 따르는 수많은 학자들에 힘입어 비엔나 정신분석학회(Vienna Psychoanalytic Society)를 세웠다. 정기적으로 모임을 갖고 기록물을 펴냈다. 1909년, 미국 심리학자 G. Stanley Hall은 Freud를 매사추세츠의 클라크대학으로 초대해 강연을 하게 했다. Freud의 작품은 영어 및 다른 언어로 번역되어 세계적인 움직임으로 퍼졌다. 세계 2차 대전이 시작되기 하루 전 죽음을 맞이할 때까지 Freud는 전 세계에서 가장 존경받는 심리학자였지만, 동시에 극단적으로 논란이 된 생각들 때문에 반대하는 사람들도 많은 학자였다.

우리 본질의 대부분은 의식 밖에 존재한다는 생각은 Freud가 처음 한 것이 아니다. 아르투르 쇼펜하우어(1788~1860)와 프리드리히 니체(1844~1900)에 이르기까지 의식적 질서에 반대되는 감성적, 충동적 기능의 측면은 무의식에 존재한다고 주장한 학자들은 100년 전부터 있었다(Ellen-berger, 1970).

윌리엄 워즈워스와 존 키츠와 같은 19세기 낭만파 시인들 또한 무의식의 방법을 통해서 대상의 영웅적, 창조적 힘을 표현했다. 1784년부터 무의식에 대한 접근방법으로 최면법(hypnotism)이 사용되었고, Freud의 선생 중 1명이었던 Jean Martin Charcot는 최면 분야를 혁신적으로 발전시켰다. Baumeister(1986)와 Gay(1986)는 19세기 중순 유럽의 중산층들은 의식적 자기가 모르는 내면적 세계(무의식)의 존재에 대해 수용적이었다고 주장했다. Baumeister는 빅토리아 여왕 시대 사람들도 이러한 "타인에게 보이는 무의식"의 부분에 집착했다고 주장했다. 그 시대 사람들은 자신도 모르는 사이에 자신의 진짜 본질을 타인에게 드러낼 수 있는 가능성이 있다고 생각했다.

인간 기능에 대한 **지형학적 모델**(topographical model)의 측면에서 Freud는 의식, 전의식, 무의식의 세 가지 부분을 구별했다. 의식의 부분은 현재 사람이 알고 있는 것을 말한다. 의식적 경험을 지금은 의식하지 못하지만, 대상을 받아들이기로 결정하면 **의식**으로 **이동할 수 있는** 부분을 의미

한다. 따라서 전의식적 부분은 우리가 흔히 보통의 기억으로 생각하는 부분이다. 현재 내 딸의 자전거가 무슨 색인지 의식하고 있지는 못하지만, 생각하려고 노력한다면 떠오를 수 있는데, 이때 내 기억은 전의식에서 의식으로 이동하게 되는 것이다. 전의식적 부분은 우리가 생각하는 사소한 정보와 중요한 정보가 모여 있는 부분이다.

반대로 무의식 안에 존재하는 것은 쉽게 확인할 수 없다. 무의식적 경험은 **억압된** 경험이기 때문에 무의식 안에는 갈등, 아픔, 고통, 두려움, 죄책감 등과 관련된 생각, 이미지, 충동, 느낌이 포함되어 있다. 그렇기 때문에 무의식적 존재는 무의식적인 이유가 있다. 우리에게는 우리도 알 수 없는 측면이 있다. 하지만 무의식 안에 존재하는 것은 우리가 알지는 못하지만 우리 행동과 경험에 큰 영향을 미친다. 억압된 무의식적 내용은 상징적인 모습으로 표현되는데 이는 보통 꿈이나 공상, 연극, 예술, 일 등 대인관계의 과정을 통해서 간접적으로 만족된다.

억압과 억압자

인지과학의 연구는 일상의 정신적 생활의 상당 부분은 의식의 바깥에 존재한다는 것을 보여줬다. 사람들은 의식적으로 파악되지 않은 상태에서 많은 것을 인지하고, 배우고, 기억한다(Kihlstrom, 1990; Schacter, 1996). 이러한 무의식적 인지과정은 인간들 사이의 암시적 정보처리과정이다. 나아가 우리가 사람들과 사회적 상황에 대해 생각하고 느끼는 것 중 대부분은 무의식적, 자동적 사고과정에 의해 처리된다(Bargh, 1997). 마음은 의식에서 자유로워지기 위해 자동적으로 아무런 노력을 기울이지 않은 상태에서 일상에서 가장 친숙한 정보를 선택해 문제의 초점에 맞춰 적절한 해결을 위한 정신적 과정에 집중하도록 설계되어져 왔다. 많은 연구들은 인간의 마음이 이처럼 암묵적이고, 자동적이며, 무의식적인 방식에 의해 작용해왔음을 과학적으로 입증하고 있다. 어떻게 보면 인간 마음은 Freud가 말한 것처럼 의식적 인식(conscious awareness) 밖에서 작용된다는 말이 맞다(Westen, 1998).

나아가 최근 연구와 이론에 따르면 무의식적 사고는 복잡한 문제를 해결하는 상황에서 의식적 사고보다 더 효과적이라는 결과가 있다. 흥미로운 연구 가운데 하나로 Ap Dijksterhuis(2004; Dijksterhuis & Nordgren, 2006)는 학생들에게 도시의 각기 다른 아파트에 대한 방대한 자료를 제공하고 그들에게 어디에서 살고 싶은지를 결정하게 했다. 한 아파트는 다른 아파트에 비해 객관적으로 보기에도 훌륭했으나, 학생들은 상대적으로 적은 시간에 많은 양의 정보를 제공받는 바람에, 더군다나 결정하는 데 충분한 시간이 주어지지 않았기 때문에 어느 아파트가 훌륭한지를 결정하는 데 어려움을 겪었다. 정보가 제공된 이후, 한 집단은 3분 동안 각기 다른 아파트에 대해 의식적으로 생각해보고 결정을 내리도록 했다. 두 번째 집단은 정보에 대해 객관적으로 생각해보지 않고 그들이 집을 소유하게 될 것이라고 했고 즉시 결정을 내리도록 했다. 놀랍게도 두 번째 집단이 더 좋은 선택을 하게 되는 것을 볼 수 있었다. 수많은 정보와 충분히 고려할 만한 시간이 주어졌던 첫 번째 집단보다 두 번째 집단이 더 정확한 결정을 내릴 수 있었던 것이다. 연구자들은 두 번째 집단의 참여자들이 무의식적 사고에 더 의존하여 정신이 산란한 가운데 주어진 3분 동안에 더 좋은 선택을 하게 된다는 결론을 내리고 있다. 무의식적 사고는 많은 양의 정보를 한꺼번에 효과적으로 처리하려고 할 때 의식적 사고보다 더 유용하다고 주장했다. 사람들이 고민되는 상황에서 의식적 사고를 멀리

표 7.1	Sigmund Freud의 저작

날짜	제목	주제
1895	*Studies in Hysteria (Breuer와 함께)*	신경증적 증상은 '회상'의 결과다. 따라서 심리치료를 통해 이 증상을 완화할 수 있다. 신경증적인 장애는 특히 성적인 부분과 관련해 무의식적 갈등에 대해 획기적인 해결방안이다.
1900	*The Interpretation of Dreams*	꿈은 소망의 성취를 나타내며 응축, 전위, 상징 같은 무의식 과정의 창조적 산물로 이해되어야만 한다. 모든 꿈은 자유연상을 통해 명백한 내용의 잠재된 의미들이 추적될 수 있다.
1901	*Thy Psychopathology of Everyday Life*	신경증이나 꿈과 같이 우리들의 매일의 삶에서 일어나는 모든 사건이나 실수는 중요한 심리적 의미를 갖고 있으며 무의식적 갈등과 본능적 충동을 추적할 수 있다.
1905	*Three Essays on the Theory of Sexuality*	청소년기의 성숙함에 도달하기 전, 성적 본능은 아동기 동안에 구강기, 항문기, 남근기를 지나는 동안 발달한다. 소위 공직 사회가 말하는 성인기의 "변태"와 같이 유아는 배아 전부터 전적으로 완전한 성적 존재이다.
1913	*Totem and Taboo*	아동기의 오이디푸스 콤플렉스는 이성의 부모를 차지하고 동성의 부모를 죽이고자 하는 무의식적 갈망과 연관되어 있다. Freud는 정부와 종교와 같은 사회적 본능을 오이디푸스 콤플렉스를 현실의 삶에서 구현해내는 역사적 기원을 가지고 있는 것이라고 해석했다. 이를 통해 원시부족의 족장은 젊은 사람에 의해 쓰러지고 죽어 먹잇감이 되었다. 새로운 젊은 리더는 법과 규율을 제정함으로써 성과 공격성을 금기시하고, 이를 통해 그들을 죄과를 달래고자 했다.
1920	*Beyond the Pleasure Principle*	두 가지 본능적인 충동은 모든 행동과 경험의 토대의 동인이 된다. 예를 들어 생의 본능과 성 충동에 관한 직접적인 표현, 죽음의 본능과 공격성에 대한 표출도 있다.
1923	*The Ego and the Id*	인간의 마음은 세 가지로 나눠져 있다. 이드는 무의식의 충동과 생각을 담고 있다. 자아는 이드의 에너지가 현실적인 이상을 갖도록 이끄는 역할을 한다. 초자아는 도덕적 힘을 나타내는 부모의 내적 표상을 뜻한다. 이드는 쾌락원칙에 의해, 자아는 현실원칙에 의해 이끌린다.
1930	*Civilization and Its Discontents*	인간과 사회는 지속적으로 갈등한다. 반면 한 개인은 무의식적 성적 욕동과 공격적 욕동에 의해 동기화되며, 사회는 성과 공격성의 억압에 의해 이뤄진다. 그 결과 인간은 기본적으로 불안, 불행, 신경증에 시달리게 된다.

주 : Freud의 글을 원작으로 읽을 수는 없다. 이론가로서의 그의 힘은 그의 글의 창조성에 있으며, James Strachey는 독일어 원작을 영문으로 훌륭히 번역해주었다. 하지만 Freud의 많은 이차 자료는 풍부한 원작에 비해 상대적으로 무미건조한 편이다.

하고, 느끼는 대로 직관에 의지한 선택을 할 때 더 좋은 결과가 나온다는 사례는 이러한 사실을 뒷받침해준다.

무의식적 사고에 의지할 때 더 효율적이고, 의식적 사고보다 더 좋은 결과를 이끌어낼 수 있다는 생각은 Freud가 이해한 인간 마음의 작동원리와 일치한다. 하지만 Freud는 닿을 수 없는 곳에 저장되는 사고, 느낌, 욕망, 기억에 더 치중했는데 이것들은 **사람의 웰빙에 위협이 되기 때문이다.** 이러한 사고, 느낌, 욕망, 기억은 계속해서 거부당하거나 억압된다. 심리분석적 측면에서 **억압**(repression)이란 일상생활의 중요한 부분이나. Freud는 "억압의 정수는 의식에서부터 멀리하고, 계수해서 거부하는 기능에서부터 나타난다"(1915/1957, p. 105)고 썼다. 인간은 자신을 심리학적 손해로부터 보호하기 위해 특정 심리적 사고와 위협적 내용을 억압한다. 모두가 그렇다. 그렇다면 몇몇 사람들은 남들보다 '더' 억압할까? 몇몇 연구자들은 억압에서 보이는 개인 간 차이점이 성격의 다양성을 보여주는 한 측면이라고 주장한다. Weinberger, Schwartz, Davidson(1979)은 **억압자**(repressor)들은 의식적 측면에서 불안감을 조금만 경험하고, 인생에 있어서 매우 방어적 접근법을 선택하는 사람이라고 설명했다. 그들은 두 가지 자가 설문지(하나는 불안감을, 하나는 방어기제를 측정)를 통해서 알아본 연구결과로(Manifest Anxiety Scale; Taylor, 1953), 사람들이 자신을 사회적 측면에서 어떻게 묘사하는지를 알아봤다(Crowne & Marlowe, 1964). 연구대상이 성적이고 공격적인 내용을 포함한 문장에 노출됐을 때, 억압자들은 그렇지 않은 사람들에 비해서 주관적인 스트레스의 정도가 낮았다. 하지만 동시에 생리학적 측정치를 보면 억압자들은 그렇지 않은 사람들에 비해 내부적 자극(internal arousal)의 정도도 높은 편이었다. 다른 말로 하면 억압자들은 성적·공격적 내용 때문에 불안해지지 않았다고 주장했지만, 생물학적 측정치는 다르게 나온 것이다. 정신분석학적 측면에서 억압자들은 외부적 자극을 의식적으로 받아들인 것은 아니었지만, 생리학적 변화의 정도를 보면 그들이 무의식적 측면에서는 자극을 크게 받아들였다는 것을 알 수 있다.

Penelope Davis는 어떻게 억압의 기제(repressor)가 우리들의 삶에 내재한 감정적 경험들을 불러일으킬 수 있는지에 대한 흥미로운 연구를 진행했다. 한 연구에서는 여학생에게 어린 시절의 여섯 가지 에피소드에 대해 말해보도록 하는 과제가 주어졌다. 예를 들어 일반적인 기억들, 행복, 슬픔, 화난, 두려움, 놀란 감정 등의 경험들을 말해보도록 했다(Davis & Schwartz, 1987). 그림 7.1에서 보는 바와 같이, 억압의 기제(낮은 불안, 높은 방어)는 불안이 낮은 대상(낮은 불안, 낮은 방어)

| 그림 7.1 | 회상된 기억의 평균 수치 |

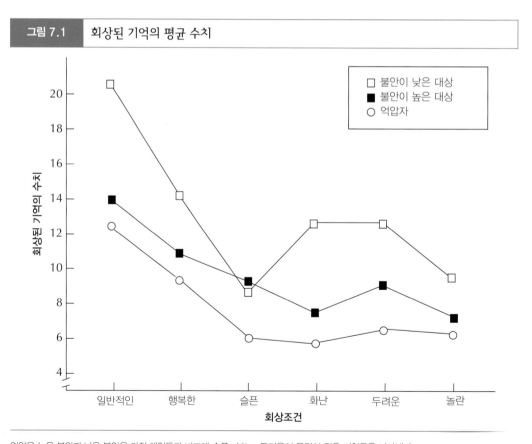

억압은 높은 불안과 낮은 불안을 가진 개인들과 비교해 슬픔, 분노, 두려움이 뚜렷이 적은 기억들을 나타낸다.

출처 : "Repression and the Inaccessibility of Affective Memories" by P. J. Davis and G. E. Schwartz, 1987, *Journal of Personality and Social Psychology*, 52, 158.

보다 더 적게 부정적 기억들을 떠올리게 할 수 있다. 이와 같은 결과는 억압의 기제가 부정적 기억에 접근하는 것을 차단시킨다는 정신분석적 가설에 부합된다고 볼 수 있겠다. 하지만 이와 같은 결과는 그림 7.1에서 보는 바와 같이 억압의 기제가 다소 적은 **긍정적** 기억들을 떠올리게 한다는 것도 나타내준다. 또한 이는 억압의 기제가 좀 더 다양한 감정적 기억들을 회상하는 것을 방해하는 역할을 한다는 것을 나타내주는 것이기도 하다.

두 번째 연구에서 Davis(1987)는 억압의 기제가 기쁘고, 슬프고, 화나고, 두렵고, 죄책감, 자의적인 어린 시절의 기억들을 더 적게 떠올리도록 한다는 것을 밝혀냈다. 이러한 억제는 특히 두려움과 자의적인 경험이라고 불린다. 그러나 그녀는 **누군가** 행복, 슬픔, 분노, 두려움이라고 부르는 감정의 기억들을 떠올려보라고 했을 때 억압의 기제는 사실상 **좀** 더 경험적인 실체들을 나타내줄 수 있다고 보았다. 이러한 결과는 억압의 기제가 단순히 일반적인 기억의 억압만을 나타내는 것이 아님을 나타내준다. 억압자들은 실제로 타인의 감정적 경험과 관련된 문제는 더 잘 기억한다. 하지만 **본인의 경험인 경우**, 그리고 그 경험에서 느낀 감정이 강했던 경우 억압자들은 이러한 기억을 의식적으로 기억하는 데 힘겨움을 느낀다. 두려움과 자기의식은 자기에게 집중된 주의가 평가적이고 위협적인 방법으로 이루어질 때 더 자주 일어난다. 이러한 종류의 경험을 만들어내는 가장 적합한 억압의 기제는 슬픔, 분노, 다른 부정적인 감정을 불러일으키는 경험들보다 더한 부정적인 평가로 자기를 직접적으로 위협하는 것이다. 억압은 자기평가의 분야에서 가장 강력하게 작용할 수 있다. 우리는 자기가 부정적인 방식으로 평가되는 이와 같은 경험들을 가장 잘 억압하는 경향이 있다.

왜 어떤 사람들은 부정적인 감정의 기억들을 회상하기를 어려워하는 것일까? 사람마다 억압의 기제가 다른 것은 무엇 때문일까? Hansen과 Hansen(1988)은 우리가 소위 말하는 "억압의 건축"이라고 부르는 개념을 연구했다. 이것은 특별히 쉽사리 떠올리기 힘든 불쾌한 기억들과 관련된 감정적 기억들이 작동하는 기제로 이해될 수 있다. 이들은 억압의 기제가 다른 사람에 의해 경험되어진 부정적 기억들에서 발견될 수 있는 것보다 덜 복잡하고 더 분리되어 있는 부정적 감정의 경험들에 대한 "연합회로"에 의해 작동된다고 말한다. 억압의 기제로 부정적 회상은 특징적으로 단순한 구조를 갖고 있으며 이러한 기억들은 다른 기억들로부터 분리되어 있으며, 상호자동적으로 연결되어 있는 주요 회로에서 벗어나 있다. 억압의 기제와 비억압 기제는 각기 다른 방식으로 에피소드 기억들을 조직해나간다. 억압의 기제는 다른 감정이 실린 기억들이 자동적으로 떠오르지 못하도록 막음으로써 단 하나의 핵심적인 감정을 강조하기 위해 부정적 기억들을 단순화한다. 이와 대조적으로 비억압 기제들은 좀 더 복잡한 방식으로 부정적 기억들을 표현하는 경향이 있다. 이들은 같은 기억에 대해 무수히 많은 다른 감정적 상태들을 강조하고 부정적 기억을 그들의 자동적인 자기에 융합시키는 경향이 있다.

Hansen과 Hansen(1988)은 433명의 남녀 대학생에 관한 연구에서 이 해석을 뒷받침할 만한 근거들을 발견했다. 이 연구에 참여한 학생들에게 과거의 화나고, 당황스럽고, 슬프고, 두려웠던 사건들을 회상하고 묘사하고 평가하도록 했다. 특정한 사건들이 떠올랐을 때 참여자들에게 특정 순간에 화, 당혹감, 슬픔, 두려움을 어떻게 느꼈었는지를 생생하게 마음속에 떠올려 생각해보도록 했다. 종이에 자신의 경험에 대해 써본 후 참여자들은 10가지 각기 다른 감정을 나타내주는 상황에 대해 감정의 강도를 측정해볼 것을 요구받았다. 그 10가지 상황은 화, 당혹스러움, 슬픔, 두려움, 불안, 혐오스러움, 수치스러움, 우울, 놀람, 행복을 나타내는 것이었다. 이 결과는 각각의 부정적 기억이 각기 다른 감정적 반응의 몽타주를 떠올리게 한다는 것을 보여주었다. 예를 들어, 연구참여자가 슬픔에 대해 떠올려보려고 했을 때 그들은 매우 강한 강도로 슬픔을 표현했지만 동시에 우울, 분노, 두려움 또한 상당히 높게 느끼고 있는 것으로 나타났다. 이와 대조적으로, 슬픈 기억은 수치심과 당혹감을 유발하지 않았다. 슬픈 기억에서 연구자는 슬픔이 주된 감정이었음에도 불구하고 우울, 두려움과 같은 감정들도 부수적으로 동반될 수 있다는 것을 알 수 있었다. 이와 유사하게 당혹감의 기억은 주된 감정이 당혹감이지만 수치심 또한 부수적인 감정으로 동반될 수 있음을 나타내준다. 감정에 관한 기억(분노, 당혹감, 슬픔, 두려움)은 따라서 주된 감정에 부합되고 부차적인 감정들과 함께 나타날 수도 있다는 것을 알 수 있다.

억압의 기제와 타인들 사이에서의 차이는 부차적인 감정에서 드러나지만, 주된 감정에서 일어나지는 않는다. 부정적 사건이 일어났을 때 억압의 기제와 비억압의 기제는 주된 감정의 강렬함을 드러내주었다. 예를 들어, 당혹감의 기억은 비억압의 기제처럼 억압의 기제를 통해 감정적으로 당혹감을 나타낼 수 있다. 그러나 억압의 기제는 강렬함이 덜한 정도로 주어진 기억에 대해 부차적인 감정을 나타내는 경향이 있다. 따라서 당혹감은 비억압 기제보다 억압의 기제를 통해 우울, 분노, 두려움을 덜 느끼게 한다. 부차적인 감정보다는 주된 감정을 떠올리게 하는 특정한 기억을 이끌어내기 위해 억압의 기제는 다른 과거의 기억들이 회고되는 것을 제지하면서 부정적으로 기억이 떠오르게 되는 것을 막는다. Hansen과 Hansen(1988)에 의하면 "억압은 억압의 기제가 가진 회상적 표상과 함께 덜 조직적이고 더 분별력 있는 감정적 꼬리표와 연관되는 상대적으로 결핍된 기억구조의 현상을 나타낸다(p. 816)." 위협으로부터 보호하기 위해 억압은 부정적 기억이 서로 연관되지 않도록 만든다.

억압에 관한 좀 더 최근의 연구로 Myers와 Brewin(1994)은 억압의 기제가 어린 시절로부터 덜 부정적인 기억들을 떠올리게 하지만, 그럼에도 불구하고 자신의 부모를 무관심하고 방임하는 부모로 떠올리게 하는 경향이 있다고 보고했다. 다른 말로 하면, 억압의 기제는 부정적 감정의 경험을 인식하게 하지만 일상생활에서 부정적 감정을 덜 느끼도록 해준다. 하지만 부정적으로 삶에 스며들어 좀 더 일반적이고 추상적이며 덜 위협적인 방식을 취하도록 만든다. Cutler, Larsen, Bunce(1996)는 다이어리를 검토하면서 억압의 기제가 불쾌한 감정의 기억들을 덜 회상하도록 만들어줄 뿐만 아니라 일상생활에서도 부정적 감정을 덜 느끼도록 해준다는 것을 발견했다. Bonanno, Davis, Singer와 Schwartz(1991)는 억압의 기제가 특히 그들이 무시하기 원하는 것으로부터 관심의 초점이 벗어나게 도와준다는 것에 동의했다. 그러나 의식적인 전환은 그에 상응하는 대가가 뒤따른다. 억압의 대처능력을 갖는 것은 천식, 암, 고혈압, 억제된 면역기능 등의 다양한 건강상의 문제를 일으키게 할 수 있다(Schwartz, 1990; Weinberger, 1990).

하지만 억압은 매우 좋은 기능을 하기도 한다. George Bonanno와 그의 동료들은 극단적인 스트레스 상황에서 **탄력성**(resilience)을 이끌어낼 수 있는지 연구를 진행했다(Bonanno, 2004; Coifman, Bonanno, Ray, & Gross, 2007). 많은 심리학자들은 삶의 어려운 난관을 극복해내고 곤경을 이겨내는 능력으로 탄력성이라는 단어를 사용했다. 인간이 당면한 가장 큰 스트레스원은 배우자와 아이와 같이 사랑하는 사람을 잃는 것이다. 한 종단연구에서, Bonanno와 그의 동료들은 사별한 배우자와 부모에게 그들의 상실에 대한 질문을 하고 대화를 나누는 동안 연구참여자들의 피부 반응을 관찰했다. 이것은 자동적으로 각성이 일어나는 심리적 측정을 나타낸다. 대화를 나눈 후, 참여자들에게 그들의 상실에 대해 말했을 때 느꼈던 부정적 감정의 강도를 측정해보도록 했다. 연구자들은 상실에 대해 낮은 부정적 감정을 보고했으나, 억압하는 대처방식을 나타내는 자동반사적인 반응이 높은 사람들의 반응의 원인을 탐구했다. 그 결과, 억압의 기제는 대화하는 동안에 낮은 의식적 스트레스를 느끼고 있었지만 의식 아래 강한 스트레스 반응을 보이면서 높은 신체적 각성 상태를 나타내주었다.

연구자는 18개월 후에 사별한 배우자와 부모를 다시 만났다. 추후 회기에서 그들은 건강과 심리적 증상 및 정신과 관련된 질문들을 던졌고 사별한 사람의 친구들로부터 전반적인 기능에 관한 측정을 보고받았다. 그들은 억압하는 대처능력과 상응하여 자기보고와 친구 및 심리적 인터뷰에서 얻어진 측정결과들 사이의 차이점을 분별했다. 이를 통해 연구결과는 첫 번째 회기에서 억압하는 대처 방식을 보여준 사람은 18개월 이후에 신체적으로 더 건강하고 심리적으로 조율을 훨씬 더 잘하는 것으로 나타났다. 이와 대조적으로 비억압적인 경향을 가진 사람들은 자기보고뿐 아니라 친구들의 보고에서도 낮은 수치를 보인 반면, 정신증상으로는 높은 수치를 보이면서 이들은 건강이 나쁘고 정신적 조절능력도 저조한 것으로 나타났다. 이를 비롯해 이와 관련된 연구들을 통해 Bonanno(2004)는 때때로 트라우마와 같은 위기를 삶에서 맞닥뜨렸을 때 사용할 수 있는 최선책이 억압이 될 수 있다고 보았다. 가장 스트레스를 받는 상황에서는 고통으로부터 의식을 멀리하는 것이 심리적으로 지혜로운 선택이 될 수 있다. 힘든 상황에 대해 심리적으로 부정적인 감정을 의식적으로 소진해내는 것보다는 그러한 느낌을 차단시키는 것이 때로는 유용한 방식이 될 수 있다고 Bonanno는 말한다. 예를 들어, 억압은 인간으로 하여금 고통을 경감시키고 그들로 하여금 삶의 가장 어려운 시기를 잘 견뎌낼 수 있도록 도움으로써 시간이 흐르며 상처가 치유될 수 있도록 할 수 있다.

요약하면, 억압에 관한 연구는 Freud의 가장 기본적인 억압의 개념을 나타내주는 것으로 각 개인의 중요한 차이점을 드러내준다고 할 수 있다. 몇몇 사람들은 억압의 대처전략을 더 많이 활용하는데 이와 같은 차이점은 일상의 정보처리, 자동적 기억의 회로, 신체적 건강과 관련해 측정가능한 결과를 보여줄 수 있다. 하지만 연구는 우리 모두에게 억압이 얼마나 공통된 현상이고 중요한지를 나타내주었다. Freud는 억압이 정신적 삶에서 보편적인 현상이라고 했지만 억압에 관한 연구는 사람들이 불안과 스트레스를 다루기 위한 방식으로 어떻게 배타적으로 억압을 활용하는지를 나타내주었다.

자아방어

Freud(1923/1961)는 마음의 구성을 나타낸 등립적 모델을 발표했다. 그는 마음은 이드(id), 자아(ego), 초자아(superego)의 세 부분으로 나눠진다고 생각했다. 각 부분은 독립적인 기능을 한다. 성인들의 인생에서 불안감을 만들어내는 주된 갈등은 마음의 세 가지 구성요소의 불일치로부터 오는 경우가 많다. 따라서 갈등의 해결이란 세 가지 부분이 상대적으로 투명하게 서로 조화롭게 작용할 수 있게 할 때 이뤄진다.

가장 원시적인 구조는 **이드**(id; 독일어 : *das Es*, the it)이다. 이드는 무의식에 완벽히 포함되어 있는데 여기에는 성과 공격성을 재료로 하는 원시적 충동과 거기에서부터 나오는 소망, 공상 등이

그림 7.2	Freud의 마음의 모델

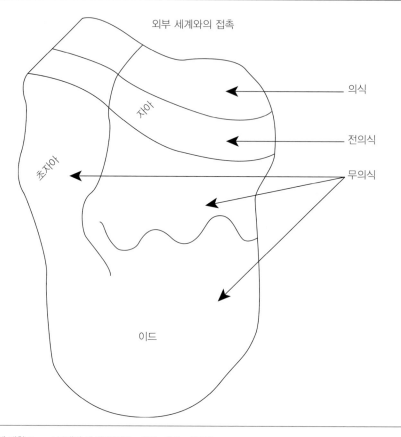

인간 마음에 대한 Freud 모델의 세 가지 영역 : 이드, 자아, 초자아.

포함된다. 이드는 혼란스러운 부분으로, 정신적 인생의 본능적 에너지의 근원이다. 이드에는 억제제가 없으며, 논리적이나 도덕적인 규제를 따르지 않으며, 항상 현실의 바깥에 위치하고 있으며 앞으로도 계속 그럴 것이다. 이드의 활동은 절대적으로 **쾌락원칙**(pleasure principle)에 의해서 결정된다. 쾌락이란 충동의 즉흥적 욕구의 긴장감의 절제로부터 나온다. 나아가 이드는 일차원적 사고방식의 근원이다. 우리가 흔히 꿈과 연결 지어 생각하는 비논리적이고 유동성 있는 사고와 깊은 관련이 있다. **일차적 과정**(primary process) 사고는 성적, 공격적 욕망에 의해서 동기부여된다.

사람의 마음이 이드로만 구성되어 있다면 인간은 심각한 문제를 겪을 것이다. 생물체는 공상과 소망만으로는 작동할 수 없기 때문이다. 따라서 유아기 초반쯤 되면, 이드에서부터 마음의 두 번째 구조가 생기는데 이것이 바로 **자아**(ego; 독일어 : *das Ich*, the I)이다. 자아는 이드의 본능에서부터 에너지를 빌려와 외부적 세계의 논리와 무의식적 이드 사이에서 중재자 역할을 한다. 따라서 자아는 **현실원칙**(reality principle)에 입각해 개체의 안전과 자가 보존을 보장하고, 이성적 사고의 힘에 의지한다. 현실원칙은 개인으로 하여금 욕망을 충족시켜줄 환경적 조건과 대상을 찾기 전까지, 즉각적인 본능적 욕구충족을 미뤄주는 기능을 한다. 자아는 외부적 세계의 욕구를 알아보고 이드의 욕망과 충돌과 균형을 맞추기 때문에 이드의 에너지를 사용해야만 한다. 이 일을 하기 위해서 자아

표 7.2	자아의 방어기제	
방어기제	정의	예시
억압	위험한 충동은 의식으로부터 완전히 배재된다.	나이 든 아버지는 자신의 강하고 에너지 넘치는 아들에 대한 강한 적대감을 인식하지 못한다.
투사	수용할 수 없는 생각과 충동을 타인에게 전가시킨다.	동성애 성향을 의심하고 있는 한 남성이 동성애자를 비난하곤 한다.
반동형성	수용할 수 없는 충동을 반대 생각과 행동으로 과장한다.	한 남성이 타인을 지배하고자 하는 충동이 있음에도 불구하고 수동적이고 순응적으로 반응한다.
합리화	한 개인의 가치를 위협할 수 있는 사건이나 행동에 대해 과도하게 "이성적으로" 설명하거나 변명한다.	한 아내가 남편의 반복되는 불신 행동을 유혹적인 환경과 불행한 양육의 결과로 귀인한다.
퇴행	고통, 위협, 불안을 회피하기 위해 초기 단계의 행동으로 되돌아간다.	한 어머니는 강한 결단의 순간 또는 위협의 상황에 직면했을 때 그녀의 딸과 함께 "유아기 대화"에 빠져든다.
전위	위협적인 대상에서 덜 위협적인 대상에게로 충동을 옮겨간다.	회사원이 좌천된 것으로 인해 상사에게 화가 난 것을 집의 아내에게 화풀이한다.
승화	사회적으로 용인될 수 없는 충동을 수용할 만하고 존경할 만한 행동으로 전환시킨다.	외과의는 공격적 에너지를 건설적인 의술활동으로 전환한다. 혹은 예술가는 자신의 리비도를 작품에 덧입혀 걸작으로 만들어낸다.

는 **이차적 과정**(secondary process) 사고를 하게 되는데 이는 이성적이고 합리적인 방법으로 문제를 해결하는 의식적이고 동기적인 과정이다.

이드가 무의식에 완전히 포함되어 있다면 자아는 특정한 의식적인 방법으로 자신을 표현하기도 한다. 어떤 사람이 인생의 도전과 직면했을 때 이성적이고 자기반성적인 결정을 한다면 그 사람은 자아의 의식적 힘을 보여주고 있는 것이다. 하지만 자아의 상당 부분은 무의식적이기도 하다. 일상에서 피할 수 없는 갈등에 대처하는 방법은 **방어기제**(defense mechanism)를 통해서 자아에 의해 무의식적으로 나타난다. 방어기제란 불안감을 줄이기 위해서 현실을 왜곡하는 자아의 무의식적 전략이다. **투사**(projection)라는 방어기제를 예로 들면, 사람은 자신이 받아들일 수 없는 정도의 불안감을 나타내는 한계 내에서 다른 사람에게서 자신의 특성이나 성질이 나타난다고 주장하곤 한다. 자신의 남성성에 대해 확신하지 못한 남자가 다른 누군가를 동성애자라고 생각하는 경우가 여기 해당한다. 이것은 의식적인 생각이 아니라 객관적 실체를 왜곡함으로써 불안감을 해소하려는 무의식적 전략에 가깝다.

유아기 후반부에 생겨나는 **초자아**(superego; 독일어 : *das Ü berich*, the over-I)는 부모와의 동일시 과정을 통해 생겨나는 사회의 관습과 가치의 내재화된 원시적 표현이다. 초자아는 개인이 해야 될 일과 하면 안 되는 일을 구분해준다. 초자아는 보통 이드의 본능적 욕구에 반대해 이드가 "하라"고 시키는 일을 "하면 안 된다"고 억압해 경로를 제시해주는 역할을 한다. 하지만 반대의 기능에도 불구하고, 이드와 초자아는 몇 가지 공통점도 가지고 있다. 둘 다 요구가 많고 융통성이 없으며, 외부 세계의 제약과 욕구에 민감하다. 자아만이 현실원칙에 입각해 이차적 과정 사고를 따른다.

초자아가 생겨남과 동시에 자아는 이제 갈등의 매우 강력한 근원을 마주하게 된다. 첫째는 외부 세계의 현실인데, 이는 **현실적 불안감**(realistic anxiety)을 만들어내는 객관적 두려움으로 작용한다. 둘째는 이드인데 이는 본능적 에너지의 제어 불가능한 분출의 가능성에 대해 생겨나는 **신경증적**

불안감(neurotic anxiety)이다. 마지막으로 셋째는 초자아가 만들어내는 도덕적 불안감(moral anxiety)인데 이는 완벽한 이상에 다가가지 못했다는 데서 오는 후회나 후퇴로 인해 생겨나는 죄책감의 느낌으로 만들어진다. 자아는 서로 타협하지 못하고 쉴 새 없이 생겨나는 수많은 힘과 요소들 사이에서 유일하게 이성적으로 작용하는 개체다. 자아는 이드에게서 에너지를 빌리고, 초자아에게는 도덕적으로 묶여 있는 상태로 계속해서 바깥 세계의 불가능한 욕구에 대처해야 하는 존재로 잘못 작동되면 신경증적 증상을 불러올 가능성도 높다. Freud가 인간의 행복에 대해 매우 비관적이었던 것도 무리가 아닌 생각이다.

하지만 Anna Freud(1946), Heinz Hartmann(1939), Erik Erikson(1950), Robert White(1959, 1963a)와 같이 Freud 이후의 심리학자들은 자아의 가능성에 대해서 좀 더 긍정적인 관점을 가지고 있었다. 이러한 **자아심리학자**(ego psychologists)들에 의하면 자아는 학습, 기억, 지각, 종합(synthesis)의 기능을 통해서 더 건강한 인생 적응을 촉진시켜준다고 한다. 자아는 경험을 정리해 개체가 사회의 효과적이고 경쟁력 있는 구성원이 될 수 있도록 도와준다. 나아가 불안감과 맞설 수 있도록 자아는 다양한 방법의 방어기제를 선택할 수 있다는 장점도 있다(Cramer, 1991, 2002; A. Freud, 1946; Schafer, 1968; Vaillant, 1977). 방어기제의 작동은 성격연구에서 많은 경험적 실험(Paulhus, Fridhandler, & Hayes, 1997)과 사회심리학(Baumeister, Dale, & Sommer, 1998)을 불러온 분야이기도 하다. 연구결과에 따르면 사람들은 불안감과 스트레스에 대처하기 위해 계속해서 효과적인 방어전략을 선택한다고 한다.

많은 정신분석학자들은 방어기제 중 몇 가지는 비교적 원시적이고 미성숙한 반면, 다른 몇 가지는 더 복잡하고 성숙하다는 데 동의한다(Anthony, 1970; A. Freud, 1946). 방어기제 연구 중 가장 유명한 것 중 하나는 Phebe Cramer(1991, 2002; Cramer & Brilliant, 2001)에 의해서 진행됐다. Cramer는 미성숙한 방어기제는 인생 초반기에 생겨났다가 금방 없어지고, 성숙한 방어기제는 후반기에 생겨난다고 주장했다. 그녀는 세 가지 방어기제를 중점적으로 보았는데, 이 중 가장 원시적인 방어기제는 **부인**(denial)이다. 불안감을 자아내는 일을 인정하지 않으려 하는 태도를 말한다. 부인보다 더 성숙한 방어기제는 **투사**(projection)인데, 이는 개인이 받아들일 수 없는 내부적 상태와 자질을 외부적 타인에게 부여하는 행위를 의미한다. 투사는 좋고 나쁨의 기준이 내면화되어 나쁜 것들이 바깥으로 투사될 수 있는 기준을 필요로 한다. 따라서 투사의 사용은 양심의 발전 이후에 일어나게 된다. Cramer가 말한 방어기제의 가장 성숙한 종류는 **동일시**(identification)이다. 이는 중요한 타인들에 대한 지속적인 정신적 표현을 만들어내는 과정을 의미한다. 일종의 방어기제로 타인의 행동적 특징을 따라 한다는 의미다. 동일시 과정은 다양한 사람들 간의 차이점 이해를 바탕으로만 이루어질 수 있기 때문에, 특히 청소년들 사이에서 효과적인 방법으로 작용하고 인생 후반이 되어서도 마찬가지다(Blos, 1979).

한 연구에서 Cramer는 어린 아동(4~7살), 학령기(8~11살), 청소년 초기(9~10학년), 청소년 후기(11~12학년)의 네 집단을 대표하는 320명의 아동들로부터 보고된 창조적인 이야기들을 분석했다. 각각의 아동들에게 득정한 그림을 선택한 후 그에 대한 즉각적인 이야기를 만들어보도록 했다. 이야기들은 방어기제에 의해 분석되었다. 그림 7.3과 같이 가장 어린아이들 집단은 부인을 주제로 한 이야기들을, 더 나이가 있는 아이들 집단은 그렇지 않은 성향을 보였다. 반대로 투사와 동일시는 어린아이들에서는 잘 찾아볼 수 없었고 나이가 들수록 많아지는 결과였다. 종단연구(Cramer, 2007)를 통해서도 비슷한 결과를 확인할 수 있었는데 이러한 연구결과는 세 가지 방어기제는 상대적 성숙도가 모두 다르고, 어릴수록 부인을 하고 나이가 많아질수록 투사와 동일시를 더 많이 채택한다는 가설에 힘을 실어준다.

방어기제의 힘은 스트레스를 많이 받을 때 더 크게 작용한다. Dollinger와 Cramer(1990)는 트라우마적 일을 경험한 아이들 사이에서의 자아 방어기제를 알아본 실험을 했다. 일리노이 주 시골의 두 군데 마을에 살고 있는 초기 청소년기 소년들이 축구 게임을 하고 있을 당시 천둥이 막 내리치기 시작했다. 아이들은 폭풍이 지나가기를 기다리며 부모의 차로 물러나 있었다. 게임이 다시 시작되자마자 번개가 운동장 바닥에 내리쳤고, 대다수의 아이와 어른들 및 참석했던 사람들을 놀라자빠지게 했다. 그런데 거기서 한 소년이 벼락을 맞았다. 의식이 없는 상태에서 그 소년은 일주일 후 사망하고 말았다.

임상심리학자와 상담자는 이와 같은 비극을 목격한 아이와 가족들을 정기적으로 만나기 시작했다. 상담 서비스의 일환으로 교수들은 많은 심리측정 도구들을 활용했다. 특별히 유용했던 도구는 모든 아동의 감정적 스트레스 지수를 감지해낼 수 있도록 고안되었던 **혼란측정**이었다. 혼란측정은 아이의 수면곤란, 사건 이후의 신체적 증상에 관한 부모의 보고 및 아동의 두려움(예 : 폭풍, 죽음, 신체관통, 분리불안)을 측정하는 것이었다. 또한 감정적 혼란이 높게 측정된 아동들은 이어진 2년 동안 축구를 피하는 모습을 보였다.

그림에 대한 아동의 상징적 이야기들 또한 모아졌다. 그림들은 밝은 현재를 나타내주었다. 27명의 10살에서 13살의 소년들이 작성한 이야기를 검사해본 결과 Dollinger와 Cramer(1990)는 트라우마의 심각성 때문에 평범한 이 나이 또래의 아동들에 비해 이 사건을 겪은 아이들은 회피를 많이 활용하는 것을 발견할 수 있었다. 정신분석학 이론에 따르면 원시적인 방어기제는 개인이 가장 심각한 스트레스를 받을 시기에 자주 나타난다고 한다. 나아가 어린아이들은 나이 든 아이들보다 더 부인을 많이 사용했다. 가장 재미있는 사실은 방어기제와 감정적 불안함 간의 관계였다. 이 아이들이 쓴 이야기는 투사의 정도가 가장 높게 나타나고 감정적 불안함은 낮게 나타났다. 이 나이대의 아이들에게 있어서 가장 적합한 방어기제는 투사라고 한다. 부인은 너무 원시적이고 동일시는 너무 성숙하기 때문이다. 결과적으로 보면 번개 사고로 인해 생긴 불안감, 두려움, 슬픔에 대응하기 위해서 아이들은 투사를 잘 사용한 것으로 나타났다. 대부분 부인과 동일시는 스트레스에 대처하는 데 효과적인 방법이 아니었고, 투사만이 관련이 있었다. 하지만 아이들 나이대가 훨씬 더 어렸다면 부인의 방법이 더 효과적이었을 것이고 연구대상이 성인들이었다면 동일시가 적합했을 것이다.

아이들과 미친가지로 성인들도 주로 사용하는 방어기제의 종류가 규칙적으로 정해져 있는 편이다. 몇몇은 아이들처럼 상대적으로 미성숙한 기제를 사용하는 반면, 다른 몇몇은 불안감과 스트레스에 대한 대처법으로 동일시, 승화(sublimation), 유머와 같이 성숙한 기제를 채택한다. George Vaillant(1971, 1977)는 이러한 특징적 방어유형과 전체적 성인의 적응 간 관계를 알아보았다. 25년 동안 고학력자 남자를 대상으로 한 조사에서 Vaillant는 성숙한 기제의 지속적인 사용은 신체적 건강, 직업적 우위, 결혼 생활의 즐거움 등 적응의 일반적인 수치와 긍정적 상관관계가 있다는 것을 알아냈다. 비슷하게 Vaillant와 Drake(1985)는 성숙한 기제의 사용은 대인적 친밀함과 의미 있고 생산적인 결과를 가져온다는 결과를 주장하기도 했다. Cramer(2002)는 91명을 대상으로 한 조사에서 더 원시적인 방어기제를 사용하는 것은 더 높은 불안감과 관련이 있다는 것을 보여줬다. 부인을 자주 사용하는 성인들은 행동적 미성숙함을 보여줬고, 특히 남성 사이에서 투사는 타인과의 관계에서 지나치게 주의 깊고 불안한 태도로 이어졌다.

　　정리하자면, 인간 동기를 바라보는 심리학적 관점은 우리의 행동, 사고, 느낌은 궁극적으로 성적·공격적 욕망에서부터 생겨나는 무의식적 욕망에 의해서 방향성을 가진다고 본다. 우리가 가진 많은 욕망은 서로 충돌하고, 내부화된 도덕적 관점과도 그리고 외부 세계의 구속과도 상충한다. 이러한 갈등은 결국 불안감으로 이어진다. 성격적응이란 개인들이 동기적 갈등에 대처하고 성적, 공격적 욕망을 표현하는 과정을 의미한다. 억압자들은 지나친 불안감으로 이어질 수 있는 자극을 피하려 하고, 감정적으로 부정적인 일은 잘 기억하지 못한다. 다양한 방어기제는 사람들이 스트레스에 대처하는 방법의 다양성을 보여준다. 경험적 연구에 따르면 아이들과 성인들은 불안감을 떨쳐내

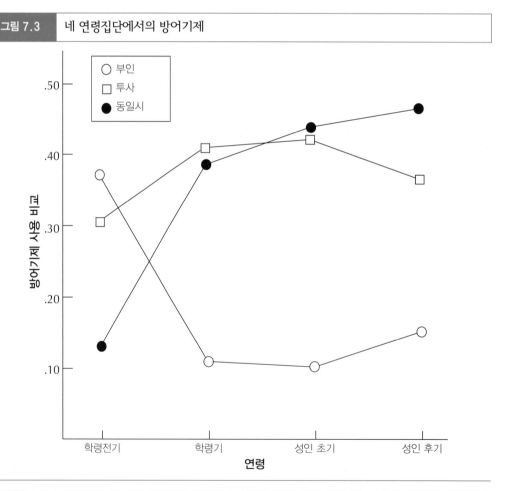

| 그림 7.3 | 네 연령집단에서의 방어기제 |

학령전기에서부터 학령기를 지나 초기 성인기에서 후기 성인기에 이르기까지 부인의 원초적 방어기제는 줄어드는 반면, 좀 더 성숙한 방어기제(투사와 동일시)는 증가한다.

출처 : "The Development of Defense Mechanisms" by P. Cramer, 1987, *Journal of Personality*, 55, 607.

고 스트레스에 대처하기 위해 주기적으로 방어기제를 사용한다고 한다. Freud와 자아심리학자들의 이론을 이어가 보면 방어기제는 아이들이 주로 사용하는 미성숙한 것들부터 어른들이 사용하는 성숙한 것들까지 다양한 종류가 있다. 나이가 많은 아이들일수록 더 성숙한 기제를 사용하고, 주로 본인 나이에 적합한 방어기제의 사용이 긍정적인 결과를 불러온다. 어른들 사이에서 방어기제의 사용은 더 능숙한 사회적 적응과 직업적 성공으로 이어진다.

인본주의 관점

20세기 중반, 분석심리학과 함께 행동주의가 미국 심리학계에서 대두되기 시작했다. 20세기 심리학계에서 가장 유명한 이름은 Freud와 Skinner일 것이다. 분석심리학과 행동주의 이론은 차이점이 있지만, 한 가지 공통점이 있다면 인간 행동은 개인이 제어할 수 없는 힘에 의해서 동기부여 된다는 생각이다. Freud는 성과 공격성을 향한 무의식을 강조했다면, 행동주의 학자들은 배고픔이나 목마름 등의 생물학적 욕구(Hull, 1943), 환경적 강화(Skinner, 1938) 등을 강조했다. 둘 다 의식을 중요시하거나 사람들의 고차원적인 열망에 초점을 두지는 않았다. 따라서 심리분석과 행동주의 학파의 이론에 영향을 받아 미국 심리학계에서 제3의 물결이라고 불리는 새로운 생각이 생겨나게 됐다. 1950, 60, 70년대 **인본주의**(humanistic) 이론이 발전한 것이다. Carl Rogers나 Abraham Maslow와 같은 인본주의 학자들은 인간은 동물과 구분되는 고차원적인 목표에 의해서 동기를 갖는다고 주장했다. 인본주의적 관점에서 가장 궁극적 동기는 자기를 실현하고 완벽히 하려는 목표다.

Carl Rogers 이론

일리노이 주 오크파크에서 1902년에 태어난 Carl Rogers는 종교적 신앙심이 깊고 경제적으로 안정된 가정에서 자라났다. 역사학을 취득한 후, 뉴욕의 유니온신학대에 입학한 Rogers는 임상심리로

전향하여 1931년에 철학 박사학위를 취득했다. 그는 오하이오주립대학으로 옮기기 전 아동보호센터의 심리학 부서에 근무했다. 이후 시카고대학으로 옮겨가 상담센터를 운영했다. 1950년대 *Client-Centered Therapy: Its Current Practice, Implications, and Theory*(Rogers, 1951)라는 책을 출간한 이후 그의 이론이 심리학계에 본격적인 주목을 받게 된 것이 바로 시카고에서였다. Rogers가 보는 인본주의적 관점은 그전까지 주류였던 행동적응이나 행동주의적 관점과는 많은 차이가 있었다. Rogers는 **내담자중심치료**(client-centered therapy)를 통한 진실성, 공감, 수용, 역할분담, 존엄성 등을 중요하게 생각했다. 이것은 임상가, 사회사업가, 교사, 아동보호사, 다른 복지 분야 전문가들 사이에서 치료적이면서 교육적인 접근법으로 폭넓게 사용되기 시작했다. 임상과 교육 분야에서 Rogers의 심오한 영향을 평가하기란 어려운 일이다.

Carl Rogers(1902~1987)는 20세기 중반부터 인간 중심 심리학을 이끌었다. 그는 내담자 중심의 심리치료를 개발했으며 긍정적 성장과 자기실현을 강조하는 인간의 동기이론을 명료화했다 (출처 : Natalie Rogers 허가받음).

Rogers는 성격과 동기에 대한 간단하고도 세심한 이론을 주장했다. 그의 관점에서 대상은 자신의 **현상학적 장**(phenomenal field)을 통해서 이해되어야 한다. 현상학적 장이란 개인 경험의 총체적 파노라마, 즉 실체를 보

는 개인의 주관적 관점이다. 세상을 보는 틀과 비슷하다. 타인의 현상학적 장에 대해 배우기 위해서 심리학자는 대상이 말하는 경험을 자세하게 들어야 하고, 이에 공감해야만 한다. Rogers는 행동의 근원은 현상학적 장에서부터 나온다고 주장했다. 무의식적 충돌, 생물학적 욕구, 환경적 영향, 개인의 경험에 영향을 미치는 모든 다른 요소는 현상학적 장을 통해서만 나타나고 그것을 통해서만 이해될 수 있다.

인간의 행동과 경험은 인생의 한 가지 기본적 욕구에 의해서 이끌어진다. Rogers는 "개체는 한 가지 성향적 욕구를 가지고 있다—그것은 경험하는 개체를 현실화하고, 유지하고, 성장시키려는 것이다"(1951, p. 487)라고 썼다. "개인을 유지하거나 발전시키기 위해서 작용하는 태생적인 성향이 존재한다"(1959, p. 196)는 것이다. 모든 충동, 욕구, 목표, 가치, 동기는 개체적 성장(organismic enhancement)이라는 단어로 표현될 수 있다. 모든 사람의 근본적 인생 목표는 내부적 가능성을 현실화하려는 것이다. 그렇게 하기 위해서 개인은 더 큰 차별화, 독립성, 사회적 책임을 갖게 된다. 사람들은 의식적, 목표지향적 선택을 통해서 변화한다. 선택은 개인이 내부적 가능성을 완전하게 현실화하려는 노력에서 이루어진다.

자신의 가능성을 충족시킬 수 있는 사람은 **완전히 기능적인 사람**(fully functioning person)이라고 할 수 있다. 완전히 기능적인 사람은 현상학적 장의 모든 부분을 수용하도록 자아가 발달된 사람이기 때문에 계속해서 인생의 많은 측면에 대해 알고 있고, 또한 다양한 경험을 통합적인 전체로 합칠 줄 안다. 이러한 사람은 감정적으로 풍부한 자아발달의 경험을 하게 된다. 보통 반성할 줄 알고, 충동적이고, 유연하고, 적응을 잘하고, 자신감 있으며, 믿음직스럽고, 창조적이고 스스로 믿을 수 있다. 완전히 기능적인 사람은 **생태적 가치의 과정**(organismic valuing process)을 통해 작용하는데, 이는 기본적인 생태적 성향이 만족스럽다는 것을 의미한다. 현실화에 반대되는 경험들, 즉 성장과 만족을 촉진시키지 못하는 경험은 피하거나 최소화한다. 모든 사람들은 타인에게 사랑받고 인정받으려는 욕구를 가지고 있다. 완전히 기능적인 사람은 **무조건적인 긍정적 존중**(unconditional positive regard)을 경험했을 가능성이 높은데, 이는 타인이 비판적이지 않고 조건을 달지 않는 방법으로 자신을 존중해줌을 의미한다. 사람들은 그 존재 자체로 사랑받고 싶어 하는 욕구가 있는데 이는 고대 그리스인과 기독교 교회가 아가페(agape)라고 부른 종류의 사랑이다. 타인에게 받는 존중은 기본적인 **자기존중**으로 이어진다. 모든 사람들은 자기 자신에게 그리고 타인에게도 사랑을 받아야 한다.

하지만 사랑과 수용은 조건적일 때도 있다—우리는 종종 우리가 하는 행동, 사고하는 것, 느끼는 것에 의해서 조건적으로 칭찬받고, 사랑받고, 존경받고, 축복받기도 한다. 이러한 조건적인 긍정적 존중은 **가치의 조건**(condition of worth)의 이해로 이어진다. 우리의 경험의 특정 부분은 가치 있고, 다른 부분은 가치가 없다고 생각하게 되는 것이다. 학교에서 좋은 성적으로 칭찬을 받은 아이들은 이 가치의 조건을 자기구조의 긍정적 부분으로 받아들이게 된다. 사람들은 다른 중요한 사람들이 자신에게 채택하라고 알려주는 것과 일맥상통하는 자신만의 이미지를 만들어나간다.

타인들이 가치가 없다고 생각하는 자기의 부분은 긍정적 존중을 이끌어내지 못하기 때문에 궁극적으로 왜곡되거나 거부될 수도 있다. 예를 들어, 격렬한 운동을 좋아하는 어린 소녀는 자신의 부모 또는 친구들로부터 남자아이들과 농구를 즐겨 한다는 것을 비난받을 수 있다. 그들의 관심은 가치조건화가 되는 것이다. 여성의 성 역할에 적합한 규준에 의존하는 것이다. 그 결과 소녀는 격렬한 운동을 좋아하는 것을 부인함으로써 자기이미지를 바꾸려고 하는 것이다. 소녀의 의식적 부인의 기제는 내면의 진실을 숨기고, 그 결과 내면의 갈등과 고충을 가중시키게 된다.

Freud와 마찬가지로 Rogers도 사람들은 무의식적 이슈를 포함한 다양한 갈등으로부터 고통받는다고 생각했다. 하지만 본능적 힘과 초자아의 욕구 간 갈등이라기보다는 자기와 가치의 조건 간 갈등으로부터 생긴다고 주장했다. Rogers는 자기를 무조건적으로 수용할 수 있는 가치의 조건을 초월하는 것, 즉 갈등 없이 사는 것에 대한 가능성에 대해서 Freud보다 더 긍정적인 시각을 가지고 있었다. Rogers는 우리가 완전히 기능적인 인간이 된다면, 경험에 있어서 가치의 조건을 강요하지 않고서 우리의 생태적 경험 전체를 좋은 것으로 그 자체로 받아들일 수 있다고 생각했다.

Abraham Maslow 이론

Abraham Maslow(1908~1970)는 생리적 욕구에서부터 시작해 자아실현에 이르는 욕구서열에 관한 인간적인 동기이론을 개발했다(출처 : The Granger Collection).

Abraham Maslow는 1908년 뉴욕의 브루클린에서 러시아에서 이민 온 유대인 부모의 아들로 태어났다. Rogers와 달리 Maslow는 사회경제적으로 가난한 가정에서 외롭고 불행하게 자라났다. 그는 Harry Harlow의 가르침 아래 1934년 위스콘신대학에서 원숭이의 성적 행동에 관한 논문으로 심리학 박사학위를 취득했다. 첫 번째 급진적 행동주의자로서 Maslow의 첫 번째 자녀들과의 경험은 인간에 대한 이와 같은 메커니즘의 접근은 그에게 어울리지 않는다는 생각을 굳히게 했다. 세계 2차 대전이 시작될 당시 Maslow는 심오한 개인적 회심을 경험하게 되면서 심리학에서 인본주의적 대안을 제시하게 되었다. 그의 글에 의하면, 그는 진주만 폭격 이후에 전쟁에 동원된 불쌍한 시민단원들을 목격하게 된 것이 기록되어 있다. Maslow는 전쟁에 동원된 사람들의 행렬이 전쟁의 참혹상을 여실히 드러내줄 뿐이라고 여겼다. 그의 얼굴에 눈물이 흘러내렸고, 그는 확고한 맹세를 하게 되었다. 인간은 증오와 파괴의 대상이기보다 무한한 가능성을 지닌 존재라는 것을 증명해보이고자 했다. 그리고 이를 위해 심리적으로 가장 **건강해보이는** 세계의 사람들을 연구하고자 했다(Hall, 1968). Maslow는 인본주의 성격심리학의 거장이 되면서 국제적인 명성을 얻어 브랜다이스대학교의 교수직을 얻게 되었다.

Maslow는 Rogers와 마찬가지로, 인간은 내부적 가능성을 실현하기 위해 노력한다고 믿었다. 그는 이것을 설명하기 위해 **자아실현**(self-actualization)이라는 표현을 썼다. 하지만 Maslow(1954, 1968)는 자아실현을 위해서는 기본적인 네 가지 욕구가 충족되어야 하는데, 이는 **욕구서열**(need hierarchy)을 만들어낸다고 주장했다. 가장 밑에는 음식, 잠, 물과 같은 **생리적 욕구**가 존재한다. 그 위에는 구조, 안정, 질서, 보호, 고통의 회피 등 안전의 욕구가 위치한다. 그 위에는 타인에게 소속감을 느끼고 사랑받으려고 하는 **소속과 사랑의 욕구**가 있다. 그 위에는 **존경의 욕구**가 있는데, 이는 타인들에게 자기가 경쟁력 있고 능력 있는 개체라는 것을 보여주려는 욕구다. 마지막으로 맨 위에는 개인으로 하여금 하부의 욕구를 넘어서서 가능성을 충족시키도록 동기를 부여해주는 **자아실현의 욕구**가 있다.

그림 7.4	Maslow의 욕구서열

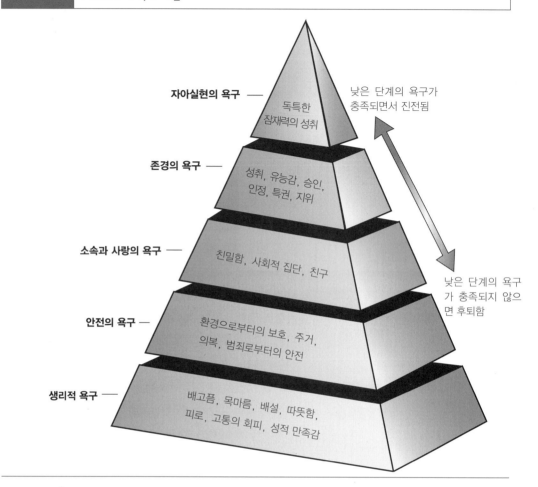

자아실현의 욕구 —
독특한 잠재력의 성취

낮은 단계의 욕구가 충족되면서 진전됨

존경의 욕구 —
성취, 유능감, 승인, 인정, 특권, 지위

소속과 사랑의 욕구 —
친밀함, 사회적 집단, 친구

낮은 단계의 욕구가 충족되지 않으면 후퇴함

안전의 욕구 —
환경으로부터의 보호, 주거, 의복, 범죄로부터의 안전

생리적 욕구 —
배고픔, 목마름, 배설, 따뜻함, 피로, 고통의 회피, 성적 만족감

표 7.3	자아실현자의 특성

높은 현실감각

자신과 타인, 자연에 대한 높은 수용력

높은 자율성

높은 분리와 개별화에 대한 욕구

풍부한 감정반응과 신선한 감탄사

자율성의 증가와 순응에 대한 저항

잦은 절정경험

인간에 대한 높은 동일시

대인관계의 확장

좀 더 민주적인 성격특성

높은 창조성

출처 : *Toward a Psychology of Being* (2nd ed., p. 26), by A. H. Maslow, 1968, New York: D. Van Nostrand 수정.

　　Maslow의 욕구서열의 기본적 생각은 하부의 욕구가 충족되지 않는 이상 상위의 욕구도 해결되지 못한다는 것이다. 예를 들어, 굶주린 사람은 안전한 음식(신체적 욕구)과 안전한 거처(안전에 대한 욕구)가 채워지기 전까지는 소속감의 욕구에 따라 행동하지 않을 것이다. 외로운 여성은 소속과 사랑의 욕구가 채워지기 전까지는 인정에 대한 욕구를 성취하고자 하지 않을 것이다. 자아실현은 가장 높은 위치에 있다. Maslow에 의하면 낮은 단계의 욕구들이 충족되기 전까지는 인간 내면의 잠재력이 성취되는 것은 어려운 일이다.

　　많은 성격이론이 신경증 환자나 심리학적으로 고통받는 사람들을 대상으로 한 연구에서부터 나왔다면, Maslow는 반대 접근법을 택했다. Maslow는 상담사였음에도 불구하고 가장 성숙하고 자아실현이 잘된 심리적으로 건강한 사람들을 대상으로 동기이론을 완성했다. 그는 친구들과 환자를 인터뷰하고, 책을 읽고, 구조화된 연구를 실시하면서 그가 자아실현자(self-actualizer, SA)라고 부른 대상의 구조모델을 만들어냈다.

　　SA의 기본적인 성향 중 하나는 **절정경험**(peak experience)이 풍부하다는 점이다. 절정경험은 말 그대로 행복함이나 초월의 절정을 의미한다. 쉽게 말하면 자아실현자들은 나머지 사람들보다 이런 경험을 더 자주 한다고 한다. 하지만 누구든지 절정경험을 할 수는 있다. Maslow는 친구와 그의 학생들에게 다음의 질문을 통해 절정경험에 대한 자료를 모았다.

> 당신의 삶에서 가장 화려하고 멋있던 때를 생각해봤으면 좋겠다. 예를 들어, 가장 행복했던 순간, 절정의 순간, 황홀했던 순간, 사랑에 빠졌던 때, 음악을 듣거나 갑자기 책이나 그림을 통해 무언가 깨달았던 순간, 또는 무언가 창조적인 순간이었던 때를 떠올려보자. 그다음 그 순간들에 대해 당신이 어떻게 느끼는지를 말해보자. 다른 순간과 어떻게 **다르게** 느꼈는지, 다른 사람과는 어떻게 다르게 느꼈는지를 말해보자(1968, p. 71).

　　사람들은 절정경험을 할 때 **존재인지**(being cognition, B-인지)라는 관점에서 세상을 받아들이고 이해한다는 것을 알 수 있다. B-인지란 대상이나 경험이 목표나 유용성의 관계에서 벗어난, 완전한 하나의 완성된 개체로 이해되는 인지과정을 의미한다(Maslow, 1968, p. 74). 지각의 대상은 완전하게 이해되고(p. 74), 지각은 상대적으로 자아초월적이거나 자아가 없을 수도 있다(p. 79). 또한 개인이 시간의 흐름이나 장소(p. 80)의 존재를 느끼지 못하는, 시공간의 혼란을 가져올 수도 있다. 가장 중요한 것은 B-인지는 의식의 **통합**을 만든다는 점이다.

> 몇몇 연구에 따르면 특히 신비하거나 종교적이거나 철학적인 경험일 경우 세상 전체는 통합된 하나의 개체로 이해된다. 다른 절정경험 중 특히 사랑과 미적 경험의 경우에는 세상의 한 부분이 마치 전체 세상의 순간인 것처럼 받아들여진다. 두 가지 상황 다 지각은 통합을 통해 일어난다. 그림 또는 사람 또는 이론에 대한 B-인지는 마치 한 순간에 충만이 존재하는 것과 같이 인식되는 것으로, 예를 들어 B-가치와 같은 온 존재에 대한 특징을 갖고 있다(p. 88).

본능동기와 자기결정이론

우리는 절정경험이 인생에서 찾을 수 있는 가장 좋은 상황에 참여시켜준다는 능력 때문에 그것을 중요하게 생각한다. 이러한 경험은 너무 좋기 때문에 동기의 문제를 의미 없게 만들기도 한다. 사람들이 희열감, 흥분감, 생동감, 아니면 Maslow가 말하는 다른 B-인지의 감정을 느끼는 이유는 잘 설명할 필요가 없다는 뜻이다. 누구든지 이런 경험을 하기 원하고, 진정한 즐거움을 마다하는 사람은 없을 것이다. 다른 말로 하면 절정경험은 자기강화적(self-reinforcing) 경험이다. 절정경험이 다른 목표로 연결되어서가 아니라, 절정경험이 내포하는 좋은 감정들 자체가 목표가 되는 것이다. 다르게 말하자면, 우리 인생에서 특히 긍정적인 경험들은 내적 동기를 부여한다. 외부적 동기나 자극이 필요하지 않다. 어떻게 보면 이러한 경험에 보상을 하는 것은 경험의 가치를 없애는 행동일지도 모른다.

내재적 동기(intrinsic motivation)의 연구를 보면, 내재적으로 즐길 수 있는 행동에 보상이나 인센티브를 제공하는 것은 행동을 강화시키는 것이 아니라 오히려 약화시킨다는 것을 확인할 수 있다. 내재적 동기 연구는 특정 상황에서 물질적 보상을 제공하는 것은 인간 행동에서 놀랄 만한 감소를 가져온다는 것을 관찰하면서 1970년대 초반부터 발전했다(Deci, 1975; Lepper & Greene, 1978). Skinner의 행동주의 같은 보상의 전통적 이론을 보면 사람들은 보상이 주어질 때 잘 행동한다고 하지만, 다른 연구를 보면 외부적 보상을 받는 것은 특정 상황에서는 오히려 독이 된다고 주장한다. 외부적 보상은 특정 행동의 내재적 가치를 감소시키고 개인이 하고 싶어 하는 지각된 자유를 축소시키는 부정적 역할을 할 수 있다.

Deci(1971)에 의해 연구된 이 간략한 실험에 대해 생각해보자. 대학생들에게 흥미로운 역학적 퍼즐을 풀어보는 과제가 주어졌다. 실험조건에서 학생들은 주어진 시간 안에 퍼즐을 풀면 각기 1달러를 받기로 했다. 통제조건에서는 학생들에게 보상에 관한 어떠한 정보도 주어지지 않았다. 주어진 시간이 흐르자 학생들은 수많은 각기 다른 활동들을 선택할 기회가 주어졌다. 이 자유로운 선택의 시간에 그들이 보여준 행동은 일방경을 통해 관찰되었다. Deci는 퍼즐에서 이겼을 때 돈을 받기로 한 집단(실험집단)이 돈을 받기로 약속되지 않은 집단(통제집단)의 학생들보다 퍼즐을 즐기는 시간이 적었다고 말한다. 돈을 받은 실험집단의 학생들은 통제집단의 학생들보다 퍼즐을 덜 즐기는 것으로 나타난 것이다.

Deci(1971)는 외부적 보상을 받은 학생들은 내재적 동기가 줄어드는 경험을 했다는 결론을 내렸다. 보상이 퍼즐에 대한 관심을 감소시켰다는 것이다. 비슷한 다른 실험을 봐도 결과는 유사하다. Lepper, Greene, Nisbett(1973)은 아이들의 예술 활동에 대한 보상이 주어졌을 때 내재적 동기가 줄어든다는 것을 알아냈다. 단어 게임을 하는 대학생들은 마감 기한이 주어졌을 때 내재적 동기가 줄어들었다(Amabile, DeJong, & Lepper, 1976). 외부적 보상과 같은 원리인 마감 기한이라는 존재는 주어진 일의 내재적 자질보다는 외부적 요소에 집중하게 함으로써 부정적 결과를 가져온다. 외부적 요소 때문에 일을 한다는 생각 때문에 일에 대한 흥미가 떨어지는 것이다.

하지만 그렇다고 해서 보상이 항상 내재적 동기를 저하하는 것은 아니다(Eisenberger & Cameron, 1996; Rawsthorne & Elliot, 1999). 먼저, 보상의 대가가 보여지려면 일은 내재적으로 흥미로워야 한다. 지루한 일상적인 일의 경우는 보상이 주어지면 관심이 높아지고 일의 완성도도 높아지게 된다(Calder & Staw, 1975). 둘째로, 모든 상황에서의 보상이 동일하지는 않다. 특정 상황에서 돈이나 성적 및 다른 물질적 보상은 내재적 동기를 저하시킬 수 있지만, 말로 하는 칭찬이나 응원은 내재적 동기를 높여줄 수도 있다. 나아가 행동의 어떠한 측면이 보상받는지도 중요하다. **노력**에 대한 보상은 **능력**에 대한 보상과 다르게 받아들여진다.

Edward Deci와 Richard Ryan은 **자기결정이론**(self-determination theory)이라는 이름으로 내

Edward Deci(왼쪽)와 Richard Ryan(오른쪽)은 자기결정이론을 개발했다. 이것은 인본주의 이론과 유사하게 인간의 동기에 관한 영향력 있는 기초를 수립한 이론이다. Deci와 Ryan은 내적으로 가치 있고 자기결정적인 행동은 자율성, 유능함, 관계성에 대한 유기적 필요에 의해 동기화된다고 보았다(출처 : Edward L. Deci and Courtesy Richard M. Ryan 허가받음).

재적 동기를 설명했다(Deci & Ryan, 1980, 1985, 1991; Ryan, 1991, 1995). 이 관점에 따르면 내재적 동기는 "자연적인 생체적 활동을 촉진하는 에너지의 근원"이다(Deci & Ryan, 1991, p. 244). 인간은 자신의 자가 발전을 촉진할 새로운 도전에 직면하는 자연적인 성향을 가지고 태어난다. 내재적으로 동기부여된 행동은 "선택의 개념, 강요나 강제 없이 본인이 원하는 것을 하는 경험"(p. 253)을 통해서 경험된다. 이러한 경험은 자기가 결정한 것이다(p. 253). 따라서 내재적으로 동기부여된 행동은 자기결정적일 수밖에 없다. 반대로 자기결정적이지 못한 행동은 동기가 없거나 제어된 행동이라고 느껴진다. 제어된 행동은 개인이 일종의 내재적, 외부적 힘의 요청에 의해서 행동하도록 이끌어질 때 일어난다. 고의적인 행동인 것처럼 보여도, 본인이 원하지 않는 행동일 수 있다. 동기가 없는 행동은 개인이 행동을 제어하지 못하기 때문에 고의성이 없고, 조직력도 부족하다. 자기결정성은 태어나면서부터 생기는데, Deci와 Ryan은 이렇게 설명했다.

> 우리 관점에 의하면, 인간 본성의 중심적 측면 중 하나는 활성화된 공동체성과 자기에 의미를 부여하려는 성향이다. 인간은 태어날 때부터 본인 능력과 관심의 활발한 사용에 길들여진다. 적합한 도전을 찾고, 새로운 경험을 배우고 통합하려고 노력한다. 다른 말로 하면, 그들은 본질적인 성장과정을 거치고 더 광범위한 조직을 향한 성향으로 설명될 수 있다(1991, pp. 238~239).

유아는 태생적 자기(nascent self)를 가지고 태어나는데, 이는 엄청난 확장능력의 가능성을 지닌 성격의 중요한 중심이다. Deci와 Ryan(1991)이 설명한 것처럼 "인생의 본질은 그 자체를 추월하는 것이다(p. 239)." 자기는 더 성장하고, 주변에 대해 배우고, 환경과 생각, 사람들에 대해 알아가기 위해 초기의 한계와 경계를 초월하려는 노력을 한다. 유아가 새로운 경험을 배우고 동일시하면서, 자기는 더 확장적으로 변하고 통합적이 된다. 시간이 지나면 자기결정적 행동은 자기의 발전을 촉진하고, 자기가 발전할수록 인간 행동의 많은 부분이 더 자기결정적 성향을 갖게 된다. 확장된 자기는 행동에서 자기관여가 더 많이 드러난다. 개인의 인생 경험은 본인 행동의 주체로 나타나는 것이다. 행동은 동기부여가 더 되고 이에 따라서 자기 안에서부터 통합직으로 포함되어 나타난다.

Deci와 Ryan은 자기결정적 행동은 세 가지 기본적 심리학적 욕구에서부터 생긴다고 주장한다(또한 Sheldon, Elliot, Kim, & Kasser, 2001 참조). 먼저, **경쟁력**을 향한 욕구는 일의 결과를 제어하고, 환경에 대응할 때의 효율성을 경험하도록 한다. 둘째로, **자주성**을 향한 욕구는 외부의 자극으로부터 벗어나 독립적으로 세상을 보려는 욕망을 의미한다. 셋째로, **관련성**이란 타인을 아끼고 사회적 세상과 더 만족스럽게 소통하려는 노력을 뜻한다. 이 세 가지 욕구는 자기결정적 행동을 만들어내고, 이 행동은 발전을 이끌어내는데, 이것을 Deci와 Ryan은 **유기체 통합**(organismic integration)

이라고 불렀다. 유기체 통합에는 두 가지 측면이 있다—자기의 통합과 사회적 질서로의 통합. 시간이 지나면서 자기결정적 행동은 개인이 내면적 인생을 더 통합적인 방법으로 경험하게 도와주고, 타인과의 의미 있는 소통을 촉진시켜준다.

Sheldon과 Kasser(1995)는 유기체 통합의 자기결정이론과 더 일반적인 성격일치(personality congruence)이론 간 차이점을 구분했다. 성격일치란 개인의 목표들이 서로 얼마나 일치하는지의 여부를 의미한다. 예를 들어 성공한 사업가의 목표는 (1) 부자가 되는 것과 (2) 세계일주를 하는 것인데 이 두 가지는 돈을 벌면 비싼 휴가를 보낼 수 있다는 점에서 서로 연결고리가 존재한다. 성격일치를 찾을 수 있는 것이다. 하지만 이 두 가지는 유기체 통합으로 이어지지는 못한다. 유기체 통합이란 개인의 목표가 얼마나 자기결정적이고 유기체적 욕구와 일치하는지의 정도를 측정한다. 사업가의 경우 부자가 되는 것은 내재적인 목적이 아닌 외부적인 목표다. 외부적인 목표는 금전적 성공, 사회적 인정, 외모적 매력 등을 포함한다. 경쟁력이나 자주성, 대인관계와 관련된 목표가 있으면 유기체적 통합이 생길 수 있다. Sheldon과 Kasser는 두 가지 연구에서 유기체 통합 점수가 높게 나타난 대상들은 더 많은 긍정적인 일상의 기분, 생동감, 의미 있는 행동의 참여도를 기록한다는 것을 알아냈다. 다른 연구를 보면 사람들이 경쟁력, 자주성, 대인관계와 관련된 목표를 성공적으로 달성하면 심리적 건강과 적응, 자기만족, 안정적 마음 상태가 높아진다는 것을 확인할 수 있다(Reis, Sheldon, Gable, Roscoe, & Ryan, 2000; Sheldon & Elliot, 1999; Sheldon & Kasser, 1998).

유기체적 욕구를 충족하는 목적을 만들어내는 것은 긍정적 느낌과 행동과 관련되어야 할 뿐 아니라, 자기결정이론에 의하면 유기체 통합을 이끌어내지 못하는 외부적 목표를 따라가는 것은 낮은 심리적 안정감을 가져온다고 한다. Kasser와 Ryan(1996)은 '아메리칸드림'의 경우를 예로 들어 경제적 안정감과 물질적 상태의 추구를 설명했다. 이런 외부적 목표는 경쟁력, 자주성, 대인관계를 촉진시켜주지는 못한다. 대학생과 성인을 대상으로 한 조사에서 이러한 외부적 목표를 추구하는 경우 생동감이 낮아지고 육체적 증상이 생겨난다는 점이 발견됐다. 반대로 공동체적 감정이나 자기만족을 향한 내재적 열망은 낮은 스트레스와 높은 심리적·육체적 건강으로 이어졌다. Kasser와 Ryan에 의하면, 아메리칸드림에는 어두운 면이 존재한다. 물질적 부에 집착하는 미국 사회가 유기체 통합을 촉진시키는 내재적 목표의 추구를 악화시킬 수 있기 때문이다. 미국 사람들이 더 부자가 되고 편안하게 살수록 깊은 행복함과 의미를 제공해주는 기회는 잃고 있을지 모른다.

자기의 발달은 사람과 사회적 세상 간의 소통의 산물이다. Deci와 Ryan은 사회적 세상이 자기결정적 행동에 제공할 수 있는 기회와 제약이라는 관점에서 세상을 보았다. 세 가지 사회적 측면이 특히 중요하다. 먼저, 사회적 환경은 **자주성 지원**(autonomy support)을 제공할 수 있다. 다른 말로 하면, 행동에서의 혁신과 선택을 추구하는 것이다. 선택기능을 제약하는 환경은 개인의 행동을 제어하기 위해 기능한다. 많은 연구를 보면, 독립심을 심어주는 부모와 같은 존재들은 아이의 심리적 안정감과 정서적 건강을 촉진시킨다는 것을 알 수 있다(Ryan & Deci, 2006; Soenens et al., 2007). 둘째로, 사회적 환경은 행동의 **구조**를 제공할 수 있다. 잘 구조화된 환경은 어떤 행동이 어떤 결과로 이어지는지에 대한 명확한 가이드라인을 제공하고, 행동하는 사람이 환경 내에서 얼마나 '잘'하고 있는지를 알려준다. 셋째로, 사회적 환경은 대인적 **관여**(involvement)를 제공할 수 있는데, 관여란 중요한 타인과 소통하는 정도를 말한다. 정리하자면 높은 수준의 독립성, 잘 정돈된 구조, 대인관계를 제공할 수 있는 사회적 맥락은 자기결정적 행동과 유기체적 통합이 필수적인 조건이 된다.

종합해보면, 내재적으로 동기화된 행동은 내부적으로 흥미롭고 즐길 수 있으며, 적당히 도전적인 일과 행동을 포함하고, 외부적 보상이 특히 없는 경우에도 이루어진다. 이러한 행동은 자기결정적이고, 이 행동은 경쟁력·독립성·관련성의 세 가지 기본적 욕구를 충족시켜준다. 자기결정적 행동은 독립성을 보장하고 구조를 제공하며 의미 있는 타인을 포함하는 환경에서 활발하게 일어난다. 자기결정적 행동은 유기체 통합을 불러일으킨다. Rogers와 Maslow의 인본주의적 관점에 입각해, Deci와 Ryan은 자기결정은 궁극적으로 개인이 '진정한 자기'를 경험하고 '진실한' 삶을 살게 도와준다고 주장했다.

다양한 관점

정신분석학적 관점은 성과 공격성이 인간 행동을 규정한다고 주장한다. 인본주의적 관점은 모든 인간은 자기결정적이고 완성된 개체가 되려고 노력한다고 생각한다. 동기를 보는 또 다른 관점은, **인간은 많은 다양한 것에 의해 영향을 받는다**고 주장한다. 어떤 사람들은 목표와 인센티브에 의해 다른 사람들은 다른 종류의 목표에 의해 영향을 받는다. 다양성 관점(diversity view)은 인간의 행동과 경험은 기본적인 몇 가지 욕구로 줄여서 설명되지 않는 개념이라고 주장한다. 대신 동기나 목적에 관해서는 모두가 다르다는 기본적인 생각을 전제로 한다.

Henry Murray의 욕구이론

다양성 학파의 가장 유명한 예는 Henry Murray의 욕구이론(theory of needs)이다. Murray는 이 책 제12장에서도 살펴보겠지만 개인의 인생을 알아본 성격심리학자로 매우 중요한 인물이다. 지금은 욕구를 바라본 그의 생각부터 이해하도록 한다. 그는 인간의 인생은 항상 시간의 맥락 안에서 이해되어야 한다고 주장했다. 사람들은 과거의 기억과 미래에의 기대로 살아간다는 의미다. 우리는 매일 살아가면서 과거의 경험들을 떠올리고 미래에 가능한 일을 예상하는 경험을 한다.

인간 인생의 지향성(directedness)은 시간이 지나면서 확실해진다. 순간적 행동은 그 순간의 상황에 비추어보면 의미 없어 보일 수 있지만, 시간이 지나고 보면 의미 있는 행동의 일부로 비춰질 수도 있다. 시간의 개념은 목적과 의미와도 관계가 있다. 그렇다면 인간이 인생을 구성하고 시간을 경험하는 방법에 작용하는 힘은 어떤 것일까? Murray에 의하면 이러한 힘은 개체 내부에도 개체 외부의 환경에도 존재한다고 한다. 개체 내부에는 기본적 생리학적, 심리학적 **욕구**(need)가 존재한다. 환경 안에는 욕구표현을 위한 다양한 상황적 제약과 기회가 존재하는데, 이것을 Murray는 **압력**(press)이라고 불렀다. 긴 시간 동안 특정한 욕구가 특정한 압력과 계속적으로 상호작용을 한다면 Murray가 **주제**(thema)라고 부른 개념이 생겨난다. 따라서 인간 행동의 동기는 주제를 형성하기 위한 욕구와 압력의 상호작용을 통해 이해될 수 있다.

Murray는 욕구를 이렇게 정의했다.

뇌에서 지각, 인지, 사고, 노력, 행동을 "현재의 불만족스러운 상황에서부터 벗어나려는 방법"으로 구성하는 힘을 말한다(1938, pp. 123~124).

표 7.4	Murray(1938)의 선별적 심인성 욕구

욕구	간략한 정의
성취	뭔가 어려운 일을 성취하기. 생물학적 대상, 인간 존재 또는 생각들을 마스터, 조작 또는 조직. 가능한 빠르고 독립적으로 이 일을 해냄. 장애물을 극복하거나 높은 기준을 충족. 스스로의 한계를 뛰어넘음. 타인과 경쟁하거나 타인을 뛰어넘음. 재능을 성공적으로 발휘해냄으로써 자기존중감을 증대
친밀성	연합한 타인(대상자를 닮은 타인 또는 대상자와 같은 타인)과 상호호혜적으로 근접하거나 협력함. 흥미를 주는 대상에게서 즐거움을 얻거나 자유로운 정서교감을 시도. 친구와의 신의를 지속
공격성	힘겹게 저항감을 극복하기. 싸우기. 상처에 대해 보복하기. 공격하거나 상처 입히거나 죽이기. 타인을 강하게 반대하거나 처벌하기
자율성	자유를 획득하거나 제약을 없애거나 규제를 깨트리기. 강압, 제약에 저항하기. 지배 세력으로부터 강요된 활동을 회피하거나 그만두기. 충동적으로 독립하거나 자유로워지기. 매이지 않거나, 책임을 지지 않기. 관습에서 벗어나기
지배성	인간 환경을 통제하기. 제안, 유혹, 학대, 명령에 의해 타인의 행동을 지시하거나 영향력을 행사하기. 설득하거나 제약, 금지하기
과시성	인상을 남기기. 보이거나 들려지기. 활동적이거나 놀라게 하거나 유혹하거나 즐겁게 하거나 놀라게 하거나 피곤하게 하거나 즐겁게 하거나 유인하기
위협의 회피	고통, 신체적 상흔, 질병, 죽음을 피하기. 위험한 상황에서 벗어나기. 예방조치를 취하기
양육	동정하기, 유약한 대상의 필요를 채워주기. 연약한 존재 또는 유아, 불구이거나, 나약하거나, 경험이 없고, 약하며, 낭패를 당하고, 수치를 당하고, 외로우며, 거절당하고, 신체적 고통을 당하며, 정신적으로 혼미한 사람을 도와주기. 위험에 처한 대상을 돕기. 먹이기, 도와주기, 지지하기, 위로하기, 보호하기, 위로하기, 양육하기, 치유하기
질서	질서정연하게 만들기. 정갈함, 정연함, 균형, 단정함, 조신함, 신중함을 갖기
놀이	목적 없이 "즐거운" 활동을 하기. 즐겁게 웃고 농담하기. 스트레스 해소를 위해 즐거운 안정을 취하기. 게임, 스포츠, 춤, 술자리, 카드 게임 등에 참여하기
감각성	감각적 감동을 즐기거나 추구하기
성	성적 관계를 형성하기. 성관계를 갖기
의존성	협력적 관계에 있는 사람에게서 동정적 도움을 받은 것에 대해 감사하기. 돌봄, 지지, 격려, 보호, 사랑, 충고, 지도, 용서, 위로를 받기. 헌신적인 보호자와 친밀감을 유지하기. 언제나 지지자를 갖기
이해심	일반적 질문에 대답하거나 묻기. 이론에 흥미를 갖기. 사색, 구성, 분석, 일반화하기

출처 : Explorations in Personality (pp. 152–226), by H. A. Murray, 1938, New York: Oxford University Press.

따라서 욕구는 인간의 지각 · 사고 · 느낌 · 노력에 힘을 주고, 방향을 제공하고, 선택하고, 정리해주는 뇌의 힘의 상징이다. 불만족스러운 상황을 만족스럽게 바꾸려는 의도를 가지고 있다. 이렇게 보면, 욕구를 보는 Murray의 시각은 Freud의 긴장-축소(tension-reduction)이론과 일맥상통한다. 특정 욕구를 향한 긴장감은 시간이 지나면서 쌓이고, 자기만족적 사고나 행동을 통해서 분출된다. 하지만 Murray는 욕구의 종류에 있어서는 Freud와 다른 생각을 했다. 체내적(viscerogenic) 욕구에는 공기나 물, 잠 등을 향한 생리학적 욕구가 포함된다. 성격과 더 관련 있는 욕구는 **심리적 부분**인데, 심리적 욕구에는 자주성 · 성취감 · 순서 · 결합 등을 향한 욕구가 포함된다.

어느 시점에서 봐도, 모든 인간 행동은 체내적 욕구와 심리적 욕구가 동시에 작용해서 일어난다. 하지만 몇몇은 다른 욕구보다 더 강력하게 나타날 수 있다. 더 강하거나 급격한 욕구는 약한 것들보다 우위를 점하게 되는데, 지배성을 향한 열망이 너무 강한 개인의 경우 다른 것을 고려하지 않고 행동하는 상황이 여기에 해당된다. 다른 상황에서는 다양한 욕구가 한 가지 행동적 목표를 달성하기 위해 동시에 작용할 수도 있다. 예를 들어 친구들과 야구를 하는 경우 지배성과 놀이, 결합의 욕구를 모두 충족시킬 수 있다. 욕구 간 관계의 다른 중요한 종류는 보조(subsidiation)다. 보조적 욕구는 다른 욕구를 도와주기 위해 작동한다. 예를 들어서, 어떤 사람은 고통을 피하기 위해 (고통을 피하려는 욕구) 공격적인 행동(강력한 공격적 욕구의 표현)을 할 수도 있다. 이 경우 공격성의 욕구는 고통을 피하려는 더 포괄적인 목표를 위해서 이루어진다. 공격적인 행동을 하려는 유일한 이유는 안전하고 싶기 때문이다.

욕구는 성향적 특성과도 상호작용을 한다. 보편적으로 사람들이 목표를 이루는 방법은 외향성-내향성과 같이 특성에 의해 부분적으로 결정될 수 있다. 하지만 목표 자체의 본질은 욕구에 의해 결정된다. 따라서 성향과 욕구는 성격에서 서로 다른 기능을 한다—욕구는 목적을 만들어내고, 특성은 목적이 달성되는 행동적 방법을 알려준다(McClelland, 1981; Winter, John, Stewart, Klohnen, & Duncan, 1998). 어떻게 보면 욕구는 왜 행동을 하는지를 알려주고, 성향은 어떻게 하는지를 알려준다는 의미다.

'욕구'의 개념이 인간 내부의 행동을 결정하는 중요한 요인인 것처럼, '압력'의 개념은 환경적 상황에서 행동을 결정하는 중요한 결정요인이 된다. 압력은 욕구의 표현을 촉진시키거나 방해하는 환경적 성향이다. Murray는 "대상의 압력은 대상을 위해서 아니면 대상에게 무엇을 할 수 있는지를 나타낸다"(1938, p. 121)고 설명했다. 이러한 대상은 사람일 수도 대인적 상황일 수도 있다. 압력은 알파 압력과 베타 압력 두 가지로 나뉘어진다. 알파 압력은 현실에 존재하는 성향으로, 아니면 객관적인 기준으로 만들어진다. 반면 베타 압력은 환경의 특징을 보는 주관적인 표현이다. 따라서 두 번째 경우는 항상 해석의 문제로 이어진다.

인간 행동은 욕구와 압력의 상호작용, 즉 주제를 통해서 이해될 수 있다. 이 예시를 생각해보자. 도자기 수업을 듣는 한 학생이 엉성하고 통제하기 힘든 점토를 다뤄야 하는 상황에서 정돈을 잘하고 싶은 그의 욕구가 제대로 표현되기는 어려울 것이다. 정돈을 제대로 할 수 없다는 것은 이미 불안을 야기했을 것이고 이것은 또한 "걱정할 필요 없어. 꼭 깔끔해야만 하는 건 아니잖아"라는 태도로 안정감을 줄 수 있다. 이 주제는 욕구/압력 상호작용의 종합적인 패턴을 나타낸다. 이러한 종류의 흐트러지기 쉬운 경험(압력)에서 그녀는 정돈을 하고 싶은 욕구가 제대로 표현되지 않았기 때문에 불안을 느낄 수 있다. 하지만 불안은 결국 안도감을 줄 수 있다. 더불어, 안도감을 주는 반응은 놀이를 하고 싶은 욕구를 활성화시킬 수 있다. 이러한 주제들은 다양한 욕구와 압력과 연관된다.

TAT와 PSE

Murray(1938)는 다양한 성격측정법을 개발했지만, 가장 잘 알려진 것은 **주제통각검사**(thematic apperception test, TAT)이다(Morgan & Murray, 1935; Murray, 1943). TAT에서 실험대상은 모호한 그림을 보고, 그에 상응하는 이야기를 말이나 글로 표현해야 한다. TAT는 보통 개인이 자신의 욕구, 갈등, 소망 등을 그림으로 표현한다는 의미에서 투사적 테스트(projective test)라고 불린다. 주어지는 모호한 그림들은 응답자로 하여금 상상적인 대답을 이끌어내기 위한 수단이 되는 것이다

(Lindzey, 1959). Murray의 관점에서 응답자의 이야기는 기본적인 욕구, 충돌, 콤플렉스 등의 숨겨진 주제를 보여주는 역할을 한다.

　　Murray는 1943년 TAT 이야기를 해석하는 가이드라인을 설정했다. 가장 먼저, 이야기의 주인공이나 이야기를 하는 대상과 가장 동일한 인물인 주인공(hero)을 찾아야 한다. 다음 그 영웅의 욕구나 **트렌드, 느낌**을 고려해야 한다. 또한 심리학적 욕구를 나타내는 이야기의 내용에도 주시해야 한다. 어려운 환경에서 성공하려는 노력의 경우는 강한 성취감의 욕구를, 타인과의 우정을 쌓아가는 내용은 타인과의 친밀감 욕구를 상징할 수 있다. 셋째로, **영웅의 환경에 존재하는 힘**을 알아보아야 한다. Murray는 TAT 이야기가 개인의 세계관뿐 아니라, 내면적인 욕구도 투사한다고 생각했다. 넷째로, 이야기의 **결말**은 개인이 일상생활에서 본인의 욕구가 얼마나 충족될 수 있다고 생각하는지의 정도를 반영한다. 이것을 알아보기 위해 해피엔딩과 그렇지 못한 경우를 비교해야 한다. 다섯째로, 이야기 전반에 걸쳐서 특정 환경적 상황에 특정 **욕구**가 계속해서 연결되어 나타난다면 주의 깊게 볼 필요가 있다. 욕구와 압력의 조합은 **주제**를 만들어낸다. 여섯째, 관심사와 감정이 이야기 내용에 드러날 수 있다. 즉 종교, 정치, 자연세계 등 환경의 특정 측면과 특정 사람들의 종류(권위적 인물, 나이 많은 사람들, 아이들 등)를 연결시켜서 생각할 수 있다. TAT를 어떻게 해석하느냐의 문제를 떠나서 Murray는 "TAT 이야기를 해석한 결과는 주어진 사실로 받아들일 것이 아니라 다른 방법으로 계속해서 검증이 필요한 정보"(1943, p. 14)로 받아들여야 한다고 생각했다.

　　TAT 실험은 임상심리학자들에게 있어서 유용한 측정도구로 사용된다(Rossini & Moretti, 1997). 보편적인 상담의 경우 환자는 의사와 앉아서 몇 개의 카드를 보고 이야기를 지어내는 답변을 한다. 하지만 연구목적일 경우 이 과정은 집단으로 이루어지도록 광범위하게 조정된다. Murray의 본래 그림을 이용하기보다는 연구자들은 특정 성격특성과 연결될 수 있는 더 현대적인 특정한 그림들을 사용하게 된다. 참가자들은 집단으로 모여서 스크린을 통해 그림을 보고, 그것을 이용한 이야기를 지어내게 된다. 보편적으로 5~6개의 그림을 보고 5분의 시간이 주어진 후 이야기를 발표한다. 참가자들의 응답 내용은 특정 성격구조와 연결된 체계적으로 디자인된 측정을 통해 점수가 매겨진다. 오늘날 흔히 사용되는 측정체계는 Murray의 본래 모델에서부터 시작됐지만, 내용이 많이 달라져서 새로운 이름으로 불린다. 오늘날은 보통 **그림 이야기 훈련**(picture story exercise, PSE)이라고 불린다(Pang & Schultheiss, 2005; Schultheiss & Pang, 2007).

　　PSE를 사용하는 가장 유용한 방법은 **동기**(motive)를 비롯한 심리학적 욕구의 측면으로 바라보는 것이다. 성취, 권력, 친밀감의 세 가지 욕구가 특히 자세하게 연구됐다. 각각의 욕구를 알아보면서 우리는 David C. McClelland 이론을 알아봐야 한다. Murray가 말한 '욕구'의 개념을 재확인하면서 McClelland는 동기가 특정 상황에서 행동에 힘을 주고, 방향성을 제공하고, 선택하게 하는 경험의 질을 향해 나타나는 계속적인 성취감이나 준비감이라고 설명했다. 따라서 성취동기는 더 잘하려고 하는 인간의 보편적 성향을 의미하고, 권력동기는 힘을 갖는 것, 마지막으로 친밀감 동기는 타인에게 가까움을 느끼는 것을 뜻한다. McClelland(1980)는 동기는 개인의 의식 밖에 존재하며 그렇기 때문에 의식적인 자가 리포트를 통해서는 측정될 수 없다고 주장했다. PSE를 통해서 연구자들은 무의식적 동기를 나타내는 중심적 주제를 확인할 수 있다.

성취동기

David McClelland와 John Atkinson은 성취동기의 개인 간 차이점을 측정하기 위해서 PSE를 사용했다(Atkinson, 1958; Atkinson & Birch, 1978; McClelland, Atkinson, Clark, & Lowell, 1953). 이 접근법의 가장 중요한 혁명적 분야는 PSE 이야기를 객관적이고 양적으로 측정해 동기를 정확히 알아보았다는 점이다. 본래의 실험에서 연구자들은 다양한 연구실 조건에서 대학생들로 하여금 짧은 PSE 이야기를 쓰도록 했다. 한 가지 조건에서 학생들은 처음에 몇 가지 인지적 테스트(단어 순서 바꾸기 등)를 하고, 테스트의 결과가 보편적 지성과 리더십을 나타낸다고 설명을 들었다. 이렇게 하면 일시적으로라도 성취감의 사고를 이끌어내 결과적으로는 PSE 이야기로 투사될 거라는 생각이었다. 한 가지 다른 중립적 조건에서 학생들은 같은 테스트를 받았지만 테스트는 큰 의미가 없고 지능과 관련이 없다는 설명을 들었다. 여기서의 가정은 학생들은 첫 번째 집단보다 동기부여가 덜 되거나 안 될 것이라는 생각이었다.

McClelland와 그의 동료들은 집단 사이의 수많은 만족의 차이를 발견하고자 했다. 각성집단의 학생들은 중립적인 집단의 학생들보다 더 잘하고 싶은 욕구와 관련된 특징을 나타내는 이야기를 더 많이 만들어내는 경향이 있었다. 다른 연구들

David McClelland(1917~1998)는 성취, 권력, 친밀감 동기에 있어 개인의 차이를 평가하기 위해 PSE를 접목한 연구의 선두주자다. 그의 가장 유명한 책 *The Achieving Society*(1961)에서 그는 아동 독자와 같은 문화적 배경을 다뤘다. 마치 그들이 PSE 이야기가 된 것처럼 그들 자신을 성공적인 상상의 인물에 투영시켰고 어떻게 이렇게 많은 성취의 주제가 사회의 경제성장을 예측할 수 있었는지를 보여주었다(출처 : David McClelland 허가받음).

표 7.5	높은 성취동기의 선별적 상관관계

동기화되어 있으나 위험 부담률을 조절함

개인적 책임이 결과에 영향을 미칠 수 있는 상황에 대한 예측력

성공에 대해 자신을 칭송하지만 실수에 대해 상황이나 타인을 비난하는 경향

효율적이고 신속한 방식으로 희망하는 목표를 성취하기 위해 규칙을 어기기

여행을 즐기기

자기통제, 절제, 만족 지연

어두침침한 색상이나 형식적인 패션을 선호함

미래의 시간적 예측을 확장하기

사회적 유동성을 확장하고 높은 교육적 성취감을 갖기

기업가적 활동과 혁신

사업에서의 성공

부모가 높은 기준을 세워 양육한 환경에서 자라남

유아기 때 규칙적인 식습관을 들였거나 상대적으로 엄격한 배변훈련을 했음

주 : 성취동기에 관한 연구는 대다수 남성에 대한 것이다. 남성과 비견할 만큼 여성에 관한 성취동기를 나타내주는 연구는 상대적으로 적다. 몇몇 분야(창업 혹은 위험 부담률이 있는)는 여성의 성취율을 나타내 보여주는 자료가 없다(Stewart & Chester, 1982).

| 그림 7.5 | 아동 독자와 사회적 생산성에서의 성취 이미지 |

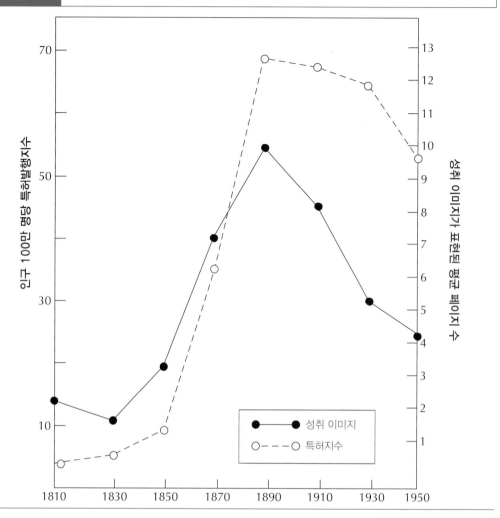

아동의 교과서에 성취 이미지가 지속적으로 증가하자 미국의 특허발행지수 또한 그 수가 증가했다. 반면 성취 이미지가 감소할수록 특허발행지수도 낮아졌다. 이 수치는 1810년부터 1950년대의 미국 자료이다.

출처 : "Values Expressed in American Children's Readers : 1800~1950" by R. de Charms & G. H. Moeller, 1962, *Journal of Abnormal and Social Psychology*, *64*, 139.

과의 연속적인 비교는 PSE의 만족할 만한 점수체계를 나타낸다. 이 체계는 성취지향적인 이야기와 중립적인 상태에서 쓰여진 이야기들 사이의 지속적인 차이점을 나타내주는 특정한 주제들로 이뤄져 있다. 이 주제들은 이야기 주인공의 행동, 태도, 업무수행에 대한 느낌들과 관련된다.

성취동기의 측정 시스템은 다양한 집단 간 차이점을 알아보면서 만들어졌지만, 집단 안의 개인들 간 차이점을 알아보는 데도 유용한 것으로 밝혀졌다. 보편적인 개인 간 차이점 연구에서 사람들은 중립적인 조건에서 PSE 실험을 받게 되고, McClelland와 Atkinson이 발전시킨 기준체계에 따라서 점수가 측정된다. 동기의 점수는 높음-낮음의 정도로 나타난다. 여기서의 전제는 사람들의 내재적이고 자연스러운 성취동기가 PSE 이야기를 통해 표현된다는 점이다.

많은 경험적 연구결과를 보면 PSE 성취동기가 높은 사람들은 낮은 사람들과 다르게 행동한다는 것을 확인할 수 있다. 예를 들면, 동기가 높은 사람들은 성공과 실패의 여부가 직접적으로 결정되는 즉 어느 정도 도전적인 일을 경험하는 것을 선호한다. 또한 자기제어능력이 좋고, 개인적 도전을 즐기며, 혁신적이고 변화와 움직임을 좋아하는 특징이 있다. 다양한 일에 있어서 끈기가 있고 효율성도 높은 편이다(Atkinson, 1957; Atkinson & Raynor, 1978; Crockett, 1962; Feather, 1961; Fodor & Carver, 2000; Heckhausen, 1967; McClelland, 1961, 1985; Mischel, 1961; Mischel & Gilligan, 1964; Schultheiss & Pang, 2007; Spangler, 1992; Winter & Carlson, 1988; Zurbriggen & Sturman, 2002).

높은 성취동기를 가진 성인 초기 사람들은 사업에 성공하는 경향이 있다. 예를 들어 한 연구에 의하면, 대학에서 높은 성취동기를 가진 사람들은 몇 년 후 작은 회사에 채용되는 경향이 있는 것으로 나타났다(McClelland, 1965). 더불어 높은 성취동기는 비즈니스 세계에서의 성공률을 예측하는 요인이 된다(Andrews, 1967; Jenkins, 1987; Langens, 2001; McClelland & Boyatzis, 1982; Mc-Clelland & Franz, 1992; Tekiner, 1980). McClelland에 의하면 사업은 성취동기를 잘 나타내준다. 사업은 사람들로 하여금 위험을 조절하고 자신의 수행에 대한 책임감을 예측하게 하며 손익에 있어 피드백에 세심한 관심을 기울이게 할 뿐만 아니라 제품을 생산하거나 서비스를 제공하는 혁신적인 방법을 찾게 하기 때문이다. 이러한 **기업가적**(entrepreneurship) 특징은 성취동기가 높은 사람들의 행동과 태도를 나타낸다(McClelland, 1985).

성취동기를 보는 McClelland(1961) 관점의 가장 중요한 적용법은 **사회적, 역사적 차이점**의 분석이다. 그는 모든 사회와 역사적 일은 보편적인 성취동기에서의 차이점을 보인다고 주장했다. 몇몇 사회는 성취동기와 사업가 기질을 중요시하는 반면, 그렇지 않은 사회도 존재한다. 나아가 특정 사회의 성취동기 정도도 시간이 지나면서 변화할 수 있다. 이러한 사회적 · 역사적 차이점은 경제적 성장과 일치해야 하며, 국가나 지역 및 사람들의 움직임과도 궁극적으로 일치해야 한다.

성격심리학자는 성취동기에서의 사회적 차이점을 측정하기 위해 어떻게 할 수 있을까? Mc-Clelland는 이 과정은 개인에게 쓰는 원리와 동일하게 적용된다고 생각했다. 특정 사회에서 인기가 많은 전래동화나 신화, 교과서, 문학 등은 그 사회의 보편적인 성취감 정도의 평균치를 보여줄 수 있다. McClelland는 이러한 표현들은 문화적 가치도 보여준다고 주장했다.

*The Achieving Society*라는 책에서 McClelland(1961)는 총 23개 나라에서 1920~1929년 사이에 출간된 2~4학년 대상 교과서를 연구해 성취감 주제를 보여주는 부분을 찾았다. 결과적으로 1920년대에 출판된 교과서들에 포함된 성취감 주제들은 경제적 성장, 천연자원 등의 사회적 요소와 양의 상관관계가 있었다. 다른 말로 하면, 1929년과 1950년 사이에 일어난 경제적 싱장은 1920년대에 성취동기적 부분이 더 많은 교과서를 출판했던 나라들(터키, 이스라엘, 인도)에서 더 잘 나타났다. 반대로 그렇지 않은 이탈리아, 벨기에, 알제리 등에서는 경제적 성장이 낮은 편이었다. 아이들을 대상으로 한 책들은 사회에서 보편적이라고 생각되는 문화적 가치를 보여준다. 성취감을 향한 사회화는 아이들이 더 독립적이고 계획적으로 자라며 나중에 위험을 감수할 줄 알고 계속적인 성장을 추구할 수 있도록 도와준다. McClelland는 이러한 과정은 어린아이들의 성취동기를 점진적으로 높여주고, 그렇게 되면 아이들은 성인이 되었을 때 사업가로 성장할 가능성이 높아져서 사회의 경

제력에 일조한다고 주장했다.

사회경제적 생명력에 관한 또 다른 지표는 발명과 혁신의 번영이다. 그림 7.5는 140년 동안 미국의 아동 독자들이 표현한 성취동기와 등록된 특허품의 수 사이의 관계를 나타낸 것이다(de Charms & Moeller, 1962). 1810년과 1950년대 사이에 허가된 미국 특허품 수의 증감은 미국 아동 독자의 성취 이미지의 증감과 평행한 모습을 보여주었다. 이와 유사한 관계가 1550년에서 1800년에 이르기까지 영어권 대중문학에서 나타난 성취 이미지와 영국으로부터 수입된 석탄의 양 사이에서도 발견되었다. 다시 말해, 집단적 성취동기에서의 변화는 경제 성장을 예측하게 했다. 성취동기와 경제성장 사이의 긍정적 상관관계는 비서구 사회, 문맹 사회에서도 발견된다. 39개의 문맹 부족 가운데 민간설화에서 높은 성취동기를 보였던 75%는 최소한의 풀타임 기업가적 기질을 보여주었던 반면, 38%는 민간설화에서 낮은 성취동기 이미지를 보여주었다.

권력동기

권력동기(Power motive)는 타인에게 영향을 주고 싶어 하는 성향이다. 권력동기가 강한 사람들은 권력을 사용하고 더 힘이 센 상태로 타인에게 영향을 미치고 싶어 한다. 성취동기와 마찬가지로 이것도 인간 행동에 영향을 주게 되고, 여기서의 개인 간 차이점도 PSE 이야기의 분석을 통해서 어느 정도 알아볼 수 있다.

McClelland와 다른 학자들(Uleman, 1966; Veroff, 1957)의 방법을 따라서 David Winter(1973)는 권력동기를 촉진시키는 상황과 중립적인 조건에서의 이야기를 비교하면서 권력동기의 해석체계를 만들어냈다. PSE 이야기에서 권력동기는 일반적으로 더 큰 영향을 가지고 싶어 하는 주인공의 성향을 통해서 확인할 수 있다. 이러한 주제가 많이 들어간 이야기를 만드는 사람들은 일반적으로 권력동기가 더 강하다. 많은 연구를 보면 권력동기를 측정하는 PSE 시스템의 타당성이 증명된다. 놀랍게도 경험적 결과를 보면 권력동기가 높은 사람들을 보는 두 가지 매우 다른 관점이 있다. 한편으로 권력동기는 종종 공격성, 부정적 타인관계, 문란함 등으로 나타나는 반면(Schultheiss, Dargel, & Rohde, 2002; Winter, 1973; Zurbriggen, 2000), 어떻게 보면 봉사활동의 참여, 집단과 사회에 긍정적 변화를 가져오려는 노력, 창조적인 문제해결 방법을 통해서도 나타나는 것이다(Fodor, 1990; Fodor & Greenier, 1995). 권력동기는 파괴적/미성숙한 방법으로도 건설적/성숙한 방법으로도 표현되는 것으로 보인다(McClelland, 1975).

David Winter는 정치심리학 분야의 선두주자이자 강력한 동기 분야의 전문가이다. Winter의 가장 흥미로운 연구 가운데 하나는 미국 대통령의 연설을 통해 그들의 동기 점수를 알아본 것이다(출처 · David Winter 허가받음).

권력동기가 강한 사람들은 타인에게 영향을 미치고 싶어 하기 때문에 이러한 영향을 어떻게 미치는지에 대한 연구도 진행됐다. Foder와 Smith(1982)는 권력동기가 높은 학생들이 집단에서 결정을 내릴 때 타인의 행동을 어떻게 이끌어내는지를 조사했다. 한 회사가 새로 출시된 전자레인지를 홍보해야 하는지를 놓고 5명의 학생이 포함된 40개 집단이 토론을 벌였다. 각각의 집단에서 리더들이 선정되었다. PSE에 대한 사전 지도에 근거해 리더의 절반은 권력동기가 굉장히 높았고, 나머지 반은 지극히 낮게 나타났다. 또한 집단의 반은 우수한

표 7.6	높은 권력동기의 선별적 상관관계

선거 사무실을 유지하기

긍정적, 부정적 반응에 따른 평가 혹은 앞선 계획에 따라 개인의 행동에 가이드를 제시해주는 직업을 선호함(예를 들면 경영진, 교사, 심리학자)

힘과 관련된 직업의 여성들 사이에서 성공적이지만 상호관계를 중시하거나 소그룹에서의 영향력을 중시하는 직업에서는 그렇지 않음

효과적인 조직의 리더

고급스러운 승용차와 중요한 신용카드와 같은 특권층의 소유물들을 쌓아둠

눈에 띄기 위해 위험을 감수

힘이 넘치고 자기헌신적이거나 타인을 돕는 것을 중시하는 교우관계 스타일을 가짐

논쟁적

신문에 기고를 함

다소 부정적 자기이미지를 가짐

충동적이고 공격적인 행동(남성의 경우)을 하는 경향

조숙하거나 탐구적인 성적 활동(남성의 경우)을 하는 경향

로맨틱한 관계에서 불안정(남성의 경우)

성적 행동과 공격적인 행동에 대해 상대적으로 허용적인 부모 밑에서 자란 양육 환경이 있음

업적에 대해 상을 받을 기회가 주어졌었고("높은 집단응집력"을 형성하기 위해), 나머지 반은 보상이 주어지지 않도록 했다(낮은 집단응집력을 형성하기 위해). 각각의 집단원들에게 토론하는 동안 함께 공유할 수 있는 정보지가 주어졌다.

Fodor와 Smith(1982)의 연구에서 세 가지 주요한 변수가 발견되었다. (1) 각각의 사람들이 집단토론에서 나눈 정보지에서 발견된 **사실**의 수, (2) 집단토론에서 전자레인지 마케팅에 관해 **제안된** 수, (3) **도덕적 관심**의 정도―이것은 사람들의 건강에 방사선이 미치는 악영향 또는 다양한 마케팅 전략에서의 도덕적 예의와 같은 주제들이 집단에서 논의된 정도를 나타낸다. 권력동기가 높은 리더가 있는 집단은 권력동기가 낮은 리더의 집단과 비교했을 때 객관적 사실과 제안을 적게 하고, 도덕적 관심도 적은 것으로 나타났다(표 7.7 참조). 반면 집단응집력 정도에서는 이 결과에 영향을 미치지 않았다. 연구자는 이 결과에 대해 권력동기가 높은 리더는 소위 사회심리학들이 **집단사고**라고 부르는 것에 이끌리게 되었던 것이라고 설명한다. 이 집단사고는 책임의 확산을 통해 성급히 의사결정을 하게 되는 형태를 띤다. 또한 장기간에 걸쳐 더 나은 방안을 모색하는 데 실패하고 대체로 이의를 제기하지 않는 강한 1명의 리더에 의해 의견이 개진되는 특징을 갖는다. 이와 관련해, 실제 현실에서뿐 아니라 가설적인 협상으로 이뤄진 시나리오 모두에서 권력동기가 높은 사람은 하물며 양보와 타협을 이끌어내지도 못했다(Langner & Winter, 2001).

다양한 연구를 보면, 강력한 리더십 역할을 맡거나 큰 영향력을 가진 자리에 있는 사람들은 권력동기가 비교적 높다는 결론이 나온다(McAdams, Rothman, & Lichter, 1982; McClelland & Boyatzis, 1982; McClelland & Burnham, 1976; Winter, 1973). 이 분야에서 가장 유명한 연구는 Winter(1987, 1996; Donley & Winter, 1970)가 알아본 미국 대통령 사례다. 그는 조지 워싱턴부터 모든 미국 대통령을 대상으로 그들의 성취동기, 권력동기, 친밀감 동기를 연구했다. 그는 중요한 연설은 다른 전문가에 의해 쓰여지고 외부적 요인에 좌우되기도 하지만, 각 대통령의 연설 내용을 보면 보편적으로 그들의 성격을 알 수 있다고 주장했다. 권력동기가 높은 대통령은 프랭클린 루

표 7.7	집단토론에서의 사실, 제안, 도덕적 관심에 관한 평균 수치					
	집단응집력 수준					
	낮음			높음		
집단리더의 권력수준	사실	제안	도덕적 관심	사실	제안	도덕적 관심
낮음	17.5	4.8	1.7	16.3	1.4	1.4
높음	14.2	4.0	0.9	14.8	3.2	1.1

출처 : "The Power Motive as an Influence on Group Decision Making" by E. M. Fodor & T. Smith, 1982, *Journal of Personality and Social Psychology*, *42*, 183.

스벨트, 트루먼, 케네디, 레이건으로 나타났다. 그는 동기 점수를 역사가와 사회과학자들이 평가한 대통령의 점수와 상관 연결시켰다. 권력동기는 '대통령의 위대함'과 양의 상관관계가 있었고, 역사적으로 중요한 의사결정과도 관련이 있었다. 다른 말로 하면, 특별히 더 강력하고 영향력이 크다고 생각됐던 대통령들은 취임식 때의 연설 내용에서도 강한 권력동기의 내용을 찾아볼 수 있었던 것이다. 나아가 권력동기가 높은 대통령들은 미국을 전쟁으로 이끌 확률이 더 높았다. Winter(2007)는 또한 권력동기와 관계된 정치적 특성은 20세기 사회에서 전쟁과 큰 관련이 있다고 생각했다.

그렇다면 권력동기가 높은 사람들의 개인적 인생은 어떨까? 연구를 보면 권력동기가 높은 남성들은 여성과의 관계에서 힘들어하는 점이 많다고 한다(예 : Stewart & Rubin, 1976). 동시에 권력동기가 높은 고학력 여성은 성공적인 남성과 결혼하는 성향이 있다(Winter, McClelland, & Stewart, 1981). 나아가 Veroff(1982)는 여성의 권력동기는 결혼의 만족감과 양의 상관관계가 있다고 주장했다. 권력동기가 높은 여성은 결혼에서의 행복감을 나타내고, 권력동기가 높은 남성은 더 높은 이혼율(McClelland, Davis, Kalin, & Wanner, 1972)로 이어지는 결혼에 대한 불만족을 표시한다고 한다(Veroff & Feld, 1970). 권력동기가 강한 남성의 이러한 문제들은 내재적으로 숨겨진 여성에 대한 두려움에서 나올 수 있다. Slavin(1972)은 권력동기가 높은 남성들은 공상을 통해서 '여성적 악(feminine evil)'의 주제를 더 많이 포함시킨다고 주장했다. 이런 주제에는 여성이 육체적으로 남성을 괴롭히는 것, 거부하는 것, 바람피우는 것, 남성보다 성공하는 것들이 포함된다. Winter와 Stewart(1978)는 권력동기가 강한 남성은 여성의 그림을 그리라는 질문을 받으면 성적으로 노골적이고 희화화된 결과를 보여준다고 말했다.

건강의 문제에 있어서 McClelland와 동료들은 권력동기와 질병에 대한 민감성 간 양의 상관관계를 주장했다(McClelland, 1979; McClelland, Alexander, & Marks, 1982; McClelland, Davidson, Floor, & Saron, 1980; McClelland & Jemmott, 1980; McClelland, Ross, & Patel, 1985). 하지만

Oliver Schultheiss는 수많은 연구에서 PSE를 성취, 권력, 친밀감 동기를 평가하기 위한 도구로 활용했다. 그는 권력동기가 높은 사람들은 도전적인 상황에서 강한 생리적인 반응, 예를 들면 혈압이 상승하고 근육이 긴장하며 에피네프린의 수치가 높아지게 된다는 것을 밝혀주었다. 상승된 신체적 각성 상태는 장기적으로는 건강과 심리적 안녕에 악영향을 미치게 될 것이다(출처 : Oliver C. Schultheiss 허가받음).

이 관계는 꽤 복잡하다. McClelland(1979)는 권력을 향한 강한 욕구는 만약 그것이 억제되거나, 도전받거나, 막힌 상태일 때에만 다양한 질병으로 이어진다고 말했다. 가장 약한 개인들은 다음 특징들을 모두 보이는 경우다. (1) 높은 권력동기 (2) 낮은 친밀감 동기 (3) 높은 자기제어 (4) 권력과 관련된 스트레스의 높은 정도(Jemmott, 1987).

몇몇 연구에 따르면 권력동기가 강한 사람들은 외부적인 경험을 하면서 장애물에 맞닥뜨리면 신경계가 더 활발하게 작용한다고 한다(Fodor, 1984, 1985). 권력동기가 동정적 활동과 관련이 있다면 고혈압으로 이어질 수도 있다. McClelland(1979)는 독일과 미국 남성을 대상으로 한 세 가지 조사에서 이 관계를 증명했다. 종단연구로 이루어진 한 가지 경우 PSE 테스트에서 권력욕구가 높게 나온 남성의 61%는 20년 후 고혈압으로 고생했다는 결과가 나왔다.

높은 권력욕구는 몸의 면역체계의 작은 이상(deficits)과 관련이 있을 수 있다는 경험적 증거도 존재한다. 만약 사실이라면, 권력동기가 높아지면 몸의 방어능력이 줄어들어 병에 걸리기 쉽게 될 것이다. McClelland와 Jemmot(1980)은 95명의 학생에게 PSE를 실시하고, 건강문제와 인생 스트레스를 측정하는 자가 설문지를 실시했다. 각 인생 스트레스는 권력/성취감 관련, 친밀감/소속감 관련, '기타'로 나눠졌다. 권력이나 성취감 관련 일은 고용주와의 문제, 학업적 실망, 아니면 중요한 스포츠 경기 참가 등이 있다. 연구결과는 (1) 상대적으로 권력동기가 높거나 (2) 상대적으로 자제능력이 높지 못하거나 아니면 (3) 지난 일 년 중 스트레스성 사건이 더 많았던 학생들이 그렇지 않은 학생들에 비해서 질병 발병 빈도가 더 높은 것을 보여줬다. 나아가 그들이 겪은 질병도 더 심했다. 따라서 절제력이 높고 권력 집중적인 사람은 내면적 생리학적 평균을 맞추기 위해 자신의 실망감이나 스트레스를 참고 숨기려는 경향이 있다. 그 결과로 감기나 다른 질병들이 더 잘 발생하는 것이다.

Oliver Schultheiss(출판 중; Schultheiss, Campbell, & McClelland, 1999; Schultheiss & Rohde, 2002)는 권력, 건강, 인간 생리를 연구한 논문에서 권력동기의 신경과학적 통합 모델을 발전시켰다. 그는 권력동기가 높은 사람들은 지배성에 도전받는 경쟁적 상황에 더 강하게 반응한다고 주장한다. 권력동기가 높아지면 에피네프린, 침과 소변의 증가, 혈압의 높아짐, 근육의 활성화가 일어난다고 한다. 또한 권력동기가 높은 남성들은 테스토스테론 분비량도 높다. 반대로 권력동기가 높은 남성이 지배성 시합에서 지게 되면 스트레스 호르몬인 코르티솔이 증가하고 테스토스테론은 감소한다. 비슷한 관점에서, 지배성이 높은 여성과 남성은 과도한 스트레스를 겪는 상황에 있을 때 테스토스테론이 감소한다는 결과도 있다(Josephs, Sellers, Newman, & Mehta, 2006).

권력동기가 높은 사람들은 지배성의 상황에 끌린다. 시간이 지나면서 권력동기가 높은 사람들에게 지배성과 지배성에 대한 도전은 일상의 심리학적 부분으로 작용한다. 시간이 지나며 지배성의 상황에 더 많이 마주하면서, 공감적 신경체계의 자극을 계속 느끼게 된다. 지배성 상황에서 계속 패배를 경험하거나 스트레스를 많이 받으면 만성적으로 많은 스트레스 호르몬과 코르티솔이 분비되고, 이는 면역체계에 손상을 줄 수 있다. 다른 말로 하면, 지배성에 도전을 받지 않는 한 권력동기가 높은 사람들은 낮은 스트레스와 좋은 건강상태를 유지한다. 하지만 지배성에 계속해서 도전이 들어오거나 패배를 경험하게 되면 면역체계에 이상이 생기고 건강에 부정적 영향을 줄 수 있다. 생리학적으로 말하면 높은 권력동기는 위험성도 높고, 보상도 높은 경우다. 권력동기의 목표를 성취하는 것은 매우 기분 좋은 성취감을 가져오지만, 상실감이 계속되면 장기적인 손상의 위험이 있다.

친밀감 동기

권력과 성취감에 대한 욕구가 우리의 환경을 제어한다면, 친밀감에 대한 욕구는 친밀한 대인관계라는 다른 인생의 측면으로 우리를 인도한다(Bakan, 1966). 우리에게 있어서 친밀감을 향한 욕망은 (몇몇 사람에게 있어서는) 성공, 명성, 초월에 대한 욕망보다 더 강하게 작용할 수 있다. 소설가 E. M. 포스터가 말한 것처럼 "대인관계를 넘어서서 일상을 넘어선 성격을 보여주는 측면은 우리의 개인적 인생(private life)이다(1910, p. 78)."

모든 사람들이 타인과 따뜻하고 상호적인 관계를 가지지만, 그중 몇 다른 사람들보다 친밀한 경험에 더 집착하는 경향이 있다. **친밀감 동기**(intimacy motivation)는 타인과 계속해서 따뜻하고 가까운 경험을 하려고 하는 성향을 말한다(McAdams, 1980, 1982b). 성취동기와 권력동기와 마찬가지로, 친밀감 동기에서의 개인 간 차이점도 PSE 분석을 통해 알아볼 수 있다. 이 코딩 시스템은 친절과 돌봄의 행동을 이끌어내기 위해 설계된 활동과 관련해 쓰여진 이야기들과 비교해 나온 것이다(McAdams, 1980).

연구결과를 봐도 PSE의 이야기 분석 내용의 구성타당도를 확인할 수 있다. 특징적으로 친밀감 동기가 높은 사람들은 그렇지 않은 사람들과 비교해서 타인과의 관계에 대해 더 많이 자주 생각하는 경향을 보인다(McAdams & Constantian, 1983). 그들은 일상생활에서 다른 사람들과 대화를 더 자주 하고, 대화할 때 웃거나 미소 짓거나 눈을 마주치는 행동을 더 많이 한다(McAdams & Constantian, 1983; McAdams, Jackson, & Kirshnit, 1984). 또한 집단적인 행동보다는 친밀하고 일대일로 이루어지는 교류를 선호한다. 큰 집단에서 행동해야 할 경우 이 사람들은 조화와 일관성을 추구하고, 1~2명이 과정을 담당하는 것이 아니라 모두가 참여할 수 있는 기회를 만드는 것이 중요하다고 생각하게 된다(McAdams & Powers, 1981). 이러한 이유 때문에 친밀감 동기가 높은 사람들은 다른 사람들이 보통 진지하고, 자연스럽고, 이타적이고, 지배적이지 않다고 표현한다(McAdams, 1980).

McAdams, Healy, Krause(1984)는 한쪽에서는 친밀감과 권력동기의 관계를, 다른 쪽에서는 우정의 패턴을 연구했다. 본 연구에서 105명의 대학생들이 PSE 이야기를 썼고, 친밀감과 권력동기의 정도를 쟀고, 지난 2주 동안 우정과 관련해서 생겨난 일을 쓰도록 지시받았다. 우정과 관련된 에피소드는 15~20분 동안 이루어진 의사소통을 의미했다. 각 에피소드당 연구대상은 몇 명의 사람들이 연관되어 있었는지, 무슨 내용으로 대화를 했는지, 어떤 역할을 했는지, 어떤 감정이 표현되었는지를 설명했다.

표 7.8을 보면 연구의 결론을 알 수 있다. 친밀감 동기가 높은 학생들은 큰 집단에서 이루어지는 에피소드보다 일대일로 이루어지는 경우를 더 많이 이야기했고, 개인적 정보를 더 많이 공개한 대화를 했다고 썼다. 따라서 친구들과 만났을 경우 친밀감 동기가 높은 학생들은 본인이나 타인에 관련된 두려움, 느낌, 공상 등에 대해서 더 공개적으로 대화했다. 보편적으로 친밀감 동기는 함께 있고 타인과 비밀을 **공유**하는 데 중점을 두는 **공존** 우정을 중요시하는 성향과 일맥상통하고, 권력동기는 일을 하는 것과 다인을 돕는 **자기보존직** 우정에 중점을 둔다(McAdams, 1984a, 1988a). 다른 연구에서 친밀감 동기가 높은 학생들은 대인적 소통을 더 많이 했고, 가까운 친구들과 비밀을 더 많이 공유했고, 관계에서 긍정적 감정을 더 많이 공유했다(Craig, Koestner, & Zuroff, 1994). 높은 친밀

| 표 7.8 | 대학생의 동기와 우정 패턴 사이의 상관관계 |

	동기	
우정 측정[a]	친밀감	권력
양자적(두 친구)	0.20*	−0.23*
큰 집단(5명 이상)	−0.10	0.21*
듣는 역할	0.43***	−0.15
주장하는 역할	−0.04	0.43***
자기노출	0.49***	−0.16

주 : 대상자는 총 105명(70 여성, 35 남성)이다.
[a]이 수치는 앞선 2주 동안 삶에서 일어난 학생들의 10가지 우정 에피소드를 조사한 결과다.
*$p < .05$, ***$p < .001$.
출처 : "Social Motives and Patterns of Friendship," by D. P. McAdams, S. Healy, & S. Krause, 1984, *Journal of Personality and Social Psychology*, 47, 834 인용.

감 동기는 사람들로 하여금 타인을 챙겨주고 그들과 공감하는 행동을 이끌어낸다. 따라서 타인에게 무관심하거나 사람들을 증오하는 경우는 친밀감 동기가 당연히 낮다(Smith, 1985).

많은 심리학자, 시인, 소설가들이 타인과 함께 하는 사랑의 관계가 행복함과 웰빙으로 가는 열쇠라고 주장했기 때문에 우리 모두는 높은 친밀감 동기가 건강, 행복함, 보편적 인생의 만족감으로 이어지는 것은 당연한 사실로 받아들인다. 이를 알아본 연구가 몇 가지 있다. McAdams와 Valliant(1982)는 하버드대학 남자 졸업생 30명을 대상으로 졸업 직후에 한 번, 17년 후에 한 번 친밀감 동기의 정도를 조사했다. 초기 성인기에 친밀감 동기가 높았던 남성들은 결혼에서의 만족도, 직업 만족도가 높은 편이었고, 중년에 이르러서는 조금이나마 연봉도 높은 것으로 나타났다.

두 번째 연구에서, McAdams와 Bryant(1987)는 PSE와 구조화된 인터뷰를 하도록 지시받은 1,200명의 미국 성인들보다 더 많은 국가적 단위의 샘플을 모집했다(Veroff, Douvan, & Kulka, 1981). 이를 통해 연구자는 친밀감 동기가 남녀 모두에게 유익을 가져다주지만 이 유익이 남녀 모두에게 동일하지는 않다고 보았다. 높은 친밀감을 보이는 여성은 낮은 친밀감을 보이는 여성에 비해 상대적으로 높은 행복감과 만족감을 느끼는 것으로 나타났다. 다른 한편, 높은 친밀감을 보이는 남성은 낮은 친밀감을 보이는 남성에 비해 행복감과 만족감을 더 많이 느끼게 되는 것은 아니었다. 하지만 그들은 삶의 제약과 불확실성이 적은 것으로 나타났다.

Zeldow, Daugherty, McAdams(1988)는 PSE로 측정된 사회적 동기와 의대에 적응하는 정도 간 관계를 알아보았다. 친밀감 동기가 높고 권력동기가 낮은 학생들은 가장 높은 안정감을 보였다. 하지만 둘 다 **높은** 학생들은 우울하고, 신경증적이고, 비관적인 모습을 의대 1년 차에 보였다. 남녀 학생 모두 마찬가지였다. 의대의 지나친 학습량 때문에, 권력에도 집중하고 타인과의 관계도 중요시하는 학생들이 많은 스트레스를 받았기 때문이다. 2년이 지나서 임상실습을 시작할 때 높은 친밀감과 높은 권력 패턴의 부정적 영향은 사라지는 것으로 보였다. 또한 친밀감이 높았던 학생들은 전공을 선택할 때 소아과로 결정하는 경우가 많았다(Zeldow & Daugherty, 1991).

친밀감 동기에서는 성별 간 차이점이 확연하게 나타난다. 미국 대학생들이 주로 쓴 PSE 이야기를 관찰해보면 여성이 남성보다 친밀감 동기가 높게 나타난다(McAdams, Lester, Brand, Mc-Namara, & Lensky, 1988; Pang & Schultheiss, 2005; Smith, 1985). 차이가 큰 편은 아니지만 비교적 꾸준하고, 이는 미국 사회에서 흔히 생각하는 "여성이 남성보다 더 친밀감을 중요시하고 타인과의 관계에 신경 쓴다"는 생각과 일치한다(Bakan, 1966; Gilligan, 1982; Lewis, 1985). 4학년과 6학년 아이들을 대상으로 조사해봐도 같은 결과가 나온다(McAdams & Losoff, 1984). 놀라운 것은 이러한 차이점이 성취감과 권력동기의 정도에서는 찾아볼 수 없었다는 점이다(Stewart & Chester, 1982).

PSE를 통해서 측정되는, 친밀감 동기와 유사한 다른 개념은 **소속동기**(affiliation motive)이다(Atkinson, Heyns, & Veroff, 1954; Boyatzis, 1973). Murray(1938)의 욕구이론에서부터 생겨난 개념인 소속동기는 타인과 긍정적 감정에 기반을 둔 관계를 만들고, 유지하거나, 다시 만들려는 성향을 의미한다. PSE 이야기에서 주인공들이 계속해서 타인과 소통하고 의미 있는 관계를 만들려고 한다면 소속동기가 높은 경우가 많다. 친밀감 동기와 차이가 있다면, 친밀감 동기는 따뜻하고 가까운 관계에 있으려고 하는 자질을 중요시하고, 소속동기는 그러한 관계를 만들려고 노력하는 자질에 더 중점을 둔다.

최근 연구자들은 친밀감과 소속동기의 생리학적 근거에 관심을 가졌다. 연구목적을 위해 서로 매우 비슷한 이 두 개념은 하나로 인정된다. Schultheiss와 동료들은 피임약을 먹는 여성들은 그렇지 않은 여성에 비해서 소속감/친밀감 동기가 높다는 결론을 냈다(Schultheiss, Dargel, & Rohde, 2003). 또한 여성의 월경 주기에 따른 프로게스테론 분비량의 증가도 PSE로 측정되는 친밀감/소속감 동기의 증가와 연관이 있는 것으로 나타났다. 또한 친밀감과 소속감의 내용이 들어간 영화를 본 사람들은 프로게스테론 분비량이 증가하는 것으로 나타났다(Schultheiss, Wirth, & Stanton, 2004). 이것은 애착행동과 큰 관계가 있는 호르몬인 옥시토신의 분비와도 관련이 있는데, 이것은 영장류에서는 가까운 관계를 의미한다. 애착행동의 발전적 기능은 위협으로부터의 보호다. 인간과 많은 다른 영장류들은 외부적 위협이 있는 상황에서 매우 소속감 있는 행동을 보인다고 알려져 있다. 같은 신경적 회로와 호르몬 요소들이 친밀감과 소속동기와도 연관이 있는 것으로 보인다.

자기귀인동기

PSE를 이용해 성취감, 권력, 친밀감 동기의 개인 간 차이점을 평가하는 연구는 Murray와 McClelland, Freud가 모두 동의한 한 가지 가정에 기반을 두고 있다—사람들은 본인의 동기를 의식적으로 알지 못한다는 것이다. 의식과 동기가 직접적인 관련이 있다면, 심리학자들은 TAT나 PSE 같은 투사적 기준을 사용할 이유가 없을 것이다. 성취동기 등을 측정하기 위해 수많은 자가 설문지가 개발됐지만(예 : Jackson, 1974), 여기서 나타난 정보는 PSE를 통해 얻어진 정보와는 큰 차이를 보인다. 예를 들자면, 성취동기를 측정한 자가 설문지는 PSE 내용과는 매우 다르다(Entwisle, 1972; Klinger, 1966; Niitamo, 1999). 권력과 친밀감 동기도 마찬가지다(King, 1995; McClelland, 1985; Schultheiss & Brunstein, 2001). 왜 이런 결과가 나올까? 두 가지는 같은 것을 측정하는데, 왜 관련이 없는 것으로 나올까?

표 7.9	자기귀인동기 대 내재적 동기	
	자기귀인동기	내재적 동기
정의	특정 목표를 지향하는 것과 같이 자기에 대해 의식적, 인지적으로 많은 노력을 기울인 이미지	특정 목표에 대한 반복, 무의식적 열망
측정	반응적 : 설문지, 평가척도, 환경을 둘러싼 자극 상황에서 힘의 동기를 선택하는 반응들을 나타내줄 수 있는 다른 측정도구들	자발적 : PSE와 다른 도구를 활용해 참여자들은 개방적이며 모호한 자극, 예를 들어 PSE의 그림과 같은 자극들에 자발적으로 반응
보상	사회적 : 주어진 상황에서 사회적 기준과 기대치에 부합하는 행동과 관련된 동기	활동적 : 자체적으로 자연스럽게 발생한 행동과 관련된 동기
성격단계	단계 1 : 자기귀인동기는 Big 5요인 특성으로 구성된 것과 같이 기질적 특성과 유사	단계 2 : 내재적 동기는 특성과는 상관이 적고 성격의 환경적 적응과 더 관련이 됨. 특성에 비해 상황적이고, 불확정적이며, 시간에 따른 안정성이 적음

　　McClelland와 동료들은, 두 가지 접근법이 같은 것을 측정하는 것이 아니라고 말했다(Koestner, Weinberger, & McClelland, 1991; McClelland, 1980; McClelland, Koestner, & Weinberger, 1989; Schultheiss & Brunstein, 1999; Schultheiss & Pang, 2007). 자가 설문지를 통해 측정된 성취동기는 PSE를 통해 측정된 성취동기와 다르다는 것이다. 성취감을 측정하는 설문지는 대상이 선택할 수 있는 답변의 종류가 한정적으로 정해져 있다. 각 질문에 "예", "아니요"로 대답하거나, 숫자로 답변할 수 있을 뿐이다. 반대로 PSE는 더 효과적이다. 대상이 본인만의 특별한 대답을 상상력을 동원해서 만들 수 있기 때문이다. PSE에서 주어지는 애매모호한 그림들은 사람들로 하여금 매우 광범위하고 창의적인 답변을 만들어내도록 할 수 있다.

　　따라서 자가 설문지는 본인의 성취감 성향을 의식적으로 측정하는 자기귀인동기(self-attributed motives)를 측정하는 것이고, 반대로 PSE는 의식적이지 않은 동기를 측정하는 방법이다. 설문지를 통해서 측정되는 자신이 생각하는 성취감의 정도는 5요인 모델에서 성실성에 해당하는 측면을 측정하는 것과 기능적으로 동일하다. 비슷하게, 친밀감 성향을 측정하는 자가 설문지는 친화성과 관련된다. 다른 성격특성과 마찬가지로 이것들은 성격에서의 전체적이고 보편적인 트렌드를 예측해준다. McClelland와 동료들은 여기서 측정되는 트렌드가 내재적 동기와는 차이점이 있다고 주장했다. 자가 측정되는 설문지는 자신이 보는 의식적인 이미지를 담기 때문에 동기와 정확히 일치하는 예상되는 행동에 해당하는 대답만 한다는 것이다. 예를 들자면, 타인이 많은 사회적 상황에서 자기가 생각하기에 성취감이 높다고 생각하는 사람들은 설문지에도 그에 일치하는 대답을 하게 된다. 반대로 무의식적으로 측정되는 것은 순간적인 사고도 포함하기 때문에 상대의 더 깊고 덜 의식적인 부분까지 알려준다. 따라서 PSE에 기반을 둔 성취동기가 높은 사람들은 장기적으로도 높은 성취감을 보여줄 확률이 높다. 간단하게 말하면 자가 측정 성취감이 높은 사람들은 **사회적 인센티브**를 중요시해서 남에게 보이는 것에 더 신경을 쓰고, 내재적인 성취동기가 높은 사람들은 성취감 자체를 즐기기 때문에 **활동적인 인센티브**를 찾아다니는 편이다. 자가 측정 동기는 외부적 보상과 연관이 있고, 내재적 동기는 내재적으로 동기화되는 것이다(Koestner & McClelland, 1990). 표 7.9를 보면

이 차이점을 알 수 있다.

다른 연구결과를 공부해봐도, 위에서 설명한 동기들의 차이점을 알아볼 수 있다(Schultheiss & Pang, 2007; Spangler, 1992; Winter et al., 1998). Spangler(1992)는 성취동기에 관한 105개의 연구논문을 공부했다. 모든 연구에서 PSE 기반 성취동기는 성취감 관련 행동과 조금밖에 연관이 없는 것으로 나왔다. 하지만 이 연구를 사회적 인센티브와 행동 인센티브의 경우로 나눠서 알아본 결과, McClelland의 예상이 옳은 것으로 나타났다. 독립변수가 사회적 상황에서의 성취동기인 경우 PSE에 기반을 둔 성취동기는 결과와 큰 관련이 없었는데, 자기귀인동기와는 관련이 있었다. 반대로 독립변수가 자연 발생적 성취행동인 경우 PSE 기반 성취동기는 결과를 예측하는 큰 원인으로 작용했고, 자기귀인동기는 그렇지 못했다.

PSE에 기반을 둔 내재적 동기와 관련된 논란은 PSE 자체에 대한 논란으로 이어졌다. 제4장에서 나는 성격특성 측정에 있어서의 재검타당도와 내적 일관성에 대해 설명했었다. 같은 기준이 PSE에도 적용됐다. PSE에 반대하는 사람들(Atkinson, Bongort, & Price, 1977; Reuman, Alwin, & Veroff, 1984)은 테스트를 실시한 결과 재검타당도와 내적 일관성 모두가 낮다고 지적한다. 자세한 내용은 이 책의 내용 범위 밖에 있지만, 이 사실은 인간 동기를 측정하는 PSE의 한계점을 나타낸다. 먼저, 성격에 대한 설명적 정보를 제공한다는 장점에도 불구하고, PSE는 보편적으로 잘 구성된 성격설문지보다는 덜 믿음이 가는 방법이다. PSE 동기의 재검타당도는 다른 자가 측정 시험보다 항상 더 낮게 나온다(Lundy, 1985; Winter & Stewart, 1977). 아이러니한 것은 이러한 한계점은 PSE의 장점에서부터 나온다는 것이다(PSE는 인간의 세심함을 측정한다는 것). PSE는 사람들의 창의적인 답변을 분석하는 방법이기 때문에 그때 대상의 기분 등 많은 외부적이고 관련 없는 정보가 동시에 측정될 수밖에 없다. PSE 특유의 세심함을 없애지 않고 이런 문제를 해결하는 것은 불가능하다.

두 번째로, PSE로 측정되는 성취감, 권력, 친밀감은 주로 설문지로 측정되는 외향성이나 신경증 등의 성격특성보다 시간이 지날수록 덜 안정적인 모습을 보인다. 제6장에서 본 것처럼 특정 기본적인 성격특성은 매우 높은 시간적 일관성을 보인다. 16살 때 외향적이었던 사람은 60살이 되도 그럴 가능성이 높다. 비슷한 PSE 데이터도 존재하지만, 특정 기본적 특성만큼 높은 일관성을 보이지는 않는다. 나아가 현재 동기를 설명하는 분명한 유전적 근원은 없는 상태다.

동기가 시간이 지남에 따라 변화할 수 있다는 가능성은 동기와 성격특성 간 기본적인 차이점을 시사한다. 기본적인 성격유형은 인생 초반기에 생긴다는 것은 논리적이지만(부분적으로 생물학적 기질의 작용 때문에), 그리고 안정적인 성격특성을 통해서 성인기로 이어진다는 것도 맞을 수 있지만, 욕망과 목표는 전체적인 인생 전반에 있어서 크게 변화할 수 있다는 것도 충분히 가능하다. 예를 들면, 특정 사람은 대학교를 다닐 때 친밀감과 성취감에 대한 높은 욕구를 경험할 수 있지만, 30대나 40대가 되면 권력욕구가 상승하면서 이것들은 오히려 줄어들 수 있다. 동기는 순간적인 기분이나 상태보다 더 지속적이고 성격특성보다는 덜 안정적인 형태로 특정 사람의 인생의 주어진 시간에서의 목표나 욕망, 관심사를 보여준다.

개인적 목표

모든 동기적 개념은 **시간**의 개념으로 설명된다. 동기는 원하는 목표의 상태로 정의되고, 이러한 목표의 상태는 **미래**에 존재한다. 목표동기가 높다고 말하는 것은, 권력을 경험할 수 있도록 미래에 도 달하기 위해 구체적인 목표를 정할 것이라는 의미다. 반대로 만약 외향성이 높다고 하면 현재 원하 는 것이 무엇인지, 나중에 원하는 것이 무엇인지, 목표가 무엇인지는 알 수 없다. 외향성의 의미를 이해하기 위해서 목표와 미래에 대해서 말할 필요는 없는 것이다. 권력동기가 외향성보다 더 중요 하다는 의미는 아니다. 둘 다 성격을 이해하는 데 중요하지만, 서로 다른 이유로 중요하다. 외향성 과 같은 성격특성은 성격의 1단계 차원에서 심리학적 특징의 광범위한 그림을 그려준다. 반대로 동 기는 성격적응의 2단계로 올라갈 수 있게 도와준다.

성취감, 권력, 친밀감을 향한 동기는 성격특성 그 이상의 부분이지만 사람들이 일상적으로 개인 화된 목표(personalized goal)를 알아보고 그것을 이루려고 노력하는 과정을 이해하면 성격특성을 더 자세하게 알 수 있게 된다. 마리아는 보편적으로 권력을 원하기 때문에 내재적인 권력동기가 강 하다고 할 수 있다. 하지만 그녀의 권력동기는 몇 개의 목표를 통해서만 보여지고, 다른 목표에서는 존재하지 않을 수 있다. 그녀의 현재 목표는 (1) 법대에 들어가는 것과 (2) 학급 회장이 되는 것이다. 반대로 그녀는 대인관계나 스포츠 분야에서는 권력을 경험하려는 목표가 없다. 마리아의 권력동기 가 높다면, 그녀에 대해 매우 중요한 정보를 알고 있는 것이다. 하지만 그녀가 정확히 무엇을 원하고 지금 어떤 노력을 하는지 이해하기 위해서는 개인화된 목표를 알아보는 것이 더 중요하다.

성격심리학자들은 개인적 목표를 설명하는 몇 가지 용어를 제시했다(Cantor & Zirkel, 1990; Freund & Baltes, 2000). Robert Emmons(1986, 1992)는 **개인적 노력**(personal strivings)은 "개 인이 이루고자 하는 특징적으로 지속되는 목표"(1992, p. 292)라고 했다. 개인적 노력은 사람들이 본인의 행동을 구성하는 기준이 되는 일상적 관심사다. "몸무게를 줄이는 것"과 같은 구체적인 목 표부터, "인생의 의미를 찾는 것"과 같은 애매한 목표까지 모두 포함된다. Emmons(1999)에 의하 면, 연구에서 알게 된 개인적 목표의 반 정도가 우리가 알아본 권력, 성취, 친밀감 동기에 포함된다 고 한다. 다른 카테고리에는 개인적 성장과 건강, 독립성, 회피, 영성, 성숙성 등이 들어간다. Em- mons(1999)는 친밀감과 성숙의 욕구는 심리학적 안정감을 측정하는 독립적 지수와 관련이 있다는 것을 알아냈다. 다른 말로 하면, 따뜻하고 가까운 관계를 추구하는 노력을 많이 하는 사람들과 사회 에 대한 공헌을 중요시하는 사람들은 그렇지 못한 사람들에 비해서 인생 만족도가 높다. 반대로 권 력에 대한 노력과 회피의 노력은 낮은 심리적 안정감과 높은 불안감으로 이어진다. 영적 노력은 인 생 목표 간의 충돌이 적은 상태로 이어지고 이것을 Emmons는 "성격의 전체적 통합"이라고 불렀다. 그는 영적 노력이 많은 사람들에게 인생의 목표를 제공하는 중요한 수치라고 말했다.

개인적 노력처럼, **개인적 프로젝트**(personal projects) 또한 일생에 영향을 많이 준다. Brian Little(1989, 1998, 1999)은 개인적 프로젝트가 특정 개인적 목표를 성취하기 위한 다양한 행동의 조 합이라고 말했다. Emmons와 마찬가지로 Little은 사소한 것부터 위대한 집착까지 다양한 범위의 프로젝트를 의미했다. 성격특성은 프로젝트에 큰 영향을 미칠 수 있다. 연구에 따르면 개방성이 높 은 사람들은 그렇지 않은 사람들에 비해서 더 다양한 프로젝트에 관심을 가진다(Little, Lecci, & Watkinson, 1992). 나아가 신경증이 높으면 프로젝트를 추구하는 과정에서 스트레스를 많이 겪게 된다(Little, 1999). 신경증은 또한 회피와 관련된 프로젝트와 목표를 추구하는 것과도 관계가 있다 (Elliot, Sheldon, & Church, 1997). 다른 말로 하면, 신경증이 높은 사람들은 그렇지 못한 사람들에 비해서 "어머니를 만나는 것을 피하는 것"이나 "불쾌한 사람들을 피하는 것", "스트레스에서 벗어나는 것"과 같은 프로젝트를 추구할 가능성이 높다. 긍정적인 결과를 추구하기보다는 부정적인 결과를 피하려 하는 것이다. 나아가 회피적 목적은 특정 문화적 집단에서 더 잘 나타난다고 한다. Elliot, Chirkov, Kim, Sheldon(2001)에 의하면 아시아 혈통의 미국인들이 더 회피성 목적을 자주 세웠고, 미국 사람들에 비해 러시아와 한국 사람들이 더 회피적이라고 한다.

개인적 목표가 시간이 지나면서 변화함에 따라 인생의 중요한 발달적 트렌드를 나타내게 된다(Freund & Riegider, 2006; Roberts, O'Donnell, & Robins, 2004). 연구에 따르면 교육, 친밀감, 우정, 직업과 관련된 목표가 성인들에게는 가장 중요하다고 한다. 더 나이가 많은 중년의 성인이 되면 건강이나 레저, 퇴직, 현대사회의 이해 등이 더 중요해진다(Freund & Riediger, 2006). 초기 성인기의 목표는 자기를 알아가고 새로운 정보를 얻는 데 치중되고, 후기 성인기의 목표는 현재 진행 중인 관계의 정서적 질에 더 초점을 둔다(Carstensen, 1995; Helson, Soto, & Cate, 2006). 사람들이 인생에서 여러 개의 목적에 대처하는 태도는 나이에 따라서도 변화한다. 성인기 초기에 성인들은 다양한 인생 목표 간의 충돌을 참아낼 수 있는 편이지만, 중년과 그 이상의 성인들은 충돌을 최소화할 수 있는 방법으로 목표를 정리한다. 목표를 환경적 조건에 맞추려는 과정에서 성인기 초기의 성인들은 Wrosch, Heckhausen, Lachman(2006)이 일차적 제어 전략(primary control strategy)이라고 부른 것을 사용할 확률이 높다. 환경을 바꿔서 목표를 추구하려 한다는 의미다. 반대로 중년과 그 이상의 성인들은 이차적 제어 전략을 통해서 자신을 바꿔서 환경적 제한에 맞추려고 한다. 예외는 있지만 보통 더 나이 많은 성인들이 목표에 현실적인 방법으로 다가가는 편이다(Ogilvie, Rose, & Heppen, 2001; Riediger & Freund, 2006).

인생의 현재 상태에 얼마나 만족하고 있는지를 생각해보면, 목표의 상태에 대한 평가를 할 수 있다. 현재 목표에 만족하고 있는가? 목표들이 서로 갈등관계에 있는가? 개인적 노력이나 프로젝트 등의 목표개념을 연구하는 심리학자들은 목표와 심리적 안정 간 관계를 많이 연구했다(예 : Pomerantz, Saxon, & Oishi, 2000). 목표지향적인 행동은 사람들이 생각하는 삶의 질과 직접적 관련이 있는 것으로 나타났다. 예를 들면, 자신의 목표에 도달했다고 생각하거나 과정이 만족스러운 사람들은 보통 인생에 대한 만족도도 높은 편이다(Pervin, 1989, 1996). Palys와 Little(1983)에 의하면, 즐길 수 있고 살짝 어려운 프로젝트에 참가한 사람들은 더 인생에 만족한다고 한다. 즐기기 힘들거나 지나치게 어려운 프로젝트를 하는 경우는 만족도가 떨어진다.

개인적 프로젝트와 심리적 안정감의 관계를 연구하면서 Little은 다음과 같은 5개 측면의 질문을 한다. (1) 의미(meaningfulness)—프로젝트가 얼마나 가치 있는지, 얼마나 재미있는지, 얼마나 내 정체성에 공헌하는지 (2) 처리하기 쉬운 정도(manageability)—프로젝트가 얼마나 쉬운지, 얼마나 주도권을 가졌는지, 시간이 얼마나 있는지 (3) 지원(support)—사람들이 얼마나 지지해주는지, 타인에게 얼마나 잘 보이는지 (4) 효율성(efficacy)—얼마나 빠르게 진행되고 있는지, 얼마나 나의 능력이 있는지 (5) 스트레스—프로젝트가 나를 얼마나 불안하고 지치게 하는지, 내가 얼마나 걱정하는지. Little에 의하면, 우리는 개인적 프로젝트를 만들고 실현하는 과정에서 '의미'와 '처리하기 쉬운 정도' 간의 갈등을 경험한다고 한다. 장기적이고 추상적인 목표(더 나은 사람이 되는 것)는 매우 의미가 있지만 처리하기는 힘들 것이다. 단기적이고 구체적인 목표(맛있는 요리를 대접하는 것)는 의미는 부족하지만 더 쉬울 것이다. 개인이 목표행동을 정리해 프로젝트를 달성하는 과정에서 그것은 의미도 있고 처리하기에도 어렵지 않아야 한다. 개인적 프로젝트는 계속해서 자신이 원하는 것과 환경적 문제(가족이나 공동체, 직업, 사회 등)와 관련이 있을 수밖에 없다. 복잡한 사회적 맥락 안에서 사람들은 개인적 프로젝트를 타인과 **소통**할 수 있는 효과적인 방법을 찾아야만 한다. 목표를 이루고자 하고 그 목표를 통합적으로 발전시키고자 한다면, 타인들도 인생의 목표를 뚜렷하게 이해하고 있어야 한다.

Emmons는 나아가 개인적 노력이 서로 충돌할 때 어떻게 되는지 알아보았다. "어머니와의 관계를 회복하는 것"은 "독립성을 갖는 것"과 충돌한다. 그는 3주 동안 40명의 학부생을 대상으로 다양한 개인적 노력을 알아보고, 매일 기분과 생각을 측정했다. 긍정적인 감정적 경험은 사람들이 과거에 경험했을 때 가치가 높았던 노력과 양의 상관관계가 있었다. 부정적 감정적 경험은 다양한 노력 간의 대립관계가 있을 때 나타났다. Emmons와 King(1988)은 노력 간의 갈등과 모호함은 부정적 감정, 우울증, 신경증, 신경적 불안, 더 많은 질병과 병원 방문으로 이어진다는 것을 알아냈다. 또한 사람들이 노력들 간 갈등을 경험할 경우, 노력을 실현시키려는 시도를 할 수 없었고 대신 그 갈등에 대해서 지나치게 오래 생각하는 성향을 알아냈다. Riediger와 Freund(2004)는 인생의 특정 목표가 다른 목표와 충돌할 때 심리학적 안정감이 낮아진다고 말했다. 정리하자면 노력들 간의 높은 갈등관계는 나쁜 건강, 낮은 행복감, 높은 우울증과 불안감, 그 갈등에 대해서 지나치게 집착하려는 성향으로 이어진다.

마지막으로 Brunstein, Schultheiss, Grassman(1998)의 연구에 따르면 PSE로 측정된 보편적 동기와 개인적 목표와 심리학적 안정감과 연결되는 정도를 알 수 있다. 처음에 연구자들은 독일 대학생들을 대상으로 두 가지 개인적 목표와 두 가지 공동체적 목표를 알아보고 난 뒤 PSE 테스트를 실시했다. 각 목표에 있어서 학생들은 어느 정도 성공하고 있는지의 정도도 답변했다. 2주 동안 각 학생들은 전체적인 심리학적 안정감을 알아보는 기분 체크리스트를 완성했다. 그리고 권력동기는 자기보존적, 소속과 친밀감 동기는 공존적이라고 구분해서 PSE 결과를 분석했다. 점수가 높을수록 자기보존적, 낮을수록 공존적이었다.

연구결과를 보면, 동기적 점수와 안정감의 예측 간 상관관계를 알 수 있다. 정리하자면 매우 자기보존적 동기를 가진 학생들은 **개인적인 목표에서 성장**하고 있을 때 심리적 안정감이 높았다. 비슷하게 공존적 동기적 성향이 강한 학생들은 **공동체적 목표에 치중**할 때 더 만족스러워했다. 여기서 알아야 할 것은 안정감은 **동기와 일정한 목표**라는 것이다. 자신의 보편적 동기적 성향과 일치하는 목표에서 좋은 결과를 얻고 있으면 긍정적 감정을 얻게 된다. 보편적으로 목표달성은 모두에게 좋은 일이지만, 안정감에 좋은 목표는 몇 가지가 따로 있다. 그중 가장 중요한 경우는 개인이 깊은 곳으로부터 진정으로 원하는 경험일 것이다.

결론적으로, 많은 심리학자들과 일반 사람들은 개인적 목표가 심리학적 특성에서 매우 중요하다고 생각한다. 심리적 안정감으로 이어질 뿐만 아니라, 목표는 특성과는 다르게 비교적 변화시키거나 노력하기 쉽기 때문이다. 개인적 노력과 프로젝트는 변화하고, 수정되고, 성장하며 환경에 영향을 받는다. 심리학자나 상담가들은 사람들의 목표를 더 현실적으로 바꿔주고, 환경에서 지원을 찾도록 도와주고, 의미 있고 동시에 실현가능한 새로운 목표설정에 도움을 주고, 본인의 보편적 동기적 특성과 일치하는 목표를 만들도록 해준다. 그리고 사람들은 보통 좋은 쪽으로의 변화를 추구할 때 개인적 목표를 재탐색하는 것부터 시작한다.

요약

1. 성격특성이 성격의 첫 번째 단계를 구성한다면, 동기와 목표는 두 번째 단계에서의 중요한 성격적응 요소이다. 동기개념은 내면의 힘과 요소들에 관련되는데 이는 가장 중요하며 반복되는 인간의 요구, 욕구, 욕망을 포함한 인간 행동에 힘을 주고 방향성을 준다.

2. 100여 년 전 Sigmund Freud에 의해 소개된 인간 동기에 대한 심리학적 관점에 의하면, 인간의 행동은 궁극적으로 무의식적 성적 욕구와 공격성에 의해서 그리고 일상생활에서 발생하는 심리 내적 갈등의 콤플렉스에 의해서 결정된다. 무의식적 과정은 위협적 충동, 사고, 감정들을 억누르는 작용을 한다. 억압은 보편적인데, 연구에 의하면 어떤 사람들은 다른 사람들보다 더 많이 억압을 사용한다. 억압자는 의식 수준에서는 불안감을 적게 보고한다. 그러나 그들은 삶에서 무척 높은 방어적 접근을 채택한다. 연구에 의하면 억압자들은 과거의 부정적인 기억을 더 적게 보고하고 기억에서부터 감정적으로 부정적인 장면을 분리해낸다.

3. Freud의 구조모델은 정신세계를 이드, 자아, 초자아로 구분한다. 이드는 쾌락원리를 따르고 자아는 현실원리에 의해 작동하며, 초자아는 권위적인 내적 규칙을 대변하는 원초적 도덕성의 목소리로 작동한다. 충동적인 이드와 가혹한 초자아, 그리고 요구적인 바깥세상의 가운데 사로잡혀 자아는 동기적 갈등을 해결하고 불안을 감소하는 방법을 찾는다. 방어기제는 처리하고자 하는 현실을 왜곡하여 불안을 줄이고자 하는 자아의 무의식적 전략이다. 방어기제에

대한 상당한 연구들이, 방어는 미성숙으로부터 성숙에 이르는 발달적 연속성 위에서 정리될 수 있다는 정신분석적 관점을 지지한다. 어린이들에 있어서 연령에 적절한 방어는 보다 효과적인 대처와 관련이 있고, 성인의 성숙한 방어란 정신사회적 적응과 관련이 있다.

4. 인본주의적 관점에서 동기는 의식적 경험과 자아실현의 경향성을 우선시한다. Carl Rogers는 가장 영향력 있는 인본주의적 성격이론과, 모든 것을 망라하는 힘이 되는 자아실현 및 성취의 동기를 자리매김하는 심리치료이론을 발달시켰다. Rogers의 접근은 심리학자들이 사람의 의식적 경험의 현상계를 연민을 가지고, 이상적으로는 무조건적 긍정적 관점으로 탐색할 것을 촉구했다. Rogers와 마찬가지로 Abraham Maslow는 자아실현의 동기를 전제한 성격이론을 발전시켰다. Maslow는 자아실현의 경향이 심리적 평정, 안전과 안보, 소속감과 사랑, 자아실현 등의 기본적인 욕구 위에 세워진다고 주장했다. 높은 자아실현을 이룬 개인은 인본주의적 미덕을 신봉하고 삶의 절정을 더 많이 경험한다.

5. 인본주의 심리학의 중심 개념은 내적으로 동기화된 행동은 그 행동으로 인한 보상에 의해서라기보다 스스로를 위한 것일 때 가치가 있는 것이다. 내적 동기에 대한 연구에 의하면 물질적 보상은 때때로 그 보상이 주어지는 활동에 대한 사람의 흥미를 손상시킨다. 내적 동기에 대한 연구의 시작과 함께 Deci와 Ryan은 자기결정이론을 제안했다. 자기결정이론에서 인간은 유기체의 통합을 촉진할 새로운 도전

과 조우하는 자연스러운 동기를 부여받는다. 자기결정적인, 즉 내적으로 동기화된 행동은 종종 기본적인 인간의 자율성, 자신감, 상호관계 등의 욕구에 닿아 있다. 자기결정이론은 자율성, 자신감, 상호관계 욕구로부터 유래된 자기결정적 행동이 어떻게 성장과 웰빙을 증진하는지, 그리고 물질적 부를 추구하는 행동과 특권의 추구 및 외적 보상을 추구하는 행동이 어떻게 도덕성을 감소시키고 유기체의 성장을 억누르는지에 대한 연구를 촉진했다.

6. 인간 동기에 대한 다양성 관점은 수많은 서로 다른 동기와 욕구들을 전제한다. Murray의 영향력 있는 동기이론은 환경적 힘 혹은 압력과 관련된 행동을 하게 하고 행동의 방향성을 주는 대략 20가지 심리유전학적 욕구들의 분류표를 제안했다. Murray는 서로 다른 개인의 심리유전학적 욕구와 동기의 측정을 위한 평가도구로 TAT를 개발했다. TAT에서 참여자들은 그림판에 상응하는 상상의 이야기를 말하거나 쓰게 된다. PSE라 불리는 연구목적의 TAT에서 이야기들은 다양한 내용별 주제의 무의식적 동기경향이 코딩된다. PSE와 동기의 연구는 성취, 권력, 친밀감의 욕구로 초점이 맞춰진다.

7. 성취동기는 잘하고 있거나 성공한 경험에 대한 반복적인 선호나 준비도를 뜻한다. PSE 측정에서 높은 성취동기를 보인 사람들은 그들의 목표지향적 활동에 있어서 매우 효율적인 경향이 있고 높은 성취포부를 보인다. 그러나 보통 정도로만 위험을 감수하고 높은 자기통제 및 만족의 지연을 보이고, 성공적인 기업가 정신을 촉진하는 폭넓은 행동과 태도를 보인다. 한 사회가 장려할 정도의 성취동기는 민간설화, 어린이 독자, 혹은 유병 문학에 나타나는 성공적 주제들을 마치 PSE 이야기인 것처럼 점수를 내어 가늠해볼 수 있다. David McClelland는 한 사회의 성취동기는 경제적 성장과 관련이 있음을 보인 바 있다.

8. 권력동기는 영향력을 가지거나 강한 느낌의 경험에 대한 반복적인 선호 혹은 준비도를 뜻한다. PSE 측정에서 권력동기가 높은 사람들은 공격성과 리더십 모두와 관련이 있는 성격특성의 혼합된 모습을 보였다. 그들은 소집단에서 활동적이고 힘이 넘치는 경향이 있고 위상이 높은 소유물을 축적하고자 하며 타인에게 행동을 지시하는 것과 관련된 공무 혹은 전문적 일을 하고자 한다. 남자들 사이에서 권력동기는 낭만적 관계의 불안정성과 관련이 있었다. 어느 연구에 의하면 신체적 건강의 관점에서 강하지만 억제된 권력동기를 가진 개인들은 특히 그들이 권력에 대한 큰 스트레스를 받을 때 질병에 취약하다고 제안했다.

9. 친밀감 동기는 따뜻함, 가까움, 타인과의 소통적 상호관계의 경험에 대한 반복적 선호를 뜻한다. PSE에 근거하여 높은 친밀감 동기를 보이는 사람은 타인에게 사랑스럽고 민감하게 보이고, 친밀한 상호작용에서 더 많이 눈을 마주치고 미소를 보여주며, 자기노출을 더 많이 하고, 그들의 친구들과 친밀한 경향이 있다. 특히 삶에 대해 공존적 접근을 시사하는 넓은 범위의 행동에 관여한다. 또한 친밀감 동기는 심리적 웰빙과 긍정적인 관련이 있다. 성취동기와 권력동기는 성별의 차이를 보이지 않는데 친밀감 동기는 여성이 남성보다 의미 있게 지속적으로 더 높은 점수를 받는다.

10. 성취, 권력, 친밀감에 대한 암묵적 동기연구가 일반적 목표의 상태를 검토하지만 또 다른 선상의 최근 연구는 개인적 추구 혹은 개인적 프로젝트라고 다양하게 이름 붙인 보다 구체적인 개인의 목표 자체에 초점을 맞추었다. 연구결과는 개인의 목표가 사람의 심리적 웰빙에 직접적으로 관여하게 만든다고 제안한다. 사람들은 그들이 자신의 목표를 추구하는 과정에서, 특히 그들의 목표가 그들의 성격의 동기적 경향과 일치할 때 기쁨을 느낀다. 친밀감을 위한 목표 그리고 타인에게 긍정적인 공헌을 하는 것 등은 긍정적 정서와 관련이 있고, 회피하려는 목표 그리고 권력과 관련된 목표들은 부정적 정서와 관련이 있다. 목표의 갈등과 모순은 삶의 만족도를 저하시킨다. 목

표지향적 활동은 종종 의미와 처리가능성의 트레이드오프(trade off)와 관련된다. 종종 가장 의미 있고 참여적인 목표는 제일 얻기 어렵기 때문에, 도전은 목표에 따라 목적 있는 행동을 하게 하고 그것은 의미와 처리가능성 모두에 대해 충분히 위대하면서 충분히 겸손하다.

자기와 타자 : 성격의 사회인지적 접근

Self and Other: Social-Cognitive Aspects of Personality

우리는 컴퓨터에 의해 지배되는 정보화시대에 살고 있다. 불과 수년 전만 해도 컴퓨터는 대학, 군대, 주요 정부기관에서만 사용되는 거대하고 큰 기계였다. 그러나 오늘날 대부분의 미국 가정에서는 하나 이상의 개인용 컴퓨터를 소유하고 있고 자동차 엔진, 주방가전, 어린아이의 장난감에도 컴퓨터가 장착되어 있다. 심리학자들은 그들의 연구자료를 수집하고 분석하는 데 컴퓨터를 사용하고 있다. 사회에서뿐 아니라 심리학에서도 가장 큰 컴퓨터의 영향력 중 하나가 메타포다. 우리 모두가 컴퓨터를 사용할 뿐만 아니라 우리 모두는 다방면에서 우리 자체가 컴퓨터와 같다. 심지어는 컴퓨터가 발명되기 이전조차도 그들과 같았다.

컴퓨터처럼 우리는 환경으로부터 정보를 가져가고, 소유하고, 저장하고 검색한다. 정보는 우리의 감각기관을 통해 전달되지만 좋은 컴퓨터와 같이 우리는 수동적인 방식으로 정보를 받아들이지는 않는다. 우리는 그것을 다룰 뿐이다. 우리는 그것을 조작하고 인간 마음의 복잡한 소프트웨어에 따라 그것을 사용하기도 하는 등 정보를 활용한다. 이런 활동의 궁극적인 결과가 인간 행동이다. 인간은 행동을 위해 정보를 처리한다. 우리의 지각, 인상, 추론, 판단, 기억은 종국에 우리가 하는 일에 영향을 미친다.

성격의 사회인지적 접근(social-cognitive approach to personality)은 "모든 인간은 사회적 환경에서 작동하는 복잡한 정보처리체계를 갖는다"라는 전제하에 시작된다(Cervone et al., 2001; Kihlstrom & Hastie, 1997). 가장 중요한 요소는 타인을 보는 우리의 지각과 표현인데, 이는 우리가 우리를 보는 관점에 의해서 만들어진다. 성격을 보는 사회인지적 관점은 사람들이 그들, 타인, 사회적 세계의 정신적 이해를 어떻게 하는지 이러한 측면이 사회적 행동으로 어떻게 나타나는지를 보는 방법이다. 사람들은 이미지, 개념, 믿음, 가치, 계획, 예상을 하며 이러한 표현들은 행동에 영향을 주게 된다. 간단하게 말하면 인지는 사회적 행동에 영향을 주고 사회적 행동은 인지과정에 영향을 준다.

사람들은 특징적으로 만들고 행동하는 사회적 표현의 종류에서 모두 차이점이 있다. 따라서 성격의 특성을 잘 나타내는 특징 중 하나는 사람들이 만들어내는 사회인지적 표현이다. 동기나 목표와 마찬가지로, 성격의 사회인지적 적응은 성격특성을 벗어나서 더 넓은 인생의 본질을 나타낸다(Bandura, 1999; Cervone & Shoda, 1999a, 1999b; Mischel, 1999). 성격특성이 심리적 특징의 스케치를 제공한다면 자기와 사회적 행동의 특징적 표현은 더 자세한 빈자리를 메꿔준다고 할 수 있다.

이번 장에서 나는 사회인지적 방법을 이용해서 성격적응을 알아본다. 먼저 George Kelly의 성격 구성이론으로 시작한다. 1955년 발표된 이 이론은 컴퓨터 발달 전 시대부터 생겨났지만, 이후의 많은 이론에 영향을 준 중요한 내용을 담고 있다. 그리고 나서는 성격의 인지유형을 알아보고, 마지막으로는 사회지능, 자기스키마, 자기가이드, 설명방식, 그리고 우리가 사랑하는 사람에 대한 정신적 표현 등을 포함한 성격심리학의 많은 사회인지적 생각을 소개하려고 한다.

개인구성 심리학

George A. Kelly(1905~1966)는 1955년에 두 권으로 쓰인 *The Psychology of Personal Constructs*를 출간하기 전까지는 교사, 항공기술자, 임상심리학자로 무명의 시절을 지내왔었다. 그러나 이 책이 출간되면서 성격심리학에 큰 반향을 불러일으켰다. 그는 Freud, Jung, Rogers, Maslow, Murray, Allport, Eysenck, Cattel과 그 밖의 행동주의자들에 의해 제안된 당시의 고전적 성격심리학에는 등장하지 않았던 인간에 대한 대담한 기본 이론을 선보였다. 그가 사용한 **개인구성개념, 편의의 범위, 고정역할치료, Rep 테스트** 같은 용어들은 심리학계에서 일반적으로 쓰이는 개념이 되었다. 게다가 Kelly는 성격심리학 분야에서 단숨에 유명인사가 되었다. 그러나 불행하게도 그의 주요 저서 가운데 하나만이 괄목할 만한 이론을 소개하고 있다. 애석하게도 그의 이론은 이른 죽음에 의해 그 빛을 발하지 못했다. 그럼에도 불구하고 사회적 상황을 예견하고 통제하고 설명하려고 하는 탐색적인 과학자로서 인간 상징에 근거를 두고 있는 심리학적 개인주의에 관한 사상들을 자극하고 인간 본성에 관한 선구자적 견해를 피력해주었다.

George Kelly의 이론

제7장에서 본 것처럼 많은 성격이론들은 인간 동기에 지대한 관심을 가졌다. 사람들은 왜 그들이 하는 행동을 할까? 행동은 무엇에 의해서 자극받는가? 어떠한 내부적 동기, 욕구들이 인간 행동에 힘을 주는 것일까? 성격심리학의 일반적 생각에서 벗어나서, Kelly(1955)는 인간 동기의 '문제'는 사실상 문제가 아니라고 주장했다. 그는 인간이 왜 행동하는지의 원인을 알아보는 것은 큰 의미가 없다고 말했다. 사람들이 행동하는 이유는 억제체계에 의해서도, 성이나 공격적 본능(Freud)에 의해서도, 강화작용(행동주의)에 의해서도, 욕구나 동기(Murray, McClelland)에 의해서도, 아니면 자아실현(Rogers, Maslow)을 위한 목표나 노력에 의해서도 아니다. 사람들은 살아 있기 때문에 '그냥' 행동하는 것이다. 꽤 간단한 생각이다.

하지만 그렇게 간단하지는 않다. 그가 동기이론을 제외시킨 것은 부분적일 뿐이다—그 자신의 이론도 동기의 근본적 원칙을 나타내기 때문이다(Hogan, 1976; Shotter, 1970). 사람은 그에게 무슨 일이 생길지 예상하거나 기대하도록 동기를 부여받는다. 사람들이 행동하도록 영향을 주는 것은 세상에 무엇이 있는지에 대한 기대로부터 시작된다. 근본적으로 사람은 일을 예상하고 제어할 수 있는 과학자와 같다.

사람들은 항상 우리 주변에 있는 일을 예상하고 제어하려고 노력한다. 과학자들의 열망은 근본적으로 모든 인간들의 열망이다(Kelly, 1955, p. 43).

표 8.1을 보면, *The Psychology of Personal Constructs*에서 나온 Kelly 이론의 중요한 부분을 확인할 수 있다. 그가 본 인생은 과학의 더 친숙한 버전이라고 생각할 수 있다. 제1장에서 본 것처럼 과학적 탐구의 첫 번째 과정은 경험의 분류이다. 과학은 대상에 특정한 구성을 적용시키면서 시작된다. William James가 "꽃이 만발하고 벌레가 윙윙대는 혼란(blooming confusion)"이라고 했듯 과학자는 무언가를 알고자 한다면 순서에 따라 정리하고 카테고리로 나눠야 한다. 이렇게 되면 결과적으로 이론이 생기고, 그 이론이 타당한지는 실험을 통해서 검증할 수 있게 된다.

Kelly에 의하면, 우리 모두는 **개인구성**(personal constructs)을 통해서 세계를 이해한다고 한다. 이것은 어떤 것들은 비슷하고 다른 것들은 그렇지 못하다는 것을 이해하는 특징석 방법을 말한다. 모든 구성은 양극적(bipolar)이다. 예를 들자면 나는 '진지한/재미있는'이라는 개인구성을 통해서 내 친구를 판단할 수 있다. 그랜트와 잭은 비교적 진지하고, 딘은 비교적 재미있기 때문에 앞의 둘과는 다르다. 세 친

George A. Kelly(1905~1966)는 인간을 그들의 세계를 구성하고 예측하고 통제하는 아마추어 과학자에 빗대어 설명하면서 상당히 영향력 있는 성격이론을 전개해나갔다. Kelly의 개인구성주의 심리학은 인간의 조건을 성격의 핵심으로 규정했다(출처 : Brandeis University, Waltham, MA 허가받음).

표 8.1	Kelly의 근원적 가설에 따른 11가지 추론

가설 : 인간은 그들이 사건을 예측하는 방식으로 심리적 과정이 전개된다.

구성적 추론 : 인간은 똑같이 반응함으로써 사건을 예측한다.

개인적 추론 : 인간은 사건에 대한 구성에 있어 각기 다르다.

조직적 추론 : 각각의 사람들은 사건을 예측할 때 그들의 편의에 따라 각 구성들 사이에 순서에 맞춘 관계들을 포괄할 수 있는 체계를 구축해나간다.

이분법적 추론 : 인간의 구성체계는 유한한 이분법적 구성체계들로 이뤄진다.

선택적 추론 : 자신의 체계에 걸맞게 예측할 수 있는 이분법적 구성에 따라 대안을 선택한다.

범위적 추론 : 구성은 사건의 유한한 범위를 예측할 때만이 편리하다.

경험적 추론 : 한 인간의 구성체계는 사건을 얼마나 똑같이 재현해내느냐에 따라 변화한다.

모듈식 추론 : 개인구성체계의 변화는 변화할 수 있는 범위 내에서 구성의 침투가능성에 의해 제한된다.

파편적 추론 : 다양한 구성체계를 성공적으로 활용해본 사람은 각자를 무능한 존재라고 생각한다.

공동체적 추론 : 다른 사람과 유사한 방식으로 경험의 구성을 넓히기 위해 그들의 심리적 과정은 타인의 것과 유사한 방식을 취한다.

사회적 추론 : 다른 사람의 구성적 과정을 구성해 내는 일을 확장시키기 위해 타인의 사회적 과정에서의 역할을 수행한다.

출처 : The Psychology of Personal Constructs, by G. Kelly, 1955, New York : W.W. Norton.

구 모두 많은 방면에서 서로 비슷하고 다르기도 할 것이다. 이러한 친구들과의 경험은 매우 다양할 수 있지만, 일반적인 '진지한/재미있는'이라는 잣대를 적용해서 어느 정도 예상하는 것이다. 이 구성은 내 대인적 세상을 예상하고 제어하게 해준다. 일반적으로 잭이나 그랜트와 이야기하면 진지한 내용을 기대하고, 딘과 대화하면 재미있을 것이라고 예상하게 된다.

사람들은 그들의 구성체계를 통해서 이해된다. 각 사람은 수직 관계로 정리된 몇 가지의 구성을 통해서 자신만의 구성체계를 발전시킨다. 이것은 모든 구성체계 안에서의 몇몇 구성은 **상위목표**(superordinal, 상위 개념의 구성을 포함), 몇 개는 **하위목표**(subordinal, 하위 개념의 구성 포함)라는 뜻이다. 모든 사람의 구성체계는 특별하고, 개인의 구성체계를 이해한다는 것은 그 사람의 눈을 통해서 세계를 본다는 의미와 같다.

사람의 구성체계 안에서 특정 구성은 다른 구성과 **편의의 범위**(range of convenience)를 통해서 달라진다. 따라서 '친근한/친근하지 않은'의 구성은 넓은 편의의 범위를 갖게 된다. 반대로 '보수적/진보적'이라는 구성은 특정 성향이나 상황에만 적용되기 때문에 편의의 범위가 좁은 편이다. 하지만 이 정도는 개인에 따라서 물론 차이점이 있다. 예를 들자면, 정치에 관심이 많은 여성은 자신의 잣대에 맞춰 '보수적/진보적'이라는 구성을 보통 사람들보다 더 광범위한 상황에 적용시켜 생각할 수 있다. 그녀는 정치적 의미의 환경적 제안에 자신의 정보들을 맞추려 할 것이다. 이를 통해 사람에 대한 그녀의 판단의 근거 중 하나는 그들에게 인식된 정치적 설득력이 될 것이다. 칵테일 파티에서 그녀는 쓰리버튼 슈트를 차려입은 은행간부로 보이는 중년 남성을 소개받았다. 그의 머리는 흠잡을 데 없이 말끔했다. 값진 시계 등도 품위를 보여주었다. 그녀는 혼잣말을 했다. "이 남자는 아마도 정치적으론 보수적일 거야. 매번 공화당을 지지한다는 데 표를 던지겠어." 물론 그녀의 예측이 틀릴 수도 있다. 그는 미국의 시민자유연합의 운동변호사이면서 자유정당의 후보들에게 지지표를 던져왔을 수도 있다. 이 여성은 자신의 첫 번째 예감을 반드시 믿어야만 하는 것은 아니었다. 사실을 예측하기보다는 가설을 입증해보는 것이 더 건설적일 것이다. 하지만 이러한 그녀의 예감은 다른 사람과의 첫 번째 만남과 교제에서 그녀에게 중요한 출발점이 되어줄 것이다. 이것은 다음에 어떠한 일이 벌어지고 벌어지지 않을지에 대한 단서를 제공해줄 것이다. 예감은 행동과 경험을 이끌어간다. Kelly의 "기초 가설"이라는 단어는 "한 인간의 행동을 결정해나가는 과정은 심리적으로 그(그녀)가 사건을 예측하는 방식과 연관된다(Kelly, 1955, p. 46)."

구성은 다른 측면에서도 다르다. 몇몇 구성은 투과성(permeable)이 높은 반면, 다른 구성은 그렇지 못하다. 투과성이 높은 구성은 다른 사람이 개방적이라고 보는 관점이고, 새로운 정보나 경험에 비추었을 때 본인의 구성을 변경하지 못하는 사람들은 타인들이 유연하지 못하고 꽉 막혀 있다고 생각하기 쉽다. 하지만 완벽한 투과성이 좋은 것은 아니다. 투과성이 너무 높아서 주어진 상황마다 계속해서 구성이 변화한다면 일을 예상하는 과정에서 효율적으로 사용될 수 없다. 사람의 구성이 다른 구성과 모순관계를 이룰 때도 문제가 생긴다. 한 사람의 구성들이 상호적으로 맞지 않고 서로 모순된다면 적응적 방법으로 일을 예상하고 세상을 이해하는 데 어려움을 겪을 수밖에 없다.

Kelly의 개인구성이론은 성격심리학의 전통적 이론에서 벗어난 재미있는 관점을 제공한다. 예를 들어서 무의식의 개념을 보자. Kelly는 억압된 소망이나 갈등이 존재하는 무의식의 미스터리를 설명할 필요성을 느끼지 못했다. Kelly의 의식에서 무의식은 말로 표현되지 않고 수면 아래에 존재하는 구성일 뿐이다. 특정 구성은 이름을 주는 것이 불가능하기 때문에, 우리는 그것에 대해서 모를 수 있다. 어떤 구성은 맞지 않기 때문에 다른 구성 밑에만 존재한다. 그러므로 매우 손상된 구성체계는 사람들이 의식하지 못하는 수면 아래의 구성을 포함할 가능성이 많다.

Kelly는 불안감을 "개인의 구성체계의 편의의 범위 밖에 어떠한 일이 존재한다는 생각에서부터 나오는 감정"(1955, p. 482)이라고 설명했다. 다른 말로 하면, 우리는 우리의 구성체계로는 설명되지 않는 일에 마주하게 되면 불안감을 느낀다는 것이다. 그러면 궁극적으로 불안감은 알지 못하는 것에 대한 두려움이다. 죄의식이란 구성에서 벗어남을 알면서도 그대로 행동하는 것을 의미한다. 그렇게 되면 죄의식은 개인의 개인구성체계 밖에서의 일을 할 때 생겨나는 것이다.

개인구성에 대한 탐색 : Rep 테스트

Kelly의 접근법을 알아볼 수 있는 방법 중 가장 좋은 것은 역할구성개념 레퍼토리 테스트(role construct repertory test, Rep 테스트)에 참가하는 것이다. 이것은 인생의 개인구성을 알아보기 위해서 그가 고안한 시험이다. Rep 테스트는 임상적 실험과 연구에서도 사용할 수 있고 자가 측정도 가능하다.

Rep 테스트의 한 가지 버전을 보면, 자기 인생에서 중요한 역할을 하는 사람들을 서로 비교하도록 요구한다. Kelly는 역할(role)이란 개인의 인생에서 특정 사람들이 하는 행동의 이해나 예상이라고 말했다. 따라서 '어머니'라는 역할은, 어머니들이 다양한 상황에서 어떻게 행동하는지에 대한 이해로 구성된다. Rep 테스트의 첫 번째 단계는 역할목록을 작성하는 것이다. 당신 인생의 15가지 다른 역할을 생각해보자. 각 15가지 역할마다 (표 8.2에 나온 것처럼) 이 설명에 포함되는 사람의 이름을 적는다. 이름은 중복되면 안 되며, 중복되는 경우는 두 번째 선택으로 결정한다.

15명을 모두 정했다면, 타인과의 관계를 이해할 때 당신이 어떠한 중요한 개인구성을 이용하는지를 비교/대조하면 된다. 표 8.3을 보면 1~15번이 문항에 가가 숫자가 3개씩 적혀 있다. 여기 적힌 3개의 숫자는 표 8.2의 1~15번까지의 역할목록을 가리킨다. 14라는 숫자는 "당신이 개인적으로 가장 성공했다고 생각하는 사람"을 뜻하는 것이다. 세 숫자 중, **처음 두 경우의 사람들**이 어떻게 **비슷**하고, **세 번째** 사람과는 어떻게 **다른지**를 생각해보면 된다. 예를 들어 1번 문항에 9, 11, 14가 있다면 (보스, 추구하는 사람, 성공적인 사람), 보스와 추구하는 사람은 '태평하다'라는 점에서 유사하고, 그 둘은 '욕구가 강하다'라는 특징에 있어서는 세 번째의 성공적인 사람과는 다르다. 그렇기 때문에 유사 칸에는 '태평하다', 대조 칸에는 '욕구가 강하다'라고 쓰면 된다.

15개의 유사/대조 부분은 각각 하나의 구성을 만든다. 이 관점에서 답변의 분석은 많은 다양한 경로로 진행될 수 있다. 예전의 관계와 지금의 이성친구의 비교처럼 중요한 대조의 경우를 볼 수도 있다. 다양한 구성은 서로 어떤 관계를 가지고 있나? 그리고 몇몇 구성은 다른 것에 일방적으로 포함되나? 당신은 다양한 구성을 동시에 사용하나? 한 가지 구성을 계속적으로 이용하나? 만약 특정 구성(예 : 정직한/정직하지 못한)을 계속적으로 사용한다면, 이 구성이 당신 인생에서 특별히 강력하고 의미 있는 것이라고 생각할 수 있다.

Rep 테스트의 결과를 이용해서 성격연구로 연결시키려는 시도는 많이 있었다. 특히 Rep 테스트를 통해서 **인지적 복잡성**(cognitive complexity)의 개인 간 차이점을 보려는 시도가 있었다 (Crockett, 1965). 다양한 구성을 사용하는 사람들은 인지적 복잡성의 정도도 높은 것으로 나타난다. 그 사람들은 매우 다양한 방법으로 세상을 본다. 반면 한정적 개수의 구성을 사용하는 사람들은 더 단순하고 세계적인 체계를 가진 것이다.

다른 연구는 친구들과 지인들 간의 **구성유사도**(construct similarity)를 측정했다(Duck, 1973, 1979). 연구자들은 대학생들에게 Rep 테스트를 실시한 후, 동료들 간 소통과 우정의 형성 패턴을

표 8.2	역할목록

1. 당신의 삶에 어머니 또는 어머니의 역할을 하는 사람 　　　　　　　　
2. 당신의 삶에 아버지 또는 아버지의 역할을 하는 사람 　　　　　　　　
3. 당신과 나이 차가 많지 않은 형제. 형제가 없다면 그와 유사한 누군가 　　　　　　　　
4. 당신과 나이 차가 많지 않은 자매. 자매가 없다면 그와 유사한 누군가 　　　　　　　　
5. 당신이 좋아하는 선생님이 있거나 당신이 좋아하는 사람의 선생님 　　　　　　　　
6. 당신이 싫어하는 선생님이 있거나 당신이 싫어하는 사람의 선생님 　　　　　　　　
7. 아내(남편)를 만나기 이전에 친했던 여자(남자)친구 또는 현재 친한 여자(남자)친구[전 여자(남자)친구] 　　　　　　　　
8. 당신의 아내(남편) 또는 친한 여자(남자)친구 　　　　　　　　
9. 극도의 스트레스를 받는 동안에 당신이 헌신하는 직원 및 상사 　　　　　　　　
10. 설명할 수 없지만 매우 친밀하면서도 당신을 싫어하는 것 같은 사람(거절하는 사람) 　　　　　　　　
11. 지난 6개월 동안 당신이 가장 친해지고 싶었던 사람(추구하는 사람) 　　　　　　　　
12. 가장 도와주고 싶거나 가장 미안하게 생각하는 사람(동정심 있는 사람) 　　　　　　　　
13. 당신이 개인적으로 가장 똑똑하다고 생각하는 사람 　　　　　　　　
14. 당신이 개인적으로 가장 성공했다고 생각하는 사람 　　　　　　　　
15. 당신이 개인적으로 가장 흥미롭게 생각하는 사람

표 8.3	'유사'와 '대조'로 대표되는 개인구성		
		유사	대조
1.	9, 11, 14	____	____
2.	10, 12, 13	____	____
3.	2, 5, 12	____	____
4.	1, 4, 8	____	____
5.	7, 8, 12	____	____
6.	3, 13, 6	____	____
7.	1, 2, 9	____	____
8.	3, 4, 10	____	____
9.	6, 7, 10	____	____
10.	5, 11, 14	____	____
11.	1, 7, 8	____	____
12.	2, 7, 8	____	____
13.	3, 6, 9	____	____
14.	4, 5, 10	____	____
15.	11, 13, 14	____	____

출처 : The Psychology of Personal Constructs, by G. Kelly, 1955, New York: W.W. Norton.

알아보았다. 보편적으로 비슷한 구성체계를 가진 학생들끼리 서로 친구가 되고, 오랫동안 친구로 남아 있는 경우가 많았다. 예를 들어, Duck과 Spencer(1972)는 1학년 첫 학기를 막 시작한 여성 대학생들로부터 개인구성개념의 측정에 관한 정보를 수집했다. 이 연구에 참여한 모든 여성은 같은 지역에 거주하고 있었다. 연구 초기에 그들이 모집된 것은 아니었지만 유사한 구성개념을 갖고 있었던 이 여성들은 대학생활을 하는 동안 친구가 될 확률이 더 높았다. 또 다른 연구에서는 유사한 구성개념은 특성에 관한 자기보고 측정에서의 유사함보다 우정을 형성하는 데 더 중요한 요인인 것으로 나타났다(Duck & Craig, 1978). 다른 말로 하면, 학생들은 자신이 행동하는 방법이 같은 것 (둘 다 외향적이거나 목표지향적일 경우)보다는 세계를 보는 관점이 비슷(구성이 비슷한 것)할 경우 더 친구가 되기 쉬웠다는 것이다. 사람들은 그들의 주관적인 경험을 타인의 그것과 비교하려 한다. 사람들은 타인의 의미를 통해서 자신의 의식적 의미를 확인하려 한다. 인생에서 중요한 타인과 관계를 맺는 과정에서 의미를 공유하는 것은 같은 행동을 하는 것보다 더 중요할 수 있다.

심리학의 역사를 연구한 사람들은 Kelly는 그때 당시의 사람치고 매우 발전된 사고를 가지고 있었다는 데 동의한다(Walker & Winter, 2007). 1950년대에 Kelly는 의식과 의식적 경험, 개인적 의미를 강조하는 인간 행동을 보는 행동주의적 관점에서부터 벗어났다(Neimeyer, 2001). 지난 50년간 개인구성이론은 임상석, 환경심리학, 인류학, 형사학에서 매우 더 발전되었다(Walker & Winter, 2007). 특히 중요한 점은 정신적 질병이 개인구성에 영향을 주는 정도를 측정했다는 것이다. 예를 들면, 정신분열증이나 사고 후 외상 장애로 힘들어하는 사람들을 대상으로 구성체계를 조사한 사례도 있었다(예 : Bannister, 1962; Winter, 1992). Kelly는 성격심리학 분야에서 개인 전체를 이해할 수 있는 매우 혁신적이고 새로운 관점을 제시했다. 모든 사람들은 과학자와 비슷하다는 전제하에 우리가 어떻게 사회적 세상을 분류하고 예상하고 제어하는지에 치중해서 Kelly는 매일의 행동에서 인간 성격의 사회인지적 적응의 중요성을 강조했다.

인지유형과 성격

Kelly는 모든 사람들은 세상의 일을 예상하고 그에 반응하면서 계속적으로 경험을 분류하는 과학자와 비슷하다고 생각했다. 더 현대적 언어로 말하자면 사람들은 사회적 인생의 도전에 적응하고 그를 예상하기 위해서 계속적으로 세상에 대한 정보를 처리하고 있는 것이다. Kelly 이론에 따르면 사람들은 일을 구성하는 방법이 모두 다르다고 한다. **인지유형**(cognitive styles)이란 "정보를 처리하는 데 있어서 사람들이 특징적으로 선호하는 방법"을 의미한다(Sternberg & Grigorenko, 1997, p. 700). 인지유형은 인지적 **능력**(지능 테스트를 통해서 측정되는 언어적, 숫자적, 공간적 능력)과는 다르다. 인지적 능력은 인지적 일을 사람들이 **얼마나 잘** 처리하는지를 평가한다면 인지유형은 정보를 처리하는 사람들의 특징적인 **방법** 자체를 의미한다. 인지유형은 성격의 분야와 지능-인지의 분야 중간 정도의 경계선에 위치하는 개념이다.

심리학자들은 많은 인지유형을 연구했고, 각각 다른 이유로 연구했다. 인지유형은 5요인 성격이론에서 개방성과 특히 관련이 있다. 개방성이 높은 사람들은 정보를 처리할 때 더 특정하고 추상적인 방법을 선택하고, 반대로 낮은 사람들은 명백한 카테고리로 나누어 생각하는 것을 힘들어한다고 한다. 많은 성격구성은 어떻게든 정보처리과정과 관련이 있고, 심리학자들은 그 과정에서 발생하는 개인 간 차이점에 큰 관심을 가지고 있었다. 지금부터는 성격심리학자들이 특히 중요하게 생각하는 인지유형의 두 가지 측면을 알아보겠다. 첫째는 장의존성과 장독립성(field independence/dependence), 둘째는 통합적 복합성(integrative complexity)이다.

장독립-의존

1940년대 Solomon Asch와 Herman A. Witkin은 인간이 사물을 지면 위에 수직으로 세울지 각을 주어 세울지를 어떻게 결정하는지에 관해 연구하기 시작했다. 그들은 비스듬한 의자에 앉아 있는 사람들에게 땅에 그들이 수직으로 서 있는 느낌이 들 때까지 앉아 있는 의자를 조정해보도록 했다(Witkin, 1950). 그러나 이 연구에는 속임수가 있었다. 즉, 이들은 수직적인 것과 관련된 신체 안의 단서와 충돌되는 시각적 정보를 주는 각진 방 안에 있었기 때문이었다. 어떤 사람들은 (기울어진) 방에 수직을 맞추기 위해 의자를 기울였다. 다른 사람들은 방이 기울어진 것을 무시한 채 내적 단서에 의해서만 의자를 고쳐 앉았다. 조절하는 단서로 방의 기울기를 활용한 사람들은 문제해결에 있어 **장의존적**(field-dependent) 방식을 나타낸다. 직각에 대한 그들의 인식과 판단은 "장", 즉 환경에 의존해 있다. 이러한 장을 무시한 채 내적 단서에 따라 인식하고 판단하는 사람은 **장독립적**(field-independent) 방식을 나타낸다.

50년이 넘도록 Witkin과 그의 동료들은 장독립-장의존이 많은 중요한 성격의 차이를 결정

그림 8.1	접이식 정사각형

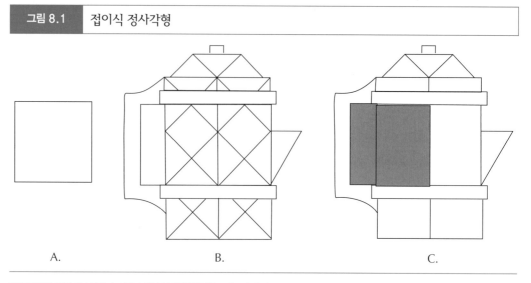

A. B. C.

B에 보여진 커피포트 안에 숨겨진 A에서 정사각형을 찾으라(C의 회색 부분).

출처 : "Field Dependence" by D. R. Goodenough, in H. London and J.E. Exner (Eds.), *Dimensions of Personality* (p. 175), 1978, New York: John Wiley & Sons.

이 사진을 보고 장의존적인 사람은 중국 농촌과 같이 농어촌 사회를 우선적으로 생각하게 될 것이다. 이런 사람들은 그들을 둘러싼 물리적, 사회적 환경에 세심한 관심을 기울이는 경향이 있다(출처 : Corbis Digital Stock).

짓는 데 중요한 역할을 하는 폭넓은 인지유형임을 알게 되었다(Bertini, Pizzamiglio, & Wapner, 1986; Goodenough, 1978; Lewis, 1985; Witkin, Goodenough, & Oltmann, 1979). 이 차원은 두 가지 극을 갖는다. 하나의 극단으로, 높은 장독립성을 보이는 사람들은 분석적이고 차별적인 방식으로 정보처리를 하는 경향이 있다. 그들은 자동적으로 정보처리를 하는데 내적 단서에 이끌린다. 다른 극단으로, 높은 장의존성을 보이는 사람들은 환경에 드러난 외적 정보와 단서에 의존하는 경향이 있다. 그들은 눈앞에 주어진 상황이 펼쳐진 외적 상황에 대한 그들의 인식에 근거해 판단을 내린다. 이 양극단은 특정한 상황에서 각기 유익과 신뢰를 갖고 있다. 따라서 이 연속체의 극단은 다른 것에 비해 훨씬 더 좋은 것이라고 말할 수 없다. 대다수의 사람들은 장의존과 장독립 중간 즈음에 있게 된다.

장독립적인 사람들은 주어진 상황에서 정보를 이끌어내는 경향이 있다. 이것을 보여줄 수 있는 좋은 예가 **숨은 그림 찾기**(Embedded Figures Test) 평가에서와 같이 위장된 형상을 찾아내는 것에 있다(Witkin, 1950). 그림 8.1을 보자. 문제는 A에서 보이는 것과 같은 정사각형을 놓아야 하는 것이다. 이것은 B에서 보는 바와 같이 커피포트 그림 안에 숨겨져 있다(해결책은 C 안에 숨겨져 있다). 발견했을지 모르지만, B의 여러 부분들은 같은 (정사각형) 형상에 속해 있는 것으로 상상하기 어렵다. 그 대신 정사각형의 오른쪽 반은 즉시 커피포트의 한 부분으로 보여질 것이다. 반면 왼쪽은 배경으로 보여질 것이다. 위장된 사각형을 찾기 위해서는 **인식된 장을**

표 8.4	장독립–의존과 관련된 연구결과

장독립과의 상관관계

혼란스럽고 왜곡된 이미지는 "반드시" 어떻게 생겼는지를 예측해내는 데 정확성을 발휘함

평범한 대상과 도구를 평범하지 않게 사용할 것을 요구하는 과제를 훌륭하게 해결해냄

복잡한 문제에 대해 가설 검증적으로 접근함

수치심보다는 죄책감을 느낌

다른 사람을 부정적으로 평가하는 경향이 있음

아동기에 혼자서 하는 게임을 더 선호했음

물리, 건축, 엔지니어와 같은 수학·과학의 직업을 갖고 있음. 의사 또는 치과의 같은 건강 전문의이거나 목수, 농부, 정비공 같은 전문직에 종사하고 있음

독립과 자율성을 강조하는 사회적 패턴을 갖고 있음

경쟁사회에서 독보적임

학업적 성취와는 거리가 멈

장의존과의 상관관계

다른 사람들의 가이드가 필요함

상호관계성에 과도하게 민감함

눈을 마주치는 비율이 높음

이름과 얼굴을 잘 기억함

많은 사람을 알고 있고, 많은 사람들에게 기억됨

타인에게 자기노출을 잘 함

죄책감보다는 수치심을 더 느낌

타인을 다소 긍정적으로 평가하는 경향이 있음

아동기에 사회적 놀이를 선호했음

사회사업, 목사, 재활상담사 같은 인도주의적 직업을 갖고 있음. 초등학교에서 사회과학과 같은 특정 분야를 가르침. 판매, 홍보, 인사와 같은 비즈니스 직업을 갖고 있음

권위에 순응적이거나 의존적인 사회화 경향

농업사회에 적합

출처 : Goodenough (1978), Singer (1984), Witkin et al. (1979) 인용.

재건할 필요가 있다. 장독립적인 사람은 인식된 장을 재건함으로써 이 과제를 잘 해낼 것이다.

장독립적인 사람들은 주어진 맥락에서 정보를 꺼내는 데 능숙하다. 보편적으로 장독립성은 더 높은 수준의 인지적, 지각적 재구성과 관련되어 있다. 장독립적인 사람들은 내부화된 규칙, 계획, 목적에 따라서 환경의 정보를 재구성하는 데 탁월한 능력을 보인다. 그 사람들은 비사회적 세상의 정보를 매우 독립적인 방법으로 볼 줄 안다. 한 연구에서 32명의 장독립적, 32명의 장의존적 여대생들이 나앙한 상황에서 단어구성검사를 실시했다(Frank & Noble, 1985). 장의존적인 학생들은 장독립적인 학생들에 비해 이 과제를 훨씬 더 빠르고 쉽게 해결했다. 장독립적인 학생들은 비조직적인 환경을 조직적으로 만들어냈다. 장독립성은 관련이 없는 정보를 차단하는 능력이 있고, 중심 과제와 복잡한 학습환경에 주어진 자극들에 집중할 수 있다(Messick, 1994; Richardson & Turner, 2000). 예를 들어, 장독립적인 8학년 학생들은 복잡한 컴퓨터를 다뤄야 하는 상황에서 장독립적인 학생들에 비해 학습능력이 더 뛰어남을 보여주었다(Weller, Repman, Lan, & Rooze, 1995). 장독립적인 경찰관은 장의존적인 사람에 비해 높은 자극이 있는 범죄 상황에서 정확한 판단을 내릴 수

있었다. 위장된 범죄 시나리오가 주어졌을 때, 장독립적인 경찰관은 더 쉽게 주의를 흐트러뜨리는 장면이나 소리를 무시하면서 총을 겨눌 때 더 정확한 판단을 할 수 있었다(Vrij, van der Steen, & Koppelaar, 1995).

Kelly의 과학자 모델처럼 장독립적인 사람들은 세상을 볼 때 가설을 테스트하는 사람이 된다. 장독립적인 사람들은 인지적 재구성과 정보의 객관적 분석을 요구하는 과학, 수학, 경영, 기계와 관련된 직업에 종사하는 편이다. 반대로 장의존적인 사람들은 세계의 정보를 처리하는 데 더 직관적인 편이다. 그들은 덜 인지적인 재구성을 하고, 맥락에 따라서 환경의 정보를 이해한다. 장의존적인 사람들은 종교나 사회 관련, 아이들의 교육, 판매와 마케팅 등 인간주의적 일이나 사회적 직업을 가지는 경우가 많다(Goodenough, 1978).

인지유형은 대인적 기능에 큰 영향을 미치는 것으로 보인다. 많은 연구를 보면, 장의존적 사람들은 사회적 맥락에 더 민감하다고 한다. 장의존적 사람들은 대인적 신호와 사회적 정보에 더 많은 관심을 가진다. 그들은 사물보다 사람에 더 관심을 가지고, 타인과 대화할 때 눈을 더 많이 마주치는 편이다. 장의존적인 사람은 장독립적인 사람에 비해 신체적으로 더 많은 친밀함을 추구한다. 예를 들자면 한 연구에서 참여자들은 연구자에게 몇 가지 주제를 가지고 준비된 이야기를 하는 과제가 주어졌다. 그러는 동안 참여자와 연구자 사이의 물리적 거리를 측정했다(Justice, 1969). 장의존적인 사람은 장독립적인 사람에 비해 연구자와의 거리를 더 좁게 하는 것으로 나타났다. 또 다른 연구에서 장의존적인 사람은 2피트 멀리 떨어져 있을 때보다 5피트 멀리 떨어져 있었을 때 좀 더 혼란스럽게 발표를 하는 것으로 나타났다. 이와 반대로, 장의존적인 사람에게 대인 간의 거리는 큰 영향을 미치지 않는 것으로 나타났다(Greene, 1973).

보편적으로 여성은 장의존적이고 남성은 장독립적인 성향이 강하다. 성별 간 차이점은 크지는 않지만, 비교적 꾸준하게 나타나는 차이점이다. 유아기에서 성인기로 나아가면서 사람들은 보통 장독립성이 커진다. 따라서 아이들은 성인들보다 더 장의존적이다. 초등학생의 개인 간 차이점을 알아보면 성인의 차이점도 예측가능하다. 그러므로 10살 때 친구들에 비해서 비교적으로 더 장독립적이었던 아이들은 20년 후에도 그럴 가능성이 높은 것이다. 특정 사회화 관습은 인지유형의 차이점과 관련이 있다. 보편적으로 연구를 보면 사회화가 이루어지면서 부모의 영향에서 벗어날수록 장독립성이 커진다는 결과가 나온다. 반대로 더 강압적인 경우는 장의존성을 촉진시키게 된다. 보편적으로 장독립적인 사람들은 부모들이 개방적이었다고 말하고, 장의존적 사람들은 어렸을 때 부모의 권위가 강했다고 말하는 경우가 많다.

장독립성과 의존성을 알아본 유명한 사례 중 몇 가지는 다문화 간 연구에서 찾아볼 수 있다. Witkin과 Berry(1975)는 수렵/채집사회의 유목민들은 장독립적이고, 한곳에서 농업을 하면서 살았던 사람들은 비교적 장의존적이라고 주장했다. 수렵/채집사회의 사람들은 계속해서 한곳에서 다른 곳으로 거주지를 옮겨가는데, 여기에 적합한 인지유형은 장독립성인 것으로 보인다.

생태학적으로 인간은 사냥을 하고 자급자족하는 경제활동을 하도록 만들어졌다. 이와 같은 특성은 주어진 상황에서 필요한 정보를 읽어내며 여러 곳을 사냥하면서도 결국에는 안전하게 집에 돌아갈 수 있도록 하는 능력을 요구한다(Witkin & Berry, 1975, p. 16).

다른 말로 하면, 농업사회는 좀 더 정주에 가깝다. 농업사회는 오랜 기간 한곳에 정착해 머물렀기 때문에 사회적 상호작용의 정교한 체계를 만들어왔다. 집단의 규준을 지키는 것은 한 개인으로 잘 기능하는 것보다 집단의 생존에 있어 더욱 중요하게 여겨져 왔다.

통합적 복합성

장의존성과 장독립성에서 나타나는 개인 간 차이점이 세계를 **받아들이는** 방법의 차이를 말한다면, 다른 인지유형은 세계를 해석하는 데 이성적으로 사고하는 방법에 치중하는데 이것은 **통합적 복합성**(integrative complexity)으로 설명할 수 있다(Suedfeld, Tetlock, & Streufert, 1992). 통합적 복합성이 높은 사람들은 관념적 차이점을 많이 만들 줄 알고, 지능적 · 사회적 이슈를 해석하고 이해하는 데에서의 많은 연관성을 확인할 줄 안다. 반대로 통합적 복합성이 낮은 사람들은 차이점을 잘 알아내지 못하고, 한 가지 방법으로 세상을 바라보고 이해하려 한다.

통합적 복합성의 개인 간 차이점은 개인이 쓴 내용의 분석을 통해서 알아볼 수 있다(Baker-Brown et al., 1992). 특정 경험에 대해서 개인이 쓴 회고록이나 일기, 에세이, 주장하는 글 등이 모두 해당된다. 연구자들은 텍스트의 특정 부분을 연구해 얼마큼 통합적인지를 알아보게 된다. 간단한 설명이나 일반적인 평가를 한 부분은 낮은 점수를 받고, 많은 관점을 다각도로 통합시켜 설명했거나 다양한 설명과 고려를 조화시킨 경우는 높은 점수를 받는다. 통합적 복합성의 특징적 수준은 사람들 간에서 다양하게 나타나고, 또한 한 사람 내에서도 상황에 따라서 다양하게 변화할 수 있다. 예를 들어서, 한 여대생이 남자친구에게 연애편지를 쓴다면 통합적 복합성이 낮을 수 있다. 하지만 1800년대 유럽에서의 경제적 변화를 설명하는 원인에 대한 글을 쓴다면, 통합적 복합성이 높아질 것이다.

Philip Tetlock은 정치적 의사결정, Peter Suedfeld는 문헌연구를 통해서 통합적 복합성에 대한 연구를 했다. Tetlock(1981b)은 한 가지 연구에서, 20세기 미국 대통령의 취임 전과 후 연설을 분석했다. 통합적 복합성은 선거운동을 할 때는 낮았지만, 당선된 후에는 크게 높아졌다. Tetlock은 대통령 후보들은 일단 당선되기 위해서 흑백논리를 적용해 선거운동을 하고 나서(통합적 복합성이 낮음) 당선된 후에는 더 복잡한 사고패턴을 발전시킨다고 주장했다. 한 번 당선되었던 대통령들이 재선에 도전하면서 선거운동을 할 때는 통합적 복합성이 다시 낮아지는 경향을 보였다.

Tetlock은 대법원의 결정(Tetlock, Bernzweig, & Gallant, 1985), 미국 상원의원의 의사결정(Tetlock, 1981a; Tetlock, Hannum, & Micheletti, 1984), 영국 의회의 정치적 의사결정(Tetlock, 1984)을 분석한 후 정치적 이데올로기와 통합적 복합성 간의 연관관계를 설명했다. 비교적 진보적인 투표 기록을 가진 정치인들은 연설에서 통합적 복합성이 높은 편이었다. 또한 영국 의회에서는 극단적으로 진보적이거나 극단적으로 보수적인 정치인들이 통합적 복합성이 낮은 것으로 드러났다.

Tetlock은 이 결과를 **가치 다양성**(value plurality)의 개념으로 설명했다. 그는 **자유**와 **평등**이 서양 정치의 두 가지 키워드라고 생각했다. 보수적인 사람들은 평등보다 자유를 중요시한다. 극단적인 자유주의자들은 자유보다 평등을 중요시한다. 중도 자유주의자들은 둘 다 중요하게 생각한다. 따라서 중도적인 사람들은 자유와 평등 모두를 통합한 정치적 의사결정을 하게 되는데, 그 두 가지 가치는 종종 서로 상충한다. 영국이나 미국의 전통적으로 보수적인 정치인은 복지에 쓰일 세금 인상에 반대할 것이다. 사람들은 열심히 번 돈을 본인이 쓰고 싶은 곳에 써야 한다고 생각하기 때문

그림 8.2	통합적 복합성과 정치적 선호도

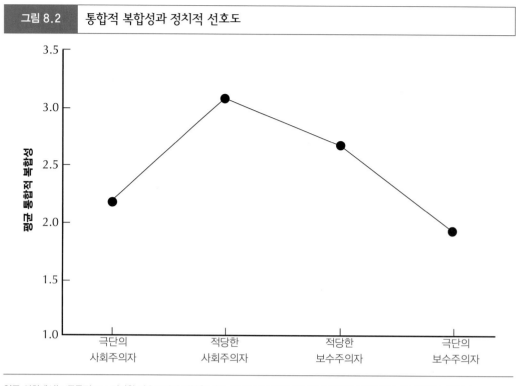

영국 의회에서는 공통적으로 적당한 자유주의적 성향을 가진 정치인들은 정치 연설에서 통합적 복합성이 높은 것으로 나타났다.
출처 : "Cognitive Style and Political Belief Systems in the British House of Commons" by P. E. Tetlock, 1984, *Journal of Personality and Social Psychology*, *46*, 370.

이다. 반대로 자유주의자들은 자유만큼이나 평등도 중요하게 생각하기 때문에 다르게 생각할 수 있다. 평등의 가치에 따르면, 세금은 부족한 (덜 가진) 사람들을 위해서 쓰여져야 한다. 하지만 자유의 가치는 시장경제 자본주의와 낮은 세금을 주장한다. 결과적으로 자유주의자들은 이러한 문제에 대해서 더 심사숙고하고, 보수적인 결정에 동의하지 못하게 된다. Tetlock의 관점에서 자유주의자들은 더 복잡하고 더 갈등을 많이 겪는 편이다. 반대로 보수주의자들의 관점에서 보면 자유주의자들은 "한 가지 선택을 하지 못하는", "이리저리 휘둘리는" 모습으로 그려진다.

통합적 복합성에 대한 서로 다른 접근들은 사회적 사건들과 문학작품 사이의 관계에 대한 Suedfeld의 연구에서 여실히 드러난다(Porter & Suedfeld, 1981; Suedfeld, 1985). Porter와 Suedfeld(1981)는 19세기와 20세기 영국의 저명한 소설가 찰스 디킨스, 조지 엘리엇, 조지 메러디스, 아널드 베넷, 버지니아 울프를 분석했다. 각 소설가들의 삶을 5년 주기로 나누어서 각 시기에서의 소설작품들로부터 10개에서 20개의 단락들을 무작위로 표집하여 분석했다. 각 단락은 가장 낮은 수준에서 높은 수준에 따라 1점에서 7점 단위로 점수화시켰다. 표 8.5는 상대적으로 낮은 점수를 나타내는 단락을 보여주는 예시이며, 또 다른 점수는 상대적으로 통합적 복합성이 높은 것을 보여준다.

Porter와 Suedfeld(1981)는 통합적 복합성의 점수를 소설가의 삶에서 다양한 역사적 사건과 개인 삶에서의 변화에 상관시켰다. 통합적 복합성 점수는 전쟁이 있던 시기에 **감소**했으나 시민봉기 때는 **증가**했다. 전쟁은 문학에도 많은 영향을 미쳤다. 그들의 나라가 국제분쟁에 휩쓸렸을 동안, 소설

표 8.5	저명한 소설가들의 문학작품의 점수 통합적 복합성

낮은 통합적 복합성(점수=2)

오늘 밤 나는 첫 번째 원리를 완수했다. 나는 또다시 이 책이 나에게 안겨준 스릴 넘치는 감격을 다시는 맛볼 수 없을 것이라 생각한다. 만약 이 세상에서 어떤 책이 가장 훌륭한 책이냐는 물음을 던지게 된다면 이 책이 그렇다고 할 수 있었을 것이다. 나는 이제까지 10장까지 아주 열정적으로 이 책을 읽어본 적이 없다. 이러한 것이 이 책의 효과를 빗나간 논쟁거리로 만들어 버린 것 같다. 여기에는 총명함, 재치, 진실함, 고상함 등이 없다. 그러나 1부와 2부의 마지막 부분은 상당히 영향력 있는 부분이라는 생각이 든다. 물론 실수한 부분도 있긴 하지만 인간 정신에 대한 놀라운 발견을 제시해주었다고 생각한다. 이것이 바로 나의 생각이다. Spencer는 아직 그의 땅, 영국으로 오지 않았다. 발견된 것은 아니지만 철학자로서, 또는 과학자로서, 아니그보다는 철학자로서 그는 지식계의 대부라는 생각이 든다. 내가 다른 모든 훌륭한 작품을 읽었기 때문에 이런 말을 하는 것이 아니라 첫 번째 원리의 것과 같이 훌륭한 어떤 작품들을 만나볼 수 없을 것이라 생각하기 때문에 이런 말을 하는 것이다. (저자는 확정적이고 단정적인 어조로 그의 논지를 전개해나가고 있다. 여기에는 어떤 다른 대안이 제시될 가능성이 적다는 것을 알 수 있다.)

높은 통합적 복합성(점수=6)

교수는 당신에게 독일인을 절대 위로할 수 없을 것이라고 말했다. 나는 그것이 슬펐다. 나는 당신이 완전히 독일 젊은이들의 훌륭한 업적을 과소평가하지는 않을 것이라는 걸 확신한다. 그러나 아마도 당신의 즉각적인 동정심과 다소 과장된 민감성이 발휘될 수 있으리라는 생각은 한다. 만약 그렇다면 좀더 많은 이유들에 의해 상당히 슬플 것이다. 당신의 젊은이들을 이끌어주지 않는다면 당신의 젊은 날의 땅이었던 즐거운 곳으로 다시 돌아가는 기쁨을 맛보지 못하게 될 수도 있다. 뿐만 아니라 독일인은 당신을 지배하고 있으며 당신은 손님의 입장에서 최선의 감사를 표하고 있을 뿐이다. 나는 그들이 그들 자신의 깊이 있는 훌륭한 도덕적 가치를 가지고 있다고 생각한다. 단지 지금 그들은 우리는 학대할 뿐이지만, 이 또한 지나갈 것이다. 나는 그들이 우정을 쌓을 능력이 있으나, 영국의 우정처럼 오래도록 지속되지 않을 것이란 사실 또한 알고 있다. 당신 주의를 둘러보라. 그리고 독일인 친구에게 다가가 보라. 당신이 영국 사람에게 기대하고 있는 아주 훌륭한 자질들을 기대하고 있지는 않은지 생각해보라. 당신이 이곳으로 다시 돌아왔을 때는 더 많은 것을 볼 수 있게 될 것이다. (이 단락은 그들 사이의 기능적 관계의 가능성과 대안을 동시에 고려하고 있다는 것을 보여준다.)

출처 : "Integrative Complexity in the Correspondence of Literary Figures: Effects of Personal and Societal Stress" by C. A. Porter & P. Suedfeld, 1981, *Journal of Personality and Social Psychology*, 40, 325–326.

가는 상대적으로 통합적인 방식으로 문제를 드러내면서 복잡하고 다각적인 관점을 고려하는 데는 실패했다. 이와 대조적으로, 시민봉기(주요한 정치적 변화)는 정보가 넘쳐나는 상황에서 새로운 생각과 가능성을 부여해줌으로써 좀 더 유연하고 통합적인 윤곽을 드러내주었다.

개인적 변화와 관련해서 Porter와 Suedfeld(1981)는 질병이 있을 때는 통합적 복합성이 줄어들고, 다른 스트레스 요인과는 관계가 없었으며, 나이에 따라 증가했고, 죽음 직전에는 감소했다고 발표했다. 마지막 경우는 특히 더 흥미로운 부분이다. 수명을 연구한 발달심리학이 사람들이 죽기 직전에는 보통 **터미널 드롭**이라고 불리는 인지기능의 즉각적 감소를 한다고 주장하기 때문이다. 다른 연구에서 Suedfeld와 Piedrahita(1984)는 18명의 유명한 개인을 대상으로 그들의 인생 10년간을 연구했다. 터미널 드롭의 사례와 일치해서 사람들은 사망하기 5년 전에 통합적 복합성이 감소하는 모습을 보였다.

보편적으로 연구를 보면 높은 통합적 복합성은 더 좋은 의사결정을 하는 것, 복잡한 문제에 대면했을 때 개방적으로 보는 것, 인지적 자기지시 등과 관련이 있다는 것을 알 수 있다. 하지만 복합성이 높을수록 문제가 있을 수도 있다. 통합적 복합성이 높아지면 견고한 도덕적 잣대에 기반을 둔 명확한 의사결정을 못하는 경우도 있다. 예를 들면, 미국의 내전 발발 전 노예제도로 문제가 될 때, 중도 지도자들과 정치인들은 통합적 복합성이 높은 편이었다. 반대로 노예제도가 없어져야 한다고 강하게 주장한 사람들은 노예제도를 지속시켜야 한다고 강하게 주장한 사람들과 동일하게 통합적 복합성이 낮은 편으로 드러났다. 오늘날의 사람들이 당연히 없애야 한다고 생각하는 노예제도에 찬성했던 사람들이 통합적 복합성이 매우 높았다는 것이다. 반대로 더 복잡하고 통합적인 복합성을 가졌던 사람들은 이 문제에 대해서 중간 입장을 취했다. 남부에서는 인정하되 미국의 새 영토로 퍼지면 안 된다고 말하는 식이었다. 여기서 볼 수 있듯이, 높은 통합적 복합성의 정도는 사람들의 윤리적 잣대에 오히려 해가 될 수도 있다(Tetlock, Armor, & Peterson, 1994)

다른 연구에서 Tetlock, Peterson, Berry(1993)는 경영대학 졸업생들을 대상으로 그들의 소통 정도를 알아보았다. 통합적 복합성이 높은 학생들은 동료들이 더 창의적이라고 평가했지만, 동시에 양심이 부족하고, 자기중심적이고, 동의하기 힘들다고도 말했다. 통합적 복합성이 낮은 학생들은 굴복을 쉽게 하고 단순하다고 평가됐지만, 동시에 따뜻하고, 배려심이 깊고, 자기제어 능력이 높다는 좋은 평가도 있었다. 그렇기 때문에 특정 상황에서는 높은 통합적 복합성이 나쁘게 작용할 수도 있는 것으로 보인다.

사회인지이론과 인간

현대 사회인지적 접근법은 인간이 본인의 행동을 제어하고, 다양한 사회적 환경에서 목표와 계획을 세우기 위해서 사회적 지식을 이용하고, 사회적 세상에서의 정보를 계속해서 찾는 이성적이고 미리 준비하는 지성인이라는 전제하에 발전된다(Cantor & Kihlstrom, 1989; Cantor & Zirkel, 1990; Cervone & Shoda, 1999b; Higgins, 1999; Kihlstrom & Hastie, 1997; Markus & Wurf, 1987; Shoda, 1999). Kelly와 마찬가지로 이러한 접근법은 사람들이 사회적 세계를 예측하고 제어하는 능력을 최대화하는 방법으로 사회적 상황들을 기대한다고 생각한다. 사람들은 계속적으로 가장 편한 자기만의 구성을 이용해서 사회적 정보를 처리한다. 인간의 독립성을 강조하는 측면에서 사회인지적 학자들은 Deci와 Ryan의 자기결정이론처럼 성격을 보는 인본주의적 관점도 중요시한다. 이러한 이론들은 인간 본성을 긍정적으로 바라본다—인간으로서 우리들은 모두 이성적이고 효과적이며, 사회적 소통에 있어서 미리 계획하고 행동하며, 목표달성을 위한 방법을 유연하게 수정할 줄 알고, 사회적 욕구에 따라서 행동한다는 것이다.

더 읽을거리 8.1

종교적 가치와 성격

미국은 서구 선진국 중 가장 종교적인 사회 중 하나다(Sherkat & Ellison, 1999). 많은 미국인에게 있어서 종교적 가치는 세계관과 자기관념에 큰 영향을 미친다. 따라서 종교적 가치관과 믿음은 성격에서의 특징 적응의 좋은 예다. 개인 간 차이를 보이는 동기, 목적, 사회인지적 측면과 같은 요소들은 심리학적 성격에 있어서 구체적이고 맥락적인 요소다.

20세기 대부분 동안, 심리학자들은 성격 및 정신건강에서 종교의 역할을 무시하거나 제외해 왔다. 하지만 지난 10~15년 사이, 많은 연구자들이 종교와 종교적 가치에 눈을 돌리기 시작했다. 종교적 애정, 교회참석 및 참여, 기도나 명상 등 종교적 행위를 포함한 종교적 경험의 다양한 측면을 측정하는 의학적, 심리학적, 사회학적 연구 및 조사를 실시하기 시작했다. *결론은, 적어도 미국인들에게 있어서 종교적 믿음과 종교적 행동의 참여는 육체적, 정신적 건강의 많은 측면과 양의 상관관계가 있다는 것이다*(Dillon & Wink,

(계속)

더 읽을거리 8.1 (계속)

2004; Emmons & Paloutzian, 2003; George, Ellison, & Larson, 2002; Seybold & Hill, 2001). 종교적 참여도는 낮은 사망률과도 관련이 있었다(McCullough, Hoyt, Larson, Koenig, & Thoresen, 2000).

종교적 참여는 육체적 건강과 상태와 양의 상관관계를 갖는다. 예를 들면, 정기적으로 종교적 집회에 나가는 사람들은 그렇지 않은 사람들보다 더 오래 살고 건강하게 사는 측면이 있다. 담배나 불법 약물, 알코올 의존도도 낮은 편이다. 혈압과 콜레스테롤 수치도 낮다. 종교적 활동은 또한 심장질환, 간경변, 폐기종, 발작, 신장결석, 암으로 인한 사망률도 낮춘다. 대수술을 끝낸 후 신실한 사람들은 그렇지 않은 사람들에 비해 스트레스를 덜 받는 편이다. 정신건강과 관련해서는 종교적 활동은 높은 자존감, 인생 만족도, 전체적인 심리기능과 연결되어 있다. 종교활동에 많이 참여할수록 우울증, 비행, 불법행동, 심지어 이혼까지 줄어든다. 결혼한 부부가 함께 종교활동에 참여하면 행복한 결혼생활의 기반이 된다. 종교의 강한 힘은, 특히 미국의 소수인종집단이나 흑인집단에서 더 명확하게 나타난다.

종교의 혜택은 많은 곳에서부터 나온다. 미국에서 교회, 절, 사원은 사람들이 가치와 목표를 공유하고 어려울 때 서로를 도울 수 있는 커뮤니티를 제공한다. 사람들은 종교집단에서 가까운 친구를 만나고, 다양한 곳에서 도움을 받고, 많은 방법으로 도움이 될 수 있는 개인들을 만난다. 목사, 집사, 랍비 및 다른 종교적 지도자들은 어려움을 겪는 신도에게 도움을 제공할 수 있다. 종교적 참여는 사회적 도움을 증가시키고 개인의 *사회적 자본*, 즉 개인이 인생에서 만나게 되는 수많은 도전에서 도움을 받게 되는 사회적 관계의 네트워크를 향상시켜준다(Putnam, 2000). 사회적 도움과 사회적 자본이 높다는 것은 곧 인생의 웰빙 수치가 높음을 의미한다.

강한 종교적 가치는 사람들에게 인생에 대한 깊은 질문을 던져줘 고난과 역경 속에서도 안정감과 희망을 찾게 돕는다. 어떤 학자

들은 특히 종교적인 사람들이 분출하는 안정성과 긍정성은 생리학적으로 좋은 효과를 가져온다고 주장했다. 보통 두려움과 불안감 수치가 높을 때 일어나는 신체의 교감신경계의 작동은 수명을 줄인다는 연구가 있다. 종교적 참여는 만성 스트레스를 낮추고, 교감신경계의 반복적 작동에서 오는 신체 장기 손상을 막아주는 역할을 한다.

종교의 긍정적 영향은 사람들이 Pargament(2002)가 *내면적 종교적 가치*와 *긍정적 종교적 대처*라고 부른 것을 표현할 때 더 명확하게 확인가능하다. 내면적 종교적 가치는 내부에서부터 오며, 사람들이 자유롭고 신중하게 선택한 종교적 선택을 반영한다. 반면 *외부적 종교성*은 사회적 규범, 두려움, 죄책감 등을 통해 강제되는 것이다. 내면적으로 종교적인 사람들은 웰빙, 사회성, 지적 능동성 등이 높고 우울함, 불안함, 사회적 불안감이 낮은 편이다. 이들은 삶에서 어려움을 마주했을 때 신에게 기도하거나 종교적 지도자에게 조언을 구하고 긍정적 축복을 찾는 등 긍정적인 대응기제를 이용한다.

Pargament는 또한 기독교 지상주의와 같은 가혹하고 딱딱한 종교 형태도 긍정적이고 부정적인 영향 모두를 가져온다고 말했다. 연구에 의하면, 이러한 종교를 믿는 사람들은 시야가 좁고 편견이 심하며 독재적이다. 기독교, 이슬람교, 힌두교, 유대교인 사이에서 강한 원칙주의는 다른 관점을 가진 사람들에 대한 적대감과 동성애자와 같은 소수 그룹에 대한 불신으로 드러난다. 동시에 미국에서의 기독교 지상주의는 긍정성, 종교적, 영적 건강, 결혼 생활의 안정감 등 긍정적 요소와도 관련이 있어 왔다. Pargament는 이렇게 말했다. "종교적 믿음과 행동의 딱딱한 체계들은 개인에게 선악의 개념, 생활에 대한 명확한 규율, 비슷한 관점을 가진 사람들, 독보적인 정체성, 그리고 무엇보다 인생이 신에 의해 지도되고 있다는 믿음을 심어준다. 이는 강력한 이점이다(2002, p. 172)." 동시에, 이런 이점은 같은 관점을 가지지 않은 사람들에 대한 무관용으로 이어질 수도 있다.

사회지능

Cantor와 Kihlstrom은 인간 성격의 지속성을 알아보는 중요한 관점은 **사회지능**(social intelligence)이라고 주장했다(Cantor & Kihlstrom, 1985, 1987, 1989). 모든 사람들은 모든 사회적 상황에 중요한 능력과 그들만의 지식을 가져온다. 이러한 개인적 다양성은 우리가 지능과 연결시킬 수 있는 특성이라고 한다(Cantor & Kihlstrom, 1985, p. 16). 학자들은 "본능적인 행동과는 대조되는 지능적 행동은 틀에 갇혀 있다기보다는 유연하며, 특별한 편이고, 필수적이기보다는 선택적이다"(p. 16)라고 설명했다. 사람들의 사회지능이 모두 다르다는 것이다. 가장 중요한 것은 사람들은 인생의 문제와 일을 해결하기 위해서 다양한 방법으로 자신의 사회지능을 사용한다는 점이다.

그들의 관점에서 사회적 소통은 문제해결을 포함한다. 우리가 사는 사회는 사회적으로 지능적

인 행동을 필요로 하는 많은 문제들을 항상 가지고 있다. 우리는 각 문제를 해결할 때 문제해결을 위한 적합한 전략을 만들어야 한다. 모든 사회적 상황에서 사람들은 "내가 여기서 원하는 것은 무엇인가?", "내 행동의 결과는 어떻게 될 것인가?"와 같은 질문을 하게 된다. 이렇게 사회적 문제를 해결하는 과정에서 사람들은 사회적 지능을 광범위하게 사용하게 되는 것이다.

사회지능은 세 가지 구성된 지식으로 만들어지는데, 여기에는 개념(concepts), 에피소드(episodes), 규칙(rules)이 포함된다. 개념과 에피소드는 **서술적 지식**(declarative knowledge)에 포함된다. 정보의 창고 속에 포함된 '물건'으로 이해하면 된다. 개념은 자신이 누구인지에 대한 생각이나 사회적 인생에서 보편적으로 무슨 일이 일어날지를 예상하는 생각이라고 보면 된다. 개념은 Cantor와 Kihlstrom이 **서술-의미적 지식**(declarative-semantic knowledge)이라고 부른 관점이다. 에피소드는 더 구체적이고 직접적인 것인데, 여기에는 인생의 특정 기억 등이 포함된다. 여기에는 **서술-에피소드적 지식**(declarative-episodic knowledge)이라는 이름이 붙는다. 서술적 지식의 두 가지 구분은 인지심리학에서의 기본적인 구분이다. 많은 인지심리학자들은 인간의 뇌가 이 두 가지 서술적 지식을 매우 다르게 받아들인다고 믿는다(Klein, Loftus, & Kihlstrom, 1996).

따라서 본인이 '정직한 사람'(서술-의미적 지식)이라고 생각한다면 여기에는 다양한 뇌의 사고과정이 들어 있고, 특별히 더 정직하게 행동했던 인생의 특정한 에피소드(서술-에피소드적 지식)와 비교했을 때는 매우 다른 경우다. 개념과 에피소드 모두에 반대되는 것으로 규칙은 Cantor와 Kihlstrom이 **과정적 지식**(procedural knowledge)이라고 부른 것이다. 개념과 에피소드가 마음의 저장소에 있다면, 규칙은 대상이 아니라 그것들이 어떻게 사용되는지의 과정을 나타낸다.

서술-의미적 지식을 구성하는 가장 중요한 개념 중 하나는 인생을 구성하는 많은 사회적 경험으로부터 축적된 자기, 타인, 사회적 소통의 개념들이다. 모든 사람들은 자신이 누구인지, 타인은 어떤지, 사회적 소통에서 무엇을 기대할지에 대한 생각을 가지고 있다. 자기의 개념은 서술-의미적 지식 중 가장 중요한 부분인데 이는 자기스키마, 자기복잡성, 가능한 자기, 자기가이드에 대해 알아볼 때 더 자세히 설명하겠다. 타인을 보는 다양한 관점은 서술-의미적 지식에 포함되며 Mark Baldwin(1992)이 **관계적 스키마**(relational schemas)라고 부른 개념이 된다. 관계적 스키마는 개인이 경험한 중요한 대인적 관계의 정신적 상징이다. 이는 우리가 제2장에서 본 애착관계의 작동모델 개념과 유사하다. 사회적 인생에서 우리는 특정 사람들과 특정 소통을 예상하게 된다. 따라서 개인의 어머니와의 관계적 스키마는 양심적이지 못할 때 혼나는 모습으로 기억되고, 친구들과의 관계적 스키마는 밤늦게까지 문제들에 대해서 이야기하는 모습으로 기억될 수 있다. 우리의 관계적 스키마는 사회적 관계에 대한 반응과 기대를 만들어주고, 사회적 관계도 관계적 스키마에 영향을 줄 수 있다. 서술-의미적 지식의 한 가지 중요한 부분으로서 관계적 스키마는 "사회적 세상을 탐구할 때의 인지적 지도"로 작용한다(Fehr, Baldwin, Collins, Patterson, & Benditt, 1999, p. 301). 이번 장 마지막 부분에서 애착관계에 대해서 더 자세히 알아볼 예정이다.

타인과 우리를 보는 서술-의미적 지식은 특정 인간의 특성이 시간이 지나면서 변화하는지, 변화하지 않는지의 정도에 대한 예상도 알아볼 수 있다. '지능'과 '정직함'이라는 특징을 고려해보자. 레이첼은 이러한 특징이 모든 사람들에게 있어서 굳혀져 있다고 생각할 수 있다. 다른 말로 하면 특정 사람이 가진 지능이나 정직함의 양은 시간이 지나도 변화하지 않는다는 것이다. 똑똑한 사람은 계속 똑똑하고, 그렇지 못한 사람은 시간이 지나도 똑똑해지기 힘들다. 반대로 카티아는 특성은 시간에 따라 변한다고 생각한다. 그녀는 정확한 사회적 경험을 통해서라면 정직하지 못했던 사람도 정직해질 수 있다고 믿는다. 레이첼과 카티아는 인간 특성에 대한 서로 다른 생각을 가지고 있다. Carol Dweck(1996; Dweck, Chiu, & Hong, 1995)에 의하면 레이첼은 인간 특성에 대한 **개체이론**(entity theory)을 가지고 있다(특성은 굳어진 개체이기 때문에 변화하지 않는다는 생각). 반대로 카티아는 **점진이론**(incremental theory)을 믿는다. 점진적으로 특성은 변화할 수 있다는 것이다. Dweck의 연구결과를 보면 개체이론을 믿는 사람들은 자신과 타인의 행동을 굳어진 특성 개념으로 이해("나는 멍청하기 때문에 시험에 떨어졌어", "그는 정직하지 못하기 때문에 빵을 훔쳤어")하고, 점진이론을 믿는 사람들은 전체적인 특성보다는 행동에 영향을 주는 상황적 힘에 더 중점을 둔다("나는 잘못된 전략을 썼기 때문에 시험에서 떨어졌어", "그는 배고팠기 때문에 빵을 훔쳤어"). Dweck은 개체이론은 특히 실패를 경험하는 순간에 개인의 노력을 무시할 수 있다고 말한다. 이러한 생각을 가진 사람은 시간이 지나도 자신이 변화할 수 없다고 믿기 때문에 실패했을 경우 더 예민하게 받아들인다. 반대로 점진이론을 믿는 사람들은 힘겨움에 대해서 더 개방적인 태도를 보이면서 맞서는 도전을 해결하려고 노력하게 된다. 그들의 동기에는 모든 사람들은 기본적으로 변화하고 성장하고 발전할 수 있다는 믿음이 전제로 깔려 있다.

개체이론과 점진이론은 사람들이 우리들, 타인, 사회적 세계를 이해할 때 일반적으로 생각하는 **일반이론**(lay theories)의 일부로 이해할 수 있다(Molden & Dweck, 2006). 일반이론은 많은 인간 특징들이 고정되어 있는지(개체중심적인지), 아니면 변화가능한지(점진적인지)의 정도를 규정하는 우리의 생각이다. 부끄러움을 예로 들어보자. 마크와 르네는 둘 다 부끄러움을 많이 탄다. 특히 사람들이 많을 때 불편함을 느끼고, 사회적 소통을 하는 것도 두려워한다. 하지만 마크는 개체이론을 르네는 점진이론을 믿는다는 차이점이 있다. 따라서 마크는 항상 부끄러움을 많이 탔고 앞으로도 그럴 것이라고 생각하고, 르네는 계속해서 노력하면 나아질 수 있다고 믿는다. 힘들지만 노력을 하려고 하는 르네와는 달리, 마크와 같은 사람들은 자신이 편하다고 느낀 상황에서만 활동하는 등 쉬운 길을 택하려고 한다.

일반이론은 사람들이 타인을 어떻게 받아들이는지도 영향을 준다. 선입견을 예로 들어 생각해보자. 개체이론을 믿는 사람들은 특정 인종적, 성적 선입견을 받아들이고 그 선입견을 **확인**시켜주는 정보를 환경에서 찾는다. 반면 점진이론을 믿는 사람들은 자신이 믿는 선입견에 반대되는 반증을 찾으려고 노력하는 편이다(Molden & Dweck, 2006). 대

Carol Dweck은 저명한 사회·성격심리학자로 다른 일반이론을 생각해냈다. 그것은 사람들이 "지적인", "성격"과 같은 개념에 대한 선지식을 담보한 이론을 뜻한다. 개체이론을 가지고 있는 사람은 질문의 특성(예를 들어 누군가의 지식, 누군가의 성격의 어떤 측면)을 변화할 수 없는 고정된 개체로 생각할 가능성이 있다. 반대로 암묵적 점진이론을 가지고 있는 사람은 이것은 유연하며 변화할 수 있는 시간과 노력에 의해 얼마든지 향상이 가능한 것이라고 생각할 수 있다(출처 : Carol Dweck, Columbia University 허가받음).

릴은 여성은 남성보다 더 약하고 의존적이라고 생각하고, 개체이론을 믿는다. 따라서 그는 여성이 약하거나 의존적으로 행동하는 상황을 봤을 때만 기억하고, 그렇지 못한 경우는 일부러 지우려고 하는 경향을 보인다. 반대로 마이클은 같은 선입견이 있지만, 점진이론을 믿는다고 해 보자. 그렇다면 그는 본래의 가정에 반대되는 증거를 찾으려 하기 때문에, 새로운 정보를 환경에서 찾으려고 한다. 그렇기 때문에 시간이 지나고 반증의 결과를 찾으면 본래의 선입견이 바뀔 가능성도 크다. 대릴은 선입견은 고정된 개체라고 생각하기 때문에 변화의 가능성이 낮다.

Molden과 Dweck(2006)에 의하면, 같은 사람일지도 많은 다양한 일반이론을 가지고 있다고 한다. 예를 들면, 나는 내 지능이나 기계적 능력(난 고치는 것을 절대 못하고, 앞으로도 못할 것이다)에 있어서는 개체이론을 믿을 수 있지만, 사회적 능력이나 종교적 믿음 문제에서는 점진이론을 믿을 수도 있다. 연구에 따르면 사람들은 주로 **감정**에 있어서 일반이론을 가지고 있으며, 감정에 대해서 개체이론을 믿는지 아니면 점진이론을 믿는지의 정도가 그 사람이 감정조절을 어떻게 하고 변하는 기분을 어떻게 조절하는지를 보여준다고 한다(Tamir, John, Srivastava, & Gross, 2007). 사람들은 타인과의 관계에서도 일반이론을 믿는다(Finkel, Burnette, & Scissors, 2007; Knee, Patrick, & Lonsbary, 2003). 개체이론에 의하면 관계는 '운명적'이거나 아닌 두 가지로 나눠지고, 그렇기 때문에 관계에서 문제가 생길 경우 표면적인 문제가 아니라 궁극적인 더 깊은 문제라고 생각해서 해결하는 데 힘들어한다. 반대로 점진이론을 믿는 사람들은 노력에 의해서 관계가 회복될 수 있다고 생각한다. 따라서 대인관계는 성장을 위한 기회인 동시에, 관계에서의 문제를 해결할 수 있는 긍정적인 전략의 기회가 된다.

일반이론은 Cantor와 Kihlstrom(1985)이 서술-의미적 지식이라고 말한 개념의 좋은 예다. 성격을 보는 사회인지적 관점에서 일반이론은 사람들이 일상을 어떻게 받아들이고 미래를 계획하는지를 보여준다. Molden과 Dweck(2006)에 의하면, 일반이론과 미래 간 관계는 목표를 통해서 알 수 있다. 사람들이 점진이론을 믿으면 그 분야에서의 특정 부분을 바꾸거나 변화시키려고 한다. 반대로 개체이론을 믿으면 주어진 상황에 반대되는 내용이 생기면 피하려고 한다. 개체이론가에게는 나는 나 자신이고, 점진이론가에게 나는 항상 새롭게 변화하는 존재이다.

일반이론처럼 서술-의미적 지식이 사람들이 자기와 사회적 인생에 대해 생각하는 개념(concept)을 의미한다면, 과정적 지식은 그러한 특징적 과정을 말한다. 과정적 지식은 "우리로 하여금 타인을 인지하고, 인과관계를 파악하고, 사회적 기억을 기억하고 받아들이며, 사회적 행동을 예상하도록" 해주는 다양한 전략, 규칙, 경쟁력으로 구성되어 있다(Cantor & Kihlstrom, 1985, p. 20). 사람들은 사회적 행동을 할 때 많은 전략과 규칙에 의해 행동하고, 그중 많은 부분은 의식 밖에 존재한다. 특히 중요한 것은 사람들이 일의 원인을 파악하게 해주는 **인과적 특징**(causal attribution)이다. Bernard Weiner(1979, 1990)는 실패와 성공의 결과에 적용될 때 인과관계를 이해하는 잘 알려진 모델을 발전시켰다. 주어진 일에 성공이나 실패했을 경우 원인을 알아내기 위해 우리는 흔히 네 가지 특징(능력, 노력, 일의 어려움, 운)을 고려한다. 마리아가 미국 문학사에서 낮은 점수를 받은 이유는 무엇일까? 능력 때문일 수도 있다 마리아는 글을 잘 못 쓴다. 아니면 노력 때문(노력을 하지 않아서)일 수도 있는데 이 두 가지는 **내부적 특징**이다. 마리아의 실패가 그녀의 내부적 문제 때문이라는 생각이다. 반대로 일의 어려움으로 평가하면 문제가 너무 어려워서 풀지 못

| 그림 8.3 | 가설적 자기스키마의 부분 |

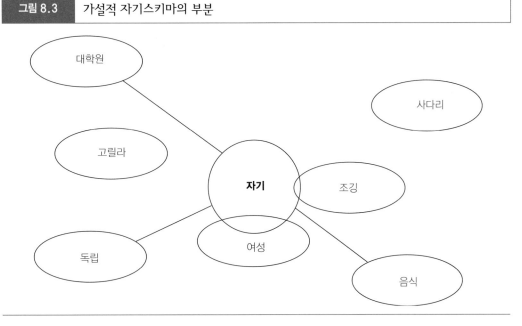

출처 : "The Influence of Self-Schema on the Perception of Others" by H. Markus & J. Smith, in N. Cantor and J. F. Kihlstrom (Eds.), *Personality, Cognition, and Social Interaction* (p. 244), 1981, Hillsdale, NJ: Lawrence Erlbaum.

한 것일 수도 있고, 운의 개념으로 보자면 단순히 운이 없어서 시험을 못 본 것일 수도 있다. 시험이 잡힌 주에 남자친구와 헤어졌거나, 어머니가 등록금이 없다고 전화를 했기 때문이다. 운이 나빠서 좋은 답안을 제출하지 못해서 나쁜 결과가 있었던 것이다. 일의 어려움과 운은 **외부적** 특징이다. 실패의 원인을 자신이 아닌 환경에서 찾는 것이다. 네 가지 고려요소는 **안정성**(stability)으로도 이해할 수 있다. 능력과 일의 어려움은 안정적 요소고 노력과 운은 불안정한 요소다. 마리아의 운은 변할 수 있고, 나중에는 더 열심히 할 수도 있다.

보편적으로 사람들은 인생의 성공을 설명할 때 내부적, 안정적 특징을 고려한다. 마리아가 숙제에서 A를 받았다면, 그 이유가 강한 글쓰기 능력 때문이라고 생각하는 것이다. 반대로 사람들은 실패의 경우 원인을 외부적으로 찾는 경향이 있다. 그렇게 되면 비록 이번에는 실패했지만 나중에는 더 노력함으로써 바뀔 수 있다고 생각하게 된다. 이번 장에서 계속 볼 수 있듯이 몇몇 경험적 연구에 따르면 만성적으로 우울한 사람들은 성공과 실패의 원인을 보편적이지 않은 잣대에 비추어 생각한다고 한다. 그들은 성공을 불안정한 요소로(운이 좋았기 때문), 실패는 내부적 · 안정적 요소 때문이라고 생각하게 된다.

자기스키마

성격에 대한 사회인지적 이해의 중심적 개념은 **스키마**(schema)이다. 스키마는 모든 추상적인 지식구조를 말한다. Fiske와 Taylor(1984)는 스키마가 "주어진 개념이나 개념 분야에 대한 개인의 보편적인 지식을 상징하는 인지적 구조"(p. 13)라고 설명했다. 스키마를 보는 관점은 여러 가지가 있다.

Kelly의 '개인구성개념'처럼 우리가 정보를 받아들이고 정리하고 이해하는 데 필요한 '필터'나 '구성'의 개념으로 이해할 수도 있다. Neisser(1976)는 스키마는 컴퓨터 프로그래밍 언어에서의 포맷과 비슷하다고 말했다. 포맷은 제대로 해석되기 위해서는 주어진 정보가 특정 구조를 따라야 한다고 말한다. 제대로 해석하기 위해서 특정한 종류의 정보를 담고 있는 것이다. 포맷이 생기면 형식에 맞는 정보만 제대로 처리되고, 나머지는 무시되거나 없어진다. 개인의 스키마는 (1) 효과적으로 처리하기엔 너무 벅찬 정보를 간소화하거나 (2) 정보가 부족할 때 빈칸을 채워넣을 때 제대로 작용한다.

모든 사람들은 세상을 이해하기 위해 스키마를 광범위하게 사용한다. 성격에 대한 사회인지이론에 따르면, 인간 적응은 사회적 정보의 스키마적 처리를 통해서 이루어진다고 한다. 나아가 **스키마는 자기에 적용된다.** 각 개인은 자기를 보는 관점 또는 **자기스키마**(self-schema)를 발전시킨다. 자기스키마는 들어오는 정보를 간소화하고 정보가 없어졌을 때 빈칸을 채워준다는 뜻에서 일반적인 스키마와 비슷하다. 예를 들어, 어떤 남성의 자기스키마의 중요한 부분이 여성에게 특히 인기가 많다는 점이라면 그는 사회적 환경에서 그 관점에 일치하는 정보를 선택적으로 받아들이고, 반증되는 예는 무시하려는 성향을 보이게 된다. 교실에서 옆에 앉아 있는 여성이 혼란스러운 표정을 하고 있다면 자신에게 반해서 데이트 신청을 고민 중이라고 생각하게 된다. 하지만 자기스키마는 다른 스키마와 다른 점도 있다. 자기스키마는 보편적으로 (1) 다른 스키마보다 더 크고 복잡하며 (2) 구성요소 간 관계와 연결고리 네트워크가 더 활성화되어 있으며 (3) 매일의 정보처리과정에서 자주 만들어지며 (4) 감정과 큰 관련이 있다(Markus & Sentis, 1982). 자기스키마는 감정적으로 쌓인 정보를 많이 포함하고 있다. 사람들 모두에게 있어서 가장 자주 사용되는 스키마가 자기스키마이다.

자기스키마는 개인에 대한 모든 정보를 포함하고 있지는 않다. 대신 자기에 대해서 개인적으로 중요한 정보를 강조한다. 우리는 자기스키마의 중심에 우리의 이름, 외모의 특징, 중요한 대인적 관계, 받아들여지는 정보나 가치나 목표와 동기 등을 위치시킨다. 그림 8.3은 가설적 자기스키마의 각각의 단면을 설명하고 있다. 많은 개념들이 자기스키마 속에 존재하는데 이는 우리가 참조체계에 따라서 최상의 것을 경험하기 때문이다. 그림 8.3에서 자기는 음식과 대학원이 연관되어 있다. 이는 '사다리', '고릴라'와 같은 자기참조체계와는 무관한 기억 속의 개념이다. 이런 다른 개념과 구조들과 자기가 지속적으로 연합하면서 좀 더 강력하고 확실한 쪽으로 이끌린다. 결국 자기와 다른 개념 사이의 중첩이 될 수도 있다. 예를 들어, 다른 사람이 조깅하는 것이 나에게 강하게 어필이 되면 따라서 조깅을 할 수도 있다.

자기스키마를 알아본 중요한 연구는 사람들은 자기스키마와 관련된 정보를 처리할 때 효율성이 높아진다는 것을 보여주었다(Lewicki, 1984; Markus, 1977, 1983; Markus & Smith, 1981). 고전적 연구에서 Hazel Markus(1977)는 자기스키마의 '독립성-의존성' 정도를 측정했다. 그는 대학생들을 상대로 자기스키마가 얼마나 독립적인지를 측정한 뒤 (1) 매우 독립적인 스키마 (2) 매우 의존적인 스키마 (3) 둘 다 아닌 세 가지 집단으로 나눴다. 3~4주 뒤 학생들은 컴퓨터 스크린에 뜨는 형용사를 보는 실험을 했다. 형용사들은 스키마와 관련이 있거나, 관련이 없는 단어들이었다. 학생들은 형용사를 보고 '나', '내가 아님' 버튼 중 하나를 눌렀다.

의존성을 강조한 자기스키마를 가진 학생들은 그렇지 못한 학생들보다 버튼을 누르는 속도가 더 빨랐다. Markus는 의존적 스키마를 가진 학생들은 그들이 "규칙을 잘 지킨다"고 생각하기 때문에 이러한 결정을 더 빠르게 내렸다고 결론지었다. 독립적 스키마도 비슷한 결과 패턴을 보여주었다. 반대로 어느 스키마에도 포함되지 않은 학생들은 독립적/의존적 단어를 선택하는 데 차이점을 보여주지 않았다. 그들은 자기에 대한 정보처리를 알려줄 독립성/의존성에 대한 구조 개념이 부족했다.

Markus와 비슷한 연구들을 보면, 특정 부분을 강조하는 자기스키마를 가진 학생들은 (1) 특정 부분과의 연관성을 고려해 새로운 정보를 평가하고 (2) 비교적 쉽고 확실한 방법으로 주어진 분야에서의 판단을 하고 (3) 과거에 있었던 사건이나 기억들은 특정한 곳을 나타내고 (4) 분야의 미래 행동을 예측하고 (5) 주된 스키마에 반대되는 정보는 거부할 줄 안다는 것을 알 수 있다.

Markus(1983)는 사람이 행동의 특정 부분에서 개인적 책임감을 느끼기 시작할 때 자기스키마가 발전된다고 주장했다. "자기스키마를 얻는 것은 주어진 행동적 측면에서 개인적 주장을 받아들이는 것과 같다"고 했다(Markus, 1983, p. 561). 자기스키마가 발전되면서 개인은 특정 분야에서 자신의 행동에 더 신경을 쓰게 되고, 그 행동을 제어하고 원인과 결과를 신경 쓰게 된다.

개인들이 만드는 자기스키마는 모두 다르다. 자기스키마에 포함되는 **내용**은 어느 누구도 자신을 보는 관점이 동일할 수 없기 때문에 같다는 것은 거의 불가능하다. 자기스키마의 구조 차이점도 확인할 수 있다. 예를 들면, 몇몇 사람들은 매우 복잡한 자기스키마를 가진 반면, 다른 사람들은 단순할 수 있다(Linville, 1987). 이러한 차이점은 **자기복잡성**(self-complexity)이라는 개념으로 설명할 수 있다. 몇몇 사람들은 많은 다른 자기를 보는 관점을 가지고 있다. 자기스키마의 각 측면은 그들이 인생에서 맡는 역할과 관련되어 있을 수 있지만, 그 역할들끼리는 서로 연관이 없을 수 있다. 따라서 자기스키마의 한 부분에 손상이 있어도 다른 부분은 영향이 없을 수 있다. 어떻게 보면 자기 복잡성이 높은 사람들은 자기스키마의 다양한 부분을 나눠서 생각하기 때문에 하나에 미치는 영향이 다른 데에는 연관이 없을 수 있다. 반대로 자기복잡성이 낮으면 자기스키마의 분화성도 낮기 때문에 한 가지 일에 문제가 있으면 다른 부분으로 금방 퍼지게 된다(Dixon & Baumeister, 1991; Linville, 1987; Rafaeli-Mor & Steinberg, 2002).

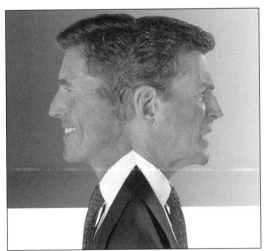

가능한 자기와 자기가이드에 대한 연구는 사람들이 복합적인 자기 개념을 형성하는 경향이 있음을 나타내준다. 우리는 우리들의 삶과 다른 영역에서의 다른 누군가의 자기를 생각하게 되는 경향이 있다(출처 : Stockbyte/SUPERSTOCK).

가능한 자기

우리 행동의 상당 부분은 우리가 누구인지 아는 것만큼 우리가 어떻게 될 수 있는지에도 영향을 받는다. "올림픽 수영선수가 되려고 몇 년 동안 노력을 한다, '위대한 미국 소설'을 쓰기 위해서 열심히 노력한다, 결혼한 부부가 돈을 모아서 미래에 대비한다." 이 경우 모두 사람들은 (지금은 아닌) 무엇인가가 되기 위해서 노력하거나 (지금은 아닌) 무언가가 되는 것을 피하려고 노력한다. Markus와 Nurius(1986)는 이러한 개념을 **가능한 자기**(possible self)라고 불렀다. 가능한 자기 개념은 자신이 될 수 있는 것, 되고 싶은 것, 되고 싶지 않은 것을 모두 포함한다. 즉 "자기와 관련된 형태, 의미, 구조, 조직, 방향에 사람들이 주거나 갖는 목표, 희망, 두려움, 위협 등의 인지적 부분"이다(Markus & Nurius, 1986, p. 954).

Markus와 Nurius(1986)의 관점에서 자기스키마는 현재와 과거뿐 아니라 미래의 자신의 모습과도 모두 관련이 있다. 우리가 미래에 되고 싶어 하는 가능한 자기의 모습은 "성공적이거나, 날씬하거나, 부자이거나, 사랑받는" 모습일 수 있다. 반대로 사람들이 되지 않고 싶어 하는 자기의 모습은 "우울한, 무능력한, 알코올중독인, 직업이 없는" 모습일 것이다 (Markus & Nurius, 1986, p. 954).

모든 가능한 자기는 자신이 생각하는 모습에 매우 많은 디테일을 포함한 개념이다. 그러므로 무서워하는 가능한 자기 모습이 "직업이 없는 자기"라면 그것이 어떤 모습일지 명확하게 생각하고 있다. 가족을 부양할 여력이 없고, 집을 팔아야 하고, 좋지 않은 동네로 이사 가고, 할 것 없이 무료하게 시간을 보내고, 내 능력에 맞지 않는 의미 없는 직업을 찾아다니고, 부모님 앞에서 모욕을 당하고, 좋은 직업을 가진 사람을 부러워하고, 계속적으로 우울증과 무력감에 빠지는 그림이 뚜렷하게 그려지는 것이다. 다른 사람도 실직을 두려워할 수는 있지만, 내가 생각하는 실직한 자기는 내 성격에 고유하게 나타나는 경우다. 내 보편적 자기개념 안에 이 부분이 크게 자리하고 있다면 이것을 피하려고 부단한 노력을 하게 될 것이다.

Markus와 Nurius(1986)는 가능한 자기가 자기를 이해하는 데 있어서 동기와 인지의 중요한 연결고리라고 생각했다. 사람들은 강력한 내부적 욕구와 성향에 의해 동기를 부여받는다. 하지만 이러한 동기적 원인은 자기와 관련된 모습으로 변화되기 전까지는 성격기능에서 작용하지 못한다. 따라서 실직을 두려워하는 내 모습은 강력한 '권력동기'의 개인화된 해석일 수 있고, 이는 동시에 내 과거의 모습과 결합되어 작용할 수 있다. 동기, 두려움, 욕구, 꿈은 가능한 자기를 통해서 표현된다. 이렇게 보면 가능한 자기는 미래 행동에 대한 인센티브로 먼저 작용한다—피해야 할 아니면 이루어야 할 미래의 모습인 것이다.

가능한 자기의 두 번째 기능은 자기평가(self-evaluation)다. 가능한 자기는 개인들이 자신의 인생이 얼마나 잘 아니면 불행하게 흘러가고 있는지를 알아보게 한다. 따라서 가능한 자기는 개인적 일의 의미를 결정하기 위한 강력한 구조다. 예를 들어, 의사가 되고 싶은 대학생이 있다면 현재 학점이 낮은 경우 가능한 자기를 매우 부정적으로 생각하게 된다. 그녀의 남자친구도 비슷한 성적이지만 만약 운동선수를 준비한다면 큰 영향이 없기 때문에 그녀만큼 부정적으로 받아들이지는 않을 것이다.

가능한 자기는 사람들이 미래에 어떻게 될지만을 포함하는 것이 아니라, 과거에 어땠을지도 알려준다. 이것은 Laura King이 잃어버린 가능한 자기(lost possible self)라고 부른 개념이다(King & Hicks, 2006, 2007). King은 일련의 연구를 통해 인생에서 큰 변화를 경험한 사람들에게 그 변화가 없었다면 어떻게 되었을지 알아보았다. 한 연구에서 그들은 다운증후군인 아이들을 키우고 있는 부모들을 대상으로 아이들에게 이러한 인지적 장애가 없었다면 인생이 어떻게 달라졌을지 알아보았다(King, Scollon, Ramsey, & Williams, 2000). 다른 연구에서 King과 동료들은 오랜 결혼 생활 끝에 이혼한 여성들을 대상으로 만약 이혼하지 않았다면 인생이 어땠을지를 물어보았다(King & Raspin, 2004). 비슷한 연구에서 King과 Smith(2004)는 게이와 레즈비언 학생들을 대상으로 그들이 이성애자였다면 어땠을지를 알아보았다. 모든 연구에서 "만약 …했다면 어땠을지"를 알아본 것이다.

King의 연구를 종합해보면 사람들이 자신의 잃어버린 가능한 자기를 얼마나 빨리 극복하고, 현재의 미래에 대한 계획에 에너지를 투입할 수 있는지의 정도에 따라서 행복이 결정된다는 것을 알 수 있다(King & Hicks, 2006, 2007). 만약 이혼하지 않았다면 어땠을지 계속 생각하는 사람들이 아니라 현재 주어진 상황에서 어떻게 하면 행복해질 수 있는지를 찾는 여성들이 더 행복했고, 다운증후군 자녀를 둔 어머니들의 경우도 만약 정상이었다면 어땠을지 생각하기보다는 현재의 관점에서 미래를 생각하는 경우가 더 행복했다.

하지만 King 연구의 두 번째 결론은 첫 번째 결론에 반대된다. 같은 결과는 심리적 **성숙성**(psychological maturity)에도 적용될 수 있다. 가장 높은 심리적 성숙성을 보인 여성들(제9장에서 살펴볼 자아발달을 통해 측정)은 잃어버린 가능한 자기에 대해서 가장 디테일하고 섬세한 묘사를 할 줄 알았다. 이혼 연구에서 특히 심리적으로 성숙한 여성들은 이혼하지 않았다면 어땠을지 매우 자세하게 설명했다. 그들의 잃어버린 자기는 꿈과 희망이 어땠을지 그리고 잃어버린 꿈이 어떤 것인지 확실하게 알고 있었다. 심리적으로 성숙한 세 여성이 쓴 다음의 내용을 보자. 첫째는 최근에 이혼한 여성, 둘째는 다운증후군 아이의 어머니, 셋째는 이성애자였으면 어땠을지 상상하는 레즈비언의 이야기이다.

나는 매우 행복한 '빈둥지' 증후군을 상상했다. 남편과 나 모두 여행은 싫어하지만, 스포츠는 중요하다. 같이 운동을 하거나 레인저스/매버릭스/카우보이스 등의 팀을 응원하러 간다. 많은 가족사진이 있는 결혼식이 그려진다. 돌봐줄 손주들도 많을 것이고 인생은 조용하지만 달콤할 것이다(King & Raspin, 2004, p. 616).

아들을 낳기 전 우리는 캘리포니아에서 일자리를 찾으려 했었다. 금발머리의 아들이 해변에서 놀고, 모델이나 영화배우가 되는 것을 상상했다. 또한 몇 달 후 집에 돌아가서 내 일을 계속하려고 했었다. 내 아들은 동네에서 친구들과 자전거를 타고, 축구나 야구를 하고, 남자끼리의 스포츠를 했을 것이다. 내 아이는 노력 없이도 성장할 수 있었을 것이다(King & Hicks, 2006, p. 130).

이성애자인 나는 행복하다. 대학교 졸업 후 독립적으로 5년을 살았고, 유럽과 우리나라를 여행했다. 살아가는 것이 힘들었지만 그래도 괜찮았다. 나는 강력한 독립적 여성으로 완전함을 느낀다. 그리고 그(him)를 만났다. 그는 세속적이고 힘이 세고 지성인이며 매우 재미있다. 또한 잘생겼고 돈이 많지만 가식적이지는 않다. 우리는 금방 사랑에 빠져 돈 많은 집시들처럼 살아간다… 정착할 곳을 찾아 가정을 시작하면 아이들은 자유로운 환경에서 자라난다(King & Hicks, 2006, p. 130).

이러한 설명은 "만약 …했다면 어땠을지"의 감각이 매우 발달됨을 보여준다. 특히 성숙한 개인들은 잃어버린 자기에 대해 매우 자세한 설명을 할 수 있다. 나아가 King과 동료들은 이러한 경향(잃어버린 자기에 대해 생각하려는 경향)은 결과적으로 성숙성을 **높여주는** 기능도 한다고 주장했다. King은 2년 동안 대상을 관찰한 결과, 1차 시기에 잃어버린 자기에 대해 자세하게 설명했던 사람들은 2년 후 자아성장이 크게 일어났다는 것을 증명했다. 처음부터 성숙성이 높았지만 그 이후 더 높아진 것이다.

잃어버린 자기에 대한 King 연구가 보내는 시사점은 좋은 인생이란 행복함과 심리적 성숙함 두 가지를 모두 포함한다는 것이다. 연구를 보면 가장 행복하고 가장 성숙한 개인들이 현재의 가능한 자기에 몰두하고, 잃어버린 자기에 대해서는 매우 자세하고 심리학적으로 중요한 묘사를 할 수 있었다. 동시에 그들은 과거에 얽매여 있지 않았다. 인생에서 중요한 심리적 이해를 찾아내고 발전시키는 그들의 능력은 미래로도 이어졌다. 잃어버린 자기는 이미 잃어버린 것이기 때문에 놓아주어야 한다. 하지만 그것을 완벽히 잊는 것은 불가능하고 그럴 필요는 없다. 가장 행복하고 가장 성숙한 사람들은 잃어버린 자기에 대한 명백하고 확실한 이해를 바탕으로 새로운 가능한 자기에 존재하는 가능성을 이해해 인생을 성공적으로 살 줄 아는 사람들이다.

자기들 사이의 차이

E. Tory Higgins(1987)는 자기지식(self-knowledge)은 크게 세 가지 분야를 포함한다고 한다—실제 자기(actual self), 이상적 자기(ideal self), 의무적 자기(ought self). 실제 자기는 자신이 실제로 가지고 있다고 생각하는 특징으로 구성된다. 이상적 자기는 이상적으로 가졌으면 좋겠다고 생각하는 소망이나 열망의 표현이다. 의무적 자기는 의무, 책임, 일 등을 포함한다. 나아가 이것은 **자신**이 보는 자신의 모습일 수도, 타인이 보는 자신의 모습일 수도 있다. 비슷하게, Higgins는 '이상적/자신의 자기'와 '이상적/타인의 자기', 그리고 '의무적/자신의 자기'와 '의무적/타인의 자기'도 구분했다.

Higgins(1987)의 **자기불일치이론**(self-discrepancy theory)에 의하면 이 세 가지 분류의 자기 모습이 서로 충돌하거나 일치하지 못할 때 문제들이 생긴다고 한다. 두 가지 경우가 특히 심각하다. 실제 자기와 이상적 자기 간 차이점은 낙담과 관련된 감정(슬픔, 부끄러움, 실망감 등)으로 이어진다. 이런 경우에 개인은 자신은 꿈이나 소망이나 열망을 이룰 수 없다고 생각하고, 목표가 너무 높다고 생각하게 된다. 내가 야구를 잘 못해서 아버지의 기준에 못 미쳤을 때, 나는 낙담했던 경험이 있다. 이상과 현실 간 차이가 생긴 것이다. 반면에 실제 자기와 의무적 자기 간 차이점은 불안과 관련된 감정 (두려움, 죄책감, 불안감 등)을 불러일으킨다. 이런 경우 사람들은 좋고 의미 있는 책임감 있는 행동에 못 미쳤다고 생각한다. 불안한 감정은 해야 할 것을 하지 않았다는 데서부터 생겨난다.

많은 연구를 보면 자기개념의 불일치와 부정적 감정의 경험 간 연관성을 확인할 수 있다 (Higgins, 1987). 대부분 연구에서 연구대상인 학생들은 Higgins가 말한 자신의 성격특성을 설명했다. 그리고 이것을 연구자들은 다양한 자기 분야로 나누었다. 예를 들면, 어떤 사람은 자신의 실제 자기를 야망 있고 진솔하고 정직하고 친근하고 불같다고 표현했고, 의무적 자기를 솔직하고 친근하고 유연하고 용서를 잘하고 도움을 잘 준다고 표현했다. 여기서 두 가지는 확실히 일치한다—정직함과 친근함은 두 번씩 나오기 때문이다. 하지만 '성격이 불같은' 것과 '유연한' 부분은 불일치를 이룬다. 이러한 불일치의 경우가 많을수록 차이가 커지고 그에 따른 부정적 감정이 많아진다. Higgins에 의하면 불일치와 부정적 감정 간 관계는 그 불일치가 개인이 가장 중요시하는 분야에서 일어날 때 가장 강하게 작용한다고 한다.

한 연구에서 Higgins는 이러한 자가 측정을 하고 1개월 후 우울증과 불안감을 측정하는 다양한 평가를 실시했다. 예상한 대로 실제/의무적 자기의 불일치는 불안감을 나타냈고, 실제/이상적 자기의 불일치는 우울함을 나타냈다. 자신의 이상적 자기에 못 미치는 삶을 산다고 생각한 학생들은 슬픔과 우울증의 정도가 높았다. 자신의 의무적 자기의 기준에 못 미친다고 생각하는 학생들은 두려움과 우울함의 수치가 높았다.

이상적 자기와 의무적 자기는 개인이 현재의 인생 상황과 원하는 인생 상황을 비교해 적합한 기준과 목적을 제공할 수 있다는 점에서 일종의 **자기가이드**(self-guides)의 역할을 한다. Higgins(1997)는 다음의 두 가지 자기가이드가 사회적 행동에서 매우 다른 동기적 힘을 나타낸다

그림 8.4	자기가이드와 부정적 감정

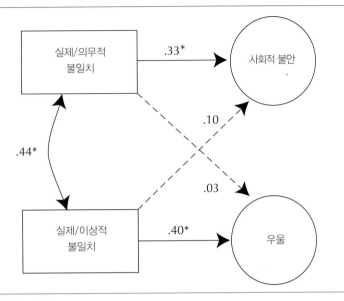

실제와 의무적 자기가이드 사이의 불일치는 불안과 관련되어 있는 반면 실제와 이상적 자기가이드 사이의 불일치는 우울과 관련되어 있다.

주 : 공변율―수치가 올라갈수록 더 강한 일치를 보인다.

*p < 0.01.

고 한다. 첫째는 **승격**(promotion) 가이드인데 이것은 긍정적인 결과를 향한 민감함, 사회적 행동에서의 접근 전략과 관련되어 있다. 둘째는 **예방**(prevention) 개념인데, 이는 사회적 행동에서의 회피 전략 그리고 부정적인 결과에 대한 민감함을 포함한다. 이 두 가지의 구분은 BAS와 BIS(제5장에서 본 내용)의 구분과 비슷하다. 그리고 접근과 회피적 목적 간 구분은 오랫동안 많은 심리학자들에 의해서 연구되어 왔다(예 : Lewin, 1935; Maslow, 1954; Miller & Dollard, 1941).

Daniel Ogilvie(1987)에 의해 이뤄진 연구는 또 다른 자기개념의 불일치를 보여준다. Higgins 는 자기개념들의 종류들 간 차이점을 알아본 반면, Ogilvie는 실제 자기가 원하지 않는 자기와 얼마나 비슷한지를 알아본 것이다. 원하지 않는 자기는 개인이 두려워하고 싫어하고 경험하지 않고 싶어 하는 특징을 포함한다. Ogilvie의 생각은 우리는 이상적 자기나 의무적 자기보다 오히려 원하지 않는 자기와 더 깊은 관계가 있을 수 있다는 것이다. 원하지 않는 자기는 우리가 과거에 두려움, 무서움, 절망감, 모욕감 등을 느꼈던 구체적인 과거의 경험에서부터 우러나올 수 있다. 반대로 우리의 이상적 자기와 의무적 자기는 더 이론적이다. 우리가 노력하지만 실제로 경험하기는 힘든 추상적인 상태다.

Ogilvie(1987)는 학생들의 실제 자기, 이상적 자기, 원하지 않는 자기를 알아보고 복잡한 분석 연구를 통해서 각 학생의 자기 간 '거리(distance)'를 측정했다. 인생의 만족도도 알아보았다. 결과를 보면, 개인의 이상적 자기와 실제 자기 간 거리는 인생의 만족도와 부정적으로 연결되어 있었다. 다른 말로 하면 둘 간의 차이가 클수록 만족도가 더 낮은 것이다. 개인의 원하지 않는 자기와 실제

표 8.6	기억해낸 단어를 통해 알아본 자기참조의 수치	
	성공	실패
우울한	3.04	3.33
우울하지 않은	5.13	3.06

출처 : "Depression and Information Processing : Self-schemata and the Encoding of Self-Referent Information" by R. E. Ingram, T. W. Smith, & S. S. Brehm, 1983, *Journal of Personality and Social Psychology*, 45, 417.

자기 간 거리는 인생 만족도와 긍정적으로 연결되어 있었다. 원하지 않는 자기와 '멀리' 있는 사람일 수록 더 행복했다. 하지만 두 번째 결과가 첫 번째보다 더 강력했다. 인생의 만족감을 나타내는 지 수로 볼 때 원하지 않는 자기와 실제 자기 간 거리가 더 중요하게 작용했다는 것이다. 이 결과는 명 확하다—우리가 행복해지려면 싫어하는 것을 피하는 것이 좋아하는 것을 향해 노력하는 것보다 더 효율적이라는 것이다.

원하지 않는 자기에 대한 연구는 우리가 가장 두려워하는 것과 가장 피하고 싶어 하는 것에 대 해서 생각해보게 한다. 이는 불편한 주제다. 한 연구에서 학생들에게 "가장 심각할 때 어떤 상태인 지"에 대해서 한 문단으로 묘사해서 쓰도록 했다. 다른 조건에서 그들은 자신의 죽음에 대한 느낌을 썼고, 또 다른 조건에서는 자신의 가장 좋은 이상적 자기의 모습을 썼다. 넷째 조건에서 학생들은 시 험의 경험에 대해서 썼다. 나중에 네 집단의 모든 학생들은 죽음과 관련한 문제의 중요성을 알아보 는 테스트를 받았다. 놀랍지 않게도 죽음 조건의 학생들은 그렇지 않은 학생들보다 죽음에 대해서 더 많은 생각을 보였다. 하지만 원하지 않는 자기 조건의 학생들은 연구 후반에 죽음과 관련된 관심 을 더 많이 보였다. 가장 최악의 자기의 모습에 대해서 몇 문장만 써도 죽음에 대한 생각을 촉진시킬 수 있는 것이다. 원하지 않는 자기는 우리 마음에서 매우 부정적인 생각을 이끌어내기 때문에, 몇 번 만 생각해도 자동적으로 죽음에 대해 고려하게 되는 것이다.

우울의 감정적 경험은 부정적인 스키마와 내적, 안정적, 광범위한 원인에 부정적 사건을 기인히게 되는 설명방식과 같은 부정적 사고의 패턴과 연관되어 있다(출처 : William Casey/iStockphoto).

스키마, 귀인, 설명방식 : 우울 사례

성격을 보는 사회인지적 관점은 우울증의 현상을 이해하는 데 특 히 중요하게 작용한다. 지난 25년 간 만성적 우울증을 겪는 사람 들이 일상생활에서 어떻게 정보를 처리하는지에 대한 연구는 많 이 이루어졌다. 많은 책과 논문이 이 주제로 쓰여지고, 많은 이론 이 발전되었다. 이러한 이론들은 조금의 차이는 있지만 근본적인 생각은 같다—우울증 환자들은 특이하고 비정상적인 방법으로 그들 자신과 세계를 본다. 우울증을 보는 인지적 이론은 생물학적 문제 등 비인지적 요소도 우울증에 작용할 수 있다는 생각에 반대하 지 않는다. 하지만 주된 생각은 우울증의 경험의 중심에는 우울 한 의식(우울한 생각, 사고, 특성, 스키마, 가치 등)이 존재한다는 점이다. 몇몇 이론은 이런 의식은 감정적 슬픔과 우울함의 원인이

더 읽을거리 8.2

미덕의 긍정심리학—감사함을 기준으로

많은 학생들에게 있어서 심리학에 관심을 갖게 된 계기는 정신병리학이었을 것이다. 행동이 어떻게 잘못될 수 있는지, 어떻게 비정상적이고 이상한 방향으로 바뀌는지에 심취했을 것이다. 심리학자, 상담자, 많은 연구자들도 마찬가지로 느꼈다. 이번 장에서 본 우울증을 보는 사회인지적 접근법은 심리분석가들이 인간의 정신병을 이해하려고 시도한 수많은 방법 중 하나였다. 하지만 어떤 심리학자들은 모든 "잘못될 수 있는" 인간 행동에 대한 관심이 너무 큰 나머지, 선을 위해 이루어지는 인간 행동에 대한 이해는 부족하다고 지적한다. Seligman은 우울증을 30년간 연구한 뒤, 인간 인생의 **긍정심리학**(positive psychology)을 연구해보기로 결정했다. 1990년대 후반, 그는 미국의 긍정심리학 움직임을 이끌었다(Seligman & Csikszentmihalyi, 2000 ; Snyder & Lopez, 2002). 이 움직임의 목표는 과학이라는 도구를 이용해 인간 행동과 경험이 선, 완벽함, 아름다움, 믿음을 어떻게 이끌어내는지 알아보는 것이었다.

　　미국 심리학 학회의 *Diagnostic and Statistical Manual of Mental Disorders*는 300가지가 넘는 정신병의 구분체계를 폭넓게 제공한다. 간단하게 말하면, *DSM*은 곧 정신병이 드러날 수 있는 거의 모든 가능한 상황을 설명한다. 이러한 것이 인간 행동의 좋은 측면에서도 존재하면 참 좋지 않겠는가? Peterson과 Seligman은 긍정심리학 움직임의 수많은 주제들을 한데 모아, *DSM*과 반대되는 개념으로 *character strengths and virtues*라는 책을 냈다. 그들은 역사적 연구와 과학적 사실을 기반으로 인간 인생의 강점과 미덕 특징 24가지를 6개 카테고리(지혜와 지식, 용기, 인간성, 정의, 절제, 초월)로 나누어 설명했다. *DSM*과 마찬가지로 이 리스트는 뒤죽박죽이다. 예를 들면, Big 5 성격유형과 거의 정확히 일치하는 심리학 특징을 포함한다(*개방성, 끈기, 친절함* 등). 하지만 다른 측면에서 바라보면, 성격심리학자들이 '성격적응'이라 부르는 개념을 포함하고 있기도 하다. *겸손함, 공평함, 감사함, 용서*와 같은 미덕은 폭넓은 성격차원에 쉽게 적용되기 힘든 구체적이고 굉장히 개념화된 심리학적 성격의 요소다. 동기와 목표, 개인구성, 스키마, 자기 등과 같은 개인 간 차이들은 사람들이 겸손함, 공평함, 감사함, 용서와 같은 개념을 바라보는 차이점과 이어지며 시간과 장소및 사회적 역할에 의해 맥락화된 심리학적 개성의 중요한 부분을 구성한다.

　　Robert Emmons와 Michael McCullough는 감사함에 초점을 맞춘 연구를 했다(Emmons & McCullough, 2004 ; McCullough, Emmons, & Tsang, 2002). 감사함을 측정하는 설문지를 만든 결과, 저자들은 사람들은 인생에서 감사할 것이 많다는 사실을 발견했다. 주어진 것, 우정, 행복함과 자기만족을 찾을 수 있는 기회에 감사함이 드러났다. 좋은 것들은 직접 노력해서 얻은

동기 분야 연구의 선구자인 Robert Emmons는 사회적 삶에서의 감사의 역할에 대해 괄목할 만한 연구결과를 소개해주었다. 이 연구에서 지속적으로 감사를 표현한 사람들은 친사회적 행동과 심리적 웰빙의 수치가 높은 것으로 나타났다(출처 : Robert Emmons 허가받음).

것 대신 선물로 보았다. 연구에 의하면, 계속해서 감사함의 미덕을 표하는 사람들은 그렇지 않은 사람들보다 전체적으로 더 행복하다고 한다. 감사함은 미국에서 종교와 영성과는 양의 상관관계가, 물질적 부와는 음의 상관관계가 있었다.

　　감사하는 사람들은 타인을 더 잘 돕고 사회적 행동을 많이 한다. 어떤 실험에 의하면, 상황이 위험하거나 어려운데도 불구하고 남을 더 돕는 사람들은 감사함의 기분을 더 많이 느낀다고 한다(Bartlett & DeSteno, 2006). 이러한 실험들은, 감사함은 굉장히 유동적인 심리적 경험이라는 것을 보여준다. 어떤 사람들은 특징적으로 더 감사함을 많이 느낄 수도 있다. 하지만 특정 상황에 따라 감사함이 늘어나기도, 줄어들기도 한다. 그리고 감사함은 배울 수 있다. "감사합니다", "부탁합니다" 같은 말을 사용하도록 아이들에게 가르칠 수 있다. 목사, 랍비 등 종교적 지도자들은 신도들에게 인생에서 더 감사함을 느끼라고 지도할 수 있다. 성경에서도 감사함은 중시된다(McAdams & Bauer, 2004). 창세기에서도 확인가능

(계속)

더 읽을거리 8.2 *(계속)*

하듯이, 이 세상의 첫 살인은 감사함의 문제로 일어났다. 아담과 이브의 두 아들들은 신에게 감사하는 방법을 서로 다르게 택한다. 아벨은 처음 태어난 양을 제물로 바쳤지만, 카인의 제물은 신이 받지 않았다. 이에 분노한 카인은 동생 아벨을 죽인다.

현대사회에서 감사함은 긍정적 사회적 관계의 기반이 된다. McCullough와 Tsang(2004, p. 123)은 감사함을 "미덕의 어머니", 즉 다른 미덕을 자아내는 기반으로 설명했다. 감사하는 태도를 가지는 것은 용서, 이타주의, 친절함, 경외심, 존엄성 같은 다른 긍정적 미덕을 불러온다. 더 나아가, 그들은 감사함은 도덕적 감정의 기능을 한다고 말했다. 감사함을 느끼는 것은 상황 판단을 하여 어떤 사람이 타인의 행동을 통해 도움을 받았다는 것을 인지하는 것

을 의미한다. 또한 감사함은 사회적 공동체에서 도덕적인 행동을 부추기는 사회적 보상의 작용도 한다. 진화가 인간으로 하여금 특정 사회적 상황에서 감사함을 느끼도록 만들어 개인과 집단의 최고 이익을 도모할 수 있도록 도움을 준 것일 수도 있다.

감사함은 지속적인 사회공동체에서 개인 간 상호만족을 도모하는 교류를 만들기 위해 다른 인간 적응과 함께 적용된다. 하지만 유전과 환경 두 가지 모두의 문제로, 사람들은 감사함을 느끼는 정도와 상황이 모두 다르다. 긍정심리학 움직임은, 학자들을 감사함과 다른 긍정적 인간 본질 간 차이점을 연구하게끔 만들었다. 과학과 일상생활 모두에서 개인을 깊게 안다는 것은 그의 단점과 장점, 경쟁력, 미덕 모두를 아는 것을 말한다.

된다고 말하고, 다른 이론들은 우울증의 **결과**로 우울한 의식이 생긴다고 주장한다.

심리학자 Aaron Beck은 우울증의 인지적 이론을 발표한 첫 번째 학자였다(Beck, 1967, 1976). 그는 우울증에 걸린 사람들은 자신을 보는 부정적 관점, 미래에 대한 부정적 시선, 현재 진행 중인 경험을 부정적으로 해석하는 경향이 있다고 말했다. 이러한 부정적 태도는 결국 슬픔과 절망감으로 이어진다. 우울증을 느낄 때 당사자는 나쁜 생각과 느낌을 갖게 되고, 이는 더 나쁜 생각으로 이어져서 결국 **우울한 스키마**(depressive schemas)를 통해서 세상을 보게 된다. 우울한 스키마는 정보를 부정적으로 제공함으로써 실체를 **왜곡**한다. 우울증 환자들은 기억 테스트에서 일반인에 비해서 더 부정적이고 우울한 단어들을 많이 기억하고(Derry & Kuiper, 1981; McDowall, 1984), 이야기에서 긍정적인 주제를 잘 알아내지 못하고(Breslow, Kocis, & Belkin, 1981), 불쾌한 기억을 더 잘 생각한다(Lloyd & Lishman, 1975). 성공보다는 실패를 기억하는 경향이 있다(Johnson, Petzel, Hartney, & Morgan, 1983). **다양한** 기억을 설명하는 경험에서 우울증 환자들은 과거에서 더 부정적인 에피소드를 많이 기억하는 것으로 나타났다(McAdams, Lensky, Daple, & Allen, 1988).

Beck의 스키마 이론에서부터 영감을 받아서 인지이론의 상당 부분은, 우울증은 현실을 **부정적으로 왜곡**한다는 사실을 전제로 받아들이기 시작했다. Ingram(1984)은 우울증 환자들은 긍정적인 경험을 해도 긍정적 자기스키마를 만들지 못한다고 주장했다. 한 실험에서 우울증 환자들과 정상인들은 자신의 객관식 시험에 대한 긍정적/부정적 피드백을 받았다(Ingram, Smith, & Brehm, 1983). 그리고 미리 녹음된 48개의 형용사를 들었고, 형용사 하나를 들을 때마다 다음과 같은 네 질문에 '예', '아니요'로 답변했다.

1. 형용사는 남성이 읽었는가?
2. 형용사는 (   )와 운율을 맞추는가?
3. 형용사는 (   )와 비슷한 뜻인가?
4. 형용사는 당신을 설명하는가?

Ingram(1984)에 의하면 네 가지 질문은 네 가지 다른 정보처리과정을 나타낸다. 가장 깊은 처

리과정은 자기참조적 질문이 위치한다고 한다. 주어진 형용사가 자신의 성격에 적용되는지의 정도를 알아보는 것이기 때문이다. 가장 표면적인 수준에는 구조적, 언어적 질문이 자리한다.

각 학생은 질문을 듣고 난 뒤 가능한 한 많은 형용사를 기억해내도록 지시받았다. 우울증에 걸리지 않은 학생들은 실패 조건보다 성공 조건에서 더 많은 긍정적인 자기참조를 기억할 수 있었다. 반대로 우울증 환자들은 두 조건에서 비슷한 정도의 긍정적 자기참조를 기억했다. 우울증이 없는 학생들에게는 기억훈련이 긍정적 생각을 불러일으켜서, 성공 조건에서 자신에 대한 긍정적 형용사를 더 많이 기억한 것으로 나왔다. 반대로 성공의 피드백은 우울증을 겪는 학생들에게는 효과적으로 작용하지 않았다.

우울증을 보는 중요한 인지적 접근법은 Seligman과 Abramson의 **재형성된 학습된 무력감 이론**(reformulated learned-helplessness theory)이다. 동물을 상대로 한 초기 연구에서 Martin Seligman(1975; Seligman & Maier, 1967)은 개들은 제어할 수 없는 자극(무작위의 전기 충격 등)을 받으면, 무력감에 빠져서 이후에 충격이 가해지면 피할 기회가 있어도 그렇게 하지 않는다는 것을 발견했다. 비슷하게 제어할 수 없는 부정적 일을 겪은 인간 또한 비슷한 과정을 거쳐 결국 만성적 우울증을 경험한다는 이론이다. Seligman과 Abramson(Abramson, Seligman, & Teasdale, 1978; Abramson et al., 2002; Peterson & Seligman, 1984)은 무력감과 우울증을 인지적 특징으로 연결시켰는데, 이를 **설명방식**(explanatory style)이라고 불렀다. 우울증에 걸린 사람들은 일을 설명하고 인과관계를 찾는 데서의 특징적 패턴 때문에 세상을 무력하게 받아들인다고 주장했다.

학습된 무력감 이론에 의하면, 우울증에 걸린 사람들은 인생의 **부정적** 일들이 **내부적 · 안정적 · 광범위한** 원인에 의해서 일어난다고 생각한다고 한다. 시험에서 낮은 점수를 받으면 자신이 "바보 같기 때문에"(내적 요인) 그런 결과가 있다고 생각하는 것이다. 반대로 인생의 **긍정적인** 일은 **외부적 · 구체적 · 불안정한** 요인 때문에 생겨난다고 생각한다. 그러므로 좋은 점수를 받으면 운 좋은 결과라고 생각하게 된다. 우울증 환자의 설명방식은 대체적으로 부정적 일은 제어할 수 없는 힘에 의해서 발생한다는 생각에 기반을 두고 있다. 또한 긍정적인 일은 다시 생겨나기 힘든 힘에 의해 일어난다고 생각한다.

이 이론은 성격이론 연구와 임상심리학 분야에서 많은 연구를 불러왔다. 많은 연구가 우울증 환자들은 실패를 내적 원인에서 찾고 자신의 가치 없음으로 인한 결과라고 생각한다는 점을 보여준다(Abramson et al., 2002; Coyne & Gotlib, 1983; Peterson & Seligman, 1984; Peterson, Villanova, & Raps, 1985; Robins, 1988). 그럼에도 불구하고 몇몇 연구가들은 특징 패턴이 우울증의 원인이 되거나, 그 반대라는 생각에 대해서는 회의적이다. 인지적 방식의 인과관계의 반증을 보여주는 한 사례는 Cochran과 Hammen(1985)에 의해 이뤄진 대학생과 우울증 외래 환자를 대상으로 한 2개월짜리 종단연구에서 찾아볼 수 있다. 이 연구결과를 알아보면서 학자들은 "인과관계의 방향성에 있어서 정보를 종합해보면 반대보다는 우울증 자체가 인지적 결과를 가져온다는 것이 명확하다"(Cochran & Hammen, 1985, p. 1562)는 결론을 내렸다. 하지만 그 반대를 보여주는 연구도 있다.

Hankin, Fraley, Abela(2005)는 학생들을 대상으로 35일 동안 매일 우울한 증상에 대한 일상을 기록한 일기를 쓰게 하는 실험을 했다. 실험 초기에 학생들은 우울증 경향, 설명방식, 기타 요소

등의 측정을 마친 상태였다. 실험 초에 우울증적 설명방식을 보인 경우 35일 후에도 더 높은 우울증 증상을 보일 가능성이 높았다. 또한 결과는, 학생들이 부정적 일을 설명하는 데서의 일정한 정도도 보여주었다. 다른 말로 하면, 학생들은 해석에 일정한 패턴을 보였다―몇은 계속적으로 부정적 일이 내부적·안정적 원인 때문이라고 생각하고, 다른 학생들은 덜 부정적인 방법으로 설명하려고 했다. 하지만 학생들은 하루가 지나면서 경향의 변화도 보였다. 그 변화 자체가 우울증적 경향의 계속적인 변화를 예측해주었다. 35일의 기간 동안 부정적 일을 우울한 방법으로 설명하려는 경향이 증가한 학생들은 계속해서 더 우울증적 증상을 많이 보였고, 반대는 감소로 이어졌다. 이는 학습된 무력감 이론을 확인시켜준다. 설명방식 자체는 시간이 지남에 따라 일정한 편이고, 변화가 생기면 우울증적 경향에서의 변화예측과 이어진다는 결과가 나온다.

개인의 특징적 설명방식은 개인의 사회지능을 구성하는 과정적 지식의 매우 중요한 부분이다. 그러므로 설명방식은 단순히 우울증 이상으로 이어지는 다양한 결과를 가져온다는 것은 놀라운 사실이 아니다. 설명방식은 학교생활, 직업 만족도, 스포츠, 건강, 수명 등의 분야에서도 찾아볼 수 있다.

Nolen-Hoeksema, Girgus, Seligman(1986)은 학생들을 대상으로 설명방식을 측정했다. 아이들은 매우 다양한 방식을 보였는데 그중 몇은 우울증적 경향을 보였다. 그러한 경향을 보인 학생들은 교사들이 보기에 학교에서 무력감을 나타내는 행동을 더 많이 하는 아이들이었다. 또한 성적도 낮은 편이었고, 성인의 경우와 비슷하게 우울증적 증상도 더 많이 보였다.

Seligman과 Schulman(1986)은 1년 동안 생명보험을 판매하는 설계사들을 연구했다. 연초에 연구자들은 설계사들의 설명방식을 측정했다. 설계사들은 부정적인 설명방식을 갖고 있는 경우 긍정적인 설명방식을 갖고 있는 사람에 비해 판매율이 저조했던 것으로 나타났다. 부정적인 설명방식을 갖고 있던 설계사는 회사를 좀 더 쉽게 그만두기도 했다. Seligman, Nolen-Hoeksema, Thornton과 Thornton(1990)은 남녀 대학생 수영 팀을 연구하면서 유사한 방법을 활용했다. 그들은 부정적인 설명방식을 가진 학생들이 수영 성적에 있어 저조한 모습을 나타낸 것을 발견했다.

Peterson, Seligman, Vaillant(1988)는 1938년과 1940년 사이 하버드대학교를 졸업한 남성을 대상으로 50년간 종단연구를 실시했다. 1946년에 그들이 20대 후반일 때 세계 2차 대전에 참전한 남성 99명이 전쟁 경험에 대한 질문을 받았다. 이 답변의 설명방식을 측정한 뒤 이를 남성들의 건강 검진 결과와 비교해본 결과 40년 동안 설명방식은 건강을 나타내는 중요한 요인이라는 것이 밝혀졌다. 20대 때 긍정적인 설명방식을 보여준 경우는 40, 50, 60대에 이르기까지 건강상태가 좋았고, 그렇지 못하면 나쁜 결과가 나왔다.

다른 연구는, 설명방식은 사람들의 수명도 예측한다고 주장한다. Peterson, Seligman, Yurko, Martin, Friedman(1998)은 Terman 실험에 참가했던(본 책의 제5장에 나옴) 사람들을 대상으로 1936년과 1940년에 설문지를 실시했다. 참가자의 실패, 실망감, 부정적 경험 등을 알아보는 질문이었다. 이는 1991년 기준 수명을 나타내준다는 결과를 가져왔다. 다른 말로 하면, 부정적 일의 원인을 내부적 기준에서 찾은 사람들은 긍정적 설명방식을 가진 사람들보다 더 빨리 사망했다. 설명방식은 남자의 경우 더 사망과 상관관계기 높았으며, 특히 사고나 잔인한 죽음의 경우 일치도가 높았다. 부정적 일에 내부적 원인을 적용하는 것은 인지적 **파국화**(catastrophizing)에 해당한다고 한다. 이는 조그마한 불행도 엄청난 재앙으로 받아들이는 부정적 시각과 연결된다. 이러한 부정적 설명방식은 위험하다. 문제해결에 도움이 안 되고, 사회적 문제와 위험한 의사결정으로 이어지기 때문이다. 모든 일이 재난의 시작이라고 생각하게 되면 세상 전체가 믿을 수 없을 만큼 두려운 곳이 되어버린다. 그렇게 되면 무슨 일을 하든 변화할 수 없다고 생각하게 되어 세상에 대한 무책임한 태도가 생긴다.

대상표상 : 성인의 애착

성격을 보는 사회인지적 관점은 다양한 인지적 카테고리를 포함한다. 머릿속의 정신적 표상은 한 개인의 경험을 이해하도록 돕고 행동을 지시하는 역할을 한다. 개인구성, 가능한 자기, 성격특성 등은 자기와 세계에 대한 의미를 형성하는 기능을 한다. 가장 중요한 것 중 하나는 친밀한 관계를 보는 사람들의 시각이다. Freud 때부터 많은 학자들과 일반 사람들은 신생아와 부모 간의 사랑의 애착(애착관계; Bowlby, 1969)은 사랑과 친밀감을 포함해 인생 전반에 걸쳐서 모든 후반부의 관계들을 대변하는 내면적 모델로 작용한다고 믿었다(Mikulincer & Shaver, 2007). 성격의 가장 영향력 있는 사회인지적 적응 가운데 정신적 표상은 삶의 초기에 형성되어 사람들의 마음속에 내재할 것이다. 이것은 그것이 의미하는 바를, 다른 사람을 사랑하는 것이 어떤 느낌인지를 알게 해줄 것이다.

애착이론(Bowlby, 1969; Mikulincer & Shaver, 2007)은 한 사람이 다른 한 사람에게 지지와 지원, 보호, 안정된 근원을 제공해주는 둘 간의 관계를 연구한다. 따라서 가장 대표적인 애착관계는 갓 태어난 신생아와 부모 간의 관계다. 하지만 다른 곳에서도 찾아볼 수 있다(Ainsworth, 1989; Bowlby, 1980). 심리학자들은 애착관계를 성인기에도 적용시켰다. 그들의 연구는 두 가지 방식으로 찾아볼 수 있는데, 첫 번째 접근법에서는 성인의 이야기와 과거 애착을 다른 행동에 연결시킨 경우고(Main, 1991), 두 번째 접근법은 애착유형에 있어서 개인 간 차이점을 평가하기 위한 설문지를 실시해 이 결과가 애정관계에서 어떻게 나타나는지를 확인한 경우다(Hazan & Shaver, 1987).

Mary Main과 동료들(George, Kaplan, & Main, 1985; Main, 1991; Main, Kaplan, & Cassidy, 1985)은 **성인 애착 인터뷰**(Adult Attachment Interview, AAI)를 발전시켜 성인들이 어렸을 때부터 어떠한 애착관계를 가졌고 어떤 식으로 기억하는지 알아보는 수단을 만들었다(또한 Roisman, Fraley, & Belsky, 2007; Roisman et al., 2007 참조). 어렸을 때 부모와의 관계를 잘 설명하는 5개의 형용사를 고르고, 각 형용사에 해당하는 특정한 에피소드를 말하게 했다. 그리고 어렸을 때 거부당한 경험과 왜 부모가 그렇게 행동했는지, 시간이 지나면서 부모와의 관계가 어떻게 바뀌었는지 등을 이야기하도록 했다. 인터뷰에 기초해서 Main은 각 성인을 네 부류로 구분했다—안정

표 8.7	AAI 애착유형과 유아 관찰의 결과
성인 애착 인터뷰	**유아 애착 유형**
안정적/독립적	안정 (B형)
무관심한	회피 (A형)
과거 애착에 사로잡힌	저항 (C형)
과거 애착문제가 해결되지 않은	혼란 (D형)

적/독립적, 애착에 관심이 없는, 과거 애착관계에 사로잡힌, 과거 애착의 문제가 해결되지 않은. 이 연구에 따르면 안정적/독립적 애착관계를 가진 어머니들은 그들 자신도 안정적으로 아이들을 기르는 것으로 나타났고, 애착에 관심이 없는 경우는 회피적인 아이들(A형 아기)을 키우게 된다고 한다. 과거 애착관계에 사로잡힌 경우 C형 아기를, 마지막으로 해결되지 않은 문제를 가진 어머니들은 D형 아기를 키운다고 한다. 첫째 아이를 임신한 여성들에게 AAI를 실시한 이후 태어난 아이가 1살이 되던 해에 낯선 상황 실험(제2장 참조)을 실시했다(Fonagy, Steele, & Steele, 1991). Main의 연구결과에서와 같이 임신한 여성의 성인 애착을 그들의 1살 된 아기의 애착유형 결과와 비교했다(표 8.7 참조).

Main(1991)은 AAI 형태는 보통 안정적/독립적 애착관계에서 자란 경우에 생겨난다고 말한다. 이러한 부모들은 "질문을 잘하고, 평소에 하는 대화방식을 고수하고, 믿음을 주며 협조적"(p. 142)이라고 한다. 인터뷰를 보면 이러한 사람들은 과거 경험이 비교적 일관적이라는 점을 공통으로 가지고 있다. 긍정적인 일과 부정적인 일을 설명할 때, 안정적 애착관계를 가진 사람들은 비교적 인터뷰에서 일관적이고 신뢰감 있는 내용을 말한다. 반대로 애착관계가 없거나 사로잡힌 경우는 "인터뷰 내용에서 논리적 · 사실적 모순을 보여주며, 인터뷰 주제에 맞지 않는 대답을 하고, 부모와의 관계와 실제 있었던 일 간 차이가 있으며, 초기 기억에 접근하기 힘들어하고, 말실수를 하고, 인터뷰에 집중하지 못한다"(Main, 1991, p. 143)고 한다. 특히 회피적 성향의 아이들을 키우는 부모의 경우 자신의 초기 유아기 때를 잘 기억하지 못한다는 특징이 있다. 그들은 모호하게 부모를 설명할 뿐 행동적 증거를 제공하지는 못하는 편이다. 마지막으로 과거 문제가 해결되지 않은 사람들의 경우, 상실과 같은 부정적 주제로 이야기를 하면 처음에는 잘 이야기하다가 순간적으로 이상한 사고방식으로 빠지게 된다. "이러한 경우 성인은 죽음이나 다른 트라우마를 둘러싼 '마법적' 원인이 있다고 생각하거나, 죽은 애착관계 대상이 죽은 동시에 살아 있다고 생각하기도 한다(Main, 1991, p. 145)." 보편적으로 이러한 설명에는 논리성이 없다. 보기에는 표면적으로 정상적인 이야기일 수 있으나, 근원을 보면 어릴 때 해결되지 못한 트라우마로 인해 생겨난 비이성적이고 원시적인 사고패턴이 존재한다.

한 가지 연구는 다양한 나라의 부모들과 10대 아이들 2,000명을 대상으로 33가지 연구를 다시 조사했다(vanlJzendoorn & Bakermans-Kranenburg, 1996). 각 참가자는 Main이 말한 네 부류 중 하나로 나뉘어졌고, 네 번째 유형(해결되지 않은 문제)의 특징이 있는지의 정도가 각각 측정되었다.

그림 8.5 **애착유형**

당신이 가장 친밀한 사람에게서 느끼는 감정과 가장 유사한 문장은 무엇인가? 당신을 가장 잘 표현해줄 수 있는 문장에 체크해보라.

_____ 다른 사람과 친밀해지는 것이 어렵지 않고 그들에게 의지하는 것이 편안하다. 더불어 그들이 나에게 의지해도 괜찮다. 나는 배척당한다는 느낌을 걱정하지 않고 누군가 나에게 너무 친근하게 다가온다고 해서 걱정하지 않는다. (안정적)

_____ 나는 타인과 친밀해지는 것이 다소 불편하다. 그들을 완전히 믿는 것이 어려우며, 그들이 나를 의지하게 되는 것 또한 어렵다. 누군가 나에게 가까이 다가오려고 하면 긴장이 되고, 사랑하는 사람이 내가 편안하게 생각하는 것보다 더 과도하게 친밀해지려고 할 때 긴장이 된다. (회피적)

_____ 다른 사람은 내가 생각하는 것만큼 친밀해지기를 꺼리는 것 같다. 나는 종종 나의 애인이 나를 정말로 사랑하는 것 같지 않다고 여기거나 나와 함께 있는 것을 원하지 않는다고 생각한다. 나는 타인과 완전히 하나가 되기를 원하며 이러한 욕망이 때때로 다른 사람을 질리게 만들기도 한다. (양면적)

출처 : "Romantic Love Conceptualized as an Attachment Process" by C. Hazan and P. Shaver, *Journal of Personality and Social Psychology*, *52*, 515.

참가자들의 58%는 안정적/독립적이었고, 24%는 관심이 없고, 18%는 사로잡힌 경우였다. 나아가 19%는 특정 상실감이나 트라우마가 해결되지 못했다는 증거를 보였다. 점수 간 성별의 차이는 크게 없었다. 사회경제적 지위가 낮은 어머니들은 애착관계에 관심이 없는 경우가 많았으며, 해결되지 않은 트라우마나 상실감을 표현하는 경우가 많았다. 안정적/독립적 여자들은 안정적/독립적 남자와 결혼을 많이 했다. 또한 심각한 정신적 질병을 겪은 성인들은 불안정한 부류에 속할 확률이 정상적인 사람들보다 더 높았다.

AAI를 이용한 조사는 어렸을 때의 애착관계는 성인이 되어서도 행동에 영향을 끼친다는 점을 보여준다. Cindy Hazan과 Phillip Shaver(1987, 1990)는 나아가 애착관계가 성인기의 애정관계와도 관련이 있다고 주장했다. Ainsworth의 A형 아기 이론을 이용해서 Hazan과 Shaver는 성인기 사랑의 **애착유형**(attachment styles) 세 가지를 확인했다(그림 8.5 참조). 애착관계가 안정적인 사람들은 타인에게 의지하고 타인의 의지를 받는 것이 편안하다고 생각하고, 너무 가까이 온다고 해도 부담감을 느끼지 않는다. 중요한 사랑의 경험이 행복하고 믿음에 기초해 있다고 생각하고, 파트너의 문제에도 불구하고 그것을 수용하고 지지할 줄 안다. 회피적 애착유형을 가진 성인들은 타인에게 가까이 가기를 두려워하고 신뢰의 문제가 있다. 감정적인 변화가 심하고 질투심이 지나치며 친밀감을 두려워한다. 불안하고 애매한 애착관계를 가진 성인들은 타인과 가까워지고 싶어 하지만, 이 욕망은 때때로 사람들을 오히려 멀리 보내기도 한다. 파트너가 본인을 사랑하지 않아서 결국 버려질 것이라는 두려움이 있다. 지나친 성적 관계나 질투심, 집착, 상호관계에 대한 열망, 감정적인 변화 등을 통해서 사랑을 경험하는 형태다.

Hazan과 Shaver(1987)는 응답자 중 60% 정도가 안정적 애착관계를 보인다는 것을 증명했다. 이것은 아이들을 상대로 한 조사비율과 거의 비슷하다. 나아가 연구에 따르면 개인의 전체적 애착유형은 사랑과 관련된 행동을 예측해준다고 한다. 예를 들어 Simpson(1990)은 안정적 애착관계는 더 큰 관계적 상호의존도, 믿음, 안정감으로 이어진다고 말했다. Mikulincer와 Nachson(1991)은 안정적 애착관계를 가진 학생들은 사랑을 할 때 자신을 더 드러내는 경향이 있다고 한다. 또한 Kobak과 Hazan(1991)은 이러한 사람들은 더 건설적인 방법으로 감정적 문제를 해결하고 결혼에서의 적응도도 더 높다고 말했다.

Simpson, Rholes, Phillips(1996)는 관계에서 큰 문제를 해결하려고 하는 커플의 모습을 비디오로 촬영했다. 불안한 애착관계를 가진 참가자들은 심각한 문제를 이야기할 때 특히 더 부정적인 단어를 사용한다는 것을 알아냈다. 그런 사람들은 문제에 대해 이야기하는 것을 하나의 스트레스로 받아들였고, 서로의 가치를 깎아내리는 발언을 했다. Simpson, Rholes, Neligan(1992)은 대기실에서 기다리는 커플의 모습을 촬영했다. 육체적 접촉, 정서적 도움을 주려는 시도 등을 측정했다. 회피적 애착경향을 보인 사람들은 서로를 도와주고 지지하려는 행동을 매우 낮게 보인다는 결과가 나왔다. 불안감을 경험할 때 안정적 애착관계를 가진 사람들은 상대를 위로하고 힘을 주는 말을 더 자주 많이 한다는 것이다.

아이들과 성인 모두에게 지지하는 행동은 안정적 애착관계의 중요한 기능이다. 안정적 애착관계를 가진 아이들은 환경에서 더 많은 지지를 받고, 그러한 어른들은 스트레스를 받거나 힘든 시기에 타인에게 힘을 주는 데 뛰어난 능력을 보인다. Mikulincer, Florian, Weller(1993)는 애착관계와

그림 8.6   성인 애착모델

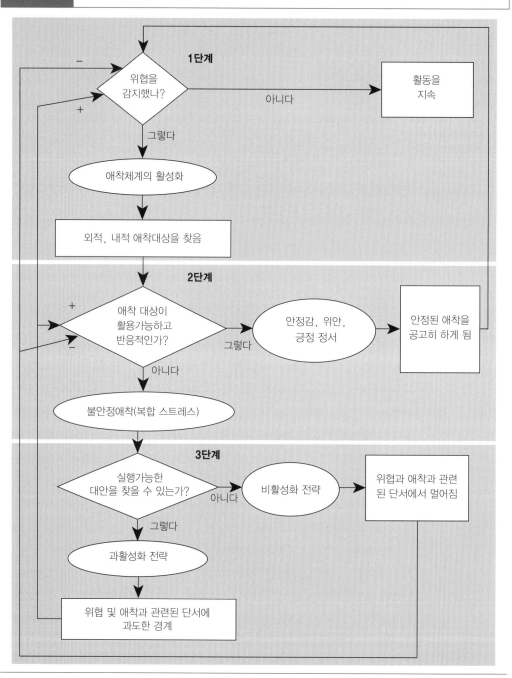

출처 : Attachment in Adulthood (p. 31), by M. Mikulincer and P. Shaver, 2007, New York : Guilford Press.

1991년 걸프전 때 이스라엘 시민들이 이라크 미사일 공격에 반응한 방법 간 관계를 알아보았다. 전쟁 2주 후에 140명의 이스라엘 학생들이 인터뷰를 했고, 학생들은 애착유형과 거주지(위험한 곳 대 위험하지 않은 곳)에 따라 그룹으로 나눠졌다. 안정적 애착관계를 가진 학생들은 트라우마를 극복하는 방법에서 타인의 지지를 원하는 행동을 더 많이 하는 것으로 드러났다. 나아가 고위험 지역의 학생들은 전쟁 직후에 스트레스 지수가 높았고, 회피적 애착유형의 학생들은 전쟁 때문에 공격성과 육체적 증상이 높아졌다는 결과를 보여주었다.

연구에 따르면 애착유형은 매일의 사회적 행동을 예측한다고 한다. Tidwell, Reis, Shaver(1996)는 125명의 대학생을 대상으로 일주일 동안 행동일기를 쓰게 했다. 일기에서 학생들은 교사, 친구, 가족, 지인, 이성친구와의 사회적 소통을 기록했다. 결과를 보면 학생들 중 회피적 애착경향이 있는 사람들은 친밀감, 즐거움, 긍정적 기분이 낮은 편이었고 특히 이성과의 관계에서 스트레스를 많이 받는 경향을 보였다. 회피적 개인들은 감정적 가까움을 최소화하는 방법으로 대인관계를 규정하려 한다. 전체적으로 회피적 개인들은 타인이 있을 때 행복감과 즐거움을 적게 느끼는 편이고, 거리를 두려고 한다. 안정적인 사람들은 타인과 소통할 때 긍정적 기분이 가장 높고, 부정적 기분이 가장 낮다. Davilla와 Sargent(2003)는 안정적이지 못한 학생들은 일상생활에서 대인적 상실감을 더 크게 느낀다고 주장하기도 했다.

대인적 관계를 벗어나서도 애착관계는 사람들이 자신을 이해하는 방법, 과거와 현재 및 미래에서 인생을 이해하는 방법을 알려준다. 안정적인 사람들은 더 복잡하고 일관적인 자기이미지를 만들어나간다(Mikulincer, 1995). 안정적인 사람들은 자신들을 더 설명적이고 궁금함이 많은 존재라고 생각한다(Mikulincer, 1997). 불안하거나 모호한, 회피성 애착관계를 가진 사람들은 자기만족감이 낮고 우울함은 더 많이 느낀다(Roberts, Gotlib, & Kassel, 1996).

Mario Mikulincer와 Phillip Shaver(2007)는 지난 20년간 중요 연구분야에서 생겨난 중요한 발견과 생각을 종합해서 성인 애착관계의 통합적 모델을 만들었다. Bowlby와 Ainsworth 이론을 따라서 그들은 인간이 유아기에서 아동기, 성인기로 발전하면서 애착이론은 더 중요해진다고 주장했다. 유아와 부모의 관계가 그런 것처럼 사랑하는 사람들도 서로 가까운 거리에 있고 싶어 한다. 하지만 연인들 간의 관계는 포함된 사람들의 마음상태에 달려 있다. 내 연인은 나를 어떻게 생각할까? 나는 그 사람을 어떻게 생각하는가? 진짜 믿을 수 있는 사람인가? 내 친한 친구를 믿을 수 있을까?

애착관계의 정신적 기억은 장기적 기억에 저장된다(Mikulincer & Shaver, 2007). 여기에는 "자기적·에피소드적 기억, 개인과 파트너에 관련한 믿음과 태도, 애착관계와 소통에 대한 보편적 지식, 그리고 감정을 제어하고 가까운 관계에서 제대로 행동할 수 있는 과정적 지식"이 포함된다 (Mikulincer & Shaver, 2007, p. 23). 애착이론을 구성하는 에피소드, 믿음, 태도, 전략은 다양한 대인적 상황에서 발전될 수 있다. 하지만 특히 자기만족감에 영향을 주는 인생의 도전이나 두려움의 상황에서 더 중요해진다. 어려운 상황에서 사람들은 보호나 의지를 위해서 다른 사람들을 본다. 타인이 우리의 욕구에 응답하는 구체적인 방법은 우리가 위험과 위협에 어떻게 적응하는지에 당연히 영향을 준다. 하지만 Mikulincer와 Shaver(2007)는 일생을 통해 만들어진 애착관계 개념은 우리가 애착대상을 찾지 못하는 상태에서도 유용하다고 말한다. 다른 말로 하면, 우리가 혼자 도전을 맞이할 때조차 내부화된 애착모델을 통해서 스트레스에 대처하고 감정을 조절할 수 있다는 것이다.

Mikulincer와 Shaver(2007)에 의하면, 성인기에서의 애착관계는 많은 면에서 유아와 부모 간 애착관계와 비슷하다고 한다.

애착관계는 그림 8.6의 왼쪽 윗부분에서부터 시작된다. 1단계에서 보여주는 것처럼 위협이 없는 경우 개인은 하던 행동을 계속한다. 그렇지만 스트레스가 지각되면 애착체계가 자동적으로 활성화되어, 내부화된 표현을 통해서 애착대상을 찾는 등의 행동을 통해 안정감과 편안함을 찾게 된다. 따라서 위험을 느끼는 상황에서 나는 과거에 도움받은 경험을 통해서 타인에게서 도움을 찾는 것이다. 그림 8.6의 2단계를 보면 개인은 도움받은 결과가 만족스러운지 그렇지 못한지를 결정한다. 이에 대한 대답이 "예"이면 개인은 안정감, 안도감, 긍정적인 감정을 경험하게 된다. 긍정적 애착 관계 경험은 자기를 보는 건강하고 적응적인 측면을 만들어주고(Fredrickson, 2001), 이는 성인에서의 안정적인 애착관계로 이어진다.

하지만 안정감과 편안함이 느껴지지 않는다면 불안정한 개인은 위협에 대응하기 위해 어떻게 해야 하는지 결정해야 한다. 3단계에서 볼 수 있듯이 개인은 두 가지 선택을 할 수 있다. 첫 번째는 **활동과잉적 전략**이다. "이것의 주된 목표는 애착대상을 만들고, 도움이나 보호를 확실히 하는 것"(p. 40)이다. 따라서 개인이 특히 더 도움을 필요로 하고 의지할 필요가 있음을 타인에게 보여주게 된다. 이런 전략은 만약에 실패할 경우 실망감으로 이어지기 때문에 시간이 지나면 더 불안정하게 만들 수도 있다. 그림 8.6이 보여주는 것처럼 문제가 생길 수도 있다. Mikkulincer와 Shaver(2007)에 의하면 활동과잉적 전략은 **불안하고 애매한** 성인기의 애착유형에 따르는 경우다.

그림 8.6의 3단계에서 확인할 수 있듯이 더 이상 가까움을 찾을 수 없다고 개인이 느끼게 되면, Mikulincer와 Shaver(2007)가 말한 **정지적 전략**(deactivating strategy)을 사용하게 된다. 이것은 애착대상을 피하고 애착행동을 실시하지 않는 전략을 말한다. 이것은 자기와 타인 간 거리를 만들어내고, 인생을 향한 매우 자립적인 태도를 만들어낸다. 이런 전략은 회피성 애착유형과 비슷하다. 회피성 사람들은 애착대상과 거리를 두기를 좋아하고, 장기적인 관계에서도 타인을 쉽게 믿지 못한다. 불안정하기 때문에 인생을 보는 더 자립적인 생각이 생겨난다. Mikulincer와 Shaver는 회피성 개인들이 보여주는 이런 행동은 방어적 자질이 있다고 설명한다. 회피성 애착유형은 개인 자체가 근본적으로 실제적이지 못하고 진실되지 못하다고 생각하는 데서부터 생겨난다고 한다(Mikulincer & Shaver, 2007).

성인기에서의 애착관계가 우리가 타인을 보는 관점뿐 아니라 우리 자신이 보는 우리 모습에도 큰 영향을 준다는 점은 이제 명확하다. 안정적 애착관계는 세상에서 타인과 믿음으로 연결되어 있다는 희망을 주고, 서로 도와주고 서로 사랑할 수 있다는 기반

Phillip Shaver(왼쪽)와 Mario Mikulincer(오른쪽)는 성인 애착유형 검사를 개발했다. 그들은 애착관계의 정신적 표상은 장기 기억에 보존되어 위험한 상황에 활성화될 수 있다는 점을 지적해 주었다[출처 : Phillip R. Shaver(왼쪽), Mario Mikulincer(오른쪽) 허가받음].

을 준다. 이것은 꿈 등을 통해서 다양한 방법으로 표현된다. 안정애착을 가진 젊은 여성의 꿈을 한 번 살펴보자.

> 나는 초등학교 도서관에 앉아 책을 읽고 있었다. 수년간 그곳에 가 본 적이 없었음에도 불구하고 그곳이 너무나 익숙했다. 나는 친구들, 선생님들과 이야기하고 있었고 그곳(낮은 천장과 어린이용 책들로 가득 찬 서고)은 매우 익숙했다. 갑자기 교장이 들어와 "이 야만인 같은 녀석들"이라고 고함을 질렀다. 처음에 나는 우리가 시끄러웠나 아니면 비난받을 만한 일을 했나 생각을 하면서 즉시 물어보았다. 우리가 설사 그런 일을 했다 치더라도, 우리는 그런 취급을 받아서는 안 됐었고, 그는 나의 좋은 점들을 간과하고 있다고 말했다. 작은 어린 소녀였지만 나는 그에게 그가 잘못되었다고 말할 만큼의 충분한 자긍심과 자존감을 갖고 있었다. 나는 내 자신이 자랑스러웠다. 그 순간 엄마가 나타나 나를 끌어안았다. 그리고는 내가 잘했다고 말하며 나를 자랑스러워했다. (나는 엄마가 어떻게 그곳에 있었는지는 모르겠다.) 그리고 나서 엄마는 나를 재미있는 곳으로 데리고 갔다. 그곳이 어디인지는 잘 모르겠다. 나는 단지 우리가 많이 웃었고 장난감을 샀던 것 같다. 아마도 그곳은 쇼핑몰이었을 것 같다(Mikulincer & Shaver, 2007, p. 151).

유아기의 애착역동을 재연시키면, 꿈의 주인공은 위협에 맞닥뜨리게 된다. 일종의 학교의 교장이 심한 비판을 하는 것이다. 그러나 그녀는 위협에 맞서서 자율적이고 효율적인 자기의 정신적 표상에서 안정감을 보였다. 어떻게 자기가 안정애착을 형성하게 되었는지를 상징적으로 보여준 것은 엄마가 꿈속에서 그녀를 안아주고 재미있는 곳으로 그녀를 데려간 것이었다. 그녀의 꿈은 안정애착은 의존적이지도 않고 집착하지도 않는다는 것을 보여주고 있다. 반대로 안정애착은 주인공으로 하여금 자기주장적이면서도 친사회적으로 행동하는 데 거침이 없도록 만들며 불의하게 혼나는 아이들까지도 옹호하도록 만든다. Mikulincer와 Shaver(2007)에 의하면 안정애착을 형성한 사람은 결국에 애착대상과 동일시하며 다른 사람에게서 경험한 안정과 위로감을 내면화한다. 이를 통해 안정애착은 다른 사람을 위한 안전한 기지가 되어준다. 다른 연구들 또한 이를 뒷받침한다. 최근 연구에 의하면 안정애착을 형성한 사람들은 불안정과 회피애착을 형성한 사람들에 비해 좀 더 동정적이고 이타적인 행동을 보인다(Mikulincer & Shaver, 2005, 2007).

불안하고 애매한 애착을 가진 젊은 남성에 의해 보고된 다음의 꿈을 보자.

> 나는 특정 수업의 선생님에 대해 친구와 함께 논쟁을 벌이고 있었다. 그사이 나는 도심을 향해 뛰기 시작하면서 강도가 은행을 터는 것을 목격했다. 그런데 갑작스럽게 내가 은행 강도라는 걸 깨달았다. 나는 은행을 털 것인지 말 것인지를 결정해야 하는 순간에 내 자신과 논쟁 중이었던 것이다. 그리고 나는 은행으로 뛰어들어가 "돈 내놔!"라고 소리쳤다. 창구 아래에 있던 직원이 일어나서 돈을 가져와 나에게 건넸다. 그리고 나는 도망을 갔다. 은행을 빠져나오는 동안에 허공으로 총을 세 번 쏘았고 무기를 친구에게 건네고 기어를 끼어넣어갔다. 그러면서 나는 내가 무슨 일을 한 건지, 정말 나쁜 놈이라고 생각했다. "아마 나는 허공에 총을 쏠 때 누군가를 쏘았을 거야." 어디로 도망을 가야 하는지 생각하는 동안 돈이 사라진 것을 알아차렸다. "나는 왜 한 번이라도 제대로 일을 해내지 못하는 거지?" 울고 싶어졌다. 그런데 갑자기 경찰이 나타나 나를 잡아갔다. 나는 말했다. "날 데려가 줘요. 아마도 감옥에 가는 게 최선일 거예요. 어느 누구도 내게 관심이 없어요." 나는 내가 한 일에 부끄러움을 느끼고 있었다. 갑자기 아빠가 나타나 소리쳤다. "어떻게 이런 바보 같은 짓을! 감옥에 갈만 하구나. 쓸모없는 녀석 같으니라고!" 아빠 말이 옳다는 것을 알지만, 나는 상처받았다(Mikulincer & Shaver, 2007, p. 154).

이 꿈은 확실히 불안과 자기비난으로 가득 차 있다. 애착의 대상으로서 아버지는 처벌적이고 냉정했다. 그는 꿈에서 주는 부정적 이미지처럼 자기 아들을 부끄러워했고, 종종 "쓸모없는 녀석"이라고 말하곤 했다. 자신에 대한 꿈속 주인공의 견해가 아버지의 견해를 반영했다. 나는 실제로 무가치했다. 나는 제대로 된 일을 할 수 없었다. 꿈속의 이미지와 줄거리는 Mikulincer와 Shaver(2007)가 말한 불안정애착의 심리적 역동을 여실히 드러내준다. 불안정애착에서 한 개인은 보호, 지지, 돌봄, 애착대상에 대한 애정을 간절히 원한다. 그러나 애착대상들은 이러한 것들을 주지 않고 불일치와 신뢰할 수 없는 방식으로 그들을 대할 뿐이다. 그 사람은 점점 더 불안정해지고 세상 또한 점점 더 위험스럽게 다가온다. 불안정애착은 자율성의 성장과 온전한 자기의 기능을 방해한다. 불안정한 사람은 자기의 정신적 표상을 나약하고 의존적이고 실패하는 존재로 이끌어가는 극단적 전략을 통해 다른 사람과 관계하려고 노력한다.

마지막으로 회피애착을 가진 젊은 여성의 꿈을 살펴보자.

집에서 나는 엄마가 전화하는 소리를 듣고 있었다. 그런데 갑자기 나는 엄마가 나를 자신이 의도한 대로 만들고자 한다는 것을 깨달았다. 나는 짜증이 나서 엄마에게 그만두라고 말했다. "방해하지 마. 나도 사생활이 있어. 내 프라이버시를 인정해줘." 나는 알지도 이해하지도 못한다고 말했고, 나를 좀 놔두라고 말했다. "나는 충분히 내 스스로 의사결정을 할 수 있어." 나는 다른 방으로 피해 버렸다. 그런데 갑자기 장면이 바뀌면서 군대 같은 곳에 와 있었다. 주위를 둘러보고 있는데, 갑자기 제복을 입은 남자들이 나타났다. 그중 하나가 왜 나보고 경례를 하지 않느냐고 화를 냈다. 그가 누구인지 전혀 모르겠지만 내 생각에는 그가 자신에게 경례를 표해야 한다고 생각했던 것 같다. 그는 계속해서 마치 내 삶에 대해 모든 것을 알고 있는 것처럼 말했다. 나는 기분이 몹시 상해서 그만하라고 그에게 말했다. 그가 한 말에 화가 나서 방을 나갔다. 머리를 쓰다듬으면서 금속줄이 머리에 칭칭 감겨 있는 것을 발견했다. 머리를 풀기 시작했지만 점점 더 꼬일 뿐이었다(Mikulincer & Shaver, 2007, p. 155).

꿈은 지속적으로 그녀의 삶이 다른 사람에 의해 좌우되고 있다는 것을 은연중에 경고하고 있다. 그녀는 홀로 있길 원한다. 그녀는 어머니를 피해 다른 방으로 움직인다. 장교가 그녀의 삶에 대해 강요했을 때 그녀는 초소를 떠난다. 그녀의 머리를 칭칭 감고 있는 것은 그녀의 험난함을 상징한다. 따라서 회피애착을 보이는 사람은 그들의 애착대상이 그들이 원하는 보호, 돌봄, 지지, 격려를 줄 수 있다고 믿지 않는다. 결론적으로 그들은 다른 사람들로부터 거리를 두며 행동범위를 축소시켜나간다. 게다가 그들은 다른 사람들이 그들에 대해서 갖는 이미지를 반추해가면서 정신적 표상을 구축해나간다. 그들에 대한 정신적 표상, 나에 대한 정신적 표상은 종국에는 똑같은 핵심적 표상으로 자리한다. 그들이 나를 위해 존재하지 않듯이 나 또한 그들을 위해 존재하지 않을 것이다. 어쨌든 나는 그들이 필요 없다.

요약

1. 성격심리학에 대한 사회인지적 접근은 사람들이 자기 자신, 타인, 사회적 행동에 대한 정보를 처리하는 방식의 정신적 표현에 초점을 둔다. 사회인지적 적응은 개인구성의 특성, 인지양상, 신념, 기대, 속성,

자기개념, 그리고 사람들이 사회적 삶에서 요구받는 많은 것에 대해 부응하고자 노력을 기울이는 것과 같은 것이다. 사회인지적 적응은 개인의 목표와 함께 사회적 행동을 규제하는 것을 돕는다. 사회인지적 적응은 더 나아가 동기나 목표처럼 심리적 특성의 불확실하고 맥락화된 디테일을 구체화하는 일반적 성격특성을 초월한다.

2. 1950년대에 발달된 George Kelly의 개인구성이론은 다수의 현대 사회인지이론의 중심 주제들의 전조가 되었다. Kelly는 사람들이 과학자와 비슷하게, 자신의 환경을 예상하고 제어하기 위해 자신의 환경을 범주화하고 이해하고자 하는 것으로 보았다. Kelly에 의하면 사람들은 자신의 사회적 사건에 대한 인식을 기초로 하여 개인구성을 발달시키고 이 구성들은 중요한 사회적 행동을 안내하는 데 도움을 준다. 개인구성은 어느 것은 비슷하고 어느 것은 비슷하지 않은지를 구성하는 하나의 특징적 방식이다. 구성은 투과성과 편의의 범위와 같은 차원의 관점에서 서로 구분된다. 사람들은 그들의 구성체계의 내용과 구조에 의해 서로 구분된다.

3. 인지유형은 사람들의 특성의 개인차, 그리고 선호하는 정보처리방식을 뜻한다. 가장 잘 연구된 인지유형의 하나는 장의존성과 장독립성이다. 높은 장독립적 사람들은 분석적이고 독립적인 방식으로 정보를 처리하고, 높은 장의존적 사람들은 직관적 정보를 보다 더 지구적 맥락적 방식으로 처리한다. 장독립성-장의존성에 대한 개인차는 인지적, 사회적 그리고 행동결과의 넓은 범위에 연결된다.

4. 두 번째로 잘 연구된 인지유형은 통합적 복합성이다. 장독립성-장의존성이 지구의 개념 처리에 관련된다면, 통합적 복합성은 추론의 방식을 뜻한다. 통합적 복합성의 사람은 매우 차별화된 방식으로 추론한다. 그들은 차이점들과 뉘앙스들을 많이 다양하게 해석하고 다각도로 고려한다. 반면에 통합적 측면에서 덜 복합적이거나 단순한 사람들은 더 적은 차이

점과 뉘앙스를 구분하고 대신에 폭이 넓지 않은 원리나 범주에 기대려고 하는 경향이 있다. 통합적 복합성은 연령과 상황의 기능에 따라 증가하기도 하고 감소하기도 한다. 그렇더라도 전반적인 통합적 복합성의 개인 차이는 측정이 가능하다. 높은 통합적 복합성을 보이는 사람은 복잡한 주제에 대해 더 잘 알고 더 잘 균형 잡힌 평가를 하는 경향이 있다. 더욱 개방적이고 참을성이 있으며 상당한 인지적 자기방향성을 보인다. 그러나 그들은 낮은 통합적 복합성을 보이는 사람들에 비해서 때때로 도덕적 원칙에 입각한 결정을 내릴 때 절도 있는 결정을 내리는 것을 어려워한다.

5. 성격에 대한 사회인지적 관점은 사람이 다양한 사회적 상황에 대해 유연한 방식으로 반응할 수 있고, 사회적으로 계획적이고 효율성 높은 자기보존능력이 있다고 생각한다. 사람의 사회적 효율성은 Cantor와 Kihlstrom이 사회지능이라고 말한 것에 의해 결정된다. 사회지능은 사람이 일상생활에서 발생하는 사회적 문제들을 해결하기 위해 사용하는 특성의 개념, 에피소드, 규칙 등으로 구성되어 있다.

6. 아마도 가장 눈에 띄는 진술-의미 사회지식의 요소는 자기도식, 즉 자기에 대한 지식구조이다. 개개인은 자기개념, 자기도식을 형성하는데 그것은 행동을 안내하고 자기와 관련된 정보처리를 구조화한다. 사람들은 자기도식과 관련 있는 정보를 매우 효율적 방식으로 처리한다. 현대의 사회인지적 관점은 다중적 자기도식을 강조하는 경향이 있다. 사람들은 '가능한 자기'를 포함하여 자기 자신에 대한 서로 다른 수많은 이미지를 가지고 있다. '가능한 자기'는 자기가 될 수 있었던 것, 되기 두려운 것에 대한 개념을 뜻한다. 가능한 자기는 사람의 가장 중요한 동기, 욕망, 희망, 꿈 그리고 두려움을 담은 인지적 매개체로 볼 수 있다. '어쩌면 될 수도 있었던' 가능한 자기 연구에서 행복감과 긍정적 정서는, 사람이 한때 긍정적 정서를 담은 잃어버린 자기를 떠나보내는 능력과 관련이 있다. 동시에 성숙성은 잃어버린 자기의 수

많은 뉘앙스를 통해 생각할 수 있는 능력과 관련되고 어쩌면 다르게 되었지만 일어날 수도 있었던 일에 대해 명료하고 세부적인 사항들을 상상할 수 있는 능력과 관계가 있다.

7. 자기인식은 실제 자기, 이상적 자기, 의무적 자기로 세분화된다. 이상적 자기는 사람이 강하게 소유하고자 하는 욕망의 속성의 혼합체이다. 의무적 자기는 자신이 소유해야 한다고 믿는 속성을 담은 것이다. 이상적 자기는 삶의 승격에 초점을 맞추는 것에 연결되고 긍정적 결과를 향한 민감성, 그리고 사회적 상호작용 전략적 접근과 연결된다. 의무적 자기는 예방집중, 부정적 결과를 향한 민감성과 사회적 행동에 대한 회피전략과 연결된다. 사람들은 종종 서로 다른 자기들 사이의 불일치를 경험한다. 넓은 불일치는 우울증과 관련이 있고 실제 자기와 의무적 자기 사이, 실제 자기와 이상적 자기 사이의 불일치는 불안과 연결된다.

8. 사회인지이론은 우울증을 이해하는 데 특히 유용하다. 어떤 접근들은 우울증 도식에 더 초점을 두고, 어떤 접근들은 우울한 사람들이 삶에서 발생하는 좋고 나쁜 사건을 이해하기 위해 적용하는 특징적인 설명방식에 집중한다. 연구에 의하면 우울은 비관적 설명방식과 더 관련이 있다. 우울한 사람들은 비관적 설명을 통해 부정적 사건의 원인을 내면적, 안정적, 지구적 요소로 돌린다. 이렇게 사회적 사건의 부정적 설명방식은 자기비난으로 이어지고 무망감과 좌절감으로 이어진다. 비관적 설명방식은 낮은 학업수행, 낮은 업무수행, 낮은 운동 수행 그리고 저조한 건강 상태, 심지어 사망과 관련 있다.

9. 사회인지적응은 사람들이 자신의 삶에서 붙잡고 있는 가치와 미덕을 포함한다. 미국인들에게는 종교적 가치도 특별한 심리적 울림을 갖는다. 미국인들 사이에서 강한 종교적 신념과 가치는, 그리고 종교적 행동 관련성은 육체적 정신적 건강의 많은 요소와 관련이 있다. 최근의 긍정심리학적 움직임은 인간의 미덕과 성격강점에 대한 연구들을 촉진한다. 어느 연구는 24개의 미덕과 강점을 열거하고 이것을 6개의 범주, 즉 지혜와 지식, 용기, 인류애, 정의, 인내, 초월의 범주로 구분했다. 이 중 가장 많이 연구된 미덕은 감사이다. 몇몇 심리학자들은 감사가 모든 미덕의 부모라고 보고, 삶에 대한 감사와 은혜의 접근이 다른 많은 긍정적 인간 표현의 문을 연다고 보았다. 연구에 의하면, 감사는 심리적 웰빙과 친사회적 행동과 관련이 있다.

10. 가장 강력하고 정서적으로 무게가 실리는 성격의 사회인지적 적응은 애착대상에 대한 사람들의 표상이다. 돌봄자-아기 애착에 관한 직관을 세우며 심리학자들은 성인 애착방식의 개인차에 접근하는 이론과 방법을 발달시켰다. 안정애착을 가진 사람들은 타인에 대한 사랑, 자신에 대한 사랑, 안전과 자율성, 위협 앞에서의 평정을 강조하는 자신에 대한 사랑의 정신적 표현을 발달시켰다. 안정애착 유형은 자기일치, 친밀감, 애정관계에서의 상호의존성, 세상에 대한 연민과 긍정적 관련이 있다. 반면에 불안/혼돈애착의 사람들은 의존성과 집착과 같은 타인에게로의 접근성을 높이기 위해 고안된 과잉행동 전략과 관련된다. 그러나 그들의 전략은 종종 그들의 세상에 대한 불안성을 증가시키고 위협과 위험에 대한 자각을 더욱 민감하게 만드는 것으로 끝나곤 한다. 회피애착의 사람들은 타인과 거리를 두기 위해 고안된 비활동성 전략과 관련된다. 회피애착은 얇고 방어적인 자기신뢰의 감각과 관련이 있다. 애착유형에 대한 연구는 사람들의 타인에 대한 가장 중요한 정신적 표상이 자기 자신에 대한 가장 중요한 정신적 표상과 닮아 있다는 것을 보여준다.

발달단계와 과업

Developmental Stages and Tasks

마틴 루터는 20대 초반 수도승 시절, 갑자기 땅바닥을 구르면서 성난 황소처럼 소리치기 시작했다. 이를 목격한 사람들의 증언에 의하면, 그는 말할 수 없는 자를 고친 그리스도의 이야기를 담은 성경의 한 구절(마가복음 9장, 17~27절)을 읽고 나서, 악마에 홀린 것처럼 소리를 질렀다고 한다. "*Ich bin nicht!*(나는 아니다)"라고 계속해서 소리를 질렀다. 그 시기가 루터 인생에서 심각한 종교적 고뇌의 시간이었음을 감안할 때, 그것은 부정의 외침이었다. "나는 이것이 아니다", "나는 내가 누군지 **모른다**"라는 말이었다.

　　루터의 감정적 폭발은 독일의 에르푸르트 마을 근처의 수도원에서 1507년쯤 일어났다. 심리적으로 말하면 이때 루터는 **자아정체성**의 문제를 겪고 있었다(Erikson, 1958, 1959; McAdams, 1985a). "내가 누구인가?"와 "내가 성인 세계에 어떻게 들어가는가?"라는 문제에 대한 대답을 하지 못했던 것이다. 하지만 결국 그는 정체성 문제를 해결했다. 1512년 그는 이데올로기적 답을 찾았고, 1517년에는 그것을 급진적 행동으로 보여주기 시작했다. 결국 1522년 루터는 서양 문명에서 가장 영향력 있는 인물 중 하나가 되었고, 종교적·정치적으로 유명인사가 되었다. 루터는 이것을 어떻게 했을까? 그리고 그의 고난이 오늘날 성격에 던지는 시사점은 무엇일까?

마틴 루터의 정체성 위기

마틴 루터(1483~1546)는 Erik Erikson의 유명한 정체성과 관련된 사례연구의 대상으로, 그는 *Young Man Luther*를 연구했다. Erikson(1958)은 프로테스탄트 개혁의 리더가 어떻게 수년 동안 통합과 목적 있는 삶을 위해 헌신하는 성인 자기로의 발달을 이뤄 나가기 위해 고군분투했는지를 보여주었다. Erikson에 의하면 정체성 형성 대 역할혼란은 초기 성인기의 중요한 발달과업이다(출처 : Florian Monheim/Alamy).

마틴 루터는 종교개혁(수많은 유럽인들이 로마 가톨릭교회와 인연을 끊고 루터교, 감리교, 개신교, 침례교 등 기독교의 다양한 종파를 세운)이라는 커다란 종교적, 문화적 운동을 시작한 인물로 알려져 있다. 그는 또한 성경을 처음으로 독일어로 번역해 대중에게 알린 인물이기도 하다. 그는 수많은 책을 집필했으며 위대한 설교자임과 동시에 기독교 음악 전통에 따른 찬송가를 작곡하기도 했다. 교회 밖에서 루터는 독일 역사상 중요한 **정치적** 인물이기도 했다. 독일 민족주의의 아버지이자 혁명적인 인물로 평가받는다. 물론 이 모든 것은 젊은 루터가 오열하면서 땅에 쓰러진 그날이 아니었다면 일어나지 않았을 것이다. 1507년, 마틴 루터는 '착한 수도승'의 삶을 살고 있었다. 가톨릭교회에 충실하고, 교황에게 충성을 다했다. 하지만 루터가 인생의 새 목적을 찾은 새로운 정체성을 발견함과 동시에, 이야기는 매우 다르게 전개되었다.

　　Erik Erikson이 루터의 정체성 변화를 연구한 심리전기 *Young Man Luther*는 한 개인의 인생 전반에 걸쳐 성격이론을 가장 도발적으로 다룬 연구 중 하나다. Erikson은 "성가대에의 적응"이라는 제목으로 이야기를 시작했다. 이 중요한 인생 사건에서, 루터는 그가 누구이고 세상에 어떻게 적응해야 하는지를 처음으로 맞닥뜨린다. 즉, 젊은이로서의 극도의 공포감과 두려움을 경험하게 된다. 성가대에의 적응은 루터의 정체성 투쟁의 고통—인생에 의미를 부여했다고 느낀 것들과 단절된 느낌—을 상징한다. 루터의 자서전에서 이 사건은 2개의 다른 중요한 일 사이에 위치한다.

　　첫 번째 일은 1505년 여름에 일어났다. 이때 루터는 중산층 사업가인 그의 아버지 한스 루터가 정해준 진로대로 살고 있었다. 한스는 아들이 변호사가 되길 원했다. 1501년 에르푸르트대학에 입학한 루터는 아버지의 소망을 따르려고 했다. 하지만 어느 여름날 저녁, 학교에서 집으로 돌아가던 루터는 서 있던 근처에 갑작스런 벼락이 치는 것을 경험했고 그는 이 충격으로 멀리 날아가 떨어졌다. 당시 18살이었던 루터는 무슨 일인지 파악도 못한 채 "나는 수도승이 되고 싶어요"라고 소리쳤다. 에르푸르트에 무사히 도착한 루터는 수도원에 들어갔고, 친구들과 아버지에게 벼락의 경험을 통해 가톨릭교회에 입문하겠다고 선포했다.

루터는 일반적인 수도승이 아니었다. 그는 다른 사람들보다 더 많이 기도했고, 가장 평범한 육체의 안락함조차 스스로에게 허락하지 않으려 육체와 정신을 고문했다. 성서의 단어 뜻 하나하나에 매달리며 밤낮으로 공부했다. Erikson의 말에 의하면, 가톨릭교회와 사랑에 빠진 루터의 모습은 지나치게 강렬하고, 격정적이고, 열정적이었다.

> 마틴처럼 수많은 문제를 가지고 있지만 그의 욕구를 해결해주는 환경에 대항하려는 정직한 의지를 가진 사람이, 계속적으로 강박증을 발전시켜 그의 반항적인 본질을 죽이려고 하는 것은 심리적으로 타당하다. 따라서 그의 자기의심(self-doubt)은 질서의 요구에 순종적으로 따르는 과장된 행동으로 나타나고, 권력에 대한 의심은 권력을 다룬 서적을 학문적으로 탐구하려는 시도로 나타난다. 이 행동을 통해 마틴은 악마가 나오지 못하게 (적어도 당분간은) 할 수 있다(Erikson, 1958, p. 137).

하지만 악마는 누구이고, 악마는 어디에 있었을까? 21세기를 살아가는 우리는 루터가 악마의 존재를 믿었다는 사실을 이해하기 힘들다. 하지만 에르푸르트의 수도원에서 루터는 매일같이 악마를 보고, 그에게서 도망치고, 그와 싸우고, 그와 토론하고, 그를 증오하고, 그를 두려워했다. 마치 초인적 힘을 가진 실존 인물처럼 말이다. 당 시대의 많은 사람이 실제로 악마가 존재한다고 믿었지만, 루터처럼 악마의 존재에 집착한 사람은 많지 않았다. 루터의 말을 빌리자면, 악마는 "오래된 악한 친구"였다. 악마와의 싸움 속에서 하나님에 대한 믿음은 "강력한 요새"이자 "승리의 칼과 방패" 역할을 했다. 이 시도는 루터의 가장 유명한 찬송가에도 나와 있다.

주는 나의 강한 산성이여
칼과 방패로 승리를 주신다.
압제자의 잔혹한 매를 꺾으시고
구원의 승리로 이끌어주신다.
사탄은 오랫동안 우리를 고통스럽게 했다.
기교와 무서운 힘으로.
신은 만반의 준비를 하고 싸우신다.
지구상에 그와 같은 이가 없다.

하지만 심리학적으로 볼 때 더 중요한 것은, 루터가 어떻게 악마를 타인에게 **투사**했는지의 문제다. 인생 전반에 걸쳐 루터는 악마의 모습을 적들에게 투사하고, 악마를 대하는 방식대로 그들을 대했다. 가장 좋은 예는 가톨릭 교황(그리고 그가 상징한 교회)이다. 루터에게 있어서 그는 환생한 악마였다.

가톨릭교회와 교황에 대한 그의 분노는 에르푸르트 수도원에서 부패한 교회 제도를 목격하면서 시작됐다. 큰 이유 중 하나는 돈을 주고 구매하면 자신과 친척들의 죄를 사할 수 있다는 면죄부의 판매였다. 면죄부의 판매는 교회의 부패를 상징함과 동시에, 구원을 바라보는 가톨릭교의 입장을 사고팔 수 있는 대상으로 여겼다는 점에서 전체적인 종교개혁의 시초가 되었다.

루터가 성가대에 적응했을 때쯤 그는 순종적인 수도자라는 오래된 정체성을 포기하고, 로마 교회를 구원자보다는 적으로 여기고, 새로운 정체성을 만들기 위해 노력하고 있었다. 루터의 말에 의하면, 그는 1512년 비텐베르크 탑에서 진실을 마주한 뒤 영적 궁금증과 재구성이 생겨났다고 한다. 그곳에서 루터는 로마서 1장 17절의 "믿음으로 살 수밖에 없다(The just shall live by faith)"라는 말의 참뜻을 알았다.

탑에서, 루터는 인간들이 쉽게 다가갈 수 있는 모습의 가까운 신의 이미지를 보았다. 루터의 이해에 따르면, 구원은 선을 행함으로 이뤄지는 것이 아니라 믿음으로 이뤄지는 것이다. 신은 각 개인의 행동들을 심판해 천국으로 갈지를 결정하는 저 멀리의 절대적인 존재가 아니다. 인간은 굳이 교회를 통하지 않더라도 일상생활에서 쉽게 신을 만날 수 있다. 하나님의 아들인 예수를 통해서다. 루터에게 있어서, 이 종교적 신념은 그의 새 정체성의 바탕이 되었다.

비텐베르크 탑에서의 일 이후 루터의 인생이 표 9.1에 정리되어 있다. 이러한 일들과 발전은 유럽에서 루터가 종교적 지도자가 되고 영향력을 키울 수 있는 발판이 되었다. 루터는 성인기를 거치면서도 정체성을 계속 발전시켰다. 그가 누구인지, 세상에서 어떤 역할을 맡는지를 계속해서 이해하려 했다. 하지만 그의 정체성과 밀접하게 관련된 중요한 일들은 대부분 청소년기 후반과 성인기 초반에 일어났다. Erikson은 이 시기야말로 우리 대부분이 처음으로 정체성 문제를 마주하는 시기라고 말했다. 반면, 초등학생들은 그들이 누구인지에 대해 걱정하지 않는 편이다. 그리고 60대, 70대인 사람들도 마찬가지로 정체성에 대한 큰 걱정이 없다. 따라서 Erikson이 보는 정체성 개념은 특징적으로 발달적 적응이다. 발달의 특정 단계 도중에 일어나는 중요한 문제들의 해결을 포함하는 개념이다.

심리학적 특성의 가장 중요한 특징들은 발달적 맥락을 벗어나면 이해하기 힘들어진다. Erikson의 정체성 개념도 이런 특징 중 하나다. 마틴 루터의 특성을 이해하려면, 그의 높은 성실성과 신경증 수치를 살펴봐야 한다. 성격특성의 측면에서 보면 마틴 루터는 굉장히 열심히 일하고 의지가 강했고, 강한 정서적 심경변화를 경험했으며, 고집이 세고 강박적이었고, 경험에 대한 개방성에서는 양극단의 성향을 보였다—개방적이고 변화를 수용할 때도 있었지만, 강박적이고 보수적일 때도 있었다. 동기의 측면에서 보면 마틴 루터는 청소년기와 성인기 초반에는 강한 성취동기를 보였지만 중년에는 강한 권력동기를 보였다. 사회인지적 적응 측면에서 보면 그는 '신 대 악마'라는 비교적 간단한 구조체계를 가지고 있었다. 루터의 자기(selves) 중 악마의 모습도 있긴 했지만 덜 선호하는 것이었다. 그의 설명방식은 외부적, 안정적, 대외적 힘과 관련이 있었다—신과 악마가 지구에서 일어나는 모든 일을 관장한다고 믿었다. 우리는 이 책의 앞 장에서부터 루터의 성격의 다양한 측면을 확인할 수 있다. 하지만 Erikson이 볼 때 루터의 성격특성 중 가장 중요한 것인 '정체성을 구성하려는 노력'은 이번 장에서 발달의 측면을 이야기하기 전까지는 강조되지 않았다.

이번 장에서는 오늘날 성격심리학의 발달(development) 부분에서 가장 중요한 두 가지 통합적인 이론을 알아보려고 한다. Erik Erikson의 심리사회적 발달이론은 개인이 태어나고 죽음에 이르기까지의 과정에서의 발달을 알아본다. 각 단계는 인생 시기의 특정한 심리사회적 특성을 보여줌으

표 9.1	마틴 루터 인생에서의 주요한 사건들
1483	독일 동부 아이슬레벤의 가난한 광부의 아들로 태어났다.
1501	당대 독일에서 최고의 대학으로 손꼽히던 에르푸르트에 진학했다.
1505	1월에 에르푸르트를 졸업했다. 5월에 법률공부를 시작하면서 아버지를 기쁘게 했다. 7월에 놀랄 만한 사건이 발생하는데, 그는 수도사가 되기로 결심한다. 가족들에게 말하지 않은 채 아우구스티누스 수도회에 들어간다.
1507	성직자가 되어 그의 나이 23세에 처음으로 미사를 집도했다. 그 후 극심한 회의감에 젖어들어 그의 사상을 촉발시켰다.
1512	28세에 신학 박사가 되어 비텐베르크대학에서 성서학 강의를 시작했다. 이때 그는 "건물 안에 갇혀 있는" 계시를 받게 된다. 이것은 인간이 선의를 통해 구원을 받는 것이 아닌 믿음을 통해 구원을 얻을 수 있다는 프로테스탄트의 핵심적 교리를 창설하게 된 배경이 된다. 혁신적인 관점을 갖게 되었음에도 불구하고 루터는 그 자신이 여전히 전통이라고 생각했다.
1517	탐욕이 판치는 체제에 맞서 혁신적인 설교를 하게 되면서, 10월 31일 그는 비텐베르크 성당의 면죄부 판매에 대한 비판으로 95개조 논제를 발표했다. 이 사건은 프로테스탄트 개혁의 시작으로 이해되어져 왔다.
1518	루터는 이단으로 고소되었고 교황에게 반박문을 보냈다.
1520	교황은 루터를 공식으로 면책했고, 그를 비롯해 그를 따르는 이들에게 60일의 면책기한을 주었다. 루터는 파문칙령을 받았지만, 그것을 불태워 버렸다. 이어 교회 개혁을 위한 주요한 조약을 작성했다.
1521	교황은 루터를 내쫓았으며 루터는 숨어 지내게 되었다.
1522	대중의 지지가 높아지자, 루터는 은둔생활을 철회하고 비텐베르크에서의 활동을 재개했다. 신약 성경의 새로운 독일어판을 출시했으며 논쟁적인 글들을 지속적으로 출간했다. "전능한 요새는 우리의 하나님"을 포함해 그의 글들에 화음을 덧입혔다. 루터의 활동은 급진적 복음주의자들을 비롯해 독일의 정치적 움직임에 활기를 더해주기 시작했다.
1525	소작농의 노예제도를 철폐하기 위해 가슴을 울리는 문구를 시작으로 루터는 소작농에 대한 학대를 끝낼 것을 촉구했다. 루터는 과거에 수녀였던 여인과 결혼했다.
1526	그의 첫 번째 아들 한스가 태어났다. 한스에 이어 2명의 아들과 2명의 딸을 더 낳았다.
1526-1546	이해에도 루터는 활동을 많이 했다. 그는 작곡을 했으며 구약을 번역했다. 많은 팸플릿을 출간했으며, 다른 개혁가들과 함께 논쟁에 참여하며 많은 지역을 순회했다. 그는 그가 시작한 운동의 선구자가 되었다.
1546	아이슬레벤에서 사망했다.

출처 : Luther, by J. Osborne, 1961, New York: Criterion Books.

로써 특징을 반영한다. 특히 마틴 루터의 경우처럼 성인 초반기에서의 정체성 이론과 그를 따르는 두 가지 단계(친밀감과 성숙성)가 중요하다. 이 세 단계는 초기 성인부터 노년까지 중요한 부분을 모두 포함한다. 사람들이 정체성, 친밀감, 성숙성의 도전을 만나는 부분은 심리적 특징의 가장 재미있고 중요한 부분에 해당된다. Jane Loevinger는 자아발달에 기초한 다른 중요한 이론을 제시한다. Loevinger에게 있어서 자아는 경험을 이해하는 개인의 특징적 방법이다. Erikson은 발달하는 사람의 감정적·사회적 부분에 치중했다면, Loevinger는 인지와 지능에 치중했다. 제8장에서 알아본 성격이론처럼 Loevinger는 사람들이 사는 세상을 어떻게 이해하는지를 알아보았다. 하지만 제8장 내용과는 다르게 그녀는 유아기에서 성인기까지의 발달에 더 초점을 두었다.

인가 인생은 시간으로 규정지어진다. 어느 시기이든지 항상 루터가 어렸을 때 그랬듯이 특정한 발달적 이슈와 문제들을 가질 수밖에 없다. Erikson과 Loevinger는 이러한 발달적응을 이해하는 데 필요한 두 가지 프레임워크를 보여준다.

Erik H. Erikson(1902~1994)은 심리사회이론이라는 상당히 저명한 이론을 개척했다. 여기서 그는 인간 인생의 주기를 8단계로 구분해주고 있다. 각각의 단계는 인간 발달을 비롯해 인간이 발달해 나아가는 사회적 세계에 중요한 핵심 과제들을 갖고 있다(출처 : Ted Streshinsky/Time Life Pictures/Getty Images).

Erik Erikson 이론과 발달이론

Erik Homburger Erikson은 1902년 독일의 프랑크푸르트에서 덴마크인 부모에게서 태어났다. 그의 아버지는 신교도로 Erikson이 태어나기 전 가족을 버렸다. 유대인 어머니는 이어 소아과 의사 Theodor Homburger와 재혼했다. Erik Homburger로 자라나면서 스칸디나비아의 후손으로 큰 키의 금발에 파란 눈을 가진 유대인이 되었다. 유대인 친구들에게 그는 유대인으로 보이지 않았다. 그 역시 비유대인 친구들을 완전히 받아들인 것은 아니었다. 이러한 배경에서 보는 바와 같이 Erikson은 어렸을 때부터 외부인 같은 자기이미지를 형성하게 되었다. 이를 통해 그는 자신에게 주어진 환경에서 다른 사람들과 어떻게 다른지, 어떻게 유사한지를 명확하게 드러낼 수밖에 없었다(Friedman, 1999).

나무랄 데 없던 Erik Homburger는 어떠한 대학학위도 받지 않았었다. 그의 양아버지는 그가 물리학자가 되기를 원했기 때문에, 20대 초반에는 유럽의 여기저기를 돌아다니면서 짧게 예술학교를 다니며 아이의 초상화를 그리곤 했었다. "그 당시 나는 예술가였다"라고 쓰면서 이후에 "이것은 약간의 재능을 갖고 있는 젊은 청년에게 말할 수 있는 유럽식 표현일 수 있지만, 이것을 가지고 어디를 갈 수는 없었다(Erikson, 1964, p. 20)." 이 어려운 시기를 지나면서 Homburger는 정체성의 위기를 경험하게 되는데, 과도한 불안과 때로는 패닉상태를 경험하기도 했다. 가장 심한 문제는 이 젊은 예술가가 규율과 규칙을 따를 수 없었다는 것이었다(Erikson, 1975). 1927년에 그는 비엔나로 이주하면서 Freud의 환자와 친구들의 아이를 위해 세워진 작은 학교에서 수업을 맡게 되었다. 그는 Dorothy Burlingham과 Anna Freud 등의 정신분석학자들에게서 따뜻한 환대를 받으면서 정신분석의 수련을 시작했고, Anna Freud에게 정신분석을 받았다. 1933년에 Homburger는 미국으로 이주해 보스턴에 정착했다. 그곳에서 아동 정신분석학자로 활동하면서 하버드 심리 클리닉의 Henry Murray와 잠시 동역하기도 했다. 1939년 미국 시민으로 귀화하면서 Erikson의 성을 공식적으로 갖게 되었다. 이것은 그의 정체성이 한층 성숙하게 된 것을 상징적으로 나타내주는 사건이었다.

아동기 발달단계

Erikson에게 가장 큰 영향은 Freud였다. 제7장에서 보았듯이 Freud는 인간 행동과 경험의 궁극적인 원천은 성적, 공격적 욕망이라고 주장했다. Freud(1905/1953)는 태어날 때부터 청소년기에 이르기까지의 성적 욕망의 발달을 소개한 이론을 민들기도 했다. 그는 **리비도**(libido)라는 개념을 통해서 성적 욕구에서 생겨나는 힘을 표현했다. 그는 크게 다섯 가지로 성욕의 발전을 나눴다. 각 단계에서 리비도는 성감대(erogenous zone)를 통해서 표현된다. 어린아이는 어머니의 가슴을 빨거나 입을 통해서 하는 다른 행위를 통해 성적 만족감을 얻는다. Freud의 입장에서 젖을 먹는 아이들은 단순히 영양 공급의 행위를 하는 것이 아니었다. 빠는 행위는 심리적 중요성도 상징했는데, 이는 부모와 아이 간의 애착관계를 확인시켜주기 때문이다.

Erikson은 Freud의 **심리성적** 단계를 차용해 이를 **심리사회적** 일의 개념으로 해석했다.

표 9.2		Erikson의 인생의 8단계		

	연령	심리성적 단계 (Freud)	심리사회적 이슈	핵심 질문	관련 덕목
1.	유아	구강기	신뢰 대 불신	어떻게 안전감을 획득할 수 있을까?	희망
2.	아동 초기	항문기	자율성 대 부끄러움과 의심	어떻게 독립할 수 있을까?	의지
3.	아동기 (유희기)	남근기	진취성 대 죄책감	어떻게 힘을 가질 수 있을까?	목적
4.	아동기 (학령기)	잠재기	성실성 대 열등감	어떻게 좋은 사람이 될 수 있을까?	유능감
5.	청소년기 및 성인 초기	성기기	정체성 대 역할혼란	어떻게 성인의 세계에 편승해 들 어갈 수 있을까? 나는 누구인가?	충실성
6.	성인 초기		친밀감 대 고립감	어떻게 사랑할까?	사랑
7.	성인 중기		성숙성 대 침체성	어떻게 사회에 기여할까?	돌봄
8.	성인 후기		자아통합 대 절망	어떻게 돌봄을 받을까?	지혜

Erikson(1959, 1963, 1968, 1982)은 인간 발달의 8단계를 규정하고 각 단계에 포함되는 심리사회적 일을 설명했다. 청소년기에 이르는 첫 다섯 가지 단계는 Freud의 심리성적 단계와 일치한다. 나머지 셋은 중년과 노년에 해당하는 시기다. 8단계 모두에서 Erikson은 대인적, 사회적, 문화적, 역사적 맥락으로 행동을 발달적 의미로 해석하려고 노력했다.

Erikson에게 있어서 모든 단계는 긍정적, 부정적 개념 한 가지씩으로 표현되는 양극적 개념이다. 이 양극성은 심리사회적 갈등을 불러온다. Erikson의 단계 모두에서 개인 내부적 변화와 사회적 세상의 변화는 합쳐져서 중심적 갈등을 만들어낸다. 이 갈등은 완벽히 풀리지는 못해도 적어도 해결하기 위한 노력은 해야 한다. 그래야 다음 단계로 넘어갈 수 있다. 개인의 경험은 각 단계에서 특별한 질문을 불러일으키고, 이는 행동을 통해서 질문되고 결국 답변되는 것이다. 이 질문이 개인이 의식적으로 알고 있는 것은 아니라 해도, 주어진 시기에서 개인 행동의 전체적 패턴은 마치 특정 질문을 하는 것처럼 구조 지어진다. Freud에게 있어서 심리성적 발달은 빨기(sucking)로 시작된다.

어머니의 가슴을 빠는 행위는 성적 인생의 가장 첫 부분이고, 나중의 성적 만족감으로 이어진다. 이것은 어머니의 가슴을 성적 욕망의 대상으로 인식한다는 생각에 기초하고 있다. 첫 번째 대상을 마주하는 것은 모든 이후의 경험에 영향을 주고, 그렇기 때문에 이 행위는 우리의 나중 성적 행동 모두에 지대한 영향을 미칠 수밖에 없다(1916/1961, p. 314).

여기서 우리는 Freud가 어머니와 신생아의 관계를 어떻게 보았는지 확인할 수 있다. 아기는 태어나고 첫 번째 해에 어머니의 가슴이나 젖병을 빨면서 영양을 얻고 만족감도 얻는다. 빠는 행위는 배고픔의 욕구로 생겨나는 긴장을 줄여주고, 긴장이 줄어들면 기분이 좋아진다. 어머니가 이러한 좋은 감정의 원천인 것이다. 따라서 어머니는 아이의 첫 번째 사랑의 대상이 된다. 리비도는 여기서부터 발전해 이상적인 감각적 경험의 근원이 되고, 나중에 성인이 되어서도 운이 좋다면 경험할 수 있는 성적 만족감으로 이어진다.

이렇게 **구강기**(oral stage)에 있는 아이들은 기본적인 욕구를 충족하는 데 있어서 전적으로 부모에게 의지해야만 한다. 욕구로 생기는 갈등이 계속적으로 줄어들고 만족감을 느끼게 되면, 아이는 환경이 비교적 예측가능하고 편안한 곳이라고 느끼게 되고, 결과적으로 건강한 심리성적 발달을 추구할 수 있는 기반이 생기게 된다. Erikson은 적어도 태어난 후 1년간은 어머니의 가슴이나 젖병을 빠는 행위를 통해서 리비도가 생겨나고 이는 이후의 성적 관계의 근원이 된다는 Freud의 이론에 동의했다. 하지만 입을 통한 리비도의 표현은 인생 첫 1년의 다양한 대인적 관계의 일부분일 뿐이다. 이러한 관계는 아이가 안정감을 향한 기본적인 **믿음**(trust)을 발전시킬지, **불신**(mistrust)을 할지를 결정한다. 사랑의 결합은 첫해에 아이에게 믿음과 안정감을 줄 수 있다. 하지만 불신과 불안정의 개념도 경험할 수 있다. 아이는 항상 (그리고 그럴 수밖에 없다) 불신과 믿음 두 가지를 모두 경험해야만 한다. 건강한 관계란 두 가지 사이의 조화를 통해서 이루어진다.

Freud의 심리성적 모델에서 리비도의 다음 단계는 **항문기**(anal stage)이다. 여기서 아이의 성적 에너지는 배설을 '참는 것'과 '내보내는 것'을 통해서 표현된다. 반복적인 이런 과정은 계속해서 긴장감을 불러일으키고 만족감을 주기도 하면서 좋은 경험이 된다. 괄약근이 성숙해지면서 아이는 '내보내는 것'이 언제쯤 일어날지 정확하게 예상할 수 있게 된다. 따라서 이 과정은 사회적 스케줄의 제어 아래에서 성적인 만족감을 어떻게 표현할 수 있는지를 알려주는 과정이다. 장운동을 조절할 수 있게 되는 것은 자기의 가장 중요한 발전사항 중 하나이며, 이는 계속해서 따라오는 개인적 성장과 성공에도 영향을 주게 된다.

Erikson은 이 두 번째 단계를, **자율성 대 부끄러움과 의심**(autonomy versus shame and doubt)이라고 표현했다. 여기서도 Erikson은 배설물과 관련된 리비도 생각에 동의했다. 하지만 Erikson에게 있어서 2~3살 유아의 심리사회적 경험은 어느 정도의 자율성, 독립성, 자유를 경험하고 부끄러움, 의심, 굴욕감 등을 피하려고 하는 데 집중된다. 따라서 배설을 조절하는 것은 리비도의 표현뿐 아니라 자기제어 능력의 성취감으로 이어진다는 것이다. 이 단계에서 아이들은 세상에서 어느 정도의 독립성을 만드는 데 치중한다. 그리고 아이가 처한 환경은 이 목적을 이룰 수 있도록 도와주어야 한다. Erikson이 말했듯이 "환경은 아이가 제 발로 설 수 있도록 도와주어야 하고, 만약 아이가 부끄러움이나 다른 감정에 사로잡혀 있으면 그를 극복할 수 있게 해야 한다(1963, p. 85)." 따라서 인생의 두 번째 장에서 겹치는 심리사회적 주제는 자립심, 독립성, 자기제어, 창피함을 피하는 것이 된다.

하지만 4살들에게 평균적으로 단순히 자립적이고 독립적이 되는 것은 충분하지 않다. 3~5살 아이들은, Freud에 의하면 **남근기**(phallic stage)를 경험한다. 이때 리비도는 성기에 집중되어 있다. 아이들은 자신의 성적인 부분에 눈을 뜨게 되고, 성인들 사이의 성적 교감에 큰 관심이 생기며, 자위행위를 시작하기도 한다. 아이들은 무의식적으로 부모 1명에게는 성적 감정을 느끼고 다른 1명에게는 공격성을 느낄 수 있기 때문에, Freud는 이 관계를 오이디푸스 콤플렉스라고 불렀다(아버지를 죽이고 어머니와 잠자리를 함께 한 오이디푸스 비극에서 유래).

Freud가 말한 오이디푸스 콤플렉스의 영향을 받고, 세상에서의 영향력을 키우려는 욕망이 생기는 이 단계의 아이들은 보통 **권력**(power)의 문제에 집중하게 된다. **진취성 대 죄책감**(initiative versus guilt) 단계는 학령기 전 아이들의 기본적 심리사회적 단계다. 이때 아이들은 진취적으로 세

더 읽을거리 9.1

초기 대상관계

Erikson은 성격발달 모델을 통해 Freud 이론을 발전시켜 사회적, 문화적 측면을 포함시켰다. Freud에게 있어서 가슴을 빠는 신생아의 행위는 성욕의 입을 통한 욕구충족이었으며, Erikson에게 있어서 이 행동은 장기적 애착관계 및 무의식적 세계관 형성의 시작 단계였다. Erikson과 마찬가지로 1950, 60, 70년대의 다른 정신분석학자들도 Freud의 이론과는 꽤나 다른 발달단계 모델을 제안했다(Fairbairn, 1952; Guntrip, 1971; Kohut, 1971; Mahler, Pine, & Bergman, 1975; Winnicott, 1965). 하지만 Erikson은 심리분석을 사회와 문화 차원으로 확장시킨 반면, 다른 많은 이론가들은 인생 첫 3년간 **대상관계**(object relations)의 내부심리적 차원을 연구했다.

심리분석적 전통에서 '대상관계'라는 말은 대인관계를 의미한다. 이 특이한 표현은 다른 사람들이 우리 성적 욕구의 목표나 대상이 된다는 Freud의 본래 생각에서부터 만들어졌다. 내 아내가 내 성욕의 대상이라고 한다면, 내 성적인 에너지를 그녀에게 표출한다는 말이 된다. 일반적으로 말하면, 내가 그녀와 강한 정신적 유대관계를 가졌다는 의미다. 대상관계이론가들은 이런 관계에 초점을 맞추지만, 특히 이런 것들이 무의식적인 환상, 특히 어린아이들과 신생아들의 무의식적 환상에서 어떻게 표현되는지를 연구한다. 이 책 제2장에서 공부한 애착이론가들처럼, 대상관계이론가들은 우리는 인생 첫 몇 년 동안은 가까운 관계의 모델을 내면화하고, 이 내면화된 대상관계는 장기적 성격형성에 영향을 준다고 믿는다.

Mahler(1968; Mahler et al., 1975)는 **분리-개별화**(separation-individuation)의 과정에 집중하는 대상관계이론을 정립했다. 그녀에 의하면, 아기들은 자기중심적이고 무의식적인 상태로 인생을 시작한다. 그러다가 3개월이 지나면 타인(대상)과의 공생을 조금씩 파악하기 시작하고, 점차적으로 그 공생관계에서 자기(self)를 개별화한다. 분리-개별화의 본격적인 과정은 5~6개월이 되었을 때 시작된다. 분리-개별화의 첫 단계(5~9개월)에서는 *신체 이미지의 분화*가 일어난다. 아기는 본인의 몸이 욕망의 대상과는 분리됐다는 사실을 인지한다. 아기가 움직이기 시작하면서 일차적 대상(어머니나 양육자)을 계속해서 확인하며, 더 이상 완벽한 통합 상태가 아니지만 계속 그 자리에 있는지를 확인하게 된다.

두 번째 *연습*(practicing, 10~14개월)단계에서 아기는 더 손쉽게 무성의 환경을 탐험하기 위해 확장된 운동성을 활용한다. 어머니나 양육자가 실제로 같이 있으면 아이의 활동성이 높아져 탐험을 많이 하지만, 어머니가 없을 때는 행동이 줄어들며 내면화된 대상(아이 마음속 어머니의 이미지)에 더 치중한다. 마지막으로 세 번째 *화해*(14~24개월)단계에서 아이는 어머니의 부재를 더 크게 인식하고, 어머니를 다시 만나려는 감정과 완전히 분리하려는 감정이 충돌하면 심한 위기를 겪을 수도 있다. 하지만 결국 아이는 이 어려운 시기를 지나 Mahler가 *정서적 대상항상성*이라고 부른 단계에 도달한다.

Kohut(1971, 1977, 1984; Wolf, 1982)의 대상관계이론은 **자기심리학**(self psychology)이라고도 불린다. 그는 성격의 중심에는 **양극성 자기**(bipolar self)가 있다고 주장했다. 여기서 양극단은 (1) 권력과 힘을 향한 야망과 (2) 이상화된 목표 및 가치다. 이 두 가지를 연결하는 것은 개인의 기본적인 능력과 재능이다. 어떻게 보면, 사람은 야망에 의해 욕구를 충족받고 이상화된 목표와 가치를 향해 나아간다. 양극성 자기는 어린아이가 환경의 **자기대상**(self-objects)과 소통하는 과정에서 구성된다. 자기대상이란, 우리 인생에서 너무 중요한 나머지 우리의 일부라고 느껴지는 대상이다. 양극성 자기는 자기대상과의 관계를 통해 진화된다.

대부분의 경우, 인생의 첫 1~2년간 가장 중요한 자기대상은 어머니다. 어머니는 Kohut이 *자기반영대상*이라고 부른 것이다. 자기의 발달과 관련해서, 어머니의 주된 역할은 아이의 대담함을 *반영*해 주는 것이다. 즉 아이의 힘, 건강, 특별함을 인정하고 칭찬해야 된다는 의미다. 반영관계는 양극성 자기의 욕망 부분을 확인시켜준다. 나중 발달단계에서, 어머니나 아버지는 *이상화된 자기대상*의 역할을 할 수도 있다. 아이는 힘과 안정감의 대상으로 자기대상을 바라보고 이상화하게 된다. 이상화 관계는 양극성 자기의 두 번째 극단을 확인시켜준다.

건강한 반영 및 이상화된 대상관계는 건강하고 자주적인 양극성 자기를 만들어준다. 하지만 Kohut에 의하면, 이 과정이 잘못되면 자기의식이 굉장히 잘못 발달될 수 있다고 지적한다. 가장 흔한 예는 병적인 *나르시시즘*이다. Kohut의 관점에서, 극단적인 나르시시스트들은 병적인 자기애를 보이고 타인을 무시하는 경향이 있다. 본인 인생의 초기 대상관계에서 자기가 특별하거나, 가치 있거나, 선하다는 깊은 확인을 받지 못했기 때문이다.

상을 알아보고 나누고 지배하기 위해 노력한다. 그러다가 세상을 그들의 것으로 만들려는 시도가 실패하면 죄책감을 느끼게 된다.

Erikson은 이때의 단계를 성적 차이점의 개념으로 알아보았다. 남자아이들은 더 **공격적 방법**(intrusive mode)을 사용해 "다른 아이들을 육체적으로 공격하거나, 진취적으로 활동해 다른 사람의 공간을 빼앗거나, 궁금함을 통해서 알려지지 못한 부분을 알아보거나" 하는 식의 활동을 한다(Erikson, 1963, p. 87). 반면 여자아이들은 더 **포괄적 방법**(inclusive mode)으로 "놀리기, 요구하기, 잡기"(p. 88) 등의 표현을 하게 된다. 표현방법은 다를지 몰라도, 여자와 남자아이 모두 이 단계에서는 세상을 자기 것으로 만들고 중심이 되려고 노력하게 된다.

초등학교에 들어가면 **잠재기**(latency)라고 부른 네 번째 단계가 시작된다. Freud는 이 시기에 리비도는 명시적인 방법으로 드러나지 않는다고 주장했다. 아이들은 이때 본능적 에너지를 놀기, 학교 일, 친구관계에 쏟게 된다. 이때 아이들은 사회가 요구하는 규칙과 능력, 가치와 규율 등을 이해하고 내부화하면서 사회화를 경험한다. 또한 아이들은 **성실성 대 열등감**(industry versus inferiority)을 경험한다. 학교생활의 시작과 함께 아이들은 사회화를 처음으로 알게 되는 것이다.

6~7살이 되면 아이들은 가정 바깥에서의 체계적 단계를 경험한다. 학교는 성인기의 **역할**과 도구를 알려주는 장소가 된다(Erikson, 1963). 도구는 인간 힘의 능력을 확장시키고 인간 전반의 경제적, 정치적, 교육적, 종교적 체계를 촉진시키는 모든 것을 의미한다. 역할은 사회의 다른 구성원들과 함께 성인들이 가지게 되는 특정한 의무를 말한다. 이러한 도구와 역할에 대해서 아이들은 이미 알고 있지만, 이번 단계를 통해서 더 체계적이고 사회적으로 인정되는 방식을 배우게 된다.

따라서 네 번째 단계에서 아이들은 사회의 유용한 구성원이 되기 위해 노력한다. Erikson(1963)은 "이 시기에 아이들은 사회와 경제적인 측면에서 자신의 중요한 역할을 이해하게 된다"(p. 260)고 말했다. 초등학생 아이들은 좋은 일꾼, 좋은 시민, 사회의 일원이 되는 법을 배운다.

이러한 학습과정은 도덕적이고 실제적이며, 경제적이고 윤리적일 수 있기 때문에 이 시기의 중요한 질문은 "어떻게 하면 착하게 살 수 있을까?"가 된다. 착하다는 것은 도덕적으로 착한 행동을 하는 것과 시험에서 A를 받는 것을 모두 포함할 수 있다(Nucci, 1981).

정체성 위기

Erikson에게 있어서 초기 단계는 청소년기와 초기 성인기를 규정하는 준비단계에 불과했다. 이는 오늘날의 사회과학자들이 **성인 모색기**(emerging adulthood)라고 부르는 단계다(Arnett, 2000). 루터의 예에서 보았듯이, 이때 사람들은 "나는 누구인가?"라는 질문을 한다. 과거의 초기 단계가 부분적으로 미래 단계에 영향을 미치게 된다. 하지만 어느 정도까지는 그 반대도 사실이다. 청소년이나 성인 초기엔 어렸을 때를 돌아보면서 유아기가 **의미한 것**이 무엇인지 생각하게 된다. 그렇게 되면 반대도 그대로 적용되는 것이다. 우리는 과거의 일을 바꿀 수는 없지만, 그 의미를 변화시킬 수는 있다. 이 새로운 의미는 정체성의 성장에 중요한 역할을 하게 된다. 정체성을 알아보는 과정에서 우리는 과거를 돌아보고 새로운 의미를 찾으려 하는 것이다. *Young Man Luther*에서 Erikson은 이렇게 썼다.

성인이 된다는 것은 과거와 미래를 모두 보면서 개인의 인생을 계속적인 관점에서 바라본다는 의미다. 성인은 자신이 누구인지 인정함으로써 선택적으로 과거를 재구성해 미래를 대비할 수 있다. 이렇게 보면 심리학적으로 우리는 우리의 부모, 가족관계, 우리의 신과 영웅의 역사 모두를 선택하는 것이다. 그 대상들을 우리의 것으로 만들면서 우리는 창조자라는 내부적 위치에 올라가게 된다(1958, pp. 111~112).

청소년기와 성인 초기

Freud 이론에서 사춘기는 리비도의 마지막 단계 **성기기**(genital stage)이다. 2차 성징이 나타나는 이 단계는 성욕 발달의 마지막 단계이다. Erikson 또한 사춘기를 마지막이자 변화의 단계라고 생각했다. 유아기의 마지막이기 때문에 믿음, 독립성, 진취성, 성실성의 마지막 단계인 것이다. 그리고 이는 동시에 많은 심리사회적 결과를 가져오는 시작단계이기도 하다. Erikson은 생리학적 사춘기와 청소년기의 다른 영향들이 통합되면 **정체성 대 역할혼란**(identity vs role confusion) 단계가 찾아온다고 설명했다.

청소년기에 우리가 정체성의 문제를 겪는 이유는 무엇일까? 대답은 여러 가지가 있겠지만, 기본적으로 세 가지로 나눌 수 있다―육체, 인지, 사회. 먼저, 청소년으로서 우리는 새로운 '성인과 같은' 몸을 가지게 된다. 우리가 알던 몸과 다른 모습이다. 각자의 경험에서 모두 알고 있겠지만, 생리학적 사춘기를 맞이하는 것은 6~7살 때 경험했던 것처럼 단순히 몸이 커지는 것은 아니다. 1차적, 2차적 성적 변화들이 일어나면서 우리는 예전의 사람과 다른 존재가 된다. 따라서 사춘기는 예전의 몸과 상태를 '과거의 것'으로 만들어 버리는 새로운 시대의 시작을 알린다. 다른 말로 하면, 이 시기의 아이들은 "예전의 내가 아니야. 난 더 이상 아이가 아니고 달라졌어. 지금은 내가 뭔지 잘 모르겠어"라는 생각을 할 수도 있다.

둘째로, 인지적 발달은 Erikson의 전체적 인생 이야기에서 정체성 문제를 시작하는 데 중요한 역할을 할 수 있다. 발달심리학자 Jean Piaget(Inhelder & Piaget, 1958)는 청소년기에 많은 사람들은 **형식적 조작**(formal operation)의 인지단계를 시작한다고 주장했다. Piaget에 의하면, 이 시기에 사람들은 처음으로 매우 추상적인 방법으로 자신과 세계에 대해 생각하게 된다. 형식적 조작의 단계를 거치는 개인은 무엇이 어떠한지 논리적으로 생각하고, 말로 표현되고 논리적으로 입증된 가설을 통해서 미래에 대해 생각할 수 있다. 청소년기 전에는 이것을 할 수 없다고 한다. 따라서 10살 아동은 세상을 이해하고 분석하는 능력은 뛰어나며 무엇이 어떤지(what is) 잘 생각할 수 있지만, 인지적으로 어떻게 될지(what might be)를 아는 능력은 부족한 것이다. 똑똑한 10살 미국 아동에게 미국 50개 주의 주도를 말해보라 하면, 놀랍게도 다 알고 있을지도 모른다. 하지만 만약 동일한 아동에게 "만약 미국에 주가 10개밖에 없다면 주도는 어떻게 될까?"라는 질문을 하면 잘 대답하지 못한다. 먼저, 미국은 10개가 아니라 50개 주로 구성되어 있기 때문에 문제 자체가 비논리

청소년기는 정체성을 탐구하는 시기다. 10대 후반에서 20대 조반의 젊은이들은 복잡한 성인 세계에서 그들이 지위를 발견하기 위한 도전에 맞서 근대사회를 시험해보기 시작한다. 그러면서 그들 삶에 의미를 부여하며 자신에 대한 이해를 확장해 나간다(출처 : Carolyn McKeone/Photo Researchers, Inc).

적이라고 생각한다. 둘째로, 만약 10개라고 해도 어떠한 기준에 따라서 새롭게 주도를 선정해야 하는지에 대한 개념이 부족하다. 10살짜리는 구체적인 사실에만 집중하기 때문에 현실이 모든 것이다. 반대로 형식적 조작이 가능한 청소년기 이후의 사람들은 어떻게 될지에 대한 가정과 사고가 가능하다. 실체는 관념적인 것의 표현이고, 그렇기 때문에 내부적인 대안적 실체도 상상이 가능한 것이다.

"내가 누구인가?"라고 물어보는 자기에 대한 중요한 질문은 형식적 조작의 인지적 발현에 의해서 구체적으로 시작된다. 청소년은 현재와 과거의 실체를 파악하고, 과거에 어떻게 될 수 있었는지(what might have been), 그리고 미래에 어떻게 될지(what might be) 알아볼 수 있다. 이러한 사고과정을 통해서 가상적 이상(이상적 가족, 종교, 생활, 사회 등)에 대한 개념이 생겨난다(Elkind, 1981). 청소년들은 대안적 실체의 가능성을 인지하기 시작하면서, 예전에는 생각하지 못했던 새로운 방법으로 세상을 경험하려고 노력하게 된다. 나아가 청소년은 자신의 행동과 사고를 관찰하고, 세상에 다가가는 다양한 방법 간의 차이점을 인지한다—"내가 맡고 있는 많은 역할들 사이에 공통적인 나라는 존재가 있는가?" 이런 인지적 문제는 10살 아동에게는 찾아보기 힘들다.

> 인생 초반기에 유아는 여러 개의 자기를 가지고 있고, 통합성이 없는 이러한 자아 간 불일치에 영향을 받지 않는다. 친구들과 있을 때, 부모와 있을 때, 꿈에서의 자신이 모두 다른 사람이라고 생각한다. 자신이 과거에 어떠했는지, 어떨 수 있었는지, 지금 어떤지, 미래에 어떤 가능성이 있는지에 대한 문제는 아이들이 생각하지 않는 문제다. 단 형식적 조작이 시작되면서 전체성과 통합성이 생겨나면 이러한 생각이 가능해진다. **호밀밭의 파수꾼**에 나오는 홀든 콜필드의 예시로 이를 이해할 수 있다. 그를 포함한 많은 젊은 사람들은 모두 자신이 가진 다른 역할을 받아들인다. 따라서 전체성은 청소년기 후반에 받아들여지는 **이상**(ideal)이고, 이 목표는 그 이후에도 추구될 수 있다(Breger, 1974, pp. 330~331).

하지만 청소년기의 생리학적, 인지적 변화는 개인의 중심적 심리사회적 이슈로서의 정체성의 문제를 전부 다 설명해주지는 않는다. 세 번째 요소는 사회다. 개인 내부적 변화와 동시에 사회적 변화도 일어난다. 여기에는 사회가 예상하는 '성인으로서' 무엇을 하고, 사고하고, 느껴야 하는지의 기준이 포함된다. Erikson(1959)은 "개인의 정체성 형성과정에서 사회가 정한 기준에 따라서 점진적인 성장과 변화를 경험한다"(p. 111)고 말했다. 보편적으로 서양 사회는 개인이 청소년이 되고 성인기에 접어들면 주변의 직업적·이데올로기적·대인적 기회를 살펴보고, 성인으로서의 삶이 어떠할지 생각해보도록 요구한다. 따라서 개인 자체와 사회 또한 개인의 정체성 형성에 영향을 주게 된다. Erikson은 이렇게 말했다.

> 이 시기는 자유로운 역할실험을 통해서 개인이 심리사회적 활동을 중단하는 시기로 생각할 수 있다. 여기서 확실히 정의되어 있지만 그만을 위해 만들어진 것 같은 틈새(niche)를 찾게 된다. 틈새를 찾는 과정에서 성인은 내부적 지속성의 개념을 만들게 되고, 자신과 공동체의 생각을 일치시키게 된다(1959, p. 111).

하지만 이 과정에서도 긴장감은 존재한다. 사회가 주는 틈새와 개인이 자신의 틈새를 만들려고 하는 노력이 충돌하는 순간 생기는 긴장감이다. 사회의 역할과 예상에 적합한 정체성을 구성하는 과정에서 개인은 일반적으로 사회와 가족이 원하는 대로 따라가면 안 된다. 루터가 처음 그렇게 했지

표 9.3	네 가지 정체성 상태	

	과정	
지위	탐구, 위기, 질문	헌신, 결단
정체성 확립	○	○
중단	○	×
배제	×	○
정체성 혼미	×	×

만, 나중에는 결국 수도승이라는 본인의 길을 찾았다. 하지만 루터는 사회와 사회적 기대로부터 완벽히 자유로울 수는 없었다. Erikson에 의하면, 가장 혁명적이고 위대한 사람들조차 사회와 **자신을** 완전히 떨어뜨리지는 못한다고 한다. 청소년이나 성인은 사회역사적 환경의 희생양이 되어서도 주인이 되어서도 안 된다. 자기와 사회 간 관계는 역동적인 긴장감 속에서 가장 조화롭게 만들어져야 한다.

정체성 형성

정체성을 보는 한 가지 방법은 "내가 누구인가?"라는 질문에 대한 답변을 생각하는 **과정**에 집중하는 것이다. 이 관점에 의하면, 청소년기와 초기 성인기에서의 정체성 형성은 두 가지 과정을 포함한다. 첫째는 어렸을 때의 믿음과 관점에서 벗어나 자기와 세상에 대한 가정에 질문을 하기 시작하고, 대안을 생각하는 과정이다. 이때 개인은 부모, 학교, 교회, 사회 등이 강제하는 관점에 의심과 질문을 품기 시작한다. 어렸을 때 다르게 행동했다면 과거가 어떻게 변화했을지 생각하기도 한다. 예를 들면 자신이 다른 가정이나 다른 사회, 나라, 역사의 다른 시기에 태어났다면 어땠을지 상상하는 것이다. 둘째는 자신이 성인 세계에 어떻게 속하는지를 이해하고 그것을 규정하는 모습과 역할에 충실하는 것이다. 이 과정에서 탐구단계에서 가졌던 질문과 의심은 사라지고, 정체성의 문제는 더 이상 심각하고 중요한 문제로 남지 않게 된다.

James Marcia(1966, 1980; Marcia, Waterman, Matteson, Archer, & Orlofsky, 1993)는 Erikson이 정체성의 중심이라고 강조한 두 가지 인생의 부분에 대해서 알아보는 인터뷰를 구성했다. 첫째는 개인이 사회에서 어떤 직업을 갖는지 알아보는 **직업**(occupation), 둘째는 특히 종교와 정치의 분야에서 근본적인 믿음과 가치가 무엇인지 알아보는 **이데올로기**(ideology)이다. 인터뷰의 답변에 기초해서 응답자들은 네 가지 **정체성 상태**(identity statuses)로 나뉘는데, 이는 표 9.3에서 알 수 있다(Adams & Marshall, 1996; Schwarz, 2001). 각 상태는 개인이 가진 정체성의 정도가 특정 인생의 단계에서 얼마나 중요한지를 보여준다. 시간이 지나면서 정체성이 변화함에 따라서 한 상태에서 다른 상태로 이동할 수도 있다(Bourne, 1978; Waterman, 1982). Marcia의 생각은 지난 30년간 더 많은 연구를 불러왔다. 대부분 대학생을 대상으로 이루어졌다.

Erikson 이론을 기준으로 보면, 네 가지 정체성 상태 중 가장 발달된 것은 **정체성 확립**(identity achievement)이다. 정체성이 확립된 사람들은 탐구단계를 거쳐서 적합한 직업적, 이데올로기적 목표를 달성한 상태다. Erikson의 다섯 번째 심리사회적 단계를 거쳐 이제 여섯 번째를 바라보고 있는 것이다. 정체성 확립자들은 내부화된 목표를 위해 노력하고 매일의 어려움을 극복하는 데 자신 만의 능력에 의존한다. 또한 조화로운 시점으로 부모님의 역할을 받아들이기도 한다(Jordan, 1971; Josselson, 1973).

많은 연구를 보면 다른 상태의 사람들보다 정체성을 확립한 사람들이 더 학구적이라는 것을 알 수 있다. Cross와 Allen(1970)은 이들은 대학교 평점이 더 높다고 주장했다. Marcia와 Friedman(1970)은 특히 여성 사이에서 이 사람들은 더 어려운 대학 전공을 선택했다는 것을 밝혔 다. Orlofsky(1978)는 성취동기가 매우 강력하다고도 말했다. 종합해보면 정체성을 확립한 사람들 은 자주적이고 규제화된 방법으로 의사결정을 할 줄 알고, 사회적 요구와 또래 집단의 압박에 시달 리지 않는 편이다(Adams, Ryan, Hoffman, Dobson, & Nielson, 1984; Toder & Marcia, 1973). 그들은 또한 자기중심적인 욕구를 떠나서 사회적 정의와 안정에 기초한 도덕적 의사결정을 할 줄 안다(Podd, 1972).

Marcia가 말한 두 번째 정체성 상태는 **중단**(moratorium)이다. 중단 상태의 사람들은 정체성 문제를 탐구하고 있지만 확정은 하지 못한 상태다. 아직 본인이 누군지 모르고, 무엇을 아는지도 모 르는 것이다. 루터의 경우처럼 현재와 미래에 대한 불안감이 강하게 느껴진다. 하지만 이 단계의 사 람들은 노력을 통해서 정체성 확립자의 상태로 옮겨갈 수도 있다. Marcia의 연구에 따르면 중단 상 태의 사람들도 정체성 확립 상태의 사람들처럼 비교적 심리적으로 성숙했다는 평가를 받는다. 예를 들면, 두 경우 모두 자신에 대한 더 개인화된 관념을 가지고 있다(Dollinger & Dollinger, 1997). 또한 스트레스에 대처할 때 더 성숙한 방어기제를 사용하고(Cramer, 2004), 세상의 정보를 처리하 는 데 더 설명적으로 유연한 방식을 사용한다고 한다(Berzonsky, 1994).

중단 상태의 사람들과 그들의 부모와의 관계를 설명할 때 가장 적합한 단어는 아마 **양가감정** (ambivalence)일 것이다. 중단 상태의 개인은 주변의 권위적 인물들을 부정적 개체로 생각하고, 가 족과 심리적인 거리를 유지하려고 노력한다(Erikson, 1959). **부정적 정체성**(negative identities) 은 자신이 되고 싶어 하지 않는 모든 것을 상징한다. 따라서 청소년이 보기에 부모는 '적'의 역할을 하는 사람일 수도 있다(Josselson, 1973; Marcia, 1980). 따라서 중단 상태의 청소년들이 종종 부 모에게 강한 반발심을 보이는 것은 놀라운 결과가 아니다(Marcia, 1967; Oshman & Manosevitz, 1974). 반면에 중단 상태의 성인기 초기 성인들은 매우 친절하고 통찰력이 뛰어나고 호감이 간다는 연구결과도 있다(Josselson, 1973; Marcia, 1980).

Erikson이 말한 세 번째 상태의 **배제**(foreclosure)에 있는 경우는 정체성 문제를 해결하지 못한 경우다. 배제 상태의 개인은 탐구하는 데 실패하지만 어렸을 때부터의 문제를 계속 해결하려고 한 다. 미래의 문제에 불확실하게 대응하기보다는 유아기의 역할, 믿음, 예상이 주는 안정감을 더 선호 하는 경우다. 직업과 관련해서 보면 배제 상태의 개인들은 주로 주변 사람들이 추천하는 직업을 그 대로 가지려는 경우가 많다(Berzonsky, 1994). 또한 이데올로기적으로 보아도 어렸을 때부터 생겨 나고 쌓아온 생각을 그대로 가지고 있다. 놀랍지 않게도 배제 상태의 개인들은 부모와 매우 가까운 거리를 유지하며, 집안환경도 사랑과 따뜻함으로 넘친다고 설명한다(Donovan, 1975).

배제 상태의 개인들은 네 가지 상태 중 가장 '행동을 잘하는' 경우다(Marcia, 1980). 배제 상태 의 대학생들은 열심히 노력하고 규칙적으로 살며 보기에 행복해보인다. 이러한 '착한' 행동은 부모와 교회 등 권위 집단이 요구하는 가치와 생각을 그대로 받아들이기 때문에 가능하다. 많은 연구에 의하면, 배제 상태의 사람들은 다른 사람들보다 세상을 볼 때 더 **권위주의적**(authoritarian)인 잣대를 선택한다고 한다(Marcia, 1966, 1967; Marcia & Friedman, 1970; Schenkel & Marcia, 1972). 제5장에서 본 것처럼, 권위주의는 강한 권위와 권력에 대한 굴복과 존경, 보수적인 사회적 가치, 옳고 그름에 대한 엄격한 잣대를 중심으로 돌아가는 특성의 모음이다. 배제 상태의 사람들은 이러한 경향을 강하게 가지고 있다(Podd, 1972). 다른 성격특성을 알아보면, 이들은 자율성과 불안감이 매우 낮은 편이고 열망감은 비현실적으로 높은 편이다(Marcia, 1966, 1967; Orlofsky, Marcia, & Lesser, 1973).

Marcia의 네 번째 상태인 **정체성 혼미**(identity diffusion)는 가장 불가사의한 상태다. 배제 상태와 마찬가지로 이 상태의 사람들도 아직 탐구단계에 들어가지 않았지만, 노력을 하지도 않는다. 그들은 과거에 대한 집착도 크게 보이지 않고 미래에 대한 확신도 부족한 상태로 타인들이 보기에 매우 애매해보인다. 몇몇 연구에 따르면 이 상태의 사람들은 **철회**(withdrawal)라는 단어로 가장 잘 설명된다고 한다. Donovan(1975)은 사회적으로 격리되고, 제자리를 못 찾는 사람들이라고 말했다. Josselson(1973)은 이 상태의 여성에게 공상과 철회가 가장 선호되는 방어기제라고 설명했다. Marcia(1980)는 정체성 혼미 상태의 개인들은 "통합할 과거에 대해서도 잘 모르고, 계획할 미래에 대한 생각도 부족하다—그 사람들은 현재에 느끼는 것만 중시한다"(p. 176)고 말했다.

Ruthellen Josselson(1996)은 1972년 인터뷰를 바탕으로 대학교 졸업생일 때 Marcia의 정체성 기준으로 나뉘어진 30명의 여성 연구를 알아보았다. 대학생에서 중년으로 넘어가면서 지속성과 변화를 모두 찾을 수 있었다. 대학생 때 정체성 확립자였던 여성들은 **인생과 선택의 의미를 잘 아는 30 대, 40대 여성**으로 성장했다(p. 101). 그들에게 있어서 자기에 대한 불신은 존재했지만 무리가 되는 요인은 아니었다. 다른 선택을 했을 수도 있음을 인지했지만, 그것을 이겨내고 더 좋은 이해와 통찰력을 가질 수 있는 능력을 가진 사람들이었다(p. 101). 중단 상태의 개인들은 30, 40대가 되어서도 **계속 찾는 사람들**(searchers)이었다. 첫 번째 경우와 달리 이들은 자기비난의 강도가 더 높았으며 높은 영성과 더 강력한 감정을 보였다. 하지만 그들은 많은 노력을 통해서 결국 정체성을 찾는 경우가 많았다.

배제 상태와 혼미 상태의 개인들도 다른 점을 많이 보였다. 배제 상태의 사람들은 더 **딱딱하고 규율을 중시하는** 태도를 보였는데, 결국 굳건한 규칙을 자기개념의 발달을 위한 도구로 사용했다. 중년이 된 배제 상태의 학생들은 "오랫동안 숨겨온 내면적 측면"을 발견했다(Josselson, 1996, p. 70). 마지막으로 대학교 때 혼미 상태였던 학생들은 복잡하고 변화가 많은 인생을 살았다(p. 168). 과거에 대해 후회하는 경우가 가장 많았고, 기회를 놓쳤다는 생각에 스트레스를 받았다. 그럼에도 불구하고 30대와 40대에 정체성 문제를 알아보려고 노력하는 모습을 보였다(p. 168). 잃어버린 시간에 대해 보상을 받는 듯, 대학생 때 정체성 혼미로 고생했던 여성들은 중년에서 정체성 형성의 도전을 직접적으로 대면하는 성향을 보였다.

Ruthellen Josselson은 청소년기에서 성인기에 이르기까지의 여성의 정체성 발달에 상당히 영향력 있는 연구결과를 발표해주었다. 그녀의 심층 이야기 연구는 어떻게 대학에서 정체성을 성취한 여성들이 중년기에 괄목할 만한 성과를 이뤄내는지를 보여주었다. Josselson의 다른 정체성 패턴의 연구들은 추구자, 지배인, 유실자 등의 유형을 소개해준다(출처 : Ruthellen Josselson 허가받음).

정체성과 친밀감

Erikson의 모델은 "내가 누구인가?"라는 질문에 대한 잠정적인 답변을 정한 성인은 인생의 여섯 번째 단계인 **친밀감 대 고립감**(intimacy versus isolation)으로 넘어간다고 한다. 하지만 이 두 가지 간 충돌은 매우 복잡할 수 있다. 많은 사람들은 종종 타인과의 친밀한 관계를 통해서 자신을 규정한다. 이 단계는 반대로도 많이 일어난다. 몇몇 사람들은 미국 사회에서 여성의 인생이 특히 이 단계로 인해 규정지어진다고 말하기도 했다. 여성이 보통 친밀한 관계에 의해 정체성의 영향을 많이 받기 때문이다. 성인의 자기형성과 친밀한 관계의 발달은 서로 떼어놓기 힘든 개념이다. 그럼에도 불구하고 Erikson은 이상화된 순서적 단계를 중시했다. 보통 사람들은 먼저 정체성 문제를 해결하고 난 다음에야 친밀한 관계를 정립할 수 있다고 생각한 것이다.

Erikson 관점에서 친밀감을 알아본 성격연구의 대부분은 정체성의 형성과 친밀감의 질(quality) 간 관계를 알아보았다. Orlofsky(1973)는 **친밀감 상태**(intimacy status) 개념을 소개했다. 개인의 인생에서의 친밀감의 질을 알아보기 위한 인터뷰를 개발한 것이다. 데이트나 우정, 대인적 관계에 대한 질문의 답변에 기초해서, 친밀감 상태는 네 가지로 구분된다. '친밀함(intimate)', '중간(preintimate)', '전형적 관계(stereotyped relationships)', '고립(isolate)'이다.

정체성과 친밀감 상태를 알아보는 연구는 두 가지 간의 작지만 꽤 중요한 양의 상관관계를 보여준다. Orlofsky와 동료들(1973)은 비교적 성숙한 정체성 상태를 보인 남자 대학생은 친밀감 상태도 '친밀함' 아니면 '중간'으로 높은 편임을 알아냈다. Tesch와 Whitbourne(1982)은 20대 중반의 남성 48명과 여성 44명을 대상으로 둘 간 관계를 조사했다. 연구대상은 인터뷰에 참가했다. 이들은 다섯 번째 친밀감 상태인 합병(merger)도 포함했는데, 이것은 1명이 다른 파트너를 지배하는 관계를 의미한다. 연구결과는 표 9.5를 보면 알 수 있다. 정체성 문제를 성공적으로 해결한 사람들은 친밀감 상태도 높았다. 반대로 정체성 문제해결이 저조했던 개인들은 친밀감도 낮은 편이었다.

Kahn, Zimmerman, Csikszentmilhalyi, Getzels(1985)는 개인이 정체성 문제를 해결하는 방법과 18년 후 측정해서 알아본 결혼의 질 간의 상관관계를 알아본 조사를 했다. 정체성 확립이 된 사람일수록 결혼할 확률도 높았고, 특히 남성의 경우 정체성 문제가 해결되지 못하면 결혼을 안 하는 모습이었다. 정체성이 확립된 여성의 경우, 결혼을 하고 나서도 이혼할 확률이 낮은 편이었다.

Erikson은 친밀감 대 고립감을 성인 초기의 발달과업으로 규정했다. Erikson에 의하면 친밀감을 획득하기 이전에 정체성의 이슈를 해결한 사람들은 심리사회적으로 봤을 때 성인의 사랑과 헌신의 어려운 과제를 수행해 나가는 다음 단계를 훨씬 잘 준비해나갈 수 있다고 보았다(출처 : Carolyn McKeone/Photo Researchers, Inc).

표 9.4	대학생의 네 가지 친밀감

친밀함	상호적 관계를 발전시키며 개인적인 문제를 나눌 수 있는 친밀한 친구들이 있다. 헌신적인 사랑의 관계를 발전시킨다. 성적 관계는 상호만족을 누린다. 관계에서 에너지와 애정 모두를 표현할 수 있다. 일반적으로 타인에게 관심이 있다.
중간	데이트를 하지만 헌신적인 사랑의 관계를 맺지는 않는다. 타인이 친밀하게 관여될 수 있는 가능성을 인식한다. 친한 친구를 갖고 있다. 타인의 진실성, 개방성, 책임성, 상호성을 존중한다. 헌신하는 것에 대해 갈등하며 사랑의 관계가 모호한 경향이 있다.
전형적	다소 제한적인 인간관계를 갖고 있으며 플레이보이/플레이걸과 같은 표면적인 데이트 관계를 넘어서지 못한다. 일반적으로 그들은 몇몇의 친구들이 있긴 하지만 관계가 깊지는 못하다. 정기적으로 만나지만 깊게 관여하지는 않는다.
고립	고립된 사람은 인간관계를 지속하기 어려워한다. 아주 드물게 소수의 친구들과 만나긴 하지만 사회적 관계가 거의 없고 데이트를 하는 경우도 극히 드물다. 불안이 동반된 친밀한 인간관계는 고립을 초래한다. 불안하고 미성숙함을 특징으로 하며 일반적으로 단호함과 사회적 기술이 부족하다. 고립된 사람은 스스로에게 불운, 불신, 의기양양함, 고립된 자기만족감을 안겨줄 것이다.

출처 : "Ego Identity Status and the Intimacy versus Isolation Crisis of Young Adulthood" by J. L. Orlofsky, J. E. Marcia, & I. M. Lesser, 1973, *Journal of Personality and Social Psychology*, 27, 211–219.

표 9.5	성인 초기 정체성과 친밀감의 상관관계

친밀감	정체성			
	확립	중단	배제	혼미
	남성			
친밀함	8	2	0	2
합병	2	3	0	0
중간	4	1	0	4
전형적	0	2	0	1
고립	0	0	0	3
	여성			
친밀함	7	4	0	1
합병	0	2	0	1
중간	3	1	3	1
전형적	1	0	0	3
고립	0	0	0	0

출처 : 대상의 수를 대표하는 수치. "Intimacy and Identity Status in Young Adults" by S. A. Tesch & S. K. Whitbourne, 1982, *Journal of Personality and Social Psychology*, 43, 1049.

성숙성과 성인 발달

Erikson 모델 중 마지막 두 단계는, 인생 중반과 후반기에 주로 해당된다. 중반기에서는 보통 자식들을 챙기고, 후손들을 위해 무언가를 남기려고 한다. 노년기에 들어서면 자신 인생을 되돌아보고 인생이 좋은 것이었다고 받아들이는 태도를 갖게 된다.

성숙성 대 침체성(generativity versus stagnation)은 Erikson 모델의 일곱 번째 단계로, 초기 성인기를 지나 '노년'으로 이어지기까지의 과정을 말한다. Erikson에 의하면 사람들은 좋은 부모가 됨으로써 "요구받고자 하는 욕구"(Erikson, 1963)의 만족감을 경험하게 된다. 하지만 공동체적 활동에 참여한다든지 하는 방식으로 성숙될 수 있는 다른 방법은 많다. 모든 이러한 노력에서 성인들은 **자기를 뛰어넘는 모습으로 살아가기를 원한다**(Kotre, 1984, p. 10). 성숙한 성인은 자신 인생을 넘어선 더 큰 부분에 주력하고 더 큰 것을 알아내기 원한다. Kotre(1984)는 개인이 성숙할 수 있는 방법은 생물학적, 부모적(parental), 기술적(technical), 문화적(cultural) 방법의 네 가지라고 말했다. 이 네 가지를 모두 연결하는 것은 **돌봐주는**(caring) 행동이다. Erikson(1969)은 마하트마 간디의 심리적 자서전에서 다음과 같이 설명했다.

> 중년의 성숙한 남성은 자신이 신경 쓰지 않는 것이 무엇인지 확실하게 알고 있는 상태다. 또한 자신이 무엇에 신경을 쓸 수 있고, 어떠한 것이 가능한지도 알고 있다. 그는 기준을 자신이 할 수 있는, 나아가 해야만 하는 것에 두고 그대로 행동한다(p. 255).

성숙성 모델

Erikson 말고도 성인기에서 성숙성의 역할을 알아본 학자들은 많다(예 : Browning, 1975; Cohler, Hostetler, & Boxer, 1998; Gutmann, 1987; Kotre, 1984, 1999; Neugarten, 1968; Peterson & Stewart, 1990; Snarey, 1993; Stewart & Vandewater, 1998; Vaillant & Milofsky, 1980). 성숙성은 일반적으로 자신을 '복제'하고 발전해 후손으로 연결하려는 생물학적 욕구, 타인을 돌봐주고 타인에게 필요함을 느끼려는 본능적인 욕구, 초월과 상징적 불멸을 향한 철학적 욕구, 성인기에서의 성숙함의 상징, 사회에서 풍족한 틈새를 만들려고 하는 노력 등으로 다양하게 정의된다. 이는 행동과도 연결되고, 동기와 가치와도 그리고 세계를 보는 기본적인 가치관과도 연결된다.

성숙성에 관한 연구의 일환으로 나와 동료들은 이 개념의 기본적 생각을 나타내고 다양한 측면을 보여주는 모델을 만들어냈다(McAdams, 2001a; McAdams & de St. Aubin, 1992; McAdams,

표 9.6	성숙성의 네 가지 유형
유형	**정의**
생물학적	생식, 수태, 자손을 기르기
	성숙성의 대상 : 유아
부모적	자손의 양육과 규율, 가족의 전통을 전수
	성숙성의 대상 : 아동
기술적	교육 기술—문화의 "본체"—계승자, 기술이 습득한 상징적 사회를 암시적으로 전수함
	성숙성의 대상 : 사제, 기술
문화적	창조성, 혁신성, 상징체계를 보존함—문화의 "핵심"—계승자에게 이것을 암시적으로 전수함
	성숙성의 대상 : 규율, 문화

출처 : *Outliving the Self: Generativity and the Interpretation of Lives* (p. 12), by J. Kotre, 1984, Baltimore: Johns Hopkins University Press.

Hart, & Maruna, 1998; McAdams & Logan, 2004). 이 모델에 의하면, 성숙성은 일곱 가지 기본적 심리사회적 측면을 포함하는데 이 측면은 모두 후손에게 무언가를 남기려는 욕구와 일치한다. 이 모델을 이해하기 위해서는 성숙성을 개인 내부와 개인 외부의 환경에 동시에 존재하는 개념으로 이해해야 한다. 사람과 관련된 자질인 동시에 환경적 개념인 것이다. 여기서 사회적 세상과 개인을 연결시키는 개념으로 보면, 성숙성은 항상 심리사회적 맥락에서만 일어날 수 있는 것이다.

그림 9.1을 보면 성숙성 모델을 알아볼 수 있다. 맨 왼쪽에 보면 1과 2는 성숙성을 향한 궁극적 동기적 근원을 확인할 수 있다. 첫째는 (1) 문화적 요구(cultural demand)이다. 모든 문화권은 성인들은 다음 세대를 위해 제공하도록 하는 요구사항을 가지고 있고, 이는 나이에 적합한 행동을 향한 사회적 기대치로 나타난다. 미국 사회에서 10살 아이들을 대상으로 다음 세대에 대한 걱정을 하거나, 죽고 나서 무엇을 남길지 생각하게 하지는 않는다. 하지만 초기와 성인기 중반으로 접어들면서 "제공하는 사람(providers)"으로서의 목적이 뚜렷해진다. 성인기에서 성숙성이 심리사회적 요인으

그림 9.1 성숙성의 일곱 가지 특징

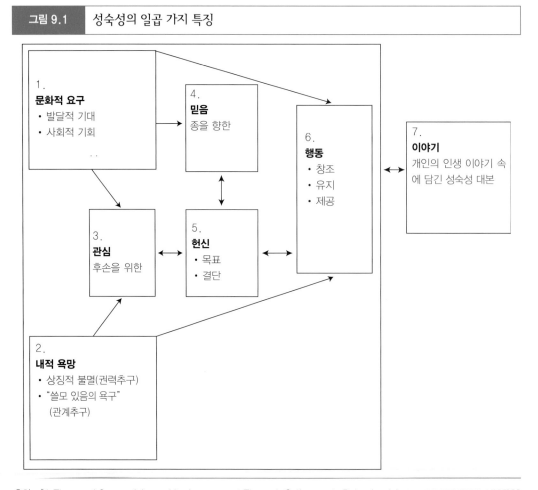

출처 : "A Theory of Generativity and Its Assessment Through Self-report, Behavioral Acts, and Narrative Themes in Autobiography. by D. P. McAdams & E. de St. Aubin, 1992, *Journal of Personality and Social Psychology*, 62, 1005.

로 떠오르는 이유는 사회가 성인들에게 부모, 선생, 멘토, 리더 등의 역할을 요구하기 때문이다. 성인들은 30대, 40대에 접어들면서 다음 세대에 도움을 주거나 좋은 것을 제공해주는 능력이 부족한 사람들은 사회적 능력이 떨어진다고 생각하게 된다(Neugarten & Hagestad, 1976; Rossi, 2001).

하지만 사회의 작용만이 성숙성에 영향을 주는 것은 아니다. (2) 내적 욕망(inner desire) 또한 크게 작용한다. 두 가지 반대되는 욕망을 확인할 수 있는데, 하나는 상징적 불멸을 향한 욕망이다. Kotre(1984)와 Becker(1973)가 말한 것처럼, 성인들은 계속 이어지는 전설을 만들어감으로써 상징적 불멸을 만들고자 한다. 성숙성에서 성인은 자기의 확장된 버전인 무언가를 만들어내고, 촉진시키고, 키우게 된다. 성숙한 유산(legacy)은 동료에게 건네는 조언 한마디처럼 사소한 것에서부터 가족을 시작하는 것, 노래를 작곡하는 것, 그림을 그리는 것, 사업을 시작하는 것, 나라를 건설하는 것에 이르기까지 거대한 개념일 수도 있다. 이상적으로 보면 개인의 성숙하려는 노력은 자기보다 더 오래 지속된다. 두 번째 욕망은 Erikson이 말한 "쓸모 있음의 욕구(need to be needed)", 타인을 보살피려는 욕망, 도움을 필요로 하는 사람에 대한 관심과 관련이 있다. 상징적 불멸이 권력과 자기 확장을 보여준다면, 쓸모 있음의 욕구는 성숙성의 부드럽고 사랑과 관련된 측면을 보여준다. 성숙성의 놀라운 측면 중 하나는 내면의 충돌적 부분이다—자기의 무한한 확장과 무한한 항복을 동시에 추구한다는 점이다. 깊게 보면 성숙하고자 하는 욕망은 영원히 살고자 하는 동시에 타인의 이익을 위해 자신을 포기하려고도 하는 모순적인 생각을 반영한다.

문화적 요구와 내적 욕망은 합쳐져서 의식적인 (3) 후손을 위한 관심(concern)을 만들어낸다. 따라서 다음 세대에 공헌하는 발달적 기대와 개인적 불멸을 향한 내적 욕망은 하나로 통합되어, 결국 성인으로서의 개인이 얼마나 후손의 발달에 대해서 신경 쓰는지의 정도를 측정하게 된다. 관심과 함께 성인은 (4) 종을 향한 믿음(belief in the species)도 만들게 된다(Van de Water & McAdams, 1989). 이는 인간 인생의 근본적인 선함과 가치를 향한 보편적인 믿음이다. 인간을 믿는 것은 뒤따라오는 후손들의 발전을 인정하는 생각이다. 종을 향한 믿음은 후손을 위한 관심을 (5) 성숙한 헌신(generative commitment)으로 연결시켜 성숙한 행동을 향한 노력을 계속하게 만들어준다. 이러한 믿음이 없으면 성숙에 대한 헌신이 생겨나지 않는다. 인간 자체에 대한 믿음이 없다면, 후손을 위하는 행동도 의미 없다고 여기기 때문이다.

그 자체가 욕망과 걱정, 믿음의 산물인 헌신에 의해서 길을 안내받은 개인은 다음 세대를 위해 실제로 무언가를 할 수 있다. 이는 (6) 성숙한 행동(action)으로 이어진다. 먼저, 성숙한 행동은 사람과 물건, 결과를 만들어내는 행동을 포함한다. 둘째, 성숙한 행동은 좋은 것을 이어가는 것(아이를 기르는 것, 좋은 전통을 유지하는 것, 환경을 보호하는 것 등과 일맥상통하는 보호와 유지의 개념)으로 연결된다(Browning, 1975; Erikson, 1982). 셋째로, 성숙한 행동은 자신의 행동에서의 자유와 독립성을 다른 세대로까지 넘겨주는 것을 포함한다(Becker, 1973; McAdams, 1985c). 예를 들자면, 진정한 성숙한 아버지는 우월한 창조주인 동시에 자신을 희생할 줄 아는 희생자다. 생물학적 사회적으로 그는 자신과 비슷한 아이를 창조하고, 그 아이의 발전을 촉진하기 위해 오랫동안 열심히 노력한다. 하지만 결국 아이가 커서 성인이 되면 그의 자유와 독립성을 위해 발전을 포기해야 한다.

연구는 인간 인생 전반에서 나타나는 성숙한 행동, 헌신, 관심에 많이 집중했다. 다음 세대를 향한 의식적 관심에서 보이는 개인 간 차이점을 평가하기 위해 McAdams와 St. Aubin(1992)은

Loyola Generativity Scale(LGS)을 발전시켰다. 행동을 평가하기 위해서 지난 2개월간 개인이 성숙한 행동을 한 경우를 알아보는 질문을 했다. 성숙한 행동에 대한 질문에는 "나는 누군가에게 기술을 가르쳐준 적이 있다", "젊은 사람의 역할모델을 한 적이 있다", "봉사활동을 한 적이 있다" 등이 포함되었다. 성숙한 헌신은 본인이 현재 노력하고 있는 목표나 10가지 개인적 노력(personal strivings; Emmons, 1986; 제7장에서 알아본 개념)을 말하게 하고, 이 대답을 성숙성의 주제로 해석함으로써 알아볼 수 있었다(McAdams, de St. Aubin, & Logan, 1993). 연구결과를 보면 성숙성에 대한 관심과 성숙한 행동은 매우 큰 상관관계가 있다고 한다. 다른 말로 하면, 후손에 대해 큰 걱정과 관심을 보이는 사람일수록 2개월간 측정한 LGS 수치도 높았다. 관심과 행동은 성숙한 헌신의 개수와도 양의 상관관계가 있었다.

McAdams와 동료들(1993)은 152명의 성인을 대상으로 성숙성을 측정했는데, 나이에 따라 세 집단(22~27살/37~42살/67~72살)으로 나눴다. 세 집단 간 교육과 소득 격차를 통제하면서 연구자들은 나이와 성숙성 간 큰 연결고리를 찾을 수 있었다. 전체적으로 중년 성인들은 젊거나 나이 많은 성인들보다 점수가 높았는데, 이는 표 9.7을 보면 알 수 있다. 성숙성은 중년의 사람들에게 특히 중요한 부분이라는 Erikson의 생각을 보여주는 결과로, 37~42살의 사람들에게 가장 큰 관심사로 나타난 것이다.

하지만 성숙성의 모든 지수가 같은 나이 관련 패턴을 보이는 것은 아니다. 예를 들면, 표 9.7의 노인 집단은 성숙성을 위한 헌신에서 보면 중년 사람들과 비슷한 점수를 보인다. 반대로 젊은 성인들은 성숙성을 위한 헌신의 점수가 매우 낮았다. 22~27살 성인들은 나이 어린 사람들을 보살핀다거나, 다른 사람에게 신경을 쓴다거나, 타인에게 공헌을 하는 등의 내용을 포함하지 않은 개인적 노력을 적는 것이 일반적이었다. 예를 들어서, 연구에 참가한 26, 40, 68살의 여성의 경우를 차례로 보자. 26살 여성은 "내 직업을 실제보다 더 즐겁게 만드는 것", "타인에게 더 개방적인 태도를 갖는 것", "좋은 사람이 되는 것", "인생을 즐기는 것", "불안한 상황을 피하는 것" 등을 개인적 목표로 적었다. 이를 분석해보면 그녀는 사회적 소속감과 매일의 안정감을 추구한다는 것을 알 수 있다. "좋은 사람이 되고 싶어" 하긴 하지만, 성숙성의 내용은 포함되어 있지 않다. 반대로 중년의 여성은 10가지 노력 중 4개 정도가 성숙과 관련되어 있다. "어린 사람들에게 긍정적 역할모델이 되는 것", "10대 아들이 어려운 상황을 헤쳐나가도록 돕는 것", "최대한 어머니를 보살피는 것", "도움을 필요로

표 9.7	연령/동년배에 따른 성숙성의 세 가지 특징의 평균 점수		
	22~27	37~42	67~72
성숙한 관심	40.14 (7.28)	41.82 (6.95)	38.26 (9.59)
성숙한 헌신	1.62 (1.43)	3.28 (1.78)	3.39 (2.19)
성숙한 행동	26.63 (8.64)	31.55 (10.25)	28.16 (11.74)

주: 괄호 안의 수치는 평균치.

출처 : "Generativity among Young, Midlife, and Older Adults," by D. P. McAdams, E. de St. Aubin, & R. L. Logan, 1993, *Psychology and Aging*, 8, 225.

성숙성은 Erikson의 중년기 발달과업으로 다음 세대를 위한 긍정적 차이를 만들어내는 것과 관련된다. 이 그림에 나타나 있는 것과 같이 성인들은 아이들을 기르고 돌봄으로써 성숙성을 발현할 수 있으며, 사회적 봉사를 비롯해 정치적 활동을 하면서 미래 세대를 위해 자기의 긍정적 유산을 남겨줄 수 있는 폭넓은 활동들을 전개해나간다[출처 : Getty Images and David McNew/Getty Images(위) Photodisc/Getty Images and SW Productions/Getty Images(아래)].

하는 사람들을 최대한 도와주는 것" 등이 포함되어 있다. 비슷하게, 68살 여성도 "예산 삭감으로 최근에 직업을 잃은 사람들을 상담해주는 것", "아픈 아이를 가진 딸을 돕는 것", "선거에 나가는 친구를 도와주는 것" 등을 개인적 목표로 적었다.

성숙성 모델의 마지막 특징은 (7) 성숙한 이야기(narration)이다. 성인들은 문화적 요구, 내적 욕망, 다음 세대에 대한 걱정, 종에 대한 믿음, 성숙한 헌신과 행동, 마지막으로 본인 인생을 이해하는 자신만의 성숙한 이야기를 발전시키게 된다. 따라서 성인들은 의식적, 무의식적으로 자신과 타인을 향한 일종의 **성숙성 대본**(generativity script)을 만든다. 이것은 성숙하게 변하려는 자신의 노력을 얼마나 알고 있는지에 대한 의식을 말한다. 개인의 인생 이야기 개념으로 알아보면(이는 제10장에서 더 자세히 알아보겠다), 성숙성 대본은 성인들로 하여금 마지막을 생각하게 하는 기회이기도 하다. 본인 인생 이야기가 어떻게 끝날지 생각해봄에 따라 성인들은 새로운 사람들에게 생명을 주고, 새로운 아이디어와 창조물을 만들어 "자기보다 더 오래 지속될" 대상을 만든다. 성숙성은 성인기 초기부터 그 이후에 생기는 개념이지만, 중년과 그 이후에서도 인생이 어떻게 끝날지와 관련해서 계속해서 발달할 수 있다. 이제 인생의 중간 정도에 왔다는 생각을 하면서 사람들은 과거와 현재를 비교해 마지막을 상상하게 되는 것이다.

성숙성의 개인차

1990년대 몇몇 학자들은 성숙성에서 나타나는 개인 간 차이점을 알아보고, 이러한 차이점으로 인해 생기는 행동과 결과의 다양성 간 관계를 연구했다. 앞에서 설명한 것처럼 동료들과 나는 성숙성에 대한 걱정, 헌신, 행동을 알아볼 수 있는 지필 테스트를 고안했다. 표 9.8을 보면, LGS와 성숙성 행동 체크리스트에 포함된 선택지들을 확인할 수 있다. 다른 연구자들은 사례 데이터의 임상적 점수를 이용하거나(Snarey, 1993; Vaillant & Milofsky, 1980), 반구조적인 인터뷰 응답을 분류하거나(Bradley & Marcia, 1998), 성숙성 특징의 자가 점수를 알아보거나(Ochse & Plug, 1986; Ryff & Heincke, 1983; Whitbourne, Zuschlag, Elliot, & Waterman, 1992), Q-분류 성격 프로필을 분석하거나(Himsel, Hart, Diamond, & McAdams, 1997; Peterson & Klohnen, 1995), PSE 이야기의 내용분석(Peterson & Stewart, 1996), 삶의 목표를 평가하거나(McAdams, Ruetzel, & Foley, 1986),

표 9.8	두 가지 성숙성을 측정할 수 있는 문항

LGS : 성숙한 관심

각각의 문항에서 당신에게 *전혀* 부합하지 않다면 0으로, *때때로* 맞다면 1을, *어느 정도* 맞다면 2를, *잘* 부합한다면 3으로 점수를 매겨라.

　　1. 내 경험을 통해 얻은 지식을 전달하고자 한다.

　　2. 다른 사람에게 영향을 미칠 수 있는 것들을 만든다.

　　3. 다른 사람을 가르치고자 하는 중요한 기술을 갖고 있다.

　　4. 내 자신의 아이를 가질 수 없다면, 아이를 입양할 것이다.

　　5. 내가 살고 있는 이웃 사회를 향상시킬 책임을 갖고 있다.

　　6. 내가 죽은 이후에도 나의 공헌은 길이 남을 것이라 생각한다.

성숙한 행동 체크리스트 : 성숙한 행동

아래의 행동들 가운데 *지난 2개월* 동안 얼마나 다음의 항목에 부합되게 행동했는지 생각해보라. 각각의 문항에서 당신의 행동과 전혀 부합되지 않는다면 0을, 한 번 정도 행동을 실천해보았다면 1을, 한 번 이상 실천해보았다면 2로 점수를 매겨라.

　　1. 아이에게 책을 읽어주었다.

　　2. 누군가에게 기술을 가르쳐주었다.

　　3. 헌혈을 했다.

　　4. 이웃 또는 사회 모임에 참석했다.

　　5. 예술작품을 만들어냈다.

　　6. 자선단체에 기부를 했다.

　　7. 그룹에서 중요한 리더의 위치에 있었다.

출처 : "A Theory of Generativity and Its Assessment Through Self-report, Behavioral Acts, and Narrative Themes in Autobiography," by D. P. McAdams & E. de St. Aubin, 1992, *Journal of Personality and Social Psychology*, 62, 1003-1015.

일기나 기타 자전적인 글을 내용분석해서(Epsin, Stewart, & Gomez, 1990; Peterson & Stewart, 1990) 연구하기도 했다. 이러한 측정법을 이용한 연구법은 성숙성에서 보이는 개인 간 차이점은 부모의 행동, 사회적 행동, 심리학적 안정감에서부터 나온다는 사실을 뒷받침해준다.

성인은 꼭 성숙성을 갖추기 위해서 부모가 될 필요는 없다(Erikson, 1963, 1969). 하지만 덜 성숙한 성인들에 비해 성숙한 사람들은 부모의 자질과 관련된 특성을 더 많이 보인다. Peterson과 Klohnen(1995)은 아이가 있는 성숙한 여성은 자식을 돌보는 데 있어서 더 에너지와 헌신을 많이 보이고, 보살핌의 범위도 넓은 것을 증명했다(p. 20). 다른 두 연구에서는 성인들의 성숙성은 아이들을 돌보는 데의 권위적 접근법과도 연관 있음이 드러났다(Peterson, Smirles, & Wentworth, 1997; Pratt, Danso, Arnold, Norris, & Filyer, 2001). 제3장에서 살펴본 것처럼, 권위적 부모들은 아이들을 기르는 데 있어 높은 기준과 엄격한 잣대를 들이댄다. 구조와 가르침은 좋은 편이지만, 가족 의사결정을 하는 데 아이들에게 강한 기회를 주기도 한다. 미국에서 한 연구에 따르면 권위적인 부모들은 아이들로 하여금 더 큰 도덕적 발전과 자기만족감을 준다고 한다.

Nakagawa(1991)는 공립과 사립학교의 초등학생들을 대상으로 한 연구에서, LGS 점수가 높게 나온 부모들은 아이들 숙제를 더 많이 도와주고, 학교 관련 행사에 자주 참여한다는 결과를 발표했다. 흑인과 백인 부모를 대상으로 한 연구에서는 신뢰와 의사소통을 중시하는 태도가 높은 성숙성과 연관이 있다는 결론이 나오기도 했다(Hart, McAdams, Hirsch, & Bauer, 2001).

Peterson(2006)은 부모의 성숙성과 아이들의 성격특성을 연구했는데, 부모가 성숙성이 높은 경우 대학생 아이들은 성실성과 친화성이 높고, 정치와 종교의 참여도가 높으며, 긍정적 감정을 더 많이 가진다는 결과가 나왔다. Peterson은 성숙성을 갖춘 부모들은 건강한 삶과 올바른 시민의식을 보여 주는 역할모델이 된다고 생각했다.

가족 내에서 아이를 키우는 행동이 가장 개인적이고 지역적인 성숙한 행동이라면, 더 공개적이고 대중적인 성숙성 관련 행동에는 타인과의 사회적 관계, 교회나 공동체, 정치적 행동을 통해 나타나는 행동들이 포함된다. 따라서 성숙성이 높은 성인들은 시민활동이나 종교활동 참여율도 높은 편이다. 35~65살의 백인과 흑인 성인을 대상으로 한 연구에서, Hart와 동료들(2001)은 성숙성이 높을수록 친구가 많고 공동체 참여도도 높으며 사회적 관계에 대한 만족도도 높다는 것을 확인했다. 나아가 성숙성은 교회 참여도와 교회활동 참여도와도 관련이 많았다(또한 Dillon & Wink, 2004; Rossi, 2001 참조). 또한 미국 대선 참가 등 정치적 참가율과도 관련이 있었다. Cole과 Stewart(1996)는 중년의 흑인과 백인 여성에 있어서 성숙성에 대한 걱정은 공동체 의식과 정치적 참여와 관련도가 높았는데, 이는 성숙성에 대한 걱정이 많은 성인일수록 공동체와 타인 그리고 정치에 대한 관심도 높다는 것을 보여준다. Peterson과 동료들(1997)은 성숙성이 정치적 이슈에 대한 관심으로 연결된다고 주장했다. Peterson과 Klohnen(1995)은 성숙한 여성들은 더 친사회적 성격특성을 보인다고도 했다. 마지막으로, 3,000명 이상의 중년 성인을 대상으로 한 국가적 조사에서, 성숙성은 가족과 직장 및 사회에서 타인을 위해 보살피고 타인 중심적인 행동을 하는 경향의 가장 큰 원인으로 작용했다(Rossi, 2001).

Erikson은 성숙성은 개인과 사회 모두에 긍정적이라고 생각했다. 성숙성이 주는 긍정적 영향은 자비로운 문화적 전통과 급진적 사회적 변화에 있어서 사회적 집단과 개인 간 차이점에서 찾아볼 수 있다. 동시에 성숙성은 인간 자체에도 긍정적 영향을 준다. Erikson은 성숙성이 심리학적 성숙도와 심리학적 건강의 지표를 보여준다고 생각했다. 연구결과는 어떨까?

연구결과를 보면 Erikson의 생각이 맞았다는 것이 증명된다. Valliant와 Snarey(1993)는 스트레스를 받거나 임상적으로 정신적 질병을 앓고 있는 경우 성숙성의 지수가 높은 사람일수록 더 성숙한 대처방안을 사용한다는 결과를 확인했다. LGS와 성숙성 행동 체크리스트를 통해 알아본 결과 성숙성이 높은 사람일수록 인생 만족감과 행복도, 자기만족도, 통일성 또한 높다는 것을 알 수 있다(de St. Aubin & McAdams, 1995; McAdams et al., 1998). 비슷한 맥락에서 Ackerman, Zuroff, Moscowitz(2000)는 성숙성은 긍정적 감정, 인생에 대한 만족감, 직장 만족감으로 이어진다고 주장했다. 중년 성인들 사이에서 자가 측정된 성숙성은 신경증의 특성과 음의 상관관계를 보였으며(de St, Aubin & McAdams, 1995; Peterson et al., 1997; Van Hiel, Mervielde, & de Fruyt, 2006), 성공적인 노화는 긍정성과 연결되었다(Peterson & Duncan, 2007). Stewart와 Ostrove(1998)는 래드클리프칼리지와 미시간대학을 졸업한 여성을 대상으로 한 종단연구에서 다양한 요인들 중 중년 이후의 인생에 영향을 준 유일한 요인들은 중년 역할의 질과 성숙성 두 가지밖에 없었다고 주장했다. Westermeyer(2004)는 성숙성은 성공적인 결혼 생활, 직업에 대한 만족도, 전체적인 심리적 안정감, 타인들과의 원만한 관계로 이어진다고 말했다.

마지막으로, Keyes와 Ryff(1998)는 미국 성인을 대상으로 한 조사에서 성숙성과 심리적 안정감

Erik Erikson은 심리사회적 발달이론에서 8단계를 자아통합 대 절망으로 소개했다. 노년기 사람들은 이상적으로 그들의 삶을 수용과 품위를 갖고 돌아본다. 여기 사진에서 중년의 아들과 그의 아버지가 아버지날에 대화하는 순간을 포착했다(출처 : Photo by Rebecca Pallmeyer).

간 결정적인 연결고리를 찾아냈다. 연구결과에 따르면, 성숙성 수치는 거의 항상 심리적·사회적 안정감으로 이어진다고 한다. 어린 사람들에게 정신적 지지를 해주고 사회에 소속감을 느끼며 다음 세대에 대해 걱정하는 과정에서 성숙성이 높은 성인들은 심리적, 사회적으로 더 건강할 수밖에 없다. 연구자들은 "성숙한 행동, 성숙한 사회적 의무, 성숙한 자기정의(self-definition)는 심리적 안정을 위한 열쇠다"라고 결론지었다(Erikson, 1963, p. 268).

통합

Erikson이 말한 인생의 마지막 단계는 **자아통합 대 절망**(ego integrity versus despair)이다. 노년이 되면 성숙성은 주된 관심사에서 사라지고, 대상은 과거를 되돌아보면서 자신의 인생을 받아들이거나 거부하는 선택을 하게 된다. 진실성을 갖기 위해 대상은 "어쩔 수 없었다"는 인생의 측면을 인정해야만 한다(Erikson, 1963, p. 268).

Erikson은 통합(integrity)을 개인이 인생을 돌아보고, 복습하고, 비판하는 후기-자기애성(postnarcissistic) 접근법이라고 말했다. Butler(1975)도 비슷한 관점에서 많은 노년들은 **인생 복습**(life review)을 통해 자신 인생을 되돌아본다고 말했다. 자아통합은 개인의 인생을 한 발짝 떨어져서 보아야 의미가 있다. 어렸을 때부터 쌓아온 자아에서 거리를 둔 채 자신 인생을 보는 것이다. 다시 수정하려는 목적이 아니라 지난 인생을 있는 그대로 바라보고 받아들이고, 즐기는 과정이어야 한다(McAdams, 1993). 이렇게 수용을 하게 되면 새로운 지혜가 생기는데, 이는 인생 단계의 마지막 미덕이다. 반대로 수용하지 못하면 인생을 하나의 선물로 받아들이지 못해 쓴 패배감을 맛보게 된다.

인생 통합성과 절망감은 Erikson 관념 중 가장 덜 알려진 부분이고, 상당 부분 미스터리로 쌓여 있다. 정확히 언제 사람들이 이 단계를 시작하는지도 확실하지 않다. '노년'은 굉장히 애매모호한 용어다. 보통 미국인들은 65~70살 사이에 퇴직을 하고, 성숙성 이후의 단계로 볼 수 있다. 70대와 80대 사람들이 손주를 보면서 다음 세대에 공헌하기도 하지만, 몇몇 다른 사람들은 휴식과 즐거움 및 골프 등에 노년 인생을 바치기도 한다. 자아통합의 개념이 노년 인생을 정확히 표현할까? 이 시기를 심리학적으로 어떻게 이해해야 할까? 어렸을 때로 되돌아가는 시기일까? 탈출? 열심히 노력한 것에 대한 보상? 노인은 이때의 본인 인생을 어떻게 이해할까?

이러한 문제들은 성격이론과 연구에서 제대로 확인되지 못한 어려운 질문들이다. 미국의 건강한 노인들이 보내는 노년 인생은 우리가 이해하지 못하고 아직 알지 못한 복잡한 여러 가지 심리사회적 요인에 의해 좌우될 것이다. 몇몇 노인들에게 있어서 변화는 시간을 **초월**한 개념일 수도 있다. 다른 말로 하면, 건강한 노후 생활은 자기에 있어서 시간의 개념을 좀 더 느슨하게 이해하는 것과 연관이 있다. 몇몇 동양 종교와 전통에서는 사람들이 진실된 계몽과 깨달음을 얻었을 때 "영원한 불멸"을 얻는다고 강조하기도 한다. 계몽된 사람은 더 이상 시작과 중간, 마지막(시간으로 정의되는 개념)에 의미를 두지 않는다. 개인은 단순히 순간 안에 존재한다는 것이다. 이것이 바로 Erikson이 자아통합에 보내는 궁극적인 메시지일 수 있다—마지막까지 기다려야 한다는 것.

Jane Loevinger의 자아발달이론

Jane Loevinger는 20세기 가장 총명하고 뛰어난 심리학자 중 1명이다. 1918년 미네소타에서 그녀는 5남매 중 셋째로 태어났다. 그녀의 아버지는 나중에 미국 지방법원 판사가 된 변호사였고, 어머니는 아마추어 피아니스트이자 학교 교사였다. Jane 또한 뛰어난 학생으로, 또래들보다 먼저 고등학교를 졸업하고 20살이 되던 해 미네소타대학에서 심리측정학(psychometrics) 학위를 받았다. 그녀는 연구심리학자가 되고 싶어 했지만, 1918년 어려운 경제상황과 그녀가 여성이자 유대인이라는 사실 때문에 당시에는 힘든 일이었다.

> 요즘 어려운 일이 많다. 심리학부 학장인 R. M. Elliot은 나에게 졸업생 중 가장 뛰어난 학생들은 유대인 여성들이고, 박사학위를 딴 사람들은 미네소타의 종교 학교에서 일할 기회가 있지만, 그 곳에서는 유대인이나 여성을 거부한다고 말했다. 내 재능이 아깝다고 하면서, 그는 나에게 심리학자와 결혼하는 건 어떻겠냐고 웃으면서 제안했다(2002, p. 197).

Loevinger는 UC버클리의 심리학 박사 프로그램에 지원해 합격했고, 그곳에서 잠깐 동안 Erik Erikson의 조교로 일했다. 심리학자와 결혼하는 대신에 그는 맨해튼 프로젝트(세계 2차 대전에 사용된 핵무기를 개발하는 프로젝트)에 참여했던 유명한 화학자였던 Samuel Weissman과 사랑에 빠졌다. UC버클리에서 Loevinger는 측정과 통계를 전공했다. 전쟁이 끝난 후 그녀는 남편 Weissman을 따라서 워싱턴대학으로 건너가, 그가 화학과 교수가 되는 것을 도왔다. 하지만 Loevinger는 그 곳에서 직장을 찾는 데는 실패해 다양한 연구활동을 보조하면서 두 아이를 키우는 데 집중했다. 그녀는 특히 어머니로서 여성들이 겪는 심리학적 문제에 집중했다. "내 경험과 친구들의 경험은, 여태까지의 심리학이 남성주의적이었고 이제는 여성에 집중할 때라는 것을 알려주었다(2002, pp. 202~203)."

심리측정학의 전문성을 이용해 Loevinger는 가정생활을 향한 여성의 태도를 측정할 수 있는 자가 설문지를 개발했다. 태도와 인생에 대한 성향의 발전적 측면을 알아보려는 노력의 일환으로 그녀는 문장완성 테스트를 만들었는데, 이는 이후에 자아발달에 대한 50년간 이어진 연구 프로그램이 되었다. 결국 워싱턴대학의 심리학 부서는 그녀에게 알맞은 직업을 제안했다. 1994년 대학교는 학계에서 얻을 수 있는 가장 명예로운 직위인 명예학위를 주었고, 그때 당시 Loevinger는 자아발달이론으로 전 세계적으로 유명해진 상태였다. 그녀는 미국 심리학회에서 공로상을 수여받기도 했다. Loevinger는 2008년 초 89살의 나이로 사망했다.

Loevinger(1976)의 자아발달이론은 Erikson의 심리사회적 발달이론을 잘 보완해준다. Erikson과 마찬가지로 Loevinger는 인생 전반에 걸친 심리를 연구했다(Loevinger, 2002; Manners & Durkin, 2001; Westenberg, Blasi, & Cohn, 1998). 또한 심리분석 전통에서 주로 쓰이는 개념들을 이용했다. Erikson은 보통 '자아심리학자'라고 불리며, 그의 중심 개념은 '자아정체성'이다. 비슷한 개념으로, Loevinger는 자아발달에 집중했다. 두 가지 이론은 어떠한 인간 경험을 설명하는지에서는 차이점이 있다. Erikson 이론은 인간 인생의 **내용**(content)에 집중한다. Erikson은 특정 인간 시기에 우리는 어떤 "행동을 하는지"를 설명했다. 반대로 Loevinger 이론은 내용이 아닌 **구성**(structure)에 더 집중한다. 구성은 어떠한 것이 어떻게 디자인되거나 정리되었는지를 말한다. 그녀

Jane Loevinger(1918~2008) 는 성격심리학의 자아발달의 경험적 연구를 한 선구자이다. Loevinger 모델에 따른 각각의 단계는 한 개인 이 자기 자신과 세계에 대해 의미를 구성해나가는 방식이 있음을 나타내준다. 자아발달의 가장 높은 단계는 높은 복합성, 인내성, 의미구성에서의 세심함을 나타내준다 (출처 : Washington University In St. Louis 허가받음).

는 우리가 인생 전반에 걸쳐서 어떻게 경험을 이해하고 결합하는지에 관심을 보였다. Erikson은 인생에 포함된 것이 무엇인지 설명했고, Loevinger는 우리가 이런 내용을 어떻게 (마음속에서) 정리했는지를 설명했다.

자아의 단계

Loevinger(1976) 이론에서 자아는 "경험을 이해하고 통합하려는 노력"(p. 5)으로 이해된다. 우리 모두가 경험을 우리의 것으로 이해하고 통합시키는 보편적인 과정이다. 경험의 활동적인 해석자로서 우리는 자기를 이해하려고 하고, 이 개념은 시간이 지나면서 점점 변화하게 된다. Loevinger의 자아발달이론은 이러한 시간에 따른 변화를 중시한다.

그녀의 이론은 성격심리학에서 **인지적 발달 패러다임**(cognitive developmental paradigm)이라고 이름 붙여진 개념에 이론적으로 기초하고 있다(Loevinger, 1987). Piaget의 인지이론에서부터 시작된 이 개념은 모든 개인은 경험을 적합하고 복잡한 방법으로 구조화하는 활동적인 사람으로 규정한다. 발달은 계급에 따른 단계를 향한 과정으로 이해된다. 다음 단계로 넘어가기 위해서는 전 단계가 완성되어야만 한다. 한 단계에서 다음 단계로 나아가는 과정은 내적 성숙과 외적 힘이 합쳐져서 일어나는 복잡한 과정의 산물이다. 발달의 높은 단계는 낮은 단계보다 더 좋은 개념인데, 높은 단계일수록 더 통합적이고 적당하고 세분화된 해석구조를 제공하기 때문이다. 인지적 발달의 다른 개념들은 Piaget 이론을 통해서(예 : Inhelder & Piaget, 1958; Piaget, 1970), Kohlberg(1969, 1981)의 도덕적 발달이론을 통해서, Perry(1970)나 Selman(1980)의 대인적 이해 이론을 통해서, 그리고 Baldwin(1987), Werner(1957), 기타 많은 발달심리학 교과서를 통해서도 알아볼 수 있다.

Loevinger의 자아발달이론은 표 9.9를 보면 알아볼 수 있다. 각 단계에는 이름이 있으며, 개인이 세상을 이해하기 위해 채택하는 보편적인 프레임워크나 의미를 보여준다. 이는 많은 구체적 분야에서 이해될 수 있는데, 구체적 분야들 또한 표에 명시되어 있다. 보통 개인이 낮은 곳에서 높은 단계로 올라갈수록 자아는 갑작스러운 충동의 노예가 아니라 내면화된 행동기준에 따라서 작동하는 더 유연한 대상이 된다. 대인적으로 보면 자아중심주의에서 벗어나 상대적 자치권과 자율성으로 나아가는 단계다. 성숙성이 높아지면서 개인의 의식과 관련된 문제는 외부적 조건이 아니라 내면화된 목표와 계획, 느낌과 공상에 더 큰 영향을 받게 된다. 발달하면서 개인들은 더 인지적으로 복잡해지고, 세상을 이해하는 데 단순한 흑백논리가 아니라 복잡하고 정교한 세계관을 갖게 된다.

Loevinger의 발달이론은 발달적 유형학이다. 사람들은 보통 발달하면서 단계에 따라 성장하는 것이 보통이지만, 궁극적인 발달의 수준은 모두 다르다. 몇몇은 특정 단계에 도달하면 성장을 멈추는 반면, 몇몇은 계속해서 성장한다는 것이다. 주어진 집단에서의 개인적 차이점은 단계를 통해서 이해될 수 있다. 자아발달단계에서 '순응주의자(conformist)'인 사람들은 더 높은 단계인 '독립적 개인(autonomous individual)'인 사람들보다 더 낮은 발달단계를 가진 것이다. 자아발달은 초기 성인기 이후로 줄어든다고 했을 때(Lee & Snarey, 1988), 순응적인 성인은 자동적 수준에서 동료들을

표 9.9	Loevinger의 자아발달 단계			

단계			전형적 징후들	
기호	이름	충동조절	대인관계 방식	의식 점유
I-2	충동적	충동적인	자아중심적, 독립적	신체적 느낌
델타	자기보호적	기회주의적인	착취적인, 경계심 많은	골칫거리, 통제
I-3	순응적	규칙에 순응	협력적인, 충성심 있는	외모, 행동
I-3/4	양심적/순응적	예외에 허용적인	도와주는, 자기인식적인	느낌, 문제, 조정
I-4	양심적	자기평가 기준, 자기비평적	강렬한, 책임 있는	동기, 특징, 성취
I-4/5	개인화	인내심 많은	상호적인	개인주의, 발달, 역할
I-5	자율적	갈등에 대처	상호의존적인	자기성취적, 심리적 야기
I-6	통합적		개인적 가치를 소중하게 여기는	정체성, 전체성

주 : 첫 단계(I-1)는 언어 전 단계에 해당하기에 쉽게 측정할 수 없다.
출처 : *Paradigms of Personality* (p. 226), by J. Loevinger, 1987, New York : W. H. Freeman.

따라잡기가 힘들 것이다. 이것은 우리가 Erikson에게서 본 것보다 "단계"에 대해 다른 이해를 제시해준다. Erikson은 정상적인 인간 발달은 심리사회적 발달의 **모든** 단계를 거치게 된다고 보았다.

유아

나중에 알아보겠지만, Loevinger는 개인의 자아발달을 측정하기 위해 문장을 완성하는 테스트를 개발했다. 유아나 어린아이들은 할 수 없다. 따라서 그녀의 측정방법은 가장 어린 사람을 대상으로 자아발달을 알아보기에는 부적합하다. Loevinger는 자아발달의 첫 번째 단계는 언어 전(preverbal) 단계라고 주장했지만, 이 단계에서 무슨 일이 일어나는지 확실하게 명시하지는 않았다. 몇몇의 다른 이론가들은 본인의 이론을 여기에 적용시켜 이해하기 시작했다.

자기에 대한 이론 대부분은 유아는 자기 자체가 대상이라는 생각을 갖지 않고 태어난다고 말한다. Allport(1955)는 인생의 첫해에 기본적인 육체적 경험을 통해서 자기개념이 생겨난다고 말했다. Harry Sullivan(1953)은 비슷하게 생후 몇 년간 대인관계에서 오는 불안감에 대응하기 위해 자기개념이 발달된다고 주장했다. 제7장에서 살펴본 Freud 이론에 따르면, 유아는 어머니가 자신에세 모든 욕구를 해결해주지 못함을 깨닫고 자기개념을 만든다고 했다. Mahler에 의하면, 개인의 자기개념은 세분화와 개인화의 점진적인 과정을 통해서 대인관계 속에서 생겨난다. 보편적으로 이는 Susan Harter(1983) 이론과 일치하는 내용이다.

유아의 첫 번째 할 일은 대상으로서의 자기개념을 발달시키는 것이다. 따라서 유아는 개인이 원인 제공자이자 행동의 근원이라는 것을 이해해야만 한다. 이렇게 존재론적인 자기개념이 생겨나고 자기가 타인과 구분되는 실체라는 것을 인정하기 시작하면, 자기를 대상으로 규정하는 특징과 카테고리를 이해해야만 한다(p. 279).

Michael Lewis와 Jeanne Brooks-Gunn 등은 **자기인식**(self-recognition)을 통해서, 유아가 처음으로 자기를 인식하는 과정을 설명했다(Amsterdam, 1972; Bertenthal & Fischer, 1978; Lewis, 1990; Lewis & Brooks-Gunn, 1979). 위 연구에서 유아들은 거울을 통해서 자신을 보거나, 사진이나 비디오로 찍힌 자신의 모습을 관찰하도록 했다. Lewis와 Brooks-Gunn(1979)은 생후 5개월~24개월 유아를 대상으로 다양한 활동을 관찰했다.

연구결과에 따르면, 5~8개월의 유아들은 거울 앞에서 자기중심적 행동을 많이 하는 것으로 드러났다. 자신의 모습을 보고 웃거나, 몸을 유심히 관찰하는 식이었다. 하지만 몸의 특정 부분을 확인하지는 못하고, 자신을 타인과 구분하는 것도 힘들어했다. 거울을 통해 보는 것이 자기 모습이라는 것을 알지 못하는 것이다. 9개월에서 12개월 사이의 유아들은 대상을 보여주는 거울의 기능을 이해한다. 12~15개월의 유아들은 자신이 독립적인 주체라는 것을 알기 시작하기 때문에 거울을 이용해 공간의 타인과 대상의 위치를 파악할 수 있다. 거울을 통해 대상이나 다른 사람이 보이면 거울이 아니라 실제 공간에서 그 대상을 찾는 행동을 보인다. 비디오를 통해서 보아도 이 시기의 유아는 자신의 행동과 타인의 행동을 구분할 줄 안다.

기본적인 자기개념이 정립된 유아들은 자신을 독립적인 개체로 이해하기 시작한다. 15~18개월 유아들을 대상으로 한 거울 연구에서 알아볼 수 있다. 이 연구에서 어머니는 아기의 코에 립스틱으로 큰 빨간색 자국을 만드는데, 아이는 거울에서 자신의 모습을 확인할 수 있다. 15개월보다 어린 유아들은 거울에서 빨간 자국은 확인하지만, 그것이 자신의 실제 모습의 일부라고는 이해하지 못한다. 15~18개월 이후의 유아들은 거울에서 빨간 자국을 보면 실제로 자신의 코를 만지는 행동을 보인다. 나아가 언어가 발달하면서 18개월~24개월 사이의 유아들은 훨씬 더 세련되고 복잡한 자기인식을 보이기 시작한다(Howe, 2004).

아동기

유아기의 자기이론의 기본적 주제는 자기중심적 **충동**에서부터 사회중심적 인습(conventionality)으로 옮겨가는 과정이다. 아이들은 어릴 때는 자기중심적이고 간단하고 구체적인 일차원적 방법으로 자신을 본다. 9~10살이 되면 자아는 세계를 이해하는 데 필요한 더 사회적이고 세련된 구조로 발달한다.

자아발달은 자기인식에서부터 시작한다. 한 연구에 의하면 아동은 그들 자신을 거울을 통해 인식하면서 2살 때는 자기에 대한 기본적 인식능력을 발달시키게 된다고 보았나(출처 : Greg Cerenzio/iStockphoto).

Loevinger(1976)는 유아기 초반의 자기는 **충동적**(I-2) 상태라고 주장했다. 자기를 표현하는 방법의 일환으로 충동적으로 행동한다는 것이다. 보편적으로 충동적 상태는 자기중심적이다. 세상은 자신의 목표와 욕구를 충족시킬 수 있는 구체적인 배경이라고 생각한다. 또한 도덕성도 원시적인 수준인데, 이 시기의 아이들은 Kohlberg(1969)가 말한 대로 "좋은 행동은 보상받고, 나쁜 행동은 벌을 받는다" 정도로만 생각한다.

충동적 단계는 구조적으로 꽤 간단하다. 아이들은 '좋은' 그리고 '나쁜' 기준에 따라서 사람과 대상을 나누게 된다. "나에게 잘해 주거나 나쁜 사람", "깨끗하거나 더러운 것" 등의 기준으로 선과 악을 구분한다. 감정적 경험이 강렬하게 작용할 수 있지만, 이때 행동의 언어적 표현은 비교적 대충 표현한 내용이다. 충동적 개인의 성향은 과거나 미래보다는 현재에 더 치중되어 있다. Loevinger는 이 시기에 너무 오래 갇혀 있는 어린이들은 타인들이 "제어할 수 없다" 고 느끼는 경우가 많다고 설명했다(1976, p. 16).

충동적 단계가 지나면 **자기보호적**(self-protective) 단계로 이어진다. 자기보호적 개인들은 "세상에는 규칙이 존재한다는 것을 이해하게 되고, 규칙에 따르는 것이 거의 항상 유리하다는 것을 알게 된다"고 한다(1987, p. 227). 자기는 단기적 쾌락주의자로 작용하고, 욕구의 충족을 위해 노력한다. 좋은 인생이란 쉽고 행복한 인생이다. 우정을 돈처럼 좋은 것 또는 모으기 쉬운 것으로 이해하기도 한다. 이 단계에 정체하는 아이는 기회주의적이거나, 타인과의 관계에서 속임수를 쓸 수 있다. Loevinger(1976)가 말한 것처럼 "이런 사람들에게 인생은 제로섬 게임이다—1명이 이기면 다른 하나는 져야만 한다(p. 17)."

유아기 후기와 청소년기 초기에 많은 사람들은 자신만의 자기중심적 틀에서 벗어나 집단의 복지와 자신을 동일시하는 과정을 겪게 된다. 여기서는 **순응**(conformist)적 특징이 생겨난다. 도덕성은 Kohlberg(1969)가 '관습적'이라고 부른 개념으로 이어지고, 사회 또는 사회적 집단의 규칙에 따르는 패턴이 생겨난다. 순응주의자들은 집단에 대한 충성심, 협동, 친절을 중요시한다.

Sullivan(1953)에 의하면, 순응적 아이나 어린 청소년들은 자기체계를 넘어서서 협동적이고 친밀한 방법으로 타인과 연결할 수 있는 대인적 친밀감에 의해서 규정된다. 대인적 조화와 나눔, 동일시가 자기의 가장 중요한 목표가 된다. 개인은 가까운 **친구**(chum; Sullivan, 1953)를 찾기 원한다. 친구를 통해서 친밀감을 경험할 수 있지만, 자기는 타인과 근본적인 **같음**(sameness)을 나누게 된다.

청소년기

유아기 후반과 청소년기 초반의 자아가 순응과 타인과의 같음의 방향으로 발전된다면, 성인기 초반으로 이어지면 반대 방향으로 움직이게 된다. 많은 정체성 이론을 보면 청소년들은 특별함과 특징을 찾는 과정을 중요시한다고 말한다(Blos, 1979; Erikson, 1968). Loevinger 이론에서 순응은 결국 다른 사람들이나 사회적 관습에 얽매이지 않는 그다음의 단계로 이어지게 된다. 서양 사회에서 보통 청소년기는 개인이 자신을 개인화된 성인으로 변화시키는 **통과의례**로 인식된다(Conger & Petersen, 1984; Lapsley & Rice, 1988). 개인의 특성을 찾는 과정에서 청소년은 자기의 다양한 측면을 통합시키려고 한다. Damon과 Hart(1982)는 다음과 같이 설명했다.

거의 모든 연구자들은 발달단계와 함께 청소년들은 '자기'를 설명하는 심리학적, 사회적 관계적 개념을 더 많이 사용한다고 주장한다. 특히 자신이 독립적이고 개인적인 힘이라고 인식하는데, 이는 자기를 내부적으로 일관된 구성체계로 만들어가는 과정이다(p. 855).

앞에서 알아본 것처럼 "자기의 다양한 측면을 통합하는 것"은 Erikson이 말한 정체성의 개념이다. 정체성을 만드는 과정에서 어린 성인은 "내가 누구인가?"라는 질문에 대답해야만 한다. 정체성을 찾는 과정은 인생의 목적과 통합성을 찾는 과정인데, 이것을 경험하기 위해 개인은 자기의 새로운 이미지를 만들어내 자신만의 재능, 특징, 성향을 표현하는 기회를 제공하는 동시에 자기를 세상에 포함시켜야 한다. 따라서 청소년기와 성인기 초반의 자기는 계속해서 이어지는 정체성을 찾는 사람이다. Loevinger 이론에 따르면 청소년기는 계속해서 **양심적/순응적 단계**(conscientious/conformist stage)로 이어지는데, 이는 개인이 자기가 속한 집단의 모든 기준에 맞추지 못한다는 것을 깨달으면서 일어나는 현상이다. 자기인식이 강해지면서 집단과 떨어져서 다양한 가능성을 탐구하게 된다. 자신의 내면적 인생에 큰 관심이 생긴다. 자아발달의 **양심적 단계**(I-4)에서는 청소년이나 성인은 관습적인 기준에서 벗어나 내면화된 개인적 기준을 더 중요시하기 시작한다. 성인 양심의 기본적인 구성요소가 생겨나는데 여기에는 장기적·자기평가적 목표와 이상, 특수화된 자기비난, 책임감이 포함된다. 인간 행동은 특성이나 동기 등 내면적 요소에 의해서 이해될 수 있다. 이 단계의 사람은 풍부하고 구별적인 내면적 인생을 경험한다.

성인기

완벽한 가능성을 실현하는 과정에서 성인의 자아는 세상을 이해하는 데 매우 복잡하고 정교한 프레임워크로 작용한다. Loevinger의 마지막 단계는 성인 자아의 힘을 잘 보여준다. 하지만 그녀는 많은 성인들은 자기의 가장 높은 단계에 이르지 못한다고 주장했다. 실제로 Loevinger 이론을 기준으로 실험하면 많은 미국 성인들이 양심적/순응적 단계에 머무르고 있음을 확인할 수 있고, 마지막 단계에 도달하는 사람은 극히 소수다. 사람들은 많은 내부적, 외부적 상황에 의해서 자기의 완벽한 가능성을 실현하지 못하는 경우가 많다. 자아가 일상생활의 요구에 맞을 만큼만 발달하고, 더 이상의 성장은 하지 못하는 경우다.

Loevinger 이론에 맞춰서 생각해보자. **개인화**(I-4/5) 단계의 성인은 타인의 특수성에 대한 관대함이 커지고, 더 커진 개인성과 증가된 감정적 의존감 간 갈등을 더 잘 이해하게 된다. 갈등이 아직 생겨나지 않은 인간 조건의 필수적 부분이라는 것을 이해하면서 개인화 단계의 개인은 모순을 견뎌내는 능력이 더 뛰어나진다. 인지적 복잡성이 증가하는 것이다. 내면적 실체와 외부적 외모 간 구분이 생기고, 과정과 결과를 구분할 줄 안다. 심리적 원인과 심리적 발달은 개인화 단계의 사람들에게 기본적인 사고방식의 틀이 된다(Loevinger, 1976, p. 23).

개인화 단계의 갈등을 해결할 수 있는 능력이 생기면 자아발달의 **자율적**(autonomous) 단계로

많은 사회는 유대인의 바트미츠바와 같은 성인식을 통해 아이의 자기에서 성인 초기의 자기로 넘어가는 시기를 기념해준다(출처 : Comstock/ Getty Images).

넘어가게 되는데, 이 단계의 개인은 높은 인지적 능력과 함께 애매모호함을 이해하는 능력을 보인다. 감정적 상호관계를 피할 수 없음을 이해하는 동시에 타인의 자율성도 이해한다. 이 단계의 사람들은 감정을 확실하고 명확하게 표현하는데, 감각적 경험이나 슬픔과 실존주의적 유머 등을 이해하고 표현할 줄 안다. 애매하고 광범위한 사회적 이상의 기준을 세우고 그에 따른 의사결정이 가능하다.

이보다 더 찾기 힘든 경우는 **통합적**(integrated, I-6) 단계의 개인이다. 이는 더 어려운 단계다. 보편적으로 이 단계에는 자율적 단계의 특징이 모두 나타나고, 나아가 "개인화를 소중히 여김"과 "정체성의 완벽한 통합"이라는 추가적 특징이 보인다(Loevinger, 1976, p. 26). 자아발달의 가장 높은 두 단계에서 개인은 그 앞 단계의 양극성을 초월해 새로운 것을 경험한다. 앞 단

계에서 서로 상반된다고 여겼던 개념들이 여기서는 서로 조화를 이루고 통합된다. Maslow가 말한 "자아실현이 된 개인"이 이 단계에 해당한다고 보면 된다.

서구적 사고방식에 따르면 성인기의 특징은 개인성, 독립성, 자기만족에 지나치게 집중하게 된다(Broughton & Zahaykevich, 1988; Josselson, 1988). Loevinger 이론을 보면 포함 · 연결 · 상호의존성 또한 이 시기에 볼 수 있으며, Erikson이 말한 친밀감 · 성숙성 · 통합도 비슷한 개념이다. Harter(1983)는 가장 발달된 성인의 모습은 "인생에 걸쳐서 자신의 정체성을 통합시키고, 타인의 정체성과 문화적 가치와 더해 의미 있는 전체를 만드는 것"(p. 317)에서 찾아볼 수 있다고 설명했다.

비슷한 맥락에서 몇몇 동양적 관념이나 인본주의적 이론(Maslow 이론 등)도 궁극적 자기의 모습은 개인적 자아의 **초월**과 우주와의 **통합**을 필요로 한다고 말한다. '자아가 없는' 상태는 자기의식과 자기관찰이 완벽히 없는 상태다. 불교의 특정 종파는 분열된 '나'나 '자기' 개념을 없애도록 가르친다. 자기가 더 큰 무언가에 의해 통합된다는 느낌을 받을 때에만 계몽이 가능하다는 것이다. 다른 종교에서도 비슷한 개념이 있다. 예를 들면, 은혜(grace)라는 기독교적 개념은 자아가 독립적이고 주체적인 개체라는 생각에 기초해 있다. 루터에 의해 발전된 이런 개념에 의하면, 기독교적 구원은 의지에 의한 것이 아니다. 개인은 그리스도의 사랑과 구원을 얻기 위해 본인의 자기의 힘에 굴복해야만 한다.

자아발달 측정

Loevinger의 이론은 **자아발달 측정을 위한 워싱턴대학 문장완성검사**(WUSCTED)를 통해서 측정될 수 있다(Loevinger & Wessler, 1970). 여기에는 "내가 나에 대해서 좋아하는 점은…", "종종 나는 이런 것에 대해 걱정을 하는데…" 같은 문장의 일부분으로 구성된 문제가 포함되어 있다. 각 질문마다 응답자는 문장을 완성해야 한다. 대답을 하면 Loevinger의 단계에 따라서 충동적부터 통합적 단계까지의 집단으로 나눠진다(Hy & Loevinger, 1996; Loevinger, Wessler, & Redmore, 1970; Redmore, Loevinger, & Tamashiro, 1978). 그리고 수학적 공식에 의해서 계산되고 결과적인 자아발달 점수가 나온다. 이는 특히 청소년이나 성인에게 유용하게 사용되는 기준이다. 읽고 쓰는 능력이 꼭 필요하기 때문에 그런 능력이 없는 경우는 검사에 참가할 수 없다.

표 9.10을 보면 "나는…"으로 시작되는 문장의 부분에 대한 답의 예시를 확인할 수 있다. Loevinger의 자아발달 측정지수는 일반적인 지능지수와 0.20에서 0.35 사이의 양의 상관관계 수치를 보인다(Cohn & Westenberg, 2004). 자아발달이 지능과 같은 개념은 아니다. WUSCTED는 재검신뢰도와 내적 타당도가 높은 편이다(Redmore & Waldman, 1975).

WUSCTED를 통한 Loevinger의 자아발달이론의 구성타당도는 많은 연구에 의해서 입증되었다(Hauser, 1976; Hogansen & Lanning, 2001; Lee & Snarey, 1988; Loevinger, 1979, 1983, 1984, 1987; Manners & Durkin, 2001; Westenberg et al., 1998). 각기 다른 연령집단을 대상으로 한 횡단연구를 보면 보편적으로 성인들은 청소년보다 점수가 높고, 나이가 많을수록 높아진다는 특징을 보이는데 이는 Loevinger 이론과 일치하는 생각이다(Loevinger, 1984). 중학교와 고등학교에서는 여자아이들 점수가 높지만, 대학으로 진학하면 남자아이들 점수가 높아진다(Loevinger et al., 1985). 성인들의 경우 남성과 여성은 비슷한 자아발달 점수를 보인다(Cohn, 1991). 보편적으

표 9.10	일곱 가지 항목 "나는…"에 따른 여성들의 반응 예시

단계	반응 예시
(I-2) 충동적	착한 아이 언제나 좋고 존경할 만한 내가 원할 때는 너무나 예쁜 아이, 나는 (*나이를 불문하고*) 좋은 아이였고, 그래서 나는 그렇게 되고자 함
(델타) 자기보호적	쉽게 다치고, 어질러놓고, 시끄럽게 하며, 요령을 부리지 않음 광란적이고 사랑하는 이기적인 사람에게 완전히 실망하는
(I-3) 순응적	학생 이렇게 멋진 남편을 가질 수 있다는 사실이 행운인 행복한, 즐거운 기분, 나의 어리석음을 즐거이 용서해줌
(I-3/4) 양심적/순응적	대체로 만족감이 넘치는 연애관계를 걱정하는 성공적인 미래를 희망하는
(I-4) 양심적	내 삶을 사랑하기에 행운이 넘치는 남들과 다름없는 어머니가 나를 걱정하는 것에 대해 미안해하는
(I-4/5) 개인화	다소 복잡한 인간, 우리 모두가 그렇듯이 나는 그렇게 생각함 여성, 아내, 학생, 개인주의적 인간 인류의 미래가 희망적이라고 여김
(I-5) 자율적	내성적, 부끄럼 많은, 친근하고 외향적이기를 바람 사랑하는 것이 너무나 많고 상상의 세계에 빠져 있으며 비현실적임 삶을 살며 창조하는 여성
(I-6) 통합적	인간의 연약함, 유약함을 인식하고 있음. 그러나 노력하면, 자신의 것을 상당히 향상시킬 수 있다는 것을 앎

출처 : *Measuring Ego Development 2. Scoring Manual for Women and Girls* (pp. 275-286), by J. Loevinger, R. Wessler, & C. Redmore, 1970, San Francisco: Jossey-Bass 발췌.

로 16~26살 미국인의 경우 자아발달의 가장 흔한 단계는 양심적/순응적 변화단계인 I-3/4인 것으로 드러났다(Holt, 1980).

　　Kohlberg의 단계이론에 따르면 자아발달은 도덕적 발달과도 연관이 있다(Lee & Snarey, 1988). 성격특성과 관련해서 보면, McCrae와 Costa(1980)는 자아의 수준과 "신경증과 외향성의 객관적 측정치" 간에 연관은 없다고 말했다. 하지만 경험에 대한 개방성은 자아발달과 큰 관련이 있었다. 자아발달의 높은 단계에 있는 사람일수록 개방성이 높았다. 다른 연구에서 **여성**의 자아발달이 특히 개방성과 관련이 높았고, 남성의 경우는 자아발달과 성실성이 더 큰 관련이 있다는 결과가 나왔다(Einstein & Lanning, 1998). 다른 연구를 보면 자아발달 수준과 친화성 간의 양의 상관관계도 일 수 있다(Kurtz & Tiegreen, 2005). Rootes, Moras, Gordon(1980)은 60명의 대학생 여성을 대상으로 성숙성을 측정했다. WUSCTED 검사를 한 후에 각 여성은 직업, 결혼, 부모, 공동체 공헌도의 네 가지 부분에서 자신의 성숙성을 측정했다. 자아발달은 직업과 공동체 공헌도와 큰 관련이 있었지만, 나머지 두 가지와는 큰 연관성이 없었다.

자아발달은 MMPI를 통해 측정한 청소년의 비행 정도와는 음의 상관관계를 보였고(Gold, 1980), 도시에 거주하는 여학생의 비행 정도와도 음의 관계를 보였다(Frank & Quinlain, 1976). 하지만 보편적으로 자아발달이 정신적 건강과 안정감과 계속적으로 연관되어 있는 것은 아니다. 높은 단계의 사람들이 낮은 단계의 사람과 비교해 꼭 질병을 덜 앓거나 건강한 것은 아니다. Noam(1998)은 높은 단계의 개인들은 정신적 질병의 **내면적 형태**(우울증 등)로 고생할 가능성이 많고, 낮은 단계의 개인들은 **외부적 형태**(반사회적 행동)로 고생한다는 연구결과를 보여주었다.

예상할 수 있는 대로 사회적 순응은 양심적/순응적 단계의 중간에서 가장 높아지고, 이후에는 줄어드는 경향을 보인다(Hoppe, 1972). Rosznafszky(1981)는 특정 자아발달 단계와 이론적으로 연결된 성격특성의 차이점을 알아보았다. 병원에 있는 전쟁 영웅들 91명을 대상으로, 환자와 간호사와 의사들이 말한 내용을 바탕으로 한 Q-분류 성격특성 수치를 이용해서 그는 단계와 점수 간 연관성을 발견했다. 충동적인 전쟁 영웅들은 혼란스러운 사고, 낮은 사회화, 한계적인 자기의식을 보였다. 순응주의자들이나 양심적/순응적 단계의 사람들은 규칙과 사회적 관습, 물질적 소유물, 외모에 큰 가치를 두었고, 겉으로 볼 때 안정적으로 보였다. 마지막으로 더 높은 I-4/5단계의 사람들은 자신의 성격특성과 동기에 대해 더 잘 알고 있었고, 대인적 관계에 대한 관심을 표현했다.

Oliver John과 그의 동료들은 Loevinger 이론을 성격특성의 3부(tripartite)로 이뤄진 유형학으로 재구성했다(John, Pals, & Westenberg, 1998; Pals & John, 1998). 제6장에서 나는 Jack Block(1971)의 이론을 포함해 심리적 특성을 일정한 패턴으로 해석하는 방법을 소개했다. York와 John(1992)은 Q-분류 수치와 반대의 요인분석을 이용해서, 중년 여성의 세 집단을 규정했다—(1) **갈등을 겪는**(conflicted) (2) **전통적인**(traditional) (3) **개인화된**(individuated). 갈등을 겪는 개인들은 보통 불안하고 공격적이고 외부에 관심이 부족했다. 전통적 여성들은 성실성과 자아통제가 높았고 전통적 가치를 중시했지만 죄책감이 높은 편이었다. 개인화된 여성들은 자아탄력성과 경험에 대한 개방성이 높았으며, 개인적 야망도 크고 개인적으로 따뜻한 편이었다.

John과 동료들(1998)은 갈등을 겪는 사람들의 성격특성은 자아발달의 낮은 단계, 전통적 사람들은 중간 단계, 개인화된 사람들은 높은 단계에 해당한다고 말했다. 그들은 1958년과 60년 사이에 밀스대학을 졸업한 여성을 대상으로 한 조사에서, 여성들이 43살이었을 때 워싱턴대학 문장완성검사를 하도록 했다. 고학력자에 속하는 이 사람들의 경우 자아의 점수는 미국 성인의 평균치보다 더 높은 편이었다. 하지만 충동적 경우도 있었으며, 통합된 경우도 있었다. 결과를 세 '부분'으로 구분했다. 낮은 부분은 충동적 점수를, 중간 부분은 순응적·순응적/양심적 점수를, 높은 부분은 개인화·자율적·통합적 점수를 나타낸다.

그림 9.2를 보면 연구결과를 확인할 수 있다. 충동적이거나 자기보호적 부분에는 갈등을 겪는 여성들이 포함되었다. 중간 부분은 모든 경우가 포함됐지만 특히 전통적 개인들이 많았다. 마지막은 개인화된 여성들이 포함됐다. 정리하자면, 이 연구는 자아발달 단계와 성격특성 간 관계를 보여준다. 자아발달이 높은 사람일수록 개인화된 경우가 많고 개방적이고 자기성찰적이며 스트레스 대처가 유연하다. 자아발달의 중간 단계인 사람들은 관습적인 문화적 기준을 채택하기 때문에 보편적

| 그림 9.2 | 개인적 특성과 자아발달 |

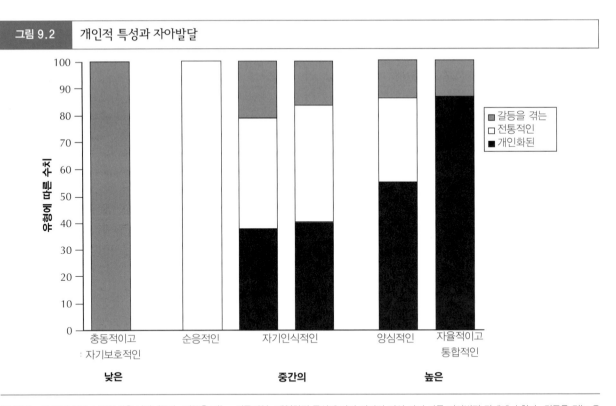

이 차트는 세 가지 다른 성격특성을 나타내준다. 갈등을 겪는, 전통적인, 개인화된 특성에 따라 각각의 여섯 가지 다른 자아발달 단계에 속한다. 갈등을 겪는 유형은 낮은 단계를 주로 나타내며, 전통적인 유형은 중간 단계를, 개인화된 유형은 높은 단계를 보였다.

출처 : "Personality Prototypes and Ego Development: Conceptual Similarities and Relations in Adult Women," by O. P. John, J. L. Pals, & P. M. Westenberg, 1998, *Journal of Personality and Social Psychology*, 74, 1102.

으로 전통적이라고 볼 수 있다. 마지막으로 자아발달이 초기 단계인 사람들은 갈등을 겪는데, 애매함을 보이거나 방어적이고 자기만족감이 낮다.

결론

내가 이번 장에서 알아본 성격의 두 가지 이론은 개인의 심리적 특성이 인생 전반에 걸쳐 어떻게 발달하는지 서로 다르지만 보완적인 생각을 보여준다. Jane Loevinger의 자아발달이론은 자기가 어렸을 때의 원시적이고 자기중심적인 상태에서부터 시간이 지나면서 사회적 관습에 순응하면서 어떻게 개인화되고 자율적인 단계로 발달되는지를 보여준다. 그녀의 이론은 사람들이 어떻게 자신의 주관적 경험을 이해하는지를 보여준다. Erik Erikson은 심리사회적 발달이 무엇을 통해서 일어나는지에 더 중점을 둔다. 태어나서 죽기 전까지 어떤 것을 경험하고 발달시키는지에 집중한 내용(content)에 더 중점을 둔 이론이다. Erikson의 각 단계는 심리사회적 딜레마의 내용에 의해서 결정되며, 두 가지 반대되는 개념 간 대조로 인해서 설명된다. Erikson에 의하면, 모든 사람들은 노년에 이르면 자아발달 단계를 모두 거치게 된다고 한다. 반대로 Loevinger 이론에 의하면, 자아의 가장 높은 단계에 이르는 사람들은 얼마 없다. Maslow의 욕구이론처럼 Loevinger 이론도 수직적이다. 아래의 단계를 모두 완성해야지만 그다음으로 넘어갈 수 있다는 생각이다. Erikson의 단계 이론은 비교적 더 헐거운 개념으로, 시간적으로 '나중'일 뿐이지 질적으로 '더 나은' 개념은 아니다. 시간이 지나면 모두 경험하는 단계일 뿐이다.

Loevinger와 Erikson 이론 모두 심리학적 특수성은 발달적 시간 안에서 개념적으로 이해된다는 생각을 보여준다. 인간을 완벽히 이해하려면 발달단계의 각 부분에서 확인가능한 특수성의 구조를 이해해야 한다. 성숙성이나 자아발달의 순응적 단계 같은 개념은 발달적 시간을 통하지 않고서는 이해하기 어렵다. 성격특성과 달리 이러한 개념들을 알아보기 위해서는 의미를 넘어서는 발달적 프레임워크가 필요하다. 발달적응은 사람들을 각 시기별로 이해하기 위해서는 각기 다른 시간적 이론을 통해서 알아보아야 한다는 생각을 보여준다. 예를 들자면, 45살 여성의 성격특성을 이해하는 경우, 성숙성 대 침체성의 문제를 해결하지 않고서는 다른 내용을 알아보기 힘들다. 반대로 21살 남성의 경우 성숙성보다는 친밀감이나 정체성에 대해서 알아보는 것이 더 좋을 것이다. 반대로, 성격특성(외향성이나 신경증 등)은 45살 여성이나 21살 남성에게 동일하게 적용할 수 있는 개념이다. 시간에 덜 구애받는 성격특성은 많은 다른 인생의 맥락에 동시에 적용가능하다. 따라서 심리학적 특수성을 완벽하게 이해하기 위해서는 두 가지 관점을 모두 고려해야만 한다. 성격특성이 심리적 특성이나 동기나 목표 등의 성격적응, 자기와 타인에 대한 인지적 표현 등의 초반 스케치를 해준다면, 발달적 일과 단계 개념은 그 사이의 디테일을 채워주는 역할을 한다.

요약

1. Erik Erikson의 16세기 종교 개혁가 마틴 루터의 심리전기는 심리학적 개성 연구에서 발달적 적응에 대한 고려를 하게 하는 계기를 만들었다. Erikson은 지연된 정체성의 위기를 설명했는데 이는 1505년 성인 진입기를 경험한 루터가 수도사가 되기로 결심했을 때 시작되었고, 1517년 그가 유럽의 개신교 개혁에 착수하면서 95개 조항을 비텐베르크에 있는 성문에 못 박으며 절정에 이른다. Erikson의 정체성의 개념은 특별한 심리학적 주제를 구별하는 일생의 특정 기간 동안 심리학적 개성의 핵심에 놓이는 고전적인 발달적 적응을 의미한다. 동기와 목적과 같이, 그리고 사회인지적 적응과 같이, 발달적 과제와 단계는 심리학적 개성의 세부상을 보다 구체화하는 성격특성을 초월한다.

2. Erikson은 매우 영향력 있는 심리학적 발달이론을 정교화했다. 그 이론은 8개 발달단계를 제시했다. 각각의 단계는 중요한 심리사회적 딜레마로 규정된다.

Erikson의 발달단계는 Freud의 심리성적 발달모델 위에 세워졌다. 그러나 그것은 사회적 맥락과 대인관계적 관계를 강조하고 삶에서 죽음까지의 일생 전체에 걸쳐 발달적 변화를 확대하여 Freud를 초월한다.

3. Erikson의 도식에서 처음 네 단계의 유년기를 표시한다. 첫 번째 단계인 신뢰 대 불신의 단계에서 유아는 애착을 형성하고 양육자와 유대를 맺고 세상에 대한 안전의 감각을 수립한다. 두 번째 자율성 대 부끄러움/의심의 단계에서 아동은 자율적 자기에 대한 감각을 발달시키기 시작한다. 세 번째 진취성 대 죄책감의 단계는 Freud의 남근기와 유사한데 이 단계의 어린이는 힘과 성의 역동에 대항해 분투한다. 이 세 번째 단계의 어린이는 정확하게 Erikson이 말한 대로 그들이 이 세상을 그들 자신만의 것으로 만들기 위해 강하게 모색하고 때로는 욕구와 관점이 자기중심적이다. 네 번째 단계는 성실성 대 열등감인

데, 학교교육과 같이 사회화된 넓은 세상으로 가는 어린이의 움직임의 단계이다. 이 네 번째 단계의 핵심 중요성은 도구의 발달적 사용과 사회적 역할의 출현에 있다.

4. Erikson의 다섯 번째 단계에서 사춘기는 정체성 대 역할혼란의 단계를 겪는다. 생식기의 성적 특성의 발생과 함께 그리고 형식적·작동적 사고의 도래와 함께, 그리고 일생에 있어서 이 기간에 대한 문화적 기대의 상승과 함께 사춘기 청소년들은 "내가 누구인가?"라는 질문과 "나는 어떻게 성인 세상에 들어맞을 것인가?"라는 질문에 당면한다. 이 정체성의 문제는 현대를 사는 성인기 삶의 다양성과 모순 가운데 통일성과 목적을 찾는 문제이기도 하다. 하나의 정체성을 통합하기 위해 젊은이는 반드시 직업적 지위를 발달시키고 개인적 이데올로기를 형성해야 한다. 정체성에 대한 연구들은 성인 진입기 청년들의 정체성의 네 단계를 확인했다. 첫 번째 정체성 확립은 정체성에 대한 선택사항들을 탐색하고, 정체성에 대해 헌신을 확고하게 만들어낸 것이다. 두 번째 중단은 정체성에 대한 선택들은 탐색하고 있으나 확정하지 못한 것이다. 세 번째 배제는 정체성 선택에 대해 탐색하지 않으나 어린 시절의 혹은 관습적 존재 양상에 헌신을 다하는 것이다. 마지막 정체성 혼미는 탐색도 하지 않으면서 헌신하지도 않는 것이다.

5. Erikson의 모델에서 다섯 번째 단계의 정체성 통합을 성공적으로 이루어낸 사람들은 여섯 번째의 친밀감 대 고립감 단계에 당면할 수 있다. 친밀감과 고립감의 단계에서 청년은 전형적인 결혼이나 장기간의 낭만적 관계를 약속하는 등의 타인과 장기적인 유대를 형성하고자 한다. 사람들은 친밀감의 결의와 함께 심리사회적으로 일곱 번째 단계인 성숙성 대 침체성의 주제를 다룰 준비를 한다. 성숙성(생산성)이란 미래의 세대에 자신의 유산을 생성하는 것이다. 성숙성의 원형은 출산과 양육이지만 성숙성은 또한 멘토링, 가르침, 자원봉사, 공동체 참여, 그리고 다른 폭넓은 행동을 경험하고 표현하는 것이다.

6. 성숙성에 대한 최근의 이론적 경험적 작업은 그 개념에 서로 다른 다양한 요소를 구분하는 것이다. 이에 대한 어느 모델에 의하면 성숙성은 상징적 불멸성(자기보존능력) 그리고 양육(공존) 모두에 대한 욕망과 함께 시작된다. 이 욕망은 남성과 여성이 중년기에 들어감에 따라 어떻게 행동해야 하는지에 대한 문화적 요구와 기대에 의해 강화되고 주장되는 것이다. 욕망과 욕구는 다음 세대를 위한 관심을 일으키고, 이는 생산적 헌신과 행동으로 전환시키고자 고안된 목표들을 이끈다. 성숙성의 행동은 새로운 것, 혹은 사람들을 창조/생산하는 것, 혹은 후대에게 유익한 것으로 여겨지는 것을 유지하는 것, 혹은 만들어지거나 유지되는 것을 타인에게 제공하는 형태를 취한다. Erikson이 종을 향한 믿음이라고 명시한 인간 조직체의 가치에 대한 믿음은 성숙성에 대한 노력을 증진하거나 생기 있게 한다. 성숙성에 대한 성격연구는 개인 차이에 초점을 두는데 성숙성을 측정하는 지필 테스트에서 높은 점수를 받은 사람은 부모처럼 따뜻함과 훈육을 효과적인 방식으로 결합하는 경향을 보였고, 공동체와 종교적 활동에 적극적으로 참여하는 경향을 보였고, 높은 단계의 심리적 수준을 보였다. 성숙성과 침체성을 뒤따르는 마지막 단계는 자아통합 대 절망이다. 이는 연령과 주어진 삶을 은혜롭게 받아들이기 위한 도전과 관련이 있다.

7. Erikson의 이론이 발달과제의 내용에 초점을 둔 것이라면, Jane Loevinger의 자아발달이론은 시간에 따라 발달해가는 자기구조 혹은 자아구조에 초점을 둔다. 자아는 세상에 적응하고 그것을 이해하는 나에 대한 가장 큰 종합물이다. 자아는 단계별로 발달하고, 원시적으로 자기중심적 방식의 지식으로부터 보다 더 복잡하고 구별된 그리고 통합된 관점으로 움직인다.

8. 신생아들이 주관적 자기에 대한 감각이 없을 때나도 자아는 생의 초기 2년 동안 발달적으로 발현한다.

자기인식행동 연구에 의하면 인간의 아기는 주체로서의 자기, 즉 생기 있고 평상적 자아에 대한 감각을 18개월 정도가 될 때까지 발달시킨다. 이 시기 동안 자아는 언어 이전의 단계에 있다. Loevinger의 단계 모델은 일단 이 초기 단계가 통합되면 시작된다. 따라서 그녀의 도식에서 자아발달의 측정이 가능한 첫 단계는 충동적 단계(I-2)이다.

9. 아동기, 사춘기, 성년기를 통해 자기감은 충동의 단계를 거쳐 보다 사회화된 순응과 관습의 단계로 나아간다. 자아의 순응적 단계(I-3)에서 자기는 사회적 수용과 승인을 찾으며 집단에 적절한 관점으로 세상을 해석한다. 자기는 스스로를 관습으로부터 해방시키기 시작하는데, 이 양심적 단계에서는 행동의 길잡이가 되는 견고한 규칙과 집단규준이 자기평가적 기준으로 재배치된다. 자율적 단계와 통합적 단계에서 주관적 자기는 경험들을 구별하고 미묘한 차이까지 해석하게 된다. 높은 단계들은 자기성취와 자아실현, 그리고 개성이 상호의존성과 충돌할 때 발현되는 갈등의 해결 등으로 표시된다.

10. 자아의 발달단계의 개인 차이는 Loevinger와 동료들에 의해 고안된 문장완성검사로 측정된다. 이 테스트는 상당한 연구들을 파생시켰다. 예를 들면, 자아발달 측면에서 사춘기 여성의 점수는 사춘기 남성보다 높은데, 성인기에는 이러한 성별의 차이가 사라진다.

인생 이야기 만들기 : 우리가 살아가는 삶의 이야기

Making a Life: The Stories We Live By

IV

출처 : Hulton Archive/Getty Images

CHAPTER 10

인생 대본, 인생 이야기

Life Scripts, Life Stories

암살되기 몇 해 전, 마틴 루터 킹 목사는 시민의식에 대한 연설을 하고 집회를 하러 미국 중부의 작은 도시로 갔다. 제롬 존슨이 보디가드였다. 그는 미국 공군에서 근무하고, 고등학교 때 축구선수로 활동한 야망 있는 30대 초반 흑인 남성이었다. 존슨은 경찰서장이 되고 싶어 했으나 곧 좌절했다. 그 도시에서 흑인 남성이 경찰서장 위치로 올라가기란 상상할 수 없는 일이었다. 친구들과 동료들은 그에게 지금 가진 것으로 만족하고, 승진 시험을 보지 말라고 충고했다. 존슨은 꿈에 대한 희망을 잃으면서 진지하게 포기할까 고민하게 되었다.

그러다가 마틴 루터 킹이 도시에 와서 연설을 했는데, 이는 존슨의 인생을 바꾸는 계기가 되었다. 30여 년 뒤 이루어진 인터뷰에서 그는 이렇게 당시의 일을 설명했다.

> 내 인생의 전환점은 부서에서 이루어지는 승진 시험에 응시할지 고민할 때였다. 흑인은 경찰서장이 될 수 없다는 생각에 희망이 사라졌다. 대학에서 농구팀을 탈퇴한 이후로 나쁜 일만 겹칠 때였다. 그러다가 마틴 루터 킹 목사를 보았다. 2~3일 정도 지내면서 같이 있었는데, 흑인으로 아무도 승진하지 못해서 속상한 이야기를 나눴다. 그러다가 그가 아주 간단하게 몇 가지 이야기를 했다. 포기하지 말고 믿음을 가지라는 내용이었다. 꿈꾸는 걸 멈추지 말라는 이야기도 했다. 그 말을 믿고, 듣고, 실천했더니 변화가 생기기 시작했다. 그는 내가 포기하는 것을 막아준 사람이었다(McAdams & Bowman, 2001, pp. 3~4).

존슨은 결국 승진 시험을 봐서 경사로 진급했다. 이후에 경찰서에서 계속 계급이 올라가기 시작했고, 미국 중부 도시에서 처음으로 흑인 경찰서장이 되는 데 성공했다. 그리고 나서 일찍 퇴직해 오늘날 그는 아내와 성인이 된 아이들과 함께 시간을 보낸다. 경찰일 때 경험을 담은 책을 출간할 예정이고, 곧 할아버지가 된다. 흑인 청년들과 관련해 공동체에서 봉사활동도 많이 하고 있다.

제롬 존슨의 전환점 시기를 잘 살펴보자. 배경이 처음에는 절망적이었는데, 마틴 루터 킹과의 극적인 만남을 통해 갑자기 극적으로 변화했다. 간단하게 말하면, 부정적 상황에서 긍정적 결과로 이어진 것이다. 그의 인생은 이러한 패턴으로 구성되어 있다. 1930년 대공황을 겪을 때 태어나 돈이나 음식도 충분하지 않은 상황이었다. 크리스마스트리 아래에 선물은커녕 먹을 음식도 없었던 적이 많았다(부정적 상황; McAdams & Bowman, 2001, p. 6). 하지만 이런 힘든 시간은 결국 더 나아졌고, 타인들의 보살핌과 따뜻함 속에서 결국 긍정적 결과로 변화했다. 사람들은 모두 힘들었지만, 서로를 도와주었다.

> 나는 진정한 공동체 속에서 자랐다. 비록 어리고 모두 힘들었지만 우리는 서로를 도왔다. 음식이 부족하면 다른 사람들이 나눠주었다. 반대로 아버지도 음식을 가져오면 이웃과 함께 나누어 먹었다. 나는 그곳에서 공동체 생활의 미덕과 책임감을 배울 수 있었다(McAdams & Bowman, 2001, pp. 6~7).

제롬 존슨은 성적도 평균 이상인 데다가 아주 뛰어난 운동선수였다. 1950년대 학생 숫자가 상당히 많은 고등학교에서 그는 축구와 농구에서 1위를 놓치지 않았다. 졸업반일 때는 축구부 주장이 되기도 했다. 그는 백인 친구들도 많았으며, 좋은 교사와 훌륭한 축구부 코치에게서 가르침을 받았다. 하지만 여느 흑인과 마찬가지로 인종차별의 희생양이 되기도 했다. 아이들이 "깜둥이"(흑인을 비하하는 말)라고 놀리는 것을 들어야 했으며, 축구부 주장으로서 당연히 참가해야 하는 행사에 흑인이라는 이유로 참가 거부를 당하기도 했다. 파트너인 백인 여성과 같이 행사에 참가하면 "논란을 일으킬 것"이라는 것이 이유였다. 40년이 지난 이후에도 존슨은 그때의 일을 생각하면 억울하다고 말한다.

하지만 그는 참고 견뎠다. 계속해서 나쁜 일이 좋은 결과로 이어지기 시작했다. 고등학교 환경은 매우 적응하기 힘들었지만, 그곳에서 겪은 일이 결국 더 강해지는 계기가 되었다고 설명했다 (McAdams & Bowman, 2001, p. 8). 대학과 공군 시기를 지나면서 그는 실망감과 패배도 경험했지만, 자신감과 희망은 커지기 시작했다. 그는 20대 중반에 인생을 설계하기 시작하면서 결혼해 가정을 꾸리기로 결정했다. 그리고 진급해서 경찰서장이 되는 것을 목표로 했다. 좋은 가장이자 시민, 흑인 중산층을 대변하는 역할모델이 되기로 했다. 존슨이 경찰서장이 되는 것을 목표로 하고 노력했던 이야기들을 모두 들어보면, 장애물을 극복하고 목표를 이루기 위해서 얼마나 노력했는지를 가늠할 수 있다. 존슨은 어렸을 때 가장 좋아했던 이야기 중 하나가 할아버지가 들려준 어려움을 극복하는 내용이었다고 말했다.

제롬 존슨의 성격에 대해 알아보자. 제대로 된 도구가 있다면 그의 성격특성을 알아볼 수 있을 것이다. 존슨이 실시한 설문지를 보면 성실성과 친화성은 높고, 개방성과 외향성—내향성은 중간 정도고, 신경증은 낮은 것을 확인할 수 있다. 제4~6장에서 본 것처럼, 이러한 성격특성은 개인의 성향을 알아보는 중요한 근원이 된다. 좀 더 세부적으로 알려면 제7~9장에서 알아본 성격적응을 통해 살펴볼 수 있다. 강한 성취동기를 가진 사람이자, 미래를 위해 공동체의 일원으로 노력하는 아버지의 상을 볼 수 있다. Kelly의 인지이론 관점에서 보면, 존슨은 '노력 대 게으름' 그리고 '타인을 돕는 것 대 자기만 생각하는 것'의 양극적 관점에서 강한 개인구성개념을 발달시킨 경우에 해당한다. 발달적응의 측면에서 보면 존슨은 Erikson의 일곱 번째 단계인 '성숙성 대 침체기'에 해당하는 것으로 보인다. 그는 매우 성숙한 사람이고, 문장 완성 테스트를 보면 Loevinger 모델에서는 양심적/순응적(I-3/4) 단계에 해당한다. 이는 미국 성인 사이에서 가장 흔한 단계다.

성격특성과 성격적응은 제롬 존슨의 특성을 잘 보여준다. 하지만 그가 마틴 루터 킹을 만났던 이야기나 대공황 시대에 힘들게 자랐던 이야기를 보면 단순히 성격적응과 발달이론, 사회인지이론으로는 설명되지 않는 부분도 있음을 알게 된다. 중심적 목표나 동기가 무엇인지, 사회적 행동과 자기를 보는 관점은 어떤지 알면서도 무언가가 빠진 느낌이다. 현대사회에서 많은 사람들은 자신 인생에 기본적인 의미, 전체적 통합성과 목적이 있기를 소망한다(Taylor, 1989). 제3장에서 본 것처럼 사람들은 문화적 현대성으로 인해서 자신 인생에 의미를 두는 정도를 더 중요하게 생각하기 시작했다. 인생을 지켜볼 때 동기 · 특성 · 가치 · 단계 등도 물론 중요하지만, 인간의 인생을 하나의 의미 있는 전체로 만들어주는 다른 개념도 알아볼 필요가 있다.

현대사회에서 인간의 인생에 의미와 목적을 주는 것은 무엇일까? 많은 학자들은 개인이 문화적으로 의미 있는 이야기(culturally meaningful stories)를 만들어나갈 때 의미가 생긴다고 말한다 (Bruner, 1990; Cohler, 1982; Josselson, 1995; MacIntyre, 1984; McAdams, 1985b, 1990, 2008; McLean, Pasupathi, & Pals, 2007; Polkinghorne, 1988). Anthony Giddens(1991)는 "개인의 정체성은 행동에서 찾는 것이 아니라, 특정한 이야기를 진행시킬 수 있는 능력에서부터 찾을 수 있다"(p. 54)고 주장했다. 제롬 존슨은 부정적인 일이 계속해서 긍정적인 결과로 바뀌는 인생 이야기를 말한다. 이 이야기에서의 중요한 전환점은 유명한 역사 속 인물과의 만남이다. 그의 인생 이야기는 존슨에게서만 찾아볼 수 있는 내용이고, 여느 미국 성인의 이야기가 그렇듯이 서양 이야기의 필수구성인 배경과 등장인물, 줄거리, 중요한 장면, 그리고 엔딩으로 구성되어 있다. 모든 사람들처럼 존슨은 이야기를 가지고 있고 계속 이야기를 만들어나가는 중이다. 그의 심리적 특성을 이해하기 위해서 우리는 그 이야기를 알아보아야 한다. 이번 장 마지막에서 살펴보겠지만, 존슨은 우리가 '구원적 자기'라고 부르는 매우 성숙한 미국 성인들에게서 찾아볼 수 있는 자아를 가지고 있다(McAdams, 2006).

이번 장에서 우리는 인생 이야기에 대해 알아본다. 이는 단순히 과거에 일어난 일의 객관적인 설명이 아니다. 인생 이야기는 현실에 기반을 두어야 하지만, 우리가 성인기를 지나면서 계속적으로 만들어나가고 발전시키는 상상력 있고 창의적인 내용의 산물이어야만 한다. 다르게 말하면 우리는 이야기를 만듦으로써 인생을 만들고, 그 이야기는 우리가 누구인지의 부분이 된다(Habermas & Bluck, 2000). 개인의 서사적 정체성(narrative identity)은 성격적응이나 성격특성만큼 중요한 부분이다(McAdams, 1995, 1996b; McAdams & Pals, 2006; Singer, 2004). 간단하게 말하면 1단계의 성격특성은 행동의 일관성을 보여주는 특성을 알려주고, 2단계의 성격적응은 특정 동기적·사회인지적·발달적 문제를 보여줌으로써 세부적으로 채워주고, 3단계의 인생 이야기는 시간이 지나면서 개인이 개인 인생을 어떻게 보는지 그리고 그 인생의 전체적 의미와 목적은 어떻게 되는지를 알려준다. 성격의 3단계 모두가 중요하다. 성격을 이해하기 위해서는 성격특성과 성격적응, 통합적 인생 이야기를 모두 알아보아야만 한다.

이야기의 의미

이야기적 심성

인간은 본능적인 이야기꾼이다. 전래동화나 팬터마임, 전설, 신화, 영화, 저녁 뉴스에 이르기까지 우리가 흔히 '이야기'라고 부르는 표현방법은 어느 문화권에서나 찾을 수 있다(Mink, 1978; Sarbin, 1986). 이야기는 다양한 정보를 정리하는 자연적인 방법이며, 우리 자신과 우리의 세계를 타인에게 표현하는 중요한 방법이다(Coles, 1989; Howard, 1989; Linde, 1990; Vitz, 1990). 자신에 대해서 매우 중요한 무언가를 타인에게 설명하고자 했던 때를 떠올려보라. 이것은 아마 이야기를 함으로써 진행되었을 것이다. 아니면 과거에서 특히 재미있거나 의미 있었던 대화를 떠올려봐도 마찬가지일 것이다. 일상적으로 진행되는 대화의 많은 부분은 이야기를 전하는 형식으로 이루어진다. 이는 동물이나 컴퓨터와 다른 인간을 구분하는 하나의 측면이다.

원시시대를 떠올려보자. 하루 종일 사냥을 하거나 음식을 찾아 헤매고, 아이들을 돌보거나 부족은 보호하려 애쓰다가 우리 선조들은 저녁이 되면 다 같이 모여서 하루 일과에 대해서 말하는 시간을 가졌을 것이다. 서로에게 자신의 경험을 말해주고, 단순히 깨어 있기 위해서 이야기를 했을 수도 있다. 소설가 E. M. 포스터(1954)는 "원시시대의 사람들은 서로의 이야기를 들었다. 듣는 사람들은 캠프파이어에 다 같이 모여 놀라움을 표현하거나, 동물들의 공격에 대비해 방어적 태세를 취하기도 했다. 다음에 무슨 일이 일어날까?"라고 묘사했다.

매일의 마지막에 전해진 이야기는 사람들을 서로 연결하는 역사적 공동체를 만들어준다. 회의에서 정확히 어떤 시각에 무슨 일이 일어났는지 기록하는 것과는 다르다. 또한 객관적으로 관찰하고 평가할 수 있는 비디오테이프도 아니다. 역사는 '신뢰성'이나 '일관성'과 같은 서사적 기준에 의해

사람들은 자신들의 문화에 맞추어 이야기를 말한다. 이야기는 유희를 주며 학습도구로 활용되기도 한다. 또한 인간 인생을 설명하거나 통합하는 데 사용되곤 했다(출처 : Lawrence Migdale/Photo Researchers, Inc).

서 평가된다. 인생의 논리, 과학, 평가적 검증과는 거리가 있는 서사적 진실(narrative truth)이 존재한다(Spence, 1982). 다음은 우리 고대 선조들이 특히 중요시했던 진실의 한 측면을 보여준다.

> 누군가 이야기를 하기 전까지 진실이 존재하는 것은 모르고 있다. 그때 당시의 일이 지나고 나서 이야기를 통해서 전해지는 내용이 인생의 부분이 되는 것이다. 우리의 오랜 선조들은 사냥을 한 이야기를 말로, 행동으로, 춤으로 표현했다. 진실이란 과거에 무슨 일이 있었고 그때 무슨 기분이었는지보다는 지금 어떻게 느끼는지와 더 관련이 있다 (Rouse, 1978, p. 99).

현대 인지신경과학 연구는 인간의 뇌는 서사적 방법으로 경험을 구성하도록 되어 있다는 것을 보여준다. Damasio(1999, p. 30)는 "의식은 이야기를 단어 없이 표현하기 시작할 때 만들어진다"라고 말했는데, 이것은 인간의 의식은 **화자**(narrator, 말하는 사람)의 입장에서 볼 때 의미 있음을 알려준다. 의식에는 실제 경험을 계속적으로 말하는 것, 즉 인간 경험 중 가장 잘 의식할 수 있는 사람들의 마음에서 일어나는 일이 포함된다. 의식을 통해서 이루어지는 이야기는 처음에는 말을 필요로 하지 않으나, 결국에는 언어의 발전이 우리 의식의 질을 결정하게 된다. 뇌는 특정 기능을 하도록 고안된 많은 다양한 부분을 포함하고 있지만, 이러한 다양성의 통합은 결국 이야기를 통한 개인적 경험의 해석을 가능하게 하는 뇌의 힘을 통해서 이루어진다. "자동적인 뇌, 해석적인 마음"이라는 논문에서 Roser와 Gazzaniga(2004, p. 56)는 "의식의 가장 높은 차원에서 **개인적 이야기**(personal narrative)가 생겨난다. 이것은 뇌의 행동과 통합적 자아의식을 이해하는 데 이용된다"라고 썼다.

Jerome Bruner(1986, 1990)는 인간은 개인적 경험을 이야기를 통해 해석하도록 진화되었다고 주장했다. 이러한 방법에는 크게 두 가지가 있다. 첫째는 **범례적 사고**(paragmatic mode of thought)이다. 범례적 사고를 통해서 우리는 경험을 논리적 분석, 논리적 증거, 경험적 관찰을 통해 이해하려 한다. 현실을 예측하고 제어하는 논리적 이론을 통해서 세상을 보기 때문에 인과관계에 집중한다. 자동차의 엔진 작동 원리나 물 분자의 구성과정을 이해할 때 범례적 사고를 쓰는 것이다. 많은 학습이 범례적 사고에 기초해 있으며, 논리적으로 사고하는 사람이나 과학자들은 보통 이 방법으로 사고하게 된다.

반대로 **서술적 사고**(narrative mode of thought)는 이야기와 관계가 있으며, 시간 속에 구성된 인간 의도를 다양하게 나타내는 데 초점을 둔다(Bruner, 1986). 이야기에서 경험은 물리적, 논리적 인과관계에 의해 설명되지 않는다. 서술적 사고는 차의 엔진이나 화학을 이해하는 데 쓰이는 사고와는 다르다. 인간의 욕망이나 동기, 목적에 초점을 둔다. 서술적 사고에서 일들은 **인간이 시간이 지나면서 노력하고자 하는 것**으로 표현된다. 처음, 중간, 끝으로 구성된 일련의 이야기를 통해 동기적 행동과 인간 행동의 의미 있는 마지막을 설명하는 것이다. 예를 들자면, 친구가 이상한 행동을 한다

이야기심리학의 선구자 중 한 사람인 Bruner는 인간의 생각과 표현의 두 가지 다른 모델을 분리하여 제시해주었다. 범례적 모델은 사람들이 세상을 이해하기 위해 일반적인 분석 및 경험적 관찰과 논리를 사용하게 되는 것을 뜻한다. 서술적 모델은 반대로, 사람들이 시간이 흐를수록 그들 자신의 소망과 의도가 어떻게 행동으로 전환되는지를 알려주기 위해 이야기를 만들어나간다는 것을 뜻한다(출처 : Jerome Bruner 허가받음).

면 그 행동을 하는 배경을 생각해서 그가 3년 전 아내와 겪은 불화가 문제가 될 수도 있을 것이라는 결론을 내는 데 서술적 사고가 필요하다. 비슷하게 제롬 존슨이 흑인으로서는 힘들다고 생각됐던 경찰서장 자리에 오르기까지 겪은 고난도 서술적 사고로 생각하면 더 쉬워진다. 그의 의도를 시간적 구성으로 이해하는 것이다.

훌륭한 소설가들은 서술적 사고의 대가다. 그들은 "말할 수 있는 것 이상을 의미하는" 단어와 문장을 쓸 줄 안다(Cordes, 1986). 다른 말로 하면, 좋은 이야기는 많은 다양한 의미를 만들어내고 독자로 하여금 새로운 생각을 하게 해준다. 같은 영화나 연극, 소설을 본 다음에도 서로 다른 느낌이나 의견을 가질 수 있다. 이것이 바로 한 가지 내용으로 다른 반응을 자아낼 수 있는 이야기의 매력이다.

반대로, 범례적 사고의 대가들은 "그들이 말할 수 있는 것만큼을 의미하는" 데 초점을 둔다(Bruner, in Cordes, 1986). 훌륭한 과학자는 명확성과 정확도를 중요시한다. 예상할 수 있는 내용이나 가정을 배제하고 보이는 것 그대로의 설명을 추구한다. 의견의 다양성을 추구하지 않는다. 한 가지의 객관적인 진실만을 절대적인 답변으로 생각하기 때문이다. 권력과 정확도의 의미로 보면 범례적 사고는 이야기 만들기보다 더 직설적인 형태의 사고법이다. 세계를 이해하는 데 가장 명확하고 이성적인 방법이긴 하지만, 인간의 목표나 동기 및 사회적 행동을 이해하는 데는 부족함이 많다.

치유와 통합

우리는 다양한 이유로 이야기에 매료된다. 이야기는 우리를 즐겁게 해주고 웃음거리도 되며 결말을 기다리는 긴장감도 준다. 이야기를 통해 배우기도 하고 다양한 사람, 배경, 생각에 대해 아는 계기도 된다(Coles, 1989). 이솝우화의 선과 악, 옳음과 나쁨을 둘러싼 딜레마처럼 이야기를 통해 도덕적 교훈을 얻기도 한다. 이야기는 또한 우리 인생의 다양한 부분을 통합하고 상처받거나 병든 부분을 고쳐주기도 한다. 많은 학자와 과학자들은 이야기의 심리적 기능 중 중요한 두 가지로 **통합**과 **치유**(healing and integration)를 꼽았다. 이야기는 우리가 힘들 때 힘을 주고, 아플 때 치유해주고, 스트레스를 받을 때 견디게 도와주고, 결과적으로 심리적 성숙과 만족감을 얻게 도와주는 역할을 한다는 것이다.

심리분석학자 Bruno Bettleheim(1977)은 아이들이 읽는 전래동화의 심리적 힘을 설명했다. "잭과 콩나무"나 "신데렐라" 같은 이야기가 아이들로 하여금 내부적 갈등을 해결하게 도와준다는 것이 주된 생각이다. 4살짜리 아이가 신데렐라 이야기를 들으면 아이는 자연스럽게 주인공 신데렐라의 입장을 대리적으로 느끼면서 주인공의 고통과 슬픔, 마지막엔 승리감까지 동시에 느끼게 된다. 이런 이야기들의 주인공은 아이들의 무의식 속에 자리한 두려움과 치밀하게 작용한다. Bettleheim의 관점에서 전래동화는 점진적인 심리적 적응과 성장을 촉진하는 아이들의 태도에 도움을 준다. 아이들에게 희망과 자신감으로 세상을 보게 하는 것이다. 주인공들이 결국에는 행복하게 살아가는 것처럼 아이들도 그럴 수 있다는 생각을 자연스럽게 갖게 한다.

성인으로서 우리도 이야기의 주인공 입장이 되어 대리만족을 하게 된다. *When Bad Things Happen to Good People*이라는 책에서, 랍비 Harold Kushner(1981)는 자신이 알거나 사랑했던 사람들의 인생의 진실된 측면을 자세히 묘사했는데 이 내용은 많은 사람에게 큰 위안을 주었다. 아이를 유산한 내 친구도 그의 책이 도움이 되었다고 말했다. 실제로 아들의 죽음을 경험한 Kushner의 책을 읽음으로써 비슷한 아픔에 공감할 수 있었던 것이다. Kushner는 이야기를 쓰는 것이 본인에게도 도움이 되었다고 말했다. 랍비로 지내면서 자신이 경험한 많은 고난의 이야기들을 적어내려가면서 본인 인생도 통합되는 느낌이 들었다고 했다.

자신에 대한 이야기를 정리하거나 쓰는 것 자체로도 치유와 성장의 발판을 마련할 수 있다. 자서전을 쓴 많은 사람들이 동의하듯이 인생 경험을 배경과 주인공, 주제와 이미지로 구성해 이야기를 통해서 자기의식적 재구성을 한다면 큰 도움이 될 수 있다. 아우구스티누스(서기 354~430)의 고백록을 보면 자신이 "망가지고", "질서 없는" 마음상태에서부터 치유되고 벗어나기 위해서 자신의 이야기를 쓴 것을 확인할 수 있다. 이야기를 씀으로써 그는 신의 창조물인 자신의 모습을 재확인하고, 방향과 목적이 정해진 삶을 선택함으로써 오늘날 서양 역사에서 가장 유명한 자서전을 남길 수 있었다(Jay, 1984).

많은 사람들이 아우구스티누스처럼 자서전을 쓰려 하지만, 성공하는 사람은 거의 없다. 자서전을 쓰는 이유는 다양하지만, 가장 큰 이유는 개인적 통합(personal integration)의 목표를 이루기 위한 것이다—조각들을 맞추어 의미 있는 하나로 만드는 것이다. 인생을 되돌아보고 정리할 기회가 될 수도 있고, 인생에서 급격히 닥친 큰 위기에 대한 구원의 목적으로 이야기에 의지할 수도 있다.

*The Facts*라는 짧은 자서전에서 소설가 필립 로스(1988)는 본인 인생을 치유하고자 썼다고 했다. 그의 경우 그가 소설가라는 정체성을 확립하기까지 쌓아온 수많은 복잡한 과거들을 정리하고 믿을 수 있고 믿기 쉬운 한 가지 간단한 이야기로 만들었다고 설명했다. 특이한 점은 그의 다른 소설의 주인공인 주커먼과의 상상 속 대화가 자서전에 자주 등장한다는 것이다. 주커먼이라는 인물은 로스 이상으로 그 자신을 더 잘 아는 사람으로 등장한다. 주커먼이 없이 로스는 재미도 없고, 의미도 없는 인물이라는 것을 강조한다. "진짜 네가 너라는 것을 인정하기 위해서 꼭 필요한 것은 바로 나야(pp. 184~185)."

로스는 적어도 일정 부분에서는 주커먼과 동일할지도 모른다. 그는 자서전에서 가장 흔하게 등장하는 장 제목들을 사용했다(Joe College, Girl of My Dreams, All in the Family 등). 주커먼을 통해서 보지 않으면, 로스의 진짜 자아를 이해하기는 힘든 경우다. 그렇다면 주커먼 같은 허공의 인물을 통해서 투영된 것을 뺀다면, 그의 자서전 내용은 우리가 모두 아는 흔한 이야기로만 가득 차 있을까? 그가 말한 '사실'이 전부가 아닌 것일까? 로스의 경우 자서전은 아이러니하고 자신을 조롱하는 느낌도 있지만, 그 과정 전체는 계몽적이고 즐겁기까지 하다. 독자는 그의 이야기를 읽으면서 로스에 대해 중요한 것을 배운다고 느끼게 된다. 또한 그가 직접 말했듯 로스 자신도 자서전을 쓰면서 치유할 수 있었다고 말했다.

이야기의 치료적 측면은 정신분석에서 중요한 부분으로 작용한다. 예를 들면, 몇몇 학자들은 통일된 인생을 발전시키고 유지하는 것이 치료의 주된 목적이라고 말한다. 이 관점에 따르면, 정신분석학은 분석자와 환자가 자기에 대해서 더 정화하고 생동감 있는 이야기를 구성하게 될 때 성공한다고 한다(Schafer, 1981). Marcus(1977)는 "인간의 인생은 이상적으로 모든 세세한 것을 설명할 수 있고, 모든 원인과 관계가 극명하게 드러나는 서로 연결되고 일관성 있는 이야기여야 한다"(p.

413)고 주장했다. 비슷한 관점에서 "질병이란 자신이 만드는 설명적 이야기가 서로 일치하지 않거나 부적합할 때 생겨나게 된다." 실제로 우리가 이야기를 통해서 인생을 이해하지 못하면, 중요한 심리학적 문제들이나 감정적 고통이 생길 수밖에 없다. 상담가들은 자기 이야기를 다시 쓰고 수정하는 과정에서 도움을 준다(White & Epston, 1990). 아우구스티누스의 경우처럼 중요한 전환점이 있을 수도 있고, 로스가 자서전에서 쓴 것처럼 자기치유 과정에서 서서히 드러나는 것일 수도 있다.

연구자들은 인생 이야기를 쓰는 것이 대처능력과 정신건강에 어떻게 긍정적 영향을 주는지를 연구했다. James Pennebaker(1988, 1989a, 1992, 1997; Pennebaker, Mehl, & Niederhoffer, 2003)와 동료들은 개인적 트라우마에 관련한 연구를 했다. Pennebaker 연구에 참여한 자원 참가자들은 다음과 같은 지시를 받았다.

실험이 시작되고 방 안에 들어가 문이 닫히고 나면, 당신 인생 중 가장 힘들었거나 트라우마가 된 경험에 대해서 계속해서 글을 쓰세요. 문법이나 맞춤법, 문장구조에 대해서 신경 쓰지 말고 자신이 느끼는 가장 깊고 진실한 생각을 적으세요. 무슨 내용이든 상관없고, 본인에게 크게 영향을 미친 일이면 됩니다. 타인에게 말해본 경험이 없는 일일수록 더 좋습니다. 하지만 정말 깊은 곳으로 들어가 마음속에 있는 생각을 다 꺼내야 합니다. 힘든 과정일 수도 있습니다. 연구 중 실제로 울음을 터뜨리거나, 실험이 끝나고 우울증이 오는 경우도 있음을 알려드립니다(Pennebaker, 1989a, p. 215).

대부분 실험대상은 대학생이었는데, 답변한 경우는 다음과 같았다.

질투심을 느껴 깡패 2명을 고용한 동료 여성 때문에 몇 주간 심리적, 육체적 공포를 느꼈던 여성

고등학교 시절 계부에게 계속 폭력을 당했던 남성. 아버지의 총으로 자살을 시도했으나 실패했는데, 그것도 실패했느냐며 놀림을 당함

아버지에 대한 분노로 어머니가 있는 곳에서 아버지의 불륜을 폭로한 한 여성. 이것은 사실로 드러났고 어머니는 몰랐기 때문에 결국 이혼으로 이어지고, 이 여성은 계속해서 죄책감에 시달리게 됨

10살 때 할머니가 오신다고 방을 청소하라는 말을 들었으나 말을 듣지 않았다가, 할머니가 방바닥의 장난감이 발에 걸려 쓰러지게 한 여성. 1주 후 할머니는 수술대에서 돌아가심

9살 때, 아버지가 어머니와 이혼하면서 이혼의 이유는 네가 태어난 것이라고 한 말을 들었던 한 남성(Pennebaker, 1989a, p. 218)

James Pennebaker의 수많은 연구들은 부정적 삶의 사건들을 노출하는 것은 신체적 건강과 정신적 웰빙에 긍정적 영향을 미칠 수 있다는 것을 보여주었다. 삶의 어려운 경험들을 일관성 있는 이야기들로 바꾸어나가는 것은 삶의 질을 향상시키며 자기에 대한 이해를 확장할 수 있다(출처 : James Pennebaker 허가받음).

25% 이상의 참가자들이 이 실험 도중 눈물을 보였고, 실험 이후 우울한 증세를 경험했다. 하지만 경험을 드러내는 것이 좋은 결과였다고 말했고, 98% 정도가 실험에 다시 참가할 의향이 있다고 긍정적인 답변을 했다. 더 중요한 것은 개인적 트라우마를 이야기로 풀어내는 것은 장기적인 건강상 혜택이 있었다는 점이다. 예를 들면 Pennebaker와 Beall(1986)은 46명의 건강한 학부생을 대상으로, 주어진 주제와 연관된 본인의 스트레스 경험을 4일 동안 연속으로 이야기 형태로 쓰게 했다. 한 실험집단은 트라우마에 대해서만 쓰고, 느낌은 적지 않았다. 다른 집단은 느낌만 쓰고

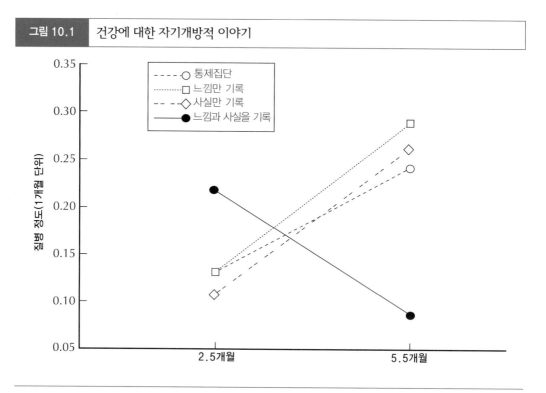

| 그림 10.1 | 건강에 대한 자기개방적 이야기 |

트라우마를 경험한 기간에 느낌과 사실을 함께 쓴 학생들은 건강센터를 덜 방문하게 된 반면(덜 아프게 된 반면), 트라우마에 대해 오직 느낌 또는 사실만 기록하거나 개인적 주제와 관련이 없는 이야기를 쓴 학생들은 반대 결과를 나타내주었다.

출처 : "Confronting a Traumatic Event: Toward an Understanding of Inhibition and Disease," by J. W. Pennebaker & S. K. Beall, 1986, *Journal of Abnormal Psychology*, *95*, 274–281.

사실을 쓰지 않았으며, 셋째는 느낌과 사실을 모두 적었다. 6개월 후 이루어진 조사에서, 트라우마적 일에 대한 사실과 본인 느낌을 모두 표현했던 집단의 사람들은 건강이 매우 좋아졌음을 확인할 수 있다. 그림 10.1을 보면 알 수 있다. 연구자들은 과거의 스트레스적 경험에 대해 모두 이야기하는 것(사실과 느낌 모두)은 장기적으로 볼 때 건강의 질을 높여준다는 결론을 내렸다.

이러한 연구결과는 개인적 고해성사나 부정적 경험에 대한 공개가 건강을 높여주고, 트라우마에 대한 부정적 생각을 줄여준다는 다른 연구결과로도 이어진다. Pennebaker와 O'Heeron(1984)은 배우자가 자살이나 자동차 사고로 사망한 사람들을 대상으로 조사했다. 배우자의 죽음에 대해 강박적으로 집착한 경우, 사고 이후 더 많은 건강문제를 겪었음이 나타났다. 하지만 타인과 사고에 대해서 공개적으로 이야기한 사람들은 (1) 강박적인 생각이 없었으며, (2) 건강문제도 적은 편이었다. Greenberg와 Stone(1992)은 매우 깊은 트라우마에 대한 이야기를 쓴 학생들이 경미한 문제나 표면적인 주제로 이야기를 쓴 학생들보다 더 건강하다는 것을 발표했다. Francis와 Pennebaker(1992)는 4주 동안 일주일에 한 번씩 트라우마에 대해 쓴 학생들은 2개월 후 측정한 간 효소 기능이 더 좋았다고 말했다. Pennebaker, Kiecold Glascr, Glaser(1988)는 4일 동안 연속으로 트라우마에 대해서 쓴 학생들은 넷째 날이 되었을 때 면역기능 능력이 증가했음을 보여주었다.

힘들었던 일을 공개하면 왜 건강이 좋아질까? Pennebaker(1988)는 매우 억제되는 느낌이나 사고를 하는 과정은 높은 혈압, 심박수 등 심각한 생리적 일을 필요로 한다고 주장한다. 따라서 장기적으로 이런 상태가 계속되면 스트레스와 관련된 질병이 생긴다는 것이다. 나아가 개인이 사고와 느낌을 더 억제하려 하면 할수록 억제된다는 생각에 더 스트레스를 받아서 불안감이 커지게 된다(Wegner, Schneider, Carter, & White, 1987). 하지만 힘들었던 일을 대외적으로 공개하고 이야기를 쓰게 되면, 일을 인지적으로 재구성하고 통합할 수 있게 되어 문제를 뒤로하고 새로 나아갈 기회를 제공받게 된다. 이는 생리적 문제의 감소를 불러와 심리적 안정감을 가져온다.

하지만 힘든 일의 공개 자체는 생리학적 반응과 집착적 사고의 감소와 무슨 관련이 있을까? Pennebaker(1992) 연구는 두 가지 중요한 요소를 보여준다. (1) 표현된 부정적 감정의 정도와 (2) 트라우마적 일이 잘 구성된 이야기로 재구성되는 정도. 컴퓨터 내용 측정 분석을 이용한 조사방법을 통해 Pennebaker는 공개 후 건강이 가장 많이 좋아진 사람들은 눈에 띄게 부정적 단어를 덜 사용했고, 긍정적 단어를 더 사용했음을 확인했다. 덧붙여 건강이 좋아진 사람들은 그렇지 못한 사람들에 비해서 수용의 정도도 높았고 긍정적 사고가 증가했다. 건강이 좋아지지 못한 사람들은 이야기가 계속적으로 퇴보되는 모습을 보였고, 시간이 지나면서 구성이 약해졌다. Pennebaker는 결론적으로 "부정적 감정의 공개와 명확한 인지적 이야기의 구성 두 가지 모두 건강한 글쓰기의 기초다"(1992, p. 5)라고 주장했다. 그러므로 치료과정에서도 도움이 되고 글쓰기에서도 좋은 결과를 가져오는 잘 구성된 이야기를 향한 움직임은 건강에도 도움이 된다는 결론을 내릴 수 있다.

느낌과 이야기 : Tomkins의 대본이론

Silvan Tomkins(1911~1991)는 인생 이야기를 중심으로 성격이론을 전개해나간 첫 번째 심리학자다. Tomkins는 사람들이 감정적으로 도전적인 인생 이야기들을 자신을 규정하는 대본으로 구성해나간다고 보았다. 중요한 인생 대본 가운데 그는 헌신적인 대본과 파편화된 대본으로 두 가지 주제를 제시해주었다(출처 : Dan P. McAdams 허가받음).

인생에서 이야기의 중심적 역할을 알아본 중요한 인물 중 하나는 Silvan Tomkins(1911~1991)이다. 학부생 때 연극 극본을 쓰는 극작가였던 그는 이야기꾼으로서 심리학계에 발을 들여놓았다. "인간이 궁극적으로 원하는 것은 무엇인가?"(1981, p. 306)에 대한 답을 이야기를 통해서 찾으려 한 것이다. 답을 찾는 과정에서 Tomkins는 1930년에 심리학 대학원에 입학했지만, 동기의 목적에 대한 답을 제대로 제공하지 못하는 학계에 실망해 1년 후 자퇴했다. 그리고 철학으로 옮겨가 논리와 가치의 이론을 배우고 박사학위를 취득했다. 그는 결국 하버드 심리학 연구소에서 Henry Murray와 함께 일하기 위해 심리학으로 돌아갔다. 그는 TAT(Tomkins, 1947)와 비슷한 Tomkins-Horn Picture Arrangement Test(Tomkins & Miner, 1957)를 고안했는데, 초기 연구는 Murray 이론의 영향을 많이 받은 편이었다.

Tomkins는 심인성 욕구가 인간 동기의 주된 요소라는 Murray의 생각(제7장 참조)을 받아들였지만, 결국 **감정**(affect)을 중시하는 생각으로 옮겨가기 시작했다. 그의 말에 따르면, Freud나 Murray의 생각과 다르게 인간 감정이 행동의 주된 동기부여 요소라고 생각하게 된 계기로는 크게 두 가지 일이 있었다고 한다.

첫 번째 일은 1940년대 후반 그가 흥분감이나 즐거움 또는 분노와 같은 감정은 배고픔이나 성적 욕구와 같은 욕구들과는 독립적인 존재이며, 감정이 욕구에게 동기적 힘을 제공해 욕구를 극대화시킨다는 것을 알았을 때였다. Tomkins 관점에서 성욕 자체는 행동의 큰 결정요소가 아니다. 성은 흥분감이라는 감정에 의해서 강화되고 확장될 때 개인으로 하여금 성적인 행동을 하게 만든다는 생각이다. 그의 두 번째 중요한 경험은 아버지가 되었을 때 일어났다.

두 번째 중요한 경험은 내가 안식년을 떠났던 1955년 아들이 태어났을 때 일이었다. 그가 태어난 이후에 나는 매일 그를 몇 시간씩 관찰했다. 특히 우는 행동을 집중해서 보았는데, 우는 행위에는 큰 소리를 내는 것과 얼굴표정뿐 아니라, 몸의 근육 전체가 반응하는 혈류의 흐름도 관찰할 수 있었다. 전체적인 몸의 반응이 얼굴에 집중되어 있는 모습이었다. Freud는 태어날 때의 울음이 불안감의 표시라고 말했지만, 아들은 불안해 보이지는 않았다. 그렇다면 표정의 근원은 무엇일까? 나는 그것이 스트레스라고 생각했다. 다음, 나는 그가 들은 소리를 따라 하려고 하는 과정에서 입을 움직이면서, 아들의 얼굴에 나타난 표정을 읽었다. 몇 분 동안 노력하다가 안 되면 실망감을 보였다. 그는 아내와 나를 보면 미소 짓는 모습을 보였고, 그것을 보면서 나는 당시 존재하는 심리분석이론(그리고 기타 성격이론)으로는 아들이 보여주는 흥분감과 즐거움의 정확성을 설명할 수 없다는 것을 알았다(1981, p. 309).

Carroll Izard와 Paul Ekman과의 협력을 통해, Tomkins는 인간 생물학과 진화에 근원을 둔 10가지 기본적 감정의 존재를 예측하는 인간감정이론을 발전시켰다(Ekman, 1972; Izard, 1977; Tomkins, 1962, 1963; Tomkins & Izard, 1965). 각 감정은 얼굴의 특정 근육 움직임과 연관되어 있다. 따라서 얼굴이 감정의 기관이 되는 것이다. 이후에 Tomkins는 장면(scene)과 대본(script)이라는 개념을 포함한 성격을 보는 서사적 이론도 발전시켰다. 이는 그가 연극 대본을 쓰던 시절의 특기를 반영한다(Carlson, 1981; Tomkins, 1979, 1987).

감정

인디애나 주 게리의 철강 공장에서 일할 때 '타이니'라는 남자를 만났다. 나는 여름에 아르바이트를 하던 대학생이었고, 타이니는 초등학교도 졸업하지 못한, 3명의 아이가 있는 40대 남자였다. 그의 꿈은 광부가 되는 것이었는데, 당시 나는 그 꿈이 끔찍하다고 생각했다. 나는 철강 일을 싫어했지만 타이니는 일을 즐겼고, 내가 우울할 때 나를 계속 위로해주었다. 서로 비슷한 것이 없는데도 우리는 왜 서로에게 호감을 느꼈는지 모르겠다. 지금 생각해보면 대화의 공통주제는 여자와 결혼이었다. 타이니는 "감정이 모든 것이다"라는 Tomkins 이론을 대변하는 사람이었다. Tomkins는 다음과 같이 말했다.

감정의 주된 기능은 느낌을 통해서 사고적 내용을 강화해주는 것이다. 감정의 강화 없이는 아무 것도 의미가 없으며, 감정으로 강화되어야 의미가 생긴다(1981, p. 322).

Tomkins에 의하면 인간은 자연선택에 의해서 매우 세분화되고 구체적인 감정을 갖게 되었다고 한다.

인간은 생존을 원하고 죽음을 멀리하고, 성적 경험을 원하고, 지루함을 멀리하고 새로운 것을 경험하며, 타인과 소통하고 타인과 친밀한 관계를 가지기 원하는 기본적인 감정을 가지고 있다(1962, p. 27).

Tomkins가 기본적이라고 설명한 **감정**에는 흥미/흥분감, 즐거움, 놀라움, 스트레스, 역겨움, 불안감, 분노, 슬픔, 부끄러움, 죄책감이 포함되어 있다. 흥분감과 즐거움은 긍정적 감정이고, 놀라움은 긍정적일 수도 부정적일 수도 있으며, 나머지 일곱 가지는 부정적 감정이다. 보통 사람들은 긍정적 감정을 극대화하고 부정적 감정을 최소화하길 원한다.

각 기본적 감정은 다양한 측면에서 구분될 수 있다. 첫째로, 각 감정은 모두 질적으로 다르게 느껴진다. 예를 들면, 놀라움의 현상(예상하지 않은 일에 대한 갑작스러운 느낌)은 부끄러움이나 즐거움, 슬픔과는 매우 다르다. 둘째로, 각 감정은 특정 **얼굴표정**과 태생적으로 연결되어 있다. 100년 전 다윈(1872/1965)이 믿었던 것처럼 인간은 특정 감정을 특정 표정을 통해서 보여준다—즐거움은 미소를 통해, 놀라움과 흥분감은 큰 눈과 앞을 바라보는 자세를 통해, 슬픔은 턱뼈의 느슨한 움직임을 통해, 역겨움은 코 쪽 근육의 움직임을 통해, 분노는 드러낸 이빨과 붉어진 얼굴색을 통해, 두려움은 커진 눈을 통해서 주로 표현된다. 각 표정은 눈에서 뇌로 다시 감정적 피드백을 보내고, 많은 심리학자들은 이 피드백이 특히 유아기에 있어서 감정이 경험의 중심이 된다고 설명한다. 따라서 어떻게 보면 즐거움의 경험은 웃는 표정에서 뇌로 보내진 감각정보의 결과인 것이다. 나아가 얼굴표정은 타인에게도 자신의 감정을 보여주는 수단으로 작용한다.

따라서 특정 얼굴표정은 기본적 감정의 자연스러운 표현으로 생각된다. 이 가정을 뒷받침하는 증거는 많은 곳에서 찾을 수 있다. 다문화 연구에 따르면 다양한 사회에서 온 사람들일지라도 특정 감정에 특정 표정이 대응된다는 데에는 대체적으로 동의한다고 한다. Izard(1971, 1977), Ekman, Friesen, Ellsworth(1972)는 12개 나라에서 온 사람들이 특정 표정과 감정을 연결시키는 실험에서 비슷한 수치를 보였다고 말했다. 멕시코, 브라질, 독일, 일본, 미국, 심지어 원시부족의 사람들까지도 일정 부분 동의하는 모습이었다. 얼굴표정에 큰 변화가 없는 경우에도 특정 감정의 발현은 얼굴과 뇌의 전기적 신호를 측정해 알아볼 수 있다. 한 연구에서 개인들은 즐겁거나 불쾌한 일을 떠올리게 하고, 동시에 얼굴과 뇌의 전기신호를 측정하는 실험을 했다(Schwartz, Fair, Greenberg, Freedman, & Klerman, 1974). 결과를 보면, 행복한 생각을 할 때에는 뇌의 신호가 높아졌음을 (얼굴표정의 변화가 없었을 때라도) 확인할 수 있었다.

기본적 감정이 특정 얼굴표정과 생물학적으로 연관되어 있다면, 다양한 문화권은 특정 상황에서 특정 감정을 얼굴표정으로 표현하는 것의 정당성을 결정하는 서로 다른 **표현규칙**(display rule)을 가지고 있음을 인정해야 한다(Ekman, 1972, 1992). 예를 들어, 미국 사회에서 일반적으로 슬픔을 경험할 때는 남성보다 여성들이 우는 것이 보편적이다. 몇몇 사회는 감정의 표현을 격하게 제어하는 반면 다른 사회는 그렇지 않다.

다양한 감정이 구분될 수 있는 마지막 기준은 발달적 측면이다. Izard(1978)가 말한 것처럼 "감정은 유아가 인생에 적응함으로써 생겨난다(p. 390)." 갓 태어난 아이가 우는 행동은 **스트레스**의 표현인데, 이는 세상에서 무언가 맞지 않음을 보여주는 매우 기본적인 감정이다. 이러한 울음은 아이의 부모로 하여금 스트레스의 원인을 찾고 문제를 해결하도록 도와준다. 즐거움의 감정은 생후 2개월 유아에게서 나타나는 타인과의 소통에서부터 오는 행복감에서 찾아볼 수 있다. 이렇게 되면 우리가 제2장에서 알아본 것과 같은 사랑을 기반으로 한 애착관계가 생길 수 있다.

흥분감은 생후 3~4개월 된 유아들이 Jean Piaget(1970)가 "재미있는 일이 유지되도록 하는 것"이라고 부른 시기를 지날 때 생겨난다. 흥분감의 기능은 집중을 자신에게 분산시키고, 체험적인 활동을 하려는 행동으로 이어진다. 새로운 것을 통해서 관심이 생겨나고, 대상의 세계에서 처음으로

Tomkins에 의하면 얼굴은 감정조직들로 이뤄져 있다. 두려움, 즐거움, 분노, 슬픔, 즐거움과 혐오감 등과 같은 기본 감정들은 삶의 핵심 장면들을 형성하며 이것은 대본의 핵심 요소가 된다(출처 : Image Source, Sophia Tsbikaki/iStockphoto, and Courtesy Paul Ekman).

소통을 경험한다. 생후 6개월이 지나면 **두려움과 슬픔**을 경험할 수 있는데, 이는 보통 새로운 것이나 즐거운 것이 사라졌을 때 나타나는 감정이다. 보통 생후 8개월 아이들은 부모와 떨어지면 슬픔을 경험하게 된다. 마지막으로, 생후 2년이 되면 서서히 자기의식이 생겨나기 시작하면서 **부끄러움과 죄책감**의 감정도 느낄 수 있게 된다.

   Tomkins는 특정 감정은 특정 신념과 가치체계와도 연결된다고 생각했다. 개인의 정치적, 종교적, 철학적 가치는 감정적 기반을 두고 있을 수 있다. 개인적 이데올로기를 알아본 연구에서 St. Aubin(1996, 1999)은 Tomkins 이론에서부터 생겨난 가설을 테스트 했다. Tomkins는 인생을 보는 두 가지 이데올로기적 접근법을 구분했는데, 첫째는 **규범주의(normativism)**이고, 둘째는 **인본주의(humanism)**이다. 규범주의를 믿는 사람들은 본능적으로 정치적으로 보수적이며, 인간의 악함을 믿고 따라서 강한 규칙을 통해 제어해야 한다고 생각한다. 인본주의를 믿는 사람들은 반대로 인간의 본능적 선함을 믿으며, 자기표현과 사랑을 기본적 인간의 가치로 확인하려고 한다. Tomkins는 규범주의자들은 개인적 경험을 할 때 분노와 흥분감을, 인본주의자들은 두려움과 즐거움을 강조하는 성향이 있다고 생각했다. St. Aubin은 규범주의 점수가 높은 성인들은 분노와 관련된 부정적 기억을 많이 떠올렸고, 인본주의 점수가 높은 사람들은 스트레스나 두려움과 관련된 부정적 기억을 떠올렸다는 결과를 발표했다. 본인의 신념체계가 완벽히 객관적이고 이성적이라고 많은 사람들은 생각하지만, Tomkins 이론과 St. Aubin 실험을 보면 우리는 우리가 느끼는 것에 좌우되어 세상을 선과 악으로 나눠 본다는 것을 알 수 있다.

장면과 대본

기본 개념

감정이 인생의 주된 동기부여제라면, 장면과 대본은 정리해주는 역할을 한다. Tomkins는 인간은 인생의 초빈기부터 자기 일생을 써내려가는 극삭가라고 생각했다. 연극의 기본 구성물은 **장면(scene)**인데, 이는 적어도 한 가지 감정을 포함하는 인간 일생의 일을 의미한다. 각 장면은 사람, 공간, 시간, 행동, 느낌을 포함하는 하나의 완전체이다(Carlson, 1981, p. 502). 우리는 따라서 인생을 장면의 연속으로 생각할 수 있다. 하지만 몇몇 장면은 계속해서 나타나는데, 이러한 다양한 장면 간 관계를 이해하게 도와주는 개념이 바로 **대본**(scripts)이다. 대본은 서로 연결된 장면을 해석하고 창조하고 이해하는 데 도움을 준다(Carlson, 1988). 우리 모두는 고유의 대본을 가지고 인생의 많은 장면들을 정리하게 된다.

인간 인생의 특정 장면의 단기적 중요성은 그 장면이 가져온 감정의 질의 기능일 가능성이 크다. 따라서 어제의 일을 생각하면 그때 경험했던 강렬한 감정을 떠올리게 된다. 예를 들면 점심시간에 한 농구게임에서는 즐거움을, 어머니와의 말다툼에서는 분노를, 매력적인 이성과의 대화에서는 흥분감을 느꼈을 것이다. 각 장면은 각각의 중요성을 가지고 있으며, 인생 전체의 맥락에서 특정 장면의 장기적 중요성은 **심리적 확대**(psychological magnification)의 기능으로 나타난다. 이는 서로 연결된 장면을 의미 있는 패턴으로 연결시키는 것을 말한다. 이렇게 하기 위해서는 다양한 장면 간 차이점과 유사점을 확인해야 한다. 예를 들면, 어머니와의 말다툼은 교수와 있었던 유사한 싸움의 기억을 불러일으킬 수 있다. 두 가지 경우는 서로의 **아날로그**(analog)가 된다. 심리적 확대는 각 아날로그를 구성함으로써 만들어진다. 비슷한 시나리오를 계속해서 반복하게 되는 것이다. Tomkins 에 의하면 부정적 감정을 포함하는 장면은 보통 아날로그의 구성을 통해서 심리적으로 확장된다고 한다. 따라서 인생에서 두려움이나 슬픔을 나타내는 장면을 이해할 때는 이 장면들 간의 본질적 유사성을 찾게 된다.

반대로 다양한 인생 장면의 **차이점**에 집중하면, **변종**(variants)을 구성하게 된다. 이는 보통 긍정적 감정의 장면의 확대에서부터 나온다. 따라서 과거의 즐거운 경험을 떠올릴 때, 안정적인 중심 장면을 둘러싸고 다양한 장면들이 어떤 차이점이 있는지를 보게 되는 것이다. 즐거웠던 가족모임을 생각해보자. 2년 전 추석 저녁이나 작년의 가족모임, 어린 여동생이 태어난 날은 인생에서 흔히 즐거운 장면으로 기억될 것이다. 이러한 장면은 어떤 점에서는 비슷하지만, 차이점도 있을 수 있다. 따라서 특정한 가족모임은 'FBI에서 일하는 삼촌과의 즐거운 대화' 때문에 더 즐겁게 기억되고, 어린 여동생이 집에 처음 온 날은 따뜻함과 애정을 느꼈기 때문에 더 즐겁게 생각될 수 있다.

감정적으로 긍정적이고 부정적인 장면의 기억들이 인생 이야기에서 서로 다른 기능을 한다는 것은 많은 연구를 통해 증명되었다(Pals, 2006; Wood & Conway, 2006). 보편적으로, 성격심리학 이론은 긍정적 감정을 뇌의 BAS로 연결시키고, 이는 보상을 찾는 행동으로 이어진다. 반대로 부정적 감정은 위협에 대응한 회피적 행동을 보여주고 이는 BIS와 관련이 있다. Taylor(1991)는 긍정적, 부정적 일의 비대칭적 영향을 중시했다. 부정적 일은 강하고 **빠른** 생리학적, 인지적, 감정적, 사회적 반응을 일으킨다. 개체는 자원을 끌어모아 부정적인 일의 불행한 영향을 최소화하고 이에 대응하기 위해 노력한다. 부정적 일은 보편적으로 인지적 활동을 활성화하고 인과관계를 더 중요시하는 사고를 불러일으킨다. 인생 이야기의 측면에서 부정적 일은 **설명**을 필요로 한다. 나쁜 일이 왜 생겼는지 화자로 하여금 설명하고, 다시 일어나지 않도록 이야기하도록 하는 것이다.

많은 학자들과 연구자들은 부정적 일의 인지적 과정은 결국 심리적 안정감과 건강으로 이어진다고 동의한다. 이미 살펴본 것처럼 Pennebaker 연구는 부정적 일에 대해서 글로 쓰는 것은 건강에 긍정적 변화를 가져온다는 것을 보여주었다. 긍정적인 삶의 사건을 검토하고 분석하는 것이 비슷한 영향을 미치게 될지 아닐지는 아직 열려 있는 질문이다(Burton & King, 2004). 하지만 최소한 한 연구는, 광범위하게 진행되는 긍정적 사건은 건강을 쇠약하게 만들 것이라고 말한다(Lyubomirsky, Sousa, & Dickerhoof, 2006). 긍정적인 삶의 이야기를 다시 맛보고, 긍정적인 감정을 되살려보는 것이 그것들을 인지적으로 이해해보려고 하는 것보다 훨씬 나을 것이다(Burton & King, 2004). 하지만 부정적인 장면은 좀 더 이야기 작업을 필요로 한다. 근래 이야기 연구는 이러한 작업의 본질을 연구해왔다. 어떻게 사람들이 그들의 인생 이야기에서 부정적 장면들을 처리해가는가? 그리고 개인적 고난과 역경에 관해 각기 다른 종류의 이야기를 말하는 것은 심리적으로 어떻게 나타나는가?

부정적 장면을 설명하는 방법은 많다. 가장 흔한 방법은 장면 자체와 장면에 포함된 부정적 감정을 어떻게든 무시하는 것이다. 무시의 가장 극단적 경우에는 억압, 해리, 부정이 포함된다. 몇몇 이야기들은 너무 나쁜 나머지 타인은커녕 자기에게도 이야기되기 힘들 수 있다. Freeman(1993)에 의하면 인생의 몇몇 트라우마적이고 매우 부끄러운 장면들은 화자가 이러한 장면을 논리적으로 설명하고 가정하고 인지적으로 표현할 능력이 없기 때문에 이야기될 수 없다. 덜 극단적인 예는 Taylor(1983)가 긍정적 환상(positive illusion)이라고 부른 경우다. 사람들은 인생 사건의 부정적 측면을 무시하고, 긍정적 의미를 과장하려는 경향이 있다. "내가 아픈 것은 사실이지만, 내 친구 아내만큼 아프진 않아", "신이 내 의지를 시험하고 있는 거야. 이 도전을 받아들이겠어." Bonnano(2004)는 많은 사람들은 인생에서 힘든 재앙에 맞닥뜨렸을 때 놀랍게도 불안과 혼란을 적게 경험한다고 주장했다. 역경의 경우에 오히려 탄력적으로 반응한다는 것이다. 과거에 일어난 나쁜 일로 고생하기보다는 뒤로 묻어두고 앞으로 나아가려는 것이다.

하지만 많은 상황에서 사람들은 부정적 인생 장면을 무시할 수 없게 된다. 대신 그들은 현재 경험하거나 예전에 경험했던 고통에서 의미를 찾으려 한다. Jennifer Pals Lilgendahl(Pals, 2006)은 부정적 장면에 관한 전기적 생각은 두 가지 단계를 거친다고 말한다. 첫째 단계에서 화자는 경험이 어땠는지 깊게 생각하면서 부정적인 장면의 형성과정과 미래에 대해서 생각한다. 두 번째 단계에서 화자는 일의 긍정적 해결을 위해서 노력한다. 부정적 장면에 대한 해피엔딩이나 적어도 좋은 마무리를 생각해내는 것이다. 두 가지 단계 다 중요하다. 많은 사람들이 첫째 단계를 무시하곤 하지만 부정적 장면을 무시하면 인생 이야기가 깊이와 의미가 없는 내용으로 채워진다. 많은 연구는 부정적 인생 장면을 자세히 관찰하면 심리적 성숙도가 높아지고(예 : Bauer & McAdams, 2004; King & Hicks, 2006; McLean & Pratt, 2006), 부정적 장면에 대한 긍정적 엔딩을 생각하는 것은 행복감과 안정감을 불러일으킨다는 것을 보여줬다(예 : Bauer, McAdams, & Sakaeda, 2005; King & Hicks, 2006).

대본의 종류

심리학자들이 기본적 인간 감정을 밝혀내기는 했지만, 인간 인생의 장면과 대본은 훨씬 더 많이 존재한다. 따라서 이를 포함하는 극단적인 리스트는 존재하지 않는다. 하지만 Tomkins는 인생에서 특히 중요한 두 가지 대본을 중요시했는데, 이는 헌신적 대본과 파편화된 대본이다(Carlson, 1988; Tomkins, 1987).

헌신적 대본(commitment script)에서 개인은 강렬한 긍정직 김징을 불러오게 되는 인생 프로그램이나 목적에 헌신하게 된다. 여기에는 긍정적 변화를 위한 단계가 포함된다. 대상은 이상적 사회나 이상적 인생에 대한 뚜렷한 생각이 있고, 목적을 이루기 위해 노력하려고 한다. Tomkins에 의하면 헌신적 대본은 유아기에 경험한 매우 긍정적인 감정에서부터 시작된다고 한다. 여기서 마치 에덴의 정원처럼 미래의 낙원을 약속할 만한 이상이 생겨나는 것이다.

헌신적 대본에서 개인은 명확히 제시된 목적을 중심으로 장면을 배열한다. 따라서 한 가지 목적이나 서로 다른 목적 간의 대응관계를 포함하지는 않는다. 대신 한 가지 강력한 헌신적 대본을 중심으로 목적이 이루어진 사람은 목적의식과 헌신을 통해서 원하는 결과를 이루려고 노력하게 된다(제롬 존슨이 경찰서장이 된 것처럼). 계속되는 어려움과 장애물이 있는 상황에서도 이러한 사람들은 "나쁜 것들도 해결될 수 있다"는 자세로 끊임없이 노력한다(Carlson, 1988).

이에 반대되는 것은 **파편화된 대본**(nuclear script)인데, 여기에는 인생 목표에 대한 모호함과 혼란스러움이 포함되어 있다. 접근-회피 갈등이 등장하고, 개인은 인생 이야기에서 특히 갈등이 많았던 장면에 지나치게 동요되거나 환멸감을 느낀다. 결국 인생 이야기는 비극이 된다.

파편화된 대본은 **파편화된 장면**(nuclear scene)에서부터 시작되는데, 이는 결국 나쁜 결과를 가져오는 긍정적인 어렸을 때의 장면이다. 좋은 장면으로서 타인의 존재와 함께 한 즐거움과 행복함의 경험이 포함될 수 있다. 하지만 결국 좋은 것에 해가 되는 외부적 요인이나 위협이 등장하면서 결과적으로 무섭거나 슬픈 그리고 좋지 않은 결과로 끝나게 된다(Tomkins, 1987, p. 199). 파편화된 대본은 파편화된 장면을 다시 좋은 장면으로 바꾸기 위한 노력의 일환으로 만들어졌다.

Carlson(1981)은 37살 대학교수인 제니 W.의 파편화된 장면을 이렇게 묘사했다.

4살 된 제니는 놀고 있다가 어머니가 소리 지르는 것을 듣는다. 소리가 나는 곳으로 달려간 그녀는 어머니가 사다리에서 떨어져서 바닥에 누워 있는 것을 본다. 어머니는 아버지에게 전화하라고 말한다. 아버지가 와서 어머니를 일으켜 조심스럽게 거실로 데려간다. "여기 앉아"라는 말을 들은 제니는 놀란 채로 따라가다가 자신에게 한 말인 줄 알고 자리에 앉는데, 아버지가 화난 채 제니에게 비키라고 소리친다. 어머니를 쉬게 해야 한다는 것이다. 제니는 놀란 채로 부끄러움을 느끼며 자리를 피한다(p. 504).

제니의 어머니는 당시 임신 중이었고 사고로 인해서 유산했다. 또한 제니의 아버지가 "여기 앉

표 10.1 헌신적 대본과 파편화된 대본

대본의 특징	대본의 종류	
	헌신적인	파편화된
긍정 대 부정 감정 비율	부정보다는 긍정이 큼	긍정보다 부정이 큼
감정의 사회화	강렬한, 가치 있는	강렬한, 모호한
이상적 장면의 명료화	분명한, 일원론	혼란스러운, 다원론
장면의 확대	변종	아날로그
시퀀스	"나쁜 것을 극복할 수 있음"	"좋은 것이 나쁘게 변함"

출처 : "Exemplary Lives: The Uses of Psychobiography for Theory Development," by R. Carlson, 1988, *Journal of Personality*, *56*, 111 인용.

인권과 세계 평화를 신장하기 위해 전 미국 대통령 지미 카터는 Tomkins가 헌신적 대본이라고 명명한 특징들의 많은 면모를 드러내주었다(출처 : Alex Wong/Getty Images).

아"라고 했을 때 4살이었던 제니는 당연히 자기에게 말한다고 생각했지만, 어머니를 향한 말이었던 것이다.

Carlson(1981)은 이 장면에서 다섯 가지 중요한 특징을 설명한다. (1) 좋은 일도 나빠질 수 있다는 것, (2) 유혹과 배신, (3) 공간에서의 방향 감각 상실, (4) 부끄러움과 분노의 감정, (5) 억제와 포기이다. 각 특징은 제니의 이후 인생에서 드러났다. 그녀의 과거의 감정, 꿈, 공상 등을 통해서 심리적 확대가 일어난 것이다.

Carlson은 제니의 어린 시절의 적어도 두 가지 다른 장면은 파편화된 장면이라고 말한다. 하지만 위 경우, 이러한 장면들이 다른 장면의 원인이 되었다고 생각하기는 힘들다. Carlson은 어머니가 다친 그 장면 때문에 오늘날 억제되었다고 말하는 것은 아니다. 그것은 본인 인생의 의미를 정리해 주고, 다양한 경험에 의미를 부여해주는 역할을 하는 파편화된 장면이다. 인간은 모두 인생의 서술적 순서를 파악해 지난 과거의 일을 의미 있고 일관적인 인생 이야기로 완성시키려고 한다. 제니의 인생 이야기는 좋은 일들도 피해, 부끄러움, 혼란으로 이어질 수 있음을 보여준다.

서사적 정체성

제9장에서 Erikson의 **정체성** 개념을 소개했다. Erikson에 의하면, 사람들은 청소년기와 성인기 초반에 인생에 통합성과 의미를 제공해주는 자기를 만들어나가는 정체성의 위기를 겪게 된다. "나는 누구인가?"라는 질문으로 시작하는 이 과정을 해결해나가면 우리는 정체성을 확립할 수 있게 된다. 여기에는 성욕의 모든 부분을 포함하고, 사회적 역할로 나타나는 기회를 구성하는 모든 것들을 하나로 통합하는 개념이 들어간다. 정체성이 이렇게 확립되면 "내면적 일관성과 연속성은 타인에게 보이는 개인 의미의 연속성과 동일하다"라는 생각으로 이어진다(Erikson, 1963, p. 261). 따라서 정체성 확립은 많은 다양한 것들을 의미 있는 하나의 패턴으로 재구성하고 **통합**하는 것을 목적으로 한다. 개인이 하고 싶거나 할 수 있는 것을 모두 포함한다. 그리고 기억되는 과거와 경험되는 현재, 기대되는 미래의 측면을 하나로 묶어준다.

정체성 확립은 어떤 모습을 하고 있을까? 나는 내 책에서 Erikson은 청소년기 후반과 성인기 초반에 구성되기 시작하는 통합적 인생 이야기를 중요시했다고 말한 적이 있다(McAdams, 1984b, 1985b, 1985c, 1987, 1993, 1997a, 2001b, 2006, 2008). 많은 성격·사회·인지·발달·임상심리학자들은 사람들이 사회적 세계에서 구성하는 이야기를 통해서 정체성을 설명한다(Angus & McLeod, 2004; Conway & Holmes, 2004; Fivush & Haden, 2003; Hammack, 2008; McLean et al., 2007; Pratt & Friese, 2004; Schachter, 2004; Singer, 2004). 우리는 이제부터 개인이 의식적, 무의식적 자기의 다양한 측면을 통합하는 과정을 **서사적 정체성**(narrative identity) 개념을 통해 알아보도록 하겠다. 이는 개인 인생에 통합성, 목적, 의미를 제공해준다.

인생 이야기 발달

우리는 인생에서 의미와 목적이 필요하다는 것을 일반적으로 청소년기에 느끼게 된다. 아이들과는 달리 청소년들은 자신의 심리사회적 동기를 일종의 서사적 측면으로 보는 인지적 능력을 가지고 있

더 읽을거리 10.1

발리에서의 시간과 이야기

철학자 폴 리쾨르(1984)는 "인간은 이야기의 방식 이후에 조작되기까지 인간의 시간이 되고, 이야기는 시간적 존재의 요소를 보여주는 범위 내에서 유의미하다"(p. 3)고 말했다. 이는 인간은 시간을 이야기의 관점으로 해석한다는 뜻이다. 따라서 시간 관계가 잘 맞으면 좋은 이야기다. 우리가 시간에 따른 행동을 해석할 때, 보통 이야기의 관점을 채택한다. 우리는 행동이 반응, 목표의 달성, 장애물 등을 만나는 것을 보고 이 과정에 따라 움직이고 변화하면서 어제에서 오늘 또 오늘에서 내일로 이어지는 상황을 목격한다.

하지만 인간 사회가 시간에 기초하지 않았다고 가정해보자. 인류학자 Geertz(1973)는 발리 사람들의 예를 들었다. 발리는 자바 섬 동쪽 인도네시아의 섬이다. 그곳의 원주민들은 우리와는 아주 다른 삶을 살고 있다. 세 가지 큰 차이점은 시간, 행동, 정체성이다.

첫 번째로, 발리 사람들은 정기적인 주기에 관여받지 않는 복잡하고 불규칙한 달력을 사용한다. 시간은 휴일로 인해 구분된다. 발리에서 오늘의 '날짜'는 마지막 휴일로부터 시간이 얼마나 흘렀는지의 기준을 채택한다. 휴일은 겹치는 주기로 인해 만들어진 날짜에 불규칙적으로 적용된다. "시간의 주기는 끊임이 없고, 설명 불가능하고, 내부적 주기도 중요한 점이 없다. 쌓이지도 않고 쓸 수도 없다. 어떤 시간인지 알려주는 것이 아니라, 어떤 종류의 시간인지 알려주는 셈이다." 발리 사람들에게 있어서 시간은 지속적이라기보다는 정확하다. 오늘의 날짜를 안다는 것도 우리와는 다른 개념이다. 오늘은 '하늘의 날', 내일은 '야구'라고 부르는 셈이다. 오늘부터 일주일 후(우리 기준으로 '주'이다)는 '마시멜로' 날일 수도 있다. '하늘의 날'이 다시 언제 올지는 모르지만, 각 날은 언젠가는 다시 돌아온다. 이런 체계에서 각 날은 순간으로 지정되며, 시간의 흐름이라는 개념이 없다.

둘째로, 인간 행동도 연속선상에서 이해하기보다는 찰나적 순간으로 이해된다. 마치 발리 사람들은 서로와 소통할 때 모두 시간 밖에 있는 것처럼 행동한다는 설명이다. 각 시간은 독자적이다. 행동은 절정을 불러오지 않는다. 발리인의 사회활동은 절정이 없다고 저자는 설명했다.

사회적 활동이 최종적인 완성을 향해 축적될 수 없다는 가정에 기반한다. 다툼이 생기기도 하고 없어지기도 하고 지속되기도 하지만, 결론은 없다. 이슈가 생길 때도 결론을 내리지 않고, 언젠가는 희미해져 상황이 바뀌면 해결되거나 단순히 증발해 버릴 거라는 생각으로 기다린다. 어떤 일이 일어나든지 일어나지 않든지에 큰 의미를 두지 않는 일상생활이다(p. 403).

Geertz는 발리에서 사회생활은 이야기로 표현될 수 없다고 주장하는 것이다. 각 순간은 독자적인 행동이며 시간 밖에 존재한다. 사회적 행동이 연결되기는 하지만, 하나의 목적지를 향해 달려가지는 않는다.

셋째로, 정체성도 마찬가지다. Geertz는 발리 사람들은 서로를 '탈인간화(depersonalize)'하는 데 노력을 기울여 모든 사람들이 '정형화된 현실'로 보이게 한다고 한다. 이름을 짓는 걸 봐도 알 수 있다. 발리에서의 성인은 그를 특별하게 만드는 타인과는 다른 이름을 가지고 있지 않다. 대신 자식에 따라 이름이 지어진다. 나를 "루스의 아버지"라고 부르는 셈이다. 루스가 자라 폴이라는 자식을 가지면, 그녀는 더 이상 루스가 아니며 '폴의 어머니'가 된다. 그러면 내 이름은 "폴의 할아버지"가 될 것이다. 루스와 나는 이제 폴의 탄생으로 인해 새 정체성이 주어진 셈이다. 폴이 현재의 순간이며, 가장 중요한 대상이며, 나와 내 딸을 규정하는 주체인 것이다. Geertz에 의하면 이 사회의 목적은 사람 간 구분을 흐릿하게 하고 현재를 중요시하고 시간을 무너뜨리는 사회를 만드는 것이다.

발리에 가면 우리는 모두 똑같다. 대상이 바뀌어도 실체는 그대로이기 때문이다. 절정도, 불화의 해결도 없다. 우리 서양인들이 알고 말하는 이야기들에 발리 사람들은 동의하지 않는다. Geertz의 매혹적인 연구는, 우리가 시간과 이야기를 보는 방식이 유일한 정답은 아니라는 사실을 일깨워준다. 우리 중 발리 사람들과 영원히 입장을 바꿀 사람은 많이 없을 것이다. 개인의 정체성과 시간을 무엇보다 중요시하는 문화에서 자랐기 때문에, 발리 사회는 우리가 적응하긴 힘들다. 다만 이 문화가 발리인들에겐 적합하고, 나아가 행복하게 만들어준다는 걸 인정해야 한다. 시간과 이야기를 바라보는 관점이 다를 뿐이다. 과거 이야기를 제외하면 우리도 모두 발리 사람들처럼 살아야 할 것이다.

다. Piaget(1970)의 표현을 빌리자면, 청소년들은 추상적이고 형식적 조작(formal-operational)으로 사고할 수 있다. 통일성과 목적의 구체적인 문제가 중요한 수수께끼로 다가오는 것이다. 형식적 조작 사고를 통해 미래의 가능성을 탐구하고 개인적 역사를 재평가할 수 있는 상태의 우리들은 이제 실제로 쓸 수 있는 대화를 만들어나가기 시작한다. 이렇게 하기 위한 첫 번째 시도는 비형식적이

표 10.2	이야기와 인생의 관계에 대한 여섯 가지 다른 견해	
저자	개념	정의
Northrop Frye, 문학가(1957)	신화적 원형	여기에는 네 가지 기본적인 이야기 형태가 있다. 이것은 인간 실존의 4단계와 계절을 반영해 준다. *코미디*는 출생을 강조하며 봄을 상징한다. *로맨틱*은 젊음과 성인 초기의 모험과 열정을 나타내주며 여름을 상징한다. *비극*은 후기 성인기의 쇠퇴와 죽음을 나타내주며 가을을 상징한다. 역설은 죽음을 나타내주며 겨울을 상징한다.
Lawrence Elsbree, 문학가(1982)	유전적 줄거리	여기에는 다섯 가지 이야기의 기본 줄거리가 있다. 각 줄거리들은 인간의 근원적인 고군분투의 성질을 나타내준다. (1) 집을 건축, (2) 전쟁에서 투쟁, (3) 여행을 떠남, (4) 고통을 감내함, (5) 완성 또는 성취.
Jean-Paul Sartre, 철학자(1965)	완전한 변혁	자기의 핵심적인 형태는 회복의 이야기 또는 "완전한 변혁", 즉 혼돈 속에서 질서를 만들어내는 것이다. 당대의 종교와 사회적 규율은 더 이상 사람들에게 신성한 신화의 의미를 전달해줄 수 없게 되었다. 그들 자신의 신화를 만들어냄으로써 진실과 의미를 추구하고자 하는 현대 남녀의 정체성에 신성한 신화를 부여해줄 수 없게 된 것이다. 이상적으로 인간 자신의 완전한 변혁은 자신의 역사적 시대가 직면한 핵심적 진리와 딜레마 모두를 반영할 수 있어야 한다.
Alasdair MacIntyre, 철학자(1984)	도덕적 가치	인간 인생의 "좋은 것"은 이야기적 상황에서 이해되어져야만 한다. 한 사람에게 좋은 것은 그들의 인생 이야기의 완성에 기여할 수 있는 것이어야 한다. 인류에게 좋은 것은 모든 인간 인생 이야기에 공통적인 특징의 분석으로부터 유래한 것이어야 한다.
David Elkind, 발달심리학자(1981)	개인적 우화	초기 청소년기에 인간은 자기에 대해 환상의 이야기들을 만들어낼 수 있다. 자신이 세상에서 특별한 존재이며 대단히 좋거나 나쁜 운명을 타고났으며 영원히 다른 사람들에게 오해를 받을 수밖에 없는 운명이라는 10대의 감수성을 가질 수 있다. Elkind는 개인적 우화를 비교적 정상적인 현상으로 여겼으며, 이는 비교적 정상적인 사고과정이 시작된 결과로 보여진다. 정체성의 이야기 이론의 측면에서 개인적 우화는 서사적 정체성과 관련된 "초고"일 수 있다. 이는 이후의 삶에 좀 더 현실적이고 성숙한 서사적 정체성과 관련된다.
Agnes Hankiss, 사회학자(1981)	존재론적 전략	성인 초기, 사람들은 어떻게 그들이 과거의 "신화적 재배열"로부터 (존재론적) "되어감"이 되는지를 설명하고자 했다. 더불어 현재를 네 가지 다른 전략들 가운데 하나로 풀이하고자 했다. (1) 왕족의 (좋은 과거, 좋은 현재), (2) 현재의 (좋은 과거, 나쁜 현재), (3) 보상의 (나쁜 과거, 좋은 현재), (4) 자기 완벽주의적인 (나쁜 과거, 나쁜 현재)

출처 : Power, Intimacy, and the Life Story: *Personological Inquiries into Identity*, by Dan P. McAdams, Guilford Press, 1985.

고 순진해보일 수 있다. Elkind(1981)는 개인의 일기와 개인적 서신을 연구해 **개인적 우화(personal fables)**, 즉 자기에 대한 환상적인 이야기의 개념을 설명했다. 몇몇 청소년에게 있어서 개인적 우화는 새로 생겨나는 정체성 이야기의 초안일 수 있다. Hankiss(1981)는 존재론적 전략(ontological strategies)을 설명했다. 예를 들어서 '시간적' 존재론적 전략을 통해서 성인은 긍정적인 과거 인생이 현재의 긍정적 인생으로 이어졌음을 확인할 수 있다. 반대로 '보상적' 존재론적 전략은 좋지 않은 과거가 좋은 현재로 이어졌을 때를 의미한다.

Habermas와 Bluck(2000)은 사람들은 청소년기에 이르러서야 **인생 이야기 스키마(life story schemas)**를 이용해 인생을 성리한다고 말한다. 인생 이야기 스키마는 인생을 이야기 형식으로 만드는 정신적 구조나 패턴을 말한다. 연구자들은 사람들은 제대로 된 인생 이야기를 구성하기 위해서 적어도 네 가지 다른 정신적 능력을 가져야 한다고 말한다. 이는 표 10.3에서 확인할 수 있다. 먼저 가장 기본적으로 사람들은 인생의 각 에피소드에 대한 목표지향적 이야기를 구성할 줄 알아야한다. 이것을 Habermas와 Bluck은 일시적 일관성(temporal coherence)이라고 불렀다. 보통 유치원에 들어갈 시기가 되면 이것이 가능해진다. 둘째로, 사람들은 사회적 기대감에 부응하는 법도 배워야 하는데, 이것은 전기적 일관성(biographical coherence)이라고 한다. 청소년기 초반에 이르면 사람들은 사회의 일반적인 기대감에 대해서 알게 된다. 어렸을 때는 학교에 다니고, 나이가 차면 결혼을 하고, 60~70대가 되면 퇴직을 하고, 90대 이상으로는 살기 힘들다는 것을 아는 것이다. 또한 다양한 문화권은 사회적 기대감이 서로 다르다. 도심에 사는 청소년 갱 두목이라면 30세 이상으로 살기 힘들다는 것이다. 그의 서사적 정체성은 이러한 점을 반영하게 된다.

셋째로, 청소년기 중반에 이르러 사람들이 다양한 일을 한 가지 원인으로 정리할 수 있게 되면 인과적 일관성(causal coherence)이 생겨난다. 예를 들면, 15살 된 아이는 남자친구와의 관계를 이야기하면서, 어떻게 만났고 어떻게 관계가 발전되었다가 헤어졌는지 순서대로 설명할 수 있다. 이러한 것을 한 가지 원인으로 연결함으로써 현재 겪는 절망감에 대한 서사적 원인을 설명할 수 있는 것이다. 마지막으로, 청소년기 후반에 이르러서는 주제적 일관성(thematic coherence)이 생겨나게 된다. 이 과정을 통해 사람들은 개인적 일로 이어진 일련의 순서에 기초한 보편적인 주제를 만들어낼수 있다. 따라서 인생 이야기 스키마는 일시적, 전기적, 인과적, 주제적 일관성을 이해해야지만 만들어질 수 있다. 이러한 이해가 생겨나면 서사적 정체성을 만드는 과정으로 나아갈 수 있다.

이제 우리는 청소년기와 성인기 초반부터 서사적 정체성을 만들어나가기 시작한다. 하지만 처음부터 시작하는 것은 아니며, 성인기가 되었다고 중단하는 것도 아니다. 인생 이야기의 근원은 유아기로 되돌아가며, 이야기를 만드는 과정은 중년과 노년에도 계속해서 이어진다(Cohler, 1982; McAdams, 1990, 1993). 어렸을 때는 단순히 이야기를 위한 재료를 모을 뿐이다. 우리가 경험하는 것, 만나는 사람들, 마주치는 도전 등 모으는 재료들은 궁극적으로 언젠가 만들 이야기의 본질을 좌우하게 된다. 예를 들면, 어렸을 때의 안정적인 애착관계는 인생 후기에서 이야기를 만들 때 신뢰적이고 긍정적인 서사적 목소리의 기반이 된다(McAdams, 1993).

발달심리학자들은 아이들을 대상으로 서사적 이해와 이야기의 발달과정을 알아보았다. 많은 아이들에게 2살은 **전기적 자기**(autobiographical self)의 시작점이다(Howe & Courage, 1997). 생후 2~3년부터 아이들은 경험에 대한 간단한 이야기를 쓰고, 전기적 기억으로 에피소드적 형식으로 저

표 10.3	인생 이야기에서 일관성에 기여하는 네 가지 형태
일시적 일관성	목적에 이끌린 삶의 에피소드로 그것과 관련된 이야기만을 전개하는 것
전기적 일관성	본능과 관련된 문화적 기대를 알고, 인생 과정에 따라 인생 에피소드와 사건들을 시간적으로 나열한 것
인과적 일관성	다양한 인생 에피소드를 의미 있는 결과에 연결하여 일상의 설명을 제공해준 것
주제적 일관성	에피소드의 이야기적 결과로부터 자기에 관해 통합적 주제 또는 원리를 이끌어낸 것

출처 : "Getting a Life: The Emergence of the Life Story in Adolescence," by T. Habermas & S. Bluck, 2000, *Psychological Bulletin, 126,* 748-769.

장할 줄도 안다. 유치원을 다니면서 이러한 전기적 자기는 더 효과적이고 세련되어진다. 시간이 좀 더 지나면 타인의 마음과 자신의 마음이 어떻게 작동하는지 이해하는 **마음이론**(theory of mind)을 발달시키게 된다(Wellman, 1993). 예를 들면, 아이들은 사람들은 자기 마음속에 욕구를 가지고 있고, 행동을 통해 그 욕구를 표현한다는 것을 이해한다. 또한 사람들은 세계에 대한 특정한 것을 믿으며, 믿음과 신념에 따라 행동한다는 것도 안다. 이야기의 측면에서 말하면, 아이들의 마음 이야기에 등장하는 인물들은 목표를 달성하기 위해 자신의 믿음과 욕망에 따라 행동한다. 목표지향적 행동이 이야기의 중심에 위치하게 되는 것이다.

따라서 아이들이 5살이 되면 보통 이야기가 무엇인지 알고 무엇을 포함해야 하는지 알게 된다. 이야기에는 동기부여된 인물들이 욕구와 신념에 따라 행동한다는 것도 알고 있다. 그들의 행동은 보통 다른 사람의 행동을 유발시킨다는 것도 알며, 아이들은 간단한 서사적 형태에 맞춰지는 이야기를 하고 싶어 한다. 이런 기준에 맞추지 못하면 혼란감과 실망감을 느낀다. 예상한 대로 이야기가 전개되지 않으면, 원래 생각한 이야기의 구성요소에 맞춰서 다시 구성하려는 시도를 하게 된다(Mandler, 1984).

전기적 기억과 개인적 이야기는 사회적 맥락 안에서 더욱 발전된다. 부모들은 보통 아이들이 말을 하기 시작하는 순간 경험에 대해 이야기하도록 지도한다(Fivush & Nelson, 2004). 초반부터 부모들은 아이들의 지난 일과 과거에서 기억을 촉진시키는 역할을 해준다. 부모들은 아이들이 이야기를 발전시키고 이야기를 통해 매일의 일을 설명하게끔 함으로써, **비계**(scaffolding)라고 부른 개념을 실현시키게 된다. 여기에는 부모를 비롯한 타인들이 아이들이 자신의 이야기를 구성할 수 있도록 심리적, 언어적 도움을 주는 내용이 포함된다. 유치원이 끝날 때쯤 아이들은 자신이 누구인지에 대한 개념을 가지게 된다. 그리고 어른들의 비계와 독립된 지난 기억에 대한 비교적 일관성 있는 설명을 할 수 있게 된다. 그럼에도 불구하고 아이들과 소통하는 부모들의 방식은 아이들의 이야기에 큰 영향을 미친다. 예를 들어, 계속적으로 질문을 많이 하고 **묘사적인 대화패턴**을 시도하는 부모의 아이들은 결과적으로 더 자세하게 전기적 기억을 발전시키게 된다. 반대로 **규제된** 대화방식을 가진 사람들은 아이들의 개인적 이야기도 섬세함이 부족한 편이다(Reese & Farrant, 2003).

초등학교를 지나면서 좋은 이야기가 무엇이고 그것은 무엇을 포함하는지 기본적인 생각을 갖게 된다. 이 과정에서 우리는 많은 것을 경험하고, 이 경험을 이야기 형식으로 바꾸며, 전기적 기억 장치에 일종의 에피소드로 저장하게 된다. 따라서 청소년기에 이르러서 우리는 정체성의 기본적 구조가 되는 다양한 경험을 얻는 셈이다. 우리 인생 이야기를 위한 기본적인 자원이다. 이러한 자원으로 만들 수 있는 가능성은 무궁무진하지만, 인생에 있어서나 정체성 문제에서는 자원 이상의 것으로 초월하기는 힘들다.

문화와 이야기

개인의 인생 이야기는 **심리사회적 구성물**(psychosocial construction)이다. 이야기는 사람에 의해서 발전되지만, 이야기 구성을 위한 가능성은 문화에 의해 결정된다는 의미다. 개인이 문화와 함께 동시에 성체성을 만들어나가는 경우도 있다(McAdams, 1996b). 다양한 이야기늘은 다양한 문화권에서 의미를 만든다. 예를 들면, 마틴 루터의 자서전은 16세기 독일에서는 의미가 있었지만, 오늘날 우리가 보기에는 생소한 내용이 많다(Erikson, 1958). 인도의 한 시골 마을에 사는 사람이 표현한 오늘 아침 공기의 상쾌함은(Shweder & Much, 1987) 보스턴 중심에 거주하는 사람에게는 공감을 이끌어내기 힘들 것이다. 나아가 현대 미국과 같은 사회 안에서도 다양한 집단에 따라서 다양한 서사적 문제점이 나타난다. 페미니스트 문제나 성별, 계층사회의 구조에 따라 다른 결과가 나올 수 있다. Carolyn Heilbrun(1988)은 많은 여성들은 "전통적으로 자신 인생을 제어할 수 있는 이야기, 사례, 구조 등을 많이 갖지 못했다"(p. 17)고 설명했다. 또한 흑인들이 미국에서 겪은 많은 일들은 오늘날 미국인들이 경험하는 일과는 많은 차이가 있다(Boyd-Franklin, 1989). 따라서 인생 이야기는 성별 문제나 계층의 문제를 넘어서 사회에 존재하는 문화적, 경제적, 정치적 이슈를 모두 반영한다고 볼 수 있다(Franz & Stewart, 1994; Gregg, 2006; Rosenwald & Ochberg, 1992).

사람들은 자신 이야기를 다른 사람에게 말하면서, 타인 이야기를 들으면서, 그리고 거기에 반응하고 사고하면서 자신에 대한 서사적 이해를 한다. 다양한 이야기는 다양한 이유로 서로 다른 사람들에게 전해진다. 실제로 많은 이야기들은 서사적 정체성과 관련이 없는 경우도 많다. 예를 들어 사람들은 시간을 때우거나 재미와 유흥을 위해, 소문을 퍼트리거나 설득하기 위해, 사회적 관계를 굳건하게 하기 위해 의미 없는 이야기를 하기도 한다(Alea & Bluck, 2003; McLean & Thorne, 2006). 하지만 몇몇 이야기들은 자기의 서사적 구조에 큰 영향을 줄 수도 있다. 언제 심리적으로 의미 있는 대화적 에피소드가 일어날지는 예측하기 힘들고, 불가능할지도 모른다. 개인이 자신 인생 이야기에 대한 새로운 깨달음을 언제 얻을지 모르는 것과 비슷한 원리다.

사람들은 개인적 일을 청취자의 입장에 따라서 다양한 방법으로 이야기한다. Kate McLean(2005)은 어린 청소년일수록 자기규정적 기억을 부모에게 말하지만, 나이가 들수록 부모 대신 친구를 대화상대로 삼는 것을 발견했다. 청소년과 어린 성인들은 유머를 이용해 설명하는 동시에 즐거움을 주려고 노력하기도 한다(McLean & Thorne, 2006). Pasupathi(2006)는 극적인(dramatic), 그리고 반성적인(reflective) 대화방법이라고 부른 것을 번갈아 가면서 사용하기도 한다고 했다. 극적인 방법에서 대상은 비언어적 신호를 많이 사용하고, 대화를 이용하며, 이야기 과정에서 본래의 일 자체를 보여주려고 노력한다. 반성적 대화방법에서는 사건 자체보다는 그 사건으로 인해서 개인이 느낀 감정을 더 중요시한다. 이렇게 되면 정보를 더 효과적으로 전달하게 되고, 극적인 대화방법에서는 명확하고 재미있는 이야기 전달이 가능하다.

인생 이야기는 복잡한 문화적 맥락 안에서 만들어지고 이야기된다. 종교적·정치적 전통, 성별과 사회적 구조, 믿음과 신념체계는 사람들이 어떠한 이야기들을 하는지를 결정한다(Hammack, 2006, 2008; McAdams, 2006). 최근에 심리학자들은 동아시아 사회와 북미 사회 간 전기적 기억에서 어떠한 차이점이 있는지를 확인했다. 예를 들면, 북미의 성인들은 보통 첫 기억을 더 어릴 때 하고, 유아기에 대한 기억이 중국·일본·한국 성인들에 비해서 더 자세한 편이다(Leichtman, Wang, & Pillemer, 2003). 나아가 미국인들의 개인적 기억은 동아시아인의 기억보다 더 자기중심적이기도 하다(예 : Wang, 2001). 이러한 차이점들은 동아시아 사회는 자기의 상호적인 구성을 중요시하는 반면, 서양 사회들은 독립적 자기개념을 중시한다는 사실을 반영한다. 어렸을 때부터 서양인들은 독립적인 자기개념을 생각하는 반면, 더 공동체적인 사회에서 자란 사람들은 말하는 것보다 듣는 것을 더 중요시하는 교육을 받고, 타인과 사회적 맥락을 우선시하는 훈련을 받게 된다.

Wang과 Conway(2004)는 유럽 태생 미국인과 중국 성인들을 대상으로 20가지 전기적 기억을 떠올리도록 했다. 미국인들은 일시적인 개인적 경험을 주로 이야기했고, 그 일에서 본인의 역할과 감정에 충실한 모습이었다. 반대로 중국 성인들은 사회적 · 역사적 일을 더 중요시했고, 타인과의 소통을 더 많이 떠올리는 경향을 보였다. 그들은 미국인보다 더 많은 윤리적 메시지를 보내기도 했다. Wang과 Conway는 개인적 이야기들은 자기표현적, 자기지도적 기능 모두를 한다고 설명했다. 미국인들은 개인적 일을 내면의 자기의 깊이와 특별함을 보여주는 수단으로 생각했다. 반면 중국인들은 개인적 일을 좋은 사회적 행동을 위한 준비단계라고 생각하는 특징을 보였다. 이는 유교의 전통에서부터 비롯된다. 개인들은 과거의 경험에서부터 배우고 조상을 포함한 타인에게서 많은 것을 배우도록 교육된다. 유교적 관점에서 가장 높은 가치는 인(仁)이다. 이를 촉진하기 위한 한 가지 방법은 사회적 세상에서 본인의 위치를 인식하고 역사적 일을 생각하며 반성하는 것이다. 따라서 유교적 전통이 가미된 개인의 인생 이야기는 인생의 방향성을 얻기 위해서 개인적인 일과 역사적인 일을 모두 포함하게 된다.

심리사회적 구조가 문화 안에서 만들어짐에 따라 인생 이야기는 사실에 기초하게 되는데, 비단 그것뿐이 아니다. 예를 들어보자. 나는 1954년 2월 7일 태어났다. 출생증명서로 알아볼 수 있는 사실이다. 따라서 내 인생 이야기는 내 출생일과 관련한 이 단순한 진실을 포함한다. 내 출생과 관련한 다른 사실은 나는 태어날 때 저체중이었다는 점이다. 아버지는 항상 내가 너무 가벼웠기 때문에, 살 확률이 50%밖에 되지 않는다고 말했다. 지난 50년간 아버지에 대해 배운 것을 토대로 생각해보면, 그 '사실'을 지어냈을 수도 있다. 하지만 아닐 가능성도 있다. 그렇게 된다면, 실제로 일어나지 않았던 일임에도 불구하고 의사와의 대화가 내 인생 이야기의 구성이 되었던 것이다. 나는 항상 50%의 생존율을 뛰어넘어 살아남았기 때문에 내가 운이 좋다고 생각했다. 더 중요한 것은 내가 죽을 수도 있었다는 생각은 나와 타인들의 죽음에 대해서 더 진지하게 생각해볼 기회를 제공했다. 또한 이 사실은 인생에 있어서 어려운 일이나 큰 도전을 하지 않는 조심스러운 태도로 이어지기도 했다. 지금 와서는 아버지와 의사의 그 대화가 실제로 일어나지 않았을 수도 있다는 것을 알지만, 내 인생 이야기는 항상 그 대화가 실제로 일어났다는 전제를 가정하고 만들어져 온 것이다. 나는 상상력을 통해서 특정 '진실'을 마주해 나만의 방법으로 가능성을 생각했다. 인생 이야기는 100% 사실에 기초해 있지도 100% 상상의 산물도 아니다. 그 중간의 무엇이다.

제롬 존슨의 예로 돌아가 보자. 킹 목사와의 만남이 정말 승진 시험을 보도록 만든 것일까? 어떻게 확인할 수 있을까? 목사를 만나지 않았어도 시험을 봤을 수도 있다. 아니면 처음부터 경찰서장이 될 운명이 아니었을 수도 있다. 킹 목사 이야기가 전체적으로 허구는 아니겠지만, 존슨의 말대로 그가 정말로 "포기하지 말라"고 정확히 말했을까? 그렇지 않았다면 어떨까? 그게 중요한 것일까? 여기서 중요한 것은 존슨은 오늘날 그가 구성한 그대로 자신의 인생 이야기를 본다는 점이다. 자기를 구성하는 이야기를 자신이 보는 관점에 따라 믿은 것이다. 그가 어떻게 본인 인생을 이해했는지 정확히 이해하려면, 1960년 언젠가 킹 목사와 만났던 그 순간으로 돌아가 확인할 수밖에 없다.

이야기 주제와 에피소드

심리학자는 개인의 인생 이야기와 관련한 정보를 어떻게 수집할까? 보통 인생 이야기의 내용은 인터뷰나 설문지를 통해 획득한다(McAdams, 2008). 표 10.4는 내가 연구과정에서 사용한 인생 이야기 인터뷰를 보여준다. 제롬 존슨이 이 질문에 답했다. 여기서 참가자는 자신의 인생을 책의 장으

표 10.4	인생 이야기 인터뷰

1. 인생의 장	참여자들은 삶을 주요한 주제들로 나누고 각각의 줄거리를 요약한다.
2. 여덟 가지 주요 사건들	여덟 가지 장면들에서 참여자들은 무슨 일이 일어났고, 누가 관여되어 있는지, 무엇이 그들로 하여금 그 장면에서 그와 같은 생각과 느낌을 갖게 했는지, 그 장면이 그들에 대해 무엇을 말해주고 있는지 답한다. 여덟 가지 에피소드는 다음과 같다.

        (1) 최고의 순간

        (2) 최악의 순간

        (3) 전환점

        (4) 가장 어렸을 때의 기억

        (5) 중요한 어린 시절의 에피소드

        (6) 가장 중요한 청소년기의 에피소드

        (7) 중요한 성인기의 에피소드

        (8) 다른 중요한 에피소드

3. 삶의 위기들	참여자들은 그들이 당면한 삶의 큰 위기 또는 문제들을 설명하고 어떻게 위기상황이 전개되었는지, 어떻게 그들이 위기를 극복해 나갔는지를 설명해나간다.
4. 주요한 특징들	참여자들은 이야기에서 가장 긍정적, 부정적으로 영향을 미치는 장을 자세하게 설명해나간다.
5. 미래 이야기	참여자들은 이야기가 어디로 흘러가는지, 다음에는 무슨 일이 일어날지, 미래에는 어떤 일이 일어날 것 같은지, 예를 들어 목표, 꿈, 미래의 두려움 등에 대해 소개한다.
6. 자신의 신념	종교와 정치적 신념과 같은 근본적인 가치기준들에 관한 질문들에 답하면서 이러한 가치들이 시간에 따라 어떻게 발전해나가는지를 서술한다.
7. 인생 주제	참여자들은 인생 이야기에 통합적인 하나의 주제를 명시한다.

출처 : *The Stories We Live By : Personal Myths and the Making of the Self*, by D. P. McAdams, 1993, New York: William Morrow.

로 표현하도록 지시를 받는다. 그리고 각 장의 내용을 정한 후, 특히 8개의 중요한 배경이나 에피소드를 설명하게 한다. 중요한 일, 중요하지 않은 일, 그리고 인생의 전환점이 포함된다. 각 에피소드당 응답자는 정확히 무슨 일이 있었고 어떤 사람들이 연관됐는지, 그 당시 무엇을 생각하고 느꼈는지, 그것이 인생 전반에 던지는 시사점은 무엇인지 아주 자세하게 기술해야 한다. 따라오는 질문에서 응답자들은 본인이 마주한 중요한 인생의 도전을 설명하고, 이야기의 긍정적 · 부정적 인물을 소개하고, 미래에 대한 계획을 말하고, 근본적인 종교적 · 정치적 · 도덕적 가치를 설명하도록 요구받는다. 인터뷰 마지막에 응답자는 자기가 말한 이야기를 되돌아보며 중심 주제나 메시지를 확인하도록 한다. 총 2시간 정도가 걸리는 이 인터뷰는 보통 테이프로 녹음되고 문서화되어 다양한 연구자료로 쓰인다.

인생 이야기를 분석하는 방법은 여러 가지가 있다. 최근 연구자들은 특히 인생 이야기의 중심 주제(thematic)가 되는 줄기에 집중했다. 주제가 되는 줄기는 이야기의 등장인물이 계속적으로 원하는 것을 말한다(McAdams, 1985c). 많은 이야기에서 사람들은 보통 권력이나 사랑 또는 둘 다를 원한다. 보편적으로 여기에는 Bakan(1966)이 자기보존능력과 공존이라고 말한 개념이 포함된다. 제3장에서 살펴본 것처럼, 이 둘은 모든 생물 안에 존재하는 기본적 개념이다. 자기보존능력은 타인에게

표 10.5	중요한 전기적 에피소드에서의 자기보존과 공존의 주제들

자기보존

자기완성적	주인공은 자기를 성공적으로 완성, 통제, 확장, 보호하기 위해 노력한다. 강압적이고 실질적인 행동을 하지만, 주인공은 자기를 강하게 할 수 있으며 더 강인하고 지혜롭고 세상에 맞서 힘 있는 주체자가 될 수 있다.
지위/성공	주인공은 동료들 사이에서 높은 지위와 특권을 획득하게 된다. 경쟁에서 특별한 관심을 불러모으거나 승리하게 된다.
성취/책임	주인공은 과업, 직업, 목표에서 성취를 이루게 되거나 중요한 책임의 자리를 잘 완수해낸다.
권한	주인공은 자기보다 더 힘이 큰 누군가 또는 어떤 것과 연합하여 세력을 확장하거나 힘을 얻게 된다.

공존

사랑/우정	주인공은 다른 사람과 함께 사랑 및 우정이 쌓여가는 것을 느낀다.
대화	주인공은 다른 사람 또는 집단에서 비구조적 또는 상호호혜적인 의사소통 또는 대화의 형태를 갖는다.
돌봄/도움	주인공은 다른 사람에게 돌봄, 지지, 양육, 도움, 치료를 제공해주며, 다른 사람의 신체적, 물리적, 사회적, 감정적 안녕과 복지 향상에 기여한다.
통합/함께 함	주인공은 집단과 공동체 심지어는 인류 안에서의 하나 됨, 조화로움, 균형, 함께 함, 소속감, 동맹 등을 느낀다.

출처 : "Themes of Agency and Communion in Significant Autobiographical Scenes," by D. P. McAdams, B. J. Hoffman, E. D. Mansfield, & R. Day, 1996, *Journal of Personality*, *64*, 339–377.

서 벗어나 자신을 확장하고 주장하고 보호하려는 욕구를 말하고, 권력이나 외향성을 통해 확인되며, 권력욕구나 성취감으로 이어진다. 공존은 타인과 협동하고 사랑과 우정, 공동체 의식으로 이어지기 원하는 노력을 의미한다. 친화성과 협동, 친밀감 욕구와 비슷한 개념이다. 인생 이야기는 이러한 두 가지 주제의 줄기를 통해서 이해될 수 있다. 자기보존적 인생 이야기에서 등장인물은 권력, 성취감, 독립심을 이루기 위해 노력하고, 공존적 인생 이야기에서는 우정과 사랑, 공동체 의식 등이 목적이 된다. 몇몇 이야기들은 두 가지 요소가 모두 높은 편이고, 다른 이야기들은 모두 낮은 편이다.

연구자들은 이 두 가지 주제를 다양한 방법으로 분석했다. 나와 동료들은 자기보존능력과 공존을 각각 네 가지 하부 주제로 분석하는 체계를 개발했다(McAdams, Hoffman, Mansfield, & Day, 1996). 각 하부 주제는 인생 이야기의 중요한 에피소드를 통해서 확인될 수 있는데, 표 10.5에 나와 있다. 자기보존능력에 있어서 인생 이야기 에피소드는 자기만족, 승리, 책임감/성취감, 권한 등의 하부 주제로 확인할 수 있고, 공존에 있어서는 사랑/우정, 대화, 도움, 통합성 등을 통해 확인된다.

연구를 보면, 인생 이야기의 자기보존과 공존의 정도는 사람들의 동기적 욕구와 연결된다는 것을 알 수 있다. 표 10.5에 나온 것처럼 자기보존적 하부 주제로 가득 찬 인생 이야기를 하는 사람들은 보통 PSE 테스트를 하면 성취와 권력동기가 높게 측정된다(McAdams, 1982a, 1984a; McAdams et al., 1996). 공존적 하부 주제 점수가 높은 경우는 PSE 테스트를 하면 친밀감 동기가 높고, 타인과의 관계를 중요시하는 성향이 발견된다. Barbara Woike(1995; Woike, Gershkovich, Piorkowski, & Polo, 1999)는 다양한 연구를 통해 이러한 주제와 PSE 테스트 결과의 상관관계를 연구했다. 가장 중요한 인생 경험을 물어보고 나서 자기보존적 이야기는 권력과 성취동기와 그리고 공존적 이야기는 친밀감 동기와 일치한다는 것을 알아낸 것이다. 나아가 Woike는 동기는 인생 이야기의 내용뿐 아니라, 이야기하는 사람의 인지유형과도 관련이 있음을 밝혔다. 권력동기와 성취동기가 강한 사람들은 분석적이고 체계화된 방법으로 자기보존적 일을 설명하는 경향이 있다. 반대로 강한 친밀감 동기가 있는 사람들은 공존적 일이나 비슷한 점을 발견하는 일을 할 때 통합적인 형식을 선호하는 경향이 있다.

자기보존과 공존이 전기적 기억의 내용 주제를 의미한다면, 통합의 개념은 이야기의 구조나 유형에 더 관련이 있다. 구조와 관련해보면 인생 이야기는 서사적 복잡성의 측면에서 매우 다양하다. 매우 복잡한 이야기는 많은 다른 생각과 이야기를 포함하고 이들 간의 연결고리를 설명한다. 반대로 단순한 이야기에는 줄거리가 몇 개 없고 요소들 간 연결점도 많이 없다. 복잡할수록 좋은 이야기는 아니며, 단순히 다를 뿐이다. 예를 들어, 찰스 디킨스(예 : 데이비드 코퍼필드) 또는 표도르 도스토옙스키(예 : 카라마조프가의 형제들)의 전형적인 소설에 다양한 개성과 복잡한 하위 줄거리들을 우아한 F. 스콧 피츠제럴드의 위대한 개츠비 또는 어니스트 헤밍웨이의 노인과 바다에 비교해보라. 이 4개의 소설은 모두 유명한 고전이다. 이들 중 2개는 구조적으로 더 복잡하며 다른 2개는 상대적으로 문학적 가치를 결정할 때 상관이 적은 것으로 보인다.

1단계와 2단계의 특정 성격요인은 인생 이야기의 서사적 복잡성과 관련이 있을 수 있다. 예를 들면, 개방성이 높은 개인들은 더 복잡한 자기 전기적 기억을 한다고 한다(McAdams et al., 2004; 또한 Raggatt, 2006b 참조). 연구를 보면, 자아발달을 다룬 Loevinger의 개념은 인생 이야기의 복잡성과도 관련이 있음을 알 수 있다. 50개의 인생 이야기 연구에서, 자아발달이 높은 성인들은 이야기에 더 많은 줄거리를 넣는다는 것을 알 수 있었다(McAdams, 1985c). Helson과 Roberts(1994)는 자아발달이 높은 중년 여성일수록 더 복잡하고 세세한 인생 이야기를 만든다고 말했다. 나와 내 동료들은 대학생들이 본인의 종교적 이야기를 어떻게 표현하는지의 연구에서 자아발달이 높은 학생들은 **변화와 성장**에 초점을 맞춘 이야기를 만들어 더 새롭고 개인화된 종교적 관점을 위해 노력한다는 것을 알았다(McAdams, Booth, & Selvik, 1981). 반대로 자아발달이 낮은 학생들은 신념에 문제가 있었음을 인정하지 않고, **안정감과 일관성**에 초점을 둔 이야기를 발전시켰다. 나아가 집단의 역할과 타인의 믿음을 중요시해서 Loevinger의 I-3단계에 해당하는 모습을 보였다. 아래의 첫째 예시는 자아발달이 높은 여성이고, 둘째는 자아발달이 낮은 남성의 경우다. 차이점은 무엇일까?

자아발달이 높은 대학생 : 나는 가장 중요한 문제는 윤리적 이슈라고 생각한다—낙태를 하는 친구들이나 내가 일하는 곳에서의 문제점 등. 옳고 그름의 기준이 흐릿해졌다. 이러한 문제점은 하나씩 해결될 수 있지만 곧 더 큰 문제가 생겨난다. 나는 독일로 떠난 여행에서 세계 2차 대전 수용소 앞에 서서 주일학교의 신에게 어떻게 이런 일이 생기게 놓아두었느냐고 물었다. 이 문제는 풀리지 않았지만, 무시되지도 않았다. 신과 대화할 기회가 생기길 고대한다(McAdams, 1985c, p. 221).

자아발달이 낮은 대학생 : 나는 실재적인 것을 찾는다. 대학교에서 나는 성경, 신의 본질, 개인적 믿음과 경험에 대한 회의감이 생겼다. 성경은 권위가 없는 하나의 책으로 보였고, 신은 이상적 존재라기보다는 개념에 불과했다. 신을 인식하고 그와 동일시하는 개인적 경험은 주관적 감정적 경험이었다. 나는 계속해서 기도하고 많은 책을 읽어 신과 대화하려 했다. 예수는 실존하고, 신은 살아 있으며, 성경이 곧 그의 말이라는 내면적 믿음의 힘을 믿었다. 나는 사람들의 인생을 보면서 누가 좋은 의미로 다른지, 누가 정말로 타인을 보살피고 사랑하는지를 찾았다. 그리고 나는 그들이 믿는 것을 이해하고 그들의 말을 들었다. 그 사람들은 나의 내면적 욕구를 충족해주었다. 신을 보는 학구적 관점은 인생의 에너지를 가지고 있지 않았다. 재미있고 논리적이었지만, 내가 인생에서 찾는 무언가는 빠져 있었다(McAdams, 1985c, pp. 222~223).

연구자들은 종종 개인 인생의 모든 이야기보다 1~2개의 중요한 에피소드에 집중한다(Thorne, Cutting, & Skaw, 1998). Pillemer(1998)는 인생의 중요한 기억을 통해 개인의 경험을 알아보았다. 이런 개인적 경험은 이미지가 다양하고 섬세한 많은 인생의 한 장면이나 순간에 집중한다. Pillemer는 생생하게 기억되는 일의 네 가지 종류를 강조했다. (1) 이야기 줄거리의 처음을 상징하는 **시작**, (2) 한 가지에서 다른 줄거리로 바뀌는 중요한 **전환점**, (3) 주어진 이야기의 안정성이나 지속성을 상징하는 **정박효과**, (4) 인생 이야기의 다른 일에서도 찾아볼 수 있는 **유사성**.

Jefferson Singer(1995; Singer & Salovey, 1993)는 **자체 정의한 기억**(self-defining memory)이라는 용어를 만들어내서 개인이 본인 인생에 특별히 의미 있다고 생각되는 일의 기억을 설명했다. 자체 정의한 기억은 "생동감 있고, 반복되며, 다른 유사한 기억과 연결되어 있고, 개인 인생에서 계속적으로 나타나는 문제나 풀리지 않는 중요한 주제와 연관되어 있다(Singer & Salovey, 1993, p. 13)." Moffitt과 Singer(1994)는 대학생을 대상으로 자체 정의한 기억과 개인적 노력/목표를 알아본 실험을 했다. 그들은 목표와 관련된 자체 정의한 기억이 많은 학생일수록 기억에 대한 더 긍정적인 감정을 가졌다는 결과를 찾았다. 나아가 원하지 않는 결과를 피하는 데 노력과 시간을 많이 들인 학생의 경우 긍정적 감정 주제와 관련된 자체 정의한 기억이 적은 편이라고 말했다. Blagov와 Singer(2004)는 자기억제력이 좋은 편인 학생들은 의미와 개인적 중요성을 더 중요시한다고 말했다. 같은 연구에서 더 억압되거나 방어적인 학생들은 디테일이 부족한 보편적인 기억만을 생각한다는 것도 알아냈다. Singer(1997)는 알코올과 마약과 관련해 남성의 자체 정의한 기억을 연구했다. 이러한 기억에는 보통 긍정적인 주제가 부족하다. 알코올이나 마약중독에서 벗어나려면 자기보존과 공존을 긍정적으로 확인하고, 희망과 헌신을 포함하는 새로운 자체 정의한 기억이 생겨야만 한다.

McLean과 Thorne(2003)은 대학생들이 작성한 자체 정의한 기억들을 분리·친밀감·갈등으로 분류하고, 기억들이 학습되고 통찰을 얻은 범위에 따라 범주화했다. 기억들은 부모와 관련된 것과 친구와 관련된 것으로 분류되었다. McLean과 Thorne은 대학생들이 그들의 부모와 관련해 분리와 친밀감 모두를 나타내주는 많은 주제들로 자체 정의한 기억들을 불러일으키는 경향이 있다는 것을 발견했다. 이혼은 많은 학생들의 이야기 속에 강력한 촉매작용을 했는데 부모가 갈라섰을 때는 분리를 나타내주었고, 슬퍼하는 부모를 위로해주는 자신을 발견했을 때는 친밀감을 나타내는 것을 알 수 있었다. 갈등은 친구보다 부모와 관련된 기억에서 더 자체 정의한 기억을 불러일으켰다. 하지만 갈등의 기억들은 성장과 통찰을 향상시키는 것으로 보이는 기억들과 같았다. 다른 연구들에서는 성장과 통찰을 제공해주는 자체 정의한 기억들은 심리적 건강과 심리사회적 성숙성과 관련된다는 결과를 지지해주었다(Bauer & McAdams, 2004).

심리상담을 받아본 사람들은 상담 자체가 자체 정의한 인생의 일이라고 생각한다. 상담이 끝난 몇 년 후에, 그때를 되돌아보면서 상담 경험이 중요한 일이었다고 생각하게 된다. 따라서 몇몇 사람들에게 심리상담은 계속되는 서사적 정체성의 큰 부분일 수 있다. Adler와 McAdams(2007)는 심리상담 경험이 있는 사람들을 대상으로 연구했다. 참가자들은 애초에 상담을 하게 된 원인, 즉 2개의 중요한 상담 장면, 상담이 어떻게 끝났는지에 대해 답변했다. 연구자들은 또한 현재의 심리적 안정 감과 성숙도도 측정했다. 심리학적 결과가 현재 좋게 나타나는 사람들은 과거의 상담 기억에 대해 서 명백하고 확실한 기억을 하는 편이었다. 놀랍게도 그들의 이야기는 정신적 건강을 회복하는 데 상담가의 중요성을 별로 보이지 않았다. 과거의 문제를 극복하고 상담을 통해 나아졌다는 것은 상 담가보다는 자기 자신의 노력의 결과라고 생각하는 것이다. 이러한 상담 이야기는 인생에서 문제가 생겼을 때 이를 어떻게 해결할 수 있었는지 보여주는 동시에 극복 과정에서 본인의 노력과 힘을 강 조한다.

인생 이야기 연구자들은 자체 정의한 기억과 다른 전기적 장면들이 생겨나는 중요한 대인적, 사회적 조건을 연구하기도 했다. Monisha Pasupathi(2001; Pasupathi & Rich, 2005)는 친구들을 대상으로 한 친구가 다른 친구에게 인생의 중요한 일을 말해주는 장면을 연구하는 실험을 했다. 조 건은 두 가지였다. 첫 번째 조건은 상대가 말하는 이야기에 대해서 귀 기울여 듣도록 했다. 두 번째 조건은 일부러 다른 생각을 하면서 상대의 이야기에 집중하지 않도록 했다(상대가 말하는 이야기 중, th로 시작하는 단어가 몇 개인지 생각하도록 함). 또한 듣는 역할의 사람들은 자신이 실험의 대 상이라는 사실을 상대에게 말하지 않도록 지시받았다. 첫 번째 조건의 사람들은 대화가 긍정적이고 좋은 경험이었다고 생각했고, 둘째는 그렇지 못했다. 몇 주 후 측정했을 때, 첫 번째 조건의 사람들 은 지난 대화의 기억을 더 긍정적으로 기억했고, 두 번째는 그러지 못했다. 대화의 내용도 잘 기억 하지 못했다. 대화의 질은 이어지는 전기적 기억에 영향을 준다. 결론은 청자가 화자의 말에 집중하 지 않는다면, 결국 인생 이야기를 잊어버리게 된다는 것이다.

운 좋게도 실제로 많은 사람들은 열심히 듣는 편이다. 특히 자기 인생에 중요한 사람들과의 대 화일 때는 더 집중한다. Avril Thorne(2000; Thorne & McLean, 2003)은 트라우마와 다른 감정적 인 일의 기억에 대해 말할 때 청자의 집중하는 정도를 알아보는 실험을 했다. 놀랍게도 그러한 경험 을 하자마자 짧은 시간 내에 타인에게 전달하려는 사람들이 많다고 한다. 친밀한 타인과 경험을 나 누는 것은 Thorne이 말한 **친밀한 기억**(intimate memories)과 이어진다. 자기 인생에서 가장 중요 하고 자체 정의한 에피소드를 말로 전달함으로써 듣는 사람으로부터 공감과 응원을 얻어낼 수 있는 것이다. 또한 사람들은 말을 할 때마다 자신의 자체 정의한 기억 내용의 본질을 재구성하고, 더 자 세하고 명확하게 만들어나간다고 한다. 듣는 사람들은 이야기의 의미를 찾는 데 도움을 주고, 시간 이 지남에 따라 이야기가 어떤 방향으로 발전되어야 하는지 도와주기도 한다.

이야기 종류

아리스토텔레스 시대부터 학자들은 이야기는 한정된 종류로 나눠질 수 있다고 생각했다. 아리스토 텔레스는 기본적으로 네 가지 원형을 강조했다—희극, 비극, 로맨스, 아이러니(comedy, tragedy, romance, irony). 몇몇 연구에 따르면, 인생 이야기들은 네 가지 신화적 원형을 모두 포함한다고 한 다(Crewe, 1997; McAdams, 1985c; K. Murray, 1989). Gergen과 Gergen은 안정적 이야기, 진보 적 이야기, 퇴화적 이야기를 구분했다. 안정적 이야기에서 주인공은 발전하거나 변화하지 않는다. 진보적 이야기에서는 시간이 지나면서 성장하고 변화하며, 퇴화적 이야기에서는 이야기가 진행되 면서 발전적 힘을 잃게 된다. Gergen은 Joseph Campbell(1949)이 **영웅의 신화**(myth of the hero)

라고 부른 개념을 설명했다. 서양 사회, 특히 남성들 사이에서 정체성의 성장과 관련이 있는 흔한 서사적 개념이라는 것이다. 영웅 이야기는 다양한 문화권에서 이야기와 신화 형태로 등장하는데 이는 분리, 시작, 돌아옴의 방향을 따른다. 일반적으로 "영웅은 평범한 세상에서 초자연적 놀라움이 있는 다른 세계로 들어간다. 놀라운 힘을 만나서 결정적인 승리를 한다. 그리고 일반 사람들에게 도움을 줄 수 있는 신비한 힘을 가지고 신화에서부터 돌아온다(Campbell, 1949, p. 30)."

Campbell의 영웅 신화는 특히 선형적인 이야기다. 주인공은 시간이 지나면서 계속해서 자라고, 확장되고, 성장하기 때문이다. Gergen과 Gergen(1993)에 의하면, 이러한 이야기 형식은 여성보다 남성의 인생에서 더 찾아보기 쉽다고 한다. 여성들의 인생 이야기는 더 복잡하고 모순적이며, 애매한 감정적 상태가 계속해서 나타나는 모습을 갖춘다. 나아가 여성의 인생 이야기는 더 **육체**와 **관련이 있다(embodied)**. 다른 학자들은 여성들의 이야기나, 문화적 · 경제적으로 어려운 사람들의 이야기는 보통 부계 중심적 사회에서 인정받지 못했기 때문에 심리학자들에게 미스터리로 남아 있는 분야라고 설명한다(Heilbrun, 1988; Stewart, 1994).

몇몇 학자들은 이야기들의 보편적인 종류를 알아본 한편, 다른 사람들은 특정한 이야기(일 이야기; Mishler, 1992; Ochberg, 1988, 부모의 이야기; Pratt et al., 2001 등)를 집중적으로 연구했다. 예를 들면, Modell(1992)은 부모들이 아이를 입양시키는 경우 그들이 말하는 인생 이야기에서의 일반적인 주제와 전략을 연구했다. Walkover(1992)는 부모가 된 결혼한 부부들은 아이를 갖기 직전에, 아이를 가지면 인생이 완벽하게 아름다워질 것이라고 믿는 일종의 이상적인 생각을 가지고 인생 이야기를 만든다고 말했다. Linn(1997)은 공격성에 기반을 둔 비윤리적 행위를 하기 거부하는 이스라엘 군인들의 인생 이야기 간 공통점을 연구했다. Gregg(1996)은 현대 모로코의 젊은 사람들이 느끼는 현대성과 전통 이슬람 믿음 가치 간 충돌에서 오는 인생 이야기의 공통점을 알아보았다. Linde(1990)는 미국 성인을 대상으로 한 조사에서 참가자들 대부분은 본인 인생 이야기를 구성하

표 10.6	구원적 자기 : 성숙한 미국 성인의 다섯 가지 인생 이야기 주제들
1. 초기의 장점	어렸을 때, 이야기 주인공은 가족에게서 특별한 혜택 및 은혜를 누린다. 생애 초기를 지나는 동안에 주인공은 긍정적인 방식으로 자신이 특별한 존재라는 느낌을 갖는다.
2. 타인의 고통	이야기 초반에 주인공은 다른 사람의 고통과 불행을 목도하며 그들에게 동정심을 느낀다. 주인공에게 관심의 주제는 아픔, 죽음, 장애, 정신질환 및 경제적 불이익, 또는 특별한 관심과 돌봄을 필요로 하는 수많은 다른 집단 또는 사람들을 향해 있다.
3. 도덕적 견고함	청소년기에, 주인공은 자신의 삶을 이끌어나갈 자신만의 확고하고 일관성 있는 신념체계를 구축해나간다. 이 신념체계는 대체로 종교에 뿌리를 두고 있으며, 시간의 흐름에 따라 비교적 안정된 특성을 갖고 있다. 신념체계가 한 번 세워지고 난 이후에 주인공은 심오한 이성적 의구심, 불확실성, 위기감을 느끼지 않게 된다.
4. 구원적 시퀀스	나쁘거나 감정적으로 부정적인 영향을 미칠 수 있는 삶의 사건들은 즉시 좋거나 감정적으로 긍정적인 결과에 이끌릴 수 있다. 나쁜 장면은 그다음에 주어질 결과에 따라 구원되거나, 더 나은 결과로 변화된다.
5. 친사회적 미래	삶의 이야기에서 미래의 장을 들여다보면, 주인공은 사회에 유익이 될 수 있는 목표를 세운다.

출처 : "Stories of Commitment: The Psychosocial Construction of Generative Lives," by D. P. McAdams, A. Diamond, E. de St. Aubin, & E. Mansfield, 1997, *Journal of Personality and Social Psychology*, 72, 678-694.

기 위해 유명한 심리학 이론의 이미지와 주제를 빌려온다는 것을 밝혀냈다. Maruna(1997, 2001)는 전과자를 대상으로 한 조사에서 처음에 범죄를 어떻게 시작했으며 나중에 어떻게 끝냈는지 설명하는 과정에서 일련의 공통점이 있다는 것을 알아냈다. 이러한 교화 이야기(reform narrative)는 수동적인 희생이 어떻게 계속적으로 반복되어 결국 범죄로 이어졌는지를 설명해준다. 악순환은 주인공이 공동체성과 개인성을 향한 두 번째 기회를 받기 전까지 계속해서 이어진다. 전과자의 인생 이야기는 주인공이 생식적인 노력을 통해서 세상에 무언가를 돌려주는 데 성공하고, 다른 전과자나 사람들에게 희망적인 도움을 주는 것이 가능할 때 결과적으로 긍정적인 결말을 얻는다.

내 동료들과 나는 Erikson이 말한 성숙성(generativity) 수치가 높은 40명의 중년 성인들과 수치가 상대적으로 낮은 30명의 중년 성인의 인생 이야기를 비교해보는 실험을 했다(McAdams, Diamond, de St. Aubin, & Mansfield, 1997). 성숙성이 높은 40명은 성숙성의 자가 측정 결과나 자원봉사 빈도가 높은 편이었다. 반면 수치가 낮은 사람들은 다음 세대에 대한 관심이 부족한 편이었고, 자가 측정 성숙성 수치도 낮게 나왔다. 성숙한 성인들은 Tomkins(1987)가 말한 헌신적 대본을 포함한 인생 이야기를 할 가능성이 높았다. 표 10.6을 보면 이야기의 다섯 가지 기본적 주제가 나온다. (1) 초기의 장점, (2) 타인의 고통, (3) 도덕적 견고함, (4) 구원적 시퀀스, (5) 미래에 대한 친사회적 목표. 모든 인생 이야기는 특별하지만, 전체적으로 성숙성이 높은 성인들은 위 다섯 가지 주제가 인생 이야기에 더 자주 등장하는 특징을 보였다. 이야기의 중심적 생각이 구원적(redemptive)이기 때문에 이러한 이야기에 **구원적 자기**(redemptive self)라는 이름을 붙였다(McAdams, 2006).

구원적 자기 이야기는 주인공이 초반부터 자신은 타인이 흔히 겪는 고통이나 불안감에 극명하게 대조되는 특별한 장점이나 축복을 가지고 있다고 생각하는 데서부터 나온다. 따라서 처음부터 주인공은 긍정적인 방법으로 특별함을 느낀다. 어머니가 가장 좋아하는 것이 '나'라든지, 특별한 재능을 가지고 태어났다든지, 제롬 존슨의 이야기처럼 비록 가난했으나 동네 사람들이 서로 모두 돕는 환경에서 자랐다든지 등의 생각을 하는 것이다. "내가 특별한 동시에, 타인들은 고통을 겪는다." 성숙한 성인들은 타인의 고통을 목격하고 그들에게 동정심을 느낀 경험을 기억하는 확률이 훨씬 높은 것으로 나타났다. 주인공은 모든 사람들은 타인에게 신경을 쓰고 그들을 돌봐야 한다고 생각(몇몇은 축복받은 반면 몇은 그러지 못했기 때문에)하기 때문에, 엄격한 도덕적 잣대에 맞춰 지속적인 가치와 개인적 믿음에 맞추어서 살아가려고 노력하게 된다. 그러한 과정에서 주인공은 어려움이나 실망감, 비극도 경험할 수 있지만 이러한 나쁜 경험은 궁극적으로 좋은 결과로 변화하게 된다. 제롬 존슨이 마틴 루터 킹과 대면했던 경험이 여기 해당하는 좋은 예다. 따라서 나쁜 일은 생기지만, 결국 다 좋게 변한다는 생각을 갖게 된다. 이러한 이야기에서 주인공은 타인에게 도움을 주고(특히 다음 세대에게), 사회 전체를 좋은 곳으로 바꾸고 가치를 더하는 행동에 집중하게 된다.

첫 번째 연구는 중산층 백인을 대상으로 했다면, 두 번째 연구는 성숙성 점수가 높고 낮고 35명의 중년 흑인을 대상으로 이루어졌다(McAdams & Bowman, 2001). 결과는 첫 번째 연구와 일치했다. 제롬 존슨과 같이 매우 성숙한 흑인 성인들은 헌신적 대본을 인생 이야기에 더 많이 포함시켰다. 나아가 흑인들의 인생 이야기는 백인들에게서 찾아보기 힘든 내용도 포함했다. 예를 들면, 흑인들은 (성숙성 수치와 관계없이) 이야기 초반부에 위협과 위험이 자주 발생하는 편이었으며, 이로 인해서 주인공은 고군분투하게 되고, 결과적으로 종교의 힘으로 이를 극복하는 패턴을 흔히 보였다. 차이점에도 불구하고 흑인과 백인 인생 이야기에서, 구원적 자기는 다음 세대를 위해 좋은 일을 하려고 헌신한 현대의 성인들에게 매우 강력한 정체성의 한 형태인 것으로 보인다. 사회적 인생을 향해 헌신한 노력을 상징하는 것이다. 다른 많은 이야기 종류도 강한 성숙성과 관련 있을 수 있지만, 구원적 자기는 현대 미국 사회에서 후세와 관련했을 때 특히 중요한 형태인 것으로 보인다(McAdams, 2006).

다른 연구에 따르면 구원적 주제는 인생에서 도덕적 헌신을 중요시하는 사람들의 인생 이야기를 상징한다고 한다(Andrews, 1991; Colby & Damon, 1992). Walker와 Frimer(2007)는 캐나다 정부로부터 용맹함이나 동정심으로 훈장을 받은 50명의 성인을 대상으로 연구했다. 집단의 반(25명)은 타인의 목숨을 살린 영웅적 행동으로, 나머지 반은 인도주의에 인생을 바친 노력으로 훈장을 받은 경우였다. 이 50명의 인생 이야기와 일반적인 사람들의 인생 이야기를 비교했다. 통제집단에 비해서 실험집단에 속한 사람들은 서사적 정체성에서 구원적 이미지가 훨씬 더 많이 발견됐다. 특히 인생 전부를 타인에게 희생하는 데 바친 사람들인 경우 그 정도가 훨씬 더 높았다.

구원적 인생 이야기는 중년 사람들의 성숙성을 향한 노력을 뒷받침해 준다. 이런 이야기들은 본인이 받은 축복과 초기의 장점에 대해 감사하는 마음으로 사회에 환원한다는 느낌을 준다. 모든 인생에서 성숙성은 갖기 어려운 특징이다. 하지만 인생의 과정에서 본인의 행동이 나중에 구원받는 형태를 취한다면, 지금의 행동이 미래 세대에 도움을 줄 수 있다는 희망이 생긴다. 따라서 구원적 자기는 높은 성숙성과 일맥상통한다.

동시에 구원적 자기는 성숙성을 떠나서도 미국 문화와 전통을 잘 보여주는 개념일 수도 있다. *The Redemptive Self : Stories Americans Live By*라는 책에서, 나는 인생 이야기 주제는 미국의 문화적 역사를 단편적으로 보여주는 사례들—17세기 청교도주의, 18세기 벤자민 프랭클린의 전기, 19세기의 노예와 허레이쇼 앨저 이야기들, 현대사회에서 미국의 자아발달과 관련된 개념들—을 모두 보여준다고 설명했다(McAdams, 2006). 이 이야기들은 **선택된 사람들**이 위험한 세상에서 어떻게 긍정적 변화를 꾀하는지 보여준다. 현대 미국 사회의 흔한 대화, 토크쇼, 상담회기, 설교 등을 통해서 흔히 확인할 수 있는 미국의 예외주의를 표현한다는 것이다.

따라서 구원적 자기의 모습은 오늘날 미국 사회의 성숙한 삶에 특히 더 잘 적용되는 개념일 수 있다. 하지만 미국 사회에 적용된다고 해서 모든 문화권에 적용되는 것은 아니다. 다양한 사회는 다양한 이야기를 만들어낸다. 일본이나 프랑스, 남아프리카의 성숙한 성인들은 다른 이야기를 만들 수 있고, 페루나 인도 사람들도 마찬가지다. 문화는 서사적 정체성을 구성하는 이미지, 인물, 주제, 줄거리의 기반을 제공한다(Hammack, 2008; McAdams, 2006). 서로 다른 기대와 규범, 가치, 전통을 표현하기 때문에 이야기도 다를 수밖에 없다. 다양한 사회나 문화권의 이야기를 연구해 성숙성이나 정신적 건강과 연결시키는 일은 미래의 성격심리학 연구에 달려 있다.

성숙한 미국 성인들이 흔히 표현하는 인생 이야기의 중요한 부분은 **구원 시퀀스**(redemption sequence)이다. 나쁘거나 감정적으로 부정적인 장면은 갑자기 좋아지거나 긍정적으로 변한다. 나쁜 에피소드는 이에 따르는 좋은 일로 인해서 구원된다. 구원의 주제는 전 세계의 다양한 전래동화와 신화에서 찾아볼 수 있으며, 주요 종교의 기본적 생각이기도 하다(James, 1902/1958; Miller & C'deBaca, 1994; von Franz, 1980). 이에 반대되는 개념은 **오염 시퀀스**(contamination sequence)

표 10.7	구원 또는 오염 시퀀스를 나타내주는 예시들

구원 시퀀스

아버지의 죽음 → 가족들이 감정적으로 더 친밀해졌다.

아동기의 외로움 → 주인공은 회복탄력성이 있는 성인으로 성장했다.

극심한 우울감 → 주인공은 회복되어 희열을 느꼈다.

출산의 고통 → 아름다운 아이의 탄생

이혼 → 주인공은 그의 아들과 더욱 친밀해졌다.

주인공이 해고당함 → 자기 자신을 좀 더 통합적으로 바라볼 수 있게 되었다.

약물, 유기 → 주인공은 새로운 장소, 새로운 이름, 새로운 삶을 구성하게 되었다.

매우 나쁜 교육 경험 → 주인공은 새로운 학교로 진학해 성공적 경험을 했다.

직장동료로부터의 혹독한 비평 → 주인공은 더 좋은 직장인이 되었다.

차 사고→ 갑작스러운 사건은 모두 "색다른 경험"이 되었다.

오염 시퀀스

멋진 결혼 → 아내가 이혼을 원했다.

주인공은 졸업을 자랑스럽게 여겼다. → 아버지는 그녀가 얼마나 뚱뚱해 보이는지 말해주었다.

첫 번째 아들의 탄생을 기뻐했다. → 주인공은 아이가 심각할 정도로 엉망이라 여겼다.

주인공은 자신이 사랑했던 여자와 결혼했다. → 그는 혼외정사를 시작했다.

주인공은 원했던 승진을 하게 되었다. → 새로운 직업이 좌절감을 주고 귀찮게 여겨졌다.

주인공은 새로운 비행기 모형을 만들게 된 것이 자랑스러워 그것을 학교로 가지고 갔다. → 학우들이 그것을 부숴버렸다.

여행을 하길 원했다. → 주인공은 여행에서 본 가난함에 몸서리쳤다.

새로운 집은 즐거움으로 넘쳐났다. → 수리비와 관리비가 끔찍했다.

결혼 전 성관계는 환상적이었다. → 결혼 후 아내에게 흥미가 떨어졌다.

공원에서 즐겁게 놀았다. → 어린 주인공이 다쳤지만 부모를 찾을 수 없었다.

주인공이 선물을 받았다. → 선물을 도둑맞았다.

주 : 위 예시에서 화살표는 첫 장면에서 '이어진', '그에 따른', '그 결과'를 의미한다.

출처 : "Narrating Life's Turning Points: Redemption and Contamination," by D. P. McAdams & P. J. Bowman, in *Turns in the Road*: *Narrative Studies of Lives in Transition* (pp. 3–34), by D. P. McAdams, R. Josselson, and A. Lieblich (Eds.), 2001, Washington, DC: APA Books 인용.

표 10.8	한편에는 구원과 오염 시퀀스 사이의 상관관계를, 다른 한편에는 자기보고식 웰빙의 색인을 첨가함. 다음은 74명의 중년을 대상으로 함

웰빙	구원	오염
인생 만족도	0.37**	−0.40***
자기존중감	0.28*	−0.56***
인생 일관성	0.33**	−0.46***
우울	−0.32**	0.49***

주 : $*p < 0.05$; $**p < 0.01$; $***p < 0.001$.

출처 : "When Bad Things Turn Good and Good Things Turn Bad: Sequences of Redemption and Contamination in Life Narrative, and Their Relation to Psychosocial Adaptation in Midlife Adults and in Students," by D. P. McAdams, J. Reynolds, M. Lewis, A. Patten, & P. J. Bowman, 2001, *Personality and Social Psychology Bulletin*, 27, 208–230.

이다. 이는 감정적으로 좋거나 긍정적인 장면이 반대로 나빠지거나 부정적으로 변하는 경우다. 오염의 이야기에서 처음의 좋은 장면은 이어지는 일로 인해 가치가 하락하거나 말 그대로 '오염'된다. 좋은 일이 생긴다고 해서 계속 지속되는 것은 아니라는 생각을 기반으로 한다. 따라서 구원의 개념이 희망과 헌신을 보여준다면, 오염의 개념은 반대로 부정적 과거의 반복과 절망감과 실망을 다룬다. 표 10.7을 보면 최근 인생 이야기의 예를 확인할 수 있다.

구원 시퀀스는 성숙성과 관련이 있다는 사실을 알아보았다. 그렇다면 구원과 오염의 시퀀스가 심리학의 다른 부분과도 관계가 있을까? 예를 들면, 구원 시퀀스가 더 많은 개인들은 그렇지 못한 사람들에 비해서 더 심리적으로 안정되고 인생의 만족도가 높은 것일까? 이 가설을 확인하기 위해 나와 동료들은 두 가지 다른 집단의 인생 이야기와 심리적 안정감의 자가 측정을 비교했다(McAdams, Reynolds, Lewis, Patten, & Bowman, 2001). 첫 번째 집단은 35~65세의 성인 74명으로 구성됐다. 각 성인은 인생의 좋았던 기억, 나빴던 기억, 전환점을 포함해 여덟 가지 중요한 일에 대해 말했다. 두 번째 집단은 125명의 대학생으로 구성됐다. 대학생 집단은 10가지 중요한 인생 경험에 대한 질문을 받았다. 그리고 구원의 주제가 나오는 에피소드를 확인했다. 하지만 학생들은 오염 주제가 현저하게 덜 드러나는 답변을 했기 때문에, 오염 주제는 성인들을 대상으로만 측정했다. 그리고 심리적 안정감에 대한 자가 측정 결과와 구원/오염 주제 점수를 비교했다.

표 10.8을 보면 결과를 볼 수 있다. 인생 이야기의 구원 점수는 인생의 만족감, 자기만족감과 연관이 있는 반면, 오염의 주제들은 우울증과 양의 상관관계가 있었고 부정적인 측정치와 관련이 있었다(또한 Adler, Kissel, & McAdams, 2006 참조). 전체적으로 나쁜 일이 있더라도 결국 좋은 결과로 이어진다는 생각을 가진 개인들은 인생에 대한 만족도가 높았고 자신감도 높은 편이었다. 반대로 오염의 주제가 더 많은 인생 이야기를 구성하는 사람들은 만족감과 자신감이 낮았다.

인생 이야기의 구원 주제는 행복으로 이어지고, 오염 주제는 우울증으로 이어지는 이유는 무엇일까? 크게 두 가지가 있다. 첫째는, 구원과 오염의 주제는 과거의 객관적 실체를 반영한다. 따라서 행복한 사람들은 "실제로 나쁜 일 뒤에 좋은 일을 경험했기 때문에" 행복할 확률이 높다. 이 결과가 인생 이야기에 반영되는 것이다. 하지만, 두 번째 이유는 인생 이야기의 구조적 본질과 기억의 선택적 힘과 관련이 있다. 구원과 오염의 개념은 사람들이 자신의 전기적 과정을 이해하는 데 어떠한 선택을 하는지를 보여준다. 선택은 이야기를 할 장면을 선택하는 것뿐 아니라, 어떻게 이야기를 전개할지, 그리고 어떠한 결론을 만들지도 포함한다. 한 가지 일이라고 해도 여러 가지 결과가 있을 수 있다. 하지만 제롬 존슨처럼, 결과가 여러 가지일 때 긍정적인 것에 집중해서 인생 이야기를 하는 사람들이 존재한다. 반대로 오염 주제에 집중한다면 여러 가지 결과 중에서도 부정적인 것에 초점을 두게 된다. 모든 경우에서 결과적 실체는 되돌릴 수 없는 사실이지만, 다른 선택을 해서 다른 결과가 있었을지도 모르는 일이다.

따라서 자체 정의한 기억을 이야기하는 방법 간 개인적 차이점은 객관적인 과거의 사실뿐 아니라 그 사실을 전달하는 방법이나 태도와도 관련이 있다는 결론이 나온다. 나아가 서로 다른 심리적 적응 정도에 따라서 결론이 달라질 수도 있다. 따라서 우울증을 겪거나 생식적이지 못한 사람들은 오염의 주제에 따르고, 긍정적이고 행복하며 성숙한 사람들은 구원의 주제에 기초해서 본인 인생 이야기를 한다.

좋은 이야기란?

사람들은 의식적, 무의식적 방법으로 성인기의 대부분을 인생 이야기를 하면서 보낸다. 특별한 일이 많이 일어나는 시기에는 이 과정이 더 빠르게 일어난다. 결혼이나 이혼, 처음으로 아이를 갖는 것, 직업이나 주소의 변화, 폐경기, 주위 사람들의 죽음, 퇴직 등 인생에 있어서 중요한 일을 겪으면 인생 이야기도 달라진다. 이러한 기간 동안 성인들은 자신들이 여태까지 살아왔던 이야기의 기반에 대해 다시 생각해보게 된다. 과거의 일을 생각해 새로운 인물이나 줄거리를 만들거나, 미래에 대한 다른 기대와 예상을 세우기도 한다. 새로운 인생 목표를 만들 수도 있다. 이야기의 마지막은 계속 바뀔 수 있다. 하지만 비교적으로 정체성의 안정감을 경험할 수도 있다. 이렇게 더 조용한 시기 속에서 인생 이야기는 매우 천천히, 조금씩 변화한다. 극적인 정체성의 변화는 일어나지 않는다.

따라서 인생 이야기의 발전이 계속해서 변화가 심하고 극적인 일로만 가득 찬 과정이라고 생각하는 것은 사실이 아니다. 이 발전과정은 갑작스러운 동시에 조용하기도 하고, 혼란스러운 동시에 안정적이기도 하다.

그럼에도 불구하고 중년 성인들은 일반적인 발달적 성향을 가지고 있다. '좋은 인생 이야기'의 여섯 가지 기준은 (1) 일관성, (2) 개방성, (3) 신뢰성, (4) 다양성, (5) 조화로움, (6) 성숙성을 향한 통합성이다. 인간 정체성의 '좋은 이야기'의 원형이란, 이러한 여섯 가지 기준에서 모두 높게 측정되는 경우를 말한다.

일관성(coherence)이란 주어진 이야기가 "얼마나 말이 되는지"를 의미한다. 동기가 일관적인지, 논리적인지, 그리고 주인공들이 행동하는 것이 이성적인지의 정도를 말한다. 일관성이 없는 이야기들은 독자들로 하여금 왜 이러한 일이 생기는지 이해할 수 없게 만든다. 하지만 몇몇 이야기는 일관성이 지나치게 높다. 너무 완벽하게 조화되는 나머지 실제의 이야기라고 믿기 힘든 정도다. 인생의 통합성과 목적을 찾는 과정에서 인생 이야기의 모든 부분이 너무 완벽하게 맞을 필요는 없다. 좋은 인생 이야기는 어느 정도의 높은 **개방성**과 약간의 모호함도 포함한 이야기다. 그렇게 되면 미래 행동과 사고에 관해 여러 가지 대안이 생기게 된다. 인생 이야기는 우리가 변화하는 과정에 맞춰 변화하고, 성장하고, 발전해야 한다. 그럼에도 불구하고 개방성은 인생 이야기를 통해서 판단하기 힘든 기준이다. 과도한 개방성은 헌신의 부족함을 상징할 수도 있기 때문이다.

세 번째 기준은 **신뢰성**(credibility)이다. 좋고 성숙한 인생 이야기는 왜곡에 기초하지 않는다. 서사적 정체성은 공상이 아니기 때문에 아무런 근거 없이 만들어내는 개념이 아니다. 서사적 정체성은 창조적인 과정으로 만들어지지만, 그러는 동시에 우리가 실제로 살아가는 세계의 실체에 기초해 있어야만 한다.

좋은 이야기는 주제와 줄거리가 다양하다. 다른 말로 하면, **다양성**이 있어야 한다. 성인이 더 성장하고 새로운 경험을 하면서 그의 서사적 정체성은 더 다양한 측면과 특징을 맞이하며 복잡해지게 된다. 이 과정이 심화되면서 개인은 인생 안에서 등장하는 다양한 힘들 간의 조화를 꾀하게 되는데, 이를 **조화로움**(reconciliation)이라고 한다. 특히 인생 중반과 그 이후에서 중요한 개념이다.

여섯 번째 기준은 **성숙한 통합성**(generative integration)이다. 이것을 잘 이해하려면 인생 이야기의 의미를 재확인해야 한다. 뉴요커 잡지에서 흔히 읽을 수 있는 이야기가 아니다. 역사의 특정 시점에서 특정한 환경을 통해서 이야기하는 자신만의 이야기이다. 비슷하게 인간 인생은 다른 이야기

정체성이 언제부터 문제가 됐나?

서사적 정체성의 문제는 현대사회, 특히 선진국에 사는 중산층 서양인들에게 가장 잘 드러난다. 역사 초반의 농업 중심적, 전통적 사회에서는 자기를 규정하는 인생 이야기를 만드는 것은 그리 중요하지 않았을 수 있다. 아들은 아버지의 길을 가고 딸은 어머니의 길을 가야 하는 사회에서는, 정체성이 사회적 구조에 의해 아이들에게 *전달*된다. 이런 맥락에서 이데올로기와 직업은 정해진 구성을 통해 받아들여지고, 대안은 거의 존재하지 않고, 현 상태에 집중하는 것이 최대의 미덕으로 여겨진다.

서양 사회의 지도층 사이에서조차 개인은 자기만의 자아를 찾거나 만들어야 한다는 관념은 비교적 최근 정립되었다. 심리학자 Roy Baumeister(1986)는 그의 책 *Identity: Cultural Change and Struggle for Self*에서, 서양 문명의 역사 중 어떤 시기에 정체성이 주된 문제가 되었는지 묻는다. Baumeister에 의하면, 정체성 탐구의 흔적은 인간 생활의 두 가지 문제에서부터 확인가능하다. 첫째는 *시간에 따른* 연속성의 문제다. 이 경우 정체성은 개인이 시간이 흐름에도 불구하고 본인이 스스로 같은 사람인지를 묻는 경우다. "지금의 나는 3년 전의 나와 동일한 인물인가?", "10년 후의 나도 지금의 나와 같을까?" 두 번째 문제는 *차이*(differentiation)다. 이 경우 정체성은 개인이 타인과 어떻게 다른지(겉보기엔 차이가 많이 없는 사람들과)를 묻는 경우다. Baumeister의 관점에서, 정체성 혼란을 겪고 있는 사람은 본인이 시간의 흐름에 따라 같은 존재인지, 또 타인과 본질적으로 어떻게 구별되는지를 질문하는 사람이다.

Baumeister는 1,800년 전에는 유럽 사회에서 정체성이 큰 문제가 아니었다고 결론지었다. 중세시대 유럽 사회는 혈통, 성별, 집안, 사회적 지위가 가장 중요했다. 개인의 정체성은 외부적 환경에 의해 주어졌다. 하지만 중세시대에서도 특정 종류의 개인주의가 생겨났는데, 여기에는 개인적 판단을 중요시한 기독교의 가르침이나 교회에의 개인적 참가가 포함됐다. 종교개혁은 유럽의 이데올로기 논쟁을 끝냈고, 많은 지식인들 사이에 종교적 믿음을 심각한 정체성

문제로 자리 잡게 했다. 자본주의의 시작으로 경제적 기회가 생겨 중산층이 늘어났다. 따라서 17세기와 18세기의 많은 사람들은 중대한 종교적 선택을 앞두고 있었고, 시장에서의 생산활동을 통해 물질적 부의 축적을 즐겼다. 1,800년 전 이루어진 다른 발전들은 개인주의적 태도의 증가, 프라이버시의 중요성 증가, 개인의 자기가 공동체적 자기와는 꽤나 다르다는 인식을 포함한다.

1700년 말 낭만시대로 접어들면서, 유럽의 교회와 정부는 크나큰 변화를 겪었다. 개신교 교회의 힘과 영향이 빠르게 쇠퇴할 동안, 유럽인들은 프랑스혁명 등을 통해 정부 체계에 반발을 보이기도 했다. 만약 자기가 신에 의해 결정되지 않는다면, 인간의 역할이 커지는 셈이다. 낭만주의자들은 개인과 사회의 관계에 불만을 품었다. 개인 자유를 원하는 움직임이 퍼졌고, 많은 유토피아 운동과 19세기 무정부주의를 불러왔다. 보편적으로, 1800년 이후의 유럽인들은 사회의 기본적 진실과 중요한 가치의 믿음이 사라졌다고 믿었다. 이제는 개인이 개인적 이데올로기로 정체성을 찾을 시기였다.

20세기에 유럽인들이 많은 직업적, 이데올로기적 문제에 직면하면서 개인의 정체성 문제는 더 커졌다. 나아가 많은 사회비평가들은 수많은 성인들이 권위주의적 단체와 인연을 끊었다며 슬퍼했다(Lasch, 1979; Lifton, 1979; Sartre, 1965). 19세기 낭만주의 문학을 보면, 개인 영웅들이 사회적 구조에 맞서는 내용이 나온다. 20세기 문학의 대부분에는, 반대로, 개인은 무기력하고, 힘이 빠져 있으며, 타인과 다른 점이나 시간에 따라 변하지 않는 정체성을 정립하는 데 힘든 시간을 겪는다.

나는 누구이고, 이 세상에 어떻게 포함되는가? 산업혁명과 도시화, 자본주의, 무의식의 발견, 과학의 발전으로 인한 자연파괴, 두 차례의 세계 대전, 원자폭탄, 인터넷의 발전 등으로 복잡한 현대사회에서 굉장히 어려운 두 질문이다. 문학평론가 Robert Langbaum(1982)이 말한 것처럼, 정체성은 이제 "우리 시대의 유일한 영적 문제"(p. 352)가 될지도 모른다.

에는 동일하게 적용되기 어려운 복잡한 사회적, 도덕적 맥락에서 존재한다(Booth, 1988). 정체성이 성숙했다면 성인은 사회에 공헌하는 성숙한 사람으로 기능해야 한다. 후손을 위해 노력하고 보살펴야 하며, 어른으로서 해야 하는 행동을 책임감 있게 할 줄 알아야 한다. 성인기의 성숙한 정체성은 자기(self)보다 더 광범위하며 더 오래 지속되는 새로운 세계에서 적용된다. 이상적으로 인생의 목적과 통합을 찾으려는 노력은 이야기를 하는 개인뿐 아니라 이야기가 진행되는 사회의 기준에도 부합해야 한다.

요약

1. 성격특성이 심리학적 개성의 세부사항을 충족하는 초기 스케치와 성격적응을 제공한다면, 성격에 대한 이야기적 접근은 삶이 무엇인지 특히 그 속에 살고 있는 사람에게 어떤 의미가 되는지에 관한 직접적인 질문을 한다. 인생 이야기는 특성, 동기, 단계 이상의 인간 삶에 전반적인 의미와 목적을 전달한다. 그러므로 심리학적 개성에 대한 온전한 설명을 제공하기 위해서 성격심리학은 반드시 사람이 스스로 규정하는 인생 이야기를 탐색해야 한다.

2. 인간은 본래 이야기꾼이다. 그리고 알려진 모든 인류 문화에 이야기가 등장한다. 인간 인식의 이야기적 양상은 시간을 두고 조직된 인간의 의도의 이해를 강조하는 반면, 인간 지식의 범례적 사고는 자연 발생적 사건의 요소 및 원인과 결과 관계를 설명하는 것을 강조한다. 이야기는 배경, 배역, 일시적으로 연결된 줄거리의 연속 등의 분명히 인식가능한 구조와 특색을 가진다.

3. 이야기는 즐겁고 정보적인 측면과 함께 통합하고 치유하는 데 공헌하기도 한다. 자전적 글쓰기의 심리학적 기능의 중요성의 하나는 삶의 일치와 목적을 부여하는 이야기를 구성하기 위해 사람의 서로 다른 측면들을 하나로 연대하는 것이다. 심리치료의 다양한 형태들은 명시적이든 암시적이든 내담자의 삶을 다시 이야기하도록 격려한다. 또한 연구에 의하면 개인사의 서술은 건강과 웰빙을 증진한다. Penebaker의 연구에 의하면 개인 트라우마에 대한 이야기적 설명을 공개하는 것이 외상 치유를 촉진하고 질병을 예방하며 신체적 건강을 증진하는 것을 도울 수 있다.

4. Tomkins의 성격의 대본이론은 심리적 개성의 중심에 이야기의 역할을 둔다. 이 이론은 기쁨, 흥분, 슬픔, 분노와 같은 인간 감정의 동기적 수위를 위치시키는 것으로부터 시작된다. 감정은 시간을 두고 장면과 대본이 되어가는 인간 행동을 활성화하고 인도한다.

5. Tomkins의 관점에서 사람은 감정적으로 충만한 장면들을 인생 대본으로 연결한 자기설명적 드라마를 만드는 극작가이다. 이때 인생 대본은 그가 심리적 확장이라 부른 하나의 과정이다. 긍정적인 감정의 장면은 감정들의 차이점과 주제들의 차이점을 강조함에 따라 형성되는 변종을 통해 확대된다. 부정적인 감정의 장면들은 각각의 부정적 사건들 사이의 유사성과 반복성에 집중하는 아날로그를 통해 확대된다. 장면들은 다양한 종류의 대본으로 구성될 수 있다. Tomkins에 의해 확인된 두 가지 중요한 대본은 헌신적 대본과 파편화된 대본이다. 헌신적 대본은 이상적인 장면들을 포함하고 장애물을 극복하는 것을 추구한다. 파편화된 대본은 모호함과 혼란스러운 장면을 포함하며 좋은 것이 나쁘게 변하는 연결성의 반복을 포함한다.

6. McAdams의 이야기적 접근은 Erikson의 정체성 개념에 초점을 둔다. 이러한 관점에 의하면 정체성은 사춘기 후반과 청년기에 형성되기 시작한 인생 이야기 그 자체가 된다. 인생 이야기는 내면화되어 진화한 자기의 이야기처럼, 현재 삶에서 목적 있는 정체성을 제공하기 위해 이질적 역할을 통합하고 재구성된 과거, 인지된 현재, 예상되는 미래를 하나로 모은다. 서사적 정체성은 2세 정도부터 자서전적 자기의 출현과 함께 삶의 다양한 단계를 거치며 발달하기 시작한다. 문화는 정체성에 서사적 자료를 공급하고 인생 이야기는 성별에 의해 강하게 형성되며, 사회 구조와 주어진 사회의 요소적이고 이데올로기적 여건에 의하여 강하게 형성된다.

7. 자기보존능력과 공존의 주제에 대한 인생 이야기 장면 혹은 에피소드에 대한 연구들이 이루어지고 있다. 연구에 의하면 자기설명적 에피소드는 인생 이야기 속의 최고조 지점과 변화 지점과 같은 주제적 경향성을 반영한다. 이는 사회적 동기나 자아발달 같은 이야기 외부적 성격변수로부터 예상가능하

다. 권력과 성취동기가 높은 사람들은 자기보존능력을 강조하는 삶의 에피소드를 구성하고 기억하는 경향이 있고, 친밀감 동기가 높은 사람들은 보다 더 공존적 인생 에피소드를 구성하고 기억하는 경향이 있다. 자아발달의 높은 단계는 더 큰 수준의 복합성과 관련이 있고 중요한 삶의 서술적 장면에 대한 설명 속에서 변화한다.

8. 자체 정의한 기억은 인생 이야기 속에서 미해결된 주제나 문제와 관련된 선명하고 정서적으로 채워지며 반복적인 기억이다. 연구에 의하면 자체 정의한 기억, 그리고 다른 중요한 자서전적 장면들은 친구들과의 반복되는 이야기를 통해 시연되고 수정된다. 이러한 대인관계 교환의 질은 본래의 장면이 어떻게 소환되고 다시 이야기되는지에 영향을 미친다.

9. 최근 연구들은 인생 이야기의 서로 다른 유형의 차이에 대해 설명하고자 한다. 미국에서 수행된 높은 성숙성을 보이는 중년 연구에서 확인된 바 있는 하나의 일반적 유형은 일생을 헌신한 이야기를 보이는 구원적 자기의 유형이다. 이런 유형의 이야기는 주인공이 삶의 초기에 가족의 축복과 특권을 누리고 어린 시절부터 타인의 고통에 민감하며, 시간을 두고 변하지 않는 명확하고 강력한 개인적 이데올로기에 의해 유도되며, 나쁜 장면들은 좋은 결과로 변화시키거나 구제하여 사회와 사회기관들에 이익이 되게 하기 위하여 미래의 목표를 세운다. 구원적 자기의 변이는 특히 미국 문화적 이상주의를 반영하기도 한다. 중년기 성인과 학생들 모두에 있어서 나쁜 사건이 결국 좋은 결과로 구제되는 삶의 이야기를 구성하는 경향은 더 큰 심리적 웰빙과 관련이 있다.

10. 어떤 인생 이야기는 다른 이야기들보다 더 낮거나 더 적응적이다. 사람의 일생을 넘어서서 그리고 성숙과 함께 사람의 인생 이야기는 이상적으로 보다 더 큰 일관성, 개방성, 신뢰성, 다양성, 조화로움, 성숙성을 향해 움직인다.

이야기 해석 : Freud에서 오늘날까지

The Interpretation of Stories: From Freud to Today

사람들은 종종 자신 인생 이야기를 한다. 이것은 어떻게 해석될까? 친한 친구가 본인 가족에 대한 비밀을 말한다. 어머니가 당신이 태어나기 전까지 본인 인생이 불행했다고 말한다. 성격심리학을 공부한다는 것을 알고, 헤어스타일리스트가 꿈 해석을 부탁한다. 에베레스트 산을 오르는 꿈을 꾸고, 무슨 의미인지 물어본다. 구직 인터뷰에서 "나는 어렸을 때부터 이 분야에 관심이 있었는데, 모두 그때 시작됐다"고 말한다. 무슨 의미일까?

인생 이야기 연구와 임상 연구에서, 심리학자들은 타인 인생에 대한 이야기를 듣는다. 보통 인생 이야기 인터뷰나 글로 쓰여진 전기문을 통해 알아본다. 종종 꿈이나 초기 기억, 부모와의 일 등이 포함된다. 심리학자들은 어떻게 해서든지 이러한 이야기를 이해해야 한다. 보통 과거의 경험과 훈련에 기초해, 어떤 이야기가 어떤 배경에서 적합한지 알게 된다. 몇몇 연구자들은 내용분석 시스템을 이용해 제10장에서 본 것처럼 이야기 내용을 수치화시키기도 한다. 이러한 해석방법은 인간 인생 이야기의 내용은 어떻게든 해석가능하다는 사실에 기반을 둔다. 열심히 듣고 공감하고 해석방법을 결정한다면 무언가를 알아낼 수 있다는 의미다. 우리는 개인이 자신 인생 이야기를 하는 방법을 통해 그 사람을 이해할 수 있다.

하지만 해석이 쉽지만은 않다. 인생 이야기는 보여주는 것만큼 많은 것을 숨기고 있다. 타인에게 거짓말을 하는 경우도 있고, 자신 자신을 속이기도 한다. 자기기만(self-deception)은 일상의 흔한 부분이다. 기만이 포함되지 않은 경우라도, 이야기를 완벽하게 이해하기는 힘들다. 자기가 자신을 모르는데, 타인이 어떻게 이해할 수 있을까?

이번 장은 인생 이야기의 해석을 다룬다. Freud(1990/1953)의 *The Interpretation of Dreams*은 100년 전부터 해석의 문제를 다뤘다. Freud는 모든 인생 이야기는 듣는 청취자들을 속이도록 고안되었다고 말했다. Carl Jung과 Alfred Adler는 그들만의 해석방법을 발전시켰다. Jung은 이야기들은 상징과 신화로 이루어져 있다고 생각했고, Adler는 이야기적 설명의 엔딩에 초점을 두었다. 20세기 마지막에 접어들어, 몇몇 다른 이론가들은 인생 이야기를 보는 새로운 시각을 발전시켰다. 특히 포스트모더니즘 사고와 페미니스트 접근법은 제대로 해석하기 위해 사회적 환경과 다른 복잡한 요소에 주목한다.

이번 장에서 나는 성격심리학자들이 생각한 인생 이야기의 해석법을 다양하게 알아보고자 한다. 특히 해석의 모순과 복잡함을 중시하는 접근법에 중점을 두려고 한다. 산문이나 시와 비슷하게 인생 이야기도 다양한 의미를 가지고 있다. 이번 장에서도 다양한 문학적 접근법을 통해 해석을 시도한다. Freud 이론부터 현대 페미니스트 이론에 이르기까지의 공통점은 **사람들의 인생 이야기는 보이는 것 그대로는 아니라는 것**이다. 그렇기 때문에 해석은 어렵고 재미있어진다.

Freud식 해석

심리학에서 중요한 다른 개념과 비슷하게, Freud는 인생 이야기의 의미와 경험은 무의식에 숨어 있다고 주장했다. 그는 인간 행동과 경험은 우리가 보편적으로 의식하지 못하고 제어할 수 없는 힘에 의해 결정된다고 믿었다. 가장 중요한 힘은 성과 공격성이다. 성과 공격성이 인간 인생에서 나타나는 방법들은 무한하지만, 몇 가지 일반적인 패턴을 발견할 수 있다. 심리분석적 관점에서 가장 일반적인 패턴은 어린아이들이 한 부모에 대해서는 성적인 호감을 느끼고, 다른 한 부모한테는 통제할 수 없는 공격성을 느끼는 **오이디푸스 콤플렉스**(Oedipus complex)에서 찾아볼 수 있다. 하지만 오이디푸스 콤플렉스는 단순한 무의식적 현상에서 끝나지 않는다. 더 중요한 것은, Freud적 관점에서 인생을 이해하려는 근본적인 이야기가 된다. Freud가 이야기를 이해한 방법을 알기 위해서는 오이디푸스 이야기부터 살펴봐야 한다.

오이디푸스 이야기

서양 문명사 중 가장 비극적인 이야기 중 하나인 소포클레스의 비극 오이디푸스 왕은 기원전 430년~426년 사이에 만들어졌다. 이야기 주인공은 인생의 황금기에 테베 지역을 다스린 용맹스러운 왕인 오이디푸스다. 첫 장면에서, 테베를 오랫동안 힘들게 한 가뭄과 질병에 고통스러워하는 시민들이 왕 앞에 모여서 도움을 구한다. 그들은 스핑크스의 저주로부터 사람들을 구했던 오이디푸스의 전설적인 능력을 믿고 있다. 스핑크스는 테베의 외곽지역에 앉아서 "아침에는 네 발로, 점심에는 두 발로, 저녁에는 세 발로 걷는 동물은 무엇인가?"라는 수수께끼를 냈는데, 오이디푸스는 인간이라는 정답을 맞혔다. 정답을 말하자 스핑크스는 자살했다. 감사의 뜻으로 테베 사람들은 오이디푸스를 왕으로 만들기 위해 왕비 이오카스테와 결혼시켰다.

오이디푸스는 이제, 테베가 시민 1명의 엄청난 잘못으로 인해서 저주받은 상태라는 것을 알게 된다. 그는 그 범인을 찾아서 테베를 다시 한번 살리겠노라고 다짐한다. 눈이 먼 예언자인 테이레시아스는 오이디푸스에게 사실을 말해준다—그 범인은 사실 왕 자신이라는 것이다. 오이디푸스는 알지 못한 채 아버지를 죽였고, 어머니와 사랑을 나눴다는 것이다. 친부 살해와 근친상간은 용서할 수 없는 죄이기 때문에, 지금 테베의 사람들이 신의 분노를 샀다는 것이다.

Freud는 사람들이 꿈, 상징, 모든 합리성을 활용해 하는 자기 삶의 이야기들은 무의식의 깊은 의미를 드러낸다고 보았다. 정신분석적 해석은 인간 삶의 잠재되어 있고 숨겨져 있으며, 함축된 의미들을 명료하게 밝혀주는 것과 관련된다(출처 : Keystone/Getty Images).

> 내가 다시 말하지만
> 그자는 항상 네가 찾던 사람,
> 저주받은 자, 라이오스의 암살자,
> 테베에 있는 그자다. 이방에서 태어난 그를 명심하라.
> 그러나 그가 테베인이라는 것을,
> 즐거움들을 앗아갈 폭로가 되리라는 것을 알게 될 것이다.
> 눈먼 자, 지금은 멀쩡한 눈이 있지만,
> 무일푼이 될 가난한 자, 지금은 부유하나.
> 그리고 그는 무리를 데리고 낯선 땅을 밟으며
> 지금 그가 같이 살고 있는 아이들에게
> 그는 형제이자 아버지,
> 그를 낳은 자의 아들이자 남편,
> 아버지의 피에 젖은 채 아버지의 침대로 온 그 사람이 될 것이다.
> (O'Brien & Dukore, 1969, p. 21)

오이디푸스, 이오카스테, 그리고 테베 사람들은 테이레시아스의 말이 모두 사실이라는 것을 알게 된다. 곧 태어날 아이가 아버지를 죽일 것이라는 예언 때문에, 오이디푸스의 아버지 라이오스와 아내 이오카스테는 새로 태어난 남자아이의 발목에 상처를 낸 뒤에 산기슭에서 죽도록 내버려두었다. 한 양치기가 아이를 보고 '오이디푸스(다친 발목)'라는 이름을 붙여준 뒤, 사실을 숨긴 채 자기 아이로 키웠다. 어렸을 때 오이디푸스는 델포이 신전에서, 나중에 커서 아버지를 죽이고 어머니와 잠자리를 같이 할 것이라는 예언을 들었다. 그래서 예언에 따라서 그는 결국 스핑크스의 수수께끼를 풀고, 테베의 왕이 된 것이다. 칼의 힘을 믿었던 사람답게, 그는 과정에서 많은 사람들을 죽였는데, 그중에는 자신의 아버지 라이오스도 포함되어 있었다.

오이디푸스의 죗값은 어마어마했다. 남편이 사실 본인의 아들이라는 것을 알게 된 이오카스테는 목매 자살한다. 오이디푸스는 죽은 어머니의 옷에서 금으로 된 브로치를 꺼내 본인 눈에 깊게 찔러넣는다. 맹인이 된 그는 이제 진실을 볼 수 있게 된다. 극의 마지막 부분에서 오이디푸스는 스스로 먼 땅으로 떠난다. 요약하자면, **오이디푸스 왕**은 힘센 왕이 되지만, 입에 담을 수 없는 죄로 인해서 영광을 얻지 못하는 젊은이의 이야기다. 권력에서 떨어지면서 그는 새로운 지혜가 생겨 '진실'을 볼 수 있게 되고 결국 테이레시아스처럼 눈먼 현자가 된다. 그가 지은 죄는 오이디푸스의 의식 밖에 존재한다. **무의식적**으로 아버지를 죽이고 어머니와 잠자리를 함께 한 것이다.

이 이야기는 Freud 이론에 따르면 어린아이들에게도 적용된다. 무의식적 단계에서 3~5세의 남자아이는 오이디푸스와 마찬가지로 어머니를 성적 대상으로 생각한다. 타인을 강하고 관능적인 방법으로 소유하고 싶어 하는 **대상선택** 과정은 리비도(libido)로 표현될 수 있다. Freud는 아이들은 말로 표현하기 어려운 모호하고 신비한 방법으로 어머니를 성적 욕구의 대상으로 삼고 싶어 한다고 주장했다. 비슷한 관점에서 아이의 이러한 욕구해소에 방해가 되는 존재는 바로 아버지다. **거세불안**(castration anxiety)이라고 이름 붙여진 이 개념은 성기가 절단될 수 있다는 표면적인 의미도 있지만, 오이디푸스처럼 자신의 힘을 잃게 된다는 두려움을 포괄적으로 의미한다. 따라서 남자아이는 Freud가 계속적으로 주장한 것처럼 아버지를 죽이려는 무의식적 소망을 갖게 된다.

오이디푸스 콤플렉스의 정상적인 해결법은 고대 신화를 따른다. 결국 본인 공상의 공격자였다는 것을 알게 되고, 대상선택에서부터 동일시로 이어지는 무의식적인 변화는 남자아이에게 있어서 중대한 패배이자 승리다. 오이디푸스와 마찬가지로 그는 더 이상 왕이 될 수 없다. 무의식적 단계에서 오이디푸스 콤플렉스를 겪는 아이들은 자신은 본인이 생각했던 것보다 훨씬 더 약하고 작은 존재라는 것을 인식한다. 권력을 잃는 것은 거세와 비슷한 개념인데, 이는 오이디푸스가 자신의 눈을 멀게 했던 행위와 일치한다.

하지만 정상적 심리적 발달 관점에서 보면 오이디푸스의 패배는 궁극적으로 좋은 결과다. 진실을 아는 눈먼 오이디푸스처럼, 오이디푸스적 패배를 경험한 어린아이는 지혜와 성숙도가 생기게 된다. 인생에 대한 기본적 윤리적 단계가 생기는데, 이는 Freud가 **초자아**(superego)라고 부른 개념이다. 초자아가 없는 아이는 도덕적 사회에서 살아가기 힘든 상태가 된다.

오이디푸스 콤플렉스를 겪는 아이의 이야기는 특정 본능적 욕구를 억압하고 정부나 종교 등 사회적 조직에서 자리를 찾으려 하는 모든 문명화

오이디푸스 왕의 오이디푸스와 이오카스테. Freud는 오이디푸스 신화는 힘과 사랑의 심리적 역동에 관한 이야기 모델이 될 수 있다고 보았다. 여기서 이들은 소년과 남성의 무의식적 삶을 잘 그려내주었다(출처 : Merlyn Severn/Picture Post/Getty Images).

된 인간의 모습을 상징한다. Freud의 이 생각은 *Totem and Taboo*(1913/1958)를 통해서 가장 잘 알아볼 수 있다(Hogan, 1976). 이 책에서 Freud는 종(species)이 생기기 이전, 인간들은 원시적 집단생활을 했다고 주장한다. 아버지와 같은 리더의 존재는 모든 여성을 성적 노리개로 삼았고 다른 남성(본인의 아들들)들은 그러한 즐거움을 누리지 못하게 금지했다. Freud에 의하면 이러한 사회구조는 곧 일반 남성들의 분노를 불러왔고, 결국 아버지 존재를 죽이고 그의 육체를 야만적으로 먹는 행위로 이어졌다고 한다. 어린 남자들은 아버지를 먹는 행위를 통해서 아버지와 동일시되는 것에 성공한 셈이고, 새로운 지위에 올라선 사람들은 근친상간을 포함한 성적인 표현에 엄격한 잣대를 들이대기 시작했다. 여기서부터 성적 욕망은 일정한 도덕적 기준을 따르게 되었다.

그렇다면 여성은 어떨까? Freud는 오이디푸스 이론을 여자아이들에게도 적용하려 했지만, 결국 한계가 있음을 인정할 수밖에 없었다. 여자아이의 무의식적 딜레마는 대상선택과 동일시의 모습인 어머니를 향한 긍정적 느낌에서부터 시작된다. 하지만 곧 여자아이는 어머니와 자신은 남성의 성기(힘의 상징)가 없다는 것을 깨닫고 실망감에 빠진다. 이 감정은 어머니를 탓하는 **남근선망**(penis envy)으로 이어지고, 결과적으로 여자아이는 더 힘이 센 아버지 존재에 무의식적 동경을 느끼게 된다. 여자아이는 곧 아버지에게 느끼는 감정을 억압하고, 어머니와 동일시함으로써 오이디푸스 콤플렉스를 해결한다.

남자아이의 경우 거세로 위협하는 아버지와 자신을 동일시함으로써 오이디푸스 콤플렉스를 해결하는 반면, 여자아이는 이미 '거세된' 상태라는 것이 Freud 생각이다. 따라서 거세에 대한 두려움을 가질 수가 없다. 두려움이 없기 때문에, 동일시하려는 욕구가 남자아이에 비해 부족할 수 있다. Freud는 여자아이들에게 있어서 오이디푸스 콤플렉스는 오랫동안 지속되는 경우가 많으며, 부분적으로만 해결된다고 주장했다(Freud, 1933/1964). 나아가 오이디푸스 콤플렉스의 결과물인 초자아는 이러한 이유 때문에 남자아이보다 여자아이에게 더 약하게 생겨난다. 여성이 남성에 비해 도덕적 책임감이 부족하다는 뜻일지도 모른다. 다르게 해석하면, 여성의 초자아는 남성에 비해서 더 자유롭기 때문에 더 유동적으로 넓은 도덕적 선택이 가능하다는 의미일 수도 있다. 하지만 Freud 이론은 전자에 더 적합하다.

여성을 보는 Freud의 오이디푸스적 관점은 출판 당시에도 많은 논란을 불러왔다. 남성 중심적인 성 모델을 여성에게 적용한다는 것이 비합리적이라는 것이다. Freud의 죽음 당시 여성성을 강조한 학자인 Clara Thomson은 여성이 남성의 성기를 부러워한다는 이론에 직접적으로 반대했다. 여성은 남성과 동등한 존재가 되고 싶어 할 뿐이라는 것이다(Thompson, 1942). Karen Horney(1939) 같은 다른 학자들은 오이디푸스 콤플렉스는 본능보다는 문화의 산실이며 그렇기 때문에 그 개념의 발전은 사회적 기대, 기회, 시스템에 의해서 만들어진다고 주장했다.

여태까지 남성과 여성에서의 오이디푸스 콤플렉스를 알아보았다. Freud는 본인 이론의 많은 다양한 버전을 제시하기도 했다. 예를 들면, 여성과 남성의 초기 대상선택은 어머니와 아버지 모두를 향한 것일 수 있다. 비슷하게, 콤플렉스를 해결해주는 동일시도 아버지와 어머니 모두를 포함한다(Freud, 1923/1961). 특정 가정의 특정한 역학은 시나리오를 만들어갈 수 있지만, Freud는 이는 생물학석인 방법으로도 일어난다고 말했다. 따라서 무의식에서 어떻게 해결되느냐의 문제는 생불학과 경험의 복잡한 상호작용의 산물인 것이다.

일본의 소설가 미시마 유키오(1925~1970). 그의 비참한 죽음에 대해 그가 극심한 오이디푸스 콤플렉스에 시달린 것이라는 해석이 있다. 즉, 그가 사랑한 남성과 자기 자신 사이에서 정체성 형성과 대상선택에 있어 혼란을 겪었다고 해석하는 것이다(출처 : Burt Glinn/Magnum Photos, Inc).

이번 장의 중점인 해석 문제와 관련해 덧붙이자면, Freud는 모든 사람들은 어렸을 때 이러한 오이디푸스 콤플렉스를 경험한다고 주장했다. 하지만 연구는 이러한 가설을 뒷받침하지 못했다. 모든 사람이 어렸을 때 겪는 단계라기보다는 특정 사람들이 인생의 특정 시기에서 경험하는 개념으로 받아들이는 것이 더 일반적이다. 오이디푸스 이야기는 사람들이 사랑과 권력과 관련된 강한 욕구를 어떻게 실현시키는지를 보여주고, 타인과 조화롭게 살아가기 위해 이런 욕구를 언제 포기해야 하는지, 그리고 이성을 위해 가끔 동성과 경쟁해야 하는지를 나타낸다. 이런 요소는 인생 이야기에 보편적으로 등장하는 주제다.

오이디푸스 콤플렉스 역학 사례 : 미시마 유키오의 죽음

Freud의 오이디푸스 콤플렉스 이론은 심리분석 전통에서 가장 잘 알려진 학설 중 하나다. 모든 아이들이 경험한다는 생각은 옳지 않지만, 오이디푸스 콤플렉스의 실례가 **몇몇** 개인들 인생에서 확실하게 보인다는 것은 사실이다. 예를 들어보자. 나는 대학생 때 1970년 자살로 생을 마감한 일본 소설가 미시마 유키오의 삶에 매료됐다. 매우 성공적인 삶을 살고 있던 46살의 소설가가 왜 할복이라는 극단적인 방법으로 자살했는지 궁금했다. 그 이유를 찾는 과정에서 Freud의 오이디푸스 이론이 도움이 될 것으로 보인다.

자살한 날 아침, 미시마는 일찍 일어나 천천히 면도를 하고, 샤워를 하고, 흰색 면으로 된 속옷 위에 군복을 갖춰 입었다. 복도의 테이블 위에는 마지막 소설의 원고를 놓아두었다. 집 대문 앞에서 4명의 학생들과 만나 도쿄의 군부대로 향했다. 몇 주 동안 연습한 계획에 따라서, 미시마와 네 학생들은 검을 들고 군대 사람들과 결투하고, 마시타 장군을 인질로 삼아 32번째 군부대 사람들 앞에서 미시마가 마지막 연설을 할 수 있도록 했다. 이후 그들은 뒤에 있는 방으로 들어가 몇 주 동안 연습한 대로, 일본의 의식인 할복(seppuku)을 시작했다. 일본 천황에게 경례를 하고, 사무라이 검을 배 깊숙이 꽂아 왼쪽에서 오른쪽으로 가르는 의식이다. 그러고 나서 네 학생 중 하나가 그의 머리를 베었다. 몇 년 동안이나 미시마는 이 끔찍한 자살 행위를 다양한 극본과 이야기, 개인적 공상을 통해서 실현시켜 왔다.

1970년 11월 25일 자살할 당시, 미시마 유키오는 인생의 황금기에 있었다. 그는 성공적이고, 유명하고, 부자이고 건강했으며 지인들도 그를 행복한 사람으로 기억했다. 100편이 넘는 소설을 쓴 사람으로서 미시마는 일본 근현대사 문학이 중심 작가였다. 단순한 소설가가 아니라 극작가, 스포츠맨, 연기자, 아버지, 그리고 여행가이기도 했다. 한 소설가는 그를 "일본의 레오나르도 다 빈치"라고 표현하기도 했다(Scott-Stokes, 1974).

미시마의 인생 이야기 중, 본인 자서전(1958, 1970)과 타인이 쓴 전기(Scott-Stokes, 1974; Nathan, 1974)에서 발견한 중요한 점 일곱 가지를 살펴보자.

1. 태어난 지 50일째(1925년), 미시마는 할머니에 의해서 좁고 어두운 지하 방으로 옮겨져 그곳에

서 12년을 살아야만 했다. 초기 몇 년 동안 어머니와는 잠깐씩밖에 만나지 못했다. 유아기 후반에는 길에서 우연히 어머니와 만나는 것이 전부였다. 미시마의 유년 환경은 할머니에 의해서 엄격하게 통제되었다. 할머니는 질병 때문에 소음을 감당하지 못했다. 그는 여자 사촌 3명과 조용히 노는 것만 허락되었다. 어린 소년이었던 미시마는 아픈 할머니에게 약을 갖다주고, 화장실을 데려가고, 몸을 안마해주는 등 보살피는 데 대부분 시간을 보내야 했다.

2. 4살 때부터 미시마는 자살을 다룬 공상으로 이어진 영웅주의의 괴상한 생각에 사로잡히기 시작했다(Mishima, 1958, p. 8). 공상 중 하나는, 어렸을 때 동물 배설물을 치우던 잘생긴 한 노동자와 관련이 있었다. 4살짜리 미시마는 그의 존재를 기대하고 기다리면서 환상을 품게 되었다. 그는 이후 미시마의 공상 속에서, 죽음과 동일시하는 환상적인 존재가 되었다.

3. 영웅주의를 둘러싼 미시마의 공상은, 그의 동성애적 성향과 맞물렸다. 노동자를 향한 그의 감정은 근육질의 젊은 남자에게 강한 성적 호감을 느끼는 후기 증상으로 이어졌다. 미시마의 죽음에 함께 한 학생 4명 중 1명은 그의 동성애 애인으로 알려져 있다.

4. 알려진 바가 많이 없지만, 요코 스기야마와 결혼했던 13년 동안 미시마는 행복했던 것으로 알려져 있다. 공식석상에서 부부는 좋아 보였다. 미시마는 요코 이야기를 존중했으며, 일반적인 일본 남성 작가에게서 찾아보기 어려운 태도로 그녀를 잘 대했다. 아이는 2명이 있었다.

5. 1950년대 후반, 미시마는 공상소설을 쓰는 데 불평을 표현하기 시작했다. 그의 작품에 대한 찬양에도 불구하고, 글쓰기는 현실에서 벗어나려는 겁쟁이의 몸부림이라고 생각했다. 말과 **행동**을 대조적으로 이해하기 시작했으며, 인생에서의 진정한 영웅주의는 강하고 아름다운 육체의 순수한 행동을 통해서만 얻을 수 있다고 주장했다.

6. 육체를 강하고 아름답게 만들기 위해 미시마는 30살 때부터 죽기 직전까지 혹독한 트레이닝을 통해 몸을 단련했다. 어렸을 때 연약한 소년이었던 그는 30살 무렵에는 그의 공상 속 주인공처럼 강한 근육질 몸을 가지게 되었다. 바벨을 들고 역기를 드는 행위는 그의 공상 속에서 멈추지 않는 움직임, 멈추지 않는 죽음으로부터의 도피, 멈추지 않는 객관성으로부터의 도피로 이어졌다(1970, p. 76).

   나는 죽음을 향해 낭만적인 충동을 가지고 있었지만, 동시에 도구로서의 매우 고전적인 육체도 필요로 했다… 강력하고 비극적인 외관과 조각 같은 근육은 낭만적으로 고귀한 죽음에서 필수적이다. 나약하고 축 처진 살과 죽음과의 만남은, 내게 있어서 말도 안 되는 조합이었다(1970, pp. 27~28).

7. 1960년대 미시마는 방패회라고 이름 붙인 개인 군대를 만들었다. 이는 근대 일본의 궁극적인 군국주의를 지향하고, 천황의 보호를 목적으로 했다. 미시마는 일본을 공산주의와 서양 자본주의로부터 모두 구하려고 노력했다. 이 군대에는 그의 **할복**을 도운 4명을 포함해 대부분 대학생이 포함되어 있었다.

   미시마의 자살이 가지는 심리학적 의미는 무엇일까? 이는 '갖고 싶은 것'과 '되는 것' 간의 혼란에서부터 알아볼 수 있다(McAdams, 1985a). Freud적 관점에서 말하면, **대상선택**(object choice)과 **동일시**(identification) 간의 오이디푸스적 혼란감이다. Freud에 의하면 개인은 무의식적 단계에서 두 가지 매우 근원적인 방법으로 타인과 소통한다고 한다. 강하고 **관능적인 타인을 가지는 대상선택**의 방법이나, **타인이 되는 동일시**의 방법을 통해 타인과 가까워질 수 있는 것이다. 대상선택에서 개인은 타인을 무의식적인 애정의 대상으로 본다. 감각적인 욕망을 표출하고 느낄 수 있는 무의식적인 대상인 것이다. 이는 어린 남자아이들이 어머니에게 느끼거나, 어린 여자아이들이 아버지에게 느끼는 원시적인 감정인 오이디푸스 콤플렉스와 비슷하다. 반대로 동일시 과정은 타인처럼 되고 싶은 욕망, 즉 무의식적 방법으로 타인의 모든 자질을 흡수하려고 하는 생각을 포함한다. 타인이 되고 싶은 욕망은 때로는 타인을 향한 분노와 두려움과도 연결된다. 이는 몇몇 심리학자들이 **공격자와의 동일시**(identification with the aggressor)라고 부른 개념이기도 하다. Freud에 의하면 동일시는 어린 남자아이들이 아버지에게, 그리고 어린 여자아이들이 어머니에게 느끼는 감정이다.

대상선택과 동일시는 매우 재미있는 방법으로 서로 연결된다. Freud는 대상선택은 보편적으로 무의식적 단계에서 선호되고, 동일시는 대상선택이 좌절되었을 때 일어난다고 설명했다. 다른 말로 하면, 우리는 먼저 타인을 가지려고 하지만, 가지려는 대상이 되기는 힘들다는 의미다. Freud(1917/1957)는 이 때문에 사랑하는 사람의 죽음을 겪은 사람들은, 이후에 그 사람들의 특징을 따른다고 주장했다. 타인이 죽게 되면 대상선택은 더 이상 가능하지 않기 때문에 잃어버린 대상과 동일시하려는 것이다. 꿈이나 공상, 신화에서 자주 등장하는 동일시의 형상은 타인을 **먹는 것**(eating)으로 나타난다. 잃어버린 대상을 흡수함을 뜻한다.

미시마는 할머니와 보낸 불우한 어린 시절을 포함해 다양한 복잡한 요소들 때문에, 무의식적 단계에서 결국 대상선택과 동일시로 나아가지 못했다. 보통 아이들이 보이는 어머니에 대한 성적인 호감과 아버지에 대한 동일시가 아니라, 미시마는 같은 대상(어렸을 때 본 남성 노동자)에게 대상선택과 동일시를 동시에 표출한 경우다. 따라서 미시마의 인생 이야기는 그가 **가지고 싶어 한 동시에 되고 싶어 했던** 한 사람을 중심으로 쓰여지게 된다. 가면의 고백이라는 소설에서 미시마(1958)는 노동자를 향한 자신의 욕망을 잔 다르크의 모습으로 형상화하고, 기독교의 순교자인 성 세바스찬으로, 그리고 결국 실제 인생의 사랑의 대상이었던 오미로 연결시켰다.

14살 때 미시마는 그가 되고 싶어 했던 소년과 사랑에 빠졌다. 오미는 미시마가 처음 노동자와 동일시했던 비극적 오이디푸스적 영웅의 실제 인물이라고 볼 수 있다. 나아가 현실에서 미시마가 가지지 못한 모든 것을 가진 대상이었다. 오미는 강하고 잘 단련된, 학교에서 가장 힘센 아이였다. 미시마가 계속 공상과 사고에서 생각했던 것처럼, 오미는 육체의 순수한 행동을 중시하는 사람이었다. 순수하고 조용하고 약했던 미시마와 달리, 오미는 자신감이 넘치고 성숙하며 육체적으로 강한 사람이었다.

하지만 어느 날, 평행봉 연기를 펼치는 오미의 모습을 보고 강한 질투심을 느낀 미시마는 자신이 오미를 육체적으로 소유하고 싶은 만큼 그처럼 되고 싶어 한다는 것도 깨닫게 되었다. 그가 오미처럼 되기에는 당시에 너무 약했다는 사실은, 그로 하여금 대상선택을 포기하고 비극적 영웅인 오미가 되고 싶어 하도록 추구했다. 대상을 먹는 행위는 대상과의 동일시를 뜻한다는 것을 기억하자. 미시마는 평행봉 연기를 본 후 며칠 되지 않아서, 접시에 담겨진 남성의 알몸을 먹는 꿈을 꾸었다.

성인이 된 미시마는 웨이트 트레이닝을 통해 오미가 되려고 노력했다. 연약한 육체를 근육으로 바꿔서 미시마는 4살 때부터 동경해 왔던 이상적인 몸을 가지게 되었다. 그의 오이디푸스적 사랑의 대상은 더 이상 내면적 공상이 아니었다. 오미와 노동자가 됨으로써 미시마는 **무의식적**으로 그의 사랑의 대상이 되었다. 따라서 오미가 되고 싶다면(동일시), 먼저 그 자신을 가져야만 했다(대상선택). 이 무의식적 행동의 결과 중 하나는, 인생 후반부에 나타난 자기애적 성향으로 이어졌다. 그는 자기 자신과 말 그대로 사랑에 빠진 모습을 보였다. 또한 결과적으로 자살을 불러오기도 했다.

미시마에게 있어서 **할복**이라는 일본의 전통은 깊은 성적인 의미가 있었다. 4살 때부터 그는 죽음을 낭만화했으며, 그의 이야기와 소설들은 실제로 죽음과 살인의 성적 묘사로 가득 차 있다. 그에게 있어서 할복은 결국 자기 자신과의 성적 일치를 상징했다. 오미를 가지고 싶은 동시에 그가 되고 싶은 감정을 할복을 통해서 실현시킨 것이다. 긴 검을 복부에 찔러 넣음으로써, 미시마는 사랑하는 사람인 동시에 사랑받는 대상이 되었다. 남성과 여성의 성기를 동시에 상징하는 행위다. 따라서 죽음의 순간 당시에, 미시마는 충격적인 성적 결합을 통해서 오이디푸스 공상에 나타나는 비극적 영웅이 되는 동시에 그를 가질 수 있었다.

도라 사례

보편적으로, 사람들은 본인 인생의 의미를 잘 모르는 편이다. 하지만 가끔 꿈을 통해서 무의식의 단편을 이해할 수 있다. 하지만 그런 경우에도 꿈을 해석하는 정신분석학에 대해서 잘 모른다면 이해가 힘들 수 있다. Freud는 숨겨진 의미를 해석하는 데 초점을 두는 이해방식을 알아보는 심리학적 접근법을 발전시켰다. 정신분석학적 관점에서 해석은 항상 표면에서 더 깊이 들어가, 개인적 공상의 환상적인 부분을 탐험하는 과정을 포함한다. 심리분석적 해석은 보이지 않는 비밀을 밝혀내고, 미스터리를 풀며, 숨겨진 메시지를 전달하는 데 초점을 둔다. 보이는 것 그대로 믿지 않고, 진실은 항상 보여지는 것 밑에 존재한다는 것이 중심적인 생각이다. Freud의 가장 유명한 사례분석을 통해서 이 과정을 더 깊게 이해해보자.

1900년 10월 14일, Freud는 그의 좋은 친구 Wilhelm Fliess에게 자신이 역사에 길이 남을 만한 위대한 연구를 하고 있다고 말했다. "역동적인 시간들을 보내왔네", "최근에 18살 소녀 환자를 보고 있다네. 이 사례는 내 안의 집합체들을 천천히 열어주고 있다네(Freud, 1954, p. 325)." 3개월 후에 이 연구는 종결되었다. "18살 소녀"는 Freud가 그녀의 마음에 숨겨진 보석에 다가서려고 하자 치료를 갑자기 중단했다. 금고가 닫히기도 전에, Freud는 몇 가지 값비싼 보석들을 들고 탈출을 시도하려 했던 것이다. 그다음 해 1월에 이 일에 대해 Freud는 짧지만 생동감 넘치는 설명을 해주었다. "히스테리에 대한 분석의 단면"(1905/1963)에서 그는 18세 소녀를 도라라는 가명으로 불렀다.

매력적이고 경제적으로 안정된 여성인 도라는 인생에서 행복한 기억이 별로 없었다. Freud는 그녀의 증상이 일종의 **히스테리**(hysteria)라고 생각했다. 숨 쉬는 데 어려움을 겪고, 두통을 경험하고, 가끔 쓰러지거나 목소리가 나오지 않는 현상을 경험했다. 증상은 육체적이었지만, 원인은 육체에 있지는 않았다. 나아가 도라는 자주 우울하고 짜증을 냈다. 어머니와 아버지와 자주 싸웠으며, 결과적으로 한 번 유서를 남기고 자살을 시도하기도 했다. 도라의 아버지는 걱정된 나머지 친구인 Freud 박사에게 상담을 부탁했다. 3개월간 이어진 상담 중, 도라는 자주 Freud 박사의 권유와 충고를 무시하거나 거부했다. Freud가 드디어 문제의 원인을 찾았다고 생각할 때쯤, 도라는 상담을 중단했다. Freud(1905/1963)는 실치빗고 놀라있다고 밀했다. "문제가 해결될 때쯤 갑자기 치료를 서부하는 도라의 태도는 놀라웠으며, 그녀 쪽에서 나에게 복수하는 것으로 보였다(p. 131)."

표 11.1	심리분석 역사에서 유명한 네 가지 사례연구

1. 안나 O

1880년에서 1882년까지, Breuer는 젊은 히스테리 환자를 치료했다. 그녀의 증상에는 팔다리 마비, 환각, 이인증 등이 있었다. 이 증상은 그녀의 아버지가 1881년에 죽음을 맞이하면서 더욱 극심해졌다. Breuer는 안나 O를 통해 "대화 치료"를 발견했다. 증상과 관련된 낮 동안의 환각과 환상에 대해 말하게 하는 방법을 통해 증상이 완화될 수 있다는 것을 발견하게 된 것이다. 날것 그대로의 감정을 말하는 것은 신경증의 증상을 발현시켰다. 치료는 실패로 끝났다. 안나 O는 "상상임신"과 "히스테리한 출산"을 경험했고, 무의식적으로는 Breuer가 그녀에게 아이를 갖게 한 것이라고 믿게 되었다.

2. 에미 본 N

1889년, Freud는 Breuer에 의해 시작된 "대화치료"를 활용해 에미 본 N을 치료하기 시작했다. 환자는 얼굴 틱과 언어장애를 겪고 있었다. Freud는 그 증상의 의미를 발견하기 위해 여러 가설들을 세워 그 증상의 뿌리를 추적해보고자 했다. 이 방법은 초반에 상당히 성공적이었지만, 환자의 문제는 결국 음식에 대한 거부를 포함해 더욱 심각해졌다. Freud는 그녀의 증상은 과도하게 중첩된 것이란 사실을 깨닫게 되었다. 각각의 구강기적 증상은 하나의 패턴 안에 직조된 많은 감정적 실마리들을 드러내주는 것이라고 생각했다. 예를 들어, 음식을 거부하는 것은 먹는 것에 대한 혐오감, 차가운 고기와 지방에 대한 혐오감, 음식을 나눠 먹음으로써 걸릴 수 있는 질병에 대한 두려움, 저녁식사에서 음식이 나눠지는 것에 대한 혐오감 등이 각성된 상태에서 많은 무의식의 연상들이 결합한 결과라고 보게 된 것이다.

3. 어린 한스

어린 한스는 말에 대한 공포를 가진 5살 아이였다. Freud는 이 아이를 딱 한 번 만났지만, 그 아이의 아버지에게 지속적으로 그의 증상과 관련된 정신분석적 해석의 편지를 줌으로써 치료를 진행했다. Freud는 어린 한스가 극심한 오이디푸스 콤플렉스를 경험하고 있는 것이라고 보았다. 어린 한스는 "위들러"라고 부르는 자신의 성기에 집착하고 있었다. 그는 자신의 성기를 만지는 것을 좋아했으며, 그의 어머니 또한 그것을 만져주기를 원했다. 그녀는 그가 그렇게 행동하지 말도록 훈계했고 그것을 잘라버리겠다고 위협을 하기까지 했다. 어린 한스의 말에 대한 공포는 거세불안을 나타낸 것이었다. 큰 "위들러"를 가진 말은 그의 아버지를 상징하며, 어린 한스는 그를 거세할 수 있는 아버지를 사랑하면서도 두려워했던 것이다.

4. 쥐 인간

29살의 남성은 극심한 망상장애를 앓고 있었다. 그는 그녀의 여자친구 엉덩이에 쥐가 있다는 망상에 괴로워하고 있었다. 초기 아동기 경험은 배변훈련과 관련이 있으며 쥐 이미지를 부분적으로 떠올리게 하는 에로틱한 느낌도 관련이 있었다. 아동기 때 환자는 그의 아버지 무덤가에 있는 쥐를 보았으며, 그것이 시체를 갉아 먹는다는 상상을 하게 되었다. 신경증은 그가 군대 장관에게서 생매장된 죄수들은 쥐에게 갉아 먹혀 죽게 된다는 동양적 체벌과 관련된 이야기를 듣게 되면서 더욱 극심해졌다. Freud는 그가 교육을 끝마치고, 사회적으로 용인된 여성과 결혼했을 때 그를 괴롭혀왔던 증상들에서 일시적으로나마 벗어날 수 있다는 것을 보여줄 수 있었다. 더불어, 그는 오랫동안 함께 살아왔던 불행에서 놓일 수 있었다.

출처 : *Studies on Hysteria*, by J. Breuer & S. Freud, in Vol. 2 of *The Standard Edition of the Complete Psychological Works of Sigmund Freud*, by J. Strachey (Ed.), 1893–1898, London: Hogarth Press; "Analysis of a Phobia in a Five-Year-Old Boy," by S. Freud, in Vol. 10 of *The Standard Edition*, 1909/1955, London: Hogarth Press; "Notes Upon a Case of Obsessional Neurosis," by S. Freud, in *Three Case Histories* (pp. 15–102), by S. Freud, 1909/1963, New York: Collier Books.

도라는 더 나이 많은 세대에 대한 반감을 가지고 있었는데, Freud는 그 반감의 일부분이었다. 그녀는 아버지, 어머니, 그리고 K씨 부부 사이에 얽힌 성적 불륜을 목격하면서 자랐다. 도라의 아버지는 K부인과 몇 년간 불륜을 지속한 성공한 기업인이었다. K씨는 도라에게 선물을 자주 주고, 친하게 지내려고 노력했다. K부인이 병든 도라의 아버지를 간호할 때 도라는 K씨 부부의 아이들을 보살피고, K부인과는 성생활을 포함해 민감한 이야기를 하는 좋은 친구가 되었다. 반면에 결혼생활에 불만을 가지고 딸에게도 실망한 도라의 어머니는 집 청소를 하는 데 시간을 대부분 보냈다. 4명의 어른 모두 도라에게 사실을 숨기려 했지만, 그녀는 모두 알고 있었다. Freud 박사에게 도라의 상담을 부탁한 것도, 친구인 박사를 이용해 사실을 숨기려 하는 아버지의 의도라는 것을 알고 있었다.

더 읽을거리 11.1

오이디푸스 이론의 대안—Chodorow의 젠더이론

심리분석가 Nancy Chodorow(1978)는 페미니스트의 입장에서 오이디푸스 이론을 설명해, 성격에서의 성별에 따른 차이 및 서구 사회에서 어머니의 역할을 설명하려 했다. 그녀는 *어머니가 양육한다*는 반박 불가능한 가정으로 이야기를 시작한다. 생물학적으로 여성이 아이를 갖고, 사회학적으로 말하면 거의 모든 인간 사회에서 여성은 남성보다 더 아이와 시간을 보내고 주된 정서적 교감을 나눈다(p. 3). 미국과 서유럽에서 20세기 동안 워킹맘의 숫자가 증가하긴 했지만, 아직도 양육은 어머니의 역할이 크게 남아 있다. 대부분의 베이비시터, 보모, 어린이집 교사 등은 여성이고, 대부분의 어린아이들이 어렸을 때 어머니와 시간을 많이 보낸다. 아버지가 전통적인 성 역할보다 더 많이 양육에 힘쓰는 맞벌이 가정이라 해도, 아이가 어릴수록 어머니의 양육 역할이 훨씬 큰 것이 사실이다(예 : Biernat & Wortman, 1991).

Chodorow(1978)는 "남성 중심적이지만 아버지가 없어서 어머니가 양육하는 가정"에서 자란 어린 여자와 남자아이들의 경험에 집중했다(p. 40). 그녀는 어린이들은 3~4살부터 자기의 성별을 파악한다고 주장했다. 오이디푸스 콤플렉스가 발효되기도 전에, 어머니들은 딸과는 "개방성과 연속성"을 더 가지고 교류한다는 것이다. 어머니들은 아들보다 딸과 더 유대감이 강하다. 서로 더 가깝고 통일된 느낌이 크다. 어머니와 딸 간의 관계는 시간이 지나면서 더 견고해지고, 의지와 애착의 정도도 커진다. 반면 "어머니들은 아들을 반대인 남성으로 바라본다(p. 110)." 아들은 어머니와 굉장히 다르다고 여겨지고, 어머니는 양육을 통해 아들에게 독립심과 자주성을 키우려 한다. 어머니가 아들을 아끼고 무척 사랑하는 것은 맞지만, 항상 한 가지 전제가 존재한다—남자고, 나와 다르기 때문에, 나와는 다르게 클 것이다.

Freud는 연구를 하면서 오이디푸스 단계 전 여자와 남자아이들의 다른 경험에 집중했다. Freud는 여자아이들의 어머니에 대한 애착은 남자아이들보다 더 길게 지속되며, 어머니와 딸 간의 관계는 어머니와 아들과의 관계보다 훨씬 극적으로 애매할 수 있다고 생각했다. 그럼에도 불구하고 Freud는 여자아이들의 오이디푸스 콤플렉스를 남자아이들의 그것과 동일한 관점에서 설명하려 했다. 전통 Freud 관점에 따르면, 오이디푸스 콤플렉스를 겪는 여자아이는 아버지의 성기의 존재를 확인한 후 애정의 대상을 어머니에서 아버지로 전환한다. Chodorow는 이 여자아이가 어머니를 라이벌로 보거나 실망스럽게 여길 수도 있다고 생각했다. 하지만 아버지와 딸 간의 관계는 어머니-딸 간의 유대감을 지울 만큼 강한 경우는 많이 없다.

여자아이에게 있어서, 유일한 오이디푸스 유형이라는 건 없고, 궁극적인 '대상의 변화'도 일어나지 않는다. 심리분석적 관점에서 보면, 여자아이가 성적으로 아버지에게 의지하는 건 어머니와의 관계를 대신하려는 시도가 아니다(Chodorow, 1978, p. 127).

따라서 여자아이의 오이디푸스 콤플렉스는 복잡하고 다면화돼 있어 간단한 해결책이 존재하지 않는다. 그 결과 여자아이의 기본적인 성 정체성은 계속해서 이루어지는 어머니와의 관계 안 맥락에서 만들어진다. 여성적인 자기는 *관계* 속에서 정의된다. 하지만 어린 남자아이들에게 있어서 성 정체성은 더 미스터리한 문제다. 남자아이가 아버지와 동일시해도, 아버지의 전통적인 역할(집 밖에서 일을 하고 돈을 벌어오는 등)을 그대로 습득할 가능성은 높지 않다. 반면 여자아이들은 어머니의 역할을 습득할 가능성이 높다. 어떻게 보면, 남자아이는 스스로 남자가 되는 법을 깨우쳐야 한다. Chodorow에 의하면 어린 남자아이는 여성의 세계와 반대의 관점에서 본인의 남성성을 파악한다. 여자와 남자가 다른 건 알지만, 정확히 어떻게 다른지는 모른다. 어린 남자아이는 세상에서 육체와 분리된 '입장'과 본인을 동일시한다. 남자의 입장이 어떤 것일지 스스로 추측하고, 그 추측에 맞춰 행동하는 것이다. 남성적인 자기는 분리와 추측을 통해 만들어지지만 여성적인 자기는 연결성과 인간관계에서 만들어진다.

오이디푸스 기간에 보이는 이 같은 큰 차이점의 결과는 무엇일까? Chodorow(1978)는 여자아이들은 어렸을 때부터 본인뿐 아니라 타인의 욕구와 감정을 경험하는 기반도 강하다고 주장한다(p. 167). 의식적, 무의식적으로 여자아이는 본인이 환경에 포함된 계속적인 존재라고 생각하고(Gilligan, 1982), 반대로 남자아이는 분리, 반대, 개인화를 통해 남성성의 확보를 위해 노력해야 한다.

나아가 가정에서 여자아이와 남자아이의 서로 다른 경험은 사회의 성 역할의 기반으로 작용한다. 어머니-딸 간 유대감을 통해서 딸들은 스스로도 양육을 원하게 되고, Chodorow가 "양육의 번식"이라고 부르는 것이 세대를 넘어서서 이어지게 된다. 반대로, 아들들은 양육 능력과 욕구가 체계적으로 억압되어 있어 나중에 사회생활에서 가정 밖의 인생을 준비하게 된다.

Freud가 사실대로 말하는 데 주력한다는 것을 알고 나서, 도라 아버지는 상담에 흥미를 잃었고 도라가 그만두겠다고 했을 때도 말리지 않았다.

두 가지 트라우마적 사건

Freud와의 상담 중 도라는 K씨가 성적인 접근을 했던 일을 두 차례 묘사했다. 2년 전 알파인 호수에서 휴가를 보낼 때 K씨는 도라에게 사랑을 고백했고, 당시 16살이던 그녀에게 사랑을 나누자고 제안했다. 도라는 그의 뺨을 때렸다. 무서웠던 그녀는 어머니에게 사실을 알렸고, 어머니는 아버지에게 말했으며, 아버지는 K씨에게 따졌다. 그는 도라가 성적 문제에 민감해서 존재하지 않는 일을 상상했다고 주장했다. 아버지는 딸이 아니라 그의 말을 믿었다. 이 일이 있기 2년 전 도라가 14살일 때 K씨는 공적인 자리에서 갑자기 그녀를 안고 입맞춤을 했다. "강한 경멸"을 느끼면서(Freud, 1905/1963, p. 43) 도라는 길가로 달려나갔다. 둘 다 이 일에 대해서는 이후로 말하지 않았지만, 도라는 K씨에게 선물을 받고, 산책을 위해 만나고, 아이들을 돌봐주는 등 그와 친한 관계를 유지했다. 2년 후 호숫가에서 일이 있고 난 후에야 도라는 K씨를 증오하게 되었다고 말했다.

Freud는 이 두 일이, 도라가 히스테리를 가지게 된 원인이라고 생각했다. 모든 신경증적 증상은 의미를 가지고 있다. 신경증적 증상은 무의식적인 두려움, 욕망, 미스터리의 상징적 표현이다. Freud는 이후 도라의 상담에서 **자유연상**(free association) 기법을 통해 그녀의 생각을 읽으려 했다. 심리분석에서 자주 쓰이는 방법인 자유연상법은 생각하고 떠오르는 모든 것을 순서에 얽매이지 않고 상담사에게 말하는 방법이다. Freud는 이러한 과정을 통해 무의식적 생각들이 수면 위로 올라오고, 환자의 상태를 심리적으로 이해할 수 있게 된다고 믿었다.

Freud는 도라의 자유연상을 통해서 그녀의 증상(특히 재채기)의 원인을 어느 정도 파악할 수 있게 되었다. K씨는 도라가 어렸을 때부터 매력을 느낀 잘생긴 남자였다. Freud는 K씨의 입맞춤에 느낀 도라의 경멸감은 그녀의 성적 관심을 숨기는 기능을 했다고 믿었다. **감정의 변이**(reversal of affect)가 일어나, 위협적인 즐거운 감정(성적 흥분감)이 덜 위협적인 불쾌한 감정(경멸감)으로 바뀌었다는 것이다. Freud(1905/1963)에 의하면 경멸이나 환멸감은 성생활에서 자주 나타나는 감정이라고 한다(p. 47). 특히 여성에게 있어서 남성 성기는 자연스럽게 소변을 떠올리게 하기 때문에 더욱 그렇다. 나아가 감정의 전치(displacement of sensation)가 일어나, 도라의 몸 아랫부분(성기)에서부터 윗부분(가슴과 입)으로 감정이 옮겨갔다고 생각했다. 이 일이 있고 난 후, 도라는 계속적으로 몸의 **윗부분**에서 K씨의 흔적을 느끼는 환각을 경험했다.

Freud는 K씨가 접근한 첫날, 그는 성적으로 흥분한 상태였으며 도라는 그의 성기를 통해서 몸 아랫부분에서 느낄 수 있었다고 말했다.

> 내가 알고 있던 증상의 규칙과 동일하게, 나는 다음과 같이 당시 상황을 재구성할 수 있었다. 남성의 성적인 접근은, 입술의 포개짐으로 몸 윗부분에서만 일어났을 뿐 아니라 그의 성기를 통해 아랫부분에서도 느낄 수 있었을 것이다. 이로 인해 도라는 혐오감을 느꼈으며, 기억에서 없어지고 억압되었다. 그리고 나서 가슴과 몸 윗부분으로 감정이 옮겨가서, 감정의 전치가 생겨났다. 그녀의 이후의 행동도 이에 연관이 있었다. 길을 걷다가 성적으로 흥분했다고 생각되는 남자와는 마주치지 않고 싶어 했다. 성적 흥분과 직결되는 육체적 변화를 확인하기 싫어했기 때문이다 (1905/1963, pp. 45~46).

제9장에서 설명한 대로, Freud는 입이 첫 번째 성감대라고 생각했다. 갓 태어난 신생아들도 어머니의 가슴을 빨면서 입을 통해서 성욕을 느낀다(Freud, 1916/1961, p. 341). 도라에게 있어서 입은 나이가 들수록 더 감각적이고 관능적인 기관으로 작용했다. 다른 사람과 비교했을 때 도라는 어렸을 때 입을 통한 자극을 과도하게 경험했다고 한다. 몇 년 동안 엄지를 빨았고, 이는 이후에 성욕에도 영향을 끼쳤다. 도라가 기억하는 어린 시절은 바닥에 앉아서 자기 엄지를 빨면서 동생과 장난치는 모습이었다. 도라의 자유연상에 기초해, Freud는 그녀가 아버지와 K부인의 불륜이 입을 통해서 일어난다고 생각했다는 결론을 내렸다. 도라는 계속적으로 자신 아버지는 발기불능이기 때문에, K부인과의 구강성교를 통해 만족감을 느꼈을 것이라 생각했다. 아버지와 K부인 간에 일어나는 성적 환상을 입이라는 성감대를 통해 이해하고 생각함으로써 그녀의 히스테리 중 하나인 재채기(입을 통해서 일어남)가 생겨났다. Freud의 이러한 해석(Freud, 1905/1963, p. 65)을 이해하고 받아들인 다음에, 재채기 증상은 없어졌다고 한다.

보석함 꿈

상담 중 도라는 Freud에게 한 가지 꿈을 계속해서 꾼다고 말했다. Freud는 밤에 꾸는 꿈은 무의식을 잘 보여준다고 생각했기 때문에, 꿈의 해석에 집중했다. 도라가 말한 꿈 내용은 다음과 같다.

> 집 한 채가 불에 타고 있다. 아버지는 내 침대 옆에 서서 나를 깨운다. 빠르게 옷을 입는다. 어머니는 잠깐 멈춰서 보석함을 챙겨가길 바란다. 하지만 아버지는 "당신의 보석함 때문에 나와 내 두 아이가 불에 타 죽는 것은 원하지 않는다"고 말한다. 우리는 빠르게 아래층으로 내려간다. 그리고 잠에서 깬다(1905/1963, p. 81).

도라는 이 꿈은 2년 전에 처음 꿨으며, K씨의 접근 이후에는 며칠 동안 이어졌다고 말했다. 이제 비슷한 일을 겪은 다음에 또다시 같은 꿈을 꾸기 시작한 것이다. 의미는 무엇일까? 답을 얻기 위해, Freud는 꿈의 각 부분에 대해서 자유롭게 생각하고 연상하도록 도라에게 말했다. 꿈 내용과 도라의 증상이 모두 무의식적 내용을 상징한다는 전제하에, 그것을 해석하기 위해 자유연상법을 이용한 것이다.

도라의 첫 번째 자유연상은, 아버지와 어머니 사이의 최근 말다툼이다. 그녀가 이해하지 못한 어떠한 이유로, 꿈은 동생의 침실 문을 잠그는 것과 관련한 부모님의 말다툼과 관련이 있었다. 어머니는 밤에 문을 잠그길 원했고, 아버지는 "밤에 무슨 일이 일어나면 급하게 나가야 할 수도 있다"는 이유로 이에 반대했다(Freud, 1905/1963, p. 82). 여기 해당되는 것이 도라의 꿈에 나온 **화재**와 비슷한 개념이다. 그리고 2년 전, 아버지가 실제로 화재에 대해서 걱정했다는 것을 기억했다. 호숫가에서 가족들과 K씨 부부와 시간을 보낼 때, 작은 오두막에 있었기 때문에 불붙기 쉬울 것이라고 걱정한 것이다. 꿈에서 나온 화재는 이러한 일을 반영한다.

도라는 호숫가 여행에서, 낮 12시에 K씨와의 산책에서 돌아와 한 침실 안의 소파에서 낮잠을 잤던 일을 기억했다. K씨가 침대 옆에 서 있는 것을 느끼고 (도라의 꿈에서 아버지가 서 있던 것처럼) 놀라서 깬 도라는 무엇을 하느냐고 물어보지만, K씨는 "내가 원하는 방에 들어오는 것은 나의 자유다"라는 말로 대답한다(Freud, 1905/1963, p, 84), 그때 이후로 위험성을 느낀 도라는 침실 열쇠를 찾지만, K씨는 그 열쇠를 가져가 숨겨 버렸다. 그 이후로 도라는 항상 침실 안에서 **빠르게 옷을**

갈아입는 (꿈의 내용처럼) 버릇이 생겼다. 따라서 꿈 내용은 일차원적으로는 도라와 K씨와의 문제를 상징한다. 꿈에서 그녀의 아버지는 불에서 가족들을 **구해주었다**. 그렇게 함으로써, '불'로 상징되는 K씨의 성적 접근에서 그녀를 구해준 셈이다.

도라 꿈에서 나오는 성적 표현은 **보석함**을 통해서 상징된다고 Freud는 믿었다. 이것은 보석과 관련해 어머니와 아버지가 다투었던 기억과도 연관이 있다. 어머니는 진주 **물방울(drop)** 귀걸이를 원했으나, 아버지는 팔찌를 사주고 싶어 했다. 또한 K씨가 실제로 도라에게 보석함을 사준 적도 있었다. '보석함'이라는 단어가 처녀성을 잃지 않은 여성의 **성기**를 뜻하는 속어라는 것도 눈여겨볼 부분이다. 이 말을 하자, 도라는 즉시 Freud에게 "그렇게 말할 줄 알았어요"라고 답했는데(Freud, 1905/1963, p. 87), 이는 도라도 그렇게 생각하고 있었지만 의식적으로 억압하고 있었음을 의미한다(p. 87).

이 꿈은 도라의 '보석함'을 자기 것으로 만들려는 K씨의 시도를 상징한다(성관계를 하려는 것). 그리고 도라는 이에 대해서 (1) 이 시도를 거부하려는 것, (2) 포기하고 자신의 처녀성(보석함)을 '선물'로 그에게 주려는 것, 이 두 가지의 상반되는 생각을 하게 된다. 아버지는 꿈에서 구원자로 등장했지만, 그녀의 오이디푸스 콤플렉스의 관점에서 보면 도라의 성적 욕구를 상징하는 대상이기도 하다. 어머니의 이미지는 어머니와 K부인 모두를 상징하는데, 둘 다 그녀가 '되고 싶은' 동시에 '증오

그림 11.1 | **도라의 보석함 꿈과 관련된 연상들**

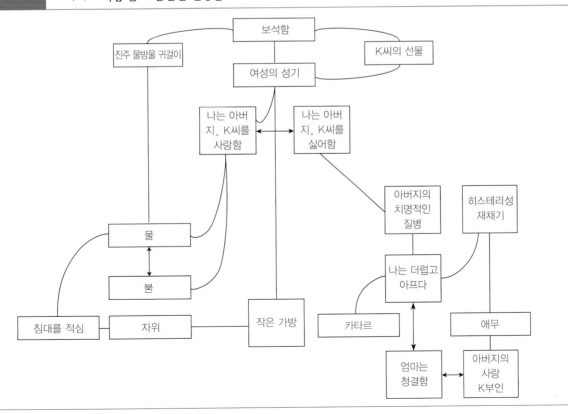

이 꿈의 이미지, 행동적 증상들, 다른 요소들 사이에서의 많은 연관들은 Freud의 글에 자세히 소개되어 있다(1905/1963). 실선은 연관성을, 화살표는 대립을 보여준다.

하는' 대상이다. 어머니는 아버지의 선물을 거부했지만, 도라는 아버지에게 팔찌를 받고 싶어 하며, 동시에 자신의 보석함을 주고 싶어 한다. 이 모든 것은 무의식 깊은 곳에서부터 생겨난다. 하지만 의식적 단계에서는, 도라는 어머니가 아버지에게 성적 만족감을 주지 못하며, K부인도 K씨에게 그러지 못한다는 것을 알고 있다. 무의식적으로, 도라는 남성 2명에게 자신이 더 좋은 아내가 될 수 있다고 생각한다.

해석의 이 정도 단계에서 보면, 도라의 꿈은 어린 여성 사이의 표면적인 오이디푸스 콤플렉스의 변모된(disguised) 버전으로 보인다. 자신보다 나이가 많은 남성인 K씨와 아버지를 동시에 성적 대상으로 보는 것은 복잡하다. 하지만 이 해석은 도라의 신경증적 증상과 의미를 연결하기 시작했을 때 더 많이 복잡해진다. 불과 연결되는 도라의 자유연상은 어머니의 진주 **물방울** 귀걸이로 상징되는 물의 개념과 반대다. Freud는 도라에게, 성냥을 가지고 노는 아이들은 침대에 오줌을 싼다는 이야기를 해준다(도라는 몰랐다고 말했다). "무슨 일이 있어서 문을 열어놓아야 한다"는 아버지의 생각은 불과 침대에서 오줌 싸는 행위 모두를 상징할 수 있다. 도라는 자신도 어렸을 때 자면서 소변을 봐서(7~8살까지) 문제가 많았었다고 말한다. 꿈에서와 마찬가지로 아버지가 자주 깨워서 화장실로 데려갔다. 이 문제는 도라가 신경증적 증상인 '불안감의 천식(nervous asthma)'을 보인 이후로 사라졌다(Freud, 1905/1963, p. 90).

침대에서 자면서 소변을 보는 행위는 Freud적 해석에서 보면 **자위행위**와 관련이 있다.[1] 도라에게서 직접적으로 어릴 때 자위행위의 기억에 대한 말은 듣지 못했지만, 그녀는 어렸을 때 작은 **가방**을 가지고 "지퍼를 열어서, 손가락을 집어넣었다 빼는 것을 반복하면서"(Freud, 1905/1963, p. 94) 놀았다고 말했는데 이 행위가 자위행위를 상징했다고 믿었다.

이런 상황에 기초해, Freud는 7~8살 때 도라는 침대에서 자주 오줌을 싸는 동시에 자위행위를 자주 했었다는 결론을 내렸다. 도라는 두 가지 행위 모두 성과 관련된 더러운 행동이라고 생각했다. 아버지가 결혼 전 문란한 성생활로 인해 **성병**에 걸린 적이 있다는 것을 알아낸 다음, 성과 '더러움'을 연결시켜서 생각하게 된 것이다. 반면에 '청소'와 **깨끗함**을 중시하는 도라 어머니의 성향은 아버지의 이러한 증상에 반대되는 성향이라고 생각했다. Freud는 다른 사람들은 물론 알고 있었지만 도라가 아버지의 성병에 대해서 알고 있다는 사실에 놀라움을 표현했다. 도라는 아버지가 자신에게 성병을 옮겼다고 생각하기도 했다. 무의식적으로, 성병에 걸렸던 아버지의 딸로 태어났기 때문에 자신도 신경증적 질병을 앓는다고 믿었다는 것이다. 도라의 증상에 대한 의학적인 설명은 불가능한 상태였지만, 그녀는 일종의 **카타르(catarrh)** 염증을 겪고 있었던 것으로 보인다. 무의식적으로 보면, 카타르는 자신과 아버지의 책임으로 이어지는 도라의 심리적 '증거' 중 하나다. 아버지는 자신을 K씨에게 "넘겨주었을 뿐" 아니라, 더러운 질병까지 옮긴 것이다. 질병은 성병을 말한다. 도라의 개인적 의미체계에서 모든 성적 행동은 더럽고 환멸감을 일으킨다. 그렇게 믿었기 때문에 K씨가 접근했을 때 성적 흥분이 아니라 역겨움을 먼저 느낀 것이다.

도라의 증상은 (1) 그녀는 아버지의 딸이다, (2) 아버지와 마찬가지로 자신은 아프고 더럽다, (3) 이 모든 원인은 성관계 때문이라고 생각하는 무의식적 심리와 일치한다. 아직도 성에 이끌림을

---

1. 현대 의학은 성장기(childhood)의 자위행위와 야뇨증 간의 관계를 밝히지 못했다. 하지만 의학계의 많은 사람들이 이때끼지도 자위행위가 많은 개인적 질병과 문제들의 근원이라는 생각을 가지고 있다. Freud도 이 생각에 동의한 것으로 보인다(Sulloway, 1979). 그는 초등학교에 들어가서까지 만성적 야뇨증이 나타나는 경우는 어렸을 때의 지나친 자위행위가 그 원인이라고 생각했다.

느끼고, 아버지와 K씨와 무의식적으로 관계를 맺고 싶어 하는 오이디푸스 콤플렉스를 경험하고 있기는 하지만, 성병은 성관계의 무의식적 상징물이 되고, 그녀의 신경증적 증상은 성적 의미를 가지고 있다. Freud에 의하면, 숨쉬기를 힘들어하는 그녀의 증상도 성적 배경에서부터 나온다. 도라 아버지는 호흡이 달리는 증상으로 고통을 겪었다. 따라서 도라의 비슷한 증상도, 그녀가 아버지의 딸이라는 믿음을 확인해주는 증상으로 이해될 수 있다. 그리고 숨쉬기와 관련된 증상은 도라가 7~8살 때 부모님의 성관계 도중 들은 숨소리와도 연관이 있다. 그녀는 아버지와 등산을 갔다가 처음으로 천식 증상을 경험했다. 그리고 아버지가 여행 때문에 집에서 떠났을 때도 비슷한 증상을 경험했다. 따라서 도라는 아버지를 생각하게 하는 행동을 함으로써 그녀의 사랑의 대상(아버지)과 동일시했던 것이다. 아버지의 질병과 관련된 모든 행위는 당연히 무의식에서 일어났다.

도라의 개정

도라는 K부인과 아버지에게 K씨와 관련된 부적절한 모든 일을 고백한 후에 15개월이 지나서 Freud의 사무실에 다시 방문했다. 이때도 도라는 히스테리를 경험하고 있었지만, 이후에 상담을 더 받지는 않았다. 1년 후 그녀는 결혼했고 아들을 낳았다. 도라(본명은 Ida였다)는 1922년 히스테리 증상의 치료를 위해 Felix Deutsch 박사를 찾았는데, 자신이 Freud의 유명한 도라 사례의 환자라고 밝혔다. Deutsch(1957) 박사에 의하면, 도라는 신경증에서 결국 벗어나지 못했다고 한다. Freud와 만난 20년 후에도 비슷한 증상으로 고생했다. 성인이 된 도라는 남편, 아들, 주변인들이 계속해서 자신을 배신한다고 생각했다. Deutsch의 관점에서 봤을 때, 그녀의 남편은 "강압적이고 강박적인 그녀 증세에 지쳤다"(p. 57)고 한다. Deutsch의 지인 중 하나는 도라가 "가장 역겨운 히스테리 환자 중 하나"라고 표현하기도 했다. 도라는 매우 불행한 삶을 살았으며, 주변인까지 그렇게 만들었다 (Deutsch, 1957; Rogow, 1978). 그는 63살의 나이에 대장암으로 1945년 뉴욕에서 사망했다.

1901년에도, Freud는 도라의 경우가 엄청난 성공인 동시에 실패라고 생각했다. 심리분석의 관점에서 Freud는 도라의 신경증적 증세에 대한 원인을 확실하게 규정하지 못했다. 도라가 Freud 해석을 거부했기 때문일 수도 있다. Freud가 무언가 알아간다고 생각할 때, 도라는 상담을 포기하고 거부했다. 또한 Freud는 도라에 대한 필수적인 이해가 너무 늦게 일어났다는 것을 인정했다. 예를 들면, Freud는 **전이**(transference)와 **역전이**(countertransference)의 문제를 과소평가했다(Muslin & Gill, 1978). 나중에서야, Freud는 도라가 아버지와 K씨 모두를 아버지/사랑하는 사람/적 모두로 보았다는 것을 깨달았다. 나아가 Freud는 자신의 "신경증적인 젊은 여성에 대한 생각"을 도라에게 전이시켜서 보는 실수를 하기도 했다.

Freud는 당시의 성 역할 관념에 맞게, 도라에게 매우 권위적인 태도로 대했던 것으로 보인다 (Muslin & Gill, 1978). 어렸을 때 힘들었던 기억을 꺼내는 과정에서 놀라울 정도로 그녀의 고통에 무감각했다(Kahane, 1985; Moi, 1981). 도라는 아버지와 어머니, 그리고 K씨 부부 간의 불륜에 대해서 인정은커녕 받아들이기도 힘든 상태였기 때문에, 자기(self)를 정의하는 방법으로 Erikson(1964)이 말한 **충실함**(fidelity)을 통해서 대인관계에서의 정직함과 진실을 찾았던 것일 수도 있다.

이러한 문제를 생각해보면 도라의 사례는 정신분석의 한계를 보여주기도 하지만, 동시에 정신분석적 해석의 능력의 측면에서는 성공사례로 인정될 수도 있다. 문학의 관점에서 이 사례는 현대 문학의 새로운 장르를 가져왔다는 평가를 받는다(Marcus, 1977; Rieff, 1959; Steele, 1982). 마르셀 프루스트, 헨리 제임스, 제임스 조이스, 헨릭 입센의 작품과 견줄 만한 다양한 분석적 관점과 새로운 문학적 표현을 사용한 경우라는 것이다. Freud는 시간적 리포트, 이론적 생각, 극적인 회상 등을 적절히 사용하여 다양한 측면에서 다양한 의미를 동시에 전달하는 데 성공했다.

해석의 원리

텍스트와 조약

심리분석 해석을 생각할 때, 텍스트(text)의 비유를 고려해야 한다. Freud는 인간 행동은 일종의 텍스트라고 생각했다. 위대한 문학작품은 다양한 의미를 보여준다. 허먼 멜빌의 **모비딕**이나 제임스 조이스의 **율리시스**는 다양한 '진실'을 다양한 의미로 접근하고 독창적인 해석을 가능하게 한다. 문학 수업을 들어본 경험이 있다면 무슨 의미인지 알 수 있을 것이다. 너대니얼 호손의 **주홍글씨**를 분석한다면 당신의 한 가지 해석만이 정답이 아니며, 다양한 경우가 가능하다는 것을 알 수 있다. 이것은 인간 행동과 경험의 모든 측면에도 적용된다. 한 가지 답은 존재하지 않는다. 도라의 꿈에서 보석함은 단순히 여성 성기를 상징하지만은 않는다. Freud 관점에서 이것이 특히 중요한 해석일 수는 있지만, 다른 해석이 불가능한 것은 절대 아니다. Freud는 우리 모두는 행동과 경험을 관장하는 위대한 소설가와도 같아서 우리의 꿈이나 증상, 타인과의 관계를 무의식적으로 만들어나간다고 생각했다. 따라서 심리분석가들은 다양한 텍스트를 다양한 관점에서 해석할 수 있는 능력이 있어야 한다(Bakan, 1958).

텍스트 말고, 다른 중요한 비유는 정치적 **조약**(political treaty)의 개념이다. 조약은 서로 반대되는 힘 간의 협력을 말한다. 전쟁을 치르는 두 나라가 전쟁을 끝내기 위해서 조약을 맺는다. 좋은 조약은, 반대되는 모든 힘이 협력을 해서 평화로 이어지는 경우다. Freud는 우리 행동과 경험도 이와 같다고 믿었다. 우리가 말하고, 행동하고, 경험하는 모든 것은 내면적으로 서로 충돌하는 힘 간의 타협의 산물이다. 이러한 내면적인 힘은 깊게 억압된 성적인 소망에서부터 의식적인 관심사와 공격성에 이르기까지 다양한 모습을 취한다. 우리가 무슨 행동을 하든 항상 내면에는 몇 천 가지에 이르는 무의식적 힘들이 서로 다른 것을 요구한다. 우리는 이러한 다양한 힘을 최대한 달래는(appease) 방법으로 행동하고 선택하게 된다. 도라는 아버지를 매우 사랑하는 동시에, 어머니를 아프고 더럽게 했다는 이유로 증오했다. 그녀는 의식적으로 아버지에 대한 증오를 K씨로 옮겨갔다고 주장했다. K씨를 증오할 만한 이유도 당연히 있었다. 따라서 도라는 K씨의 뺨을 때리는 행동을 하고 공개적으로 환멸감을 표함으로써, 같은 행동을 통해서 무의식의 많은 곳을 보여준 셈이다.

명백한 내용과 잠재적 내용

심리분석가들은 행동과 경험의 **명백한**(manifest) 단계(의식적으로 알고 보이는 것)와, **잠재적**(latent) 단계(무의식적으로 숨겨져 있는 것)를 구분한다. 실제로 잠재적 단계에는 행동이 복잡하게 얽혀 있는 다양한 측면이 모두 포함되어 있다. 보석함 꿈에서, 명백한 단계는 도라가 꿈을 기억하고 Freud에게 말한 내용이 해당된다. 비교적 직접적이고 확실한 면이다. 표면적으로 보면 도라의

그림 11.2	꿈의 명백한 내용과 잠재적 내용

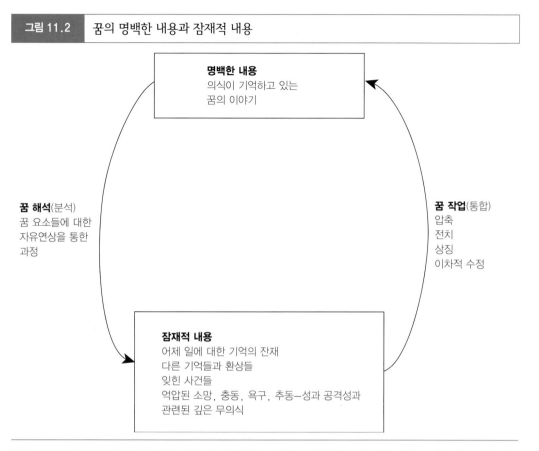

꿈 분석은 명백한 내용에서 잠재적 내용을 향해가는 것과 관련된다. 그 반대는 잠재적 내용에서 명백한 내용으로 가는 것으로, 누군가 꿈을 꿀 때 꿈 작업이라고 부르는 과정을 꿈꾸는 이가 실현시키게 되는 것을 말한다.

꿈은 간단하다—화재와 보석함을 둘러싼 짧은 꿈이다. 하지만 잠재적 관점에서 보면 꿈은 숨겨진 힘, 갈등, 소망, 충동, 그리고 꿈에 담긴 다른 요소들을 모두 포함하는 복잡한 대상이 된다. Freud에 의하면 명백한 관점에서 보면 다섯 문장으로 끝나는 꿈의 해석이, 잠재적 관점에서 보면 책 한 권 양으로 설명된다고 한다. Freud의 말을 빌리자면, 명백한 내용은 잠재적 내용에 의해서 **과잉결정** (overdetermine) 된다고 한다. 과잉결정이란, 행동은 많은 다양한 무의식적인 요소로 인해 결정된다는 Freud 이론의 생각이다. 도라가 꿈에 대해서 기억하는 것은 큰 빙산의 일부분일 뿐이다.

그림 11.2를 보면 꿈에서 명백한 내용과 잠재적 내용 간의 관계를 알아볼 수 있다. 명백한 내용에서 잠재적 내용으로 옮겨가는 과정이 Freud(1900/1953)가 말한 **꿈 분석**(dream analysis)이다. 여기에는 도라의 경우에서 본 것처럼 자유연상 과정이 포함된다. 심리학자는 계속적으로 나타나는 패턴과 주제를 확인하기 위해서 환자의 자유연상 기억을 상세히 듣는다. 도라의 첫 번째 연상은, 동생의 방문을 잠그는 일로 부모님이 다퉜던 일이었다. 이 연상은 결국 불, 물, 자위행위, 보석, 성관계라는 숨겨진 의미와 이미지로 이어졌다. 꿈 해석에서 환자와 상담가는 꿈을 상세히 분석해 숨겨진 체계를 찾아낸다.

반대로 잠재적 내용에서 명백한 내용으로 옮겨가는 과정은, 환자가 꿈을 꾸는 행위를 통해 이미 한 행동이다. 이것은 Freud가 **꿈 작업**(dream work)이라고 부른 단계다. Freud는 모든 사람들은 내재적 부분에 존재하는 다양한 요소를 이용해 명백한 꿈을 만들어나간다고 설명했다. 따라서 꿈은 개인이 수많은 이미지, 생각, 경험, 말로 가득 찬 창고에서 재료를 선택해 만들어가는 매우 창의적인 과정이다. Ricoeur(1970)는 "꿈은 우리가 말하는 것으로, 표면적으로 이해하면 안 된다는 것을 보여준다. 꿈꾸는 모든 사람은 시인이다"(p. 15)라고 말했다.

꿈 작업은 왜곡을 통해서 이루어진다(Ricoeur, 1970). 성격의 모든 측면 간 타협을 이루기 위해서 꿈 작업은 많은 요소들을 숨기고, 속이고, 없애는 과정을 통해서 한 가지 명백한 이야기를 만든다. 텍스트는 쓰여지고, 조약은 위조되고, 꿈은 만들어지는데, 모두 무의식적으로 일어난다. 따라서 명백한 이야기로 만들어지는 어떤 것은, 속임수의 결과다. 화재와 관련된 도라의 꿈은 실제로는 성적인 사랑, 증오감, 아픔과 더러움, 배신, 그리고 어렸을 때 아픈 기억을 둘러싼 무의식적 이야기이다.

꿈 작업은 어떠한 방법을 통해서 일어날까? Freud는 많은 단계를 말했지만, 중요한 것은 네 가지가 있다. **압축**(condensation)을 통해서 개인은 다양한 잠재적 요소를 한 가지 명백한 이미지나 주제로 만든다. 도라의 꿈에서 침대 옆에 서 있는 아버지의 모습은, 아버지나 K씨 그리고 도라가 사랑하는 동시에 증오하는 다양한 권위적 인물을 상징한다. 압축의 과정을 통해서 꿈은 작은 내용으로 많은 것을 말할 수 있는 것이다. **전치**(displacement)는 중요하지만 위협적인 원인으로부터, 사소하지만 더 안정적인 원인으로 옮겨가는 과정을 말한다. 따라서 도라는 아프고 부정직한 아버지에 대한 증오를 K씨에 대한 감정으로 옮겨갔기 때문에, 아버지보다 K씨와 함께 있을 때 더 큰 환멸감을 느낀 것이다.

꿈 작업의 세 번째 방법은 **상징**(symbolism)이다. 상징을 통해서 사람은 숨겨진 의미를 전달하는 구체적인 이미지와 행동을 만들어낸다. Freud에 의하면, 도라가 가지고 놀던 가방이나 어머니의 보석함 같이 안이 비어 있는 작은 물체는 여성의 성기를 상징한다고 한다. Freud(1900/1953)는 꿈 작업에서 상징보다 압축과 전치를 더 중요하게 생각했지만, 심리분석가들은 꿈·신화·전설·문학에서 Freud적 상징의 흔적을 많이 찾을 수 있었으며, 대부분은 Freud가 강조한 성적 측면에서 해석됐다(Grinstein, 1983; Hall, 1953). 마지막으로 네 번째 방법은 **이차적 수정**(secondary revision)인데 이는 꿈의 빈자리를 채우고, 모호한 점을 명확하게 하며, 꿈을 배경·등장인물·줄거리로 구성된 한 이야기로 만드는 과정이다.

상징과 매일의 삶

꿈의 해석은 모든 심리분석적 단계의 기본적 모델이다. 꿈과 마찬가지로 신경증적 증상, 예술적 표현, 일상의 실수와 모든 텍스트는 명백한 동시에 내재적인 의미를 포함한다. 이런 현상을 이해하려면 심리분석가는 Freud가 꿈과 도라의 자유연상을 조합한 것처럼, 연상을 통해서 명백한 내용을 이해해야 한다. 비슷하게 증상의 구성, 예술적 표현, 실수의 '구성'(Freud의 실수)은 꿈 작업과 비슷하다―모든 과정은 압축, 전치, 상징, 행동의 진짜 의미를 숨기는 무의식적 방법을 포함하는 과정이다. 그림 11.3을 보면 이 현상을 각 심리분석가가 어떻게 해석하는지를 알아볼 수 있고, 각 사람이 현상의 구성을 어떻게 꿈 작업과 비슷하게 이해하는지 알아볼 수 있다.

도라의 신경증적 증세는 복잡한 무의식의 작용이 육체적 현상으로 나타난 경우다. 히스테리적 재채기가 좋은 예가 된다. Freud는 도라의 재채기가 어떻게 다양한 관점으로 해석될 수 있는지를

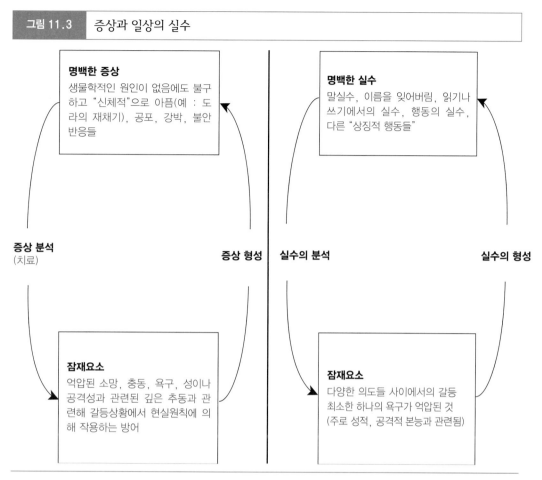

| 그림 11.3 | 증상과 일상의 실수 |

명백한 증상
생물학적인 원인이 없음에도 불구하고 "신체적"으로 아픔(예 : 도라의 재채기), 공포, 강박, 불안 반응들

명백한 실수
말실수, 이름을 잊어버림, 읽기나 쓰기에서의 실수, 행동의 실수, 다른 "상징적 행동들"

증상 분석
(치료)

증상 형성

실수의 분석

실수의 형성

잠재요소
억압된 소망, 충동, 욕구, 성이나 공격성과 관련된 깊은 추동과 관련해 갈등상황에서 현실원칙에 의해 작용하는 방어

잠재요소
다양한 의도들 사이에서의 갈등 최소한 하나의 욕구가 억압된 것 (주로 성적, 공격적 본능과 관련됨)

꿈과 같이, Freud는 심리적 증상과 일상의 실수도 명백한 내용과 잠재된 내용으로 이해할 수 있다고 주장했다.

보여주었다.

이제 도라의 재채기와 가래가 갖는 의미를 알아보도록 하겠다. 가장 기본적인 관점에서 보면, 목에 생체적인 원인이 생겨서 일어나는 증상일 수 있다. 이러한 불안감은, 도라가 성감대의 중요성으로 인식했던 몸의 한 부분(입과 목 부분)과 연관되어 있기 때문에 나타났다. 그리고 이 불안감은 성욕의 흥분된 상태로 이어졌다. 아버지를 따라 하는 행동과, 그녀의 목에 자꾸 신경 쓰는 행동으로 이어졌다. 나아가 비슷한 다른 증상들은, 도라와 K씨와의 관계를 상징하기도 한다. 그에게 더 좋은 아내가 될 수 있다는 무의식적 소망을 나타내는 것이다. 성욕의 일부분이 아버지를 향하게 되었을 때, 도라는 자신을 K부인과 동일시함으로써 아버지와의 성관계를 무의식적으로 고려했다. 이 과정은 단언컨대 완벽한 것은 아니다(1905/1963, pp. 101~102).

공포증, 강박증, 불안감 증상 등을 포함하는 모든 신경증적 증상은 다양한 측면에서 숨겨진 의미를 가지고 있는 과잉결정된 텍스트나 조약으로 해석될 수 있다. 따라서 도라와 같은 신경증적 환자들은 본인 의식 바깥에서부터 증상을 만들어내는 창조적인 주인이라고 할 수 있다. 하지만 이것

은 신경증에만 국한된 것은 아니다. Freud에 의하면, 우리 모두는 일상적 행동과 경험을 통해서 비슷한 행동을 한다. 계속해서 텍스트를 만들고 타협을 해가면서, 보기에는 하찮고 의미 없어 보이지만 실제로는 의미 있는 방법으로 이를 전달한다. Freud는 *The Psychopathology of Everyday Life*(1901/1960)에서 사소한 말실수, 이름을 잊어버리는 것, 기타 일반적 행동에서의 일상적 실수가 사람들의 무의식적 갈등을 나타낸다고 주장했다. Freud 본인이 기차에서 일어난 대화에서 유명한 화가의 이름을 잊어버린 사례도 유명하다. 도라의 경우, 작은 가방을 가지고 노는 행위가 여기에 해당된다. 심리분석적 관점으로 보면 일상적 행동의 꽤 많은 부분이 해석될 수 있다.

다른 방법으로는 어떻게 무의식이 발현될까? Freud는 농담(1905/1960), 예술(1910/1957), 종교적 믿음(1927/1961), 타인과의 관계(1921/1955) 등을 통해서 표현된다고 말했다. 인간 인생의 심리분석적 관점은 **창조적 속임수**(creative deceit)의 극적인 표현이다. 우리의 모든 행동은 의미가 있지만, 무의식적으로 우리 자신과 타인들을 속여서 그 의미를 알지 못하도록 숨긴다는 것이다. 심리분석적 해석은 이러한 속임수를 풀고 진실을 표면으로 보이게 하는 역할을 한다.

Jung식 접근 : 신화와 상징

집단무의식

Freud에게 있어서 각 개인의 비밀은 무의식에 숨겨져 있다. 성적, 공격적 주제로 이루어진 비밀이 누구에게나 존재한다. 하지만 경험이 다르기 때문에, 모든 사람들은 서로 다른 무의식을 가지고 있다. 하지만 반대로, Carl Jung은 우리 모두가 무의식에 가지고 있는 공통점에 초점을 맞췄다. Jung은 Freud 학파를 따라서 연구하기 시작했다가, 결론적으로는 Freud 생각과 반대되는 이론을 개발한 인물이다. 예를 들면, 성과 공격성에 초점을 둔 Freud와는 달리 Jung은 모든 인간은 내부적인 요소와 내면적 충동, 그리고 통합성, 죽음, 지혜, 순수함 등으로 표현되는 무의식적 힘에 의해서 행동의 동기를 얻는다고 주장했고, 이 과정은 진화의 일부분이라고 생각했다(Stevens, 1983). Jung은 이 과정을 표현하기 위해 **집단무의식**(collective unconscious)이라는 단어를 사용했다. 집단무의식은 인간의 발전적 과거에서 남아 있는 모든 잔재의 저장고다. 집단무의식은 곧 인간 본성을 상징한다. 한 가지 종(species)으로 우리가 진화함에 따라서, 우리는 내재적으로 인생 전반에 걸쳐서 의지하게 되는 무의식적 생각을 갖는다는 것이다.

Carl Jung(1875~1961)은 본래 Freud의 제자로, 그의 이론에 견줄 만한 분석심리학이라는 성격 및 심리치료이론을 개발했다. Jung은 Freud의 삶의 이야기 분석이 너무 성, 공격성, 개인 무의식에 치우쳐 있다고 지적했다. Jung의 해석방법은 원형과 우주의 보편성, 균형과 완전함을 지향해나가는 인간의 본성을 강조한다(출처 : Hulton Archive/Getty Images).

> 우리가 태생적으로 가지고 태어나는 원형적 자질은 인간의 기본적인 인생을 만드는 데 도움을 준다―부모가 되고, 환경을 탐험하고, 타인과 같이 살고, 무언가를 시작하고, 사회적 구성에서 자리를 잡고, 결혼하고, 아이를 기르고, 싸우고, 모으고, 사냥하고, 종교를 가지고, 사회적 책임감을 경험하고, 죽음을 준비하는 모든 일이 포함된다(Stevens, 1983, p. 40).

집단무의식의 기본적 구조는 **원형**(archetype)이다. 원형이란 모든 인간이 의식적, 무의식적으로 세상에 적응하는 방법을 보여주는 보편적인 성향이나 패턴을 의미

표 11.2	Jung식 원형의 예시	
원형	**설명**	**상징(고대와 현대)**
어머니	돌봄과 비옥함의 전형. 이것은 실재하는 어머니를 상징하기도 하고, 할머니, 배우자, 다른 양육자를 나타낸다. 긍정적(따뜻한, 지지적인) 요소와 부정적(거절하는, 위협하는) 요소를 결합한다.	고대 신화에서의 대지 어머니, 성모 마리아, 모교, 교회, 요정 할머니, 마녀, 용
아이-하나님	태초와 미래의 경험이 체화된 것. 성장을 위해 "미래상"과 잠재력을 대표한다. 종종 성스러운, 신비의 힘을 갖는다.	어린 예수, 요정들, 난쟁이, 어린 모차르트, 어린 영재
영웅	우주의 영웅 신화에 등장하는 주인공. 신비하지만 강력한 힘을 가진 존재로 초라하게 태어난다. 그러나 유명한 존재로 자라나며, 악마와 싸워 승리하고, 죄를 물리친다. 그러나 결국 배신자에 의해 쓰러지거나 영웅적 희생을 감내한다.	예수, 오이디푸스, 아서 왕, 아킬레스, 에이브러햄 링컨, 마틴 루터 킹
사기꾼	영웅 원형의 초기 형태. 교활한 장난을 좋아한다. 마술적 힘을 갖고 있다.	헤르메스, 성경의 악마, 해리 후디니
현자	성숙함과 지혜, 가능성을 나타내며 미래를 점친다.	말년의 오이디푸스, 테이레시아스 하나님-아버지의 표현, 예언자, 마하트마 간디.
아니마	남성 안의 여성성	남성에 의해 칭송되는 이상적인 여성의 이미지들. 클레오파트라, 트로이의 헬레네, 성모 마리아, 모나리자. 유혹하는 여성, 어머니, 친구, 중재자. 마녀 또는 창녀 같은 여성은 예를 들어 차, 배 등으로 나타남.
아니무스	여성 안의 남성성	오디세우스, 돈 후안, 예수와 같이 여성에 의해 칭송되는 이상적인 남성상. 유혹하는 남성, 사냥꾼, 정치가, 멘토. 해적, 강간범, 범법자와 같은 남성.
그림자	수용할 수 없고 동물적인 욕구와 충동. 인간의 "어두운 단면"	사탄, 악마, 외계인, 적, 야생동물, 히틀러, 무솔리니
페르소나	사회적으로 용인된 얼굴 또는 세상에 드러내는 얼굴. 페르소나는 집단 무의식에 살고 있는 본래의 원형은 아니며 개인적이면서도 지극히 의식적인 창조물이다. 그럼에도 불구하고 한 사람의 페르소나는 좋은 "배우"는 어떻게 가면을 쓰는지, 세상에서 요구하는 역할을 어떻게 수행해야 하는지 무의식적 패턴을 형성해 나간다. 페르소나는 일반적으로 자기의 참된 잠재력을 위장하거나 가린다.	영화배우와 여배우

한다. 원형은 보통 유전되지만, 인간 경험을 보여주는 구조물치고는 유연한 편이다. 이미지나 행동 자체를 의미하는 것이 아니라, **성향을 의미한다**(Jung, 1936/1969).

　표 11.2를 보면 어머니, 아이, 현자, 사기꾼, 영웅을 포함해 Jung의 원형 몇 가지를 알아볼 수 있다. Jung은 각 원형의 흔적은 고대의 꿈, 상징, 신화 등을 통해서 찾아볼 수 있다고 주장했다. 예를 들면, 어머니의 이미지는 문화권과 상관없이 이야기, 전설, 관습, 관례, 공상 등에 흔하게 등장한다. 역사 속에서 어머니의 이미지는 인간의 집단무의식의 한 부분을 차지하는 중요한 대상이 되었다. 따라서 새로 태어나는 아이는 본질적으로 어머니라는 원형에 대한 생각을 가지고 있다. 어머니 원형은 실제로 어머니를 보고 경험하거나, 모성애와 관련된 다른 인물과의 접촉을 통해서 실제로 확인되고 더 발전하게 된다.

집단무의식의 세 가지 중요한 원형은 **아니마**(anima), **아니무스**(animus), **그림자**(shadow)이다. 모든 남성은 여성의 무의식적 모형인 아니마가 존재한다. 비슷하게 모든 여성은 남성의 무의식적 모형인 아니무스를 가지고 있다. 아니마와 아니무스는 각 성을 상징하며, 서로 간의 상호관계를 제한하는 역할을 한다. 마지막으로 그림자 원형은 사회적으로 용인되지 않고 도덕적으로 문제가 있는 욕망을 상징한다. 이는 우리 모두가 인정하고 싶지 않아 하는 무의식의 어두운 부분에 해당된다. 보통 신화에서 악마나 악으로 상징되며, 원죄(original sin) 개념과도 일맥상통한다.

　Freud의 오이디푸스 이야기처럼, Jung은 원형으로 인생 이야기의 모델을 구성했다. 각 원형은 이야기의 등장인물이다. Jung식 해석방법은, 다양한 주제와 이미지 사이에서 원형 패턴을 찾는 것으로 시작된다. Freud는 오이디푸스 이야기와 관련된 비극에 초점을 두었다면, Jung은 영웅적 과정에서 일어나는 희망적인 가능성을 중요시했다.

개성화와 영웅 질문

Freud에게 있어서 인간 인생 이야기는 대인적 의존에서부터 시작되었다. 초기 발전의 가장 높은 단계는 오이디푸스 콤플렉스로 대변되며, 이때 중요한 사회화 경험을 하게 된다. 오이디푸스 콤플렉스를 극복한 아이들은 무의식적으로 자신의 한계를 알게 되고, 기본적인 사회적 인생에 필요한 도덕적 책임감을 배우게 된다. 청소년기와 성인기에는 이드와 초자아, 현실적인 세상의 힘이 충돌할 때의 문제점을 극복함으로써 자아의 힘을 제대로 배우게 된다. 성숙한 성인은 인생의 불안감에 적극적으로 대처할 줄 안다.

남성 원형(출처 : SUPERSTOCK).

여성 원형(출처 : SUPERSTOCK).

그렇다면 성인기의 성격발달은 어떨까? 성기기(genital stage)가 지난 이후로는 어떤 발달이 일어날까? 많은 학자들은 이러한 가능성을 무시한 채, 성격의 중요한 발달은 유아기에 일어난다고 믿었다. 하지만 Jung은 다른 생각을 했다. Jung은 성격발달을 보는 심리분석적 관점을 발전시켜, 성인기에도 적용했다. Freud 생각과는 반대로, Jung은 성격의 발달은 인생 전반에 걸쳐서 계속적으로 나타나는 과정이라고 생각했다. Freud는 어렸을 때 유아기 초반에 중요한 성격변화가 일어난다고 믿었지만, Jung은 이후에도 가능하다고 생각한 것이다. Jung은 유아기 도중에는 성격의 다양한 구성요소가 서로 독립적인 개체로 만들어진다고 생각했다. 말하고, 걷고, 기타 생존에 필요한 능력을 배우는 과정에서 영적 에너지가 사용된다는 것이다. Jung은 성(sexuality)은 유아기 초반보다는 청소년기와 초기 성인기에 더 중요하게 작용된다고 믿었다. 성인기 초반에 사람들은 영적 에너지를 직업을 얻고 결혼하거나 아이를 기르거나 사회적 생활에 적응하는 데 사용한다. 이상적으로 보면 어린 성인은 사회적 실체에 대해 잘 알고, 외향적이고 에너지가 넘쳐야 한다.

하지만 40살 정도가 되면 큰 변화가 일어난다. 이때 개인은 외부적 관심에서 벗어나 자기(self)를 향한 철학적인 고찰을 시작하게 된다. Jung은 인생의 중반기가 특히 중요하다고 생각했다. 성과 물질주의에서부터 벗어나 더 영적이고 문화적인 가치를 알아보는 단계이기 때문이다. 나아가 이때 성인은 가치나 이상, 대인관계에서 커다란 변화를 경험할 수 있다. 종교를 특히 중요하게 생각할 수도 있다. Jung은 인간 발달의 목표는 자기의 완벽한 발달이라고 말했다. 이 과정을 설명하기 위해 Jung은 **개성화**(individuation)라는 단어를 썼다. 개성화란, 성격의 다양한 반대되는 측면을 서로 이해하고 조화롭게 하려고 하는 복잡하고 역동적인, 인생 전반에 걸친 과정을 의미한다. 따라서 개성화는 무의식적, 의식적인 성격의 모든 요소가 통합적으로 작용해야 일어난다.

Jung 이론은 이러한 개성화 개념에 초점을 두고 있다. 자기의 발달이란 우리 모두가 노력해야 하는 영웅적인 과정이다. 그리스 신화의 오디세우스가 알려지지 않은 땅을 탐험한 것처럼, 우리 모두는 내면의 분노와 모든 다양한 측면을 탐험하고 알아보아야만 한다. 성숙한 자기는 심리적 통합의 원(circle of unity)에 존재하는 모든 양극(opposites)을 조화시킨다. 이를 나타내는 고대 상징물은 **만다라**(mandala)이다. Jung은 다양한 종교와 문학, 이야기, 신화 등에서 만다라의 상징을 찾아냈다. Jung에 의하면, 만다라는 개성화 과정을 통해서 자기가 통합되는 과정의 완벽한 상징물이다.

꿈의 해석

Jung 학파 심리학은 본래 무의식적 과정과, 인간 영혼의 정신 내적인 미스터리를 다뤘다. 하지만 Freud 학파 이론과는 기본적으로 다르다. Freud와 마찬가지로 Jung은 사람들의 꿈은 겉으로 알 수 없는 숨겨진 생각들을 보여준다고 말했다. 하지만 Freud는 성과 공격성에 초점을 맞춘 반면, Jung은 꿈은 성격의 **조화**를 위해 노력하는 **상징**이자, **보편적 신화**의 표현인 동시에, **미래를 위한 기대**를 보여준다고 생각했다.

Jung에 의하면, 인간을 그 자체로 특별하게 만드는 원인 중 하나는 상징의 사용이라고 한다. 상징이란 "일상에서 흔하게 찾아볼 수 있지만, 실제로 보이는 것이 아니라 숨겨진 의미를 가지고 있는 이름이나 단어, 그림"을 의미한다(Jung, von Franz, Henderson, Jacobi, & Jaffe, 1964, p. 20). 상징은 우리가 완벽하게 정의하거나 이해할 수 없는 개념이나 현상을 이해할 때 특히 더 유용하게 다

만다라 모형. Jung에 의하면 만다라는 자기의 통합을 상징했다(출처 : Tibetan School/Bridgeman Art Library/Getty Images).

가온다. 대부분의 종교가 상징적 언어나 이미지를 사용하는 이유도 여기에 있다. 개인들은 의식적으로, 갑작스럽게 꿈을 통해서 상징을 만들어낸다. Freud는 꿈의 명백한 내용보다는 자유연상을 통해 숨겨진 의미에 더 집중한 반면, Jung은 명백한 꿈의 내용과 현상 자체에 집중해야 한다고 생각했다.

Freud는 꿈이 숨겨진 소망을 이루어준다고 생각했고, Jung은 꿈이 자기의 조화와 균형을 이루기 위해 노력한다고 믿었다. 예를 들면, Jung의 남성 환자 중 1명은 조용하고 매력적인 본인의 아내가 술주정뱅이 할머니로 등장하는 꿈을 꾸었다. Jung은 이 꿈을 "환자가 아내 자체에 대해서 꾼 꿈"이라고 생각하지 않고, 그 할머니가 환자의 아니마(여성적 성향)를 상징하는 것이라고 보았다. 그 환자는 대외적인 장소에서는 조용하고 젠틀한 이미지였지만, 사실 내면적 아니마는 그렇지 않았다는 해석을 한 것이다. Jung은, 꿈은 환자로 하여금 내면적 실체를 바꾸거나 더 좋게 해야 한다고 생각하지 않았다. 그 것이 아니라 단순히 꿈을 통해서 내면의 존재를 보고, 인정하고, 이미 존재하는 것을 통합해야 한다고만 생각했다.

중세 시대에, 우리 모두 안에 여성적/남성적 요소가 있다는 것을 인지하기 한참 전 시대에, '모든 남성 안에는 여성이 존재한다'는 생각이 있었다. 나는 이 여성적 요소를 아니마라고 부른다. 아니마적 특성은, 타인과 소통할 때는 잘 숨겨지는 편이다. 다른 말로 하면, 눈에 보이는 개인의 성격이 정상적인 것으로 보여도, 그 자신은 자신도 모르는 사이에 여성적 특징을 숨기고 있을 수 있다는 것이다.

이 특정한 환자의 경우는 바로 이랬다. 그의 여성적인 면은 '착하지' 않았다. 그의 꿈은 그에게 "너는 어떻게 보면 퇴화된 여성과 같아"라고 말하고 있었고, 그는 당연히 충격을 받았다. (그렇다고 해서 이런 예시가, 무의식이 '도덕적인' 경고와 관련이 있다는 증거로 받아들여져서는 안 된다. 꿈은 환자에게 '행동을 제대로 하라'고 말하는 것이 아니라, 단순히 그의 의식적인 마음의 비뚤어진 본질의 균형을 제자리로 돌려놓으려 한 것이다. 그의 의식적인 마음에서 그는 완벽한 신사였지만 이는 허구였다.)(Jung et al., 1964, p. 31).

도라의 경우, 우리는 Freud가 자유연상을 통해서 도라의 청소년기와 유아기를 알아보았다는 것을 알 수 있다. 보석함 꿈은 도라의 자위행위와 침대에서 오줌을 싼 기억, 남성에 대한 무의식적 두려움과 욕망, 아버지와의 관계 등을 모두 보여주었다. 이에 반대로, Jung의 꿈 해석은 미래에 집중한다. Jung은 "꿈은 실제로 일어나기 전 상황을 예측해준다"고 믿었다(Jung et al., 1964, p. 50). 예를 들면 "등산을 굉장히 무서워하게 된 한 사람"은 그렇게 되기 전부터 산에서 발을 헛디뎌 떨어지는 꿈을 꾸었다고 했다(Jung et al., 1964, p. 50). Jung은 이것이 일종의 경고라고 생각했고, 그에게 위험한 산악 모험을 떠나지 말라고 말했다. 환자는 그의 말을 듣지 않았고, 실제로 6개월 후 산악 사고로 사망했다.

원형 주제와 보편적 신화의 동일시는 Jung의 꿈 해석의 가장 중요한 부분이다. 이러한 해석법은 한 예를 보면 잘 알 수 있다(Jung et al., 1964, pp. 69~82). 8살이었던 한 여자아이는 공책에 꿈을 기록했다. "옛날 옛적에…"로 시작되는, 동화 같은 형식으로 일기를 쓴 것이다. 꿈 자체는 매우 유치했지만, 그녀 아버지와 떼어놓을 수 없는 이미지를 모두 포함하고 있었다. 아버지는 놀라서 그 공책을 Jung에게 보여주었고, 꿈 중 12가지는 다음과 같다.

1. 뿔이 많이 달린 뱀 같은 괴물인 '악마'는 다른 동물을 모두 죽이고 잡아먹는다. 하지만 네 방향에서 신이 나타나, 죽은 동물들을 다시 살려낸다.

2. 천국으로 올라가면 이교도 신자들이 축복을 받고 있고, 지옥으로 내려가면 천사들이 좋은 일을 하고 있다.

3. 작은 동물들이 나와서 무섭게 한다. 동물들은 엄청나게 커지고, 그중 한 마리는 소녀를 잡아먹는다.

4. 작은 쥐가 지렁이, 뱀, 물고기, 인간에게 잡아먹힌다. 그리고 쥐는 인간이 되는데, 이는 인간의 기원의 네 단계를 상징한다.

5. 현미경으로 물 한 방울을 관찰하는데, 나뭇가지로 가득 차 있다. 세상의 기원을 상징한다.

6. 한 나쁜 소년이 흙덩어리를 가지고 지나가는 사람에게 모두 뿌린다. 이 행동의 결과로 모두가 나빠진다.

7. 술 취한 여성이 물에 빠져서, 술이 깬 채 물에서 나온다.

8. 미국에서 많은 사람들이 개미로 만들어진 산을 오르고, 소녀는 놀라서 강물에 빠진다.

9. 달에 한 사막이 있는데, 그곳에 너무 깊이 빠진 나머지 소녀는 지옥으로 빠진다.

10. 이 꿈에서 소녀는 수정구슬을 본다. 그것을 만지니까 수증기가 생기고, 한 남성이 나타나 소녀를 죽인다.

11. 소녀는 매우 아픈 꿈을 꾼다. 새들이 나타나 그녀를 완벽하게 덮어준다.

12. 새들이 나타나서 별 하나를 제외한 해와 달, 모든 별을 가린다. 가려지지 않은 별 하나가 떨어진다(Jung et al., 1964, p. 70).

이러한 꿈들은 어린 소녀가 의식적으로 알 수가 없었을 만한 유명한 신화 이야기를 보여준다. Jung은 몇몇 꿈은 신성한 기독교와 유대교의 모티프와 이미지를 보여준다고 생각했다. 어린 소녀와 아버지 모두 특정한 종교적 이야기와 관련이 없었음에도 불구하고 비슷한 꿈을 꾼 것이다. 몇몇 꿈은 기독교가 생기기 전부터 존재했던 고대 특성을 나타냈고, 첫 번째 꿈에서 네 방향으로 상징된 네 가지 요소는 18세기 철학과 종교에서 흔히 찾아볼 수 있는 내용이다.

Jung 본인은 고대의 (소수만 알고 있는) 전통과 신화에 대해서 알고 있었지만, 어린 여자아이는 알지 못한 상태였다. Jung은 이러한 꿈은 **집단무의식**에서부터 생겨났다고 말했다. 성과 공격성과 관련된 내재적 욕망이 아니라, 여자아이의 꿈은 창조·죽음·재탄생과 같은 고대의 신화를 만들어준 원형 패턴에 의해서 생겨났다는 것이다. 하지만 왜 이 아이가 이러한 꿈을 꾸었을까? 일 년 후, 여자아이는 질병으로 사망했다. 꿈과 관련이 있을까? Jung은, 꿈은 미래의 일을 예측한다는 생각을 통해서 이러한 가능성에 무게를 두었다. 이번 특정 사건에 대한 결론은 내지 못했지만, 그는 다음과 같이 말했다.

여자아이의 이러한 꿈은, 생명과 죽음에 대한 새롭고 약간은 무서운 측면을 보여준다. 보통 죽음에 대한 모티프는 나이가 많이 들어 죽음을 앞두고 인생을 되돌아보는 노인들에게서 찾을 수 있지, 어린아이에게서는 찾기 힘들다. 이 아이의 인생은 로마인들이 말한 *ver sacrum covendum*에 해당된다―경험이 보여주듯이, 죽음을 향한 알려지지 않은 접근법은 희생자의 인생과 꿈을 덮어 버렸다. 한편으로 보면 기독교적 무덤인 동시에, 죽음을 영원한 불멸의 인생으로 바꾸는 부활의 장소다(Jung et al., 1964, p. 75).

Adler : 시작에서 끝

인생 이야기를 해석하는 것은 성격심리학의 역사상 가장 잘 알려진 학자 중 1명의 궁극적인 목표였다. Alfred Alder(1870~1937)의 이야기다. 심리학과 사회과학에서 서사적 인생 이야기가 연구되기 한참 전부터, Adler는 인생은 하나의 이야기라는 생각을 가지고 있었다. 그는 Freud 학파를 따랐기 때문에 일반적으로 Freud와 비슷하게 구분 지어지지만 사실은 다른 점이 있다. Adler는 본인 이론을 **개인심리학**(individual psychology)이라고 불렀는데, Freud 생각과는 많이 다르다. Adler는 Freud처럼 성에 집중하지 않았고, 무의식적 과정의 개념을 거의 이용하지 않았다. 나아가 심리분석적 접근법에서 일반적으로 중요한 영적 갈등도 강조하지 않는 편이다. Adler는 시간이 지나면서 인간 인생에 이야기로 남겨지는 내용을 향한 매우 다각도적인 이론을 제시했다.

개인심리학

Alfred Adler는 1870년 비엔나에서 중산층의 자녀로 태어났다. 그는 어릴 때 형과 계속 비교당하며 자랐다. 실제로 형제간 경쟁(sibling rivalry)은 Adler 이론의 중요한 부분이다. 두 번째로 태어난 아이들은 첫째와 경쟁하기 위해서 노력한다는 것이다. Adler는 비엔나대학에서 의학 학사학위를 1895년 받고, 개업해 의사 활동을 시작했다. 1897년 정치 집회에서 만난 열정적인 사회주의자였던 Raissa Epstein과 결혼했다. Adler는 운동권은 아니었지만 계속해서 사회주의에 대한 믿음을 보인 편이었다. Freud나 Jung과는 달리 Adler는 노동자 집단과 자신을 동일시했으며, 1920~30년대 유럽과 미국에서 노조 집단에게 강의를 하기도 했다.

1902년 그는 Freud를 만난 이후 심리분석이론에 매료됐다. 1910년 비엔나 정신분석학회의 초대 회장이 되었지만, 몇 차례에 걸친 논쟁 이후 1년이 지나서 Freud와 인연을 끊게 되었다. 1908년부터 Adler는 성을 중요시하는 Freud 이론에 반대했다. Adler는, Freud가 12살부터 나타난다고 생각한 공격성(aggression)을 더 중요하게 생각했다. Adler가 이러한 생각을 펼칠 당시, 일반적 심리학계에서 벗어난 이론을 제시하는 것은 통용되지 못하는 일이었다. 하지만 개인심리학 분야를 만든 이후 전 세계에서 그의 생각에 동의하는 학자들이 많이 생겨났다. 세계 1차 대전 당시 Adler는 오스트리아 군의관

Jung과 같이 Alfred Adler(1870~1937)는 본래 Freud의 추종자였으나, 그는 자신의 경쟁적 이론을 펼치기 위해 정신분석의 정통을 깨고 개인심리학을 창설했다. Freud와 Jung과 비교해서 Adler는 인생 이야기를 좀 더 직접적으로 해석해줄 수 있는 자신만의 방법을 제시해주었다. 여기서 그는 초기 기억은 한 개인의 전체적인 인생 스타일에서 주요한 주제가 될 수 있다는 점을 나타내주었다(출처 : Imagno/Getty Images).

으로 활동했고, 전쟁이 끝난 후 비엔나에 아이들을 대상으로 하는 상담 클리닉을 열었다. 나치의 위험을 예견한 그는 1930년대 유럽을 떠나 뉴욕에 정착해, 상담가로 일하는 동시에 개인심리학 분야에서 논문과 책을 쓰고 강의를 하기 시작했다.

Freud나 Jung과는 반대로, Adler는 개인을 보는 더 직접적인 이론을 제시한다. 의식적 생각과, 성격의 사회적 구성요소를 강조하는 관점에 기초해 있다. 제3장에서 알아본 사회학습이론가처럼, Adler는 사회적 환경에서 학습을 통해서 성격이 발전된다고 생각했다. 제8장에서 알아본 인지이론처럼, 개인심리학은 사람들은 보편적으로 자기행동에 대해서 의식적으로 알고 있는 편이며, 의식적인 인생 목표와 계획에 맞게 살아가려고 노력한다고 생각한다. Rogers나 Maslow의 인본주의 이론과 마찬가지로, 개인심리학은 인간은 환경을 완벽하게 이해하고 전반에 걸쳐서 자기를 만들어나갈 수 있는 존재라는 가설에 기초한다.

초기 기억

인간은 시작(beginnings)에 매료된다. 특정 일이나 현상의 근원은 무엇인지, 어디서부터 시작된 건지 항상 궁금해한다. 시작을 알아야 무언가를 완벽하게 이해할 수 있다고 생각한다. 실제로 성경의 창세기를 보아도 (Genesis 자체는 시작을 의미한다) "태초에…"라는 말로 시작된다. 기독교인과 유대인들에게 이 특정 구절은 모든 것의 궁극적인 시작을 뜻한다.

우리가 우리와 타인들의 인생을 이해하고 설명하려고 할 때도 마찬가지로 시작에 집중한다. 유아기부터 시작해서 우리가 어디서부터 왔는지, 우리의 뿌리는 어디에 있는지 이해하려고 한다. Adler는 이러한 관점에서 개인의 초기 기억(earliest memory)에 집중했다. 의식적으로 가장 초기의 기억을 끌어낼 수 있다면 현재와 미래의 정체성도 이해할 수 있다는 생각이다(Adler, 1927, 1931). Adler 관점에서 초기 기억은 개인의 **인생 방식**(style of life)을 나타내는 좋은 수단이다. 각 인생은 특이한 방식에 맞도록 만들어져 있고, 이는 주로 개인의 가족과의 초기 관계를 통해서 만들어진다고 믿었다.

Adler는 초기 기억을 개인의 인생 이야기의 전체적인 분위기를 보여주고 상징해주는, 개인적 신화의 구성이라고 보았다. 몇 가지 예를 통해 알아보자(Adler, 1927, 1931). Adler 환자 중 1명은 어머니에게 안겨 있다가, 동생을 안아주기 위해서 다시 바닥에 눕혀진 것이 가장 초기 기억이었다. 그의 성인 인생은 약혼녀에 대한 극단적인 불신을 포함한 타인을 믿지 못하는 특성으로 가득 차 있었다. 어린 동생이 같이 다닐 수 있게 되기 전까지는 부모가 학교에 다니지 못하게 했던 한 여성은, 성인기에 접어들어 타인에 대한 심각한 불신과 무시를 보여주었다. 또 다른 남성은 어렸을 때 한 남성이 집을 짓고 있고, 어머니가 뜨개질을 하는 초기 기억을 생각해냈다. Adler는 이 기억은 남성이 어렸을 때 사랑을 많이 받았으며, 무언가를 바꾸려고 노력하는 사람보다는 바뀌기를 원하는 사람이라는 것을 보여준다고 생각했다. 실제로 남성은 새로운 직업을 가지려고 노력할 때마다 불안한 증세를 보였다. Adler는 그에게 보는 것과 관찰하는 것을 이용하는 직업을 가지라고 충고했고, 그는 이 말을 듣고 성공적인 예술품 거래사가 되었다.

Adler 이론과 상관없는 학자들은 초기 기억에 큰 중점을 두지 않았지만, 다른 소수의 연구를 보면 이러한 기억은 현재의 성격노력과 트렌드를 반영한다는 점을 실제로 확인할 수 있다(Kihlstrom & Harackiewicz, 1982). Orlofsky와 Frank(1986)는 Marcia의 정체성 단계 이론과 초기 기억 이론을 이용해서, 정체성 확립과 중단(moratorium) 단계에 있는 대학생들은 더 낮은 단계의 학생보다 초기 기억에서 더 성숙한 발달적 주제를 보여줬다는 결론을 냈다.

Bruhn과 Schiffman(1982)은 200명의 대학생을 대상으로 초기 기억을 연구하고 분석했다. 각 학생은 초기 기억에 대해 응답하고, 자신이 세상에 갖는 제어능력의 정도를 측정하도록 질문을 받았다. 초기 기억은 (1) 지배력, (2) 형벌, (3) 대인적 어려움의 관점에서 분석되었다. 연구자들은, 세상에 대한 지배력이 크다고 생각한 학생들은 (1) 환경을 긍정적으로 지배하고, (2) 자신의 행동에 따른 처벌을 받으며, (3) 본인 스스로가 어려움을 만들어냈다는 요소를 포함하는 초기 기억을 이야기했음을 알 수 있었다. 반대인 경우는 반대의 결과가 나왔다. 이 응답의 몇 가지 예는 표 11.3에서 볼 수 있다. 이번 연구에서, 우리는 초기 기억은 인생을 바라보는 보편적 성향에 영향을 준다는 것을 알 수 있다. 세상을 지배하고 제어할 수 있다고 믿은 학생들에 한해서, 초기 기억은 과거에 자신이 얼마나 제어능력이 있었는지를 보여주었다. 다른 학생들에게는 반대의 경우가 작용한 셈이다.

가상적 목적론

Adler의 초기 이론에서, 그는 인간 행동의 주된 동기는 공격성을 향한 노력이라고 주장했다. 나중에 그는 이 생각을 **권력욕구**(will to power)라고 불렀다. Adler는, 세상과의 소통에서 모든 사람은 힘을 느끼고 강해지려는 욕구를 가지고 있고, 반대로 열등하거나 약하게 만드는 상황은 피하려고 한다고 주장했다. 하지만 많은 아이들은 육체적 기형이나 문제로 인해서 약함과 무력함을 경험하는데, Adler는 이것을 **기관열등감**(organ inferiority)이라고 불렀다. 이러한 열등감은 성격형성에 큰 영향을 미칠 수 있지만, 많은 사람들은 이를 극복하려고 노력하기도 한다. 예를 들면, 어렸을 때 말을 더듬었던 아이는 성인이 되어서 노력을 통해 뛰어난 웅변가가 될 수 있다. 또 어렸을 때 약하고 아팠던 아이는 미시마 유키오의 경우처럼 성인이 되어서는 건강하고 힘센 사람으로 변화할 수 있다.

Adler는 결국 권력욕구 개념을 더 보편적인 동기적 성향으로 이해해 **우월성을 위한 노력**(striving for superiority)이라고 새롭게 이름 붙였다. 이는 인간 행동과 경험을 보여주는 수식적인 욕구로 이해할 수 있다.

나는 모든 심리적 현상의 밑바닥에는 우월성을 향한 노력이 있다는 것을 확실하게 확인할 수 있다. 인생의 문제해결을 위한 뿌리인 것이다. 우리의 모든 기능은 이것을 향해서 이루어진다. 안정감과 지배, 증가를 위해서 노력하는 것이다. 마이너스에서 플러스로 향하려는 과정은 결코 끝나지 않는다. 밑에서 위로 가려는 욕구는 없어지지 않는다. 모든 심리학자들과 철학자들이 말한 자기보존, 만족욕구, 동일시는 기본적으로 우월성을 향해 가려는 인간 동기를 상징한다(1930, p. 398).

이 말을 통해서 보면, Adler 이론의 중심적 생각을 이해하기 쉬워진다. 우월성을 향한 노력은 완벽함과 전체성, 완성을 위한 노력으로 이어진다. Adler는 비슷한 맥락에서, 기관열등감 개념을 확장해 "인생의 모든 측면에서 느끼는 불완전성이나 불가능함의 약함에서 만들어지는 개념"으로 생각했다. 또한 이 개념을 **사회적 이익**(social interest)과 비슷하게 생각하기도 했다. Adler에 의하면, 잘 적응된 개인은 환경에서 전체성과 우월성을 찾는 동시에 사회적으로 타인과 연결고리를 만들어나간다고 한다. 따라서 성격에서 나타나는 차이점은, 개인이 보이는 사회적 관심의 정도의 차이에

표 11.3	통제감에 관한 초기 기억	
기억 범주	통제력이 높은 학생 예시	통제력이 낮은 학생 예시
성취	인형을 갖고 놀고 있었다. 인형에게 철자를 가르쳐주고 있었다. 그런데 한 철자를 읽을 수 없어서 단어의 철자 하나하나를 써서 엄마에게 보여주었다. 많은 시행착오를 거쳐 "집"이라는 단어를 쓸 수 있게 되었다. 이 글자가 내가 세상에 태어나 가장 먼저 썼던 것이다.	나는 엄마 발 가까이 바닥에 앉아, 엄마가 다림질하는 것을 쳐다보았다. 엄마는 내가 가장 좋아하는 옷을 다리고 있었다. 엄마 옷자락을 수차례 잡았다 당겼다를 반복했었다.
처벌	포테이토에 케첩을 발라 먹으려고 했던 찰나에 아버지께서 그게 싫어도 다 먹어야 한다고 말씀하셨다. 포테이토에 케첩 한 통을 거의 다 엎질러 버렸고 그걸 다 먹을 때까지 앉아 있었다.	나는 가게에 혼자 갈 수 있다는 것을 보여줘서 "대단한 아이"임을 증명하고 싶었다. 집에 돌아왔을 때 부모님께서 "집에서 도망쳤다"는 이유로 나를 혼내셨다.
대인관계적 어려움	어느 날 목공이 욕실을 수리하러 왔다. 나는 엄마가 욕실에 계셨기 때문에 그를 막아 세웠다. 1시간 이후 이웃의 손에 이끌려 그들이 나갔다.	나는 형과 싸우고 있었다. 그는 나를 10분이 넘도록 꼼짝 못하게 했다. 너무나 끔찍했다.

주 : 자기보고에 의해 평가된 통제력.
출처 : "Predictors of Locus of Control Stance from the Earliest Childhood Memory," by A. R. Bruhn & H. Schiffman, 1982, *Journal of Personality Assessment*, 46, 389-390 인용.

서 비롯된다. Crandall(1980, 1984)은 이것을 알아보기 위해 사회적 이익 질문지를 만들어 실험했는데, 결과적으로 사회적 관심도가 높은 사람들일수록 인생에서 느끼는 스트레스가 덜하고 적응력이 뛰어난 것을 알 수 있었다.

모든 사람은 인생에서 완벽함과 전체성을 찾으려 노력하지만, 방법과 결론은 모두 다르다. 제7장에서 본 동기적 관점으로 알아보면 행동은 우월성을 향한 욕구에 의해서 힘을 받고, 미래에 대한 기대감에 의해서 방향성을 얻는다. Adler 심리학의 기본적 주제는 사람들은 객관적 과거보다 주관적 미래에 더 큰 영향을 받는다는 것이다.

개인심리학은 모든 심리학적 현상을 이해하는 데 목적원인론(finalism)을 적용해서 생각한다. 원인과 힘, 본능, 충동은 설명적 원칙으로 작용하지 않는다. 궁극적인 목표만이 인간 행동을 설명할 수 있다. 경험이나 트라우마, 성적 발달 등은 그 자체로 설명이 되지 않으나, 함께 작용해 결론에 이를 때 의미가 생긴다(Adler, 1930, p. 400).

Adler(1930)에 의하면, 모든 사람들은 **궁극적 목표**(final goals) 개념을 통해서 본인 인생을 이해하며, 그에 따라서 행동과 경험을 한다고 한다. Erikson과 마찬가지로, 인생 초기의 일들은 나중의 목표에 의해서 영향을 받게 된다. 마지막 목표는 개인이 중요시하는 것에 따라서 모두 달라진다. 경험적이나 논리적 사실이 아닌 공상의 산물이다. 궁극적 목표는 허상이다. Adler에 의하면, 인간 행동과 경험은 허구적 **가상적 목적론**(fictional finalism)에 의해서 좌우된다. 우리 인생의 마지막 목표라고 생각하는 것은, 우리 인생의 목표와 방향성을 제공해주는 허상이다. 허상은 실제로 만들기 어려울 수도 있다. 그러므로 매우 비현실적인 가상적 최종 목적은 신경증적 불안감의 원인이 될 수 있다. 하지만 모든 사람들은 어느 정도 허구적인 공상을 하게 된다.

결론적으로, Adler는 인간 인생은 시작, 중간, 결말을 포함한 과거, 현재, 미래를 통합하는 일종의 패턴이 있는 사회심리학적 이야기라고 생각했다. 시간이 지나면서 모든 사람들은 서사적 통합성과 목적을 위해 노력한다.

텍스트로서의 삶

심리학자가 생기기 훨씬 전부터, 사람들은 인생의 문제와 가능성에 대한 이야기를 했다. 시인 · 소설가 · 영화감독들은 작품을 통해서, 그리고 우리는 타인과의 대화와 이야기를 통해서 이러한 내용을 전달한다. Freud, Jung, Adler는 사람들의 인생 이야기의 해석은 인간 성격의 가장 깊은 비밀을 보여준다고 믿었다. 20세기 초, 이 3명은 인간 성격에 대한 매우 다른 관점을 주장했다. 하지만 셋이 공통적으로 가지고 있던 생각은, 이야기들이 보여주거나 숨기는 다양하고 깊고 복잡한 의미들을 이해해야 한다는 점이었다.

지난 20년 동안 심리학자들은 이야기를 재발견했다(McAdams, 2008). 발달심리학자들 중 상당수는 어린아이들의 이야기를 분석하고 이용한다(예 : Fivush & Haden, 2003). 심리학자들은 교육과 가르침에서 작용하는 이야기의 강한 힘을 중요시한다(Tappan, 1990; Vitz, 1990). 사회적 · 성격심리학자들은 성인들이 인생 문제를 해결하기 위해 사용하는 서사적 내용에 집중한다(예 : Leith & Baumeister, 1998). 수명에 관한 이론은 성인 삶의 이해에 있어 이야기의 원리를 다룬다(Birren, Kenyon, Ruth, Shroots, & Svendson, 1996; Whitbourne, 1985). Cohler(1982, 1990)와 Hammack(2006)과 같은 이론가들에 의하면, 성인의 인생은 발달적 단계의 순서나 예측가능한 성격특성의 표현을 통해서가 아니라 문화와 역사에 존재하는 계속 발전하는 이야기로 이해되어야 한다. 21세기에서 가장 중요한 이야기심리학 학자들은 Theodore Sarbin(1986), Donald Polkinghorne(1988), Jerome Bruner(1986, 1990)이다. Sarbin(1986)은 이야기는 현대 심리학의 **뿌리 비유**(root metaphor)라고 주장했다. Pepper(1942)에 의하면, 뿌리 비유란 세상을 이해하는 가장 기본적인 비유법이다. 서양 사회에서의 가장 중요한 뿌리 비유는 기계를 통해 이해하는 메커니즘(mechanism)이다. "이미지를 떠올리게 해주는 기계들에는 발전기, 컴퓨터, 내적 연소 엔진이 있을 수 있다." 또는 인간의 마음, 행동, 인간의 일상사들에 작용하는 또 다른 메커니즘이 있다(Sarbin, 1986, p. 6). Sarbin은 인생 이야기는 사람들의 인생이 기계와는 다르게 어떻게 사회적, 문화적, 역사적 맥락으로 이해되는지를 보여주기 때문에 중요하다고 생각했다. Polkinghorne은 인간 과학(인간 행동과 관련된 과학)의 중심에는 **서사적 지식**(narrative knowing)이 존재한다고 생각했다.

우리 인생은 계속해서 서사적 부분으로 구성되고, 우리가 꿈꾸거나 공상하거나 말하는 이야기를 통해서 표현된다. 모든 이야기들은 우리가 에피소드적이나 반의식적 방법을 통해서 타인에게 전달함으로써 그 의미가 생겨난다. 우리는 줄거리를 통해서 행동을 설명하는데, 종종 다른 설명법은 존재하지 않는다(1988, pp. 160).

제10장에서 살펴본 것처럼, Bruner(1986, 1990)는 인간 사고의 서사적 방법은 인간 의도와 행동과 특히 관련이 있다고 말했고, 범례적 방법은 자연과학에 쓰이는 깃처럼 논리적 사고를 중요시한다고 주깅했다. 그는 또한 인간 과학 내부에서, 이야기는 특히 사회적으로 예측가능한 패턴에 맞지

않는 일을 설명하는 데 도움이 된다고 말했다(pp. 49~50). Chafe(1990)는 사람들은 "설명하기 어려운 일이 있을 때" 이야기를 구성한다고 말했다(p. 83). 매일같이 아침에 일어나서 양치하고 신문을 읽고 출근한다면 특별히 이야기를 구성해 말할 필요가 없게 된다. 하지만 일어나서 문을 나섰는데 문가에 신문 대신 갓난아이가 놓여져 있었다면, 이야기를 만들고 이야기할 필요성이 생겨난다. 예측 가능한 패턴을 벗어났기 때문이다. 아기는 어디서 왔으며 누가 버리고 갔을까? 이제 무엇을 해야 할까? 놀라서 아이를 데리고 집 안에 들어가서 아내에게 소리치고 경찰에 신고하는 과정에서, 나는 벌써 일련의 이야기를 구성하게 될 것이다.

모든 개인의 삶은, Bruner가 말한 정규적인 문화적 패턴(canonical cultural pattern)에서 벗어나는 정도가 있기 때문에(모든 인간의 삶은 그 자체로 특별하기 때문에) 그 특수함을 설명해야 할 필요성이 생기며, 특수함은 이야기를 통해 가장 잘 설명된다. 특히 이야기들은 화자에 대해 많은 것을 보여주게 된다.

Hermans의 대화적 자기

Hermans(1988, 1991, 1992a, 1996; Hermans et al., 1992; Oles & Hermans, 2005)은 대화적 자기 이론을 통해서, 개인은 대화를 통해 정체성을 밝히는 여러 가지 목소리를 가진 화자라고 설명했다. 자기의 다른 부분들은 성격의 다른 부분을 보여준다는 것이다. 인생에는 너무 중요한 부분이 많기 때문에, 인간의 인생 이야기는 개인적 경험을 완벽하게 전달하기 위해 많은 다양한 목소리를 이용해야 한다.

Hermans은 먼저 **평가**(valuation) 개념으로 이론을 시작했다. 평가는 개인이 본인 인생 상황을 고려할 때 중요하다고 여겨지는 모든 것을 의미한다(Hermans, 1988, p. 792). 여기에는 좋아하는 것과 싫어하는 것, 어려운 문제, 소중한 기회, 중요한 과거의 기억, 미래에 대한 목표나 계획 등이 모두 포함될 수 있다. 각 평가는 인생의 구성단위를 상징한다. 사람들은 내성(self reflection)을 통해서, 평가를 이야기로 바꾸게 된다.

Hermans은 사람들의 평가는 두 가지 기본적인 동기적 체계를 통해 해석된다고 생각했다. Bakans(1966)의 공존과 자기보존능력 이론을 따라, 그는 자기보존적인 S-동기와 공존적인 O-동기를 구분했다. 전자에는 우월성, 권력, 제어, 확장을 위한 자기보존적 노력이 포함되고, 후자에는 타인과의 친밀함, 연락, 통합을 향한 공존적 노력이 포함된다. 이 두 가지 동기는 인생 이야기 전반에 걸쳐 나타나는 다양한 평가에 방향성을 주고 구성을 도와준다. 두 번째 체계는 **긍정적/부정적** 정서 간 차이점이다.

Hermans은 **자기분석법**(self-confrontation method)을 발전시켰다. 연구대상이 연구의 대상으로 끝나기보다는 직접 연구하는 사람이 되어 실험에 참가하는 것이다(Hermans & Bonarius, 1991). 다른 말로 하면, Hermans과 동료들은 참가자와 연구자 간 상호협력을 중요시하는 연구체계를 만든 것이다. 정보는 대화를 통해서 저장된다. 이 접근법의 기본적 생각은, 참가자 본인들이 "본인 인생의 전문가"라는 전제다. 표 11.4에서 볼 수 있듯이, 연구자들은 대화를 이어가고 대상의 가장 중요한 평가들을 알아보기 위해 일련의 질문을 한다.

자기분석법은 일반적으로 각 참가자당 20~40개의 특별한 평가를 만들어낸다. 연구의 두 번째

Hubert Hermans은 성격에 관한 상당히 영향력 있는 이론을 개발했으며, 그의 이론의 핵심에는 대화적 자기가 있다. Hermans에 의하면 자기는 다양하게 많은 관점들로부터 말해지는 지속된 이야기 가운데 있다(출처 : Vincent Hevern 허가 받음).

단계에서 개인은 각 평가로 돌아가서 6점의 수치에서 점수를 매기고, 16가지 감정을 표현한다. 네 가지는 S-동기라고 할 수 있다("자존감", "강점", "자기신뢰", "자신감"). 다른 네 가지는 O-동기를 나타낸다("돌봄", "사랑", "유연함", "친밀감"). 또 다른 네 가지는 긍정적 영향만을 나타낸다("즐거움", "행복", "행복함", "평화로움"). 네 가지는 부정적 영향만을 나타낸다("걱정", "불행", "낙담", "실망"). 각각의 요소들을 가지고 연구자는 O(O-동기), P(긍정적 영향), N(부정적 영향)에 대한 비교척도와 S-동기 영향에 상응하는 네 가지 요소를 합해 S-척도를 산출해냈다. 다른 중요한 척도는 "S-O"를 포함하고 있다. 이것은 자기 또는 다른 동기비율이 주어진 평가보다 더 강력한지를 평가하기 위한 것이었다. 또한 "P-N" 점수는 긍정 대 부정적 영향의 상대적 감점을 결정짓는다.

법칙 정립적 연구의 관점에서 보면, Hermans(1992b)은 평가의 특정 패턴이 특정 그룹의 사람들을 어떻게 정의하는지를 보여준 셈이다. 예를 들면, 그는 "불행한 자존감"을 보인 평가를 가진 대상들을 조사했다. 많은 연구가 행복함과 자존감은 양의 상관관계를 가짐을 보여주지만, 몇몇 사람들은 그렇지 않은 경우도 있다. 이러한 사람들은 특히 의미 있는 방법을 통해서 자기를 설명했는데 그러는 과정에서 한쪽에서는 행복한 관점을, 다른 쪽에서는 불행한 관점을 동시에 사용한 것이다. Hermans과 van Gilst(1991)는 다른 대상을 조사해, 나르시시즘(자기애적 성향)이 강하게 나온 사람들을 알아보았다. 일반적으로 나르시시즘은 자기중심적 특성과 연관되지만, 이 경우 자기애적 성향이 강한 사람들은 오히려 오랫동안 타인과의 통합을 원했던 사람들로 나타났다.

Hermans은 평가의 연구는 각 개인의 **대화적 자기**(dialogical self)를 살펴볼 수 있는 좋은 도구라고 말했다(Hermans et al., 1992). 주관적 자기(나)는 화자이지만, 한 가지 '나'의 입장에서 다른

표 11.4	자기분석법에서의 명백한 가치를 드러내주는 질문들

첫 번째 단계 : 과거

— 당신의 삶에서 중요하여 현재도 그 역할을 해내고 있는 과거 사건이 있는가?

— 당신의 삶에 지대한 영향을 미쳐 현재에도 영향을 주고 있는 사람, 경험, 환경이 있는가?

당신이 원하는 대로 언제든 과거로 돌아갈 수 있다.

두 번째 단계 : 현재

— 현재 당신에게 영향을 미치는 주요한 무언가가 있는가?

— 현재 당신에게 영향을 미치는 주요한 사람 또는 환경이 있는가?

세 번째 단계 : 미래

— 당신의 미래에 영향을 미칠 주요한 무언가를 예측하고 있는가?

— 당신의 미래에 영향을 미칠 주요한 사람 또는 환경이 있는가?

— 당신의 미래에 중요한 역할을 할 목표 또는 목적이 있는가?

당신이 원하는 대로 멀리 가볼 수 있다.

출처 : "The Person as Co-investigator in Self-Research: Valuation Theory," by H. J. M. Hermans, 1991, *European Journal of Personality*, 5, 222.

목소리로 옮겨가면서 인생 이야기를 한다. 보통 서양인들이 보는 자기의 관점은 개인적이고 이성적이다. 데카르트가 말한 "나는 생각한다. 고로 존재한다"와 비슷한 생각이다. 하지만 Hermans은 대화적 자기는 다양하게 존재하며 대화에 숨겨져 있다고 생각했다. 인생 경험을 말하면서 다양한 태도와 관점을 취하면서, 한 가지 '나'의 관점에서 다른 것으로 수시로 변화한다는 것이다. 다양한 '나'의 입장은 서로 대화하는 형태를 취한다.

> 우리는 이미지적 배경에서 비교적 독립적인 '나'의 위치들의 역동적 다양성의 관점에서 자기를 이해한다. 가장 정확한 형태에서, 이 개념은 아래와 같이 이해할 수 있다. '나'는 공간에서처럼 한 장소에서 다른 장소로, 즉 시간과 공간에 따라서 움직이는 것이 가능하다. '나'는 서로 다른, 때로는 반대인 위치에서도 유동적으로 움직인다. '나'는 각 위치 사이에 대화적 관계가 성립될 수 있도록 각 위치에 상상적으로 목소리를 부여할 수 있는 능력을 가지고 있다. 목소리들은 이야기 내에서 소통하는 등장인물과 같이 작동한다. 이야기 내에서 등장인물이 정해지면, 인물은 스스로의 인생을 시작하고 특정한 이야기적 필요성을 전제로 하게 된다. 각 등장인물은 각자의 입장에서 경험에 대해 할 이야기가 있다. 다양한 목소리인 만큼, 이러한 등장인물들은 각각의 나(Mes)와 그들의 세계에 관해 정보를 교환하는데, 이는 곧 복잡하고 이야기적으로 구성된 자기로 이어진다(Hermans et al., 1992, pp. 28~29).

'나'가 인생 이야기를 만들기 때문에, 자기는 하나밖에 없다고 생각하게 된다. 이야기에 많은 등장인물이 있을지라도, 말하는 사람은 '나' 하나라는 것이다. 하지만 Hermans의 입장에서 보면 '나'는 화자를 대표하는 인물일 뿐이며, 모든 '나'의 입장은 각자의 목소리를 가지고 있다. 러시아 문학가인 바흐친(1973)의 말을 빌려서, Hermans은 자기는 다성적(polyphonic)인 소설이라고 설명했다. 각 목소리는 자신만의 이야기를 상징하는데, 이는 도스토옙스키의 소설 주인공들 간 역학을 보면 잘 알 수 있다.

> 도스토옙스키 소설을 보면, 그 자신 1명이 작가가 아니라 다른 위대한 학자들이 많이 나온다. 각 영웅들은 본인만의 생각이 있으며, 권위가 있고 독립적이다. 영웅은 도스토옙스키의 마지막 예술적 비전의 대상이 아니라, 이데올로기를 만든 사람으로 이해된다. 바흐친에 의하면 통합된 객관적 세상에 여러 명의 등장인물이 있는 것이 아니라, 다성적 목소리가 존재한다고 한다. 다성적 구성에서, 다양한 목소리와 대상들은 공간적으로 다른 입장에서 서로와 대화한다(Hermans et al., 1992, p. 27).

Hermans의 대화적 자기 이론은 심리연구 분야에 전 세계적인 영향을 끼쳤다(예 : Oles & Hermans, 2005). 이와 비슷한 한 가지 연구법은 **퍼스낼리티 웹 프로토콜**(personality web protocol)인데, 이는 호주 학자 Peter Raggatt(2000, 2006a, 2006b)에 의해 발전되었다. 퍼스낼리티 웹 프로토콜에서 연구자는 개인의 내화적 자기에 숨겨진 다양한 목소리를, 중심적 인생의 문제(Raggatt는 애착이라고 불렀다)를 통해서 알아본다. 중요한 사람, 대상, 일, 육체의 부분으로 애착을 나눈다. 연구 참가자는 먼저 인생에서 2명의 긍정적, 부정적 사람을 말하고 각 인물에 대한 짧은 이야기를 한다. 그리고 세상에 존재하는 두 가지 긍정적, 부정적 대상을 말하고 설명을 덧붙인다. 이 과정은 인생의 일과 육체의 부분에도 동일하게 작용된다. 각 애착에 대해 설명이 끝나면, 연구대상은 각 애착의 대상이 서로 얼마나 연관이 있는지를 알아본다. 마지막으로 다차원척도법이라는 과정을 통해서 다양한 애착을 집단으로 묶는다. Raggatt에 의하면, 각 퍼스낼리티 웹 프로토콜에서 나오는 집단은 대화적 자기의 중요한 부분을 상징한다고 한다.

예를 들면, Raggatt(2006a)는 동성애자인 37살 남성 찰스의 네 가지 다른 서사적 목소리를 알아보았다. 첫 번째 목소리는 '굴욕을 당한 목소리'였다. 축구경기가 끝나고 아버지에게 거부당한 경험과, 동성 관계를 가졌다가 군대에서 쫓겨난 경험으로 표현되는 목소리다. 두 번째는 '활동가'의 목소리다. 이는 찰스가 뉴욕에서 동성애 인권을 위해 노력했던 일이 포함된다. 이 두 가지는 찰스의 대화적 자기에서 서로 대응하는 목소리이다. 나머지 두 가지 목소리 '남성성'과 '야만적 자기'는 찰스의 인생에서 계속해서 서로 대화하는 역할을 한다. 첫 번째 목소리가 힘과 공격성을 상징한다면, 두 번째는 다양한 동성애적 주제와 이미지, 기억과 직결된다. Raggatt에 의하면, 찰스의 인생은 네 가지 서로 다른 목소리로 이루어져 있다고 한다.

정리하자면, 대화적 자기 이론은 모든 인간은 자신의 평가를 인생 이야기로 구성하는 과정을 겪는다는 생각에 기초해 있다. 한 가지 자기가 아니라 다른 여러 가지 '나'의 목소리가 상황에 따라 변화하면서 이야기를 한다는 생각이다. 이 중에서 몇 가지는 특히 중요한 역할을 하여 시간이 지나면 결정적인 목소리 입장이 될 수도 있다.

음악과 이야기 : Gregg의 접근

자기의 다각도성을 중요시한 다른 이야기를 보는 측면은 Gary Gregg(1991, 1995, 2006)에 의해 발전됐다. Hermans과 마찬가지로 Gregg 또한 자기는 다양한 목소리로 표현된다고 믿었다. 그는 다양한 목소리의 충돌 깊은 곳에서 보면, 복잡한 패턴을 가지고 의미를 가지는 음악적 특징을 발견할 수 있다고 생각했다.

Gregg는 본인 이론을 음악을 통해서 소개했다. 인생 이야기는 자기의 음악적 구조를 보여준다. 음각의 중요한 축 2개는 조화와 멜로디이다. 조화는 여러 음을 동시에 내는 화음으로 표현되고, 멜로디는 시간이 지남에 따라 계속 나오는 음의 흐름으로 표현된다. Gregg에게 있어서 성격은 푸가(fugue)와 같아서, 다양한 목소리들이 한 주제의 변형곡을 연주하는 형태로 만들어진다. 보통 한 가지 목소리가 주제(멜로디)를 소개하고, 다른 목소리들이 비슷한 대화적 방법으로 변형된 버전을 연주한다는 생각이다. 따라서 각 목소리는 다른 목소리들과 같은 동시에 다르다. 한 가지 주제를 서로 다르게 연주하기 때문이다. 성격도 마찬가지다.

Hermans과 McAdams와 마찬가지로, Gregg는 인간 정체성의 주된 주제는 힘과 사랑과 관련되어 있다고 믿었다. 사람들은 이러한 주제와 관련된 의미를, 구체적 이미지와 대상을 이용해서 표현한다. 예를 들면 '샤론'이라는 여성의 삶은 '두부'와 '불량식품'의 이미지로 대변된다. Gregg(1991)가 1979년 그녀를 처음 인터뷰했을 때, 샤론은 미국 중부에 두부와 다른 건강음식을 보급하는 성공적인 회사를 차린 사람이었다. 그녀는 성공적인 여성이었고, 본인 회사의 제품을 통해서 건강한 식습관을 강조하고 사람들의 건강을 책임질 수 있는 위치에 있었다. 두부는 또한 개인적 습관뿐 아니라, 그녀의 뉴에이지적 이데올로기를 상징하기도 했다. 유제품을 먹지 않는 채식주의자로서 그녀는 태극권을 연구하고, 요가를 하고, 핵무기에 반대하는 운동을 하는 등 건강한 생활을 추구했다.

반대로 샤론의 과거 인생은 '불량식품'으로 내변됐나. 그녀는 위스콘신 주 내 가족에서 태어나

비만인 어머니 아래에서 고기, 사탕, 유제품을 먹으며 자랐다. 그녀는 환경은 친근했지만, 많은 불량식품을 먹고 뚱뚱해지며, 계속 소비하고 시간이 갈수록 게을러지기만 하는 미국 사회의 단면을 보았다. 따라서 불량식품은, 샤론이 역겨워하고 소비적이라고 생각하는 생활방식을 상징한다. 그녀는 아직 가정을 시작할 단계는 아니라고 믿는다. 하지만 최근에 아이를 가지고 싶어 하기 시작했다. 하지만 임신을 하면 뚱뚱해진다. 따라서 아이를 가지려는 목표는 그녀가 직접 만들어낸 뉴에이지적, 건강한 존재에 해가 되기 때문에 두려워한다. 어떻게 보면 불량식품은 두부에 반대되지만, 다르게 보면 두부와 불량식품은 같은 개념이다.

> 이론적인 관점에서 보자면, 샤론은 유제품과 비슷한 음식의 형태로 사랑과 보살핌을 원한다. 이러한 욕구는 대상을 한편으로는 건강에 좋은 음식으로, 다른 편으로는 화학적인 불량식품으로 나누는 과정을 통해 세분화한다. 두부는 아이스크림보다 한 옥타브가 높고, 반대로 아이스크림은 두부보다 한 옥타브가 낮다. 이러한 옥타브의 높낮이는 도덕적, 존재론적, 정치적 의미를 가지고 있다. 두부와 아이스크림은 샤론의 전기를 쓸 때 필요한, 각각 자주적인 독립성과 수동적 사치를 상징한다는 것이다. 어떠한 관점에서 보면 동일하고, 어떻게 보면 서로 다른 자질을 가지고 있다. 논리적으로 말하면, B = A이고 C = A이지만, B = C는 아니라는 것이다. 이러한 상징의 구조적 모호함은 샤론으로 하여금 음식을 통해서 보살핌을 찾는 '옥타브'를 만들도록 도와준다(Gregg, 1991, p. 89).

따라서 두부와 불량식품을 궁극적으로 연결하고 구분 짓는 요인은 옥타브로 끝나는 서로의 관계다. 두부는 아이스크림보다 한 옥타브 더 높은 '도'에 해당하는데, 더 높은 이유는 **도덕적 중요성**이 높기 때문이다. 두부는 샤론이 중요시하는 좋고 옳은 뉴에이지적 사고에 부합하는 대상이다. 세상을 더 좋고 행복하고 건강한 곳으로 만들기 위해 필수적인 요소인 것이다. 반대로 불량식품은 나쁘고 틀리고 소모적인 생활방식을 상징하기 때문에, 더 낮아진다. 불량식품은 따뜻하고 쉬운 어머니의 사랑을, 두부는 서로 평등한 존재 간의 성인의 사랑을 상징한다.

두부와 불량식품은 샤론이 살고 있는 문화에서부터 도덕적 중요성을 갖게 된다. 그녀의 개인적인 상징의 의미는, 1950년과 1960년 위스콘신의 작은 마을에서 살았던 것부터, 위스콘신대학에 1970년대 다녔던 배경에서부터 나온다. 대학에서 그녀는 새로운 경험을 많이 했으며, 그것을 계기로 현재의 뉴에이지적 사고를 배우게 되었다. Gregg 이론의 중심적 생각은, 이러한 개인적 의미는 궁극적으로 사회적 · 정치적 · 경제적 · 문화적 실체에서부터 온다는 개념이다. Emile Durkheim의 생각에 따라, Gregg는 사회적 조직이 모든 사회의 구성원에게 일반적인 카테고리를 부여한다고 믿었다. 사회적 조직은 꼭 친절하거나 좋거나 긍정적이지는 않다. 대신 사회적 조직은 성별 간 불평등, 조직과 사회적 차이점에서 볼 수 있는 계층화와 억압을 보여준다. Gregg(1991)는 이렇게 말했다.

> 나는 이야기 밖에 실체가 존재한다고 생각한다—모든 개인이 '던져지는' 일종의 사회적, 정치적 불평등의 실체 말이다. 여기서 개인은 개인적 존엄성을 찾고, 권력을 유지하려는 이데올로기적 도구로 자기를 발전시키게 된다. 나는 이러한 실체는 이야기 밖에서 찾는 것이 아니라, 중심에서부터 나온다고 주장했다. 샤론의 '뉴에이지적' 생활방식이 여기에 해당된다(p. 199).

결론적으로 말하면, 자기를 음악과 텍스트의 관점에서 보는 Gregg의 접근법은 자기가 말하는 (혹은 노래하는) 목소리들의 다양성을 중요시한다. 자기는 다양한 목소리를 통해 표현되며, 각 목소리는 한두 가지의 작은 주제를 상징한다는 것이다. 목소리는 음악 내에서 긴장감과 갈등을 표현하는 동시에, 화해와 해결책으로 이어지기도 한다. 목소리와 주제는 샤론의 두부와 불량식품 이미지에서 찾아볼 수 있듯이, 복잡하게 정의되는 형상으로 상징된다. 목소리와 주제는 개인적, 문화적 의미를 모두 표현한다. 개인적 의미는 보통 문화적 방법으로 표현되는데, 이는 자기가 만들어지는 세상의 사회적 질서를 반영한다.

포스트모더니즘의 자기

1990년대는 자기를 **포스트모던**(postmodern) 관점으로 이해하려는 움직임이 생겨났다(예 : Angus & McLeod, 2004; Davies & Harre, 1990; Denzin, 1989; Gergen, 1991; Holstein & Gubrium, 2000; McAdams, 1997a; Sampson, 1985, 1988, 1989a, 1989b; Shotter & Gergen, 1989). **포스트모더니즘**(postmodern)이란 1970년대 이후 문화, 예술, 건축, 사회적 조직, 인간 의식을 보는 서구 중심적 사고방식을 총체적으로 의미한다. 다양한 분야에서 서로 다른 의미로 쓰이기 때문에 간단한 문장으로 정의하기는 힘든 개념이다. 하지만 근본적으로 포스트모더니즘은 일을 하는 보편적인 방법이나 보편적인 체계, 사실에 대해 아이러니한 입장을 취하는 태도를 포함하고 있다(Harvey, 1990). 포스트모더니즘의 세상에서, 큰 기본적인 사실이란 존재하지 않는다. 다양한 텍스트의 다양한 버전과 설명, 이야기들이 특정 관점에서부터 주관적으로 생겨난다. 모든 것은 변화하고, 텍스트도 시간에 따라 변화한다. "포스트모더니즘은 모든 것은 그대로 유지되지 않는다는 생각에 기초한다(Harvey, 1990, p. 44)." 보편적으로 우리는 포스트모더니즘을 개방성, 역동성, 참을성으로 이해한다. 하지만 동시에 포스트모더니즘은 무언가 가치 있고 내면적인 진실을 숨긴 대상이 있다면, 그것을 이해하고 믿으려는 시도도 포함한다.

이야기의 개념은 포스트모더니즘적 자아를 이해하는 데 필수적이다. 인생은 계속해서 다시 쓰여지는 텍스트와 비슷하다. 그렇다면 텍스트는 무엇일까? 텍스트란 말이나 단어, 상징, 그림, 그리고 다른 표현에 불과하다. 실제적인 존재는 아니며, 텍스트가 '진실인지' 혹은 '좋은지' 판단할 기준은 없다. 어떻게 보면 포스트모더니즘은 1970, 80년대 유행했던 **해체이론**(deconstructionalism)과 상응한다(Derrida, 1972). 문학의 텍스트는 안정적 의미를 가지고 있지 않다는 생각이다. 모든 단어는 그 자체로 모호하며, 특정 상황에서 단어의 특정한 의미는 여러 가지 상황과 실체에 따라서 계속해서 달라질 수 있다.

인생도 텍스트와 같다면, 인생도 내재적 의미를 갖지 않게 된다(Denzin, 1989). 사람들은 자신 인생이나 자기 자신이 무언가를 의미하거나, 무언가 진실을 표현한다고 믿는다. 하지만 사실이 아니라는 것이다. 이야기와 텍스트는 마치 중심이 있는 것처럼 쓰여지기 때문에 사람들이 이러한 착각을 하는 것은 무리가 아니다(Denzin, 1989, p. 45). 해체론에 의하면, 이러한 배움은 허상에 불과하다. 해체론적 관점에서 대상을 읽는다면 텍스트 안의 수많은 **모순과 불일치성**을 찾아낼 수 있고, 실제로 사실이 아닌 것을 어떻게 사실로 포장하고 있는지 파악할 수 있다(Harre, 1989).

인생이 텍스트와 같다면, 사람들은 텍스트를 담론(discourse)을 통해서 나누고 자기를 구성하게 된다. 다른 말로 하면, 정체성은 사회적 맥락에서 상징을 말하고 단어를 내뱉는 대화를 통해서 만들어진다. Shotter와 Gergen(1989)은 "정체성이 만들어지는 주된 방법은 언어적인 것이 아니라 텍스트적이다. 사람들은 담론을 통해서 자신의 정체성을 만들어간다"(p. ix)고 말했다. 어떻게 보면, 담론의 각 순간은 자기의 새로운 표현을 보여준다. 시간이 지나면서 표현은 몽타주나 콜라주처럼 서로 이어져 붙게 된다.

따라서 포스트모더니즘적 자아의 주된 개념은 **통일성**(unity)이다. 모든 텍스트는 절대적이지 않기 때문에 인생이 한 가지 의미를 전달하는 것은 아니며, 패턴이나 정체성이 확실히 확인될 수 있는 것도 아니다. Kenneth Gergen(1991)은 *The Saturated Self*에서 이렇게 주장했다.

> 포스트모더니즘적 조건은, 좋고 선한 것의 표현으로 인정받으려는 목소리들의 다양성으로 인해 상징된다. 목소리의 힘과 존재감이 커질수록, 모든 것이 적절하고 제대로 되어 보인다. 포스트모더니즘의 세계에서 우리들은, 우리가 이야기하는 대상은 '실제로 존재'하기보다는 관점의 산물이라는 것을 알고 있다. 따라서 감정이나 이성의 과정은 개인의 중요한 실체가 되기를 멈추고, 다원주의의 방식에서 대상을 관념화하기 시작한다. 이러한 조건에서 사람들은 계속적인 구성과 재구성의 단계에 존재한다. 모든 것은 협상될 수 있는 형태로 존재한다. 자기를 보는 각 실체는 다른 실체로 이어지는 질문과 아이러니, 그리고 궁극적인 탐구에게 새로운 길을 내준다(p. 7).

Edward Sampson(1989a, 1989b)은 해체론과 포스트모더니즘에 힘입어, 심리학은 인간을 이해하는 새로운 방법을 발전시켜야 된다고 주장했다. 이러한 생각은 너무 쉽게 가늠하기 어렵고, 오늘날 기술과 세계경제는 사람들을 모두 이어주기 때문에 사람을 단순히 개인으로 보면 안 된다는 것이다. 실제로 사람을 개인으로 보는 관점은 많은 문화권에서 성공적이지 못했다. Geertz(1979)는 "사람을 보는 서양적 개념인 모든 인간은 특별하고 가치 있으며, 서로 다른 개념에 반대되는 방법으로 감정과 의식 및 행동이 가능한 존재라는 생각은 실제로 다른 문화권에서 받아들이기에는 힘든 생각이다"(p. 229)고 주장했다. Sampson에 의하면, 사람을 자기중심적 개인으로 보는 생각은 16세기에서부터 20세기에 이르기까지 서양 역사의 근대적 시기에서 그 정점을 찍었다.

Sampson의 입장에서, 개인은 특정 사회적 공동체 안에 존재하는 서로 다른 힘과 목소리의 '위치'와 같다. 이 생각을 얼마나 문자 그대로 받아들여야 하는지는 아직 확실하지 않다. 당연히 생물학적으로 다른 생물들이 개인적 생물이 아니라는 의미는 아니다. 하지만 심리적으로 보면 내가 나의 자기라고 여기는 것은, 실제로 내 것이 아닐 수 있다는 것이다. Sampson(1989a, p. 919)은 "사람들은 특정한 자본을 지킬 뿐, 그것을 가진 것은 아니다"(p. 918)라고 주장했다. 자기의 이야기는 개인 내부에 존재하지 않는다. 사람은 이야기 중에 존재하면서, 바깥에서 그 이야기를 해주는 역할을 한다.

포스트모더니즘 이론가들은 개인적 인생 이야기를 이해하는 해석의 기능에 대해서는 회의적인 편이지만, 그래도 이번 장과 제10장에서 알아봤듯이, 인간 이야기의 힘에 대해서는 동의하는 편이다. 인간 인생은 배경, 장면, 줄거리, 등장인물, 주제를 갖춘 이야기라는 것이다. 이야기는 이상적으로 의식과 농기를 갖춘 인간이 시간이 지나면서 목표를 이루고 사회적 맥락에서 욕망을 충족하는 과정을 그린다(Barresi & Juckes, 1997). 인생 이야기는 개인이 만들어가는 심리사회적 텍스트이며, 우리 이야기들은 우리가 누군지 보여주는 동시에 우리가 사는 사회를 반영한다.

페미니스트 관점

최근에 인생 이야기를 연구하는 학자들은 여성 인생에 초점을 두었다. 보통 서양의 전기 작가들은 많은 군사적, 예술적, 종교적, 사업적, 정치적 업적 때문에 유명해진 백인 남성의 이야기를 주로 다룬다. 이러한 인생 이야기는 우리 사회가 여태까지 가장 가치를 많이 두었고, 해석하고 전하는 데 가장 적합한 내용이다. 하지만 20세기 막바지에 이르러 유명한 학자들과 영화 제작자 및 작가들은 여성, 유색인종, 사회취약계층 구성원에게 눈을 돌려 예전에 주목받지 못한 사람들의 인생 이야기에 초점을 두었다(Bateson, 1990; Franz & Stewart, 1994; Josselson & Lieblich, 1993; Josselson, Lieblich, & McAdams, 2003; Rosenwald & Ochberg, 1992). 이 과정을 통해 성격심리학자들은 일반적으로 알고 있었던 백인 중년 남성을 보는 우리의 태도가 항상 옳은 것은 아니라는 사실을 보여주었다.

많은 심리학자들은 인간 행동을 이해하고 해석하는 데 **페미니스트**(feminist) 접근법을 이용한다. 이는 여성 행동과 인생을 중점적으로 이해하는 방식이다. 심리학에 다가가는 페미니스트 접근법은 여러 가지가 있다(Riger, 1992, 2000). 예를 들면, 몇몇 이론은 여성과 남성은 세상을 매우 다르게 보며, 여성의 앎을 향한 방법은 심리적 이론과 연구로 더 잘 통합될 필요가 있다고 주장한다. 다른 이론들은, 여성과 남성이 근본적으로 다르다는 가설을 배제하고, 사회적 · 문화적 요소들이 여성과 남성에게 다른 방법들로 적용된다고 생각한다. 여성은 오랜 시간 동안 남성에 비해서 차별을 받아왔기 때문에 남성과는 확연히 다른 인생을 향한 적응전략을 발전시켰다.

한 가지 사실은 확실하다. 오늘날 사람들을 연구하는 학자들은 Freud · Jung · Adler가 본 성과 사회적 구조, 권력을 보는 입장보다 훨씬 더 부드러운 관점을 가지고 있다는 점이다. 여성의 인생을 해석하는 방법은 남성의 인생을 보는 관점과 많이 다를 수밖에 없다. 성격심리학자 Abigail Stewart(1994)는 여성의 인생을 해석할 때는 때로는 이용하기 힘든 다양한 전략을 사용해야 한다고 말한다. 그녀가 중요하게 여긴 전략은 크게 일곱 가지가 있다.

첫째로, **연구되지 않은 것에 집중**하는 것이다. 가정이나 직장 같은 보수적인 카테고리는 여성의 경험을 항상 보여주지 않는다. 여성의 동성 간 우정이나 여성의 관점에서 본 가정 등은 깊게 연구된 적이 없다. Stewart(1994)는 "페미니스트 이론은 우리가 지금 알고 있지 않은, 예전에 연구된 적이 없는 부분에 집중하게 만든다"(p. 18)라고 설명했다.

둘째로, 심리학자는 항상 **연구과정에 영향을 미치는 본인의 역할이나 상태를 분석**해야 한다. 연구하는 사람은 본인의 성, 사회적 입장, 역사적 경험을 가지고 있기 때문에 연구내용과 뗄 수 없는 관계다. 이 관계는 연구결론에 영향을 줄 수밖에 없다.

셋째로, Stewart(1994)는 사회적 제약 안에서 **여성의 자기보존성**을 확인해야 한다고 말했다. 우리 모두는 문화의 산물이지만, 몇몇 심리학자들은 여성의 인생을 사회적 힘과 제약의 관점에서만 해석하려고 한다. 그렇게 되면 수동적인 피해자로 여성이 묘사되게 된다. 가장 억압적인 상황에서도, 인간의 개인성은 중요하고 능력 있는 힘이다. Stewart는 "상대적 무능함의 맥락에서, 여성을 비롯한 모든 하위 계층의 사

혁신적인 성격연구가이자 이론가로 Abigail Stewart는 여성의 인생 이야기를 만들어내는 일곱 가지 전략을 그려냈다. 인생 이야기 해석에서 여성주의적 관점은 성을 심리분석의 핵심에 놓는다. 사진은 Joanne Leonard가 찍은 것이다(출처 : Abigail Stewart 허가받음).

람들은 선택을 하고 억압을 피하게 된다"(p. 21)고 말했다.

넷째로, 여성의 인생을 이해하기 위해서는 성을 분석적 도구로 이용해야 한다. 여성이나 남성의 성별이 가지는 개념은 문화권과 역사를 뛰어넘어 다양하게 존재한다. 따라서 "여성의 인생을 연구할 때 그녀 자신이 이해하는 성의 내용과, 그녀 주변인들이 문화의 맥락 안에서 성의 개념을 어떻게 보는지"(p. 24)를 먼저 알아보아야 한다. 이와 비슷한 다섯째 개념은 연구자들은 성이 권력관계를 정의하는 방법과, 권력관계가 성에 의해서 정의되는 방법을 확실히 알아야 한다는 점이다. 몇몇 페미니스트 이론가들은 성은 인간의 육체와 관련이 있는 동시에 사회적 힘과도 관련이 있다고 주장한다. 여성이나 남성으로서 가지는 특성이나 경험은 사회적 힘의 맥락에서 더 잘 이해될 수 있다. "여성이 성을 통해서 이해되는 경험들은 때로는 종속관계의 상징이며, 이를 통해서 더 잘 알아볼 수 있다(p. 26)."

여섯째로, 개인의 사회적 입장의 중요한 부분들을 확인하는 점이다. Stewart는 1960년대와 70년대 대다수의 백인 여성들은 여성운동을 하면서 겪었던 본인의 경험이 당시에 흑인 여성이 겪던 고난과 비슷하다고 생각했다. 하지만 이는 사실이 아니었다. 백인 여성은 흑인 여성에 비해서 상대적으로 많은 직업적, 사회적 기회가 있었다. 이러한 점을 이해하지 못한다면 여성 경험의 전체적인 의미를 알아보지 못할 것이다.

마지막으로 Stewart는 연구자들은 남성 엘리트의 경험에서 궁극적으로 생겨난 심리학적 전제에 너무 의존하면 안 된다고 경고했다. 특히 여성을 알아보는 학자들은 깨끗하게 통합되거나 일관적인 자기나 목소리를 찾는 것을 피해야 한다고 말했다. 이 생각은, 이러한 일관되고 깨끗한 인생 이야기를 만들 능력이 되고 그만큼의 사회경제적 풍요로움을 누리는 백인 남성에게 주로 해당되는 경우다. 여성의 인생 이야기는 남성의 이야기보다 더 상황에 의존적이고, 특별한 뉘앙스가 다양할 수 있다고 강조했다. 이러한 차이점이 명확한 심리적 사실이라고 말하진 않았지만, Stewart는 이 차이점을 제대로 반영해서 20세기 여성의 삶을 이해하는 것이 필수적이라고 강조했다.

일곱째, 인생 이야기를 보는 포스트모더니즘적 생각인 다양성에 초점을 두는 것이다. 사람들은 인생을 이해하기 위해서 이야기를 구성하고 말하고, 이는 사람들로 하여금 인생의 통합성과 목적을 찾도록 도움을 준다. 하지만 이야기 안에는 많은 다양함과 변화도 포함되어 있다. 따라서 좋은 해석을 하려면 일관성과 복잡성을 조화시키는 방법을 선택해야만 한다. 인간 인생은 완벽히 예측가능하지도, 완벽히 무작위적이지도 않다. 인생 이야기는 심리학적 특성의 다양한 통합적 특성을 제공하는 동시에, 혼란감을 자아내는 많은 일시적이고 서로 다른 요소들도 보여준다. Freud 이론에서 현대 페미니즘 이론에 이르기까지, 인생 이야기의 해석은 심리학의 가장 어려운 숙제 중 하나로 남아있다. 인생 이야기가 의미하는 것은 무엇일까? 이에 대한 완벽한 정답은 없을지도 모른다. 하지만 우리가 알고 배울 수 있는 것은 많이 남아 있다. 밝혀지지 않은 인생 이야기도 그 나름의 의미가 있겠지만, 해석을 통해서 더 빛을 발하게 된다. 성격심리학자들은 우리 모두처럼, 인생 이야기를 알아보고 이해하고 해석하는 데 매력을 느끼는 것이다.

요약

1. 우리는 사람들이 말하며 살아가는 이야기를 어떻게 해석해야 하는가? 과거 100년이 넘도록 성격심리학자들은 이 주제에 대해 씨름해왔다. 이 장은 20세기 전반기의 심리역동이론가들과, 대화적 자기, 포스트모던적 자기, 페미니즘 등의 범주가 되는 보다 현대적인 접근들 모두로부터 나온 다양한 접근을 설명한다. 이 접근들의 차이점에도 불구하고 이들이 가지고 있는 공통점은 사람들이 말하는 이야기들이 처음에는 이야기처럼 보이지 않았다는 점이다.

2. Freud의 정신분석이론의 전형적인 이야기 모형은 오이디푸스 신화이다. Freud에 의하면 4살 즈음 어린아이는 오이디푸스 콤플렉스라고 불리는 힘과 성에 대한 무의식적 드라마를 경험한다. 오이디푸스 콤플렉스에서 아이들은 리비도적 대상을 선택하는 것으로부터 부모에 대한 존경심을 담은 동일시로 전환되는데, 이것은 초자아의 설립을 위한 방법으로 쓰인다. 오이디푸스 콤플렉스는 아동기의 중요한 사회화의 사건이다. Freud에 의하면 이것이 어린아이의 힘을 구속하고 인간 집단에서 살아가기 위해 필요한 도덕적 민감성을 강화한다. 비록 Freud가 모든 어린아이가 오이디푸스 콤플렉스를 경험한다는 데에서는 틀렸지만, 임상가들과 전기 작가들은 오이디푸스 콤플렉스가 미시마 유키오의 사례에서 보이듯이 어떤 삶들에서는 매우 강력한 설명적 진술이 된다는 것을 발견했다.

3. 오이디푸스 콤플렉스를 소녀나 여성에게 적용하는 것은 어려운 일이다. 비판가들은 이런 관점에서, 특히 소녀의 남근선망과 같은 Freud의 견해를 문제로 삼아왔다. Nancy Chodorow는 오이디푸스 콤플렉스를 성의 사회학적 관점에서 재해석했다. 그녀의 영향력 있는 이론은 오이디푸스 콤플렉스 시기부터 그 이후에 여성과 남성은 서로 다른 발달적 길을 만들어가는데, 소녀들은 엄마와의 관계에서 정체성을, 소년들은 엄마에 대비해서 정체성을 세운다고 주장했다. 이는 궁극적으로 소년과 소녀 모두의 양육자가 거의 늘 여성이라는 사실적 가치에 의해 후세가 생산되는 것이기 때문이다.

4. 일반적으로 삶을 해석하는, 그리고 인생 이야기를 해석하는 Freud의 방법은 일상생활의 드러난 내용 속에 숨겨진 의미를 찾아내는 것과 관련된다. Freud는 꿈, 말실수, 증상, 그리고 인간 행동의 모든 측면과 경험이 어떻게 결정론적 조약이자 문헌이 되는지를 설명했다. 조약처럼 그들은 충돌하는 힘들 사이의 타협으로 존재하고(예를 들어 소망충족을 위한 꿈처럼), 문헌처럼 그들은 결코 발견되지 않을 궁극적이자 최종적 의미를 품고, 반드시 다양한 수준으로 재해석되어야 한다. 도라의 사례에서 Freud는 도라의 재채기 증상과 보석함 꿈 모두에 대한 정신분석적 해석을 설명했다. 증상, 꿈, 모든 경험은 압축과 전치처럼 그 정체를 항상 감추는 많은 무의식적 힘, 요소, 그리고 구성성분들이 가시적 표현으로 합성되는 것과 같은 원리로 이루어진다.

5. Freud의 초기 후학인 Jung은 결국 Freud에 필적하는 집단무의식의 중요성을 강조하는 해석적 정신분석적 접근을 발달시켰다. Jung에 의하면 집단무의식은 인류 진화적 과거로부터 내려온 고대의 잔여물의 보고와 같다. 집단무의식은 원형으로 살아남았는데, 그것은 인간이 삶에 어떻게 접근하는지를 구성하는 경험의 보편적 패턴이다. Jung의 이론에서 일반적인 원형들은 남성의 무의식적 여성성인 아니마, 여성의 무의식적 남성성인 아니무스, 그리고 모든 인간의 고약하고 야만적인 경향성인 그림자 등을 포함한다. 각각의 원형들은 인생 이야기 속의 독특한 특성에 대한 모델을 제공한다. 주로 꿈이나 환상에 적용되는 Jung의 해석적 방법론은 보편적 주제와 심리적 개성화를 위한 보편적 주제와 영웅 질문을 강조한

다. Jung은 꿈을 성격 안에서 균형을 맞추기 위해 노력하는 상징처럼 묘사했다. 꿈은 보편적 신화의 표현이자 미래에 대한 삶의 문제들의 예상을 담는다.

6. Adler는 성격연구의 체계를 발달시켰다. 이것은 인간 삶의 임시성을 강조하는 것이다. Adler의 이론은 인간사의 과정을 하나의 이야기 형식으로 간주하는 방식에 대해 강력한 감사를 드러냈다. Adler의 개인심리학에 의하면 초기 기억은 삶의 본연의 신화로 공헌하고 개인의 독특한 삶의 방식의 발달을 위한 장으로 자리 잡는다. 초기 기억은 이야기의 시작과, 개인의 가상적 목적원인론과, 미래에 대한 상상적 목표를 세우고, 인생 이야기의 방향성과 목적을 제공하고, 뜻한 바 있는 서술적 결말을 향해 방향을 정한다. 이야기의 주된 주제는 우월성을 향한 노력과 사회적 관심을 향한 공공의 경향성과 연관된다.

7. 1980년대와 90년대에 성격심리학자 Hubert Hermans은 대화적 자기에 대한 이야기 이론을 발달시켰다. 인생 이야기의 기본 단위는 가치평가인데, 이는 긍정적 혹은 부정적 정서의 관점에서 그리고 자기보존적 S-동기와 공존적 O-동기의 관점에서 분류된다. 가치평가는 대화적 과정을 통하거나 자기 안에서 다양한 목소리들이 서로 대화하며 이야기로 조직된다. 자기는 단일한 지배적 이야기꾼으로 존재하지 않고 다성의 이야기를 생성하는 목소리의 집합체 그 자체로 존재한다.

8. 또 다른 현대적 접근으로는 Gary Gregg가 인간 삶의 이해에 대한 이야기 기반 접근을 제공한 바 있다. 이는 Hermans처럼 다양성과 대화에 대한 자기의 참여를 강조한다. Gregg 이론의 주된 메타포는 음악이다. 성격은 음악적 푸가에 가깝다. 서로 다른 목소리가 서로 다른 멜로디와 모티프를 표현한다. 특히 주목할 만한 것은 정서적으로 채워진 심상들에 대한 인생 이야기의 실례들이다. 이것은 마치 하나의 옥타브 속의 서로 다른 음계들처럼 서로 다르지만 근본적으로는 유사한 인간 경향성을 반영한다.

9. 최근 많은 저자들은 포스트모더니즘적 자기의 문제점과 가능성을 고려하는 데 이야기의 개념을 적용했다. 그들에 의하면 포스트모더니즘적 자기는 빠른 이야기와 형세의 소용돌이로 해체되고 변화무쌍한 현대 삶의 폭로와 자기들이 구성된 특정 문화 맥락 속에서 표현된다. 자기에 대한 포스트모더니즘 이론은 개인의 통합적 혹은 통일된 힘에 대해 회의적이다. 그러나 이런 접근들은 인간 삶이 이야기되고 그 인생 이야기는 그가 누구인지 그리고 그가 어떤 세상 속에서 살고 있는지를 모두 반영한다는 관점을 공유한다.

10. 최근 심리학자들과 전기 작가들은 여성, 유색인종, 그리고 여타의 전통적인 소수집단 구성원의 인생 이야기로 그들의 주의를 돌렸다. 페미니즘 접근은 인생 이야기의 해석에서 성별을 해석의 중심에 두었다. Abigail Stewart는 여성의 인생 이야기를 해석하는 것은 심리학자들에게 독특한 도전이 된다고 주장했다. 그녀는 여성의 인생에 대한 이야기 연구의 일곱 가지 페미니즘 전략에 대해 약술했다. (1) 남겨진 것에 주의를 집중하는 것, (2) 연구주제를 마주 대하는 자기 자신의 역할과 위치를 분석하는 것, (3) 사회적 속박의 한가운데에 있는 여성의 힘을 확인하는 것, (4) 성별을 분석의 도구로 활용하는 것, (5) 성별이 힘의 관계를 어떻게 규정하는지에 주목하는 것, (6) 계층과 민족성 등의 주체의 사회적 입장의 측면을 확인하는 것, (7) 깨끗하게 통일되고 일치하는 자기 혹은 목소리를 찾는지를 의심하는 것이다.

CHAPTER 12

인생 이야기 쓰기 : 전기와 인생 과정

Writing Stories of Lives: Biography and Life Course

그로프를 만난다면, 강한 인상을 못 받을 것이다. 1930년대에 하버드대학교를 다닌, 키 작은 검은 머리의 남자다. 좋은 대학을 다녔다는 사실 말고는, 별 볼 일 없어 보이는 조용하고 부끄럼 많이 타고 특별한 것 없는 사람이다. 자기 말로 '우물 안 개구리'라고 하며, '괜찮은 사람'이라고 표현한다. 말도 없으며 목소리도 작다. 그는 외부활동이나 조직의 일원도 아니며, 여자를 만나지도 않고 공부하는 데 시간을 쓰지 않는다. 대인적 관계에 시간을 쓰지 않기 때문에, 그는 "자거나 휴식을 취하고 공상하고 친구 몇 명과 카드게임을 하는 데" 시간을 거의 다 보낸다(Murray, 1955/1981, p. 544). 그로프가 게을러 보일 수는 있어도, 그에게 심각한 문제는 없다. 정신분열증 증세도 없고, 범죄를 저지른 적도 없다. 놀랍게도 그는 꿈을 통해서 날고 싶어 한다.

이카로스 : 고대 이야기

이카로스의 고대 이야기에서, 어린 소년은 날개를 만들어 태양을 향해 날아간다. 높이 올라갈수록 태양열이 날개의 밀랍을 녹여서 결국 바다로 추락한다. 이카로스 전설은 뜨거운 태양과 차가운 바다, 불타는 욕망과 물로 상징되는 패배, 올라감과 내려감의 대조적인 이야기를 다룬다. 깊은 맥락에서 이카로스 이야기는 그로프의 인생을 상징한다. 유명한 연구에서 Henry Murray(1955/1981)는 그로프가 **이카로스 콤플렉스**(Icarus complex)를 가지고 있다고 말했다.

그로프는 1930~40년대 하버드 심리 클리닉에서 Murray와 동료들이 실시한 연구의 참가자 중 1명이었다(Murray, 1938). 참가대상으로서 그로프는 1시간씩 세 번 지속된 인터뷰의 기반이 되는 자세한 전기를 작성했다. 또한 TAT 시험에 참여하기도 했다.

그로프의 전기 중 중요한 점을 살펴보자. 그는 고학력자 부모 사이에서 장남으로 태어났다. 그의 초기 기억은 어머니에 대한 복수심으로 저녁밥을 땅바닥에 던지는 기억이었다. 그는 11살이 될 때까지 침대에 오줌을 쌌다. 6학년이 되었을 때 그는 반에서 잘나가는 우등생이자 운동선수였지만, 7학년이 되면서 살이 빠지고 키도 자라지 않으면서 이러한 우월감에서 '하락'했다. 고등학교에서는 다시 예전의 모습을 되찾으면서 인기 있는 사람으로 뽑히기도 하고, 2학년 때는 서기로 활동하기도 했다. 하지만 하버드에 입학하면서 이야기가 달라져 우물 안 개구리가 되었다. 첫 인터뷰에서 그로프는 자신이 행동적, 감동적 '림보'를 하는 기분이라고 말했다. "나는 내 영혼이 내면의 **불을 지펴서** 성공의 사다리로 **올려주는** 날을 기다리고 있다"고 설명했다(Murray, 1955/1981, p. 543). 이렇게 불이 지펴지면 "돈, 영광, 명예, 권력"으로 대변되는 성공적 인생이 가능해진다는 것이다.

Murray는 그로프가 가장 자주 말했던 본인 이야기를 설명했다.

그의 가장 반복되는 공상 중 하나는, 추종자들과 함께 태평양의 무인도로 떨어지는 꿈이었다. 그곳에는 충분한 물과 음식이 있었으며, 그로프는 자신이 왕이 되어 새로운 문명을 세웠다. 자신의 힘으로 날아다니며 높은 곳에서 뛰어내리는 상상이 이어졌다. 하지만 그는 동시에 '덜 화려한' 공상도 즐겼다 — 유명한 영화배우, 군대 장교, 백만장자, 발명가, 심리학자, 교사가 되는 공상도 했다. '아이들과 일하면서 가르치는 것은 좋은 경험이 될 것이다'라고 그는 생각했다. 또한 유명한 탭댄서, 가수, 코미디언이 되는 생각도 했다. 하지만 더 즉각적인 의도는 공군에 지원해 파일럿이 되는 것이었다. 전쟁에 반대하긴 하지만, 그로프는 15년 이내에 세계 대전이 다시 일어날 것이라고 생각했다. 이때 생길 수 있는 최악의 일은 (1) 전쟁에서 불구가 되는 것, (2) 자신감을 잃는 것이었다. 마지막으로 "내가 내 마음대로 세상을 바꿀 수 있다면, 세계 정부를 세우고 좋은 독재자가 될 것"이라고 말했다. 리더나 예술가, 발명가로 자신의 이름이 후세에 남겨질 수 있다면 가장 뿌듯할 것이라고 설명했다(1955/1981, pp. 542~543).

자신이 누구였는지 알아보는 그로프 이미지를 통해 이카로스 이야기를 확인할 수 있다. 그의 공상은 미래의 일을 보여주며, 본인이 공상에서 중요시한 돈 · 명예 · 유명세와 같은 것들은 인생에서 중요하게 여기는 가치이다. Murray는 그로프의 전기, 꿈, 공상, TAT 측정치에 기초해서 표 12.1에서 볼 수 있는 것과 같은 그로프 인생의 반복되는 주제를 추출해냈다.

이카로스 콤플렉스의 첫 번째 주제는 **요도적 에로티즘**(urethral erotism)인데, 이는 '뜨거운' 성과 '젖어 있는' 소변 간 주제의 연관성을 의미한다. 이러한 이미지는 화재나 불타는 욕망, 과시주의 등을 통해서 보여진다(Murray, 1955/1981, p. 548). Murray는 그로프가 어렸을 때 아이들은 어머니의 창자에 소변을 봄으로써 생겨난다고 믿었던 기억을 강조하면서, 이때부터 불과 관련된 그의 상상이 만들어지기 시작했다고 설명했다.

Murray는 그로프의 경우 요도적 에로티즘과 **승천**(ascensionism)의 주제가 혼합되었다고 설명했다. 어린 시절에 돌봐주던 간호사의 엉덩이에서 나오는 공기를 타고 위로 올라가는 상상(밤에 이런 꿈을 자주 꾸었다), 성공의 사다리를 타고 화성까지 가는 상상 등을 통해서 승천의 주제를 확인할 수 있다. 눈에 덮인 채 하늘에서는 날개 달린 말이 올라가고 있는 그림을 보고 TAT에서 그가 응답한 다음 이야기를 보면 이 두 가지 주제가 모두 보인다.

이카로스의 비애. 고대 그리스 신화에 등장하는 어린 이카로스는 태양이 자신의 날개 밀랍을 태워 땅에 곤두박질칠 때까지 높이 날아올랐다. Henry Murray는 이카로스 콤플렉스를 솟아오른 이후에 낙하하는 것과 같은 인간 삶의 독특한 삶의 이야기 유형으로 분류했다(출처 : Herbert Draper, *Lament For Icarus*, Tate Gallery, London/ SUPERSTOCK).

나이 많은 은둔자가 홀로 헛간을 짓는다. 혼자 30년간 자급자족 생활을 한 끝에 그는 존재감에 회의를 느끼고, 다시 경쟁적인 세상에 뛰어들기로 한다. 그래서 몇 년 동안 판매용 작물 재배를 하는데, 작물은 자라지 않는다. 비료가 더 필요했지만 비료가 부족했다. 그래서 그는 종교의 힘을 빌려 기적이 일어나기를 기도한다. 다음 날 페가수스가 날아와 모든 작물에 비료를 주었다(아마도 소변을 통해서). 그리고 헛간에 있던 소는 그에게 딸을 낳아 주었다(페가수스의 후손, 요도적 에로티즘). 이 그림을 보면 그는 매우 행복해보인다. 따라서 이 그림은 행복함을 전하는 그림이다(1955/1981, p. 549).

이카로스 콤플렉스의 세 번째 주제는 **관심적 나르시시즘**(cynosural narcissism)인데, 이것은 자신에 대한 경외감과 주의를 원하는 욕구를 뜻한다. 미래에 자신 모습이 어떨지 상상한 그로프의 공상은 모두 수많은 사람들이 존경심을 표하는 유명한 싸움꾼, 발명가, 영화배우, 혹은 독재자의 이미지를 포함하고 있다. Murray는 가족그림검사 실험에서 그로프가 부모보다 자신을 두 배나 더 크게 표현했다는 점을 강조했다. 그리고 빈 카드에 상상으로 채워넣는 TAT 카드에 그로프는 군중 속에 둘러싸인 벌거벗은 거구의 남자를 그렸다. Murray가 보기에 이 남자는 "그리스 전체에서 가장 위대한 감각적인 인물"을 상징했다(Murray, 1955/1981, p. 550).

마지막으로, 이카로스 콤플렉스의 네 번째 주제는 Murray가 강조한

표 12.1	(Murray의 원작에 소개된) 그로프의 이카로스 콤플렉스

요도적 에로티즘

간단히 말해, 성은 요도적 관점에서 이해될 수 있다. 그가 강조했듯이, 모든 다른 요도적 에로티즘에 수반되는 것은 Freud를 비롯해 그를 추종하던 사람들에 의해서도 제시됐었다. 즉, 불에 대한 관심을 나타내는 것으로 "불타오르는" 야망, 과시욕, 관음증을 나타낸다. 그로프가 말한 것을 기억해보라. "불은 우주 공간의 황갈색 가스다." 오늘만 해도 그는 그의 휴지통 쓰레기에 불을 지펴 그 화염을 봄으로써 "스릴을 느꼈다." 그의 프로토콜에는 이처럼 지속되는 불의 이미지가 있는 것이다. 마지막으로 끈질긴 야뇨증과 요도적 에로티즘(사정에 의해 배뇨가 되는 꿈) 사이의 연상이 있다. 여기에서 우리와 다른 사람들의 수많은 성격을 발견할 수 있다(p. 548).

승천

이것은 내가 중력을 이기고 직립으로 서서, 키가 자라고 발가락으로 춤을 추며 물 위를 걷고 공중을 뛰어올라 흔들며, 산을 오르고 높이 날아올라 점차 높이 날아올랐다가 상처 없이 땅에 착지하고 싶은 소망을 나타내 붙인 이름이다. 죽었다가 부활해 하늘로 승천하게 된다는 것을 뜻하는 것은 아니다. 물론 감정적이고 관념적인 형태의 승천도 있다. 예를 들자면, 열정적인 열광, 급속한 신의의 상승, 상상, 의기양양함의 상승, 영의 충만함, 황홀경 등과 같은 열정, 시적이며 종교적인 물리적으로는 승천의 이미지로 표현할 수 있을 것 같은 것들이 있다(p. 548).

관심적 나르시시즘

(단순히 드러내기보다 좀 더 포괄적 의미로서) 적절한 용어라 생각한다. 이것은 바라지 않는 집중에 대한 갈망을 나타내며, 모든 사람들의 시선이 집중되기를 바라는 욕망과도 같다(p. 549).

낙하/하강

"낙하"는 바라지 않은 그 무엇, 무언가(주로 인간의 몸 또는 지위나 명예를 뜻하지만 대변, 소변, 또는 어떤 다른 정신작용의 대상)의 우연한 하강을 뜻한다. 다른 한편, "하강"은 의식적으로 또는 잠재의식적으로 비참한 하락에 대한 열망을 나타낸다. S씨는 높은 곳에서 뛰어내렸다(하강의 의미로서의 자살), 혹은 그는 다른 사람을 절벽에서 밀어내거나 무언가를 던져버리거나 의도적으로 길바닥에 노상방뇨를 했다(p. 551).

불멸에 대한 열망

이것은 모든 인간의 불멸에 대한 열망을 보여주는 자기애의 핵심을 나타낸다는 데 의심의 여지가 없다. 그러나 (대략 500년을 기준으로 삼아볼 때) 일곱 가지 소원 가운데 하나로 우리 모든 그로프의 대상들은 영원불멸의 예시가 될 수 없다(p. 553).

여성을 비하하면서 동시에 매혹의 대상으로 여김, 양성애

그로프는 그의 어머니에 대해 경멸적으로 말하며, 여성에 대해 냉소적인 태도를 보였다. 사랑은 결코 느껴질 수 없는 것이다. 하지만 그의 프로토콜이 계획을 세운 대로, 여성은 아무 소용이 없음에도 불구하고 영화로운 대상으로서 그에게 중요하다. 여성은 (1) "자신의 다리를 쓸어내리며" 성적 유혹을 하며, (2) 그의 노고에 박수를 보내며, (3) 아들을 낳기에 충분히 큰 엉덩이를 갖고 있고, (4) 그의 죽음을 슬퍼할 사람이다. 이러한 사람을 누군가 원하고 있다면, 동성애적 성향을 가진 여성적 성향을 가진 증거라고 볼 수 있을 것이다. 이것은 그가 세 가지 측면에서의 검사에서 말한 이야기에 가장 잘 나타나 있다. 마지막 참가자(이야기의 주인공)는 앞서 이렇게 말했다. "나는 나의 아바타를 만들었다." 그러자 왕이 말했다. "세상에서 가장 아름답구나. 그러니 네가 이 세상에서 가장 아름답다. 나의 왕비가 되어주겠소?" 왕은 영웅을 그의 남성 여왕으로 임명하고 그에게 그의 왕의 양성적 아름다움을 가진 아름다움을 선사해주었다(p. 554).

출처 : "American Icarus," by H. A. Murray, in E. S. Shneidman (Ed.), Endeavors in Psychology: *Selections from the Personology of Henry A. Murray* (pp. 535–556), 1955/1981, New York: Harper & Row.

낙하/하강 개념과 관련이 있다. 그로프는 초기 기억, 꿈, TAT 응답 내용 등 모두에서 상승과 하강 이미지를 보여주었다. 항상 무언가 올라가면, 결국 내려가게 된다. TAT 문제 중 하나에서 그로프는 6명의 사람들이 모두 죽는 결말을 표현했다. 그중 4명은 바다에 빠져서 죽는다. 여기서 차가운 바다는 이카로스의 욕망이 실현되지 못하고 추락함을 상징한다. 불과 물, 해와 바다의 주제는 요도적 에로티즘의 첫 번째 주제를 상징하기도 한다.

Henry Murray가 그로프 이야기를 이카로스 콤플렉스에 비유하게 된 이유는 무엇일까? 그가 이카로스 콤플렉스를 가졌다는 것을 알면, 좋은 점은 무엇일까? Murray는 그로프 사례를 이용해

나는 공상(flying fantasy)이라는 더 보편적인 주제로 들어간 것일 수도 있다. Dan Ogilvie(2004)도 그렇게 생각했다. 그는 *Fantasies of Flight*에서, 꿈과 이야기 뒤의 심리적 역학을 연구해 '공상'의 개념과 연결시켰다. 피터팬을 만든 제임스 배리 경의 이야기도 다루었다. 하지만 그로프의 경우 Murray는 그에게만 해당되는 경우로 승천과 하강의 이미지를 이해했다. 개인적으로 나는 이카로스 이야기를 통해서만 그로프 인생 전체가 이해되기 때문에 Murray가 이 콘셉트를 이용했다고 생각한다. 제10장에서 본 것처럼, 이야기는 인생을 통합하는 역할을 한다. 우리는 우리 정체성의 중심을 구성하는 통합적 인생 이야기인, 자기의 이야기를 내면화하면서 발전한다. 하지만 그로프의 경우, 당사자뿐 아니라 연구자인 Murray 또한 이야기를 만들려고 하는 경우다. 이카로스 전설은 Murray로 하여금 그로프 인생을 이야기로 이해해야 한다는 필요성을 주었다. 이카로스 전설은 Murray에게 그로프의 공상과 꿈, TAT 응답 내용을 이해하기 위한 기본 틀을 제공한 셈이다. 짧게 말하면, 이카로스 콤플렉스는 **그로프를 보는 Murray의 이야기**이다. 그로프의 특수성을 설명하기 위해서 Murray는 이야기를 구성해야만 하는 필요성을 느꼈다.

우리는 보통 성격심리학자들이 이야기꾼이라고 생각하지는 않는다. 다른 행동주의 학자들처럼, 성격심리학자들은 **범례적 사고**에 기초한다(Bruner, 1990). 성격심리학자들은 믿을 만한 데이터를 수집하고 가설을 확인하며 정확한 측정을 해서 법칙적인 인과관계를 이끌어낸다. 이 책의 모든 장에서 나는 다양한 심리학적 이론과 방법을 소개했다. 제10장과 11장에서 살펴본 바와 같이 인생 이야기를 연구하는 심리학자들조차 범례적 사고를 통해 자연과학적인 접근법을 이용해 체계화하고 분석한다. 하지만 그럼에도 불구하고, 몇몇 학자들은 Bruner(1990)가 말한 서사적 지식(narrative mode of knowing)을 사용한다는 사실도 중요하게 보아야 한다. 성격심리학자들이 짧은 이야기와 소설을 쓴다는 것이 아니라, 각 사례의 **전기적 연구**(biographical studies)를 한다는 의미다(Elms, 1994). 이야기는 인생의 의미를 전달하는 데 중요한 역할을 하기 때문에, 개인의 인생을 해석하는 데 이야기의 이해가 필수적인 경우도 많다. 그로프의 경우, Murray는 이카로스 전설에 기초해 다른 방법으로는 전달하기 힘든 그의 성격의 특수성을 설명한 것이다.

이번 마지막 장에서, 나는 인생을 이해하기 위해 성격심리학자들이 통합적 이야기를 바라보는 다양한 관점을 설명한다. 제10장과 11장이 인간의 본인 인생에 대한 이해였다면, 이번은 연구대상을 바라보는 연구자의 관점에 초점을 둔다. 제10장과 11장에서 살펴본 인생 이야기는 **일인칭 시점**이고, 이번에 알아보는 이야기는 **삼인칭 시점**인 셈이다. 삼인칭 시점은 일인칭 시점의 관찰결과에 의지할 수밖에 없다. 예를 들면, 이카로스 해석을 하기 위해서 Murray는 그로프가 직접 말한 본인 인생의 사실을 먼저 알아보았다. Barressi와 Juckes(1997)는 "연구자들은 근원적 데이터로 일인칭 시점을, 그리고 해석과 묘사를 하는 데 삼인칭 시점을 사용한다. 인간의 인생은 이야기와 같은 방법으로 경험으로 구성되고 서사적 시점이 꼭 필요하기 때문이다"(p. 693)라고 설명했다.

일단 1930년 Henry Murray가 '성격학 전통(personological tradition)'으로 알려진 학설을 만들어간, 하버드 심리 클리닉의 배경에서부터 시작하겠다. 성격학 전통은 한 가지 사례에 대한 전기, 신화, 이야기, 광범위한 조사를 포함한다. 성격심리학에서 사례의 역할은 오늘날과 마찬가지로 그때 당시에도 중요했다. 먼저 성격심리학에서 쓰이는 사례의 적절한 이용법을 알아보고, 더 넓은 성격이론 안에서 개인 인생을 이해하는 해석법을 설명하려고 한다. Daniel Levinson의 성인 인생의

'계절' 이론처럼, 전기적 시점으로 성인 인생을 살펴본 사례는 많다. 마지막으로, 성인기의 사회적 맥락과 사회적 훈련의 예측 불가능한 부분을 살펴본다. 인생 과정(life course)의 관점은 기본적으로 인간의 개인성과 심리적 특성의 문제로 다시 되돌아가는데, 이는 애초에 성격심리학이 존재하는 이유와도 상응한다.

성격과 삶에 대한 연구

Murray와 하버드 심리 클리닉

1927년, 하버드대학교는 당시 잘 알려지지 않은 생물화학 전공자를 하버드 심리 클리닉의 중요 인물인 Morton Prince의 조수로 고용했다. 34살이던 Henry Murray는 의학 분야에서는 뛰어났지만, 심리학 분야에서는 15년 전 한 과목 수업을 들은 것이 전부였다. 1893년 뉴욕 부유한 가정에서 태어난 Henry Murray는 20, 30대 때 여행과 학문에 매진했다. 1923년 Carl Jung의 *Psychological Types*을 읽고 나서 거기에 매료되어 Jung과 휴가를 같이 보내게 되었다. 그는 나중에 "Jung은 나에게 정체성의 문제를 해결해줄 만큼 뛰어난 천재성을 보여주었다"(1967, p. 291)라고 기억했다. "우리는 한참 동안 대화를 나누고 호수를 돌며 함께 담배를 피우고 난 후 파우스트 피정의 중심에 다다랐다. 한 달 안에 이 문제는 해결되었고, 나는 심층심리학에 대한 확신을 내려놓았다(Murray, 1940, p. 153)." Jung의 영향 말고도, 다른 영향들이 통합적으로 작용해 Murray가 심리학에 입문하는 계기가 되었다. 인본주의 심리학에 큰 영향을 준 Christiana Morgan과의 개인적 친분도 그중 하나였고, 도스토옙스키나 멜빌의 문학작품도 한몫했다(Anderson, 1988; Murray, 1940, 1967; Robinson, 1992). 2년 뒤 Morton Prince가 사망하고 나서 Murray는 학과장 자리를 넘겨받았다.

본래 Prince는 학부생들이 임상적 실험의 도움으로 이상심리학을 배우는 장소로 클리닉을 만들었다(Robinson, 1992; White, 1981). Prince는 히스테리, 다중인격장애, 무의식적 심리과정 연구를 주로 했으며 본인 연구에 기초해서 학생들에게 많은 것을 가르치려 했다. 또한 실제로 환자들을 교실로 불러들여 이상한 증상과 이상한 능력을 직접 보여주기도 했다. 오늘날 우리가 보기에는 좋은 가르침이지만, 당시 하버드의 심리학 부서는 Prince의 이러한 과장된 교육방식을 좋아하지 않았다. 따라서 존경할 만한 정통 심리학을 배울 수 있는 곳으로 클리닉을 옮기려는 시도가 이어졌다. Murray가 도와주러 들어왔을 때 Prince는 이미 옮겨가고 있는 상태였다. 다양한 신경장애와 히스테리의 연구가 이뤄지고 있었다. 당시 학생이었던 Robert White(1981)는 Prince가 몇 년만 더 살았다면 하버드 클리닉은 인간 현상을 연구하는 명망 있는 교육기관으로 상을 받았을 것이라고 말했다. 하지만 Murray가 학과장이 되자 모든 것이 바뀌었다.

나는 Prince가 사망하기 1년 전과 후 대학원생이었고, 이후 3년 동안은 자리를 떠나 있었다. 돌아왔을 때 클리닉은 매우 다른 곳이 되어 있었다. 모든 사람들이 TAT라는 테스트에 대해 이야기하고, 욕구와 변수를 연구하고 있었다. 환자나 의사, 학생도 아닌 이상한 사람들이 안에서 돌아다녔다. 매우 급진적인 변화였다.

놀라움에서 벗어나 정신을 차리니, 내가 없을 때 중요한 변화가 있었다는 것을 알 수 있었다.

먼저, 연구대상에 대해서 아는 것이 부족하면 실험결과의 해석도 어렵기 때문에 모든 실험자들이 동일한 연구대상을 이용하는 변화가 있었다. 둘째, 연구대상에 대해 더 많이 알수록 좋기 때문에 인터뷰와 테스트를 통해서 인간으로서의 그들을 알려는 노력이 많아졌다. 셋째, 큰 변화였다. 만약 많은 다른 연구자들이 서로의 연구를 이해하려면 공통의 언어나 공통의 스키마가 존재해야 했다. 따라서 정말 중요한 것을 이해하기 위해서 관찰을 잘 알아보기 위한 분류학의 필요성이 있었다(White, 1981, p. 5).

Murray는 사람을 조사의 중심에 놓았다. 사람이 중심이라면, 연구자는 사람을 다양한 맥락으로 깊게 이해해야만 한다. 각 연구대상은 깊이 있게 인터뷰에 참여하고, 많은 정보수집 과정에 참여했다. 다각도로 분석하고 연구했다. 연구자들은 규칙적으로 모여 특정 대상에 대한 연구를 비교하고 통합시켰다. 따라서 다양한 연구자들은 집단으로 모여, Murray가 '진단 평의회(diagnostic council)'라고 부른 그룹을 만들었다. 다양한 관점에서 바라본 한 사람에 대한 정보를 수집하고 모으는 장이었다. 그의 체계적인 방식은 오늘날에도 성격심리학에서 유용하게 사용되는 성격을 이해하는 기본으로 쓰이고 있다.

1930년대 Murray는 학문적 심리학, 심리분석학, 인류학, 생물학 등의 학자들을 모아서 매우 중요한 공동작업을 클리닉에서 제안했다. 여기서 중요하게 볼 학자들 중에는 Robert White, Donald MacKinnon, Jerome Frank, Saul Rosenzweig, Nevitt Sanford, Samuel Beck, Brewster Smith, Erik Erikson, Daniel Levonson, Jerome Bruner, Silvan Tomkmins 등이 있다. 곧 클리닉은 비교적 정상적인 대학생 남자를 대상으로 하는 체계적, 점진적, 학제 간 연구의 배경이 되었다. 이 연구의 보편적 목표는 인간 전체를 복잡하게 이해하려는 시도였다. 1930년대 미국 심리학계는 행동주의 과학의 원칙을 중요시하고, 환원주의에 입각했다는 점을 고려할 때 이는 새로운 시도였다. 미국 심리학은 동물들을 대상으로 하는 실험실 연구를 중요시했지만, Murray는 자연적 환경에서 진짜 사람을 알아보고자 한 것이다. 미국 심리학은 기본적 학습의 기초적 법칙에 근거했다면, Murray 이론은 인간 동기와 복잡하고 무의식적인 방법에 초점을 두었다. 미국 심리학이 정신분석과 Jung 학파 이론을 인정하지 않은 반면에, Murray는 인문학을 포함한 모든 학제 분야에서 다양한 사람들을 초빙해 연구를 진행했다.

Murray는 인간 성격을 이해하기 위해 문학과 신화에서 영감을 찾았다. 1951년 허먼 멜빌이 출간한 모비딕(백경)에서 큰 영감을 얻은 것으로 알려져 있다(Murray, 1951a). Freud 이론에 따라서, Murray는 모비딕의 에이해브 선장과 큰 고래 간 갈등을 이드/초자아적 갈등이라고 생각했다. 에이해브는 악과 악의 힘을 상징하고, 고래는 힘센 초자아가 외부로 표출된 신의 형태라는 생각이다.

하버드 심리 클리닉에서의 초반 연구는 *Explorations in Personality*의 출판으로 이어졌다(Murray, 1938). 50명의 대학생 남자를 대상으로 한 조사를 다룬 이 책에서 Murray와 동료들은 '성격학(personology)'이라는 분야를 발전시켰다. Murray는 성격학은 신화, 전래동화, 전기, 인간 공상에 초점을 둔 사람들의 심리를 다루는 학제 간 접근법이라고 설명했다. 심리학자들은 인간 개체에서 한 발짝 떨어져서 기능을 관찰했다면, 성격학자들은 더 기본적이고 인조적인 관점에서 인간 자체의 특수한 적응을 알아보는 것을 목표로 했다. 거시적 접근법은 특정 행동과 상황에서

Murray(1893~1988)는 미국 성격 심리학의 선구자 중 한 사람이다. 그는 인간의 삶에 대한 방대한 연구를 실시했으며, 특별히 환상의 이야기와 자전적 이야기 해석에 관심을 기울였다(출서 : Harvard University News Office 허가받음).

정확하게 미래를 예측하는 능력과 대상과 이론적인 일관성을 만드는 것을 목적으로 한다.

성격학적 체계는 사람을 바라보는 관점에서부터 시작된다. 사람을 보면 무엇이 보일까? Murray(1940)는 그가 본 것을 이렇게 설명했다.

> 좋은 정장을 차려입은 채 미로에 갇힌 쥐처럼 회사 사무실을 들락거리는 미국인을 보는 대신에, 나는 그들의 강력한 주관적인 인생(의식적, 무의식적), 먼 과거에서부터 전해오는 다양한 목소리, 과거 일의 기억과 함께 떠다니는 공상, 서로 반대되는 콤플렉스의 힘, 줄거리와 반대 줄거리, 희망에 찬 이상을 본다. 신경학자들이 보면 말도 안 되는 생각이겠지만, 사실 사람 인생의 내적 실체는 겉으로 보이는 신경의 집합체 그 이상이다. 성격은 연설가와 또래 집단, 아이들, 선동 정치가, 마키아벨리와 유다, 서로 다른 정치적 이상을 가진 사람들, 로비스트, 고립주의자, 공산주의자들이 모두 합쳐진 일종의 의회와도 같다. 그리고 이것을 알지 못하는 심리학자들은 정신상담과 분석을 통해서 다양한 이미지, 느낌, 그리고 친구들을 자신의 '가정' 안에서 만들어야 한다 (pp. 160~161).

위 문단에는 비유가 많다. 특히 중요한 것은 '가정'이나 '의회' 같은 단어들이다. Murray에 의하면 "자신을 아는 것"은 자기 내면의 **등장인물**을 잘 알고, 그들의 서로 다른 정체성을 구별할 줄 아는 것을 의미한다. 따라서 그로프 인생 이야기의 중심적 등장인물은 이카로스다. 하지만 물론 다면적인 인생 이야기인 만큼 다른 등장인물도 존재한다. Elms(1987)에 의하면, Murray는 성격을 "하나의 안정적 중심이 없는 채로 유동성 있게 흘러다니는 변화하는 유동체 집합"으로 보았다고 한다 (Elms, 1987, pp. 3, 4). 다른 말로 하면, 인생 이야기의 내적 등장인물은 시간이 지나면서 서로 소통한다—그리고 주인공은 계속해서 바뀌며 새로운 영웅들에 의해서 대체된다.

Murray 체계의 중심적 생각은 **인생은 시간으로 규정된다**(set in time)는 점이다. 인간은 "시간에 구속되는 개체"라고 주장했다. 개인은 환경의 즉각적 자극에만 영향을 받지 않고, 개인의 미래나 과거에 대한 관점에 대한 생각을 일관적으로 가질 수 있다. Murray는 "개체는 출생부터 죽음까지 시간으로 규정된 행동들을 하며 살아간다"고 말했다(1938, p. 39). 따라서 개인의 인생 과정이 성격학 분석의 단위가 되어야만 한다. 인생의 특정 순간을 알아보는 것도 괜찮지만, 그 순간은 전체에서의 선택이라는 것을 기억해야 한다. "개체의 **역사**가 곧 개체 자체다(p. 39)." 그렇다면 역사는 무엇이고 개체는 어떻게 역사가 될 수 있을까? **역사란**, 기대되는 미래와 관련해 과거가 어떻게 현재로 이어졌는지를 설명한다. 일과 변화들이 어떻게 지금의 상태로 오게 되었는지에 대한 **이야기**인 것이다. 인간은 시간에 구속되고 이야기를 하는 존재이기 때문에 성격학자들은 인간의 과거, 현재, 미래를 이야기를 통해 설명하려 한다.

인간 행동의 가장 작은 의미 있는 단위는 Murray가 **프로시딩**(proceeding)이라고 부른 개념이나. 이는 이어지는 인생의 시간적 복잡성에서 추출될 수 있는 한 가지 행동을 의미한다. 우리는 인간이 자신을 둘러싼 환경 사이의 상호작용을 보여주는 하나의 예시로 "행동의 중요한 패턴"이 시작되고 완성되기에 충분한 상호작용을 볼 수 있다(Murray, 1951b, p. 269). 한 번에 두 가지 이상의 행동을 한다면 우리가 흔히 '멀티태스킹'이라고 부르는, 여러 가지의 프로시딩이 동시에 진행되는 경우다. 어머니와 전화로 통화하면서, 전화번호부를 뒤져서 친구 번호를 찾는 것이 가능한 것이다. Murray는 각 프로시딩은 특이하며, 이는 시간이 지나서 생기는 프로시딩의 추가적 효과의 기능이라고 생각했다.

Murray는 *모비/딕*의 저자 허먼 멜빌의 삶과 일에 매료되었다. 여기서 그레고리 펙은 영화 *모비/딕*에서의 선장 에이해브이다. Murray는 큰 백색 고래를 초자아가 체화된 것으로, 에이해브를 모든 도덕적 권위를 파괴하는 데 혈안이 되어 있는 추동과 같은 악마를 상징하는 것으로 나타냈다(출처 : Hulton Archive/Getty Images).

각 프로시딩은 생기면서 흔적을 남긴다—새로운 사실, 생각, 주어진 사실의 재평가, 타인에 대한 애착관계, 희망의 재점화 등. 따라서 사람들은 일상적으로 프로시딩들을 경험하면서 계속 변화하게 된다(Murray & Kluckhohn, 1953, p. 10).

주어진 시간 안에서 겹치는 프로시딩을 모두 합치면, Murray가 **듀란스**(durance)라고 말한 개념이 생긴다. 개인 인생의 짧은 장면들(할머니댁에 방문함)에서부터, 인생 이야기의 긴 부분(3~5살까지 할머니와 같이 삼)까지 포함된다. 예를 들면, 30살 증권 거래인은 인생을 네 가지 듀란스로 나눌 수 있다—유아기, 대학생 시기, 혼자 살고 일하던 20대 초반, 아내와 보낸 4년. 이 경우 듀란스는 새로운 직장과 결혼으로 인해서 변화했다. 듀란스가 길어지면 **시리얼**(serial)이 된다. 시리얼은 특정 인생 부분을 포함하는, 프로시딩 등의 모음이다. 중요한 우정, 직장, 결혼 등이 여기에 포함된다. 따라서 각 시리얼은 본인이 인생에서 중요하게 여기는 일이나 개념을 포함한다.

인간은 시간에 구속되는 생물임을 기억하자. 우리는 과거와 미래를 생각하면서 현재에서 살아간다. 인생의 다양한 시리얼을 알아보면서, 미래의 목표와 목적을 향한 안정감을 추구하게 된다. 여자친구와의 관계는 어떻게 될까? 플로리다 여행을 가기 전 몸무게를 감량해야 할까? 우리는 종종, 미래 목표를 이루기 위해서 각 도메인을 향한 특정 프로그램을 만드는데, Murray는 이것을 **시리얼 프로그램**(serial program)이라고 불렀다. 원하는 결과를 얻기 위해서 몇 달에서 몇 년에 걸쳐서 이루어지는 노력의 집합을 말한다. 이는 우리 인생에 목적과 방향을 정해주고, 기본적인 심리적 요구를 반영하기도 한다.

인생의 방향적 본질을 알아보자면 인간 행동은 프로시딩, 듀란스, 시리얼, 시리얼 프로그램을 통해서 이해해야 한다. 제7장에서 살펴본 것처럼, Murray는 심리적 욕구가 인생을 정리하는 데 도움을 준다고 했다. 욕구는 환경적 존재와 결합해 특정한 행동패턴을 만들어내고, 계속해서 생기는 욕구-압력 간의 관계는 주제라고 한다. 어느 사람들의 경우 욕구와 압력, 주제의 관계가 일정해 **통합 주제**(unity-thema)를 이루는 경우도 있다. 통합 주제는 그로프의 이카로스 콤플렉스처럼, 인생 전반에 걸친 한 가지 모티프를 다룬다. 이는 먼 과거와 현재, 미래를 이어준다.

통합 주제는 어린 초반기에서부터 긍정적, 부정적 경험에 노출된 개인 내부에서 압력과 관련된 중요한 욕구들의 모음이다. 여기서 생기는 주제는 경험에 대한 반응으로 이어지는데, 보통 인생 후반기에 계속해서 나타난다(Murray, 1938, pp. 604~605).

성격학 전통

세계 2차 대전이 발발하면서 하버드 심리 클리닉은 큰 타격을 입었다. Murray 본인도 전쟁 중 CIA 의 전신인 전략사무국(OSS)에서 성격측정 프로그램을 맡았다. 외국 스파이를 선발하기 위해서 Murray는 능력과 경쟁력, 특성, 다양한 성격특성을 측정했다. OSS 측정기준은 Murray가 하버드 심리 클리닉에서 만든 성격학 이론에 기초를 두고 있었다.

> 평가는 다양하게 이루어졌는데, 이는 1명의 연구대상을 다각도로 분석했다는 의미다. 지능과 기 계적 이해도를 측정하는 시험, 개인적 역사와 인터뷰, 집단으로 이루어지는 문제해결 능력을 알 아보는 회기 등이 있었다. 또한 알코올의 수용도나 스트레스에 대처하는 능력, 토의능력도 알아 보았다. 1~6까지의 측정을 통해서 11가지 특성에 대한 참가자들의 점수를 매겼다. 그리고 최종 결정이 진행됐다. 모든 과정은 하버드 심리 클리닉의 압축된 버전처럼, 전기적 이야기를 알아보 는 성격학을 통해 진행됐다(Robinson, 1992, p. 282).

전쟁이 끝나고 나서 Murray의 성격학 이론은 '인생의 연구(study of lives)'라고 불리는 사회과 학의 전통으로 이어졌다. 이 분야에서 가장 유명한 학자는 Robert White(1948, 1952, 1963a, 1972, 1981, 1987)이다. 그는 *The Study of Lives, Lives in Progress, The Enterprise of Living*과 같은 책을 통 해서, Murray의 성격학 이론을 발전시키는 동시에, 장기적으로 알아본 성인의 성격연구 사례를 광 범위하게 소개했다. 그리고 UC버클리에서 성격연구소를 운영한 Donald MacKinnon(1962, 1963, 1965)도 중요한 학자다.

1930년대 Murray의 본래 성격학 이론과 마찬가지로 인생 이론은 1950, 60, 70년대 미국 주류 심리학계에 역행했다. 인생 연구는 인간 인생을 보는 매우 '보편적인' 접근법을 필요로 한다. 반대로 당시 미국 심리학 학계는 이러한 부분이 부족했다. 비슷하게, 성격심리학자들은 특정 심리적 특성 과 마찬가지로 특수한 부분에 초점을 맞췄다. Murray와 White 그리고 인생 연구를 한 다른 학자들 이 강조한 질적인, 인간 중심적 방법보다는 숫자로 측정되는 정확한 방법을 더 선호했다. 하지만 지 난 25년간 성격심리학의 중요한 트렌드는 인생 연구와 비슷한 방향으로 움직이기 시작했다. 1979 년 래드클리프칼리지에 인생 연구를 위한 Murray 연구센터가 생긴 것을 보면 알 수 있다. 1980년 대 초반에는 성격학 학회(society for personology)가 생겨서, Murray의 성격학 원칙들을 제대로 연구하는 기관도 등장했다.

이러한 원칙에는 무엇이 있을까? Edwin Shneidman(1981)은 Murray 이론의 특징을 여섯 가 지로 정리했다.

1. **성격학은 다양한 힘으로 구성된다** : 심리학을 보는 많은 접근법은 개인 행동을 설명하는 가장 간단 하고 일관적인 하나의 답을 찾으려고 하는 반면, Murray는 대체적인 공식의 존재를 인정하고 다 양한 (불안정한) 힘의 작용으로 행동이 생긴다고 주장했다. Murray는 개인을 많은 다양한 입장 에서 보고 생물학, 사회, 역사, 문화의 힘을 고려해서 이해하는 것이 중요하다고 말했다. Robert White(1952, 1966, 1975)가 하틀리 헤일, 조셉 키드, 조이스 킹즐리라는 3명의 미국 성인을 대상 으로 한 조사에서 이러한 접근법을 알아볼 수 있다. White는 이 개인들의 삶을 생물학적 욕구와 욕망, 사회적 동기, 기본적 성향, 학습 패턴, 심리성적·심리사회적 단계, 믿음과 가치, 가정역학,

사회적 구조, 종교와 문화 등을 통해서 연구했다. 나아가 Murray와 White는 인간 인생에는 무작위적 힘과 운(luck)도 존재한다고 믿었다. Murray 본인의 인생에서도, 배에서 우연히 만난 사람과의 대화에서 허먼 멜빌의 작품에 관심을 갖게 되었고, 이는 심리학에 대한 관심으로 이어져 결국 성격학 이론으로 이어졌다. 인간 행동은 때때로 예측하기 힘들다는 것은 확실한 사실이다.

2. **성격학은 복잡하고 끝나지 않는 인생 전반에 걸친 작용이다** : 앞에서 알아본 대로, Murray 접근법은 시간을 중요시했다. White(1952, 1972)의 말을 빌리자면, 인생은 항상 '진행 중'이며, 사는 것은 계속적으로 진화하는 일이다. 성격학자는 주어진 특정 시각에서 인생을 이해하려 하지 않고, 성격특성의 다양성과 시간에 따른 변화를 고려해 장기적인 목표에 치중한다.

3. **성격학은 창조성을 포함한 의식적, 무의식적 과정의 정신적 삶을 중요시한다** : 이 부분에서 Murray의 성격학은 제8장에서 알아본 심리학의 인지이론과 비슷한 점이 많다. Freud나 Jung과 마찬가지로, Murray는 인간 무의식의 깊은 곳을 탐험하려 했다. 하지만 Kelly와 마찬가지로, Murray는 의식도 무의식만큼 중요하다고 생각했다. 모든 인간은 타고난 창조적인 생물체이지만, 창의성의 정도는 사람에 따라서 다르다. 허먼 멜빌 같은 개인의 경우 다양한 생각과 대상의 조합을 통해서 본인의 창조성을 잘 표현한 사례다. 뛰어난 창의성의 경우, 무의식과 의식의 경계가 흐릿한 경우도 있다. 어떤 경우에는, 창의적인 충동을 주체할 수 없어 전혀 예측 못할 상황에서 갑자기 솟아오르기도 한다. 개인들은 과정에서 행복감과 안정감이 사라진다고 하더라도, 창조적인 충동을 따르려는 본성이 있다. "정신을 통해 어떤 창조물이 탄생하기도, 그렇지 않기도 한다." 하지만 우리는 그들이 활성화되도록 만들 수도 없을 뿐만 아니라 활성화될 때 그것을 막을 재량도 없다(Murray, 1959/1981, p. 322). 누군가 자신의 창조적 충동을 따르려고 한다면 그와 함께 행복과 건강을 희생시켜야 할 수도 있다(Murray, 1959/1981; Robinson, 1992).

4. **성격학은 조사의 특수한 전략과 테크닉을 포함해, 학제 간(interdisciplinary) 연구를 지향한다** : 하버드 심리 클리닉의 단계에서 오늘날 성격학에 이르기까지, 학자들은 자가 설문지나 측정 같은 기본적인 성격특성 평가법에 대한 불신을 가지고 있는 편이다. 응답자들이 창의적인 답변을 할 수 있는 조건에서 다각도로 살펴볼 경우에만 성격을 깊게 이해할 수 있기 때문이다. Murray는 본인의 책 *Explorations In Personality*(1938)에서 TAT를 포함해, 20가지가 넘는 혁신적인 성격측정법을 소개했다. White의 인생 이야기 분석에는 인터뷰, 전기적 설명, TAT 실험, 지능지수 측정, 성격설문지 등 수많은 방법이 포함된다. Murray는 많은 학자들이 다양한 방법에서 성격을 알아보기 위해서 데이터를 광범위하게 수집하고 다각도로 분석해야 한다고 주장했다.

5. **성격학은 특정한 인간 콤플렉스뿐 아니라 모든 살아 있는, 역사 속의, 허구의, 신화적인 인물들을 모두 연구한다** : 그로프의 사례에서 보았듯이, Murray는 실존 인물을 연구하기 위해 신화에서 모티프를 빌려오기도 했다. 이카로스 콤플렉스는 실제로 Murray의 성격학에서 자주 등장하는 신화적 이야기다. Murray(1962)는 'The Personality and Career of Satan'을 설명함으로써 본인이 매우 나르시시즘적 성격이라고 말하기도 했다. David McClelland(1963)는 '할리퀸 콤플렉스'를 이용해 여성의 성격을 묘사했다. Kenneth Keniston(1963)은 멜빌의 모비딕 주인공인 이스마엘 캐릭터를 이용해 1960년대 방황하는 성소년의 성격을 말했다. 그는 나음과 같은 글을 남겼다. "원형석으로 젊은 사람들에게서 소외되어 있었다. 사람, 기관으로부터 자신의 자유의지가 분리되어 있었다. 더불어

대다수의 미국의 젊은 사람들이 가질 법한 신념 또한 확고히 갖고 있지 않았다. 대다수의 미국 남녀들의 삶의 형식들을 거부한다. 사회의 아웃사이더와 같이 살기 위해 성서의 이스마엘과 같이, 멜빌의 이스마엘과 같이 비난받았다(p. 42)." Todd schultz(1996)는 '오르페우스 콤플렉스'에 대해 말했는데 오르페우스는 그리스 신화에 나오는 인물로 심각한 손실을 글쓰기로 극복한 인물이다. Murray, McClelland, Keniston, Schultz, 그리고 다른 학자들에게 있어서 성격이론의 근원은 종교, 신화, 문학 등 다방면에서부터 찾을 수 있었다.

6. 성격학은 특정한 실용적 문제에서부터 인간의 가치와 국제적 문제에 이르기까지 다양한 분야를 다룬다 : Murray는 심리학 밖 분야에도 관심이 많았다. 세계 2차 대전 후 Murray는 핵무기 시대에 사는 사람들에 대한 걱정으로, 세계 정부의 확립을 꿈꿨다(Murray, 1960/1981). Murray는 실제 사회행동은 부족한 편이었지만, 항상 인간 인생은 사회의 복잡한 일의 맥락을 통해서 이해되어야 한다고 생각했다.

Murray의 인본주의적 성향은 인간 연구의 사례연구에서 나온 인간 성장과 발달모델과 비유에서도 찾아볼 수 있다. 예를 들면, White(1975)는 미국 남녀에게서 흔히 나타나는 다섯 가지 보편적인 성장 특징을 다음과 같이 말했다.

1. **자아정체성의 안정화** : 시간이 지나면서 사람들은 자신이 누구인지, 세상에 어떻게 소속되는지 확실하게 알아야 한다.

2. **대인적 관계의 자유화** : 유아기의 트라우마적 경험은 후기 대인관계에 영향을 줄 수 있으나, 과거의 부정적 경험을 극복하고 타인과 상호적이고 친밀한 관계를 만들어나가야 한다.

3. **관심사의 다양화** : 아이들과 청소년들은 다양한 분야에 대한 표면적 관심사를 가지고 있지만, 성인기에 접어들면서 자기에 중심적으로 중요한 다양한 관심사를 폭넓게 발전시켜야 한다.

4. **가치의 인간화** : 간단하고 권위주의적, 자기주의적인 관점에서 벗어나 도덕적 사고와 다른 관점을 기억하는 방법을 향해서 도덕적으로 발전해야 한다.

5. **보살핌의 확장** : 사람들은 성숙해가면서 아이들, 친구들, 아내와 남편, 마주치는 모든 사람들을 향한 감정적 의존도가 높아져야 한다.

과학과 단일 사례연구

Murray의 *Explorations* 이후로, 인생에 대한 연구는 항상 논란의 중심에 있었다. 인간 전체가 성격 연구의 적절한 연구단계라고 생각하는 성격심리학자들의 생각과는 반대로, 이에 반대하는 학자들도 많다. 성격을 장기적으로 이해하기 위해서 개인은 **사례연구**를 통해서 상대의 인생을 알아볼 필요가 있다. 제1장에서 일이본 비와 같이, 사례연구는 "한 사람의 인생에 대한 체계적인 정보가 나눔" 이다(Runyan, 1982, p. 127). 성격심리학에서 이 단위는 개인의 인생이다. 하지만 사례연구는 심리학, 신경과학에서 사회심리학에 이르기까지 다양하게 적용된다. 심리학 밖에서 봐도 인류학, 사회학, 사회과학 등에서 쓰인다. 인류학자는 특정 문화를 대상으로 사례연구를, 사회학자는 특정 조직이나 인구 단위를 대상으로 연구를, 사회과학자는 정치적 과정이나 일을 조사한다.

Freud의 이론으로 돌아가면, 성격심리학자들은 사례연구를 이용한 사례가 많다(McAdams & West, 1997). Freud는 도라의 분석을 통해서 심리적 갈등과 신경증을 연구했다. 보통 Freud의 사례들은 본인 이론을 보여주기 위해서 이루어졌다. 도라의 경우에서 본 것처럼, Freud는 오이디푸스 콤플렉스에 대한 자신 이론을 확인하기 위해서 도라에 대해 알아봤다. Allport(1942)는 Freud와 정신분석학자들은 특별하거나 기이한 관점에 치중함으로써 성격에 대해 새로운 것을 배우거나 새 이론을 발전시킬 수 있다고 말했다. 사례연구를 이용하는 다른 방법은 비교(comparison)이다. 외향성과 친밀감 동기 등 다른 구조들을 분석해 한 가지 사례에서 어떻게 나타나는지 알아보는 것이다. 몇 년 동안, 대학교 심리학 수업에서 공통적인 주제는 심리학의 중요한 이론 두 가지를 비교해 한 가지 사례연구에 어떻게 적용되는지를 보는 것이다. White(1952)는 여러 차례 이 목적으로 사례연구들을 비교했고, Nasby와 Read(1997)는 5요인 모델과 정체성의 인생 이야기 모델을 이용해 1명의 인생을 분석하기도 했다.

사례연구에 반대하는 학자들은 이러한 노력은 너무 주관적이며 과학적으로 사용되기에는 힘든 부분이 많다고 주장한다. 과학은 한 가지 사례가 아니라 여러 경우에 보편적으로 적용되는 특성을 가져야 한다는 것이다. 구체적으로 말하면, 사례연구에 반대하는 입장은 특히 다섯 가지다. (1) 신뢰성, (2) 내부적 일관성, (3) 해석가능한 진실, (4) 외적 타당성, (5) 발견 대 타당성의 문제. 이를 차례로 알아보자.

먼저, 한 가지 사례의 분석은 기본적으로 신뢰성이 부족하다고 한다. 얻어진 결과를 믿기 힘들다는 것이다. 다른 사람이 알아본다면 다른 결과가 나올 수도 있다. 특히 도라의 경우와 같은 심리분석적 문제에서 흔한 문제다. 사례연구를 하는 심리학자들은 보통 질적 정보를 분석하는데, 그렇게 되면 질적 데이터를 수량화하는 방법이 부족할 때 해석적인 광범위한 정보를 수집해야 할 어려운 상황에 놓인다. 따라서 결과도 주관적일 수밖에 없다.

성격연구에 있어서 낮은 내적 타당도의 문제는 사례연구에 국한되지 않는다. 신뢰성은 인터뷰 대화, 꿈, 이야기, 쉽게 다루어지기 힘든 다른 개방형 질문에 의해 나온 보고들과 같은 질적 데이터에 문제가 발견되곤 한다. 원칙적으로 사례연구는 질적 데이터에 의존할 필요는 없다(Runyan, 1982). 그러나 폭넓게 모아진 정보, 데이터 해석의 방법들을 활용할 수 있다. 정량화되고 믿을 만한 질문들로부터 모아진 정보에서부터 가장 질적이고 신뢰하기 힘든 꿈의 이야기나 인터뷰 내용들에 이르기까지 다양한 정보들을 모을 수 있다. Murray는 자문위원회의 승인을 거친 양적, 질적 연구를 신중히 혼합하는 방법을 지지한다. 더불어 질적 데이터는 엄격한 점수표와 내용분석 체계에 의해 양적 데이터 형태로 변환될 수 있다(예 : Smith, 1992). 인터뷰는 비디오로 녹화될 수 있고 이후에 수치의 신뢰성을 높이기 위해 객관적 내용분석이 이뤄질 수도 있다. 조심스럽게 기록된 질적 연구 데이터의 특정한 점수표를 적용한 범위는 객관화될 수 있으며, 이를 통해 신뢰성이 증대하고, 성격심리학자는 이 결과와 해석에 대한 근거를 더욱 탄탄히 만들어낼 수 있다. 하지만 질적 연구에 대한 양적 수치화는 비용이 상당히 들기도 한다. 중요한 정보가 수치화되는 동안 소실될 위험 또한 있다.

사례연구의 정확도를 평가하는 중요한 기준은 심리학자가 주어진 사실을 어떻게 해석하는지에 달려 있다. 분석결과가 서로 연결되는가? 하지만 내적 타당성의 가장 큰 문제는 처음에 말도 안 되어 보이는 것이라도 시간이 지나면 타당해보일 수 있는 인간의 사고능력과 직결된다. 따라서 모든 사례연구의 사실을 일관성 있게 설명할 수 있는 방법은 무한하게 많다. D. T. Campbell(1975)은 이러한 관점에서 사회과학자들은 조심해야 한다고 경고하지만, 완벽한 해결방법은 없다고 동의했다. Campbell은 인간 행동과 경험에 대한 몇몇 질문에 있어서 사례연구는 "비록 문제가 많고 속임수가 많지만, 지식을 향한 유일한 길"(p. 179)이라고 말했다. 그렇기 때문에 성격학자들은 사례연구를 알아볼 때 조심히 평가해야 한다.

내적으로 타당한 설명을 하려고 하는 성격학자들은 **패턴 매칭 계획**(pattern matching plan)을 기준으로 연구를 한다(Bromley, 1986; D. T. Campbell, 1975; Runyan, 1982). 심리학적 이해를 하기 위한 논리적 방법에서 관념적 패턴을 찾는 것이다. 여기서 생기는 **관념적 패턴**은 이론적 문제로 이어지고, 이 이론에 근거해서 결과의 정확도가 달라진다. 이상적으로 성격학자들은 '항상 문제가 있을 수 있음'을 인지한 상태에서 다각도로 사례연구의 정보를 조사해야 한다. 같은 정보를 해석한 타인의 이론도 들어보고 최대한 객관적인 태도를 취해야 한다. 여러 가지 가설이 충돌한다면 그중 가장 좋은 것을 선택해야 한다(Bromley, 1986; D. T. Campbell, 1975).

개인 인생 연구에서 **진실한 해석**이란 무엇일까? 많은 사람들은 객관적 '사실'이 즉 진실이라고 생각하겠지만, **서사적 진실**(narrative truth)에 따르면 꼭 그렇지도 않다(Habermas, 1971; Schafer, 1981; Spence, 1982). 한 학자는 이렇게 설명했다.

> 서사적 진실은 우리가 우리 만족도에 따라서 주어진 경험을 평가하는 경우에 필요하다. 미적 최종성을 향한 지속성에 의해서 결정된다. 무언가가 좋은 이야기라고 말할 때 우리는 서사적 진실을 기준으로 말한다. 주어진 구성이 서사적 진실을 가지고 있다면, 다른 진실과 마찬가지로 진실한 형태를 지닌다(Spence, 1982, p. 31).

이 관점에 의하면, 주어진 사례의 의미를 찾는 학자는 **해석학**(hermeneutics)에 의존해야 한다—텍스트를 해석하는 예술과 과학이다(Ricoeur, 1970; Schafer, 1981; Steele, 1982). 몇 세기 동안 해석학은 이슬람교나 유대교, 기독교의 신성한 책의 해석에만 치중했지만, 지난 150년간 해석학의 범위는 확장되어 Dilthey(1900/1976)와 Stern(Allport, 1968)과 같은 사회과학자들도 사용하게 되었다. 인간 사회와 인생은 어느 정도의 해석이 필요한 복잡함을 담은 대상이라는 생각에 기초해 있다. Dilthey에게 있어서 해석학은 텍스트와 연구자 간 대화를 포함한다. 이러한 주관적인 대화를 통해서 텍스트 안의 진실과 의미가 생겨난다.

따라서 텍스트와 사례를 해석하는 사람들은 서사적 진실을 목적으로 한다(Schafer, Spence). '좋은 이야기'의 기준에 따라서 본인의 해석을 한다는 것이다. 좋은 이야기는 Spence에 의하면 (1) 내부적으로 일정하고, (2) 인과관계가 확실하고, (3) 궁극적인 목표와 과정이 일치하고, (4) 미적으로 만족스러워야 한다(Spence, 1982). 그럼에도 불구하고 서사적 진실은 인간 인생의 해석에 있어서 한 가지 평가기준일 뿐이다. 제1장에서 알아본 것처럼 해석의 문제는 과학적 이론의 구성과도 비교될 수 있다. 이론과 마찬가지로 사례의 해석은 일을 설명하기 위해 고안된 가설의 집합이다. 과학자들은 원칙적으로 이론에도 우위가 있다고 인정하는 편이다. 그들은 이론을 (1) 포괄성, (2) 절약성, (3) 일관성, (4) 실험가능성, (5) 경험적 타당성, (6) 유용성, (7) 성숙성의 기준으로 평가한다. 비슷한 맥락에서, 사례의 해석의 '좋은 정도'를 평가할 때도 비슷하다. 우리가 할 수 있는 최선은 다음과 같은 기준을 따르는 것이다. 단일 사례에 대한 좋은 해석은 (1) 사례정보에 관한 광범위한 이해를 제시하는 것이며, (2) 단순하면서도 직설적이며, (3) 좋은 이야기가 갖추고 있는 조건에서와 같이 내부적으로 일관성과 지속성을 갖고 있고, (4) 경험적으로 입증될 수 있는 인간 행동에 대한 가설을 제공해주며, (5) 경험적 연구에서 타당화된 것들에 따르고, (6) 유용하고, (7) 새로운 아이디어를 창출해낸다.

하지만 성격학자가 주어진 인생에 대한 놀라운 해석을 한다고 해도, 그것이 보편적인 사람들에 대해서 보여주는 시사점은 무엇일까? 한 가지 사례가 확장되어 보편적 사람에게 어떻게 적용될 수 있을까? 이것이 **외적 타당성**의 문제다. 이 문제 때문에 다양한 대상들을 다각도로 분석하려는 움직임도 있다. 한 사람을 대상으로 집중적으로 연구하는 것은 한계가 있으며 보편성이 떨어진다. 경험적인 대규모의 상관관계적 연구들은 좀 더 강력한 연구전략이 될 수 있는데, 그들은 과학자들로 하여금 상당히 큰 규모의 인구들로부터 추출해낸 각기 다른 연구참여자들을 연구할 수 있도록 하기 때문이다. 이와 같은 접근은 연구자들로 하여금 각기 다른 연구참여자들을 비교분석할 수 있도록 도울 뿐 아니라 "비교가 과학에 핵심"이라는 논리를 확신시켜준다(Carlsmith, Ellsworth, & Aronson, 1976, p. 39). 단일 사례연구에서의 낮은 외적 타당도에 대한 해답은 좀 더 제한된 방식으로 각기 다른 행동과 경험을 가진 각기 다른 사람들을 많이 샘플링하는 것이다. 각기 다른 많은 사람들은 좀 더 큰 단위의 인구를 대표할 수 있기 때문이다.

사례연구를 향한 이러한 비판에 대해 몇몇 심리학자들은 서로 비교대조 가능한 여러 개의 사례를 모아서 연구하는 방법을 제안했다. Bromley(1986)는 성격학자들은 궁극적으로 다양한 사례를 분석해 그 사례들의 서로 다른 점과 비슷한 점을 알아보아야 한다고 주장했다. 그렇게 하면 몇몇 예외적인 사례들이 주어진 현상을 대변하는 기본적인 사례로 정립될 수 있다. 이 사례를 기준으로 해서 다른 사례들을 비교분석해 타당성을 결정할 수 있게 된다.

사례연구의 타당성을 믿는 다른 사람들은 한 가지 사례가 보편적 인구를 대변할 수는 없다는 점을 인정하지만, 애초에 대변할 필요성이 없다고 주장하기도 한다. 먼저, 성격심리학 연구에서 큰 표본을 대변하는 사례는 실제로 찾기 힘들다. 제1장에서 알아봤듯이, 과학자는 주어진 문제를 해결하는 데 가장 적합한 표본을 만들어야 한다. 하지만 좀 더 확실한 인구를 충분히 대표할 수 있는 샘플이라고 가정하는 것은 단일 경험적 연구가 언제나 정확할 수 있다는 잘못된 신념에 근거할 수 있다(Gergen, 1973).

둘째로, 외적 타당성은 대상뿐 아니라 상황과 주제에도 적용되는 개념이다(Brunswik, 1956;

표 12.2	심리학 사례연구 준비를 위한 여섯 가지 규칙

1. 연구자는 반드시 한 개인의 삶과 환경을 비롯해 세밀한 사항들까지도 진실하게 기술해야 한다.
2. 사례연구의 목표와 목적이 명확해야 한다.
3. 사례연구는 명시된 목표와 목적이 성취되었다는 것을 평가할 수 있는 내용들을 명시해주어야 한다.
4. 연구참여자들의 깊은 감정적 요소들을 다루고 있는 질문들이 있다면, 그것을 잘 다룰 수 있도록 충분한 시간에 충분한 훈련을 받고, 어려운 개인적 관계의 이슈를 다룰 수 있는 사람이 연구해야만 한다.
5. 연구참여자는 그가 살고 있는 시대의 역사적, 사회적, 상징적 세계에 대한 이해를 가져야만 한다.
6. 사례보고서는 직접적이고 객관적인 방식으로 용이한 영어 문장으로 서술되어야 하지만, 독자들의 흥미를 잃지 않도록 주의해야 한다. 이것은 높은 기준과 논쟁의 근거에 따라, 또한 높은 동정심과 상상력에 따라 이뤄질 수 있다.

출처 : *The Case Study Method in Psychology and Related Disciplines* (pp. 24-26), by D. B. Bromley, 1986; New York: John Wiley & Sons.

Dukes, 1965). 한 가지 사례는 한 대상을 다루지만, 대상이 포함된 상황과 주제들은 한 가지 이상이다. 반대로 많은 대상을 다루는 연구는 보통 몇 개 안 되는 상황과 주제를 연구한다.

셋째로, 사례연구에서부터 나오는 보편화는 주어진 사례가 얼마나 '평범한지'의 정도에 따라서 결정된다. 과학자가 사례를 적합하게 해석했다는 것은 **비교가능한** 다른 사례에도 같은 결과가 적용될 수 있다는 의미다(Mitchell, 1983). 따라서 사례연구에서 "사례 자체는 대상을 정의한다(Bromley, 1986, p. 288)." 그로프의 경우가 얼마나 보편적인지는 비슷한 장르의 다른 연구에 얼마나 적용가능한지를 알아보면 알 수 있다.

특정 사례연구의 외적 타당성의 결과가 어떻게 나오든, 사례연구는 절대적인 장점을 가지고 있다. 다른 방법과는 달리 실제로 일어나는 인생 일의 의미 있고 깊은 특징을 탐구하도록 해준다는 점이다(Yin, 1984, p. 14). 좋은 사례는 개인의 경험에 대한 통찰력을 제공하고, 연구대상의 사회적 · 역사적 배경을 통합하며, 연구내용을 읽는 사람들로 하여금 공감이 가능하게 한다(Runyan, 1982).

마지막으로, 제1장에서 나는 과학의 두 가지 측면을 설명했다. 발견의 맥락에서 보면 과학자는 생각을 만들어내고, 이론을 정립하고 다양한 가설을 만들어낸다. 반대로 **정당화**의 맥락에서 보면 과학자는 아이디어, 이론, 생각, 가설 등의 타당성만 측정한다. 두 가지 모두 중요한 맥락이다. 그렇다면 사례연구를 할 때는 두 가지 중 어떤 것을 선택해야 할까? 두 가지 다 중요한 것일까?

사례연구는 주어진 상황은 항상 옳다고 주장하는 내용을 **반박**하기 위해서 이용될 수 있다(Dukes, 1965). 예를 들어, 과학자들이 A가 생기면 항상 B가 따른다고 주장한다면, 반대인 사례는 이 가설을 반박할 때 쓰일 수 있다. 불행하게도 성격심리학에서는 이러한 보편적인 주장은 없는 편이기 때문에, 정당화의 맥락에서 반박으로 쓰이는 경우는 찾기 힘들다. 특히 인과관계를 정당화할 때 사례연구는 실험보다 훨씬 덜 쓰이는 접근법이다. 하지만 발견의 맥락에서 보면 매우 유용하다. 제1장에서 살펴본 바와 같이, 발견의 맥락은 과학적 접근법에서 매우 중요하다. 생각과 가설, 이론은 다양한 방법을 통해서 발견될 수 있지만, 성격심리학에 있어서는 사례연구가 주된 방법이다.

전기, 이야기, 삶

주어진 대상의 인생 과정을 어떻게 완벽히 이해할 수 있을까? Erik Erikson과 마찬가지로 Murray, White, 그리고 다른 성격학자들은 '인생 연구'를 위해서는 심리학적 전기를 이용해야 한다고 주장했다. Erikson은 특히 마틴 루터(1958), 마하트마 간디(1969), 조지 버나드 쇼(1959)와 같은 역사적 인물들의 심리전기를 써서 그들의 인생 과정을 알아본 것으로 유명하다. 하지만 성격학자들 대부분은 본인이 전기 작가라고 생각하지는 않았다(Elms, 1988). 전기를 통해서 개인을 잘 이해할 수 있다는 기본적인 생각에도 불구하고, 성격심리학에서 전기의 중요성은 강조되지 않은 편이었다(Anderson, 1981; Runyan, 1982, 1990). 사례연구와 깊은 전기적 조사방법들은 일반적으로 너무나 기추징스러우며 명확하고 엄격한 과학적 연구가 되기 쉽다고 비판할 수 있다. 또한 단일 사례의 전기적 조사방법은 위에서 논의된 바와 같이 신뢰성과 외적 타당도가 적을 수 있다. 전기적 방법을 옹호하는 사람들은 이러한 비판은 과학적으로 너무나 좁은 식견을 나타내주는 것이며, 좋은 전기 연구는 높은 설득력을 가져야 할 필요가 있다고 말한다. 또한 성격심리학자들이 전기를 일축해 버린다면 인간에 대한 연구에서 지적 책임성을 모면하게 되는 것이다. 그럼에도 불구하고 지난 25년간 성격심리학자들과 많은 사회과학자들은 전기를 이용해 개인 인생을 다각도로 살펴보려고 노력했다(Bertaux, 1981; McAdams, 2008; McAdams & Ochberg, 1988; Moraitis & Pollack, 1987; Runyan, 1990; Schultz, 2005; Wiggins, 2003).

심리전기

20세기 전, 문학 작가들은 대상을 이해하는 데 심리적 접근법을 거의 사용하지 않았다. 로마 시대에 플루타르코스(서기 46~120)는 페리클레스나 시저와 같은 유명한 인물을 대상으로 *Lives of the Noble Greeks and Romans*라는 전기를 썼다. 특히 용맹함과 정직함과 같은 중요한 특성에 집중해서 썼다. 보통 중세 시대의 기독교 학자들은 성자들을 그리는 **칭송 일색의 전기**(hagiography)를 많이 썼다. 보통 신을 우상화하고, 독자들에게 믿음을 가르쳐주는 내용으로 구성됐다. 이러한 종교적 이야기는 성격에 있어서 중요한 발견이라기보다는 사람들에게 영적, 도덕적 교훈을 주는 책의 기능을 했다.

17세기에 들어서면서 전기(biography)는 더 복잡해지기 시작했다. 높은 위치의 교회 사람들에 대해 쓴 아이작 월턴이나, 더 평범한 사람들을 다룬 작품을 쓴 존 오브리의 작품을 시작으로 예술가로서 작가들은 재미있을 뿐 아니라 미적으로도 만족이 되는 작품을 쓰려고 노력했다(Gittings, 1978). 서양 문학사에서 가장 유명한 전기는 1791년 제임스 보즈웰에 의해서 쓰여졌다. 존슨전이라는 책에서 보즈웰은 어렸을 때는 술과 여자에 빠져 살았지만 나중에는 명망 높은 영국의 작가이자 비평가이자 여행가가 된 존슨(1709~1784)의 일생을 다뤘다. 그 둘은 실제로 친구가 되었고 같이 여행을 다니기도 했다.

초기 기독교 시대의 예술은 사람들에게 믿음을 갖게 되는 것에 대해 가르치는 성자들의 삶을 칭송 일색의 전기로 그려냈다. 칭송 일색의 전기는 서구의 초창기 자서전의 형식을 띠고 있다. 인생 이야기는 전형적으로 성자의 고통, 순교, 완전한 숭배, 예수 그리스도의 삶을 닮아 있는 모습을 나타내주었다(출처 : Bottigella Altarpiece-Detail of Saints Vincenzo Foppa (ca. 1427-ca. 1515/Italian) Tempera on wood Pinacoteca Civica, Pavia/The Bridgeman Art Library International).

보즈웰의 연구는 존슨의 인생을 다각도로 분석한 작품이었다. 작가는 대상을 존경했지만, 그를 신격화하려는 것이 목적이 아니었다. 보편적인 시각에서 대상의 인생을 자세히 쓰려고 노력했다. 그의 작품은 작가와 연구대상이 실제로 친구였던 가장 첫 사례로 남아 있다. 존슨은 보즈웰에게 아버지와 같은 존재였다. 하지만 둘의 관계는 애매한 점도 많았다. 보즈웰은 그의 인생을 그리면서 팬, 비평가, 좋은 친구의 관점들 간을 계속 이동했다.

1910년 Freud는 *Leonardo da vinci and a Memory of his Childhood*를 썼는데, 이는 우리에게 알려진 **심리전기**(psychobiography)의 가장 첫 사례다. Freud 해석 대부분은 다 빈치의 어릴 적 공상(누워 있는데 독수리가 날아와 꼬리로 내 입을 열고 얼굴을 때린)에서 비롯된 내용으로 채워졌다(Freud, 1916/1947, pp. 33~34). Freud는 이 공상은 다 빈치의 동성애와 영아기의 의존성을 상징한다고 해석했다. 어떻게 보면 독수리의 꼬리는 남성 성기를 상징한다. 다른 측면에서 보면 독수리는 어머니를 상징한다(Freud는 이집트 신화에서 이 모티프를 찾았다). 이 경우 독수리의 꼬리는 어머니의 가슴이고, 다 빈치가 경험하고 싶어 했던 모성애를 상징한다.

다 빈치는 사랑의 대상으로 어머니만을 유지하기 위해서, 모든 감

역사 속 인물 연구하기

심리학자 및 사회과학자에 의해 이루어진 많은 연구결과를 보면, 연구대상은 보통은 일반인이다. 예를 들어, 성실성이라는 성격특성을 연구하고자 한다면, 100명의 대학생을 대상으로 과외활동을 조사할 것이다. 물론 모든 사람들이 저만의 방법으로 특별하고 개성 있다는 사실은 알고 있다. 하지만 연구의 법칙 정립성과 분석 가치를 위해, 대상 전체의 트렌드나 관계를 연구하기 위해 모두 같다고 간주하는 경우가 많다. 하지만 심리학자들은 가끔 어떤 사람들은 나머지와 너무 다르기 때문에 연구대상으로 선택하기도 한다. 베토벤, 엘비스 프레슬리, 셰익스피어 등이다. 역사에 이름을 남긴 사람들로, 연구대상으로서 분명히 눈에 띄는 인물들이다.

심리학자 Dean Simonton(1976, 1994)은 일생을 바쳐 '중요한 표본'이라는 것을 연구했다. 대학 학부생이나 중년의 사업가가 아닌 노벨 상을 받은 학자, 미국의 대통령, 혹은 유명한 심리학자를 연구대상으로 삼은 것이다. 물론 대다수는 고인이다. 하지만 Erik Erikson이 마틴 루터를 연구한 것처럼, 저명한 역사적 인물을 연구하면 성격에 관해 많은 것을 배울 수 있다. 인터뷰를 하거나 심리테스트를 하거나 하지는 못해도 저명한 인물들은 주로 일기나 회고록, 창의적 작품 등 성격심리학자들에게 중요한 자료를 남기곤 한다. 제

7장에서 살펴본 것처럼 David Winter는 미국 대통령들의 취임 연설을 분석해 그들의 성취, 권력, 친밀감 동기를 측정했다. 제11장에서, 나는 내가 어떻게 미시마 유키오의 소설과 전기를 분석해 그의 자살을 정신적으로 분석했는지 설명했다. 나아가 유명한 사람들의 업적과 실패는 공공 기록의 일부이며, 역사가 등 학자들이 분석한 이들의 기록은 심리학적 연구에 도움이 될 수 있다.

Simonton은 유명인 연구의 네 가지 특징을 설명했다. 가장 오래된 첫 번째 전통은 역사측정이다. 이런 연구에서 연구자들은 양적, 간접적 평가를 도출해낸다. *Early Mental Traits of Three Hundred Geniuses*(Cox, 1926)라는 연구에서 연구자는 특히 지능이 높았다고 평가되는 300명의 역사적 인물의 자료를 기반으로 그들의 지능적 능력과 성격특성을 도출했다. 역사측정은 가설을 확인할 때 적용할 수 있다. 예를 들면, Simonton(1989)은 멜로디의 독창성 및 다른 음악적 업적으로 인정받는 172명의 클래식 음악 작곡가들을 대상으로 연구했다. 보통 후기에 작곡된 곡들이 독창성 면에서는 좀 덜했지만, 다른 작품과 마찬가지로 감동적이고 인기가 많았다. 결국 마지막 곡들이 '백조의 노래'처럼 장기적으로 인정받고 특히 기억에 오래 남는 작품이 된 것이다.

 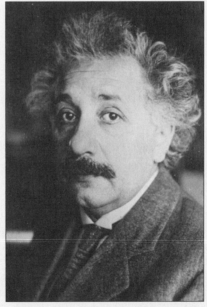

유명인사에 대한 성격연구는 인간의 흥미로운 패턴을 나타내준다. 왼쪽 : 오프라 윈프리, 방송인이자 자선가. 오른쪽 : 알버트 아인슈타인, 물리학자(출처 : Victor Malafronte/Hulton Archive/Getty Images and Topical press Agency/Hulton Archive/Getty Images).

(계속)

더 읽을거리 12.1 (계속)

유명인 연구의 두 번째 전통은 *심리측정*이다. 심리측정 연구에서 연구자들은 인터뷰나 설문조사 등 직접적인 방법을 사용해 살아 있을 때의 대상을 연구한다. Murray가 세계 2차 대전 중 발전시킨 방법을 확장해, UC버클리의 성격측정 연구소(IPAR)의 연구자들은 저명한 건축가, 작가, 과학자들의 심리측정을 실시했다. 유명한 가설 등으로 예술 및 과학계에서 널리 알려진 여성과 남성이 측정 대상이었다. 연구자들은 주로 인생 전반에 걸쳐 창의성의 발전과정과, 창의적 천재성과 성격의 다른 측면 간 관계에 관심을 가지고 연구했다(예 : Barron, 1969; Dudek & Hall, 1984).

심리전기적 연구는 세 번째 특징이다. 이번 장 마지막에서도 보겠지만 이 연구는 Freud의 다 빈치 연구에서부터 시작됐다. 이 연구는 앞 두 가지 특징과는 굉장히 다르다(Elms, 1994). 앞 두 가지는 보통 양적이고 법칙 정립적이지만, 심리전기적 연구는 하나의 사례를 오랜 시간 관찰하는 양적 연구를 말한다. 나아가 심리전기는 일반적으로 Freud, 혹은 정신역학적인 관점의 더 넓은 이론적 프레임워크의 적용을 필요로 한다. 특히 유명했던 예는 히틀러, 윌슨, 닉슨 등 유명한 정치인들의 연구분석이다.

마지막으로, *비교* 전통은 양적 연구이며 유명한 개인의 간접적 평가를 포함한다는 면에서 심리전기적 연구와 비슷하지만, 서로 비교 및 대조되는 여러 개의 사례를 함께 다룬다. Howard Gardner의 *Creating Minds*(1993)가 적합한 예다. 그는 20세기 초반에 살았던 7명의 특히 창의적인 남성과 여성을 대상으로 조사했다. Gardner는 일곱 가지 서로 다른 분야에서 연구대상을 골랐다—심리학의 Freud, 물리학의 아인슈타인, 문학의 엘리엇, 시각예술의 파블로 피카소, 음악의 스트라빈스키, 춤의 마사 그레이엄, 창의적 사회적 리더십의 간디. 그는 일곱 가지 사례연구를 통해 재미있는 공통점을 발견했다. 모두 10여 년간 노력해 정통성을 얻었고, 대인관계를 하향 조절해 자기를 온전히 창의적 일에 집중하게끔 한 것 등이다. 차이점도 있었는데, 이는 이들이 처한 모든 창의적 환경에서의 정신적 · 구조적 차이점에서 비롯된 것이었다.

전 세계의 도서관과 학술관은 이러한 연구를 위한 멋진 데이터로 가득 차 있다. 유명인 연구는 우리 모두에게 일반적인 성격의 원칙에 빛을 비춰줄 수 있고, 개인 독창성의 놀라운 차이점과 특이한 패턴 또한 보여준다.

각적 행동에서부터 벗어나 마음이 중심이 되는 인생에 주력했다. 과학과 예술에 대한 그의 헌신이 성욕을 가렸고, 이것은 곧 소년들을 향한 사랑으로 이어졌다. 소년에 대한 사랑은 어머니에 대한 사랑에 위협이 되지 않기 때문이었다. 따라서 그의 동성애는 어머니에 대한 사랑을 보호하는 역할을 했다. 다 빈치는 성인기 초반에 극도로 성적 행동을 제어했으며 이는 그의 독창성에 힘을 주었다. 천재성에도 불구하고 그는 예술 프로젝트를 끝까지 완성하지 못하는 경우가 많았다. 만족하지 못했기 때문이다. 하지만 Freud에 의하면 그는 모나리자로 알려진 여인을 그리기 시작하면서 어머니의 사랑을 다시 경험하고, 50세가 되어서 다시 생기를 얻었다고 한다.

심리전기는 "대상 인생을 일관성 있는 이야기로 변형시키기 위해 성격이론과 심리이론을 사용하는 방법으로 쓴 전기"로 해석될 수 있다(McAdams, 1988b, p. 2). 보통 유명하거나 불가사의한 인물을 대상으로 쓰여진다. 심리전기 대부분은 Freud의 짧은 다 빈치 전기보다 더 포괄적이다. 보통 출생에서 죽음에 이르기까지의 모든 일을 깊게 다룬다.

다 빈치 이야기를 분석하는 데 Freud는 물론 정신분석학을 이용했다. 하지만 꼭 정신분석만 이용해야 하는 것은 아니다(Runyan, 1982). 다른 전기들은 Jung 이론, Erikson 이론, 성격의 대상관계이론을 바탕으로 쓰여지기도 했다(예 : de St. Aubin, 1998). 또한 사회학습이론(Mountjoy & Sundberg, 1981), 인본주의 심리학(Rogers, 1980), 실존주의 심리학(Sartre, 1981), McClelland의 동기이론(Winter & Carlson, 1988), Tomkins의 대본이론(Carlson, 1988)을 기반으로 완성되기도 한다. 나아가 심리학자가 아닌 사람들이 오늘날 쓰는 전기들도 실제로 성격이론을 많이 이용한다. 성격이론을 제대로 이용하지 못하는 경우도 있지만, 헨리 제임스의 일대기를 연구한 Leon Edel의 사례를 보면 놀라울 정도로 정확한 성격이론이 나오기도 한다(Edel, 1985). 표 12.3은 심리전기에

제임스 보즈웰(왼쪽)과 그의 18세기 전기 작품의 대상인 사무엘 존슨(오른쪽)(출처 : Time Life Pictures/Mansell/Time Life Pictures/Getty Images and Hulton Archive/Getty Images).

대한 일반적 비판을 정리했다.

Freud의 *Leonardo* 이후로 많은 심리전기가 출간되며 특정한 인생을 이해하려는 다양한 시도가 이루어졌다(Elms, 1994; Schultz, 2005). 하지만 **좋은** 전기를 쓰는 일은 아직도 힘들다. 다른 학자들이나 연구자들이 겪지 않는 난관을 겪는 일이 많기 때문이다. 예를 들면, 조사대상이 이미 사망해서 인터뷰나 자료수집이 불가능한 일이 많다. 따라서 분석을 위한 정보는 연구대상에 대해서 전해 들은 말이나 다른 출판물의 내용, 주어진 사실 등 다양한 근원에서 나올 수밖에 없다.

심리전기의 경우, 생년월일이나 가족의 수 등 잘 알려진 사실은 중요성이 낮은 편이다. 대신 개인의 꿈이나 생각, 공상 등이 훨씬 중요하게 여겨진다. 학자들은 어떤 정보들을 선택해서 해석할까?

Irving Alexander(1988)는 심리전기를 쓰는 데 어떤 정보가 필요한지를 기준으로 해서 아홉 가지 지침을 만들었다. 이 기준은 먼저 나오는 순서, 특이성, 빈도, 부정, 강조, 생략, 왜곡, 고립, 미완성이다. 각 기준은 심리전기를 쓰려는 사람에게 좋고 나쁨의 평가기준으로 작용하고, 이야기에서 무엇이 중요한지를 알려준다. 먼저 나오는 순서라는 기준은, 대상의 인생에서 가장 초기에 일어난 일이 중요함을 보여준다. **특이성**은 이야기에서 이상하거나 특수하다고 느껴지는 것이 중요함을 뜻하고, **생략**은 이야기에서 빠져 있는 내용은 실제로 의미가 있을 수도 있음을 보여주고, **고립**은 이야기가 논리적 흐름을 따르지 않을 경우를, **미완성**은 이야기의 끝맺음이 흐릿함을 말한다. 심리전기를 쓰는 사람들은 인생 이야기가 어떻게 발전되고, 쓰이고, 이야기되는지 이러한 기준을 통해서 이해하고 수정하고 보완해야 한다(Edel, 1984; McAdams, 1988a).

Alexander의 아홉 가지 지침을 모두 시킨나고 해도, 작가에게는 심리적 이론을 이용해 데이터를 한 가지 일관성 있는 이야기로 꾸며야 하는 다른 중요한 일이 남아 있다. 심리적 이론은 유연하고 기품 있게 적용돼야 한다. 실제로 많은 작가들은 역사적 데이터를 딱딱한 이론에 억지로 적용시켜, 마치 모든 사람의 삶이 이론적으로만 작용하는 것처럼 보여주는 실수를 하기도 한다. 다른 사람들은 Erikson의 8단계나

레오나르도 다 빈치의 노트에 그려져 있던 자화상. Freud의 레오나르도에 대한 창조성과 성에 관한 해석은 첫 번째 심리전기로 알려져 있다(출처 : Gjon Mill/Time Life Pictures/Getty Images).

표 12.3	심리전기의 공통된 비평
주요 시기의 오류	몇몇 심리전기 작가들은 초기 "주요한 시기"를 과도하게 강조한다. 예를 들어, 첫돌 때 혹은 오이디푸스 시기를 강조하면서 상대적으로 이후 단계에서의 영향을 무시하는 경향이 있다.
보편주의	인간 인생의 주요한 경향을 단지 한두 가지의 핵심요소로 설명하려 하거나 "트라우마적" 사건으로 해석하려 하는 것은 잘못된 방식이다. 몇몇 사건들은 분명 다른 것들보다 더 중요하며, 총체적 삶은 복잡하고 다각적으로 구성된 전체로 보여져야만 한다.
부적절한 증거	몇몇 심리전기적 해석들은 제한적이고 왜곡된 증거들에 기반을 두고 있다. 심리전기 작가들은 특별한 해석을 하나로 모을 수 있는 다양한 자료의 원천으로부터 모아진 다양한 종류의 데이터들을 조합해볼 수 있어야 한다. 역사적, 자전적 근원들을 이중으로 점검해야 한다.
사회적, 역사적 요인의 부인	너무나도 많은 심리전기는 한 개인이 몸담고 있는 복잡한 사회 또는 역사적 문화를 깊이 이해하지 못한 모습을 보인다. 한 개인의 삶은 문화에 영향을 많이 받는다. 전기 작가가 문화를 이해하려 하지 않는다면 다른 사람의 삶을 이해할 수 없다.
일반성	많은 전기 작가들은 한 개인의 태생에서부터 유아기를 모두 탐구하고자 한다. 아동기에서부터 성인기까지의 성격의 지속성과 일관성의 문제를 놓고 봤을 때, 다음의 문제는 성격과 발달심리에 있어서는 논쟁의 여지가 있으며, 전기 작가는 유아기의 사건을 성인의 성격형성에 결정적 요인으로 귀결시키는 우를 범하고 있다.
과병리적인	좋은 심리전기 작가는 전체 인생에서 특정한 정신병적 증상 또는 신경증적 증상을 줄이는 데 치중해서는 안 된다. 인생은 그것의 유약함과 강인함 모두를 통해 평가되어야만 한다.
재구조화	심리분석적으로 해석된 전기는 알려진 성인기의 결과에 따라 무지의 또는 잠재적인 아동기 때의 사건을 재구성한다. 예를 들어, 작가는 변비가 있는 충동적인 성인은 걸음마기 때 극심한 배변훈련을 받았을 것이라고 추정한다. 아동기 때의 분명한 근거가 없는 이와 같은 재구성은 지양해야 한다.

출처 : "Psychobiographical Methodology: The Case of William James," by J. W. Anderson, in L. Wheeler (Ed.), *Review of Personality and Social Psychology* (Vol. 2, pp. 245–272), 1981, Beverly Hills, CA: Sage; *Uncovering Lives: The Uneasy Alliance of Biography and Psychology*, by A. C. Elms, 1994, New York: Oxford University Press; and *Life Histories and Psychobiography: Explorations in Theory and Method*, by W. M. Runyan, 1982, New York: Oxford University Press.

Murray의 20가지 욕구이론을 통해서 개인 인생을 두서없이 묘사하는 실수를 한다. 많은 사람들이 개인(연구대상) 인생 뒤에 있는 사회적, 문화적, 역사적 배경을 제외한 채 전기를 쓴다. 이러한 경우 책은 지루할 뿐 아니라, 인생을 일정한 틀에 억지로 끼워 맞추려는 실수를 보여준다. 그렇기 때문에 좋은 전기 작가들은 이론을 적절하게 사용해 복잡성과 모순에 대비해, 인간 인생의 특수성을 가장 잘 설명할 수 있는 방법을 찾을 줄 안다.

표 12.4	심리전기의 자료를 모으기 위한 아홉 가지 지침

먼저 나오는 순서	*첫 번째* 오는 것. "'처음'과 함께 중요하게 연상되는 것은 인간 전통과 오래된 민간전승에 이어져 왔다. 심리학의 핵심적 사상들 또한 Freud와 Adler를 비롯해 무수히 많은 계승자들에 의해 성격발달에 대한 초기 경험이 중요하다는 점이 계승되어 왔다. 하나의 구조가 형성되게 한 '기초'로서의 처음은 언어에 있어서도 공통된 은유적 표현이다."
빈도	종종 등장하는 것. "대부분, 우리는 확실성과 중요도의 사인이 증가할 때 반복의 횟수 또한 증가하게 된다. 하지만 중요하거나 자주 등장하는 메시지는 역동적 결과의 발견을 위한 가치의 측면에서는 복잡할 수 있다. 많은 경우 종종 등장하는 것은 영향력 있는 의식의 가치구조를 표현한 것일 수 있다."
특이성	*단독의*, 독특한. "가장 눈에 띄는 예시는 유급의 학생 자원봉사자가 대학원에서 성격평가 과정을 열성적으로 공부하게 되었다는 자서전 배경에 등장한다. 학생은 초등학교 1학년 때의 사건을 떠올렸다. 마지막 날 그는 집으로 돌아와 그의 어머니가 자신의 방에서 목을 매달아 죽어 있는 모습을 발견하게 되었다. 그 이후의 전개는 단순히 그가 이후 사립학교로 보내졌다는 것으로 이어진다. 이러한 예시의 특별함은 사건에 의해서뿐만 아니라 그 사건을 보고하는 대상의 반응에도 있다."
부정	부정되거나 *반대되*는 것. "예를 들어 치료적 인터뷰 상황을 상상해보자. 아버지가 다음과 같이 말했던 꿈을 가정해보면서 말이다. 아버지는 다음과 같이 말했다. '다른 걸 하러 가자. 이것은 나의 아버지가 나를 화나게 했다는 것을 말하고자 했던 것이 아니다. 이런 일들은 나를 무기력하게 만들곤 한다'."
강조	강조되는 것. 작가는 과도하게 강조되거나 강조되지 않는 것들을 유념해야 한다. "과장은 청자 또는 독자가 왜 이토록 공통된 것에 대해 강조를 하고 있는지 의문을 갖기 시작했을 때 감지될 수 있다. '나는 단지 이 사람, 이 도시를 그냥 넘길 수 없다. 여행자로서 나는 방향을 묻는다. 어떻게 나의 방법을 찾아야 하는지를 알기 위해 고통을 감내한다. 이 순간 나는 _____를 갈 수 있게 되기를 원한다.' 바로 이와 같은 것이 적은 자료 창고에서 강조를 하게 된 예시를 나타내주는 것이다. 고통스러운 상황에서 기대하지 않은 관심(친절함)은 황홀경이 된다. 이것은 아마도 누군가 어려움에 봉착했을 때 도움을 기대할 수 없는 기대의 유사성과도 같다."
생략	*빠짐.* "한 대상이 그의 어머니로부터 체벌을 받았던 때의 기억을 떠올리면서 형제에게 적대적으로 행동한 것에 대해 그가 비난받는 것을 바로 떠올렸다는 것이 하나의 예시가 될 수 있다. 다시 말하면, 어머니의 행동에 대한 결과로 대상의 느낌을 포함하고 있지만, 그가 다른 아이들에게도 그렇게 대했는지에 관한 사실들은 명시하지 않는다. 빠진 것은 부정적 결과에 따른 대상의 역할에 대한 관심이다. 이것은 가능한 다시 탐색되어야 한다."
오류 또는 왜곡	*실수.* "기록된 예시들 가운데 종종 분명 확인되지 않은 오류 또는 오류에서 자유롭거나 아주 작은 오류와 관련된 예시들이 있다. 예시는 다음과 같이 시작된다. '나는 키가 큰 집안에서 태어났다. 나의 아버지는 195cm이고, 나의 형은 193cm이다. 나의 어머니는 287cm이며 나는 왜소한 172cm이다.' 이것은 주인공의 삶에서 사이즈의 중요성에 세심한 관심을 기울인 것일 뿐 아니라, 이 수치에서 사이즈가 상징하는 것이 무엇인지에 상관없이 엄마를 과도하게 중요한 존재로 부각시키고 있다는 것을 나타낸다. 그와 반대로 주인공을 왜소한 존재로 그려냄으로써 가치를 하락시키고 있다. 이러한 요소들의 강조는 주인공이 자신의 가족드라마를 완성해내는 관점을 드러낸다."
고립	혼자이거나 *어울리지 않*는 것. "나는 어떻게 우리가 고등학교 축구게임에서 그들의 게임을 관찰해서 알게 된 것을 통해 우리의 적을 이길 수 있었는지 기억한다. 오! 내가 여기 오기 위해 집을 나오면서 벽난로에 불을 지피고 나온 걸 기억하고 있나? 그 장면은 쿼터백의 …을 보여주었다."
미완성	*끝나지 않은* 것. "대학을 다니는 동안 나는 존과 사귀었다. 처음에는 가벼운 친구 사이로 시작했지만 시간이 조금 지나자 우리는 같은 흥미를 갖고 있다는 것을 알게 되었다. 고학년이 되었을 때 우리는 미래를 함께 꿈꾸기로 했다. 당장은 아니지만 결혼이 우리의 최종 목표였다. 3년이 흐른 후, 나는 프레드 퍼킨즈와 결혼했다. 그는 내가 최근에 만난 사람이고, 우리는 그때부터 이곳 피츠버그에 살기 위해 이사를 했다.' 이 이야기는 완결되지 않은 이야기 또는 완성이 될 뻔한 결혼 이야기의 서사적 파편에 불과하다."

출처 : "Personality, Psychological Assessment, and Psychobiography," by I. E. Alexander, 1988, *Journal of Personality*, 56, 269-278.

더 읽을거리 12.2

반 고흐는 왜 스스로 귀를 잘랐나?

빈센트 반 고흐(출처 : Vincent van Gogh, *Self-Portrait with Bandaged Ear*, 1889. Oil on Canvas/Courtauld Institute and Galleries, London, England/SUPERSTOCK).

1888년 12월 23일 저녁, 35살의 빈센트 반 고흐는 자기 왼쪽 귓불을 잘라 집창촌으로 가 레이첼이라는 여자를 요구했다. 그는 그녀에게 귀를 건네주고 "이 물건을 소중히 다루라"고 말했다.

반 고흐(1853~1890)는 그의 짧고 문제가 많았던 인생에서 남긴 수많은 아름다운 미술작품으로 오늘날 유명하다. 네덜란드의 이 화가는 거친 붓놀림과 대담한 색감을 이용해 무섭고 신비롭기까지 한 스타일의 눈에 띄는 작품을 남겼다. 수많은 예술 애호가들이 그의 작품을 즐겼지만, 심리학자들과 전기 작가들은 그의 인생을 궁금해했다. 그의 이상한 행동 중에서도 귀를 자른 것이 가장 이상하다. 왜 그랬을까?

심리학자 Runyan(1981, 1982)은 반 고흐를 다룬 심리전기 문헌을 연구해, 그의 인생을 설명하는 13가지 심리학적 배경을 발견해냈다. 그중 몇 가지를 소개한다.

1. 그는 동료 화가 폴 고갱과 친구가 되기에 실패해 좌절했고 이 공격성을 내면으로 승화했다.

2. 그는 고갱을 향한 동성애적 감정 때문에 혼란을 겪었다. 귀는

성기를 상징했고 귀를 잘라내는 것은 상징적인 자기 거세 행위였다.

3. 그는 아를에 방문했을 때 특히 감명 깊게 보았던 투우사의 행동을 따라 하고 있었다. 투우사들은 황소의 귀를 선물로 받고, 이를 관객에게 뽐낸 다음 자신이 선택한 여자에게 건네준다.

4. 그는 매춘부들을 죽인 살인자 잭 더 리퍼를 다룬 신문 보도에 영향을 받았다. 그 살인자는 여자들의 귀를 자르기도 했다. 사디스트가 아니라 마조히스트적인 성향을 택하면서 그는 스스로의 귀를 자른 것이다.

5. 그는 신약성서에 나오는 베드로가 말고의 귀를 자르는 장면을 재현한 것이다. 반 고흐는 이를 생각하다가 그림으로 그리려고도 했다.

6. 그는 계속해서 환청을 들었고 이 시끄러운 소리를 더 이상 듣지 않기 위해 갑작스러운 발작 도중 귀를 잘랐다.

이러한 서로 다른 해석의 결론은 무엇일까? 정답이 있을까? 어떤 해석이 다른 해석보다 더 나은 것일까?

Runyan은 서로 다른 심리전기적 해석은 명확한 기준에 따라 이성적으로 비교 및 대조, 평가될 수 있다고 주장했다. 이 해석들은 (1) 논리적 기준, (2) 문제가 되는 일의 여러 가지 이상한 측면을 설명하는 정도, (3) 시험이나 예상이나 추리를 통과하는 정도, (4) 적용가능한 증거의 일관성, (5) 인간 기능이나 문제가 되는 인물에 관한 더 보편적인 지식의 일관성, (6) 다른 설명가능한 가설과의 관계 및 신뢰도 등을 통해 평가할 수 있다(Runyan, 1982, p. 47).

Runyan은 모든 일에는 한 가지 이상의 해석이 가능하다고 주장했다. 특정 상황에서 특정 행동을 유추해내는 요소들은 실제로 수없이 다양하다.

Runyan은 반 고흐의 행동을 설명한 다양한 가설을 비교해, 그의 동생 테오와 관련된 이야기를 가장 신뢰도 있는 가설로 꼽았다. 귀를 자르는 일과 이에 뒤따른 두 번의 정신발작은, 동생 테오가 결혼을 하며 곧 아이를 낳을 거라는 사실을 안 시점과 일치한다. 이 사실은 반 고흐가 동생의 보살핌 및 경제적 지원을 잃을 수 있다는 두려움을 불러일으켰다. 과거에, 반 고흐는 거부에 따른 마조히스트적 반응을 보였다. 1881년 그는 사랑하는 여자인 키 보스의 부모를 만났다. 키가 그를 만나지 않기 위해 집을 떠났다는 사실을 알았을 때, 고흐는 뜨거운 램프에 손을 넣고 그녀가 돌아올 때까지 그러고 있겠다고 말했다. 이렇게 보면, 고흐는 동생에게 당했다고 생각한 거절 때문에 스스로 귀를 잘랐을 수 있다.

그러면 왜 스스로를 이렇게 훼손했을까? 왜 귀일까? 그리고 왜

더 읽을거리 12.2 *(계속)*

그 특정한 매춘부에게 귀를 주었을까? 잭 더 리퍼 관련 가설은 조금은 비논리적이다. 반 고흐가 이 살인마에 대해 알았다는 증거가 없다. Runyan은 또한 상징적 거세 가설도 증거가 부족하다고 생각했다. 하지만 투우에 관심을 보인 것은 사실이다. 그리고 성경에 나온 귀를 자르는 구절도 알고 있었다. 이 두 가지는 사실에 근접했을 수도 있고, 물론 아닐 수도 있다. 이 예술가의 인생에서 좀 더 확실한 증거가 발견되지 않는 이상, 계속해서 몇 개의 가능한 가설이 제안될 것이다.

성인기 인생의 계절

Henry Murray가 심리학에서 성격학 전통을 만들고 있을 때, 사회학자와 사회과학자들은 비행이나 범죄 등을 다루는 인생 역사(life histories)에 초점을 맞추기 시작했다(예 : Shaw, 1930). 사회학자 John Dollards(1935)는 인생 역사는 사회와 문화적 배경을 반영하는 전기적 설명을 제공해야 한다고 주장했다. Charlotte Bühler(1933)와 Else Frenkel(1936)은 이러한 노력의 일환으로 1920년대 400명의 유럽 남녀에 의해 쓰인 전기를 수집하고 분석했다. 연구대상의 국적이나 사회적 계층, 직업은 다양했다. 가능할 때마다 연구대상들은 자신의 편지, 일기, 개인적 문서를 보내곤 했다. 70년 전, Buhler와 Frenkel은 이러한 연구를 통해 사람들은 40살 때쯤 보통 '중년의 위기(midlife crisis)'를 겪는다는 것을 알아냈다. 보편적으로 봤을 때, 이 두 학자들은 성인 전기의 세 가지 중요한 측면에 집중했다. (1) 중요한 외부적 일(경제적, 사회적 변화나 전쟁 등), (2) 이러한 일에 대한 내적 반응(사고나 느낌, 소망 등), (3) 인생을 향한 창의적 공헌과 특정한 업적. 다음이 재미있는 결과 중 몇 가지다.

1. 인생 초반기에 개인의 주관적 경험은 단기적 소망과 육체적 욕구에 의해서 큰 영향을 받지만, 후반부에 이르면 자신이 직접 만들거나 사회에 의해서 요구되는 아니면 종교나 과학 등을 통해 가치로 요구되는 내면화된 역할에 의해서 더 큰 영향을 받는다(Frenkel, 1936, p. 15). 신경증적인 사람만이 이에 반대되는 성향을 보인다.

2. 인생 초반기에는 성적 만족감이 아이 기르기와 일보다 우선시되지만, 후반부에 가서는 반대로 변한다(p. 20).

3. 외로움과 공상의 경험은 청소년기 후반에 가장 많이 나타나고 40대 중반에 다시 나타난다. 40대가 느끼는 외로움과 공상은 문학에 대한 급격한 관심과 과거에 대한 생각에 의해서 일어난다.

4. '인생의 의미'를 찾는 것은 청소년기 후반에 시작된다.

Buhler와 Frenkel에 의해 1930년에 이루어진 인생 역사 연구는 1970, 1980년대 매우 유명해진 성인 인생 단계 이론에 큰 영향을 미쳤다. 먼저 연구대상이 직접 말하는 본인 인생 이야기를 데이터로 모은 다음, 관찰과 분석을 했다. 청소년기 후반에 인생의 의미를 찾기 시작하는 과정부터 집중해서 중년의 위기에 이르는 시간을 집중해서 연구했다.

오늘날 미국 사회에서 예측가능한 단계를 통해서 인생 전반을 알아보는 것은 일상적인 접근법이다. Erikson과 Jung이 먼저 단계적 이론을 제시했지만, 1970~80년대에 이르러 Gould(1980), Levinson(1978), Vaillant(1977), Gail Sheehy가 유명한 책 *Passages*(1976) 등에서도 비슷한 생각

| 그림 12.1 | Levinson의 인생의 계절 |

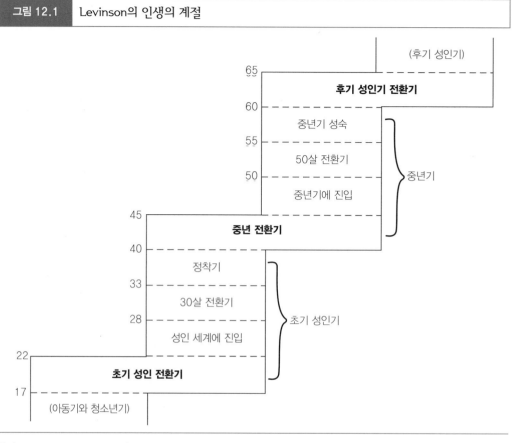

출처 : *The Seasons of a Man's Life* (p. 57), by D. J. Levinson, 1978, New York : Alfred A. Knopf.

을 제시했다.

　　Daniel Levinson(1978, 1981)은 '인생의 계절'이라는 개념으로 단계이론을 발전시켰다. 그와 동료들은 네 가지 직업 집단(생물학 교수, 소설가, 사업가, 노동자)에 해당되는 미국인 남성(35~40살) 40명을 대상으로 연구를 시작했다. 각 사람은 6~10번씩 인터뷰에 참여했으며, 청소년기 이후의 삶에 대한 질문을 받았다. 정형화된 질문과 답변 형식을 따르지는 않았지만, 다음과 같은 보편적 내용을 기반으로 연구가 이루어졌다.

1. 우리는 직업, 교육 정도, 출생지, 사랑 관계, 가족, 결혼, 질병과 건강, 종교, 자기와의 관계 등을 기본적으로 알아보아야 한다.

2. 각 분야에서 중요한 일, 선택, 전환점을 통해서 성인기의 중요한 내용을 확인해야 한다.

3. 각 분야의 해석에 대해 알아야 한다. 예를 들자면, 가정과 직업은 밀접한 관련이 있다.

4. 인터뷰가 진행됨에 따라서 인터뷰하는 사람들은 인생 이야기의 다양한 '시기'를 확인하게 된다—예를 들면, 3년 동안 군대에 있었고, 4~5년 동안 비교적 안정된 생활을 했고, 이후는 가족이 생기고 새로운 도시에서 직업을 얻었다면 각 단계가 하나의 시기가 된다. 각 시기의 보편적인 특징을 이해하고 중요한 일을 알아보아야 한다.

5. 다양한 사람들의 인생에서 보통 황금기라고 부르는 극적인 시기와, 밑바닥에 해당하는 실패를 경험하는 시기는 모두 존재한다. 다각도에서 이런 시기도 분석해야 한다.

6. 우리는 대상 인생의 전체성을 주로 알아보고, 과거와 현재와 미래를 잇는 연결고리를 중점적으로 보아야 한다. 과거와 현재와 미래가 모두 중요하다(Levinson, 1981, pp. 61~62).

Levinson 모델의 중심적 개념은 개인의 **인생 구조**(life structure)인데, 이는 "주어진 시간에 개인의 인생의 패턴이나 디자인"(1978, p. 99)을 의미한다. 성격이론에서 중요한 개념 중 하나인 인생 구조는 개인의 사회문화적 세계, 세상에 참여하는 정도, 자기의 여러 가지 측면을 모두 포괄적으로 다루는 개념이다. Levinson은 인생 구조가 발달하면서 성인은 발전한다고 생각했다. 청소년기부터 중년에 이르기까지 인생 구조는 위아래를 왔다 갔다 하며 계속적으로 변화한다.

Levinson(1978) 모델의 첫 번째 단계는 초기 성인 전환기(early adult transition)인데, Erikson이 정체성 대 역할혼란이라고 이름 붙인 청소년기 후반부터 성인기 초반에 해당한다. 군대나 대학교, 첫 직장을 위해서 집을 떠나고 개인의 독립성이 높아지는 시기로 이해하면 된다. 그다음 시기는 성인 세계(22~28살)인데, 더 큰 사회로 나가서 성인으로서의 책임감과 다양한 책무를 다하는 시기에 해당된다. 20대 후반에 사람들은 보통 미래에 대한 꿈을 세우게 되는데 Levinson은 이러한 꿈에는 직업적 성공과 명예, 가족을 꾸리려는 욕망, 친구와 동료들과의 관계, 자기·가족·타인들을 위한 희망과 목표 등이 모두 포함된다고 말했다. 20대에 이루어지는 다른 중요한 측면은 멘토(mentor)의 등장이다. 멘토는 개인보다 좀 더 나이 많고 현명하기 때문에 20대의 힘든 시기를 보내기 쉽게 도와주는 역할을 하는 여성이나 남성을 뜻한다. 대학원생이라면 대학교 교수가 멘토 역할을 할 수 있다. 행동과 충고를 통해서 멘토는 어린 사람에게 문제를 해결하려면 어떻게 해야 할지에 대한 지혜를 제공해준다.

30살이 되면 몇몇 사람들은 20대의 고민이나 목표를 재확인하고 재설정하려는 노력을 한다. '30살 전환기'는 '정착'(30대 초기) 바로 전 단계다. 정착하는 시기에는 가족과 탄탄한 유대관계를 쌓는 동시에 직업적 안정을 찾는다. Levinson(1978)에 의하면, 30대 초반의 남성은 보통 '일을 잘하는 것'과 '자리 잡는 것' 모두를 중요시하고, 질서와 안정성 및 제어에 가장 큰 관심을 쏟는다고 한다. 보통 이 단계에 들어서면 미래에 대한 꿈이 생긴다.

30대의 정착 단계는 Erikson이 말한 유아기 아이들의 자율성 대 죄책감과 의심 단계와 일맥상통하는 면이 있다. 아이와 마찬가지로 30대 초반의 남성은 자기를 제어하고 환경을 제어하려고 한다. 아이에게 있어서 다음 단계는 Freud의 오이디푸스 콤플렉스이다. '자기 자신을 소유하는 것(becoming one's own man)'은 오이디푸스적 성향이 존재한다.

이 단계는 보통 35~39살에 나타난다. 성인기 초반의 높은 단계를 보여준다. 이 단계의 사람들은 자신의 업적에도 불구하고 무언가 부족하다는 생각을 하게 된다. 다양한 이유 때문에, 본인에게 영향을 많이 주는 타인에게 더 큰 영향을 받고 그들에게 의지하려고 한다. 작가라면 편집장에게 더 큰 스트레스를 받고 비평가들의 평가내용을 두려워하게 된다. 대학교수는 일단 퇴임을 하고 나면 지금 받는 스트레스가 모두 없어질 것이라는 생각을 마침내 하게 된다(Levinson, Darrow, Klein, Levinson, & McKee, 1974, pp. 250~251).

이 단계는 흔히 중년의 위기로 알려져 있다. 40~45살의 이 단계에 속하는 연구대상의 80%는 실제로 인생 경로에 대해 심각한 고민을 하고 있었다. 많은 사람들은 여태까지 살아온 인생의 방향과 목표가 맞는 것인지에 대한 답을 얻지 못한 상태였다. 결혼 문제나 직업적 문제들도 존재하며, 이에 대한 결과로 혼란감과 절망감이 생긴다.

인생 중반의 변화는 매우 고통스러운 시간이다. Levinson의 연구대상 중 몇몇은 "냉소적이고, 거리감 있고, 아무것도 믿지 못하는" 성향을 보였다(Levinson, 1978, p. 108). 많은 다른 사람들은 반대로 이 단계를 지나면서 재평가과정을 통해 좋은 결과를 얻기도 했다. 따라서 중년의 위기는 인생 중반기부터 후반기에서 특히 성숙성과 친밀성의 분야에서 개인의 가능성을 다시 확인하고 재정비할 수 있는 시간으로 작용할 수도 있다.

Roberts와 Newton(1987)은 Levinson의 접근법을 이용해, 여성의 인생 과정을 연구하는 네 가지 실험을 설명했다. 네 가지 연구에 걸쳐서, 31~53살의 여성 39명의 전기적 정보를 수집했다. 그들은 꿈, 멘토, 30살 전환기, 중년의 위기 등의 개념을 통해서 이를 알아보았다. Levinson은 남성을 대상으로 연구했지만, 여성도 비슷하다는 전제하에 이루어진 연구다. 하지만 차이점도 있었다. 예를 들면, 여성의 꿈은 남성의 꿈보다 더 복잡하고 갈등이 심했다. 또한 여성은 만족스러운 멘토와의 관계가 남성보다 찾아보기 힘든 편이었다. 셋째로, 여성은 남성보다 중년의 위기를 덜 심각하게 생각하는 편이었다. 그렇지만 30살 때 급격한 성격상 변화가 이루어진다는 생각은 많이 하는 편이었다. 특히 30살이 넘었는데 결혼을 하지 않아 가정이 없는 경우 더 심했다. 조금 있으면 아이를 낳기 늦어지기 때문에 걱정하는 모습을 보이기도 했다. 따라서 여성의 '30살 전환기'는 남성의 '중년 전환기'와 특징적으로 일치한다고 볼 수 있다.

성인의 인생 과정을 계절에 비유해보는 이러한 생각은 오늘날 논란이 된다. Levinson의 연구를 제외하고, 성인 인생에서 극적인 중년 변화를 찾은 연구결과는 많이 없다. 예를 들어서 Costa와 McCrae(1980a)는 중년의 위기 측정을 만들어 이 가설을 확인하려고 했지만, 33~70살 남성의 경우 나이상 수치 차이점이 나타나지 않았다. Rossi(1980)와 다른 학자들은 이러한 개념이, 노동자 계층의 성인들과 여성들에게는 적용되지 않는다고 말했다. Levinson이 말한 단계는 중상위층의 백인 남성에만 주로 해당된다는 지적이다.

다른 측면에서, Helson과 Wink(1992)는 40대 초반에서 50대에 이르는 여성들을 대상으로 한 조사에서 Levinson의 모델이 논리적이라는 것을 입증하기도 했다. Mercer, Nichols, Doyle(1989)은 Levinson 모델과 일치하는 동시에 반대되는 내용을 담은 연구를 하기도 했다. 전체적으로 그들 연구의 여성들은 "후반기에 이르러 발달을 더 많이 경험했고 보통 불규칙적이었다"(p. 180)고 한다. 하지만 공통적으로 40살에 이르러서 중년 변화와 비슷한 것이 생겨났다. 연구자들은 여성 인생에서 40살은 '자유가 되는 시기'라고 설명한다.

많은 여성에게 있어서 40살은 인생의 꿈을 이루는 시기다. 결혼을 서둘러 하거나 다른 일을 빨리 시작했을 경우, 40살이 되면서 자기 자신에 더 집중할 수 있게 된다. 그전에는 남편이나 아이가 우선이었다면 이 시기 이후에는 그렇지 않다(p. 182).

따라서 이번 연구에 참여한 많은 여성에게 있어서 중년의 변화는 '자신이 될 수 있는'(p. 182) 시기로 작용했다.

인생 과정

Murray와 마찬가지로 Levinson도 인간 인생의 시간 구속적 측면에 집중했다. 그는 일인칭 시점에서 정보를 모아서, 1960년대와 70년대 미국에 살고 있는 특정 남성들이 청소년기 이후와 중년의 자신 삶을 어떻게 표현하는지 정보를 수집했다. 배경은 세계 2차 대전 이후 미국이며, 주인공은 고학력자에 고소득자인 백인 남성이며, 영웅은 남성의 성장을 도와주는 멘토나 특정한 여성이고, 인생의 황금기는 '자신이 될 수 있는 시기'이고, 밑바닥은 중년의 위기이고, 줄거리는 꿈의 발전에 따라서 앞으로 나아가고, 주제는 변화의 도전을 맞는 것이다.

이 이야기의 가장 흥미로운 줄거리는 중년의 변화다. 현대 미국 사회에서 중년은 보통 40~65살의 시기로 생각된다. 이 시기에 아이를 키우는 것이 끝나는 등 생물학적인 변화가 일어난다. 하지만 중년은 보통 **사회적으로** 정의된다(Cohler, 1982; Lachman, 2001). 중년은 Neugarten(1968)이 **사회적 시계**(social clock)라고 부른 것에 의해서 보면, 인간 인생의 중간에 위치해 있다. 사회적 시계는 각 나이에 맞는 사회적 내용을 다룬 비유적 표현이다(Cohler & Boxer, 1984). 보통 20대에 대학교를 다니고, 20~30대에 가정을 만들고, 40대에 아이들이 떠나는 것을 보고, 50~60대에 부모의 죽음을 경험하는 것이 올바른 사회적 시계라고 볼 수 있다.

개인은 중년에 들어서면서 인생의 반이 이미 지나갔고, 미래에 그만큼 남아 있다는 생각을 하게 된다. 이러한 깨달음은 자신의 죽음에 대한 생각으로 이어진다(Marshall, 1975; Sill, 1980). '죽음의 개인화(personalization of death)'라고 Neugarten과 Datan(1974)이 말한 개념이다. 상실감의 개념이 더 중요해진다 — 친구들이나 부모의 죽음을 경험하고, 자녀가 떠나가면서 본인의 삶을 찾으며, 피할 수 없는 실망감으로 인한 소망과 열망의 상실 등을 어쩔 수 없이 겪게 된다(Jacques, 1965; Kernberg, 1980; Levinson, 1981).

심리학자들은 죽음과 관련된 중년 사람들의 특징을 몇 가지 확인했다. 중년의 사람들은 일상적인 기억을 더 많이 하고(Livson & Peskin, 1980; Lowenthal, Thurnher, Chiriboga, & Associates, 1975), 새로운 대인관계를 만드는 데 관심이 없어진다(Neugarten, 1979). Jung(1961)은 중년이 되어서야 사람들은 본인의 억압된 여성성(아니마)과 남성성(아니무스)을 밖으로 표출할 줄 안다고 주장했다. Gutmann(1987)은 부모 역할이 사실상 끝난 중년 여성은 더 중요한 방법으로 인생을 보게 되고, 반대로 남성은 더 수동적이고 조용한 역할을 찾으려고 한다고 말했다.

한 유명한 연구에서 Jacques(1965)는 중년은 창의성을 위한 중요한 시기일 수 있다고 말했다. 그는 310명의 예술가, 시인, 작가, 조각가 등을 언구했나(p. 502). 위내한 전새성을 가신 사람들이었으니, 여기에는 모차르트, 고갱, 바흐, 셰익스피어 등이 포함됐다. 이들이 매우 긍정적이고 이상적인, 불같은 열정으로 창조적인 결과를 낸 것은 거의 다 어렸을 때였다. 반대로 40살이 되기 시작하자 예술가들은 더 심사숙고한 뒤에 아름다운 작품을 만들어냈다. 어렸을 때의 이상주의가 더 조용한 태도로 바뀌었던 것이다(Jacques, 1965, p. 505). 이는 특히 죽음을 고려하기 시작하면

29살에 스페인의 화가 프란시스코 고야는 로맨틱의 이상화와 낙관론을 표현했다(출처 : Francisco Goya y Lucientes, *The Promenade Of Andalucia*, 1777. Oil On Canvas; Museo del Prado, Madrid, Spain).

서 예술가들이 선택했던 철학적 언어와도 관련이 있다고 한다.

여성과 남성의 인생 황금기가 중년일 수 있지만, 사회적 시계에 따르면 생명의 시작보다 더 현재에 가깝다고 한다. 따라서 그들은 마지막에 더 신경 써야 한다. 40대와 50대 남성, 여성들은 자기 정의적 인생 이야기를 생각했던 대로 마무리할 수 있는지를 고민하게 된다.

많은 학자들은 중년에 중요한 변화가 일어나는 데 동의한다. 하지만 특정 시기(40대 초반이라든지)에 일어난다거나, 완벽히 규정된 변화가 일어나는지에 대해서는 의견이 다양하다. Levinson 이론도 흥미롭긴 하지만, 인생을 보는 한 가지 관점일 뿐이다. **인생 과정**(life course)의 방법으로 세상을 보는 이론가와 연구자들은 인생 이야기의 다양성과 예측불가능성을 다각도로 알아본다.

발달과정은 단계이론보다 훨씬 덜 명확하게 정의되며 항상 사회적이나 문화적 맥락, 특정한 일 등을 고려한 채 이해되어야 한다. 모든 사회에서 통용되는 기준들(다음 세대를 위해 노력한다거나, 타인과 좋은 관계를 쌓는 등)이 존재하긴 하지만, 확실한 답은 없기 때문에 사회적 기준과 역할이 어떻게 경험되는지 절대적인 정답은 없다고 봐야 한다(Cohler et al., 1998, p. 266).

인생 이야기를 쓰는 데 사용하는 인생 과정 관점은 성인기의 발달에 특히 집중되어 있다. 제3장에서 보았듯이 개인의 삶은 많은 인생, 문화권, 역사에서 관찰되는데 그 다양성과 복잡성이 엄청나다. 인생 이야기는 경제적 조건, 문화적 기준, 사회적 변화, 역사적 일, 우연에 의해서 생겨난다(Bronfenbrenner, 1994; Dannefer, 1984; Elder, 1995). 동시에 개인들은 본인의 개인적 영향력을 사용하기도 한다. 따라서 인생 과정의 관점은 (1) 사회적 시간, (2) 사회적 규칙과 관계, (3) 개인성

그의 나이 60살이 되던 해, 고야의 작품은 젊음의 이상주의를 잃어버렸다. 대신 그의 그림은 삶의 현실, 즉 고통과 아픔을 그려내기 시작했다. 바로 1808년 5월 2일 이 작품에서 발이다(출치 : Francisco Goya y Lucientes, *Second of May*, 1808, c. 1814, Museo del Prado, Madrid/SUPERSTOCK).

과 개인의 특수성을 모두 고려하는 개념이다.

사회적 적기(social timing)는 주어진 사회나 사회적 맥락에서 이해되는 인간 인생의 과정과 관련된 "믿음과 나이 기대와 관련 있는 일이나 지속성, 역할의 순서"를 말한다(Elder, 1995, p. 14). 따라서 주어진 사회적 일이나 역할이 '시간에 맞는지' 아니면 '맞지 않는지'의 여부는, 사회적 인생과 개인적 안정감의 중요성의 척도가 된다. Cohler와 Bocer(1984)는 긍정적인 규율이나 인생 만족감의 경험은 예측되는 역할변화나 인생 변화에 '얼마나 시간을 잘 맞추는지'의 정도에 따라서 결정된다고 주장했다. 시간에 맞춰서 적절한 역할변화를 따라가는 성인들도 좋은 발전을 위한 모델이 될 수 있다. 따라서 인생 이야기에서 시간에 맞지 않는 부분이 있다면, 이야기 전달에 특별한 문제가 생길 수 있다.

사회적 적기는 **사회적 역할**의 순서와 패턴과 관련이 있다. 역할은 발달적 과업이 얼마나 잘 충족되는지의 정도에 강한 영향을 준다. 예를 들면 MacDermid, Franz, DeReus(1998)는 Erikson의 성숙성 이론은 특정 인생의 한 단계가 아니라, 각 줄거리를 가지고 있는 역할의 역동적인 구성으로 보아야 한다고 주장했다. 성숙성은 직업, 결혼생활, 종교, 사회적 역할에 걸쳐서 균등하지 못하게 펼쳐져 있고, 한 분야에서 성숙성이 높다고 해서 다른 분야에서도 높은 것은 아니라는 생각이다. 나아가 모든 인생에서 성숙성은 다양한 역할을 넘나들며 존재하고, 가끔은 예측불가능하기도 하다. 그리고 특정한 사랑이나 가족관계, 우정, 예측불가능한 다른 대인적 유대감은 성숙성이 어떻게 적용되는지를 크게 좌우하기도 한다. 인생 과정 이론가들은 이어진 인생(linked lives; Elder, 1995)과 사회적 호위대(social convoy; Kahn & Antonucci, 1981) 개념을 이용하여 개인적 발전이 완벽하게 독립적일 수 있는 방법을 강조했다. 사람들의 인생과 그들이 만드는 이야기들은 자신과 밀접한 관련이 있는 인생 속 타인들과도 연관이 있다. 시간이 지나면서 사람들은 마치 호위대처럼 서로 다른 가족구성원, 친구들, 동료의 집단으로 옮겨 다닌다.

사회적 적기, 사회적 역할, 사회적 관계는 인생 이야기를 만들어나가지만 사람들은 단순한 수동적 객체가 아니다. 성인들은 활발하게 사회적 맥락 안에서 인생을 구성하고, 인생 경험을 만들어나가며 자기의 것으로 만든다. 가끔 사회적 시계를 거부하고 관습적 사회적 규범에서 벗어나는 경우도 있고, 자기만의 방법으로 인생을 정의하는 사람들도 있다. 놀랍게도 모든 사람들은 서로 다른 방법으로 이를 실현한다.

그렇기 때문에 심리적 특성이 매우 매력적으로 다가오는 것이다. 우리는 인간 본성과 진화의 측면에서 보면 근본적으로 동일하다. 우리 모두는 사회, 역사, 가정에 밀접한 관련을 가지고 있다. 하지만 그럼에도 불구하고 우리는 서로 너무 다르고, 그 다양성은 우리 모두의 이야기를 통해서 알아볼 수 있다. 모든 사람들은 인생을 시작하는 방법에서부터 인생 전반에 걸쳐서 경험하는 내용까지 모두 너무나도 다르기 때문에 성격특성, 성격적응, 인생 이야기의 3단계 측면을 모두 고려해서 다양성을 이해해 존중해야 한다. 이러한 차이점은 단순히 한두 가지 특성으로 줄일 수 있는 것이 아니다. 다양성이 너무 크기 때문에 변수가 많다. 그렇기 때문에, 개인적 견해로 성격심리학은 세상에서 가장 흥미로운 학문이다.

요약

1. 고대 신화 이카로스 이야기는 태양에 너무 가까이 날아 날개가 녹아서 바다 아래로 떨어진 소년의 이야기이다. 이 이야기는 Henry Murray가 작성한 유명한 얌전한 학부생에 대한 사례연구의 이론적 모델을 제공했다. 상승, 추락, 요도적 에로티즘, 자기애, 불사성 등의 주제들이 결합된 이카로스 콤플렉스는 Murray가 그 학생의 진술을 기초로 하여 그의 삶을 이야기로 해석한 것이다. Murray의 해석은 제삼자의 이야기를 구성하여 삶을 해석하기 위해, 종종 그 자신이 일인칭 시점으로 하는 이야기에 의지하게 되는 심리학자들의 노력의 하나의 예시가 된다.

2. 1930년대에 Murray는 하버드대학의 심리 클리닉에서 학제간 연구 팀을 조직하여 사회과학의 성격학 전통을 시작했다. 성격학 전통은 자서전, 신화, 이야기, 인간 삶의 단일 사례연구에 대한 강도 높은 탐색을 강조했다.

3. Murray의 성격학 관점의 중요한 요소는 인간이 시간에 묶인 유기체라는 것이다. Murray에 의하면 유기체의 역사는 유기적이고 따라서 유기체의 자서전적 연구방법을 사용한다. 인생은 시간에 구속된다. 성격학은 단일한 '프로시딩' 혹은 삶의 에피소드에 집중하는 것으로 시작하여 '듀란스', '시리얼', 그리고 '시리얼 프로그램'과 같은 개념을 설명할 수 있다. '듀란스'는 겹치는 프로시딩들을 묶은 것이고, '시리얼'은 주어진 삶의 영역 안에서의 장기간의 연속적 사건들을 의미하며 '시리얼 프로그램'은 연속적 사건들이 목적지향적 방법으로 미래를 향해 확장된 것을 뜻한다. 삶은 인생의 주제를 형성하는 내적 욕구, 환경적 압력의 상호작용에 의해 방향성이 주어진다. 욕구, 압력, 주제의 자기정의적 패턴은 개인의 인생 이야기의 중심적 조직적 모티프가 되는 단일 주제를 구성한다.

4. 성격학 전통에서 중요한 인물은 Robert White이다. 그는 단일 사례의 집중적인 연구를 옹호했다. White의 사례연구는 시간에 따른 성격의 성장 경향의 중요성을 설명했다. White는 성인 삶의 과정에서 건강한 성격발달과 함께 다섯 가지 성장 경향성이 확인되었음을 주장했다. (1) 자아정체성의 안정화, (2) 대인적 관계의 자유화, (3) 관심사의 다양화, (4) 가치의 인간화, (5) 보살핌의 확장.

5. Murray 이전에도 사례연구는 성격이론을 예증하는 데 활용되어왔다. 사례연구는 어느 기간 동안의 단일 인생에 대한 이론 전개를 하기 위해 새로운 데이터를 제공하고 서로 다른 구조들과 이론들의 차이점을 비교하는 데 사용된다. 그러나 사례연구는 항상 논란이 되기도 한다. 사례연구 방법론에 대한 비판가들은 사례들이 본질적으로 너무 주관적이고 신뢰성이 부족하고 과학적으로 사용하기에 폭이 넓지 않다는 점에서 회의적이다. 사례연구에 대한 적절성의 평가에서 연구자는 발견물과 타당성 사이에서 신뢰성, 내적 일관성, 해석적 진실, 외부 타당도 그리고 근본적인 차이점의 주제에 대하여 과학적으로 상당한 주의를 기울여야 한다. 사례연구의 강점과 단점에 대한 논리적인 고려를 통해 사례연구가 새로운 개념과 가설 그리고 이론적 직관의 기원을 포함한 과학적으로 가치 있게 활용될 만한 적절한 분야를 찾을 수 있다.

6. 심리전기는 심리학적 이론의 체계적 사용으로 한 인생을 일관성 있고 이해되는 이야기로 전환시킨 것이다. Freud의 유명한 레오나르도 다 빈치 연구로부터 시작하여 심리전기는 전형적으로 심리역동이론을 채용하여 유명한 사람들의 삶을 폭넓은 이론적 해석으로 구성한다. 심리전기에 대해 많은 비판들이 주어지고 있지만 최근에는 방법과 이론의 향상이 관찰되고 있다. 학자들은 심리전기에 대한 다양한 노력의 평가를 위해 비공식적인 기준들을 발달시키고 있다.

7. 심리전기 작가들이 수집한 방대한 분량의 자료를 정리하는 것을 돕기 위하여 Alexander는 어떤 자료가

보다 더 서사적 해석에 대한 활용도가 높은지 결정하기 위한 아홉 가지 지침을 정리하였다. 자료들은 순서, 빈도, 특이성, 부정, 강조, 생략, 실수, 고립, 미완성의 관점에서 평가될 필요가 있다.

8. Daniel Levinson과 인생 단계 이론가들은 '인생의 계절'이라는 메타포로 성인기의 포괄적 이야기를 정교화했다. 주로 중산층 중년의 미국인 남성을 집중 인터뷰하여 얻어낸 개념을 기본으로 하여, Levinson은 사춘기부터 중년에 이르는 남성의 인생 구조에 대한 평가적 모델을 형성했다. 인생 구조는 남성 인생에 대한 전반적인 설계이다. 특히 인생 구조의 평가에 있어서 중요한 점은 인생의 꿈을 표현하는 것과 멘토의 영향을 받는 것이다. Levinson의 성인 인생의 삼인칭 이야기의 극적인 장면은 중년기의 전환이다. 이는 전형적으로 한 사람의 삶의 헌신과 우선순위를 철저하게 재평가하는 것을 수반한다. 많은 인생기 연구자들은 인생의 중요한 변화가 중년기의 어떤 시점에서 일어난다는 것에 동의한다. 그러나 그들은 중년의 위기가 항상 극적이고 부분적이라는 점에 대해서는 동의하지 않는다. Levinson의 모델을 여성에 확대 적용하기 위한 노력들이 있어왔는데 이러한 노력들은 부분적으로만 성공적이다.

9. 성년기 인생 단계 모델에 대한 일부 반응에서 인생 과정 관점은 사회적 적기, 사회적 역할과 관계성, 인간의 힘과 개성의 능력을 강조하는 경향이 있다. 이 인생 과정 관점은 성인의 발달을 인생 단계 모델보다 명백하게 더 역사적이고 문화적으로 결정론적이며, 그리고 사회적으로 임시적인 것으로 본다. 인생 과정 관점에 의하면 인생 이야기는 경제적 조건과 문화적 규준, 사회변화, 역사적 사건, 사건의 발생가능성 등에 의해 형성된다. 동시에 개인들은 복합적이고 진화하는 사회맥락 속에서 발달의 과정과, 삶의 공동 저작에 대한 그들 자신의 자기보존적 영향력을 행사한다.

10. 인간의 자기보존능력과 개성을 강조하는 삶의 과정 관점은 일반적인 성격심리학의 중요성과 심리학적 개성에 대한 과학적으로 신뢰할 만한 설명을 만들어내기 위한 성격심리학자들의 노력을 우리에게 알려준다.

용어해설

가능한 자기(possible selves) 그(그녀)가 되고자 하는 자기를 대표한다. 이것은 이후에 그렇게 되기도 하고, 그렇게 되는 것이 두려워지기도 한다.

가상적 목적론(fictional finalism) 개인이 분투하여 지향하는 최종 지점 혹은 마음에 바라는 목표에 대한 Adler의 개념. 목적은 아직 실현되지 않은 허구이고 어쩌면 온전히 이루어지지 않을 수도 있으나 이것은 여전히 행동에 힘과 활기를 주고 지시한다.

가치의 조건(conditions of worth) 경험의 특정 부분은 가치 있고, 다른 부분은 가치가 없다고 생각하게 되는 것을 뜻한다.

감정(affect) 일반적으로 정서를 뜻하는 용어.

강박장애(obsessive-compulsive personality dis-order) 역할, 일상적인 일과 세세한 사항들에 대해 완고한 것을 특징으로 하는 성격장애 유형. 완벽과 통제에 대해 과도한 욕구를 갖고 있으며, 이러한 특성은 "일중독"을 이끌 수 있다. 진실한 인간관계를 맺을 수 없는 것과도 연관된다.

강화 민감성 이론(reinforcement sensitivity theory, RST) 기본 성격특성을 다룬 정신생리학에 대한 Jeffrey Gray의 이론. Gray는 개개인의 차이는 충동적인/외향적인, 불안한/신경증적인 특성에서 각기 다르며 이것은 종국에 뇌의 세 가지 각기 다른 기본적 감정체계에 의해 작동된다고 보았다. 이 세 영역은 행동접근체계(BAS), 행동억제체계(BIS), 싸우고/도망하고/얼어붙는 체계(FFFS)를 뜻한다.

강화수치(reinforcement value) Rotter의 사회학습이론에서 특정한 강화에 대해 주관적인 선호도를 갖는 것을 뜻한다.

개성기술적(idiographic) 개별 사례의 독특성에 초점을 맞추는 성격연구 방식에서 쓰이는 Allport의 용어. 보편적 법칙과 대비된다.

개성화(individuation) Jung의 이론에서 온전하게 발달된 자기. 온전함을 이루기 위해 성격의 다양한 반대되는 측면을 조화롭게 하고자 역동적으로 복합적인 인생 전반에 걸친 과정으로 이해된다.

개인구성(personal construct) Kelly의 개념으로 어떤 것들은 비슷하고 다른 것들은 그렇지 못하다는 것을 이해하는 특징적 방법을 뜻한다.

개인심리학(individual psychology) Alfred Adler에 의해 개발된 성격이론

개인적 노력(personal strivings) 한 개인이 매일의 행동을 통해서 성취하고자 하는 특정한 목표를 뜻한다.

개인적 성향(personal disposition) Allport의 개념으로 특정한 개인의 특성을 나타내주는 기질을 말한다. 한 사례에 대해 개성기술적 설명의 관점에서 심리학자들은 특정한 개인의 독특함을 표현해줄 수 있는 기질을 많이 찾아내고자 할 것이다. **공통특성**과 대비된다.

개인적 차이(individual differences) 인간의 특성에 있어서 한 사람이 다른 사람들과 다르거나 비슷함을 분별할 수 있는 정도의 차이. 전형적으로 특성, 동기, 스키마, 단계 등이 성격의 개인적 차이로 이해됨. 인간 종의 모든 구성원에 대한 보편적 특성에 가까운

것으로 추정되는 종–전형성 특성과 대비된다.

개인적 프로젝트(personal projects) 현재 자신이 성취하고자 하는 목적에 따라 설정해놓은 활동들을 뜻한다.

개인주의(individualism) 문화적 구성으로, 집단주의에 반하여 자율성과 독립성을 강조하는 의미체계. 미국, 캐나다, 호주 그리고 북유럽과 서유럽의 민주주의 국가들이 상대적으로 개인주의적 문화로 고려됨. 집단주의와 대비된다.

개체이론(entity theory) 특성은 굳어진 개체이기 때문에 변화하지 않는다는 생각. 점진이론과 대비된다.

거세불안(castration anxiety) Freud의 이론에서 오이디푸스 시기의 소년이 겪는 성기가 절단될 수 있다는 두려움을 의미하는데, 힘을 잃게 될 것에 대한 두려움을 상징한다.

거시체계(macrocontext) 행동을 둘러싼 가장 포괄적이고 먼 체계를 뜻한다. 사회계급, 성, 인종, 문화, 역사적 상황을 포함한다.

경계성 성격장애(borderline personality disorder) 유기불안에 대한 깊은 공포에 뿌리를 둔 불안정한 정서와 상호 대인관계를 특징으로 하는 극도로 심각한 성격장애의 하나. 경계성은 종종 자해행동과 관련되기 때문에 자살의 위험이 높다.

경험에 대한 개방성(openness to experience) 폭넓은 성격특성으로 다른 사람들 사이에서 Costa와 Mc-Crae에 의해 평가되었다. 이것은 반영적, 상상적, 예술적인 특성을 갖고 있으며 세련된 것을 특징으로 한다.

경험표집법(experience sampling method) 전자기기나 다른 장치를 이용하여 일상의 행동, 사고, 감정을 표집하는 방법.

고유 자아(proprium) 자아에 대한 Allport의 개념으로, 내적 통합을 이루는 성격의 모든 측면을 나타낸다.

고전적 조건화(classical conditioning) 단순한 학습형태의 하나로, 무조건적 자극이 반복적으로 조건적 자극과 함께 주어지면 원래는 반응을 야기하지 않았던 조건적 자극이 무조건적 자극과 연합하여 결과적으로 조건적 반응을 초래하는 것을 뜻한다.

고차조건형성(higher-order conditioning) 무조건적 자극과 연합되어서 힘을 얻게 된 조건적 자극들이 다른 중립적 자극들과 더 연합되어서, 결국 연합과정을 통해 조건화된 자극이 되는 조건의 형성과정을 뜻한다.

공격적 방법(intrusive mode) Erikson의 개념으로, 남자아이들이 세상을 대하는 방식이 특징적으로 남근적이고 공격적인 것.

공리주의(utilitarianism) 18~19세기 지성의 움직임으로 벤담과 밀에 의하면 최대 다수의 최대 행복을 위한 것으로 정의되었다.

공유환경(shared environment) 가족들의 공유환경에서 유래한 성격특성의 영향을 언급할 때 사용하는 용어. 공유환경의 영향은 환경적 영향으로 가족구성원들이 비슷해보이도록 하는 것이다. 쌍둥이와 입양아 연구에 의하면 공유환경은 개인의 성격특성에 매우 적은 영향을 미친다. 비공유환경과 대비된다.

공존(communion) Bakan의 용어로 타인과 같이 있으려고 하고 연합하려는 경향을 뜻함. 자기 자신을 보다 큰 전체의 일부분으로 생각한다. 자기보존능력과 대비된다.

공통특성(common trait) 다양한 사람들에게서 다르게 나타나는 인간 기능의 차원에 대한 Allport의 용어. 보편적 연구의 관점에서 심리학자들은 공통특성 연구를 인간 특성의 점수와 비교하고 대조한다. 개인적 성향과 대비된다.

과잉결정(overdetermination) Freud의 이론으로 행동은 다양한 무의식적인 요소로 결정된다는 생각이다. 경험은 무수히 잠재해 있는 것들에 의해 야기되고 결정된다. 여기에는 무의식적인 소망, 충동, 갈등이 포함된다.

과정적 지식(procedural knowledge) 다양한 역량, 전

략, 역할로 사람들이 다른 사람에 대한 인식을 갖게 되고, 특징을 형성하며 기억을 떠올리고 사회적 행동을 예측하게 한다.

관계적 스키마(relational schema) 상호적 관계의 패턴에서 규칙성을 나타내주는 인지적 구성. 사회적 지식에서 서술−의미적 지식의 중요한 측면으로 관계적 스키마는 특정한 사람과 상호작용을 할 때 무엇을 기대할 수 있는지에 대한 중요한 정보를 감지할 수 있도록 해준다. 이를 통해 사회적 세상에 살아나아갈 인지적 지도를 그리게 된다.

관찰학습(observational learning) 사건을 관찰함으로써 학습하고 관찰된 것을 따라 한다.

구강기(oral stage) 첫 번째 심리성적 발달단계로 Freud에 의하면 리비도는 구강 활동을 통해 표현된다.

구성타당도(construct validity) 어떠한 시험이 측정한다고 하는 것을 제대로 측정하는지의 정도를 뜻함. 구성타당도는 타당도의 방식에서 가장 기본이 되는 포괄적인 형태로, 시험을 입증하는 동시에 시험이 측정하는 내용 또한 입증하는 과정이다.

구원 시퀀스(redemption sequence) 상당히 부정적인 장면에서 긍정적인 장면으로 인생 이야기가 움직이는 것. 오염 시퀀스와 대비된다.

구원적 자기(redemptive self) 상당히 성숙한 미국 성인들로부터 이야기된 삶에 대한 헌신의 공통된 이야기. 구원적 자기는 특별한 재능을 갖거나 선물을 부여받은 주인공이 도덕적으로 신념을 지켜나가며 위험한 세상을 여행하면서 역경을 극복해내고 종국에는 사회에 돌아와 그가 누렸던 축복을 나누게 되는 이야기를 한다.

권력동기(power motivation) 다른 사람과 자기 자신의 환경에 영향을 미치는 경험을 반복해서 선호하고 갈망한다. 또한 "권력에 대한 동기"를 요구한다. 권력동기에 있어 개인차는 PSE에 의해 평가될 수 있다.

권력욕구(will to power) Adler의 이론에서 세상과의 상호작용에서 강한 힘과 권력을 느끼려고 하는 것과 관련된다. 이후에 Adler에 의해 일반화된 것으로 "우월성을 위한 노력"으로 특징지어진다.

권위주의적 성격(authoritarian personality) 관습적이고 융통성 없고 공격적이고 적대적이고 권력지향적인 태도와 특성의 패턴을 보이는 사람.

귀납법(induction) 구체적이고 특정적인 일을 보편적이고 일반적인 일종의 사실로 바꾸는 과정. 연역법과 대비된다.

그림 이야기 훈련(Picture Story Exercise, PSE) 주제통각검사(TAT)의 연구버전이다. PSE는 표준화된 과정을 접목해서 참여자들은 5분 동안 그림에 나와 있는 단서를 중심으로 상상력이 있는 이야기를 만들게 된다. PSE 이야기는 성취, 권력, 친밀감 욕구와 같이 암시적인 동기에 의해 분류된다.

그림자(shadow) 무의식적 원형으로 사회적으로 수용하기 어렵고, 주로 짐승 같고, 욕구가 많으며 충동적인 특성을 나타낸다. 장기적으로는 인류의 진화에 있어서 억제되어온 유형을 뜻한다(Jung 이론).

근본적 귀인 오류(fundamental attribution error) 타인의 행동의 원인을 설명할 때, 상황을 덜 강조하고 성격특성을 더 부풀리는 경향.

근원특성(source traits) Cattell의 16가지 기본 요인으로 많은 다른 표면특성을 강조한다.

긍정심리학(positive psychology) 미국 심리학의 최근 움직임으로 연구에 과학적인 방식을 활용하고 인간 행동에 대한 긍정적 특성을 드러내고자 한다. 강점과 장점 등을 부각시키고자 한다.

기계론적 상호작용(mechanistic interactionism) 사람에 의해, 상황에 의해, 사람−상황의 상호작용을 통해 설명되는 행동에 대한 변화를 구분하는 과정. 상호호혜적 상호작용과 대비된다.

기관열등감(organ inferiorities) Adler의 개념으로 한 개인의 부족한 부분과 비정상적인 부분으로 그것을 보상하기 위한 노력을 기울이게 되는 것을 뜻한다.

기대치(expectancy) Rotter와 Mischel의 사회학습이

론에서 쓰이는 용어로, 특정한 행동의 결과로 인해서 어떠한 특정 강화행동이 나올 것이라는 가능성에 대한 주관을 가지는 것.

기업가적(entrepreneurship) 높은 성취동기와 관련되는 행동이나 태도에서 보이는 특징의 집합체. 이것은 위험감수, 수행에 대한 책임감, 생산성과 혁신적 변화에 대한 추구, 비용과 수익에 대한 세심한 주의 등을 포함한다.

기준−키 방법 시험구성(criterion-key method of test construction) MMPI에 적용된 시험구성의 한 방법으로, 서로 다른 기준집단에서 반복적으로 같게 답한 항목들을 통해 특정 질환을 진단할 수 있는 시험구성법.

기준타당도(criterion validity) 외적 행동을 예측하도록 구성된 테스트의 범위.

기질(temperament) 기본 인간 행동에서의 개인차. 이것은 출생 때부터 존재하는 것이며, 생물학적으로 이미 결정된 것이다.

까다로운 아이(difficult babies) Thomas, Chess, Birch가 구분한 세 가지 유형의 기질 중 하나로 계속적으로 부정적 기분, 강력한 감정적 반응, 불규칙적인 수면과 식사 패턴을 보이는 아이들. 순한 아이, 반응이 느린 아이와 대비된다.

꿈 분석(dream analysis) 나타난 꿈을 조각조각 나누어 각각의 꿈 조각에 대한 반응을 자유연상으로 조합하여 그 꿈이 원래 만들어내려고 했던 다른 무의식적 요소로 정리해내는 것.

꿈 작업(dream work) Freud의 용어로, 꿈을 꾸는 사람이 무의식에 숨겨진 재료를 이용해 명백하게 드러나는 꿈을 만들어내는 과정. 꿈 작업은 압축, 전치, 상징, 이차적 수정을 거친다.

나르시시즘(narcissism) 자기에게 집착함. 자신에 대한 사랑이 지나치고, 자신을 중요하게 생각하는 것이 과도하다. 지속적인 관심과 찬사를 요구한다.

남근기(phallic stage) 세 번째 심리성적 발달단계로,

Freud에 의하면 리비도는 성기가 있는 부위에서 표현된다. 남근기는 3~5살 사이에 지나게 되며 이 시기에 오이디푸스 콤플렉스에 중점을 두게 된다.

남근선망(penis envy) Freud의 이론에서, 오이디푸스 콤플렉스의 기간에 소녀가 무의식적으로 남근이 없는 자신에 대해 실망하게 되는 것을 뜻한다. 이것은 힘의 상실을 상징적으로 나타내준다.

낭만주의(Romanticism) 서구 문명에서 지적 움직임(약 1790~1850년)은 한 개인의 격렬하고 열정적인 삶을 응원하기 위해 전통적인 방식의 이유와 질서에 대한 가르침 및 공익에 반대했다.

낯선 상황(Strange Situation) 양육자−유아의 관계의 질에서 개인차를 측정해보기 위해 사용되는 실험적 과정. 유아가 양육자에게서 잠시 동안 분리되고 새로운 상황에 처하게 됐을 때 어떻게 반응하는지를 보도록 설계되었다.

내면화된 대상(internalized objects) 대상관계이론에서 말하는 정서적으로 채워진 관계에 있는 타인에 대한 내적 표상.

내용타당도(content validity) 내용타당도는 검사의 문항들이 측정하고자 하는 내용의 영역을 얼마나 잘 대표하는지의 정도를 평가한다.

내재적 동기(intrinsic motivation) 외부적 강화나 보상에 의한 것이 아닌 내부로부터의 동기.

다면적 성격검사(Multidimensional Personality Questionnaire, MPQ) 성격검사로, 개인의 차이점을 11가지의 특성으로 분류한다. MPQ에 대한 반응을 요인분석해 보면 성격에 대해 세 가지 큰 요인들이 산출된다—긍정적 감정, 부정적 감정, 제약.

대본(script) Tomkins에 의하면 해석, 창조, 강화의 역할을 담당한다. 또는 가족과 관련된 장면에 대항하기도 한다. Abelson에 의하면 전형적인 사건의 연속에 대해 고정된 지식을 뜻한다.

대상관계이론(object-relations theories) 한 이론 집단으로 Freud에게 가지각색의 지적 재산의 빚을 지고

있다. 이것은 다른 사람과 감정적으로 강렬한 관계에 둘러싸여 있으면서 마음의 무의식적 영역에서 이 사람을 대표할 수 있는 상징을 결과적으로 생성하게 만든다.

대상선택(object choice) Freud의 개념으로 다른 무엇(다른 사람)을 강력하고 관능적인 방식으로 "소유"하고 싶은 무의식적 욕구. 대상선택에서 한 개인은 자신의 리비도 또는 성적 에너지를 쏟아낼 대상을 찾게 된다. 동일시와 대비된다.

대처전략(coping strategies) 불안과 스트레스를 해소하고자 하는 사고와 행동의 패턴.

대화적 자기(dialogical self) Hermans의 개념으로, 경험을 말하는 다양한 화자로서의 자기를 뜻함. 하나의 '나'의 관점에서 다른 것으로 수시로 변화하며, 다양한 '나'의 입장은 서로 대화하는 형태를 취한다.

도구적 조건화(instrumental conditioning) 강화와 처벌에 의해 영향을 받은 학습. 조작적 조건화 참조.

도파민(dopamine) 보상추구 행동과 쾌락경험에 관여하는 신경전달물질.

독립적 자기구성(independent self-construal) 개인주의적 문화에서 자율적 주체로서의 자기를 타인에 대하여, 혹은 타인에 반하여 규정하는 경향. 상호적 자기구성과 대비된다.

동기(motive) Murray의 욕구와 동의어로 쓰이곤 한다. McClelland는 동기를 반복적으로 일어나는 선호도 또는 특정한 경험의 질에 대한 준비성으로 정의했다. 이것은 힘을 주고, 지시하며, 특정한 상황에서 어떤 행동을 선택하도록 이끈다.

동기부여(motivation) 주로 인간을 움직이는 힘과 요인. 인간의 행동에 힘을 부여하고 행동을 지시한다. 성격심리학에서 공통된 동기이론에 대한 생각들은 원하는 것, 욕망하는 것, 필요로 하는 것, 목표, 갈망, 투사, 과업 등을 뜻한다.

동년배 효과(cohort effect) 연구대상이 되는 사람들이 연령대가 비슷할 경우 유사한 역사적 경험을 했기 때문에 유사한 수치를 보이는 효과를 뜻한다. 횡단연구에서 동년배 효과와 발달적 효과를 구분하는 것은 어려운데, 그것은 서로 다른 연령대의 집단이 같은 시기에 연구되었기 때문이다.

동일시(identification) 어느 타인처럼 되고 싶거나 그 사람이 되고 싶은 무의식적 욕망에 대한 Freud의 개념. 대상선택과 대비된다.

두 문화 정체성의 통합성(bicultural identity integr-ation) 다문화에 속한 개인들이 자신의 삶의 두 문화를 하나로 통합하거나 조화롭게 여기게 되는 것을 뜻한다.

듀란스(durance) Henry Murray의 용어로 겹치는 프로시딩을 모두 합친 것, 혹은 개인 인생의 특정한 시기의 짧은 장면들.

레몬즙 실험(lemon drop test) Eysenck가 고안한 실험으로, 자극에 대한 민감도를 측정함. 혀에 레몬즙을 떨어뜨리고 잠시 기다린 후, 반응을 살피는 실험. 외향적인 사람들은 레몬즙에 대한 반응으로 타액의 양이 증가하지 않았지만, 내향적인 사람들은 적은 양에도 타액이 많이 증가하여 내향적인 사람들이 더 자극에 민감하다는 것을 증명했다.

리비도(libido) 성과 생의 본능의 감각적 에너지에 대한 Freud의 개념.

마음이론(theory of mind) 다른 사람들도 마음을 가지고 있고, 이러한 마음이 욕구와 신념을 갖고 있으며, 사람들은 이러한 욕구와 신념에 따라 행동을 하게 된다는 것을 아동이 암묵적으로 이해하는 것. 인간 집단에서 사회적 관계를 촉진하기 위해 설계된 것으로 진화된 적응으로 믿어져오고 있다. 다른 사람에게 어떤 원인을 귀결시키는 인간의 일반적인 경향성을 강조하는 이론이다. 이러한 경향을 보이지 않는 힘, 예를 들어 신에게 귀결시키는 경향도 나타난다.

만다라(mandala) 연합을 나타내는 고대의 상징물. Jung 심리학의 개성화를 나타낸다.

**망상 활성화 시스템(reticular activating system,

RAS) 각성과 집중을 담당하는 뇌의 근간을 이루는 신경섬유망. Eysenck는 외향성에서 각 개인의 차이점은 RAS에서 개인의 차이에 의해 생길 수 있다고 보았다.

모노아민 산화효소(monoamine oxidase, MAO) 신경세포 사이의 시냅스에서 신경전달물질을 끊어내는 역할을 한다. 자극을 추구하는 성향이 높은 사람은 혈류에 MAO 수치가 낮은 것을 알 수 있다.

무의식(unconscious) 의식을 넘어선 상태. Freud에 의하면 무의식은 마음에 그림자 영역을 둔 것으로 이 안에는 억압된 사고, 느낌, 기억, 갈등과 같은 것들이 남아 있다.

무조건적인 긍정적 존중(unconditional positive regard) Rogers 이론에서 사랑과 수용은 무비판적이고 무조건적 방식으로 주어진다.

문항분석(item analysis) 각 문항의 점수와 최종 점수를 연결시킴으로써, 각 문항이 최종 점수에 미치는 각각의 공헌도를 알아보는 것.

문화(culture) 어느 특정 사회에서 수용되는 규칙과 풍습의 전통.

문화보편적(etic) 서로 다른 문화에 걸쳐서 나타나는 공통적인 특성이나 차원을 이르는 용어. 서로 다른 문화가 유사한 목적과 방법을 공유함을 뜻한다. **문화특수적** 차원과 대비된다.

문화특수적(emic) 한 문화 안에서 다른 문화와 구분되는 특징. **문화보편적** 차원과 대비된다.

미네소타 다면적 인성 검사(Minnesota Multiphasic Personality Inventory, MMPI) 매우 넓게 쓰이고 있는 성격검사. 550개의 참-거짓 문항과 10개의 각기 다른 임상척도가 있다.

미시체계(microcontext) 행동에 대한 좀 더 즉각적이고 단기간의 환경체계. 인간의 행동이 나타나는 특정한 사회적 상황과 같은 것.

반분신뢰도(split-half reliability) 검사결과가 검사의 다른 부분에서도 지속되는 것을 보여주는 것, 검사에서 내적 합치도를 나타내주는 정도를 뜻한다.

반사회적 성격장애(antisocial personality disorder) 사이코패스 혹은 소시오패스라고도 하는 잔인하고, 극도의 공격적인 행동 혹은 무장강도, 고문, 노상강도, 강간과 같은 범죄행동으로 특성화된 성격장애.

반응이 느린 아이(slow-to-warm-up babies) 아이의 세 가지 기질 가운데 하나로 Thomas, Chess, Birch에 의해 정의되었다. 이것은 상대적으로 부정적 정서, 낮은 정서반응의 집중력, 처음에 새로운 사건에서 철수하는 반응을 보이다가 이후에 접근하는 경향이다. 순한 아이, 까다로운 아이와 대비된다.

발견의 맥락(context of discovery) 과학에서 과학자가 자신이 만든 새로운 아이디어를 새롭게 평가하고 표현하기 위한 새로운 범주, 용어를 만들어내는 과정으로 **정당화의 맥락**과 대비된다.

발달적 정교화(developmental elaboration) 아이들의 내재적 성향이 시간이 지나면서 환경적 요인에 의해 성인의 성격특성으로 변화하고 발달하는 복잡한 과정. 발달적 정교화의 여섯 가지는 (1) 아이들이 어떻게 학습하는지, (2) 어떻게 환경을 이해하는지, (3) 환경의 타인들이 어떻게 그들에게 반응하는지, (4) 어떻게 그들과 다른 아이들을 비교하는지, (5) 어떤 환경을 선택하는지, (6) 환경을 선택하고 어떻게 조종하는지에 대한 것이다.

방어기제(defense mechanisms) 불안을 줄이기 위해 현실을 왜곡하고자 고안된 자아의 무의식적 전략.

배제(foreclosure) Marcia의 정체성 단계의 하나로, 자신의 정체성 문제를 아직 탐색하지 못한 상태를 의미함. 여전히 어린 시절에 시작된 목표나 결과물들에 매여 있는 상태이다.

범례적 사고(paradigmatic mode) 인간이 사고하는 일반적인 두 가지 방식 중 하나로, Jerome Bruner에 의해 정의되었다. 상당히 조리 있고 정연한 분석과 합리적인 논리, 신체화학적 세계에서 원인과 결과의 관계를 보는 방식에 의해 현실을 이해할 수 있는 인간의 능력을 뜻한다. 서술적 사고와 대비된다.

법칙적 관계망(nomological network)　주어진 문제를 지지하거나 지지에 실패하게 되는 경험적 근거와 주어진 구성에 대한 이론이 만들어지게 하는 문제에 대한 상호적인 체계.

변이성(emergenesis)　새롭게 나타난 유전자 배열의 패턴. 유전자의 특정 패턴은 특정 행동적 성향에 영향을 주는 것으로 생각되는데, 유전자의 패턴이 새로운 성향을 만들어내는 것은 아니다. 성격특성에 **비첨가적 유전적 다양성**이 영향을 줄 수 있는 가능성을 뜻한다.

변종(variant)　누군가의 인생 이야기 또는 장면에서 또 다른 장면과는 구별되는 것으로 보이는 장면을 뜻한다. Tomkins의 대본이론에서 사람들이 긍정적인 감정의 장면을 두드러지게 다른 것으로 여기는 것을 뜻한다. 이러한 것은 공통된 삶의 주제를 둘러싸고 이질적인 모습을 보인다.

보편적(nomothetic)　성격연구에서 Allport의 개념으로 모든 사람에게 적용되는 일반적인 법칙을 발견하고자 하는 것을 뜻한다. 개인적인 것과 대비된다.

본능(instinct)　본능은 신체적 욕구에 대한 정신적 발현으로, 궁극적인 인간 행동의 동기이고 행위를 움직이고 안내하는 에너지를 제공한다. 이 심리적인 에너지는 생물학적 본능에서부터 나오는데, 현대 인성학에서 본능은 환경의 영향을 받고 제약되는 특정한 충동과 정서, 행동계획을 일으키는 적응적 동기적 경향성을 뜻한다.

부분적 강화(partial reinforcement)　특정한 반응에 의해서만 간헐적으로 강화를 받는다. **지속적 강화**와 대비된다.

부인(denial)　가장 원시적인 방어기제로 불안감을 자아내는 일을 인정하지 않으려 하는 태도.

부정적 정체성(negative identities)　Erikson의 용어로, 다른 사람 안에 주로 체화되고 사람들이 되고 싶어 하지 **않는** 모든 것을 뜻한다.

분리-개별화(separation-individuation)　Mahler의 개념으로 일차 양육자와 초기 상징적인 연합을 통해 독립성을 길러나가는 과정을 뜻한다. 여기서 자기와 다른 사람에 대한 응집성을 갖게 된다.

분석심리학(analytical psychology)　Carl Jung의 성격 이론

분열성 성격장애(schizoid personality disorder)　드문 성격장애 유형으로 극도의 소외감, 상호관계적이고 신체적인 경험을 즐기지 못하는 것과 연관된다.

분열형 성격장애(schizotypal personality disorder)　성격장애의 한 유형으로 분리된 상호관계적 특성을 보이고 기괴하고 이상한 사고, 느낌, 행동을 보인다.

비계(scaffolding)　발달심리학자들에 의해 사용되는 용어로 부모, 교사, 기타 사회화 기관에서 어린아이들이 자기를 구성해나가는 데 지원과 자원을 제공해주는 것을 뜻한다.

비공유환경(nonshared environment)　성격특성에 미치는 환경의 영향을 나타내주는 용어로 가족이 공유하지 않은 환경에서 유래한 것이다. 비공유환경은 환경적 영향으로 가족구성원이 각기 다르게 행동하는 것을 설명해준다. **공유환경**과 대비된다.

비첨가적 유전적 다양성(nonadditive genetic variance)　특질에 대한 유전의 외형적이고 상호적인 영향. 비첨가적 유전적 다양성은 일란성 쌍둥이와 이란성 쌍둥이들이 보이는 특질의 일치도 비율이 때로 2.0을 넘어서는지를 보여준다. 최근의 외향성에 관한 연구를 보더라도 이러한 사실을 알 수 있다.

뿌리 비유(root metaphor)　세상에 대한 이해를 위한 가장 기본적인 비유. Pepper는 뿌리 비유를 물활론, 신비주의, 순응주의, 메커니즘, 개체주의, 맥락주의 등으로 정의했다.

사례연구(case study)　한 개인을 깊게 혹은 긴 시간 동안 관찰하여 연구하는 방법이다.

사회구조(social structure)   힘과 지위에 따라 사람들을 분별하는 사회적 조건을 뜻함. 가장 공통된 것은 사회구조를 사회계급으로 보는 것이다. 사회계급은 어떻게 사람들이 자기 자신을 인식하며 세상을 이해하는지에 심오한 영향을 끼친다.

사회분석이론(socioanalytic theory)   Hogan의 성격이론에서 비롯된 것으로 진화적 적응과 인간 행동에 대해 제의적인 사회적 우수함을 나타낸다.

사회적 바람직성(social desirability)   한 개인이 주어진 과제에 좋은 인상을 보이고자 하는 욕구를 나타내는 것을 뜻하는 용어.

사회적 생태계(social ecology)   많은 다른 환경적 상황들은 한 개인의 행동을 결정한다. 사회적 생태계는 즉각적인 상황(미시체계)의 근위 상황을 포함할 뿐만 아니라 좀 더 넓은 먼 체계의 가족, 사회, 공동체, 문화, 역사를 포함한다.

사회적 성(sociosexuality)   한 개인이 성관계를 맺기 이전에 상호적인 인간관계에 친밀감을 유지하고 헌신하도록 하는 것(제한된 사회적 성) 또는 그렇지 않는 것(제한되지 않은 사회적 성)을 나타내는 정도다. 최근의 진화론적 성격심리학에서는 제한된 것과 제한되지 않은 패턴 모두는 진화를 통해 적응적인 것(남녀 모두에게)으로 나타났다. 특히 다양한 환경적 제약과 선택의 압력이 주어진 상황에서 그러한 것을 볼 수 있다.

사회적 시계(social clock)   나이에 걸맞은 발달을 이루기를 기대하는 것. 한 개인의 삶이 "정해진 시간"의 범위 안에서 이루어져야 한다고 평가하는 것에 반하는 표준을 세우는 것.

사회적 이익(social interest)   Adler의 개념으로 보는 인간이 가지고 있는 태생적 연대의식을 뜻한다.

사회지능(social intelligence)   각 사람들의 일련의 기술, 능력, 사회적 상황에 대한 지능을 뜻한다.

사회학습이론(social-learning theories)   Rotter, Mischel, Bandura 등의 학자들에 의해 제안된 이론. 행동주의의 강조점을 견지하고 있지만 인지적 변화와 사회적 관계에 더 많은 강조점을 두고 조합을 한 이론.

상관연구(correlational design)   두 가지의 서로 다른 변수가 어떻게, 얼마나 상관이 있는지를 알아보는 연구방법론. 실험연구와 대비된다.

상징(symbolism)   Freud의 꿈 작업의 개념을 나타내는 것으로 꿈꾸는 사람은 구체적인 이미지와 행동을 떠올린다. 이 이미지와 행동들은 숨겨져 있지만 공통된 의미를 담고 있다.

상호작용론(interactionism)   행동이 사람과 환경의 상호작용의 기능이라고 보는 것.

상호적 이타주의(reciprocal altruism)   하나의 진화론적 원리로 이타주의를 설명하기 위해 사용된다. 여기서 유기체는 자신의 이타주의적인 행동이 이후에도 다른 유기체를 통해 상호호혜적인 도움을 받을 수 있을 때 또 다른 유기체를 돕게 될 것이다.

상호적 자기구성(interdependent self-construal)   집단주의 문화에서 자기를 공동체 일원으로서 규정하는 경향. 독립적 자기구성과 대비된다.

상호호혜적 상호작용(reciprocal interactionism)   이 관점은 행동, 한 개인, 환경이 반복적이고 상호적인 거래를 통해 각자에게 영향을 미친다는 것을 제안하는 관점이다. 기계론적 상호작용과 대비된다.

상황적 원형(situational prototypes)   주어진 상황에 대해서 주어진 일련의 특성을 뜻한다.

상황주의(situationism)   일반적으로 사회학습이론과 경험적 사회심리학의 영향에 관련된 것으로 행동은 그 행동이 일어나는 상황에 의해 가장 잘 예측되고 설명될 수 있음을 뜻한다. 사람－상황에 대한 논의는 1970년대와 1980년대 초반에 성격심리학의 특성의 관점에 반해 논란이 일었던 개념이다.

생산적 유형(productive type)   Fromm의 특징으로 가장 성숙한 성격유형을 나타낸다. 자신의 내적 잠재력을 발휘해 창조적일 일과 사랑을 정제된 사회적 정체성 안에서 일궈내는 것을 뜻한다.

생의 본능(life instincts) 성과 생존을 추구하는 본능에 대한 Freud의 개념. 죽음의 본능과 대비된다.

생태적 가치의 과정(organismic valuing process) Rogers 이론에서 비롯된 것으로, 완전히 기능적인 사람은 자신의 성장과 성숙의 관점에서 사건을 판단하고 발달을 이룬다.

서사적 정체성(narrative identity) 통합된 인생 이야기를 언급할 때 사용하는 용어. 사람들이 본인의 삶에 의미와 목적을 주기 위해 늦은 청소년기에 형성하기 시작한다. 인생 이야기 참조.

서술-에피소드적 지식(declarative-episodic knowledge) 다른 사람의 경험, 사고, 행동에 대한 지식(사람에 대한 기억)과 그 사람의 자서전적 기록에 대한 지식(전기적 기억). 인생의 특정 기억 등이 포함된다.

서술-의미적 지식(declarative-semantic knowledge) 자신이 누구인지에 대한 생각이나 사회적 인생에서 보편적으로 무슨 일이 일어날지를 예상하는 생각에 대한 것.

서술적 사고(narrative mode) 인간이 사고하는 일반적인 두 가지 방식 중 하나. Jerome Bruner에 의하면 이야기를 통해 경험을 만들어나가는 인간의 경향이라고 할 수 있다. 이야기는 시간이 지나면서 형성되는 인간의 우여곡절과 관련된다. 범례적 사고와 대비된다.

설명방식(explanatory style) 사회적 사건을 설명하고 인과관계를 찾는 개인의 특징적 방식. 병약한 설명방식은 우울증을 암시하는데, 우울증에 걸린 사람들은 인생의 부정적 일들이 내부적·안정적·광범위한 원인에 의해서 일어난다고 생각하는 것과 관련된다.

성감대(erogenous zones) 입, 항문, 성기를 포함한 리비도가 표출되는 신체적 부분.

성격구조(character structure) Hogan의 사회분석이론에서 개인이 가족구성원, 특히 부모에게 자기 자신을 드러내는 독특한 방식들을 뜻한다. 역할구조와 대비된다.

성격의 사회인지적 접근(social-cognitive approaches to personality) 인간은 정보처리체계로서 사회생활에서 행동을 지시하기 위해 스키마, 신념, 가치, 기대, 다른 인지적 구조를 활용한다는 것을 강조한 성격이론과 개념.

성격장애(personality disorder) 지속적인 행동패턴을 보이며, 한 개인이 문화를 벗어난 행동을 보인다. 부적절한 감정과 인지와 같은 문제를 보이고 충동조절의 어려움을 갖는다. 대인관계 기능에서 만성적인 부족함을 보인다. 미국 정신의학회의 현재 진단 매뉴얼에 10개의 각기 다른 성격장애가 소개되어 있다.

성격적응(characteristic adaptation) 특정 시간적/상황적 혹은 사회적/역할지향적 맥락으로부터 오는 성격의 동기적, 인지적, 발달적 측면. 목표, 동기, 계획, 스키마, 단계와 같은 성격적응은 이 책에 제시되었듯 성격의 두 번째 단계로 구성된다. 첫 번째 단계는 성격특성, 세 번째 단계는 통합적 인생 이야기로 구성된다.

성기기(genital stage) 리비도의 마지막 단계이며, 2차 성징이 나타나는 성욕 발달의 마지막 단계.

성숙성 대 침체성(generativity versus stagnation) Erikson의 심리적 발달모델의 일곱 번째 단계. 다음 세대를 인도하고 자신의 유산을 물려주기를 바라는 단계.

성실성 대 열등감(industry versus inferiority) Erikson의 심리적 발달의 네 번째 단계로 학령기 아이들이 학교와 같은 사회적 기관으로부터 의미체계를 습득하고 도구의 사용과 사회적 역할에 적응하는 방식을 배운다.

성실성(conscientiousness) Big 5 중 하나로 성실성은 자기조절, 믿음직함, 책임감, 고집, 삶을 향한 성취지향적 접근을 포함한다.

성인 모색기(emerging adulthood) 최근 사회과학자들이 주로 사용하는 용어로, 10대 후반에서 20대 초반에 이르는 연령의 기간을 이르는 말. Erikson의 심리발달이론에서 첫 번째로 정체성의 주제를 당면하는 단계.

성인 애착 인터뷰(Adult Attachment Interview, AAI) Mary Main과 동료들이 개발한 성인용 면접지로 어린 시절 부모에 대한 애착을 회상하는 데 초점을 둔다. 이 면접지는 안정적/독립적, 관심이 없는, 사로잡힌, 해결되지 않은 네 종류의 애착유형을 산출한다.

성취동기(achievement motivation) 반복되는 선호 혹은 잘 하는 것과 성공하는 경험에 대한 욕구로 성취욕구라고도 함. 성취동기의 개인차는 PSE를 통해 측정가능하다.

세대(generation) 같은 역사적 시기에 태어나고, 세계에 대한 공통의 이해를 발달시키고, 비슷한 믿음과 목표 및 유사한 시대적 특징을 공유하는 사람들을 뜻한다.

세로토닌 5-HT 이송 유전자(serotonin 5-HT trans-po-rter gene, 5-HTTP) 뉴런 사이의 시냅스 간극에서 세로토닌의 재흡수를 조절하는 신경전달물질. 최근의 연구는 5-HTTP 유전자의 최소 하나의 짧은 대립형질을 갖고 있는 사람은 특별히 부정적/스트레스가 많은 환경에 놓이게 되면 우울하고 행동억제를 일으키는 데 취약할 수 있다는 것을 보여준다.

소속동기(affiliation motivation) 긍정적 정서관계를 만들거나 유지 혹은 회복하고자 하는 반복적 선호 혹은 욕구. 소속욕구라고도 한다. 소속동기의 개인차는 PSE로 측정가능하다.

수렴타당도(convergent validity) 같은 특성을 대상으로 하는 두 가지 이상의 측정법에서 찾을 수 있는 일관성. 두 가지 측정법은 같은 특성에 있어서 동시에 '수렴'한다는 뜻. 판별타당도와 대비된다.

순한 아이(easy babies) Thomas, Chess, Birch가 구분한 세 가지 유형의 기질 중 하나로 지속적으로 긍정적 기분, 낮거나 중간 정도의 감정적 반응 강도, 규칙

적인 식사와 수면 패턴을 보이는 아이들. 까다로운 아이, 반응이 느린 아이와 대비된다.

숨은 그림 찾기(Embedded Figures Test) 주어진 장면에 숨겨진 형태를 찾아내도록 시도하게 하여 장독립적인지 장의존적인지를 가늠하는 평가.

스키마(schema) 추상적 지식구조.

스트레스 반응성(stress reactivity) 환경적 스트레스에 대해 강한 심리적 반응을 보이는 경향을 뜻한다. Boyce와 Ellis는 스트레스 반응성이 상황에 생물학적으로 민감할 수 있다고 보았다. 그리고 이 경향이 높은 개인의 성격특성은 스트레스 반응성이 낮은 개인의 성격에서보다 환경적 요인에 더 많은 영향을 받을 수 있다고 보았다.

시리얼 프로그램(serial program) Henry Murray의 개념으로 개인의 삶에 주어진 영역 안에서 장기적으로 대단히 중요한 목표를 이루기 위해 만들어진 하위 목표들을 정렬하는 것을 뜻한다.

시리얼(serial) Henry Murray의 개념으로 한 개인의 삶에 특정한 영역과 관련된 일련의 사건이나 과정을 상대적으로 길게 직접적으로 구성해나가는 것을 뜻한다.

신경증 폭포(neurotic cascade) 부정적인 느낌이 폭발하도록 촉진하는 다섯 가지 요인들로 신경증이 높은 사람이 주로 경험한다. 다섯 가지 요인은 과반응성, 부정적 사건에 대한 차별화된 노출, 차별화된 평가, 기분유출, 익숙한 문제의 고통 등을 특징으로 한다.

신경증(neuroticism) 신경증은 성격특성으로 Eysenck에 의해 처음 정의되었다. 만성적인 불안, 우울, 감정적 유연성, 신경증, 기분 나쁨, 적의가 많음, 취약함, 자의식적인, 우울함 등을 특징으로 한다.

신뢰 대 불신(trust versus mistrust) 심리사회적 발달에 대한 Erikson의 스키마에서 첫 번째 단계를 뜻한다. 이것은 유아가 환경 안에서 희망과 신뢰가 가득한 관계를 맺기를 추구하는 경향을 나타낸다.

신뢰도(reliability) 특정한 측정에 있어서의 지속성. 세 가지 신뢰도의 형태에는 재검신뢰도, 반분신뢰도, 검사자 간 신뢰도가 있다.

실험설계(experimental design) 과학자들이 한 가지 변수를 조작함으로써 다른 한 가지 변수에 어떠한 영향을 미치는지를 알아보는 연구방법의 일종.

심리사회적 구성물(psychosocial construction) 서사적 정체성을 언급할 때 성격심리학자에 의해 사용된 용어. 개인의 인생 이야기는 자기 자신에 의해 형성될 수 있고 그 개인이 살고 있는 사회에 의해 형성될 수도 있다.

심리전기(psychobiography) 심리(특히 성격)이론을 체계론적으로 사용해서 한 개인의 삶을 일관적으로 조명될 수 있는 이야기로 바꾸는 것을 뜻한다.

심리학적 확대(psychological magnification) Tomkins의 대본이론에서 관련된 장면들을 의미 있는 패턴으로 연결시키는 과정을 뜻한다. 긍정적 감정의 장면은 종종 안정된 핵심을 둘러싼 변화들을 통해 증폭될 수 있다. 부정적 감정의 장면은 유사한 상황을 통해 유발될 수 있고 다른 장면에서의 유사한 느낌이 느껴지는 것을 통해 증폭될 수 있다.

아날로그(analog) 인간의 인생 이야기나 대본 안에 있는 어느 장면과 비슷한 한 장면. Tomkins의 대본이론에 의하면 사람들은 전형적으로 서로 전혀 다른 경험들의 부정적 정서의 장면들을 아날로그로 만들어 연결한다.

아니마(anima) 남성 안의 여성성의 무의식적 원형 (Jung의 이론)

아니무스(animus) 여성 안의 남성성의 무의식적 원형 (Jung의 이론)

아마에(amae) 일본어 용어로 의존하는 경향 혹은 타인의 자비를 이용하려는 경향을 의미한다. 아마에는 이런 경향을 강화하는 일본의 집단주의 문화의 중심 개념으로 상호의존적 자기를 구축하게 한다.

안면타당도(face validity) 수검자의 눈에 검사가 측정하고자 하는 것이 측정하는 것처럼 보이는지의 문제.

압력(press) Murray 이론에 의하면 환경에서 행동을 결정하는 요인이 된다. 압력은 상황적 기회로 보여질 수 있고, 행동의 욕구를 표현하는 데 방해물이 될 수도 있다.

압축(condensation) Freud의 꿈 작업 개념의 한 측면으로, 압축을 통해서 개인은 다양한 잠재적 요소를 한 가지 명백한 이미지나 주제로 만든다.

애착(attachment) 아기와 양육자처럼 두 사람 사이에 형성되는 사랑의 유대로, 그 안의 다양한 행동은 두 사람 사이의 가까운 신체적 근접성을 보장하기 위해 고안된 진화론적 적응체계로 조직된다.

애착유형(attachment styles) 성인의 낭만적 사랑에 대한 연구로부터 발달된 세 가지 유형의 낭만적 관계 접근유형. 이 애착방식은 Ainsworth의 유아의 세 가지 애착유형과 유사하다—안정, 회피, 저항(불안/혼돈).

애착행동(attachment behaviors) 유아기 시절의 애착행동은 빨기, 매달리기, 따라다니기, 소리 내기, 미소 짓기를 포함한다.

양극성 자기(bipolar self) Kohut의 용어로, 성격의 중심에 양극성 자기가 있다고 주장한다. 야망과 목표의 두 극단을 개인의 기본적인 능력과 재능으로 연결한다.

어휘적 가설(lexical hypothesis) 언어의 어휘, 즉 사전에 실린 단어들을 통해서 성격특성을 잘 표현할 수 있다는 가설. 어휘적 가설은 성격특성의 5요인 모델로 발전되었다.

억압(repression) Freud의 개념으로 투사된 생각, 기억, 느낌의 과정을 나타낸다. 그리고 의식을 넘어서 갈등을 야기하고, 그들이 기억되지 못하도록 한다.

억압자(repressors) 낮은 불안과 높은 방어를 보이는 사람. 다른 사람들이 자기에 대해 부정적인 감정적 기억을 갖고 있는 것보다 접근이 덜 용이하다.

에너지 보존(conservation of energy) 19세기 Freud

의 리비도 이론에 대한 하나의 가설로, 마음에는 고정된 양의 에너지가 있어서 더 이상 생성되거나 사라지지 않는다는 것.

에로스(Eros) Freud의 용어로 생의 본능.

역전이(countertransference) 정신분석의 용어로, 치료자가 개인적으로 중요한 대상과의 관계성을 무의식적으로 환자에게 투영하는 경향. 전이와 대비된다.

역할구성개념 레퍼토리 테스트(Role Construct Repertory, Rep Test) Kelly의 검사로 사람의 삶에 대한 개인구성을 탐구하기 위해 만들어졌다.

역할구조(role structure) Hogan의 사회분석이론에서 나온 것으로 한 개인이 자신의 동료, 친구, 아이들, 넓게는 사회에 맞추어 자기(self)를 나타내는 특정한 방식. 성격구조와 대비된다.

연역법(deduction) 추상적이고 일반적인 것으로부터 명확하고 구체적인 것을 도출하는 것. 귀납법과 대비된다.

연합주의(associationism) 시간과 공간에 인접한 다양한 대상이나 아이디어들이 서로 연결되거나 관련되어 의미 있는 단위가 된다는 학설이다.

오염 시퀀스(contamination sequence) 인생 이야기에서 감정적으로 좋거나 긍정적인 장면이 반대로 나빠지거나 부정적으로 변하는 것으로, 부정적 과거의 반복과 절망감과 실망을 다룬다. **구원 시퀀스**와 대비된다.

오이디푸스 콤플렉스(Oedipus complex) Freud의 개념으로 심리성적 발달단계에서 소년과 소녀들이 관능적으로 경험하게 되며 무의식적인 힘의 갈등을 갖게 되는 것을 뜻한다. 간단히 말해, 아동이 이성 부모에게 갖는 무의식적 욕구로 종국에는 이 욕구를 포기하고 동성 부모와 무의식적인 동일시를 이루게 된다.

옥시토신(oxytocin) 포유류에 있는 호르몬이면서 신경전달물질로 사회적 유대감과 어머니-유아의 애착과 연관되어 있다. 여성에게 옥시토신은 임신과 출산 동안에 분비되며, 유아를 양육할 때도 분비된다.

그리고 어머니가 유아를 돌보고 보호하기 위한 노력을 할 때도 같은 호르몬이 매개역할을 하게 된다.

완전히 기능적인 사람(fully functioning person) Rogers의 이론에서 완전히 기능적인 사람은 성숙과 실현을 이룬 사람으로 계속해서 인생의 많은 측면에 대해 알고 있고, 다양한 경험을 통합적인 전체로 합칠 수 있다.

외향성-내향성(Extraversion-Introversion) Eysenck와 Jung을 포함한 많은 이론가들이 구분한 폭넓은 성격특성의 하나. 외향적일수록 사교적이고 사회적이고 충동적이며, 내향적일수록 내면 지향적이고 내성적이고 신중하다.

요인분석(factor analysis) 통계적 절차의 하나로, 자기보고식 설문지와 같은 다양한 항목들을 서로 관련시켜서 경험적 집단화할 수 있는지를 알아보는 것.

욕구(need) Murray의 이론에서 나온 개념으로 불만족스러운 상황에서 방향을 바꾸는 것과 같이 인식, 평가, 지성, 의욕, 행동을 구성하는 뇌의 영역 가운데 명령을 내리는 힘을 나타낸다.

욕구서열(need hierarchy) Maslow의 욕구서열로 연속적으로 나타나는 욕구를 구성하는 심리적 욕구단계를 뜻한다. 생리적 욕구, 안전의 욕구, 소속과 사랑의 욕구, 존경의 욕구, 자아실현의 욕구 등이 포함된다.

우울한 스키마(depressive schemas) 우울한 사람들이 주로 사용하는 스키마로, 정보를 부정적으로 제공함으로써 실체를 왜곡한다.

우월성을 위한 노력(striving for superiority) Adler의 개념으로 인간 행동에서 "우월함에 대한 동력"을 뜻한다. 이것은 완벽함, 성취, 완전함을 추구하도록 이끈다.

원형(archetypes) Jung의 집단무의식의 구조적 요소들. 모든 사람이 의식적/무의식적으로 그들의 세상에 어떻게 적응하고 사는지에 영향을 미치는 보편적 패턴 혹은 소인을 뜻한다. 일반적으로 어머니 원형, 아이 원형, 영웅 원형, 아니마/아니무스/그림자 등이 있다.

유전율 지수(heritability quotient) 주어진 특성 중 사람들 간 유전적 차이점 때문에 생겨나는 특성의 다양성 정도를 측정하는 지수.

의존적 성격장애(dependent personality disorder) 타인의 돌봄을 받고 싶은 강한 욕구에 뿌리를 둔 순종적이고 수동적인 형태로 특성화되는 성격장애.

이데올로기 설정(ideological setting) 정체성의 인생 이야기 모델에서, 인생 이야기에서 당연하게 생각되는 인간의 근원적 신념과 가치의 배경들.

이드(id) Freud의 마음의 구성 모델에서 세 가지 주요한 요소 가운데 하나로, 본능인 성적 충동과 공격성 그리고 무의식적으로 파생된 욕구와 환상 및 성향들이 작동하는 장소 역할을 한다.

이론(theory) 일련의 연관성이 있는 말들로 현실에 대한 특별한 발견을 설명해주는 것이다.

이차적 과정(secondary process) 합리적인 인지적 활동은 자아(Freud)의 기능과 연관되어 있다. 일차적 과정과 대비된다.

이차적 수정(secondary revision) 꿈 작업에 대한 Freud 개념의 측면에서 꿈꾸는 사람은 무의식적으로 꿈의 거친 장면을 넘어선다. 그 사이를 메우고 모호함을 없앤다. 그리고 꿈의 경험을 좀 더 일관된 논리로 풀어 나간다.

이카로스 콤플렉스(Icarus complex) Murray의 개념으로, 성격의 기능에서 주제가 되는 경험의 덩어리들. 요도적 에로티즘, 승천, 관심적 나르시시즘, 낙하, 불멸에 대한 열망, 여성에 대한 양가감정을 포함함. 고대 그리스 이카로스 신화를 모델로 삼았다.

인격목록(personality inventories) 자기보고식의 질문은 많은 성격특성 측정을 보여준다.

인과적 특징(causal attributions) 사건의 원인을 파악하게 해주는 것.

인본수의 심리학(humanistic psychology) 1960년대 시작된 심리학의 하나로 인간의 창의성, 긍정성, 자아실현 경향성을 강조한다.

인생 과정(life course) 인간 인생의 기간. 심리학에서 말하는 인생 과정 관점은 사회적 맥락, 역사, 시간, 사회적 역할, 그리고 개인적 영향력이 다중적인 발달적 인생 경로에 미치는 영향력을 강조한다.

인생 구조(life structure) Levinson의 개념으로 개인에게 주어진 삶의 기간 동안의 패턴이나 디자인을 의미한다.

인생 방식(style of life) Adler의 개념으로 한 개인이 인생에 적응해나가는 독특한 방식을 뜻한다. 가장 주목할 만한 것으로 한 개인의 자기선택적 목표와 그들이 성취하고자 하는 수단을 포함한다.

인생 복습(life review) 자신의 전 생애를 돌아보는 것, 때때로 노령의 증거가 되기도 한다.

인생 이야기 스키마(life-story schema) 인생을 이야기 형식으로 만드는 정신적 구조나 패턴. 심리학자들은 인생 이야기 스키마가 인간이 이야기적 정체성을 구성할 수 있게 되는 사춘기 시기 이후부터 시작되는 것으로 생각한다.

인생 이야기(life story) 과거를 재구성하고 통합하고 현재를 인식하고 미래를 예상하는 내면화되고 점진적으로 전개되는 자신의 이야기를 뜻한다. 현대사회의 사람들은 청소년 후기나 성인 초기에 그들의 삶에 통일성, 목적, 의미를 부여하고자 인생 이야기를 구성하기 시작한다. 인생 이야기는 성격에 서사적 정체성의 자질을 부여한다. 1단계의 성격특성은 행동의 일관성을 보여주는 특성을 알려주고, 2단계의 성격적응은 특정 동기적/사회인지적/발달적 문제를 보여줌으로써 디테일을 채워주고, 3단계의 인생 이야기는 시간이 지나면서 개인이 인생을 어떻게 보는지 그리고 그 인생의 전체적 의미와 목적은 어떻게 되는지를 알려준다.

인지유형(cognitive styles) 장의존성과 장독립성, 통합적 복합성과 같은 정보를 처리하는 데 있어서 사람들이 특징적으로 선호하는 방법.

인지적 틈새(cognitive niche) 인간은 진화적 환경을 점유하기 위해 특별한 방식으로 진화해왔는데 이때 인간에게 있어서 가장 중심이 되는 적응적 장점은 인간의 생각이다. 인간의 인지능력은 인류가 환경의 위협과 도전으로부터 살아남을 수 있도록 진화해왔다. 생각은 상황, 목표를 달성하도록 하는 혁신적 전략, 분석, 이성, 언어 등을 조작함으로써 발달되었다. Pinker는 이를 인지적 틈새라고 명명했다.

인지적/사회적 학습/개인적 변수(cognitive/social-learning/person variables) Mischel이 제안한 주어진 상황에 대한 접근법의 다양한 전략이나 방식. Mischel은 다섯 가지 인지적/사회적 학습/개인적 변수의 유형을 열거했다—경쟁력, 해석능력, 기대치, 주관적 가치, 자기중심적 체계와 계획.

인터뷰(interview) 자료수집법의 하나로, 질문자가 목적을 가지고 대화하며 주제와 관련된 질문을 묻는 방식.

일반이론(lay theories) 일반이론에는 개체이론과 점진이론이 있는데, 인간 특징들이 고정되어 있는지(개체중심적인지), 아니면 변화가능한지(점진적인지)의 정도를 규정한다. 개체이론, 점진이론 참조.

일반적 개념(folk concepts) CPI에서, 대부분 사회에서 자연스러운 인간의 상호활동을 통해서 생겨나는 성격의 범주를 나타냄. 예를 들어 일반적 개념의 측정은 책임감, 사회화, 유연성을 포함한다.

일차적 과정(primary process) 매우 느슨하고 비합리적인 생각의 형태로 본능적 욕구에 의해 촉발될 수 있다. Freud의 이드의 개념과도 흡사하다. 이차적 과정과 대비된다.

자극 찾기(sensation seeking) 다양하고 새로우며 복잡한 자극에 대한 욕구. 자극적인 경험을 위해 신체적, 사회적 위험을 기꺼이 감수하는 특성을 보인다. Zuckerman에 의해 개발된 척도에 의해 측정될 수 있다.

자극의 보편화(stimulus generalization) 조건화된 반응이 확장되어 어떤 면에서 조건화된 자극에서와 같이 폭넓게 다양한 자극에 반응을 불러일으킨다.

자기가이드(self-guides) Higgins의 자기불일치이론에서 자기가이드는 실제 자기와 구별되는 이상적 자기와 도덕적 자기를 뜻한다.

자기결정이론(self-determination theory) Deci와 Ryan의 이론에서 나온 것으로 어떻게 보상이 목적론적이고 본질적으로 보상이 되는 행동을 이끌어내는 본능적 동기와 상호작용을 하게 되는지 보여준다.

자기대상(self-objects) Kohut의 이론에서 비롯된 개념으로 개인의 삶에 과도하게 집중한 사람들은 그들이 자기 자신의 한 일부라고 여기게 된다.

자기보존능력(agency) 자기를 타인으로부터 분리하고, 자신과 환경을 지배하고 주도하고 통제하고자 하는 경향을 의미하는 Bakan의 개념. 공존과 대비된다.

자기복잡성(self-complexity) 자기스키마의 개인적 체계가 각기 다르고 구분되는 정도. 자기복잡성이 높은 사람은 다른 사람과 많이 다르고 구별되는 자기스키마를 갖고 있다. 자기복합성이 낮은 사람은 적은 자기스키마를 갖고 있다.

자기분석법(self-confrontation method) Hubert Hermans은 대화적 자기의 이론에서 정보를 수집하는 방법으로 자기분석법을 개발했다. 연구자는 대화를 통해 연구참여자로부터 여러 가지의 자료를 수집한다. 참여자는 연구자와 함께 공동의 투자자로서의 역할을 감당하게 된다.

자기불일치이론(self-discrepancy theory) Higgins에 의해 발전된 이론으로 현실적이고 이상적이며 도덕적인 자기 사이의 다양한 차이들에서 어떠한 감정을 불러일으키는지에 초점을 맞춘 이론이다.

자기스키마(self-schema) 자기에 대한 추상적인 지식구조.

자기심리학(self psychology) 정신분석이론에서 파생된 용어. Heinz Kohut에 의해 발전된 것으로 어떻게 사람이 삶에서 연합과 응집성을 발전시켜가는지를 나타내준다.

자기애적 성격장애(narcissistic personality dis-or-der) 성격장애의 한 유형으로 과장, 공감능력의 부족, 과도한 찬사의 요구 등을 특징으로 한다.

자기인식(self-recognition) 자기에 대해 인식할 수 있는 능력. 특별히 유아와 걸음마기의 아기들에 대한 연구에서 거울반사를 통해 알 수 있다.

자기효능감(self-efficacy) Bandura의 개념으로 한 개인이 다양한 도전적 상황을 이겨내기 위해 요구되는 행동을 성공적으로 수행해나갈 수 있을 것이라는 신념을 언급한 것이다.

자아(ego) Freud의 마음의 구성 모델에서 세 가지 주요한 요소 가운데 하나로, 이드와 초자아와 현실 세계를 중재하는 역할을 한다. 자아는 현실원칙에 의해 작동한다. Loevinger에 의하면, 자아는 개인이 의미를 구성하는 틀이자 '나'를 합성하는 주인이다.

자아발달 측정을 위한 워싱턴대학 문장완성검사 (Washington University Sentence Completion Test for Ego Development, WUSCTED) Loevinger의 표준화된 평가도구로 자아발달의 단계를 측정하기 위해 개발된 것이다. 충동적, 자기보호적, 순응적, 양심적/순응적, 양심적, 개인화, 자율적, 통합적 등의 발달을 측정한다.

자아실현(self-actualization) 인본주의 심리학의 용어로, 자신의 잠재력을 실현시키기 위해 최선을 다하는 인간의 근본 특성이다.

자아심리학(ego psychology) Freud 학파의 현대적 분파의 하나로, 이드와 초자아에 대한 자아의 적응적이고 통합적인 힘을 강조한다.

자아제어(ego control) 개인이 충동의 표현을 어떻게 변화시키는지의 정도. 한쪽은 극도로 충동을 제어하고 다른 한쪽은 잘 제어하지 못한다. Jack Block의 성격유형의 두 차원 중 하나. **자아탄력성** 참조.

자아탄력성(ego resiliency) 자아제어를 수정해서 주어진 상황의 요구에 따라 보다 더 충동적이거나 덜 충

동적이도록 적응할 수 있는 능력을 의미한다. Jack Block의 성격유형의 두 차원 중 하나. **자아제어** 참조.

자아통합 대 절망(ego integrity versus despair) Erikson 발달단계의 여덟 번째이자 마지막 단계로, 과거를 되돌아보면서 자신의 인생을 받아들이거나 거부하는 선택을 하는 것.

자연선택(natural selection) 생존과 생식의 성공이 진화하는 동안에 덜 적응적인 특성을 넘어 우세하게 되는 것을 촉진하게 되는 유기체의 특성을 나타내는 과정.

자유연상(free association) 심리분석에서 자주 쓰이는 방법으로 환자가 어떤 자극이나 사건에 대한 반응을 자유롭게 떠올리고, 연상된 모든 생각을 자발적으로 검열 없이 치료자에게 보고하는 것.

자율성 대 부끄러움과 의심(autonomy versus shame and doubt) Erikson의 심리적 발달도식의 두 번째 단계로, 이 단계에서 아동은 자신을 환경 속에서 독립적이고 유능하게 하고자 한다.

자존감(self-esteem) 한 개인의 자기 자신에 대한 주관적, 감정적 평가를 뜻한다.

자체 정의한 기억(self-defining memories) 자기를 형성해가는 데 특별히 영향을 미쳤다고 생각하는 삶의 사건들을 재수집하는 것. Singer에 의하면 자체 정의한 기억은 생생하고 감정적인 느낌을 불러일으키며, 반복적이고 또 다른 유사한 기억들에 연결되고, 한 개인의 인생 이야기에 지속적으로 관련된 중요한 주제들을 떠올리게 한다.

작동모델(working model) Bowlby의 애착이론에서 유아의 마음 안에 양육자의 표상이 생기게 되는 것을 뜻한다. 애착대상에 대한 작동모델은 양육자의 행동에 대한 무의식적 기대를 나타낸다. 그리고 양육자에 대한 관계의 기대를 갖게 한다. 이것은 초기에 인간 사랑에 대한 기본적인 인식을 형성한다.

잠재기(latency) Freud의 네 번째 발달단계. 학교에 입학하는 시기로 리비도는 명시적인 방법으로 드러나

지 않으며 아이들은 사회화를 경험한다.

장독립/장의존(field-independence/field-dependence) 인지유형의 하나로, 정보처리과정이 매우 분석적이고 차별적인(장독립) 수준부터 매우 상황적이고 환경적인(장의존) 차원까지의 범위를 포함하는 폭넓은 인지유형.

장면(scene) Tomkins의 대본이론에서 나온 개념으로 최소 하나의 영향 및 영향을 끼친 한 대상을 갖고 있는 누군가의 삶에 일어난 사건 또는 특정한 일을 뜻한다.

재검신뢰도(test-retest reliability) 시간이 지나도 검사 결과가 일치하는 것을 나타내는 정도.

재형성된 학습된 무력감 이론(reformulated learned-helplessness theory) 우울한 인지에 대한 귀인적 해석. 우울한 사람은 부정적인 상황을 내적, 안정적, 보편적인 요인을 들어 설명하는 경향이 있음을 강조한다.

전기적 자기(autobiographical self) 자신의 고유한 개인 경험에 대해 말하는 이야기의 주인공으로서의 자기감. 정상적인 심리발달에서 전기적 자기는 2살 정도에 나타나는 것으로 생각된다.

전이(transference) 정신분석치료에서 사용되는 용어로 환자가 치료사와 무의식적인 반복 또는 다른 개인적으로 중요한 사람들과의 관계에서 반복하게 되는 관계양식과 관련된 환자의 성향을 뜻한다. **역전이**와 대비된다.

전치(displacement) Freud의 꿈 작업의 한 측면으로, 중요하지만 위협적인 원인으로부터 사소하지만 더 안정적인 원인으로 옮겨가는 과정.

절대적 지속성(absolute continuity) 시간이 지나도 변화하지 않는 성격특성의 질이나 양의 범위. 일반적으로 시간 차이를 두고 측정한 성격특성의 집단의 평균치. **차별적 지속성**과 대비된다.

절정경험(peak experiences) 즐거움, 흥미, 훌륭한 것들로 가득 채워진 에피소드를 말한다. Maslow의 인간

중심이론에서는 자아실현자의 성향으로 강조되었다.

점진이론(incremental theory) 인간의 성격특성은 노력에 의해서 점진적으로 더 나아질 수 있다는 신념. **개체이론**과 대비된다.

정당화의 맥락(context of justification) 과학에서 모든 이론은 객관적인 실험을 통해 타당성을 검증하는 과정을 거쳐야 한다는 것. **발견의 맥락**과 대비된다.

정신분석(psychoanalysis) Freud에 의해 주창된 심리학 접근의 일반적인 용어. 행동에 대한 무의식적 결정론, 심리 내적 갈등, 성과 공격성에 관한 내적 충동을 강조하는 학자들에 의해 주창되었다. 이 용어는 정신분석의 관점에서 심리치료를 하는 과정에서도 사용한다.

정적 강화(positive reinforcement) 보상을 줌으로써 뒤따른 행동의 가능성을 증가시키는 자극을 제시한다.

정체성 대 역할혼란(identity versus role confusion) Erikson의 심리적 발달단계의 다섯 번째 단계로, 이 시기의 청소년은 "나는 누구인가?", "어떻게 이 세상을 살아갈 것인가?" 등의 질문에 대한 대답을 추구한다.

정체성 상태(identity status) Marcia가 주창한 개념으로, 젊은이들이 직업과 이데올로기의 분야에서 정체성을 탐색하여 전념하는 상태에 대한 것. 네 가지 정체성 상태—정체성 확립, 정체성 중단, 정체성 배제, 정체성 혼미.

정체성 혼미(identity diffusion) Marcia의 네 가지 정체성 상태 중 네 번째 상태이며, 아직 정체성 탐구단계에 들어가지 않았지만 정체성을 찾으려는 노력도 하지 않는 상태.

정체성 확립(identity achievement) Marcia의 네 가지 정체성 상태 중 하나로, 다양한 탐구단계를 거쳐 적합하고 현실적인 정체성의 목표를 달성한 상태.

정체성의 인생 이야기 모델(life-story model of identity) 정체성을 하나의 역동적인 인생 이야기로 보는 관점. 인간의 과거와 현재를 재구성하고 미래를 예측하는 일관성 있는 이야기는 삶에 통일성과 목적을

제공한다.

조건화된 보편적 강화요소(conditioned generalized reinforcers) 조작적 조건화에서 강화요소는 영향력을 가지는데, 다양한 다른 강화요소들과 연합되어 작용한다.

조작적 조건화(operant conditioning) 강화나 처벌에 의해 학습에 영향을 받음. 행동은 그 결과에 의해 수정된다. 조작적 조건화에서 자유롭게 나온 행동은 긍정적 결과(강화)를 받게 되면 증가하고, 부정적 결과(처벌)를 받게 되면 줄게 된다.

존재인지(being cognition) Maslow의 용어로, 전체성 관점에서의 사물 혹은 사건에 대한 지각과 이해를 뜻한다.

종단연구(longitudinal study) 한 개인이나 집단을 대상으로 오랜 시간에 걸쳐 성격특성의 지속성과 변화를 연구. 횡단연구와 대비된다.

종을 향한 믿음(belief in the species) 인류 존속에 대한 믿음과 소망을 뜻하는 Erikson의 용어로, 성인의 성숙성(생산성)을 가능하게 하는 신념을 뜻한다.

주제(thema) Murray의 이론에서 욕구/압력의 상호작용으로 대표되는 특정한 행동의 연합.

주제통각검사(Thematic Apperception Test, TAT) Murray와 Morgan에 의해 개정된 평가의 과정으로 참여자는 모호한 상황을 나타내주는 그림의 단서들을 보고 이야기를 쓰거나 말하게 된다.

죽음의 본능(death instincts) Freud의 개념으로 자기 자신의 죽음과 파괴, 타인에 대한 공격성을 촉진하는 행동과 경험의 원동력이 되는 것으로 생각되는 본능적 욕구. 에로스, 생의 본능과 대비된다.

중년의 위기(midlife crisis) 심오한 개인적 물음과 변혁이 일어나는 시기. 몇몇 남성과 여성들이 30대 후반, 40대, 혹은 50대 초반에 이 시기를 겪는다.

중단(moratorium) Marcia가 말한 네 가지 정체성 상태 중 하나로, 정체성 문제를 탐구하고 있지만 확정은 하지 못한 상태이다.

지속적 강화(continuous reinforcement) 행동이 일어날 때마다 계속 특정한 반응을 보이는 것. 부분적 강화와 대비된다.

지형학적 모델(topographical model) Freud의 마음의 구성으로 의식, 전의식, 무의식으로 나뉜다. 의식은 매일 자각하게 되는 것에 대한 반응을 불러일으킨다. 전의식은 일반적인 기억을 담고 있고, 언제든지 자각을 불러일으킬 수 있다. 무의식은 소망, 느낌, 기억 등을 담고 있으며 의식적인 자기의 웰빙을 위협하기 때문에 억압되어 있다.

진취성 대 죄책감(initiative versus guilt) Erikson의 심리적 발달의 세 번째 단계로 이 시기의 어린아이들은 오이디푸스 콤플렉스를 경험하고 힘과 지배의 주제에 대한 관심이 늘어난다.

진화적 적응환경(environment of evolutionary adaptedness, EEA) 인류가 진화되고 인간 본성이 구축되던 최신세의 가설적 세상. 이 시기 2~400만 년에 걸쳐 사냥꾼과 채집꾼으로서 작은 부족을 이루고 살면서 인류가 진화한 것으로 생각된다.

집단무의식(collective unconscious) 집단무의식은 종(species)의 진화의 결과로서의 인간의 잠재력의 잔재의 저장고를 뜻함. 원형이라 불리는 무의식적 패턴들과 이미지들을 포함한다.

집단주의(collectivism) 하나의 사회적 구성물로, 개인보다 집단을 더 중요시하는 것. 아시아의 많은 사회들이 상대적으로 집단주의적으로 여겨진다. 개인주의와 대비된다.

집합(aggregation) 심리학적 측정원리의 하나로, 조사자가 서로 다른 상황과 시간에서 같은 행동을 보이는 다양한 샘플을 수집하여 성격과 행동의 경향들을 신뢰성 있게 추정하는 방법이다.

차별적 지속성(differential continuity) 차별적 지속성은 주어진 상황에서 개인의 상대적 위치를 항상 생각한 개념으로, 집단에서의 상대적 위치를 고려한 시간이 지날 때 측정되는 개인적 차이의 지속성을 뜻한다. 절대적 지속성과 대비된다.

초자아(superego) Freud의 마음의 구성 모델에서 세 가지 주요한 요소 가운데 하나로 사회의 가치와 기준에 일차적으로 내면화된 것을 뜻한다. 이것은 오이디푸스 콤플렉스가 해결되면서 부모와의 동일시를 통해 얻어질 수 있다.

친구(chum) Harry Stack Sullivan의 용어로 주로 청소년기에 강렬하고 배타적일 정도로 가까운 우정을 타인과 나누는 것을 뜻한다.

친밀감 대 고립감(intimacy versus isolation) Erikson의 심리적 발달의 여섯 번째 단계로 배우자, 동료, 친구 등의 타인과 장기간의 정서적 관계를 수립하고자 하는 것.

친밀감 동기(intimacy motivation) 타인과 계속해서 따뜻하고 가까운 경험을 하려는 성향. 친밀감 동기에서의 개인 간 차이점을 PSE 분석으로 알아낼 수 있다.

친밀감 상태(intimacy status) Marcia의 정체성 상태와 같이, 개인의 삶에서 친밀감의 질을 측정하기 위해 개발됨. 데이트나 우정, 대인적 관계에 대한 질문의 답변에 기초하여 네 가지로 친밀감 상태를 구분한다—친밀함, 중간, 전형적 관계, 고립.

친화성(agreeableness) 5요인 특성의 하나로 친화성은 대인적 따뜻함, 이타주의, 정서, 공감, 협조 그리고 성격특성에서 이상적이라고 여겨지는 모든 특성을 아우른다.

칭송 일색의 전기(hagiographies) 중세시대에 기독교인을 기리는 내용의 혹은 기독교 성자들의 전기적 인생 이야기를 다루었다.

캘리포니아 Q-분류(California Q-sort) 한 사람의 다양한 측면들을 설명하기 위해 고안된 성격에 대한 100가지 문장으로, 성격을 평가하는 방법으로 쓰인다.

콤플렉스(complex) Jung의 이론에서 말하는 정서적으로 채워진 생각들의 덩어리. 이를 통해 정신이 스스로를 드러낸다.

쾌락원칙(pleasure principle) Freud 학파의 이론에서 이드가 작용하는 원리를 나타낸다. 한 개인은 본능적인 충동과 소망의 즉각적인 만족을 추구한다. 현실원칙과 대비된다.

탄력성(resilience) 삶의 역경을 이겨낼 수 있는 능력이자 역경의 한가운데서 번창해나가는 힘을 뜻한다.

통제위치(locus of control) 성격차원의 하나로, 강화가 개인의 행동에 영향력을 주는지에 대한 신념의 개인차를 뜻한다. 내적 통제위치를 가진 사람은 자신의 행동에 의해 특정 강화요소와 상이 따를 것을 기대하는 반면에, 외적 통제위치를 가진 사람은 강화요소에 대하여 자신의 힘이 아닌 외적 요인, 예를 들어 운명이나 행운과 같은 외부적 요인이 작용한다고 생각한다.

통합 주제(unity-thema) Murray의 용어로 관련된 욕구가 잘 조직된 패턴을 뜻한다. 그리고 개인의 인생의 많은 영역에 의미를 부여해주는 압력을 뜻한다.

통합적 복합성(integrative complexity) 사건을 바라보고 해석하는 데 있어서 차별적이고 통합적인 방식.

투사(projection) 공통적인 방어기제로 한 인간이 외부 대상에게 수용할 수 없는 내적 상태와 특성을 외부의 대상에 귀인하는 것을 뜻한다.

특성(trait) 성격심리학의 일반적인 용어로 개인적 차이의 가변성을 뜻하는 것으로 근본적이고 내적이고 안정된 개인의 기질을 나타낸다. 특성은 일반적으로 본능적인 하나의 특성을 갖거나 두 가지 특성을 동시에 보일 수 있고, 중독적이고 독립적으로 보일 수 있다. 상대적으로 사회적이고 감정적인 기능에서 개인적인 차이를 보이는 것으로 나타난다. 기질적 특성은 성격의 첫 단계로 구성한다. 이 책에서는 성격을 네 가지 단계로 제시하고 있다. 2단계는 성격적응, 3단계는 통합된 인생 이야기이다.

특성의 복합도 모델(circumplex model of traits) Wiggins와 학자들에 의해 제안된 특성의 원형모델로, 성격특성 용어를 두 가지 독립적 차원으로 체계적으로 정리한 것. 하나는 힘(지배성 대 복종심)의 차원이고 다른 하나는 온기(따뜻함 대 차가움)의 차원.

파편화된 대본(nuclear script) Tomkins가 정의한 인생 대본의 한 종류로 모호하고, 한 개인의 삶의 목표가 혼란스러운 것을 특징으로 한다.

파편화된 장면(nuclear scene) Tomkins의 대본이론에서 나온 것으로 매우 좋은 어린 시절의 기억이 종국에는 매우 나쁜 결과를 초래하는 것을 뜻한다.

판별타당도(discriminant validity) 전혀 다른 특성을 측정한 점수와 서로 연관관계가 없는 다른 구성의 다른 측정 범위를 뜻한다.

패턴 매칭 계획(pattern-matching plan) 사례연구에서 조사자가 개념적 일관성을 유지하고자 하는 과정을 뜻한다. 사전에 형성된 이론적 가정이나 가설을 따르는 것을 말한다.

퍼스낼리티 웹 프로토콜(personality web protocol) 핵심적인 사람, 대상, 사건, 신체적인 측면에 대한 집단적 서술방식. 마치 그들의 인생 이야기에 드러난 것과 같다. 대화적 자기에 숨겨진 다양한 목소리를 드러내준다.

페미니스트(feminist) 인생사를 해석하는 접근법의 하나로, 질문의 중심에 성별의 관점을 두는 것. 사회적/문화적 요소들이 여성과 남성에게 각각 다른 방식으로 영향을 미쳤음을 강조하는 경향.

편도체(amygdala) 두려운 경험과 위험에 대한 반응과 관련된 전두엽에 위치한 아몬드 모양의 작은 부분. 편도체의 어떤 부분은 행동억제체계(BIS)의 작동과 연관이 있는 것으로 추정되며 더 나아가 부정적 정서 및 신경증과 관련이 있는 특성의 개인차에도 관련되는 것으로 추정된다.

편의의 범위(range of convenience) Kelly의 개념으로 주어진 개인의 구성은 한 개인에게 주어진 상황이나 그들이 보일 수 있는 행동에 대한 해석을 이끌어가는 것과 같다.

편집증적 성격장애(paranoid personality disorder) 극도로 의심이 많고, 적의를 느끼며, 다른 사람과 신뢰와 친밀감을 형성하는 것이 어려운 특성을 갖고 있는 성격장애를 뜻한다.

평가(valuation) Hermans의 자기에 대한 이론으로 한 개인이 자신의 삶의 상황에서 중요하다고 여기는 것들을 뜻한다. 평가는 인생 이야기에서 의미를 가진 것들을 뜻한다. 각각의 평가는 긍정적, 부정적, 또는 감정적 표현에서 혼란스러움을 나타낸다.

포괄적 방법(inclusive mode) 어린 여자아이의 사회적 성격특성에 대한 Erikson의 개념. 친구들 사이에서 중심이 되려는 시도를 놀리기, 요구하기, 잡기 등으로 표현함.

포괄적응도(inclusive fitness) 유기체가 자신의 유전자를 복제할 수 있는 최대한의 능력. 생명체 자체의 번식능력뿐만 아니라 그 생명체가 유전자를 공유하는 다른 생명체의 능력까지 포함하는 개념.

포스트모던(postmodern) 1970년대 이래로 서구 문화에서 인지되어온 다양한 배경을 나타낸다. 그리고 거시체계, 우주적 진리를 향해 회의적이면서도 아이러니하게 즐거운 태도를 강조한다.

표면특성(surface traits) Cattell의 용어로 쉽게 관찰될 수 있는 특성으로 관련된 행동의 한 단위로 발견될 수 있다. 많은 표면특성은 적은 수의 근원특성을 나타낸다.

표준방정식(specification equation) Cattell의 행동을 예측하는 접근방식으로 각각의 다른 특성은 한 개인에게 동등하게 적용되며 행동이 발생하는 특정한 상황과 관련이 있어 보이는 상황에 따라 각기 다르게 부여된다.

표현규칙(display rules) 특정 감정을 특정한 얼굴표정으로 표현하는 사회적 규칙.

프로시딩(proceeding) Henry Murray의 용어로 개인의 삶의 행동에 대한 단일한 에피소드를 나타낸다.

항문기(anal stage) 심리성적 발달의 두 번째 단계. Freud에 의하면 리비도적 표출이 항문에 집중되는 시기이다. 배변으로 드러나고 배변훈련으로 만들어진다.

해석학(hermeneutics) 텍스트를 해석하는 예술이자 과학.

행동억제(behavioral inhibition) 행동억제는 빠르면 생애 첫 1년에 보이는 일반적 특성의 차원을 일컫는 용어로, 어린아이들이 새로운 사건에 접근하는 데 대한 저항을 표현하고 지속적인 수줍음과 가라앉는 정서를 나타내는 것을 가리킨다. 어린아이의 행동억제의 개인차는 성인기의 내향성(낮은 외향성)을 향한 성향 혹은 신경증(높은 수준의 범불안)으로 발달할 수 있다.

행동억제체계(behavioral inhibition system, BIS) Gray의 특성이론에서 인간의 정서를 관장하는 두 가지 두뇌체계 중 하나. 불안 특성에 대한 생물학적 근거로서 BIS는 부정적 정서를 중재하고 처벌을 피하기 위한 방향으로 행동하게끔 한다. BIS와 불안은 BAS와 충동성과 대비된다.

행동유전학(behavior genetics) 과학 분야에서 유전학, 생물학, 심리학에 뿌리를 두고 인간 행동의 다양성에 대한 유전과 환경의 영향력을 설명하고자 실증적 증거를 찾는 학문 분야이다.

행동의 빈도(act frequency) Buss와 Craik의 성격연구 접근방식으로, 연구자들은 성격특성을 개별적이고 대표적인 행동을 포함한 대략의 범주들로 본다.

행동접근체계(behavioral approach system, BAS) Gray의 특성이론에서 인간의 정서를 관장하는 두 가지 두뇌체계 중 하나. 충동성 특성에 대한 생물학적 근거로서 BAS는 긍정적인 감정을 중재하고 사람이 보상을 찾도록 자극한다. BAS와 충동성은 행동억제체계(BIS)와 불안과 대비된다. 다른 조사자들은 BAS가 외향성과 관련 있을 것으로 추정한다.

행동주의(behaviorism) 심리학의 한 지식분파로 우리가 관측가능한 행동이 어떻게 학습되고 조성되는지 객관적으로 탐구하는 학문이다.

헌신적 대본(commitment script) Tomkins에 의해 식별된 대본의 하나로, 개인이 스스로를 강력한 긍정적 애정을 보상으로 약속하는 인생의 프로그램이나 목표에 헌신하는 것.

현대성(modernity) 산업혁명을 통해 싹튼 경제적, 정치적, 문화적 체계를 일컫는 문화적 개념. 19세기, 20세기에 발달이 이뤄졌다. 현대성은 자기에 대한 새로운 사고방식을 제안한다. 현대적 관점에서 자기의 개념은 인간이 작용하는 반영적 투사로 기능하며, 상당히 깊고 역동적이다. 현대사회에서 인간의 주요한 심리적 도전과제는 자기를 연합하고 목적의식이 있는 세계 속에 통합해나가는 것이다.

현상학적 장(phenomenal field) Rogers의 개념으로 한 개인 경험의 총체적인 전경을 나타낸다. 현실에 대한 주관적인 근심을 나타내기도 한다.

현실원칙(reality principle) Freud 학파의 이론에서 이 원리는 자아가 작용하는 것을 뜻한다. 한 개인이 갈등의 요구에 대처하기 위해 행동을 하게끔 만든다. 그리고 이성적으로 선택의 경중을 가르며 건강을 위협하는 다양한 요인들을 방어할 수 있도록 만든다. **쾌락원칙**과 대비된다.

혈연선택(kin selection) 진화론적 원칙의 하나로, 유기체는 친족의 재생산과 생존을 돕기 위해 자기희생적 행동을 마다하지 않는다.

형식적 조작(formal operations) 사춘기와 성인기의 추상적이고 가설-귀납적 사고를 뜻하는 Piaget의 용어.

형태발생(morphogenic) 개성기술적 설명참조.

환자중심치료(client-centered therapy) Rogers의 대표적 심리치료 방식으로 공감, 진실성, 따뜻함, 수용, 역할분담, 환자의 존엄성에 대한 존중 등을 강조한다.

회피성 성격장애(avoidant personality disorder) 비난이나 부적절감에 대한 깊은 두려움으로 인해 사회적 철수의 결과를 특성으로 하는 성격장애.

횡단연구(cross-sectional study) 두 가지 다른 연령대

집단에서의 동일한 특정 정보를 비교하는 연구로, 종단연구와 대비된다.

히스테리(hysteria) 정신병리의 한 형태로 신체적 증상을 동반하는 것. 예를 들어 아무런 신체적, 생물학적 원인이 없는데도 갑자기 눈이 멀거나 몸이 마비되는 등의 증상을 보인다.

히스테리성 성격장애(histrionic personality disorder) 성격장애의 하나로 대인관계에서 매우 감정적인 소통을 하지만 시간이 지날수록 더 얇고 표면적인 관계를 맺고, 간혹 성적으로 유혹적인 행동을 보이는 성격장애.

16가지 성격요소 설문지(Sixteen Personality Factor Questionnaire, 16PF) Cattell의 자기보고식 검사로 16가지 개인의 각기 다른 특성을 측정하기 위해 개발되었다.

5요인 모델(Five-Factor Model) 성격특성을 다섯 가지 범주로 나누어 분류한 최근에 널리 받아들여지고 있는 성격특성 개념의 하나. Big 5 참조.

A형 아기(A-babies) 돌보는 사람이 앞에 있을 때 회피적 행동을 크게 보이는 불안정애착 아기. B형 아기, C형 아기와 대비된다.

Big 5(Big Five) 모든 성격특성을 포괄하는 것으로 여겨지는 다섯 가지 광범위한 성격특성—외향성-내향성, 신경증, 경험에 대한 개방성, 성실성, 친화성. 5요인 모델 참조.

B형 아기(B-babies) 양육자를 안전기지로 삼아 세상을 탐색할 줄 아는 안정적으로 애착된 아기. A형 아기, C형 아기와 대비된다.

CPI(California Psychological Inventory) 널리 알려진 인격목록으로, 정상적인 사람들에게 적용가능한 20가지 항목에 대한 샘플을 제공한다.

C형 아기(C-babies) 양육자의 존재 앞에서 저항과 양가감정을 드러내는 불안정애착 아기. A형 아기, B형 아기와 대비된다.

D형 아기(D-babies) 애착연구에서 새로 분류된 범주로, D형 아기는 양육자와의 불안정하고 방향성 없는 애착패턴을 보인다. 양육자가 있을 때도 멍하고 혼란스러워한다. 학대를 당한 아이들에게서 주로 나타나는 패턴이다.

I-E 척도(I-E Scale) Rotter에 의해 개발된 유명한 자기보고식 통제위치 측정법.

L-데이터(L-data) Cattell에 의해 제시된 세 가지 데이터 근원 중 하나. 보통 사람의 실제 생활에서의 행동으로 구성되는 인생 데이터. Q-데이터, T-데이터와 대비된다.

MBTI(Myers-Briggs Type Indicator 대중적인 성격검사로 주로 비즈니스 현장에서 많이 활용된다. 사람을 16개의 성격유형으로 분류한다. 외향성 대 내향성, 감각 대 직관, 사고 대 느낌, 지각 대 판단에 근거해서 유형을 나눈다. 이 검사는 폭넓게 쓰이고 있지만 과학적 증거가 극히 희박하다.

NEO-PI-R 신경증-외향성-개방성 성격측정 개정판으로 Costa와 McCrae에 의해 개발되었다. 240개의 자기보고식 문항으로 구성되어 있으며 신경증, 외향성, 개방성, 친화성, 성실성의 다섯 가지 성격요인을 측정하기 위해 만들어졌다. 다섯 가지 특성의 하위 여섯 가지 측면은 각 특성의 개인적인 측면을 평가한다.

PRF(Personality Research Form) Murray의 20가지 심리유전적 욕구에 따라 개인의 차이점을 평가하기 위해 개발된 성격측정 도구.

Q-데이터(Q-data) Cattell에 의해 제시된 세 가지 데이터 근원 중 하나. 질문에서 자기보고식의 데이터를 보인다. 예를 들어 자기보고식 성격측정에서 자기평가를 하는 것과 같다.

TAT 주제통각검사 참조.

T-데이터(T-data) Cattell에 의해 제시된 세 가지 데이터 근원 중 하나. 실험실에서와 같이 통제된 상태에서의 행동관찰. L-데이터와 Q-데이터와 대비된다.

참고문헌

A

Abramson, L. Y., Alloy, L. B., Hankin, B. L., Haeffel, G. J., MacCoon, D., & Gibb, B. E. (2002). Cognitive vulnerability-stress models of depression in a self-regulatory and psychobiological context. In I. H. Gotlib & C. Hammen (Eds.), *Handbook of depression* (pp. 268–294). New York: Guilford Press.

Abramson, L. Y., Seligman, M. E. P., & Teasdale, J. P. (1978). Learned helplessness in humans: Critique and reformulation. *Journal of Abnormal Psychology, 87,* 49–74.

Ackerman, S., Zuroff, D., & Moscowitz, D. S. (2000). Generativity in midlife and young adults: Links to agency, communion, and well-being. *International Journal of Aging and Human Development, 50,* 17–41.

Adams, G. R., & Marshall, S. K. (1996). A developmental social psychology of identity: Understanding the person-in-context. *Journal of Adolescence, 19,* 429–442.

Adams, G. R., Ryan, J. H., Hoffman, J. J., Dobson, W. R., & Nielson, E. C. (1984). Ego identity status, conformity behavior, and personality in later adolescence. *Journal of Personality and Social Psychology, 47,* 1091–1104.

Adler, A. (1927). *The practice and theory of individual psychology.* New York: Harcourt Brace World.

Adler, A. (1930). Individual psychology. In C. Murchison (Ed.), *Psychologies of 1930.* Worcester, MA: Clark University Press.

Adler, A. (1931). *What life should mean to you.* Boston: Little, Brown.

Adler, J. M., Kissel, E., & McAdams, D. P. (2006). Emerging from the CAVE: Attributional style and the narrative study of identity in midlife adults. *Cognitive Therapy and Research, 30,* 39–51.

Adler, J. M., & McAdams, D. P. (2007). Telling stories about therapy: Ego development, well-being, and the therapeutic relationship. In R. Josselson, A. Lieblich, & D. P. McAdams (Eds.), *The meaning of others: Narrative studies of relationships* (pp. 213–236). Washington, DC: American Psychological Association Press.

Adorno, T. W., Frenkel-Brunswik, E., Levinson, D. J., & Sanford, R. N. (1950). *The authoritarian personality.* New York: Harper & Brothers.

Ainsworth, M. D. S. (1967). *Infancy in Uganda: Infant care and the growth of love.* Baltimore: Johns Hopkins University Press.

Ainsworth, M. D. S. (1969). Object relations, dependency, and attachment: A theoretical review of the infant–mother relationship. *Child Development, 40,* 969–1025.

Ainsworth, M. D. S. (1989). Attachments beyond infancy. *American Psychologist, 44,* 709–716.

Ainsworth, M. D. S., Blehar, M. C., Waters, E., & Wall, T. (1978). *Patterns of attachment.* Hillsdale, NJ: Erlbaum.

Ainsworth, M. D. S., & Bowlby, J. (1991). An ethological approach to personality development. *American Psychologist, 46,* 333–341.

Akbar, N. (1991). The evolution of human psychology for African Americans. In R. L. Jones (Ed.), *Black psychology* (3rd ed., pp. 99–124). Berkeley, CA: Cobb & Henry.

Aldwin, C. M., & Levensen, M. R. (1994). Aging and personality assessment. In P. M. Lawton & J. A. Teresi (Eds.), *Annual review of gerontology and geriatrics* (Vol. 14, pp. 182–209). New York: Springer.

Alea, N., & Bluck, S. (2003). Why are you telling me that? A conceptual model of the social function of autobiographical memory. *Memory, 11,* 165–178.

Alexander, I. E. (1988). Personality, psychological assessment, and psychobiography. *Journal of Personality, 56,* 265–294.

Alker, H. A. (1972). Is personality situationally specific or intrapsychically consistent? *Journal of Personality, 40,* 1–16.

Allemand, M., Zimprich, D., & Hertzog, C. (2007). Cross-sectional age differences and longitudinal age changes of personality in middle adulthood and old age. *Journal of Personality, 75,* 323–358.

Allick, J., & Realo, A. (1997). Emotional experience and its relation to the Five-factor model in Estonian. *Journal of Personality, 65,* 625–647.

Alloy, L. B., Abramson, L. Y., Hogan, M. E., Whitehouse, W. G., Rose, D. T., Robinson, M. S., et al. (2000). The Temple–Wisconsin Cognitive Vulnerability to Depression project: Lifetime history of Axis I psychopathology in individuals at high and low cognitive risk for depression. *Journal of Abnormal Psychology, 109,* 403–418.

Allport, G. W., & Postman, L. (1947). *The psychology of rumor.* New York: Holt.

Allport, G. W. (1937). *Personality: A psychological interpretation*. New York: Holt, Rinehart & Winston.

Allport, G. W. (1942). *The use of personal documents in psychological science*. New York: Social Science Research Council.

Allport, G. W. (1950). *The individual and his religion*. New York: Macmillan.

Allport, G. W. (1954). *The nature of prejudice*. Cambridge, MA: Addison-Wesley.

Allport, G. W. (1955). *Becoming: Basic considerations for a psychology of personality*. New Haven, CT: Yale University Press.

Allport, G. W. (1961). *Pattern and growth in personality*. New York: Holt, Rinehart & Winston.

Allport, G. W. (1965). *Letters from Jenny*. New York: Harcourt, Brace & World.

Allport, G. W. (1968). *The person in psychology: Selected essays*. Boston: Beacon Press.

Allport, G. W., Bruner, J. S., & Jandorf, E. M. (1941). Personality under social catastrophe: Ninety-five life histories of the Nazi revolution. *Character and Personality, 10*, 1–22.

Allport, G. W., & Odbert, H. S. (1936). Trait-names, a psychological study. *Psychological Monographs, 47*(1, Whole No. 211).

Allport, G. W., & Vernon, P. E. (1933). *Studies in expressive movement*. New York: Macmillan.

Altemeyer, B. (1981). *Right-wing authoritarianism*. Winnepeg: University of Manitoba Press.

Altemeyer, B. (1988). *Enemies of freedom: Understanding right-wing authoritarianism*. San Francisco: Jossey-Bass.

Altemeyer, B. (1993). *Authoritarianism in American legislators*. Address at the annual meeting of the International Society of Political Psychology, Cambridge, MA.

Altemeyer, R. A. (1996). *The authoritarian specter*. Cambridge, MA: Harvard University Press.

Amabile, T. M., DeJong, W., & Lepper, M. R. (1976). Effects of externally imposed deadlines on subsequent intrinsic motivation. *Journal of Personality and Social Psychology, 34*, 92–98.

American Psychiatric Association (2000). *Diagnostic and statistical manual of mental disorders: DSM-IV-TR*. Washington, DC: Author.

Amsterdam, B. K. (1972). Mirror self-image reactions before age two. *Developmental Psychology, 5*, 297–305.

Anderson, C. A., & Bushman, B. J. (2002). The effects of media violence on society. *Science, 295*, 2377–2378.

Anderson, C. A., Carnagey, N. L., & Eubanks, J. (2003). Exposure to violent media: The effects of songs with violent lyrics on aggressive thoughts and feelings. *Journal of Personality and Social Psychology, 84*, 960–971.

Anderson, J. W. (1981). Psychobiographical methodology: The case of William James. In L. Wheeler (Ed.), *Review of personality and social psychology* (Vol. 2, pp. 245–272). Beverly Hills, CA: Sage.

Anderson, J. W. (1988). Henry A. Murray's early career: A psychobiographical exploration. *Journal of Personality, 56*, 139–171.

Anderson, K. J., & Revelle, W. (1994). Impulsivity and time of day: Is rate of change in arousal a function of impulsivity? *Journal of Personality and Social Psychology, 67*, 334–344.

Anderson, L. R., & Blanchard, P. N. (1982). Sex differences in task and social-emotional behavior. *Basic and Applied Social Psychology, 3*, 109–139.

Anderson, W. (1970). *Theophrastus: The character sketches*. Kent, OH: Kent State University Press.

Andrews, J. D. W. (1967). The achievement motive in two types of organizations. *Journal of Personality and Social Psychology, 6*, 163–168.

Andrews, M. (1991). *Lifetimes of commitment: Aging, politics, psychology*. Cambridge, UK: Cambridge University Press.

Angelou, M. (1970). *I know why the caged bird sings*. New York: Random House.

Angleitner, A., & Ostendorf, F. (1994). Temperament and the big five factors of personality. In C. F. Halverson, Jr., G. A. Kohnstamm, & R. P. Martin (Eds.), *The developing structure of temperament and personality from infancy to adulthood* (pp. 69–90). Hillsdale, NJ: Erlbaum.

Angus, L. E., & McLeod, J. (Eds.). (2004). *Handbook of narrative and psychotherapy*. London: Sage.

Anthony, E. J. (1970). The behavior disorders of childhood. In P. H. Mussen (Ed.), *Carmichael's handbook of child psychology* (Vol. 1, pp. 667–764). New York: Wiley.

Archer, J. (1988). The sociobiology of bereavement: A reply to Littlefield and Rushton. *Journal of Personality and Social Psychology, 55*, 272–278.

Arend, R., Gove, F. L., & Sroufe, L. A. (1979). Continuity of individual adaptation from infancy to kindergarten: A predictive study of egoresiliency and curiosity in preschoolers. *Child Development, 50*, 950–959.

Argyle, M., & Little, B. R. (1972). Do personality traits apply to social behavior? *Journal for the Theory of Social Behavior, 2*, 1–35.

Argyle, M., & Lu, L. (1990). Happiness and social skills. *Personality and Individual Differences, 11*, 1255–1262.

Arnett, J. J. (2000). Emerging adulthood: A theory of development from the late teens through the twenties. *American Psychologist, 55*, 469–480.

Aron, E. N., & Aron, A. (1997). Sensory-processing sensitivity and its relation to introversion and emotionality. *Journal of Personality and Social Psychology, 73*, 345–368.

Aron, E. N., Aron, A., & Davies, K. M. (2005). Adult shyness: The interaction of temperamental sensitivity and an adverse childhood environment. *Personality and Social Psychology Bulletin, 31*, 181–197.

Arthur, W., Jr., & Graziano, W. G. (1996). The five-factor model, conscientiousness, and driving accident involvement. *Journal of Personality*, *64*, 593–618.

Asendorpf, J. B., & Wilpers, S. (1998). Personality effects on social relationships. *Journal of Personality and Social Psychology*, *74*, 1531–1544.

Ashton, M. C., & Lee, K. (2007). Empirical, theoretical, and practical advantages of the HEXACO model of personality structure. *Personality and Social Psychology Review*, *11*, 150–166.

Ashton, M. C., Lee, K., Perguini, M., Szarota, P., de Vries, R. E., Di Blas, L., et al. (2004). A six-factor structure of personalitydescriptive adjectives: Solutions from psycholexical studies in seven languages. *Journal of Personality and Social Psychology*, *86*, 356–366.

Atkinson, J. W. (1957). Motivational determinants of risk-taking behavior. *Psychological Review*, *64*, 359–372.

Atkinson, J. W. (Ed.). (1958). *Motives in fantasy, action, and society*. Princeton, NJ: Van Nostrand.

Atkinson, J. W., & Birch, D. (1978). *An Introduction to motivation* (2nd ed.). New York: Van Nostrand.

Atkinson, J. W., Bongort, K., & Price, L. H. (1977). Explorations using computer simulation to comprehend TAT measurement of motivation. *Motivation and Emotion*, *1*, 1–27.

Atkinson, J. W., Heyns, R. W., & Veroff, J. (1954). The effect of experimental arousal of the affiliation motive on thematic apperception. *Journal of Abnormal and Social Psychology*, *49*, 405–410.

Atkinson, J. W., & Raynor, J. O. (Eds.). (1978). *Motivation and achievement* (2nd ed.). Washington, DC: Winston.

Atkinson, M., & Violato, C. (1994). Neuroticism and coping with anger: The transituational consistency of coping responses. *Personality and Individual Differences*, *17*, 769–782.

B

Bagby, R. M., Joffe, R. T., Parker, J. D. A., Kalemba, V., & Harkness, K. L. (1995). Major depression and the five-factor

model of personality. *Journal of Personality Disorders*, *9*, 224–234.

Bailey, J. M., Gaulin, S., Agyei, Y., & Gladue, B. A. (1994). Effects of gender and sexual orientation on evolutionarily relevant aspects of human mating psychology. *Journal of Personality and Social Psychology*, *66*, 1081–1093.

Bakan, D. (1958). *Sigmund Freud and the Jewish mystical tradition*. New York: Van Nostrand.

Bakan, D. (1966). *The duality of human existence: Isolation and communion in Western man*. Boston: Beacon Press.

Bakan, D. (1971). *Slaughter of the innocents*. Boston: Beacon Press.

Baker-Brown, G., Ballard, E. J., Bluck, S., de Vries, B., Suedfeld, P., & Tetlock, P. E. (1992). The conceptual/integrative complexity scoring manual. In C. P. Smith (Ed.), *Motivation and personality: Handbook of thematic content analysis* (pp. 401–418). New York: Cambridge University Press.

Bakhtin, M. M. (1973). *Problems of Dostoyevsky's poetic* (Transl. By R. W. Rotsel, Trans.). Ann Arbor, MI: Ardis. (Original work published 1929)

Baldwin, J. M. (1897). *Mental development in the child and the race*. New York: Macmillan.

Baldwin, M. W. (1992). Relational schemas and the processing of social information. *Psychological Bulletin*, *112*, 461–484.

Ball, D. W. (1972). The definition of situation: Some theoretical and mythological consequences of taking W. I. Thomas seriously. *Journal for the Theory of Social Behaviour*, *2*, 61–82.

Baltes, P. B., & Baltes, M. M. (1990). Psychological perspectives on successful aging: The model of selective optimization with compensation. In P. B. Baltes & M. M. Baltes (Eds.), *Successful aging: Perspectives from the behavioral sciences* (pp. 1–34). Cambridge, UK: Cambridge University Press.

Bandura, A. (1965). Influence of models' reinforcement contingencies on the acquisitions of imitative responses.

Journal of Personality and social Psychology, *1*, 589–595.

Bandura, A. (1971). *Social learning theory*. Morristown, NJ: General Learning Press.

Bandura, A. (1977). *Social learning theory* (2nd ed.). Englewood Cliffs, NJ: Prentice-Hall.

Bandura, A. (1989). Human agency in social cognitive theory. *American Psychologist*, *44*, 1175–1184.

Bandura, A. (1999). Social cognitive theory of personality. In L. Pervin & O. John (Eds.), *Handbook of personality: Theory and research* (2nd ed., pp. 154–196). New York: Guilford Press.

Bandura, A., Ross, D., & Ross, S. A. (1961). Transmission of aggression through imitation of aggressive models. *Journal of Abnormal and Social Psychology*, *63*, 575–582.

Bandura, A., Ross, D., & Ross, S. A. (1963). Imitation of film-mediated aggressive models. *Journal of Abnormal and Social Psychology*, *66*, 3–11.

Bandura, A., & Schunk, D. H. (1981). Cultivating competence, self-efficacy, and intrinsic interest through proximal self-motivation. *Journal of Personality and Social Psychology*, *41*, 586–598.

Bannister, D. (1962). The nature and measurement of schizophrenic thought disorder. *Journal of Mental Sciences*, *108*, 825–842.

Barenbaum, N. B. (1997). The case(s) of Gordon Allport. *Journal of Personality*, *65*, 743–755.

Barenbaum, N. B., & Winter, D. G. (2003). Personality. In I. B. Weiner (Ed.), *Handbook of psychology: Vol. 1. History of psychology* (pp. 177–203). New York: Wiley.

Barnett, P. A., & Gotlib, I. H. (1988). Psychosocial functioning and depression: Distinguishing among antecedent, concomitant, and consequences. *Psychological Bulletin*, *104*, 97–126.

Barresi, J., & Juckes, T. J. (1997). Personology and the narrative interpretation of lives. *Journal of Personality*, *65*, 693–719.

Barrett, L., Dunbar, R., & Lycett, D. (2002). *Human evolutionary psychology*. Princeton, NJ: Princeton University Press.

Barrett, L. F. (1997). The relationships among momentary emotion experiences, personality descriptions, and retrospective ratings of emotion. *Personality and Social Psychology Bulletin, 23*, 1100–1110.

Barrick, M. R., & Mount, M. K. (1991). The Big Five personality dimensions and job performance: A meta-analysis. *Personnel Psychology, 44*, 1–26.

Barrick, M. R., & Mount, M. K. (1993). Autonomy as a moderator of the relationship between the Big Five personality dimensions and job performance. *Journal of Applied Psychology, 78*, 111–118.

Barron, F. (1969). *Creative person and creative process*. New York: Holt, Rinehart & Winston.

Bateson, M. C. (1990). *Composing a life*. New York: Plume.

Bartlett, M. Y., & DeSteno, D. (2006). Gratitude and prosocial behavior: Helping when it costs you. *Psychological Science, 17*, 319–325.

Bauer, J. J., & McAdams, D. P. (2004). Personal growth in adults' stories of life transitions. *Journal of Personality, 72*, 573–602.

Bauer, J. J., McAdams, D. P., & Sakaeda, A. (2005). Interpreting the good life: Growth memories in the lives of mature, happy people. *Journal of Personality and Social Psychology, 88*, 203–217.

Baumeister, R. F. (1986). *Identity: Cultural change and the struggle for self*. New York: Oxford University Press.

Baumeister, R. F., Dale, K., & Sommer, K. L. (1998). Freudian defense mechanisms and empirical findings in modern social psychology: Reaction formation, projection, displacement, undoing, isolation, sublimation, and denial. *Journal of Personality, 66*, 1081–1124.

Baumeister, R. F., & Leary, M. R. (1995). The need to belong: Desire for interpersonal attachment as a fundamental human motivation. *Psychological Bulletin, 117*, 497–529.

Baumgarten, F. (1933). Die Charaktereigenschaften. [The character traits.] In *Beitrge zur Charakter und Persnlichkeitsforschung* (Whole No. 1). Bern: A Francke.

Baumrind, D. (1971). Current patterns of parental authority. *Developmental Psychology Monograph, 4*(1, Pt. 2).

Beck, A. T. (1967). *Depression: Clinical, experimental, and theoretical aspects*. New York: Hoeber.

Beck, A. T. (1976). *Cognitive therapy and the emotional disorders*. New York: International Universities Press.

Becker, E. (1973). *The denial of death*. New York: The Free Press.

Becker, S. W., & Eagly, A. H. (2004). The heroism of women and men. *American Psychologist, 59*, 163–178.

Beer, J. S. (2002). Implicit self-theories of shyness. *Journal of Personality and Social Psychology, 83*, 1009–1024.

Bellah, R. N., Madsen, K., Sullivan, W. M., Sandler, A., & Tipton, S. M. (1985). *Habits of the heart*. Berkeley: University of California Press.

Belsky, J. (2000). Conditional and alternative reproductive strategies: Individual differences in susceptibility to rearing experiences. In J. L. Rodgers, D. C. Rowe, & W. B. Miller (Eds.), *Genetic influences on human fertility and sexuality: Theoretical and empirical contributions from the biological and behavioral sciences* (pp. 127–145). Boston: Kluwer Academic.

Belsky, J., Crnic, K., & Woodworth, S. (1995). Personality and parenting: Exploring the mediating role of transient mood and daily hassles. *Journal of Personality, 63*, 905–929.

Bendig, A. W. (1963). The relation of temperament traits of social extraversion and emotionality to vocational interests. *Journal of General Psychology, 69*, 311–318.

Benedict, R. (1934). *Patterns of culture*. Boston: Houghton Miflin.

Benet-Martiñez, V., & Haritatos, J. (2005). Bicultural identity integration (BII): Components and psychosocial antecedents. *Journal of Personality, 73*, 1015–1050.

Benet-Martiñez, V., Leu, J., Lee, F., & Morris, M. (2002). Negotiating biculturalism: Cultural frame-switching in biculturals with oppositional versus compatible cultural identities. *Journal of Cross-Cultural Psychology, 35*, 492–516.

Berkowitz, J., & Powers, P. C. (1979). Effects of timing and justification of witnessing aggression on the observer's punitiveness. *Journal of Research in Personality, 13*, 71–80.

Berman, J. S., & Kenny, D. A. (1976). Correlational bias in observer ratings. *Journal of Personality and Social Psychology, 34*, 263–273.

Bernstein, B. A. (1970). A sociolinguistic approach to socialization: With some reference to educability. In F. Williams (Ed.), *Language and poverty: Perspectives on a theme*. Chicago: Markham.

Bertaux, D. (Ed.). (1981). *Biography and society: The life history approach in the social sciences*. Beverly Hills, CA: Sage.

Bertenthal, B. I., & Fischer, K. W. (1978). Development of self-recognition in the infant. *Developmental Psychology, 14*, 44–50.

Bertini, M., Pizzamiglio, L., & Wapner, S. (Eds.). (1986). *Field dependence in psychological theory, research, and application*. Hillsdale, NJ: Erlbaum.

Berzonsky, M. D. (1994). Self-identity: The relationship between process and content. *Journal of Research in Personality, 28*, 453–460.

Bettelheim, B. (1977). *The uses of enchantment: The meaning and importance of fairy tales*. New York: Vintage Books.

Bierhoff, H. W., Klein, R., & Kramp, P. (1991). Evidence for the altruistic personality from data on accident research. *Journal of Personality, 59*, 263–280.

Biernat, M., & Wortman, C. B. (1991). Sharing of home responsibilities between professionally employed women and their husbands. *Journal of Personality and Social Psychology, 60,* 844–860.

Birren, J., Kenyon, G., Ruth, J. E., Shroots, J. J. F., & Svendson, J. (Eds.) (1996). *Aging and biography: Explorations in adult development.* New York: Springer.

Blagov, P. S., & Singer, J. A. (2004). Four dimensions of self-defining memories (specificity, meaning, content, and affect) and their relationships to self-restraint, distress, and repressive defensiveness. *Journal of Personality, 72,* 481–511.

Blanchard, R. J., & Blanchard, D. C. (1990). Anti-predator defense as models of animal fear and anxiety. In P. F. Brain, S. Parmigiani, & G. Andrews (Eds.), *Fear and defence* (pp. 89–108). London: Harwood.

Block, J. (1965). *The challenge of response sets: Unconfounding meaning, acquiescence, and social desirability in the MMPI.* New York: Appleton-Century-Crofts.

Block, J. (1971). *Lives through time.* Berkeley, CA: Bancroft Books.

Block, J. (1977). Advancing the psychology of personality: Paradigmatic shift or improving the quality of research? In D. Magnusson & N. S. Endler (Eds.), *Personality at the crossroads: Current issues in interactional psychology.* Hillsdale, NJ: Erlbaum.

Block, J. (1981). Some enduring and consequential structures of personality. In A. I. Rabin, J. Arnoff, A. M. Barclay, & R. A. Zucker (Eds.), *Further explorations in personality* (pp. 27–43). New York: Wiley.

Block, J. (1993). Studying personality the long way. In D. C. Funder, R. D. Parke, C. Tomlinson-Keasey & K. Widaman (Eds.), *Studying lives through time: Personality and development* (pp. 9–41). Washington, DC: American Psychological Association Press.

Block, J. (1995). A contrarian view of the five-factor approach to personality description. *Psychological Bulletin, 117,* 187–215.

Block, J. H., & Block, J. (1980). The role of ego control and ego resiliency in the organization of behavior. In W. A. Collins (Ed.), *Development of cognition, affect, and social relations* (pp. 39–101). Hillsdale, NJ: Erlbaum.

Bloom, A. (1987). *The closing of the American mind: How education has failed democracy and impoverished the souls of today's students.* New York: Simon & Schuster.

Bloom, P. (2005, December). Is God an accident? *Atlantic Monthly,* pp. 105–112.

Blos, P. (1972). The epigenesis of the adult neurosis. In *The psychoanalytic study of the child* (Vol. 27). New York: Quadrangle.

Blos, P. (1979). *The adolescent passage.* New York: International Universities Press.

Bogg, T., & Roberts, B. W. (2004). Conscientiousness and health-related behavior: A meta-analysis of the leading behavioral contributors to mortality. *Psychological Bulletin, 130,* 887–919.

Bolger, N. (1990). Coping as a personality process: A prospective study. *Journal of Personality and Social Psychology, 59,* 525–537.

Bolger, N., & Schilling, E. A. (1991). Personality and the problems of everyday life: The role of neuroticism in exposure and reactivity to daily stressors. *Journal of Personality, 59,* 355–386.

Bonanno, G. A. (2004). Loss, trauma, and human resilience: Have we underestimated the human capacity to thrive after extremely aversive events? *American Psychologist, 59,* 20–28.

Bonanno, G. A., Davis, P. J., Singer, J. L., & Schwartz, G. E. (1991). The repressor personality and avoidant information processing: A dichotic listening study. *Journal of Research in Personality, 25,* 386–401.

Boomsma, D. I., Willemsen, G., Dolan, C. V., Hawkley, L. C., & Cacioppo, J. T. (2005). Genetic and environmental contributions to loneliness in adults: The Netherlands Twin Register Study. *Behavior Genetics, 35,* 745–752.

Booth, W. C. (1988). *The company we keep: An ethics of fiction.* Berkeley: University of California Press.

Borden, W. (1992). Narrative perspectives in psychosocial intervention following adverse life events. *Social Work, 37*(2), 135–141.

Borkenau, P., Riemann, R., Angleitner, A., & Spinath, F. M. (2001). Genetic and environmental influences on observed personality: Evidence from the German Observational Study of Adult Twins. *Journal of Personality and Social Psychology, 80,* 655–668.

Bouchard, T. J., Jr., Lykken, D. T., McGue, M., Segal, N. L. & Tellegen, A. (1990). Sources of human psychological differences: The Minnesota Study of Twins Reared Apart. *Science, 250,* 223–228.

Bourne, E. (1978). The state of research on ego identity: A review and appraisal (Part 1). *Journal of Youth and Adolescence, 7,* 223–255.

Bowlby, J. (1969). *Attachment and loss. Vol. 1. Attachment.* New York: Basic Books.

Bowlby, J. (1973). *Attachment and loss. Vol. 2. Separation.* New York: Basic Books.

Bowlby, J. (1980). *Attachment and loss. Vol. 3. Loss.* New York: Basic Books.

Bowlby, J. (1988). *A secure base.* New York: Basic Books.

Bowman, P. J. (1989). Research perspectives on black men: Role strain and adaptation across the adult life cycle. In R. L. Jones (Ed.), *Black adult development and aging* (pp. 117–150). Berkeley, CA: Cobb & Henry.

Bowman, P. J. (1990). Coping with provider role strain: Adaptive cultural resources among black husband-fathers. *Journal of Black Psychology, 16,* 1–21.

Boyatzis, R. E. (1973). Affiliation motivation. In D. C. McClelland & R. S. Steele (Eds.), *Human motivation: A book of readings* (pp. 252–276). Morristown, NJ: General Learning Press.

Boyce, W. T., & Ellis, B. J. (2005). Biological sensitivity to context: I.

An evolutionary–developmental theory of the origins and functions of stress reactivity. *Development and Psychopathology, 17,* 271–301.

Boyd-Franklin, N. (1989). *Black families in therapy: A multisystems approach.* New York: Guilford Press.

Boyer, P. (2002). *Religion explained: The evolutionary origins of religious thought.* New York: Basic Books.

Bradley, C. L., & Marcia, J. E. (1998). Generativity-stagnation: A five-category model. *Journal of Personality, 66,* 39–64.

Brandstatter, H. (1994). Well-being and motivated person–environment fit: A time-sampling study of emotions. *European Journal of Personality, 8,* 75–94.

Brebner, J., & Cooper C. (1985). A proposed unified model of extraversion. In J. T. Spence & C. E. Izard (Eds.), *Motivation, emotion, and personality.* Amsterdam: North-Holland.

Breger, L. (1974). *From instinct to identity: The development of personality.* Englewood Cliffs, NJ: Prentice-Hall.

Breslow, R., Kocis, J., & Belkin, B. (1981). Contribution of the depressive perspective to memory function in depression. *American Journal of Psychiatry, 183,* 227–230.

Breuer, J., & Freud, S. (1893–1898). Studies on hysteria. In J. Strachey (Ed.), *The standard edition of the complete psychological works of Sigmund Freud* (Vol. 2). London: Hogarth Press.

Brewer, M. B., & Caporael, L. R. (1990). Selfish genes versus selfish people: Sociobiology as origin myth. *Motivation and Emotion, 14,* 237–243.

Brody, L. (1999). *Gender, emotion, and the family.* Cambridge, MA: Harvard University Press.

Bromley, D. B. (1986). *The case-study method in psychology and related disciplines.* New York: Wiley.

Bronfenbrenner, U. (1979). *The ecology of human development.* Cambridge, MA: Harvard University Press.

Bronfenbrenner, U. (1994). Ecological models of human development. In

T. Husten & T. N. Postlewaite (Eds.), *International encyclopedia of education* (2nd ed.). New York: Elsevier Science.

Brotman, B. (2007, June 14). Senn graduation truly a world party. *Chicago Tribune,* pp. 1, 22–24.

Broughton, J. M., & Zahaykevich, M. K. (1988). Ego and ideology: A critical review of Loevinger's theory. In D. K. Lapsley & F. C. Power (Eds.), *Self, ego, and identity: Integrative approaches* (pp. 179–208). New York: Springer-Verlag.

Brown, K. W., & Moskowitz, D. S. (1998). Dynamic stability of behavior: The rhythms of our interpersonal lives. *Journal of Personality, 66,* 105–134.

Brown, N. O. (1959). *Life against death.* New York: Random House.

Browning, D. S. (1975). *Generative man: Psychoanalytic perspectives.* New York: Dell.

Bruhn, A. R., & Schiffman, H. (1982). Prediction of locus of control from the earliest childhood memory. *Journal of Personality Assessment, 46,* 380–390.

Bruner, J. S. (1986). *Actual minds, possible worlds.* Cambridge, MA: Harvard University Press.

Bruner, J. S. (1990). *Acts of meaning.* Cambridge, MA: Harvard University Press.

Brunstein, J. C., Schultheiss, O. C., & Grassmann, R. (1998). Personal goals and emotional well-being: The moderating role of motive dispositions. *Journal of Personality and Social Psychology, 75,* 494–508.

Brunswik, E. (1956). *Perception and the representative design of psychological experiments.* Berkeley: University of California Press.

Bryant, F. B. (2003). Savoring beliefs inventory (SBI): A scale for measuring beliefs about savoring. *Journal of Mental Health, 12,* 175–196.

Bühler, C. (1933). *Der menschliche lebenslauf als psychologisches problem.* Leipzig: Hirzel Verlag.

Burisch, M. (1984). Approaches to personality inventory construction: A comparison of merits. *American Psychologist, 39,* 214–227.

Burt, S. A., McGue, M., Iacono, W. G., & Krueger, R. F. (2006). Differential parent–child relationships and adolescent externalizing symptoms: Cross-lagged analyses within a monozygotic differences design. *Developmental Psychology, 42,* 1289–1298.

Burton, C. M., & King, L. A. (2004). The health benefits of writing about intensely positive experiences. *Journal of Research in Personality, 38,* 150–163.

Bushman, B. J., & Baumeister, R. F. (1998). Threatened egotism, narcissism, self-esteem, and direct and displaced aggression: Does self-love or self-hate lead to violence. *Journal of Personality and Social Psychology, 75,* 219–229.

Buss, A. H. (1986). Social rewards and personality. *Journal of Personality and Social Psychology, 44,* 553–563.

Buss, D. M. (1988). The evolution of human intrasexual competition: Tactics of mate attraction. *Journal of Personality and Social Psychology, 54,* 616–628.

Buss, D. M. (1989a). Conflict between the sexes: Strategic interference and the evocation of anger and upset. *Journal of Personality and Social Psychology, 56,* 735–747.

Buss, D. M. (1989b). Sex differences in human mate preference: Evolutionary hypotheses tested in 37 cultures. *Brain and Behavior Sciences, 12,* 1–49.

Buss, D. M. (1991). Evolutionary personality psychology. In M. R. Rosenzweig & L. W. Porter (Eds.), *Annual review of psychology* (pp. 459–491). Palo Alto, CA: Annual Reviews.

Buss, D. M. (1995). Evolutionary psychology: A new paradigm for psychological science. *Psychological Inquiry, 6,* 1–30.

Buss, D. M. (1997). Evolutionary foundations of personality. In R. Hogan, J. Johnson, & S. Briggs (Eds.), *Handbook of personality psychology* (pp. 317–344). San Diego, CA: Academic Press.

Buss, D. M., & Barnes, M. (1986). Preferences in human mate selection.

Journal of Personality and Social Psychology, 50, 559–570.

Buss, D. M., & Cantor, N. (1989). Introduction. In D. M. Buss & N. Cantor (Eds.), *Personality psychology: Recent trends and emerging directions* (pp. 1–12). New York: Springer-Verlag.

Buss, D. M., & Craik, K. H. (1983). Act prediction and the conceptual analysis of personality scales: Indices of act density, bipolarity, and extensity. *Journal of Personality and Social Psychology, 45*, 1081–1095.

Buss, D. M., & Craik, K. H. (1984). Acts, dispositions, and personality. In B. A. Maher & W. B. Maher (Eds.), *Progress in experimental personality research* (Vol. 13, pp. 241–301). Orlando, FL: Academic Press.

Butler, R. N. (1975). *Why survive: Being old in America.* New York: Harper & Row.

Byrne, D., & Kelly, K. (1981). *An introduction to personality* (3rd ed.). Englewood Cliffs, NJ: Prentice-Hall.

C

Calder, B. J., & Staw, B. M. (1975). The interaction of intrinsic and extrinsic motivation: Some methodological notes. *Journal of Personality and Social Psychology, 31*, 76–80.

Cale, E. M. (2006). A quantitative review of the relations between the "Big 3" higher order personality dimensions and antisocial behavior. *Journal of Research in Personality, 40*, 250–284.

Campbell, D. T. (1975). "Degrees of freedom" and the case study. *Comparative Political Studies, 8*, 178–193.

Campbell, D. T., & Fiske, D. W. (1959). Convergent and discriminant validity by the multitrait–multimethod matrix. *Psychological Bulletin, 56*, 81–105.

Campbell, J. (1949). *The hero with a thousand faces.* New York: Bollingen Foundation.

Campbell, J. B., & Hawley, C. W. (1982). Study habits and Eysenck's theory of introversion–extraversion. *Journal of Research in Personality, 16*, 139–146.

Canli, T. (2004). Functional brain mapping of extraversion and neuroticism: Learning from individual differences in emotion processing. *Journal of Personality, 72*, 1104–1132.

Canli, T., Qiu, M., Omura, K., Congdon, E., Haas, B. W., Amin, Z., et al. (2006). Neural correlates of epigenesis. *Proceedings of the National Academy of Sciences, 103*, 16033–16038.

Canli, T., Sivers, H., Whitfield, S. L., Gotlib, I. H., & Gabrieli, J. D. E. (2002). Amygdala response to happy faces as a function of extraversion. *Science, 296*, 2191.

Canli, T., Zhao, Z., Desmond, J. E., Kang, E., Gross, J., & Gabriele, J. D. E. (2001). An fMRI study of personality influences on brain reactivity to emotional stimuli. *Behavioral Neuroscience, 115*, 33–42.

Cantor, N., & Kihlstrom, J. F. (1985). Social intelligence: The cognitive basis of personality. In P. Shaver (Ed.), *Self, situations, and social behavior* (pp. 15–34). Beverly Hills, CA: Sage.

Cantor, N., & Kihlstrom, J. F. (1987). *Personality and social intelligence.* Englewood Cliffs, NJ: Prentice-Hall.

Cantor, N., & Kihlstrom, J. F. (1989). Social intelligence and cognitive assessments of personality. In R. S. Wyer, Jr., & T. K. Srull (Eds.), *Advances in social cognition: Vol. II. Social intelligence and cognitive assessments of personality* (pp. 1–59). Hillsdale, NJ: Erlbaum.

Cantor, N., Mischel, W., & Schwartz, J. C. (1982). A prototype analysis of psychological situations. *Cognitive Psychology, 14*, 45–77.

Cantor, N., & Zirkel, S. (1990). Personality, cognition, and purposive behavior. In L. Pervin (Ed.), *Handbook of personality theory and research* (pp. 135–164). New York: Guilford Press.

Cantor, N. F. (1971). *Western civilization, its genesis and destiny: The modern heritage. From 1500 to the present.* Glenview, IL: Scott, Foresman.

Carlo, G., Eisenberg, N., Troyer, D., Switzer, G., & Speer, A. L. (1991). The altruistic personality: In what contexts is it apparent? *Journal of Personality and Social Psychology, 61*, 450–458.

Carlsmith, J. M., Ellsworth, P. C. & Aronson, E. (1976). *Methods of research in social psychology.* Reading, MA: Addison-Wesley.

Carlson, R. (1971). Where is the person in personality research? *Psychological Bulletin, 75*, 203–219.

Carlson, R. (1981). Studies in script theory: I. Adult analogs of a childhood nuclear scene. *Journal of Personality and Social Psychology, 40*, 501–510.

Carlson, R. (1984). What's social about social psychology? Where's the person in personality research? *Journal of Personality and Social Psychology, 47*, 1304–1309.

Carlson, R. (1988). Exemplary lives: The uses of psychobiography for theory development. *Journal of Personality, 56*, 105–138.

Carlson, E. A., Sroufe, L. A., & Egeland, B. (2004). The construction of experience: A longitudinal study of representation and behavior. *Child Development, 75*, 66–83.

Carlson, V., Cicchetti, D., Barnett, D., & Braunwald, K. (1989), Disorganized/disoriented attachment behaviors in maltreated infants. *Developmental Psychology, 25*, 525–531.

Carment, D. W., Miles, G. D., & Cervin, V. B. (1965). Persuasiveness and persuasability as related to intelligence and extraversion. *British Journal of Social and Clinical Psychology, 4*, 1–7.

Carstensen, L. L. (1995). Evidence for a life-span theory of socioemotional selectivity. *Current Directions in Psychological Science, 4*, 151–155.

Carter, C. S. (1998). Neuroendocrine perspectives on social attachment and love. *Psychoneuroendocrinology, 23*, 779–818.

Cartwright, L. K., & Wink, P. (1994). Personality change in women physicians from medical student years to mid-40s. *Psychology of Women Quarterly, 18*, 291–308.

Carver, C. S., & White, T. L. (1994). Behavioral inhibition, behavioral activation, and affective responses to impending reward and punishment: The BIS/BAS scales. *Journal of Personality and Social Psychology, 67*, 319–333.

Carver, C. S. (2004). Negative affects deriving from the behavioral approach system. *Emotion, 3*, 3–22.

Caspi, A. (1998). Personality development across the life course. In W. Damon (Ed.), *Handbook of child psychology: Vol. 3. Social, emotional, and personality development* (5th ed., pp. 311–388). New York: Wiley.

Caspi, A., Harrington, H. L., Milne, B., Amell, J. W., Theodore, R. F., & Moffitt, T. E. (2003). Children's behavioral styles at age 3 are linked to their adult personality traits at age 26. *Journal of Personality, 71*, 495–513.

Caspi, A., & Moffitt, T. E. (1993). When do individual differences matter?: A paradoxical theory of personality coherence. *Psychological Inquiry, 4*, 247–271.

Caspi, A., Roberts, B. W., & Shiner, R. L. (2005). Personality development: Stability and change. In S. T. Fiske & D. Schacter (Eds.), *Annual review of psychology* (Vol. 56, pp. 453–484). Palo Alto, CA: Annual Reviews.

Caspi, A., Sugden, K., Moffitt, T. E., Taylor, A., Craig, I. W., & Harrington, H. J. (2003). Influence of life stress on depression: Moderation by a polymorphism in the 5-HTT gene. *Science, 301*, 386–389.

Cattell, R. B. (1943). The description of personality: Basic traits resolved into clusters. *Journal of Abnormal and Social Psychology, 38*, 476–506.

Cattell, R. B. (1947). Confirmation and clarification of the primary personality factors. *Psychometrika, 12*, 197–220.

Cattell, R. B. (1950). *Personality: A systematic, theoretical, and factual study.* New York: McGraw-Hill.

Cattell, R. B. (1957). *Personality and motivation structure and measurement.* Yonkers-on-Hudson, NY: World Book.

Cattell, R. B. (1965). *The scientific analysis of personality.* Baltimore: Penguin.

Cattell, R. B. (1990). Advances in Cattellian personality theory. In L. A. Pervin (Ed.), *Handbook of personality: Theory and research* (pp. 101–110). New York: Guilford Press.

Carter, C. S. (1998). Neuroendocrine perspectives on social attachment and love. *Psychoneuroendocrinology, 23*, 779–818.

Cervone, D., Shadel, W. G., & Jencius, S. (2001). Social-cognitive theory of personality assessment. *Personality and Social Psychology Review, 5*, 33–51.

Cervone, D., & Shoda, Y. (1999a). Beyond traits in the study of personality coherence. *Current Directions in Psychological Science, 8*, 27–32.

Cervone, D., & Shoda, Y. (1999b). Social-cognitive theories and the coherence of personality. In D. Cervone & Y. Shoda (Eds.), *The coherence of personality: Social-cognitive bases of consistency, variability, and organization* (pp. 3–33). New York: Guilford Press.

Chafe, W. (1990). Some things that narratives tell us about the mind. In B. K. Britton & A. D. Pellegrini (Eds.), *Narrative thought and narrative language* (pp. 79–98). Hillsdale, NJ: Erlbaum.

Chaikin, A. L., Derlega, V. J., Bayma, B., & Shaw, J. (1975). Neuroticism and disclosure reciprocity. *Journal of Clinical and Consulting Psychology, 43*, 13–19.

Chaplin, W. F., Phillips, J. B., Brown, J. D., Clanton, N. R., & Stein, J. L. (2000). Handshaking, gender, personality, and first impressions. *Journal of Personality and Social Psychology, 79*, 110–117.

Chodorow, N. (1978). *The reproduction of mothering: Psychoanalysis and the sociology of gender.* Berkeley: University of California Press.

Christie, R., & Lindauer, F. (1963). Personality structure. In *Annual review of psychology* (Vol. 14, pp. 201–230). Palo Alto, CA: Annual Reviews.

Church, A. T. (2000). Culture and personality: Toward an integrated cultural trait psychology. *Journal of Personality, 68*, 651–703.

Church, A. T., & Katigbak, M. S. (1989). Internal, external, and self-report structure of personality in a non-Western culture: An investigation of cross-language and cross-cultural generalizability. *Journal of Personality and Social Psychology, 57*, 857–872.

Church, A. T., Reyes, J. A. S., Katigbak, M. S., & Grimm, S. D. (1997). Filipino personality structure and the Big Five model: A lexical approach. *Journal of Personality, 65*, 477–528.

Clark, G. (2007). *A farewell to alms: A brief economic history of the world.* Princeton, NJ: Princeton University Press.

Clark, L. A., Watson, D., & Mineka, S. (1994). Temperament, personality, and the mood and anxiety disorders. *Journal of Abnormal Psychology, 103*, 103–116.

Cloninger, C. R. (1987). A systematic method for clinical description and classification of personality variants. *Archives of General Psychiatry, 44*, 573–588.

Cochran, S. D., & Hammen, C. L. (1985). Perceptions of stressful life events and depression: A test of attributional models. *Journal of Personality and Social Psychology, 48*, 1562–1571.

Cohler, B. J. (1982). Personal narrative and the life course. In P. Baltes & O. G. Brim, Jr. (Eds.), *Life span development and behavior* (Vol. 4, pp. 205–241). New York: Academic Press.

Cohler, B. J. (1990). *The life-story and the study of resilience and response to adversity.* New England Symposium on Narrative Studies, Clark University.

Cohler, B. J., & Boxer, A. M. (1984). Personal adjustment, well-being, and life events. In C. Z. Malatesta & C. E. Izard (Eds.), *Emotion in adult development* (pp. 85–100). Beverly Hills, CA: Sage.

Cohler, B. J., Hostetler, A. J., & Boxer, A. (1998). Generativity, social context, and lived experience: Narratives of gay men in middle adulthood. In D. P. McAdams and E. de St. Aubin (Eds.), *Generativity and adult development: How and why we care for the next generation* (pp. 265–309). Washington, DC: APA Press.

Cohn, L. D. (1991). Sex differences in the course of personality development: A meta-analysis. *Psychological Bulletin, 109*, 252–266.

Cohn, L. D., & Westenberg, P. M. (2004). Intelligence and maturity: Meta-analytic evidence for the incremental and discriminant validity of Loevinger's measure of ego development. *Journal of Personality and Social Psychology, 86*, 760–772.

Colby, A., & Damon, W. (1992). *Some do care: Contemporary lives of moral commitment*. New York: The Free Press.

Coifman, K. G., Bonanno, G. A., Ray, R. D., & Gross, J. J. (2007). Does repressive coping promote resilience? Affective-autonomic response discrepancy during bereavement. *Journal of Personality and Social Psychology, 92*, 745–758.

Cole, E. R., & Stewart, A. J. (1996). Meanings of political participation among black and white women: Political identity and social responsibility. *Journal of Personality and Social Psychology, 71*, 130–140.

Cole, J. (1970). Culture: Negro, black, and nigger. *Black Scholar, 1*, 341–350.

Coles, R. (1989). *The call of stories: Teaching and the moral imagination*. Boston: Houghton Mifflin.

Comer, R. J. (1995). *Abnormal psychology* (5th ed.). New York: W. H. Freeman.

Conard, M. A. (2006). Aptitude is not enough: How personality and behavior predict academic performance. *Journal of Research in Personality, 40*, 339–346.

Conger, J. J., & Petersen, A. C. (1984). *Adolescence and youth: Psychological development in a changing world* (3rd ed.). New York: Harper & Row.

Conley, J. J. (1985a). A personality theory of adulthood and aging. In R. Hogan & W. H. Jones (Eds.), *Perspectives in personality* (Vol. 1, pp. 81–116). Greenwich, CT: JAI Press.

Conley, J. J. (1985b). Longitudinal stability of personality traits: A multitrait–multimethod–multioccasion analysis. *Journal of Personality and Social Psychology, 49*, 1266–1282.

Conway, M. A., & Holmes, A. (2004). Psychosocial stages and the accessibility of autobiographical memories across the life cycle. *Journal of Personality, 72*, 461–480.

Cooper, J., & Scalise, C. J. (1974). Dissonance produced by deviations from life-styles: The interaction of Jungian typology and conformity. *Journal of Personality and Social Psychology, 29*, 566–571.

Cordes, C. (1986). Narrative thought neglected. *APA Monitor*.

Corr, P. J. (Ed.). (in press). *The reinforcement sensitivity theory of personality*. Cambridge, UK: Cambridge University Press.

Costa, P. T., Jr., & McCrae, R. R. (1978). Objective personality assessments. In M. Storandt, I. C. Siegler, & M. F. Elias (Eds.), *The clinical psychology of aging* (pp. 119–143). New York: Plenum Press.

Costa, P. T., Jr., & McCrae, R. R. (1980a). Influence of extraversion and neuroticism on subjective well-being: Happy and unhappy people. *Journal of Personality and Social Psychology, 38*, 668–678.

Costa, P. T., Jr., & McCrae, R. R. (1980b). Somatic complaints in males as a function of age and neuroticism: A longitudinal analysis. *Journal of Behavioral Medicine, 3*, 245–257.

Costa, P. T., Jr., & McCrae, R. R. (1984). Personality as a lifelong determinant of well-being. In C. Z. Malatesta & C. E. Izard (Eds.), *Emotion in adult development* (pp. 141–158). Beverly Hills, CA: Sage.

Costa, P. T., Jr., & McCrae, R. R. (1985). *The NEO Personality Inventory*. Odessa, FL: Psychological Assessment Resources.

Costa, P. T., Jr., & McCrae, R. R. (1992). *The NEO-PI-R: Professional manual*. Odessa, FL: Psychological Assessment Resources.

Costa, P. T., Jr., & McCrae, R. R. (1994). Set like plaster?: Evidence for the stability of adult personality. In T. F. Heatherton & J. L. Weinberger (Eds.), *Can personality change?* (pp. 21–40). Washington, DC: APA Press.

Costa, P. T., McCrae, R. R. & Arenberg, P. (1980). Enduring dispositions in adult males. *Journal of Personality and Social Psychology, 38*, 793–800.

Costa, P. T., Jr., McCrae, R. R., & Zonderman, A. B. (1987). Environmental and dispositional influences on well-being: Longitudinal followup of an American national sample. *British Journal of Psychology, 78*, 299–306.

Costa, P. T., Jr., & Widiger, T. A. (Eds.). (2002). *Personality disorders and the five-factor model of personality*. Washington, DC: American Psychological Association Press.

Cox, C. (1926). *The early mental traits of three hundred geniuses*. Stanford, CA: Stanford University Press.

Coyne, J. C., & Gotlib, I. H. (1983). The role of cognition in depression: A critical appraisal. *Psychological Bulletin, 94*, 472–505.

Cozolino, L. (2006). *The neuroscience of human relationships: Attachment and the developing social brain*. New York: Wiley.

Craig, J-A., Koestner, R., & Zuroff, D. C. (1994). Implicit and self-attributed intimacy motivation. *Journal of Social and Personal Relationships, 11*, 491–507.

Cramer, P. (1991). *The development of defense mechanisms*. New York: Springer-Verlag.

Cramer, P. (2002). Defense mechanisms, behavior, and affect in young adulthood. *Journal of Personality, 70*, 103–126.

Cramer, P. (2004). Identity change in adulthood: The contribution of defense mechanisms and life experiences. *Journal of Research in Personality*, *38*, 280–316,

Cramer, P. (2007). Longitudinal study of defense mechanisms: Late childhood to late adolescence. *Journal of Personality*, *75*, 1–23.

Cramer, P., & Brilliant, M. A. (2001). Defense use and defense understanding in children. *Journal of Personality*, *69*, 297–322.

Crandall, J. E. (1980). Adler's concept of social interest: Theory, measurement and implications for adjustment. *Journal of Personality and Social Psychology*, *39*, 481–495.

Crandall, J. E. (1984). Social interest as a moderator of life stress. *Journal of Personality and Social Psychology*, *47*, 164–174.

Crewe, N. M. (1997). Life stories of people with long-term spinal cord injury. *Rehabilitation Counseling Bulletin*, *41*, 26–42.

Crockett, H. J., Jr. (1962). The achievement motive and differential occupational mobility in the United States. *American Sociological Review*, *27*, 191–204.

Crockett, W. H. (1965). Cognitive complexity and impression formation. In B. A. Maher (Ed.), *Progress in experimental personality research* (Vol. 1, pp. 47–90). New York: Academic Press.

Cronbach, L. J., & Meehl, P. E. (1955). Construct validity in psychological tests. *Psychological Bulletin*, *52*, 281–302.

Cross, H., & Allen, J. (1970). Ego identity status, adjustment, and academic achievement. *Journal of Consulting and Clinical Psychology*, *34*, 288.

Crowne, D. P., & Marlowe, D. (1964). *The approval motive: Studies in evaluative dependence*. New York: Wiley.

Cunningham, M. R. (1981). Sociobiology as a supplementary paradigm for social psychological research. In L. Wheeler (Ed.), *Review of personality and social psychology* (Vol. 2, pp. 69–106). Beverly Hills, CA: Sage.

Cushman, P. (1990). Why the self is empty: Toward a historically situated psychology. *American Psychologist*, *45*, 599–611.

Cutler, S. S., Larsen, R. J., & Bunce, S. C. (1996). Repressive coping style and the experience and recall of emotion: A naturalistic study of daily affect. *Journal of Personality*, *65*, 379–405.

D

Daly, M., & Wilson, M. (1988). *Homicide*. New York: Aldine de Gruyter.

Damasio, A. (1999). *The feeling of what happens: Body and emotion in the making of consciousness*. Orlando, FL: Harcourt.

Damon, W., & Hart, D. (1982). The development of self-understanding from infancy through adolescence. *Child Development*, *53*, 841–864.

Dannefer, D. (1984). Adult development and social theory: A paradigmatic reappraisal. *American Sociological Review*, *49*, 100–116.

Darwin, C. (1859). *On the origin of the species by means of natural selection*. New York: Appleton.

Darwin, C. (1872/1965). *The expression of the emotions in man and animals*. Chicago: University of Chicago Press.

Davidson, R. J. (1992). Emotion and affective style: Hemispheric substrates. *Psychological Science*, *3*, 39–43.

Davidson, R. J. (1993). Cerebral asymmetry and emotion: Conceptual and methodological conundrums. *Cognition and Emotion*, *7*, 115–138.

Davidson, R. J. (2004). What does the prefrontal cortex "do" in affect: Perspectives on frontal EEG asymmetry research. *Biological Psychology*, *67*, 219–234.

Davidson, R. J., Ekman, P., Saron, C. D., Senulis, J. A., Friesen, W. V. (1990). Approach-withdrawal and cerebral asymmetry: Emotional expression and brain physiology. *Journal of Personality and Social Psychology*, *58*, 330–341.

Davies, B., & Harre, R. (1990). Positioning: The discursive production of selves. *Journal for the Theory of Social Behavior*, *20*, 43–63.

Davila, J., & Sargent, E. (2003). The meaning of life (events) predicts changes in attachment security. *Personality and Social Psychology Bulletin*, *29*, 1383–1395.

Davis, P. J. (1987). Repression and the inaccessibility of affective memories. *Journal of Personality and Social Psychology*, *53*, 585–593.

Davis, P. J., & Schwartz, G. E. (1987). Repression and the inaccessibility of affective memories. *Journal of Personality and Social Psychology*, *52*, 155–162.

Dawkins, R. (1976). *The selfish gene*. New York: Oxford University Press.

De Charms, R., & Moeller, G. H. (1962). Values expressed in American children's readers: 1800–1950. *Journal of Abnormal and Social Psychology*, *64*, 136–142.

Deary, I. J., Ramsay, H., Wilson, J. A., & Raid, M. (1988). Stimulated salivation: Correlations with personality and time of day effects. *Personality and Individual Differences*, *9*, 903–909.

Deci, E. L. (1975). *Intrinsic motivation*. New York: Plenum.

Deci, E. L. (1971). Effects of externally mediated rewards on intrinsic motivation. *Journal of Personality and Social Psychology*, *18*, 105–115.

Deci, E. L., & Ryan, R. M. (1980). The empirical exploration of intrinsic motivational processes. In L. Berkowitz (Ed.), *Advances in experimental social psychology* (Vol. 13, pp. 39–80). New York: Academic Press.

Deci, E. L., & Ryan, R. M. (1985). *Intrinsic motivation and self-determination in human behavior*. New York: Plenum Press.

Deci, E. L., & Ryan, R. M. (1991). A motivational approach to self: Integration in personality. In R. Diestbier and R. M. Ryan (Eds.), *Nebraska Symposium on Motivation: 1990* (pp. 237–288). Lincoln: University of Nebraska Press.

Dentan, R. N. (1968). *The Semai: A non-violent people of Malaysia*. New York: Holt, Reinhart & Winston.

Denzin, N. K. (1989). *Interpretive biography*. Newbury Park, CA: Sage.

Depue, R. A., & Collins, P. F. (1999). Neurobiology of the structure of personality: Dopamine, facilitation of incentive motivation, and extraversion. *Behavioral and Brain Sciences, 22*, 491–569.

Depue, R. A., Luciana, M., Arbisi, P., Collins, P., & Leon, A. (1994). Dopamine and the structure of personality: Relationship of agonist-induced dopamine activity to positive emotionality. *Journal of Personality and Social Psychology, 67*, 485–498.

Derrida, J. (1972). *Positions*. Chicago: University of Chicago Press.

Derry, P. A., & Kuiper, N. A. (1981). Schematic processing and self-reference in clinical depression. *Journal of Abnormal Psychology, 90*, 286–297.

de St. Aubin, E. (1996). Personal ideology polarity: Its emotional foundation and its manifestation in individual value systems, religiosity, political orientation, and assumptions concerning human nature. *Journal of Personality and Social Psychology, 71*, 152–165.

de St. Aubin, E. (1998). Truth against the world: A psychobiographical exploration of generativity in the life of Frank Lloyd Wright. In D. P. McAdams & E. de St. Aubin (Eds.), *Generativity and adult development: How and why we care for the next generation* (pp. 391–428). Washington, DC: APA Press.

de St. Aubin, E. (1999). Personal ideology: The intersection of personality and religious beliefs. *Journal of Personality, 67*, 1105–1139.

de St. Aubin, E., & McAdams, D. P. (1995). The relations of generative concern and generative action to personality traits, satisfaction/happiness with life, and ego development. *Journal of Adult Development, 2*, 99–112.

Deutsch, F. A. (1957). A footnote to Freud's "Fragment of an analysis of a case of hysteria." *Psychoanalytic Quarterly, 26*, 155–162.

deWaal, F. (1996). *Good natured: The origins of right and wrong in humans and other animals*. Cambridge, MA: Harvard University Press.

DeYoung, C. G. (2006). Higher-order factors of the Big Five in a multi-informant sample. *Journal of Personality and Social Psychology, 91*, 1138–1151.

Diener, E. (1984). Subjective well-being. *Psychological Bulletin, 95*, 542–575.

Diener, E., Sandvik, E., Pavot, W., & Fujita, F. (1992). Extraversion and subjective well-being in a U.S. probability sample. *Journal of Research in Personality, 26*, 205–215.

Digman, J. M. (1989). Five robust trait dimensions: Development, stability, and utility. *Journal of Personality, 57*, 195–214.

Digman, J. M. (1990). Personality structure: Emergence of the five-factor model. In M. R. Rosenzweig & L. W. Porter (Eds.), *Annual review of psychology* (Vol. 41, pp. 417–440). Palo Alto, CA: Annual Reviews.

Digman, J. M. (1997). Higher-order factors of the Big Five. *Journal of Personality and Social Psychology, 73*, 1246–1256.

Digman, J. M., & Takemoto-Chock, N. K. (1981). Factors in the natural language of personality: Reanalysis, comparison, and interpretation of six major studies. *Multivariate Behavioral Research, 16*, 149–170.

Dijksterhuis, A. (2004). Think different: The merits of unconscious thought in preference development and decision making. *Journal of Personality and Social Psychology, 87*, 586–598.

Dijksterhuis, A., & Nordgren, L. F. (2006). A theory of unconscious thought. *Perspectives on Psychological Science, 2*, 95–109.

Dillehay, R. C. (1978). Authoritarianism. In H. London & J. E, Exner (Eds.), *Dimensions of personality* (pp. 85–128). New York: Wiley.

Dillon, M., & Wink, P. (2004). American religion, generativity, and the therapeutic culture. In E. de St. Aubin, D. P. McAdams, & T. C. Kim (Eds.), *The generative society* (pp. 153–174). Washington, DC: APA Books.

Dilthey, W. (1900/1976). The development of hermeneutics. In H. P. Rickman (Ed.), *W. Dilthey: Selected writings*. Cambridge, UK: Cambridge University Press.

Dixon, T. M., & Baumeister, R. F. (1991). Escaping the self: The moderating effect of self-complexity. *Personality and Social Psychology Bulletin, 17*, 363–368.

Dixon, V. J. (1976). World views and research methodology. In L. King, V. J. Dixon, & W. Nobles (Eds.), *African philosophy: Assumptions and paradigms for research on black persons*. Los Angeles: Fanon Center Publication.

Doi, L. T. (1962). Amae: A key concept for understanding Japanese personality structure. In R. J. Smith & R. K. Beardsley (Eds.), *Japanese culture: Its development and characteristics* (pp. 132–139). Chicago: Aldine.

Dollard, J. (1935). *Criteria for the life history*. New Haven, CT: Yale University Press.

Dollinger, S. J., & Clancy, S. M. (1993). Identity, self, and personality: II. Glimpses through the autophotographic eye. *Journal of Personality and Social Psychology, 64*, 1064–1071.

Dollinger, S. J., & Cramer, P. (1990). Children's defensive responses and emotional upset following a disaster: A projective assessment. *Journal of Personality Assessment, 54*, 116–127.

Dollinger, S. J., & Dollinger, S. M. C. (1997). Individuality and identity exploration: An autophotographic study. *Journal of Research in Personality, 31*, 337–354.

Donley, R. E., & Winter, D. G. (1970). Measuring the motives of public officials at a distance: An exploratory study of American presidents. *Behavioral Science, 15*, 227–236.

Donnellan, M. B., Conger, R. D., & Burzette, B. G. (2005). Criterion-related validity, self-other agreement, and longitudinal analyses of the Iowa personality questionnaire: A short alternative to the MPQ. *Journal of Research in Personality, 39*, 458–485.

Donnellan, M. B., Conger, R. D., & Burzette, B. G. (2007). Personality development from late adolescence to young adulthood: Differential stability, normative maturity, and evidence for the maturity–stability hypothesis. *Journal of Personality, 75*, 237–263.

Donnellan, M. B., Trzesniewski, K. H., & Robins, R. W. (2006). Personality and self-esteem development in adolescence. In D. K. Mroczek & T. D. Little (Eds.), *Handbook of personality development* (pp. 285–310). Mahwah, NJ: Erlbaum.

Donovan, J. M. (1975). Identity status and interpersonal style. *Journal of Youth and Adolescence, 4*, 37–55.

Dostoyevsky, F. (1881/1933). *The brothers Karamazov*. New York: Heritage Press.

Dostoyevsky, F. (1864/1960). *Notes from underground* and *The grand inquisitor* (Ralph E. Matlaw, Trans.). New York: Dutton.

Doty, R. M., Peterson, B. E., & Winter, D. G. (1991). Threat and authoritarianism in the United States, 1978–1987. *Journal of Personality and Social Psychology, 61*, 629–640.

Duck, S. W. (1973). *Personal relationships and personal constructs: A study of friendship formation*. London: Wiley.

Duck, S. W. (1979). The personal and interpersonal in construct theory: Social and individual aspects of relationships. In P. Stringer & D. Bannister (Eds.), *Constructs of sociality and individuality* (pp. 279–297). London: Academic Press.

Duck, S. W., & Craig, G. (1978). Personality similarity and the development of friendship: A longitudinal study. *British Journal of Social and Clinical Psychology, 17*, 237–242.

Duck, S. W., & Spencer, C. (1972). Personal constructs, and friendship formation. *Journal of Personality and Social Psychology, 23*, 40–45.

Duckitt, J. (2006). Differential effects of right wing authoritarianism and social dominance orientation on outgroup attitudes and their mediation by threat from and competitiveness to outgroups. *Personality and Social Psychology Bulletin, 32*, 684–696.

Dudek, S. Z., & Hall, W. B. (1984). Some test correlates of high level creativity in architects. *Journal of Personality Assessment, 48*, 351–359.

Duke, M. P. (1986). Personality science: A proposal. *Journal of Personality and Social Psychology, 50*, 382–385.

Dukes, W. F. (1965). $N = 1$. *Psychological Bulletin, 64*, 74–79.

Duncan, L. E., & Agronick, G. S. (1995). The intersection of life stage and social events: Personality and life outcomes. *Journal of Personality and Social Psychology, 69*, 558–568.

Duncan, L. E., Peterson, B. E., & Winter, D. G. (1994). *Authoritarianism and gender roles: Toward a psychological analysis of hegemonic relationships*. Unpublished manuscript, University of Michigan.

Dunn, J., & Plomin, R. (1990). *Separate lives: Why siblings are so different*. New York: Basic Books.

Dweck, C. S. (1996). Capturing the dynamic nature of personality. *Journal of Research in Personality, 30*, 348–362.

Dweck, C. S., Chiu, C., & Hong, Y. (1995). Implicit theories and their role in judgments and reactions: A world from two perspectives. *Psychological Inquiry, 6*, 267–285.

Dworkin, R. H. & Goldfinger, S. H. (1985). Processing bias: Individual differences in the cognition of situations. *Journal of Personality, 53*, 480–501.

E

Eagly, A. H. (1987). *Sex differences in social behavior: A social role interpretation*. Hillsdale, NJ: Erlbaum.

Eagly, A. H., & Crowley, M. (1986). Gender and helping behavior: A meta-analytic review of the social psychological literature. *Psychological Bulletin, 100*, 283–308.

Eagly, A. H., & Johnson, B. T. (1990). Gender and leadership style: A meta-analysis. *Psychological Bulletin, 108*, 233–256.

Eagly, A. H., & Steffen, V. J. (1986). Gender and aggressive behavior: A meta-analytic review of the social psychological literature. *Psychological Bulletin, 100*, 309–330.

Eagly, A. H., & Wood, W. (1991). Explaining sex differences in social behavior: A meta-analytic perspective. *Personality and Social Psychology Bulletin, 17*, 306–315.

Eagly, A. H., & Wood, W. (1999). The origins of sex differences in human behavior: Evolved mechanisms versus social roles. *American Psychologist, 54*, 408–423.

Eaves, L. J., Eysenck, H. J., & Martin, N. J. (1989). *Genes, culture, and personality*. London: Academic Press.

Edel, L. (1984). *Writing lives: Principia biographica*. New York: W. W. Norton.

Edel, L. (1985). *Henry James: A life*. New York: Harper & Row.

Edwards, A. L. (1957). *The Edwards Personal Preference Schedule*. New York: The Psychological Corporation.

Egeland, B., & Farber, E. A. (1984). Infant–mother attachment: Factors related to its development and change over time. *Child Development, 57*, 753–771.

Einstein, D., & Lanning, K. (1998). Shame, guilt, ego development, and the five-factor model of personality. *Journal of Personality, 66*, 555–582.

Egeland, B., & Sroufe, L. A. (1981). Attachment and early maltreatment. *Child Development, 52*, 44–52.

Eid, M., Riemann, R., Angleitner, A., & Borkenau, P. (2003). Sociability and positive emotionality: Genetic and environmental contributions to the covariation between different facets of extraversion. *Journal of Personality, 71*, 319–346.

Eisenberg, N., & Lennon, R. (1983). Sex differences in empathy and related capacities. *Psychological Bulletin, 94*, 100–131.

Eisenberger, R., & Cameron, J. (1996). Detrimental effects of reward: Reality or myth? *American Psychologist, 51,* 1153–1166.

Ekman, P. (1972). Universal and cultural differences in facial expression of emotion. In J. R. Cole (Ed.), *Nebraska Symposium on Motivation* (Vol. 26). Lincoln: University of Nebraska Press.

Ekman, P. (1992). Facial expressions of emotion: New findings, new questions. *Psychological Science, 3,* 34–38.

Ekman, P., Friesen, W. V., & Ellsworth, P. C. (1972). *Emotion in the human face: Guidelines for research and an integration of findings.* New York: Pergamon.

Elder, G. H., Jr. (1995). The life course paradigm: Social change and individual development. In P. Moen, G. H. Elder, Jr., & K. Luscher (Eds.), *Examining lives in context: Perspectives on the ecology of human development* (pp. 101–139). Washington, DC: American Psychological Association Press.

Elkind, D. (1981). *Children and adolescents* (3rd ed.). New York: Oxford University Press.

Elkins, I. J., McGue, M., & Iacono, W. (1997). Genetic and environmental influences on parent–son relationships: Evidence for increasing genetic influence during adolescence. *Developmental Psychology, 33,* 351–363.

Ellenberger, H. (1970). *The discovery of the unconscious.* New York: Basic Books.

Elliot, A. J., Chirkov, V. I., Kim, Y., & Sheldon, K. M. (2001). A cross-cultural analysis of avoidance (relative to approach) personal goals. *Psychological Science, 12,* 505–510.

Elliot, A. J., Sheldon, K. M., & Church, M. A. (1997). Avoidance personal goals and subjective well-being. *Personality and Social Psychology Bulletin, 23,* 915–927.

Elms, A. (2007). Case studies and psychobiography. In R. W. Robins, R. C. Fraley, & R. F. Krueger (Eds.), *Handbook of research methods in personality psychology* (pp. 97–113). New York: Guilford Press.

Elms, A. C. (1987). The personalities of Henry A. Murray. In R. Hogan & W. H. Jones (Eds.), *Perspectives in personality* (Vol. 2, pp. 1–14). Greenwich, CT: JAI Press.

Elms, A. C. (1988). Freud as Leonardo: Why the first psychobiography went wrong. *Journal of Personality, 56,* 19–40.

Elms, A. C. (1994). *Uncovering lives: The uneasy alliance of biography and psychology.* New York: Oxford University Press.

Elsbree, L. (1982). *The rituals of life: Patterns in narratives.* Port Washington, NY: Kennikat Press.

Emmons, R. A. (1984). Factor analysis and construct validity of the Narcissistic Personality Inventory. *Journal of Personality Assessment, 48,* 291–300.

Emmons, R. A. (1986). Personal strivings: An approach to personality and subjective well-being. *Journal of Personality and Social Psychology, 51,* 1058–1068.

Emmons, R. A. (1987). Narcissism: Theory and measurement. *Journal of Personality and Social Psychology, 52,* 11–17.

Emmons, R. A. (1992). Abstract versus concrete goals: Personal striving level, physical illness, and psychological well-being. *Journal of Personality and Social Psychology, 62,* 292–300.

Emmons, R. A. (1999). *The psychology of ultimate concerns: Motivation and spirituality in personality.* New York: Guilford Press.

Emmons, R. A., & Diener, E. (1985). Personality correlates of subjective well-being. *Personality and Social Psychology Bulletin, 11,* 89–97.

Emmons, R. A., & Diener, E. (1986a). Influence of impulsivity and sociability on subjective well-being. *Journal of Personality and Social Psychology, 50,* 1211–1215.

Emmons, R. A., & Diener, E. (1986b). An interactional approach to the study of personality and emotion. *Journal of Personality, 54,* 371–384.

Emmons, R. A., Diener, E., & Larsen, R. J. (1986). Choice and avoidance of everyday situations and affect congruence: Two models of reciprocal interactionism. *Journal of Personality and Social Psychology, 51,* 815–826.

Emmons, R. A., & King, L. A. (1988). Conflict among personal strivings: Immediate and long-term implications for psychological and physical well-being. *Journal of Personality and Social Psychology, 54,* 1040–1048.

Emmons, R. A., & McCullough, M. E. (Eds.). (2004). *The psychology of gratitude.* New York: Oxford University Press.

Emmons, R. A., & Paloutzian, R. F. (2003). The psychology of religion. *Annual Review of Psychology, 54,* 377–402.

Emmons, R. A., & McCullough, M. E. (Eds.). (2004). *The psychology of gratitude.* New York: Oxford University Press.

Endler, N., & Parker, J. (1990). Multidimensional assessment of coping: A critical review. *Journal of Personality and Social Psychology, 58,* 844–854.

Entwisle, D. R. (1972). To dispel fantasies about fantasy-based measures of achievement motivation. *Psychological Bulletin, 77,* 377–391.

Epsin, O., Stewart, A. J., & Gomez, C. A. (1990). Letters from V: Adolescent personality development in sociohistorical context. *Journal of Personality, 58,* 347–364.

Epstein, S. (1973). The self-concept revisited: Or a theory of a theory. *American Psychologist, 28,* 404–416.

Epstein, S. (1979). The stability of behavior: 1. On predicting most of the people much of the time. *Journal of Personality and Social Psychology, 37,* 1097–1126.

Epstein, S. (1986). Does aggregation produce spuriously high estimates of behavior stability? *Journal of Personality and Social Psychology, 50,* 1199–1210.

Epstein, S., & Meier, P. (1989). Constructive thinking: A broad coping variable with specific components. *Journal of Personality and Social Psychology, 57,* 332–350.

Erikson, E. H. (1950). *Childhood and society*. New York: Norton.

Erikson, E. H. (1958). *Young man Luther: A study in psychoanalysis and history*. New York: W. W. Norton.

Erikson, E. H. (1959). Identity and the life cycle: Selected paper. *Psychological Issues, 1*(1), 5–165.

Erikson, E. H. (1963). *Childhood and society* (2nd ed.). New York: W. W. Norton.

Erikson, E. H. (1964). *Insight and responsibility*. New York: W. W. Norton.

Erikson, E. H. (1968). *Identity: Youth and crisis*. New York: W. W. Norton.

Erikson, E. H. (1969). *Gandhi's truth: On the origins of militant nonviolence*. New York: W. W. Norton.

Erikson, E. H. (1975). *Life history and the historical moment*. New York: W. W. Norton.

Erikson, E. H. (1982). *The life cycle completed: A review*. New York: W. W. Norton.

Eron, L. D. (1982). Parent–child interaction, television, violence, and aggression of children. *American Psychologist, 37,* 197–211.

Eron, L. D. (1987). The development of aggressive behavior from the perspective of a developing behaviorism. *American Psychologist, 42,* 435–442.

Evans, G. W. (2004). The environment of childhood poverty. *American Psychologist, 59,* 77–92.

Eysenck, H. J. (1952). *The scientific study of personality*. London: Routledge & Kegan Paul.

Eysenck, H. J. (1967). *The biological basis of personality*. Springfield, IL: Thomas.

Eysenck, H. J. (1973). *Eysenck on extraversion*. New York: Wiley.

Eysenck, H. J. (1976). *Sex and personality*. London: Open Books.

Eysenck, H. J. (1990). Biological dimensions of personality. In L. Pervin (Ed.), *Handbook of personality: Theory and*

research (pp. 244–276). New York: Guilford Press.

Eysenck, H. J., & Eysenck, S. B. G. (1964). *Manual of the Eysenck Personality Inventory*. London: University of London Press.

Eysenck, H. J., & Eysenck, M. W. (1985). *Personality and individual differences: A natural science approach*. New York: Plenum Press.

Eysenck, H. J., & Wilson, G. D. (1976). *Know your personality*. New York: Penguin.

Eysenck, M. W. (1982). *Attention and arousal: Cognition and performance*. New York: Springer.

Eysenck, S. B. G., Rust, J., & Eysenck, H. J. (1977). Personality and the classification of adult offenders. *British Journal of Criminology, 17,* 169–179.

F

Fagles, R. (Trans.). (1990). Homer's *The Iliad*. New York: Penguin.

Fairbairn, W. R. D. (1952). *Psychoanalytic studies of the personality: The object relation theory of personality*. London: Routledge & Kegan Paul.

Falbo, T. (1997). To rebel or not to rebel? Is this the birth order question? *Contemporary Psychology, 42,* 938–939.

Feather, N. T. (1961). The relationship of persistence at a task to expectation of success and achievement related motives. *Journal of Abnormal and Social Psychology, 63,* 552–561.

Fehr, B., Baldwin, M., Collins, L., Patterson, S, & Benditt, R. (1999). Anger in close relationships: An interpersonal script analysis. *Personality and Social Psychology Bulletin, 25,* 299–312.

Finkel, E. J., Burnette, J. L., & Scissors, L. E. (2007). Vengefully ever after: Destiny beliefs, state attachment anxiety, and forgiveness. *Journal of Personality and Social Psychology, 92,* 871–886.

Finn, S. E. (1986). Stability of personality self-ratings over 30 years: Evidence for an age/cohort interaction. *Journal of Personality and Social Psychology, 50,* 813–818.

Fiske, D. W. (1949). Consistency of the factorial structures of personality ratings from different sources. *Journal of Abnormal and Social Psychology, 44,* 329–344.

Fiske, D. W. (1974). The limits of the conventional science of personality. *Journal of Personality, 42,* 1–11.

Fiske, S. T., & Taylor, S. E. (1984). *Social cognition*. Reading, MA: Addison-Wesley.

Fivush, R., & Haden, C. (Eds.). (2003). *Autobiographical memory and the construction of a narrative self: Developmental and cultural perspectives*. Mahwah, NJ: Erlbaum.

Fivush, R., & Nelson, K. (2004). Culture and language in the emergence of autobiographical memory. *Psychological Science, 15,* 573–577.

Fleeson, W. (2001). Toward a structure- and process-integrated view of personality: Traits as density distributions of states. *Journal of Personality and Social Psychology, 80,* 1011–1027.

Floderus-Myrhed, B., Pedersen, N., & Rasmuson, I. (1980). Assessment of heritability for personality, based on a short form of the Eysenck Personality Inventory: A study of 12,898 twin pairs. *Behavior Genetics, 10,* 153–162.

Flynn, F. J. (2005). Having an open mind: The impact of openness to experience on interracial attitudes and impression formation. *Journal of Personality and Social Psychology, 88,* 816–826.

Fodor, E. M. (1984). The power motive and reactivity to power stresses. *Journal of Personality and Social Psychology, 47,* 853–859.

Fodor, E. M. (1985). The power motive, group conflict, and physiological arousal. *Journal of Personality and Social Psychology, 49,* 1408–1415.

Fodor, E. M., & Carver, R. A. (2000). Achievement and power motives, performance feedback, and creativity. *Journal of Research in Personality, 34,* 380–396.

Fodor, E. M., & Smith, T. (1982). The power motive as an influence on group decision making. *Journal of Personality and Social Psychology, 42,* 178–185.

Fodor, J. (1983). *The modularity of mind.* Cambridge, MA: MIT Press.

Fonagy, P., Steele, H., & Steele, M. (1991). Maternal representations of attachment during pregnancy predict the organization of infant–mother attachment at one year of age. *Child Development, 62,* 891–905.

Forer, L. K. (1977). Bibliography of birth order literature in the '70s. *Journal of Individual Psychology, 33,* 122–141.

Forgas, J. P. (1978). Social episodes and social structure in an academic setting: The social environment of an intact group. *Journal of Experimental Social Psychology, 14,* 434–448.

Forgas, J. P. (1983). Episode cognition and personality: A multidimensional analysis. *Journal of Personality, 51,* 34–48.

Forster, E. M. (1910). *Howards end.* Hammondsworth, CR: Penguin.

Forster, E. M. (1954). *Aspects of the novel.* San Diego, CA: Harcourt Brace Jovanovich.

Foster, J. D., Campbell, W. K., & Twenge, J. M. (2003). Individual differences in narcissism: Inflated self-views across the lifespan and around the world. *Journal of Research in Personality, 37,* 469–485.

Fox, N. A., & Davidson, R. J. (1986). Taste-elicited changes in facial signs of emotion and asymmetry of brain electrical activity in human newborns. *Neuropsychologia, 24,* 417–422.

Fox, N. A., Hane, A. A., & Pine, D. S. (2007). Plasticity for affective neurocircuitry: How the environment affects gene expression. *Current Directions in Psychological Science, 16,* 1–5.

Fraley, R. C. (2002). Attachment stability from infancy to adulthood: Meta-analysis and dynamic modeling of developmental mechanisms. *Personality and Social Psychology Review, 6,* 123–151.

Francis, M. E., & Pennebaker, J. W. (1992). Putting stress into words: The impact of writing on physiological,

absentee, and self-reported emotional well-being measures. *American Journal of Health Promotion, 6,* 280–287.

Frank, B. M., & Noble, J. P. (1985). Field independence-dependence and cognitive restructuring. *Journal of Personality and Social Psychology, 47,* 1129–1135.

Frank, S., & Quinlain, D. (1976). Ego developmental aspects of female delinquency. *Journal of Abnormal Psychology, 85,* 505–510.

Franz, C., & Stewart, A. (Eds.). (1994). *Women creating lives: Identities, resilience, and resistance.* Boulder, CO: Westview Press.

Fredrickson, B. L. (2001). The role of positive emotions in positive psychology: The broaden-and-build theory of positive emotions. *American Psychologist, 56,* 218–226.

Freeman, M. (1993). *Rewriting the self: History, memory, narrative.* London: Routledge.

Frenkel, E. (1936). Studies in biographical psychology. *Character and Personality, 5,* 1–35.

Freud, A. (1946). *The ego and the mechanisms of defense.* New York: International Universities Press.

Freud, S. (1900/1953). The interpretation of dreams. In Vols. 4 and 5 of *The standard edition of the complete psychological works of Sigmund Freud.* London: Hogarth Press.

Freud, S. (1901/1960). The psychopathology of everyday life. In Vol. 6 of *The standard edition.* London: Hogarth Press.

Freud, S. (1905/1953). Three essays on the theory of sexuality. In Vol. 7 of *The standard edition.* London: Hogarth Press.

Freud, S. (1905/1960). Jokes and their relation to the unconscious. In Vol. 8 of *The standard edition.* London: Hogarth Press.

Freud, S. (1905/1963). *Dora: An analysis of a case of hysteria.* (With an Introduction by P. Rieff). New York: Macmillan.

Freud, S. (1909/1955). Analysis of a phobia in a five-year-old boy. In Vol. 10 of *The standard edition.* London: Hogarth Press.

Freud, S. (1909/1963). Notes upon a case of obsessional neurosis. In S. Freud, *Three case histories* (pp. 15–102). New York: Collier Books.

Freud, S. (1910/1957). Five lectures on psychoanalysis. In Vol. 11 of *The standard edition.* London: Hogarth Press.

Freud, S. (1913/1958). Totem and taboo. In Vol. 13 of *The standard edition.* London: Hogarth Press.

Freud, S. (1914/1957). On narcissism: An introduction. In Vol. 14 of *The standard edition.* London: Hogarth Press.

Freud, S. (1915/1957). Repression. In Vol. 14 of *The standard edition.* London: Hogarth Press.

Freud, S. (1916/1947). *Leonardo da Vinci: A study in psychosexuality* (A. A. Brill, Trans.). New York: Vintage Books.

Freud, S. (1916/1961). Introductory lectures on psychoanalysis. In Vols. 15 and 16 of *The standard edition.* London: Hogarth Press.

Freud, S. (1917/1957). Mourning and melancholia. In Vol. 14 of *The standard edition.* London: Hogarth Press.

Freud, S. (1920/1955). Beyond the pleasure principle. In Vol. 18 of *The standard edition.* London: Hogarth Press.

Freud, S. (1921/1955). Group psychology and the analysis of the ego. In Vol. 18 of *The standard edition.* London: Hogarth Press.

Freud, S. (1923/1961). The ego and the id. In Vol. 19 of *The standard edition.* London: Hogarth Press.

Freud, S. (1927/1961). The future of an illusion. In Vol. 22 of *The standard edition.* London: Hogarth Press.

Freud, S. (1930/1961). Civilization and its discontents. In Vol. 21 of *The standard edition.* London: Hogarth Press.

Freud, S. (1933/1964). New introductory lectures. In Vol. 21 of *The standard edition.* London: Hogarth Press.

Freud, S. (1954). *The origins of psychoanalysis: Letters to Wilhelm Fliess, drafts and notes, 1897–1902* (M. Bonaparte,

A Freud, & E. Kris, Eds.). New York: Basic Books.

Freund, A. M., & Baltes, P. B. (2000). The orchestration of selection, optimization, and compensation: An action-theoretical conceptualization of a theory of developmental regulation. In W. J. Perrig & A. Grob (Eds.), *Control of human behavior, mental processes, and consciousness* (pp. 35–58). Mahwah, NJ: Erlbaum.

Freund, A. M., & Riediger, M. (2006). Goals as building blocks of personality and development in adulthood. In D. K. Mroczek & T. D. Little (Eds.), *Handbook of personality development* (pp. 353–372). Mahwah, NJ: Erlbaum.

Friedman, H. S., Tucker, J. S., Schwartz, J. E., Tomlinson-Keasy, C., Martin, L. R., Wingard, D. L., et al. (1995). Psychosocial and behavioral predictors of longevity: The aging and death of the "Termites." *American Psychologist, 50,* 69–78.

Friedman, H. S., Tucker, J. S., Tomlinson-Keasy, C., Schwartz, J. E., Wingard, D. L., & Criqui, M. H. (1993). Does childhood personality predict longevity? *Journal of Personality and Social Psychology, 65,* 176–185.

Friedman, L. (1999). *Identity's architect: A biography of Erik H. Erikson.* New York: Pantheon.

Fromm, E. (1941). *Escape from freedom.* New York: Farrar & Rinehart.

Fromm, E. (1973). *The anatomy of human destructiveness.* New York: Holt, Rinehart & Winston.

Frye, N. (1957). *Anatomy of criticism.* Princeton, NJ: Princeton University Press.

Funder, D. C. (1995). On the accuracy of personality judgment: A realistic approach. *Psychological Review, 102,* 652–670.

Funder, D. C., & Block, J. (1989). The role of ego-control, ego-resiliency, and IQ in delay of gratification in adolescence. *Journal of Personality and Social Psychology, 57,* 1041–1050.

Funder, D. C., & Colvin, C. R. (1991). Explorations in behavioral consistency: Properties of persons, situations, and behaviors. *Journal of Personality and Social Psychology, 60,* 773–794.

Furnham, A. (1992). *Personality at work: The role of individual differences in the workplace.* London: Routledge.

G

Galton, F. (1894). Measurement of character. *Fortnightly Review, 36,* 179–185.

Gangestad, S. W. (1989). The evolutionary history of genetic variation: An emerging issue in the behavioral genetic study of personality. In D. M. Buss & N. Cantor (Eds.), *Personality psychology: Recent trends and emerging directions* (pp. 320–332). New York: Springer-Verlag.

Gangestad, S. W., & Simpson, J. A. (1990). Toward an evolutionary history of female sociosexual variation. *Journal of Personality, 58,* 69–96.

Gangestad, S. W., Simpson, J. A., DiGeronimo, K., & Biek, M. (1992). Differential accuracy in person perception across traits: Examination of a functional hypothesis. *Journal of Personality and Social Psychology, 62,* 688–698.

Gardner, H. (1993). *Creating minds.* New York: Basic Books.

Garnett, A. C. (1928). *Instinct and personality.* New York: Dodd, Mead & Company.

Gay, P. (1984). *The bourgeois experience: Victoria to Freud: Vol. 1. The education of the senses.* New York: Oxford University Press.

Gay. P. (1986). *The bourgeois experience: Victoria to Freud: Vol. 2. The tender passion.* New York: Oxford University Press.

Geen, R. A. (1984). Preferred stimulation levels in introverts and extraverts: Effects on arousal and performance. *Journal of Personality and Social Psychology, 46,* 1303–1312.

Geen, R. C. (1997). Psychophysiological approaches to personality. In

R. Hogan, J. A. Johnson, & S. Briggs (Eds.), *Handbook of personality psychology* (pp. 387–414). San Diego, CA: Academic Press.

George, C., Kaplan, N., & Main, M. (1985). *An adult attachment interview: Interview protocol.* Unpublished manuscript, University of California at Berkeley.

George, L. K., Ellison, C. G., & Larson, D. B. (2002). Explaining the relationships between religious involvement and health. *Psychological Inquiry, 13,* 190–200.

Gergen, K. J. (1973). Social psychology as history. *Journal of Personality and Social Psychology, 20,* 209–320.

Gergen, K. J. (1982). *Toward transformation in social knowledge.* New York: Springer-Verlag.

Gergen, K. J. (1991). *The saturated self: Dilemmas of identity in contemporary life.* New York: Basic Books.

Gergen, K. J., & Gergen, M. M. (1986). Narrative form and the construction of psychological science. In T. R. Sarbin (Ed.), *Narrative psychology* (pp. 22–44). New York: Praeger.

Gergen, M. M., & Gergen, K. J. (1993). Narratives of the gendered body in popular autobiography. In R. Josselson & A. Lieblich (Eds.), *The narrative study of lives* (Vol. 1, pp. 191–218). Thousand Oaks, CA: Sage.

Giddens, A. (1991). *Modernity and self-identity: Self and society in the late modern age.* Stanford, CA: Stanford University Press.

Giese, H., & Schmidt, S. (1968). *Student sexuality.* Hamburg: Rowohlt.

Gilligan, C. A. (1982). *In a different voice: Psychological theory and women's development.* Cambridge, MA: Harvard University Press.

Gittings, R. (1978). *The nature of biography.* Seattle: University of Washington Press.

Gjerde, P. (2004). Culture, power, and experience: Toward a person-centered cultural psychology. *Human Development, 47,* 138–157.

Glaser, B. G., & Strauss, A. L. (1967). *The discovery of grounded theory*. Chicago: Aldine.

Goffman, E. (1959). *The presentation of self in everyday life*. Garden City, NY: Doubleday.

Goffman, E. (1961). *Asylums: Essays on the social situation of mental patients and other inmates*. Chicago: Aldine.

Gold, S. N. (1980). Relations between level of ego development and adjustment patterns in adolescents. *Journal of Personality Assessment, 44*, 630–638.

Goldberg, L. R. (1990). An alternative "description of personality": The Big-Five factor structure. *Journal of Personality and Social Psychology, 59*, 1216–1229.

Goldberg, L. R. (1993). The structure of phenotypic personality traits. *American Psychologist, 48*, 26–34.

Goodenough, D. R. (1978). Field dependence. In H. London & J. E. Exner (Eds.), *Dimensions of personality* (pp. 165–216). New York: Wiley.

Goodstein, L. (2001, November 26). As attacks' impact recedes, a return to religion as usual. *New York Times*, pp. A1, B6.

Gosling, S. D., Rentfrow, P. J., & Swann, W. B., Jr. (2003). A very brief measures of the Big-Five personality domains. *Journal of Research in Personality, 37*, 504–528.

Gough, H. G. (1960). Theory and measurement of socialization. *Journal of Consulting Psychology, 24*, 23–30.

Gough, H. G. (1987). *California Psychological Inventory: Administrator's guide*. Palo Alto, CA: Consulting Psychologists Press.

Gough, H. G. (1995). Career assessment and the California Psychological Inventory. *Journal of Career Assessment, 3*, 101–122.

Gould, R. L. (1980). Transformations during early and middle adult years. In N. J. Smelser & E. H. Erikson (Eds.), *Themes of work and love in adulthood* (pp. 213–237). Cambridge, MA: Harvard University Press.

Gray, E. K., & Watson, D. (2002). General and specific traits of personality and their relation to sleep and academic performance. *Journal of Personality, 70*, 177–206.

Gray, J. A. (1970). The psychophysiological basis of introversion–extraversion. *Behaviour Research and Therapy, 8*, 249–266.

Gray, J. A. (1982). *The neuropsychology of anxiety: An enquiry into the functions of the septo-hippocampal system*. New York: Oxford University Press.

Gray, J. A. (1987). Perspectives on anxiety and impulsivity: A commentary. *Journal of Research in Personality, 21*, 493–509.

Gray, J. A., & McNaughton, N. (2000). *The neuropsychology of anxiety*. Oxford, UK: Oxford University Press.

Graziano, W. G., & Eisenberg, N. (1997). Agreeableness: A dimension of personality. In R. Hogan, J. A. Johnson, & S. Briggs (Eds.), *Handbook of personality psychology* (pp. 795–824). San Diego, CA: Academic Press.

Graziano, W. G., Feldesman, A. B., & Rahe, D. F. (1985). Extraversion, social cognition, and the salience of aversiveness in social encounters. *Journal of Personality and Social Psychology, 49*, 971–980.

Graziano, W. G., & Ward, D. (1992). Probing the Big Five in adolescence: Personality and adjustment during a developmental transition. *Journal of Personality, 60*, 425–439.

Greenberg, M. A., & Stone, A. A. (1992). Writing about disclosed versus undisclosed traumas: Immediate and long-term effects on mood and health. *Journal of Personality and Social Psychology, 63*, 75–84.

Greene, L. R. (1973). *Effects of field independence, physical proximity, and evaluative feedback on affective reactions and compliance in a dyadic interaction*. Unpublished doctoral dissertation, Yale University.

Greenfield, P. M., Keller, H., Fuligni, A., & Maynard, A. (2003). Cultural pathways through universal development. In S. T. Fiske, D. L. Schacter, and C. Zahn-Waxler (Eds.), *Annual Review of Psychology, 54*, 461–490. Palo Alto, CA: Annual Reviews.

Gregg, G. S. (1991). *Self-representation: Life narrative studies in identity and ideology*. New York: Greenwood Press.

Gregg. G. (1995). Multiple identities and the integration of personality. *Journal of Personality, 63*, 617–641.

Gregg. G. (1996). Themes of authority in life-histories of young Moroccans. In S. Miller & R. Bourgia (Eds.), *Representations of power in Morocco*. Cambridge, MA: Harvard University Press.

Gregg, G. S. (2006). The raw and the bland: A structural model of narrative identity. In D. P. McAdams, R. Josselson, & A. Lieblich (Eds.), *Identity and story: Creating self in narrative* (pp. 89–108). Washington, DC: American Psychological Association Press.

Grinstein, A. (1983). *Freud's rules of dream interpretation*. New York: International Universities Press.

Griskevicius, V., Cialdini, R. B., & Kenrick, D. T. (2006). Peacocks, Picasso, and parental investment: The effects of romantic motives on creativity. *Journal of Personality and Social Psychology, 91*, 63–76.

Guilford, J. P., (1959). *Personality*. New York: McGraw-Hill.

Gunter, B., & Furnham, A. (1986). Sex and personality differences in recall of violent and non-violent shows from three presentation modalities. *Personality and Individual Differences, 6*, 829–838.

Guntrip, H. (1971). *Psychoanalytic theory, therapy, and the self*. New York: Basic Books.

Gurtman, M. B. (1991). Evaluating the interpersonalness of personality scales. *Personality and Social Psychology Bulletin, 17*, 670–677.

Gurtman, M. B. (1992). Construct validity of interpersonal personality measures: the interpersonal circumplex as a nomological net. *Journal of Personality and Social Psychology*, *63*, 105–118.

Gutmann, D. (1987). *Reclaimed powers: Toward a new psychology of men and women in later life*. New York: Basic Books.

H

Haan, N. (1981). Common dimensions of personality development: Early adolescence to middle life. In D. H. Eichorn, J. A. Clausen, N. Haan, M. P. Honzik, & P. H. Mussen (Eds.), *Present and past in middle life* (pp. 117–151). New York: Academic Press.

Habermas, J. (1971). *Knowledge and human interests*. Boston: Beacon.

Habermas, T., & Bluck, S. (2000). Getting a life: The emergence of the life story in adolescence. *Psychological Bulletin*, *126*, 748–769.

Haeffel, G. J., Abramson, L. Y., Voetz, Z. R., Metalsky, G. I., Halberstadt, L., Dykman, B. M., et al. (2003). Cognitive vulnerability to depression and lifetime history of Axis I psychopathology: A comparison of negative cognitive styles (CSQ) and dysfunctional attitudes (DAS). *Journal of Cognitive Psychotherapy*, *17*, 3–22.

Hall, C. S. (1953). *The meaning of dreams*. New York: Harper & Row.

Hall, C. S., & Lindzey, G. (1957). *Theories of personality*. New York: Wiley.

Hall, J. A. (1984). *Nonverbal sex differences: Communication accuracy and expressive style*. Baltimore: John Hopkins University Press.

Hall, M. H. (1968). A conversation with Abraham H. Maslow. *Psychology Today*, *2*(92), 35–37, 54–57.

Hamilton, W. D. (1964). The genetical evolution of social behaviour. *Journal of Theoretical Biology*, *7*, 1–52.

Hammack, P. L. (2006). Identity, conflict, and coexistence: Life stories of Israeli and Palestinian adolescents. *Journal of Adolescent Research*, *21*, 323–369.

Hammack, P. L. (2008). Narrative and the cultural psychology of identity. *Personality and Social Psychology Review*, *12*, 222–247.

Hampson, R. (2007, January 4). New York City cheers death-defying rescuer. *USA Today*, p. A1.

Hampson, S. E. (1988). *The construction of personality* (2nd ed.). London: Routledge.

Hampson, S. E., Andrews, J. A., Barckley, M., & Peterson, M. (2006). Trait stability and continuity in childhood: Relating sociability and hostility to the five-factor model of personality. *Journal of Research in Personality*, *41*, 507–523.

Hankin, B. L., Abramson, L. Y., Miller, N., & Haeffel, G. J. (2004). Cognitive vulnerability–stress theories of depression: Examining affective specificity in the prediction of depression versus anxiety in three prospective studies. *Cognitive Therapy and Research*, *28*, 309–345.

Hankin, B. L., Fraley, R. C., & Abela, J. R. Z. (2005). Daily depression and cognitions about stress: Evidence for a traitlike depressogenic cognitive style and the prediction of depressive symptoms in a prospective daily diary study. *Journal of Personality and Social Psychology*, *88*, 673–685.

Hankiss, A. (1981). On the mythological rearranging of one's life history. In D. Bertaux (Ed.), *Biography and society: The life history approach in the social sciences* (pp. 203–209). Beverly Hills, CA: Sage.

Hansen, R. D., & Hansen, C. H. (1988). Repression of emotionally tagged memories: The architecture of less complex emotions. *Journal of Personality and Social Psychology*, *55*, 811–818.

Hanson, N. R. (1972). *Patterns of discovery: An inquiry into the conceptual foundations of science*. Cambridge, UK: Cambridge University Press.

Hardy, C. L., & Van Vugt, M. (2006). Nice guys finish first: The competitive altruism hypothesis. *Personality and Social Psychology Bulletin*, *32*, 1402–1413.

Harkins, S. G., & Geen, R. G. (1975). Discriminability and criterion differences between extraverts and introverts during vigilance. *Journal of Research in Personality*, *9*, 335–340.

Harmon-Jones, E. (2003). Anger and the behavioral approach system. *Personality and Individual Differences*, *35*, 995–1005.

Harmon-Jones, E., & Allen, J. J. B. (1998). Anger and frontal brain activity: EEG asymmetry consistent with approach motivation despite negative affective valence. *Journal of Personality and Social Psychology*, *74*, 1310–1316.

Harms, P. D., Roberts, R. W., & Winter, D. G. (2006). Becoming the Harvard man: Person–environment fit, personality development, and academic success. *Personality and Social Psychology Bulletin*, *32*, 851–865.

Harre, R. (1989). Language games and the texts of identity. In J. Shotter & K. J. Gergen (Eds.), *Texts of identity* (pp. 20–35). London: Sage.

Harre, R., & Gillett, G. (1994). *The discursive mind*. London: Sage.

Harris, J. R. (1995). Where is the child's environment?: A group socialization theory of development. *Psychological Bulletin*, *102*, 458–489.

Hart, H. M., McAdams, D. P., Hirsch, B. J., & Bauer, J. (2001). Generativity and social involvement among African Americans and white adults. *Journal of Research in Personality*, *35*, 208–230.

Harter, S. (1983). Developmental perspectives on the self-system. In P. H. Mussen (Ed.), *Handbook of child psychology: Vol. 4. Socialization, personality, and social development* (4th ed., pp. 275–386). New York: Wiley.

Hartmann, H. (1939). *Ego psychology and the problem of adaptation*. New York: International Universities Press.

Hartshorne, H., & May, M. A. (1928). *Studies in the nature of character: Vol. 1. Studies in deceit*. New York: Macmillan.

Harvey, D. (1990). *The condition of postmodernity: An enquiry into the origins of cultural change*. Cambridge, UK: Basil Blackwell.

Hassan, M. K., & Sarkar, S. N. (1975). Attitudes toward caste system as related to certain personality and sociological factors. *Indian Journal of Psychology, 50*, 313–319.

Hauser, S. T. (1976). Loevinger's model and measure of ego development: A critical review. *Psychological Bulletin, 80*, 928–955.

Hazan, C., & Shaver, P. (1987). Romantic love conceptualized as an attachment process. *Journal of Personality and Social Psychology, 52*, 511–524.

Hazan, C., & Shaver, P. (1990). Love and work: An attachment-theoretical perspective. *Journal of Personality and Social Psychology, 59*, 270–280.

Hazen, N. L., & Durrett, M. E. (1982). Relationship of security of attachment to exploration and cognitive mapping abilities in 2-year-olds. *Development Psychology, 18*, 751–759.

Heatherton, T. F., & Weinberger, J. L. (Eds.). (1994). *Can personality change?* Washington, DC: APA Press.

Hebb, D. O. (1955). Drives and the C. N. S. (Conceptual Nervous System). *Psychological Review, 62*, 243–254.

Heckhausen, H. (1967). *The anatomy of achievement motivation.* New York: Academic Press.

Heilbrun, C. G. (1988). *Writing a woman's life.* New York: Norton.

Helson, R. (1967). Personality characteristics and developmental history of creative college women. *Genetic Psychology Monographs, 76*, 205–256.

Helson, R., & Klohnen, E. C. (1998). Affective coloring of personality from young adulthood to midlife. *Personality and Social Psychology Bulletin, 24*, 241–252.

Helson, R., & Moane, G. (1987). Personality change in women from college to midlife. *Journal of Personality and Social Psychology, 53*, 176–186.

Helson, R., & Roberts, B. W. (1994). Ego development and personality change in adulthood. *Journal of Personality and Social Psychology, 66*, 911–920.

Helson, R., & Soto, C. J. (2005). Up and down in middle age: Monotonic and nonmonotonic changes in roles, status, and personality. *Journal of Personality and Social Psychology, 89*, 194–204.

Helson, R., Soto, C. J., & Cate, R. A. (2006). From young adulthood through the middle ages. In D. K. Mroczek & T. D. Little (Eds.), *Handbook of personality development* (pp. 337–352). Mahwah, NJ: Erlbaum.

Helson, R., & Stewart, A. J. (1994). Personality change in adulthood. In T. F. Heatherton & J. L. Weinberer (Eds.), *Can personality change?* (pp. 201–225). Washington, DC: APA Press.

Helson, R., & Wink, P. (1992). Personality change in women from early 40s to the early 50s. *Psychology and Aging, 7*, 46–55.

Hemenover, S. H. (2003). Individual differences in rate of affect change: Studies in affective chronometry. *Journal of Personality and Social Psychology, 85*, 121–131.

Hermans, H. J. M. (1988). On the integration of nomothetic and idiographic research methods in the study of personal meaning. *Journal of Personality, 56*, 785–812.

Hermans, H. J. M. (1991). The person as co-investigator in self-research: Valuation theory. *European Journal of Personality, 5*, 217–234.

Hermans, H. J. M. (1992a). Telling and retelling one's self-narrative: A contextual approach to life-span development. *Human Development, 35*, 361–375.

Hermans, H. J. M. (1992b). Unhappy self-esteem: A meaningful exception to the rule. *Journal of Psychology, 126*, 555–570.

Hermans, H. J. M. (1996). Voicing the self: From information processing to dialogical interchange. *Psychological Bulletin, 119*, 31–50.

Hermans, H. J. M., & Bonarius, H. (1991). The person as co-investigator in personality research. *European Journal of Personality, 5*, 199–216.

Hermans, H. J. M., Kempen, H. J. G., & van Loon, R. J. P. (1992). The dialogical self: Beyond individualism and rationalism. *American Psychologist, 47*, 23–33.

Hermans, H. J. M., & van Gilst, W. (1991). Self-narrative and collective myth: An analysis of the Narcissus story. *Canadian Journal of Behavioural Science, 23*, 423–440.

Hess, R. D., & Shipman, V. C. (1965). Early experience and the socialization of cognitive modes in children. *Child Development, 34*, 869–886.

Hewig, J., Hagemann, D., Seifert, J., Naumann, E., & Bartussek, D. (2004). On the selective relation of frontal cortical asymmetry and anger-out versus anger-control. *Journal of Personality and Social Psychology, 87*, 926–939.

Higgins, E. T. (1987). Self-discrepancy: A theory relating self and affect. *Psychological Review, 94*, 319–340.

Higgins, E. T. (1997). Beyond pleasure and pain. *American Psychologist, 52*, 1280–1300.

Higgins, E. T. (1999). Persons and situations: Unique explanatory principles or variability in general principles? In D. Cervone & Y. Shoda (Eds.), *The coherence of personality: Social-cognitive bases of consistency, variability, and organization* (pp. 61–93). New York: Guilford Press.

Himsel, A. J., Hart, H. M., Diamond, A., & McAdams, D. P. (1997). Personality characteristics of highly generative adults as assessed in Q-Sort ratings of life stories. *Journal of Adult Development, 4*, 149–161.

Hoffman, M. L. (1981). Is altruism part of human nature? *Journal of Personality and Social Psychology, 40*, 121–137.

Hogan, R. (1976). *Personality theory: The personological tradition.* Englewood Cliffs, NJ: Prentice-Hall.

Hogan, R. (1982). A socioanalytic theory of personality. In M. Page (Ed.), *Nebraska Symposium on Motivation* (pp. 55–89). Lincoln: University of Nebraska Press.

Hogan, R. (1986). *Hogan Personality Inventory manual*. Minneapolis, MN: National Computer Systems.

Hogan, R. (1987). Personality psychology: Back to basics. In J. Aronoff, A. I. Rabin, & R. A. Zucker (Eds.), *The emergence of personality* (pp. 79–104). New York: Springer.

Hogan, R., DeSoto, C. B., & Solano, C. (1977). Traits, tests, and personality research. *American Psychologist, 32,* 255–264.

Hogan, R., Hogan, J., & Roberts, B. W. (1996). Personality measurement and employment decisions. *American Psychologist, 51,* 469–477.

Hogan, R., Johnson, J., & Briggs, S. (Eds.). (1997). *Handbook of personality psychology*. San Diego, CA: Academic Press.

Hogan, R., Jones, W. H., & Cheek, J. M. (1985). Socioanalytic theory: An alternative to armadillo psychology. In B. R. Schlenker (Ed.), *The self and social life* (pp. 175–198). New York: McGraw-Hill.

Hogan, J., & Ones, D. S. (1997). Conscientiousness and integrity at work. In R. Hogan, J. A. Johnson, & S. Briggs (Eds.), *Handbook of personality psychology* (pp. 849–870). San Diego, CA: Academic Press.

Hogansen, J., & Lanning, K. (2001). Five factors in sentence completion test categories: Toward rapprochement between trait and maturational approaches to personality. *Journal of Research in Personality, 35,* 449–462.

Holland, D. (1997). Selves as cultured: As told by an anthropologist who lacks a soul. In R. D. Ashmore & L. Jussim (Eds.), *Self and identity: Fundamental issues* (pp. 160–190). New York: Oxford University Press.

Holland, J. L. (1996). Exploring careers with a typology: What we have learned and some new directions. *American Psychologist, 51,* 397–406.

Holmes, D. S. (1967). Pupillary response, conditioning, and personality. *Journal of Personality and Social Psychology, 5,* 98–103.

Holstein, J. A., & Gubrium, J. F. (2000). *The self we live by: Narrative identity in a postmodern world*. New York: Oxford University Press.

Holt, R. R. (1962). Individuality and generalization in the psychology of personality: An evaluation. *Journal of Personality, 30,* 377–402.

Holt, R. R. (1980). Loevinger's measure of ego development: Reliability and national norms for male and female short forms. *Journal of Personality and Social Psychology, 39,* 909–920.

Honig, R. M. (2007, March 4). Darwin's God. *New York Times Magazine,* pp. 36–43, 58, 62, 77–78, 85.

Hooker, C. I., Verosky, S. C., Miyakawa, A., Knight, R. T., & D'Esposito, M. (2008). *Neuroticism correlates with amygdala activity during observational fear learning*. Manscript under review.

Hoppe, C. (1972). *Ego development and conformity behavior*. Unpublished doctoral dissertation, Washington University in St. Louis.

Horney, K. (1939). *New ways in psychoanalysis*. New York: Norton.

Horowitz, L. M., Wilson, K. R., Turan, B., Zolotsev, P., Constantino, M. J., & Henderson, L. (2006). How interpersonal motives clarify the meaning of interpersonal behavior: A revised circumplex model. *Personality and Social Psychology Review, 10,* 67–86.

Howard, G. S. (1989). *A tale of two stories: Excursions into a narrative psychology*. Notre Dame, IN: University of Notre Dame Press.

Howard, A., & Bray, D. (1988). *Managerial lives in transition: Advancing age and changing times*. New York: Guilford Press.

Howarth, E., & Eysenck, H. J. (1968). Extraversion, arousal, and paired-associate recall. *Journal of Experimental Research in Personality, 3,* 114–116.

Howe, M. L. (2004). Early memory, early self, and the emergence of autobiographical memory. In D. R. Beike, J. M. Lampinen, & D. A. Behrend (Eds.), *The self and memory* (pp. 45–73). New York: Psychology Press.

Howe, M. L., & Courage, M. L. (1997). The emergence and early development of autobiographical memory. *Psychological Review, 104,* 499–523.

Huesmann, L. R., & Miller, L. S. (1994). Long-term effects of repeated exposure to media violence in childhood. In L. R. Huesmann (Ed.), *Aggressive behavior: Current perspectives* (pp. 153–186). New York: Plenum Press.

Hull, C. (1943). *Principles of behavior*. New York: Appleton-Century-Crofts.

Hy, L. X., & Loevinger, J. (1996). *Measuring ego development* (2nd ed.). Mahwah, NJ: Erlbaum.

I

Iannotti, R. J., Cummings, E. M., Pierre-humbert, B., Milano, M. J., & Zahn-Waxler, C. (1992). Parental influences on prosocial behavior and empathy in early childhood. In J. M. A. M. Janssens & J. R. M. Gerris (Eds.), *Child rearing: Influence on prosocial and moral development* (pp. 77–100). Amsterdam: Swets & Zeitlinger.

Ickes, W., Snyder, M., & Garcia, S. (1997). Personality influences on the choice of situations. In R. Hogan, J. A. Johnson, & S. Briggs (Eds.), *Handbook of personality psychology* (pp. 165–195). San Diego, CA: Academic Press.

Ingelhart, R. (1990). *Cultural shift in advanced industrial societies*. Princeton, NJ: Princeton University Press.

Ingram, R. E. (1984). Toward an information processing analysis of depression. *Cognitive Therapy and Research, 8,* 443–478.

Ingram, R. E., Smith, T. W., & Brehm, S. S. (1983). Depression and information processing: Self-schemata and the encoding of self-referent information. *Journal of Personality and Social Psychology, 45,* 412–420.

Inhelder, B., & Piaget, J. (1958). *The growth of logical thinking from* childhood to adolescence. New York: Basic Books.

Inkeles, A. (1960). Industrial man: The relation of status to experience, perception, and value. *American Journal of Sociology*, 66, 1–31.

Inkeles, A., & Smith, D. (1974). *Becoming modern: Individual change in six developing countries*. Cambridge, MA: Harvard University Press.

Irons, W. (2001). Religion as a hard-to-fake sign of commitment. In R. M. Nesse (Ed.), *Evolution and the capacity for commitment* (pp. 292–309). New York: Russell Sage Foundation.

Izard, C. E. (1971). *The face of emotion*. New York: Appleton-Century-Crofts.

Izard, C. E. (1977). *Human emotions*. New York: Plenum Press.

Izard, C. E. (1978). On the ontogenesis of emotions and emotion–cognition relationships in infancy. In M. Lewis & L. A. Rosenblum (Eds.), *The development of affect* (pp. 389–413). New York: Plenum Press.

Izzett, R. R. (1971). Authoritarianism and attitudes toward the Vietnam war as reflected in behavioral and self-report measures. *Journal of Personality and Social Psychology*, 17, 145–148.

J

Jackson, D. N. (1971). The dynamics of structured personality tasks. *Psychological Review*, 78, 229–248.

Jackson, D. N. (1974). *The Personality Research Form*. Port Huron, MI: Research Psychologists Press.

Jackson, D. N., & Messick, S. (1958). Content and style in personality assessment. *Psychological Bulletin*, 55, 243–252.

Jacques, E. (1965). Death and the midlife crisis. *International Journal of Psychoanalysis*, 46, 502–514.

James, W. (1892/1963). *Psychology*. Greenwich, CT: Fawcett.

James, W. (1902/1958). *The varieties of religious experience*. New York: New American Library of World Literature.

Jang, K. L., Livesley, W. J., & Vernon, P. A. (1996). Heritability of the Big Five personality dimensions: A twin study. *Journal of Personality*, 64, 577–591.

Jang, K. L., McCrae, R. R., Angleitner, A., Riemann, R., & Livesley, W. J. (1998). Heritability of facet-level traits in a cross-cultural twin sample: Support for a hierarchical model of personality. *Journal of Personality and Social Psychology*, 74, 1556–1565.

Janoff-Bulman, R., & Brickman, P. (1980). Expectations and what people learn from failure. In N. T. Feather (Ed.), *Expectancy, incentive, and failure*. Hillesdale, NJ: Erlbaum.

Jay, P. (1984). *Being in the text: Self-representation from Wordworth to Roland Barthes*. Ithaca, NY: Cornell University Press.

Jemmott, J. B., III. (1987). Social motives and susceptibility to disease: Stalking individual differences in health risks. *Journal of Personality*, 55, 267–298.

Jenkins, S. R. (1987). Need for achievement and women's careers over 14 years: Evidence for occupational structure effects. *Journal of Personality and Social Psychology*, 53, 922–932.

Jensen-Campbell, L. A., Adams, R., Perry, D. G., Workman, K. A., Furdella, J. Q., & Egan, S. K. (2002). Agreeableness, extraversion, and peer relations in early adolescence: Winning friends and deflecting aggression. *Journal of Research in Personality*, 36, 224–251.

Jensen-Campbell, L. A., & Graziano, W. G. (2001). Agreeableness as a moderator of interpersonal conflict. *Journal of Personality*, 69, 323–362.

Jensen-Campbell, L. A., Graziano, W. G., & West, S. G. (1995). Dominance, prosocial orientation, and female preferences: Do nice guys really finish last? *Journal of Personality and Social Psychology*, 68, 427–440.

John, O. P., Pals, J. L., & Westenberg, P. M. (1998). Personality prototypes and ego development: Conceptual similarities and relations in adult women. *Journal of Personality and Social Psychology*, 74, 1093–1108.

John, O. P., & Srivastava, S. (1999). The Big Five trait taxonomy: History, measurement, and theoretical perspectives. In L. Pervin & O. P. John (Eds.), *Handbook of personality: Theory and research* (2nd ed., pp. 102–138). New York: Guilford Press.

Johnson, J. A. (1997). Units of analysis for the description and explanation of personality. In R. Hogan, J. A. Johnson, & S. Briggs (Eds.), *Handbook of personality psychology* (pp. 73–93). San Diego, CA: Academic Press.

Johnson, J. E., Petzel, T. P., Hartney, L. M., & Morgan, L. M. (1983). Recall and importance ratings of completed and uncompleted tasks as a function of depression. *Cognitive Therapy and Research*, 7, 51–56.

Jones, E. (1961). *The life and work of Sigmund Freud*. New York: Basic Books.

Jones, E. E., & Nisbett, R. E. (1972). The actor and the observer: Divergent perceptions of the causes of behavior. In E. E. Jones, D. E. Kanouse, H. H. Kelley, R. E. Nisbett, S. Valins, & B. Weiner (Eds.), *Attribution: Perceiving the causes of behavior* (pp. 79–94). Morristown, NJ: General Learning Press.

Jones, J. M. (1983). The concept of race in social psychology: From color to culture. In L. Wheeler & P. Shaver (Eds.), *Review of personality and social psychology* (Vol. 4, pp. 117–150). Beverly Hills, CA: Sage.

Jones, W. H., Couch, L., & Scott, S. (1997). Trust and betrayal: The psychology of getting along and getting ahead. In R. Hogan, J. Johnson, & S. Briggs (Eds.), *Handbook of personality psychology* (pp. 465–482). San Diego, CA: Academic Press.

Jordan, D. (1971). *Parental antecedents and personality characteristics of ego identity statuses*. Unpublished doctoral dissertation, State University of New York at Binghampton.

Josephs, R. A., Sellers, J. G., Newman, M. L., & Mehta, P. H. (2006). The mismatch effect: When testosterone and status are at odds. *Journal of*

Personality and Social Psychology, 90, 999–1013.

Josselson, R. L. (1973). Psychodynamic aspects of identity formation in college women. *Journal of Youth and Adolescence, 2*, 3–52.

Josselson, R. L. (1988). The embedded self: I and Thou revisited. In D. K. Lapsley & F. C. Power (Eds.), *Self, ego, and identity: Integrative approaches* (pp. 91–106). New York: Springer-Verlag.

Josselson, R. (1995). Narrative and psychological understanding. *Psychiatry, 58*, 330–343.

Josselson, R. (1996). *Revising herself: The story of women's identity from college to midlife*. New York: Oxford University Press.

Josselson, R., & Lieblich, A. (Eds.). (1993). *The narrative study of lives* (Vol. 1). Thousand Oaks, CA: Sage.

Josselson, R., Lieblich, A., & McAdams, D. P. (Eds.). (2003). *Up close and personal: The teaching and learning of narrative research*. Washington, DC: APA Books.

Jost, J. T., Glaser, J., Kruglanski, A. W., & Sulloway, F. J. (2003). Political conservatism as motivated social cognition. *Psychological Bulletin, 129*, 339–375.

Judson, H. F. (1980). The rage to know. *Atlantic Monthly*.

Jung, C. G. (1923/1971). Psychological types. In H. Read, M. Fundham, G. Adler, and W. McGuire (Eds.), *The collected works of C. G. Jung* (Vol. 6, pp. 1–495). Princeton, NJ: Princeton University Press.

Jung, C. G. (1936/1969). The archetypes and the collective unconscious. In H. Read et al. (Eds.), *The collected works of C. G. Jung* (Vol. 9, pp.). Princeton, NJ: Princeton University Press.

Jung, C. G. (1936/1971). Psychological typology. In H. Read et al., (Eds.), *The collected works of C. G. Jung* (Vol. 6, pp. 542–555). Princeton, NJ: Princeton University Press.

Jung, C. G. (1961). *Memories, dreams, reflections*. New York: Vintage.

Jung, C. G., von Franz, M.-L., Henderson, J. L., Jacobi, J., & Jaffe, A. (1964). *Man and his symbols*. Garden City, NY: Doubleday.

Justice, M. T. (1969). *Field dependency, intimacy of topic and interpersonal distance*. Unpublished doctoral dissertation, University of Florida.

K

Kagan, J. (1984). *The nature of the child*. New York: Basic Books.

Kagan, J. (1989). Temperamental contributions to social behavior. *American Psychologist, 44*, 668–674.

Kagan, J. (1994). *Galen's prophecy*. New York: Basic Books.

Kagan, J. (2000). Temperament. In A. Kazdin (Ed.), *Encyclopedia of psychology*. New York: Oxford University Press.

Kahane, C. (1985). Introduction: Why Dora now? In C. Bernheimer & C. Kahane (Eds.), *In Dora's case: Freud-hysteria-feminism* (pp. 19–31). New York: Columbia University Press.

Kahn, S., Zimmerman, G., Csikszentmihalyi, M., & Getzels, J. W. (1985). Relations between identity in young adulthood and intimacy at midlife. *Journal of Personality and Social Psychology, 49*, 1316–1322.

Kahn, R., & Antonucci, T. (1981). Convoys of social support: A life-course approach. In S. Kiesler, J. Morgan, & V. Oppenheimer (Eds.), *Aging: Social change* (pp. 383–405). New York: Academic Press.

Kashima, Y., Yumaguchi, S., Kim, U., Choi, S-C., Gelfand, M. J., & Yuki, M. (1995). Culture, gender, and self: A perspective from individualism–collectivism research. *Journal of Personality and Social Psychology, 69*, 925–937.

Kasser, T., & Ryan, R. M. (1996). Further examining the American dream: Differential correlates of intrinsic and extrinsic goals. *Personality and Social Psychology Bulletin, 22*, 280–287.

Kaufman, J., Yang, B., Douglas-Palomberi, H., Houshyar, S., Lipschitz, D., Krystal, J. H., et al. (2004). Social supports and serotonin transporter gene moderate depression in maltreated children. *Proceedings of the National Academy of Sciences, 101*, 17316–17321.

Kelly, E. L., & Conley, J. J. (1987). Personality and compatibility: A prospective analysis of marital stability and marital satisfaction. *Journal of Personality and Social Psychology, 52*, 27–40.

Kelly, G. (1955). *The psychology of personal constructs*. New York: W. W. Norton.

Keniston, K. (1963). Inburn: An American Ishmael. In R. W. White (Ed.), *The study of lives* (pp. 40–70). New York: Holt, Rinehart & Winston.

Kenrick, D. T. (1989). A biosocial perspective on mates and traits: Reuniting personality and social psychology. In D. M. Buss & N. Cantor (Eds.), *Personality psychology: Recent trends and emerging directions* (pp. 308–319). New York: Springer-Verlag.

Kenrick, D. T., & Funder, D. C. (1988). Profiting from controversy: Lessons from the person-situation debate. *American Psychologist, 43*, 23–34.

Kenrick, D. T., Keefe, R. C., Bryan, A., Barr, A., & Brown, S. (1995). Age preferences and mate choice among homosexuals and heterosexuals: A case for modular psychological mechanisms. *Journal of Personality and Social Psychology, 69*, 1166–1172.

Kernberg, O. (1980). *International world and external reality*. New York: Jason Aronson.

Keyes, C. L. M., & Ryff, C. D. (1998). Generativity in adult lives: Social structural contours and quality of life consequences. In D. P. McAdams & E. de St. Aubin (Eds.), *Generativity and adult development: How and why we care for the next generation* (pp. 227–263). Washington, DC: APA Press.

Kiesler, D. J. (1982). The 1982 interpersonal circle: A taxonomy of complementarity in human transactions. *Psychological Review, 90*, 185–214.

Kihlstrom, J. F. (1990). The psychological unconscious. In L. Pervin (Ed.), *Handbook of personality: Theory and research* (pp. 445–464). New York: Guilford Press.

Kihlstrom, J. F., & Harackiewicz, J. M. (1982). The earliest recollection: A new survey. *Journal of Personality*, *50*, 134–148.

Kihlstrom, J. F., & Hastie, R. (1997). Mental representations of persons and personality. In R. Hogan, J. Johnson, & S. Briggs (Ed.), *Handbook of personality psychology* (pp. 711–735). San Diego, CA: Academic Press.

King, L. A. (1995). Wishes, motives, goals, and personal memories: Relation of measures of human motivation. *Journal of Personality*, *63*, 985–1007.

King, L. A., & Hicks, J. A. (2006). Narrating the self in the past and future: Implications for maturity. *Research in Human Development*, *3*, 121–138.

King, L. A., & Hicks, J. A. (2007). Whatever happened to "what might have been"? *American Psychologist*, *62*, 625–636.

King, L. A., Hicks, J. A., Krull, J. L., & Del Gaiso, A. K. (2006). Positive affect and the experience of meaning in life. *Journal of Personality and Social Psychology*, *90*, 179–196.

King, L. A., & Raspin, C. (2004). Lost and found possible selves, subjective well-being, and ego development in divorced women. *Journal of Personality*, *77*, 602–632.

King, L. A., Scollon, C. K., Ramsey, C., & Williams, T. (2000). Stories of life transition: Subjective well-being and ego development in parents of children with Down Syndrome. *Journal of Research in Personality*, *34*, 509–536.

King, L. A., & Smith, N. G. (2004). Gay and straight possible selves: Goals, identity, subjective well-being, and personality development. *Journal of Personality*, *72*, 967–994.

Kirkpatrick, L. A. (1999). Toward an evolutionary psychology of religion and spirituality. *Journal of Personality*, *67*, 921–952.

Kirkpatrick, L. A. (2005). *Attachment, evolution, and the psychology of religion*. New York: Guilford Press.

Kitayama, S., Mesquita, B., & Karasawa, M. (2006). Cultural affordances and emotional experience: Socially engaging and disengaging emotions in Japan and the United States. *Journal of Personality and Social Psychology*, *91*, 890–903.

Klages, L. (1926/1932). *The science of character*. London: Allen & Unwin.

Klein, S. B., Loftus, J., & Kihlstrom, J. F. (1996). Self-knowledge of an amnesic patient: Toward a neuropsychology of personality and social psychology. *Journal of Experimental Psychology: General*, *125*, 250–260.

Klinger, E. (1966). Fantasy need achievement as a motivational construct. *Psychological Bulletin*, *66*, 291–308.

Klinger, E. (1987). Current concerns and disengagement from incentives. In F. Halisch & J. Kuhl (Eds.), *Motivation, intention, and volition* (pp. 337–347). Berlin: Springer-Verlag.

Knee, C. R., Patrick, H., & Lonsbary, C. (2003). Implicit theories of relationships: Orientations toward evaluation and cultivation. *Personality and Social Psychology Review*, *7*, 41–55.

Kobak, R. R., & Hazan, C. (1991). Attachment in marriage: Effects of security and accuracy of working models. *Journal of Personality and Social Psychology*, *60*, 861–869.

Kochanska, G., & Aksan, N. (2006). Children's conscience and self-regulation. *Journal of Personality*, *74*, 1587–1617.

Koenig, L. B., & Bouchard, T. J., Jr. (2006). Genetic and environmental influences on the Traditional Moral Values Triad—Authoritarianism, Conservatism, and Religiousness—as assessed by quantitative behavior genetic methods. In P. McNamara (Ed.), *Where God and science meet: How brain and evolutionary studies alter our understanding of religion* (pp. 31–60). Westport, CT: Praeger.

Koenig, L. B., McGue, M., Krueger, T. F., & Bouchard, T. J., Jr. (2005). Genetic and environmental influences on religiousness: Findings for retrospective and current religiousness ratings. *Journal of Personality*, *73*, 471–488.

Koestner, R., & McClelland, D. C. (1990). Perspectives on competence motivation. In L. Pervin (Ed.), *Handbook of personality: Theory and research* (pp. 527–548). New York: Guilford Press.

Koestner, R., Weinberger, J., & McClelland, D. C. (1991). Task-intrinsic and social-extrinsic sources of arousal for motives assessed in fantasy and self-report. *Journal of Personality*, *59*, 57–82.

Kohlberg, L. (1969). Stage and sequence: The cognitive-developmental approach to socialization. In D. A. Goslin (Ed.), *Handbook of socialization theory and research* (pp. 347–480). Skokie, IL: Rand McNally.

Kohlberg, L. (1981). *The philosophy of moral development: Moral stages and the idea of justice* (Vol. 1). *Essays on moral development*. New York: Harper & Row.

Kohn, M. L. (1969). *Class and conformity: A study in values*. Homewood, IL: Dorsey Press.

Kohn, M. L., Naoi, A., Schoenbach, C., Schooler, C., & Slomczynski, K. M. (1990). Position in the class structure and psychological functioning in the United States, Japan, and Poland. *American Journal of Sociology*, *95*, 964–1008.

Kohn, M. L., & Schooler, C. (1969). Class, occupation, and orientation. *American Sociological Review*, *34*, 659–678.

Kohn, M. L., & Schooler, C. (1973). Occupational experience and psychological functioning: An assessment of reciprocal effects. *American Sociological Review*, *38*, 97–118.

Kohnstamm, G. A., Halverson, C. F., Jr., Mervielde, I., & Havill, V. L. (1998). *Parental descriptions of child personality: Developmental antecedents of the Big Five?* Mahweah, NJ: Erlbaum.

Kohut, H. (1971). *The analysis of the self*. New York: International Universities Press.

Kohut, H. (1977). *The restoration of the self*. New York: International Universities Press.

Kohut, H. (1984). *How does analysis cure?* Chicago: University of Chicago Press.

Konner, M. (1983). *The tangled wing: Biological constraints on the human spirit.* New York: Harper & Row.

Kotre, J. (1984). *Outliving the self: Generativity and the interpretation of lives.* Baltimore: Johns Hopkins University Press.

Kotre, J. (1999). *Making it count: How to generate a legacy that gives meaning to your life.* New York: The Free Press.

Krahe, B. (1992). *Personality and social psychology: Toward a synthesis.* London: Sage.

Kretschmer, E. (1921). *Korperbau und charakter.* Berlin: Springer.

Krueger, R. F., Johnson, W., & Kling, K. C. (2006). Behavior genetics and personality development. In D. K. Mroczek & T. D. Little (Eds.), *Handbook of personality development* (pp. 81–108). Mahwah, NJ: Erlbaum.

Krueger, R. G., Hicks, B. M., & McGue, M. (2001). Altruism and antisocial behavior: Independent tendencies, unique personality correlates, distinct etiologies. *Psychological Science, 12,* 397–402.

Kunce, J. T., & Anderson, W. P. (1984). Perspectives on uses of the MMPI in nonpsychiatric settings. In P. McReynolds & G. J. Chelune (Eds.), *Advances in psychological assessment* (Vol. 6, pp. 41–76). San Francisco: Jossey-Bass.

Kurtz, J. E., & Tiegreen, S. B. (2005). Matters of conscience and conscientiousness: The place of ego development in the five-factor model. *Journal of Personality Assessment, 85,* 312–317.

Kushner, H. (1981). *When bad things happen to good people.* New York: Avon.

L

Labov, W. (1972). *Language in the inner city.* Philadelphia: University of Pennsylvania Press.

Lachman, M. E. (1986). Locus of control in aging research: A case for multidimensional and domain specific assessment. *Psychology and Aging, 1,* 34–40.

Lachman, M. E. (Ed.). (2001). *Handbook of midlife development.* New York: Wiley.

LaFreniere, P. J., & Sroufe, L. A. (1985). Profiles of peer competence in the preschool: Interrelations between measures, influence of social ecology, and relation to attachment history. *Developmental Psychology, 21,* 56–69.

Langbaum, R. (1982). *The mysteries of identity: A theme in modern literature.* Chicago: University of Chicago Press.

Langens, T. A. (2001). Predicting behavior change in Indian businessmen from a combination of need for achievement and self-discrepancy. *Journal of Research in Personality, 35,* 339–352.

Lapsley, D. K., & Rice, K. (1988). The "new look" at the imaginary audience and personal fable: Toward a general model of adolescent ego development. In D. K. Lapsley & F. C. Power (Eds.), *Self, ego, and identity: Integrative approaches* (pp. 109–129). New York: Springer-Verlag.

Larsen, R. J. (2000). Toward a science of mood regulation. *Psychological Inquiry, 11,* 129–141.

Larsen, R. J., & Kasimatis, M. (1991). Day-to-day symptoms: Individual differences in the occurrence, duration, and emotional concomitants of minor daily illness. *Journal of Personality, 59,* 387–423.

Lasch, C. (1979). *The culture of narcissism: American life in an age of diminishing expectations.* New York: W. W. Norton.

Laursen, B., Pulkkinen, L., & Adams, R. (2002). The antecedents and correlates of agreeableness in adulthood. *Developmental Psychology, 38,* 591–603.

Leary, T. (1957). *Interpersonal diagnosis of personality.* New York: Ronald Press.

Le Boeuf, B. J., & Reiter, J. (1988). Lifetime reproductive success in northern elephant seals. In T. H. Clutton-Brock (Ed.), *Reproductive success* (pp. 344–362). Chicago: University of Chicago Press.

LeDoux, J. (1996). *The emotional brain: The mysterious underpinnings of emotional life.* New York: Touchstone Books.

Lee, L., & Snarey, J. (1988). *The relationship between ego and moral development: A theoretical review and empirical analysis.* In D. K. Lapsley & F. C. Power (Eds.), *Self, ego, and identity: Integrative approaches* (pp. 151–178). New York: Springer-Verlag.

Lefcourt, H. M., Martin, R. A., Fick, C. M., & Saleh, W. E. (1985). Locus of control for affiliation and behavior in social interactions. *Journal of Personality and Social Psychology, 48,* 577–759.

Leichtman, M. D., Wang, Q., & Pillemer, D. B. (2003). Cultural variations in interdependence: Lessons from Korea, China, India, and the United States. In R. Fivush & C. A. Haden (Eds.), *Autobiographical memory and the construction of a narrative self* (pp. 73–97). Mahwah, NJ: Erlbaum.

Leith, K. P., & Baumeister, R. F. (1998). Empathy, shame, guilt, and narratives of interpersonal conflicts: Guilt-prone people are better at perspective taking. *Journal of Personality, 66,* 1–37.

Lepper, M. R., & Greene, D. (1978). *The hidden costs of reward: New perspectives on the psychology of human motivation.* New York: Halsted.

Lepper, M. R., Greene, D. & Nisbett, R. E. (1973). Undermining children's intrinsic interest with extrinsic rewards: A test of the "overjustification" hypothesis. *Journal of Personality and Social Psychology, 28,* 129–137.

Lesch, K. P., Bengel, D., Heils, A., Sabol, S. Z., Greenberg, B. D., & Petri, S. (1996). Association of anxiety-related traits with a polymorphism in the serotonin transporter gene regulatory region. *Science, 274,* 1527–1531.

LeVine, R. A. (1982). *Culture, behavior, and personality* (2nd ed.). New York: Aldine.

LeVine, R. A. (2001). Culture and personality studies, 1918–1960: Myth and history. *Journal of Personality, 69,* 803–818.

Levinson, D. J. (1978). *The seasons of a man's life.* New York: Alfred A. Knopf.

Levinson, D. J. (1981). Explorations in biography: Evolution of the individual life structure in adulthood. In A. I. Rabin, J. Aronoff, A. M. Barclay, & R. A. Zucker (Eds.). *Further explorations in personality* (pp. 44–79). New York: Wiley.

Levinson, D. J., Darrow, C. M., Klein, E. B., Levinson, M. H., & McKee, B. (1974). The psychosocial development of men in early adulthood and the mid-life transition. In D. Ricks, A. Thomas, & M. Roff (Eds.), *Life history research in psychopathology* (Vol. 3). Minneapolis: University of Minnesota Press.

Lewin, K. (1935). *A dynamic theory of personality.* New York: McGraw-Hill.

Lewis, H. B. (1985). Depression vs. paranoia: Why are there sex differences in mental illness? *Journal of Personality, 53,* 150–178.

Lewis, M. (1990). Self-knowledge and social development in early life. In L. Pervin (Ed.), *Handbook of personality. Theory and research* (pp. 277–300). New York: Guilford Press.

Lewis, M., & Brooks-Gunn, J. (1979). *Social cognition and the acquisition of self.* New York: Plenum Press.

Li-Grinning, C. P. (2007). Effortful control among low-income preschoolers in three cities: Stability, change, and individual differences. *Developmental Psychology, 43,* 208–221.

Lieberman, M. D., & Rosenthal, R. (2001). Why introverts can't always tell who likes them: Multitasking and nonverbal decoding. *Journal of Personality and Social Psychology, 80,* 294–310.

Lifton, R. J. (1979). *The broken connection: On death and the continuity of life.* New York: Simon & Schuster.

Linde, C. (1990). *Life-stories: The creation of coherence* Monograph No. IRL90–0001. Palo Alto, CA: Institute for Research on Learning.

Lindzey, G. (1959). On the classification of projective techniques. *Psychological Bulletin, 56,* 158–168.

Linn, R. (1997). Soldiers' narratives of selective moral resistance: A separate position or the connected self? In A. Lieblich & R. Josselson (Eds.), *The narrative study of lives* (Vol. 5, pp. 94–112). Thousand Oaks, CA: Sage.

Linville, P. W. (1987). Self-complexity as a cognitive buffer against stress-related illness and depression. *Journal of Personality and Social Psychology, 52,* 663–676.

Lischetzke, T., & Eid, M. (2006). Why extraverts are happier than introverts: The role of mood regulation. *Journal of Personality, 74,* 1127–1161.

Lishman, W. A. (1972). Selective factors in memory. Part I: Age, sex, and personality attributes. *Psychological Medicine, 2,* 121–138.

Little, B. R. (1989). Personal projects analysis: Trivial pursuits, magnificent obsessions, and the search for coherence. In D. M. Buss & N. Cantor (Eds.), *Personality psychology: Recent trends and emerging directions* (pp. 15–31). New York: Springer-Verlag.

Little, B. R. (1998). Personal project pursuit: Dimensions and dynamics of personal meaning. In P. T. P. Wong & P. S. Fry (Eds.), *The human quest for meaning: Handbook for research and clinical applications* (pp. 193–212). Mahwah, NJ: Erlbaum.

Little, B. R. (1999). Personality and motivation: Personal action and the conative evolution. In L. A. Pervin & O. John (Eds.), *Handbook of personality: Theory and research* (2nd ed., pp. 501–524). New York: Guilford Press.

Little, B. R., Lecci, L., & Watkinson, R. (1992). Personality and personal projects: Linking Big Five and PAC units of analysis. *Journal of Personality, 60,* 501–525.

Livson, N., & Peskin, H. (1980). Perspectives on adolescence from longitudinal research. In J. Adelson (Ed.), *Handbook of adolescent psychology* (pp. 47–98). New York: Wiley.

Lloyd, G. G., & Lishman. W. A. (1975). Effect of depression on the speed of recall of pleasant and unpleasant experiences. *Psychological Medicine, 5,* 173–180.

Lodi-Smith, J., & Roberts, B. W. (2007). Social investment and personality: A meta-analysis of the relationship of personality traits to investment in work, family, religion, and volunteerism. *Personality and Social Psychology Review, 11,* 68–86.

Loehlin, J. C. (1989). Partitioning environmental and genetic contributions to behavioral develoment. *American Psychologist, 44,* 1285–1292.

Loehlin, J. C., McCrae, R. R., & Costa, P. T., Jr. (1998). Heritabilities of common and measure-specific components of the Big Five personality factors. *Journal of Research in Personality, 32,* 431–453.

Loehlin, J. C., Neiderhiser, J. M., & Reiss, D. (2003). The behavior genetics of personality and the NEAD Study. *Journal of Research in Personality, 37,* 373–387.

Loehlin, J. C., & Nichols, R. C. (1976). *Heredity, environment, and personality: A study of 850 sets of twins.* Austin: Texas University Press.

Loehlin, J. C., Willerman, L., & Horn, J. M. (1987). Personality resemblance in adoptive families: A 10-year followup. *Journal of Personality and Social Psychology, 53,* 961–969.

Loevinger, J. (1957). Objective tests as instruments of psychological theory. *Psychological Reports, 3,* 635–694.

Loevinger, J. (1976). *Ego development.* San Francisco: Jossey-Bass.

Loevinger, J. (1979). Construct validity of the sentence-completion test of ego development. *Applied Psychological Measurement, 3,* 281–311.

Loevinger, J. (1983). On ego development and the structure of personality. *Developmental Review, 3,* 339–350.

Loevinger, J. (1984). On the self and predicting behavior. In R. A. Zucker,

J. Aronoff, & A. I. Rabin (Eds.), *Personality and the prediction of behavior* (pp. 43–68). New York: Academic Press.

Loevinger, J. (1987). *Paradigms of personality.* New York: W. H. Freeman.

Loevinger, J. (2002). Confessions of an iconoclast: At home on the fringe. *Journal of Personality Assessment, 78,* 195–208.

Loevinger, J., & Wessler, R. (1970). *Measuring ego development 1. Construction and use of a sentence-completion test.* San Francisco: Jossey-Bass.

Loevinger, J., Wessler, R., & Redmore, C. (1970). *Measuring ego development 2. Scoring manual for women and girls.* San Francisco: Jossey-Bass.

Lohr, J. M., & Staats, W. W. (1973). Attitude conditioning in Sino-Tibetan languages. *Journal of Personality and Social Psychology, 26,* 196–200.

Lorenz, K. (1969). *On aggression.* New York: Harcourt, Brace & World.

Lowenthal, M. F., Thurnher, M., Chiriboga, D., & Associates. (1975). *Four stages of life: A comparative study of men and women facing transitions.* San Francisco: Jossey-Bass.

Lucas, R. E. (2005). Time does not heal all wounds: A longitudinal study of reaction and adaptation to divorce. *Psychological Science, 16,* 945–950.

Lucas, R. E., Clark, A. E., Georgellis, Y., & Diener, E. (2004). Unemployment alters the set point for life satisfaction. *Psychological Science, 15,* 8–13.

Lucas, R. E., & Diener, E. (2001). Understanding extraverts' enjoyment of social situations: The importance of pleasantness. *Journal of Personality and Social Psychology, 81,* 343–356.

Lucas, R. E., Diener, E., Grob, A., Suh, E. M., & Shao, L. (2000). Cross-cultural evidence for the fundamental features of extraversion. *Journal of Personality and Social Psychology, 79,* 452–468.

Lucas, R. E., & Fujita, F. (2000). Factors influencing the relation between extraversion and pleasant affect.

Journal of Personality and Social Psychology, 79, 1039–1056.

Lundy, A. (1985). The reliability of the Thematic Apperception Test. *Journal of Personality Assessment, 49,* 141–145.

Lutkenhaus, P., Grossmann, K. E., & Grossmann, K. (1985). Infant-mother attachment at twelve months and style of interaction with stranger at age three years. *Child Development, 56,* 1538–1542.

Lykken, D. T., McGue, M., Tellegen, A., & Bouchard, Jr., T. J. (1992). Emergenesis: Genetic traits that may not run in families. *American Psychologist, 47,* 1565–1577.

Lykken, D., & Tellegen, A. (1996). Happiness is a stochastic phenomenon. *Psychological Science, 7,* 186–189.

Lynam, D. R., & Widiger, T. A. (2001). Using the five-factor model to represent the *DSM-IV* personality disorders: An expert consensus approach. *Journal of Abnormal Psychology, 110,* 401–412.

Lyons-Ruth, K. (1996). Attachment relationships among children with aggressive behavior problems: The role of disorganized early attachment patterns. *Journal of Consulting and Clinical Psychology, 64,* 64–73.

Lyons-Ruth, K., Connell, D. B., Zoll, D., & Stahl, J. (1987). Infants at social risk: Relations among infant maltreatment, maternal behavior, and infant attachment behavior. *Developmental Psychology, 23,* 223–232.

Lyubomirsky, S., Sousa, L., & Dickerhoof, R. (2006). The costs and benefits of writing, talking, and thinking about life's triumphs and defeats. *Journal of Personality and Social Psychology, 90,* 692–708.

M

Maccoby, E. E., & Jacklin, C. N. (1974). *The psychology of sex differences.* Stanford, CA: Stanford University Press.

Maccoby, E. E., & Martin, J. A. (1983). Socialization in the context of the family: Parent–child interaction. In P. H.

Mussen (Ed.), *Handbook of child psychology* (4th ed., Vol. 4, pp. 1–102). New York: Wiley.

MacDermid, S. M., Franz, C. E., & DeReus, L. A. (1998). Generativity: At the crossroads of social roles and personality. In D. P. McAdams & E. de St. Aubin (Eds.), *Generativity and adult development: How and why we care for the next generation* (pp. 181–226). Washington, DC: APA Press.

MacIntyre, A. (1984). *After virtue.* Notre Dame, IN: University of Notre Dame Press.

MacKinnon, D. W. (1962). The nature and nurture of creative talent. *American Psychologist, 17,* 484–495.

MacKinnon, D. W. (1963). Creativity and images of the self. In R. W. White (Ed.), *The study of lives* (pp. 250–279). New York: Prentice-Hall.

MacKinnon, D. W. (1965). Personality and the realization of creative potential. *American Psychologist, 20,* 273–281.

MacLean, P. D. (1949). Psychosomatic disease and the visceral brain: Recent developments bearing on the Papez theory of emotion. *Psychosomatic Medicine, 11,* 338–353.

Maddi, S. R. (1984). Personology for the 1980s. In R. A. Zucker, J. Aronoff, & A. I. Rabin (Eds.), *Personality and the prediction of behavior* (pp. 7–41). New York: Academic Press.

Magnus, K., Diener, E., Fujita, F., & Pavot, W. (1993). Extraversion and neuroticism as predictors of object life events: A longitudinal analysis. *Journal of Personality and Social Psychology, 65,* 1046–1053.

Magnusson, D. (1971). An analysis of situational dimensions. *Perceptual and Motor Skills, 32,* 851–867.

Mahler, M. S. (1968). *On human symbiosis and the vicissitudes of individuation: Infantile psychosis.* New York: International Universities.

Mahler, M. S., Pine, F., & Bergman, A. (1975). *The psychological birth of the human infant.* New York: Basic Books.

Main, M. (1981). Avoidance in the service of attachment: A working paper. In K. Immelmann, G. Barlow, L. Petrinovich, & M. Main (Eds.), *Behavioral development: The Bielefeld interdisciplinary project*. New York: Cambridge University Press.

Main, M. (1983). Exploration, play, and cognitive functioning related to mother infant attachment. *Infant Behavior and Development*, 6, 167–174.

Main, M. (1991). Metacognitive knowledge, metacognitive monitoring, and singular (coherent) vs. multiple (incoherent) model of attachment. In C. M. Parkes, J. Stevenson-Hinde, & P. Marris (Eds.), *Attachment across the life cycle* (pp. 127–159). London: Tavistock/Routledge.

Main, M. (1999). Epilogue. Attachment theory: Eighteen points with suggestions for future studies. In J. Cassidy & P. R. Shaver (Eds.), *Handbook of attachment: Theory, research, and clinical applications* (pp. 845–888). New York: Guilford Press.

Main, M., Kaplan, N., & Cassidy, J. (1985). Security in infancy, childhood, and adulthood: A move to the level of representation. *Monographs of the Society for Research in Child Development*, 50(1 & 2), 66–104.

Mandler, J. M. (1984). *Stories, scripts, and scenes: Aspects of schema theory*. Hillsdale, NJ: Lawrence Erlbaum.

Manners, J., & Durkin, K. (2001). A critical review of the validity of ego development theory and its measurement. *Journal of Personality Assessment*, 77, 541–567.

Mannheim, K. (1952). The problem of generations. In *Essays on the sociology of knowledge*. New York: Oxford University Press. (Original work published 1928)

Manning, M. M., & Wright, T. L. (1983). Self-efficacy expectancies and the persistence of pain control in childbirth. *Journal of Personality and Social Psychology*, 45, 421–431.

Marcia, J. E. (1966). Development and validation of ego identity status. *Journal of Personality and Social Psychology*, 3, 551–558.

Marcia, J. E. (1967). Ego identity status: Relationships to change in selfesteem, "general maladjustment," and authoritarianism. *Journal of Personality*, 35, 119–133.

Marcia, J. E. (1980). Identity in adolescence. In J. Adelson (Ed.), *Handbook of adolescent psychology* (pp. 159–187). New York: Wiley.

Marcia, J. E., & Friedman, M. L. (1970). Ego identity status in college women. *Journal of Personality*, 38, 249–263.

Marcia, J. E., Waterman, A. S., Matteson, D. R., Archer, S. L., & Orlofsky, J. L. (1993). *Ego identity: A handbook for psychosocial research*. New York: Springer-Verlag.

Marcus, S. (1977). Freud and Dora: Story, history, case history. In T. Shapiro (Ed.), *Psychoanalysis and contemporary science* (pp. 389–442). New York: International Universities Press.

Markus, H. (1977). Self-schemata and processing information about the self. *Journal of Personality and Social Psychology*, 35, 63–78.

Markus, H. (1983). Self-knowledge: An expanded view. *Journal of Personality*, 51, 543–565.

Markus, H. R., & Kitayama, S. (1991). Culture and the self: Implications for cognition, emotion, and motivation. *Psychological Review*, 98, 224–253.

Markus, H. R., Kitayama, S., & Heiman, R. J. (1998). Culture and "basic" psychological principles. In E. T. Higgins & A. W. Kruglanski (Eds.), *Social psychology: Handbook of basic principles* (pp. 857–913). New York: Guilford Press.

Markus, H., & Nurius, P. (1986). Possible selves. *American Psychologist*, 41, 954–969.

Markus, H., & Sentis, K. (1982). The self in social information processing. In J. Suls (Ed.), *Psychological perspectives on the self* (Vol. 1, pp. 41–70). Hillsdale, NJ: Erlbaum.

Markus, H., & Smith, J. (1981). The influence of self-schema on the perception of others. In N. Cantor & J. F. Kihlstrom (Eds.), *Personality, cognition, and social interaction* (pp. 233–262). Hillsdale, NJ: Erlbaum.

Markus, H. R., & Wurf, E. (1987). The dynamic self-concept: A social psychological perspective. In M. R. Rosenzweig & L. W. Porter (Eds.), *Annual review of psychology* (Vol. 38, pp. 299–337). Palo Alto, CA: Annual Reviews.

Marshall, V. (1975). Age and awareness of finitude in developmental gerontology. *Omega*, 6, 113–129.

Maruna, S. (1997). Going straight: Desistance from crime and life narratives of reform. In R. Josselson & A. Lieblich (Eds.), *The narrative study of lives* (Vol. 5, pp. 59–93). Thousand Oaks, CA: Sage.

Maruna, S. (2001). *Making good: How ex-convicts reform and rebuild their lives*. Washington, DC: APA Books.

Maslow, A. H. (1954). *Motivation and personality*. New York: Harper & Row.

Maslow, A. H. (1968). *Toward a psychology of being* (2nd ed.). New York: D. Van Nostrand.

Masuda, T., & Nisbett, R. E. (2001). Attending holistically versus analytically: Comparing the context sensitivity of Japanese and Americans. *Journal of Personality and Social Psychology*, 81, 922–934.

Matas, L., Arend, R., & Sroufe, L. A. (1978). Continuity of adaptation in the second year: The relationship between quality of attachment and later competence. *Child Development*, 49, 547–556.

Matthews, G. (1992). Extraversion. In A. P. Smith & D. P. Jones (Eds.), *Handbook of human performance: Vol. 3. State and trait*. London: Academic Press.

Matthews, G., Coyle, K., & Craig, A. (1990). Multiple factors of cognitive failure and their relationships with stress vulnerability. *Journal of Psychopathology and Behavioral Assessment*, *12*, 49–64.

Matthews, G., & Deary, I. (1998). *Personality traits*. Cambridge, UK: Cambridge University Press.

Matthews, G., Dorn, L., & Glendon, A. I. (1991). Personality correlates of driver stress. *Personality and Individual Differences*, *12*, 535–549.

Matthews, G., Jones, D. M., & Chamberlain, A. G. (1989). Interactive effects of extraversion and arousal on attention task performance: Multiple resources or encoding processes? *Journal of Personality and Social Psychology*, *56*, 629–639.

Matthews, G., Jones, D. M., & Chamberlain, A. G. (1992). Predictors of individual differences in mail coding skills, and their variation with ability level. *Journal of Applied Psychology*, *77*, 406–418.

Mayo, P. R. (1990). A further study of the personality-congruent recall effect. *Personality and Individual Differences*, *10*, 247–252.

McAdams, D. P. (1980). A thematic coding system for the intimacy motive. *Journal of Research in Personality*, *14*, 413–432.

McAdams, D. P. (1982a). Experiences of intimacy and power: Relationships between social motives and autobiographical memory. *Journal of Personality and Social Psychology*, *42*, 292–302.

McAdams, D. P. (1982b). Intimacy motivation. In A. J. Stewart (Ed.), *Motivation and society* (pp. 133–171). San Francisco: Jossey-Bass.

McAdams, D. P. (1984a). Human motives and personal relationships. In V. Derlega (Ed.), *Communication, intimacy, and close relationships* (pp. 41–70). New York: Academic Press.

McAdams, D. P. (1984b). Love, power, and images of the self. In C. Z. Malatesta & C. E. Izard (Eds.), *Emotion in adult development* (pp. 159–174). Beverly Hills, CA: Sage.

McAdams, D. P. (1985a). Fantasy and reality in the death of Yukio Mishima. *Biography: An Interdisciplinary Quarterly*, *8*, 292–317.

McAdams, D. P. (1985b). The "imago": A key narrative component of identity. In P. Shaver (Ed.), *Review of personality and social psychology* (Vol. 6, pp. 115–141). Beverly Hills, CA: Sage.

McAdams, D. P. (1985c). *Power, intimacy, and the life story: Personological inquiries into identity*. New York: Guilford Press.

McAdams, D. P. (1987). A life-story model of identity. In R. Hogan & W. H. Jones (Eds.), *Perspectives in personality* (Vol. 2, pp. 15–50). Greenwich, CT: JAI Press.

McAdams, D. P. (1988). Biography, narrative, and lives: An introduction. *Journal of Personality*, *56*, 1–18.

McAdams, D. P. (1990). Unity and purpose in human lives: The emergence of identity as a life story. In A. I. Rabin, R. A. Zucker, R. A. Emmons, and S. Frank (Eds.), *Studying persons and lives* (pp. 148–200). New York: Springer.

McAdams, D. P. (1992). The five-factor model in personality: A critical appraisal. *Journal of Personality*, *60*, 329–361.

McAdams, D. P. (1993). *The stories we live by: Personal myths and the making of the self*. New York: William Morrow.

McAdams, D. P. (1994). Can personality change?: Levels of stability and growth in personality across the life span. In T. F. Heatherton & J. L. Weinberger (Eds.), *Can personality change?* (pp. 229–314). Washington, DC: APA Press.

McAdams, D. P. (1995). What do we know when we know a person? *Journal of Personality*, *63*, 365–396.

McAdams, D. P. (1996a). Narrating the self in adulthood. In J. Birren, G. Kenyon, J. E. Ruth, J. J. F. Shroots, & J. Svendson (Eds.), *Aging and biography: Explorations in adult development* (pp. 131–148). New York: Springer.

McAdams, D. P. (1996b). Personality, modernity, and the storied self: A contemporary framework for studying persons. *Psychological Inquiry*, *7*, 295–321.

McAdams, D. P. (1997a). The case for unity in the (post)modern self: A modest proposal. In R. Ashmore & L. Jussim (Eds.), *Self and identity: Fundamental issues* (pp. 46–78). New York: Oxford University Press.

McAdams, D. P. (1997b). A conceptual history of personality psychology. In R. Hogan, J. Johnson, & S. Briggs (Eds.), *Handbook of personality psychology* (pp. 3–39). San Diego, CA: Academic Press.

McAdams, D. P. (2001a). Generativity in midlife. In M. E. Lachman (Ed.), *Handbook of midlife development* (pp. 395–443). New York: Wiley.

McAdams, D. P. (2001b). The psychology of life stories. *Review of General Psychology*, *5*, 100–122.

McAdams, D. P. (2006). *The redemptive self: Stories Americans live by*. New York: Oxford University Press.

McAdams, D. P. (2008). Personal narratives and the life story. In O. P. John, R. W. Robins, & L. Pervin (Eds.), *Handbook of personality: Theory and research* (3rd ed., pp. 241–261) New York: Guilford Press.

McAdams, D. P., Anyidoho, N. A., Brown, C., Huang, Y. T., Kaplan, B., & Machado, M. A. (2004). Traits and stories: Links between dispositional and narrative features of personality. *Journal of Personality*, *72*, 761–784.

McAdams, D. P., & Bauer, J. J. (2004). Gratitude in modern life: Its manifestations and development. In R. A. Emmons & M. E. McCullough (Eds.), *The psychology of gratitude* (pp. 81–99). New York: Oxford University Press.

McAdams, D. P., Booth, L., & Selvik, R. (1981). Religious identity among students at a private college: Social motives, ego stage, and development. *Merrill–Palmer Quarterly*, *27*, 219–239.

McAdams, D. P., & Bowman, P. J. (2001). Narrating life's turning points: Redemption and contamination. In D. P. McAdams, R. Josselson, & A. Lieblich (Eds.), *Turns in the road: Narrative studies of lives in transition* (pp. 3–34). Washington, DC: APA Books.

McAdams, D. P., & Bryant, F. (1987). Intimacy motivation and subjective mental health in a nationwide sample. *Journal of Personality, 55*, 395–413.

McAdams, D. P., & Constantian, C. A. (1983). Intimacy and affiliation motives in daily living: An experience sampling analysis. *Journal of Personality and Social Psychology, 45*, 851–861.

McAdams, D. P., & de St. Aubin, E. (1992). A theory of generativity and its assessment through self-report, behavioral acts, and narrative themes in autobiography. *Journal of Personality and Social Psychology, 62*, 1003–1015.

McAdams, D. P., de St. Aubin, E., & Logan, R. L. (1993). Generativity among young, midlife, and older adults. *Psychology and Aging, 8*, 221–230.

McAdams, D. P., Diamond, A., de St. Aubin, E., & Mansfield, E. (1997). Stories of commitment: The psychosocial construction of generative lives. *Journal of Personality and Social Psychology, 72*, 678–694.

McAdams, D. P., Hart, H. M., & Maruna, S. (1998). The anatomy of generativity. In D. P. McAdams & E. de St. Aubin (Eds.), *Generativity and adult development: How and why we care for the next generation* (pp. 7–43). Washington, DC: APA Press.

McAdams, D. P., Healy, S., & Krause, S. (1984). Social motives and patterns of friendship. *Journal of Personality and Social Psychology, 47*, 828–838.

McAdams, D. P., Hoffman, B. J., Mansfield, E. D., & Day, R. (1996). Themes of agency and communion in significant autobiographical scenes. *Journal of Personality, 64*, 339–377.

McAdams, D. P., Jackson, R. J., & Kirshnit, C. (1984). Looking, laughing, and smiling in dyads as a function of intimacy motivation and reciprocity. *Journal of Personality, 52*, 261–273.

McAdams, D. P., Lensky, D. B., Daple, S. A., & Allen, J. (1988). Depression and the organization of autobiographical memory. *Journal of Social and Clinical Psychology, 7*, 332–349.

McAdams, D. P., Lester, R., Brand, P., McNamara, W., & Lensky, D. B. (1988). Sex and the TAT: Are women more intimate than men? Do men fear intimacy? *Journal of Personality Assessment, 52*, 397–409.

McAdams, D. P., & Logan, R. L. (2004). What is generativity? In E. de St. Aubin, D. P. McAdams, & T. C. Kim (Eds.), *The generative society* (pp. 15–31). Washington, DC: APA Books.

McAdams, D. P., & Losoff, M. (1984). Friendship motivation in fourth and sixth graders: A thematic analysis. *Journal of Social and Personal Relationships, 1*, 11–27.

McAdams, D. P., & Ochberg, R. L. (Eds.). (1988). *Psychobiography and life narratives.* Durham, NC: Duke University Press.

McAdams, D. P., & Pals, J. L. (2006). A new Big Five: Fundamental principles for an integrative science of personality. *American Psychologist, 61*, 204–217.

McAdams, D. P., & Pals, J. L. (2007). The role of theory in personality research. In R. W. Robins, R. C. Fraley, & R. F. Krueger (Eds.), *Handbook of research methods in personality psychology* (pp. 3–20). New York: Guilford Press.

McAdams, D. P., & Powers, J. (1981). Themes of intimacy in behavior and thought. *Journal of Personality and Social Psychology, 40*, 573–587.

McAdams, D. P., Reynolds, J., Lewis, M., Patten, A., & Bowman, P. J. (2001). When bad things turn good and good things turn bad: Sequences of redemption and contamination in life narrative, and their relation to psychosocial adaptation in midlife adults and in students. *Personality and Social Psychology Bulletin, 27*, 208–230.

McAdams, D. P., Rothman, S., & Lichter, S. R. (1982). Motivational profiles: A study of former political radicals and politically moderate adults. *Personality and Social Psychology Bulletin, 8*, 593–603.

McAdams, D. P., Ruetzel, K., & Foley, J. M. (1986). Complexity and generativity at mid-life: Relations among social motives, ego development, and adults' plans for the future. *Journal of Personality and Social Psychology, 50*, 800–807.

McAdams, D. P., & Vaillant, G. E. (1982). Intimacy motivation and psychosocial adjustment: A longitudinal study. *Journal of Personality Assessment, 46*, 586–593.

McAdams, D. P., & West, S. (1997). Introduction: Personality psychology and the case study. *Journal of Personality, 65*, 757–783.

McAndrew, F. T. (2002). New evolutionary perspectives on altruism: Multilevel-selection and costly-signaling theories. *Current Directions in Psychological Science, 11*, 79–82.

McClelland, D. C. (1951). *Personality.* New York: Holt, Rinehart & Winston.

McClelland, D. C. (1961). *The achieving society.* New York: D. Van Nostrand.

McClelland, D. C. (1963). The Harlequin complex. In R. W. White (Ed.), *The study of lives* (pp. 94–119). New York: Holt, Rinehart & Winston.

McClelland, D. C. (1975). *Power: The inner experience.* New York: Irvington.

McClelland, D. C. (1979). Inhibited power motivation and high blood pressure in men. *Journal of Abnormal Psychology, 88*, 182–190.

McClelland, D. C. (1980). Motive dispositions: The merits of operant and respondent measures. In L. Wheeler (Ed.), *Review of personality and social psychology* (Vol. 1, pp. 10–41). Beverly Hills, CA: Sage.

McClelland, D. C. (1981). Is personality consistent? In A. I. Rabin, J. Aronoff, A. M. Barclay, & R. A. Zucker

(Eds.), *Further explorations in personality* (pp. 87–113). New York: Wiley.

McClelland, D. C. (1985). *Human motivation*. Glenview, IL: Scott, Foresman.

McClelland, D. C., Alexander, C., & Marks, E. (1982). The need for power, stress, immune function, and illness among male prisoners. *Journal of Abnormal Psychology, 91*, 61–70.

McClelland, D. C., Atkinson, J. W., Clark, R. A., & Lowell, E. L. (1953). *The achievement motive*. New York: Appleton-Century-Crofts.

McClelland, D. C., & Boyatzis, R. E. (1982). The leadership motive pattern and long term success in management. *Journal of Applied Psychology, 67*, 737–743.

McClelland, D. C., & Burnham, D. H. (1976 March-April). Power is the great motivator. *Harvard Business Review*, pp. 100–110, 159–166.

McClelland, D. C., Davidson, R. J., Floor, E., & Saron, C. (1980). Stressed power motivation, sympathetic activation, immune function, and illness. *Journal of Human Stress, 6*(2), 11–19.

McClelland, D. C., Davis, W. N., Kalin, R., & Wanner, E. (1972). *The drinking man: Alcohol and human motivation*. New York: The Free Press.

McClelland, D. C., & Franz, C. E. (1992). Motivational and other sources of work accomplishments in midlife: A longitudinal study. *Journal of Personality, 60*, 679–707.

McClelland, D. C., & Jemmott, J. B., III. (1980). Power motivation, stress, and physical illness. *Journal of Human Stress, 6*(4), 6–15.

McClelland, D. C., Koestner, R., & Weinberger, J. (1989). How do self-attributed and implicit motives differ? *Psychological Review, 96*, 690–702.

McClelland, D. C., Ross, G., & Patel, V. (1985). The effect of an academic examination on salivary norepinephrine and immunoglobulin levels. *Journal of Human Stress, 11*(2), 52–59.

McCrae, R. R., & Costa, P. T., Jr. (1980). Openness to experience and ego level in Loevinger's Sentence Completion Test: Dispositional contributions to developmental models of personality. *Journal of Personality and Social Psychology, 39*, 1179–1190.

McCrae, R. R., & Costa, P. T. Jr. (1985a). Openness to experience. In R. Hogan & W. H. Jones (Ed.), *Perspectives in personality* (Vol. 1, pp. 145–172). Greenwich, CT: JAI Press.

McCrae, R. R., & Costa, P. T., Jr. (1985b). Updating Norman's "adequate taxonomy": Intelligence and personality dimensions in natural language and in questionnaires. *Journal of Personality and Social Psychology, 49*, 710–721.

McCrae, R. R., & Costa, P. T., Jr. (1986). Personality, coping, and coping effectiveness in an adult sample. *Journal of Personality, 54*, 385–405.

McCrae, R. R., & Costa, P. T., Jr. (1987). Validation of the five-factor model of personality across instruments and observers. *Journal of Personality and Social Psychology, 52*, 81–90.

McCrae, R. R., & Costa, P. T., Jr. (1990). *Personality in adulthood*. New York: Guilford Press.

McCrae, R. R., & Costa, P. T., Jr. (1991). Adding *Liebe und Arbeit:* The full five-factor model and well-being. *Personality and Social Psychology Bulletin, 17*, 227–232.

McCrae, R. R., & Costa, P. T., Jr. (1995). Trait explanations in personality psychology. *European Journal of Personality, 9*, 231–252.

McCrae, R. R., & Costa, P. T., Jr. (1996). Toward a new generation of personality theories: Theoretical contexts for the five-factor model. In J. Wiggins (Ed.), *The five-factor model of personality: Theoretical perspectives* (pp. 51–87). New York: Guilford Press.

McCrae, R. R., & Costa, P. T., Jr. (1997a). Conceptions and correlates of openness to experience. In R. Hogan, J. Johnson, & S. Briggs (Eds.), *Handbook of personality psychology* (pp. 825–847). San Diego, CA: Academic Press.

McCrae, R. R., & Costa, P. T., Jr. (1997b). Personality trait structure as a human universal. *American Psychologist, 52*, 509–516.

McCrae, R. R., Costa, P. T., Jr., de Lima, M. P., Simoes, A., Ostendorf, F., Angleitner, A., et al. (1999). Age differences in personality across the adult lifespan: Parallels in five cultures. *Developmental Psychology, 35*, 466–477.

McCrae, R. R., Terracciano, A., & 78 Members of the Personality Profiles of Cultures Project. (2005). Universal features of personality traits from the observer's perspective: Data from 50 cultures. *Journal of Personality and Social Psychology, 88*, 547–561.

McCullough, M. E., Emmons, R. A., & Tsang, J. (2002). The grateful disposition: A conceptual and empirical topography. *Journal of Personality and Social Psychology, 82*, 112–127.

McCullough, M. E., Hoyt, W. T., Larson, D. B., Koenig, H. G., & Thoresen, C. (2000). Religious involvement and mortality: A meta-analytic review. *Health Psychology, 19*, 211–222.

McCullough, M. E., & Tsang, J. (2004). Parent of the virtues?: The prosocial contours of gratitude. In R. A. Emmons & M. E. McCullough (Eds.), *The psychology of gratitude* (pp. 123–141). New York: Oxford University Press.

McDowall, J. (1984). Recall of pleasant and unpleasant words in depressed subjects. *Journal of Abnormal Psychology, 93*, 401–407.

McFarland, S. G. (2005). On the eve of the war: Authoritarianism, social dominance, and American students' attitudes toward attacking Iraq. *Personality and Social Psychology Bulletin, 31*, 360–367.

McFarland, S. G., Ageyev, V. S., & Abalakina-Papp, M. A. (1992). Authoritarianism in the former Soviet Union. *Journal of Personality and Social Psychology, 63*, 1004–1010.

McGue, M., Bacon, S., & Lykken, D. T. (1993). Personality stability and change in early adulthood: A behavioral genetic analysis. *Developmental Psychology, 29*, 96–109.

McLean, K. C. (2005). Late adolescent identity development: Narrative meaning making and memory telling. *Developmental Psychology, 41*, 683–691.

McLean, K. C., Pasupathi, M., & Pals, J. L. (2007). Selves creating stories creating selves: A process model of self-development. *Personality and Social Psychology Review, 11*, 262–278.

McLean, K. C., & Pratt, M. (2006). Life's little (and big) lessons: Identity statuses and meaning-making in turning point narratives of emerging adults. *Developmental Psychology, 42*, 714–722.

McLean, K. C., & Thorne, A. (2003). Late adolescents' self-defining memories about relationships. *Developmental Psychology, 39*, 635–645.

McLean, K. C., & Thorne, A. (2006). Identity light: Entertainment stories as a vehicle for self-development. In D. P. McAdams, R. Josselson, & A. Lieblich (Eds.), *Identity and story: Creating self in narrative* (pp. 111–127). Washington, DC: American Psychological Association Press.

McNaughton, N., & Corr, P. J. (in press). The neuropsychology of fear and anxiety: A foundation for reinforcement sensitivity theory. In P. J. Corr (Ed.), *The reinforcement sensitivity theory of personality*. Cambridge, UK: Cambridge University Press.

Mead, G. H. (1934). *Mind, self, and society*. Chicago: University of Chicago Press.

Meehl, P. E. (1954). *Clinical versus statistical prediction: A theoretical analysis and a review of the evidence*. Minneapolis: University of Minnesota Press.

Meloen, J. D., Hagendoorn, L., Raaijmakers, Q., & Visser, L. (1988). Authoritarianism and the revival of political racism: Reassessments in the Netherlands of the reliability and validity of the concept of authoritarianism by Adorno et al. *Political Psychology, 9*, 413–429.

Mercer, R. T., Nichols, E. G., & Doyle, G. C. (1989). *Transitions in a woman's life: Major life events in developmental context*. New York: Springer.

Messick, S. (1994). The matter of style: Manifestations of personality in cognition, learning, and teaching. *Educational Psychologist, 29*, 121–136.

Meyer, G. J., & Shack, J. R. (1989). Structural convergence of mood and personality: Evidence for old and new directions. *Journal of Personality and Social Psychology, 57*, 691–706.

Michalski, R. L., & Shackelford, T. K. (2002). An attempted replication of the relationship between birth order and personality. *Journal of Research in Personality, 36*, 182–188.

Mikulincer, M. (1995). Attachment style and the mental representation of the self. *Journal of Personality and Social Psychology, 69*, 1203–1215.

Mikulincer, M. (1997). Adult attachment style and information processing: Individual differences in curiosity and cognitive closure. *Journal of Personality and Social Psychology, 72*, 1217–1230.

Mikulincer, M., Florian, V., & Weller, A. (1993). Attachment styles, coping strategies, and posttraumatic psychological distress: The impact of the Gulf War in Israel. *Journal of Personality and Social Psychology, 64*, 817–826.

Mikulincer, M., & Nachson, O. (1991). Attachment styles and patterns of self-disclosure. *Journal of Personality and Social Psychology, 61*, 321–331.

Mikulincer, M., & Shaver, P. R. (2005). Attachment security, compassion, and altruism. *Current Directions in Psychological Science, 14*, 34–38.

Mikulincer, M., & Shaver, P. R. (2007). *Attachment in adulthood: Structure, dynamics, and change*. New York: Guilford Press.

Miles, D. R., & Carey, G. (1997). Genetic and environmental architecture of human aggression. *Journal of Personality and Social Psychology, 72*, 207–217.

Miller, J. D., Lynam, D. R., Widiger, T. A., & Leukefeld, C. (2001). Personality disorders as extreme variants of common personality dimensions: Can the five-factor model adequately represent psychopathy? *Journal of Personality, 69*, 253–276.

Miller, J. G. (1984). Culture and the development of everyday social explanation. *Journal of Personality and Social Psychology, 46*, 961–978.

Miller, N. E., & Dollard, J. (1941). *Social learning and imitation*. New Haven, CT: Yale University Press.

Miller, P. C., Lefcourt, H. M., Holmes, J. G., Ware, E. E., & Saleh, W. E. (1986). Marital locus of control and marital problem solving. *Journal of Personality and Social Psychology, 51*, 161–169.

Miller, W. R., & C'deBaca, J. (1994). Quantum change: Toward a psychology of transformation. In T. H. Heatherton & J. L. Weinberger (Eds.), *Can personality change?* (pp. 253–280). Washington, DC: APA Press.

Millon, T. (Ed.). (1973). *Theories of psychopathology and personality* (2nd ed.). Philadelphia: W. B. Saunders.

Mills, C. W. (1959). *The sociological imagination*. New York: Oxford University Press.

Mink, L. O. (1978). Narrative form as a cognitive instrument. In R. H. Canary & H. Kozicki (Eds.), *Literary form and historical understanding* (pp. 129–149). Madison: University of Wisconsin Press.

Minuchin, S. (1974). *Families and family therapy*. Cambridge, MA: Harvard University Press.

Mischel, W. (1961). Delay of gratification, need for achievement, and acquiescence in another culture. *Journal of Abnormal and Social Psychology, 62*, 543–552.

Mischel, W. (1968). *Personality and assessment*. New York: Wiley.

Mischel, W. (1973). Toward a cognitive social learning reconceptualization of personality. *Psychological Review, 80*, 252–283.

Mischel, W. (1977). On the future of personality measurement. *American Psychologist, 32,* 246–254.

Mischel, W. (1979). On the interface of cognition and personality: Beyond the person-situation debate. *American Psychologist, 34,* 740–754.

Mischel, W. (1986). *Introduction to personality* (4th ed.). New York: Holt, Rinehart & Winston.

Mischel, W. (1999). Personality coherence and dispositions in a cognitive affective personality system (CAPS) approach. In D. Cervone & Y. Shoda (Eds.), *The coherence of personality: Social-cognitive bases of consistency, variability, and organization* (pp. 61–93). New York: Guilford Press.

Mischel, W., & Gilligan, C. (1964). Delay of gratification, motivation for the prohibited gratification, and response to temptation. *Journal of Abnormal and Social Psychology, 69,* 411–417.

Mischel, W., & Peake, P. K. (1982). Beyond déjà vu in the search for cross-situational consistency. *Psychological Review, 89,* 730–755.

Mischel, W., & Shoda, Y. (1995). A cognitive-affective system theory of personality: Reconceptualizing situations, dispositions, dynamics, and invariance in personality structure. *Psychological Review, 102,* 246–268.

Mischel, W., & Shoda, Y. (1998). Reconciling processing dynamics and personality dispositions. In J. T. Spence, J. M. Darley, & D. J. Foss (Eds.), *Annual review of psychology* (pp. 229–258). Palo Alto, CA: Annual Reviews.

Mishima, Y. (1958). *Confessions of a mask.* New York: New Directions Books.

Mishima, Y. (1970). *Sun and steel.* New York: Grove Press.

Mishler, E. (1992). Work, identity, and narrative: An artist-craftsman's story. In G. C. Rosenwald & R. L. Ochberg (Eds.), *Storied lives: The cultural politics of self-understanding* (pp. 21–40). New Haven, CT: Yale University Press.

Mitchell, J. C. (1983). Case and situation analysis. *Sociological Review, 31,* 187–211.

Miyamoto, Y., Nisbett, R. E., & Masuda, T. (2006). Culture and the physical environment: Holistic versus analytic perceptual affordances. *Psychological Science, 17,* 113–119.

Modell, J. (1992). How do you introduce yourself as a childless mother?: Birthparent interpretations of parenthood. In G. C. Rosenwald & R. L. Ochberg (Eds.), *Storied lives: The cultural politics of self-understanding* (pp. 76–94). New Haven, CT: Yale University Press.

Moen, P., Elder, G. H., Jr., & Luscher, K. (Eds.). (1995). *Examining lives in context: Perspectives on the ecology of human development.* Washington, DC: American Psychological Association Press.

Moffitt, K. H., & Singer, J. A. (1994). Continuity in the life story: Selfdefining memories, affect, and approach/avoidance personal strivings. *Journal of Personality, 62,* 21–43.

Mohr, C. D., Armeli, S., Tennen, H., Carney, M. A., Affleck, G., & Hromi, A. (2001). Daily interpersonal experiences, context, and alcohol consumption: Crying in your beer and toasting good times. *Journal of Personality and Social Psychology, 80,* 489–500.

Moi, T. (1981). Representation of patriarchy: Sexuality and epistemology in Freud's Dora. *Feminist Review, 9,* 60–73.

Molden, D. C., & Dweck, C. S. (2006). Finding "meaning" in psychology: A lay theories approach to self-regulation, social perception, and social development. *American Psychologist, 61,* 192–203.

Moos, R. H. (1973). Conceptualizations of human environments. *American Psychologist, 28,* 652–665.

Moos, R. H. (1974). Systems for the assessment and classifications of human environments: An overview. In R. H. Moos & P. M. Insel (Eds.), *Issues in social ecology* (pp. 5–28). Palo Alto, CA: National Press Books.

Moos, R. H. (1976). *The human context: Environmental determinants of behavior.* New York: Wiley.

Moraitis, G., & Pollack, G. H. (Eds.). (1987). *Psychoanalytic studies of biography.* Madison, CT: International Universities Press.

Morgan, C. D., & Murray, H. A. (1935). A method for investigating fantasies: The Thematic Apperception Test. *Archives of Neurology and Psychiatry, 34,* 289–306.

Morizot, J., & Le Blanc, M. (2003). Continuity and change in personality traits from adolescence to midlife: A 25-year longitudinal study comparing representative and adjudicated men. *Journal of Personality, 71,* 705–755.

Mortimer, J. T., Finch, M. D., & Kumka, D. (1982). Persistence and change in development: The multidimensional self-concept. In P. B. Baltes & O. G. Brim, Jr. (Eds.), *Life span development and behavior* (Vol. 4, pp. 264–315). New York: Academic Press.

Moskowitz, D. S. (1990). Convergence of self-reports and independent observers: Dominance and friendliness. *Journal of Personality and Social Psychology, 58,* 1096–1106.

Moss, E., Cyr, C., & Dubois-Comtois, K. (2004). Attachment at early school age and developmental risk: Examining family contexts and behavior problems of controlling-caregiving, controlling-punitive, and a behaviorally disorganized children. *Developmental Psychology, 40,* 519–532.

Mountjoy, P. J., & Sundberg, M. L. (1981). Ben Franklin the protobehaviorist I: Self-management of behavior. *Psychological Record, 31,* 13–24.

Mroczek, D. K., & Almeida, D. M. (2004). The effect of daily stress, personality, and age on daily negative affect. *Journal of Personality, 72,* 355–378.

Mroczek, D. K., Almeida, D. M., Spiro, A., & Pafford, C. (2006). Modeling intraindividual stability and change in personality. In D. K. Mroczek &

T. Little (Eds.), *The handbook of personality development* (pp. 163–180). Mahwah, NJ: Erlbaum.

Mroczek, D. K., & Kolarz, C. M. (1998). The effect of age on positive and negative affect: A developmental perspective on happiness. *Journal of Personality and Social Psychology, 75,* 1333–1349.

Mroczek, D. K., & Little, T. (Eds.). (2006). *The handbook of personality development*. Mahwah, NJ: Erlbaum.

Mroczek, D. K., & Spiro, A. (2007). Personality change influences mortality in older men. *Psychological Science, 18,* 371–376.

Mumford, M., Stokes, G. S., & Owens, W. A. (1990). *Patterns of life history: The ecology of human individuality*. Hillsdale, NJ: Erlbaum.

Munafo, M. R., Clark, T. G., Moore, L. R., Payne, E., Walton, R., & Flint, J. (2003). Genetic polymorphisms and personality in healthy adults: A systematic review and meta-analysis. *Molecular Psychiatry, 8,* 471–484.

Murray, H. A. (1938). *Explorations in personality*. New York: Oxford University Press.

Murray, H. A. (1938/2008). *Explorations in personality: 70th anniversary edition, with a Foreword by Dan P. McAdams*. New York: Oxford University Press.

Murray, H. A. (1940). What should psychologists do about psychoanalysis? *Journal of Abnormal and Social Psychology, 35,* 150–175.

Murray, H. A. (1943). *The Thematic Apperception Test: Manual*. Cambridge, MA: Harvard University Press.

Murray, H. A. (1951a). In nomine diaboli. *New England Quarterly, 24,* 435–452.

Murray, H. A. (1951b). Some basic psychological assumptions and conceptions. *Dialectica, 5,* 266–292.

Murray, H. A. (1955/1981). American Icarus. In E. S. Shneidman (Ed.), *Endeavors in psychology: Selections from the personology of Henry A. Murray* (pp. 535–556). New York: Harper & Row.

Murray, H. A. (1959/1981). Vicissitudes of creativity. In E. S. Schneidman (Ed.), *Endeavors in psychology: Selections from the personology of Henry A. Murray* (pp. 312–330). New York: Random House.

Murray, H. A. (1960/1981). Two versions of man. In E. Shneidman (Ed.), *Endeavors in psychology: Selections from the personology of Henry A. Murray* (pp. 581–604). New York: Harper & Row.

Murray, H. A. (1962). The personality and career of Satan. *Journal of Social Issues, 28,* 36–54.

Murray, H. A. (1967). The case of Murr. In E. G. Boring & G. Lindzey (Eds.), *A history of psychology in autobiography* (Vol. 5, pp. 285–310). New York: Appleton-Century-Crofts.

Murray, H. A., & Kluckhohn, C. (1953). Outline of a conception of personality. In C. Kluckhohn, H. A. Murray, & D. Schneider (Eds.), *Personality in nature, society, and culture* (2nd ed., pp. 3–52). New York: Knopf.

Murray, H. A. with staff. (1948). *Assessment of men*. New York: Rinehart & Co.

Murray, K. (1989). The construction of identity in the narratives of romance and comedy. In J. Shotter & K. J. Gergen (Eds.), *Texts of identity* (pp. 176–205). London: Sage.

Muslin, H., & Gill, M. (1978). Transference in the Dora case. *Journal of the American Psychoanalytic Association, 26,* 311–328.

Myers, D. (2000). *The American paradox: Spiritual hunger in an age of plenty*. New Haven, CT: Yale University Press.

Myers, D. G., & Diener, E. (1995). Who is happy? *Psychological Science, 6,* 10–19.

Myers, I. (1962). *The Myers–Briggs Type Indicator*. Princeton, NJ: Educational Testing Service.

Myers, I., McCauley, M. H., Quenk, N. L., & Hammer, A. L. (1998). *Manual: A guide to the development and use of the Myers–Briggs Type Indicator*. Palo Alto, CA: Consulting Psychologists Press.

Myers, L. B., & Brewin, C. R. (1994). Recall of early experience and the repressive coping style. *Journal of Abnormal Psychology, 103,* 288–292.

N

Nakagawa, K. (1991). *Explorations into the correlates of public school reform and parental involvement*. Unpublished doctoral dissertation, Human Development and Social Policy, Northwestern University, Evanston, IL.

Narayanan, L., Mensa, S., & Levine, E. L. (1995). Personality structure: A culture-specific examination of the five-factor model. *Journal of Personality Assessment, 64,* 51–62.

Nasby, W., & Read, N. (1997). The life voyage of a solo circumnavigator: Integrating theoretical and methodological perspectives. Introduction. *Journal of Personality, 65,* 787–794.

Nathan, J. (1974). *Mishima: A biography*. Boston: Little, Brown.

Neimeyer, R. A. (2001). (Ed.). *Meaning reconstruction and the experience of loss*. Washington, DC: American Psychological Association Press.

Neisser, U. (1976). *Cognition and reality: Principles and implications of cognitive psychology*. San Francisco: W. H. Freeman.

Neugarten, B. L. (Ed.). (1968). *Middle age and aging*. Chicago: University of Chicago Press.

Neugarten, B. L. (1979). Time, age, and the life cycle. *American Journal of Psychiatry, 136,* 887–894.

Neugarten, B. L., & Datan, N. (1974). The middle years. In S. Arieti (Ed.), *American handbook of psychiatry* (Vol. 1). New York: Basic Books.

Neugarten, B. L., & Hagestad, G. O. (1976). Aging and the life course. In R. H. Binstock & E. Shanas (Eds.), *Handbook of aging and the social sciences* (pp. 35–57). New York: Van Nostrand Reinhold.

Neyer, F. J., & Lehnart, W. (2007). Relationships matter in personality development: Evidence from an 8-year longitudinal study across young adulthood. *Journal of Personality, 75,* 535–568.

NICHD Early Child Care Research Network. (2001). Child-care and family predictors of preschool attachment and stability from infancy. *Developmental Psychology, 37,* 847–862.

Nichols, S. L., & Newman, J. P. (1986). Effects of punishment on response latency in extraverts. *Journal of Personality and Social Psychology, 50,* 624–630.

Nicholson, I. (2002). *Inventing personality: Gordon Allport and the science of selfhood.* Washington, DC: APA Books.

Niitamo, P. (1999). *"Surface" and "depth" in human personality: Relations between explicit and implicit motives.* Helsinki: Finnish Institute of Occupational Health.

Nisbett, R. E. (2003). *The geography of thought: How Asians and Westerners think differently... and why.* New York: Free Press.

Noam, G. (1998). Solving the ego development–mental health riddle. In P. M. Westenberg, A. Blasi, & L. D. Cohn (Eds.), *Personality development: Theoretical, empirical, and clinical investigations of Loevinger's conception of ego development* (pp. 271–295). Mahwah, NJ: Erlbaum.

Noftle, E. E., & Robins, R. W. (2007). Personality predictors of academic outcomes: Big Five correlates of GPA and SAT scores. *Journal of Personality and Social Psychology, 93,* 116–130.

Nolen-Hoeksema, S. (2000). The role of rumination in depressive disorders and mixed anxiety/depressive symptoms. *Journal of Abnormal Psychology, 109,* 504–511.

Nolen-Hoeksema, S., Girgus, J. S., & Seligman, M. E. P. (1986). Learned helplessness in children: A longitudinal study of depression, achievement, and explanatory style. *Journal of Personality and Social Psychology, 51,* 435–442.

Norman, R. M. G., & Watson, L. D. (1976). Extraversion and reactions to cognitive inconsistency. *Journal of Research in Personality, 10,* 446–456.

Norman, W. T. (1963). Toward an adequate taxonomy of personality attributes: Replicated factor structure in peer nomination personality ratings. *Journal of Abnormal and Social Psychology, 66,* 574–583.

Nucci, L. (1981). Conceptions of personal issues: A domain distinct from moral or societal concepts. *Child Development, 52,* 114–121.

O

O'Brien, R., & Dukore, B. F. (1969). *Tragedy: Ten major plays* (Sophocles' *Oedipus Rex*). New York: Bantam Books.

O'Connor, B. P., & Dyce, J. A. (1998). A test of models of personality disorder configurations. *Journal of Abnormal Psychology, 107,* 3–16.

Ochberg, R. L. (1988). Life stories and the psychosocial construction of careers. *Journal of Personality, 56,* 173–204.

Ochse, R., & Plug, C. (1986). Crosscultural investigations of the validity of Erikson's theory of personality development. *Journal of Personality and Social Psychology, 50,* 1240–1252.

Ogilvie, D. M. (1987). The undesired self: A neglected variable in personality research. *Journal of Personality and Social Psychology, 52,* 379–385.

Ogilvie, D. M. (2004). *Fantasies of flight.* New York: Oxford University Press.

Ogilvie, D. M., Cohen, F., & Solomon, S. (2008). The undesired self: Deadly connotations. *Journal of Research in Personality, 42,* 564–576.

Ogilvie, D. M., Rose, K. M., & Heppen, J. B. (2001). A comparison of personal project motives in three age groups. *Basic and Applied Social Psychology, 23,* 207–215.

Oles, P. K., & Hermans, H. J. M. (Eds.). (2005). *The dialogical self: Theory and research.* Lublin, Poland: Wydawnictwo.

Oliner, S. P., & Oliner, P. M. (1988). *The altruistic personality: Rescuers of Jews in Nazi Europe.* New York: The Free Press.

Omura, K., Constable, R. T., & Canli, T. (2005). Amygdala gray matter concentration is associated with extraversion and neuroticism. *Cognitive Neuroscience and Neuropsychology, 16,* 1905–1908.

Ones, D. S., Viswesvaran, C., & Schmidt, F. L. (1993). Comprehensive meta-analysis of integrity test validation: Findings and implications for personnel selection and theories of job performance. *Journal of Applied Psychology, 78,* 679–703.

Ontai, L., & Thompson, R. A. (2002). Patterns of attachment and maternal discourse effects on children's emotional understanding from 3 to 5 years of age. *Social Development, 11,* 433–450.

Orlofsky, J. L. (1978). Identity formation, achievements, and fear of success in college men and women. *Journal of Youth and Adolescence, 7,* 49–62.

Orlofsky, J. L., & Frank, M. (1986). Personality structure as viewed through early memories and identity status in college men and women. *Journal of Personality and Social Psychology, 50,* 580–586.

Orlofsky, J. L., Marcia, J. E., & Lesser, I. M. (1973). Ego identity status and the intimacy versus isolation crisis of young adulthood. *Journal of Personality and Social Psychology, 27,* 211–219.

Ormel, J., & Wohlfarth, T. (1991). How neuroticism, long-term difficulties, and life situation changes influence psychological distress: A longitudinal model. *Journal of Personality and Social Psychology, 60,* 744–755.

Osborne, J. (1961). *Luther.* New York: Criterion Books.

Oshman, H., & Manosevitz, M. (1974). The impact of the identity crisis on the adjustment of late adolescent males. *Journal of Youth and Adolescence, 3,* 107–216.

Otway, L. J., & Vignoles, V. L. (2006). Narcissism and childhood recollections: A quantitative test of psychoanalytic predictions. *Personality and Social Psychology Bulletin, 32,* 104–116.

Oyserman, D., Coon, H. M., & Kemmelmeier, M. (2002). Rethinking individualism and collectivism: Evaluation of theoretical assumptions and meta-analysis. *Psychological Bulletin, 128,* 3–72.

Ozer, D. J. (1986). *Consistency in personality: A methodological framework.* New York: Springer-Verlag.

Ozer, D. J. (1999). Four principles in personality assessment. In L. Pervin & O. P. John (Eds.), *Handbook of personality: Theory and research* (2nd ed., pp. 671–686). New York: Guilford Press.

Ozer, D. J., & Benet-Martínez, V. (2006). Personality and the prediction of consequential outcomes. In S. T. Fiske, A. E. Kazdin, and D. L. Schacter (Eds.) *Annual review of psychology* (Vol. 57, pp. 401–421). Palo Alto, CA: Annual Reviews, Inc.

Ozer, D. J., & Gjerde, P. F. (1989). Patterns of personality consistency and change from childhood through adolescence. *Journal of Personality, 57,* 483–507.

Ozer, E. M., & Bandura, A. (1990). Mechanisms governing empowering effects: A self-efficacy analysis. *Journal of Personality and Social Psychology, 58,* 472–486.

P

Pals, J. L. (2006). Narrative identity processing of difficult life events: Pathways to personality development and positive self-transformation in adulthood. *Journal of Personality, 74,* 1079–1109.

Pals, J. L., & John, O. P. (1998). How are dimensions of adult personality related to ego development?: An application of the typological approach. In P. M. Westenberg, A. Blasi, & L. Cohn (Eds.), *Personality development: Theoretical, empirical, and clinical investigations of Jane Loevinger's conception of ego development* (pp. 113–132). Hillsdale, NJ: Erlbaum.

Palys, T. S., & Little, B. R. (1983). Perceived life satisfaction and the organization of personal project systems. *Journal of Personality and Social Psychology, 44,* 1221–1230.

Pang, J. S., & Schultheiss, O. C. (2005). Assessing implicit motives in U. S. college students: Effects of picture type and position, gender and ethnicity, and cross-cultural comparisons. *Journal of Personality Assessment, 85,* 280–294.

Panksepp, J. (1998). *Affective neuroscience.* London: Oxford University Press.

Pargament, K. I. (2002). The bitter and the sweet: An evaluation of the costs and benefits of religiousness. *Psychological Inquiry, 13,* 168–181.

Parke, R. D., & Walters, R. H. (1967). Some factors influencing the efficacy of punishment training for inducing response inhibitions. *Monographs of the Society for Research in Child Development, 32*(1, Serial No. 109).

Passini, F. T., & Norman, W. T. (1966). A universal conception of personality structure? *Journal of Personality and Social Psychology, 4,* 44–49.

Pasupathi, M. (2001). The social construction of the personal past and its implications for adult development. *Psychological Bulletin, 127,* 651–672.

Pasupathi, M. (2006). Silk from sows' ears: Collaborative construction of everyday selves in everyday stories. In D. P. McAdams, R. Josselson, & A. Lieblich (Eds.), *Identity and story: Creating self in narrative* (pp. 129–150). Washington, DC: American Psychological Association Press.

Pasupathi, M., & Rich, B. (2005). Inattentive listening undermines self-verification in personal storytelling. *Journal of Personality, 73,* 1051–1085.

Patrick, C. J., Curtin, J. J., & Tellegen, A. (2002). Development and validation of a brief form of the Multidimensional Personality Questionnaire. *Psychological Assessment, 14,* 150–163.

Patterson, C. M., Kosson, D. J., & Newman, J. P. (1987). Reaction to punishment, reflectivity, and passive avoidance learning in extraverts.

Journal of Personality and Social Psychology, 52, 565–575.

Paulhus, D. L., Fridhandler, B., & Hayes, S. (1997). Psychological defense: Contemporary theory and research. In R. Hogan, J. Johnson, & S. Briggs (Eds.), *Handbook of personality psychology* (pp. 543–579). San Diego, CA: Academic Press.

Paulhus, D. L., Trapnell, P. D., & Chen, D. (1999). Birth order effects on personality and achievement within families. *Psychological Science, 10,* 482–488.

Paulhus, D. L., & Vizare, S. (2007). The self-report method. In R. W. Robins, R. C. Fraley, & R. F. Krueger (Eds.), *Handbook of research methods in personality psychology* (pp. 224–239). New York: Guilford Press.

Paunonen, S. V., & Jackson, D. N. (2000). What is beyond the Big Five? Plenty! *Journal of Personality, 68,* 821–835.

Paunonen, S. V., Jackson, D. N., & Keinonen, M. (1990). The structured nonverbal assessment of personality. *Journal of Personality, 58,* 481–502.

Pavot, W., Diener, E., & Fujita, F. (1990). Extraversion and happiness. *Personality and Individual Differences, 11,* 1299–1306.

Pearce-McCall, D., & Newman, J. P. (1986). Expectation of success following noncontingent punishment in introverts and extraverts. *Journal of Personality and Social Psychology, 50,* 439–446.

Pederson, D. R., Moran, G., Sitko, C., Campbell, K., Ghesquire, K., & Acton, H. (1990). Maternal sensitivity and the security of infant–mother attachment: A Q-sort study. *Child Development, 61,* 1974–1983.

Pekala, R. J., Wenger, C. F., & Levine, R. L. (1985). Individual differences in phenomenological experience: States of consciousness as a function of absorption. *Journal of Personality and Social Psychology, 48,* 125–132.

Pennebaker, J. W. (1988). Confiding traumatic experiences and health. In S. Fisher & J. Reason (Eds.), *Handbook of life stress, cognition, and health* (pp. 669–682). New York: Wiley.

Pennebaker, J. W. (1989a). Confession, inhibition, and disease. In L. Berkowitz (Ed.), *Advances in experimental social psychology* (Vol. 22, pp. 211–244). New York: Academic Press.

Pennebaker, J. W. (1992, August). *Putting stress into words: Health, linguistic, and therapeutic implications.* Paper presented at the American Psychological Association Convention, Washington, DC.

Pennebaker, J. W. (1997). Writing about emotional experiences as a therapeutic process. *Psychological Science, 8,* 162–166.

Pennebaker, J. W., & Beall, S. K. (1986). Confronting a traumatic event: Toward an understanding of inhibition and disease. *Journal of Abnormal Psychology, 95,* 274–281.

Pennebaker, J. W., Kiecolt-Glaser, J. K., & Glaser, R. (1988). Disclosure of traumas and immune function: Health implications for psychotherapy. *Journal of Consulting and Clinical Psychology, 56,* 239–245.

Pennebaker, J., Mehl, M. R., & Niederhoffer, K. G. (2003). Psychological aspects of natural language use: Our words, our selves. *Annual Review of Psychology, 54,* 547–577.

Pennebaker, J. W., & O'Heeron, R. C. (1984). Confiding in others and illness rate among spouses of suicide and accidental death victims. *Journal of Abnormal Psychology, 93,* 473–476.

Penner, L. A., Dovidio, J. F., Piliavin, J. A., & Schroeder, D. A. (2005). Prosocial behavior: Multilevel perspectives. In S. T. Fiske, A. E. Kazdin, & D. L. Schacter (Eds.), *Annual review of psychology* (Vol. 56, pp. 365–392). Palo Alto, CA: Annual Reviews.

Pepper, S. (1942). *World hypotheses.* Berkeley: University of California Press.

Perry, W. C. (1970). *Forms of intellectual and ethical development in the college years.* New York: Holt, Rinehart & Winston.

Pervin, L. A. (Ed.). (1989). *Goal concepts in personality and social psychology.* Hillsdale, NJ: Erlbaum.

Pervin, L. (Ed.). (1990). *Handbook of personality theory and research.* New York: Guilford Press.

Pervin, L. (1996). *The science of personality.* New York: Wiley.

Peterson, B. E. (2006). Generativity and successful parenting: An analysis of young adult outcomes. *Journal of Personality, 74,* 847–869.

Peterson, B. E., Doty, R. M., & Winter, D. G. (1993). Authoritarianism and attitudes toward contemporary social issues. *Personality and Social Psychology Bulletin, 19,* 174–184.

Peterson, B. E., & Duncan, L. E. (2007). Midlife women's generativity and authoritarianism: Marriage, motherhood, and 10 years of aging. *Psychology and Aging, 22,* 411–419.

Peterson, B. E., & Klohnen, E. C. (1995). Realization of generativity in two samples of women at midlife. *Psychology and Aging, 10,* 20–29.

Peterson, B. E., & Lane, M. D. (2001). Implications of authoritarianism for young adulthood: Longitudinal analysis of college experiences and future goals. *Personality and Social Psychology Bulletin, 27,* 678–689.

Peterson, B. E., Smirles, K. A., & Wentworth, P. A. (1997). Generativity and authoritarianism: Implications for personality, political involvement, and parenting. *Journal of Personality and Social Psychology, 72,* 1202–1216.

Peterson, B. E., & Stewart, A. J. (1990). Using personal and fictional documents to assess psychosocial development: The case study of Vera Brittain's generativity. *Psychology and Aging, 5,* 400–411.

Peterson, B. E., & Stewart, A. J. (1996). Antecedents and contexts of generativity motivation at midlife. *Psychology and Aging, 11,* 21–33.

Peterson, C., & Seligman, M. E. P. (2004). *Character strengths and virtues: A handbook and classification.* New York: Oxford University Press.

Peterson, C., & Seligman, M. E. P. (1984). Causal explanations as a risk factor for depression: Theory and evidence. *Psychological Review, 91,* 347–374.

Peterson, C., Seligman, M. E. P., & Vaillant, G. E. (1988). Pessimistic explanatory style is a risk factor for physical illness: A thirty-five year longitudinal study. *Journal of Personality and Social Psychology, 55,* 23–27.

Peterson, C., Seligman, M. E. P., Yurko, K. H., Martin, L. R., & Friedman, H. S. (1998). Catastrophizing and untimely death. *Psychological Science, 9,* 127–130.

Peterson, C., Villanova, P., & Raps, C. S. (1985). Depression and attributions: Factors responsible for inconsistent results in the published literature. *Journal of Abnormal Psychology, 94,* 165–168.

Petty, R. E., & Cacioppo, J. T. (1981). *Attitudes and persuasion: Classical and contemporary approaches.* Dubuque, IA: Wm. C. Brown.

Phares, E. J. (1978). Locus of control. In H. London & J. E. Exner, Jr. (Eds.), *Dimensions of personality* (pp. 263–304). New York: Wiley.

Phelps, E. A. (2006). Emotion and cognition: Insights from studies of the human amygdala. In S. T. Fiske, A. E. Kazdin, and D. L. Schacter (Eds.), *Annual review of psychology.* (Vol. 57, pp. 27–54).

Piaget, J. (1970). *Genetic epistemology.* New York: Columbia University Press.

Pillemer, D. B. (1998). *Momentous events, vivid memories.* Cambridge, MA: Harvard University Press.

Pinker, S. (1997). *How the mind works.* New York: Norton.

Pittenger, D. J. (1993). The utility of the Myers–Briggs Type Indicator. *Review of Educational Research, 63,* 467–488.

Plomin, R., & Bergman, C. S. (1991). The nature of nurture: Genetic influences on "environmental" measures. *Behavioral and Brain Sciences, 14,* 373–386.

Plomin, R., Chipuer, H. M., & Loehlin, J. C. (1990). Behavioral genetics and personality. In L. Pervin (Ed.), *Handbook of personality: Theory and research* (pp. 225–243). New York: Guilford Press.

Podd, M. H. (1972). Ego identity status and morality: The relationships between two developmental constructs. *Developmental Psychology, 6*, 497–507.

Polkinghorne, D. (1988). *Narrative knowing and the human sciences*. Albany: State University of New York Press.

Pomerantz, E. M., Saxon, J. L., & Oishi, S. (2000). The psychological tradeoffs of goal investment. *Journal of Personality and Social Psychology, 79*, 617–630.

Popper, K. (1959). *The logic of scientific discovery*. New York: Basic Books.

Porter, C. A., & Suedfeld, P. (1981). Integrative complexity in the correspondence of literary figures: Effects of personal and societal stress. *Journal of Personality and Social Psychology, 40*, 321–330.

Posada, G., Jacobs, A., Carbonell, O., Alzate, G., Bustermante, M., & Arenas, A. (1999). Maternal care and attachment security in ordinary and emergency contexts. *Developmental Psychology, 35*, 1379–1388.

Pratt, M. W., Danso, H. A., Arnold, M. L., Norris, J. E., & Filyer, R. (2001). Adult generativity and the socialization of adolescents: Relations to mothers' and fathers' parenting beliefs, styles, and practices. *Journal of Personality, 69*, 89–120.

Pratt, M. W., & Friese, B. (Eds.). (2004). *Family stories and the life course: Across time and generations*. Mahwah, NJ: Erlbaum.

Putnam, R. D. (2000). *Bowling alone: The collapse and revival of American community*. New York: Simon & Schuster.

R

Rafaeli-Mor, E., & Steinberg, J. (2002). Self-complexity and well-being: A review and research synthesis. *Personality and Social Psychology Review, 6*, 31–58.

Raggatt, P. T. F. (2000) Mapping the dialogical self: Toward a rationale and method of assessment. *European Journal of Personality, 14*, 65–90.

Raggatt, P. T. F. (2006a). Multiplicity and conflict in the dialogical self: A life-narrative approach. In D. P. McAdams, R. Josselson, & A. Lieblich (Eds.), *Identity and story: Creating self in narrative* (pp. 15–35). Washington, DC: American Psychological Association Press.

Raggatt, P. T. F. (2006b). Putting the five-factor model into context: Evidence linking Big Five traits to narrative identity. *Journal of Personality, 74*, 1321–1348

Ramirez-Esparza, N., Gosling, S. D., Benet-Martínez, V., Potter, J. P., & Pennebaker, J. W. (2006). Do bilinguals have two personalities?: A special case of cultural frame switching. *Journal of Research in Personality, 40*, 99–120.

Raskin, R. N., & Hall, C. J. (1979). A narcissistic personality inventory. *Psychological Reports, 45*, 590.

Raskin, R. N., & Hall, C. J. (1981). The Narcissistic Personality Inventory: Alternate form reliability and further evidence of construct validity. *Journal of Personality Assessment, 45*, 159–162.

Raskin, R. N., & Shaw, R. (1988). Narcissism and the use of personal pronouns. *Journal of Personality, 56*, 393–404.

Rawsthorne, L. J., & Elliot, A. J. (1999). Achievement goals and intrinsic motivation: A meta-analytic review. *Personality and Social Psychology Review, 3*, 326–344.

Redmore, C., Loevinger, J., & Tamashiro, R. (1978). *Measuring ego development: Scoring manual for men and boys*. Unpublished manuscript.

Redmore, C., & Waldman, K. (1975). Reliability of a sentence completion measure of ego development. *Journal of Personality Assessment, 39*, 236–243.

Reese, E., & Farrant, K. (2003). Social origins of reminiscing. In R. Fivush & C. R. Haden (Eds.), *Autobiographical memory and the construction of a narrative self* (pp. 29–48). Mahwah, NJ: Erlbaum.

Reichenbach, H. (1938). *Experience and prediction*. Chicago: University of Chicago Press.

Reifman, A., & Cleveland, H. H. (2007). *Shared environment: A quantitative review*. Paper presented at the annual meeting of the Society for Research in Child Development, Boston.

Reis, H. T., Sheldon, K. M., Gable, S. L., Roscoe, J., & Ryan, R. M. (2000). Daily well-being: The role of autonomy, competence, and relatedness. *Personality and Social Psychology, 26*, 419–435.

Reise, S. P., & Wright, T. M. (1996). Brief report: Personality traits, cluster B personality disorders, and sociosexuality. *Journal of Research in Personality, 30*, 128–136.

Rescorla, R. A. (1988). Pavlovian conditioning: It's not what you think it is. *American Psychologist, 43*, 151–160.

Reuman, D. A., Alwin, D. F., & Veroff, J. (1984). Assessing the validity of the achievement motive in the presence of random measurement error. *Journal of Personality and Social Psychology, 47*, 1347–1362.

Revelle, W. (1995). Personality processes. In L. W. Porter & M. R. Rosenzweig (Eds.), *Annual review of psychology* (Vol. 46, pp. 295–328). Palo Alto, CA: Annual Reviews.

Revelle, W. (in press). The contribution of reinforcement sensitivity theory to personality theory. In P. Corr (Ed.), *The reinforcement sensitivity theory of personality*. Cambridge, UK: Cambridge University Press.

Rhodewalt, F., & Morf, C. C. (1995). Self and interpersonal correlates of the Narcissistic Personality Inventory: A review and new findings. *Journal of Research in Personality, 29*, 1–23.

Rhodewalt, F., & Morf, C. C. (1998). On self-aggrandizement and anger: A temporal analysis of narcissism and affective reactions to success and failure. *Journal of Personality and Social Psychology, 74*, 672–685.

Richardson, J. A., & Turner, T. E. (2000). Field dependence revisited I: Intelligence. *Educational Psychology, 20,* 255–270.

Ricoeur, P. (1970). *Freud and philosophy: An essay on interpretation.* New Haven, CT: Yale University Press.

Ricoeur, P. (1984). *Time and narrative* (Vol. 1) (K. McGlaughlin & D. Pellauer, Trans.). Chicago: University of Chicago Press.

Rieff, P. (1959). *Freud: The mind of a moralist.* Chicago: University of Chicago Press.

Riediger, M., & Freund, A. M. (2004). Interference and facilitation among personal goals: Differential associations with subjective well-being and goal pursuit. *Personality and Social Psychology Bulletin, 30,* 1511–1523.

Riediger, M., & Freund, A. M. (2006). Focusing and restricting: Two aspects of motivational selectivity in adulthood. *Psychology and Aging, 21,* 173–185.

Riger, S. (1992). Epistemological debates, feminist voices: Science, social values, and the study of women. *American Psychologist, 47,* 730–740.

Riger, S. (2000). *Transforming psychology: Gender in theory and practice.* New York: Oxford University Press.

Roberti, J. W. (2004). A review of behavioral and biological correlates of sensation seeking. *Journal of Research in Personality, 38,* 256–279.

Roberts, B. W. (1994). *A longitudinal study of the reciprocal relation between women's personality and occupational experience.* Unpublished doctoral dissertation, University of California at Berkeley.

Roberts, B. W., & Bogg, T. (2004). A longitudinal study of the relationships between conscientousness and the social-environmental factors and substance-use behaviors that influence health. *Journal of Personality, 72,* 325–353.

Roberts, B. W., Caspi, A., & Moffitt, T. (2001). The kids are alright: Growth and stability in personality development from adolescence to adulthood.

Journal of Personality and Social Psychology, 81, 670–683.

Roberts, B. W., & DelVecchio, W. (2000). The rank-order consistency of personality from childhood to old age: A quantitative review of longitudinal studies. *Psychological Bulletin, 126,* 3–25.

Roberts, B. W., & Hogan, R. T. (Eds.). (2001). *Personality psychology in the workplace.* Washington, DC: American Psychological Association Press.

Roberts, B. W., O'Donnell, M., & Robins, R. W. (2004). Goal and personality trait development in emerging adulthood. *Journal of Personality and Social Psychology, 87,* 541–550.

Roberts, B. W., & Pomerantz, E. M. (2004). On traits, situations, and their integration: A developmental perspective. *Personality and Social Psychology Review, 8,* 402–416.

Roberts, B. W., Walton, K. E., & Viechtbauer, W. (2006). Patterns of mean-level change in personality traits across the life course: A meta-analysis of longitudinal studies. *Psychological Bulletin, 132,* 1–25.

Roberts, J. E., Gotlib, I. H., & Kassel, J. D. (1996). Adult attachment security and symptoms of depression: The mediating role of dysfunctional attitudes and low self-esteem. *Journal of Personality and Social Psychology, 70,* 310–320.

Roberts, P., & Newton, P. M. (1987). Levinsonian studies of women's adult development. *Psychology and Aging, 2,* 154–163.

Robins, C. J. (1988). Attributions and depression: Why is the literature so inconsistent? *Journal of Personality and Social Psychology, 54,* 880–889.

Robins, R. W., Fraley, R. C., & Krueger, R. F. (Eds.). (2007). *Handbook of research methods in personality psychology.* New York: Guilford Press.

Robinson, D. N. (1981). *An intellectual history of psychology.* New York: Macmillan.

Robinson, F. G. (1992). *Love's story told: A life of Henry A. Murray.* Cambridge, MA: Harvard University Press.

Roche, S. M., & McConkey, K. M. (1990). Absorption: Nature, assessment, and correlates. *Journal of Personality and Social Psychology, 59,* 91–101.

Rogers, C. R. (1942). *Counseling and psychotherapy: Newer concepts in practice.* Boston: Houghton.

Rogers, C. R. (1951). *Client-centered therapy.* Boston: Houghton-Mifflin.

Rogers, C. R. (1959). A theory of therapy, personality, and interpersonal relationships, as developed in the client-centered framework. In S. Koch (Ed.), *Psychology: A study of a science* (Vol. 3). New York: McGraw-Hill.

Rogers, C. R. (1980). Ellen West and loneliness. In C. R. Rogers, *A way of being.* Boston: Houghton-Mifflin.

Rogler, L. H. (2002). Historical generations and psychology: The case of the Great Depression and World War II. *American Psychologist, 57,* 1013–1023.

Rogow, A. A. (1978). A further footnote to Freud's "Fragment of an analysis of a case of hysteria." *Journal of the American Psychoanalytic Association, 28,* 331–356.

Roisman, G. I., Fraley, R. C., & Belsky, J. (2007). A taxometric study of the Adult Attachment Interview. *Developmental Psychology, 43,* 675–686.

Roisman, G. E., Holland, A., Fortuna, K., Fraley, R. C., Clausell, E., & Clarke, A. (2007). The Adult Attachment Interview and self-reports of attachment style: An empirical rapprochement. *Journal of Personality and Social Psychology, 92,* 678–697.

Romer, D., Gruder, C. L., & Lizzadro, T. (1986). A person-situation approach to altruistic behavior. *Journal of Personality and Social Psychology, 51,* 1001–1012.

Rootes, M. D., Moras, K., & Gordon, R. (1980). Ego development and sociometrically evaluated maturity: An investigation of the validity of the Washington University Sentence-Completion Test of Ego Development. *Journal of Personality Assessment, 44,* 613–620.

Rosenwald, G. C., & Ochberg, R. L. (Eds.). (1992). *Storied lives: The cultural politics of self-understanding*. New Haven, CT: Yale University Press.

Roser, M., & Gazzaniga, M. S. (2004). Automatic brains–interpretive minds. *Current Directions in Psychological Science*, 13, 56–59.

Ross, L. D. (1977). The intuitive psychologist and his shortcomings: Distortions in the attribution process. In L. Berkowitz (Ed.), *Advances in experimental social psychology* (Vol. 10). New York: Academic Press.

Rossi, A. S. (1980). Life-span theories and women's lives. *Signs*, 6(1), 4–32.

Rossi, A. S. (Ed.). (2001). *Caring and doing for others*. Chicago: University of Chicago Press.

Rossini, E. D., & Moretti, R. J. (1997). Thematic Apperception Test (TAT) interpretation: Practice recommendations from a survey of clinical psychology doctoral programs accredited by the American Psychological Association. *Professional Psychology: Research and Practice*, 28, 393–398.

Rosznafszky, J. (1981). The relationship of level of ego development to Q-sort personality ratings. *Journal of Personality and Social Psychology*, 41, 99–120.

Roth, P. (1988). *The facts: A novelist's autobiography*. London: Penguin.

Rothbart, M. K. (1986). Longitudinal observation of infant temperament. *Developmental Psychology*, 22, 356–365.

Rothbart, M. K., & Bates, J. E. (1998). Temperament. In N. Eisenberg (Ed.) & W. Damon (Series Ed.), *Handbook of child psychology: Vol. 3. Social, emotional, and personality development* (5th Ed., pp. 105–176). New York: Wiley.

Rotter, J. B. (1954). *Social learning and clinical psychology*. Englewood Cliffs, NJ: Prentice-Hall.

Rotter, J. B. (1966). Generalized expectancies for internal versus external control of reinforcement. *Psychological Monographs*, 80(1, Whole No. 609).

Rotter, J. B. (1972). *Applications of a social learning theory of personality*. New York: Holt.

Rotter, J. B. (1975). Some problems and misconceptions related to the construct of internal versus external reinforcement. *Journal of Consulting and Clinical Psychology*, 43, 56–67.

Rouse, J. (1978). *The completed gesture: Myth, character, and education*. NJ: Skyline Books.

Rowe, D. C. (1997). Genetics, temperament, and personality. In R. Hogan, J. Johnson, & S. Briggs (Eds.), *Handbook of personality psychology* (pp. 367–386). San Diego, CA: Academic Press.

Rowe, D. C. (1999). Heredity. In V. J. Derlega, B. A. Winstead, & W. H. Jones (Eds.), *Personality: Contemporary theory and research* (2nd ed., pp. 66–100). Chicago: Nelson-Hall.

Runyan, W. M. (1981). Why did Van Gogh cut off his ear?: The problem of alternative explanations in psychobiography. *Journal of Personality and Social Psychology*, 40, 1070–1077.

Runyan, W. M. (1982). *Life histories and psychobiography: Explorations in theory and method*. New York: Oxford University Press.

Runyan, W. M. (1990). Individual lives and the structure of personality psychology. In A. I. Rabin, R. A. Zucker, R. A. Emmons, & Frank (Ed.), *Studying persons and lives* (pp. 10–40). New York: Springer.

Rushton, J. P., Brainerd, C. J., & Presley, M. (1983). Behavioral development and construct validity: The principle of aggregation. *Psychological Bulletin*, 94, 18–38.

Rushton, J. P., Fulker, D. W., Neale, M. C., Nias, D. K., & Eysenck, H. J. (1986). Altruism and aggression: The heritability of individual differences. *Journal of Personality and Social Psychology*, 50, 1192–1198.

Russell, B. (1945). *A history of Western philosophy*. New York: Simon & Schuster.

Rutter, D. R., Morley, I. E., & Graham, J. C. (1972). Visual interaction in a group of introverts and extraverts. *European Journal of Social Psychology*, 2, 371–384.

Ryan, R. M. (1991). The nature of the self in autonomy and relatedness. In J. Strauss & G. R. Goethals (Eds.), *The self: Interdisciplinary approaches* (pp. 208–238). New York: Springer-Verlag.

Ryan, R. M. (1995). Psychological needs and the facilitation of integrative processes. *Journal of Personality*, 63, 397–427.

Ryan, R. M., & Deci, E. L. (2006). Self-regulation and the problem of human autonomy: Does psychology need choice, self-determination, and will? *Journal of Personality*, 74, 1557–1585.

Ryff, C. D., & Heincke, S. G. (1983). Subjective organization of personality in adulthood and aging. *Journal of Personality and Social Psychology*, 44, 807–816.

S

Saarni, C. (2006). Emotion regulation and personality: Development in childhood. In D. K. Mroczek & T. D. Little (Eds.), *Handbook of personality development* (pp. 245–262). Mahwah, NJ: Erlbaum.

Sales, S. M. (1973). Threat as a factor in authoritarianism: An analysis of archival data. *Journal of Personality and Social Psychology*, 28, 44–57.

Sampson, E. E. (1962). Birth order, need achievement, and conformity. *Journal of Abnormal and Social Psychology*, 64, 155–159.

Sampson, E. E. (1985). The decentralization of identity: Toward a revised concept of personal and social order. *American Psychologist*, 40, 1203–1211.

Sampson, E. E. (1988). The debate on individualism: Indigenous psychologies of the individual and their role in personal and societal functioning. *American Psychologist*, 43, 15–22.

Sampson, E. E. (1989a). The challenge of social change for psychology: Globalization and psychology's theory of the person. *American Psychologist, 44,* 914–921.

Sampson, E. E. (1989b). The deconstruction of the self. In J. Shotter & K. J. Gergen (Eds.), *Texts of identity* (pp. 1–19). London: Sage.

Sarbin, T. R. (1986). The narrative as a root metaphor for psychology. In T. R. Sarbin (Ed.), *Narrative psychology: The storied nature of human conduct* (pp. 3–21). New York: Praeger.

Sartre, J.-P. (1965). *Essays in existentialism.* Secaucus, NJ: The Citadel Press.

Sartre, J.-P. (1981). *The family idiot: Gustave Flaubert, 1821–1857* (Vol. 1) (C. Cosman, Trans.). Chicago: University of Chicago Press.

Saucier, G., & Simonds, J. (2006). The structure of personality and temperament. In D. K. Mroczek & T. D. Little (Eds.), *Handbook of personality development* (pp. 109–128). Mahwah, NJ: Erlbaum.

Sawyer, J. (1966). Measurement and prediction, clinical *and* statistical. *Psychological Bulletin, 66,* 178–200.

Scarr, S. (1997). Why child care has little impact on most children's development. *New Directions in Psychological Science, 6,* 143–148.

Scarr, J., Webber, P. L., Weinberg, R. A., & Wittig, M. A. (1981). Personality resemblance among adolescents and their parents in biologically related and adoptive families. *Journal of Personality and Social Psychology, 40,* 885–898.

Scarr, S., & McCartney, K. (1983). How people make their own environments: A theory of genotype environment effects. *Child Development, 54,* 424–435.

Schachter, E. (2004). Identity configurations: A new perspective on identity formation in contemporary society. *Journal of Personality, 72,* 167–199.

Schacter, D. (1996). *Searching for memory,* New York: Basic Books.

Schafer, R. (1968). *Aspects of internalization.* New York: International Universities Press.

Schafer, R. (1981). Narration in the psychoanalytic dialogue. In W. J. J. Mitchell (Ed.), *On narrative* (pp. 25–49). Chicago: University of Chicago Press.

Schenkel, S., & Marcia, J. E. (1972). Attitudes toward premarital intercouse in determining ego identity status in college women. *Journal of Personality, 40,* 472–482.

Schneider, B. H., Atkinson, L., & Radif, C. (2001). Child–parent attachment and children's peer relations: A quantitative review. *Developmental Psychology, 37,* 86–100.

Schooler, C. (1972). Birth order effects: Not here, not now! *Psychological Bulletin, 78,* 161–175.

Schuerger, J. M., Zarrella, K. L., & Hotz, A. S. (1989). Factors that influence the temporal stability of personality by questionnaire. *Journal of Personality and Social Psychology, 56,* 777–783.

Schultheiss, O. C. (in press). A biobehavioral model of implicit power motivation arousal, reward, and frustration. In E. Harmon-Jones & P. Winkielman (Eds.), *Fundamentals of social neuroscience.* New York: Guilford Press.

Schultheiss, O. C., & Brunstein, J. C. (1999). Goal imagery: Bridging the gap between implicit motives and explicit goals. *Journal of Personality, 67,* 1–37.

Schultheiss, O. C., Campbell, K. L., & McClelland, D. C. (1999). Implicit power motivation moderates men's testosterone responses to imagined and real dominance success. *Hormones and Behavior, 36,* 234–241.

Schultheiss, O. C., Dargel, A., & Rohde, W. (2002). Implicit motives and sexual motivation and behavior. *Journal of Research in Personality, 37,* 224–230.

Schultheiss, O. C., Dargel, A., & Rohde, W. (2003). Implicit motives and gonadal steroid hormones: Effects of menstrual cycle phase, oral contraceptive use, and relationship status. *Hormones and Behavior, 43,* 293–301.

Schultheiss, O. C., & Pang, J. S. (2007). Measuring implicit motives. In R. W. Robins, R. C. Fraley, & R. F. Krueger (Eds.), *Handbook of research methods in personality psychology* (pp. 322–344). New York: Guilford Press.

Schultheiss, O. C., & Rohde, W. (2002). Implicit power motivation predicts men's testosterone changes and implicit learning in a contest situation. *Hormones and Behavior, 41,* 195–202.

Schultheiss, O. C., Wirth, M. M., & Stanton, S. (2004). Effects of affiliation and power motivation arousal on salivary progesterone and testosterone. *Hormones and Behavior, 46,* 592–599.

Schultz, W. (1998). Predictive reward signal of dopamine neurons. *Journal of Neurophysiology, 80,* 1–27.

Schultz, W. T. (1996). An "Orpheus Complex" in two writers-of-loss. *Biography: An Interdisciplinary Quarterly, 19,* 371–393.

Schultz, W. T. (Ed.). (2005). *The handbook of psychobiography.* New York: Oxford University Press.

Schutte, N. S., Kenrick, D. T., & Sadalla, E. K. (1985). The search for predictable settings: Situational prototypes, constraint, and behavioral variation. *Journal of Personality and Social Psychology, 49,* 121–128.

Schwartz, G. E. (1990). Psychobiology of repression and health: A systems approach. In J. L. Singer (Ed.), *Repression and dissociation: Implications for personality theory, psychopathology, and health* (pp. 405–434). Chicago: University of Chicago Press.

Schwartz, G. E., Fair, P. L., Greenberg, P. S., Freedman, M., & Klerman, J. L. (1974). Facial electromyography in the assessment of emotion. *Psychophysiology, 11,* 237.

Schwartz, S. J. (2001). The evolution of Eriksonian and neo-Eriksonian identity theory and research: A review and integration. *Identity: An International Journal of Theory and Research, 1,* 7–58.

Scott-Stokes, H. (1974). *The life and death of Yukio Mishima*. New York: Farrar, Straus & Giroux.

Seligman, M. E. P. (1975). *Helplessness: On depression, development, and death*. San Francisco: W. H. Freeman.

Seligman, M. E. P., & Csikszentmihlyi, M. (2000). Positive psychology: An introduction. *American Psychologist, 55*, 5–14.

Seligman, M. E. P., & Maier, S. F. (1967). Failure to escape traumatic shock. *Journal of Experimental Psychology, 74*, 1–9.

Seligman, M. E. P., Nolen-Hoeksema, S., Thornton, N., & Thornton, K. M. (1990). Explanatory styles as a mechanism of disappointing athletic performance. *Psychological Science, 1*, 143–146.

Seligman, M. E. P., & Schulman, P. (1986). Explanatory style as a predictor of productivity and quitting among life insurance sales agents. *Journal of Personality and Social Psychology, 50*, 832–838.

Selman, R. L. (1980). *The growth of interpersonal understanding*. New York: Academic Press.

Sen, S., Burmeister, M., & Ghosh, D. (2004). Meta-analysis of the association between a serotonin transporter promoter polymorphism (*5-HTTLPR*) and anxiety-related personality traits. *American Journal of Medical Genetics, Part B, Neuropsychiatric Genetics, 127B*, 85–89.

Shaw, C. (1930). *The jackroller: A delinquent boy's own story*. Chicago: Univrsity of Chicago Press.

Sheehy, G. (1976). *Passages: Predictable crises of adult life*. New York: E. P. Dutton.

Sheldon, K. M. (2004). *Optimal human being: An integrated multi-level perspective*. Mahwah, NJ: Erlbaum.

Sheldon, K. M., & Elliot, A. J. (1999). Goal striving, need satisfaction, and longitudinal well-being: The self-concordance model. *Journal of Personality and Social Psychology, 76*, 482–497.

Sheldon, K. M., Elliot, A. J., Kim, Y., & Kasser, T. (2001). What is satisfying about satisfying events?: Testing 10 candidate psychological needs. *Journal of Personality and Social Psychology, 80*, 325–339.

Sheldon, K. M., & Kasser, T. (1995). Coherence and congruence: Two aspects of personality integration. *Journal of Personality and Social Psychology, 68*, 531–543.

Sheldon, K. M., & Kasser, T. (1998). Pursuing personal goals: Skills enable progress, but not all progress is beneficial. *Personality and Social Psychology Bulletin, 24*, 1319–1331.

Sheldon, W. H. (1940). *The varieties of human physique: An introduction to constitutional psychology*. New York: Harper.

Sherkat, D. E., & Ellison, C. G. (1999). Recent developments and current controversies in the sociology of religion. *Annual Review of Sociology, 25*, 363–394.

Shiner, R. L. (2006). Temperament and personality in childhood. In D. K. Mroczek & T. D. Little (Eds.), *Handbook of personality development* (pp. 213–230). Mahwah, NJ: Erlbaum.

Shmitt, D. P., & 118 Members of the International Sexuality Description Project. (2003). University sex differences in the desire for sexual variety: Tests from 52 nations, 6 continents, and 13 islands. *Journal of Personality and Social Psychology, 85*, 85–104.

Shneidman, E. S. (Ed.). (1981). *Endeavors in psychology: Selections from the personology of Henry A. Murray*. New York: Harper & Row.

Shoda, Y. (1999). Behavioral expressions of a personality system: Generation and perception of behavioral signatures. In D. Cervone & Y. Shoda (Eds.), *Personality coherence: Social-cognitive bases of consistency, variability, and organization* (pp. 155–181). New York: Guilford Press.

Shoda, Y., Mischel, W., & Wright, J. C. (1994). Intraindividual stability in the organization and patterning of behavior: Incorporating psychological situations into the idiographical analysis of personality. *Journal of Personality and Social Psychology, 65*, 674–687.

Shotter, J. (1970). Men, and man-makers: George Kelly and the psychology of personal constructs. In D. Bannister (Ed.), *Perspectives in personal construct theory*. New York: Academic Press.

Shotter, J., & Gergen, K. J. (1989). Preface and Introduction. In J. Shotter & K. J. Gergen (Eds.), *Texts of identity* (pp. ix–xi). London: Sage.

Shweder, R. A. (1975). How relevant is an individual difference theory of personality? *Journal of Personality, 43*, 455–484.

Shweder, R. A., & Much, N. C. (1987). Determinants of meaning: Discourse and moral socialization. In W. M. Kurtines & J. L. Gerwirtz (Eds.), *Moral development through social interaction* (pp. 197–244). New York: Wiley.

Shweder, R. A., & Sullivan, M. A. (1993). Cultural psychology: Who needs it? *Annual Review of Psychology, 44*, 497–523.

Sill, J. (1980). Disengagement reconsidered: Awareness of finitude. *Gerontologist, 20*, 457–462.

Simms, L. J., & Watson, D. (2007). The construct validation approach to personality scale construction. In R. W. Robins, R. C. Fraley, & R. F. Krueger (Eds.), *Handbook of research methods in personality psychology* (pp. 240–258). New York: Guilford Press.

Simonton, D. K. (1976). Biographical determinants of achieved eminence: A multivariate approach to the Cox data. *Journal of Personality and Social Psychology, 33*, 218–226.

Simonton, D. K. (1989). The swan-song phenomenon: Last-works effects for 172 classical composers. *Psychology and Aging, 4*, 42–47.

Simonton, D. K. (1994). *Greatness: Who makes history and why*. New York: Guilford Press.

Simpson, J. A. (1990). Influence of attachment styles on romantic relationships. *Journal of Personality and Social Psychology*, 59, 971–980.

Simpson, J. A., Collins, W. A., Tran, S. S., & Haydon, K. C. (2007). Attachment and the experience and expression of emotions in romantic relationships: A developmental perspective. *Journal of Personality and Social Psychology*, 92, 355–367.

Simpson, J. A., & Gangestad, S. W. (1991). Individual differences in sociosexuality: Evidence for convergent and discriminant validity. *Journal of Personality and Social Psychology*, 60, 870–883.

Simpson, J. A., & Gangestad, S. W. (1992). Sociosexuality and romantic partner choice. *Journal of Personality*, 60, 31–51.

Simpson, J. A., Gangestad, S. W., & Biek, M. (1993). Personality and nonverbal social behavior: An ethological perspective on relationship initiation. *Journal of Experimental Social Psychology*, 29, 434–461.

Simpson, J. A., Gangestad, S. W., Christensen, P. N., & Leck, K. (1999). Fluctuating asymmetry, sociosexuality, and intrasexual competitive tactics. *Journal of Personality and Social Psychology*, 76, 159–172.

Simpson, J. A., Rholes, W. S., & Neligan, J. S. (1992). Support seeking and support giving within couples in an anxiety-provoking situation: The role of attachment styles. *Journal of Personality and Social Psychology*, 62, 434–446.

Simpson, J. A., Rholes, W. S., & Phillips, D. (1996). Conflict in close relationships: An attachment perspective. *Journal of Personality and Social Psychology*, 71, 899–914.

Singer, J. A. (1995). Seeing one's self: Locating narrative memory in a framework of personality. *Journal of Personality*, 63, 429–457.

Singer, J. A. (1997). *Message in a bottle: Stories of men and addiction*. New York: The Free Press.

Singer, J. A. (2004). Narrative identity and meaning-making across the adult lifespan: An introduction. *Journal of Personality*, 72, 437–459.

Singer, J. A. (2005). *Personality and psychotherapy: Treating the whole person*. New York: Guilford Press.

Singer, J. A., & Salovey, P. (1993). *The remembered self: Emotion and memory in personality*. New York: The Free Press.

Singer, J. L. (1984). *The human personality*. San Diego, CA: Harcourt Brace Jovanovich.

Singh, I. L. (1989). Personality correlates and perceptual detectability of locomotive drivers. *Personality and Individual Differences*, 10, 1049–1054.

Skinner, B. F. (1938). *Behavior of organisms*. New York: Appleton-Century-Crofts.

Skinner, B. F. (1948/1962). *Walden two*. New York: Macmillan.

Skinner, B. F. (1971). *Beyond freedom and dignity*. New York: Alfred A. Knopf.

Skinner, B. F. (1979). *The shaping of a behaviorist*. New York: Alfred A. Knopf.

Slade, A. (1987). Quality of attachment and early symbolic play. *Developmental Psychology*, 23, 78–85.

Slavin, M. O. (1972). *The theme of feminine evil: The image of women in male fantasy and its effects on attitudes and behavior*. Unpublished doctoral dissertation, Harvard University.

Smillie, L. D., Pickering, A. D., & Jackson, C. J. (2006). The new reinforcement sensitivity theory: Implications for personality measurement. *Personality and Social Psychology Review*, 10, 320–335.

Smith, C. P. (Ed.). (1992). *Motivation and personality: Handbook of thematic content analysis*. New York: Cambridge University Press.

Smith, M. B. (2005). "Personality and social psychology": Retrospections and aspirations. *Personality and Social Psychology Review*, 9, 334–340.

Smith, R. J. (1985). The concept and measurement of social psychopathy.

Journal of Research in Personality, 19, 219–231.

Smith, T. W. (2006). Personality as risk and resilience in physical health. *Current Directions in Psychological Science*, 15, 227–231.

Snarey, J. (1993). *How fathers care for the next generation: A four-decade study*. Cambridge, MA: Harvard University Press.

Snyder, C. R., & Lopez, S. J. (Eds.). (2002). *Handbook of positive psychology*. New York: Oxford University Press.

Sobotka, S. S., Davidson, R. J., & Senulis, J. A. (1992). Anterior brain electrical asymmetries in response to reward and punishment. *Electroencephalography and Clinical Neurophysiology*, 83, 236–247.

Soenens, B., Vansteenkiste, M., Lens, W., Beyers, W., Luyckx, K., Goosens, L., et al. (2007). Conceptualizing parental autonomy support: Adolescent perceptions of promotion of independence versus promotion of volitional functioning. *Developmental Psychology*, 43, 633–646.

Spangler, W. D. (1992). Validity of questionnaire and TAT measures of need for achievement: Two meta-analyses. *Psychological Bulletin*, 112, 140–154.

Spence, D. P. (1982). *Narrative truth and historical truth: Meaning and interpretation in psychoanalysis*. New York: Norton.

Spence, J. T. (1985). Gender identity and its implications for concepts of masculinity and femininity. In T. B. Sonderegger (Ed.), *Nebraska Symposium on Motivation*. Lincoln: University of Nebraska Press.

Sprecher, S., Sullivan, Q., & Hatfield, E. (1994). Mate selection preferences: Gender differences examined in a national sample. *Journal of Personality and Social Psychology*, 66, 1074–1080.

Srivastava, S., John, O. P., Gosling, S. D., & Potter, J. (2003). Development of personality in early and middle adulthood: Set like plaster or persistent change? *Developmental Psychology*, 84, 1041–1053.

Sroufe, L. A. (1983). Infant–caregiver attachment and patterns of adaptation in the preschool: The roots of maladaption and competence. In M. Perlmutter (Ed.), *Minnesota Symposium on Child Psychology* (Vol. 16, pp. 41–83). Minneapolis: University of Minnesota Press.

Sroufe, L. A. (1985). Attachment classification from the perspective of infant–caregiver relationships and infant temperament. *Child Development*, 56, 1–14.

Sroufe, L. A., & Waters, E. (1977). Attachment as an organizational construct. *Child Development*, 48, 1184–1199.

Staudinger, U., & Kessler, E. M. (in press). Adjustment and growth: Two trajectories of positive personality development across adulthood. In M. C. Smith & T. G. Reio, Jr. (Eds.), *The handbook of research on adult development and learning*. Mahwah, NJ: Erlbaum.

Steele, R. S. (1982). *Freud and Jung: Conflicts of interpretation*. London: Routledge & Kegan Paul.

Steinberg, L., Darling, N. E., & Fletcher, A. C. (1995). Authoritative parenting and adolescent adjustment: An ecological journey. In P. Moen, G. H. Elder, Jr., & K. Luscher (Eds.), *Examining lives in context: Perspectives on the ecology of human development* (pp. 423–466). Washington, DC: American Psychological Association Press.

Stelmach, R. M. (1990). Biological bases of extraversion: Psychophysiological evidence. *Journal of Personality*, 58, 293–311.

Stelmack, R. M., & Stalikas, A. (1991). Galen and the humour theory of temperament. *Personality and Individual Differences*, 16, 543–560.

Sternberg, R. J., & Grigorenko, E. L. (1997). Are cognitive styles still in style? *American Psychologist*, 52, 700–712.

Stevens, A. (1983). *Archetypes*. New York: Quill.

Stewart, A. J. (1994). Toward a feminist strategy for studying women's lives. In C. Franz & A. J. Stewart (Eds.), *Women creating lives: Identities, resilience, resistance* (pp. 11–35). Boulder, CO: Westview Press.

Stewart, A. J., & Chester, N. L. (1982). Sex differences in human social motives. In A. J. Stewart (Ed.), *Motivation and society* (pp. 172–218). San Francisco: Jossey-Bass.

Stewart, A. J., & Healy, M. J., Jr. (1989). Linking individual development and social changes. *American Psychologist*, 44, 30–42.

Stewart, A. J., & Ostrove, J. M. (1998). Women's personality in middle age: Gender, history, and midcourse corrections. *American Psychologist*, 53, 1185–1194.

Stewart, A. J., & Rubin, Z. (1976). Power motivation in the dating couple. *Journal of Personality and Social Psychology*, 34, 305–309.

Stewart, A. J., & Vandewater, E. A. (1998). The course of generativity. In D. P. McAdams & E. de St. Aubin (Eds.), *Generativity and adulthood: How and why we care for the next generation* (pp. 75–100). Washington, DC: APA Press.

Stier, D. S., & Hall, J. A. (1984). Gender differences in touch: An empirical and theoretical review. *Journal of Personality and Social Psychology*, 47, 440–459.

Stokes, J. P. (1985). The relation of social network and individual difference variables to loneliness. *Journal of Personality and Social Psychology*, 48, 981–990.

Stokes, J. P., & McKirnan, D. J. (1989). Affect and the social environment: The role of social support in depression and anxiety. In P. C. Kendall & D. Watson (Eds.), *Anxiety and depression: Distinctions and overlapping features*. New York: Academic Press.

Suedfeld, P. (1985). APA Presidential addresses: The relation of integrative complexity to historical, professional, and personal factors. *Journal of Personality and Social Psychology*, 49, 1643–1651.

Suedfeld, P., & Piedrahita, L. E. (1984). Intimations of mortality: Integrative simplification as a precursor of death. *Journal of Personality and Social Psychology*, 47, 848–852.

Suedfeld, P., Tetlock, P. E., & Streufert, S. (1992). Conceptual/integrative complexity. In C. P. Smith (Ed.), *Motivation and personality: Handbook of thematic content analysis* (pp. 376–382). New York: Cambridge University Press.

Sullivan, H. S. (1953). *The interpersonal theory of psychiatry*. New York: W. W. Norton.

Sulloway, F. J. (1979). *Freud: Biologist of the mind*. New York: Basic Books.

Sulloway, F. J. (1996). *Born to rebel: Birth order, family dynamics, and creative lives*. New York: Pantheon.

Suls, J., & Bunde, J. (2005). Anger, anxiety, and depression as risk factors for cardiovascular disease: The problems and implications of overlapping affective dimensions. *Psychological Bulletin*, 131, 260–300.

Suls, J., & Martin, R. (2005). The daily life of the garden-variety neurotic: Reactivity, stressor exposure, mood spillover, and maladaptive coping. *Journal of Personality*, 73, 1485–1509.

Surtees, P. G., & Wainwright, N. W. J. (1996). Fragile states of mind: Neuroticism, vulnerability and the long-term outcome of depression. *British Journal of Psychiatry*, 169, 338–347.

Sutton, S. K., & Davidson, R. J. (1997). Prefrontal brain asymmetry: A biological substrate of the behavioral approach and behavioral inhibition systems. *Psychological Science*, 8, 204–210.

T

Tamir, M., John, O. P., Srivastava, S., & Gross, J. J. (2007). Implicit theories of emotion: Affective and social outcomes across a major life transition. *Journal of Personality and Social Psychology*, 92, 731–744.

Tappan, M. (1990). Hermeneutics and moral development: Implementing narrative representation of moral experience. *Developmental Review*, 10, 239–265.

Taylor, C. (1989). *Sources of the self: The making of the modern identity*. Cambridge, MA: Harvard University Press.

Taylor, J. (1953). A personality scale of manifest anxiety. *Journal of Abnormal and Social Psychology, 48*, 285–290.

Taylor, S. E. (1983). Adjustment to threatening events: A theory of cognitive adaptation. *American Psychologist, 38*, 624–630.

Taylor, S. E. (1991). Asymmetrical effects of positive and negative events: The mobilization-minimization hypothesis. *Psychological Bulletin, 110*, 67–85.

Taylor, S. E. (2006). Tend and befriend: Biobehavioral bases of affiliation under stress. *Current Directions in Psychological Science, 15*, 273–277.

Taylor, S. E., Gonzaga, G., Klein, K. C., Hu, P., Greendale, G. A., & Seeman, S. E. (2006). Relation of oxytocin to psychological and biological stress responses in older women. *Psychosomatic Medicine, 68*, 238–245.

Tekiner, A. C. (1980). Need achievement and international differences in income growth: 1950–1960. *Economic Development and Cultural Change*, 293–320.

Tellegen, A. (1982). *Brief manual for the Differential Personality Questionnaire*. Unpublished manuscript, University of Minnesota.

Tellegen, A. (1985). Structures of mood and personality and their relevance to assessing anxiety, with an emphasis on self-report. In A. H. Tuma & J. D. Masser (Eds.), *Anxiety and the anxiety disorders* (pp. 681–716). Hillsdale, NJ: Erlbaum.

Tellegen, A., & Atkinson, G. (1974). Openness to absorbing and self-altering experiences ("absorption"), a trait related to hypnotic susceptibility. *Journal of Abnormal Psychology, 83*, 268–277.

Tellegen, A., Lykken, D. J., Bouchard, T. J., Jr., Wilcox, K. J., Segal, N. L., & Rich, S. (1988). Personality similarity in twins reared apart and together. *Journal of Personality and Social Psychology, 54*, 1031–1039.

Terracciano, A., McCrae, R. R., Brant, L. J., & Costa, P. T., Jr. (2005). Hierarchical linear modeling analysis of the NEO-PI-R scales in the Baltimore Longitudinal Study of Aging. *Psychology and Aging, 20*, 493–506.

Tesch, S. A., & Whitbourne, S. K. (1982). Intimacy and identity status in young adults. *Journal of Personality and Social Psychology, 43*, 1041–1051.

Tetlock, P. E. (1981a). Personality and isolationism: Content analysis of senatorial speeches. *Journal of Personality and Social Psychology, 41*, 737–743.

Tetlock, P. E. (1981b). Pre- to post-election shifts in presidential rhetoric: Impression management or cognitive adjustment? *Journal of Personality and Social Psychology, 41*, 207–212.

Tetlock, P. E. (1984). Cognitive style and political belief systems in the British House of Commons. *Journal of Personality and Social Psychology, 46*, 365–375.

Tetlock, P. E., Armor, D., & Peterson, R. S. (1994). The slavery debate in antebellum America: Cognitive style, value conflict, and the limits of compromise. *Journal of Personality and Social Psychology, 66*, 115–126.

Tetlock, P. E., Bernzweig, J., & Gallant, J. L. (1985). Supreme Court decision making: Cognitive style as a predictor of ideological consistency of voting. *Journal of Personality and Social Psychology, 48*, 1227–1239.

Tetlock, P. E., Hannum, K., & Micheletti, P. (1984). Stability and change in the complexity of senatorial rhetoric: Testing the cognitive versus rhetorical style hypotheses. *Journal of Personality and Social Psychology, 46*, 979–990.

Tetlock, P. E., Peterson, R. S., & Berry, J. M. (1993). Flattering and unflattering personality portraits of integratively simple and complex managers. *Journal of Personality and Social Psychology, 64*, 500–511.

Thayer, R. E. (1989). *The biopsychology of mood and arousal*. Oxford, UK: Oxford University Press.

Thomas, A., Chess, S., & Birch, H. G. (1970). The origin of personality. *Scientific American, 223*, 102–109.

Thompson, C. (1942). Cultural pressures in the psychology of women. *Psychiatry, 5*, 311–339.

Thorndike, R. L. (1959). Review of the California Psychological Inventory. In O. K. Buros (Ed.), *Fifth mental measurements yearbook*. Highland Park, NJ: Gryphon Press.

Thorne, A. (2000). Personal memory telling and personality development. *Personality and Social Psychology Review, 4*, 45–56.

Thorne, A., Cutting, L., & Skaw, D. (1998). Young adults' relationship memories and the life story: Examples or essential landmarks? *Narrative Inquiry, 8*, 1–32.

Thorne, A., & Gough, H. (1991). *Portraits of type: An MBTI research compendium*. Palo Alto, CA: Consulting Psychologists Press.

Thorne, A., & McLean, K. C. (2003). Telling traumatic events in adolescence: A study of master narrative positioning. In R. Fivush & C. Haden (Eds.), *Autobiographical memory and the construction of a narrative self* (pp. 169–185). Mahwah, NJ: Erlbaum.

Tidwell, M-C. O., Reis, H. T., & Shaver, P. R. (1996). Attachment, attractiveness, and social interaction: A dairy study. *Journal of Personality and Social Psychology, 71*, 729–745.

Tobin, R. M., Graziano, W. G., Vanman, E. J., & Tassinary, L. G. (2000). Personality, emotional experience, and efforts to control emotions. *Journal of Personality and Social Psychology, 79*, 656–669.

Toder, N., & Marcia, J. E. (1973). Ego identity status and response to conformity pressure in college women. *Journal of Personality and Social Psychology, 26*, 287–294.

Tolman, E. C. (1948). Cognitive maps in rats and men. *Psychological Review, 55*, 189–208.

Tomkins, S. S. (1947). *The Thematic Apperception Test*. New York: Grune & Stratton.

Tomkins, S. S. (1962). *Affect, imagery, consciousness* (Vol. 1). New York: Springer.

Tomkins, S. S. (1963). *Affect, imagery, consciousness* (Vol. 2). New York: Springer.

Tomkins, S. S. (1979). Script theory. In H. E. Howe, Jr., & R. A. Dienstbier (Eds.), *Nebraska symposium on motivation* (Vol. 26, pp. 201–236). Lincoln: University of Nebraska Press.

Tomkins, S. S. (1981). The quest for primary motives: Biography and autobiography of an idea. *Journal of Personality and Social Psychology, 41,* 306–329.

Tomkins, S. S. (1987). Script theory. In J. Aronoff, A. I. Rabin, & R. A. Zucker (Eds.), *The emergence of personality* (pp. 147–216). New York: Springer.

Tomkins, S. S., & Izard, C. E. (1965). *Affects, cognition, and personality*. New York: Springer.

Tomkins, S. S., & Miner, J. R. (1957). *The Tomkins–Horn picture arrangement test*. New York: Springer.

Tooby, J., & Cosmides, L. (1992). The psychological foundations of culture. In J. H. Barkow, L. Cosmides, & J. Tooby (Eds.), *The adapted mind: Evolutionary psychology and the generation of culture* (pp. 19–136). New York: Oxford University Press.

Trapnell, P. D. (1994). Openness versus intellect: A lexical left turn. *European Journal of Personality, 8,* 273–290.

Trapnell, P. D., & Wiggins, J. S. (1990). Extension of the Interpersonal Adjective Scales to include the Big Five dimensions of personality. *Journal of Personality and Social Psychology, 59,* 781–790.

Triandis, H. C. (1997). Cross-cultural perspectives on personality. In R. Hogan, J. Johnson, & S. Briggs (Eds.), *Handbook of personality psychology* (pp. 439–464). San Diego, CA: Academic Press.

Triandis, H. C., & Gelfand, M. J. (1998). Converging measurement of horizontal and vertical individualism and collectivism. *Journal of Personality and Social Psychology, 74,* 118–128.

Triandis, H. C., & Suh, E. M. (2002). Cultural influences on personality. *Annual Review of Psychology, 53,* 133–160.

Trivers, R. (1972). Parental investment and sexual selection. In B. Campbell (Ed.), *Sexual selection and the descent of man: 1871–1971* (pp. 136–179). Chicago: Aldine.

Trivers, R. L. (1971). The evolution of reciprocal altruism. *Quarterly Review of Biology, 46,* 35–57.

Trobst, K. K., Herbst, J. H., Masters, III, H. L., & Costa, P. T., Jr. (2002). Personality pathways to unsafe sex: Personality, condom use, and HIV risk behaviors. *Journal of Research in Personality, 36,* 117–133.

Trull, T. J., Widiger, T. A., Lynam, D. R., & Costa, P. T., Jr. (2003). Borderline personality disorder from the perspective of general personality functioning. *Journal of Abnormal Psychology, 112,* 193–202.

Tsai, J. L., Knutson, B., & Fung, H. H. (2006). Cultural variation in affect valuation. *Journal of Personality and Social Psychology, 90,* 288–307.

Tupes, E. C., & Christal, R. (1961). *Recurrent personality factors based on trait ratings* (Tech. Rep. No. ASDTR-61–97). Lackland Air Force Base, TX: U.S. Air Force.

Twenge, J. M. (2000). The age of anxiety?: Birth cohort changes in anxiety and neuroticism, 1952–1993. *Journal of Personality and Social Psychology, 79,* 1007–1021.

Twenge, J. M. (2006). *Generation me: Why today's young Americans are more confident, assertive, entitled—and more miserable than ever before*. New York: The Free Press.

U

Uleman, J. S. (1966). *A new TAT measure of the need for power*. Unpublished doctoral dissertation, Harvard University.

Urry, H. L., Nitschke, J. B., Dolski, I., Jackson, D. C., Dalton, K. M., Mueller, C. J., et al. (2004). Making a life worth living: Neural correlates of well-being. *Psychological Science, 15,* 367–372.

V

Vaillant, G. E. (1971). Theoretical hierachy of adaptive ego mechanisms. *Archives of General Psychiatry, 24,* 107–118.

Vaillant, G. E. (1977). *Adaptation to life*. Boston: Little, Brown.

Vaillant, G. E., & Drake, R. E. (1985). Maturity of ego defense in relation to DSM III Axis II personality disorder. *Archives of General Psychiatry, 42,* 597–601.

Vaillant, G. E., & Milofsky, E. (1980). The natural history of male psychological health: IX. Empirical evidence for Erikson's model of the life cycle. *American Journal of Psychiatry, 137,* 1349–1359.

Van de Water, D., & McAdams, D. P. (1989). Generativity and Erikson's "belief in the species." *Journal of Research in Personality, 23,* 435–449.

van Hiel, A., Mervielde, I., & de Fruyt, F. (2006). Stagnation and generativity: Structure, validity, and differential relationships with adaptive and maladaptive personality. *Journal of Personality, 74,* 543–573.

vanIJzendoorn, M. H., Schuengel, C., & Bakermans-Kranenburg, M. J. (1999). Disorganized attachment in early childhood: Metanalysis of precursors, concomitants, and sequelae. *Development and Psychopathology, 11,* 225–249.

vanIJzendoorn, M. H., Vereijken, C. M. J. L., Bakermans-Kranenburg, M. J., & Riksen-Warlraven, J. M. (2004). Assessing attachment security with the attachment Q-sort: Meta-analytic evidence for the validity of the observer AQS. *Child Development, 75,* 1188–1213.

vanIJzendoorn, M. H., & Bakermans-Kranenburg, M. J. (1996). Attachment representations in mothers, fathers, adolescents, and clinical groups: A meta-analytic search for normative data. *Journal of Consulting and Clinical Psychology, 64,* 8–21.

Veroff, J. (1957). Development and validation of a projective measure of power motivation. *Journal of Abnormal and Social Psychology, 54,* 1–8.

Veroff, J. (1982). Assertive motivation: Achievement versus power. In A. J. Stewart (Ed.), *Motivation and society* (pp. 99–132). San Francisco: Jossey-Bass.

Veroff, J., Douvan, E., & Kulka, R. (1981). *The inner American.* New York: Basic Books.

Veroff, J., & Feld, S. C. (1970). *Marriage and work in America.* New York: Van Nostrand Reinhold.

Vitz, P. C. (1990). The use of stories in moral development: New psychological reasons for an old education method. *American Psychologist, 45,* 709–720.

Vondra, J. I., Shaw, D. S., Swearingen, L., Cohen, M., & Owens, E. B. (2001). Attachment stability and emotional and behavioral regulation from infancy to preschool age. *Development and Psychopathology, 13,* 13–33.

von Franz, M. (1980). *The psychological meaning of redemption motifs in fairy tales.* Toronto: Inner City Books.

Vrij, A., van der Steen, J., & Koppelaar, L. (1995). The effects of street noise and field independence on police officers' shooting behavior. *Journal of Applied Social Psychology, 25,* 1714–1725.

W

Wacker, J., Chavanon, M. L., & Stemmler, G. (2006). Investigating the dopaminergic basis of extraversion in humans: A multilevel approach. *Journal of Personality and Social Psychology, 91,* 171–187.

Wade, N. (2006, December 11). Lactose tolerance in East Africa points to recent evolution. *New York Times,* p. A-15.

Wagerman, S. A., & Funder, D. C. (2007). Acquaintance reports of personality and academic achievement: A case for conscientiousness. *Journal of Research in Personality, 41,* 221–229.

Walker, B. M., & Winter, D. A. (2007). The elaboration of personal construct psychology. In S. T. Fiske, A. E. Kazdin, and D. L. Schacter (Eds.) *Annual Review of Psychology* (*vol.* 58, pp. 453–477).

Walker, D. F., Tokar, D. M., & Fischer, A. R. (2000). What are eight popular masculinity-related instruments measuring? *Psychology of Men and Masculinity, 1,* 98–108.

Walker, L. J., & Frimer, J. A. (2007). Moral personality of brave and caring exemplars. *Journal of Personality and Social Psychology, 93,* 845–860.

Walkover, B. C. (1992). The family as an overwrought object of desire. In G. C. Rosenwald & R. L. Ochberg (Eds.), *Storied lives: The cultural politics of self-understanding* (pp. 178–191). New Haven, CT: Yale University Press.

Waller, N. G., & Shaver, P. R. (1994). The importance of nongenetic influences on romantic love styles: A twin-family study. *Psychological Science, 5,* 268–274.

Wallston, K. A., & Wallston, B. S. (1981). Health locus of control scales. In H. M. Lefcourt (Ed.), *Research with the locus of control construct: Assessment methods* (Vol. 1, pp. 189–243). New York: Academic Press.

Wang, Q. (2001). Culture effects on adults' earliest recollections and self-descriptions: Implications for the relation between memory and the self. *Journal of Personality and Social Psychology, 81,* 220–233.

Wang, Q., & Conway, M. A. (2004). The stories we keep: Autobiographical memory in American and Chinese middle-aged adults. *Journal of Personality, 72,* 911–938.

Waterman, A. S. (1982). Identity development from adolescence to adulthood: An extension of theory and a review of research. *Developmental Psychology, 18,* 341–358.

Watson, D., & Clark, L. A. (1984). Negative affectivity: The disposition to experience aversive emotional states. *Psychological Bulletin, 96,* 465–490.

Watson, D., & Clark, L. A. (1992). Affects separable and inseparable: On the hierarchical arrangement of the negative affects. *Journal of Personality and Social Psychology, 62,* 489–505.

Watson, D., & Clark, L. A. (1997). Extraversion and its positive emotional core. In R. Hogan, J. Johnson, & S. Briggs (Eds.), *Handbook of personality psychology* (pp. 767–793). San Diego, CA: Academic Press.

Watson, D., Clark, L. A., McIntyre, C. W., & Hamaker, S. (1992). Affect, personality, and social activity. *Journal of Personality and Social Psychology, 63,* 1011–1025.

Watson, D., & Tellegen, A. (1985). Toward a consensual structure of mood. *Psychological Bulletin, 98,* 219–235.

Watson, D., & Walker, L. M. (1996). The long-term stability and predictive validity of trait measures of affect. *Journal of Personality and Social Psychology, 70,* 567–577.

Watson, J. B. (1924). *Behaviorism.* Chicago: University of Chicago Press.

Watson, J. B., & Raynor, R. (1920). Conditional emotional reactions. *Journal of Experimental Psychology, 3,* 1–14.

Watson, P. J., Grisham, S. O., Trotter, M. V., & Biderman, M. D. (1984). Narcissism and empathy: Validity evidence for the Narcissistic Personality Inventory. *Journal of Personality Assessment, 48,* 301–305.

Weinberger, D. A. (1990). The construct validity of the repressive coping style. In J. L. Singer (Ed.), *Repression and dissociation: Implications for personality: Theory, psychopathology, and health* (pp. 337–386). Chicago: University of Chicago Press.

Weinberger, D. A., Schwartz, G. E., & Davidson, R. J. (1979). Low-anxious, high-anxious, and repressive coping styles: Psychometric patterns and behavioral and physiological responses to stress. *Journal of Abnormal Psychology*, 88, 369–380.

Weiner, B. (1979). A theory of motivation for some classroom experiences. *Journal of Educational Psychology, 71*, 3–25.

Weiner, B. (1990). Attribution in personality psychology. In L. Pervin (Ed.), *Handbook of personality: Theory and research* (pp. 465–485). New York: Guilford Press.

Weisen, A. (1965). *Differential reinforcing effects of onset and offset of stimulation on the operant behavior of normals, neurotics, and psychopaths*. Unpublished doctoral dissertation, University of Florida.

Weller, H. G., Repman, J., Lan, W., & Rooze, G. (1995). Improving the effectiveness of learning through hypermedia-based instruction: The importance of learner characteristics. *Computers in Human Behavior, 11*, 451–465.

Wellman, H. M. (1993). Early understanding of mind: The normal case. In S. Baron-Cohen, H. Tager-Flusberg, & D. J. Cohen (Eds.), *Understanding other minds: Perspectives from autism* (pp. 10–39). New York: Oxford University Press.

Werner, H. (1957). The concept of development from a comparative and an organismic point of view. In D. Harris (Ed.), *The concept of development*. Minneapolis: University of Minnesota Press.

West, K. Y., Widiger, T. A., & Costa, P. T., Jr. (1993). *The placement of cognitive and perceptual aberrations within the five-factor model of personality*. Unpublished manuscript, University of Kentucky, Lexington.

West, S. G. (1983). Personality and prediction: An introduction. *Journal of Personality, 51*, 275–285.

Westen, D. (1998). Unconscious thought, feeling, and motivation: The end of a century-long debate. In R. F. Bornstein & J. F. Masling (Eds.), *Empirical perspectives on the psychoanalytic unconscious* (pp. 1–43). Washington, DC: APA Press.

Westenberg, P. M., Blasi, A., & Cohn, L. D. (Eds.). (1998). *Personality development: Theoretical, empirical, and clinical investigations of Loevinger's conception of ego development*. Mahwah, NJ: Erlbaum.

Westermeyer, J. F. (2004). Predictors and characteristics of Erikson's life cycle model among men: A 32-year longitudinal study. *International Journal of Aging and Human Development, 58*, 29–48.

Whitbourne, S. K. (1985). The psychological construction of the life span. In J. E. Birren & K. W. Schaie (Eds.), *Handbook of the psychology of aging* (2nd ed., pp. 594–618). New York: Van Nostrand Reinhold.

Whitbourne, S. K. (1986). Openness to experience, identity flexibility, and life changes in adults. *Journal of Personality and Social Psychology, 50*, 163–168.

Whitbourne, S. K., Zuschlag, M. K., Elliot, L. B., & Waterman, A. S. (1992). Psychological development in adulthood: A 22-year sequential study. *Journal of Personality and Social Psychology, 63*, 260–271.

White, J. L., & Parham, T. A. (1990). *The psychology of blacks: An African-American perspective*. Englewood Cliffs, NJ: Prentice-Hall.

White, M., & Epston, D. (1990). *Narrative means to therapeutic ends*. New York: Norton.

White, R. W. (1948). *The abnormal personality*. New York: Ronald Press.

White, R. W. (1952). *Lives in progress*. New York: Holt, Rinehart & Winston.

White, R. W. (1959). Motivation reconsidered: The concept of competence. *Psychological Review, 66*, 297–333.

White, R. W. (1963). Sense of interpersonal competence: Two case studies and some reflections on origins. In R. W. White (Ed.), *The study of lives* (pp. 72–93). New York: Prentice-Hall.

White, R. W. (1966). *Lives in progress* (2nd ed.). New York: Holt, Rinehart & Winston.

White, R. W. (1972). *The enterprise of living: A view of personal growth*. New York: Holt, Rinehart & Winston.

White, R. W. (1975). *Lives in progress* (3rd ed.). New York: Holt, Rinehart & Winston.

White, R. W. (1981). Exploring personality the long way: The study of lives. In A. I. Rabin, J. Aronoff, A. M. Barclay, & R. A. Zucker (Eds.), *Further explorations in personality* (pp. 3–19). New York: Wiley.

White, R. W. (1987). *Seeking the shape of personality: A memoir*. Marlborough, NH: Homstead Press.

Whiting, B. B., & Whiting, J. W. M. (1975). *Children of six cultures*. Cambridge, MA: Harvard University Press.

Widiger, T. A. (1993). The *DSM-III-R* categorical personality disorder diagnoses: A critique and alternative. *Psychological Inquiry, 4*, 75–90.

Widiger, T. A., Trull, T. J., Clarkin, J. F., Sanderson, C., & Costa, P. T., Jr. (1994). A description of the *DSM-III-R* and *DSM-IV* personality disorders with the five-factor model of personality. In P. T. Costa, Jr. & T. A. Widiger (Eds.), *Personality disorders and the five-factor model of personality* (pp. 41–65). Washington, DC: American Psychological Association Press.

Wiebe, D. J., & Smith, T. W. (1997). Personality and health: Progress and problems in psychosomatics. In R. Hogan, J. A. Johnson, & S. Briggs (Eds.), *Handbook of personality psychology* (pp. 891–918). San Diego, CA: Academic Press.

Wiedenfeld, S. A., O'Leary, A., Bandura, A., Brown, S., Levine, S., & Raska, K. (1990). Impact of perceived self-efficacy in coping with stressors on components of the immune system. *Journal of Personality and Social Psychology, 59*, 1082–1094.

Wiggins, J. S. (1973). *Personality and prediction: Principles of personality assessment*. Reading, MA: Addison-Wesley.

Wiggins, J. S. (1979). A psychological taxonomy of trait descriptive terms: The interpersonal domain. *Journal of Personality and Social Psychology*, *37*, 395–412.

Wiggins, J. S. (1982). Circumplex models of interpersonal behavior in clinical psychology. In P. C. Kendell & J. N. Butcher (Eds.), *Handbook of research methods in clinical psychology* (pp. 183–221). New York: Wiley.

Wiggins, J. S. (1992). Have model, will travel. *Journal of Personality*, *60*, 527–532.

Wiggins, J. S. (Ed.). (1996). *The five-factor model of personality: Theoretical perspectives*. New York: Guilford Press.

Wiggins, J. S. (2003). *Paradigms of personality assessment*. New York: Guilford Press.

Wiggins, J. S., & Broughton, R. (1985). The interpersonal circle: A structural model for the integration of personality research. In R. Hogan & W. H. Jones (Eds.), *Perspectives in personality psychology* (Vol. 1, pp. 1–47). Greenwich, CT: JAI Press.

Wiggins, J. S., & Trapnell, P. D. (1996). A dyadic-interactional perspective on the five-factor model. In J. S. Wiggins (Ed.), *The five-factor model of personality: Theoretical perspectives* (pp. 88–162). New York: Guilford Press.

Wiggins, J. S., & Trapnell, P. D. (1997). Personality structure: The return of the Big Five. In R. Hogan, J. Johnson & S. Briggs (Eds.), *Handbook of personality psychology* (pp. 737–766). San Diego, CA: Academic Press.

Wilson, D. S. (2002). *Darwin's cathedral: Evolution, religion, and the nature of society*. Chicago: University of Chicago Press.

Wilson, E. O. (1978). *On human nature*. Cambridge, MA: Harvard University Press.

Wilson, G. D. (1978). Introversion-extroversion. In H. London & J. E. Exner, Jr. (Eds.), *Dimensions of personality* (pp. 217–261). New York: Wiley.

Wilson, G. D., & Nias, D. K. B. (1975). Sexual types. *New Behavior*, *2*, 330–332.

Wink, P. (1991). Two faces of narcissism. *Journal of Personality and Social Psychology*, *61*, 590–597.

Wink, P. (1992a). Three types of narcissism in women from college to midlife. *Journal of Personality*, *60*, 7–30.

Wink, P. (1992b). Three narcissism scales for the California Q-set. *Journal of Personality Assessment*, *58*, 51–66.

Wink, P. (1996). Transition from the early 40s to the early 50s in self-directed women. *Journal of Personality*, *64*, 49–69.

Wink, P., & Helson, R. (1993). Personality change in women and their partners. *Journal of Personality and Social Psychology*, *65*, 597–605.

Winnicott, D. W. (1965). *The naturational processes and the facilitating environment*. New York: International Universities Press.

Winter, D. A. (1992). *Personal construct psychology in clinical practice: Theory, research, applications*. London: Routledge.

Winter, D. G. (1973). *The power motive*. New York: The Free Press.

Winter, D. G. (1987). Leader appeal, leader performance, and the motive profiles of leaders and followers: A study of American Presidents and elections. *Journal of Personality and Social Psychology*, *52*, 196–202.

Winter, D. G. (1996). *Personality: Analysis and interpretation of lives*. New York: McGraw-Hill.

Winter, D. G. (2007). The role of motivation, responsibility, and integrative complexity in crisis escalation: Comparative studies of war and peace crises. *Journal of Personality and Social Psychology*, *92*, 920–937.

Winter, D. G., & Carlson, L. A. (1988). Using motive scores in the psychobiographical study of an individual: The case of Richard Nixon. *Journal of Personality*, *56*, 75–103.

Winter, D. G., John, O. P., Stewart, A. J., Klohnen, E. C., & Duncan, L. E. (1998). Traits and motives: Toward an integration of two traditions in personality research. *Psychological Review*, *105*, 230–250.

Winter, D. G., McClelland, D. C., & Stewart, A. J. (1981). *A new case for the liberal arts: Assessing institutional goals and student development*. San Francisco: Jossey-Bass.

Winter, D. G., & Stewart, A. J. (1977). Power motive reliability as a function of retest instructions. *Journal of Consulting and Clinical Psychology*, *45*, 436–440.

Winter, D. G., & Stewart, A. J. (1978). The power motive. In H. London & J. E. Exner (Eds.), *Dimensions of personality* (pp. 391–447). New York: Wiley.

Witkin, H. A. (1950). Individual differences in ease of perception of embedded figures. *Journal of Personality*, *19*, 1–15.

Witkin, H. A., & Berry, J. (1975). Psychological differentiation in cross-cultural perspective. *Journal of Cross-Cultural Psychology*, *6*, 4–87.

Witkin, H. A., Goodenough, D. R., & Oltmann, P. K. (1979). Psychological differentiation: Current status. *Journal of Personality and Social Psychology*, *37*, 1127–1145.

Woike, B. A. (1995). Most-memorable experiences: Evidence for a link between implicit and explicit motives and social cognitive processes in everyday life. *Journal of Personality and Social Psychology*, *68*, 1081–1091.

Woike, B. A., Gershkovich, I., Piorkowski, R., & Polo, M. (1999). The role of motives in the content and structure of autobiographical memory. *Journal of Personality and Social Psychology*, *76*, 600–612.

Wolf, E. S. (1982). Comments on Heinz Kohut's conceptualization of a bipolar self. In B. Lee (Ed.), *Psychosocial theories of the self* (pp. 23–42). New York: Plenum Press.

Wolfenstein, M., & Trull, T. J. (1997). Depression and openness to experience. *Journal of Personality Assessment*, *69*, 614–632.

Wood, W. J., & Conway, M. (2006). Subjective impact, meaning making, and current and recalled emotions for self-defining memories. *Journal of Personality, 74*, 811–845.

Wright, C. I., Williams, D., Feczko, E., Barrett, L. F., Dickerson, B. C., Schwartz, C. E., et al. (2006). Neuroanatomical correlates of extraversion and neuroticism. *Cerebral Cortex*.

Wright, R. (1994). *The moral animal*. New York: Pantheon.

Wrosch, C., Heckhausen, J., & Lachman, M. E. (2006). Goal management across adulthood and old age: The adaptive value of primary and secondary control. In D. K. Mroczek & T. D. Little (Eds.), *Handbook of personality development* (pp. 399–422). Mahwah, NJ: Erlbaum.

Wynne-Edwards, V. C. (1963/1978). Intergroup selection in the evolution of social systems. In T. H. Clutton-Brock & P. H. Harvey (Eds.), *Readings in sociobiology* (pp. 10–19). San Francisco: Freeman.

Y

Yamagata, S., Suzuki, A., Ando, J., Ono, Y., Kijima, N., Yoshimura, K., et al. (2006). Is the genetic structure of human personality universal?: A cross-cultural twin study from North America, Europe, and Asia. *Journal of Personality and Social Psychology, 90*, 987–998.

Yik, M. S. M., & Bond, M. H. (1993). Exploring the dimensions of Chinese person perception with indigenous and imported constructs: Creating a culturally balanced scale. *International Journal of Psychology, 28*, 75–95.

Yin, R. K. (1984). *Case study research: Design and methods*. Beverly Hills, CA: Sage.

York, K. L., & John, O. P. (1992). The four faces of Eve: A typological analysis of women's personality at midlife. *Journal of Personality and Social Psychology, 63*, 494–508.

Z

Zakriski, A. L., Wright, J. C., & Underwood, M. K. (2005). Gender similarities and differences in children's social behavior: Finding personality in contextualized patterns of adaptation. *Journal of Personality and Social Psychology, 88*, 844–855.

Zeldow, P. B., & Bennett, E. (1997). Stability of a Q-sort model of optimal mental health. *Journal of Personality Assessment, 69*, 314–323.

Zeldow, P. B., & Daughterty, S. R. (1991). Personality profile and specialty choices of students from two medical school classes. *Academic Medicine, 66*, 283–287.

Zeldow, P. B., Daugherty, S. R., & McAdams, D. P. (1988). Intimacy, power, and psychological well-being in medical students. *Journal of Nervous and Mental Disease, 176*, 182–187.

Zimbardo, P. (2007). *The Lucifer effect: Understanding how good people turn evil*. New York: Random House.

Zimbardo, P. G., & Leippe, M. R. (1991). *The psychology of attitude change and social influence*. New York: McGraw-Hill.

Zuckerman, M. (1978). Sensation seeking. In H. London & J. E. Exner (Eds.), *Dimensions of personality* (pp. 487–560). New York: Wiley.

Zuckerman, M. (1979). *Sensation seeking: Beyond the optimal level of arousal*. Hillsdale, NJ: Erlbaum.

Zuckerman, M. (1995). Good and bad humours: Biochemical bases of personality and its disorders. *Psychological Science, 6*, 325–332.

Zuckerman, M. (1998). Psychobiological theories of personality. In D. F. Barone, M. Hersen, & V. B. Van Hasselt (Eds.), *Advanced personality* (pp. 123–154). New York: Plenum Press.

Zuckerman, M. (2005). *Psychobiology of personality* (2nd ed.). New York: Cambridge University Press.

Zuckerman, M., & Kuhlman, D. M. (2000). Personality and risk-taking: Common biosocial factors. *Journal of Personality, 68*, 999–1029.

Zukav, G. (1979). *The dancing Wu Li masters: An overview of the new physics*. New York: William Morrow.

Zurbriggen, E. L. (2000). Social motives and cognitive power–sex associations: Predictors of aggressive sexual behavior. *Journal of Personality and Social Psychology, 78*, 559–581.

Zurbriggen, E. L., & Sturman, T. S. (2002). Linking motives and emotions: A test of McClelland's hypotheses. *Personality and Social Psychology Bulletin, 28*, 521–535.

Zuroff, D. C. (1986). Was Gordon Allport a trait theorist? *Journal of Personality and Social Psychology, 51*, 993–1000.

크레딧

그림

그림 2.1, p. 47. "Creativity as a Function of Mating Stimuli," based on V. Griskevicius, R. B. Cialdini, & D. T. Kenrick, © 2006, Peacocks, Picasso, and Parental Investment: The effects of romantic motives on creativity, *Journal of Personality and Social Psychology, 91*, p. 70.

그림 2.2, p. 66. "Peer Competence and Attachment History," based on P. J. LaFreniere & L. A. Sroufe, © 1985, Profiles of peer competence in the preschool: Interrelations between measures, influence of social ecology, and relation to attachment history, *Developmental Psychology, 21*, pp. 56–69, p. 63.

그림 2.3, p. 67. "Infant Attachment and the Quality of Romantic Relationships in Young Adulthood," based on J. A. Simpson, W. A. Collins, S. S. Tran, & K. C. Haydon, © 2007, Attachment and the experience and expression of emotions in romantic relationships: A developmental perspective, *Journal of Personality and Social Psychology, 92*, p. 362.

그림 3.2, p. 82. "Four Steps of Observational Learning," based on A. Bandura, © 1977, *Social Learning Theory*, p. 23. Reprinted by permission of Prentice Hall, Englewood Cliffs, New Jersey.

그림 3.1.1, p. 87. "A Two-Dimensional Classification of Parenting Patterns," based on E. F. Maccoby & J. A. Martin, © 1983, Socialization in the context of the family: Parent-child interaction, in P. H. Mussen (Ed.), *Handbook of Child Psychology*, 4th ed., Vol. 4, *Socialization, personality, and social development*, pp. 1–102, p. 39. Reprinted by permission of John Wiley & Sons, Inc., New York.

그림 4.1, p. 125. "The Four Ancient Personality Types," based on H. J. Eysenck, © 1973, *Eysenck on extraversion*, New York: John Wiley & Sons, Inc., p. 18.

그림 4.2, p. 128. "A Very Brief Measure of the Big Five Traits," based on S. D. Gosling, P. J. Rentfrow, & W. B. Swann, Jr., © 2003, A very brief measure of the big five personality domain, *Journal of Research in Personality, 37*, p. 525.

그림 4.3, p. 129. "The Interpersonal Circumplex," based on M. P. Gurtman, © 1991, Evaluating the interpersonalness of personality scales, *Personality and Social Psychology Bulletin, 17*, p. 670.

그림 4.4, p. 140. "Two Nonverbal Trait Items," based on S. V. Paunonen, D. N. Jackson, &M. Keinonen, The structured nonverbal assessment of personality, *Journal of Personality, 55*, p. 485. © 1990 by Duke University Press. Reprinted by permission.

그림 4.5, p. 152. "Reliability and Aggregation," based on APA, S. Epstein, © 1979, The stability of behavior: 1. On predicting most of the people much of the time, *JPSP, 37*, pp. 1087–1126.

그림 4.6, p. 154. "Personality, Compensation, and Helping Behavior," based on D. Romer, C. L. Gruden, & T. Lizzardo, © 1986, A person-situation approach to altruistic behavior, *JPSP, 51*, pp. 1001–1012, p. 1006.

그림 5.1, p. 164. "Betting Behavior and Introversion/Extraversion," based on APA, D. Pearce-McCall & J. P. Newman © 1987, Expectation of success following noncontingent punishment in introverts and extraverts, *JPSP, 50*, pp. 439–446, p. 442.

그림 5.3, p. 173. "Intimacy and Neuroticism," based on APA, A. L. Chaiken, V. J. Derlega, B. Bayman, & J. Shaw, © 1975, Neuroticism and disclosure reciprocity, *Journal of Consulting and Clinical Psychology, 43*, pp. 13–19, p. 16.

그림 6.2, p. 230. "Components of Variance in Personality Traits," based on pie chart from page 50 of *Separate Lives: Why Siblings Are So Different* by J. Dunn and R. Plomin. Copyright 1990 by Basic Books, Inc. Reprinted by permission of Basic Books, a division of HarperCollins Publishers, Inc.

그림 6.5, p. 241. "Changes in Mean Levels of Six Traits Over Time," based on B. W. Roberts, K. E. Walton, & W. Viechtbauer, © 2006, Patterns of mean-level change in personality traits across the life course; Meta-analysis of longitudinal studies, *Psychology Bulletin, 132*, p. 15.

그림 8.1, p. 306. "An Embedded Square," based on D. R. Goodenough, Field dependence, © 1978. In H. London and J. E. Exner,

Jr., (Eds.), *Dimensions of Personality* (pp. 165–216). Reprinted by permission of John Wiley & Sons, Inc.

그림 8.2, p. 310. "Integrative Complexity and Political Affiliation," based on P. E. Tetlock, Cognitive style and political belief systems in the British House of Commons, *JPSP, 46,* © 1984, pp. 365–375, p. 370.

그림 8.3, p. 317. "Portion of a Hypothetical Self-Schema," based on H. Markus and J. Smith, The influence of self-schema on the perceptions of others, © 1981. In N. Cantor and J. F. Kihlstrom (Eds.), *Personality, Cognition, and Social Interaction* (pp. 233–262). Reprinted with permission from Erlbaum, p. 244.

그림 8.4, p. 323. "Self-Guides and Negative Emotion," based on E. T. Higgins, Self-discrepancy: A theory relating self and affect, *Psychological Review, 94,* © 1987, pp. 319–340.

그림 8.6, p. 332. "A Model of Adult Attachment," based on M. Mikulincer & P. Shaver, © 2007, *Attachment in Adulthood,* New York: Guilford Press.

표, 글

표 1.1, p. 6. "A Trait Questionnaire," from G. Wilson, Introversion/extraversion. In H. London & J. E. Exner, *Dimensions of Personality*, (pp. 217–261). 1978, p. 219.

표 2.1, p. 46. "What Upsets Men andWomen in Romantic Relationships?," from American Psychological Association, D. Buss, Conflict between the sexes: Strategic interference and the evocation of anger and upset, *JPSP, 56.* © 1989, pp. 735–747.

제2장 p. 53. Lines from The Iliad by Homer, translated by Robert Fagles, copyright © 1990 by Robert Fagles. Introduction and Notes copyright © 1990 by Bernard Knox. Used by permission of Viking Penguin, a division of Penguin Putnam Inc.

표 2.2, p. 58. "The Origins of Human Morality and Altruism," from C. Hazan & P. Shaver (1987) Romantic love conceptualized as an attachment process. *JPSP, 59,* p. 515. Used by permission of Cindy Hazan.

표 3.4, p. 103. "Key Differences Between Independent and Interdependent Construals of Self," from H. Markus & S. Kitayama (1991). Culture and the self: Implications for cognition, emotion, and motivation. *Psychological Review, 98,* p. 230. Used by permission of Hazel Markus.

표 4.3, p. 124. "The Fifteen Source Traits of Personality Assessed by the 16 PF," from G. Matthews & I. J. Deary, (1998) *Personality traits.* New York: Cambridge University Press, p. 22. Reprinted with the permission of Cambridge University Press.

표 4.6, p. 139. "Scales on the California Psychological Inventory," modified and reproduced by special permission of the Publisher, Consulting Psychologists Press, Inc., Palo Alto, CA 94303 from *California Psychological Inventory* by Harrison G. Gough, Ph.D. Copyright 1987 Consulting Psychological Press, Inc., pp. 6-7. All rights reserved. Further reproduction is prohibited without the Publisher's written consent.

표 4.8, p. 146. "A Description of the *DSM-III-R* and *DSM-IV* Personality Disorders with the Five-factor Model of Personality," from T. A. Widiger, T. J. Trull, J. F. Clarkin, C. Sanderson, & P. T. Costa, Jr. In P. T. Costa, Jr. & T. A. Widiger (Eds.) © 1994, *Personality Disorders and the Five-FactorModel of Personality*, American Psychological Association Press, p. 90.

표 5.6, p. 202. "Average Correlations Between Conscientiousness-Related Traits and Health-Related Behaviors Across Many Different Studies," from T. Boff and B. W. Roberts, © 2004. Conscientiousness and health-related behaviors: A meta-analysis of the leading behavioral contributions to morality. *Psychological Bulletin, 130,* p. 908.

표 7.7, p. 284. "Average Number of Facts and Proposals and Mean Moral Concern Ratings of Discussion Groups," from APA, for E. M. Fodor & T. Smith, The power motive as an influence on group decision making, *JPSP, 42.* © 1982, pp. 178–185, p. 183.

표 8.5, p. 311. "Verbatim Passages from the Correspondence of Eminent Novelists Scored for Integrative Complexity," from APA, for C. A. Porter & P. Suedfeld, Integrative complexity in the correspondence of literary figures: Effects of personal and societal stress, *JPSP, 40.* © 1981, pp. 321–330, pp. 325–326.

표 8.6, p. 324. "Self-Reference Scores for RecalledWords," from APA, for R. E. Ingram, T. W. Smith, & S. S. Brohm, Depression and information processing: Self schemata and the encoding of self-relevant information, *JPSP, 45.* © 1983, pp. 412–420, p. 417.

제11장, p. 420. Lines from *Oedipus Rex* by Sophocles. Bantam Books in R. O'Brien & B. F. Dukore, *Tragedy: Ten Major Plays (Sophocles' Oedipus Rex).* © 1969, p. 21.

찾아보기